lonely planet

新西兰

本书作者

查尔斯·罗林斯卫　布莱特·阿特金森

安德鲁·贝恩　彼得·德拉吉策维奇

萨曼莎·福格　安妮塔·伊萨尔斯卡　索菲亚·莱文

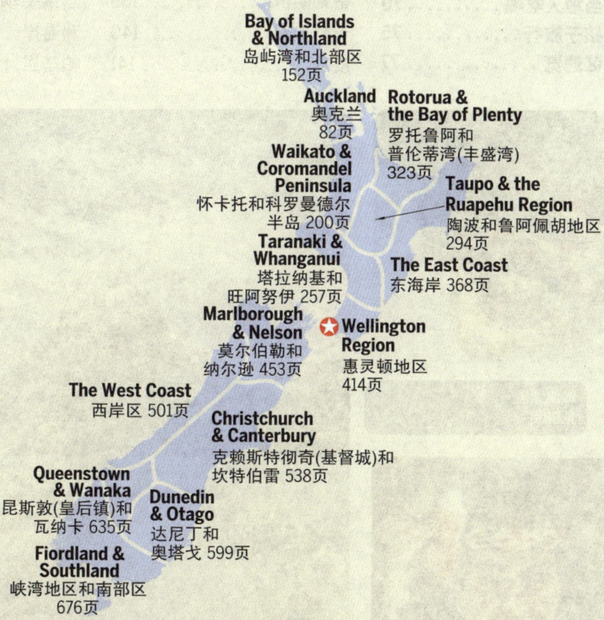

中国地图出版社

计划你的行程

在路上

JONATHAN NODEN-WILKINSON/SHUTTERSTOCK ©

激浪漂流
见68页

STANISLAV FOSENBAUER/SHUTTERSTOCK ©

怀唐伊节
见176页

MARCONI COUTO DE JESUS/SHUTTERSTOCK ©

米尔福德峡湾
见687页

目录

在路上

JIRI FOLTYN/SHUTTERSTOCK ©STOCK ©

阿贝尔·塔斯曼国家公园
见488页

JIRI FOLTYN/SHUTTERSTOCK ©

克赖斯特彻奇（基督城）的有轨电车
见539页

了解新西兰

生存指南

特别呈现

欢迎来新西兰

准备好迎接广袤的国家公园、活力四射的毛利文化和世界级的冲浪与滑雪吧！新西兰可以是柔和静谧的，也可以是丰富有趣的。而不变的，始终是史诗一般的恢宏。

户外徒步

新西兰人口仅480万，分布在268,021平方公里的土地上，面积大于英国，人口却仅为英国的十四分之一。这里遍布森林、高山、湖泊、海滩和峡湾地貌，令新西兰得以成为全球最佳徒步旅行地之一。你可以在经典的徒步线路中任选一条，或许，你对希菲步道（Heaphy Track）或米尔福德步道（Milford Track）曾有所耳闻。也可以选择一段海滩划独木舟，或者骑上山地自行车穿越一片不算荒僻的荒野，悠闲地度过梦幻般的几个小时。

食物、葡萄酒和啤酒

炸鱼薯条之类的英国式经典食物并非随处可见，新西兰美食已大有进步。奥克兰、惠灵顿和内皮尔的大厨借鉴遥远的南太平洋群岛和西欧的烹饪技法，对本地羔羊肉及鲍鱼、牡蛎、扇贝等海鲜加以创意呈现给大众。与此同时，素食和纯素食也渐入人心，别具一格。就着咖啡文化、精酿啤酒的先锋浪潮和凉爽气候酿就的传奇葡萄酒（比如绝妙的白苏维浓和黑皮诺），大饱口福吧。

毛利文化

如果没有无可匹敌的毛利球员，所向披靡的新西兰全黑队永远都不可能一次又一次地在橄榄球世界杯大赛上夺冠。当然，这也只是毛利文化影响现代新西兰人生活的一个方面。在新西兰，旅行者随处可以听到毛利语，收看到毛利电视台节目，随时可以加入一场毛利族的盛宴，或者观看一场毛利族的文化演出——既有歌舞，也有令人震撼的战争舞蹈场面。毛利图案一直存在于毛利人的文身（tā moko，多半被文在脸上）、精致的骨雕、贝雕和绿玉雕塑品之中。

真正的“休闲天堂”

在新西兰，旅行者很少碰到旅行中常见的懊恼事，其原因在于：这里的公共汽车和火车通常都能按时运行；主要道路状况良好；自动柜员机触手可及；小偷、奸商和爬满跳蚤的旅馆少之又少；不会闹出因食物不洁而跑厕所的尴尬场面（食物大都卫生，且采用合格的包装纸包裹储存）；新西兰没有蛇，只有一种毒蜘蛛——稀有的卡提波蜘蛛。在这个优雅的国度里，旅行者大可放松身心，慢慢地享受（而非忍受）美好的旅途。

我为什么喜欢新西兰

本书作者 安妮塔·伊萨尔斯卡（Anita Isalska）

新西兰名副其实——对于一个赢得数百万游客交口称赞的国度来说，这并不容易。这片土地比电影场景中所展现的还要梦幻：郁积的火山和峡湾能让你好好折腾折腾自己，海滩旁边就是梦幻般的冲浪场所。不过，让我着迷的还是它低调的魅力，就像是新西兰人那舒缓人心的真诚和幽默，以及安守偏远之地的开拓者精神。在这个混乱的世界里，宽容且富有环保意识的新西兰就像一个避难所，我愿永远避世于此。

更多作者信息，见782页。

上图：路特本步道（见657页）

新西兰亮点

0 200 km
0 100 miles
岛屿湾
炫目的海湾，150多个岛屿星罗棋布（166页）
豪拉基湾
岛屿、游艇、海豚……水上胜景！（125页）
罗托鲁阿
间歇泉、泥浆池和硫黄蒸汽（325页）
奥克兰
餐厅、酒吧和太平洋岛屿文化（85页）
怀托莫洞穴
关于萤火虫和地下洞穴的冒险（223页）
汤加里罗国家公园
火山口与沸腾泥浆构成的炽烈风景（311页）
PACIFIC OCEAN 太平洋
TASMAN SEA 塔斯曼海
Cape Reinga 雷因格角
North Cape 北角
Great Exhibition Bay 大埃克西比申湾
Bay of Islands 岛屿湾
Kaitaia 凯塔亚
Kerikeri 凯里凯里
Russell 拉塞尔
Paihia 派希亚
Opononi 奥波诺尼
Kaikohe 凯科希
Whangarei 旺阿雷
Northland 北部区
Hen & Chicken Islands
Dargaville 达加维尔
Great Barrier Island 大巴里尔岛
Wellsford 韦尔斯福德
Kaipara Harbour 凯帕拉港
Hauraki Gulf 豪拉基湾
Helensville 海伦斯维尔
Whitianga
Auckland 奥克兰
Coromandel Peninsula 科罗曼德尔半岛
Drury
Thames 泰晤士
Pukekohe 普基科希
Huntly
Mt Maunganui 芒特芒阿努伊
Ngaruawahia 纳鲁阿瓦西亚
Hamilton 哈密尔顿
Raglan 拉格伦
Cambridge 剑桥
Waikato 怀卡托
Tauranga 陶朗阿
Bay of Plenty 普伦蒂湾（丰盛湾）
Kawhia 卡菲亚
Otorohanga 奥托罗杭阿
Rotorua 罗托鲁阿
Waitomo Caves 怀托莫洞穴
Te Kuiti 蒂库伊蒂
Whakatane 瓦卡塔尼
Opotiki 奥波蒂基
Hicks Bay 希克斯湾
Te Kaha 蒂卡哈
Te Araroa 蒂阿罗阿
Ruatoria 鲁阿托里亚
Tokomaru Bay 托科马鲁湾
Tolaga Bay 托拉加湾
Gisborne 吉斯伯恩
Lake Taupo 陶波湖
Taupo 陶波
New Plymouth 新普利茅斯
Whanganui National Park 旺阿努伊国家公园
Turangi 图朗伊
Tongariro National Park 汤加里罗国家公园
Mt Taranaki (Mt Egmont) 塔拉纳基山（埃格蒙特山）(2518m)
Mt Ruapehu 鲁阿佩胡山 (2797m)
Wairoa 怀罗阿
Hawke Bay 霍克湾
Opunake 奥普纳基
Ohakune 奥阿库尼
Napier 内皮尔
Hawera 哈韦拉
Hastings 黑斯廷斯
Stratford 斯特拉特福
Whanganui 旺阿努伊
Waipawa 怀帕瓦
Waipukurau 怀普库劳
Palmerston North 北帕默斯顿
Dannevirke
Woodville
168°E
170°E
172°E
174°E
176°E
178°E
40°S
克马德克群岛
0 40 km
0 20 miles
Herald Islets 赫勒尔德群岛
Raoul Island 拉乌尔岛（星期日岛）
Kermadec Is. 克马德克群岛
Macdonald Rock 麦克唐纳岩
Macauley Island 麦考利岛
Curtis Island 柯蒂斯岛
PACIFIC OCEAN 太平洋
Havre Rock 哈佛岩
L'Espérance Rock 莱斯佩朗斯岩
30°S
178°W
查塔姆群岛
0 20 km
0 10 miles
Chatham I. 查塔姆岛
Chatham Is. 查塔姆群岛
Pitt Strait 皮特海峡
PACIFIC OCEAN 太平洋
Pitt Island 皮特岛
44°S
176°W
邦蒂群岛
0 4 km
0 2 miles
Western Group 西部群岛
PACIFIC OCEAN 太平洋
Eastern Group
Bounty Is. 邦蒂群岛
179°E
47°45'S
安蒂波迪斯群岛
179°E
Bollans Island 博兰斯岛
Antipodes Is. 安蒂波迪斯群岛
Antipodes I. 安蒂波迪斯岛
PACIFIC OCEAN 太平洋
49°45'S
0 10 km
0 5 miles

阿贝尔·塔斯曼国家公园
如画的完美海滩遇上绿松石般的海面（488页）
惠灵顿
新西兰的政治、文化、咖啡和精酿啤酒之都（416页）
凯库拉
海豚与鲸鱼都会造访的漂亮半岛小镇（471页）
高山列车
经典的海岸至海岸铁路穿越（515页）
西海岸
冰川、荒野和淘金潮的往昔岁月（501页）
克赖斯特彻奇(基督城)
活力四射的城市景象，世界级的花园（539页）
米尔福德峡湾
峭壁危崖直插入钴蓝色的水面（687页）
阿卡罗阿和班克斯半岛
深藏的海湾与遗留的法国魅力（563页和566页）
昆斯敦(皇后镇)
新西兰的滑雪（还有雪后休闲）中心（637页）
奥塔戈半岛
遇见当地居民：企鹅、海豹和海狮（623页）
TASMAN SEA 塔斯曼海
PACIFIC OCEAN 太平洋
Collingwood 科灵伍德
Abel Tasman National Park 阿贝尔·塔斯曼国家公园
Takaka 塔卡卡
Tasman Bay 塔斯曼湾
Motueka 莫图伊卡
Karamea 卡拉米亚
Richmond
Nelson 纳尔逊
Blenheim 布莱尼姆
Picton 皮克顿
Porirua
Upper Hutt 上哈特
Levin 勒文
Masterton 马斯特顿
Lower Hutt 下哈特
WELLINGTON 惠灵顿
Cook Strait 库克海峡
Cape Palliser 帕利瑟角
Mt Owen (1875m)
Westport 韦斯特波特(西港)
Murchison 默奇森
St Arnaud
Punakaiki 普纳凯基
Reefton 里夫顿
Kaikoura 凯库拉
Greymouth 格雷茅斯
Hanmer Springs 汉默斯普林斯
Hokitika 霍基蒂卡
Arthur's Pass 亚瑟隘口
Ross 罗斯
Mt Murchison 默奇森山(2400m)
Mt Arrowsmith 哈特山(2781m)
Whataroa 怀塔罗瓦
Pegasus Bay
Christchurch 克赖斯特彻奇(基督城)
Lyttelton 利特尔顿
Fox Glacier 福克斯冰川
Franz Josef Glacier 弗朗兹约瑟夫冰川
Mt Hutt
Methven 梅思文
Banks Peninsula 班克斯半岛
Akaroa 阿卡罗阿
Haast 哈斯特
Aoraki/Mt Cook 奥拉基/库克山 (3724m)
Lake Tekapo 特卡波湖
Lake Pukaki 普卡基湖
Ashburton
Geraldine 杰拉尔丁
Jackson Bay 杰克逊贝
Lake Wanaka 瓦纳卡湖
Haast Pass 哈斯特山口
Twizel 特威泽尔
Temuka
Timaru
Milford Sound
Omarama 奥马拉马
Milford Sound 米尔福德峡湾
Glenorchy 格林诺奇
Wanaka
Waimate 怀马蒂
Fiordland National Park 峡湾地区国家公园
Queenstown 昆斯敦(皇后镇)
Arrowtown 阿罗敦
Cromwell 克伦威尔
Oamaru 奥马鲁
Clyde 克莱德
Lake Wakatipu 瓦卡蒂普湖
Alexandra 亚历山德拉
Lake Te Anau 蒂阿瑙湖
Te Anau 蒂阿瑙
Palmerston 帕默斯顿
Manapouri
Lake Manapouri 马纳普里湖
马纳普里
Lumsden
Dunedin 达尼丁
Otago Peninsula 奥塔戈半岛
Milton 米尔顿
West Cape 西角
Tuatapere 图阿塔皮里
Winton
Gore 戈尔
Balclutha
Invercargill 因弗卡吉尔
Catlins Conservation Park
Foveaux Strait 福沃海峡
Bluff 布拉夫
Oban 奥本
Stewart Island (Rakiura) 斯图尔特岛(拉基乌拉)
42°S
44°S
46°S
海拔高度
2000m
1500m
1250m
1000m
750m
500m
250m
0
斯奈尔斯群岛
0 2 km
0 1 mile
High Island 海岛
Snares Is. 斯奈尔斯群岛
PACIFIC OCEAN 太平洋
Broughton Island 布劳顿岛
Western Chain 西部群岛
48°S
166°34'E
奥克兰群岛
0 20 km
0 10 miles
Enderby Island
Disappointment Island 失望岛
Port Ross 罗斯港
Auckland Is. 奥克兰群岛
Auckland I. 奥克兰岛
PACIFIC OCEAN 太平洋
Adams Island 亚当斯岛
51°S
166°E
坎贝尔岛
Bull Rock 布尔岩
52°30'S
Campbell I. 坎贝尔岛
PACIFIC OCEAN 太平洋
Jacquemart Island 雅克马尔岛
0 10 km
0 5 miles
169°E

新西兰
Top 20

1

惠灵顿

1 风都惠灵顿（见416页）是世界上最时尚动感的迷你首都之一，这绝对名副其实。长久以来，惠灵顿因其生机勃勃的艺术氛围和现场音乐而闻名于世，绝佳的意式浓缩咖啡、精酿啤酒吧，还有比纽约更兴旺的咖啡馆和人均数量更多的餐馆，又为它增添了几分时尚魅力。先锋而又平易近人，黑色基调中不乏多姿多彩，这就是惠灵顿：出乎意料，不拘一格。就连变化无常的天气也只会让来访者的经历变得更有趣味……对时尚的发型倒真是大麻烦。图为国会图书馆，新西兰国会（见416页）。

汤加里罗国家公园

2 新西兰北岛中部的汤加里罗国家公园（见311页）呈现出一幅惊人的自然地貌：高山荒漠上三座火山拔地而起。汤加里罗高山穿越步道盘旋于两座高山脚下，可将火山口、明净的湖泊和无边无际的中部高原尽收眼底，常常被评为世界最佳单日户外徒步路线之一。步道人流量飞涨，导致环保部不得不采取措施限制游人数量。幸运的是，这片奇异的风景中还有无数其他道路可供探索。图为蓝湖，汤加里罗北环路步道上（见314页）。

JEJIM/SHUTTERSTOCK ©

2
KYRIEN/SHUTTERSTOCK ©

怀希基岛(激流岛)和豪拉基湾

3 岛屿密布的豪拉基湾（见125页）是奥克兰的水上乐园、游艇的天堂，也是奥克兰港与东部海湾的天然屏障，更为奥克兰人扬帆出海、沐浴海风提供了绝佳的去处。除了繁忙的海上交通，豪拉基湾还栖息着种类繁多的鲸鱼和海豚。朗伊图图岛是奥克兰的经典美景，岛上几近完美的火山锥为旅行者提供了绝佳的拍照背景。怀希基岛（激流岛）美丽的海滩、优质的葡萄酒庄和顶级的餐厅，则使其成为奥克兰人最热衷的休闲小岛。图为激流岛（见126页）。

奥克兰市区

4 坐落在两个港口的臂弯之中、建造于远古火山遗迹之上，奥克兰（见82页）是一座超乎想象的大都市。它是世界上最宜居的城市之一，但是又不像纽约或伦敦那样充满刺激和冒险。奥克兰拥有美丽的海滩、葡萄酒庄、蓬勃发展的餐饮和现场音乐等产业。种族多样化是奥克兰的一大特色，它拥有世界上最为庞大的波利尼西亚居民群体。

凯库拉

5 最早选择在凯库拉（见471页，意为“吃龙虾仔”）定居的是追寻海产品而来的毛利人。如今，这是新西兰最好的海边度假胜地，在这里既可以大吃海鲜，也可以享受出海的乐趣。你可以享用龙虾仔，来一场垂钓之旅，或是乘坐观光船或飞机观赏鲸鱼、海豚、海豹和海鸟。在新西兰，海洋哺乳动物观光项目的经营均严格遵守国家环保部制定的指导条例，并接受监管。经历了2016年11月那场严重地震后的凯库拉业已恢复生机，且更因地质活动留下的深远痕迹而别具吸引力。图为凯库拉的海豹。

4

5

6

7

岛屿湾

6 绿宝石般的海水拍打着美丽的海湾，海豚在船头嬉戏，虎鲸在海面滑行，也许，一开始吸引你来到新西兰的，正是这些画面。而在岛屿湾（见166页），一切都将在你眼前上演。无论你是否迷恋海洋，岛屿湾都有无限的魅力，吸引你进入它的水上世界，去感受这个由150多座岛屿装点的美丽海湾。图为岛屿湾的海豚。

米尔福德峡湾

7 无论天气如何，米尔福德峡湾（见687页）的瀑布、峭崖、钴蓝色的幽深海水和麦特尔峰的伟岸轮廓都能让你目眩神迷。雨水助力下的峡湾瀑布更加壮观，而丽日蓝天则会在蒙蒙水雾中投下闪亮的彩虹。无论身处哪一幅美景之中，都请务必睁大双眼，因为海豹和海豚随时可能从你身边游过。坐在独木舟上游览新西兰最著名的峡湾时，更要多多留意。

昆斯敦（皇后镇）

8 皇后镇（见637页）是蹦极的发源地，但这个冒险家乐园所能提供的绝不仅限于绑上粗大的橡胶绳从桥上飞身而下。连绵起伏的卓越山脉是日间滑雪、徒步或高山自行车骑行的优美天然背景，顶级餐厅的晚餐和新西兰最好的酒吧狂欢则是随后的享受。悬挂式滑翔、独木舟和河上漂流能让你的肾上腺素持续飙升，沿蜿蜒安静的小道探访阿罗敦或者格林诺奇则是另一番悠闲安逸的新西兰体验。

罗托鲁阿

9 在罗托鲁阿（见325页），你首先注意到的一定是硫黄味——这个地热城镇散发着臭鸡蛋一样的味道。但正如当地人所说，每个人都是为这里的火山景观而来：间歇喷泉、咕嘟冒泡的火山泥、蒸汽腾腾的地缝、充满矿物质的滚烫的温泉水……罗托鲁阿是独一无二的，当地商业因此而生机勃勃，但你无须破费，在公园、毛利村落，甚至路边都有大量便宜（或完全免费）的火山景观。图为香槟池，怀奥塔普地热世界（见340页）。

毛利文化

10 新西兰本土的毛利文化（见730页）是随处可见、随时可以参与的：加入haka（战舞）的队伍；在毛利传统的hangi盛宴（埋在土中烹制）大快朵颐；亲手雕刻一枚骨雕或新西兰绿玉吊坠；学几句毛利语；或者，观看一场融合了歌、舞、传说、艺术、工艺于一体的地道的毛利文化展演。无论大城还是小镇，博物馆里都藏有丰富的毛利族手工器具和古老物件。与此同时，毛利也是活着的文化——生动、有力，充满现代感。

BILDAGENTUR ZOONAR GMBH/SHUTTERSTOCK ©

©DCHADWICK/GETTY IMAGES

西岸区

11 西岸区（见501页）弥漫着遥远世界尽头的氛围。从与世隔绝的野生动物天堂哈斯特到边远村镇卡拉米亚，SH6公路将无数迷人的风光串起，弗朗兹约瑟夫和福克斯冰川不可错过，霍基蒂卡的绿玉画廊一定要看，薄饼岩只是地理奇观的冰山一角。这里有数不清的山地自行车和徒步小路，其中许多都依循早期开拓者的脚步而行。往往步行（或者乘坐直升机或喷射艇……）很短距离就能抵达原始荒野。图为福克斯冰川（见531页）。

希菲步道

12 需要4～6天行程的希菲步道（见497页）是卡胡朗伊国家公园内的瑰宝，也是新西兰徒步者（以及冬季高山自行车运动者）的心头好。茫茫荒原一直延伸至南岛的西北角，神秘的戈兰山脚和幻梦般的尼考棕榈树海滩都是亮点。在步道两头的黄金海湾和卡拉米亚，小镇将带你回到现实世界，享受最悠然的着陆。

奥塔戈中部

13 到这里来寻找美德与放纵的平衡吧。登上自行车，在平坦的奥塔戈中部铁路步道上骑行，穿行在新西兰最美的风景（见625页）和从前的金矿小镇上遗留下的街巷风情中。一路享用当地特产的夏季水果，在数不清的古老酒馆中选一家，花点小钱换来物超所值的啤酒。又或者，在这个本国最负盛名的葡萄酒产区之一里，沉入葡萄佳酿带来的迷醉欢喜。图为班诺克本，克伦威尔附近（见632页）。

橄榄球

14 联合式橄榄球是新西兰的国民运动和关注焦点。如果时机恰当，你将有机会观看到令人敬畏的新西兰国家队（常年称霸世界的冠军球队）——全黑队的精彩赛事。全黑队有着神一样的球员，聊天时提一提里奇·麦考（Richie McCaw）或丹·卡特（Dan Carter），能帮你在新西兰交到好朋友。参观位于北帕默斯顿的新西兰橄榄球博物馆（见288页），在周六早上看孩子们在郊区球场上奔跑，或者，找个小镇酒吧，和当地人一起为大屏幕上的硬汉碰撞而尖叫呐喊吧。

阿贝尔·塔斯曼国家公园

15 这里的自然风光最为美丽诱人：葱翠的山冈被沙质海湾镶上一层金边，不远处是水晶般澄净的海水，两者中间则是温暖的浅滩。阿贝尔·塔斯曼国家公园（见488页）是一个旅行天堂，美丽的风景就如同明信片上的完美画面，来到这里，便是身在画中了。完成扎营蔚蓝海岸的终极目标之前，还来得及留下无数的动人姿态：徒步的、划独木舟的、游泳的、晒太阳浴的。

怀托莫洞穴

16 怀托莫洞穴（见223页）是新西兰必游地之一，它有着令人震撼的地下溶洞迷宫、峡谷以及贯穿国王乡北部石灰岩的河流。黑水漂流是这里的一大招牌（与激浪漂流唯一不同的是它在黑暗的溶洞内进行），更有萤火虫溶洞、地下速降运动，你也绝不可能在别处找到比这里更多的钟乳石和石笋了。地面上，怀托莫的商业小镇堪称奇妙：时尚餐厅、精酿啤酒厂、酒馆和超水准的住所应有尽有。不过，白天还是不要在太阳下闲逛了，那是属于地底的欢乐时光！

LUKAS BISCHOFF PHOTOGRAPH/SHUTTERSTOCK ©

滑雪和单板滑雪

17 新西兰境内坐落着连绵的群山，它们总是在冬季（6月至10月）落满皑皑白雪。著名的滑雪胜地大多在南岛，皇后镇坡道和瓦纳卡坡道（见665页）会是你的心仪之地，拥有若干标志性的雪道，比如小皇冠峰。卓越山脉和三锥山近在咫尺。此外还有专用的滑板滑雪公园及越野滑雪（北欧式滑雪）公园。而在北岛，鲁阿佩胡提供了从火山上飞驰而下的好机会。图为在鲁阿佩胡山滑雪（见315页），汤加里罗国家公园。

阿卡罗阿和班克斯半岛

18 弥漫着法国气息的阿卡罗阿（见566页）静静地俯拥着班克斯半岛上最美的一处港湾。那些清澈的海水最宜皮划艇和帆船出没，更有世界上最珍稀的海豚栖居于此。岛上另有狭长蜿蜒的Summit Rd，勾勒出远古火山的雄险轮廓，而曲折的小径则一直下到大小海湾。留出几天，发掘岛上诸多的惊喜：奇异的花园、海上皮划艇巡游，以及珍稀的白鳍企鹅的栖息地。图为阿卡罗阿（见566页）。

17

IV4NGRIGORYEV/SHUTTERSTOCK ©

18

高山列车

19 作为世界上风景最美的火车旅程之一，高山列车（见515页）将在5小时内横跨整个国家。是的，途中会经过一座灰褐黯淡的大山，这正是风景拉开序幕的地方。离开坎特伯雷平原后，一座座隧道和高架桥将带你穿越南阿尔卑斯山，直达亚瑟隘口，列车将从这里驶入8.5公里长的奥蒂拉隧道，贯穿新西兰高山山脉的坚硬岩石。之后，列车将一路下坡，抵达平平无奇的格雷茅斯——各种探险活动的出发点。图为列车在怀马卡里基河谷至亚瑟隘口段的途中风景（见576页）。

奥塔戈半岛

20 拥有延绵海岸风光充当布景的奥塔戈半岛（见623页）是新西兰最好的野生动物观赏地。夜间，数十只小企鹅挤在海滩上摇头晃脑，煞是可爱，更稀有的它们的表亲——黄眼企鹅（hoiho）在荒芜海湾站岗的姿态亦有望得见。海狮和海豹懒洋洋地在岩石间休息，信天翁则在它们这全世界唯一的陆地栖息地上俯冲而下、振翅高飞。

行前参考

更多信息见“生存指南”(745页)。

货币
新西兰元($)

语言
英语、毛利语

签证
持中国大陆护照的旅行者须申请旅游签证，详见746页生存指南。

现金
新西兰大多数地方都能使用信用卡，多数酒店和餐厅都接受。城市和大城镇里自动柜员机很多，其中有不少能接受银联卡取现。

手机
开通了国际漫游的中国三大移动通信运营商的用户，皆能在新西兰开通漫游通话功能及使用数据流量，资费请咨询你的运营商。更方便的做法是在机场和大城市的销售点购买一张当地的储值SIM卡(前提条件是你的手机未锁定)。

时间
新西兰时间(格林尼治标准时间/世界协调时间加12小时)，比北京时间快4小时。

何时去

旺季
(12月至次年2月)

➡ 夏季意味着热闹的海滩、适宜徒步的天气、节庆活动和体育盛事。

➡ 大多数目的地的住宿价格会上涨——提前订好。

➡ 滑雪的旺季是个例外，在6月至8月。

平季
(3月至4月，9月至11月)

➡ 旅行的黄金时间：天气晴朗，秋色斑斓，海水温暖，夜晚漫长。

➡ 游客较少，热门的旅游线路都很清静，复活节之后尤甚。

➡ 春季(9月至11月)积雪消融，羔羊遍地。

淡季
(5月至8月)

➡ 酷爽的南半球滑雪体验从6月中旬开始，此时滑雪度假村以外的地区，住宿便宜，就餐便捷。

➡ 海边小镇气候温暖，但有可能已进入半休眠状态，提前确定住宿。

网络资源

100%纯净新西兰（www.newzealand.com/cn）全面的新西兰旅游局推广网站。

新西兰环保部（www.doc.govt.nz）最详尽的国家公园、步道及露营信息。

新西兰中文服务站点（www.statravel.co.nz/chinese.htm）专业的中文团队提供旅行信息。

Fourcorners（www.fourcorners.co.nz）全面的新西兰旅游资讯整合平台。

Lonely Planet（www.lonelyplanet.com/new-zealand）目的地信息、酒店预订、旅游者论坛和其他资讯。

目的地新西兰（www.destination-nz.com）活动列表，以及从新西兰历史到有关时尚的各种信息。

Te Ara（www.teara.govt.nz）新西兰在线百科全书。

重要号码

新西兰的电话号码，通常由两位数字的区号和七位数字的电话号码组合而成。即使拨打同一地区的电话，也要拨打区号。如果从国外打进来，则需把开头的"0"去掉。如果要给警察局打电话，但英语又不是很熟练，可要求转接语言专线，或许能帮你约到翻译。

新西兰国家代码	☎64
中国国家代码	☎86
新西兰国际接入码	☎00
紧急情况（救护车、火警、报警）	☎111
查号服务（收费）	☎018

汇率

人民币	CNY 10	2.20
澳大利亚元	AUD 1	1.05
加拿大元	CAD 1	1.14
欧元	EUR 1	1.71
日元	JPR 100	1.41
新加坡元	SGD 1	1.11
英镑	GBP 1	1.91
美元	USD 1	1.51

实时汇率见www.xe.com。

每日预算

经济：少于$150

➡ 宿舍床位或露营地床位：每晚$25~40

➡ 经济餐馆的主菜：少于$15

➡ InterCity或Naked Bus汽车套票：$125~159/15小时或乘坐5次

中档：$150~250

➡ 中档的酒店/汽车旅馆双人间：$110~200

➡ 中档餐厅的主菜：$15~32

➡ 租车：每日$40起

高档：高于$250

➡ 高档酒店的双人间：$200起

➡ 高级餐馆内的西餐套餐：$80

➡ 奥克兰到基督城的境内航班：$100起

营业时间

营业时间根据季节和地点有所不同，大多数地方在圣诞节和耶稣受难日都会关闭。更多信息见出行指南（见750页）。

抵达新西兰

奥克兰机场 Airbus Express巴士24小时运营，每10~30分钟往市区发一班。上门接送（door to door）的班车也是24小时运营（$35起）。打车前往市区的花费约为$80~90（45分钟）。

惠灵顿机场 Airport Flyer巴士（$9）每10~20分钟往市区发一班，运营时间为7:00~21:00。上门接送的班车24小时运营（$20起）。乘出租车前往市区的花费约为$30（20分钟）。

基督城机场 地铁紫色线路（Metro Purple Line）每天大约在7:00~23:00定时发往市区。上门接送的班车24小时运营（$23起）。乘出租车前往市区的花费为$45~65（20分钟）。

旅行安全

新西兰的安全形势并不比其他发达国家差，不过常规安全保护措施依然需要，尤其是在天黑以后的城市街道及偏僻地带。自驾及环境相关信息，参见旅行安全（见755页）。

初次到访

更多信息，参见“生存指南”（见745页）。

检查清单

- 检查你的护照，有效期至少要持续到从新西兰预计返程日期的三个月后
- 提早预订或租赁车辆、露营车和火车票，尤其是夏季
- 购买旅行保险了吗？能覆盖你计划的活动吗？比如冬季运动
- 了解毛利文化，学一些词汇

带什么

- 结实的徒步鞋——到新西兰旅游，却不尝试一次徒步，简直是犯罪
- 一个日常小背包
- 新西兰电源适配器
- 墨镜，应对南半球的日光
- 羊毛帽，应对出乎意料的寒冷夜晚
- 可重复使用的水瓶
- 耳塞，入住青年旅舍时可以使用

重要建议

- 预留一些驾车时间。在城市以外的地区，道路狭窄曲折，经常会有山路。选择境内航班能节省时间，别指望能在两周内游遍整个国家。
- 留意预订的活动状态，它们常会因为天气状况取消。乘坐直升机或参加观赏野生动物的徒步也有可能会因为下雨而取消，所以要在日程中多预留一些时间，以防观光项目的变动。
- 新西兰的天气出了名的多变，多准备些便于随时增减的衣物，以备天气变化。
- 在城市以外的地区，不要指望无线网络速度能很快，或是免费。酒店和咖啡馆一般会提供代金券，允许有限数量的数据流量，连接速度一般都很慢。

穿什么

鉴于新西兰人热衷于走进荒野，所以当地着装规范总的说来是相当实用和通用的。当然了，如果是在奥克兰、惠灵顿或基督城市区夜间外出，还是要盛装打扮的。除此之外，舒适的关键就在于多层混搭。这里的天气可能眨眼就变：如果能迅速增减衣物，跟上温度的变化，就能做到最快地适应天气。

住宿

旅游旺季要提早预订床位，即从11月到次年3月（尤其是圣诞节到次年1月底的暑假期间），以及复活节和冬季（6月至9月）在皇后镇和瓦纳卡之类的滑雪城市。

汽车旅馆和酒馆 大多数城镇都有低层的中档汽车旅馆。就连小城镇一般也有带房间的酒馆。

假日公园 驾驶露营车露营或观光的理想之选，可选范围包括没有电力的帐篷营地、简单的小屋和套房。

青年旅舍 背包客青年旅舍包括啤酒派对型和家庭友好型的“豪华背包客栈”。

酒店 选择范围包括小城镇酒馆，以及豪华全球连锁酒店——对应不同的住宿地价格会有所不同。

语言

新西兰大多数人都讲英语（口音不纯却悦耳），毛利语（官方名称叫te reo）是新西兰另一种官方语言。许多毛利语的词汇已经融入日常英语：至少你每天都会听见kia ora（你好）。www.maoridictionary.co.nz提供方便的翻译工具。

讨价还价

讨价还价并不是新西兰传统商业文化中的组成部分。你唯一能碰碰运气的地方是农民集市（一天结束时买一大包猕猴桃能便宜不少）或者大宗私人购买（以最低价购买当地人的汽车）。

小费

在新西兰给小费完全随意。

导游 皮划艇导游或团队游领队很乐意接受小费，最高$10就足够。

餐厅 账单上的总价就是你需要支付的价格（不过有时会算上服务费）。如果愿意，可给5%到10%的服务费作为回馈。

出租车 如果你打算凑整支付出租车费，却收到司机找零，不要惊讶。

TIM90/SHUTTERSTOCK ©

礼仪

新西兰人总体来说都很悠闲谦逊——遵照一般的礼仪规则行事就能帮你融入当地人。

问候 第一次见面要看着对方的眼睛握手。

态度 无礼、自大、傲慢的态度会惹恼别人（注意：他们眼中的澳大利亚人就是这样，新西兰人则并非如此）。

毛利风俗 如果参观毛利人会堂，要严格遵守毛利礼仪（见734页）。除此以外，任何尊重他人的行为都有益无弊。

邀请 如果受邀上门用餐或参加烤肉会，可以带葡萄酒、啤酒、肉或一束花作为礼物。

新线报

在大巴里尔岛观星

自2017年获评黑暗天空圣地（Dark Sky Sanctuary）后，作为全球首个获得这一称号的岛屿，大巴里尔岛现在提供观星之旅。（见134页）

瓦纳卡荒野之路

意大利人几十年来一直在挑战神山线路的终极考验——在新西兰拥有世界最高瀑布群的三锥山山坡（见665页），他们也已取得了巨大成功。

派克29纪念步道

从2019年起，徒步者和山地自行车骑手可以前往新西兰最新的"徒步路线"，这是一条45公里长的路线，连接布莱克鲍尔和普纳凯基，以此纪念2010年派克河矿难的丧生者。（见518页）

内皮尔的餐饮业

新店纷纷开张，令内皮尔拥有了除新西兰首都以外最激动人心的餐饮风景。Bistronomy、Greek National Café和Hapi是其中的亮点。（见394页）

坎特伯雷地震国家纪念馆

2011年2月22日，基督城一场地震导致185人丧生，这座纪念馆于地震六周年纪念日揭幕，为坎特伯雷人提供了一个追思和怀念的场所。（见542页）

苏特尔美术馆

经过两年的翻新工作，纳尔逊古老的苏特尔美术馆现已重新开幕，化身现代化的21世纪场馆。馆内不但有迷人的新西兰艺术作品，还有一家出色的湖畔咖啡馆。（见479页）

He Tohu

这是惠灵顿国家图书馆中的一个新展馆，其中收藏了新西兰最宝贵的三套政治文档：1835年的《新西兰联合部落独立宣言》、1840年的《怀唐伊条约》、1893年的《女性选举权请愿书》。（见421页）

白石城

这座崭新而迷人的博物馆于2017年开放，旨在展出奥马鲁的维多利亚时代遗产，展品古雅有趣，包括一座复古自行车组成的旋转木马和一幅复制的街景画。（见606页）

车道溪铁路高空滑索

现在，当你乘坐过这条车程为18分钟的窄轨山地铁路后，可以在8条滑索组成的系列高空滑索中选一条，飞掠过森林密布的山坡下山返回。

托伊艺术画廊

在蒂帕帕的惠灵顿水滨，令人惊艳的新西兰国家博物馆现在开放了全新的托伊艺术画廊，展出从国家收藏到当代先锋作品的标志性画作。画廊占地两层楼，门票免费，非常适合家庭游客。（见416页）

更多推荐及评价信息，参见
lonelyplanet.com/new-zealand。

如果你喜欢

城市

奥克兰 未升级版的悉尼？我们更喜欢叫它“无雨版的西雅图”。这里拥有生机勃勃的太平洋岛民文化。（见82页）

惠灵顿 紧凑的核心商务区，山腰上点缀着维多利亚时代的建筑，这里具备一座首都城市应该具备的所有诱惑。（见416页）

基督城 受到地震重创的基督城，凭借着当地人重振的决心，正在恢复以往的热情与活力。（见539页）

达尼丁 这里不仅弥漫着浓厚的艺术气息和醺醺然的酒精味道（这里有着庞大的学生群体），还有机会在奥塔戈半岛看到野生动物。（见610页）

内皮尔 装饰艺术、西班牙教会式建筑，配以即将开业的餐厅，以及重新推出的博物馆和美术馆建筑群。（见387页）

新普利茅斯 完美的城市中心，有绝妙的美术馆、时髦的咖啡馆和酒吧，狂野风景近在咫尺。（见260页）

海滩

卡勒卡勒 距奥克兰以西1小时车程的黑沙滩，引人入胜，还有狂野的冲浪运动。（见140页）

哈黑 科罗曼德尔半岛上经典的新西兰式沙滩体验，通常可以搭配前往教堂湾的支线行程。（见247页）

怀拉里基海滩 没有停车场，没有贩卖冰激凌的小车……这个遗世独立的角落靠近送别角，最宜漫步沉思。（见496页）

玛努湾 新西兰最著名的冲浪胜地（看过纪录片《漫长夏日》吗？），沙滩不多，极限冲浪才是前往此地的理由。（见214页）

阿贝尔·塔斯曼海边步道 在这个拥有明信片般美景的天堂，金色的海滩、蓝色的港湾和青翠的群山都是如此真实。（见488页）

怀努伊 位于北岛东海岸：冲浪、建沙堡、晒日光浴……集沙滩休闲的精华于一身。（见377页）

库里欧湾 绝佳的浪足以让冲浪者蜂拥赶往这片弧形的金色沙滩。（见699页）

极限运动

皇后镇蹦极 绑上绳子，参与惊心动魄的高空峡谷蹦极或内维斯蹦极。（见642页）

阿贝尔·塔斯曼峡谷 游泳、漂流、索降跃入托伦特河的激流。（见490页）

怀托莫黑水漂流 穿上潜水服、救生衣，戴上配头灯的头盔，深入地下溶洞，来一场地下河的黑水漂流。（见225页）

弗朗茨花样跳伞 从19,000英尺高的地方饱览冰川，这是新西兰的最高一跳。（见527页）

极限奥克兰 在天空塔上经历天空漫步和天空蹦极的考验，体验EcoZip Adventures美景与刺激并存的冒险。（见98页）

Canyonz 越过悬崖、瀑布和激流，在泰晤士附近的新西兰原始丛林中攀爬、绳降。（见236页）

布勒河漂流 经典的漂流体验，由默奇森的优秀运营商提供。（见503页）

葡萄酒产区

莫尔伯勒 新西兰最大、最好的葡萄酒产区，尝试一下极好的长相思和其他品种。（见468页）

马丁堡 不大却很温馨的葡萄酒产区，从惠灵顿出发可一日往返，这里有很容易入口的黑皮诺。（见446页）

激流岛 奥克兰人钟爱的周末度假胜地，气候非常适合生产波尔多类型的红葡萄酒和玫瑰葡萄酒。（见126页）

奥塔戈中部 盛产这个国家最好的黑皮诺和雷司令。（见625页）

怀帕拉谷 有极好的葡萄酒庄，

生产品质同样极好的威士莲。（见574页）

霍克斯湾 在阳光炽烈的东海岸，白日暖阳酿就了一个个霞多丽之夜。（见395页）

美食体验

在奥克兰就餐 新兴的餐厅、各民族美食的聚集地以及日渐流行的餐车使奥克兰成了新西兰的美食之都。（见111页）

奥塔戈中部葡萄园餐厅 眼前展开的是一幅葡萄园的美景，面前餐桌上摆的是新西兰最经典的美食和佳酿。（见625页）

克赖斯特彻奇（基督城）城市风景 中央商务区南部盛大的餐厅和酒吧盛景正在恢复勃勃生机。（见555页）

布拉夫牡蛎 3月到8月，纵情享用口感丝滑、略带咸味的牡蛎。计划好旅游时间，来赶5月的牡蛎节。（见696页）

惠灵顿夜市 享受周五下班后的美食之乐，慵懒地度过一个同样美味的周六。（见439页）

西岸区银鱼 加入鸡蛋糊的银鱼煎饼是南岛一道让人沉迷的美食。试试搭配比萨。（见523页）

新西兰羔羊肉 肉食动物不会错过新西兰最受欢迎的肉食，从皇后镇富有当地意识的Public Kitchen & Bar开始品尝是不错的选择。（见651页）

科罗曼德尔 新鲜多汁的海鲜……9月，到怀蒂昂格扇贝节（见245页）去享用一整天。

徒步

米尔福德步道 新西兰十大徒步路线中颇有名气的一条，54公里

上图：凯图纳河上的激浪漂流，罗托鲁阿湖区（见343页）
下图：吉布斯顿山谷酒厂展示的奶酪（见646页）

的步道上布满了美丽的峡湾、山峰和瀑布。（见680页）

路特本步道 作为新西兰十大徒步路线之一，路特本步道被认为是顶级步道。（见657页）

汤加里罗高山穿越步道 在这条富于挑战性的小路上，为幽蓝的火山湖和喷着蒸汽的火山口目眩神迷。（见313页）

塔拉纳基山短途步道 徒步者可以用脚步丈量山顶，即便只是沿着山边悠闲漫步，如画的风景就让你不虚此行。（见288页）

班克斯半岛步道 29公里长的海岸火山密布，能看到起伏的山丘和风景如画的港湾……释放你内心隐藏的地质学者的特质吧。（见563页）

安琪勒丝路线 是的，曲折而艰辛的Pinchgut Track路段或许会令你后悔不已，不过罗伯特山脉沿途风光无限。（见499页）

老幽灵之路 无论骑车还是徒步，这条散发着历史风情的小路都足够引人入胜。（见506页）

夏洛特女王步道 享受露营的乐趣（轻柔的海风、海浪和繁星之夜）或木屋的奢华。无论哪种方式都值得尝试。（见462页）

毛利文化

罗托鲁阿 看一场毛利人的文化表演，包括战争舞蹈haka、毛利人的盛宴hangi，还有传统歌舞和部落故事等。（见339页）

怀波阿足迹 在毛利向导的陪伴下，踏上北部的西岸区，穿越美得令人难以置信的怀波阿贝壳杉森林。（见194页）

蒂阿娜毛利岩画艺术中心 远赴南部坎特伯雷地区之前，可以先在蒂马鲁了解毛利人传统的岩画艺术。（见582页）

霍基蒂卡 新西兰绿玉的主要产地，同时汇聚了许多雕刻艺术大师。（见519页）

Toi Hauāuru Studio 到这座拉格伦的工作室欣赏当代毛利雕塑、视觉艺术和文身。（见213页）

奥凯因斯湾毛利人和殖民博物馆 国家级的重要藏品，包括一座复制的毛利会堂（wharenui）和独木舟（waka）等。（见563页）

另辟蹊径的体验

斯图尔特岛 新西兰最南端的小岛，坐渡船去奥本享受几日离群索居的时光吧。（见703页）

卡拉米亚 欧帕罗罗和与世隔绝的斯科特海滩等若干西岸区北部奇观，是留给徒步者的奖赏。

东角 花几日绕道来游览这个北岛的非常规景点。（见369页）

旺阿努伊河公路 开车沿旺阿努伊河行驶，会经过毛利族的村落，还有成片的树林以及早就被遗弃的白人（新西兰欧洲人）农场。（见283页）

被遗忘的世界公路 陶马鲁努伊与斯特拉特福之间有一段空寂的草木丛生的公路，全长150公里。（见272页）

奥波诺尼和奥玛贝雷 清澈的海水，宁静的定居点，北岛的西北海岸人烟稀少——我们就是这么喜爱它。（见193页）

摩斯沃斯 新西兰最大的家畜农场，横跨一些偏远地区。可参加摩斯沃斯观光之旅。（见573页）

哈斯特 和渔民聊一聊，驾车前往南岛孤单的杰克逊湾。此地没有电话信号。（见534页）

小酒馆、酒吧和啤酒

惠灵顿 Garage Project、Golding's Free Dive，只不过是首都惠灵顿约20家精酿啤酒酒吧中的两个。（见435页）

皇后镇 新西兰唯一一个可以让你在周一或周二享受夜晚狂欢的城市，届时你会碰到不少同伴。（见652页）

奥克兰 这个国家最大的城市正逐渐发展成一个欢乐的中心，可以去Galbraith's Alehouse、Hallertau或Brothers Beer看看。（见115页）

纳尔逊 作为新西兰的啤酒之乡，纳尔逊以众多啤酒厂和传奇旅馆闻名。（见482页）

达尼丁 这个大学城拥有许多很棒的酒吧，到Speight和Emerson的酿酒厂和漂亮酒吧尽情畅饮吧。（见620页）

哈密尔顿 在Hood St周围的夜生活区，当地产的精酿啤酒很受欢迎。（见208页）

Mike's 有塔拉纳基最好的精酿啤酒，距离新普利茅斯咫尺之遥。（见267页）

Pomeroy's Old Brewery Inn 基督城最好的酒馆。（见557页）

滑雪

三锥山 从高山越野滑雪到半管雪道滑板滑雪，应有尽有，瓦纳卡近在咫尺。（见665页）

小皇冠峰 离市中心仅18公里，周五和周六开放夜间场。（见643页）

卡德罗纳 瓦纳卡地区的又一个滑雪选择，适合各种程度的滑雪者。（见673页）

华卡帕帕村和图罗瓦 北岛最大

秋天的阿罗敦（见660页）

的滑雪胜地，沿鲁阿佩胡火山蜿蜒而下，位于汤加里罗国家公园，靠近陶波。（见315页）

坎特伯雷 享受从哈特山和梅思文呼啸而下的刺激，奥豪、圆山、波特斯和断河等小型雪场也可列入选择之列。（见60页）

市场

奥塔戈农贸市场 位于达尼丁，供应有机果蔬、浓咖啡及自制派。（见618页）

纳尔逊市场 每周一次的大型集市，很热闹，从德式香肠到素食奶酪，无所不包。（见482页）

河岸集市 旺阿努伊的河岸周末早市于每周六早晨按时开市，摊位多达百个。（见280页）

海港市场 每周一次的蔬果市集，不同民族的食品摊以及毗邻的手工艺者"城市市集"最具诱惑力。（见438页）

奥塔拉跳蚤市场 在奥克兰体味南太平洋风味。（见121页）

罗托鲁阿夜市 罗托鲁阿市中心的土风夜市，每周四开市，有食物、酒水、街头表演……（见339页）

黑斯廷斯农贸市场 新西兰本土农贸市场之一，也是全国最好的农户自贸市场。（见397页）

基督城农贸市场 提供当地产的奶酪、有机水果和精酿啤酒，就在古老的里卡顿别墅旁。（见556页）

历史

《怀唐伊条约》签署地 当年的毛利部落酋长和英国王室在岛屿湾签下了备受争议的《怀唐伊条约》。（见173页）

阿罗敦 这个淘金热时代的小镇满是历史建筑和中国人最初定居于此的遗迹。（见660页）

奥马鲁维多利亚街区 白色石头修建的美丽的楼房和货栈，现已被改造成精致的美术馆、餐厅和艺术家工作室。（见605页）

蒂帕帕 这里记载着毛利人同白人的谈判、碰撞并最终言和的历史。（见417页）

怀乌塔 在南岛里夫顿以南探索锈迹斑斑的鬼城遗址，该遗址于1951年被废弃。（见505页）

仙蒂镇 在这座19世纪60年代矿业小镇的真实再现之地，拥抱淘金热时代的怀旧气息，就位于西岸区的格雷茅斯以南。（见515页）

托伊图奥塔戈移民博物馆 用互动展览和1万件展品讲述人类在南岛定居的历史。（见613页）

每月热门

最佳节庆

先锋艺术节，2月

莫尔伯勒葡萄酒和食品节，2月

蒂玛塔提尼节，3月

新西兰文身和艺术节，11月

啤酒节，8月

1月

新年前夜一过，新西兰便已经睁大眼睛、攒足精神，准备好迎接新的一年了。这时有绝佳的天气、生机勃勃的板球季，当地人享受着快乐的假期。

灯光节

新普利茅斯的普凯库拉公园经常被形容为“瑰丽的宝石”。灯光节期间，这些美丽的花园也的确是熠熠生辉。公园小路闪闪发光，树上挂着上千只彩灯，还有现场音乐、舞蹈以及儿童表演等。有时灯光会一直闪烁到2月初。（见263页）

世界街头艺人节

在基督城举办的这个为期10天的夏季节日里，有喧哗热闹的杂耍、音乐、魔术、木偶、哑剧和舞蹈等表演。挤进熙熙攘攘的人群，看看谁在场地中央表演，也许可以留几块钱以示鼓励。但如果你害怕作为观众被拉上台，就不要去了……（见551页）

2月

阳光明媚，孩子们回到了学校，冰箱里的长相思葡萄酒正沁爽冰凉：这正是整个新西兰最好的派对时光。建议预订节庆期间的门票及住宿。

怀唐伊节

1840年2月6日，毛利部落和英国王室签订了《怀唐伊条约》。至今，这个纪念日仍是新西兰的公众假期，而怀唐伊（位于岛屿湾）则有更多自己的庆祝方式：团队游、音乐会、集市以及属于各家各户自己的独特的消遣……（见176页）

先锋艺术节

音乐、戏剧、喜剧表演、舞蹈、视觉艺术即将挤爆惠灵顿……它们并非新西兰节上那种主流艺术。先锋艺术节聚焦的是边缘、与众不同、方兴未艾、颇具争议、超低预算和奇怪透顶的艺术表现形式。换句话说，这里呈现的都是最好的。（见426页）

哈密尔顿七人制橄榄球赛

此时虽然也是橄榄球赛季，但每年2月初/1月底，在汉密尔顿将上演世界顶级的七人橄榄球赛。作为汇丰世界七人制橄榄球系列赛的一站，参赛的既有来自澳大利亚、新西兰和南非的劲旅，也有来自肯尼亚和加拿大等相对较弱的球队。看球是开派对的好借口。（见205页）

莫尔伯勒葡萄酒和美食节

新西兰最大最好的葡萄酒节，可以品尝到莫尔伯勒地区40多个葡萄酒庄的佳酿，还有精致的餐饮和丰富的娱乐项目。这个开怀畅饮的节庆活动通常在2月初的周六举办。如果你不喜欢长相思葡萄酒，保持沉默就好。（见466页）

新西兰节

想充分感受一下艺术氛围吗？每个偶数年的2月至3月，惠灵顿都会举办长达一个月的国际艺术节，这一定能激发你的艺术灵感。作为新西兰的文化首都，惠灵顿的剧院、舞蹈、音乐、文学和视觉艺术无不散发着浓浓的艺术热情。除此之外，这里还有丰富的国际性表演。（见426页）

艺术装饰周

内皮尔在1931年的一场地震中被夷为平地，重建时采用了高水准的装饰艺术风格。2月中旬的某个长周末，内皮尔会以充满音乐、佳肴、美酒、老爷车的节日来为她的建筑遗产欢庆。（见393页）

3月

3月意味着秋天的到来，这是葡萄园和果园的收获季节（也是找工作的大好时机），也预示着昼短夜长和大把的节日。旅游旺季过后，当地人变得悠闲起来。

太平洋岛民节

在汤加、萨摩亚、库克群岛、纽埃岛、斐济和其他南太平洋岛国上生活着超过14万毛利人及其他已知族群，奥克兰拥有世界上最庞大的波利尼西亚族群。生机勃勃的岛国文化将在西泉公园每年一度的太平洋岛民文化节汇聚一堂。（见102页）

世界音乐艺术和舞蹈节

节日期间，新普利茅斯的布鲁克兰舞台上满是新西兰本国以及国际流行的音乐、艺术与舞蹈表演。这个节日由之前的世界音乐节发展而来，创意来自英国音乐家彼得·盖布瑞尔（Peter Gabriel）等摇滚和艺术爱好者，他早在1982年就开创性地举办了英国音乐会。非常适合全家人参与其中。（见263页）

工作室开放日暨玻璃艺术节

作为华丽玻璃制品的制作中心，旺阿努伊具有独特的艺术风格。大量当地的艺术家和工作坊都为这个3月里的玻璃节尽心筹备。敬请期待令人目不暇接的制作展示、展览和开放的工作室吧。（见278页）

奥克兰城市极限音乐节

开始摇滚吧！奥克兰城市极限是一个国际独立摇滚节，大致模仿了美国奥斯丁城市极限音乐节——这个新西兰版本的节日每两年会在3月的周末举办，为期一天，在西泉公园设有4个舞台（下一届将于2020年举办）。（见102页）

蒂玛塔提尼节

这个引人入胜的毛利传统战舞比赛在每个奇数年的3月初/2月底举行，届时可以看到毛利人手舞足蹈、瞪圆双眼并伸长舌头的景象。节日的举办地每年不同：2019年在惠灵顿举办。当然，歌舞节上不只有战舞，还有传统歌舞、古老传说和其他表演。

野味美食节

在霍基蒂卡的野味美食节上试吃昆虫、小章鱼和“山牡蛎”。如果不想吃猪血砂锅，这里也有银鱼馅饼等传统食物。建议多喝些美味的新西兰精酿啤酒和葡萄酒，来搭配这些挑战味蕾的食物。（见521页）

4月

精明的旅行者会选择在4月游览新西兰：此时尚可以下海游泳，天气依旧温和，很少看到长长的游人队伍。不过，复活节期间的住宿会很贵。

全国爵士音乐节

每年复活节，陶朗阿都会主办南半球时间最长的爵士音乐节。有一个专设的毛利爵士舞台，一个新奥尔良风格的村庄，还有新西兰精选的美食美酒，可以一边享用，一边跟着“za-bah-de-dah”的节拍打响指。（见348页）

克莱德葡萄酒和美食节

在奥塔戈中部的小城克莱德周围，复活节是丰收时节，届时这里的古老大街上会摆出超过40张的桌子和凳子，呈现地区最好的食物和葡萄酒……不喝够黑皮诺就不要离开。（见631页）

5月

派对的欢快夜已渐行渐远，寒冷的冬季开始展露出其迷人的姿态。多亏了喜剧节，它是趁着好天气探索峡湾地区和南部区的最后机会（尽管有些步道已经禁止通行）。各种农贸市场也开始遍地开花。

布拉夫牡蛎和美食节

在这个低调的节日里，前往南部腹地品尝鲜滑咸美的生蚝。5月天气已越来越冷，但是现场音乐以及吃牡蛎公开赛会让每个人都温暖起来。不喜欢吃贝类食物的话，也有美味汉堡、奶酪卷、海鲜杂烩汤可以享用。（见697页）

新西兰国际喜剧节

为期3周的欢笑节日（www.comedyfestival.co.nz）覆盖了奥克兰、惠灵顿和其他许多地区的中心地带：从旺阿雷到因弗卡吉尔，以及两者之间所有的中等城市。国际著名喜剧演员阿吉·巴克、丹尼·鲍伊、比尔·贝利与本土天才杰曼·克莱门特将同台献艺。

6月

是时候前往南岛了，滑雪正当时！皇后镇和瓦纳卡迎来旅游旺季。也有游客前往北岛：丰盛湾总是阳光明媚，你可能发现自己形单影只，也许是北部的美被低估了？

玛塔里基

毛利新年（www.teara.govt.nz/en/matariki-maori-new-year）以5月玛塔里基（也被称为七姐妹星群）的升起和6月的新月景象为标志。届时会有为期3天的纪念活动、相关知识讲座、音乐、电影、社区活动和植树等相关活动，这些活动主要集中在奥克兰、惠灵顿和北部区。

新西兰金吉他竞赛周

金吉他竞赛周在寒冷的戈尔地区（如果没听说过，换句话说，就是新西兰的乡村和西部之都）举行。这一周是绝妙的时光，充斥着永远备受喜爱的乡村旋律与曼妙的舞步，伴随着很多音乐会和街头表演。（见698页）

7月

滑雪季节不期而至，皇后镇的冬季狂欢节至此达到最高潮。如果不喜欢人多，大可前往北岛的鲁阿佩胡火山。或在新西兰的国际电影节享受悠闲时光。

皇后镇冬季狂欢节

这是始于1975年的南岛冰雪节，每年会吸引超过45,000名的滑雪爱好者前来。在4天的狂欢大派对里，有烟火表演、现场音乐会、喜剧表演、社区狂欢节庆和化装舞会等经典节目。此外，山坡上还有许多富于奇思妙想的滑雪和滑雪板滑雪活动。节日有时在6月底就开始了。（见647页）

新西兰国际电影节

由惠灵顿、奥克兰、达尼丁和基督城各自的电影节合并而成。7月至11月，这些地区城镇里会挤满电影爱好者，精选的各式电影将陆续在各个小镇上映。

拉塞尔鸟人节

鸟人大集合，听起来颇有些20世纪80年代的意味，而且真的很好玩。拉塞尔鸟人节的重头戏是，全副武装的参与者从码头跳进水里，追求失重的快感。迪斯科、蛋糕装饰和吃意面竞赛绝对能让孩子们心满意足，适合家庭出游。（见171页）

8月

除了滑雪小镇之外，在其余任何地方都能找到价钱合适的住宿。冬天就快过去，但徒步季还很远。音乐和艺术是最好的消遣……要不就窝在酒馆里看一场橄榄球赛！

Beervana

惠灵顿每年一度的精酿啤酒节，可以送你直达啤酒天堂（冰天雪地的，还有什么事好做呢？）。在这里你可以喝到新西兰繁荣的啤酒产业中最好的产品。不喜欢啤酒的人在这里简直就是异类，不过也有苹果酒和葡萄酒可供选择。（见427页）

岛屿湾爵士和蓝调音乐节

你或许会认为，岛屿湾的生活就是在游艇上悠闲地晒太阳，这时海豚会游过来喷上一口海水。的确如此。但是在深冬岁月，为期3天的爵士和蓝调音乐节提供了另一个欢快律动的选择，来自新西兰各地的45场表演在这里逐一上演。（见169页）

9月

春天如约而至。充满惊喜的世界时装艺术设计评选秀从来没有让大家失望过。另外，在全新一季的全国橄榄球联赛上，哪支球队能战胜坎特伯雷队呢？

世界时装艺术设计评选秀

惠灵顿为期两周的奇妙节庆，特色是与众不同的手工缝制衣服。之后的走秀在

纳尔逊的世界时装艺术设计和经典汽车博物馆内举办(凯迪拉克与紧身衣同时出场?)。活动有时会延续到10月。(见427页)

10月

橄榄球联赛结束了,板球季开始预热,体育迷们翘首以盼:或许可以安排一趟凯库拉之旅?新西兰其他地区都是平季,住宿价钱公道,游人稀少,没人和你抢露营的好地方。

凯库拉海鲜节

凯库拉是一座建造在螯虾上的城市。可以肯定的是,这片海里有许许多多的带壳海鲜,海鲜节期间它们将被装进盘子,摆上餐桌。这也是一个尽情地享受佳酿、跟着现场音乐摇摆的绝佳机会。(见474页)

纳尔逊艺术节

我们知道,纳尔逊阳光明媚,不过在这个为期两周的艺术节上,还是值得走进室内,欣赏喜剧表演、卡巴莱、舞蹈和摇滚音乐会的。(见480页)

11月

在北部区、科罗曼德尔半岛、丰盛湾及东海岸,新西兰标志性的波胡图卡瓦树开出绚烂的花朵。天气渐渐转暖,旅行者也开始陆续登陆。尽早确定徒步住宿处吧,徒步爱好者们!

新西兰文身和艺术节

大洋洲规模最大的文身文化节,每年11月举行,吸引数以千计的文身爱好者齐聚新普利茅斯。很受墨水爱好者和他们的粉丝欢迎(不一定适合家庭)。如果想让与会的众多国际文身师为你出手,须提前申请。(见263页)

马丁堡美食节

晃动葡萄酒杯,深吸一口气,假装你能分辨得出葡萄和橡木的气味……来到葡萄酒优质产区马丁堡,是时候摆出一副葡萄酒鉴赏行家的面孔了。怀拉拉帕地区出产高品质的黑皮诺,每个葡萄酒爱好者都应该尝一尝。(见446页)

奥马鲁维多利亚文化节

过往的美好岁月啊……维多利亚女王还仪态威严地坐在皇椅上,那时裙边很低、衣领很高。在盛装打扮、前轮大后轮小的自行车竞赛、唱诗班以及团队游等活动中,老式的奥马鲁以这种半开玩笑的方式向历史致敬。(见607页)

陶波湖自行车挑战赛

觉得自己体力足够吗?那就试试参加新西兰最大的自行车赛事,骑行160公里绕行陶波湖,然后再来和我们聊聊。赛事于每年11月最后一个周六举行,迄今已有超过40年的历史,对个体和团队都开放。(见304页)

12月

夏天到了!板球的皮革撞上柳木球板的声响回荡在全国的板球运动场上,上班族急匆匆地赶着完成手头最后的工作。每个人都精神饱满地迎接圣诞节的到来。但此时商场人满为患,请尽量避开。

韵律与美酒音乐节

葡萄酒、音乐和歌声(所有美好的东西),就在元旦前夜东海岸的吉斯伯恩。顶级的打碟师、嘻哈街舞、乐队和原创歌手,争相吸引你的眼球。也许,你更愿意在沙滩上品着霞多丽亲吻爱人。(见378页)

旅行线路

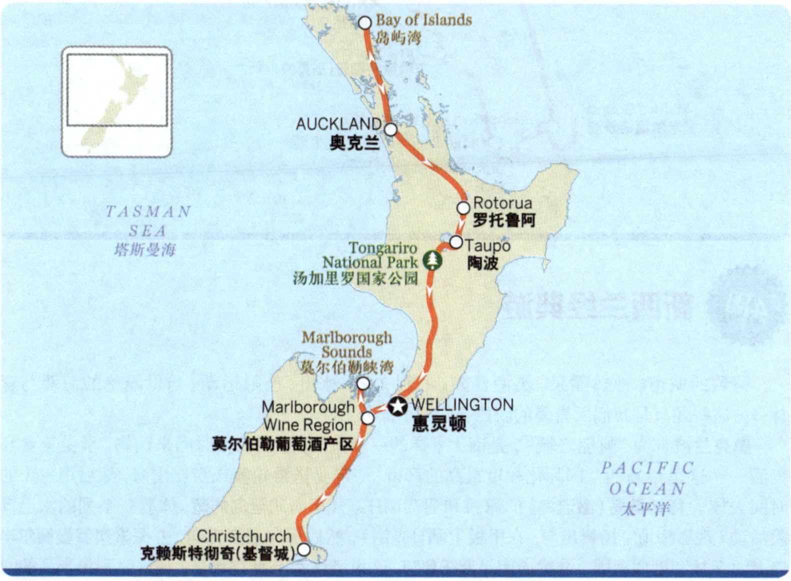

2周 北岛与南岛

从最北部到南岛的中部，快速体验新西兰的精华所在。

旅程从**奥克兰**开始：这是新西兰最大的城市，有非常棒的餐厅、酒吧、美术馆、精品店、沙滩和海湾。不想在城市流连？那么就徒步向北前往被海水包围着的**岛屿湾**去休养两天吧。

向南到**罗托鲁阿**，一座与众不同的有着地热温泉的城市，间歇喷泉、海底泥浴池、火山口与毛利文化将给你带来一段迷人的旅程，点燃你所有的感官。继续向南是**陶波**，这里有崎岖的火山口，**汤加里罗国家公园**近在咫尺。在这里，可以徒步旅行、骑山地自行车或者跳伞。之后，向南到**惠灵顿**，这是一座时尚小城，四处充斥着生机勃勃的艺术氛围。

乘坐轮渡穿越库克海峡，亲自去世界闻名的**莫尔伯勒葡萄酒产区**体验生活。如果不喜欢葡萄酒，附近是**莫尔伯勒峡湾**寂静的水湾、山脉和航路。继续向南，乘船前往**克赖斯特彻奇（基督城）**，在这个快速复兴的城市里感受南方人的好客。

4周 新西兰经典游

精致的城市、地热喷泉、美酒佳酿、毛利文化、冰川、极限运动、与世隔绝的海滩与森林……这些还只是我们所喜爱的新西兰的一小部分。

奥克兰被誉为"帆船之城"，是南太平洋的一座大熔炉。用几天时间来购物、享受美食和美酒——这里是新西兰国际化程度最高的都市。一定要搭乘轮渡或游艇出海，然后用一天的时间去体验**怀希基岛（激流岛）**的海滩和葡萄酒庄。开车向北至**岛屿湾**，体验一系列的水上冒险活动（观看海豚、扬帆出海、在甲板上晒日光浴），然后折向东南方向，去探索**科罗曼德尔半岛**上的森林和度假海滩。继续向南是**罗托鲁阿**，这里满城都是臭鸡蛋味，观赏喷到10米高的间歇喷泉，对着火山泥气泡傻笑，体验一场真正的毛利族的文化表演。

悠然南下，前往东海岸的**内皮尔**，这里是新西兰迷人的艺术之城。来到这里，就不要错过**霍克斯湾葡萄酒乡**出产的瓶装美酒，尤其是霞多丽。继续向南至**惠灵顿**，咖啡暖热，啤酒沁凉，还可与政客们推杯换盏，轻松地交谈。这里也是新西兰的艺术之都：不要错过现场乐队、街头艺人、美术馆开幕式和戏剧演出。

花2周时间在南岛逍遥，体验其精华。旅程从**莫尔伯勒葡萄酒产区**酿制长相思的中心地带开始，然后在**凯库拉**观赏近岸的鲸鱼，到山间悠闲地度过几日。下一站是**克赖斯特彻奇（基督城）**，这座城市正从地震的伤痛中迅速复兴。沿海岸线向南，到野生动物聚集地**奥塔戈半岛**，走进**达尼丁**，这是新西兰有名的大学城，苏格兰风情的建筑体现了维多利亚时代的特色。在城中，切莫错过现场音乐。

沿着SH8驶向内陆，直达蹦极和滑雪圣地**昆斯敦（皇后镇）**。别忘了拐到峡湾走一程惊人的公路之旅，绕着**米尔福德峡湾**乘船巡游，最后返回昆斯敦，再乘飞机返回奥克兰。

10天 奥克兰之旅

还有哪个拥有140万人口的城市能兼具两面临海的地理位置和生机勃勃的波利尼西亚文化？融入城市，沉醉海滨，然后转向城外南北两翼，探索宏伟的森林和洞穴。

至少在**奥克兰**停留3天，探索这里一流的酒吧、餐厅、博物馆和海滩。到奥克兰博物馆参观毛利人和南太平洋岛民的文化与物件，然后踱到K Rd享用午餐。参观壮观的奥克兰美术馆和标志性建筑天空塔。最后到庞森比区吃晚餐，再喝上一杯。

乘轮渡前往**朗伊图图岛**，在德文波特靠岸后享用一顿饭。看一看**怀塔凯里山脉地区公园**里的高大密林，到**卡勒卡勒和皮哈**感受狂野的冲浪，然后前往布里托马特的餐厅享用美味。到伊甸山用早餐，之后去爬芒格法奥(Maungawhau，伊甸山的毛利名称)，再乘轮渡前往**怀希基岛(激流岛)**体验美酒与海滩。

最后几天，留给稠密人烟之外的活动：驾车出奥克兰城，北上到**山羊岛海洋保护区**潜水；出海前往**岛屿湾**；到**雷因格角**观海；到**怀波阿森林**观赏贝壳杉。留出两三天时间，深入**怀托莫洞穴**探险，到**拉格伦**冲浪，或是在**怀蒂昂格**的沙滩上晒太阳。

2周 北岛深度游

3/4的新西兰人生活在北岛——是时候来探寻其原因了！

就从新西兰最大的城市**奥克兰**开始吧。这里有好几条美食街：尝试下庞森比区的Ponsonby Rd、纽顿区的K Rd以及金士兰区的New North Rd。饭后登上一树山(毛利语为Maungakiekie)消食，另外，不要错过奥克兰美术馆和奥克兰博物馆。

向南穿过拥有地热资源的**罗托鲁阿**——这里有一些着实令人惊艳的火山——乘船抵达阳光灿烂的**东海岸**。充满装饰艺术气息的**内皮尔**是建筑爱好者的心头好，它在海边，被盛产高品质霞多丽的**霍克斯湾葡萄酒乡**围绕着。沿着SH2向南进入绵羊遍地、酒庄密布的**怀拉拉帕**，然后驾车越过瑞姆塔卡山脉，直到时尚和艺术之城**惠灵顿**。

从西北返回奥克兰，到**北帕默斯顿**的新西兰橄榄球博物馆稍作停留，在**旺阿努伊**欣赏精巧的玻璃制品或宏伟的**塔拉纳基山**，后者犹如奥林匹斯山一般耸立在新普利茅斯背后。还可深入位于地下的**怀托莫洞穴**，在**拉格伦**附近体验惊险刺激的冲浪。

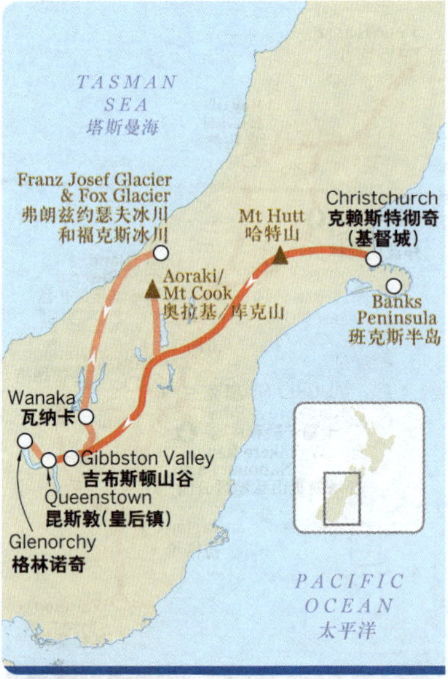

3周 南岛环线游

绕着南岛最棒的景点进行一次环线之旅。

飞到**克赖斯特彻奇（基督城）**，你会发现这座震后重建的城市充满生机。到咖啡馆品尝一杯咖啡，然后去参观坎特伯雷博物馆。

厌倦了城市？那么到地质和文化都很古怪的**班克斯半岛**来吧，还可以接着向北到**凯库拉**观赏野生动物。继续前往著名的**莫尔伯勒葡萄酒产区**，在**莫尔伯勒峡湾**静谧的水道上享受一天的美好时光。

绕到西部，从充满艺术气息的**纳尔逊**前往**阿贝尔·塔斯曼国家公园**和生态良好的**黄金海湾**（在这里大自然的魅力远多于人类的痕迹）。沿西海岸向南，花点时间，到**普纳凯基**欣赏薄饼岩，在**弗朗兹约瑟夫冰川和福克斯冰川**参加导览徒步或直升机徒步。继续向内陆进发，直抵时尚又嬉皮的**瓦纳卡**，以及探险运动及滑雪胜地**昆斯敦（皇后镇）**。

随后，向西南前进，去马纳普里参加一日乘船观光，人迹罕至的**神奇峡湾**令人着迷。折向东前往植被茂盛的**卡特林斯**，花一两天时间寻找瀑布、多浪的海湾，再看看企鹅。

回到东部海岸，穿过达尼丁来到时尚的**奥马鲁**。最后，折回克赖斯特彻奇（基督城）。

10天 冬季漫游

我们知道，许多人来这里都只为一个目的：南岛的雪！

乘飞机前往**克赖斯特彻奇（基督城）**，花一天时间沉溺在热闹的酒吧和餐厅。滑雪水平还不错，甚至更高？那你的下一站应当是拥有365公顷滑雪场的**哈特山**。南下绕道欣赏积雪覆盖的**奥拉基/库克山**，然后继续前往**昆斯敦（皇后镇）**，那里有世界级的滑雪场、出色的餐厅和激动人心的夜生活。皇冠峰是该地区最古老的滑雪场，完美契合所有水平的玩家（也很适合雪板滑雪）的需求。令人过目不忘的卓越山脉更适合家庭游客。

看腻了雪，就驾车绕过瓦卡蒂普湖，前往美丽的**格林诺奇**，或者迷失在**吉布斯顿山谷**的葡萄酒庄，又或者，试试皇后镇的冬季极限运动：蹦极、喷射船、山地自行车，不一而足。

回到**瓦纳卡**（皇后镇低调的小兄弟）的山坡上。附近的滑雪场包括三锥山、卡德罗纳和新西兰冰雪农村，这里是新西兰唯一商业性质的北欧风情（越野）滑雪场。

从瓦纳卡出发，连夜前往西岸区，到**弗朗兹约瑟夫冰川和福克斯冰川**参加直升机徒步或攀登冰川。返回皇后镇乘飞机。

上图：弗朗兹约瑟夫冰川（见526页）

下图：格林诺奇（见655页）

GLOBALTRAVELPRO / SHUTTERSTOCK ©

新西兰农场内的绵羊

计划你的行程

打工旅行

嘿！你准备好开始为期一年的精彩得意想不到的南半球生活了吗？你准备好上山下海体验刺激，和各国朋友一起放纵青春享受生活了吗？你准备好独立挑战生存的压力和工作的辛劳了吗？如果没问题，这个机会就是留给你这样的人。工作假期签证给那些有独立精神，有志于探索世界、开阔视野的年轻人一个实现梦想的机会，创造一段宝贵的经验。

NARUEDOM YAEMPONGSA/SHUTTERSTOCK ©

申请资格

- 年龄为18~30周岁
- 持有有效护照
- 4200新西兰元以上的存款证明和往返机票（资金）证明
- 满足体检和品格要求
- 合格的英语能力
  - A 雅思A类、G类均可。总分5.5或以上，对单项成绩没有要求。
  - B 托福网考（iBT）的4个科目（口语、阅读、听力、写作）总分应在46分或以上。
  - C PTE 学术英语考试的4个科目（口语、阅读、听力、写作）总分应在42分或以上。
  - D 剑桥英语测试4个科目（口语、阅读、听力、写作）总分应在162分或以上。
  - E OET职业英语4个科目（口语、阅读、听力、写作）每一项都在C等级或以上。
- 高中及以上学历

申请费用：申请费为245新西兰元（在线支付），签证中心收取申请服务费240元，快递费50元（无法亲自前往递交材料的情况下）。

签证时长：一年多次有效往返签证。签证有效期内，若从事园艺、葡萄园或其他季节性工作达3个月，即符合延签条件，可向当地移民局申请3个月的延签。

计划你的打工旅行

签证申请

打工旅行签证的申请是鼓励个人的DIY，任何中介机构的介入都属于非法行为，新西兰移民局每年都在严打这些非法中介。对打工度假签证有兴趣的你，是完全有能力一步一步自己动手实现的。

新西兰打工旅行签证每年对中国开放1000个名额，有时分批发放名额，有时同一天内全部发放，下一年的名额将于2019年8月29日新西兰时间上午10点整（北京时间上午6点整）开放申请，届时须登录新西兰移民局官网（https://www.immigration.govt.nz/new-zealand-visas/apply-for-a-visa/criteria/china-working-holiday-visa?nationality=nationality-CHN&country=residence-CHN），注册账号，名额发放时在线填妥表格然后提交，若能成功支付申请费，就代表获得申请名额。获取名额之后，必须在30天之内递交审理所需的所有文件，此期限无法推迟，因此建议提前准备好最费时的英语成绩。文件清单可以在领事馆发送给你的确认信中和官方网站上找到。工作假期签证审理时间是在收到书面材料后的45天至60天。申请材料将按照接收时间的先后顺序进行审理。

你需要准备以下申请材料：有效护照、4200新西兰元以上的有效资金证明（包括往返机票的资金证明）、指定医院的X光健康检查、雅思成绩（5.5分以上）、高中学历的中国学位与教育文凭认证（China Academic Degrees and Graduate Education Development Center，简称CDGDC）证明或高中以上学历的原件和翻译件、打印并填妥的“INZ 1027”表格，附上照片。

将申请材料面递或快递至新西兰签证中心办理。

带什么

除了基本的旅行用品，带上手提电脑，方便你找工作和生活交流。如果有意在新西兰待够一年，携带的衣服最好适用于一年四季，普通的背包容量不够，建议带一个行李箱外加背包。一些具有中国特色的小工艺品是送给异国朋友的好礼物。

网络资源

背包客栈自助游论坛（https://www.bbkz.com/forum/forumdisplay.php?f=122）信息更新最快的中文论坛之一。

Working Holiday小组（www.douban.com/group/WHV）豆瓣的打工旅行签证分享小组。

Work New Zealand（www.worknewzealand.org.nz）新西兰为打工旅行人士而设的官方网站，在这里你可以预先了解如何在当地开展打工度假生活，还提供征集旅伴和找工作等资讯，是打工旅行者(Whver)的入门手册。

Backpackerboard(www.backpackerboard.co.nz)几乎所有在新西兰的打工旅行者(Whver)和背包客都会关注的资讯网站,上面提供关于旅游、住宿、交通、换宿、工作和征友,甚至二手买卖的最新信息,不可错过。

WWOOF New Zealand(www.wwoof.co.nz)有机农庄换宿的网站,需要付费注册会员。

Help X(www.helpx.net)非常有用的换宿资讯网站,提供农场、牧场和旅舍换宿,需要付费注册会员。

Trade Me(www.trademe.co.nz)涵盖衣食住行的网上二手交易平台,为期一年的打工生活中你随时会用得上它。

Inland Revenue(www.ird.govt.nz)税务局官网,办理个人网上税号。

Pick NZ(www.picknz.co.nz)想从事季节性农业工作,最好先了解新西兰的季节性工种分布时间,这里提供很详尽的资料,包括种植区域图和物种、时节以及周边配套资源。

Seasonalwork(www.seasonalwork.co.nz)提供新西兰季节性工作的网站。

抵达新西兰

住宿

初次抵达,普遍的住宿方式是在BBH(www.bbh.co.nz)或YHA(www.yha.co.nz)上寻找青年旅舍。对于刚出国门或者首次进行打工旅行的你,抵达新西兰后最好先找到当地人带路,尽快融入打工旅行者的圈子,所以民宿是个不错的选择。选择在华人的民宿先逗留一个礼拜左右,一般民宿主人会协助你办理银行卡、税号,甚至介绍工作,与同住在民宿里的打工度假房客多多交流,他们很可能成为你在新西兰的第一批好朋友、旅伴或是工友。找这类民宿,最好的方法是先在国内上网搜索预订,一些口碑比较好的华人民宿在旺季会满客,建议计划好你的时间,有些还会提供接机服务。

工作稳定下来之后,就可以寻找适合的寄宿家庭,更好地融入当地生活。寻找民宿的最好方法是通过超市的公告板、seekme网站(seekme.co.nz)和打工旅行者圈子内部的分享,其次是地产中介和报纸。

办证

手机卡

三大手机营运商Spark(原Telecom),Vodafone、2degrees,都有不同的套餐选择,由于新西兰的网络覆盖率不高,有些廉价旅舍的上网费用昂贵,建议开通上网流量(data)功能,在上网联系工作和住宿的时候能派得上用场。

银行卡

先到当地银行开设账户,一般适合Whver的银行有澳新银行(ANZ)、新西兰ASB银行、新西兰银行(BNZ)、Kiwibank。建议开通普通支票账户(checking acount)

怎样找工作

12月至次年5月是新西兰的夏秋季节,南岛可以采摘葡萄、苹果、樱桃等,北岛则有蓝莓、奇异果、芦笋等,果园维护和收成需要大量劳动人手,所以不用担心找不到工作。2月至5月的收成季节,在包装厂工作可以挣得可观的薪水;6月至9月是冬季,工作比较难找,收入相对稳定的工作只剩下滑雪场、海鲜工厂、肉制厂,不过往往竞争激烈,大部分人只能去葡萄园做户外工,或是去农场和旅馆换宿。如果你的英语能力很好,可以在城市里通过中介公司应聘对口的职位,网上也有相关的中介公司。值得注意的是,工作开始之前应先向雇主了解好薪水和打税的事项,一些计算工作量的工作尤其需要注意工资单上的任务量是否与实际一致。另外,随着打工度假者人数的增加,催生了当地的劳动中介行业,一些黑中介以扣高税费和强制住宿为介绍工作的条件,我们并不赞同这种行为。如果觉得自己劳动所得受到侵犯,请务必提出抗议,通过合法途径维权。

i-SITE

新西兰有一个特别的地方，无论在当地人还是旅行者的心目中，都是旅游路上的“阿拉丁神灯”。每到一个地方，先找i-SITE，似乎是在新西兰旅行约定俗成的活动之一。

这个了不起的i-SITE，其实是新西兰遍布全国各地城镇的游客信息中心，他们标榜：“无论在新西兰的任何地方，你都能像本地人一样体验新西兰。”来到新西兰旅行，i-SITE给游客最大的安全感就是，哪怕你对抵达的地方一无所知，只要找到i-SITE，就找到了游玩此地的入门券。这里提供免费的地图、天气预告以及徒步步道的安全信息；旅游线路的规划与资讯；全国范围的预订（涵盖交通、住宿、活动）；当地资讯，包括节日盛事、景点、餐馆、住宿等实用内容。跟带着亲切微笑的前台人员聊上几句，你可以省去之前埋首在攻略里抓破脑袋制定路线的麻烦了。永远记住我们送你的锦囊：无论何时何地，找i-SITE！

和活期储蓄账户（saving account）两种，前者可满足平时消费功能（除了露天市集用现金交易之外，新西兰所有的消费场都有设eftpos等电子转账系统提供刷卡服务），后者是储蓄功能。如果需要经常使用网上支付，建议加设网上消费功能，或另外开通一张用于网上支付的卡。

IRD税号

在新西兰合法打工需要有个人IRD税号，税号可在线办理（https://myir.ird.govt.nz/eservices/home/），但需要有个人银行账户的书面证明，请在银行开户时准备好IR984文件给银行承办人员帮忙确认。

IRD退税

每年4月至次年3月是全年度的报税时间，开通申报退税的时候，税务官网上会有在线申报的入口。如果你从事的是正式工作，雇主每个月会为你报税并在税局有记录，所以申报只需填写基本个人资料，接下来的事就是等着新西兰政府把退税的钱划到你的账号上。而即将离开新西兰的人，可以直接到IRD中心申请退税，可以选择把钱打回你新西兰的银行卡或者以挂号信的方式寄到你国内的地址。

延签

凭3个月的季节性工作（如采摘水果、蔬菜、啤酒花等农业工作）的缴税记录，可向移民局申请将签证延期3个月（满足条件者每人只有一次机会）。把3个月的收入账单，连同护照、3个月工作期间银行流水单一并寄到移民局，大约1个月后便可获取延签资格。

驾照

国内有驾照的旅行者，只需把驾照送去新西兰交通运输局（NZTA）认证的翻译机构翻译即可使用。可带上驾照到新西兰后翻译，也可在国内提前办理。驾照的翻译件有效期是一年。

找工作

按照2018年的新规定，新西兰最低时薪是16.5新西兰元。起始（Starting-Out）工资和培训（Traning）工资从原来的12.6新西兰元/小时上调到13.2新西兰元/小时。很多华人或亚洲雇主都会把时薪压低，并不为员工上税，这就是所谓的黑工。有了正式的税号，打工旅行者可以从事任何正规工作，建议尽量找当地的雇主或正规守法的企业。找工作最受欢迎的方法是通过网络，很多雇主在不同的季节性工作网站和背包客网站发布招聘信息，一些大的企业会在官网上提前公布招聘时间并在线招聘，像水果包装、滑雪场的工作。夏秋季是农忙时期，工作容易找；但冬季所需的职位会骤减，找不到工作去换宿也是个不错的选择。所以，应事先了解季节性工作的时间、不同公司的招聘时间，做好计划再去应聘工作。

新西兰当地交通

更多信息，参见“交通指南”（见760页）。

自驾游

新西兰国土狭长，许多道路都是双车道的乡村小路，在两地间来往需要稍稍做些规划，而且所需时间一般比你所预计的要稍长。不过如果自驾（或者露营车——新西兰很受欢迎的出行方式），你就可以按照自己的节奏出游，探索偏远地区，造访公共交通尚未覆盖的地区。

租车

所有的大城镇都可以租车，国际大公司（Avis、Budget、Hertz、Europcar、Thrifty等）的起步价每天$40起。新西兰当地公司会更便宜（每天大约$30起），不过车子可能会旧一些，服务水平没那么好。

露营车2/4/6床厢车每天起步价约为$120/150/230，最好尽早预订。新西兰很适合开露营车出游，全国各地都有出色的度假公园，里面的充电点一般每晚约$35。

重要提醒：合同中一定要注明不限里程，这样你的游览范围就能尽可能地宽、远。

没车怎么办？

公共汽车

全国大部分地区都有

资源

机动车协会

新西兰的**机动车协会**（Automobile Associations, AA; ☎0800 500 444; www.aa.co.nz/travel）是一个方便、有用的机构，能为许多海外附属机构的会员（带上会员卡）提供地图、保险和住宿列表，还能提供紧急故障协助。

路况

新西兰的天气，尤其是在山地地区，一眨眼的工夫就能从阳光明媚转为疾风骤雨。道路被水淹没和封闭的状况很普遍。要想了解路况信息，可以查看www.nzta.govt.nz/traffic，或拨打0800 444 449。

保险

新西兰无差别事故理赔公司（www.acc.co.nz）的计划覆盖人身伤害，不过如果车祸责任在你，还要确保你有第三方保险，覆盖对方车辆损害。可尝试机动车协会提供的保险。

可靠、频繁的公共汽车服务（价格一般比飞机便宜），但乡村地区的服务不会太好。全国主要运营商包括**Inter-City**（☎07-348 0366；www.intercity.co.nz）和**Naked Bus**（☎09-979 1616；https://nakedbus.com）。

飞机

境内航班价格便宜，班次频繁，速度快，是时间有限的旅行者的好选择。如果感到愧疚，可以选择碳抵消飞行。**新西兰航空**（Air New Zealand；☎0800 737 000；www.airnewzealand.co.nz）是一家全国性航空公司，不过在大城市以外地区，更多的是小型航空公司提供航班服务。

火车

新西兰火车沿着两个岛上的特定路线，提供班次频繁的稳定服务，沿途风景优美（只是不够快，也不便宜）。

运营商**Great Journeys of New Zealand**（☎0800 872 467，04-495 0775；www.greatjourneysofnz.co.nz）提供的**Capital Connection**连接北帕默斯顿和惠灵顿，**Coastal Pacific**连接基督城和皮克顿，**Northern Explorer**连接奥克兰和惠灵顿，**TranzAlpine**跨越南部高山区，连接基督城和格雷茅斯。

新西兰经典公路之旅

米尔福德公路（见686页）为高山、公路两边的茂密森林而感叹……从蒂阿瑙到米尔福德的这条路是世界最美之一。

太平洋海岸公路（见369页）穿越北岛一个失落已久的角落，行走于毛利历史遗迹和炫目的海滩中。

海岸大道（见511页）沿着疾风吹拂的荒凉西岸区延展，头顶高耸着悬崖和超凡的岩架。

被遗忘的世界公路（见272页）这条连接斯特拉特福和陶马鲁努伊的道路如波浪般起伏，孤单地贯穿森林，让人平静。不要错过旺格摩摩纳休息站的酒馆。

亚瑟隘口（见576页）这个南部山区中最高的隘口连接坎特伯雷和西岸区，是工程学的奇迹。上路前先查看降雪预报。

南部观光路线（见690页）这条蜿蜒的道路连接皇后镇和达尼丁，贯穿一片被叫作“卡特林斯”的偏僻地区，至少需要一周的时间。

自驾信息速览

- 靠左行驶，方向盘在右侧。
- 在十字路口要让出右侧道路。
- 血液内酒精含量限制量为0.05%（20岁以下的司机限量为0）。
- 在单行道桥梁上，如果你的道路方向有红色小箭头标识，意味着你该让路。
- 公路限速100公里/小时，城市地区为50公里/小时。

道路里程(km)

	奥克兰	克赖斯特彻奇(基督城)	内皮尔	昆斯敦(皇后镇)
克赖斯特彻奇(基督城)	980			
内皮尔	420	760		
昆斯敦(皇后镇)	1455	480	1235	
惠灵顿	640	340	320	815

路特本步道（见657页）

计划你的行程

徒步新西兰

徒步旅行（新西兰人又称之为森林徒步或步行）在新西兰几乎算得上是一种"国民宗教"。一头扎进这个国家丰富的乡野美景之中，饱览山地风光、隐秘的瀑布，如果运气够好，还能看到珍稀的野生动物，这样的行走自然是物有所值。新西兰有几千公里长的徒步步道，其中包括环保部（DOC）评定的"十大徒步路线"，步道沿途设置了完善的简易小木屋和露营地网络。

NARUEDOM YAEMPONGSA/SHUTTERSTOCK ©

新西兰最佳徒步路线

五大多日徒步路线

怀卡里莫阿纳湖步道，蒂乌雷韦拉

亚伯·塔斯曼海滨步道，阿贝尔·塔斯曼国家公园

希菲步道，卡胡朗伊国家公园

路特本步道，峡湾/艾斯派林山国家公园

米尔福德步道，峡湾国家公园

五大一日徒步路线

罗伯特山环路，纳尔逊湖国家公园

钥匙峰，峡湾国家公园

塔拉纳基瀑布和塔马湖，汤加里罗国家公园

本罗蒙德步道，皇后镇

蒂哈拉步道，北部区旺阿雷

最佳初级步道

科罗曼德尔海滨步道，科罗曼德尔半岛

怀努伊瀑布步道，黄金湾，阿贝尔·塔斯曼国家公园

罗伯罗伊步道，艾斯派林山国家公园

马纳伊亚山步道，北部区旺阿雷

朗伊图图山顶步道，奥克兰

做计划

何时去

12月中旬至次年1月下旬 天气很好，但到处都是人。每年的徒步旺季在暑假，圣诞节前的几个礼拜就已开始——如果有可能，请尽量避开高峰期。

1月至3月 夏季的宜人气候会一直持续到3月：如果有可能，尽量等到2月再出行，那时候的步道不会过于拥挤（但也只是稍微好些）。10月底至次年4月，大多数的非高山步道都可以轻松走过，不过积雪可能一直持续到夏季。

5月至9月 冬天不适宜户外徒步旅行，特别是北岛的高海拔地区及南岛，有些步道冬天会封路，因为有雪崩的危险。相关设施和服务在冬天也会有所减少。

实用物品

保护好最重要的两个地方：脚和背。出发前，先适应你的鞋子，换上徒步装备和帆布背包练习步行。

合适的鞋子 检查你的鞋子是否适合你计划的旅途类型——可向新西兰的户外用品商店咨询。

背包和防水套 旅程中的绝大多数时间你都要背着背包行走，因此，确保它的适合度、大小适宜（装得下你的装备，又不会太重）。买个防水背包套是绝对值得的，可以确保包内物品干燥。

适合所有天气的服装 无论你是在什么季节、什么地方徒步，保暖衣物、雨天装备和防晒用品都必不可少。抓绒、羊毛衫和快干衣裤都很实用，不要忘了墨镜、防晒霜和帽子（无论什么季节）。新西兰天气多变，一天之中就很可能数次增减衣物。

杀虫剂 驱赶沙蝇的喷雾（不过捂严实一点才是最佳防护措施）。

食物 如果会入住没有烹饪设备（可去环保部查询信息）的宿营地，要带上野营炉。别忘了带上你的能量棒，一种由水果干和干果混合制成的条状甜食（有时也加入巧克力），可以一边徒步，一边补充热量。

资源

走进森林之前，先通过权威站点查询最新信息：通常包括新西兰环保部（Department of Conservation，简称DOC）、山区安全委员会（Mountain Safety Council）或各地区游客信息中心（i-SITE）。

网络

新西兰环保部（DOC；www.doc.govt.nz）全国各保护区所有区域的道路介绍、警告以及详尽的动植物信息。提供宣传册（售价多是$2或更低），内有数百条新西兰步道的详尽信息。

山区安全委员会（www.mountainsafety.org.nz）提供大量的信息和安全建议，提供一个便利的旅途规划工具，能汇总你路线上所有相关的安全警告、天气预报，并提供推荐的打包清单。

Met Service（www.metservice.com）新西兰国家

天气预报局，提供天气预警，有具体的户外区域天气预报。

New Zealand Tramper（www.tramper.co.nz）文章、照片、活跃的论坛、出色的步道和住宿小屋信息。

Te Araroa（www.teararoa.org.nz）从雷因格角到布拉夫这条3000公里步道的官方网站。

Freewalks（www.freewalks.nz）新西兰全境不同长度步道的描述、地图和照片。

Tramping New Zealand（www.trampingnz.com）分地区的步道信息，有日记体的旅途报告。

地图

最常用的是新西兰Topo50地图系列，由新西兰国土部（Land Information New Zealand, LINZ; www.linz.govt.nz）制作。书店里这类地图不多，反而许多户外用品店都有存货。LINZ网站上有零售商清单，环保局一般都会销售最新的当地步道地图。可从LINZ网站上下载免费的图像格式的地图（搜索"Map Chooser"）。NZ Topo Map（www.topomap.co.nz）有交互式地形图，制做出行计划很方便。

书籍

➡ Lonely Planet出版的《徒步新西兰》（*Hiking & Tramping in New Zealand*），详细描述了新西兰50多条不同长度及不同难度级别的徒步步道。

➡ 马克·皮克林（Mark Pickering）的徒步指南《202条徒步路线：新西兰最佳单日徒步计划》（*202 Great Walks:The Best Day Walks in New Zealand*），非常适合短期的家庭出游。

食肉鹦鹉，奥拉基/库克山国家公园（见592页）

➡ 杰夫·查普尔（Geoff Chapple）的《新西兰长途步道指南：蒂阿罗鲁阿》（*A Walking Guide to New Zealand's Long Trail: Te Araroa*）是最重要的新西兰全境步道介绍书。

➡ 肖恩·巴内特和克里斯·麦克莱恩的《徒步》（*Tramping*）细致严谨地研究了新西兰最受欢迎的户外活动史。

步道安全

在新西兰徒步是安全的，大多数人不会发生任何意外事故，但在高山上丧命的情况也时有发生。许多具有挑战性的步道只适合拥有丰富经验、身体健壮并装备完善的徒步者。如果不能满足以上所有条件，请不要尝试。环保部游客中心（www.doc.govt.nz）提供适合各个水平徒步者的详细旅途建议，可以大方地开口询问。

新西兰天气多变，徒步者需要准备好应对一切天气条件。高海拔地带容易受到冰雪侵袭，即便在夏天也是如此，河流水位也可能飞快上涨。出发之前一定要事先了解天气情况和步道的具体情形，做好随时改变计划或坐等坏天气结束的准备。

参考山地安全委员会（Mountain Safety Council）的安全指南和旅途规划工具，后者提供天气预报和环保部预警，也可以与朋友们分享你的旅行计划。在Adventure Smart（www.adventuresmart.org.nz）上发布你的徒步计划，记得至少告知一名朋友或当地人。

塔拉纳基山（埃格蒙特国家公园；见267页）

➡ 肖恩·巴内特、罗伯·布朗和杰夫·斯皮尔博恩特的《找张床过夜》(*A Bunk for the Night*)别出机杼，提供了一份新西兰边远地区小屋网络的指南。

➡ Potton & Burton出版社的《全景指南》(*Bird's Eye Guides*)中有非常棒的地形图，并提供数量众多的新西兰徒步及城市步行的相关书籍，到书店找找看。

步道分类

新西兰步道以难易度等特点分类。被广泛应用的步道分类标准如下：

简易短途步道(最容易)耗时1小时左右的平坦步道，轮椅和婴儿车均可通行。没有台阶和陡坡。

短途步道(容易)耗时1小时左右的平坦步道，按照"便鞋"(即不要求徒步靴)标准建设。适合大多数年龄段与身体状况的人。

中长步道(容易)设施良好，时长从几十分钟到一整天都有，需穿着徒步鞋。适合大多数年龄段与身体状况的人。大部分地区平坦，可能有泥泞和陡坡。

十大徒步路线或较简易步道(中等难度)设施良好，涉水地带有桥梁，步道交叉口处亦有指示牌指示方向。需轻装徒步鞋，要求徒步者身体状况良好。

较难步道(高级)需要技巧和经验，徒步鞋是必备的，适合中级到高级徒步玩家。涉水地带可能没有桥梁，步道上没有设施，可能陡峭难行。

艰难步道(专家)需要高超的技术、丰富的经验以及辨识方向和户外生存的能力，必须有结实的徒步鞋。只适合具有专业装备且体能非常好的徒步者。

导览徒步

如果你刚刚开始徒步，或者喜欢比较轻松的徒步方式，并且不想自己设计路线，可聘请专业人员陪你走一走野外步道。在这类行程中，你通常会在舒适的小屋里(有淋浴设施)留宿，活动组织者还提供餐食、帮你背装备。

在北岛，塔拉纳基山、怀卡里莫阿纳湖和汤加里罗国家公园有可开展专业人员伴游的步道。在南岛可以尝试阿贝尔·塔斯曼海滨步道、夏洛特女王步道、希菲步道、老幽灵公路、路特本步道、米尔福德步道或霍利福德步道。多日导览徒步价格$1200起，奢华导览游可至$2000以上。

到达和离开步道两端

前往和离开步道并不总是很方便，游人很多的步道（有公共交通和专门为徒步者提供的往返交通）除外，但这样的步道（如阿贝尔·塔斯曼海滨步道）也最拥挤。

如果是单行步道，驾车前往也只能帮助你到达步道的一端（徒步结束后，还是要回来取车）。如果运气不够好，没有当地朋友接送，这里有许多运营商可用公共汽车、船或飞机接送徒步者往返他们想去的步道起始点（必须预订）。也可以包一辆私家车送你去道路一头，然后到另一头接你（除非你打算步行去取自己的车）。如果计划将车留在步道一端，就不要在车内放置贵重物品，因为偏僻地区经常发生车辆失窃情况。道路起始点附近的城镇会有更好的停车场，比如蒂阿瑙的Safer Parking（见683页）。

新西兰十大徒步路线

新西兰最受欢迎的步道是官方钦定的十大“徒步路线”，其中一条实际上是沿河的划船之旅。2019年，帕帕罗阿步道和派克29纪念步道（Paparoa Track and Pike29 Memorial Track）作为第十大步道加入。这些步道沿途的自然美景丰富，不过旺季人较多，尤其是夏季。

十大徒步路线在Lonely Planet出版的

负责任的徒步

如果你从小就开始徒步，有些注意事项似乎明显得可笑，但也有一些或许是你从未考虑过的。网站Leave No Trace（www.lnt.org）有了解环保徒步和露营的好资源，Freedom Camping（http://freedomcamping.org）有自由露营礼仪和环保露营指南。如果有任何疑惑，可咨询环保部（DOC）或者当地信息中心（i-SITE）的工作人员。

“再明显不过”的注意事项：

- 避开高峰徒步：人越少，对环境造成的压力越小，当然，小屋中打鼾的人也越少。
- 随身带走所有的垃圾。掩埋垃圾会破坏土壤和植被，加剧水土流失，而且动物总会把它们挖出来的。
- 不要在水源地及河流附近使用清洁剂、洗发剂或者牙膏（即便是生物降解产品）。
- 使用轻便易携的烧煤油、酒精或轻油（白色汽油）的火炉烹饪。避免使用一次性的丁烷燃气罐。
- 有厕所的话，使用就是了。如没有，需要挖一个洞，掩埋排泄物（至少15厘米深，距离水源100米）。

你可能从未考虑过的注意事项：

- 在小屋、露营地，或距离河道至少50米的地方清洗盘子。使用擦拭物、沙子或雪来替代清洁剂。
- 如果一定要擦洗身体，注意使用生物降解香皂，打一桶水，到离水源至少50米的地方洗。用过后，尽量将水洒开，这样水分容易被土壤吸收。
- 如果允许生火，那么就在现有的壁炉里烧掉四周干枯、掉落的树枝。如果有剩余的树枝，就留给后来的露营者。
- 将食物袋藏在行李中，避免被食腐动物啃食。
- 不要投喂野生动物（如好奇的山地食肉鹦鹉），否则会导致生态系统失衡和疾病的传播，并让动物形成对人类施予食物的依赖性。还是把杏干留给自己吧。
- 如果路线要穿过泥泞的地区，直接走中间穿行过去，从外面绕行会扩大泥泞的范围。

上图：罗伊斯峰风光（见667页），瓦纳卡

下图：霍利福德谷的蕨类植物（见657页）

K IRELAND/SHUTTERSTOCK ©

《徒步新西兰》中有详细的介绍，至于第十大步道的新资讯等信息，在新西兰环保部游客中心的小册子上也有详细介绍。可登录www.greatwalks.co.nz查询相关信息。

门票和预订

出发之前，需在网上、环保部的游客中心和一些i-SITES购票。这类通票包含山中小屋住宿（成人每晚$22~70，各路线价格不等）或露营费用（成人每晚$6~20）。只能在指定的露营地露营。注意，米尔福德步道不提供露营。

在淡季出行（5月至9月），可购买山中留宿小屋通票（Backcountry Hut Passes），也可选择购买留宿票（Hut Tickets），根据实际入住情况支付费用。但在怀卡里莫阿纳湖步道、希菲步道、阿贝尔·塔斯曼海边步道和拉基乌拉步道上，只能使用十大徒步路线通票（整年都需要提前订票）。在所有徒步路线中，未满17岁的儿童留宿山中小屋和露营都免费（依然需要预订）。

可以致电0800 694 732或03-249 8514，通过环保部的游客中心预订，也可以使用www.greatwalks.co.nz的在线订票系统，或发送邮件至greatwalksbooking@doc.govt.nz预订。请尽早预订，尤其是夏季。

其他步道

除了十大徒步路线，新西兰还拥有很多其他的步道，从短途步道到让人大汗淋漓的多日徒步线路都有。

北岛

汤加里罗高山穿越步道（Tongariro Alpine Crossing，1天）19公里长的棘手步道，穿越梦幻

新西兰十大徒步路线

步道	长度	时间	难易度	描述
阿贝尔·塔斯曼海边步道*	60公里	3~5天	简易到中等	新西兰最受欢迎的步道（及海上皮划艇区），有沙滩与海湾，位于阿贝尔·塔斯曼国家公园（南岛）
希菲步道*	78公里	4~6天	中等	森林、海滩和喀斯特地貌，位于卡胡朗伊国家公园（南岛）
凯普勒步道**	60公里（环路）	3~4天	中等	湖泊、河流、峡谷、冰川山谷和山毛榉树林，位于峡湾地区国家公园（南岛）
怀卡里莫阿纳湖步道*	46公里	3~4天	简易到中等	湖景、树木覆盖的山脊，可以游泳，位于蒂乌雷韦拉（北岛）
米尔福德步道**	54公里	4天	简易到中等	雨林、陡峭的山谷和高峰、580米高的萨瑟兰瀑布，位于峡湾地区国家公园内（南岛）
帕帕罗阿步道和派克29纪念步道*	55公里	2~4天	中等	2019年开放。石灰岩崖壁、矿业史、壮观的日落，位于帕帕罗阿山脉（南岛）
拉基乌拉步道*	32公里（环路）	3天	中等	鸟类（奇异鸟！）、海滩和葱翠的森林，位于偏远的斯图尔特岛（拉基乌拉，近南岛）
路特本步道**	32公里	2~4天	中等	阿斯派灵山和峡湾地区国家公园令人目眩的高山美景（南岛）
汤加里罗北环路步道**	43公里	3~4天	中等到困难	穿越汤加里罗国家公园内活跃的火山地带（北岛）
旺阿努伊之旅**	87公里或145公里	3天或5天	中等	在旺阿努伊国家公园内，乘独木舟或皮划艇沿神秘的河流顺流而下（北岛）

*全年均需预订

**仅需在旺季预订（10月至次年4月）

Great Walks 十大徒步路线

的汤加里罗国家公园。

朗伊图图岛山峰步道(Rangitoto Island Summit, 4~5小时)从奥克兰乘船25分钟(或者皮划艇2小时)前往拥有600年历史的朗伊图图火山，沿环路绕岛2小时后，登上山顶观看风景。

尖峰步道(Pinnacles Track, 2~4小时)耗时4小时的灌木丛步道，很好走，可至奥拉基森林公园的石笋区。

奥提阿步道(Aotea Track, 2~3天)这条长25公里的步道是沿着当年前往大巴里尔岛(Great Barrier Island)寻找贝壳杉的伐木工人留下的路线修建的，他们在这里留下了一些历史遗迹。

波瓦凯环路(Pouakai Circuit, 2~3天)在埃格蒙特国家公园内，长25公里，沿途经过低地雨林、峭壁和塔拉纳基山脚下的亚高山森林和沼泽带。

豪兹沃斯山－珍博小屋环路(Mt Holdsworth-Jumbo Circuit, 3天)位于紧邻马斯特顿的豪兹沃斯森林公园内，长24公里，难度在中等至困难之间。可以穿越山毛榉丛林，登上公园诸峰。

蒂帕基海滨步道(Te Paki Coastal Track, 3~4天)长48公里的简单的海滨步道(只能露营)。

南岛

穆勒小屋路线（Mueller Hut Route，上山4小时）包含1040米极其艰难的西莉山脉（Sealy Range）攀登路段，就在奥拉基/库克山附近，攀登的回报是地质的奇观和迷人的植物群落。

罗伯特山环路（Mt Robert Circuit，5小时往返）沿着这条难度适中的9公里环线探访靛蓝的罗托伊蒂湖，穿行于纳尔逊湖国家公园中。

安吉勒斯湖步道（Lake Angelus Track，2天）这条往返22公里的艰难步道位于纳尔逊湖国家公园，沿着一条惊心动魄的高山山脊前往一座位于海拔1650米处的环保部小屋，屋旁是一片纯净、天然的冰斗湖。

迎客原（Welcome Flat，2天）在几座新西兰最险峻、挺拔的山峰脚下，沿着卡朗格鲁阿（Karangarua）湖畔行走，泡个天然温泉犒赏自己。可入住备受欢迎的迎客原小屋（Welcome Flat Hut）。单程18公里。

班克斯步道（Banks Track，2~3天）29公里人迹稀少的越野路线，翻越山岭，穿越森林，沿着班克斯半岛的悬崖前行。

隆丘步道（Hump Ridge Track，3天）这是一条出色的61公里长的高山和海滨环路，开始和结束都在蒂瓦伊瓦伊湾，距离图阿塔皮里20公里。

夏洛特女王步道（Queen Charlotte Track，3~5天）莫尔伯勒峡湾地区的70公里单行道，水景非常壮观。有顶级的住宿环境以及水上交通。

霍利福德步道（Hollyford Track，4~5天）峡湾地区的56公里低海拔步道，追随开拓者乐观的足迹前行。苹果树林标识了詹姆斯镇遗址的所在，那里太过偏僻，无法成为定居点。

里斯达特步道（Rees-Dart Track，4~5天）阿斯派灵山国家公园的70公里高难度环路，穿越冰川河谷，翻过一处高山隘口。

圣詹姆斯步道（St James Walkway，5天）这条中等难度的步道穿过了一个重要的自然保护区，其中生长着大约430种植物。单程66公里。

奥拉基/库克山国家公园（见592页）

蒂阿拉罗阿

史诗般的传奇！蒂阿拉罗阿（www.teararoa.org.nz）是一条长达3000公里的徒步路线，从新西兰北部的雷因格角一直延伸到南部的布拉夫（或从布拉夫到雷因格角），通过新建部分路段，串联起原有的步道，前后花费了近20年时间建造，大部分工作由志愿者完成，是世界上最长的步道之一。可登录网站查看地图与步道标注。另外，还有从头到尾走完全程的强者上传的博客与视频。

留宿小屋和露营地

山中留宿小屋

除了十大徒步路线上的小屋，在新西兰的国家公园与森林公园中，环保部还运营超过950间山野住宿小屋，类型如下：

简易小屋（Basic Huts）非常简单的围合小棚，设施很少或没有。免费。

标准小屋（Standard Huts）没有厨房用具，有的也没有供暖设施，但是提供床垫、供水和厕所。费用：成人，每人每晚$5。

高级小屋（Serviced Huts）提供带床垫的铺位或

米勒小屋，西莉湖步道（见596页），奥拉基/库克山国家公园

炕，供水、供暖，有厕所，有的有厨房用具。费用：成人，每人每晚$15。

注意，部分小屋需要预订（在网站上可查询名单）。登录https://booking.doc.govt.nz在线预订，或到环保部的游客中心预订。11~17岁的儿童半价，10岁及以下儿童免费。更多小屋信息详见www.doc.govt.nz/parks-and-recreation/places-to-stay。

如果你计划了多程徒步，环保部售卖的有效期6个月的**山中留宿小屋通票**（Backcountry Hut Pass，成人$92）是一个很好的选择。也可以购买**留宿票**（Backcountry Hut Tickets，每张$5，高级小屋需花费3张票），根据实际入住情况支付。在票面上标注时间并放入小屋提供的盒子里即可。入住遵循先到先得原则。5月至9月，十大徒步路线中的一些路线也可以使用山中留宿小屋通票或留宿票。

标准**山中露营地**一般位于小屋附近，通常有厕所和淡水，可能有野餐桌、火炉或简易厨房。价格从免费到每人每晚$8不等。

环保露营地

环保部还管理着200多个“环保露营地”，它们可分为以下几类：

简易露营地 提供最简单的厕所和淡水。免费，遵循先到先得原则。

标准和山中露营地 有厕所和供水，可能提供烤肉架与野餐桌。费用为$6~8，遵循先到先得原则。标准露营地可通船或汽车。

风景露营地 使用率较高的滨海营地，提供厕所和饮用水，有时会有烤肉架、火炉、简易厨房、冷水淋浴、野餐桌以及垃圾桶。费用为每晚$13起。

高级露营地 有整套的设施：抽水马桶、饮用水、热水淋浴和野餐桌，也可能提供烤肉架、厨房和洗衣设备。费用为每晚$18起。

请注意，在10月至次年4月，所有高级露营地、部分风景露营地和标准露营地都需要预订。可在线预订（https://booking.doc.govt.nz），或到环保部游客中心预订。环保部出版的免费手册里有每个露营地的详细信息和交通说明。也可以上网下载。

要注意，如果你在没有露营标识的地方露营，将会被罚款$200。

小皇冠峰（见643页）

计划你的行程

滑雪和单板滑雪

在南半球，新西兰是滑雪爱好者必去之地，这里有各种难度的冬季活动：家庭友好型的滑雪区，越野滑雪（即北欧两项滑雪），考验胆量的单板滑雪地形和令人心跳加速的空降式滑雪。不同地区的滑雪季各不相同，但通常都在6月中旬至9月，也有可能延续到10月中旬。

GLOBALTRAVELPRO/SHUTTERSTOCK ©

最佳滑雪和单板滑雪

最佳初学者或带小孩的滑雪地

哈特山，坎特伯雷中部

卡德罗纳，皇后镇

卓越山脉，皇后镇

杜布森山，坎特伯雷南部

圆山，坎特伯雷南部

小皇冠峰，皇后镇

最佳单板滑雪地

哈特山，坎特伯雷中部

三锥山，瓦纳卡

卡德罗纳，瓦纳卡

奥豪，坎特伯雷南部

华卡帕帕和图罗瓦，汤加里罗国家公园

最佳滑雪后消遣酒吧

Powderhorn Chateau，奥阿库尼

Dubliner，梅思文

Cardrona Hotel，卡德罗纳

Lalaland，瓦纳卡

Rhino's Ski Shack，皇后镇

做计划

去哪里

因地理位置与地形条件不同，很难依据某一特定标准为新西兰众多的滑雪胜地排名。有人乐意守在皇后镇的派对场所或鲁阿佩胡火山周遭，有人喜欢哈特山一流的高海拔滑雪，也有人喜欢清静的彩虹雪场，乃至于更加轻松的俱乐部滑雪场。俱乐部滑雪场向公众开放，通常比商业滑雪场便宜，游人也较少，但是非会员仍需支付略高一些的费用。

实用物品

新西兰的商业性滑雪场通常不是“度假村”模式，也没有滑雪小屋、度假旅馆与酒店。住宿与滑雪后的狂欢畅饮通常都在周边的城镇内进行，这类地方与雪场之间有往返班车。对于想多体验几个雪场的旅行者来说，这算得上是个福音，因为你可以住在一个地方，然后每日前往不同的雪场。许多俱乐部滑雪场有度假小屋供滑雪者留宿，不过要提前确认是否有空余的客房。

新西兰的游客信息中心和主要面对海外旅行者的新西兰旅游局（www.newzealand.com）都可提供各个滑雪场场地的详细信息，并可代为预订及安排相关套餐。通常情况下，缆车通票售价为成人每天$65~120（儿童半价），热门雪场更贵。大多数滑雪场都有滑雪课程与缆车的套餐。租用滑雪与单板滑雪工具，每天约$50起（多日租用会相对便宜）。单人/多人课程的费用分别为每小时$120/$60起。

网络资源

www.snow.co.nz 全国各滑雪场的动态、网络实时视频影像与滑雪信息。

www.nzski.com 哈特山、皇冠峰和卓越山脉的相关报道、招聘信息、通票价格与实时视频影像。

www.skiandride.nz 南岛滑雪区的综合性门户网站，提供路况信息、学校假期和其他实用信息。

www.chillout.co.nz 涵盖13个滑雪区的信息门户网站，并销售可通用于这些雪场的通票。Chill Travel Pass通票覆盖的区域包括阿瓦基诺、布罗肯河、奇斯曼、克雷格本山、福克斯峰、汉默斯普林斯、杜布森山、利福德山、奥林巴斯山、彩虹和圣殿盆地（此外，三锥山和波特斯限时两天）。

www.mtruapehu.com 鲁阿佩胡山华卡帕帕和图罗瓦滑雪区的实况、通票、课程和网络实时影像。

北岛

汤加里罗国家公园

华卡帕帕和图罗瓦（Whakapapa & Turoa，见315页）这两处经营有方的双子雪场分别位于鲁阿佩胡火山的两侧，组成了新西兰最大的滑雪区，不

空降式滑雪

新西兰的荒野高山就是为空降式滑雪量身定做的场地，运营商在南部高山未经开发的坡道沿线开辟了广阔的道外区域，包括为专家级滑雪者准备的极限滑雪区。花费为每3～8次$900～1450。皇冠峰、三锥山、卡德罗纳、哈特山、奥豪、汉默斯普林斯均提供空降式滑雪服务；独立运营商包括：

Alpine Heliski（见644页）

哈里斯山高山滑雪场（见644页）

Methven Heliski（见578页）

Over The Top（见645页）

南湖高山滑雪场（见644页）

过这种地形让滑雪区内无遮无挡（留意天气预报）。华卡帕帕的1050公顷地域内分布着65条滑雪道，外加越野滑雪区、场地滑雪公园以及新西兰最高的咖啡厅。可从华卡帕帕村自驾前往（6公里；免费停车），或者从国家公园村、陶波、图朗伊或者华卡帕帕村，乘坐班车前往。较小的图罗瓦配备了适合初学者的缆车设施，可供单板、滑降和越野滑雪，还可搭乘High Noon Express索道升降椅上山，然后一口气直降722米。可免费停车，班车往返于17公里外的奥阿库尼，那里有北岛最热闹的滑雪后酒吧聚集地。

图基诺（Tukino，见315页）位于鲁阿佩胡火山东部，由俱乐部经营，位于图朗伊以南46公里处。从Desert Rd（SH1）下来之后，还有一段14公里长的碎石路要走，所以需要驾驶四轮驱动车前往（除非你预订了接驳车）。图基诺人不多，滑道能基本满足各水平层次的游客需求。

塔拉纳基

芒格努伊（Manganui，见268页）是埃格蒙特国家公园内的俱乐部滑雪场，在壮观的塔拉纳基山东坡提供火山雪道。雪场距斯特拉特福22公里，距新普利茅斯55公里（从停车场步行前往需25分钟）。塔拉纳基是单板滑雪发烧友的聚集地，所以这里的山坡会被单板滑雪者占领。山上的住宿处容纳量有限。

南岛

皇后镇和瓦纳卡

小皇冠峰（Coronet Peak，见643页）皇后镇地区历史最悠久的商业滑雪场地，人工造雪系统非常完善，滑道上也没有树木遮挡，非常适合所有级别的滑雪者与单板滑雪者，有大量适合家庭的选择。周五和周六（以及7月的每周三）开放夜间滑雪。距皇后镇16公里，有往返班车接驳。

卓越山脉（The Remarkables，见643页）景色壮观。这个滑雪场同样靠近皇后镇（距离24公里），滑雪季时有班车往返。中级、高级，以及初级雪道均有所顾及。为5岁至15岁的儿童开设儿童乐园，为更小的孩子提供看护服务。

三锥山（Treble Cone，见665页）南部湖区最高和最大的滑雪场，景色壮观，距离瓦纳卡26公里，较陡的滑道非常适合中级和高级滑雪者（氛围相当专业）。还有专为单板滑雪者提供的半月形滑道与场地滑雪公园（Terrain Park）。

卡德罗纳（Cardrona，见673页）距离瓦纳卡约34公里，有高效率的升降椅、初学者牵引索道，以及为自由式滑雪者准备的南半球最大的场地公园和管式场地。滑雪季期间，滑雪场与瓦纳卡、皇后镇之间有公交车往返。另外，雪场还提供优秀的无障碍滑雪服务，并设有一所接纳5岁以下儿童的山间托儿所。

新西兰冰雪农场（Snow Farm New Zealand，见673页）新西兰唯一的北欧式商业滑雪场（越野滑雪），位于比萨山脉，距离瓦纳卡33公里，高踞于卡德罗纳山谷之上。这里有精心维护的、长达55公里的滑道，还提供简单的小屋以及上千公顷的开阔雪场。

坎特伯雷南部

杜布森山（Mt Dobson，见587页）这个3公里宽的盆地距离费尔利26公里，拥有一处场地滑雪公园和远近闻名的干燥粉雪。设有一个很大的练习场以及大量中级雪道（高坡、粉雪区和颇具挑战性的场地公园适合更有经验的滑雪者）。天气晴朗时，从山顶可远眺奥拉基/库克山和太平洋。

圆山（Roundhill，见588页）场地不大，雪坡宽阔平缓，非常适合初学者和中级水平者。这里的王牌是新西兰最大的垂直落差（783米）。距陶波湖村32公里。

IM_PHOTO/SHUTTERSTOCK ©

上图：奥豪滑雪场，鲁阿塔尼瓦保护公园（见589页）

下图：单板滑雪者

Winter Sports Areas 冬季运动场所

奥豪（Ohau；☎03-438 9885；www.ohau.co.nz；单日缆车通票 成人/儿童 $90/36）这个商业性滑雪场位于萨顿山（Mt Sutton），有一种与世隔绝的感觉，距离特威泽尔42公里，这里有中级和高级雪道、一流的单板滑雪区、两个场地滑雪公园，外加很适合社交的Lake Ohau Lodge，可远眺壮丽的景色。

福克斯峰（Fox Peak，见587页）一个价格实惠而且人不多的俱乐部滑雪场，距离费尔利40公里，位于双拇指山脉（Two Thumb Range）之间。准备好体验牵引式索道、越野滑雪和宿舍式的住宿。

坎特伯雷中部

哈特山（Mt Hutt，见579页）南半球最高的滑雪场之一，也是新西兰最好的滑雪场之一。靠近梅思文，距基督城118公里，与这两座城之间均有班车往返。不过路况陡峭不平，天气不好时要特别注意。这片滑雪区常常受到恶劣天气的“眷顾”（所以当地人称这里是“禁闭山”，Mt Shut），不过滑雪季很长。无论是初学者，还是中、高级滑雪者，在这里都可以找到很多条适合的滑道，雪场配备升降椅缆车，可供直升机空降式滑雪，还有开阔、宽敞的雪坡供单板滑雪入门学习。10岁以下的儿童免费。

波特斯（Porters，见575页）距离基督城最近的商业滑雪场[96公里，亚瑟隘口（Arthur's Pass）公路旁]。“Big Mama”雪道足有680米高，可依旧有宽而缓的雪道。另有一个场地滑雪公园、若干沿山脊开辟的一流越野雪道，以及度假屋可供住宿。

圣殿盆地（Temple Basin，见576页）距亚瑟隘口4公里的俱乐部场地，拥趸很多。从停车场上山走到滑雪区度假屋要50分钟。夜间有泛光灯照明。为单板滑雪者提供极好的越野雪道。仅适合铁杆滑雪爱好者。

克雷格本山谷（Craigieburn Valley，见576页）位于哈密尔顿峰中心地带，距亚瑟隘口40公里，是个朴实无华的山野天堂。克雷格本山谷有新西兰最具挑战性的俱乐部滑雪场之一，适合中级与高级滑雪者（不设初级滑雪道）。有自助式的度假屋可供住宿。

布罗肯河（Broken River，见576页）距克雷格本山谷不远的另一处俱乐部场地，从停车场往俱乐部要走15~20分钟，人很少。这里积雪充足，气氛悠闲。地势得天独厚，最大限度地减弱了坏天气的影响。提供度假屋和餐饮服务，可自炊。

奇斯曼山（Cheeseman，见575页）克雷格本山脉的另一处上佳俱乐部场地。可接待家庭，距基督城约100公里。雪场位于考凯因山（Mt Cockayne），是个有所遮挡的开阔盆地，驾车可直达场边。提供度假屋住宿。

奥林巴斯山（Mt Olympus，见575页）很难找（但值得找）。2096米高的奥林巴斯山距梅思文58公里，距伊达湖（Lake Ida）12公里。这个俱乐部雪场里设有中、高级滑雪道，若干安全可靠的越野雪道可通往其他区域。根据路况，有时只能乘四轮驱动车前往。可提供度假屋住宿。

南岛北部

汉默斯普林斯温泉池（见570页）总部设在圣帕特里克山的商业滑雪场，距汉默斯普林斯17公里（有班车接驳），几乎全是中、高级雪道。

Mt Lyford Alpine Resort（见571页）距汉默斯普林斯和凯库拉均约60公里，距利福德山村4公里。与新西兰大多数滑雪场相比，这里更像个"度假村"，提供住宿和餐饮服务。合理综合了多种雪道和一个场地滑雪公园。

Rainbow（见499页）与纳尔逊湖区国家公园毗邻（距纳尔逊100公里，距布莱尼姆也差不多），地形多变，人很少，越野滑雪体验不错。会经常用到防滑链。距离最近的城镇是圣阿尔诺（St Arnaud，32公里）。

奥塔戈

Awakino Skifield（见603页）奥塔戈北部一处规模较小的场地，但是对中级滑雪者来说值得一去。距奥马鲁45公里，往内陆方向66公里处是奥马拉马（Omarama）。有周末的滑雪加住宿套餐。

天空蹦极（见99页），奥克兰

计划你的行程

极限新西兰

从空中探险到深潜，新西兰是一个令人肾上腺素飙升的国度。在这个国家崎岖风景的激励之下，哪怕最温和的旅行者也会鼓足勇气，绑上蹦极绳凌空摆荡，从山顶跳伞，或是沿着轰隆而下的河流尝试溪降。新西兰是蹦极和喷射船之类的极限运动的先锋，当地人的勇敢精神极具感染力。想看看自己胆色的话，没有比新西兰更好的地方了……

MATIASCAUSA/SHUTTERSTOCK ©

新西兰最佳极限运动

最佳跳伞区

皇后镇

福克斯冰川和弗朗兹约瑟夫冰川

陶波

岛屿湾

最佳激浪漂流之旅

汤加里罗河，陶波

凯图纳河，罗托鲁阿

沙特欧瓦峡谷，皇后镇

朗基蒂凯河，泰哈皮

布勒峡谷，默奇森

最佳山地自行车路线

华卡雷瓦雷瓦红杉林，罗托鲁阿

老幽灵路，西港

夏洛特女王步道，莫尔伯勒

西岸区荒野小径，霍基蒂卡

高山海洋车道，南坎特伯雷

陆地极限运动

山地自行车和骑行观光

令人惊叹的山间交织着农场小道和古老的铁路线……很难再找到比新西兰更适合山地骑行的地方了。新西兰骑行网（www.nzcycletrail.com）囊括约2500公里的路线，让山地骑行从周末消遣发展成了全国性的热门运动，在中年人之间风行起来（甚至有望超出机动车一筹），使它被誉为“新型高尔夫”。事实上，没有任何年龄段的人群能对此免疫。车道的多样化为人们提供了大量的选择，从平缓的草地路线到多日线，从刺激的半日下山骑行到富于挑战性的一周山地探险等，应有尽有。

山地自行车公园是尝试新西兰式山地骑行的绝佳选择，其中大多都有多样的道路难度等级和技巧区域（租车通常都很方便）。最著名的是罗托鲁阿的华卡雷瓦雷瓦红杉林，但其他选择还很多，包括惠灵顿的马卡拉峰、奥克兰的伍德山森林、皇后镇的下山公园等，配备天际缆车。

经典车道包括环绕汤加里罗国家公园的42 Traverse、塔卡卡山上的拉麦卡（Rameka）和基督城波特山周围的车道——可这也不过是冰山一角。环保部正在将越来越多的徒步步道转变为两用道路，其中包括复杂的史诗级步道希菲和历史悠久、富于挑战性的老幽灵路。不过，由于徒步者数量的问题，这些道路在淡季一般都会禁止骑行。此外，步道损坏也是一个问题，出发前最好先向环保部查询清楚。

要判断附近有没有好的骑行车道，线索是有没有租车机构。可以向租车机构咨询，许多经营者本身就是骑行爱好者，他们很快就能给出适合你水平的建议。《经典新西兰山地自行车之旅》（*Classic New Zealand Mountain Bike Rides*，可在书店、自行车店和www.kennett.co.nz获得）值得信赖。

如果骑行观光更符合你的节奏，可以参见奈杰尔·拉什顿（Nigel Rushton；www.paradise-press.co.nz）撰写的小册子《骑行者的天堂》（*Pedallers'Paradise*）。多变的天气和路况注定了骑行观光不会那么风行，但依旧不乏卓越的路线，如南方腹地的南部观光路线（Southern Scenic Route）。

攀岩

是时候手涂防滑粉、脚踏攀岩鞋了。在北岛，热门的攀岩地包括旺阿努伊湾、肯洛克（Kinloch）、卡瓦卡瓦湾（Kawa-kawa Bay）、陶波湖附近的莫图奥帕（Mo-tuoapa）、芒格蒂帕帕山谷（Mangatepopo

纳尔逊骑行（见479页）

Valley）、中部高原的华卡帕帕峡谷（Whakapapa Gorge）、塔拉纳基山（Mt Taranaki）的哈弗里斯城堡（Humphries Castle）和沃里克城堡（Warwick Castle），以及怀卡托的皮埃尔（Piarere）和热门的南瓦雷帕帕（Wharepapa South）。

在南岛，试试基督城附近的波特山（Port Hills）或者通往亚瑟隘口（Arthur' s Pass）途中的城堡山（Castle Hill）。纳尔逊以西，黄金海湾的大理石和石灰岩山峰、塔卡卡山（Takaka Hill）都是最好的攀岩去处。你还可以选择长滩（Long Beach，达尼丁北部）以及奥塔戈半岛上的米伊瓦卡（Mihiwaka）和情人崖（Lovers Leap）。

下雨了？你可以轻松找到室内攀岩墙，全国各地都有，包括罗托鲁阿、旺阿雷、奥克兰、陶朗阿、陶波、惠灵顿、基督城和哈密尔顿。

登录**攀登新西兰**（Climb New Zealand；www.climb.co.nz）可以找到新西兰最详尽、最好的徒手攀岩地信息，包括交通与介绍信

新西兰自行车道

新西兰自行车道（www.nzcycletrail.com）——毛利人称Nga Haerenga，意思是“旅途”——由22条被称为“骑行大道”（Great Rides）的越野小路组成。它们由北向南延伸，长度、地形和难度各不相同，许多路段沿着历史悠久的古老铁路线和拓荒路线行进，有些路段则是新开辟的，十分有趣。几乎所有路线都能饱览美丽的风景。

对于初级和中级骑手来说，这里有许多选择，其中也有一些较难的路线，包括正逐渐扬名国际的老幽灵路。大多数路线上都有方便的租车点、接驳服务、就餐和住宿选择，并因此成了探索新西兰的热门方式。

TOM HOYLE/GETTY IMAGES ©

旺阿努伊攀岩（见276页）

息。更不用说对除顶级攀岩高手以外所有人都有用的指导教程。

空中极限运动

蹦极

1987年，新西兰人A.J.哈克特（AJ Hackett）在埃菲尔铁塔的惊世一跳让蹦极运动声名鹊起，他和新西兰滑雪冠军亨利·冯·阿施（Henry van Asch）随后的合作则将其变成了一项人人可参与的活动。

今天，这项运动的故乡皇后镇犹如一张由蹦极跳绳编成的蜘蛛网，其中包括A.J.哈克特的招牌三式：134米的内维斯蹦极（Nevis Bungy，新西兰最高的）、43米的卡瓦劳蹦极（Kawarau Bungy，最早的）和岩架蹦极（Ledge Bungy，海拔最高，从400米高处的平台跳下）。汉默斯普林斯附近的冒险者峡谷（Thrillseekers Canyon）也有一个风景优美的蹦极点。在北岛则可前往泰哈皮、罗托鲁阿或奥克兰，不过最美的在陶波怀卡托河上。巨大的绳索秋千是另一种主题的玩法，可以去皇后镇的沙特欧瓦河谷（Shotover Canyon）或内维斯高空秋千（Nevis Swing）上享受这种嗖嗖作响的快乐。

高崖跳伞和悬挂式滑行

高崖跳伞是一种出人意料的高空运动，徐缓却刺激。在这项运动中，你将在降落伞一般的翅膀下从山腰或崖顶起飞。悬挂式滑行与之类似，但用的是小一些的硬翅膀。大多数飞行都要在有经验的飞行员陪伴下进行，但也可以参加课程培训后单独飞行。如果想尝试一下，可以去皇后镇、瓦纳卡、纳尔逊、莫图伊卡、霍克斯湾、基督城或奥克兰，在飞行员的协助下飞行。新西兰悬挂式滑行和高崖跳伞联合会（www.nzhgpa.org.nz）是管理机构。

跳伞

新西兰有世界上最美的一些跳伞区域，是这一运动的梦幻场地。第一次跳伞的人可以和跳伞教练绑在一起进行双人跳，完成“遗愿清单”上的这一项。在打开降落伞之前感受大约持续75秒的自由落体状态，这种刺激会让你觉得每一分钱都物有所值，9000英尺高度价格为$249，新西兰最高的自由落体跳伞（在弗朗兹约瑟夫，高度为令人心跳加速的19,000英尺）价格为$559。申请录像或拍照捕捉你在半空中恐惧或喜悦的画面，需要额外加钱。更多信息可参考**新西兰降落伞联盟**（New Zealand Parachute Federation; www.nzpf.org）。

水上极限运动

喷射艇

喷射艇是新西兰费尔利的工程师比尔·哈密尔顿（Bill Hamilton，1899～1978年）发明的，他的初衷是希望造一艘兼顾浅湾和当地河道航行的船。工程师将自己最终的成功归功于阿基米德，不过，几乎所有喷射艇驾驶者都一定会告诉你，新西兰的比尔才是喷射艇故事中的大英雄。

SCOTT FAIRCHILD/500PX ©

皇后镇蹦极（见642页）

新西兰各地都有喷射艇游览项目，许多都会来上一个令人毛发倒竖的360度旋转，乘客会被淋得湿透，笑得合不拢嘴，不过这只是助兴表演。正如比尔所说，喷射艇之旅会带你深入你从来都无法得见的荒野深处，它们能提供新西兰最物有所值的观光体验。在哈斯特和怀塔罗瓦，喷射艇游会带领游客前往原始荒野，与鸟儿一起飞翔。

皇后镇的沙特欧瓦河（Shotover）、卡瓦劳河（Kawarau）及达特河（Dart）的项目价格不菲，但都物有所值。不过一些较低调的经营者提供的旅途会更刺激。试试艾斯派林山国家公园的布勒河（Buller）、维尔金河（Wilkin）和旺阿努伊吧，旺阿努伊是异地单程喷射艇旅途中最梦幻的一个。

滑翔伞运动和风筝滑水

滑翔伞（悬吊在降落伞下，依靠快艇牵引以在水上滑行的一项运动）恐怕是人类尝试飞行体验的最简单的法子了。在岛屿湾、丰盛湾、陶波、瓦纳卡和皇后镇都有滑翔伞的运营商。

风筝滑水（又叫风筝冲浪）——迷你降落伞牵引着你站在小冲浪板上驰骋大海，在派希亚、陶朗阿、芒特芒阿努伊、拉格伦、惠灵顿以及纳尔逊都可以找到。新西兰北部雷因格角（Cape Reinga）附近的卡里卡里半岛（Karikari Peninsula）是一处风筝滑水的胜地。

尽管刺激程度稍逊，但直立式桨叶冲浪（SUO）在新西兰也越来越受欢迎。岛屿湾、陶朗阿和吉斯伯恩平静的水域是初学者的理想体验场地。

海上皮划艇

海上皮划艇运动提供了一个观赏海岸的奇妙视角，也让你得以靠近除此之外或许永远都无法见到的海洋野生动物。而又名“分体船”的双人皮划艇则提供了另一种挑战。

可进行这项运动的场地很多。大热门包括激流岛和大巴里尔岛、岛屿湾和科罗曼德尔半岛、莫尔伯勒峡湾（从皮克顿起）和阿贝尔·塔斯曼国家公园。凯库拉是观赏野生动物的好地方，峡湾风景令人惊艳。惠灵顿也值得一去，那里能让你体验传统的毛利独木舟（waka）。新西兰海上皮划艇联合会（www.kask.org.nz）提供初学者入门指导，同时是为残障划船者提供资源的好地方。

水肺潜水和浮潜

新西兰的水下世界也一样令人沉醉，北部海水温暖，随处可见有趣的海洋生物，也有一些令人印象深刻的沉船。其中最著名的潜水胜地是普尔奈茨群岛（Poor Knights Islands），这里的亚热带海潮带来并滋养了各种海洋生物。另一个能与海洋生物共舞的地方是绿色和平组织的旗舰——彩虹勇士号（Rainbow Warrior）的残骸，它就安眠在卡瓦利群岛之下（可从马图湾前往）。

其他著名的水肺潜水和浮潜场所包括岛屿湾、豪拉基湾、山羊岛和吉斯伯恩的

上图：Shotover Jet（见643页），皇后镇

下图：米尔福德峡湾（见687页）皮划艇

NICRAM SABOD/SHUTTERSTOCK ©

在新西兰冲浪

北岛

拉格伦，怀卡托 新西兰最著名的冲浪地，有热闹的寄宿社区，极好的冲浪沙滩向南延展。堪称全球冲浪者的朝圣地。

冲浪公路，塔拉纳基 延绵的菲茨罗伊海滩、宽阔繁忙的斯坦特路、仅限专业人士驰骋的绿草地角（奥普纳克）、大浪翻滚的奥哈维海滩（哈维拉）任你挑选，都在"冲浪公路"（45号公路）沿线。

旺格玛塔，科罗曼德尔 非凡的浪形、专业的装备出租和大量的冲浪学校。

丰盛湾 芒特芒阿努伊山全年均可冲浪，适合所有水平的冲浪者，夏季很受欢迎。马塔卡纳岛浪涛轻快，适合中级水平。

吉斯伯恩，东海岸 连绵的浪涛，加上新西兰最温和的天气。镇上的中途海滩（Midway Beach）浪涛强劲，专业人士则喜欢海绵湾（当心，这里有隐藏的礁石）。

惠灵顿地区 前往热门的莱尔湾，或者开阔但挑战不大的城堡角，至于专业级人士，不妨考虑托拉角（Tora Point）。

南岛

莫尔伯勒和纳尔逊 登上凯库拉半岛，穿上厚潜水服，在这里你将与海豚一起逐浪。亦可前往芒阿毛努和霍普库的"肉联厂"营地（Meatworks）追逐巨浪（需中级及以上水平）。

坎特伯雷 热门的泰勒斯迷途湾（Taylors Mistake）有基督城最好的冲浪点，北布莱顿则适合多级别的冲浪者。

达尼丁，奥塔戈 达尼丁是南岛上很棒的冲浪大本营。走一趟圣克莱尔海滩，其近海地区足以举办国际冲浪赛事。

西岸区 相对避风的普纳凯基海滩更适合多级别冲浪者，而陶朗阿湾（西港）最适合经验丰富的冲浪手。

南部区 科拉克湾（靠近里夫顿）凉风习习，适合初学者，波里奇角（派西亚）则适合专业人士。

隆哥卡科足印海洋保护区（Te Tapuwae o Rongokako Marine Reserve）。莫尔伯勒峡湾的米哈伊尔·莱蒙托夫夫人号，是世界上最大的游轮残骸潜水地。去峡湾地区的话，经验丰富的潜水者可把目的地设在达斯基峡湾、米尔福德峡湾以及神奇峡湾，那里海水清澈，有时还能看到友好的海狗或海豚。潜水者可以探索塔普蒂兰加海洋保护区（Taputeranga Marine Reserve，惠灵顿）的珊瑚礁和激流岛丰富的野生动物。

任何潜水点所提供的基础入门水肺潜水短训课程至少都需花费$160，有PADI（专业潜水教练协会）认证的4日海洋潜水课程大约需要$600。一次性的出海潜水或者近海潜水起价约$170。

新西兰水下协会（New Zealand Underwater Association; www.nzunderwater.org.nz）清澈海水和潜水安全支持者建立的网站，有安全信息、潜水指南、装备维护建议等内容。

潜水新西兰（Dive New Zealand; www.divenewzealand.com）新西兰唯一的专业潜水杂志，另附安全信息和潜水俱乐部及商店列表。

激浪漂流、皮划艇和独木舟

险峻的山脉和相应的降水环境意味着，新西兰不缺少适合筏运的大河，也绝不缺少能为你安排这种水上高速体验的运营商。河流从1到6被分为6个级别（6级意味着“不能安全漂流”），商家通常同时运营两种不同的项目，以适应不同水平和年龄的顾客（难一些的一般都要求年满13岁）。

皇后镇的沙特欧瓦河和卡瓦劳河自然很受欢迎，而朗伊塔塔河（杰拉尔丁）、布勒河（默奇森）、阿诺德河和怀霍河难度更高。想参加多日游，可以去兰兹伯勒。北岛中部选择很多，包括热门的汤加里罗河、莫哈卡河、怀罗阿河。罗托鲁阿附近还有凯图纳河小瀑布群（Kaituna Cascade），其最大亮点是落差7米的奥凯利瀑布。

皮划艇和独木舟人气很旺，尤其是在平静的湖区，但也不乏需要挥桨迎击激浪的地方，就连在相对较容易的旺阿努伊河“大徒步线”上也是如此。

新西兰漂流协会（New Zealand Rafting Association; www.nz-rafting.co.nz）非营利性河流保护机构，提供河流分级列表和漂流经营者清单。

新西兰皮划艇（New Zealand Kayak; www.kayaknz.co.nz）基于社群的皮划艇杂志。

青口贝

计划你的行程

和当地人吃喝

旅行者们，打开你们的胃口吧！无论为什么而来，新西兰的饮食都是一大亮点。如果预算紧张，那就有的放矢，反之，则大可尝遍新西兰的美食盛宴，从新鲜海鲜、美食汉堡到农贸市场的果蔬、干净亚麻餐布上的精美晚餐，应有尽有。从炸鱼薯条店、小酒馆到复古咖啡馆和豪华餐厅，各类食肆一应俱全。在这里，“饮”也有无穷之乐，点一杯新西兰咖啡、精酿啤酒或葡萄酒，享受美好时光。

NE3P/SHUTTERSTOCK ©

最佳餐饮

最佳新西兰餐厅

Kika 西班牙小吃风格的意大利菜，在瓦纳卡。(见671页)

Noble Rot 融合法国与新西兰风味的时尚葡萄酒吧，在惠灵顿。(见432页)

Riverstone Kitchen 了不起的早午餐，华丽的奥马鲁花园。(见607页)

Pegasus Bay 怀帕拉谷葡萄酒餐厅之选。(见574页)

Cassia 精心烹制的印度菜、精酿啤酒和金酒，在奥克兰。(见109页)

最佳酒馆和酒吧

Golding' s Free Dive 惠灵顿最好的精酿啤酒吧。(见435页)

Lovebucket 奥克兰最好的鸡尾酒和精酿啤酒。(见118页)

Emporium 内皮尔最斯文的酒吧。(见395页)

Smash Palace 基督城的古怪酒吧，喧嚣之处别有一份闲适。(见557页)

Mussel Inn 黄金湾的美食酒吧，历史悠久，气质低调。(见495页)

现代新西兰

从前（倒也不是太久以前），新西兰人只靠着“一荤三素”的节制饮食为生。如今，虽然小城镇的酒馆菜单上依然是万年不变的烤肉、炸鱼，但总体而言，新西兰美食的丰富程度已经大大提升。在大城镇，餐饮业凭借打破传统，融合世界各地烹饪风格而得以蓬勃发展，食材却仍以当地物产为主。

移民在这场美食发展的运动中发挥了关键作用，尤其是”二战”后欧洲、亚洲和中东地区移民的涌入。此外，当地餐厅客的冒险精神、毛利和太平洋岛屿风味及食材在主流餐饮领域中地位的提升，都同样至关重要。

为了满足要求越来越高的用餐者，餐厅必须将不同食材和传统成功融入更具创意的菜肴之中。“新派新西兰菜”这个词的发明就是为了定义这种难以分类的技巧：融合东西文化，掺入大洋洲和太平洋风味，再添加少许地道的法国和意大利元素。

传统热门菜式依然占据主导地位（羔羊肉、牛肉、鹿肉、青口贝），菜肴的特色在于诱人的口味和新鲜的食材，而非小题大做、胡乱拼凑或是华而不实。调味从温和到极致应有尽有，海鲜丰富多样，肉食鲜嫩味足。好好享用吧！

素食和严格素食者

新西兰有超过10%的人口是素食主义者（北岛比南岛多），而且数量仍在增长。大都市的中心地区大多至少有一家专门的素食咖啡馆或餐厅。详情可参见新西兰素食主义者网站（www.vegetarians.co.nz）的列表。除此之外，几乎所有的咖啡馆和餐厅都能提供一些素食选择（虽然有时只是一两种）。许多餐厅也能提供无麸食物和严格的素食选项。

咖啡馆和咖啡

在21世纪初到现在的某个阶段，新西兰人突然爱上了咖啡文化。如今，咖啡已成为国民饮品：几乎每家咖啡馆都有意式浓缩咖

当地佳肴

阅读新西兰的菜单，留意当地佳肴：kina（海胆）、paua（黑金鲍）、kumara（红薯，一般做成薯条）、银鱼（一种小鱼，经常做成煎饼或煎蛋卷）和不起眼的猕猴桃。

啡机，精品烤炉是必需的，在城市地区，高水准的咖啡师很常见。奥克兰、基督城和学生众多的达尼丁已经培养了数代咖啡爱好者。不过，拿下“新西兰咖啡之都”称号的还是惠灵顿，当地的咖啡业和烘豆景象足以与世界最热闹的地区相媲美，甚至更加包容并蓄，适合家庭旅行者。加入当地人的行列，在深夜里喝着咖啡聊天，或是在清晨喝上一杯，抖擞精神。

餐后甜点

新西兰人当然爱甜点！在城市地区的餐厅菜单上能看到无数的创意甜点，甜食比萨、切开的拉明顿蛋糕、素食奶酪蛋糕……大多数新西兰人对甜食的爱好都起源于童年时代的怀旧食物。完美适合所有公路之旅的是粘牙的菠萝夹心糖（Pineapple Lumps），这是一种裹着巧克力的甜食，历史可追溯到20世纪50年代。另一样新西兰人的怀旧童年食物，就是小贩冰激凌（香草味，里面有大粒的蜂巢太妃糖）。有些甜食富于争议：新西兰甜食之王是奶油蛋白甜饼，以奶油蛋白为底，上面堆满了奶油和浆果、猕猴桃和百香果，通常在圣诞节供应。澳大利亚人也自称是这种奶油甜点的发明者——我们尊重不同意见。

酒馆、酒吧和啤酒

新西兰的酒馆曾经是男人的堡垒，里

Havana Coffee Works（见431页），惠灵顿

面灯光暗淡，烟雾缭绕，地毯浸泡在啤酒中——如今这里更多是家庭聚会场所。乡村地带依然有许多酒馆里地板黏腻，菜单上以派为主，不过更多的酒馆成了父母带孩子们吃午餐、朋友们聚会聊天吃西班牙小吃的地方，当地人不分年龄聚在一起，一边观看体育赛事直播一边喝彩。食物成了新西兰酒馆体验中必不可少的组成部分，精酿啤酒在国民心目中也有了巨大的提升。

过去十年里，全国各地涌现出数不清的独立小酿酒厂。尤其是惠灵顿，出现了几十家专门的精酿啤酒吧，拧开龙头，啤酒就打着转流出来，至于啤酒的出处、制作者是谁、里面有什么，热情的员工无所不知。在这里度过一个晚上，关键不在于肚子的大小和酒量，而在于选择和美味。

除了食物和精挑细选的啤酒以外，新西兰的酒馆依然是可供所有新西兰人欢聚的场所，目标只有一个，就是在大屏幕上观看他们最爱的全黑队橄榄球赛事——毫不夸张地说，这是一项会令人声嘶力竭的运动。

去市场，去市场

新西兰各地共有超过50座农贸市场。大多数于周末开市，出售的都是当地物产，旅行者能直接与生产商面对面，寻觅新鲜的土产。市场内通常都有移动咖啡站，富于进取心和创新精神的摊主会提供试饮。带上购物袋，尽早赶去抢购最好的产品！主要市场分布参见www.farmersmarkets.org.nz，还可以向当地人打听规模较小的季节性市场。

Brothers Beer（见115页），奥克兰

葡萄酒产区

和邻居澳大利亚的葡萄酒产业一样，新西兰的葡萄酒能有今天的地位和成绩也要感谢欧洲移民——这些富于远见的来访者第一眼看到这片土地，就知道这里土壤与气候绝佳，于是栽下了第一批葡萄藤。新西兰最古老的葡萄园，霍克斯湾的Mission Estate Winery（见395页），是法国天主教传教团在1851年建立的，至今仍在出产顶级的葡萄酒。

不过，这一产业真正开始有起色，还是20世纪70年代的事情。当时，传统农产品出口量减少，新西兰人出游增加，餐厅BYO（自带酒水）政策被引入，这些原因共同促成了人们对地产葡萄酒兴趣与需求的提升。

从那时起，在新西兰凉爽的气候下酿造出的葡萄酒开始征服世界，一系列重要产区出产了大量的瓶装酒。参加小面包车或自行车一日游是游览葡萄酒庄的好方式。

莫尔伯勒 新西兰最大、最著名的葡萄酒产区，位于南岛最北端，这里有一个微型气候带，白天温暖，夜晚凉爽，是长相思葡萄生长的完美环境。不妨多花几天时间，多参观几家当地酒窖。

霍克斯湾 阳光明媚的北岛东海岸是新西兰葡萄酒产业的摇篮，也是第二大生产基地——霞多丽和西拉是主要产品。吉斯伯恩地区更靠北一些，也出产极好的霞多丽葡萄和出色的灰皮诺。

怀拉拉帕 从惠灵顿翻山一两个小时即到，以马丁堡为中心的怀拉拉帕地区是喧闹的周末出行者的首选，出产的黑皮诺曾获大奖。

奥塔戈中部 南岛的奥塔戈中部地区北接克伦威

你买单

在酒吧，“吆喝买单”是当地人奉行的惯例，人们会依次轮流支付每一轮的酒水。如果在轮到吆喝之前就消失，那可是交不到朋友的。酒水送上后，“干杯”是标准程序：直视对方的眼睛，碰杯。

莫尔伯勒地区的葡萄庄园（见468页）

尔，南邻亚历山德拉，西至皇后镇附近的吉斯伯恩，出产极好的雷司令和黑葡萄。

怀帕拉山谷 不得不说的是，基督城附近也有葡萄酒产区——怀帕拉山谷就在城市以北，出产品质非凡的雷司令和黑皮诺。

奥克兰及周边 建于20世纪早期的葡萄酒庄遍布奥克兰周边的乡村地区，北边出产极好的西拉和灰皮诺，西边出产霞多丽。在豪拉基湾的中部，距离奥克兰仅短短一段船程的激流岛上自有炎热干燥的小气候带，是红葡萄酒和桃红葡萄酒的理想产地。

计划你的行程
带孩子旅行

新西兰是家庭出游的梦幻之地：主打孩子的活动、家庭友好型的住宿、适宜的气候、绝少蚊虫叮咬之忧。菜肴里没有辣椒，餐饮规范规定了食物来源必须可以追溯。选择较大的城镇作为大本营，可以享受到便利的设施，然后驾车游玩周边的短途景点。

孩子们的新西兰

新西兰遍布美丽的野生动物公园、海滩、公园、积雪覆盖的山坡和互动博物馆。专为儿童设计的游乐项目和便利设施数不胜数。不过，家庭旅行者也不必拘泥于游乐场和假日乐园。从冰川到激浪漂流，适合儿童的探险活动到处都有……如果家长足够勇敢，那就去吧。

孩子们的亮点

海滩

哈黑海滩 经典的新西兰夏季海滩。在科罗曼德尔半岛。（见248页）

纳鲁努伊海滩 在救生员的看顾下，踏着怀卡托温柔的海浪学习冲浪。（见215页）

芒特芒阿努伊 孩子们可以在沙滩上玩，学习冲浪，大人们的去处有咖啡馆和酒吧。（见351页）

温泉海滩 在科罗曼德尔沙滩上给自己挖个温泉池（但是要注意温度）。（见249页）

圣基尔达和圣克莱尔海滩 孩子们不会介意达尼丁的寒冷，家长们则可以到海水池里暖暖身子。（见615页）

最适合儿童的地区

罗托鲁阿和丰盛湾

咕嘟冒泡的火山泥、刺鼻的气体、喷涌的间歇泉和毛利战舞表演——在孩子眼中，很难有能打败罗托鲁阿的地方。丰盛湾周围的海岸上有美丽的海滩，还有许多炸鱼薯条店。

惠灵顿地区

如果计划带孩子步行游玩，你需要选择布局紧凑一些的城市。惠灵顿很适合，这里有出色的博物馆、热闹的缆车、大量欢闹的咖啡馆，用不了1个小时，就能到达绝妙的卡皮蒂海岸。

皇后镇和瓦纳卡

新西兰的冬季运动适合专业滑雪者（和滑雪后活动爱好者），不过也很适合孩子们参加……事实上，那会更加有趣。卡德罗纳有适合儿童的滑雪场，瓦纳卡的迷宫世界（Puzzling World）是滑雪之外的好选择。

基督城和坎特伯雷

自然公园、划艇、国际南极中心、大城市里的植物园，还有令人惊艳的班克斯半岛就在不远处，那里有企鹅、海豚和漂亮的鸟。

邂逅野生动物

奇异鸟公园，皇后镇 能看到奇异鸟和各种叽叽喳喳的鸟儿。（见639页）

Akaroa Dolphins 可以乘坐游艇，在野生动物搜寻犬的陪同下观赏海豚。（见567页）

西岸区野生动物中心，弗朗兹约瑟夫 见识世界上最罕见的奇异鸟和大蜥蜴（就是品脱杯大小的恐龙）。（见526页）

西兰蒂亚，惠灵顿 惠灵顿的山上没有猎食者，鸟儿叽喳个没完。（见416页）

皇家信天翁中心 在奥塔戈半岛的飞行员海滩上，看小企鹅在黄昏的海岸上摇摇晃晃地行走。（见623页）

孩子们的文化活动

蒂帕帕，惠灵顿 地震、毛利文化和熔化的岩浆。（见417页）

奥克兰博物馆 奥克兰火山带和一艘25米长的独木舟战舰（waka taua）。（见91页）

霍比屯，玛塔玛塔 参观霍比特人的洞窟，到绿龙酒馆喝东西。（见219页）

坎特伯雷博物馆，基督城 木乃伊、恐龙化石和一座很酷的探索中心。（见543页）

普基阿里基，新普利茅斯 一架巨大的鲨鱼骨架、毛利文化展品，以及其他展品。（见260页）

仙蒂镇，格雷茅斯 全家一起登上淘金时代的蒸汽火车，探访重建的淘金小镇。（见515页）

我们饿了……

Mt Vic Chippery，惠灵顿 出色的炸鱼和（多达5种）薯条。（见433页）

黑斯廷斯农贸市场 装满篮子，去野餐。（见397页）

猕猴桃，莫图伊卡 丰收时节，到周日市场（见486页地图；Wallace St；⏲周日8:00~13:00）挑一袋。

Sweet Alice's Fudge Kitchen，霍基蒂卡 西岸区的蜡烛、冰激凌和软糖。（见520页地图；☎03-755 5359；27 Tancred St；软糖 每条$7；⏲10:00~17:00）

吉斯伯恩农贸市场 夏威夷果、橘子、糕点……全都是当地货。（见377页）

做计划

想获取全面的信息和建议，可参考Lonely Planet的《带孩子旅行》。提前计划可浏览Kidz Go!（www.kidzgo.co.nz）网站，或在皇后镇、瓦纳卡和峡湾地区的游客信息中心拿一些免费宣传册。

住宿

许多酒店和度假公园都有游乐场、游戏室和儿童放映厅，游泳池、蹦床和成亩的草地也很常见。小床和儿童餐椅不是经济型和中档住宿地的必备品，但高档酒店都有，有些还提供儿童看护服务。巴奇屋（bach；一种基本的度假屋）是超值之选，农庄住宿也很有意思，能看到许多动物。

许多民宿都以没有儿童吵闹为卖点，大多数青年旅舍主要面向背包客，但也有许多旅舍（包括YHA）接受儿童入住。

当地交通

如果孩子很小，要向租车公司确认，能否为你的孩子提供合适尺寸的安全座椅，并代为妥善安装。有些公司会要求你自己安装座椅，这也是合法的。

包括汽车、火车、轮渡等在内的大多数公共交通都能照顾到小乘客的需求，价格有折扣，并帮助处理婴儿车、尿布袋、车/船上购物等事宜。

可考虑全程租用露营车。在新西兰随处可见，车上配备了床铺、厨房，甚至有厕所和电视。考虑到节省下来的住宿费，价格是合理的，而且再也不用操心开包、收拾行李、把泰迪熊落在酒店房间之类的问题了。

实用网站

Kids Friendly Travel（www.kidsfriendlytravel.com）提供婴儿用具租用指南、住宿名录等。

Lets Go Kids（http://letsgokids.co.nz）下载家庭旅行建议及优惠抵用券。

Kidspot（www.kidspot.co.nz）"Family Fun"板块提供适宜儿童的活动及公路旅行建议等。

Kids New Zealand（www.kidsnewzealand.com）家庭友好型的咖啡馆和活动名录。

地区速览

奥克兰

餐饮
地质
海岸线

美食和美酒

奥克兰有全国最多、最好的餐厅，非常棒的集市，众多亚洲美食、咖啡馆和酒吧。三面环绕葡萄酒产区。咖啡文化正在兴起（不要告诉任何从惠灵顿来的人）。

火山景观

奥克兰确实是全球最“热”门的地区：50多座独立的火山形成了独特的地貌——随时可能有新的火山突然出现。可以徒步登上一座休眠的火山锥，俯瞰城市全景。

海滩

从豪拉基湾正对着的适合儿童嬉戏的平静沙滩，到西岸区适合冲浪的黑沙海滩，再到近海岛屿令人屏息的海岸线，水上运动爱好者都被奥克兰宠坏了。

见82页

岛屿湾和北部区

海岸线
荒野
历史

海滩和港湾

北部区东海岸上，美丽的海湾连成了线，令这里成为家庭旅行者、冲浪者和钓鱼爱好者的天堂。

古老的森林

贝壳杉曾覆盖北部地区，现在怀波阿森林里依然有它们巨大的身影，十分壮观。

凯里凯里和怀唐伊

新西兰是毛利人和欧洲人一起建立起来的，传教士在凯里凯里留下了这个国家现存最古老的建筑。相距不远的怀唐伊更是公认的新西兰建国文献《怀唐伊条约》的签署地。

见152页

怀卡托和科罗曼德尔半岛

海岸线
小镇
溶洞

海滩和冲浪

在传奇的玛努湾，你能放心游泳，享受世界级的冲浪。科罗曼德尔半岛上的海滩在夏季尤为热门，但只要用心去找，幽静的好地方并不难发现。

小镇魅力

蒂阿罗哈、剑桥、玛塔玛塔和拉格伦都有非常不错的小酒馆、咖啡馆和餐厅，当然，还有友好的当地人。泰晤士和科罗曼德尔镇则以其淘金史闻名。

怀托莫洞穴

一定不要错过怀托莫洞穴的黑水漂流（穿过地下河流），那是新西兰最令人流连忘返的洞穴……或者，只是悠闲泛舟水上，穿行在萤火虫照亮的奇妙岩洞中。

见200页

塔拉纳基和旺阿努伊

荒野
城市
海岸线

国家公园

与世隔绝的旺阿努伊国家公园总是出现在毛利人的传说中。位于新普利茅斯的塔拉纳基山（埃格蒙特国家公园）风景如画，有非常棒的步道。

被低估的城市

新普利茅斯、旺阿努伊和北帕默斯顿都是经常被旅行者忽视的中型城市。然而，在这里你会发现非常棒的餐厅、时髦的酒吧、奇妙的博物馆和友好的当地人。

冲浪和沙滩

到新普利茅斯以南的45号冲浪公路寻觅美丽的黑沙海滩和地球原始的美丽。旺阿努伊有遗世独立的宁静海滩。霍罗芬努阿区（Horowhenua District）内则有大片空旷的褐色沙滩。

见257页

陶波和鲁阿佩胡地区

荒野
风景
户外活动

湖泊和河流

新西兰最壮阔的河流怀卡托河发源于境内最大的湖泊陶波湖：这里有丰富的水上活动（皮划艇、帆船、钓鱼），附近有温泉汩汩而出。

壮观的风景

鲁阿佩胡、汤加里罗和瑙鲁霍伊三座烟雾缭绕、偶尔还会喷发一下的火山是惊人的景观。冬季的亮点是滑雪，其他季节可以徒步。

陶波的极限运动

跳伞、蹦极、激浪漂流、喷射艇、山地骑行、花式滑水、滑翔伞、滑雪……想要刺激，就有刺激。

见294页

罗托鲁阿和普伦蒂湾（丰盛湾）

地热活动
土著文化
户外活动

火山活动

间歇泉、地热火山口和温泉共同构成了罗托鲁阿的地貌风光。新西兰唯一的海上活火山瓦卡阿利（怀特岛）就在距海岸48公里处。

毛利文化

来罗托鲁阿感受毛利文化吧！这里有传统的毛利歌舞表演，有haka（战舞）和hangi（毛利盛宴）。

户外活动

来尝试滑翔伞、冲浪、高空跳伞、悠波球、喷射艇、风帆车、激浪漂流、山地骑行、皮划艇……或者干脆就在海边游游泳。

见323页

东海岸

海岸线
美酒
建筑

海岸风光

欣赏美丽的海岸风光，追寻早期毛利人和大名鼎鼎的库克船长的足迹。这里不仅有著名的东角灯塔，更有塘鹅聚居的拐子角。

葡萄酒产区

在吉斯伯恩品尝口感明快的霞多丽葡萄酒，到霍克斯湾品尝真正优质的波尔多式红酒和精致的酒庄美食。

装饰艺术之都内皮尔

内皮尔风格独特的市中心像磁石般吸引着建筑爱好者，每年2月都有发烧友赶来参加一年一度的周末艺术装饰节。

见368页

惠灵顿地区

艺术
餐饮
夜生活

博物馆和画廊

进入市中心，就能看到高品质的博物馆，包括交互性的蒂帕帕博物馆以及具有国际范儿的惠灵顿城市美术馆。

咖啡文化

十几家烘豆坊和无数时尚咖啡馆让惠灵顿成了新西兰的咖啡之都。首选Havana Coffee Works或Fidel's。

酒吧

在Cuba St的波希米亚式酒吧和Courtenay Pl的炫目美酒据点之间，一定有什么能让你流连忘返，一直待到天亮。

见414页

莫尔伯勒和纳尔逊

美酒
荒野
大自然

莫尔伯勒葡萄酒产区

在莫尔伯勒的美酒海洋中放纵自己，这里有高品质的窖藏长相思、威士莲、黑皮诺、香槟和当地美食。

国家公园

不要仅仅满足于一个国家公园，在纳尔逊地区就有三个：纳尔逊湖区国家公园、卡胡朗伊国家公园和阿尔贝·塔斯曼国家公园。一周时间就可以逛遍这三个公园。

凯库拉的野生动物

南岛的顶端是许多生物的家园，包括水生动物和飞行动物。小小的凯库拉提供许多野生动物观光之旅。

见453页

西岸区

荒野
户外活动
历史

自然仙境

西岸区90%的土地位于保护区内。不要错过欣赏普纳凯基的薄饼岩和欧帕罗罗盆地的机会。

徒步

1小时的简易步道和高难度步道沿途都能看到壮丽的风景，比如疾风劲吹、野生动物众多的逆风角步道（Cape Foulwind Walkway）。

开拓者的文化遗产

里夫顿、仙蒂镇（格雷茅斯）和诸如怀乌塔这样的鬼城生动再现了西岸区那声名不佳的开拓史。

见501页

克赖斯特彻奇（基督城）和坎特伯雷

历史
户外活动
风景

基督城和阿卡罗阿

地震毁坏了基督城的历史建筑，但坎特伯雷博物馆、植物园和New Brighton St仍在向你展示这座城市的历史。不远处，阿卡罗阿骄傲地为它的法国历史遗迹而欢庆。

徒步和皮划艇

探索亚瑟隘口附近的高山峡谷，划着皮艇体会阿卡罗阿港，或者，造访奥拉基/库克山国家公园，在冰川湖泊间徒步、泛舟。

班克斯半岛和南阿尔卑斯山

从班克斯半岛的Summit Rd一路向下，探索隐秘的海湾和小岩洞，感受大自然的雄奇——河谷、高耸的山峰和南阿尔卑斯山的冰川。

见538页

达尼丁和奥塔戈

野生动物
美酒
历史

鸟类、海豹和海狮

海豹、海狮和企鹅踞守着奥塔戈半岛。泰瓦罗角（Taiaroa Head）则是皇家信天翁在这个星球上唯一的陆上繁育地。

班诺克本山谷和怀塔基山谷

顺着班诺克本山谷探寻美丽的葡萄园餐厅，或深入崭露头角的怀塔基山谷寻找雷司令和灰皮诺葡萄酒。

维多利亚时代

探寻达尼丁充满故事的艺术小街。步行或骑着前轮大后轮小的复古自行车穿行在奥马鲁维多利亚时代的街区。

见599页

昆斯敦（皇后镇）和瓦纳卡

户外活动
风景
美酒

皇后镇的极限运动

地球上少有的可以提供这么多冒险活动的地方：蹦极、漂流、滑雪和山地骑行。只有皇后镇才能点燃你的激情。

山川和湖泊

瓦卡蒂普湖和高耸的卓越山脉携手绘制了皇后镇的如画风光，令人叹为观止。也可在格林诺奇和阿斯派灵山国家公园附近探索新西兰最迷人的原始之美。

南部葡萄酒庄

在艾菲酒庄（Amisfield Winery）绝佳的餐厅里吃一顿午餐，然后探索吉布斯顿，到瑞本葡萄园（Rippon）品尝美味的雷司令，眺望绝美的瓦纳卡湖。

见635页

峡湾地区和南部区

风景
户外活动
游轮和海岸线

壮丽景观

南方腹地的明星是米尔福德峡湾。不过，建议你花些时间去探索崎岖的卡特林斯海岸，或偏远僻静有如世界尽头的斯图尔特岛。

徒步

检验一下自己，徒步穿越米尔福德步道或隆丘步道，或是轻松漫步米尔福德公路沿线步程1小时左右的步道。

水上刺激

乘游轮或租一艘皮划艇巡游美丽的神奇峡湾，在库里欧湾体验冲浪，或者到卡特林斯的瀑布群感受水花飞溅。

见676页

在路上

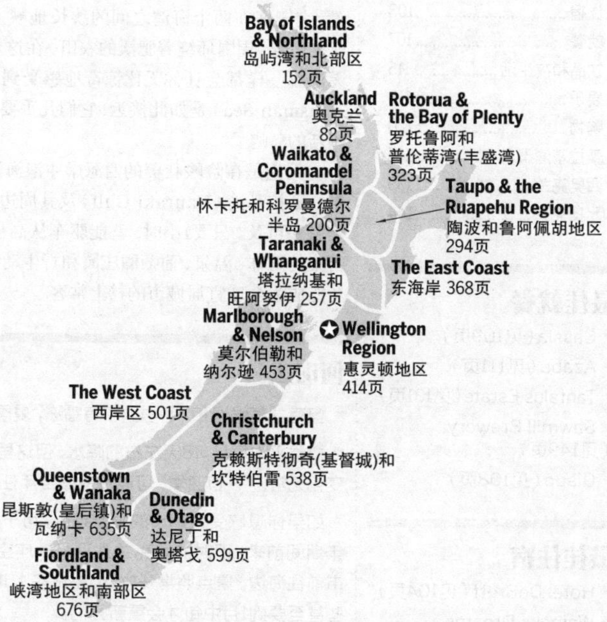
Bay of Islands & Northland
岛屿湾和北部区
152页
Auckland
奥克兰
82页
Rotorua & the Bay of Plenty
罗托鲁阿和
普伦蒂湾(丰盛湾)
323页
Waikato & Coromandel Peninsula
怀卡托和科罗曼德尔
半岛 200页
Taupo & the Ruapehu Region
陶波和鲁阿佩胡地区
294页
Taranaki & Whanganui
塔拉纳基和
旺阿努伊 257页
The East Coast
东海岸 368页
Marlborough & Nelson
莫尔伯勒和
纳尔逊 453页
Wellington Region
惠灵顿地区
414页
The West Coast
西岸区 501页
Christchurch & Canterbury
克赖斯特彻奇(基督城)和
坎特伯雷 538页
Queenstown & Wanaka
昆斯敦(皇后镇)和
瓦纳卡 635页
Dunedin & Otago
达尼丁和
奥塔戈 599页
Fiordland & Southland
峡湾地区和南部区
676页

奥克兰

包括 ➡

最佳就餐

- Cassia（见109页）
- Azabu（见111页）
- Tantalus Estate（见131页）
- Sawmill Brewery（见149页）
- Giapo（见108页）

最佳住宿

- Hotel DeBrett（见104页）
- Waiheke Dreams（见130页）
- XSPOT（见138页）
- Ascot Parnell（见106页）
- Piha Beachstay – Jandal Palace（见141页）

为何去

如果说巴黎是“爱情之都”的话，奥克兰便是“多情之城”，这源于它的毛利语名字：Tamaki Makaurau。这块土地的“倾慕者们”曾为之战斗了好几个世纪。

很难想象有其他城市拥有比奥克兰更得天独厚的地理位置：它镶嵌在两个海湾之间的狭长地峡上，零星点缀着一些死火山锥，周围环绕着肥沃的农田。在这众多有利的条件中，无论哪一样都会让你无比惊奇地感受到，太平洋和塔斯曼海（Tasman Sea）是如此接近，它们几乎要亲吻到彼此，圈出一座新的岛屿了。

无论是在险峻壮美的西海岸冲浪海滩，抑或是在波光粼粼的豪拉基湾（Hauraki Gulf）及其周边无数的岛屿，大海总是触手可及。只要1小时，就能驱车从高楼林立的市中心来到密集的雨林、温泉、葡萄酒庄园和野生动物保护区。难怪奥克兰能成为全球宜居城市的榜上常客。

何时去

- 奥克兰气候温和，冬季偶尔有霜冻，夏季湿度较高。
- 夏季平均每月有8天左右的降水，但这里的天气也是出了名的变化无常，“一日四季”可能发生在全年任何时候。
- 如果你想感受大都市的喧嚣氛围，可千万不要在圣诞节和新年期间前来，那时的奥克兰几乎是一座空城，人们纷纷离开城市前往海边。景点照常开放，但是许多咖啡馆和餐厅会歇业，有些甚至要到1月中旬才会重新开门。

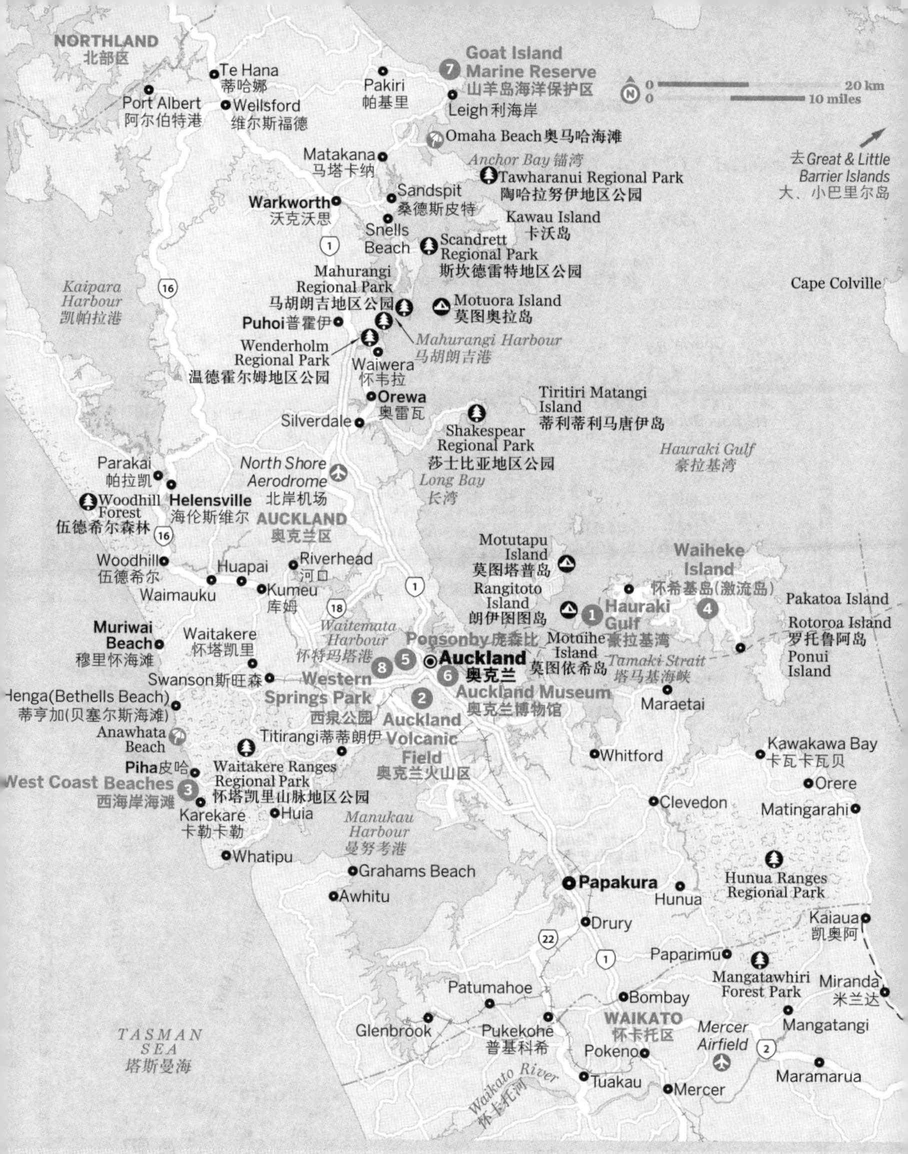

奥克兰亮点

❶ **豪拉基湾**（见125页）探访这片美丽风景中散落的岛屿。

❷ **奥克兰火山区**（见104页）探索奥克兰迷人的火山、湖泊和岛屿。

❸ **西海岸海滩**（见140页）漫步于卡勒卡勒和皮哈神秘危险的黑沙滩。

❹ **怀希基岛**（激流岛；见126页）漫步于世界一流的酿酒厂和海滩。

❺ **庞森比**（见110页）在奥克兰最时尚的近郊，流连于咖啡馆、餐厅和酒吧之间。

❻ **奥克兰博物馆**（见91页）为毛利珍宝而惊叹。

❼ **山羊岛海洋保护区**（见150页）在这个美丽的海湾上，离开海滩几步就能和鱼儿一起游泳。

❽ **太平洋岛民节**（见102页）在3月的**西泉公园**，沉醉于波利尼西亚氛围之中。

Auckland 奥克兰

到达和离开

奥克兰有直达航班连接亚洲、北美洲、南美洲、澳大利亚和南太平洋地区。境内航班可抵达全国各地，长途汽车和火车可北上南下至岛屿湾、哈密尔顿、惠灵顿和其他地区中心城市。渡轮是前往激流岛、大巴里尔岛和豪拉基湾其他岛屿的重要交通工具。奥克兰交通局（见124页）提供搭乘汽车、火车和渡轮前往奥克兰各地和周边区域的信息。

Auckland 奥克兰

重要景点

1 一树山 B4
2 华勒斯艺术中心 B4

景点

3 阿基里斯角瞭望台 D2
4 奥克兰植物园 D6
5 堡垒角 C3
6 凯利·塔顿海底世界 C3
7 彩虹之巅 D6
8 星空天文台 B4
9 Villa Maria B6

活动、课程和团队游

10 Auckland Bridge Climb & Bungy A2
11 Auckland Sea Kayaks C3
12 Coast to Coast Walkway B4
13 Fergs Kayaks C3

住宿

14 Ambury Regional Park B5
15 Emerald Inn B1
16 Grange Lodge C5
17 Jet Park B6

就餐

18 Engine Room A2
19 Paradise A4
20 St Heliers Bay Bistro C3
Takapuna Beach Cafe （见15）

娱乐

21 斯马特山露天体育场 C4
22 北岸活动中心 A1

购物

23 奥塔拉跳蚤市场 D5

奥克兰(AUCKLAND)

☎09/人口 1,420,000

历史

毛利人在奥克兰地区的居住历史可以追溯到大约800年前。最初的定居者主要聚居在豪拉基湾群岛，之后陆续迁至肥沃的地峡地带，开垦土地，种植庄稼。

数百年来，奥克兰地区的许多部落为了夺取这块土地的控制权而争斗不断，在许多火山锥上建立了带防御工事的要塞村（pā）。来自凯帕拉港（Kaipara Harbour）的纳提瓦图瓦部落（Ngati Whatua iwi）自1741年起开始占据上风，占领了几个主要的要塞村。在19世纪20年代的步枪战争（Musket Wars）中遭到来自北方的纳普希（Ngapuhi）部落摧毁后，这片土地几近荒芜。

1840年签署《怀唐伊条约》（*Treaty of Waitangi*）时，总督霍布森（Hobson）便将岛屿湾（Bay of Islands）作为大本营。当纳提瓦图瓦部落的首领蒂卡瓦（Te Kawau）出售怀特玛塔湾（Waitemata Harbour）北部边缘的3000英亩土地时，霍布森决定将其买下，以建造一座新的首府，并以他的资助人之一乔治·伊甸（George Eden，即奥克兰伯爵）的名字命名。

刚开始，这里只有海滩上的几顶帐篷，但定居点得以迅速发展，很快港口开始变得繁忙，主要用于出口该地区的贝壳杉木等特产。然而仅仅25年后，奥克兰的首府地位就被更具中心地理位置优势的惠灵顿（Wellington）所取代。

自20世纪初以来，奥克兰就是新西兰发展最迅速的城市和主要的工业中心。政治中心或许当属惠灵顿，可奥克兰无疑是这片土地上最重要的工业城市。

2010年，奥克兰大区的若干城市和城区合并组成一座“超级大城市”。2011年，这座新合并的大都市为举办橄榄球世界杯（Rugby World Cup）而开启市容美化工程。沿海区域被重新规划，美术馆和动物园进行了翻新，新的餐厅和酒吧如雨后春笋般涌现，世界杯后的奥克兰焕然一新，成了一座更加活力四射的城市。

在那之后的岁月，奥克兰一直保持高速发展的势头，日益趋向多元文化，是新西兰新移民最为青睐的居住地。虽说住房的高昂价格和交通让居民感到挫败，这座城市依然是该国唯一激动人心、活力十足的国际化大都市。

景点

奥克兰是火山之城，冷却熔岩流脊线形成了天然的主干道，大量的火山锥又带来了点点绿洲。直到今天，奥克兰依旧是新西兰最大的

City Centre 市中心

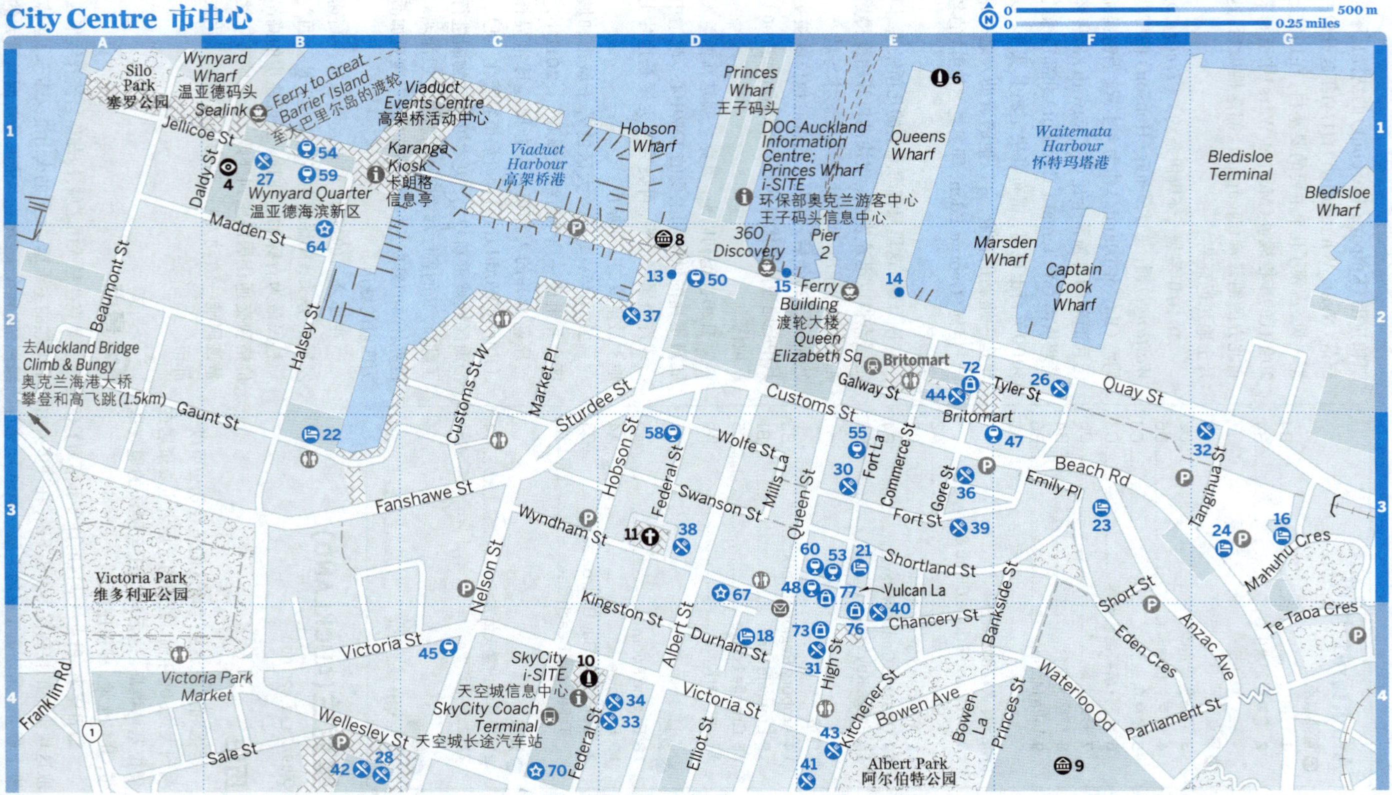

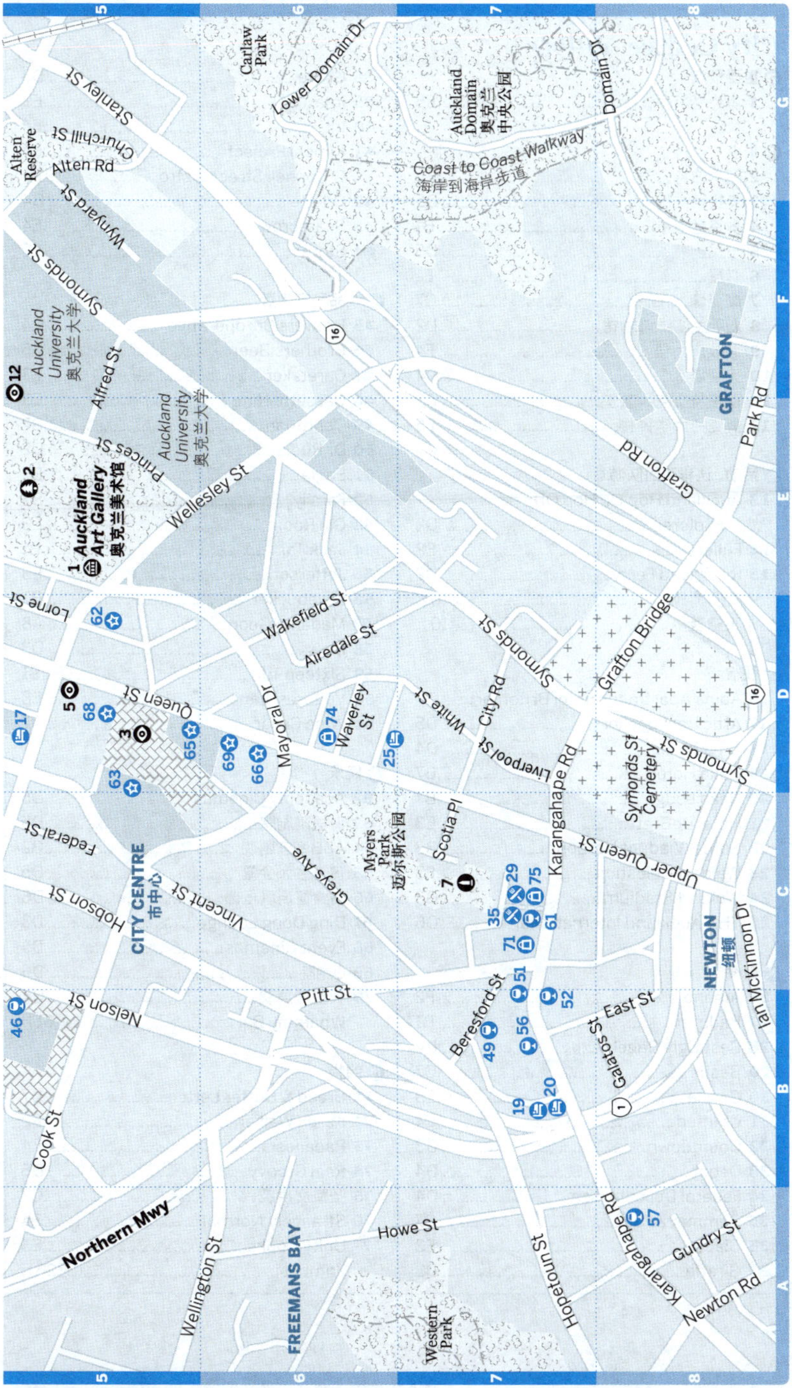
Carlaw Park
Lower Domain Dr
Auckland Domain
奥克兰中央公园
Domain Dr
Coast to Coast Walkway
海岸到海岸步道
Stanley St
Churchill St
Alten Reserve
Alten Rd
Wynyard St
Symonds St
Auckland University
奥克兰大学
Alfred St
Princes St
Wellesley St
Auckland Art Gallery
奥克兰美术馆
GRAFTON
Park Rd
Grafton Rd
Lorne St
Wakefield St
Airedale St
Grafton Bridge
Queen St
Mayoral Dr
Waverley St
White St
City Rd
Liverpool St
Karangahape Rd
Symonds St Cemetery
Federal St
CITY CENTRE
市中心
Greys Ave
Myers Park
迈尔斯公园
Scotia Pl
Upper Queen St
Hobson St
Vincent St
NEWTON
纽顿
Ian McKinnon Dr
Nelson St
Pitt St
Beresford St
East St
Galatos St
Cook St
Northern Mwy
Wellington St
FREEMANS BAY
Howe St
Hopetoun St
Western Park
Karangahape Rd
Gundry St
Newton Rd

City Centre 市中心

重要景点

1 奥克兰美术馆 E5

景点

2 阿尔伯特公园 E5
3 奥提阿广场 D5
4 奥克兰鱼市 B1
5 市民剧院 D5
6 灯屋 E1
7 摩西像 C7
8 新西兰海洋博物馆 D2
9 老政府大楼 F4
10 天空塔 C4
11 圣帕特里克大教堂 D3
12 奥克兰大学钟楼 F5

活动、课程和团队游

13 Auckland Hop On Hop Off Explorer D2
14 Fullers E2
15 Riverhead Ferry D2
天空蹦极 （见10）
天空漫步 （见10）

住宿

16 Adina Apartment Hotel Britomart G3
17 Attic Backpackers D5
18 CityLife D4
19 Haka Hotel B7
20 Haka Lodge B7
21 Hotel DeBrett E3
22 Sofitel Viaduct Harbour B3
23 Waldorf Celestion F3
24 Waldorf Stadium G3
25 YHA Auckland International D6

就餐

26 Amano F2
27 Baduzzi B1
28 Best Ugly Bagels B4
29 Bestie C7
30 Cassia E3
31 Chuffed E4
32 Countdown G3
33 Depot D4
34 Federal Delicatessen D4
35 Gemmayze St C7
36 Giapo E3
37 Giraffe D2
38 Grove D3
39 Ima E3
40 Inti E4
41 Kimchi Project E4
O'Connell Street Bistro （见21）
42 Odette's B4
43 Scarecrow E4
44 Store E2

饮品和夜生活

45 Brewers Co-operative C4
46 Brothers Beer B5
47 Caretaker F3
48 Cassette Nine E3
49 Centurian B7
50 Dr Rudis D2
51 Eagle B7
52 Family B7
53 Gin Room E3
54 Jack Tar B1
55 Jefferson E3
56 Lovebucket B7
57 Madame George A8
58 Mo's D3
59 Sixteen Tun B1
60 Vultures' Lane E3
61 Wine Cellar C7

娱乐

62 Academy Cinemas D5
63 奥提阿剧院 D5
64 ASB海滨剧院 B2
65 奥克兰大会堂 D5
66 古典喜剧俱乐部 D6
67 Ding Dong Lounge D3
68 Event Cinemas D5
69 Q剧院 D6
70 天空城剧院 C4
Whammy Bar （见61）

购物

71 Bread & Butter Letter C7
72 Karen Walker E2
73 Pauanesia E4
74 Real Groovy D6
75 圣凯文拱廊 C7
76 Strangely Normal E4
77 Unity Books E3
Zambesi （见26）

城市，也是文化最多元的城市。这里生活着全球数量最多的波利尼西亚人(Polynesian)，他们与人数众多的亚裔群体比邻而居。

传统的奥克兰人希望拥有独立式住房，占地至少应有1/4英亩，这使得城市不断向周边扩大、延伸。中央商务区从很早以前开始就仅被用作商业中心，市中心的公寓也是最近几年才开始流行起来。虽然奥克兰的城市地理空间宽阔，但缺乏整体规划。放任自流和欠缺考虑的发展使得奥克兰市中心的许多建筑显得毫无规划、不伦不类。如果想深入探索奥克兰，最佳选择是时尚的近郊区，例如庞森比(Ponsonby)、格雷林(Grey Lynn)、金士兰(Kingsland)和伊甸山(Mt Eden)，去看一看维多利亚时代的街道和爱德华时代的别墅。

市中心

★奥克兰美术馆 美术馆

(Auckland Art Gallery；见86页地图；☎09-379 1349；www.aucklandartgallery.com；Kitchener St和Wellesley St交叉路口；成人/学生/儿童 $20/17/免费；⏲10:00~17:00)奥克兰这处顶尖的艺术殿堂坐落于一座建成于1887年的法国城堡式建筑中，主体包括一个玻璃和木结构的漂亮中庭。这里展出最优秀的新西兰艺术，珍藏着许多艺术家的著名作品，包括小彼得·勃鲁盖尔(Pieter Bruegel the Younger)、圭多·雷尼(Guido Reni)、毕加索(Picasso)、塞尚(Cézanne)、高更(Gauguin)和马蒂斯(Matisse)的大作。馆藏亮点是查尔斯·高第(Charles Goldie)创作于19世纪的私人肖像画，主题都是文身毛利人，以及柯林·麦卡宏(Colin McCahon)所创作的布面油画，上面醒目而极富戏剧性地布满文字。

这里每天都有免费的60分钟导览游，11:30和13:30在门厅集合开始。

阿尔伯特公园 公园

(Albert Park；见86页地图；Princes St)阿尔伯特公园位于市区东侧的小山上，是一座充满魅力的维多利亚式公园，一旦开学，里面都是毗邻的奥克兰大学的学生。公园曾经是阿尔伯特兵营墙(Albert Barracks，建于1847年)的一部分，这是新西兰战争期间修筑的防御工事，将包括阿尔伯特公园在内的9公顷土地护卫于其中。如今，仍有一段老兵营墙屹立在大学校园的中央。

天空塔 塔楼

(Sky Tower；见86页地图；☎09-363 6000；www.skycityauckland.co.nz；Federal St和Victoria St交叉路口；成人/儿童 $29/12；⏲11月至次年4月 周日至周四 8:30~22:30，周五和周六 至23:30，5月至10月 9:00~22:00)天空塔看上去就像一个巨大的注射器，直插云霄，你一定不会错过。晚上，绚丽的灯光渲染出太空时代的感觉，特殊节庆期间灯光还会变幻。天空塔高达328米，是南半球的最高建筑。乘坐电梯登上瞭望台只需40秒，电梯速度之快可以瞬间让你的心提到嗓子眼儿。如果你想寻求一些额外的刺激的话，不妨透过脚下镶嵌的玻璃地板望一望地面。日落时分前来，还可以在Sky Lounge Cafe & Bar喝上一杯。

天空塔也是天空漫步(SkyWalk；见98页)和天空蹦极(SkyJump；见99页)两项活动的所在地。

市民剧院 剧院

(Civic Theatre；见87页地图；☎09-309 2677；www.aucklandlive.co.nz /venue/the-civic；Queen St和Wellesley St交叉路口)这座市民剧院(建于1929年)是世界上仅存的7家"氛围剧院"(atmospheric theatre)之一，也是电影黄金时代保留下来的精美产物。观众席用绚丽的摩尔风格装饰，天花板布置得犹如星光熠熠的南半球夜空，还投映着云朵和星星。这里主要用于音乐剧巡回演出、国际音乐会和电影节影片的放映。

老政府大楼 历史建筑

(Old Government House；见86页地图；Waterloo Quadrant) **免费** 这座宏伟的建筑建于1856年，直到1865年新西兰定都惠灵顿之前，这里都是殖民地政权中心的所在地。建筑特色在于，它实际上是用木头建造，却伪装得像是石头。现在这里属于奥克兰大学，但葱茏的花园仍可供游客自由游览。

奥克兰大学钟楼 建筑

(University Clock Tower；见87页地图；22 Princes St)这座庄严的"象牙"钟楼(建于

奥克兰精华

就餐 在庞森比中心区（见111页）多元的都会景观中用餐。

饮品 在Hallertau酒吧（见143页）或Sawmill Brewery（见149页）品尝世界级的精酿啤酒。

阅读 《山下》(*Under the Mountain*, 1979年), Maurice Gee的青少年童话，讲述潜藏于奥克兰火山下的未知世界的故事。

聆听 《狂想曲》（*Melodrama*, 2017年），德文波特女歌手洛德（Lorde）大获成功的第二张专辑。

观赏 《钢琴课》（*The Piano*, 1993年），荣获多项奥斯卡奖的影片，在卡勒卡勒海滩拍摄。

节日 太平洋岛民文化节。

网络资源 www.aucklandnz.com; www.lonelyplanet.com/new-zealand/auckland

1926年）是奥克兰的建筑杰作，新艺术运动风格（将新西兰特有的动植物图案融入装饰）和芝加哥学院派风格在此融为一体。钟楼常常都是开放的，只管进去就好。

圣帕特里克大教堂 教堂

（St Patrick's Cathedral; 见86页地图; ☎09-303 4509; www.stpatricks.org.nz; 43 Wyndham St; ⊙7:00~19:00）奥克兰这座建于1907年的天主教大教堂是城内最迷人的建筑之一。精心打磨抛光的木质装饰和比利时彩绘玻璃，为这座雄伟的哥特复兴式教堂的内部营造出温暖的氛围。教堂左手边古老的忏悔室里有历史展览。

奥提阿广场 广场

（Aotea Square; 见87页地图; Queen St）城里的市民中心。

摩西像 雕塑

（Moses; 见87页地图; Myers Park）这部作品复制了米开朗琪罗的《摩西》，采用的大理石石材与原件出自同一采石场。

布里托马特、高架桥港和温亚德海滨新区（Britomart, Viaduct Harbour & Wynyard Quarter）

布里托马特（Britomart）仅涵盖火车站北面延伸出来的几个小街区，紧凑地聚集了历史建筑和新兴建筑，已经被改造成市内最好的餐饮购物区之一。大多数奥克兰顶尖的时尚设计师最近也从High St的住宅区搬到这里。

高架桥港（Viaduct Harbour）曾是繁华的商用港口，1999年、2000年和2003年的美洲杯帆船赛前曾进行过大规模翻修。现在是时髦高档的餐饮聚集地，每晚都不会冷清。具有历史意义的牌匾、城市雕塑，以及有机会可以看到的富翁们的游艇，都使得这里成为非常适宜漫步和休闲消遣的地方。

温亚德海滨新区（Wynyard Quarter）由一座活动结构桥与高架桥港相连，其兴旺繁荣得益于另一场重大赛事——2011年的橄榄球世界杯。公共广场、水畔餐厅、活动中心、鱼市以及儿童游乐园使其迅速成为奥克兰备受欢迎的休闲娱乐场所。在最西端的**赛罗公园**（Silo Park）地区，周五晚上的免费露天电影和周末市场都是消夏的好选择。温亚德大多数较好的餐厅都在位于海滨后面的Jellicoe St街上。

新西兰海洋博物馆 博物馆

（New Zealand Maritime Museum; 见86页地图; ☎09-373 0800; www.maritimemuseum.co.nz; 149-159 Quay St; 成人/儿童 $20/10, 含海港巡航游 $50/25; ⊙9:00~17:00, 周一至周五10:30和13:00有免费团队游）从毛利人的独木舟到美洲杯帆船赛，这家博物馆追溯了新西兰的整个航海历史，并复制了一座倾斜的19世纪船舱和漂亮的20世纪50年代的沙滩商店和度假小屋。蓝水黑魔法展览（Blue Water Black Magic）是为了向彼得·布莱克爵士（Sir Peter Blake）致敬，他是怀特布莱德环球帆船赛（Whitbread Round the World）和美洲杯帆船赛的得奖运动员，于2001年在亚马孙河上进行环境监测航行时遇害身亡。套票包含乘坐老船的1小时海港巡游活动。

灯屋 公共艺术

（Lighthouse; 见86页地图; Queens Wharf）

奥克兰最新的公共艺术装置就是这座仿建的"政府公屋"——这是新西兰在20世纪三四十年代流行的一种公共住宅形式——由艺术家Michael Parekōwhai于2017年初在皇后码头的尽头建造。外壁用毛利风格的亚麻编织带(tukutuku)装饰，里面用霓虹灯和不锈钢呈现英国航海探险家詹姆斯·库克船长(Captain James Cook)的生平。这座房屋的独特设计是对主权和殖民主义的一种评价。最好天黑之后去。

奥克兰鱼市 市场

(Auckland Fish Market；见86页地图；☎09-379 1490；www.aucklandfishmarket.co.nz；22-32 Jellicoe St；⏲7:30~18:00)清晨开市进行鱼类拍卖，有鱼铺、咖啡馆、餐厅和一家海鲜烹饪学校。

伊甸山(Mt Eden)

★伊甸山 火山

(Maungawhau；见92页地图；250 Mt Eden Rd)从奥克兰最高的火山锥顶端(海拔196米)望下去，整个地峡和两个海港一览无余。对称的火山口(深50米)被称作Te Ipu Kai a Mataaho(Mataaho的饭碗，它是地下万物之神)，在当地人心目中非常神圣(tapu)。别进去，但山上其他地方都可以随便逛。毛利人要塞村(pā)里遗留下来的梯田和储藏食物的地坑都清晰可见。

伊甸花园 花园

(Eden Garden；见96页地图；☎09-638 8395；www.edengarden.co.nz；24 Omana Ave；成人/儿童 $10/免费；⏲9:00~16:00)这座茂密的花园位于伊甸山多岩的东坡，因盛开山茶、杜鹃等花卉而闻名。

帕内尔和新市场(Parnell & Newmarket)

帕内尔是奥克兰最古老的区域之一，有几座历史建筑夹杂在咖啡馆、餐厅和花哨的零售店之间。隔壁的新市场区是繁华的购物区，以精品店闻名。

★奥克兰博物馆 博物馆

(Auckland Museum；☎09-309 0443；www.aucklandmuseum.com；Auckland Domain, Parnell；成人/儿童 $25/10；⏲10:00~17:00)奥克兰博物馆是奥克兰中央公园内最引人注目的景点，尤其是从港口观看的话。其主体建筑是一座壮观的新古典主义风格的庙宇(1929年)，顶部是令人印象深刻的铜和玻璃相间的穹顶(2007年)。可购买套票，包括一次亮点团队游和一场毛利文化表演($45~55)。

博物馆底层展示的太平洋岛民和毛利文物藏品是必看的内容。亮点包括一艘25米长的战舟，以及一间保存良好、雕刻精美的会议室(进入需脱鞋)。这里还有很不错的奥克兰火山带展览，包括一座模拟火山喷发的模型。楼上则有军事展览，实现了这座博物馆兼作战争纪念馆的双重角色。

奥克兰的澳新军团(Australia and New Zealand Army Corps，简称ANZAC)纪念日活动于每年4月25日清晨在博物馆前的纪念碑处举行。

可登录网站查看有趣的当地和国际临时展览详情。

奥克兰中央公园 公园

(Auckland Domain；见94页地图；Domain Dr, Parnell；⏲24小时)奥克兰博物馆所在的公园占地80公顷，绿荫环绕，长长的绿地中有运动场、有趣的雕塑、法式花园、野趣十足的角落和**冬景花园**(Wintergarden；见80页地图；Wintergarden Rd, Parnell；⏲11月至次年3月 周一至周六 9:00~17:30，周日 至19:30，4月至10月 9:00~16:30) 免费 ，后者有各种蕨类植物、热带花房、避暑凉房、可爱的小猫雕像、卖咖啡的小商亭，还有邻近的咖啡馆。公园中间的小土丘是奥克兰若干火山中帕奇卡鲁阿(Pukekaroa)留下的唯一痕迹。在低矮的土丘顶，有一棵被栅栏围着的新西兰罗汉松，以此纪念第一位毛利国王。

圣玛丽教堂 教堂

(St Mary's Church；见94页地图；Parnell Rd, Parnell；⏲10:00~15:00)位于**圣三一大教堂**(Holy Trinity Cathedral；见94页地图；☎09-303 9500；www.holy-trinity.org.nz；St Stephens Ave和Parnell Rd交叉路口，Parnell；⏲10:00~15:00)旁边，这座精妙的木结构的哥特复兴式教堂(1886年)内部堂皇明亮，有彩色玻璃窗。

Kingsland & Mt Eden 金士兰和伊甸山

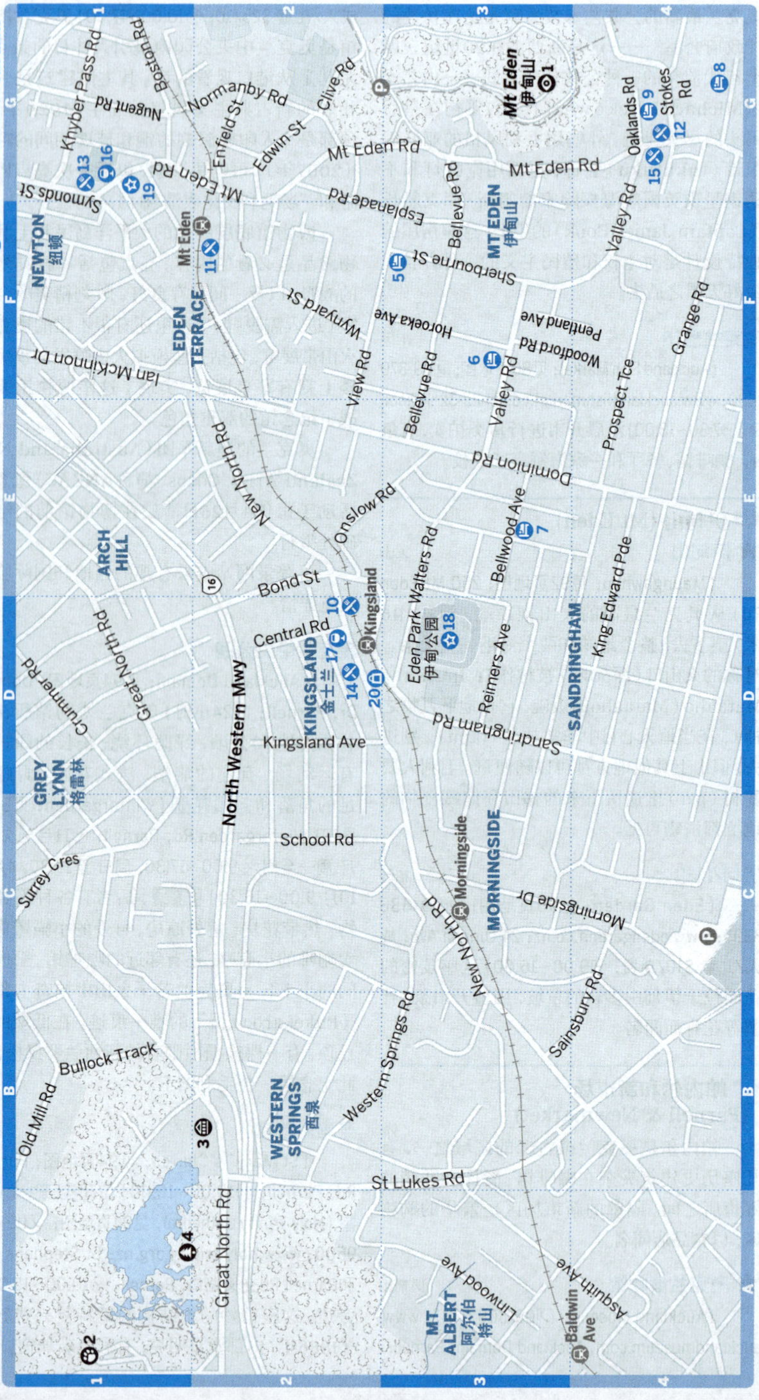

Kingsland & Mt Eden 金士兰和伊甸山

金德故居 历史建筑

（Kinder House；见94页地图；☎09-379 4008；www.kinder.org.nz；Ayr St, Parnell；门票乐捐；⏲周三至周日 正午至15:00）这座建于1857年的住宅由火山石筑成，展出约翰·金德博士（Dr John Kinder, 1819~1903年）技艺精湛的水彩画及其生平事迹。他曾是圣公会文法学校的校长。

塔马基路（Tamaki Drive）

这条风景优美的道路两旁种满了波胡图卡瓦树（pohutukawa），道路从市中心一直向东延伸至海岸边。夏季时分，人们在这里慢跑、骑自行车或滑旱冰，非常热闹。

以奥卡胡湾（Okahu Bay）为起点，有一连串适宜儿童游泳嬉戏的宁静海滩。海岬附近是使命湾（Mission Bay），这片海滩很受欢迎，有带照明的装饰艺术喷泉、历史悠久的传教屋和众多的餐馆酒吧。再往下是安全且适宜游泳的考希玛拉玛海滩（Kohi-marama）和圣海伦丝海滩（St Heliers）。沿Cliff Rd再往东可抵达阿基里斯角瞭望台（Achilles Point Lookout；见84页地图；Cliff Rd, St Heliers），从这里能看到海湾的全景和毛利雕塑。瞭望台山脚下就是女士湾（Ladies Bay），很受裸体主义者的欢迎。

从布里托马特车站背后出发的767路和769路公共汽车途经全程，745路、756路和757路可至使命湾。

凯利·塔顿海底世界 水族馆

（Kelly Tarlton's Sea Life Aquarium；见84页地图；☎09-531 5065；www.kellytarltons.co.nz；23 Tamaki Dr, Orakei；成人/儿童 $39/22；⏲9:30~17:00）在这座迷宫似的水族馆中穿越透明隧道时，鲨鱼和黄貂鱼就在你的头顶和身边游弋，让人难以想象这些隧道曾经是排雨蓄水罐。你还可以把自己装进防鲨笼，到水池里浮潜（$124）或深潜（$265）。其他亮点包括企鹅探索之旅（周二至周六10:30，每人$199），每天只有4名游客有机会近距离接触南极企鹅。所有票务均可在线预约，折扣很大，特别是平日参观的折扣。

鲨鱼模样的免费接驳车从172 Quay St[渡轮码头（见125页）对面]发车，9:30~15:30每小时1班，半点发车。

堡垒角 公园

（Bastion Point；见84页地图；Hapimana St, Orakei）政治、海港美景、葱郁的绿茵草坪以及跌宕起伏的历史，共同构成了这个美丽的海岬公园。悬崖顶端精美的陵园是为了纪念迈克尔·约瑟夫·萨维奇（Michael Joseph Savage, 1872~1940年）而修建。作为新西兰第一位工党总理，他的社会主义改革深受平民大众的拥护。沿着草坪，可抵达一座"二战"时期的炮台——还有更多炮台阵列于海港边。

德文波特（Devonport）

德文波特有保存完好的维多利亚和爱德

Parnell 帕内尔

华时代的建筑和大量的咖啡馆，是一个非常舒服的旅行地，乘渡轮往返市区很方便。这里还有两座火山可以攀爬，去北岸（North Shore）的海滩也十分便捷。

如果想进行一次历史建筑自助游，可以从Visit Devonport（见122页）的信息中心获取叫《老德文波特徒步游》（*Old Devonport Walk*）的小册子。渡轮码头能租借自行车。

前往德文波特的渡轮（成人/儿童往返$12/6.50，12分钟）从奥克兰渡轮大楼（Auckland Ferry Building）出发，6:15~23:30至少每30分钟1班，周五和周六运营至次日1:00，周日和公共假日运营时间为7:15~22:00。有几班前往激流岛和朗伊图图（Rangitoto）的渡轮也会停靠在这里。

维多利亚山（Mt Victoria，Takarunga；见98页地图；Victoria Rd，Devonport）和**北角**（North Head，Maungauika；见98页地图；Takarunga Rd，Devonport；⏲6:00~22:00）曾是毛利人的要塞村（pā），现在仍然保留着军事要塞的功能，有海军驻扎于此。两座火山上都有炮台，北角火山更是分布着迷宫一样的隧道，建于

Parnell 帕内尔

重要景点

1 奥克兰博物馆 B5

景点

2 奥克兰中央公园 A5
3 圣三一大教堂 C5
4 金德故居 C5
5 圣玛丽教堂 C5
6 冬景花园 A5

活动、课程和团队游

7 Parnell Baths D2

住宿

8 Ascot Parnell C4
9 Quality Hotel Parnell C4
10 Quest Carlaw Park A3

就餐

11 Han B3
12 La Cigale C3
13 Winona Forever B3

娱乐

14 ASB网球中心 A3
15 星火竞技场 A2

19世纪末，用来防御来自俄罗斯的威胁，"一战"和"二战"期间曾经经过扩建。大门夜里会锁上，但这无法阻挡少年人追求刺激的心，常有人翻越围栏探索这片隐藏的地下世界。

两座火山之间是坎布里亚保护区（Cambria Reserve），保护区地处第3座火山锥的遗址之上，但那座火山锥已经基本上被挖平了。

鱼雷湾海军博物馆 博物馆

（Torpedo Bay Navy Museum；见98页地图；☎09-445 5186；www.navymuseum.mil.nz；64 King Edward Pde，Devonport；⏲10:00~17:00）免费 早在殖民时代初期，就已有海军在德文波特驻扎了。在这座几经搬迁的博物馆里，海军的历史得到了充分的展示，其陈列品主要展示水手们自己的故事。

金士兰和西泉 (Kingsland & Western Springs)

奥克兰动物园 动物园

（Auckland Zoo；见92页地图；☎09-360 3805；www.aucklandzoo.co.nz；Motions Rd；成人/儿童 $28/12；⏲9:30~17:00，最后入园时间 16:15）在这个现代的大动物园里，大型的外来猛兽比胆小的当地动物更吸引眼球。如果你能顺利地将孩子们从老虎和猩猩那里带走，不妨去看看妙趣横生的新西兰动物展示区，它被称作Te Wao Nui，分为6个主题生态区，分别是：海滩（海象、企鹅）、岛屿（主要是蜥蜴，包括有"新西兰小恐龙"之称的大蜥蜴）、湿地（鸭子、苍鹭、鳗鱼）、夜行（奇异鸟、蛙类、本土猫头鹰和新西兰沙蠢）、森林（各种鸟类）以及山区（各种活跃的鸟类和蜥蜴）。

有班车（成人/儿童 $5.50/3）往返于市区99 Albert St和距离动物园入口700米的8124号公共汽车站（位于Great North Rd上），班次频繁。

西泉 公园

（Western Springs；见92页地图；Great North Rd；👪）家长们喜欢带孩子来这个风景如画的公园，最终的目的地是这里颇受欢迎的游乐园。这里还是野餐的好去处，可以近距离接触紫水鸡（pukeko，沼泽鸡）、鸭子以及咄咄逼人的鹅。这座海滨公园由火山熔岩流汇聚而成，每天有超过400万升的温泉水涌入中央湖泊里。从市区乘坐向西途经Great North Rd的任何一趟公共汽车（成人/儿童 $5/3），都可以到达这个公园。自驾旅行者从西北高速公路（NorthWestern Motorway）的Western Springs出口下来即可。

其他区域

★一树山 公园

（One Tree Hill，Maungakiekie；见84页地图）这座火山锥不仅是该处地峡至关重要的要塞村，还是整个新西兰最坚固的防御要塞，从山顶（海拔182米）向下俯瞰，可以饱览360度的无敌景致。山顶有约翰·罗根·堪培尔（John Logan Campbell）之墓，他在1901年将这片土地赠予奥克兰，并要求在山顶建立一座毛利人的纪念碑。纪念碑的附近是最后那棵"一树"的树桩。不妨花些时间探索附近的康沃尔公园（Cornwall Park），看看参天大树和古老的奥克兰洋槐别墅（Acacia Cottage，建于1841年）。

Newmarket 新市场

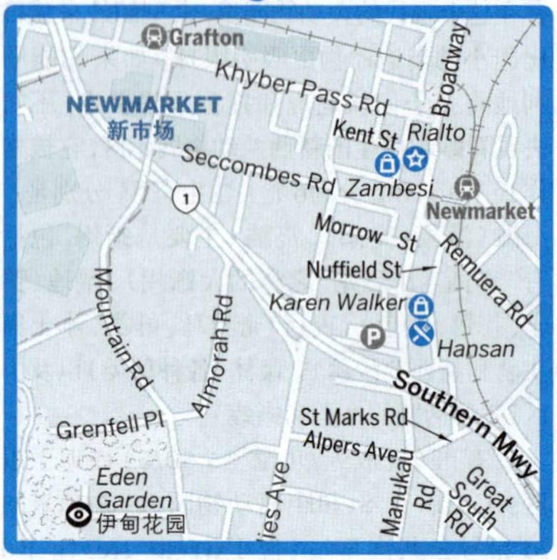

在康沃尔公园信息中心（见122页）有引人入胜的互动式展览，展现了当年5000人居住在此地时的场景。儿童乐园附近是**星空天文台**（Stardome；见84页地图；☎09-624 1246；www.stardome.org.nz；670 Manukau Rd；展演 成人/儿童 $12/10起；⏰周一 10:00~17:00，周二至周四 至21:30，周五至周日 至23:00）**免费**，有定期的观星和天文馆展演（一般是周三至周日的19:00~20:00，周末有加场），不受新西兰多变的天气影响。

从市区前往一树山需乘坐火车到达Greenlane，然后沿Green Lane West走1公里。开车的话，从南部高速公路（Southern Motorway）的Greenlane出口下来，然后右转进入Green Lane West即可。

★ 华勒斯艺术中心 美术馆

（Wallace Arts Centre；见84页地图；☎09-639 2010；www.tsbbankwallaceartscentre.org.nz；Pah Homestead, 72 Hillsborough Rd, Hillsborough；⏰周二至周五 10:00~15:00，周六和周日 至17:00）**免费** 华勒斯艺术中心坐落于一栋1879年建成的漂亮公寓内，可以看到一树山（见95页）和马纳考港口（Manakau Harbour）。馆内收藏了大量新西兰当代艺术作品，其中包含大量的私人收藏，每4~6个星期就会轮换一次展品。不妨在出色的**Homestead Cafe**的阳台上用顿午餐，再去附近公园里的参天大树下散散步。这里的艺术品通俗易懂，从橄榄球运动员争球的真人大小的骨骼状雕塑，到栩栩如生的Ziggy Stardust（在大卫·鲍伊发行于1972年的华丽摇滚标志性专辑里，他将自己塑造成Ziggy Stardust这个外星人摇滚巨星的形象）玻璃绘画。

可以乘坐299路公共汽车（Lynfield）从Queen St的市民剧院（见89页）外出发，前往Hillsborough Rd（$5.50，40分钟），每15分钟一班。

奥克兰植物园 花园

（Auckland Botanic Gardens；见84页地图；☎09-267 1457；www.aucklandbotanicgardens.co.nz；102 Hill Rd, Manurewa；⏰4月至9月 8:00~18:00，10月至次年3月 至20:00）**免费** 植物园占地64公顷，有1万多种植物（包括一些濒危品种）、几十个主题花园，以及一场又一场的婚礼宴会。自驾可走南部高速公路，从Manurewa出口下高速，然后沿路牌指示前行。也可以坐火车到Manurewa（$9，43分钟），然后沿Hill Rd走大约1.5公里。

交通和科技博物馆 博物馆

（Museum of Transport & Technology，简称MOTAT；见92页地图；☎09-815 5800；www.motat.org.nz；805 Great North Rd, Western Springs；成人/儿童 $19/10；⏰10:00~17:00）这家占地19公顷的博物馆由两个分馆组成，是科技爱好者的天堂。在Great North Rd分馆，请留意新西兰前总理海伦·克拉克（Helen Clark）的Honda 50摩托车和开拓者村落。位于Meola Rd的分馆有航空展示厅，展出罕见的军用和商用飞机。两个分馆之间有老式电车穿梭往来（持博物馆门票可免费乘坐，否则需付$1），途经西泉（见95页）公园和动物园（见95页）。即使不参观这座博物馆，乘坐老式电车对孩子们来说也是乐趣无穷的体验。

活动

没有什么比扬帆驰骋在豪拉基湾中更能贴近奥克兰的心脏和灵魂的了。如果预算紧张，不能来一次游艇之旅的话，那么就乘一次渡轮吧。

新西兰以活动丰富多彩著称，奥克兰也迅速发展出自己的一系列冒险活动。预订前，不妨多看看背包客打折信息或优惠促销活动。

城市徒步
市中心步行游览

起点: 圣凯文拱廊, KARANGAHAPE RD
终点: 温亚德海滨新区
全长: 4.5公里; 耗时约3小时

这次漫步旨在向你展示奥克兰稍显杂凑的市中心的一些隐藏角落和建筑瑰宝。从①**圣凯文拱廊**(见121页)的餐厅和古董精品店开始,沿台阶向下,来到迈尔斯公园(Myers Park)。在台阶下寻找米开朗琪罗②**摩西像**(见90页)的复制品。继续穿过公园,在人行天桥前,沿右手边的楼梯上到街面。

沿着Queen St走,你将经过③**奥克兰市政厅**(见119页)和④**奥提阿广场**(见90页),那里是城市的市民中心。下一个街角处便是宏伟的⑤**市民剧院**(见89页)。在Wellesley St右转,然后左转进入Lorne St。你的右手边就是⑥**喀土穆广场**(Khartoum Pl),上面的瓷砖讲述了新西兰女性的历史性胜利时刻,她们是世界上最早获得选举权的女性。沿楼梯上去就到了⑦**奥克兰美术馆**(见89页)。

美术馆后面是⑧**阿尔伯特公园**(见89页)。横穿过去左转上Princes St,那里有一排⑨**维多利亚时代商人住宅**,正对着⑩**奥克兰大学钟楼**(见89页)。从钟楼后面抄近路到⑪**老政府大楼**(见89页),然后沿着一条斜街返回Princes St。Princes St和Bowen Ave交叉路口的迷人建筑曾经是城市主要的⑫**犹太会堂**。

沿Bowen Ave前行,穿过公园,过了⑬**大法官法庭区**(Chancery precinct)后,抵达⑭**High St购物街**。左转取道⑮**Vulcan Lane**,路两边有古老的小酒馆。随后右转,沿着Queen St一直走到⑯**布里托马特火车站**(见124页),这座建筑从前是中央邮局。现在,你已经站在了填海而成的土地上,而原本的海岸线在Fort St。绕到附近的⑰**布里托马特区**,寻觅好的酒吧、餐厅和时尚精品店。

从布里托马特火车站出来,左转上Quay St,前往⑱**高架桥港**,那里挤满了酒吧和咖啡馆。继续向前,过了桥就来到已重新焕发生机的⑲**温亚德区**了。

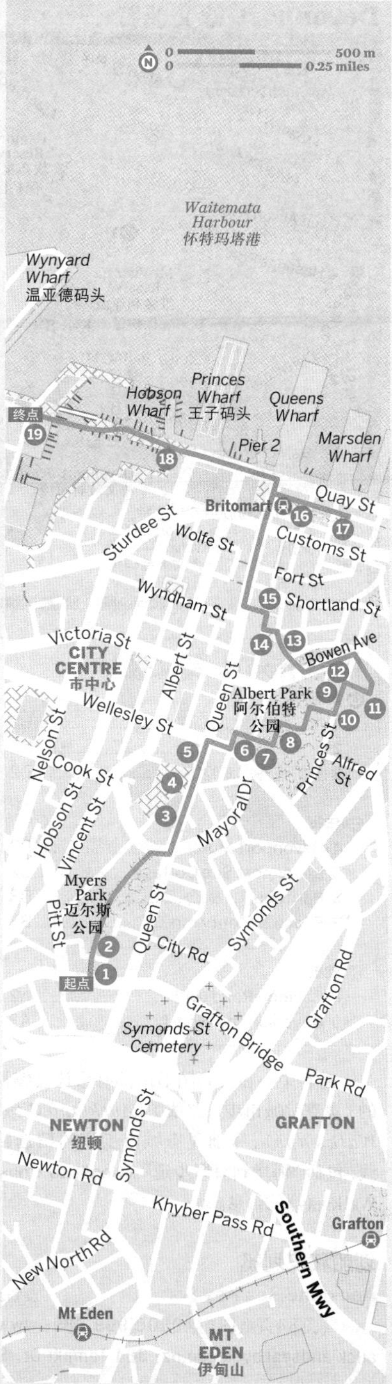

Devonport 德文波特

Devonport 德文波特

景点

1 维多利亚山 B2

2 北角 D2

3 鱼雷湾海军博物馆 D2

住宿

4 Devonport Motel B2

5 Devonport Sea Cottage C2

6 Parituhu B3

7 Peace & Plenty Inn B3

就餐

8 Calliope Road Cafe A2

9 Devon on the Wharf A3

游客中心和公共图书馆都有市议会编订的《奥克兰城市步行路线》(*Auckland City's Walkways*)，手册里有城市步道的精选路线，包括“海岸到海岸步道”(Coast to Coast Walkway)的信息。

划船和皮划艇

Auckland Sea Kayaks 皮划艇

(见84页地图；☎0800 999 089；www.aucklandseakayaks.co.nz；384 Tamaki Dr, St Heliers)导览游(含午餐)，可前往朗伊图图($185，6.5小时)和莫图科里亚(布朗斯岛)[Motukorea(Browns Island)；$135，4小时]。也提供多日游和日落划船项目。

Fergs Kayaks 皮划艇

(见84页地图；☎09-529 2230；www.fergskayaks.co.nz；12 Tamaki Dr, Orakei；⏰9:00~17:00)出租皮划艇(每小时$25起)、冲浪板($30)、自行车($20)和溜冰鞋($20)。导览皮划艇之旅可前往德文波特($100，3小时，8公里)或朗伊图图($160，6小时，13公里)。

极限运动

海港大桥攀登与蹦极 探险运动

(Auckland Bridge Climb & Bungy；见84页地图；☎09-360 7748；www.bungy.co.nz；105 Curran St, Westhaven；成人/儿童 攀登 $130/90，蹦极$165/135)从下往上攀登奥克兰海港大桥(Auckland Harbour Bridge)，或是从上往下蹦极。

天空漫步 探险运动

(SkyWalk；见86页地图；☎0800 759 925；www.bungy.co.nz/auckland/sky-tower/；Sky

Tower, Federal St和Victoria St交叉路口；成人/儿童 $150/120；⊙10:00~16:30）天空漫步就是在192米的高空沿天空塔（见89页）外围1.2米宽的环形结构绕行一周，周围没有任何扶手或平台。不过别担心，还是配有安全措施的——他们还没有完全疯掉。

天空蹦极 探险运动

（SkyJump；见86页地图；☎0800 759 586；www.bungy.co.nz/auckland/sky-tower/；Sky Tower, Federal St和Victoria St交叉路口；成人/儿童 $225/175；⊙10:00~17:00）在11秒内，以时速85公里的速度从天空塔的观光台基座绑着绳索跳下去。比起蹦极而言，更像是跳降落伞的感觉。可以选择Look & Leap套餐，包含了天空蹦极和天空漫步（$295）。

其他运动

海岸到海岸步道 步行

（Coast to Coast Walkway；见84页地图；www.aucklandcity.govt.nz）这条步道横穿这个国家，从塔斯曼海（Tasman）一路直抵太平洋（其实不过16公里），途经一树山（见95页）、伊甸山（见91页）、中央公园（见91页）和大学，主要沿保护区行进而非城市街道。可选择从任意一端出发：从高架桥盆地（Viaduct Basin）出发，向南沿着黄色路标和里程标志行进；从奥内洪加（Onehunga）出发，向北沿着蓝色路标的路线行进。想知道我们的建议？不妨乘坐火车到奥内洪加，从那里出发，一直走到高架桥（Viaduct），然后在附近的酒吧里喝上一杯。从奥内洪加火车站沿Onehunga Mall向北到Princes St，左转走高速公路旁公园里的小路。

Rapu NZ Surf' n' Snow Tours 冲浪

（☎09-828 0426；www.rapuadventures.com；1/2/5/7/14天观光 $120/199/800/1160/2154）1天至2天冲浪课程含交通、装备和每天2节2小时的课程，一般是在皮哈（同伴可跟随搭车，仅需$50）。5天或更久的观光含住宿（仅限10月至次年5月）。赏雪套餐包含前往鲁阿佩胡山的交通。

Parnell Baths 游泳

（见94页地图；☎09-373 3561；www.parnellbaths.co.nz；Judges Bay Rd, Parnell；成人/儿童 $6.40/免费；⊙11月至次年复活节 周一至周五 6:00~20:00，周六和周日 8:00~20:00）有多个室外海水池及20世纪50年代的精美壁画。

团队游

文化

Tāmaki Hikoi 文化

（☎021146 9593；www.tamakihikoi.co.nz；1/3小时 $50/95）毛利文化游，由来自纳提瓦图瓦部落的向导带队，包括伊甸山（见91页）和奥克兰中央公园（见91页）的步行游览和解说。

TIME Unlimited 文化

（☎09-846 3469；www.newzealandtours.travel；成人/儿童 $195/97.50起）以毛利人视角展开的文化、步行和观光游。

一树遮山

来到一树山（One Tree Hill，见95页），你的第一个念头可能就是“这棵树到底在哪儿？”真是个好问题。直到2000年，山顶上屹立着的仍是一棵蒙特利松树（Monterey pine），它是最早那棵神圣的新西兰罗汉松的替代品，当初的那棵罗汉松于1852年被英国殖民者砍倒了。毛利人活动家于1994年第一次尝试砍掉这棵赝品，到2000年终于得偿所愿。

在与当地毛利人和树木专家进行过诸多商讨后，2016年年中，在山顶上种下6棵新西兰圣诞树和3棵新西兰罗汉松。在这场树木版的“选秀活动”中，长势不好的树将会被移除，直到2026年，这里将只剩下一棵树。

这个新西兰人最喜爱的地标，在1987年因U2乐队的专辑《约书亚树》（*The Joshua Tree*）中的单曲《一树山》（*One Tree Hill*）而蜚声国际。这首歌在新西兰作为单曲发行，当时连续6周蝉联榜单第一名。

Ponsonby & Grey Lynn
庞森比和格雷林

Ponsonby & Grey Lynn 庞森比和格雷林

住宿

1 Abaco on Jervois C1
2 Brown Kiwi C1
3 Great Ponsonby Arthotel B2
4 Ponsonby Backpackers C3
5 Verandahs D4

就餐

6 Azabu D4
7 Bird on a Wire C3
8 Blue Breeze Inn C3
9 Burgerfuel D4
10 Cocoro C3
11 Dizengoff C2
12 Lokanta B3
13 New World D2
Ponsonby Central .... （见7）
14 Ponsonby Road Bistro C3
15 Saan C3
16 Sidart C2
17 Siostra A4

饮品和夜生活

18 Annabel's C2
19 Bedford Soda & Liquor C3
20 Dida's Wine Lounge & Tapas Bar C1
21 Freida Margolis A4
22 SPQR C3

购物

23 Karen Walker D4
24 Women's Bookshop D3
Zambesi .... （见14）

美食和品酒

Big Foody Food Tour
团队游

(☎021 481 177, 0800 366 386 877; www.thebigfoody.com; 每人 $125~185) 小团队城市导览游，探访市场和美食匠人，还包括很多试吃。近来新增了探索奥克兰繁荣的精酿啤酒业的活动。

Auckland Wine Trail Tours
团队游

(☎09-630 1540; www.winetrailtours.co.nz) 提供参观西奥克兰酒庄和怀塔凯里山脉（Waitakere Ranges）的小团队观光游（半天/全天 $125/255），前往更远的马塔卡纳（Matakana）费用为$265，也有将两条线路组合的选择（$265）。

步行

Bush & Beach
徒步

(☎09-837 4130; www.bushandbeach.co.nz) 怀塔凯里山脉和西海岸的徒步导览游（$150~235）、3小时的城市小巴游（$80），以及马塔卡纳或库姆的美食美酒团队游（半天/全天 $235/325）。

奥克兰幽灵之旅
徒步

(Auckland Ghost Tours; ☎09-832 8047; www.aucklandghosttours.com; 成人/儿童 $50/25起; ⌚10月至次年3月 19:00, 4月至9月 18:00) 2小时的市中心步行游览，了解奥克兰恐怖的一面。新近增加了一个围绕城市最古老墓地的幽灵巡游。

巴士

Toru Tours
巴士游

(☎027 457 0011; www.torutours.com; 每人 $89) 3小时的专车游览，即使只有1人预订也能成行，是独行客的理想之选。

Auckland Hop On Hop Off Explorer
巴士游

(见86页地图; ☎0800 439 756; www.explorerbus.co.nz; 成人/儿童 每天 $45/20) 有红色和蓝色两条路线可选，或者一览水岸精华，包括Tamaki Drive（见93页）沿路景点，或者游玩包括伊甸山（见91页）和奥克兰动物园（见95页）在内的各大亮点。红线巴士从王子码头（Princes Wharf）附近出发，10:00~15:00每小时1班（夏季班次更多），可以在奥克兰博物馆（见91页）转接蓝线。

乘船

Riverhead Ferry
游轮

(见86页地图; ☎09-376 0819; www.riverheadferry.co.nz; Pier 3, Ferry Terminal; 每趟 $35) 提供港口和海湾游轮观光，包含从内港到河口（Riverhead）的90分钟航程，2小时的小酌时光结束后返航。出发时间视潮汐而定。详见网站。

Fullers
游轮

(见86页地图; ☎09-367 9111; www.fullers.co.nz; 成人/儿童 $42/21; ⌚10:30和13:30) 每天2次的1.5小时海港游，可送你到朗伊图图，并提供返回德文波特的免费票。

其他团队游

红毯之旅
团队游

(Red Carpet Tours; ☎09-410 6561; www.redcarpet-tours.com) 以《指环王》或《霍比特人》为关注点的团队游提供6天（$3085）至14天（$7250）的游览选择，可游览整个"中土世界"（Middle Earth）。2人或3人同行可享折扣。

节日和活动

奥克兰旅游网站（www.aucklandnz.com）上有完整的活动日历。

Laneway Festival
音乐节

(auckland.lanewayfestival.com; Albert Park; ⌚1月) 世界各地的独立乐团纷纷赶来参加奥克兰周年纪念日（Anniversary Day，1月最后一个周末后的周一）这天的"一日"音乐节。

奥克兰网球公开赛
体育节

(www.asbclassic.co.nz; www.asbclassic.co.nz; ⌚1月) 观看世界一流的网球运动员为澳网公开赛热身，1月初在ASB网球中心（ASB Tennis Centre，见94页地图; www.tennisauckland.co.nz; 1 Tennis Lane, Parnell）举行。

奥克兰周年赛舟会
体育节

(Auckland Anniversary Day Regatta; www.regatta.org.nz; ⌚1月) "航海之都"绝对名副其

实。赛舟会在每年1月的最后一个周末后的星期一举行。

公园电影节

电影节

(Movies in Parks; www.moviesinparks.co.nz; ⌚1月至3月)周五和周六晚上会在多处地点免费放映电影。

公园音乐节

音乐

(Music in Parks; www.musicinparks.co.nz; ⌚1月至3月)在多个地点举办的免费活动。

元宵灯会

文化节

(Lantern Festival; www.aucklandnz.com/lantern; Albert Park; ⌚2月)在阿尔伯特公园里举办的亚洲美食文化节，为期3天，届时还有精心架设的灯笼舞台，以庆祝农历新年的到来(通常是在2月初)。

奥克兰荣耀周

LGBT

(Auckland Pride Festival; www.aucklandpridefestival.org.nz; ⌚2月)同性恋、双性恋、变性人群体(LGBT)的节日，为期两周，内容涵盖音乐、艺术、体育和文化。亮点包括骄傲大游行(Pride Parade)、骄傲派对(Pride Party)和"同志大联欢"(Big Gay Out)。

狂欢节

音乐节

(Splore; www.splore.net; Tapapakanga Regional Park; ⌚2月中旬)为期3天的露营和音乐节(通常以舞曲和灵魂乐为主)，在海滩上举行。常有国际知名的明星参加这个狂欢盛宴。

同志大联欢

LGBT

(Big Gay Out; ⌚2月中旬)2月中旬的某个周日，数千人会齐聚骑士港(Pt Chevalier)的柯伊尔公园(Coyle Park)，参与一个包括娱乐活动、食品摊和酒吧在内的LGBT巨型市场。

太平洋岛民节

文化节

(Pasifika Festival; www.aucklandnz.com/pasifika; ⌚3月)在西泉公园(见95页)举办的盛大的波利尼西亚派对，有文化表演、食物和手工艺品摊。时间为3月初到3月中旬之间的某个周末。

奥克兰城市极限音乐节

音乐节

(Auckland City Limits; www.aucklandcitylimits.com; Western Springs Park; ⌚3月)为期

在奥克兰的……

两日

先从熟悉城中心开始吧。我们的步行路线从**Karangahape Rd**(K Rd)出发，终点为**温亚德区**(见104页)，途中参观**奥克兰美术馆**(Auckland Art Gallery，见89页)，至少快速浏览一遍新西兰展区。随后乘坐渡轮前往**德文波特**(见93页)，看看北角(North Head)之后去**切尔滕纳姆海滩**(Cheltenham Beach)下水凉快一下(如果天气和潮汐状况允许的话)，最后乘坐渡轮返回城市享用晚餐。

第二天，前往**一树山**(见95页)，逛逛**康沃尔公园**(见95页)，然后再去参观**奥克兰博物馆**(见91页)和**中央公园**(见91页)。之后沿**塔马基路**(Tamaki Drive，见93页)前行，途中可以在**堡垒角**(Bastion Point，见93页)或**阿基里斯角**(Achilles Point，见93页)稍作停留，欣赏海港的美景。晚上到**庞森比**(见110页)一带享用晚餐，泡一泡酒吧。

四日

第三天，离开城市前往**豪拉基湾**(见125页)，搭乘渡轮登上**激流岛**(见126页)，把你的时间交给海滩和葡萄酒庄。

最后一天，不妨向西行。先在**蒂蒂朗伊**(Titirangi，见139页)享用一顿早餐，然后探索**怀塔凯里山脉地区公园**(Waitakere Ranges Regional Park，见140页)、**卡勒卡勒**(Karekare，见140页)和**皮哈**(Piha，见141页)，最后在**布里托马特**(Britomart，见90页)的镇上住一晚，好好放松休息。

一天，有著名的国际摇滚、独立和嘻哈乐团表演。

奥克兰艺术节 艺术节

（Auckland Arts Festival；www.aucklandfestival.co.nz；⏲3月）3月举行，为期3周，是奥克兰最大的艺术盛会。

奥克兰杯赛马周 体育节

（Auckland Cup Week；www. ellerslie.co.nz；Ellerslie Racecourse；⏲3月初）年度最盛大的赛马会。

波利文化节 文化节

（Polyfest；www.asbpolyfest.co.nz；Sports Bowl，Manukau；⏲3月中旬）奥克兰中学举办的大型毛利和太平洋岛屿文化节。

皇家复活节农展会 市场

（Royal Easter Show；www.eastershow.co.nz；ASB Showgrounds，217 Green Lane West；⏲3月/4月）本是农业市场，但人们大多为了这里的游乐设施而来。

奥克兰国际艺术节 文化节

（Auckland International Cultural Festival；www.facebook.com/culturalfestival；Mt Roskill War Memorial Park；⏲3月底/4月初）为期1天的节日，有民族食品摊位、文化展示及表演。

新西兰国际喜剧节 喜剧节

（NZ International Comedy Festival；www.comedyfestival.co.nz；⏲4月至5月）为期3周的欢乐盛会。跟着本土和国际的喜剧大师们一起开怀大笑吧。

大洋洲啤酒大观节 啤酒节

（Great Australasian Beer Spectacular，GABS；www.gabsfestival.com；ASB Showgrounds；⏲6月底）这是世界上最好的啤酒节之一，能见识到令人眼花缭乱的精酿啤酒、苹果酒和街头食物。

新西兰国际电影节 电影节

（NZ International Film Festival；www.nzff.co.nz；⏲7月）7月中旬开始的艺术电影节，为期两周，许多影片在美丽的市民剧院（见89页）展映。

新西兰时装周 文化节

（NZ Fashion Week；www.nzfashionweek.com；⏲8月）在高架桥活动中心（Viaduct Events Centre）举行。

奥克兰文化遗产节 文化节

（Auckland Heritage Festival；www. heritagefestival.co.nz；⏲9月）有关奥克兰社区和历史建筑的团队游，大多免费。9月底开始，为期2周。

印度排灯节 文化节

（Diwali Festival of Lights；www.aucklandnz.com/diwali；Aotea Sq；⏲10月中旬）来自奥克兰印度社区的音乐、舞蹈和美食，在奥提阿广场（Aotea Sq）举办。

格雷林公园文化节 市场、音乐节

（Grey Lynn Park Festival；www.greylynnparkfestival.org；⏲11月）艺术、手工艺品、小吃和现场音乐，这一切都能在这片奥克兰最有意思的近郊公园里免费体验。在11月的第3个星期六举行。

圣诞大游行 圣诞节

（Santa Parade；www.santaparade.co.nz；⏲11月底）大块头们身穿红色服饰沿Queen St游行，随后在奥提阿广场（见90页）举行盛大的派对。在11月的最后一个星期日举行。

公园圣诞庆 圣诞节

（Christmas in the Park；www.christmasinthepark.co.nz；⏲12月中旬）盛大的圣诞音乐会和派对，在奥克兰中央公园（见91页）举办。

赛罗电影节暨市场 电影节

（Silo Cinema & Markets；www.silopark.co.nz；Silo Park，Wynyard Quarter；⏲12月至次年复活节）每周五晚会露天放映经典影片，周五晚、周六和周日下午有市场，可以找到快餐车、DJ和手工艺小摊。

住宿

奥克兰市中心有许多豪华酒店和若干国际连锁酒店。也有背包客对奥克兰的住宿印象很差，他们通常都是住进了市中心一些脏乱差又吵闹的小酒店。并非所有市区的便宜住宿都那么糟糕，但在近郊通常能找到好

不要错过

奥克兰火山区

有些与火山比邻而居的城市觉得，生活在火山阴影之下实属不易。然而，奥克兰却建于50座火山之上，甚至并非所有的火山都是死火山。最近一次喷发的，是600年前的朗伊图图火山（Rangitoto），没有人可以预测下一次喷发将会在什么时候。奥克兰确实是一个“热点”——100公里的地下积蓄着大量熔岩岩浆，等待着向地表喷薄而出的那一刻。不过也不必担心：这种情况在过去两万年间只发生过19次。

奥克兰的火山中，有些是火山锥，有些已经形成火山湖泊，还有一些已经完全被开采利用。目前这一火山区正在申请世界遗产，并采取措施保护现存的火山。大多数现存的火山锥上都有毛利人曾建造过的坚固要塞村（*pā*）的痕迹。最值得探索的有伊甸山（见91页）、一树山（见95页）和朗伊图图火山（见125页）。另外，维多利亚山（Mt Victoria，见94页）、惠灵顿山（Mt Wellington，毛利语名Maungarei）、阿尔伯特山（Mt Albert，毛利语名Owairaka）、罗斯基尔山（Mt Roskill，毛利语名Puketāpapa）、普普科湖（Lake Pupuke）和霍布森山（Mt Hobson，毛利语名Remuwera）也值得一看。

得多的旅舍，比如庞森比、帕内尔、弗里曼湾（Freemans Bay）、伊甸山等区域。德文波特有漂亮的爱德华风格的民宿，乘渡轮即可轻松往返市区。

市中心

Attic Backpackers 青年旅舍 $

（见87页地图；☎09-973 5887；www.atticbackpackers.co.nz；31 Wellesley St；铺 $33~40，标单/标双 不带浴室 $65/95；@📶）这间背包客旅舍地处城市中心，设施齐备，氛围更好。白墙和大量的窗户使室内明亮、空气新鲜，屋顶的公共区域是结交其他旅行者的好地方。

YHA Auckland International 青年旅舍 $

（见87页地图；☎09-302 8200；www.yha.co.nz；5 Turner S；铺 $36~40，房间 带/不带浴室 $120/105；📶）🍃这家青年旅舍拥有170个床位，房间整洁，色彩明快，氛围热情欢乐，安保完善，有一个游戏室和许多储物柜。

Waldorf Celestion 公寓 $$

（见86页地图；☎09-280 2200；www.celestion-waldorf.co.nz；19-23 Anzac Ave；公寓 $193起；P@📶）🍃Waldorf近几年新开了许多连锁店，都有着相似的特征：价格平易近人、公寓风格现代、靠近市中心。我们喜欢这家店时髦的绯红加炭黑配色。

★Hotel DeBrett 精品酒店 $$$

（见86页地图；☎09-925 9000；www.hoteldebrett.com；2 High St；房间 $370起；📶）这家时尚的历史酒店在重新装修过后焕然一新，条纹地毯看上去非常时尚，聪明的设计师让25个房间的每个角落都舒服到极致。房价含欧陆早餐、免费宽带和餐前酒饮。

CityLife 酒店 $$$

（见86页地图；☎09-379 9222；www.heritagehotels.co.nz/citylife-auckland；171 Queen St；公寓 $217起；P📶🏊）🍃这座出色的酒店位于一栋几十层的高层建筑内，客房充足，从单间到三室套房一应俱全。提供小型恒温泳池、健身房和代客泊车服务。说到地理位置，没有比它更中心的了。

Waldorf Stadium 公寓 $$$

（见86页地图；☎09-337 5300；www.stadium-apartments-hotel.co.nz；40 Beach Rd；公寓 $213起；📶👪）🍃这栋新的大公寓楼内有适合家庭入住的宽敞客房，双层玻璃窗阻隔了马路上的噪音。

布里托马特、高架桥港和温亚德区（Britomart, Viaduct Harbour & Wynyard Quarter）

Sofitel Viaduct Harbour 酒店 $$$

（见86页地图；☎09-909 9000；www.sofitel-auckland.com；21 Viaduct Harbour Ave；双 $420起；P📶🏊）奥克兰是世界上最重要的海港城市之一，所以想住在海边是很合理的想

法。酒店靠近高架桥港和温亚德区的餐厅和酒吧，上等的房间和套房围绕一座中央景观池塘分布。泊岸的游艇就在不远处随波起伏，奥克兰“千帆之都”的称号绝对名副其实。

Adina Apartment Hotel Britomart 公寓 $$$

（见86页地图；☎09-393 8200；www.adinahotels.com；2 Tapora St；双/公寓 $199/269起；🅿📶）靠近星火竞技场（见118页），很方便参加音乐会和其他活动，去布里托马特（见90页）就餐、饮酒也很方便，可至渡轮大楼（见124页）搭乘海港交通。色彩缤纷的现代化套房和公寓流露出斯堪的纳维亚的天然木质风格。自带很不错的酒吧和餐厅。

庞森比和格雷林 (Ponsonby & Grey Lynn)

Ponsonby Backpackers 青年旅舍 $

（见100页地图；☎09-360 1311；www.ponsonby-backpackers.co.nz；2 Franklin Rd，Ponsonby；铺 $33~35，标单/双 不带浴室 $60/82；🅿@📶）这座优雅的两层塔楼别墅有着友好的氛围、阳光灿烂的房间和可爱的小花园。悠闲地走上20分钟就可以到达奥克兰市中心，热闹的Ponsonby Rd就在门外。

Verandahs 青年旅舍 $

（见100页地图；☎09-360 4180；www.verandahs.co.nz；6 Hopetoun St；铺 $34~38，标单$64，双 带/不带浴室 $106/88；🅿@📶）从Ponsonby Rd、K Rd和市区都能轻松步行前往这家大型旅舍，旅舍是两座相邻的别墅，可以望见西部公园（Western Park）里的参天大树。绝对是奥克兰最好的背包客旅舍之一。

Brown Kiwi 青年旅舍 $

（见100页地图；☎09-378 0191；www.brownkiwi.co.nz；7 Prosford St，Ponsonby；铺 $32~35，标单/双 不带浴室 $70/84；@📶）这家低调的旅舍藏身于一条白天非常繁忙的商业街中，离庞森比的购物和消遣的场所都不远。花园庭院十分适合漫步。

Abaco on Jervois 汽车旅馆 $$

（见100页地图；☎09-360 6850；www.abaco.co.nz；57 Jervois Rd，Ponsonby；房间/套$145/205起；🅿📶）这是一家中性色调的汽车旅馆，前往咖啡馆和公交车站都很方便，风格现代，较好的套房中配备不锈钢厨具和洗碗机，单间公寓中有小冰箱和微波炉。楼下的房间较暗，价格也相应较低。

Great Ponsonby Arthotel 民宿 $$$

（见100页地图；☎09-376 5989；www.greatpons.co.nz；30 Ponsonby Tce，Ponsonby；房间 $260~400；🅿📶）🌿这家看上去不小的维多利亚式别墅位于Ponsonby Rd旁一条安静的死胡同里，主人热情好客，早餐丰盛，采用可持续发展的环保经营方式，令人印象深刻。单间公寓的窗户朝向后院，可以欣赏迷人的风景。房费含早餐。

纽顿 (Newton)

Haka Lodge 青年旅舍 $

（见86页地图；☎09-379 4556；www.hakalodge.com；373 Karangahape Rd；铺 $31~41，房间 带/不带浴室 $139 /109；📶）🌿这家明亮的青年旅舍由一家奥克兰最不起眼的那种旧酒馆改造而成，堪称是一个现代奇迹。宿舍中有定制的木头床铺，配备私人帘子、储物柜和独立的电源插座。这里大概算得上是奥克兰最舒适的宿舍了。无线网络免费，且不限流量。坐落在熙熙攘攘的K Rd上，再方便不过。

Haka Hotel 酒店 $$

（见86页地图；☎09-281 3097；hakahotels.co.nz；2 Day St；双 $161起；🅿📶）这家新开业的酒店是正在蓬勃发展的Haka帝国（它们也有出色的青年旅舍和团队游项目）的一部分，位于一条安静的小巷中，紧邻拥有波希米亚风情的Karangahape，住宿环境时尚现代，有紧凑的单间公寓，也有1卧或2卧的套房。许多房间都有阳台，能看到海景，另有咖啡机和适配谷歌电视棒的平板电视等现代生活设施。

伊甸山 (Mt Eden)

Bamber House 青年旅舍 $

（见92页地图；☎09-623 4267；www.bamberhouse.co.nz；22 View Rd，Mt Eden；铺 $32~36，房间 带/不带浴室 $100/85；🅿@📶）🌿这所房子最初是座豪宅，精心保留了当年

的一些装饰，屋旁还有几个大庭院。新的组合式小屋没什么特色，但有配套卫浴。

Oaklands Lodge 青年旅舍 $

（见92页地图；☎09-638 6545；www.oaklandslodge.co.nz；5a Oaklands Rd, Mt Eden；铺$30~38，标单/双 不带浴室 $55/85；P @ 📶）这家旅舍位于一个绿树成荫的小巷内，色彩明快、维护良好。离伊甸山村庄和城市公共汽车站很近。

Bavaria 民宿 $$

（见92页地图；☎09-638 9641；www.bavariabandbhotel.co.nz；83 Valley Rd, Mt Eden；标单/双 $130/180起；P @ 📶）这家客栈位于宽敞的别墅内，提供维护良好的大客房，全部都带浴室，只是有些很小。公共休息室里有电视，餐厅和阳台都适合交际聊天。房费含冷/热自助早餐。

Eden Villa 民宿 $$$

（见92页地图；☎09-630 1165；www.edenvilla.co.nz；16 Poronui St, Mt Eden；房间$250；P）奥克兰绿茵繁茂的近郊风景全在于这些漂亮的木头别墅。而这一座有3个自带卫浴的舒适卧室和讨人喜欢的老派魅力，迷人的主人会准备美味的早餐。我们喜欢后部的房间，里面有原装浴缸，能越过花园直接看到对面的伊甸山（见91页）。

毛利新西兰：奥克兰

毛利人定居的历史都已铭刻在了奥克兰的火山锥上。当时统领地峡的部落是纳提瓦图瓦部落（Ngāti Whatua），但现在几乎所有新西兰的毛利部落都有人居住在这里。

想初步领略毛利文化，可以先从奥克兰博物馆（见91页）开始，那里有非常棒的毛利展览和文艺表演。想要更个性化的体验，可以参加TIME Unlimited（见99页）、Potiki Adventures（见130页）或纳提瓦图瓦部落的Tamaki Hikoi（见99页）团队游，或是参观毛利人集会地（marae）和在蒂哈娜（Te Hana；见147页）重建的毛利村庄。

Eden Park B&B 民宿 $$$

（见92页地图；☎09-630 5721；www.bedandbreakfastnz.com；20 Bellwood Ave, Mt Eden；标单/双 $165/250；P 📶）这家民宿距离奥克兰传奇般的伊甸公园（见119页）橄榄球场仅一个街区之遥，房间不是很大，但充分展示出了这座爱德华时期精美木结构别墅的优雅。

帕内尔和新市场 (Parnell & Newmarket)

Quest Carlaw Park 公寓 $$

（见94页地图；☎09-304 0521；www.questcarlawpark.co.nz；15 Nicholls Lane；公寓$189起；P @ 📶）🍃这家公寓的位置有些古怪，但本身时髦现代，到帕内尔、市区和中央公园都挺方便。对于自驾者而言，它简直就在高速公路上。

Quality Hotel Parnell 酒店 $$

（见94页地图；☎09-303 3789；www.theparnell.co.nz；10-20 Gladstone Rd；房间 $167起；P 📶）这家翻修而成的建筑可提供百余间汽车旅馆式的客房和单间。较新的北侧翼楼有一些房间可以看到很棒的海港风光。

★ **Ascot Parnell** 民宿 $$$

（见94页地图；☎09-309 9012；www.ascotparnell.com；32 St Stephens Ave, Parnell；房间 $295~375；P @ 📶 ❄）Ascot的3间豪华客房构成了这座位于现代化的中高层建筑群中的宽敞公寓。你无须担心会闯入店主的私人空间——他们在隔壁有一套完全独立的公寓。最大的房间能将海港全景尽收眼底，不过公共客厅的大阳台也一样。

德文波特

Parituhu 民宿 $$

（见98页地图；☎09-445 6559；www.parituhu.co.nz；3 King Edward Pde；房间 $140~160；P 📶）这个海边家庭旅馆位于一座爱德华时期的平房内，只有1间双人房（外设专用卫生间），气氛舒适而友好。店主旅行经验丰富，是出色的伙伴，也非常了解这座城市。

Grange Lodge 汽车旅馆 $$

（见84页地图；☎09-277 8280；www.

不要错过

北岸海滩（NORTH SHORE BEACHES）

从北角（见94页）到长湾（Long Bay），沿途海滩都非常适合游泳。海湾诸岛拦住了汹涌的海浪，使它们成为家长带孩子游泳嬉戏的理想去处。最好在涨潮时来，否则你就算往外走上老半天，海水也才及腰深。**切尔滕纳姆海滩**（Cheltenham Beach）可步行到达德文波特。**塔卡普纳海滩**（Takapuna Beach）是离海港大桥（Harbour Bridge）最近的海滩，这片海滩算得上是悉尼邦迪海滩（Bondi Beach）的奥克兰兄弟，也是设施最为良好的海滩。附近的**圣莱纳茨海滩**（St Leonards Beach）颇受男性同性恋的青睐，只是涨潮时得爬到岩石上才行。

grangelodge.co.nz；Grange Rd和Great South Rd交叉路口，Papatoetoe；公寓 $159~239；🛜）如果你是驾车自南而来，可以考虑住在这家热情好客的近郊小汽车旅馆里，从这里去机场很方便。沿Southern Motorway行驶，从East Tamaki Rd出口下去，右转再右转，上Great South Rd后就到了。

Devonport Motel 汽车旅馆 $$

（见98页地图；☎09-445 1010；www.devonportmotel.co.nz；11 Buchanan St，Devonport；房间 $150~180；P🛜）这家迷你型的汽车旅馆在整洁的后花园中有两套房间。房间现代、干净整洁、设施完备、环境安静，距离德文波特各景点都很近。

Devonport Sea Cottage 度假小屋 $$

（见98页地图；☎09-445 7117；www.devonportseacottagenz.com；3a Cambridge Tce，Devonport；小屋 $160；P🛜）沿着花园里的小路走到自己可爱又舒适的小屋，屋内设施完备。连住一周房价有优惠。

Peace & Plenty Inn 民宿 $$$

（见98页地图；☎09-445 2925；www.peaceandplenty.co.nz；6 Flagstaff Tce；房间 $295~385；P🛜）🍃这家地理位置绝佳的民宿位于一幢维多利亚式建筑中，里面摆放着各种古董，堪称五星级民宿。浪漫奢华的套房里有电视、鲜花、免费的雪莉酒或者波尔图葡萄酒，以及当地产的巧克力。

其他地区

Ambury Regional Park 露营地 $

（见84页地图；☎09-366 2000；regionalparks.aucklandcouncil.govt.nz/ambury；43 Ambury Rd，Mangere；露营地 每位成人/儿童 $15/6；P）这个地区的公园位于郊区，呈现出一派乡村景象，是一个运营中的农场。设施有限（有一个环保旱厕、热水淋浴，但没有太多绿荫），但去机场很方便，而且就在水边，价格非常便宜。

Emerald Inn 汽车旅馆 $$

（见84页地图；☎09-488 3500；www.emerald-inn.co.nz；16 The Promenade，Takapuna；双/套 $200/285；P🛜🏊）在港口大桥对岸的塔卡普那（Takapuna），围绕着一座绿荫庭院和池塘展开。距离塔卡普那海滩（Takapuna Beach）不过数米之遥，周边有许多很好的餐饮场所。从单间公寓到1室至2室的套房都有，友好的店主可以为观光游玩提供许多建议。

设施齐备的度假别墅和一间度假小屋就在隔壁，能看到朗伊图图岛。

Jet Park 酒店 $$

（见84页地图；☎09-275 4100；www.jetpark.co.nz；63 Westney Rd，Mangere；房间 $199起；P@🛜🏊）🍃这家酒店位于机场旁的工业区，房间舒适，格调胜过一般的中档机场酒店。显示离港航班信息的大屏幕就挂在大堂里，有免费机场班车，住在这里可就没有理由错过航班了。

就餐

由于其规模和种族的多样性，奥克兰在就餐选择和餐饮品质方面高居全国之首。为了满足众多亚洲学生的需求，热闹的小餐馆如雨后春笋般涌现出来，提供价格实惠的日本菜、中国菜和韩国菜。就算预算不多，也不用担心，你一定会深深地爱上便宜实惠的美食城。

奥克兰人相当讲究咖啡的品质，因此走

孩子们的奥克兰

东海岸的所有海滩都很安全，适宜带孩子玩耍，包括圣海伦丝海滩（St Heliers）、考希玛拉玛海滩（Kohimarama）、使命湾（Mission Bay）、奥卡胡湾（Okahu Bay）、切尔滕纳姆（Cheltenham）、Narrow Neck、塔卡普纳（Takapuna）、米尔福德（Milford）、长湾（Long Bay）。而**彩虹之巅**（Rainbow's End；见84页地图；☎09-262 2030；www.rainbowsend.co.nz；2 Clist Cres, Manukau；不限次通票 成人/儿童 $57/46；⏲10:00~17:00；👪）、凯利·塔顿海底世界（见93页）、奥克兰博物馆（见91页）和奥克兰动物园（见95页）等景点，肯定也是孩子们喜欢的地方。Parnell Baths（见99页）有个儿童游泳池，但冬天最好还是去帕拉凯（Parakai，见143页）或怀韦拉（Waiwera，见145页）的温泉。

想找适合儿童的剧院、好的家庭餐厅和儿童游乐场，可查看Whoa! Studios（见119页）的节目安排，地址在亨德森，乘火车向城西走就可以轻松抵达。

婴儿护理间很普遍，购物商场一般都有，大都在公共洗手间内。城市公交、火车和渡轮都提供婴儿车便捷通道，人行道设施一般都很好。

不了几步就会有非常棒的咖啡馆。尤其是在像庞森比、伊甸山和金士兰（Kingsland）这样的郊区。有些咖啡馆同时还是葡萄酒吧或有意发展为美食餐厅，而另一些则提供新鲜且价格合理的小食。

如今，最新的时尚美食区是布里托马特（见90页，火车站以北的几个街区）和Federal St（天空塔下），当然庞森比地区（见110页）新近出现的一些餐厅也捍卫了这一地区长久以来的美食声誉。温亚德海滨新区（见90页）和位于Wellesley St、Nelson St交叉路口的前厂房区（City Works Depot）则是欣欣向荣的美食新贵地区。城市东郊的奥拉基湾村（Orakei Bay Village）是另一个正在繁荣起来的区域，搭乘火车即可轻松前往。

大多数居民区附近都有大型超市。特别方便的是市区南边的**Countdown**（见86页地图；☎09-275 2567；www.countdown.co.nz；86 Quay St；⏲24小时）和维多利亚公园旁的**New World**（见100页地图；☎09-307 8400；www.newworld.co.nz；2 College Hill, Freemans Bay；⏲7:00至午夜）。如果要自己做饭的话，可以考虑到奥塔拉跳蚤市场（Otara Flea Market，见121页）和亚芳代尔周日市场（Avondale Sunday Market，见121页）寻找便宜又新鲜的蔬菜。La Cigale（见113页）则有价格稍贵的当地加工食材。

市中心

Chuffed 咖啡馆 $

（见86页地图；☎09-367 6801；www.chuffedcoffee.com；43 High St；主菜 $6.50~18；⏲周一至周三 7:00~16:00，周四和周五 7:00~22:00，周六 9:00~22:00，周日 9:00~16:00）这个时髦的地方隐藏在一座建筑背后的庭院中，装饰着许多街头艺术作品，绝对是城内最佳咖啡馆称号的有力竞争者。在横跨室内室外的露台上找个座位，享用早餐、牛汉堡、羊小腿肉或风味十足到令人惊艳的烤三明治。周四到周六晚有鸡尾酒和精酿啤酒。

Best Ugly Bagels 面包房、咖啡馆 $

（见86页地图；☎09-366 3926；www.bestugly.co.nz；City Works Depot, 90 Wellesley St；填馅百吉饼 $6~14；⏲7:00~15:00；✎）手工揉卷、过水、木柴烤制，Best Ugly的百吉饼非常漂亮。这家超级时髦的面包房位于曾经的重型卡车车间里，来点一份百吉饼，熏牛肉、培根、熏三文鱼或各种蔬菜馅无所不有。抹上了厚厚奶油和果酱的肉桂百吉饼也很不错。咖啡是必点的。

★ **Giapo** 冰激凌 $$

（见86页地图；☎09-550 3677；www.giapo.com；12 Gore St；冰激凌 $10~22；⏲周日至周四正午至22:30，周五和周六 至23:30；✎）🌿即便是隆冬季节，这家精品冰激凌店门外也会大

排长龙，足可以说明它的魔幻魅力。精心构建的冰激凌艺术品上盖着各种好东西，Giapo极致的烹饪创意与实验手法，搭配专业的美食科学，创造出的可能是这个世界上最好的冰激凌作品。

Depot 新派新西兰菜 $$

（见86页地图；☎09-363 7048；www.eatatdepot.co.nz；86 Federal St；菜肴 $16~38；⌚7:00至深夜）电视明星大厨艾尔·布朗（Al Brown）的热门餐厅致力于在休闲的就餐环境中提供一流的新西兰美味。可以拼桌，店内铺着瓷砖，气氛忙碌热闹。菜肴的分量适宜共享。一副智能剥壳器能帮助你吃到全奥克兰最新鲜的蛤蜊和生蚝。不接受预订，要么提早到，要么就得做好等位的准备。

Odette's 新派新西兰菜 $$

（见86页地图；☎09-309 0304；www.odettes.co.nz；Shed 5, City Works Depot, 90 Wellesley St；菜肴 $19~40；⌚周日和周一 8:00~15:00，周二至周六 7:00~23:00）Odette's的一切都绝不一般。风格活泼的灯具不一般，独特的摄影作品不一般，菜单当然更不一般。来顿羊羔肉丸配藏红花芥末的早午餐怎么样？或者野生蘑菇配松露煎饼和腰果奶油？晚上，咖啡馆食物会被分享式菜肴取代。周末人非常多。

Ima 中东菜 $$

（见86页地图；☎09-377 5252；www.imacuisine.co.nz；53 Fort St；早餐和午餐 $10~24，晚餐 共享拼盘菜 $17~27；⌚周一至周五 7:00~23:00，周六和周日 8:30~22:00）店名是希伯来语里"母亲"的意思，这里的菜肴融合了以色列菜、巴勒斯坦菜、也门菜和黎巴嫩菜的风格，午餐有肉馅饼和三明治。找一拨小伙伴一起来分享美味的晚餐，享用全鱼、全鸡meschan（整只鸡用香草和香料慢烹后再烤）或者慢炖羊肩肉。

Inti 南美菜 $$

（见86页地图；☎09-374 0981；www.inti.nz；O'Connell St和Chancery St交叉路口；大盘菜 $14~36；⌚周二至周五 正午至15:00，周二至周六 17:00至深夜；☑）🌿欢迎来到新西兰最有趣的新餐厅之一，在这里，新派南美菜在宽敞优雅的餐厅中呈现。主厨Javier Carmona采用羊驼、干辣椒、杏仁、蚂蚁等各色食材创作出当代版本的拉美经典街头食物。开放心态，准备投身绝妙的美食探险吧。

Federal Delicatessen 美国菜 $$

（见86页地图；☎09-363 7184；www.thefed.co.nz；86 Federal St；主菜 $11~26；⌚7:00至深夜）著名大厨Al Brown将纽约犹太熟食与一些简单的食物搭配起来，例如百吉饼、三明治、逾越节薄饼汤和各种适宜分享的可口美食（火鸡烘肉卷、叉烤鸡肉、纽约牛排）。肉店里常见的白色瓷砖，小摊款的塑料椅，穿着20世纪50年代式样制服的服务生，更是令人恍惚不知身在何处。

Kimchi Project 韩国菜、咖啡馆 $$

（见86页地图；☎09-302 4002；www.facebook.com/pg/thekimchiprojectnz；20 Lorne St；小吃 $12~18，主菜 $18~35；⌚周日至周四 7:00~22:00，周五和周六 至午夜）从早午餐的抹茶拿铁和柚子麦片开始，或者躲进棕榈树环绕的庭院享受亚洲风味的街头食物，包括香辣手撕猪肉饼和大虾馅儿的蒸包。饱食一顿五花肉，再来个鸡蛋，韩式泡菜炒饭简单又绝妙。

Scarecrow 咖啡馆 $$

（见86页地图；☎09-377 1333；www.scarecrow.co.nz；33 Victoria St East；主菜 $16~32；⌚周一 7:00~17:00，周二至周五 7:00~22:00，周六和周日 8:00~17:00；☑）🌿这家热闹的咖啡馆靠近阿尔伯特公园，主打有机和纯素食材。曲木椅平添几许法国风情，菜单偏欧洲和中东口味。可尝试早午餐的莎苏卡（shakshuka，辣味西红柿酱汁烩鸡蛋）、烤蛋或自制烟熏鱼饼，或者晚上再来，吃新西兰羔羊肉配浓缩酸奶（labneh）和鹰嘴豆泥。店里还有一个小型熟食区，售卖当地加工食品。

★Cassia 印度菜 $$$

（见86页地图；☎09-379 9702；www.cassiarestaurant.co.nz；5 Fort Lane；主菜 $32~40；⌚周三至周五 正午至15:00，周二至周六 17:30至深夜）位于一个照明不稳定的地下室，提供新派印度食物，有潘趣酒和什锦鸡尾酒。先试试pani puri，这是一种一口大小的酥脆食品，里面裹着各种馅料，然后再开始品尝浓郁的咖喱。德里鸭很棒，果阿风味的鲷鱼也是。金酒和新西兰精酿啤酒是另一大亮点。Cassia经常被评为奥克兰最好的餐厅。

Grove 新派新西兰菜 $$$

（见86页地图；☎09-368 4129；www.thegroverestaurant.co.nz；St Patrick's Sq，Wyndham St；9/12道菜试吃 $99/145；⊙周四和周五 正午至15:00，周一至周六 18:00至深夜）这里提供精致浪漫的晚餐：灯光颇有情调，菜单仿佛在召唤一次感官的盛宴，服务恰到好处，还拥有丰富的酒水单，你不可能找不到想要的酒。

O' Connell Street Bistro 欧洲菜 $$$

（见86页地图；☎09-377 1884；www.oconnellstbistro.com；3 O' Connell St；主菜 $38~45；⊙周一至周五 11:30~15:00和17:00~23:00，周六 17:00~23:00）这家成熟的餐厅适合宴客，装饰优雅，提供非常棒的美食美酒，前来享用午餐的政客和晚上的约会者都能满意而归。19:15之前提供价格固定的套餐（2/3道菜 $40/45）。

布里托马特、高架桥港和温亚德海滨新区

Baduzzi 意大利菜 $$

（见86页地图；☎09-309 9339；www.baduzzi.co.nz；Jellicoe St和Fish Lane交叉路口，Wynyard Quarter；主菜 $16~36；⊙11:30至深夜；🖉）这家时髦又充满生机的餐馆在肉丸上做足了功夫，试试龙虾肉丸吧。当然，除此之外，还有其他优雅而不失活力的意大利菜。你可以选择舒服地窝在小卡座里，也可以在吧台旁边随意坐下，或者干脆到室外用餐，享受奥克兰灿烂的阳光。

Amano 意大利菜 $$

（见86页地图；☎09-394 1416；www.amano.nz；66-68 Tyler St；主菜 $22~34；⊙餐厅 7:00至深夜，面包房 6:30~18:00，周日 至16:00）🍃这座意式小馆面包房是由布里托马特区的一座仓库改造而来的，主打意式乡村风格，开放式厨房传达出了美食的真谛。许多菜肴都是季节性产品，食材来自店家在西奥克兰的自营农场。白天是一家热闹的咖啡馆，晚上则毫不费力地变成意式小馆，有新西兰葡萄酒和精酿啤酒。

Store 咖啡馆 $$

（见86页地图；☎09-366 1864；www.thestorebritomart.nz；5b Gore St；主菜 $15~26；⊙7:00~15:00）彩色的灯光，鲜花遍地，餐桌散布其间。这家布里托马特中心的时尚咖啡馆新鲜热闹，落座就会有气泡水供应。菜单诱人又有趣，时令蔬菜和水果在其中占据着重要地位，此外还有英式早餐、意大利面、当地市场上买来的鱼和腌牛肉三明治。

Giraffe 新派新西兰菜 $$$

（见86页地图；☎09-358 1093；www.girafferestaurant.co.nz；Viaduct Harbour，85-87 Customs St West；大盘菜 $15~32；⊙周一至周五 7:00至深夜，周六和周日 8:00起）🍃新西兰最著名的大厨Simon Gault最新开办的餐厅，兼顾了时尚悠闲的海滨用餐环境和主打当地时令菜肴的菜单。餐厅以大厨女儿的名字命名，菜单上都是精致上等的可口食物，例如猪肉、大虾和烤鸡。

庞森比和格雷林

奥克兰最繁华的餐厅—咖啡馆—酒吧一条街真的非常赞，甚至还有自己的网站（www.iloveponsonby.co.nz）。

Dizengoff 咖啡馆 $

（见100页地图；☎09-360 0108；www.facebook.com/dizengoff.ponsonby；256 Ponsonby Rd，Ponsonby；主菜 $8~22；⊙6:30~16:00）这家小小的时尚咖啡馆吸引了各种各样的客人，有公司员工、时尚潮人、庞森比的居民，还有旅行者。食物充满了犹太风格，搭配美味的以色列拼盘、碎猪肝、百吉饼、鸡肉沙拉，外加诱人的烘焙食品、令人心动不已的咖啡和各种读物。

Bird on a Wire 快餐 $

（见100页地图；☎09-378 6369；www.birdonawire.co.nz；Ponsonby Central，136-146 Ponsonby Rd；主菜 $10~17；⊙7:30至深夜）这里

奥克兰的多元文化美食

新西兰大约30%的人口居住在奥克兰，这座全国最大的城市，同时也是种族最多元的城市。随着移民（尤其是亚洲移民）的不断增多，这里的餐饮界也越发展现出大都市的气象。奥克兰的美食家（以及城里的一些顶级大厨）孜孜不倦地向邻近市中心的外围居民区求索，寻找这座城市多元化的当下与未来那些最正宗的味道。

前往巴尔莫勒尔（Balmoral）的Dominion Rd，在位于Queen St和Wellesley St交叉路口附近的7058号车站乘267路公共汽车，到8418号车站下车，那附近有奥克兰最好的中餐。

向西走几个街区（从Victoria St East的7058号车站乘坐267路公共汽车，在Sandringham Rd的8316号车站下车），有全城最正宗的印度和斯里兰卡餐厅。我们最爱的Paradise（见114页）主打在印度海得拉巴街头常见的莫格莱菜。

在这座城市兴旺的夜市中——平日里每晚在不同的郊区停车场举办——数十家小摊提供阿根廷、萨摩亚、匈牙利和土耳其等各国风味的食品。最方便旅行者前往的是周四的亨德森夜市（见114页）。

如果是3月底或4月初前来，奥克兰国际艺术节（见103页）将让你从美食的视角了解奥克兰多元文化的未来。此外，还可以登录平价美食网（Cheap Eats；www.cheapeats.co.nz），搜索全城低于$20的各族裔顶级美食。

有美味的三明治、健康的汉堡、时令沙拉和烤鸡，均可以外带。自选酱汁口味，可以选择牙买加肉干味或者松露黄油，然后，就等着大吃一顿吧。

Burgerfuel　汉堡 $

（见100页地图；☎09-378 6466；www.burgerfuel.com；114 Ponsonby Rd，Ponsonby；汉堡 $6~15；⊙周日至周三 11:00~22:00，周四 至午夜，周五和周六 至次日4:00；✎）一家出色的本土汉堡连锁店，在全城都有分店。

★Azabu　日本菜、秘鲁菜 $$

（见100页地图；☎09-320 5292；www.azabuponsonby.co.nz；26 Ponsonby Rd；主菜和大盘菜 $16~35；⊙周三至周日 正午至深夜，周一和周二 17:00起）将日本菜和秘鲁菜的风格融为一体是这家餐厅的特色。室内装潢引人注目，有东京的迷人影像，出色的菜肴包括金枪鱼刺身配吐司，日式塔可配芥末鳄梨，大虾配墨西哥青辣椒和柚子醋。早些来，可以在店内的Roji酒吧喝一杯用罗勒和干辣椒调味的墨西哥朗姆鸡尾酒。

★Saan　泰国菜 $$

（见100页地图；☎09-320 4237；www.saan.co.nz；160 Ponsonby Rd，Ponsonby；菜肴 $14~32；⊙周一和周二 16:00至深夜，周三至周五 正午至深夜，周六和周日 11:00至深夜）这家超级时髦的餐厅火辣又性感，主打泰国北部依善和兰纳地区的热辣菜肴。菜单编排得很好用，按照辣度由低到高排列，分为小盘菜和供多人分享的大盘菜。一定要点软壳螃蟹。

Lokanta　希腊菜、土耳其菜 $$

（见100页地图；☎09-360 6355；www.lokanta.nz；137a Richmond Rd；前菜 $7~19，主菜 $25~33；⊙周二至周日 16:00至深夜）这家低调的餐厅里有地中海东部的菜肴，呈现出一种悠闲的氛围，和庞森比路附近的时髦餐厅形成对比。希腊菜和土耳其菜愉快并存，强劲的希腊葡萄酒配炭烤章鱼、烤山羊肉和大麦调味饭等大餐刚刚好。椰子和杏仁蜜饼在传统甜点中增添了些许热带风味。

Ponsonby Central　咖啡馆 $$

（见100页地图；www.ponsonbycentral.co.nz；136-138 Ponsonby Rd，Ponsonby；主菜 $15~35；⊙周日至周三 7:00~22:30，周四至周六 至午夜）餐厅、咖啡馆、酒吧和美食店占据了这家从前的高级货仓，从奥克兰最好的比萨和阿根廷烤肉，到印度和缅甸的咖喱与漂亮的鸡尾酒，各色美食充溢其间。这是最佳餐饮目的地，提供从早餐到晚餐的出色选择。如果想吃到城里最好的美食和汉堡，来这里就对了。

Siostra 意大利菜 $$

（见100页地图；☎09-360 6207；www.siostra.co.nz；472 Richmond Rd；菜肴 $17~29；⊙周二至周四和周六 17:00~23:00，周五 正午至23:00）由一对魅力十足的姐妹经营，是社区中完美的意式小馆，提供丰盛的经改良的现代意大利菜。亮点包括猪肉饺子配黑甘蓝（cavolo nero）和出色的慢炖羊肩肉。

Blue Breeze Inn 中国菜 $$

（见100页地图；☎09-360 0303；www.thebluebreezeinn.co.nz；Ponsonby Central，146 Ponsonby Rd，Ponsonby；主菜 $28~35；⊙正午至深夜）在这家时髦的小餐馆中，中国地方风味融入了太平洋古早气息。服务员都很活泼，朗姆鸡尾酒口味怡人，劲力十足。推荐菜包括腌黄瓜肉包和孜然羊肉。

★**Sidart** 新派新西兰菜 $$$

（见100页地图；☎09-360 2122；www.sidart.co.nz；Three Lamps Plaza，283 Ponsonby Rd，Ponsonby；5道菜午餐 $65，7道菜晚餐 $145；⊙周五 正午至14:30，周二至周六 18:00~23:00）说到奥克兰的创意品尝套餐，没有人能比Sid Sahrawat做得更好。这里的食物就像艺术品，或是科学制品，更重要的是，食物是为了刺激你的味蕾、让你的大脑感到愉悦、满足你的胃口、让你绽放微笑。餐厅有点难找，隐藏在曾经的阿尔罕布拉电影院背后。

Cocoro 日本菜 $$$

（见100页地图；☎09-360 0927；www.cocoro.co.nz；56a Brown St，Ponsonby；菜肴 $9~38，品鉴菜单 $95~200；⊙周二至周六 正午至14:00和17:30~22:00）从柔和的灯光到简约的装饰，还有专业的员工和精心摆盘的美味佳肴，这家餐厅中的一切无不流露出日式的优雅元素。午餐提供经济型丼饭（$20~40）和多道菜的套餐（$39），晚上的多道菜品鉴菜单很能展示大厨的技艺。

Ponsonby Road Bistro 新派新西兰菜 $$$

（见100页地图；☎09-360 1611；www.ponsonbyroadbistro.co.nz；165 Ponsonby Rd，Ponsonby；主菜 $34~36；⊙周一至周五 正午至12:30，周六 16:00至次日00:30）这家现代化的高档餐厅提供一流的服务，主打法国和意大利小馆菜肴，同时引入亚洲风味。进口奶酪和葡萄酒是一大亮点，脆底比萨可以作为美味的分享小吃。

纽顿

Karangahape Rd（K Rd）因营业至深夜的夜店而闻名，但这条路上也有咖啡馆和许多价格实惠的民族特色餐馆，夹杂着复古服装店、二手精品店、文身店和成人用品店。

★**Gemmayze St** 黎巴嫩菜 $$

（见86页地图；☎09-600 1545；www.facebook.com/gemmayzest；St Kevins Arcade，15/183 Karangahape Rd；前菜和主菜 $18~34；⊙周二至周六 18:00~23:30，周四和周五 正午至15:00；☑）Gemmayze St坐落在圣凯文拱廊（St Kevins Arcade）这座修复后的遗产建筑中，提供对传统黎巴嫩菜进行了现代化的时尚改良的菜肴。精致的薄荷、橙花、玫瑰水鸡尾酒在黄铜吧台供应，餐厅拼桌的传统鼓励食客就着前菜和专家级的烤肉社交。$18的午餐套餐有5道菜，非常超值。

Bestie 咖啡馆 $$

（见86页地图；www.bestiecafe.co.nz；St Kevins Arcade，Karangahape Rd；主菜 $12~19；⊙周一至周五 7:30~15:30，周六和周日 9:00~16:00；☑）🍃重获新生的圣凯文拱廊里新近有若干咖啡馆和餐厅开张，Bestie作为其中之一，是欣赏过Karangahape Rd沿路艺术和古董店后小歇补充能量的完美场所。找个能眺望迈尔斯公园（Myers Park）浓密绿荫的位子，点一杯咖啡或康普茶（kombucha），配上Bestie的招牌菜，例如意大利乳清干酪甜甜圈，或小面包干配意大利辣香肠、浓缩酸奶加干辣椒煎蛋。

★**French Cafe** 法国菜 $$$

（见92页地图；☎09-377 1911；www.thefrenchcafe.co.nz；210 Symonds St；3/4/7道菜套餐 $110/135/160；⊙周五 正午至15:00，周二至周六 18:00至深夜）这家带有传奇色彩的法式

餐厅二十年来一直被评为奥克兰最好的餐厅之一，经久不衰。菜肴虽然主打法国风味，但厨师西蒙·莱特（Simon Wright）在其中悄然融入了一些亚洲和泛太平洋美食元素。服务无可挑剔。

金士兰（Kingsland）

Atomic Roastery
咖啡馆 $

（见92页地图；☎0800 286 642；www.atomiccoffee.co.nz；420c New North Rd, Kingsland；小吃 $9~11；⏰8:00~15:00）这是全国最好的烘焙咖啡馆之一，咖啡爱好者寻着味儿就能找到这家咖啡馆。尝尝盛在迷你煎锅里端上来的派以及百吉饼、沙拉、蛋糕等各种美味配餐。

Mondays
素食、严格素食 $$

（见92页地图；☎09-849 7693；www.mondayswholefoods.com；503b New North Rd, Kingsland；共享拼盘菜和主菜 $15~36；⏰周一至周五 8:00~15:00，周六和周日 9:00~16:00；✎）Mondays外观低调，里面却有一个阳光明媚的常春藤庭院，这里有奥克兰最健康的咖啡馆美食。早午餐选择包括藜麦饭，另有精酿啤酒、苹果酒和葡萄酒菜单（大量的可持续有机酒类），大盘菜很适合与同伴分享。手撕波罗蜜塔可饼令人惊艳。

伊甸山

Brothers Juke Joint BBQ
烧烤 $

（见92页地图；☎09-638 7592；www.jukejoint.co.nz；5 Akiraho St, Mt Eden；小吃和主菜 $10~15；⏰周二至周六 11:30~22:00，周日 至20:00；👪）这是奥克兰市中心出色的Brothers Beer（见115页）精酿啤酒吧的副线品牌，提供美国南方风格的烤肉，设在一座改造后的时尚仓库中。主要采用20世纪60年代风格的复古家具，紧凑的儿童游乐区在周末下午很受当地家庭的欢迎。自产啤酒和其他新西兰最好的佳酿都藏在闪闪发亮的龙头背后。

Zool Zool
拉面、日本菜 $

（见92页地图；☎09-630 4445；www.zoolzool.co.nz；405 Mt Eden Rd, Mt Eden；小吃 $9~18，拉面 $14~18；⏰周二至周日 11:30~14:00 和17:30~22:00）奥克兰最受尊崇的两位日本大厨合作打造的餐厅，在传统的日本居酒屋之中加入了现代时尚元素。这里有城里最好的拉面，配以浓郁丰盛的肉汤，搭配日式冰啤酒的下酒菜有鱿鱼天妇罗、软壳蟹、面包屑炸鸡，全都适合多人分享。

Frasers
咖啡馆 $$

（见92页地图；☎09-630 6825；Mt Eden Rd 和Stokes Rd交叉路口，Mt Eden；主菜 $13~35；⏰周一至周五 6:00~23:00，周六和周日 7:00~23:00）伊甸山最受欢迎的咖啡馆之一，经过时尚改造，现已重生。咖啡和蛋糕依然很棒——尤其是烤制的纽约奶酪蛋糕——不过，现在搭配爽心经典食物的还有葡萄酒和精酿啤酒。早餐不妨试试酸面包配蘑菇，或者晚上来，尝尝炸小牛肉和香脆奶油烤土豆。

帕内尔和新市场

Hansan
越南菜 $

（见96页地图；☎09-523 3988；www.hansan.co.nz；55 Nuffield St, Newmarket；主菜 $11~17；⏰11:00~22:00）一家当地连锁小店的分店，提供超值的地道越南食物。

La Cigale
法国菜、市场 $

（见94页地图；☎09-366 9361；www.lacigale.co.nz；69 St Georges Bay Rd, Parnell；咖啡馆 $8~19，小酒吧 2/3道菜套餐 $38/50；⏰市场 周六和周日 9:00~13:30，咖啡馆 周一至周五 9:00~16:00 周六和周日 至14:00，小酒吧 周三 17:00至深夜）这家餐厅迎合了热爱法国的食客口味，仓库里囤放着从法国进口的各种产品，还有一间烘焙各种法式点心的咖啡馆。周末举办农贸市场的时候，这家店名为"蝉"（cicala）的餐厅就真的变成了叽叽喳喳的喧闹之处，到处都是小摊位，摆满了当地出产的农产品和各式美味。周四晚上有时会变成流动餐车聚集地，周三则会化身一家有意思的夜间小酒馆，提供简单的乡村菜肴。可登录网站查看最新活动。

Winona Forever
咖啡馆 $$

（见94页地图；☎09-974 2796；www.facebook.com/winonaforevercafe；100 Parnell Rd；主菜 $13~21；⏰周一至周五 7:00~16:30，周六和

周日 8:00~16:00）在这家总是很喧闹的餐馆中，有奥克兰最好的一些吧台食物，包括奶油甜甜圈，伴以充满创意的咖啡馆文化。位置靠近Parnell Rd沿路的出色购物场所和画廊。当地居民和旅行者一起挤进来喝咖啡、精酿啤酒和葡萄酒，享用招牌菜Ladyboy，这是一道泰国风味的火腿蛋吐司配烤大虾。

Han 韩国菜 $$

（见94页地图；☎09-377 0977；www.hanrestaurant.co.nz；100 Parnell Rd, Parnell；主菜 $20~34；⏲周二至周六 11:00~14:30，周三至周日 17:00至深夜）韩国菜肴正对奥克兰的餐饮业产生持续的影响。Han是一家由流动餐车发展而来的独立餐厅，是大厨Min Baek创意的见证。午餐比较随意——想想韩国风味的汉堡和健康的米饭。不过晚餐菜单很现代，包括牛小排配甜菜根和芦笋。

德文波特

Calliope Road Cafe 咖啡馆 $$

（见98页地图；☎09-446 1209；www.facebook.com/CalliopeRoadCafe；33 Calliope Rd, Devonport；主菜 $13~28；⏲8:00~15:00）德文波特的这家咖啡馆离主要的游客聚集区有一小段距离，但了解内情的当地人都会来此享用醇厚的经典咖啡和诱人的东南亚美食。

Devon on the Wharf 土耳其菜、咖啡馆 $$

（见98页地图；☎09-445 7012；www.devononthewharf.nz；Devonport Wharf, Queens Pde；前菜 $10~20，主菜 $19~35；⏲周一至周五 7:00~23:00，周六和周日 8:00~23:00；✍）从奥克兰市区乘坐短途渡轮抵达德文波特，造访这座充满土耳其风情的悠闲咖啡馆，欣赏海港风景，吃一顿土耳其炒蛋（menemen）早午餐，或者选择开胃晚餐，选项有烤哈洛米奶酪、鹰嘴豆泥和土耳其比萨（lahmacun）。这里还有黎凡特风味的鸡尾酒、少量精酿啤酒以及可能是奥克兰最长的吧台。

其他地区

亨德森夜市 市场 $

（Henderson Night Market；www.aucklandnightmarket.co.nz；Waitakere Mega Centre, Kmart下面；⏲周四 17:30~23:00）奥克兰的夜市很兴旺，每晚轮流在不同的郊区停车场举办，其中，亨德森夜市是最方便旅行者前往的。有几十家小摊，从阿根廷、萨摩亚，到匈牙利、土耳其的食物都有。从布里托马特乘西线列车前往亨德森，下车后步行650米到Kmart百货公司下面即是。

Paradise 印度菜 $

（见84页地图；☎09-845 1144；www.paradiseindianfood.co.nz；591 Sandringham Rd, Sandringham；主菜 $12~18；⏲11:30~21:30；✍）Paradise提供美味的咖喱和印度炒饭（biryani），可以在怡人的餐厅用餐，也可以在附设的柜台外卖。我们最爱的是咖喱茄子（baghara baingan）。还有一家分店，就在街角，提供印度自助晚餐（$17~20），18:30开始。

Engine Room 新派新西兰菜 $$$

（见84页地图；☎09-480 9502；www.engineroom.net.nz；115 Queen St, Northcote；主菜 $32~35；⏲周五 正午至15:00，周二至周六 17:30~23:00）这是奥克兰最好的餐厅之一，走休闲风，供应足以令人飘飘欲仙的山羊奶酪舒芙蕾、创新主菜和美味至极的松露巧克力。乘渡轮到诺斯科特角（Northcote Point），下船后步行1公里即可抵达。值得预订。

Takapuna Beach Cafe 咖啡馆 $$

（见84页地图；☎09-484 0002；www.takapunabeachcafe.co.nz；22 The Promenade；主菜 $19~30；⏲6:30~18:00）高档的咖啡馆食物，结合了塔卡普纳海滩无敌的美景，也难怪这家咖啡馆总是顾客盈门。如果实在找不到座位的话，就买一个他们家曾得过大奖的冰激凌（我们最喜欢海盐焦糖味的），沿着海滩悠闲地散散步。

St Heliers Bay Bistro 新派新西兰菜 $$

（见84页地图；www.sthelierbaybistro.co.nz；387 Tamaki Dr, St Heliers；早午餐 $16~27，晚餐 $27~34；⏲7:00~23:00）沿着美丽的Tamaki Dr就能找到这家坐拥海港景色的优雅小餐厅。这里不接受预订，但机灵的服务生总能很快帮食客找到座位。对经典常规食物（意大利面、汉堡、炸鱼薯条）的高档化改造值得期待，此外还有英式早餐、美味沙拉和大量的地中海风味菜肴。冰激凌也非常棒，最好是沿着海滩一边走一边吃。

饮品和夜生活

工作日里，奥克兰的夜晚很安静，如果想找一些充满活力的地方，就去Ponsonby Rd、布里托马特或高架桥港区吧。Karangahape Rd（K Rd）只有到周五和周六的深夜才会热闹起来，别指望在23:00之前能找到纵情享乐的地方。

市中心

Brothers Beer 精酿啤酒

（见86页地图；☎09-366 6100；www.brothersbeer.co.nz；City Works Depot，90 Wellesley St；⏲正午至22:00）这里不仅有奇特的装饰，还有18款扎啤，包括自家精酿的啤酒和新西兰更远的地区出产的啤酒，冰柜里还冷藏着成百上千的瓶装啤酒，酒吧小食则包括比萨。偶尔会举办电影和喜剧之夜，啤酒可外带。旁边的城市厂房区（City Works Depot）是另一个很好的就餐选择。

Gin Room 酒吧

（见86页地图；www.ginroom.co.nz；Level 1，12 Vulcan Lane；⏲周二和周三 17:00至午夜，周四 17:00至次日2:00，周五 16:00至次日4:00，周六 18:00至次日4:00）稍显散乱的殖民地风情不动声色地盘旋在这家奥克兰最古老的酒馆上空，与它刚刚化身杜松子酒殿堂的设定完全吻合。这里至少有50种酒，而这甚至还没算上杜松子鸡尾酒，不妨征求一下调酒师的意见。

值得一游

显然，喷气机的轰鸣并不会影响葡萄的生长，因为新西兰最著名的葡萄酒庄距离机场只有4公里远。公园一般的**Villa Maria**（见84页地图；☎09-255 0666；www.villamaria.co.nz；118 Montgomerie Rd，Mangere；⏲周一至周五 9:00~18:00，周六和周日 至16:00）仿佛陷落在工业区中的绿洲。短线游（$5）11:00和14:00各一次。有收费品酒项目（$5，购酒可退），也可以留下来吃顿午餐，享用葡萄酒和开胃菜（拼盘$45~55，午餐$28~38），在餐厅的露台上等总好过在出发大厅里等。

Brewers Co-operative 精酿啤酒

（见86页地图；☎09-309 4515；128 Victoria St；⏲11:00~22:00）这家位于角落的酒吧里有27种精酿啤酒，打开龙头就会流出来，是市中心品尝精酿啤酒、海鲜和薯条（依照传统装在纸包里）的好地方。周五晚上很受下班人群的欢迎。

Jefferson 酒吧

（见86页地图；www.thejefferson.co.nz；地下室，Imperial Bldg，Fort Lane；⏲周一至周四 16:00至次日1:00，周五和周六 至次日3:00）这家隐蔽的酒吧被将近600个各式威士忌酒瓶的闪闪金光点亮，是睡前小酌的好去处。没有菜单，直接告诉酒保你喜欢什么品味和类型（泥煤、顺滑、烟熏、不太贵），他们会给出相应的建议。

Vultures' Lane 小酒馆

（见86页地图；☎09-300 7117；www.vultureslane.co.nz；10 Vulcan Lane；⏲11:30至深夜）22个酒桶，超过75种不同的瓶装啤酒，电视上播放着体育赛事，这一切让这家怡人的古老酒吧很受奥克兰精酿啤酒爱好者的欢迎。可登录网站查看最新产品，也有常见的新西兰最佳酿酒商产品的信息。

Mo's 酒吧

（见86页地图；☎09-366 6066；www.mosbar.co.nz；Wolfe St和Federal St交叉路口；⏲周一至周五 14:00至深夜，周六 18:00至深夜）这家街角小酒吧的氛围不禁让人想凭空生出一些烦恼，好让酒吧服务员说几句安慰的话，再娴熟地倒上一杯马提尼酒，问题就这么解决了。

Cassette Nine 夜店

（见86页地图；☎09-366 0196；www.cassettenine.com；9 Vulcan Lane；⏲周二至周五 16:00至深夜，周六 18:00至深夜）时尚潮人纷纷被吸引到这家古怪的酒吧兼夜店，为的是这里的音乐，从现场独立音乐到国际DJ打碟助阵，不一而足。

布里托马特、高架桥港和温亚德海滨新区

Caretaker 鸡尾酒吧

（见86页地图；www.caretaker.net.nz；Roukai Lane；⏲17:00至次日3:00）这家鸡尾酒吧隐藏

在一扇刻着店名"Caretaker"的古老大门背后，充满纽约风情。装潢同样不拘一格，只有几张桌子和皮沙发，所以总给人一种私密又热闹的感觉。可以从精选鸡尾酒单上挑选，也可以直接说出你喜欢的，酒保会充分展示他们调酒术的魅力。

Dr Rudis 小啤酒厂

（见86页地图；☎021 048 7946；www.drrudis.co.nz；Viaduct Harbour, Quay St和Hobson St交叉路口；⏲7:00至次日4:00）高架桥港的最佳视野（一般会看到见一连串的豪华观光游艇）加上独特的精酿啤酒，菜单上有木柴烤的比萨、出色的海鲜和烤肉拼盘，后者哪怕是最饥饿的人也无法独自吃完。此外，还有两条保龄球道可以活动手脚。

Jack Tar 夜店

（见86页地图；☎09-303 1002；www.jacktar.co.nz；North Wharf, 34-37 Jellicoe St, Wynyard Quarter；⏲8:00至深夜）如果想在黄昏时分或者夜色尚早时享受温亚德海滨新区的悠闲氛围，顺便再小酌一杯啤酒或葡萄酒的话，这就是你绝佳的选择。

Sixteen Tun 精酿啤酒

（见86页地图；☎09-368 7712；www.16tun.co.nz；10-26 Jellicoe St, Wynyard Quarter；4/6/8种啤酒试品 $12/18/24；⏲11:30至深夜）数十种新西兰瓶装精酿啤酒，20种桶装啤酒，锃亮的黄铜色泽与琥珀色的液体完美搭配。如果无法抉择，试试200毫升的超值品尝"箱"。

庞森比和格雷林

在Ponsonby Rd这一带，咖啡馆、餐厅、酒吧和夜店之间的界限似乎并不分明。许多餐馆都有现场音乐，或是入夜就摇身一变成为夜店。

★Freida Margolis 酒吧

（见100页地图；☎09-378 6625；www.facebook.com/freidamargolis；440 Richmond Rd；⏲周日至周三 16:00~23:00，周四至周六 至次日2:00）这里之前是家肉店，留意写着"西林恩有机肉铺"（Westlynn Organic Meats）的牌子。如今，它是个很棒的街角小酒吧，有一种身处哥伦比亚波哥大后街的氛围。当地老客会带着他们乖巧的狗坐在店外的露天位置，一边啜饮桑格利亚酒、葡萄酒和精酿啤酒，一边欣赏音乐，酒吧店主的唱片收藏颇为可观。

Annabel's 葡萄酒吧

（见100页地图；www.annabelswinebar.com；277 Ponsonby Rd；⏲15:00~23:00）Annabel自诩"社区酒吧"，让人感觉就像身处波尔多或巴塞罗那的小巷中。奶酪和熟食小盘搭配欧洲葡萄酒单，此外还有西班牙啤酒和经典内格罗尼鸡尾酒，在南太平洋气质中注入了些许法

奥克兰的精酿啤酒

纳尔逊是这个国家高速发展的主要地区，同弥漫波希米亚风情的惠灵顿一样，两者都宣称自己是"新西兰精酿啤酒之都"。然而，尽管南部中心区域先声夺人，但奥克兰北部的精酿啤酒也一直在进步，并且取得了卓著的成绩。受到相当庞大的市场规模的推动，奥克兰周边涌现出大量的精酿啤酒厂，啤酒爱好者大可以尽情探索新西兰啤酒的多元化面貌。

在奥克兰乡村腹地，Hallertau（见143页）和Sawmill Brewery（见149页）出品曾获大奖的啤酒以及餐厅水准的食物，而在激流岛，三大精酿啤酒厂提供堪与本岛世界级葡萄酒相媲美的替代饮品。想了解岛屿上啤酒的多元风貌，不妨走进悠闲的乡村风情的Boogie Van Brewing（见131页）和砖饰时尚风味的Tantalus Estate的Alibi Brewing品酒室，体验其中的不同之处。

在城市里，Brothers Beer（见115页）、Galbraith's Alehouse和Vultures' Lane（见115页）都是汇聚精品的所在，每年6月举办的GABS（见103页）是起源于澳大利亚墨尔本的世界知名啤酒节的奥克兰版本。

供应奥克兰地区精品佳酿的餐厅和酒吧包括8 Wired、Behemoth、Liberty和Epic。

同性恋的奥克兰

到目前为止，皇后之城(Queen City，奥克兰别称，因完全巧合的原因而得名)有着整个国家最大的同性恋人群。五光十色的城市生活吸引着来自新西兰各地的同性恋人群，不过，许多三四十岁的同性恋人群最终被更光鲜亮丽的悉尼所吸引，致使本地人口年龄分布出现了一个断层。这里的同性恋娱乐场所很少，只有周末才会真正热闹起来。想了解最新活动，可参见每月出版的杂志《快报》(*Express*，同性恋娱乐场所会提供)，或者登录www.gayexpress.co.nz查看。

最重要的活动是奥克兰荣耀周(见102页)。此外，值得留意的还有Urge Events (www.facebook.com/urgebar)定期举办的派对——这是唯一得到30岁以上人群信赖的趣味、性感之夜，总会被迅速预订一空。

许多场所更替相当频繁，我们调研期间，以下场所都在正常营业。

Family(见86页地图；☎09-309 0213；270 Karangahape Rd, Newton；⊙9:00~16:00)粗糙、快速、极度年轻化。周末总是人满为患，有异装的主持人，可以在一楼吧台后面或楼下的俱乐部一直跳舞到凌晨。

Eagle(见86页地图；☎09-309 4979；www.facebook.com/the.eagle.bar；259 Karangahape Rd, Newton；⊙周一、周二和周日 16:00至次日1:00，周三和周四 至次日2:00，周五和周六 至次日4:00)傍晚是安静饮酒的舒适场所，夜幕降临后变得喧嚣。早点进来，在点唱机中输入你喜欢的曲目，不然就准备好听一整晚玛利亚·凯莉和泰勒·斯威夫特的歌吧。

Centurian(见86页地图；☎09-377 5571；www.centuriansauna.co.nz；18 Beresford St, Newton；15:00前/后入场 $25/30；⊙周日至周四 11:00至次日2:00，周五和周六 11:00至次日6:00)男同性恋的桑拿场所。

国南部风情。这是一个非常低调的地方，在庞森比路上觅食前后，很值得来这里坐一坐。

SPQR 酒吧

(见100页地图；☎09-360 1710；www.spqrnz.co.nz；150 Ponsonby Rd, Ponsonby；⊙正午至深夜)是庞森比地区观察周遭人群的最佳场所，引得当地追随者迅速前来占据街边的餐位。店内布置更加精心，蜡烛的灯光经由锃亮的黄铜吧台反射出来，显得越发朦胧。食物也很出色，尤其是罗马风格的薄皮比萨。

Bedford Soda & Liquor 鸡尾酒吧

(见100页地图；☎09-378 7362；www.bedfordsodaliquor.co.nz；Ponsonby Central, Richmond Rd, Ponsonby；⊙正午至深夜)烛光和半工业化的陈设营造出一种纽约酒吧的风格，这是体现美国饮酒文化的场子。鸡尾酒很贵，但值得尝试——有的烟雾缭绕，有的盛在雪景球似的酒具中，咸味焦糖麦丽素威士忌奶昔正如它名字般颓靡。

Dida's Wine Lounge & Tapas Bar 葡萄酒吧

(见100页地图；☎09-376 2813；www.didas.co.nz；54 Jervois Rd, Ponsonby；⊙正午至午夜)不仅食物美味，美酒更加醇香，吸引了越来越多的客人前来品尝。隔壁还有一家附属的葡萄酒商店和咖啡馆。

纽顿

★Madame George 酒吧

(见86页地图；☎09-308 9039；www.facebook.com/madamegeorgenz；490 Karangahape Rd；⊙周二至周六 17:00至深夜)这个小酒吧就在Karangahape Rd旁，猫王和阿尔·帕西诺两大潮流之圣在上方俯视着它。点一杯精酿啤酒或奥克兰最好的鸡尾酒，跟友好的酒保聊聊天，或者，在门外找个公共餐桌，看K Rd上往来的行人。

★Galbraith's Alehouse 小啤酒厂

(见92页地图；☎09-379 3557；http://

alehouse.co.nz; 2 Mt Eden Rd; ⏲正午至23:00)这家舒适的英式小酒馆位于一座宏伟的遗产建筑中，店内酿造真正的桶装艾尔和拉格。永远不缺来自新西兰和世界各地的精酿啤酒，食物也非常好。4月至9月，这里的周日烤肉是奥克兰最佳的选择之一。

★ Lovebucket 鸡尾酒吧、精酿啤酒

(见86页地图; ☎09-869 2469; www.lovebucket.co.nz; K' Road Food Workshop, 309 Karangahape Rd; ⏲周二至周日 16:00至深夜)在天黑后挤满年轻人的K Rd上，Lovebucket是一个更加稳重的选择，它与西奥克兰的Hallertau Brewery联合经营，提供奥克兰最好的精酿啤酒,包括酒桶陈酿和酸啤酒。也有奇特的鸡尾酒、各种葡萄酒，以及奶酪、熟食、美食三明治等小吃。

Wine Cellar 葡萄酒吧

(见86页地图; www.facebook.com/winecellarstkevins; St Kevins Arcade, 183 Karangahape Rd, Newton; ⏲周一至周四 17:00至午夜，周五和周六 至次日1:00)沿着拱廊里的隐秘楼梯下几个台阶，就能找到这个酒吧。灯光幽暗，布置凌乱，拥有很酷的酒吧风格，隔壁的Whammy Bar会有定期的现场音乐表演。

金士兰

Portland Public House 酒吧

(见92页地图; www.facebook.com/theportlandpublichouse; 463 New North Rd, Kingsland; ⏲周一至周三 16:00至午夜，周四和周五 16:00至次日2:00，周六 正午至次日2:00，周日 正午至午夜)不匹配的家具、卡通主题的艺术装饰、大量隐藏的边边角角，这家酒吧让你感觉像在嬉皮士好友家度过一段慵懒的时光一样。这里也是欣赏现场音乐的不错选择。

☆ 娱乐

《新西兰先驱报》(*NZ Herald*)周四发行的*Time Out*杂志上会刊登下一周的活动信息，其周六版也会刊登。大多数主要活动的门票可以通过**Ticketek**(☎0800 842 538; www.ticketek.co.nz)购买，在**天空城剧院**(SkyCity Theatre; 见86页地图; ☎09-363 6000; www.skycity.co.nz; Wellesley St和Hobson St交叉路口)设有售票处。也可在星火竞技场(Spark Arena)的**Ticketmaster**(☎09-970 9700; www.ticketmaster.co.nz)和**奥提阿剧院**(Aotea Centre; 见86页地图; ☎09-309 2677; www.aucklandlive.co.nz; 50 Mayoral Dr)购票。**iTicket**(☎0508 484 253; www.iticket.co.nz)代理一些较小活动和舞会票务。

现场音乐

Whammy Bar 现场音乐

(见86页地图; www.facebook.com/thewhammybar; 183 Karangahape Rd, Newton; ⏲周三至周六 20:30至次日4:00)虽然小，却是现场独立音乐界的坚定拥趸。

Ding Dong Lounge 现场音乐

(见86页地图; ☎09-377 4712; www.dingdongloungenz.com; 26 Wyndham St; ⏲周三至周五18:00至次日4:00，周六20:00至次日4:00)乐队和DJ现场演奏的摇滚、独立和另类音乐，可边喝精酿啤酒边欣赏。

Power Station 现场音乐

(见92页地图; www.powerstation.net.nz; 33 Mt Eden Rd, Eden Terrace)中档的热门演出场地，聚集了前途无限的海外艺人和著名的新西兰乐队。

星火竞技场 体育馆

(Spark Arena; 见94页地图; ☎09-358 1250; www.sparkarena.co.nz; Mahuhu Cres)奥克兰顶级的室内场馆，是巡回演出的主要场地。

电影院

工作日的17:00之前，大多数电影院票价打折。周二通常是电影折扣日。

Academy Cinemas 电影院

(见86页地图; ☎09-373 2761; www.academycinemas.co.nz; 44 Lorne St; 票价 成人/儿童 $16/10)位于中央图书馆(Central Library)的地下室，放映独立制作的国外电影和先锋实验电影。周三的电影票价便宜$5。

Rialto 电影院

(见96页地图; ☎09-369 2417; www.rialto.

co.nz; 167 Broadway, Newmarket）主要放映艺术电影和国外电影，以及反响不错的主流电影，定期举办专业的电影节。

Event Cinemas 电影院

（见86页地图；☎09-369 2400; www.eventcinemas.co.nz; Level 3, 297 Queen St）这里有大片、保龄球馆和美食广场。

剧院、古典音乐和喜剧

奥克兰主要的艺术和娱乐场馆集中在奥提阿广场一带。最著名的**Auckland Live**（☎09-357 3355; www. aucklandlive.co.nz）由市政厅（Town Hall）、市民剧院和奥提阿剧院（Aotea Centre）组成，它和布鲁斯·曼森中心（Bruce Mason Centre）都位于塔卡普纳。新的ASB海滨剧院（ASB Waterfront Theatre，见119页）位于温亚德区，那里是奥克兰剧场公司的所在地。

Whoa! Studios 剧院

（☎09-838 4553; whoastudios.co.nz; 8 Henderson Valley Rd, Henderson; 票价 $25~30; 👪）亨德森的这座创新剧院上演激动人心而富有教育意义的儿童剧——可能非常有趣，甚至有些肆无忌惮。整个场馆也是一个出色的儿童游乐场，还有一家出色的餐厅**Grounds Eatery**（☎09-393 8448; whoastudios.co.nz/the-grounds; 主菜 $20~33; ⏲周一至周三 9:00~15:00，周四至周日 至深夜; 👪）🌿。登录网站查看剧场日程，演出一般都安排在学校假日。不过，单是餐厅和游乐场也值得一游。

Q剧院 剧院

（Q Theatre; 见86页地图；☎09-309 9771; www.qtheatre.co.nz; 305 Queen St）这里会上演不同剧团的剧目，也会举办个人现场音乐会。赛罗剧团（Silo Theatre; www.silotheatre.co.nz）经常在此演出。

ASB海滨剧院 剧院

（ASB Waterfront Theatre; 见86页地图；☎售票处 0800 282 849; www.asbwaterfronttheatre.co.nz; 138 Halsey St, Wynyard Quarter）这座新建的ASB海滨剧院是奥克兰剧院公司的所在地，也会举办临时演出和音乐会。不远处就有大量的酒吧和餐厅。

古典喜剧俱乐部 喜剧

（Classic Comedy Club; 见86页地图；☎09-373 4321; www.comedy.co.nz; 321 Queen St; ⏲18:30至深夜）大多数晚上都有表演，每年一度的喜剧节（见103页）有传奇的深夜演出。

奥克兰大会堂 古典音乐

（Auckland Town Hall; 见86页地图；☎09-309 2677; www.aucklandlive.co.nz; 305 Queen St）这座爱德华时期的优雅场馆建于1911年，**新西兰交响乐团**（NZ Symphony Orchestra; www.nzso.co.nz）和**奥克兰爱乐乐团**（Auckland Philharmonia; www.apo.co.nz）等演出团体在此演出。

运动

伊甸公园 观赏运动

（Eden Park; 见92页地图；☎09-815 5551; www.edenpark.co.nz; Reimers Ave, Mt Eden）新西兰顶级橄榄球队全黑队（All Blacks; www.allblacks.com）在这里参加冬季橄榄球赛，板球队黑帽队（Black Caps; www.blackcaps.

奥克兰十大金曲

把下列奥克兰经典歌曲下载到你的MP3播放器或者手机中吧：

- *Me at the Museum, You in the Wintergardens*——Tiny Ruins（2014年）
- *400 Lux*——Lorde（2013年）
- *Grey Lynn Park*——The Veils（2011年）
- *Auckland CBD Part Two*——Lawrence Arabia（2009年）
- *Forever Thursday*——Tim Finn（2008年）
- *Riverhead*——Goldenhorse（2004年）
- *A Brief Reflection*——Nesian Mystik（2002年）
- *Dominion Road*——The Mutton Birds（1992年）
- *Andy*——The Front Lawn（1989年）
- *One Tree Hill*——U2（1987年）

奥克兰的太平洋岛民文化

近195,000太平洋岛民(Pacific Islanders,简称PI)人口,使得奥克兰成了世界上最主要的波利尼西亚城市。萨摩亚人(Samoans)是目前最大的族群,其次是库克群岛人(Cook Islanders)、汤加人(Tongans)、纽埃人(Niueans)、斐济人(Fijians)、托克劳群岛人(Tokelauans)和图瓦卢人(Tuvaluans)。最大的太平洋岛民社区主要集中在奥克兰南部,西部和中部也有一些。

就像近几十年来的毛利文化复兴一样,太平洋岛民文化也已成为奥克兰时尚中的热门主题。到处都能找到太平洋岛民文化主题:艺术、建筑、时尚、家居用品、电影,尤其是音乐。每年3月,为期两天的太平洋岛民节(见102页)是有关太平洋文化的精彩庆典。

co.nz)在这里参加夏季的板球赛。这里还是**奥克兰橄榄球队**(Auckland Rugby; www.aucklandrugby.co.nz)、Blues超级橄榄球队(www.theblues.co.nz)和奥克兰板球队(Auckland Cricket; www.aucklandcricket.co.nz)的主场。从布里托马特火车站乘坐火车到金士兰下车,跟着人群走就对了。

斯马特山露天体育场 职业体育场

(Mt Smart Stadium; 见84页地图; ☎09-366 2048; www.mtsmartstadium.co.nz; 2 Beasley Ave, Penrose)勇士橄榄球联盟队(www.warriors.kiwi)、奥克兰足球联盟(Auckland Football Federation; www.aucklandfootball.org.nz)和奥克兰田径赛(Athletics Auckland; www.athleticsauckland.co.nz)的主场。有时也会举办超大型演唱会。

北岸活动中心 职业体育场

(North Shore Events Centre; 见84页地图; ☎09-443 8199; www.nseventscentre.co.nz; Argus Pl, Wairau Valley)新西兰破坏者篮球队(NZ Breakers; www.nzbreakers.co.nz)的两个主场之一,偶尔也会举办音乐会。另一个主场是星火竞技场。

购物

流行风尚追随者们不要错过布里托马特区(见90页)、新市场区的Teed St、Nuffield St和Ponsonby Rd。想购买二手精品和复古服饰的话,可以去Karangahape Rd(K Rd)或Ponsonby Rd逛逛。

市中心

★ Real Groovy 音乐

(见86页地图; ☎09-302 3940; www.realgroovy.co.nz; 369 Queen St; ⊙9:00~19:00)在这里可以找到各种各样新的、二手的和限量版的黑胶唱片和CD,还能购买音乐会门票、巨幅海报、DVD、书籍、杂志和衣服。

★ Unity Books 书籍

(见86页地图; ☎09-307 0731; www.unitybooks.co.nz; 19 High St; ⊙周一至周六8:30~19:00,周日10:00~18:00)内城最好的独立书店。

Strangely Normal 服装

(见86页地图; ☎09-309 0600; www.strangelynormal.com; 19 O'Connell St; ⊙周一至周六10:00~18:00,周日11:00~16:00)出售新西兰制造的高品质服装,可为男士量身定制《蓝色夏威夷》(*Blue Hawaii*)式清新风衬衫,还有时髦的帽子、尖头鞋和袖扣。

Pauanesia 礼品和纪念品

(见86页地图; ☎09-366 7282; www.pauanesia.co.nz; 35 High St; ⊙周二至周五9:30~18:30,周六至周一10:00~17:00)提供波利尼西亚风格和新西兰风格的家居用品和礼品。

布里托马特

Zambesi 服装

(见86页地图; ☎09-303 1701; www.zambesi.co.nz; 56 Tyler St; ⊙周一至周五10:00~18:00,周六和周日11:00~17:00)最具有代表性的新西兰时尚品牌,深受当地和国际名人的大力追捧,在**庞森比**(见100页地图; ☎09-360 7391; www.zambesi.co.nz; 169 Ponsonby Rd,

Ponsonby; ⏲周一至周五 10:00~18:00，周六和周日 11:00~17:00）和新市场（见96页地图；☎09-523 1000; www.zambesi.co.nz; 38 Osborne St, Newmarket; ⏲周一至周五 10:00~18:00，周六和周日 11:00~17:00）开有分店。

Karen Walker

服装

（见86页地图；☎09-309 6299; www.karenwalker.com; 18 Te Ara Tahuhu Walkway, Britomart; ⏲10:00~18:00）麦当娜和克尔斯滕·邓斯特都是这家时尚潮服的追捧者。价格不菲。在庞森比（见100页地图；☎09-361 6723; www.karenwalker.com; 128a Ponsonby Rd, Grey Lynn; ⏲周一至周六 10:00~17:30，周日 11:00~16:00）和新市场（见96页地图；☎09-522 4286; www.karenwalker.com; 6 Balm St, Newmarket; ⏲10:00~18:00）有分店。

庞森比和格雷林

Women's Bookshop

书籍

（见100页地图；☎09-376 4399; www.womensbookshop.co.nz; 105 Ponsonby Rd, Ponsonby; ⏲周一至周五 10:00~18:00，周六和周日 至17:00）很棒的独立书店。

纽顿

★圣凯文拱廊

购物中心

（St Kevins Arcade; 见86页地图; www.stkevinsarcade.co.nz; 183 Karangahape Rd）这家古老的商业骑楼经过修复，新开了很有趣的店铺，出售复古服饰和可持续的有机产品。也有出色的咖啡馆和餐厅。

Bread & Butter Letter

艺术和手工艺品

（见86页地图；☎09-940 5065; www.breadandbutterletter.co.nz; 225 Karangahape Rd; ⏲周一至周五 10:00~18:00，周六 10:00~17:00，周日 11:00~17:00）出售出类拔萃的精选艺术品、手工艺品、食物和新西兰本土设计师设计的家居产品。也提供复古的新西兰风格产品。

金士兰

★Royal Jewellery Studio

珠宝

（见92页地图；☎09-846 0200; www.royaljewellerystudio.com; 486 New North Rd, Kingsland; ⏲周二至周日 10:00~16:00）展示当地工匠的作品，包括一些美丽的毛利设计以及非常棒的正宗绿玉（pounamu）珠宝。

其他地区

★奥塔拉跳蚤市场

市场

（Otara Flea Market; 见84页地图；☎09-274 0830; www.otarafleamarket.co.nz; Newbury St; ⏲周六 6:00至正午）这个市场位于曼努考理工学院（Manukau Polytech）和奥塔拉（Otara）镇中心之间的停车场里，处处体现出波利尼西亚的氛围。在这里，可以找到南太平洋美食、音乐和时尚用品。从南线乘火车前往帕帕托伊托伊（Papatoetoe），然后换乘公交车至奥塔拉。

亚芳代尔周日市场

市场

（Avondale Sunday Market; www.avondalesundaymarkets.co.nz; Avondale Racecourse, Ash St; ⏲周日 5:00至正午）这座热门的大市场洋溢着浓郁的亚洲和波利尼西亚风情，是采购新鲜农产品的好去处。在布里托马特火车站乘火车到亚芳代尔（Avondale）即可。

ℹ 实用信息

上网

奥克兰市政府提供免费Wi-Fi，信号覆盖了部分中心城区、纽顿、庞森比、金士兰、伊甸山和帕内尔。所有公共图书馆都有免费Wi-Fi。网吧大多分布在市区内，满足了众多游戏玩家的需求。

医疗服务

奥克兰市医院（Auckland City Hospital; ☎09-367 0000; www.adhb.govt.nz; 2 Park Rd, Grafton; ⏲24小时）奥克兰市最主要的医院，设有专门的急诊和急救部（A&E）。

星际飞船儿童健康中心（Starship Children's Health; ☎09-307 4949; www.adhb.govt.nz; Park Rd, Grafton; ⏲24小时）有自己的急诊和急救部（A&E）。

邮局

邮局（Post Office; 见86页地图；☎0800 501 501; www.nzpost.co.nz; 155 Queen St; ⏲周一至周五 9:00~17:30）

邮局（Post Office; 见100页地图；☎0800 501 501;

www.nzpost.co.nz; 314 Ponsonby Rd, Ponsonby; ⊙周一至周五 9:00~17:30, 周六 至13:00)

旅游信息

奥克兰机场国际航站楼信息中心(Auckland International Airport i-SITE; 见84页地图; ☎09-365 9925; www.aucklandnz.com; 国际到达大厅; ⊙6:30~22:30)

康沃尔公园信息中心(Cornwall Park Information Centre; 见84页地图; ☎09-630 8485; www.cornwallpark.co.nz; Huia Lodge, Michael Horton Dr; ⊙10:00~16:00)

卡朗格信息亭(Karanga Kiosk; 见86页地图; ☎09-365 1290; Jellicoe St和Halsey St交叉路口, Wynyard Quarter; ⊙9:30~16:30)这个由志愿者运营的中心就是几个集装箱，看起来很不牢靠，提供海滨一带的活动信息。

王子码头信息中心(Princes Wharf i-SITE; ☎09-365 9914; www.aucklandnz.com; Princes Wharf; ⊙9:00~17:00)奥克兰主要官方信息中心，与**环保部奥克兰游客中心**(DOC Auckland Visitor Centre; 见86页地图; ☎09-379 6476; www.doc.govt.nz; Princes Wharf; ⊙周一至周五 9:00~17:00, 11月至次年3月 时间延长)联合运营。

天空城信息中心(SkyCity i-SITE; 见86页地图; ☎09-365 9918; www.aucklandnz.com; SkyCity Atrium, Victoria St和Federal St交叉路口; ⊙9:00~17:00)

德文波特信息中心(Visit Devonport; 见98页地图; www.visitdevonport.co.nz; Victoria Rd; ⊙周一至周五 9:00~17:00; 📶)

ℹ 到达和离开

飞机

奥克兰是新西兰国际航空的主要门户，也是国内航班的枢纽。**奥克兰机场**(Auckland Airport, 简称AKL; 见84页地图; ☎09-275 0789; www.aucklandairport.co.nz; Ray Emery Dr, Mangere)位于市中心以南21公里处，有独立的国际和国内航站楼，两者之间有一条带标识的步行通道，步程约10分钟，每15分钟(5:00~22:30)有一趟接驳班车。两个航站楼都有存包柜、餐馆、自动柜员机和汽车租赁柜台。

长途汽车

长途汽车大多从渡轮大楼(见124页)对面的172 Quay St出发，但InterCity的长途汽车从**天空城长途汽车站**(SkyCity Coach Terminal; 见86页地图; 102 Hobson St)出发，许多往南的长途汽车会停靠机场。

Go Kiwi(☎0800 446 549; www.go-kiwi.co.nz)每日班车路线为奥克兰市区—机场—泰晤士(Thames)—泰鲁瓦(Tairua)—温泉海滩(Hot Water Beach)—怀蒂昂格(Whitianga)。

InterCity(☎09-583 5780; www.intercity.co.nz)有直达车次前往凯里凯里(Kerikeri; $37起, 4.5小时, 每天3班)、哈密尔顿(Hamilton; $16起, 2小时, 每天16班)、新普利茅斯(New Plymouth; $35起, 6.25小时, 每天1班)、陶波(Taupo; $25起, 5小时, 每天5班)和惠灵顿(Wellington; $29起, 11小时, 每天4班)。

Naked Bus(www.nakedbus.com)运营沿SH1的长途汽车，最北至派希亚(Paihia; $25, 4小时)，最南至惠灵顿(Wellington; $25起, 11小时)，也有车前往陶朗阿(Tauranga; $15, 3.5小时)、罗托鲁阿(Rotorua; $18, 3.75小时)和内皮尔(Napier; $24起, 12小时)。某些班次由ManaBus(www.manabus.com)运营。

汽车和露营车

租车

奥克兰市中心附近的Beach Rd和Stanley St上聚集了许多租车公司的办事处。

A2B(☎0800 545 000; www.a2b-car-rental.co.nz; 167 Beach Rd; ⊙11月至次年4月 7:00~19:00, 5月至10月 7:30~17:00)出租便宜的老旧汽车，没有明显的租赁车标记。

Apex Car Rentals(☎09-307 1063; www.apexrentals.co.nz; 156 Beach Rd; ⊙8:00~17:00)

Budget(☎09-976 2270; www.budget.co.nz; 163 Beach Rd; ⊙周一至周五 7:00~18:00, 周六和周日 8:00~17:00)

Escape(☎0800 216 171; www.escaperentals.co.nz; 61 The Strand; ⊙9:00~15:00)出租外表被喷涂得非常古怪的露营车。

Go Rentals(☎09-257 5142; www.gorentals.co.nz; Bay 4-10, Cargo Central, George Bolt Memoral Dr, Mangere; ⊙6:00~22:00)

Hertz(☎09-367 6350; www.hertz.co.nz; 154 Victoria St; ⊙7:30~17:30)

Jucy(☎0800 399 736; www.jucy.co.nz; 2-16 The

Strand；⊙8:00~17:00）

Kea, Maui & Britz（☎09-255 3910；www.maui.co.nz；36 Richard Pearse Dr, Mangere；⊙8:00~16:30）

NZ Frontiers（☎09-299 6705；www.newzealandfrontiers.com；30 Laurie Ave, Papakura）

Omega（☎09-377 5573；www.omegarentals.com；75 Beach Rd；⊙8:00~17:00）

Quality（☎0800 680 123；www.qualityrental.co.nz；8 Andrew Baxter Dr, Mangere；⊙8:00~16:00）

Thrifty（☎09-309 0111；www.thrifty.co.nz；150 Khyber Pass Rd；⊙8:00~17:00）

Wilderness Motorhomes（☎09-255 5300；www.wilderness.co.nz；11 Pavilion Dr, Mangere；⊙8:00~17:00）

购车

以下二手汽车交易会都提供便捷的机械检测服务，卖家会付费参展，来此推销车辆。

奥克兰汽车市场（Auckland Car Fair；☎09-529 2233；www.carfair.co.nz；Ellerslie Racecourse, Greenlane East；参展费 $35；⊙周日 9:00至正午）奥克兰最大的汽车市场。

奥克兰城市汽车市场（Auckland City Car Fair；☎09-837 7817；www.aucklandcitycarfair.co.nz；27 Alten Rd；参展费 $30；⊙周六 8:00~13:00）

摩托车

新西兰摩托车租赁（NZ Motorcycle Rentals；☎09-486 2472；www.nzbike.com；72 Barrys Point Rd, Takapuna；每天 $140~290）还提供新西兰导览游。

火车

Northern Explorer（☎0800 872 467；www.greatjourneysofnz.co.nz）列车从奥克兰海滨火车站（Auckland Strand Station；Ngaoho Pl）出发开往惠灵顿，每周一、周四、周六7:45发车，当日18:25抵达，沿途停靠哈密尔顿（Hamilton；2.5小时）、奥托罗杭阿（Otorohanga；3小时）、汤加里罗国家公园（Tongariro National Park；5.5小时）、奥阿库尼（Ohakune；6小时）、北帕默斯顿（Palmerston North；8.5小时）和帕拉帕拉乌姆（Paraparaumu；9.75小时）。到惠灵顿的标准票价为$119~219。

当地交通

抵离机场

乘出租车到市区的花费为$80~90，碰上堵车会更贵一些。

SkyBus（☎09-222 0084；www.airbus.co.nz；单程/往返 成人 $18/32，儿童 $6/12；📶）运营的亮红色汽车连接机场航站楼和市区，5:15~19:00每10~15分钟1班，夜间至少每半小时1班。停靠站点有Mt Eden Rd或Dominion Rd、Symonds St、Queen St和布里托马特（Britomart），不需要预订。可向司机购票，也可在机场售票亭或网上购票。网上购票有小幅折扣。

Super Shuttle（☎09-522 5100；www.supershuttle.co.nz）这家公司运营的班车提供上门接送服务，非常方便，从机场到市区内宾馆每人花费$35。如果目的地在偏远的郊区，价格会相应提高。拼车还能再省点钱。

有个耗时更长的方法，是乘坐380路公共汽车前往奥内洪加（Onehunga；$3.50，30分钟，7:00~19:30至少每小时1班），在那里可以乘坐火车前往市中心的布里托马特（Britomart；$5.50，27分钟，6:00~22:00每半小时1班）。

飞机

可往返奥克兰的主要国内航空公司如下：

新西兰航空（Air New Zealand；☎09-357 3000；www.airnewzealand.co.nz）航班往返凯里凯里、旺阿雷、陶朗阿、罗托鲁阿、陶波、吉斯伯恩、新普利茅斯、内皮尔、旺阿努伊、帕默斯顿北、卡皮蒂海岸、惠灵顿、纳尔逊、布莱尼姆、基督城、皇后镇和达尼丁。

查塔姆航空（Air Chathams；☎09-257 0261；www.airchathams.co.nz）飞往瓦卡塔尼、旺阿努伊和查塔姆群岛。

巴里尔航空（Barrier Air；☎0800 900 600，09-275 9120；www.barrierair.kiwi；成人/儿童 $99/94起）飞往大巴里尔岛（克拉里斯和奥基维）和凯塔亚。

自由飞行航空（FlyMySky；☎09-256 7025，0800 222 123；www.flymysky.co.nz；成人/儿童 单程$109/79）飞往大巴里尔岛的克拉里斯。

捷星航空（Jetstar；☎0800 800 995；www.jetstar.com）飞往惠灵顿、克赖斯特彻奇、昆士敦（皇后镇）、达尼丁、帕默斯顿北、新普利茅斯、纳尔逊和内皮尔。

自行车

Auckland Transport出版免费骑车地图，在火车站、图书馆和信息中心等地都可以取阅。自行车大多可以免费带上渡轮和火车（前提是有足够的空间），但只有可折叠式自行车才能带上公共汽车。

Adventure Cycles（☎09-940 2453；www.adventure-auckland.co.nz；9 Premier Ave, Western Springs；每天 $30~40，每周 $120~160，每月 $260~350；⏲周四至周一 7:30~19:00）出租公路自行车、山地自行车和观光自行车，可收购二手自行车，也提供维修服务。

汽车和摩托车

奥克兰的机动车道在高峰时间会堵得很厉害，特别是北部公路（Northern Motorway）和南部公路（Southern Motorway）。最好避开7:00~9:00和16:00~19:00的高峰时段。有时放学时间（15:00）也会堵车。

8:00~22:00在奥克兰中心区停车都要收费。大多数停车计时表都是自助的，带上硬币和信用卡，将付费票放在风挡玻璃处即可。市郊周日免费。

室内停车场费用通常很高，停在由市政设立的露天停车场更实惠。露天停车场分布在老火车站附近，地址分别是i126 Beach Rd（$8/天）和紧邻The Strand的Ngaoho Pl（$7/天）。

公共交通

Auckland Transport（☎09-366 6400；www.at.govt.nz）的信息服务覆盖公共汽车、火车和渡轮，此外还有一个出色的行程规划工具。

奥克兰复杂的公共交通系统由多家不同的运营商运营，好在现在有了通用的AT HOP智能卡（www.athop.co.nz），在大多数公共汽车、火车和渡轮上可享受至少8折优惠。办理该卡需要花费$10（不予退还），所以，除非你打算在奥克兰长住，否则并不合算。AT HOP一日通票售价$18，覆盖大部分火车、公共汽车和北岸（North Shore）的渡轮。

公共汽车

公共汽车线路覆盖全市，可向司机购票。有些车站还有电子显示屏提供大致的候车时间，不过这些信息经常不准确。

市内单程票价为$3.50/2（成人/儿童）。较远的区域则实行阶梯票价，成人/儿童票价格从$5.50/3到$11/6不等。

环保的Link Buses最为实用，共有3条双向环线，覆盖许多主要的景点，运营时间为7:00~23:00。

City Link（成人/儿童 $1/50分，每7~10分钟1班）开往温亚德区、布里托马特、Queen St、Karangahape Rd。

Inner Link（成人/儿童 $3.50/2，每10~15分钟1班）开往Queen St、天空城、维多利亚公园、Ponsonby Rd、Karangahape Rd、博物馆、新市场、帕内尔和布里托马特。

Outer Link（最高票价$5.50，每15分钟1班）开往美术馆、庞森比、Herne Bay、Westmere、交通和科技博物馆2号馆（MOTAT 2）、骑士港（Pt Chevalier）、阿尔伯特山（Mt Albert）、St Lukes Mall、伊甸山、新市场、博物馆、帕内尔、大学区。

渡轮

奥克兰显眼的**渡轮大楼**（Ferry Building；见86页地图；99 Quay St）坐落在Queen St的尽头。渡轮运营商包括**Fullers**（☎09-367 9111；www.fullers.co.nz），开往贝斯沃特码头（Bayswater）、博肯海德（Birkenhead；见84页地图）、德文波特（见98页地图）、大巴里尔岛、半月湾（Half Moon Bay）、诺斯科特角（Northcote Point；见84页地图）、莫图依希岛（Motuihe）、莫图塔普（Motutapu）、朗伊图图（Rangitoto）和激流岛；**360 Discovery**（见86页地图；☎09-307 8005；www.fullers.co.nz）开往科罗曼德尔（Coromandel）、海湾港（Gulf Harbour）、莫图依希（Motuihe）、罗托鲁阿（Rotoroa）和蒂利蒂利马唐伊（Tiritiri Matangi）。两者都从旁边的码头出发。**Sealink**（见86页地图；☎0800 732 546；www.sealink.co.nz）运营从温亚德码头出发前往大巴里尔岛的渡轮，还有一些前往激流岛的汽车渡轮，不过大多数前往激流岛的汽车渡轮都是从东奥克兰的半月湾出发的。

火车

奥克兰的火车线路不太多，班次也不频繁，但列车通常都干净、便宜而且准时——只是任何小问题都可能致使整个网络瘫痪。**布里托马特火车站**（Queen St）令人印象深刻，这里有食品零售店、外汇兑换处和售票处。楼下有存包柜。

只有4条火车线路：1条向西前往斯旺森

（Swanson），另有3条向南，分别开往奥内洪加、曼努考（Manukau）和普基科希（Pukekohe）。6:00~22:00（周末较晚）至少每小时都有车次。可以在售票机或者火车站的售票处直接买票，所有火车都有方便轮椅上下的坡道。

出租车

奥克兰的出租车通常都在候客点排队等客，但有时也会在热闹的区域四处兜客。**Auckland Co-op Taxis**（☎09-300 3000；www.cooptaxi.co.nz）是最大的出租车公司之一。出租车公司自行定价，所以价格各不相同。抵离机场和游轮港口的出租车要额外付费，电话预订也需额外付费。优步在奥克兰也有运营。

豪拉基湾群岛（HAURAKI GULF ISLANDS）

豪拉基湾位于奥克兰和科罗曼德尔半岛（Coromandel Peninsula）之间，海湾内点缀着许多小岛屿（motu），和北部的岛屿湾一样令人惊艳。有些岛屿离市区只有几分钟的路程，很适合一日游，例如前往激流岛（Waiheke）品酒和朗伊图图火山岛（Rangitoto）观光，都是不可错过的行程。前往大巴里尔岛（Great Barrier）则需要花上更多的时间和钱，但绝对是逃离现代都市生活的好去处。

豪拉基湾海洋公园（Hauraki Gulf Marine Park）有超过50个岛屿，许多由新西兰环保部管理。有些岛屿大小适中，而另一些岛屿则非常小，只是一些露出海面的礁岩。这些岛屿大致可分为两类：娱乐型和保护型。娱乐型岛屿交通便利，其港口夏季时桅杆林立，停着许多游艇，而出入保护型岛屿则会受到限制，一些岛屿可以申请许可证进入，另一些则完全禁止登岛，仅作为封闭的庇护所用来保护稀有动植物，尤其是稀有鸟类。

ℹ 到达和离开

前往激流岛和朗伊图图的渡轮班次频繁，从奥克兰码头街上的渡轮大楼旁的码头出发。前往莫图塔普、莫图伊希、罗托鲁阿和蒂利蒂利马唐伊的船时间不定。固定班次的汽车渡轮从温亚德码头发往激流岛和大巴里尔岛。卡沃岛（Kawau）有便利的渡轮连接奥克兰北部的桑兹皮特（Sandspit）。

前往大巴里尔岛的航班由奥克兰机场国内航站楼和北岸机场（North Shore Aerodrome）起飞。

朗伊图图岛和莫图塔普岛（Rangitoto & Motutapu Islands）

人口 75

海拔259米的**朗伊图图岛**（Rangitoto；www.rangitoto.org）优雅地伫立于豪拉基湾的海水中，这是奥克兰最大、最年轻的火山锥。600年前，它才从海里钻出来，在稳定下来之前还活跃了好些年。朗伊图图岛和**莫图塔普岛**（Motutapu，又称圣岛；www.motutapu.org.nz）之间通过堤道连接，而毛利人世代居住在莫图塔普岛上，他们一定见证过火山喷发的过程——火山灰上有他们留下的脚印，还有数代人口耳相传下来的火山喷发前的历史。

与朗伊图图岛相反，莫图塔普岛芳草萋萋，是饲养羊群和牛群的优良草场。从考古学角度来讲，这是一个非常重要的岛屿，几个世纪以来人类居住的痕迹都深深地蚀刻在这个岛屿上。

在实施了一场大规模清除掠食动物的计划后，朗伊图图岛和莫图塔普岛于2011年正式宣布成为无天敌小岛。南秧鸟（takahe）和鞍

朗伊图图徒步

朗伊图图岛仿佛就是为一日行而生的。岛上铺满粗糙火山熔渣的山坡上孕育了数量惊人的植物群落（包括世界上最大的波胡图卡瓦树森林）。这里有很棒的步道，很适合徒步，不过需要一双舒适结实的鞋子和大量的饮用水。这座岛屿看似陡峭，但靠近后就会发现，它的形状就像是一个在平底锅里嘶嘶作响的煎蛋。只要1个小时，就能爬上峰顶欣赏壮丽的风景。有环形步道围绕火山口。想去熔岩洞的话，则需要从峰顶步道旁的岔路过去，往返约需30分钟。码头的信息板上有步行线路图。

背鸟（tieke）等濒危鸟类在岛上放归自然，而鹦鹉和铃鸟等其他鸟类也自己飞回来了。

岛上唯一的住宿处是莫图塔普Home Bay的一座设施简单的环保部露营地（www.doc.govt.nz；Home Bay, Motutapu；露营地 每位成人/儿童 $8/4），从朗伊图图码头（Rangitoto Wharf；见84页地图）步行3小时即可抵达。此外，Fullers有直达渡轮在周末和节假日开往Home Bay。

到达和离开

Fullers（☎09-367 9111；www.fullers.co.nz；成人/儿童 往返 $33/16.50）有渡轮自朗伊图图往返奥克兰渡轮大楼（见124页；成人/儿童 往返 $30/16.50，25分钟，工作日 每天3班，周末 每天4班）及德文波特（每天2班）。同时运营火山探险游（Volcanic Explorer；☎09-367 9111；www.fullers.co.nz；成人/儿童 含渡轮 $68/34；⏲9:15和12:15从奥克兰出发），以及乘坐带遮阳篷的"陆地小火车"进行的环岛导览游。如果想省钱，7:30从奥克兰出发的"早鸟"渡轮票（成人/儿童 $20/10）在线有售。

莫图依希岛（Motuihe Island）

面积达176公顷的莫图依希岛（www.motuihe.org.nz）在朗伊图图和激流岛之间，这里有美丽的白色沙滩和迷人的历史。岛上有3处要塞村（pā），最后的占据者是Ngāti Pāoa部落。1840年，岛屿被出售，以换取小母牛、毯子、衣服、园林工具和炊事用具。1872~1941年，这里成了隔离检疫站。第一次世界大战期间，勇敢的传奇人物冯·卢克纳尔伯爵（Count von Luckner）带领被扣留在岛上的德国人和奥地利人一起出逃，一直逃到了1000公里外的克马德克群岛（Kermadec Islands）才被再次俘获。

莫图依希岛是无虫害岛屿，如今，热心、积极的志愿者正在这里开展一项宏伟的再造林工程。通过这些努力，叫声婉转的鞍背鸟（tieke）等濒危鸟类已经返回岛上生活。岛上没有永久居民或商店，仅在夏季周末设有摊点。

岛上唯一的住宿处是一个标准的环保部露营地（☎09-379 6476；www.doc.govt.nz；露营地 成人/儿童 $8/4）。

到达和离开

莫图依希是游艇的天堂，到达这里最简单的方法是自己驾船。**Fullers**（☎09-367 9111；www.fullers.co.nz；成人/儿童 往返 $32/16）运营少量渡轮，时间表看上去很随意。

怀希基岛（激流岛；Waiheke Island）

☎09/人口 9200

激流岛靠近奥克兰，享有得天独厚的小气候带：温暖、干燥，向来是城市居民和旅行者最爱的避世之地。在靠近大陆的岛屿一侧，绿宝石般的海水拍打着岩石嶙峋的海湾，而靠近大洋的一侧则有一些很不错的沙滩。

沙滩是激流岛最吸引人的旅游名片，葡萄酒紧随其后。这里有近30座精品酒庄值得游览，许多酒庄都设有品酒室和时尚的餐厅，附带令人屏息的美景。除此之外，岛上还有许多独具一格的艺术画廊和手工艺品商店，是过往嬉皮士潮流留下的遗产。

如果厌倦了吃吃喝喝，也腻味了在沙滩上闲躺、冲浪，这里还有许多其他活动可以选择。有一个徒步小道网络穿过自然保护区和奥克兰最精华的崖顶度假屋。皮划艇也很棒，还有高空滑索和打飞碟（陶土鸽子）。

景点

海滩

激流岛最好的两个海滩是奥尼汤吉海滩（Onetangi Beach）和棕榈海滩（Palm Beach）。奥尼汤吉海滩位于岛的中心位置，有着绵长的白色沙滩，而棕榈海滩是一个马蹄形的美丽小海湾，位于欧尼洛亚（Oneroa）和奥尼汤吉之间。这两处海滩都有天体沙滩，往西走过一些岩石就能找到。欧尼洛亚海滩和旁边的小欧尼洛亚也相当不错，但夏季会有游艇停泊于此。从一条沙石路穿越一片农场，便是战士湾（Man O' War Bay），这里的海滩小而紧凑，很适合游泳。

葡萄酒庄

★ **战士湾** 葡萄酒庄

（Man O' War；☎09-372 9678；www.

manowarvineyards.co.nz; 725 Man O' War Bay Rd; ⌚12月至次年2月 周一至周五 11:00~16:00，周六和周日 至18:00，3月至11月 11:00~16:00）安然坐在激流岛上唯一的海滨品酒室中，一边品尝西班牙小吃拼盘，一边来上一杯酒庄自产的瓦尔哈那霞多丽葡萄酒（Valhalla Chardonnay）。天气好的话，不妨去美丽的战士湾里游个泳。

Wild On Waiheke 葡萄酒庄、酿酒厂

（☎当周预约 09-372 3434，未来和团队预约 09-372 4225；www.wildonwaiheke.co.nz；82 Onetangi Rd；品啤酒或葡萄酒 每种 $2~3；⌚周四至周一 11:00~16:00，12月下旬至次年复活节 每天；👪）在这家葡萄酒庄兼小型酿酒厂里，你不仅可以品酒，还可以玩射箭、激光飞碟射击、地掷球、沙坑和巨大的国际象棋棋盘等娱乐设施。

Goldie Estate 葡萄酒庄

（☎09-372 7493；www.goldieestate.co.nz；18 Causeway Rd，Surfdale；品酒 $10，购酒可返还；⌚周三至周日 正午至16:00）1978年创建，当时名为哥德华特庄园（Goldwater Estate），是激流岛的第一座葡萄酒庄。附属的熟食店出售分量十足的野餐食篮，可以前往葡萄园中野餐（2人 $55）。

Stonyridge 葡萄酒庄

（☎09-372 8822；www.stonyridge.com；80 Onetangi Rd；品葡萄酒 每种 $4~18；⌚11:30~17:00）免费 激流岛最著名的葡萄酒庄，有世界闻名的红葡萄酒，还有一家非常有格调的咖啡馆，有时会举办舞会。可以点一瓶葡萄酒，一个大熟食拼盘，在花园找间休息室休息。

艺术、历史和文化

《激流岛艺术地图》（*Waiheke Art Map*）手册上列出了激流岛的美术馆和手工艺品的商店信息。

死狗湾 花园

（Dead Dog Bay；☎09-372 6748；www.deaddogbay.co.nz；100 Margaret Reeve Lane；成人/儿童 $10/免费；⌚9:00~17:00）沿着陡峭的小径，穿行在私人领地中的雨林、湿地以及散落着雕塑的花园之间。只收现金。

怀希基岛艺术中心 艺术中心

（Waiheke Island Artworks；2 Korora Rd，Oneroa）这是一个综合艺术中心，包括**艺术剧院**（Artworks Theatre；☎09-372 2941；www.artworkstheatre.org.nz）、**激流岛社区电影院**（Waiheke Island Community Cinema；☎09-372 4240；www.waihekecinema.net；成人/儿童 $15/8）、引人注目的**激流岛社区艺术画廊**（Waiheke Community Art Gallery；☎09-372 9907；www.waihekeartgallery.org.nz；⌚10:00~16:00）免费 和**惠特克音乐博物馆**（Whittaker's Musical Museum；建议捐款 $5；☎09-372 5573；www.musical-museum.org；⌚13:00~16:00，现场演出 周六 13:30），该博物馆藏有一系列古董乐器。中心可免费上网，可以使用**激流岛图书馆**（Waiheke Library；☎09-374 1325；www.aucklandlibraries.govt.nz；⌚周一至周五 9:00~18:00，周六 10:30~16:00；📶）的终端或艺术中心的Wi-Fi。

怀希基博物馆和历史村庄 博物馆

（Waiheke Museum & Historic Village；www.waihekemuseum.org.nz；165 Onetangi Rd；建议捐款 $3；⌚周三、周六和周日 正午至16:00）在6座经修复的建筑里展示当地岛民的手工艺品。

活动

步行

岛上景色宜人的诸多滨海徒步线路（从1小时到3小时不等）中，包括从奥尼汤吉到岩石湾（Rocky Bay）3公里长的**海岛穿越线**（Cross Island Walkway）。此外，其他步行路线还可穿越稀有海岸鸟类和壁虎的栖息地**瓦卡内瓦地区公园**（Whakanewha Regional Park），以及皇家森林和鸟类保护协会（Forest & Bird Protection Society）旗下的3个保护区：**奥尼汤吉**（Onetangi；Waiheke Rd）、**蒂哈阿伊-古德温**（Te Haahi-Goodwin；Orapiu Rd）和**阿塔怀伊·韦努阿**（Atawhai Whenua；Ocean View Rd）。

Te Ara Hura是一个100公里长的网络，连接的步道可经过海滨、森林、葡萄园和历史遗址。路标会标明前方的岛屿路径，更多信息和详细地图参见www.aucklandcouncil.govt.nz。搜索"Waiheke Island Walkways"即可。

Waiheke Island 怀希基岛(激流岛)

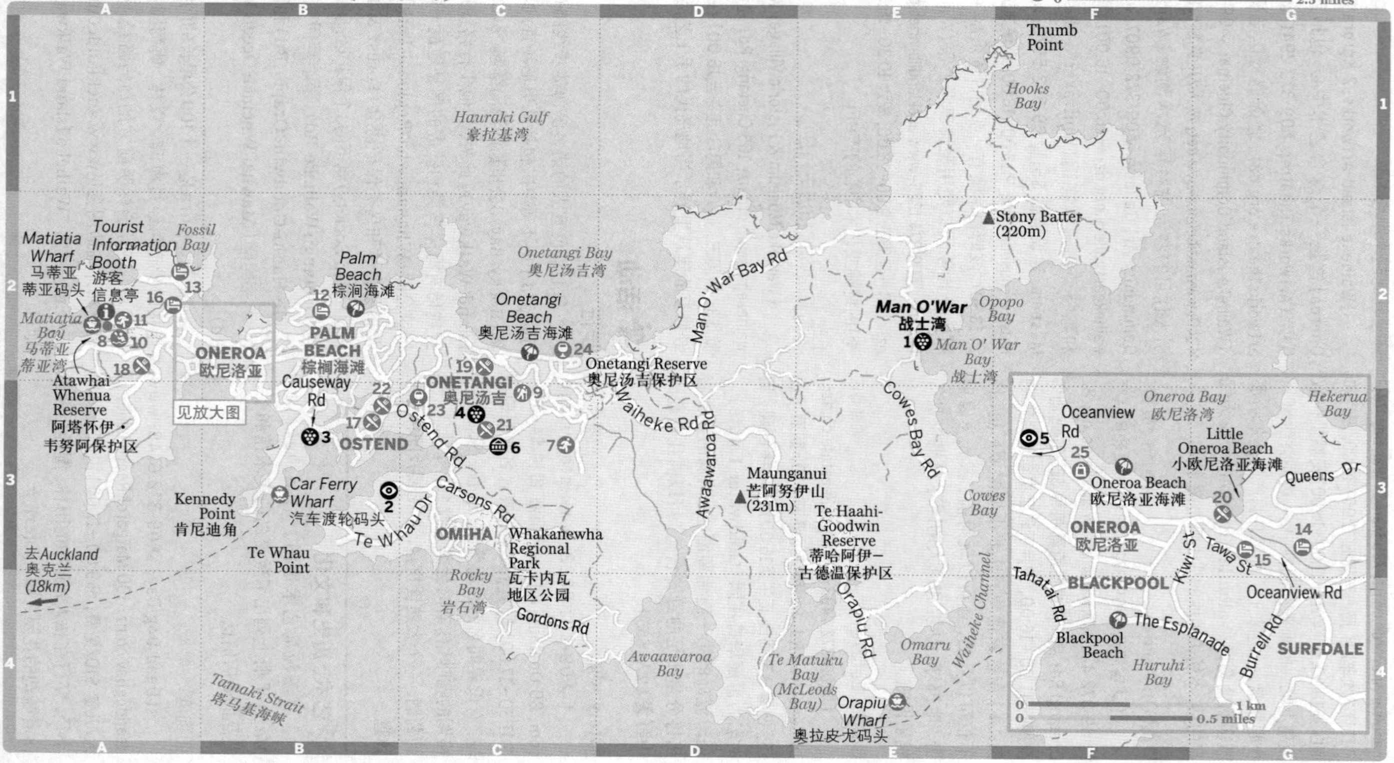

Waiheke Island 怀希基岛（激流岛）

iWalkWaiheke 徒步

（☎021 960 690；www.iwalkwaiheke.co.nz；11 Totara Rd, Onetangi；一日徒步 每人 $195）选项包括半日和一日徒步，可前往岛上的森林和海滩，两天一夜的徒步含食宿及葡萄园参观项目。经营者Vicki Angland已经在岛上居住超过20年，徒步反映出环保政策正在逐步改善岛上的环境、文化和保护现状。

Hike Bike Ako 步行、骑车

（☎021 465 373；www.hikebikeako.co.nz；$129起；⏲11月至次年3月）跟随毛利导游徒步或者骑车探索这座小岛，也可以选择结合两者的套餐。团队游含渡轮码头接送，还能了解大量的毛利传奇、历史和文化。

其他活动

EcoZip Adventures 探险运动

（☎09-372 5646；www.ecozipadventures.co.nz；150 Trig Hill Rd；成人/儿童/家庭 $119/79/317；⏲9:00~17:00）葡萄园、原始灌木丛和海景，3段各200米长的滑索组成了一场令人兴奋的冒险。刺激过后，还得走一段1.5公里长的步道穿过灌木丛回到起点。如果你自己没有开车的话，费用还包含了从马蒂亚蒂亚码头（Matiatia Wharf；见132页）或者欧尼洛亚（Oneroa）的免费接送。需要预订。

Ross Adventures 皮划艇

（☎09-372 5550；www.kayakwaiheke.co.nz；Matiatia Beach；半日/一日游 $125/195，租借皮划艇 每1/2/3/6小时 $30/45/50/60起）Ross相信，激流岛的皮划艇环境与传奇的阿贝尔·塔斯曼国家公园不相上下。此言不假，毕竟，他从事皮划艇观光导览游已经20年了。经验丰富的海上皮划艇划手可以在4天时间内轻松环岛一周，探索从陆地无法进入的隐秘海湾和沙洲。也提供冲浪板租赁。

团队游

Waiheke Island Wine Tours 团队游

（☎09-372 2140；www.waihekeislandwinetours.co.nz）选项包括含景点、葡萄园和葡萄酒（$125/人，6小时加2小时的午餐休息，餐厅自行选择）的常规游、私人定制白金游（$560/两人）和豪华2日游（$1100/人，含2晚住宿）。

Potiki Adventures 文化游

（☎021 422 773; www.potikiadventures.co.nz; 成人/儿童 $150/80）一日岛屿游，着眼于灌木丛徒步、葡萄园参观、传统乐器及织布展示。

Ananda Tours 团队游

（☎09-372 7530; www.ananda.co.nz）提供葡萄酒之旅（$120）、精选美酒美食游（$185）和品酒专家游（$295）。可以按照要求量身定制的小团队休闲游，包括参观艺术家的工作室。

Fullers 团队游

（☎09-367 9111; www.fullers.co.nz; Matiatia Wharf）经营激流岛葡萄酒之旅（Wine on Waiheke tour; 成人 $140, 4.5小时, 12:30从奥克兰出发），参观3个顶级酒庄，含小吃拼盘。此外还有激流岛品酒游（Taste of Waiheke; 成人 $150, 5.5小时, 10:30从奥克兰出发），参观内容也包括3个酒庄，外加参观一个橄榄园和简单的午餐。其他项目包括EcoZip Adventures的（见129页）滑索和橄榄油品鉴。

同时，Fullers还运营激流岛探险者（Waiheke Island Explorer; 见132页），这是可以随上随下的公共汽车服务，环线全程90分钟，共设大约15站。

节日和活动

海湾海岬雕塑节 艺术节

（Headland Sculpture on the Gulf; www.sotg.nz; ⊙2月）奇数年的2月在悬崖之巅的2.5公里雕塑步道举行，为期1个月。

激流岛葡萄酒美食节 美食饮品节

（Waiheke Wine & Food Festival; http://festival.waihekewine.co.nz; ⊙3月/4月）为期4天的葡萄酒、美食和音乐活动。17座葡萄园共襄盛举，不同场地之间有接驳车接送。

激流岛国际爵士音乐节 音乐节

（Waiheke Island International Jazz Festival; www.waihekejazzfestival.co.nz; 票价视演出内容而定; ⊙3月/4月）复活节的周五至周日期间，当地和国际艺人遍布全岛。

住宿

激流岛夏季非常受欢迎，许多当地人届时会离开，把自己的房子租出去。住宿需要预订，可就算这样房价也没什么折扣。冬季住宿价格大幅下降，特别是在周中。就中档住宿而言，通过www.bookabach.co.nz或者www.holidayhouses.co.nz预订一个度假屋是不错的选择。

★ **Fossil Bay Lodge** 小屋 $

（☎09-372 8371; www.fossilbay.net; 58 Korora Rd, Oneroa; 标单 $60, 双 $85~90, 帐篷 $100~120, 公寓 $130; 📶）精致的小屋朝向主楼。主楼中设有公共厕所、厨房和活动区，楼上还有一间紧凑的自炊公寓。“豪华露营”帐篷中有舒适的床铺和独立的厕所，其中一间还包括一个独立的户外小厨房。除了偶尔的鸭子叫声和隔壁幼儿园孩子们的吵嚷声外，算是个非常宁静的地方。

Hekerua Lodge 青年旅舍 $

（☎09-372 8990; www.hekerualodge.co.nz; 11 Hekerua Rd, Oneroa; 露营地 $20, 铺 $32~35, 标单/双/标双 $60/90/90; 📶🏊）这家僻静的旅舍四周环绕着本土灌木，可以烧烤，还有石头砌成的游泳池、水疗泳池、阳光露台、休息区和自家的步道。这里远远算不上豪华，但洋溢着轻松友好的氛围。

Tawa Lodge 客栈 $$

（☎09-372 6675; www.pungalodge.co.nz; 15 Tawa St, Oneroa; 房间 $110~120, 公寓 $175~225; 📶）前边是设施齐全的2人小屋（也是我们的选择，因为有浪漫的风景），后边是公寓和住宅屋，两者之间有3间价格合理的阁楼房。

★ **Waiheke Dreams** 出租屋 $$$

（☎09- 818 7129; www.waihekedreams.co.nz; 43 Tiri Rd, Oneroa; 1/2室住宅 $250/350）开放式布局的两室房就是山顶上的梦幻小屋，奢华、现代、宽敞，拥有能一直看到欧尼洛亚湾和豪拉基湾的无敌视野，掐自己一下，带着满足的微笑，你会发觉自己真的就在View43房里了。后面有一个小得多的一室房叫作CityLights，能越过屋后的草地一瞥奥克兰的光彩。

Enclosure Bay 民宿 $$$

（☎09-372 8882; www.enclosurebay.co.nz; 9 Great Barrier Rd; 房间/套 $450/600; 📶）如果你决定破费一下，感受别致的豪华家庭旅馆住宿，这里就将是你的不二之选。3间客房中每一间都有露台和堪称奢侈的风景，主人绝对奉行"任何小事都不嫌麻烦"的热情待客之道。

就餐

激流岛有一些很棒的餐厅，如果你足够幸运的话，或许美景能转移你的注意力，让你暂时忘记不菲的美食花销。奥斯坦德（Ostend）有一家超市。

Te Matuku Oysters 海鲜 $

（☎09-372 8600; www.tematukuoysters.co.nz; 17 Belgium St; ⏲9:00~17:00）🍃这家海鲜零售店兼熟食店有岛上最新鲜、超值的牡蛎。$20就能让你吃到12个新鲜的牡蛎。你可以站在简单的立式餐桌边，就着柠檬汁和塔巴斯科辣酱油享用，体验激流岛的美食精髓。店里也出售贻贝和蛤蜊。

Dragonfired 比萨 $

（☎021 922 289; www.dragonfired.co.nz; Little Oneroa Beach; 主菜 $12~16; ⏲12月至次年2月 10:00~20:00, 3月至11月 周五至周日 11:00~19:00; 🖉）这个海边大篷车以其"炭烤烹饪工艺"著称，提供3种以字母"P"开头的食物：比萨（pizza）、大麦粥饭（polenta plates）和小圆面包（pocket bread）。这里无疑是激流岛最物美价廉的餐饮选择。

Annex 咖啡馆 $

（☎09-372 9988; www.facebook.com/theannexwaiheke; 10 Putiki Rd; 小吃 $5~12; ⏲周五至周一 9:30~15:00）🍃这座20世纪20年代的木头小屋周围种着水果树，是远离激流岛喧嚣旅游景点的完美去处。气氛悠闲的后院里有各种上等冷热茶饮，小食包括出自Little Tart Bakery的甜点——试试美味的肉桂奶油蛋卷，或出色的酸面包烤奶酪三明治。

Shed at Te Motu 新派新西兰菜 $$

（☎09-372 6884; www.temotu.co.nz/the-shed; 76 Onetangi Rd; 共享盘菜 小 $16~21, 大 $29~42; ⏲11月至次年4月 每天 11:00~17:00, 周五和周六 18:00至深夜, 3月至10月 时间缩短）在田园风情的庭院中找个支着阳伞的餐桌，品尝融合了各国风味的盘菜，店员也来自世界各地，都很懂行。亮点应当包括香菇煎饼配泡菜和黑蒜、慢炖羊肩肉配美味的印度炒饭。葡萄酒很不错，完美融合了波尔多风味。

Casita Miro 西班牙菜 $$

（☎09-372 7854; www.casitamiro.co.nz; 3 Brown St; 西班牙小吃 $9~19, 大份菜 $30~35; ⏲周一至周三 正午至15:00, 周四至周六 至深夜）铸铁玻璃结构的亭子，后边还有一个高迪式的马赛克花园，服务员热情好客，会为您推荐美味的西班牙小吃和ración（较大份的菜肴），后者适合共享。夏季四壁敞开，人多的时候会很吵。

★ Tantalus Estate 新派新西兰菜 $$

（☎09-372 2625; www.tantalus.co.nz; 70-72 Onetangi Rd; 主菜 $33~37; ⏲11:00~16:00）🍃爬上一条两边栽满葡萄柚的蜿蜒车道，激流岛最新的葡萄园餐厅和品酒室就在眼前，散发着伊比利亚的气息，不过丰富而高明的菜单毫不费力地就将全球风味纳入其中。在树枝制作的乡村风吊灯下找个位子，享受亚洲和地中海风味的悠闲午餐。

Cable Bay 新派新西兰菜 $$$

（☎09-372 5889; www.cablebay.co.nz; 12 Nick Johnstone Dr; 前菜 $12~27, 比萨 $26~29, 主菜 $42~45; ⏲11:00至深夜; 📶）令人印象深刻的现代建筑结构、有趣的雕塑和美丽的景色都为这个餐厅增色不少。菜肴非常美味，但如果预算不足以享受一顿大餐的话，也不妨品一品葡萄酒（5种$10，购买可退费，每天 11:00~17:00）或在**露台**酒吧里尝尝小食拼盘、比萨和盘菜。

饮品和夜生活

Boogie Van Brewing 小啤酒厂

（☎027 519 9737; www.facebook.com/BoogieVanBrewing; 29b Tahi Rd, Ostend; ⏲周五至周日 正午至17:00; 📶）旧金山移民Rick Paladino就在这座小啤酒厂中享受海岛生活。品酒室仅在周五到周日的每天下午开放，

届时Rick和他的新西兰搭档Rochelle会亲自指导来访者品尝他们的6款主打啤酒——灵感都来源于新迷幻重金属摇滚。鉴于Rick出生在美国西海岸，所以也能品尝到大杯的烈性啤酒。

Charlie Farley's 酒吧

（☎09-372 4106；www.charliefarleys.co.nz；21 The Strand，Onetangi；⊙8:30至深夜）坐在波胡图卡瓦树树荫遮蔽的阳台上，一边欣赏海滩美景，一边喝上一杯激流岛葡萄酒或啤酒，你就很容易理解为什么当地人如此热爱这个地方了。

购物

Waiheke Wine Centre 葡萄酒

（☎09-372 6139；www.waihekewinecentre.com；153 Oceanview Rd，Oneroa；⊙周一至周四9:30~19:30，周五和周六至20:00，周日10:00起）坐落在欧尼洛亚的主街上，这家储量丰富的权威酒品店里汇聚了激流岛所有葡萄园的产品，是了解岛上葡萄酒旅行信息的好地方。特别设置的品酒体制能让顾客少量购买多种品尝过的葡萄酒。

实用信息

在马蒂亚蒂亚码头（Matiatia Wharf）有一个**游客信息亭**（⊙9:00~16:00），几乎所有来访者都用得上。详情可登录www.tourismwaiheke.co.nz、www.waiheke.co.nz和www.aucklandnz.com查看。

欧尼洛亚有自动柜员机。

到达和离开

360 Discovery（☎09-307 8005；www.fullers.co.nz）可以到奥拉皮尤（Orapiu）搭乘360 Discovery的观光渡轮，渡轮往返于奥克兰和科罗曼德尔镇（Coromandel Town）之间。不过奥拉皮尤很偏远，没有公共汽车可以到达。

Fullers（☎09-367 9111；www.fullers.co.nz；往返成人/儿童 $36/12；⊙周一至周五 5:20~23:45，周六 6:15~23:45，周日 7:00~22:30）运营从奥克兰渡轮大楼到**马蒂亚蒂亚码头**（Matiatia Wharf）的客运渡轮（40分钟），班次频繁，有些船还经过德文波特（旅途时间多加10分钟）。

SeaLink（☎0800 732 546；www.sealink.co.nz；成人/儿童/汽车/摩托车 往返 $37/20/175/72；⊙6:00~18:30）运营前往肯尼迪角（Kennedy Point）的**汽车渡轮**，大多数班次从奥克兰东部的半月湾（Half Moon Bay）出发（45~60分钟，至少每小时1班），但也有一些从市区的温亚德码头（Wynyard Wharf）出发（60~80分钟，每天3班）。

当地交通

自行车

可以在马蒂亚蒂亚码头获取《骑行激流岛》（*Bike Waiheke!*）小手册，里面概要介绍了各种自行车骑行线路。**Waiheke Bike Hire**（☎09-372 7937；www.waihekebikehire.co.nz；Matiatia；每天 $35）在码头附近停车场的总部能租到山地自行车。

激流岛的部分地区多山，所以，在**Onya Bikes**（☎022 050 2233；www.ecyclesnz.com；124 Oceanview Rd，Oneroa；每天 $60）租一辆混合动力的自行车，让电动马达帮你省些力气吧。

公共汽车

岛上有公共汽车服务，从马蒂亚蒂亚码头出发，穿行欧尼洛亚（成人/儿童 $2/1，3分钟），途经所有主要定居点，最西可到达奥尼汤吉（Onetangi；成人/儿童 $5.50/3.35，35分钟）。公交一日通票（day pass，$10/6）可在马蒂亚蒂亚码头的Fullers柜台购买。中午的班次可能相隔1小时之久，为避免在车站苦等，不妨提前在Auckland Transport（见124页）查询时刻表。

另一个选择是乘坐**激流岛探险者**（Waiheke Island Explorer；www.fullers.co.nz；1天 成人/儿童/家庭 含渡轮票 $60/30/162，2天 $90/45/243）公交车，这是一条随上随下的公交路线，涵盖全岛大约15个站点。完整乘坐一圈需要90分钟，沿途景点包括葡萄园、海滩、各种活动和餐厅。

汽车、摩托车和小型摩托车

欧尼洛亚和奥尼汤吉有加油站。

Fun Rentals（☎09-372 8001；www.funrentals.co.nz；14a Belgium St，Ostend；每天 $60起）提供渡轮码头免费接送的服务。

Island Scoot（☎021 062 5997；www.islandscoot.nz；Tui St和Mako Rd交叉路口，Oneroa；每天 $79；⊙9:00~18:00）

Rent Me Waiheke（☎09-372 3339；www.rentmewaiheke.co.nz；14 Oceanview Rd，Matiatia；每天 汽

车/小型摩托车 $79/69)

Waiheke Auto Rentals (☎09-372 8998; www.waihekerentals.co.nz; Matiatia Wharf; 每天 汽车/小型摩托车 $89/69起)

Waiheke Rental Cars (☎09-372 8635; www.waihekerentalcars.co.nz; Matiatia Wharf; 每天 汽车/四驱车 $79/109起)

出租车

Island Taxis (☎09-372 4111; www.islandtaxis.co.nz)

Waiheke Express Taxis (☎0800 700 789; www.waihekeexpresstaxis.co.nz)

罗托鲁阿岛(Rotoroa Island)

在1911年到2005年之间,登上这座远离激流岛的怡人小岛的只有酗酒者和吸毒者,他们来到这里(或被处罚发配到这里)是为了戒酒、戒毒,由救世军组织(Salvation Army,一基督教组织)负责照料他们。2011年,占地82公顷的罗托鲁阿(www.rotoroa.org.nz;成人/儿童 $5/3)在一个世纪过去后才首次对公众开放,你可以在3个沙滩游泳,还可以进入由以前的治疗中心改建的建筑内,参观小岛的社会历史和艺术展览。

此外,岛上有3套设备齐全的复古度假屋可供出租,能容纳4人($375)到8人($650),曾经的典狱长宅邸(Superintendent's House)现在是一家很不错的青年旅舍,提供铺位(每人 $35)。

到达和离开

360 Discovery (☎09-307 8005; www.fullers.co.nz; 从奥克兰出发 成人/儿童 $52/30,从奥拉皮尤出发 成人/儿童 $23/13)从奥克兰出发的渡轮到这里约需75分钟,途经激流岛上的奥拉皮尤(Orapiu)。班次不多,不是每天都有。票价含上岛费。

蒂利蒂利马唐伊岛(Tiritiri Matangi Island)

这个神奇的岛屿(www.tiritirimatangi.org.nz)占地220公顷,被列为无天敌岛屿,栖息着新西兰大蜥蜴(一种史前蜥蜴)和许多当地濒危鸟类,其中包括非常稀有的、色彩艳丽缤纷的南秧鸟,其他还有铃鸟、吸蜜鸟、鞍背鸟、白头鸟、鹦鹉、垂耳鸦、小斑奇异鸟、褐鸭、新西兰知更鸟、新西兰大尾莺和企鹅等。目前,人们总共在这里发现了78种不同的物种。鞍背鸟曾经几近灭绝,只剩下150只,而如今,仅在蒂利蒂利岛上就有1000多只。如果想感受一下黎明时分鸟儿的合鸣,可以在**环保部简易小屋**(DOC bunkhouse; ☎09-425 7812; www.doc.govt.nz; 成人/儿童 $30/20)过夜。需提前预订并确保渡轮也有空位。

1841年,这个岛屿被出售给殖民政府,岛上遭到大肆砍伐和开荒,这种情况一直延续到20世纪70年代。自1984年以来,成百上千的志愿者在岛上种下25万株本土树种,森林重新覆盖了岛屿。一座建于1864年的**灯塔**矗立在岛的东端。

凭你的渡轮票预订一个导览徒步游($5)是个好主意,导游知道所有那些真正美丽的鸟儿在哪里出没。

到达和离开

360 Discovery (☎09-307 8005; www.fullers.co.nz; ⊙周三至周日)开往岛上的渡轮在周三到周日的每天9:00出发,从岛上返航时间为15:30。从奥克兰渡轮站出发,航程需70分钟(成人/儿童 $70/40),从海湾码头(Gulf Harbour)出发为20分钟($55/32)。

莫图奥拉岛(Motuora Island)

莫图奥拉岛在蒂利蒂利马唐伊岛和卡沃岛(Kawau)之间,占地80公顷,是一座无天敌岛屿,这里也是奇异鸟的"繁育地"。岛的西海岸有一个码头,但不通渡轮,你得自己驾船才能抵达。**环保部露营地**(DOC campsite; ☎09-379 6476; www.doc.govt.nz; 露营地 成人/儿童 $8/4)需要预订。

到达和离开

需要自行驾船前往。

卡沃岛(Kawau Island)

人口 300

卡沃岛位于奥克兰以北50公里处,离马

胡朗吉半岛(Mahurangi Peninsula)不远。当地居民主要靠船出行,整个岛上也没有几条正规的公路。

主要景点是**总督府邸**(Mansion House; ☎09-422 8882; www.doc.govt.nz; 成人/儿童 $4/2; ⏲9月至次年5月 周一至周五 正午至14:00,周六和周日 正午至15:30)。步道路线长短不一(步程10分钟至2小时),从总督府邸出发,沿途设有路标,可通往海滩、老铜矿和瞭望台。登录www.doc.govt.nz,下载一份新西兰环保部的卡沃岛历史保护区(DOC's Kawau Island Historic Reserve)地图。

www.kawauisland.org.nz是一个很好的信息资源网站,提供设施齐全的住宿地名录。

食宿

Beach House 精品酒店 $$$

(☎09-422 8850; www.kawaubeachhouse.co.nz; Vivian Bay; 房间/套 $345/620起)这处高档酒店在岛屿北部最好的沙质海滩上,有面朝海滩的豪华房间、铺砖大庭院,也有后部灌木丛围绕的小屋。虽然地处偏远,但是有自己的餐厅(只对住客开放),所以无须再去别处。

Mansion House Cafe 咖啡馆 $$

(☎09-422 8903; www.facebook.com/mansionhousenz; 5 Schoolhouse Bay Rd; 午餐 $16~18; ⏲营业时间不定)如果你没准备野餐食物,就到这个鸟语花香的餐厅来享用美味的午餐、德文郡茶搭配新鲜出炉的司康饼,以及丰盛的晚餐。

到达和离开

Kawau Cruises(☎0800 111 616; www.kawaucruises.co.nz)每天都有几班渡轮从桑德斯皮特(Sandspit)出发,总督府邸巡游(Mansion House Cruise; 成人/儿童 $55/31)会为你留出充足的岛上游玩时间,下午才会返回桑德斯皮特。上网查看详情,因为夏季和其他季节的出发时间不同。

另一个选择是邮政巡游(Mail Run Cruise; 成人/儿童 往返 $55/34,含烧烤午餐 $95/50),10:30从桑德斯皮特出发,环岛一周,停靠75个点投递邮件。

大巴里尔岛(Great Barrier Island)

人口 860

大巴里尔岛有未被破坏的海滩、温泉、古老的贝壳杉堤坝、森林保护区和四通八达的徒步线路。由于岛上没有负鼠,灌木非常繁茂。

尽管距离奥克兰只有88公里,飞行时间只需30分钟,但这里似乎是另一个世界。岛上没有超市,没有电缆供电(只有私人的太阳能、风能和柴油发电机),没有管道排污系统(只有化粪池)。许多道路未铺设路面,汽油也很贵。在这个岛上,手机信号覆盖率正在改善,但依然有限,而且没有银行,没有自动柜员机,也没有路灯。岛上2/3的土地为公有土地,由新西兰环保部(DOC)负责管理。

12月中旬到次年1月中旬前后是这里的旅游旺季,要确保提前订好交通、住宿和各种活动。

毛利人将这里称为"奥提阿"(Aotea,意思是"云"),而大巴里尔岛这个名字则来自库克船长(James Cook),因其地处豪拉基湾边缘,宛如天然的屏障。这座分外美丽的粗犷岛屿是继南岛、北岛和斯图尔特岛(Stewart Island)之后的新西兰第四大岛(面积285平方公里)。大巴里尔岛与科罗曼德尔半岛(Coromandel Peninsula)十分相似,两岛曾经相连。同样,这里也曾经是采矿、伐木和捕鲸的中心(不过那些工业产业很久前就已经没落无踪了)。

特赖菲纳(Tryphena)是主要居住区,离肖尔湾(Shoal Bay)的渡轮码头约4公里。滨海路两侧几公里的范围内有几十座住宅、许多商店和住宿地。从码头到桑树林(Mulberry Grove)约3公里,过了海岬再走大约1公里就是村庄海滩(Pah Beach)和Stonewall Store(见138页)。

机场位于**克拉里斯**(Claris),在特赖菲纳以北12公里处。克拉里斯是一个小居民点,有杂货店、酒行、自助洗衣店、修车铺、药店和咖啡馆。

旺阿帕拉帕拉(Whangaparapara)是一个古老的木材小镇,19世纪时曾是岛上的捕鲸点。菲茨罗伊港(Port Fitzroy)是岛上另外一个主要港口，位于西海岸，距离特赖菲纳约1小时车程。这4个主要居住区都有加油站。

活动

水上运动

西海岸的海滩非常安全，但东海岸却是怒浪翻卷，千万要小心。迈德兰兹海滩(Medlands Beach)有宽阔的白沙滩，是岛上最容易到达的美丽海滩之一。偏远的旺加普阿海滩(Whangapoua)位于东北方，前往这个海滩不太容易。此外，东海岸的凯托克(Kaitoke)、阿瓦那湾(Awana Bay)和哈拉汤加海滩(Harataonga)也值得一游。

奥基维滩(Okiwi Bar)有相当不错的右手浪，而阿瓦那湾则既有右手浪，也有左手浪。特赖菲纳附近的美丽小海湾都在波胡图卡瓦树的环绕之下。

潜水非常棒，可以看到沉船残骸、海底礁岩和许许多多的鱼，一年中有些时候，水下能见度可超过33米。

山地自行车

粗犷崎岖的风景，相对清静的道路交通，使山地自行车成为岛上很受欢迎的活动。有一条专门的25公里长的骑行路线，起点位于奥库普(Okupu)的Blind Bay Rd，沿Ahumata峭壁底部一路蜿蜒，穿过Whangaparapara Rd后，开始全长15公里的Forest Rd的骑行，最后穿越美丽的森林抵达菲茨罗伊港。在其他新西兰环保部设定的徒步步道上骑车是明令禁止的。

徒步

环保部免费的《大巴里尔岛(奥提阿岛)》[*Great Barrier Island*(*Aotea Island*)]手册里标注出了岛上最受欢迎的徒步线路。出发前，要确保配备了足够的水和食物，并且准备好应对岛上的晴雨两重天。

最受欢迎且简单易行的徒步线路就是凯托克温泉步道(Kaitoke Hot Springs Track；全程45分钟)，起点位于Whangaparapara Rd，一路到达丛林带里的天然温泉区。出发前先查一下天气情况，避开雨天。

从Aotea Rd出发约15分钟就能到达风之谷(Windy Canyon)，沿途可以欣赏各种嶙峋怪石和壮丽风光。从风之谷沿一条很棒的步道再走约2~3小时，穿过茂密的森林，就可到达希拉基马塔山(Hirakimata；即霍布森山，海拔621米)，这是岛上的最高点，能将豪拉基湾和科罗曼德尔(Coromandel)的美景尽收眼底。山顶周遭是郁郁葱葱的森林和经历过大砍伐时期幸存下来的几棵贝壳杉。从Hirakimata向南大约40分钟可以到达希尔山小屋(Mt Heale Hut；☎09-379 6476；www.doc.govt.nz；铺 每位成人/儿童 $15/7.50)。

蜿蜒崎岖的电车轨道步道(Tramline Track；5小时)较具挑战性。这条步道从Aotea Rd开始，沿过去的伐木电车线路一路到达旺阿帕拉帕拉港口。这条步道前半段的一些路段年久失修，有些泥路下雨后特别湿滑。

黑暗天空圣地

大巴里尔岛于2017年被国际黑暗天空协会(International Dark-Sky Association)认定为黑暗天空圣地(Dark Sky Sanctuary)，成为全球享有这一称号的三个地区之一，同时也很快被认定为南半球最佳夜空观赏地之一。

岛上没有管线电力系统和路灯，所有商业和居住区使用的都是太阳能和电池，光污染程度极低。而巴里尔岛与奥克兰之间隔着88公里的海洋，这就意味着，城市上空辐射力很强的"光穹"也无法影响到这里。

此外，大巴里尔岛约有60%的面积是保护区，法律规定，要逐步将开发程度降至最低。因此，整座岛有望在未来维持高标准的黑暗夜空水平，保留"黑暗天空圣地"的称号。

从新西兰国际机场飞过来只需30分钟，对于奥克兰的142万居民来说，往来十分便利，因此，大巴里尔岛的夜空是岛民渴望继续改善和保护的重要旅游资源。

Great Barrier Island 大巴里尔岛

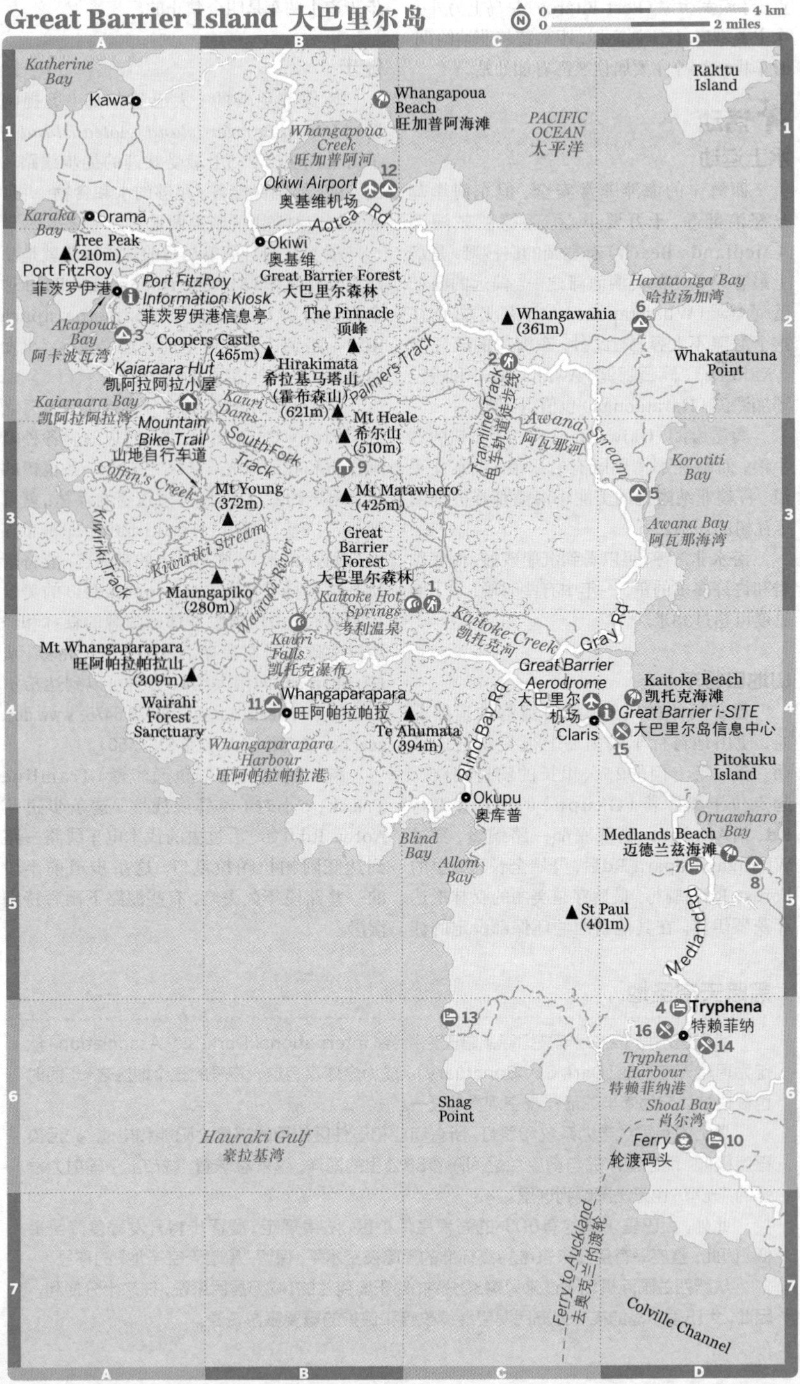

Great Barrier Island 大巴里尔岛

活动、课程和团队游

1 凯托克温泉步道 C3
2 电车轨道步道 C2

住宿

3 阿卡波瓦海湾露营地 A2
4 Aotea Lodge D6
5 阿瓦那海湾露营地 D3
6 哈拉汤加海湾露营地 D2
7 Medlands Beach Backpackers & Villas D5
8 迈德兰兹海滩露营地 D5
9 希尔山小屋 B3
10 Shoal Bay Lodge D6
11 格林营露营地 B4
12 旺加普阿露营地 B1
13 XSPOT C6

就餐

14 Stonewall Store D6
15 Swallow D4
16 Tipi & Bob's D6

饮品和夜生活

Currach Irish Pub .... （见14）

哈拉汤加海岸步道（Harataonga Coastal Walk；5小时）与电车轨道步道长度相近，全长11公里，但这条海岸步道更加平坦、更容易完成，走完全程需5小时。起点位于哈拉汤加湾，终点是旺加普阿（Whangapoua）。

此外还有许多穿越森林的路线，需要30分钟到5小时不等。**奥提阿步道**（Aotea Track）将多条路线的若干路段连接起来，是一条耗时3天的徒步线路，可以在**希尔山小屋**（Mt Heale Hut；☎09-379 6476；www.doc.govt.nz；铺 每位成人/儿童 $15/7.50）和**凯阿拉阿拉小屋**（Kaiaraara Hut；☎09-379 6476；www.doc.govt.nz；铺 每位成人/儿童 $15/7.50）过夜。本书调研时，当地正在考虑将奥提阿徒步线纳入新西兰十大徒步步道。可登录环保部网站查看最新信息及相关讨论。

其他活动

Good Heavens 户外

（☎09-429 0876；www.goodheavens.co.nz；团队游 每人 $90，私人团队游 2人起 $400）通过望远镜和裸眼观察银河、星座和其他天空居民——有时还能看到土星和木星，热心的"黑暗天空"（Dark Sky，见135页）大使们甚至能到你的住宿处架起观星设施。须预订，天气允许的话，最好是上岛第一晚就看。

Crazy Horse Trike Tours 乘车观光

（☎09-429 0222，0800 997 222；www.greatbarrierislandtourism.co.nz；每人 $75起）跳上Steve Bellingham定制的机动三轮车的后车厢，让友好的当地司机带领你绕岛环游。选择包括2～3小时的观光团队游、海滩游、皮划艇、温泉和森林步道。Steve非常了解当地故事和海岛历史。

住宿

除非你选择露营，不然大巴里尔岛的住宿可不便宜，同档次的住宿都需支付比别处更高的价格。但淡季时住宿价格会大幅度下降。

登录住宿地和本岛信息网站，看看有没有含机票和租车的套餐。注意，住宿费用在圣诞节后两个星期会飙升，岛上也会挤满了人。

Island Accommodation（☎021 138 7293；www.islandaccommodation.co.nz）可提供预订，对于想在设施齐备的房子里多住上几天的旅行者，这个网站很方便。

岛上也有**环保部露营地**（☎09-379 6476；www.doc.govt.nz；露营地 每位成人/儿童 $13/6.50），分别设在哈拉汤加海湾（Harataonga Bay）、迈德兰兹海滩（Medlands Beach）、阿卡波瓦海湾（Akapoua Bay）、旺加普阿（Whangapoua）、格林营（The Green）和阿瓦那海湾（Awana Bay）。这些露营地里都有基本设施，如饮用水、凉水淋浴（格林营除外）、厕所和准备食物的简易棚子。须自带煤气炉，因为这些露营地不允许使用露天营火。要提前在网上预订。

Medlands Beach Backpackers & Villas 青年旅舍 $

（☎09-429 0320；www.staymedlands.com；9 Mason Rd；铺/双 不带浴室 $35/90起，套间 $250起；📶）这家旅舍位于山顶，可以在花园里安静地小憩，将美丽的迈德兰兹海滩尽收眼底。背包客区域比较简单。也有小小的双人小屋，是想追求浪漫但又要控制预算者的最佳选择。设施齐备的独栋大屋可以容纳7人。

Aotea Lodge 公寓 $$

（☎09-429 0628; www.aotealodge.com; 41 Medland Rd, Tryphena; 公寓 $130~220; 📶）这座公寓位于特赖菲那（Tryphena）上方的山顶上，周围环绕着阳光明媚的精致花园，套间价格非常合理。房型多样，从两卧小屋到摆放上下铺的别致阁楼以及公寓房一应俱全，所有房型都有烹饪设施。花园里可能会有许多鸟。

Shoal Bay Lodge 出租屋 $$

（☎09-429 0890; www.shoalbaylodge.co.nz; 145 Shoal Bay Rd; 房屋 $160起）🍃这套带三间卧室的房子隐藏在树林中，能观海景、赏鸟鸣，还能使用太阳能。日落时分，可以倒杯葡萄酒，坐在露台的扶手椅上欣赏日落美景。

★**XSPOT** 公寓 $$$

（☎027 429 0877; www.xspot.co.nz; 21 Schooner Bay Rd, Tryphena; 双 $230; 📶）🍃大巴里尔岛最棒的景观住宿处，也最偏远。距离特赖菲纳25分钟的车程（租辆四驱车吧）。宽敞时尚的单卧室公寓有宽大的窗户，能看到惊艳的270度海景。配备了全套厨房设施和现代化浴室，是那种可以在壮观海景中消磨时光的地方。

就餐

夏季，大部分餐厅每天开放，但其他季节开放时间不定。www.thebarrier.co.nz网站上有每月指南，可以查询哪些餐厅开放以及它们的开放时间，但打个电话预订晚餐总是万全之策。

自己做饭的旅行者在特赖菲纳、克拉里斯、旺阿帕拉帕拉和菲茨罗伊港可以找到小商店。特赖菲纳的**Stonewall Store**（☎09-429 0451; 82 Blackwell Dr; ⏲8:30~18:00）出售各种很不错的葡萄酒、啤酒和当地食材，还经营一个小市集（每周六10:00起）。

Swallow 汉堡 $

（☎09-4290226; www.facebook.com/BurgerShackGBI; Main Rd, Claris; 汉堡 $10~16; ⏲11:00~19:00）岛上最好的汉堡，有许多口味可供选择，包括五花肉、牛肉、蓝纹乳酪和焦糖洋葱。也有卷饼、海鲜和本岛手工制作的Janene's Dreams冰品。夏季时会在附近设两个流动餐车出售果汁和咖啡。

Tipi & Bob's 小酒馆食物 $$$

（☎09-429 0550; www.waterfrontlodge.co.nz; 38 Puriri Bay Rd, Tryphena; 早餐 $16~20, 晚餐 $39~44; ⏲7:30~10:00和17:00~22:00）提供简单但分量十足的美味餐食。这家热门餐厅有可以俯瞰海港的迷人阳台。牛排和海鲜套餐通常都很好。酒吧里的小吃更实惠。

饮品和夜生活

★**Currach Irish Pub** 爱尔兰酒吧

（☎09-429 0211; www.currachirishpub.co.nz; 78 Blackwell Dr, Tryphena; 主菜 $20~30; ⏲节礼日至复活节16:00至深夜，3月至12月 周三歇业; 📶👪）这家出色的酒馆供应精酿啤酒、海鲜、牛排和汉堡，是大巴里尔岛的社交中心。木柴烤比萨搭配户外沙拉餐吧，定期还有盖尔和乡村民谣的现场音乐演出。周日的知识竞赛之夜很有趣，还有一个独立的房间，轮换展出当地艺术家的作品，全部展品都可出售。

住宿是在隔壁的**Innkeepers Lodge**，提供经过翻修的老房间（$130~150），也有四个铺位的小宿舍（$35），配有一个设施完备的厨房。

实用信息

大巴里尔岛信息中心（Great Barrier i-SITE; Destination Great Barrier Island; ☎09-420 0033; www.greatbarrier.co.nz; ⏲周一至周六 9:00~15:00）位于克拉里斯的大巴里尔岛机场（Great Barrier Aerodrome），也提供许多环保部（DOC）的信息。

Go Great Barrier Island（☎0800 997 222; www.greatbarrierislandtourism.co.nz）提供岛屿旅游的私人在线规划服务，包括所有交通、汽车租赁和住宿。可为徒步者提供接驳服务，通常是安排面包车或三轮车。

菲茨罗伊港信息亭（Port Fitzroy Information Kiosk; ☎09-429 0848; www.thebarrier.co.nz; ⏲周一至周六 9:00~15:00）私人经营的游客中心，印发《大巴里尔岛游客信息指南》（*Great Barrier Island Visitor Information Guide*）。

到达和离开

飞机

FlyMySky（见123页）每天至少3个航班，从奥克兰出发到达位于克拉里斯的大巴里尔机场[克拉里斯机场，Great Barrier Aerodrome（Claris Airport）]。如果周日上岛或者周五离岛，机票会更便宜（$89），分别搭乘飞机和渡轮的话，还有往返特价（成人/儿童 $180/148）。

巴里尔航空（Barrier Air；见123页）从奥克兰机场国内航站楼和北岸机场（North Shore Aerodrome）出发的航班每周有42班，飞行30分钟即可抵达克拉里斯。有时还有航班从奥克兰的两个机场前往**奥基维**（Okiwi）。

船

SeaLink（☎0800 732 546，09-300 5900；www.sealink.co.nz；成人/儿童/小汽车 单程 $84/61/290，往返 $106/84/359）每周4天有汽车渡轮往返奥克兰的温亚德码头和特赖菲纳的**肖尔湾**（4.5小时），每周1班渡轮前往菲茨罗伊港（5小时）。横渡海峡的最后一段航程相当颠簸。

当地交通

岛上大部分道路狭窄多弯，不过，即便是租赁的小型车也能通过那些沙石路段。只要提前通知，大多数住宿地都可安排接机或接船。

Aotea Car Rentals（☎0800 426 832；www.aoteacarrentals.co.nz；Mulberry Grove，Shoal Bay）提供汽车（$60起）、四驱车（$70起）和厢型车（$99起）的租赁服务。

Go Great Barrier Island 可以安排租车和往返岛上步道的接驳车。

Great Barrier Wheels（☎021 226 6055，09-429 0062；www.greatbarrierwheels.co.nz；67 Hector Sanderson Rd，Claris；⊙周一至周六 8:00~19:00）提供多种车型的汽车租赁，费用为每天$60~85。运营连接克拉里斯到特赖菲纳（$25）、Medlands（$25）、旺阿帕拉帕拉（$25）和菲茨罗伊港（$30，最少4位乘客）的班车，并为徒步者提供接驳服务。

西奥克兰（WEST AUCKLAND）

西奥克兰的典型特点就是粗犷：原始的黑沙海滩、灌木环生的山脉，还有梳着前短后长的发型、穿着黑色T恤的“西部人”。后者只是典型的西部居民中的一类，其他还有崇尚回归自然的嬉皮士、另类的波希米亚艺术家和颓废的冲浪高手，他们都被西部的简单生活吸引而来。

怀塔凯里山脉（Waitakere Ranges）脚下的肥沃田地的昵称为“达里谷”（Dallie Valley），得名于当地数量众多的克罗地亚移民的故乡——达尔马提亚海岸（Dalmatian coast）。这些早期的开拓者家庭在这里种植葡萄、酿酒，为新西兰的葡萄酒产业奠定了基础。

到达和离开

固定班次的班车最远可到蒂蒂朗伊（Titirangi）和海伦斯维尔（Helensville），但没有车前往西海岸的海滩。前往海滩的最佳选择是租车，或者在奥克兰参加一日游。

蒂蒂朗伊（Titirangi）

人口 3200

这个小村庄标志着奥克兰郊区的尽头，在这里的咖啡馆、餐厅或酒吧里可以看到各式各样的当地居民。这里曾是新西兰最伟大的现代画家柯林·麦卡宏（Colin McCahon）的家乡，至今还保留着些许艺术气息。蒂蒂朗伊是前往怀塔凯里山脉的必经之路，其名意为“天堂的边缘”，非常贴切。再向西行，就没有加油站和自动柜员机了，所以这里是最后的补给站。

景点

蒂乌鲁怀塔凯里当代美术馆 画廊

（Te Uru Waitakere Contemporary Gallery；☎09-817 8087；www.teuru.org.nz；420 Titirangi Rd；⊙10:00~16:30）免费 这座出色的画廊位于村庄边缘一座壮观的现代化建筑中，就在宏伟的遗产建筑——从前的Hotel Titirangi酒店旁。轮换展出的展品和装置来自新西兰及国外，策展范围包括摄影、建筑、各种媒体或视频。美术馆附设一家小商店，出售有趣的首饰、陶器和礼品。可登录网站查看即将举办的展览。

麦卡宏故居 博物馆

（McCahon House；☎09-817 7200；www.

怀塔凯里山脉（WAITAKERE RANGES）

19世纪中叶时，这里的160平方公里荒野曾长满了贝壳杉，大砍伐时期大部分树木都被砍掉了，只有几片古老的贝壳杉树林和其他一些当地树木得以幸免，至今矗立在再生雨林浓密的丛林里。目前，这些再生雨林都被保护在怀塔凯里山脉地区公园（Waitakere Ranges Regional Park）内。公园西边连接着塔斯曼海原始而美丽的海滩，公园地形崎岖，景致却十分壮观。不幸的是，这里的森林正在面临一个新的威胁，因为真菌病害，公园内的许多杉树顶梢都已枯死。为了防止病害继续蔓延，奥克兰议会决定封锁所有贯穿公园森林的步道。不过，你还是可以去一趟公园的游客中心**Arataki**（☎09-817 0077; www.aucklandcouncil.govt.nz; 300 Scenic Dr; ⊙9:00~17:00）免费，这里令人印象深刻，员工依旧会提供开放的非森林步道信息。入口的毛利雕塑描绘的是当地凯瓦劳（Kawerau）部落的祖先，后面的平台上能欣赏广袤的森林风景。一楼播放的12分钟视频《日出到日落》（*Dawn to Dusk*）是山脉的信息概览。

没有公交连通公园的主要部分。如果自驾，从奥克兰市中心走西北机动车道，出Te Atatu出口，转SH13公路即可。

mccahonhouse.org.nz; 67 Otitori Bay Rd, French Bay; $5; ⊙周三至周日 13:00~16:00）为了纪念柯林·麦卡宏，这幢他曾在20世纪50年代居住和画画的房子被当作小型博物馆对公众开放。隔壁的漂亮公寓住着有幸赢得麦卡宏艺术进修奖（McCahon Arts Residency）的艺术家。沿途要留意Park Rd的路标，故居位于快到蒂蒂朗伊村的地方。从山上往下走大约2公里即到。

就餐

Deco Eatery 地中海菜 $$

（☎09-817 2664; www.decoeatery.co.nz; Lopdell House, 418 Titirangi Rd; 主菜 $16~30; ⊙周一至周五 7:00至深夜，周六和周日 7:30至深夜; ✎）身处洛普戴尔艺术中心（Lopdell House）的历史氛围之中，Deco的装潢透出了土耳其的气息，菜单在安纳托利亚经典菜式中与更为广泛的地中海主题相结合。餐厅宽敞明亮，是造访皮哈或卡勒卡勒冲浪海滩前后歇脚驻足的好地方。

到达和离开

周一至周五15:00~18:00，通勤公交209路（$7, 45分钟）从位于奥克兰市中心的公交车站7081（105 Albert St）出发。其余时间及周末，搭乘公交车或火车前往New Lynn，从那里转搭前往蒂蒂朗伊的公交车。

卡勒卡勒（Karekare）

很少有能比卡勒卡勒更具特色的海滩了。那些冥思者们总免不了以“富有灵性”和“引人沉思”这类词汇来描述它，或许是因为历史给这片海滩留下了太深的烙印吧。1825年，纳普希部落（Ngāpuhi）入侵当地的凯瓦劳部落（Kawerau iwi），入侵者在这里展开了无情的杀戮。如今，这片著名的海滩依旧原始而壮美，曾几度登上大银幕，成为高雅和低俗电影的拍摄地，从奥斯卡获奖电影《钢琴课》（*The Piano*）到电影《战士公主西娜》（*Xena: Warrior Princess*），许多电影都是在这里拍摄的。

从停车场到黑沙海滩，最快的路径需要涉过一条小河。卡勒卡勒被列为全国最危险的海滩之一，因为这里有强劲的海浪和无处不在的地裂缝，所以千万别试图在这里游泳，除非海滩上有巡逻的救生员（通常只有夏天才有）。珍珠果酱乐队（Pearl Jam）的主唱艾迪·维达（Eddie Vedder）来到卡勒卡勒拜访尼尔·芬恩（Neil Finn，新西兰歌手）时就差点在这里溺亡。

一路走下去，过桥后继续往上，沿着Lone Kauri Rd大约走100米，就能看到一条小路，它通往美丽的**卡勒卡勒瀑布**（Karekare Falls）。那是个草木繁茂的好地方，很适合野餐，也是几条徒步路线的起点。

到达和离开

没有公共交通连接卡勒卡勒。如果打算去，就要从奥克兰市中心出发，驾车穿过碉堡海湾（Blockhouse Bay）和蒂蒂朗伊，转上Scenic Dr，再取道Piha Rd，直到看到指向Karekare Rd的路标后，从岔路驶出即可。

皮哈（Piha）

☎09/人口 600

如果你在奥克兰看到一个冲浪高手神情恍惚，那他很有可能是在做着关于皮哈的白日梦。这片美丽崎岖的粗犷沙滩一直以来都是奥克兰人最中意的减压圣地——无论是一日游、青少年的周末聚会，还是家庭度假，皮哈都是人们的首选。

尽管备受欢迎，皮哈却也是个非常危险的地方，有强劲的风浪和汹涌的海底涡流。也正因此，这里才催生了流行的电视真人秀——《皮哈大营救》（*Piha Rescue*）。如果你不是存心想上电视的话，就乖乖地在旗帜标示的区域内游泳吧，那里有救生员会在你遇到麻烦时提供帮助。

虽然皮哈比相邻的卡勒卡勒面积更大，人口也更多，但依然没有超市、酒行、银行或加油站，只有一家身兼数职的小杂货店，同时充当着咖啡馆、外卖商店和邮局。

景点和活动

沿着Piha Rd一路向下，沿途的海滨风光非常壮观。**狮子岩**（Lion Rock；101米高）盘踞在海滩中部附近，它的“鬃毛”在夜里闪烁着金色的光。实际上，这是一座饱经风霜的古代火山锥，也是毛利人的要塞。海滩南端，一条小径通向几处雄伟的瞭望台。退潮时，沿海滩一路向南，能看到海浪穿过岩隙，拍打着名为**骆驼**（Camel）的大礁岩。更远处，海浪从**大裂缝**（Gap）涌入，形成一个安全的水潭，可以在此游泳。海滩北端是一小片蓝企鹅栖息地。

想租借冲浪板，可以试试**Piha Store**或**Piha Surf Shop**（☎09-812 8723；www.pihasurf.co.nz；122 Seaview Rd；⏰8:00~17:00）。

食宿

★Piha Beachstay – Jandal Palace 青年旅舍 $

（☎09-812 8381；www.pihabeachstay.co.nz；38 Glen Esk Rd；铺/标单 $40/79，双 带/不带浴室 $140/89；@📶）🍃小旅舍迷人而且环保，木结构与玻璃混搭而成的小屋里有极其精致的设施。这家旅舍离海滩1公里，下方就有一条小溪，附近的灌木林里还有徒步小径。冬天，公共休息室里有开放式火炉可供取暖。

Black Sands Lodge 公寓 $$

（☎021 969 924；www.pihabeach.co.nz；Beach Valley Rd；小屋 $180，公寓 $240~280；📶）两座联体现代公寓都带有私人阳台，地理位置优越，客房的贴心之处还包括立体声音响和DVD播放机。小屋则坐落在一座建于20世纪50年代的新西兰度假屋风格的建筑内，与主楼共用浴室。住客可免费使用自行车和Wi-Fi。按照客人的需求，还可以安排客房内的按摩服务，并提供丰盛的晚餐。

Piha Store 面包房 $

（☎09-812 8844；26 Seaview Rd；小吃 $3~10；⏰7:30~17:30）可以顺道来店里买些馅饼或其他烘焙点心、食物和冰激凌。旁边的Lion Rock Surf Shop（www.lionrocksurfshop.com）出租冲浪板和浮板。

Piha Cafe 咖啡馆 $$

（☎09-812 8808；www.facebook.com/thepihacafe；20 Seaview Rd；主菜 $14~28；⏰周一和周三 8:00~15:00，周四至周六 至21:30，周日至17:00）🍃这家迷人的环保咖啡馆有着大城市的水准，却又能令人感受到海滩上的随意和风情。这里有英式早餐和薄底比萨，可以为冲浪者提供能量。冲浪后，也可以再回到这里的阳台上，一边休息，一边享用冷饮。附近西奥克兰出产的黑沙精酿啤酒这里通常都有，比尔森啤酒尤其令人振奋。

到达和离开

前往皮哈没有公共交通可乘，但**Rapu**（☎021 550 546，09-828 0426；www.rapuadventures.com；往返奥克兰 $50）在冲浪季节会临时

开通往返奥克兰中部的班车。Bush & Beach（见101页）经营的一日游行程中往往都包含皮哈。

蒂亨加（贝塞尔斯海滩）[Te Henga (Bethells Beach)]

贝塞尔斯海滩非常美丽，从奥克兰西郊Scenic Dr的北端上Te Henga Rd就可以到达。这是一片原始的美丽黑沙滩，有海浪、被海风吹拂的沙丘和徒步道，其中，备受欢迎的一条步道就是穿越巨大的沙丘前往瓦伊拉姆湖（Lake Wainamu）的道路，起点位于海滩附近的桥旁边。

食宿

Wainamu Luxury Tents 民宿 $$$

（☎022 384 0500，09-810 9387；www.facebook.com/wainamu；双 $200~250；⊙10月至次年6月）受博茨瓦纳观光游猎帐篷和毛利房屋（whare）的启发，这些地处宁静乡村的帐篷非常舒适，用循环使用的木材建设，营造出一种豪华的“野营”氛围。做饭用的是烤肉架，照明用瓦斯灯和蜡烛，实用又浪漫，户外浴室更强化了整个体验。DIY早餐包括散养鸡产的鸡蛋、新烤的面包和牛奶什锦麦片。

Bethells Cafe 汉堡、比萨 $

（☎09-810 9387；www.facebook.com/thebethellscafe；Bethells Beach停车场；主菜$12~17；⊙11月至次年5月 周五 17:30~21:30 周六和周日 10:00~18:00，6月至10月 周日 10:00~18:00）不太像咖啡馆，更像是带雨篷的流动餐车，热火朝天地售卖汉堡（牛肉和素食）、比萨、蛋糕和咖啡。周五晚上这里就是一道完美的新西兰海滩风景，有乐手现场演奏，孩子们可以在沙丘上滑沙。

到达和离开

蒂亨加没有公共交通可达。

库姆及周边（Kumeu & Around）

西奥克兰主要葡萄酒产区中的一些葡萄园至今仍属于早期的克罗地亚家族，正是他们开创了新西兰的酿酒工业。最近几年涌现出来的时尚餐厅也未能动摇这一地区悠闲的农场氛围，这里的一切都很适合从海滩或温泉归来的人们驻足沉醉，消磨一个美好的下午。大多数酒庄都能免费品尝。库姆本身是西奥克兰正在飞速扩张的郊外住宅区，有着很棒的葡萄酒、食物和啤酒。

活动

Coopers Creek 葡萄酒庄

（☎09-412 8560；www.cooperscreek.co.nz；601 SH16, Huapai；⊙10:30~17:30）买一瓶酒，在迷人的花园里来一次野餐。从1月至复活节，每周日下午都有爵士乐表演。

Kumeu River 葡萄酒庄

（☎09-412 8415；www.kumeuriver.co.nz；550 SH16；⊙周一至周六 11:00~16:30）这个酒庄属于Brajkovich家族，出品新西兰最好的霞多丽白葡萄酒（chardonnay）之一，也有其他品种的酒类。

餐饮

Tasting Shed 西班牙小吃 $$

（☎09-412 6454；www.thetastingshed.co.nz；609 SH16, Huapai；菜肴 $14~29；⊙周三和周四 16:00~22:00，周五至周日 正午至23:00）简约时尚的装饰与它的乡村气息相辅相成，餐厅虽然风格朴实，为人们奉上的却是美味佳肴，菜品分量十足。菜单上的菜肴并不局限于西班牙小吃，还借鉴、融合了中东、克罗地亚、塞尔维亚、意大利和法国的风味。

塘鹅的海外旅行

在苦练飞行技巧后，羽翼丰满的小塘鹅要面临最终的检验了——它们将飞行2000公里，前往澳大利亚。通常，它们会在那儿盘桓几年之后再返回家园，此后就不会再尝试这样的长途飞行了。返回家园后，它们会花几年时间寻找一块水滨领地作为栖息地，与固定的伴侣一起筑巢、定居下来，此后每年都会返回同一个地方。也就是说，它们才是真正严格执行跨海游历成人礼（Overseas Experience，新西兰人的一种成人礼）的新西兰“居民”。

Hallertau 自酿酒吧

(☎09-412 5555; www.hallertau.co.nz; 1171 Coatesville-Riverhead Hwy, Riverhead; 共享拼盘菜 $9~24, 主菜 $17~40; ⏰11:00~22:00) 你可以在此品尝到各种精酿啤酒($12~14), 还能在宽敞、方便社交的啤酒花园或吧台旁舒适的桌子上慢慢啜饮。常客中意的啤酒、不错的食物, 周末偶尔会有的DJ和现场音乐, 使这家酒吧颇受奥克兰爱酒人士的欢迎。我们的最爱是炸牛肉卷。

Riverhead 小酒馆

(☎09-412 8902; www.theriverhead.co.nz; Queen St和York Tce交叉路口, Riverhead; ⏰11:00至深夜) 这家建于1857年的酒馆有一个怡人的露台, 橡树浓荫蔽日, 还可以俯瞰河景, 是令人难忘的喝酒的好地方。尽管菜肴(主菜$31~39)没有达到美食酒吧的标准, 但仍然值得消磨一日。从市区乘坐游轮(见101页)可以直达属于小酒馆的码头。通常, 周日13:30开始会有现场音乐会。

到达和离开

从奥克兰市中心出发, 沿西北高速公路(Northwestern Motorway, 即SH16)北行25公里就到了库姆。乘公交车, 可前往Westgate换乘122路或125路, 转往库姆。

穆里怀海滩(Muriwai Beach)

这是又一片适合冲浪的粗犷黑沙海滩, 以塔卡普塘鹅栖息地保护区(Takapu Refuge gannet colony)而闻名, 这片栖息地绵延覆盖了南部海岬和偏远的岩石地带。观景台上可以近距离观赏这些迷人的海鸟, 甚至还能闻到海鸟散发的气味。每年8月, 成百上千只成年鸟儿与它们的固定伴侣返回这个地方交配, 那时可是一片繁忙的景象——它们互相摩挲颈项, 相互依偎, 相互爱抚。成年雌鸟每季只能产1只幼鸟。12月和1月是观赏小家伙们初试羽翼的最佳季节, 之后它们就要开始难忘的历险旅程了(见142页)。

附近有几条短途步道穿过美丽的灌木丛林, 通往瞭望台, 在那里可以观赏60公里长的海滩美景。

除了冲浪, 悬挂式滑翔、高空跳伞、风筝滑水和骑马等运动在穆里怀海滩也非常受欢迎。另外, 这里还有网球场、高尔夫球场和一个咖啡馆, 咖啡馆提供外卖炸鱼和薯条。这片海域有汹涌的海浪和危险的地裂缝, 这意味着, 只有在有救生员巡视的区域内游泳才安全(必须在旗帜标示的区域内游泳)。

到达和离开

穆里怀没有公共交通可达。

海伦斯维尔(Helensville)

☎09/人口 2600

充满乡村风情的海伦斯维尔拥有一些历史建筑、古老的商店和咖啡馆, 沿SH16向北行驶时, 可以在此稍作停留。

活动

森林探险 户外

(Tree Adventures; ☎0800 827 926; www.treeadventures.co.nz; Restall Rd, Woodhill; 绳索课程 $19~42; ⏰9:30~17:30) 位于海伦斯维尔以南14公里处的伍德希尔森林(Woodhill Forest)里, 提供高空绳索活动项目, 包括秋千木、绳网、平衡木、泰山式秋千(Tarzan swing)和高空飞索(flying fox)。

帕拉凯温泉 游泳、水疗

(Parakai Springs; ☎09-420 8998; www.parakaisprings.co.nz; 150 Parkhurst Rd; 成人/儿童 $24/12; ⏰周日至周四 10:00~21:00, 周五和周六 至22:00; 👪) 位于海伦斯维尔西北2公里处。在潮湿寒冷的天气里, 奥克兰人会把他们百无聊赖的孩子们带到这里, 这是比怀韦拉温泉(Waiwera)更便宜的选择。这里有大型地热游泳池、私人水疗(每30分钟 每人$5), 还有几座水疗院。

Woodhill Mountain Bike Park 山地自行车

(☎027 278 0969; www.bikeparks.co.nz; Restall Rd, Woodhill; 成人/儿童 $10/8, 自行车出租$35起; ⏰周四至周二 8:00~17:30, 周三 至22:00) 在海伦斯维尔以南14公里处, 位于伍德希尔森林中, 有许多极具挑战性的线路。

实用信息

游客信息中心（Visitor Information Centre；☎09-420 7162；www.helensville.co.nz；27 Commercial Rd；⌚周一至周五 10:00~15:00）位于当地的居民建议局（Citizens Advice Bureau）内。提供免费的《海伦斯维尔历史遗迹路线》（*Helensville Heritage Trail*）和《海伦斯维尔河岸步道路线》（*Helensville Riverside Walkway*）小册子。

到达和离开

周一至周五15:20~18:25，125x路公共汽车从奥克兰市中心的105 Albert St（公交车站7081）开出，前往海伦斯维尔（$12.50，1.5小时）。这条路线对通勤者很便利。除此之外，你需要在奥克兰市中心以西约20公里的Westgate购物中心换乘。

北奥克兰（NORTH AUCKLAND）

奥克兰是一座超级大城市，从中央商务区向北伸展了90公里，一直延伸到SH16和SH1在韦尔斯福德（Wellsford）的交会处。在奥克兰北部，半乡村地区有漂亮的海滩、地区公园、徒步步道、有趣的村庄和葡萄酒庄。此外，还有很好的皮划艇、浮潜和潜水场所。可以考虑从奥克兰过来一日游，或者，将它当作北上旅途中的休息站。

长湾地区公园（Long Bay Regional Park）

奥克兰东部海湾的最北端是长湾地区公园，这个公园是家庭野餐和游泳的好地方，非常受欢迎，每年都吸引着上百万的来访者。往返需3小时的海滨徒步路线从海滩向北一直通向奥库拉河（Okura River），沿途经过僻静的格兰尼斯湾（Grannys Bay）和波胡图卡瓦海湾（Pohutukawa Bay，这处海湾吸引了许多裸泳者）。

到达和离开

公共汽车定时定点自市区的Mayoral Dr发往长湾（成人/儿童 $7/4，90分钟）。如果驾车的话，可以沿北部高速公路（Northern Motorway）行驶，从Oteha Valley Rd的出口出来，转往布朗斯湾（Browns Bay）方向，跟着路标走即可。

莎士比亚地区公园（Shakespear Regional Park）

旺阿帕劳阿半岛（Whangaparaoa Peninsula）向东一直延伸到奥雷瓦（Orewa），这是一片高度发达的土地，有一个大型南非社区。半岛顶端就是占地376公顷的美丽的莎士比亚地区公园，公园用1.7公里长的防天敌围墙来保护当地的野生生物。

牛、羊、孔雀和新西兰紫水鸡在草木繁盛的海角上漫步，而在波胡图卡瓦树覆盖的蒂哈鲁希湾（Te Haruhi）则可以欣赏海湾岛屿和城市的风光。这里有全程需时40分钟到2小时不等的步道，可以探索当地森林、"二战"时的炮台、毛利人聚居地和瞭望台。如果流连忘返，可以住在恬静的海滨露营地（☎09-366 6400；www.aucklandcouncil.govt.nz；露营地 成人/儿童 $15/6），有冲水厕所和凉水淋浴。

到达和离开

从奥克兰市中心乘坐1.5小时的绕来绕去的公共汽车可以前往这里（成人/儿童 $9/5）。另一个选择是乘坐50分钟的**360 Discovery**（☎09-307 8005；www.fullers.co.nz；成人/儿童 $15/8）的渡轮到海湾港（Gulf Harbour），海湾港是诺迪（Noddy）玩具镇一般的童话小城，有联排别墅、

走哪条路？

从奥克兰出发，多车道的北上机动车道（SH1）会绕过Northern Gateway Toll Rd公路上的奥雷瓦和怀韦拉。这条路能为你节省大约10分钟时间，需要在网上（提前，或者在驶下公路后的5天内）向新西兰交通部（NZ Transport Agency；☎0800 40 20 20；www.tollroad.govt.nz；小汽车和摩托车 每辆 $2.30）付款。如果在规定时间内没有付款，那么你或你的租车公司会被加收$5的管理费。

圣诞节到新年期间，SH1北向收费站到韦尔斯福德（Wellsford）之间的路段有可能会严重拥堵，走SH16绕道库姆和海伦斯维尔是一个合理的替代方案。如果在新年前几天南下，也是明智之举。

码头、乡村俱乐部和高尔夫球场。可以问询渡轮办公室，搭乘公共汽车或出租车前往莎士比亚地区公园。也可以徒步或骑自行车完成剩余的3公里路程。对于骑自行车的人来说，渡轮是个不错的选择，可以避免陆路交通的百无聊赖，而且自行车可免费带上船。

奥雷瓦（Orewa）

☎09/人口 7400

奥雷瓦主海滩是一片可爱的沙滩——只是当地人很担心奥雷瓦会像澳大利亚昆士兰（Queensland）那样，变成新西兰版黄金海岸（Gold Coast）。确实，鳞次栉比的高楼大厦正在涌现，不过，除非退休老人都离开，或者被穿着比基尼的停车场管理员取而代之，不然这里基本不可能变为黄金海岸。更僻静、更紧凑的哈特菲尔兹海滩（Hatfields Beach）就在小山北部2公里外。

景点和活动

奥雷瓦海滩 海滩

（Orewa Beach）全长3公里的海滩是奥雷瓦最吸引人的地方。海滩位于豪拉基海湾内，尽管不会有大风浪，旺季时仍然有救生员四处巡视。

蒂阿拉塔胡纳河口自行车道和步道 骑行、徒步

（Te Ara Tahuna Estuary Cycle & Walkway）这条全长8公里的徒步环线从南桥（South Bridge）开始，绕过河口，路过本地种植园——那里以前是毛利人的食物集散中心。

Snowplanet 雪上运动

（☎09-427 0044；www.snowplanet.co.nz；91 Small Rd, Silverdale；一日通票 成人/儿童 $69/49；⏲周日至周四 10:00~22:00，周五和周六 9:00至午夜）这里全年提供室内滑雪、单板滑雪和管道滑雪活动。位于奥雷瓦以南8公里处，就靠着SH1。

住宿

Orewa Motor Lodge 汽车旅馆 $$

（☎09-426 4027；www.orewamotorlodge.co.nz；290 Hibiscus Coast Hwy；公寓套间 $160~210；📶）奥雷瓦主路边有许多汽车旅馆，这是其中之一，旅馆重新装修过，提供干净的木结构套间，还挂着花篮，整洁而美丽。还有水疗池。

Waves 汽车旅馆 $$$

（☎09-427 0888；www.waves.co.nz；Hibiscus Coast Hwy和Kohu St交叉路口；公寓套间 $185起；📶）房间十分宽敞，设施齐全。楼下套间还带有花园和水疗设施。最棒的是，离海滩只有几米远。

餐饮

Casablanca 地中海菜 $$

（☎09-426 6818；www.casablancacafenz.co.nz；336 Hibiscus Coast Hwy；主菜 $16~29；⏲周一至周五 11:00~22:00，周六和周日 9:00~22:00）这家热闹的咖啡馆供应土耳其、北非和地中海风味的美食。试试这里美味丰盛的摩尔风味煎蛋（Moorish eggs），吃完一定能精神满满地继续你的新西兰之旅。

Coast 精酿啤酒

（☎09-421 1016；www.coastorewa.co.nz；342 Hibiscus Coast Hwy；⏲11:00~23:00）这是奥克兰Deep Creek Brewing在奥雷瓦的边哨，供应精酿啤酒、鸡尾酒和葡萄酒，搭配美味的菜肴和酒吧小吃。进来坐在上层露台上欣赏海景，大多数周五和周六晚上都有当地乐师演奏。Deep Creek的时令啤酒Lupulin Effect值得一试。

到达和离开

有直达公共汽车从奥克兰市中心（成人/儿童 $12/7，1.25小时）和怀韦拉（Waiwera；成人/儿童 $2.50/1.50，12分钟）开往奥雷瓦。

怀韦拉（Waiwera）

☎09/人口 285

这个位于河口的怡人小村庄拥有美丽的海滩，但吸引人们前来的是温泉（wai wera）。温热的矿泉水从1500米深的地底汩汩涌出，注满了怀韦拉温泉度假村的19个温泉池。附近占地134公顷的温德霍尔姆地区公园里有鸟类、海滩、殖民地历史和步道。

景点和活动

温德霍尔姆地区公园 公园

(Wenderholm Regional Park; ☎09-366 2000; www.aucklandcouncil.govt.nz; 37 Schishka Rd)占据怀韦拉河和普霍伊河(Puhoi River)之间134公顷土地的是温德霍尔姆地区公园。公园有多样化的生态环境、大量的鸟类,外加海滩和步道(全程30分钟到2.5小时不等)。Couldrey家族是温德霍尔姆地区最早的殖民定居者,他们的庄园(www.aucklandcouncil.govt.nz; 成人/儿童 $5/免费; ⊙周六和周日 13:00~16:00, 1月至复活节 每天)建于19世纪60年代,如今已经被改造成了一座博物馆。露营地(成人/儿童 $15/6)只提供自来水和厕所,地方政府也提供3套舒适且设施齐全的房屋以供出租($133~171)。

怀韦拉温泉度假村 游泳、水疗

(☎09-427 8800; www.waiwera.co.nz; 21 Waiwera Rd; 成人/儿童 $30/16; ⊙周五至周日 10:00~20:00; 🚻)除大量温泉池以外,这里还有大型水滑道、烧烤、私人浴池($40)和一个水疗中心,你也可以在电影池中看上一段影片。对于家庭旅行者来说,乐趣多多。

到达和离开

981路公共汽车从奥克兰市区内的Franshawe St出发,开往怀韦拉(成人/儿童 $12.50/7, 1.25小时),途经奥雷瓦。

普霍伊(Puhoi)

☎09/人口 450

忘掉那些昏暗的咖啡馆和热切真挚的诗人吧,这个宁静的小村庄才充满了真正的波希米亚风情。1863年,约200个说德语的移民从今日捷克的所在地迁居来此,当时这里还是一片茂密的灌木林。

景点和活动

圣保罗和圣彼得教堂 教堂

(Church of Sts Peter & Paul; www.holyname.org.nz; Puhoi Rd)这座漂亮的天主教堂建于1881年,有一幅非常有趣的神堂绘画(是按照波希米亚的原图进行的临摹版本),还有彩色玻璃和雕像。

波希米亚博物馆 博物馆

(Bohemian Museum; ☎09-422 0852; www.puhoihistoricalsociety.org.nz; Puhoi Rd; 成人/儿童 $3.50/免费; ⊙周六和周日 正午至15:00, 1月至复活节 每天开放)展示早期辛劳而坚毅的波希米亚开拓者们的故事。

Puhoi River Canoe Hire 独木舟、皮划艇

(☎09-422 0891; www.puhoirivercanoes.co.nz; 84 Puhoi Rd; ⊙9月至次年6月)提供皮划艇或加拿大独木舟的租赁服务,可按时计费(皮划艇/独木舟 每小时$25/50),也可用于从村庄顺流而下前往温德霍尔姆地区公园(单人/双人皮划艇 $50/100, 含返程交通费用)的8公里线路。需要预订。

餐饮

Puhoi Valley 咖啡馆 $$

(☎09-422 0670; www.puhoivalley.co.nz; 275 Ahuroa Rd; 主菜 $15~23; ⊙10:00~16:00; 🚻)普霍伊山谷(Puhoi Valley)的奶酪在全新西兰都非常有名,这家高档的奶酪店兼咖啡馆正是以这里出产的奶酪作为主营特色。小店就在湖畔,还有喷泉和儿童游乐园。夏季在草坪上有音乐表演,再来一个美味的冰激凌就完美了。

★ Puhoi Pub 小酒馆

(☎09-422 0812; www.puhoipub.com; 5 Saleyards Rd; ⊙周一至周六 10:00~22:00, 周日至20:00)这个始建于1879年的小酒馆别具特色,墙上挂满了老照片、动物头和年代久远的家居用品。

到达和离开

普霍伊位于SH1以西1公里处。过Johnstone Hills隧道后2公里就是岔路出口。没有公共交通可达。

马胡朗吉地区公园和斯坎德雷特地区公园(Mahurangi & Scandrett Regional Parks)

分别位于奥克兰东北马胡朗吉半岛的

南端和东端的马胡朗吉地区公园和斯坎德雷特地区公园，都是很方便的城市一日游目的地，也可以入住简单的旅舍或条件简朴的露营地，悠闲地过上一夜。步道、海滨森林、与世隔绝的海滩、毛利和殖民历史，这里都有。

景点

马胡朗吉地区公园
公园

(Mahurangi Regional Park; ☎09-366 2000; regionalparks.aucklandcouncil.govt.nz; 190 Ngarewa Dr, Mahurangi West)这个公园横跨马胡朗吉海港的顶端，是划船迷的天堂，由海岸森林、要塞村、历史农庄和公墓组成。避风海滩有一流的小沙滩，极适宜下水泡泡或野餐。园内还有多条环形步道，全程1.5~2.5小时不等。

公园分成3个鲜明的区域：马胡朗吉西区(Mahurangi West)，从普霍伊以北3公里处的岔口出来后即可到达；东边的斯考特角(Scott Point)，从沃克沃思(Warkworth)沿着东南方向的公路行驶16公里可达；还有偏远的马胡朗吉东区(Mahurangi East)，只能坐船到达。公园里有4个设施简单的露营地(成人/儿童 $10/4)，4个度假屋($111~171)，每个度假屋可以住6~8人。

斯坎德雷特地区公园
公园

(Scandrett Regional Park; ☎09-366 2000; regionalparks.aucklandcouncil.govt.nz; 114 Scandrett Rd, Mahurangi East)斯坎德雷特地区公园位于马胡朗吉半岛临太平洋的一侧，公园里有沙滩、步道、几片再生森林、一座古老农庄和许多毛利人要塞，还可以欣赏到卡沃岛的美景。有3个度假屋可供出租(成人/儿童 $8/4)。

到达和离开

你需要有自己的交通工具才能抵达这些公园。有些区域只能划船到达。

沃克沃思(Warkworth)

☎09/人口 5000

沃克沃思紧临河边，是一个怡人的休憩地，整洁的主街仍然保留着乡村氛围。近年来，奥克兰房地产价格上涨，机动车道路变好，城镇人口变多，但这里仍然是一个悠闲的地方，有很好的海滩和葡萄酒乡。

景点和活动

圆顶森林
森林

(Dome Forest; SH1)位于沃克沃思以北2公里处。有一条小径穿过这片再生森林，直通向圆顶峰(Dome summit，海拔336米)。天气好的时候，在峰顶附近的瞭望台可以看到天空塔。徒步往返峰顶需要1.5小时。你也可以继续前行，穿过Totora Peak风景保护区，然后从Govan Wilson Rd出来，这是一条折磨人的7小时单程徒步线路。

沃克沃思地区博物馆
博物馆

(Warkworth District's Museum; ☎09-425 7093; www.warkworthmuseum.co.nz; Tudor Collins Dr; 成人/儿童 $7/3; ⏲10:00~15:00)这家小型博物馆展示了拓荒者时代的零碎物件。更为有趣的是旁边的派瑞考利公园(Parry Kauri Park)，这里保护着几棵参天的贝壳杉，包括树龄800年的麦金尼贝壳杉(McKinney; 树围达7.6米)。

Ransom Wines
葡萄酒

[☎09-425 8862; www.ransomwines.co.nz; Valerie Close; 购酒可免费品尝，或为陶哈拉努依保护区(Tawharanui Open Sanctuary)捐款 $5; ⏲周二至周日 10:00~16:00]这家酒庄位于沃克沃思以南3公里处，SH1沿路都有指示路标，很好找。这里出品上好的餐酒，并且配有物超所值的美味品酒拼盘，里面装满了熏肉和本地奶酪。

值得一游

在新西兰各地，你都能看到许多在山腰上的梯田，那是古老的要塞村(pā)留下的痕迹。想了解这些毛利村落的真正面貌，可以到蒂哈娜参加Te Hana Te Ao Marama(☎09-423 8701; www.tehana.co.nz; 307-308 SH1, Te Hana; 成人/儿童 $28.50/18.50; ⏲周三至周日 9:00~17:00)的1小时导览游，参观重建的要塞村。最好提前预订。

餐饮

Chocolate Brown 咖啡馆 $$

（☎09-422 2677; www.chocolatebrown.co.nz; 6 Mill Lane; 主菜 $10~25; ⊙8:00~16:00）这里挂满了以新西兰为主题的各种稀奇古怪的艺术作品，大多数可以出售。咖啡馆供应优质的咖啡、健康的蛋类早餐和美味的自家烘焙品。千万记得留点肚子给隔壁巧克力店的可可制品，店内还有许多用礼品包装的食物，可以让你带回家与亲朋分享。

Tahi Bar 精酿啤酒

（☎09-422 3674; www.tahibar.com; 1 Neville St; ⊙周二至周四 15:30至深夜，周五至周日 正午至深夜）这家酒吧藏在一条安静的小巷子里，供应9种新西兰精酿扎啤，品种常换常新。气氛友好热烈，有美味的拼盘和酒吧小吃，还有古朴的阳光露台。问一问是否有获奖啤酒或沃克沃斯当地酒厂8 Wired Brewing出品的精酿。

购物

蜂蜜中心 食品

（Honey Centre; ☎09-425 8003; www.honeycentre.com; 7 Perry Rd; ⊙8:30~17:00）位于沃克沃思以南5公里处的蜂蜜中心是一个有趣的休闲场所，到这里喝杯咖啡，免费品尝蜂蜜，还可以隔过玻璃观赏蜂房。店里销售与蜜蜂相关的各类产品，从蜡烛到蜂蜜酒，应有尽有。

到达和离开

InterCity（☎09-583 5780; www.intercity.co.nz）往返奥克兰和岛屿湾（Bay of Islands）的班车都会经过镇上。

马塔卡纳（Matakana）

☎09/人口 291

就在大约15年前，马塔卡纳还只是个没什么特色的偏僻乡村，只有几座古老的建筑和一个老式乡村小酒馆。而如今，当地人却困惑地看着喋喋不休的奥克兰人在时髦的红酒吧和咖啡馆里消磨时间。

一切变化都源自本地的精品葡萄酒庄，它们因灰皮诺（pinot gris）、梅乐（merlot）、西拉（syrah）以及各种不太出名的葡萄酒品种而声名鹊起。当地葡萄园的详细信息可查阅《马塔卡纳海滨葡萄酒乡》（*Matakana Coast Wine Country*; www.matakanacoast.com）和《马塔卡纳葡萄酒之旅》（*Matakana Wine Trail*; www.matakanawine.com），马塔卡纳信息中心（Matakana Information Centre）免费提供这两本手册。

中心提供的信息还包括民宿住宿、探访乡村和海岸内陆区域的团队游，以及当地越来越多的古董、复古家具和家居用品商店等。

景点和活动

陶哈拉努依地区公园 海滩

（Tawharanui Regional Park; ☎09-366 2000; http://regionalparks.aucklandcouncil.govt.nz/tawharanui; 1181 Takatu Rd）一条部分路段是沙石路的道路通向这个半岛尽头的保护区。这个特别的保护区占地588公顷，是当地鸟类的栖息地，四周有防天敌围墙加以保护，北边的海滨则是一座海洋公园（需自带浮潜装备）。这里有许多步道，全程1.5小时到4小时不等，但最主要的景点是**锚湾**（Anchor Bay）——该地区最好的白沙海滩之一。靠近海滩有两处营地可以住（成人/儿童 $15/6），都只有基本的设施，此外还有一间可容纳6人的度假屋出租（$171）。

奥马哈海滩（Omaha Beach） 海滩

奥马哈是距离马塔卡纳最近的游泳海滩，有长长的白沙滩和很好的冲浪条件，还有许多豪华度假屋。在这里，你可能在高尔夫球场上看见新西兰前总理，地点就在海滩背后的几个上流社会街区中。

布里克湾雕塑小径 花园

（Brick Bay Sculpture Trail; ☎09-425 4690; www.brickbaysculpture.co.nz; Arabella Lane, Snells Beach; 成人/儿童 $12/8; ⊙10:00~17:00）先花上1个小时，在美丽的布里克湾酒庄（Brick Bay Wines）葡萄园和灌木丛间漫步，欣赏艺术杰作，之后在建筑风格卓越的咖啡馆里品尝一杯葡萄酒，好好放松一下。问问每年一度的“Folly”比赛情况，届时会选出一位新西兰新锐艺术家，胜出者能赢得资助，

在布里克湾(Brick Bay)将他们的设计化为现实。

Blue Adventures 水上运动

(☎022 630 5705; www.blueadventures.co.nz; 331 Omaha Flats Rd, Omaha; 课程 每小时 $59起)提供风筝冲浪、立式单桨冲浪及水上滑板的课程和设备租赁,在奥马哈和奥雷瓦都有。

Matakana Bicycle Hire 骑行

(☎09-423 0076; www.matakanabicyclehire.co.nz; Matakana Country Park, 1151 Leigh Rd; 租赁 半/全天 $30/40起,团队游 $110起)租一辆自行车探索葡萄园和海滩。从信息中心拿一本《马塔卡纳步道》(*Matakana Trails*)地图,上面有奥马哈和波特维尔斯(Port Wells)附近的路线详情。

住宿

BeauRegard Accommodation 小屋 $$

(☎021 803 378; www.beauregard.co.nz; 603 Matakana Rd; 双 含早餐 $160~190; ❄📶)这3个设施完备的单卧室小屋位于一派乡野风光之间,从马塔卡纳村驾车4公里可达,是探索周边区域海滩和葡萄园的理想住宿处。每座小屋都有一个法国名字:贝尔艾尔(BelAir),伏尔泰(Voltaire),巴士底狱(Bastille)。法裔新西兰籍的店主对于在当地市场和餐厅寻觅美食颇有见地。

餐饮

Matakana 小酒馆食物 $$

(☎09-422 7518; www.matakana.co.nz; 11 Matakana Valley Rd; 主菜 $22~37; ⏲11:30至次日1:00)这家马塔卡纳的古老酒馆拥有时尚的装饰风格、当地酿造的葡萄酒和精酿啤酒,以及上佳的小酒馆食物,包括马胡朗吉牡蛎。有一个美式熏炉,制作很好的低温慢烹烤肉,试试猪肚或香辣肋排。偶尔会有DJ和现场表演,给很棒的室外空间更添一分活力。周三的知识竞赛之夜总是很热闹。

★ **Sawmill Brewery** 精酿啤酒厂

(☎09-422 6555; www.sawmillbrewery.co.nz; 1004 Leigh Rd; ⏲正午至22:00)被认为是奥克兰地区最好的精酿啤酒厂。喝着啤酒,在乡村时尚的环境中放松身心,尽情享用各种盘菜。所有菜都很棒,不过我们更爱的是柑橘味双料艾尔啤酒(Double IPA)配山羊肉、鹰嘴豆泥和小茴香饼。

Vintry 葡萄酒吧

(☎09-423 0251; www.vintry.co.nz; 2 Matakana Valley Rd; ⏲15:00~22:00)这家红酒吧位于马塔卡纳电影院里,为当地所有的红酒生产商提供一站式销售服务,当地产的精酿啤酒装在酒桶里。店主还在楼下经营一个河畔法式小馆,供应早午晚三餐。

娱乐

马塔卡纳电影院 电影院

(Matakana Cinemas; ☎09-422 9833; www.matakanacinemas.co.nz; 2 Matakana Valley Rd)华丽的马塔卡纳电影院有个圆屋顶,让人联想到土耳其的浴室。一般播放的是艺术片,不过主流的好莱坞大片也会上映。

购物

马塔卡纳村农贸市场 市场

(Matakana Village Farmers Market; www.matakanavillage.co.nz; Matakana Sq, 2 Matakana Valley Rd; ⏲周六 8:00~13:00)这个很棒的农贸市场引得大量奥克兰人驾车驶上公路。

实用信息

马塔卡纳信息中心(Matakana Information Centre; ☎09-422 7433; www.matakanainfo.org.nz; 2 Matakana Valley Rd; ⏲10:00至深夜)位于电影院大楼的门厅里。一般10:00~13:00有人,不过直到深夜都有地图和宣传册可供自取。

到达和离开

马塔卡纳村位于沃克沃思东北方向的Matakana Rd沿线10公里处,没有定点班车通行。前往卡沃岛(Kawau Island)的渡轮从桑德斯皮特(Sandspit)发出,后者位于沃克沃思以东8公里处的Sandspit Rd旁。

利海岸(Leigh)

☎09/人口 390

利海岸(www.leighbythesea.co.nz)很

小很迷人，有点缀着渔船的海港，风景如画。马瑟森湾（Matheson Bay）则有非常适合游泳的海滩。

它的门前就是很棒的山羊岛海洋保护区（Goat Island Marine Reserve，见150页），除此之外，令其声名远播的还有充满传奇色彩的现场音乐演出地Leigh Sawmill Cafe（见150页），时不时就有出人意料的大人物驾临，表演一两首歌曲。

景点

山羊岛海洋探索中心 水族馆

（Goat Island Marine Discovery Centre；☎09-923 3645；www.goatislandmarine.co.nz；160 Goat Island Rd；成人/儿童/家庭 $9/7/20；⏰12月至次年4月 10:00~16:00，5月至11月 周六、周日和公共及学校假期；👪）这个中心的工作人员由海洋学家和奥克兰大学的研究生组成，有许多关于该海洋保护区生态系统的有趣展览。展开你的山羊岛水域探险之前，来这里了解一下绝对是值得的。互动展示区和满是海洋生物的潮汐池非常适合孩子们。

> **值 得 一 游**
>
> 547公顷的山羊岛海洋保护区（Goat Island Marine Reserve；www.doc.govt.nz；Cape Rodney to Okakari Point Marine Reserve，Goat Island Rd）距离海岸只有3公里，建于1975年，是新西兰的第一个海洋保护区。就在不到40年的时间里，这片海域变成了一座巨大的水族馆，供人们了解新西兰海岸在人类抵达前的模样。只需要下到齐膝深的海水中，就能看到鲷鱼（有蓝色斑点和鱼鳍的大鱼）、紫色蝎鱼和带条纹的三尖鲃游来游去。
>
> 出色的说明板讲解了本地区对毛利人的重要意义（这是毛利人祖先驾驶独木舟最早登陆的地方之一），还提供你可能会遇见的动物照片。
>
> 山羊岛到处都是潜水区，就在近岸处，你甚至可以直接从海滩下水浮潜或潜水。五颜六色的海绵、海藻丛林、帆鳍鱼、龙虾仔和黄貂鱼都很常见，如果非常幸运，你还可能看到逆戟鲸和宽吻海豚。据称在75%的情况下，水下能见度不低于10米。

活动

Goat Island Dive & Snorkel 潜水

（☎09-422 6925；www.goatislanddive.co.nz；142a Pakiri Rd；浮潜设备租赁 成人/儿童 $25/18，含潜水衣 $39/28）这个经营了多年的机构全年提供浮潜导览、专业潜水教练协会（PADI）课程，以及海洋保护区和其他主要景点潜水之旅。也出租浮潜和潜水装备。

Octopus Hideaway 浮潜

（☎021 926 212；www.theoctopushideaway.nz；2 Seatoun Ave；⏰周二至周日 10:00~18:00）这里出租浮潜装备（成人/儿童 $25/18，含潜水衣 $38/26），提供2小时的日间（$75/55）和夜间（$90/70）浮潜导览探险。

团队游

玻璃底船之旅 乘船游

（Glass Bottom Boat Tours；☎09-422 6334；www.glassbottomboat.co.nz；Goat Island Rd；成人/儿童 $30/15；⏰9月至次年4月）可以让你既保持干爽，又有机会欣赏到山羊岛海洋保护区美丽的海底世界。旅程从海滩开始，全程大约45分钟（只要天气允许）。在线或提前致电了解详情并预订。

饮品和夜生活

Leigh Sawmill Cafe 小酒馆

（☎09-422 6019；www.sawmillcafe.co.nz；142 Pakiri Rd；⏰12月底至次年2月中旬 10:00至深夜，2月中旬至12月底 周四至周日）这个热闹的小酒馆是夏季摇滚巡演的一个常规驻点，有时会引来出人意料的大人物。比萨（$25）底又薄又脆，最适合在慵懒的夏季夜晚的花园里享用。店主有时会因为私人原因歇业，所以，提前查看一下Facebook是明智之举。

到达和离开

自驾前往是唯一的选择。

帕基里（Pakiri）

☎09/人口 50

快乐的帕基里海滩就在过了山羊岛12公里处（其中4公里为沙石路面），这是一片未被破坏的白沙滩，浪花翻卷，非常适合冲浪，其中一大片被划为了受保护的地区公园。

从帕基里再走6公里就是帕基里马场（Pakiri Horse Riding；☎09-422 6275；www.horseride-nz.co.nz；Rahuikiri Rd），这里有60多匹良马，可供旅行者在丛林和海滩骑行，从1小时（$80）到多日"观光游猎"项目都有，是很棒的体验。住宿全都是沙滩小屋（铺/小屋$40/200），简陋但景色壮美，也可以选择藏身沙丘间舒适的四室房屋（$500）。

ℹ 到达和离开

帕基里不通公共交通，你得自驾前往。最后的几公里土路崎岖曲折。

岛屿湾和北部区

包括 ➡

最佳就餐

- Provenir（见177页）
- Dune（见157页）
- Sandbar（见157页）
- Gables（见172页）
- Cafe Bianca（见156页）

最佳住宿

- Endless Summer Lodge（见191页）
- Arcadia Lodge（见171页）
- Old Oak（见186页）
- Kahoe Farms Hostel（见184页）
- Mangawhai Chalets（见156页）

为何去

提起“去北方”，不少新西兰人的脑海里都会浮现出一张张年代久远的照片：一家人在阳光下欢聚，波胡图卡瓦树的枝头绽放着火红色的花朵，海豚在美丽的海湾嬉戏。无论是在学校操场还是公司餐厅，在这里拥有一间度假小屋都是让你大受欢迎的通行证。

最受旅行者青睐的，是数量众多的海滩。人们离开拥挤的国家来到这里，漫步在未曾开发的无人海滩上有时反而会觉得难以适应。而曾经覆盖整个新西兰的古老的贝壳杉（kauri）森林，如今只能在西岸区一睹其壮丽的风采。这些幸存的高大贝壳杉是新西兰的国宝之一，令人叹为观止。

除了让人大饱眼福的自然景观，历史也在这里留下华彩的篇章。作为毛利人和欧洲人最早的定居点，北部区是毋庸置疑的新西兰诞生地。

何时去

- 北部区的海滩会在新年之际迎来客流最高峰，并持续火爆，直至1月底学校假期结束。此时住宿价格飙涨，而且供不应求。
- 慵懒的漫长夏日一般会持续到二三月份，届时将是最佳的旅行季。
- 这片“没有冬天的北方”享受着亚热带气候，凯里凯里（Kerikeri）以北尤其突出。夏季平均每月有7天降水，而冬天则有16天。
- 冬季最高温度徘徊在16℃左右，最低气温则通常在7℃上下。
- 气温通常比奥克兰高出1℃~2℃，东海岸尤为明显。

到达和离开

飞机

新西兰航空（Air New Zealand；☎0800 737 000；www.airnewzealand.co.nz）每天有航班从奥克兰飞往旺阿雷（Whangarei）、凯里凯里（Kerikeri）和凯塔亚（Kaitaia）。

巴里尔航空（Barrier Air，见183页）有航班往返凯塔亚和奥克兰。

长途汽车

InterCity（☎09-583 5780；www.intercity.co.nz）班车从奥克兰出发，经怀普（Waipu）、旺阿雷和派希亚（Paihia）开往凯里凯里。

Mana Bus（☎09-367 9140；www.manabus.com）连接奥克兰和派希亚的班车途经怀普和旺阿雷。需注意，这些班次均与Naked Bus联运。

旺阿雷地区（WHANGAREI DISTRICT）

要想真正感受旺阿雷，就非得沾沾水不可。无数海滩让你可以尽情地游泳、冲浪、嬉水。在高峰时节，热门的海滩总会被前来度假的新西兰人占领。但你总能找到那么一片远离人群的沙滩，然后满心欢喜地留下自己的足迹。

旺阿雷北部的图图卡卡（Tutukaka）被《国家地理旅行者》（*National Geographic Traveler*）杂志列为世界三大顶级海滩之一。附近的普尔奈茨群岛被已故的传奇人物雅克·库斯托（Jacques Cousteau）评为世界顶级潜水胜地之一。

> **岛屿湾和北部区精华**
>
> **就餐** 新鲜的奥龙戈湾牡蛎。
>
> **饮品** 芒格怀Wood Street Freehouse（见157页）的北部精酿啤酒。
>
> **阅读** 毛瑞斯·夏伯特（Maurice Shadbolt）的小说《冲突之屋》（*The House of Strife*，1993年），以北部区战争为背景，引人入胜。
>
> **聆听** The Nukes乐队2011年的作品《雷因格角之路》（*Cape Reinga Way*），尤克里里的美妙旋律让人如入仙境。
>
> **观赏** 《长白云之乡》（*Land of the Long White Cloud*，2009年），讲述九十里海滩（Ninety Mile Beach）上的钓鱼哲学。
>
> **节日** 怀唐伊节（Waitangi Day，见176页）。
>
> **绿色旅行** 循着怀波阿足迹（Footprints Waipoua，见194页），对树高歌。
>
> **网络资源** www.northlandnz.com；www.kauricoast.com

芒格怀（Mangawhai）

人口 2400

芒格怀村位于一处美丽的马蹄状河口的底部，而真正令人着迷的地方，是5公里外芒格怀角（Mangawhai Heads）的冲浪沙滩。

历史上有许多毛利人部落曾定居在这一地区，到了17世纪60年代，纳提瓦图瓦（Ngāti Whatua）成为当地主要部落。1807年，纳提瓦图瓦部落在一场关键战役中击败了纳普希部落（Ngāpuhi），不过，他们让该部落的幸存者逃走了——宏基希卡（Hongi Hika）便是其中之一。1825年，他带着一群人，扛着从欧洲人手里得来的火枪杀了回来。纳普西部落血洗了纳提瓦图瓦部落，让敌人几乎惨遭灭族之祸。从此，这一地区成了禁忌之地（tapu）。19世纪50年代，英国殖民者迁入该区域并获得土地所有权。但直到20世纪90年代，这里才不再禁止毛利人举行仪式。

如今，与奥克兰往来交通网络的改善，以及新住宅区向该地区的扩展，都令芒格怀受益匪浅。不过，冲浪沙滩上依然保持着新西兰海滩小镇的慵懒氛围。

景点

★芒格怀角 海滩

（Mangawhai Heads；Wintle St）芒格怀的名气主要来自它的冲浪海滩，就在大河口的北角上。旺季时，海滩旁边的大型停车场很快就会被挤满。

芒格怀博物馆 博物馆

（Mangawhai Museum；☎09-431 4645；www.mangawhai-museum.org.nz；Molesworth Dr，

岛屿湾和北部区亮点

❶ **雷因格角**(见188页)看海洋交汇,感受"灵魂飞升"。

❷ **怀波阿森林**(见194页)瞻仰古老神圣的贝壳杉巨木。

❸ **普尔奈茨群岛**(见165页)潜水,体验新西兰甚至全世界顶级的潜水地之一。

❹ **岛屿湾**(见166页)去北方海域巡游,在海湾诸岛中挑出心目中的海岛天堂。

❺ **九十里海滩**(见187页)在巨大的沙丘上滑沙,享受好似没有尽头的偏远海滩。

❻ **《怀唐伊条约》签署地**(见173页)去了解毛利人和殖民地的历史与文化。

❼ **芒格怀角**(见153页)沉入悠闲的冲浪小镇的氛围,打磨徒手冲浪的技巧,探索河口对岸连绵的沙丘。

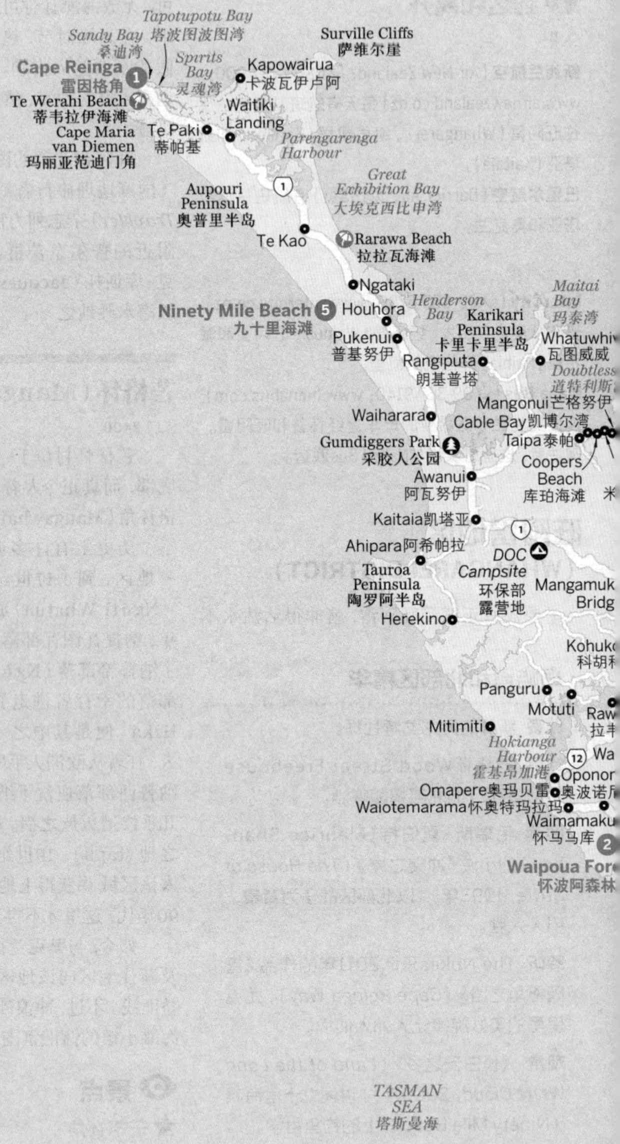

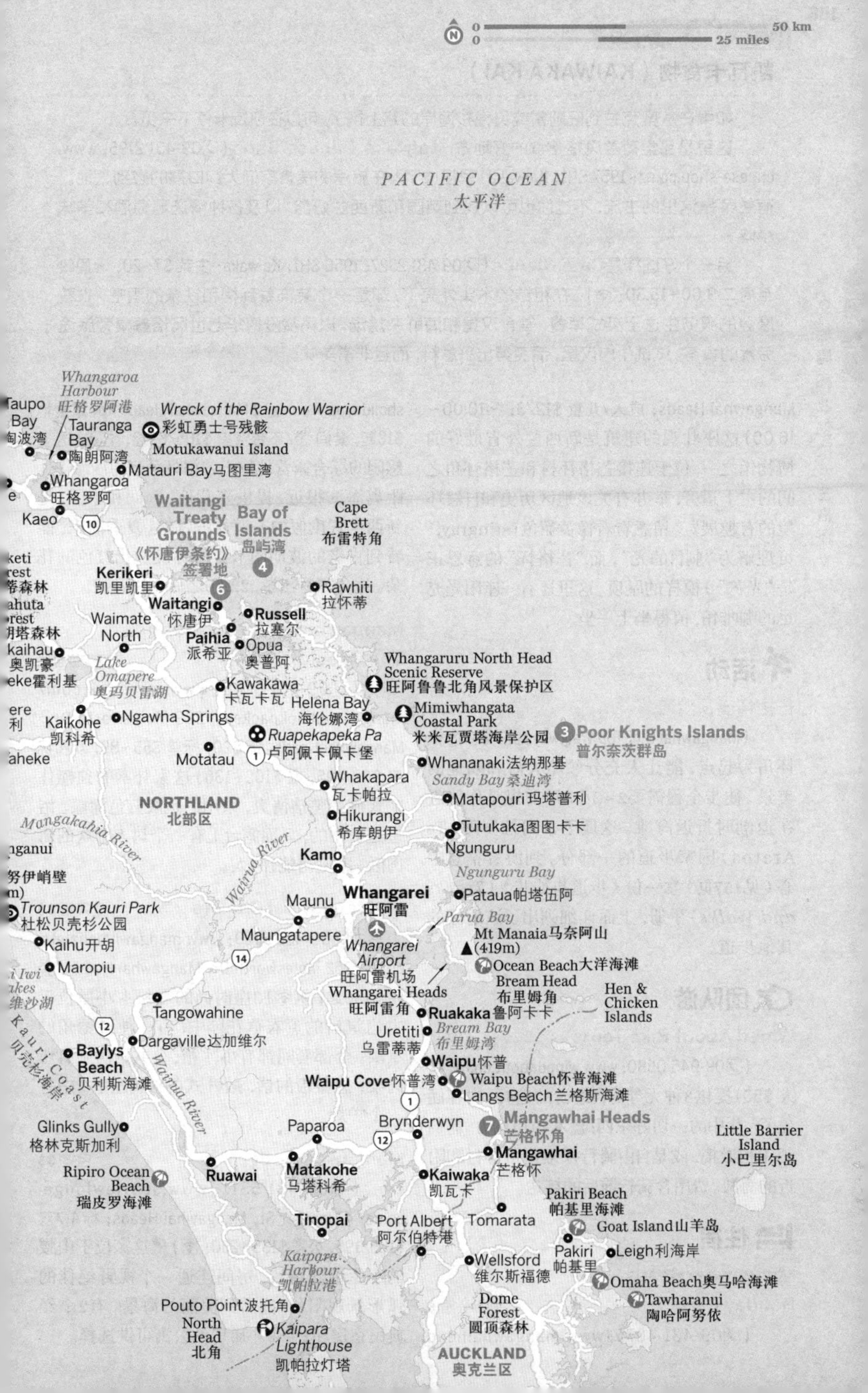

0 50 km
0 25 miles
PACIFIC OCEAN
太平洋
Whangaroa Harbour
旺格罗阿港
Taupo Bay
陶波湾
Tauranga Bay
陶朗阿湾
Wreck of the Rainbow Warrior
彩虹勇士号残骸
Motukawanui Island
Matauri Bay马图里湾
Whangaroa
旺格罗阿
Kaeo
10
Waitangi Treaty Grounds
《怀唐伊条约》签署地
Bay of Islands
岛屿湾
4
Cape Brett
布雷特角
Kerikeri
凯里凯里
6
Waitangi
怀唐伊
Rawhiti
拉怀蒂
Russell
拉塞尔
Waimate North
Paihia
派希亚
Opua
奥普阿
Lake Omapere
奥玛贝雷湖
Kawakawa
卡瓦卡瓦
Whangaruru North Head Scenic Reserve
旺阿鲁鲁北角风景保护区
Helena Bay
海伦娜湾
Mimiwhangata Coastal Park
米米瓦贾塔海岸公园
3 Poor Knights Islands
普尔奈茨群岛
Kaikohe
凯科希
Ngawha Springs
Ruapekapeka Pa
1
卢阿佩卡佩卡堡
Motatau
Whananaki法纳那基
Sandy Bay桑迪湾
Whakapara
瓦卡帕拉
NORTHLAND
北部区
Matapouri玛塔普利
Hikurangi
希库朗伊
Tutukaka图图卡卡
Ngunguru
Mangakahia River
Wairua River
Kamo
Ngunguru Bay
Whangarei
旺阿雷
Maunu
Pataua帕塔伍阿
Trounson Kauri Park
杜松贝壳杉公园
Parua Bay
Maungatapere
Mt Manaia马奈阿山
(419m)
Whangarei Airport
旺阿雷机场
14
Kaihu开胡
Maropiu
Ocean Beach大洋海滩
Bream Head
布里姆角
Hen & Chicken Islands
Whangarei Heads
旺阿雷角
Tangowahine
Ruakaka鲁阿卡卡
Uretiti
乌雷蒂蒂
Bream Bay
布里姆湾
12
Dargaville达加维尔
Kauri Coast
贝壳杉海岸
Baylys Beach
贝利斯海滩
Wairoa River
Waipu怀普
Waipu Cove怀普湾
Waipu Beach怀普海滩
Langs Beach兰格斯海滩
1
Mangawhai Heads
7
芒格怀角
Glinks Gully
格林克斯加利
Paparoa
Brynderwyn
12
Little Barrier Island
小巴里尔岛
Mangawhai
芒格怀
Ripiro Ocean Beach
瑞皮罗海滩
Ruawai
Matakohe
马塔科希
Kaiwaka
凯瓦卡
Pakiri Beach
帕基里海滩
Tomarata
Tinopai
Port Albert
阿尔伯特港
Goat Island山羊岛
Pakiri
帕基里
Leigh利海岸
Kaipara Harbour
凯帕拉港
Wellsford
维尔斯福德
Omaha Beach奥马哈海滩
Tawharanui
陶哈阿努依
Dome Forest
圆顶森林
Pouto Point波托角
North Head
北角
Kaipara Lighthouse
凯帕拉灯塔
AUCKLAND
奥克兰区

值得一游

凯瓦卡食物（KAIWAKA KAI）

如果在从奥克兰到旺阿雷或贝壳杉海岸的路上饿了，可以在凯瓦卡停下来觅食。

这里是品尝荷兰风格熟食的好地方，Kaiwaka Cheese Shop（☎09-431 2195; www.cheese-shop.co.nz; 1957 SH1, Kaiwaka）早已成了人在旅途的美食家们大饱口福的必到之地。荷兰菜是这里的主流，不过你也可以找到英国和新西兰奶酪，以及各种精选葡萄酒和美味小吃。

另一个好选择是Cafe Bianca（☎09-431 2327; 1956 SH1, Kaiwaka; 主菜 $7~20; ⊙周四至周二 9:00~15:30; 📶）。在粗糙的木头外壳下，却是一个装饰着瓦楞和铁条的酒吧，衣着摩登的服务生送上英式早餐、美食汉堡和海鲜杂烩汤，以犒赏爱德华七世风格餐桌旁旅途劳累的食客。试试牛肉汉堡，清爽得出乎意料，而且非常美味。

Mangawhai Heads; 成人/儿童 $12/3; ⊙10:00~16:00）这座壮观的建筑是新西兰外省最好的博物馆之一，位于连接芒格怀村和芒格怀角之间的主干道旁，举办有关该地区历史和自然环境的有趣展览。留意看看像黄貂鱼（stingray，可理解为“刺目的光”，而“芒格怀”的意思正是“光芒”）模样的屋顶。这里还有一座阳光充足的咖啡馆，值得坐上一坐。

活动

芒格怀崖顶步道 徒步

（Mangawhai Cliff Top Walkway）路线以芒格怀角为起点，能让人充分领略大海和陆地的美景。徒步全程需要2~3小时，前提是你能赶在退潮时折返海滩。这属于蒂阿拉罗阿（Te Araroa）国家步道的一部分。到游客信息中心（见157页）拿一份《步道与徒步》（*Tracks and Walks*）手册，上面详细列出了该地区的其他步道。

团队游

Wined About Bike Tours 骑行

（☎09-945 0580; www.winedabout.co.nz; 每人 $50）提供3种无导览自助游的选择，内容涵盖了人生中的一切好东西：艺术和巧克力、葡萄酒庄和橄榄，或是自由骑行探索芒格怀村和附近的海滩。费用含骑行前后的接送。

住宿

Mangawhai Heads Holiday Park 度假公园 $

（☎09-431 4675; www.mangawhaiheadsholidaypark.co.nz; 2 Mangawhai Heads Rd; 露营地 $18起，套间 带/不带浴室 $105/65起; 📶♿）这个悠闲的综合露营地位于芒格怀河口的沙滩上，距离海滨很近，提供露营地、套间和小屋，是新西兰式度假的一道复古风景。夏季前来，能看到古老的波胡图卡瓦树林绽放出红色的花朵。适合家庭出游，22:30之后一片静谧。

Mangawhai Backpackers: The Coastal Cow 青年旅舍 $

（☎09-431 5246; www.facebook.com/mangawhaibackpackers; 299 Molesworth Dr, Mangawhai Heads; 铺 $20，标单 $55~89，双和标双 $68~95，家 $102~136）这家朴素的独幢住宅式旅舍整洁清爽，采用的是淡蓝色涂漆。浴室是公用的，后面露台上有一个讨人喜欢的烤肉区。家庭房能住4人。

★ Mangawhai Chalets 度假屋 $$

（☎09-431 5029; www.mangawhaichalets.co.nz; 252 Molesworth Dr, Mangawhai Heads; 套间 $130起; ❄📶）3座时尚的雪松木小屋位于主建筑后的薰衣草花园中，有一种科德角的氛围。全部套间都有小冰箱，公共厨房中有烤肉架，想做饭的话，敞开式的“娱乐室”中有一个炉灶。

Mangawhai Lodge 民宿 $$

（☎09-431 5311; www.seaviewlodge.co.nz; 4 Heather St, Mangawhai Heads; 标单/双 $185/195，公寓 $185~250; 📶）🍃这家位于山腰的小屋装修精致，房间连通一个视野绝佳的弧形景观阳台，能看到美丽的海景。有2个经典民宿房和2个带小厨房的公寓可供选择。

餐饮

★ Dune 咖啡馆 $$

(☎09-4315695; www.facebook.com/thedunemangawhai; 40 Moir St, Mangawhai village; 主菜 $19~28; ⊙周三至周日 9:00~21:00, 夏季 营业时间延长)除了有点名不副实外，芒格怀最好的餐馆非这个不见沙的“沙丘”莫属。Dune位于村子中心，一半是酒吧，一半是咖啡馆，两边都有户外的阳光餐桌。食物很出色，包括美味的烟熏牛腩、美食比萨和大量美味的蔬菜配菜。许多产品都产自店主自家的农场。

★ Sandbar 咖啡馆、法式小馆 $$

(☎09-431 5587; www.sandbarmangawhai.co.nz; Fagan Pl, Mangawhai Heads; 主菜 早午餐 $12~19, 午餐 $18~22, 晚餐 $31~33; ⊙每天 9:00~15:00, 周五、周六 18:00~22:00, 夏季营业时间延长; 👪)光亮的水泥地面，一面绿化墙，营造出了时尚、安静的氛围。这里白天是咖啡馆，晚上是法式小馆。晚餐精致巧妙，有鲜鱼、苏格兰威士忌菲力牛排、美利奴羔羊肉以及无比松软的土豆团子配蘑菇和松露油。

Mangawhai Tavern 小酒馆

(☎09-431 4505; www.mangawhaitavern.co.nz; 2 Moir St, Mangawhai village; ⊙11:00至深夜)这是新西兰最古老的小酒馆之一，建于1865年，曾两次遭焚毁。就在港口附近，是午后小酌一杯的绝佳之地。大多数的周六晚上和周日下午都有现场音乐演奏，圣诞节至新年期间，一些新西兰顶级乐队会“High翻”整个户外舞台。食物也非常棒。

Wood Street Freehouse 酒吧

(☎09-431 4051; www.woodstreetfreehouse.co.nz; 12 Wood St, Mangawhai Heads; 主菜 $18~26, 拼盘 $10~12; ⊙周一至周五 16:00至深夜，周六和周日 正午起; 👪)精酿啤酒已经驾临芒格怀这家热闹的酒吧兼咖啡馆，其中包括大量来自北部的精选佳酿。出色的食物包括汉堡、美食比萨、共享拼盘——松露和帕尔玛干酪炸薯条很诱人。定期举办适合阖家共赏的电影之夜。

实用信息

游客信息中心(☎09-431 5090; www.mangawhai.co.nz; Molesworth Dr, Mangawhai Heads; ⊙1月和2月每天 9:00~18:00, 3月至12月 周六 11:00~17:00, 周日 11:00~13:00)工作人员偶尔会在，不过外面有信息栏。可咨询当地葡萄园和橄榄园的游览情况。

到达和离开

距离奥克兰约80分钟车程。没有常规公共交通连接。

怀普和布里姆湾 (Waipu & Bream Bay)

人口 1680

怀普是一个沉睡的乡村小镇，令人发笑的名字下藏着的是迷人的历史和两片非常好的海滩，分别位于怀普湾(Waipu Cove)和兰格斯海滩(Langs Beach)。

在1853年至1860年，最早的934名英国移民者从苏格兰出发，经由加拿大的新斯科舍省(Nova Scotia)，环绕了大半个地球，来到怀普。这群谨慎的苏格兰人明智地避开了已有众多英国同胞定居的寒冷的奥塔戈(Otago)，转而选择在阳光更为充足的北部区落脚。每年1月的高地运动会(Highland Games)就是为了纪念怀普的苏格兰渊源。

布里姆湾有绵延数英里的无人海滩，美好静谧，只是因为北边一座巨大的炼油厂而黯然失色。在乌雷蒂蒂(Uretiti)海滩上，一处环保部露营地以南的一段海滩是默认的“可天体”区。新年期间，海滩上的游人主要为势均力敌的三大类：新西兰家庭、严肃的欧洲裸体主义者，以及来自奥克兰和北部区的男同性恋者。

景点和活动

这一带有几条绝佳的步行路线，比如怀普海岸步道(Waipu Coastal Trail)，从怀普湾出发，向南途经薄饼岩(Pancake Rocks)到达小海湾(Ding Bay)。怀普岩洞步道(Waipu Caves Walking Track)全程2公里，起点靠近一处内有萤火虫和钟乳石的大岩洞入口。想进去一探究竟吗？记得带上手电筒，再穿一双结实的鞋。

怀普博物馆 博物馆

（Waipu Museum；☎09-432 0746；www.waipumuseum.co.nz；36 The Centre, Waipu；成人/儿童 $10/5；⊙9:30~16:30）这座迷人的小博物馆通过全息图、短片和互动展览生动再现了怀普的苏格兰传统。一个有趣的事实是：直到1907年，怀普的教会服务都在使用苏格兰盖尔语。

节日和活动

怀普高地运动会 体育节

（Waipu Highland Games；www.waipugames.co.nz；⊙1月1日）如今，这里的居民只有十分之一是苏格兰人的直系后裔，但始于1871年的高地运动会仍每年在苏格兰公园（Caledonian Park）举行，场面十分盛大。

住宿

Camp Waipu Cove 度假公园 $

（☎09-432 0410；www.campwaipucove.com；869 Cove Rd, Waipu Cove；露营地/房间 $38/45起，套间 带/不带浴室 $120/70起）这家维持良好的露营地坐落在一片宜人的海滩旁，能看到峭崖嶙峋的海岛，提供大量设施简单的小屋、汽车旅馆风格的套间、宿舍房、帐篷和露营车位。设施包括一个干净的彩色厕所、公共厨房、运动场、超大号的棋牌和电视房。本地鸟类飞来飞去，很是热闹。

DOC Uretiti Campsite 露营地 $

（☎09-432 1051；www.doc.govt.nz；SH1, Uretiti；露营地 成人/儿童 $13/6.50）环保部在乌雷蒂蒂海滩上设置的露营地，带热水淋浴，可以躺在起伏的沙丘间观赏星光下的海滩。

Waipu Wanderers Backpackers 青年旅舍 $

（☎09-432 0532；www.waipu-hostel.co.nz；25 St Marys Rd；铺/标单/双 $33/49/70；📶）这间怀普小镇上的背包客旅舍热情友好，只有3间房，藏身在一座橘树环绕的可爱老屋背后。有公共浴室。免费提供麦片、吐司和时令水果。

就餐

Cove 咖啡馆 $$

（☎09-432 0234；www.thecovecafe.co.nz；910 Cove Rd, Waipu Cove；早餐 $12~19，主菜 $22~35；⊙夏季 8:00至深夜，冬季 周四至周一 9:00~21:00）这家古老的小屋靠近怀普，提供所有的基本饮食，包括咖啡、早餐百吉饼，以及比萨、美食汉堡、精酿啤酒和健康的冰沙，露台是举杯庆贺新西兰探索之旅的好地方。烘焙食品分外诱人。

McLeod's Pizza Barn 比萨 $$

（☎09-432 1011；www.facebook.com/mcleodspizzabarn；2 Cove Rd, Waipu；比萨 $13~29，主菜 $20~27；⊙4月至11月 周三至周日 11:30~21:00，12月至次年3月 每天）这里的口味搭配或许就像有个苏格兰名字的比萨店一样奇怪，但薄底比萨很美味。试试Gumdigger，里面放了烟熏三文鱼、芦笋、蓝纹奶酪和香蒜酱汁，搭配怀普本地的McLeod's Brewery精酿啤酒。其余热门选择还有汉堡、羔羊排和意大利面。

Waipu Cafe Deli 咖啡馆 $$

（☎09-432 0990；www.facebook.com/waipu.cafe.deli；29 The Centre, Waipu；主菜 $12~19；⊙8:00~15:00）这家颇具吸引力的小咖啡馆位于怀普的主街上，供应诱人的沙拉、三明治、英式早餐、意大利面、马芬以及公平贸易的有机咖啡。

到达和离开

InterCity（见153页）每天有3~4班车往返奥克兰（$23起，2.5小时）、旺阿雷（$18起，25分钟）、卡瓦卡瓦（$28起，1.5小时）、派希亚（$25起，1.75小时）和凯里凯里（$25起，2.25小时）。

与Naked Bus联运的Mana Bus（见153页）每天有2~3班车往返奥克兰（$17起，2小时）、沃克沃思（$15起，1小时）、旺阿雷（$10，45分钟）、卡瓦卡瓦（$14，1.75小时）和派希亚（$14，2小时）。

自驾前往怀普湾，可从芒格怀角出发，经兰格斯海滩，沿途风光格外迷人。另一个选择是在旺阿雷以南38公里处就转入SH1。

旺阿雷（Whangarei）

☎09/人口 56,400

作为北部区唯一的城市，旺阿雷被自然美景所环绕。市中心小而紧凑，即便是下雨

天，你也可以找到各种消遣。这里有活跃的艺术团体、几条不错的步行道和一些有意思的咖啡馆、酒吧。

景点

在这个迷人的河岸码头小城里，有许多博物馆、美术馆、咖啡馆、商店、公共艺术，还有一个信息中心。这里是漫步的好地方，艺术漫步之旅（Art Walk）和遗产小径（Heritage Trail）沿途均有路标指示。每年10月底至次年复活节的每个周六，人行天桥背阴处都有工匠集市（artisans' fair; www.artisansfair.org.nz）。

克拉芬国家时钟博物馆 博物馆

（Clapham's National Clock Museum; ☎09-438 3993; www.claphamsclocks.com; Lower Dent St, Town Baisn; 成人/儿童 $10/4; ⏲9:00~17:00）馆内收藏有近1600种迷人的计时器，能够发出各种钟鸣声，如嘀嗒、咚咚和布谷鸟叫等，比你想象的还要有趣。既有1690年英国制造的珍贵祖父钟这样庄重、正经的类型，也有各种古怪、俗气的产品。

里德贝壳杉纪念公园 森林

（AH Reed Memorial Kauri Park; wdc.govt.nz; Whareora Rd）免费 如今，在这片繁茂的本土植被林中，保护着一大片足有500年历史的贝壳杉树林。一条设计巧妙的木板路能让你轻松走进树冠间。从Bank St出发，向北走，右转上Whareora Rd即可到达。

阿比岩洞 洞穴

（Abbey Caves; Abbey Caves Rd）免费 阿比岩洞位于城东6公里处，由3个未被开发的大山洞相连组成，里面有许多萤火虫和石灰岩沉积物。拿上手电筒，穿一双耐用的鞋，安全起见，再叫上一个同伴，做好全身湿透的心理准备就可以出发了。周围的保护区是一片奇形怪状的石林。可向信息中心（见164页）索取岩洞资料。

旺阿雷采石场花园 花园

（Whangarei Quarry Gardens; ☎09-437 7210; www.whangareigardens.org.nz; 37a Russell Rd, Kensington; 捐赠入场; ⏲9:00~17:00）🍃园艺志愿者用灵巧的双手把废弃的采石场改造成了一个美丽的公园，这里有湖泊、瀑布，花香扑鼻，一派生机，自然景色与人工景致相得益彰。此外，还有一个游客中心和一家出色的咖啡馆。从Rust Ave出发，右转入Western Hills Dr，再左转沿着Russell Rd就能到达这里。

旺阿雷瀑布 瀑布

（Whangarei Falls, Otuihau; Ngunguru Rd, Glenbervie）在26米高的旺阿雷瀑布周围转转，你会看到瀑布从古老的玄武熔岩边缘倾泻而下。在市内的Rose St乘坐Tikipunga公共汽车（$3，周日停开）即可到达。

北方奇异鸟体验馆 博物馆

（Kiwi North; ☎09-438 9630; www.kiwinorth.co.nz; 500 SH14, Maunu; 成人/儿童 $20/5; ⏲10:00~16:00）🍃这处综合设施位于旺阿雷以西5公里处，由一片19世纪的建筑群和一个博物馆组成，馆内大量展出毛利人和殖民地时期的手工艺品。大蜥蜴和奇异鸟屋是夜行馆，提供在黑暗中一睹这个国度最珍稀的飞禽的难得体验。

旺阿雷艺术博物馆 美术馆

（Whangarei Art Museum; ☎09-430 4240; www.whangareiartmuseum.co.nz; The Hub, 91 Dent St, Town Basin; ⏲10:00~16:00）免费 这个旺阿雷的公共美术馆里有一些有趣的永久收藏，不过，两个大展馆里展出的常常都是当地艺术家创作的短期展品。

活动

信息中心（见164页）提供的免费手册《哈蒂亚河岸步道及周边》（*Hatea River Walk & Surrounds*）里有地图，并详细介绍了当地一些绝佳的徒步小道。哈蒂亚河岸步道（Hatea River Walk）从城市湾出发，沿河岸前行，一直通到旺阿雷瀑布（单程3小时，可乘坐303A路公交车往返）。若干更长的步道穿过哈蒂亚河（Hatea River）以东的帕瑞哈卡保护区（Parihaka Reserve），沿途有火山锥遗迹（海拔241米）和一个大型要塞村遗址。驾车至山顶瞭望台，城市全貌可尽收眼底。另有步道穿过加冕风景保护区（Coronation Scenic Reserve），这是位于市

Whangarei 旺阿雷

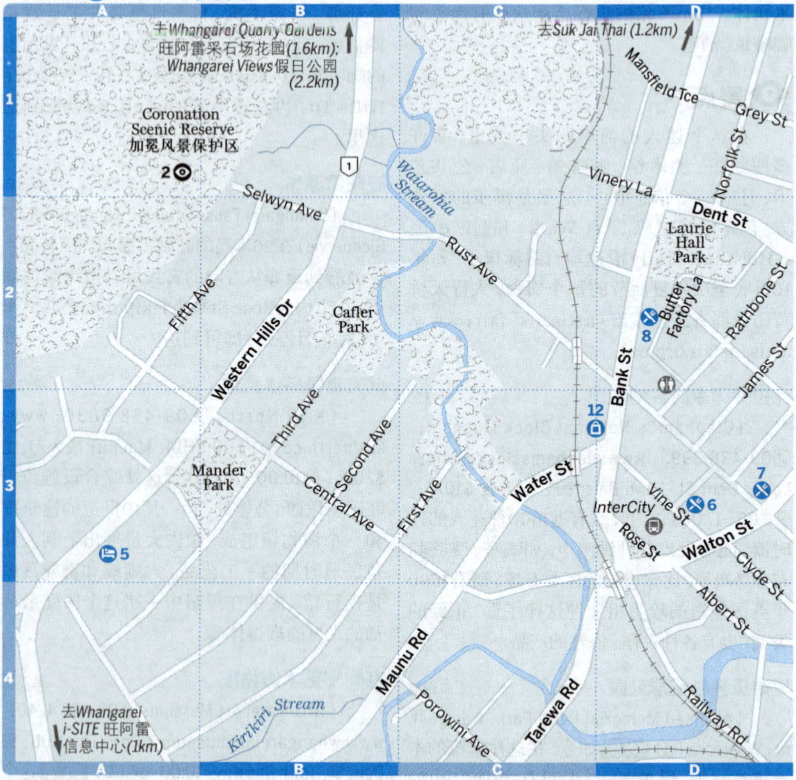

中心以西的大片灌木林，包括两个要塞村和一些废弃的采石场。

Skydive Ballistic Blondes 跳伞

(☎0800 695 867; www.skydiveballisticblondes.co.nz; 10 Domain Rd, Onerahi; 跳伞$199~380)在新西兰高空跳伞界，这个机构不仅名称最为古怪，还是唯一获得在海滩降落许可的机构，可降落的海滩包括大洋海滩(Ocean Beach)、鲁阿卡卡海滩(Ruakaka)和派希亚(Paihia)。

团队游

Pacific Coast Kayaks 皮划艇

(☎09-436 1947; www.nzseakayaking.co.nz; 皮划艇租赁 4/8小时 $60/80，团队游 $40~150)出租皮划艇，并提供前往旺阿雷地区多处的划行指导。旺阿雷郊区欧尼瑞伊(Onerahi)可免费接送。以下地点收费接送：图图卡卡(Tutukaka, $50)、马塔普利(Matapouri, $60)和旺格罗阿(Whangaroa, $130)。

Pupurangi Hire & Tour 文化

(☎09-438 8117; www.hirentour.co.nz; Jetty 1, Riverside Dr)多种旺阿雷文化游，毛利风情十足，包括乘坐独木舟(waka)游河($35)。也出租皮划艇(每小时$17)、独木舟($25)、水上自行车($17)和自行车($15)。

住宿

Little Earth Lodge 青年旅舍 $

(☎09-430 6562; www.littleearthlodge.co.nz; 85 Abbey Caves Rd; 标单/双/标三 $67/78/96; 📶)Little Earth Lodge位于一个离城镇6公里的农场里，紧邻阿比岩洞，条件足以令其

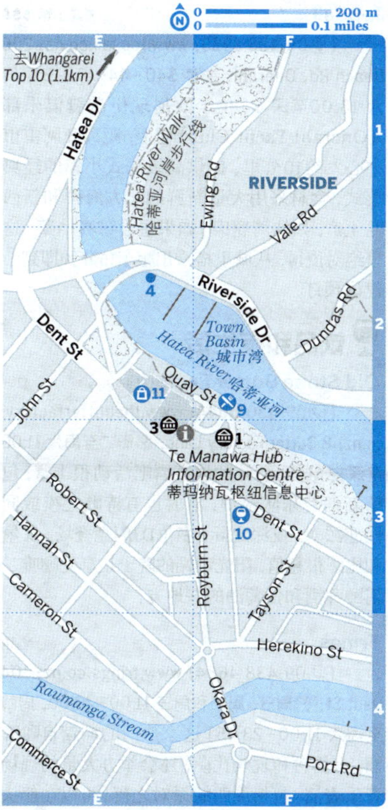

Whangarei 旺阿雷

景点

1 克拉芬国家时钟博物馆 F3
2 采石场艺术中心 A1
3 旺阿雷艺术博物馆 E3

活动、课程和团队游

4 Pupurangi Hire & Tour E2

住宿

5 Lodge Bordeaux A3

就餐

6 Fat Camel D3
7 La Familia D3
8 Nectar D2
9 Quay F2

饮品和夜生活

10 Frings F3
Old Stone Butter Factory （见8）

购物

11 Bach E2
12 Tuatara Design Store C3

他绝大多数旅舍相形见绌。忘掉堆满肮脏海绵床铺的多人间吧，安心享受这里铺着上好床品的舒适床铺。旅舍常驻的小动物包括矮马和羊驼。另外还有一座独立的小屋可供选择。

Whangarei Falls Holiday Park & Backpackers 青年旅舍、度假公园 $

（☎09-437 0609；www.whangareifalls.co.nz；12 Ngunguru Rd，Glenbervie；露营地/铺$25/32起，标单/双 $60/72；）距离旺阿雷中心5公里，但步行即可前往旺阿雷瀑布。这座度假公园里的小屋性价比很高，有些还带小型厨房，不过都没有私人浴室。这里同时也是国际青年旅舍联盟（YHA）成员，有一个10铺宿舍，还有一些稍小的背包客房间。

Whangarei Top 10 假日公园 $

（☎09-437 6856；www.whangareitop10.co.nz；24 Mair St，Kensington；露营地 $22起，套间 $68~160；）这家假日公园位于河岸中心地带，主人十分友好，套间比一般的要好，不锈钢台面光洁锃亮。Mair St位于市中心北面，紧邻Hatea Dr。公园背后有一条沿河岸延伸的宜人的林间小路，一直通到城市湾（Town Basin）。

Lupton Lodge 民宿 $$

（☎09-4372989；www.luptonlodge.co.nz；555 Ngunguru Rd，Glenbervie；标单/双/套/公寓$145/190/290/310起；）这家古老的民宿（1896年）位于旺阿雷瀑布往图图卡卡方向的5公里处，置身一座安静的农场，房间宽敞豪华，个性十足。你可以在果园漫步，在泳池戏水，或者在客用休息室打台球。另有一套时髦的公寓，由谷仓改建而成。

Lodge Bordeaux 汽车旅馆 $$

（☎09-438 0404；www.lodgebordeaux.co.nz；361 Western Hills Dr；公寓 $195起；）这家欧洲风格的高档汽车旅馆有品位高雅的套间，搭配一流的厨房和浴室（大多数有矿泉浴），楼上房间有独立阳台。另有一处烤肉区域、一个小泳池和上好的葡萄酒。

就餐

La Familia 咖啡馆 $

(☎09-438 8404; www.lafamilia.nz; 84 Cameron St; 主菜 $11~17, 比萨 $14~19; ⏲周二至周六 7:00~16:00, 周日 9:00~15:00)这家藏身角落的咖啡馆舒适惬意，提供多种美食。早餐有好吃的酥皮糕点、百吉饼、柜台自选食物和咖啡，午餐则有健康的主食和比萨。供应精选啤酒和品种有限的葡萄酒。

Fat Camel 以色列菜 $$

(☎09-438 0831; 12 Quality St; 主菜 $10~25; ⏲9:00~21:00)这家以色列小咖啡馆位于一条满是民族小餐馆的步行街上，靠皮塔饼和肉丸、沙拉、烤肉拼盘脱颖而出。想吃点不同的东西，可尝试malawach，这是一种类似煎饼的也门薄饼，配上沙拉和蘸料一同上桌。咖啡也很好。

Quay 咖啡馆、法式小馆 $$

(☎09-430 2628; www.thequaykitchen.co.nz; 31 Quayside, Town Basin; 主菜 早午餐 $14~20, 晚餐 $29~35, 比萨 $21~25; ⏲9:00~22:00)这座漂亮的河畔别墅里有弧形的户外座，也有时尚、开阔的室内座。早上提供英式早餐，晚上则有比萨和法式小馆风格的膳食。

Suk Jai Thai 泰国菜 $$

(☎09-437 7287; www.sukjai.co.nz; 93 Kamo Rd, Kensington; 主菜 $17~35; ⏲周二至周六 11:30~14:30, 每天 17:00~22:00; ✎)这家悠闲欢乐的餐厅口味地道，很受泰国移民的欢迎，值得专门跑一趟郊区品尝。想吃到地道的美味，不妨大胆接纳香辛料，甜点有香蕉配椰浆糯米饭。沿Bank St北上，左转上Kamo Rd，即可到达。

Nectar 咖啡馆 $$

(☎09-438 8084; www.nectarcafe.co.nz; 88 Bank St; 主菜 $10~20; ⏲周一至周五 7:00~14:30, 周六 8:00~14:00; ✎)Nectar的员工十分友好，提供有机牛奶和北部区丰富的特产食物。透过后排窗玻璃可以看到城市的风景，来吃顿慵懒的早午餐吧，有火腿蛋松饼和有嚼劲的百吉饼。

TopSail 法式小馆 $$$

(☎09-436 2985; www.topsail.co.nz; 206 Beach Rd, Onerahi; 主菜 $40~44; ⏲周三至周六 18:00至深夜)位于欧尼瑞伊游艇俱乐部(Onerahi Yacht Club)楼上，距离旺阿雷市中心大约10公里，提供高级法式小馆的经典菜式，食材采用大量新鲜的北方海鲜和新西兰土产，如峡湾鹿肉。如果想尝试高档菜，这里绝对值得，从城里搭乘出租车15分钟即到。建议预订。

饮品和夜生活

Old Stone Butter Factory 酒吧

(☎09-430 0044; www.thebutterfactory.co.nz; 8 Butter Factory Lane; ⏲周二至周六 11:00至深夜)这间酷炫的地窖酒吧活动很丰富，包括新西兰乐队巡演，有时也有诗歌之夜或同性恋派对。夜深之际，多位DJ闪亮登场。汉堡和比萨很超值，阳光明媚的院子是享受咖啡、精酿啤酒和葡萄酒的好地方。

Frings 小酒馆

(☎09-438 4664; www.frings.co.nz; 104 Dent St; ⏲周日、周二和周三 11:00~20:00, 周四至周六 11:00~23:45)这家热门的酒馆自酿啤酒，有露台和现烤比萨，还会举办大量的现场音乐表演，包括周四的派对之夜。可以在船头模样的露台上找个位子。

购物

通常你都可以在**采石场艺术中心**(Quarry Arts Centre; ☎09-438 1215; www.quarryarts.org; 21 Selwyn Ave; ⏲9:30~16:30) 免费 找到超值的艺术品和手工艺品。

Bach 艺术和工艺品

(☎09-438 2787; www.thebach.gallery; Town Basin; ⏲9:30~16:30)合作社商店，代售100多位北部区手工艺人的作品。

Tuatara Design Store 工艺品

(☎09-430 0121; www.tuataradesignstore.com; 29 Bank St; ⏲周一至周五 9:30~17:30, 周六 8:00~15:30)毛利和太平洋岛民风格的设计、艺术和手工艺品。

另辟蹊径

老拉塞尔公路（OLD RUSSELL ROAD）

前往拉塞尔，最近的路线是沿SH1到奥普阿（Opua），再换乘渡轮。如果从南面来，老拉塞尔公路是一条蜿蜒的道路，沿途风景优美，但需增加大约半小时的车程。

路口位于希库朗伊（Hikurangi）以北6公里的瓦卡帕拉（Whakapara），很容易错过，留意指向奥卡拉（Oakura）的路标。转上岔路后，继续前行13公里，来到位于**海伦娜湾**（Helena Bay）高处的**Gallery & Cafe**（☎09-433 9934；www.galleryhelenabay.co.nz；1392 Russell Rd, Helena Bay；主菜 $10~20；⏰10:00~16:00），享受公平贸易的咖啡、美味的蛋糕、令人称奇的景色，再瞧瞧有趣的新西兰工艺品。

海伦娜湾附近有条土路，绕道8公里来到**米米瓦贡塔海岸公园**（Mimiwhangata Coastal Park；☎09-433 6554；www.doc.govt.nz；453 Mimiwhangata Rd, Helena Bay）**免费**，这里有沙丘，有波胡图卡瓦树，还有突出的海岬和如画的海滩。环保部管理着保护区内的住宿业务，提供度假屋（每周 $945）、简单舒适的小屋（每周 $630）和海滩房（每周 $630）各一套，都可入住7~8人。幽静的怀卡霍阿湾（Waikahoa Bay）有基本的露营地（成人/儿童 $13/6.50）。

回到拉塞尔公路上，**The Farm**（☎09-433 6894；www.thefarm.co.nz；3632 Russell Rd, Whangaruru；露营地/铺 $15/20，房间 带/不带浴室 $80/60）也可算是个还凑合的选择，有几栋形态各异的建筑，其中包括一个过去的剪羊毛工棚。这里的房间设施简单，却是露营车聚集停留的地方。淡季时是让人放松的乡村隐居处。最大的优点是，你可以在这里骑马（2小时 $50）、骑越野摩托车（$50起）、玩皮划艇和钓鱼。

在The Farm前面一点的交叉路口，拉塞尔公路向左侧延伸出一段土路，蜿蜒穿过**奈奥汤加风景保护区**（Ngaiotonga Scenic Reserve）。如果你打算进入森林探个究竟，可尝试两条短程步道：20分钟步程的贝壳杉树林自然步道（Kauri Grove Nature Walk）和10分钟步程的双子树干步道（Twin Bole Walk），不过最好还是右转进入柏油路面的Rawhiti Rd。

继续前行2.6公里，有一条岔道通向**旺阿鲁鲁北角风景保护区**（Whangaruru North Head Scenic Reserve），那里有海滩、步道和优美的自然景色。从环保部的**普里里湾露营地**（Puriri Bay Campsite；☎09-433 6160；www.doc.govt.nz；Whangaruru North Rd, Whangaruru；露营地 成人/儿童 $13/6.50）出发，有一条环形路线向上通往一处山脊，在那里可以俯视非凡的海岸全景。

如果你想直接前往拉塞尔，就请继续沿Rawhiti Rd行进7公里，然后左转进入Manawaora Rd，路边是一个接一个田园牧歌般的小型海湾，沿着这条路前行，就能重新回到拉塞尔公路。

或者，你也可以再走一条岔道，前往与世隔绝的**拉怀蒂**（Rawhiti），这是纳普希部落的小村子，这里的生活依然围绕着毛利人集会地（marae）展开。拉怀蒂也是一条通往布雷特角（Cape Brett）的小路起点，这条16.3公里的步道十分累人，需要8小时才能到达半岛顶端，可在山顶环保部的**布雷特角小屋**（Cape Brett Hut；☎09-407 0300；www.doc.govt.nz；铺 成人/儿童 $15/7.50）过夜，需要预订。穿过私人土地要付通行费（成人/儿童 $40/20），你可以在岛屿湾的信息中心（见177页）付费。另一种选择是乘坐从拉塞尔或派希亚到布雷特角灯塔的小船，然后步行返回。

另有一条行程1小时的短途步道，穿过毛利人的土地和**旺阿穆穆风景保护区**（Whangamumu Scenic Reserve），到达**旺阿穆穆港**（Whangamumu Harbour）。半岛上有40多处毛利人古迹，还有一个不常见的捕鲸站遗址。

实用信息

环保部旺阿雷办公室(DOC Whangarei Office; ☎09-470 3300; www.doc.govt.nz; 2 South End Ave, Raumanga; ⏰周一至周五 8:00~16:35)紧邻SH1,在旺阿雷中心区以南约2公里处。

蒂玛纳瓦枢纽信息中心(Te Manawa Hub Information Centre; ☎09-430 1188; www.whangareinz.com; 91 Dent St, Town Basin; ⏰9:00~17:00; 📶)i-SITE的市中心区分部,位于旺阿雷艺术博物馆的大厅内。

旺阿雷信息中心[Whangarei i-SITE; ☎09-438 1079; www.whangareinz.com; 92 Otaika Rd(SH1); ⏰9:00~17:00]信息、咖啡、洗手间和淋浴。

到达和离开

飞机

旺阿雷机场(Whangarei Airport, WRE; ☎09-436 0047; www.whangareiairport.co.nz; Handforth St, Onerahi; 📶)在欧尼瑞伊(Onerahi),位于市中心东南方向6公里处。新西兰航空(Air New Zealand, 见153页)有航班往返旺阿雷和奥克兰。从机场乘出租车到旺阿雷市区需要约$25。2路公共汽车($3)开往机场,至少每小时1班,平日大约18:30收班,周六只运营到13:30,周日停运。

长途汽车

长途汽车停靠在城市湾的枢纽信息中心(见164页)。

InterCity(见153页)每天有3~4班车往返奥克兰($31起,3小时)、怀普($18起,25分钟)、派希亚($12起,1.25小时)和凯里凯里($12起,1.75小时)。

Mana Bus(见153页)每天有2~3班车往返奥克兰($20起,2.75小时)、怀普($10,45分钟)和派希亚($12,1.25小时)。

West Coaster(☎021 380 187; www.dargaville.co.nz; 单程 $10)工作日每天2班车连接达加维尔(Dargaville)和旺阿雷。

当地交通

公共汽车

City Link Whangarei(www.citylinkwhangarei.co.nz; 现金 成人/儿童 $3/2)运营7条公交路线,都从Rose St出发。最实用的路线是2路(到机场)、3路(到旺阿雷瀑布)和6路(到北方奇异鸟体验馆)。周六班次减少,周日停运。

出租车

A1 Cabs(☎09-438 3377; www.whangarei.bluebubbletaxi.co.nz)

旺阿雷角(Whangarei Heads)

旺阿雷角公路(Whangarei Heads Rd)顺着海港北部蜿蜒35公里,到达通往旺阿雷角的入口,途经红树林和风景如画的小海湾,沿途生长着波胡图卡瓦树。从马奈阿山(Mt Manaia)419米高的顶峰远眺,景致美不胜收。这座山是一块陡峭的岩石,兀立在麦克利奥德湾(McLeod Bay)之上,要做好气喘吁吁、腿脚酸软地攀爬1.5小时,才能到达山顶的准备。

布里姆角(Bream Head)像个帽子盖在指状陆地的顶端。从乌区哈兹湾(Urquharts Bay)到大洋海滩(Ocean Beach)步行单程需要5小时,一路走过布里姆角风景保护区(Bream Head Scenic Reserve)以及美丽的走私者湾(Smugglers Bay)和皮奇湾(Peach Cove)。

壮丽的大洋海滩在海角的另一侧绵延数英里。那里是冲浪的好地方,夏季有救生员在海滩上巡逻。从巴鲁瓦湾(Parua Bay)可绕道前往美丽的帕塔伍阿(Pataua),这处小村庄坐落在一处浅湾边,有步行桥与冲浪海滩相连。

活动

布里姆角海岸徒步 徒步

(Bream Head Coast Walks; ☎09-434 0571; www.coastwalks.nz; 395 Ody Rd; 2/3晚 $435/535; ⏰10月至次年5月)花上两三天,享受这个这条无导游徒步线路,沿途会经过农场、公共步道和景色绝美的海岸。住宿地是一座豪华小屋,内含出色的食物。小屋是在该地区辛劳徒步后的夜间大本营。提供徒步说明,可以安排旺阿雷接车。

食宿

Kauri Villas 民宿 $$

(☎09-436 1797; www.kaurivillas.com; 73 Owhiwa Rd, Parua Bay; 公寓/套 $195/220起; 📶🏊)这座蓝白色调的漂亮别墅位于山上,可

以俯瞰旺阿雷的海港，有种迷人的旧世界气息。两个大套房均为两室一厅。草坪对面还有一个设备齐全的公寓，能住10人。

Ara Roa 出租屋 $$$

（☎027 320 0770；www.araroa.nz；Harambee Rd, Taiharuru；双 $325~950；）这5座令人惊艳的建筑散落在一片海滨半岛上。两卧的Te Huia能看到日落风景，还有一条灌木丛小道，天黑后经常能听到奇异鸟的叫声。一卧的Glasshouse就在半岛最尖端。Aria也有两个卧室，配一个小游泳池。

Parua Bay Tavern 小酒馆食物 $$

（☎09-436 5856；www.paruabaytavern.co.nz；1034 Whangarei Heads Rd；主菜 $15~28；⏲周三至周日 11:30至深夜）这个舒适的酒馆坐落在拇指形状的半岛上，拥有一棵波胡图卡瓦树，碧波衬着红花，分外耀眼，夏天时这里是个神奇的地方。在平台上找个位置坐下，要一杯冷饮和一份不错的酒馆餐（包括美味的汉堡和比萨），堪称享受。

到达和离开

这条蜿蜒的海边道路上没有公共交通。

图图卡卡海岸和普尔奈茨群岛（Tutukaka Coast & the Poor Knights Islands）

在普尔奈茨群岛，水下除了自然风景外，还有沉在海底的两艘退役海军舰船，是完美的潜水场地。潜水船从旺阿雷东北28公里处的小渔村图图卡卡（Tutukaka）的热闹码头出发。

从图图卡卡开始，公路向内陆略微延伸，再前行10公里，玛塔普利（Matapouri）的金色沙滩就赫然出现。从那里出发，沿着海岸愉快地步行20分钟，便能到达鲸鱼湾（Whale Bay），高大的波胡图卡瓦树环绕着海湾。

从玛塔普利继续往北，广阔壮丽的桑迪湾（Sandy Bay）就在眼前展开，它是北部区最负盛名的冲浪海滩之一，夏季的长距离冲浪比赛就在此举行。接下来，道路转了个弯，在希库朗伊（Hikurangi）与SH1会合，沿着急转向北的岔道走，便是法纳那基（Whananaki），这里有更多美丽的海滩，奥塔穆雷海湾（Otamure Bay）上有环保部的露营地。

活动

无论是新手还是行家，在图图卡卡潜水都能心满意足。沿岸有一些不错的步道，详情可咨询旺阿雷信息中心（见164页）。

Yukon Dive 潜水

（☎09-434 4506；www.yukon.co.nz；Marina Rd；2次潜水 含全套装备 $290）一个自营的潜水活动机构，潜水游一次最多12人。非潜水项目包括浮潜加皮划艇游（$190）。

★Dive! Tutukaka 潜水

（☎0800 288 882；www.diving.co.nz；Marina Rd；2次潜水 含装备 $289）有为期3天的PADI（专业潜水教练协会）开放水域课程。不潜水的话，可以参加完美一日游轮行（Perfect Day Ocean Cruise；www.aperfectday.co.nz；$189），含午餐和小吃，可以在这个海洋保护区浮潜、划皮划艇穿越洞穴和拱门、立式单桨冲浪或者观看海豚（经常可见）和鲸鱼（偶尔可见）。游轮在11月至次年5月开行，每天11:00出发，16:00返回。

Tutukaka Surf 冲浪

（☎021 227 0072；www.tutukakasurf.co.nz；Marina Rd；2小时课程 $75起；⏲商店 11月至次年2月 9:00~17:00，3月至10月 周五至周一 10:00~17:00）夏天多数日子和其他季节的周末，这家机构都会在图图卡卡西北10公里处的桑迪湾（Sandy Bay）提供9:30开始的冲浪课程，其余时间可安排私人课程。他们在图图卡卡的商店还出租冲浪板（每天$45）和立式单桨冲浪板（每天$20）。

食宿

环保部奥塔穆雷湾露营地 露营地 $

（DOC Otamure Bay Campsite；☎09-433 8402；www.doc.govt.nz；Rockell Rd, Whananaki；露营地 成人/儿童 $13/6.50）这处美丽的露营地靠近一片沙滩，茂盛的新西兰圣诞树为其提供了大片绿荫。有冷水淋浴、饮用水和其他少量设施。

普尔奈茨群岛的海洋宝藏

普尔奈茨海洋保护区建于1981年，被列入世界十佳潜水胜地。这座群岛沐浴在来自珊瑚海（Coral Sea）的亚热带洋流中，在这里可以看见新西兰其他沿岸水域看不到的各种热带和亚热带鱼类。海水清澈，没有沉积物或污染问题。高40~60米的水下悬崖垂直地矗立在沙质海底之上，形成了一座由拱门、洞穴、隧道和沟壑构成的迷宫，吸引了种类繁多的海绵类动物和五彩缤纷的水下植物。鱼群、鳗鱼和鳐在这里很常见，有的季节还会见到蝠鲼。

群岛中的两个主要火山岛，Tawhiti Rahi和Aorangi，曾经是Ngāti Wai部落毛利人的家园，但1825年遭受突袭队的大屠杀之后，这两个岛屿便成了禁地（tapu）。甚至直至今日，为了保护其原始的自然环境，仍然禁止民众登岛。这里不仅有喙头蜥（tuatara）和灰背鹱（Buller's shearwater）繁衍生息，还有许多特有的植物品种，例如普尔奈茨红百合（Poor Knights lily）。

Pacific Rendezvous 汽车旅馆 **$$$**

（☎09-434 3847; www.pacificrendezvous.co.nz; 73 Motel Rd, Tutukaka; 公寓 $299起）地理位置极佳，可一睹图图卡卡海港南端的壮观景色，有修剪得整整齐齐的草坪，对于家庭或小型游客团而言是个极好的选择。多室套间均各自独立，且装修各异。

Schnappa Rock 咖啡馆 **$$**

（☎09-434 3774; www.schnapparock.co.nz; Marina Rd, Tutukaka; 主菜 早午餐 $14~23，晚餐 $25~36; ⏲10月至次年5月 8:00至深夜，6月至9月 周日晚歇业）早上挤满跃跃欲试的潜水者，晚上又涌入了从"完美一日游轮行"归来的旅客，这个咖啡馆、餐厅和酒吧三合一的地方总是人声鼎沸。夏天，各种新西兰顶级乐队有时会在周末来此演出。

到达和离开

Whangarei Coastal Commuter（☎0800 435 355; www.coastalcommuter.co.nz; 单程/往返 $25/40）每日为前来参加潜水之旅的旅行者提供一班服务，上午从旺阿雷出发，下午返回。

岛屿湾（BAY OF ISLANDS）

岛屿湾是新西兰的夏季顶级旅游胜地之一。在这个国家的旅游宣传广告中，经常能看到这里绿松石色的海水和150个未开发的岛屿。从帆船、钓大鱼、皮划艇、潜水，到乘船与鲸鱼和海豚相伴同游，这里的大多数活动都在水上。

岛屿湾还具有重要的历史意义。毛利人称它为Pēwhairangi，他们刚迁至新西兰时就是在此定居。作为英国在新西兰的第一个永久定居点（拉塞尔），它是欧洲殖民在新西兰的溯源地。新西兰的建国文件《怀唐伊条约》（*Treaty of Waitangi*）正是在此起草，并于1840年首次签署的。直至今日，这份条约仍然是维持新西兰种族关系的关键文件。

活动

岛屿湾是亚热带潜水的好去处，长达113米的新西兰皇家海军舰艇护卫舰坎特伯雷号（HMNZS Canterbury）沉没于布雷特角附近的深水海湾（Deep Water Cove），令这里多了一个潜水景观。当地的潜水经营者也前往卡瓦利群岛（Cavalli Islands）附近的彩虹勇士号（Rainbow Warrior）残骸展开潜水业务，从派希亚以北乘船去那里大约需要1小时。这两处潜水都会让你享受色彩丰富的视觉盛宴——粉红的海葵、黄色的海绵类动物，以及丰富的鱼类。

你可以乘坐皮划艇、帆船或游船绕海湾观光，既可以参加导览游也可以租船独自前往。注意，有些船运公司冬季会歇业。

这片地区也有一些很好的步道，包括一条很容易走的5公里步道，沿着海岸从奥普阿（Opua）到派希亚（Paihia）。

Bay of Islands Kayaking 皮划艇

（☎021 272 3353; www.bayofislandskayaking.co.nz; 团队游 $80~150）出租海上皮划艇，组织前往哈鲁鲁瀑布（Haruru Falls; Haruru

Falls Rd, Haruru)以及外岛的导览探险游。

Great Escape Yacht Charters 划船

(☎09-402 7143; www.greatescape.co.nz; 4 Richardson St, Opua)提供帆船入门课程(两日课程$445),还有长期课程可供选择。

Flying Kiwi Parasail 帆伞

(☎09-402 6068; www.parasailnz.com; 单人 $115,双人前后跳伞 每位成人/儿童 $95/65)在派希亚和拉塞尔的码头,开启新西兰海拔最高的帆伞之旅(1200英尺/366米)。

团队游

从哪里开始呢?先祈祷好天气吧,因为如果遇上瓢泼大雨或是海浪汹涌,就真的只能望洋兴叹了。岛屿湾信息中心(见177页)和旅馆都可以代为预订团队游。

船

这里有多种多样的船只乐于为旅行者效劳,包括帆船、喷射艇以及大型汽艇。船只从派希亚或拉塞尔始发,以另一个城市作为他们的首个停靠站。

最令人印象深刻的岛屿之一是位于海湾东部布雷特角附近的**皮尔斯岛**(Piercy Island),毛利语的名字为**Motukōkako**。这座陡峭的岩石堡垒以一处巨大的天然拱形结构**岩中洞**(Hole in the Rock)著称。如果一切正常,大多数游船都会经过这座岛的心脏地带。途中你很有可能看到宽吻海豚(bottlenose)和普通海豚,也许还能遇见虎鲸(orca)、其他鲸鱼和企鹅。

航海是探索海湾的最佳方式。即使你没有经验,也可以给船员当个助手(不需经验),不然就逛逛岛屿、晒晒日光浴,或是游泳、浮潜、划皮划艇和钓鱼,悠闲地度过一个下午。

The Rock 游轮

(☎0800 762 527; www.rocktheboat.co.nz; 铺/双/家 $268/650/894)Rock号以前是一艘汽车渡轮,现在改建成了水上旅舍,有多人间、单间人和酒吧。游轮17:00出发,含一顿美味的烤肉和海鲜晚餐,第二天参观岛屿、钓鱼、乘坐皮划艇、浮潜以及游泳。也可以单选夜晚住宿(成人/儿童$208/178)或日间巡游($128/98)。

R Tucker Thompson 乘船

(☎09-402 8430; www.tucker.co.nz; ⊙11月至次年3月)壮观的大船Tucker号由一家专注教育的公益信托机构经营,提供一日游(成人/儿童 $149/75,含烤肉午餐)及黄昏游轮观光(成人/儿童 $65/33)等活动。

Phantom 乘船

(☎0800 224 421; www.yachtphantom.com; 一日游 $110)一条50英尺长的竞赛型单桅纵帆船,以饭菜可口著称,还允许自带啤酒和葡萄酒。

She's a Lady 乘船

(☎0800 724 584; www.sailingbayofislands.com; 一日游 $97)一日游包括午餐、钓鱼、浮潜,以及乘透明船底的划艇。

Ecocruz 游轮

(☎0800 432 627; www.ecocruz.co.nz; 铺/双 $725/1700; ⊙10月至次年5月 周二和周五 8:00出发)三天两夜的帆船游,随72英尺长的远洋游艇Manawanui号出航。费用含住宿、

> **普何伦格双海岸自行车道(TWIN COAST CYCLE TRAIL- POU HERENGA TAI)**
>
> 这段自行车道从岛屿湾伸出,环绕这片地区,最终到达霍基昂加港。好吧,其实只有87公里长而已,可我们认为这也足够成为你回家后的吹牛资本了。全程需要2天,从奥普阿(Opua)出发,依次经过卡瓦卡瓦(Kawakawa)、凯科希(Kaikohe)、奥凯豪(Okaihau)和霍利基(Horeke),最终抵达芒古恩古传教站(Mangungu Mission Station)。
>
> 最受欢迎的一日骑行线路是从**凯科希**到**奥凯豪**的14公里路段,途经一条废弃的铁路隧道,随后绕行**奥玛贝雷湖**(Lake Omapere)。
>
> www.twincoastcycletrail.kiwi.nz网站上有路线详情,以及自行车租用和交通信息。

Bay of Islands 岛屿湾

Bay of Islands 岛屿湾

重要景点

1 《怀唐伊条约》签署地 B2

景点

2 阿罗哈岛 A1
3 Cottle Hill A2
4 哈鲁鲁瀑布 B2
5 卡瓦卡瓦公共厕所 B3
6 旗杆山 B2
7 奥玛塔庄园 B2

活动、课程和团队游

岛屿湾老火车 .... (见5)
8 Coastal Kayakers B2
9 Great Escape Yacht Charters B3
10 Russell Nature Walks C2
Taiamai Tours Heritage Journeys .... (见8)

住宿

Aroha Island .... (见2)
11 Baystay B&B B2
12 Beachside Holiday Park B3
13 环保部露营地 C2
14 环保部普里里湾露营地 D3
15 Kauri Park A2
Moon Gate Villa .... (见15)
16 Relax a Lodge A2
17 The Farm D3
18 Wainui B2

就餐

19 Ake Ake A2
20 Marsden Estate A2
21 Rusty Tractor A2
Whare Waka .... (见1)

购物

Get Fudged & Keriblue Ceramics .... (见15)
Makana Confections .... (见15)

交通

22 岛屿湾（凯里凯里）机场 A2
Super Shuttle .... (见22)

食物、皮划艇、可持续发展的钓鱼和浮潜等活动。

Gungha II 乘船

（☎0800 478 900; www.bayofislandssailing.co.nz; 一日游 $110）65英尺的海洋游艇，有热情的船员，从拉塞尔和派希亚出发。含午餐。

长途汽车

从阿希帕拉（Ahipara）、凯塔亚（Kaitaia）和道特利斯湾（Doubtless Bay）前往雷因格角，费用更低，也更迅捷。如果时间有限，也可参加从岛屿湾出发的一日长线游（10~12小时）。这些长线游都沿九十里海滩行驶，并在沙丘区域停靠，安排滑沙活动。

Fullers Great Sights（见175页）经营常规的巴士团队游和针对背包客的旅行项目，都会在普凯蒂森林（Puketi Forest）停靠。适合儿童的标准版（成人/儿童 $150/75）提供在霍赫拉（Houhora）的可选午餐。这家公司也经营Awesome NZ（见175页）团队游，音乐更响亮，滑沙时间更多，会停靠泰帕（Taipa）品尝小吃，绕道芒格努伊（Mangonui）享用炸鱼和薯条。

Explore NZ的"沙丘行"（Dune Rider，见175页；成人/儿童 $150/110）同样提供品尝芒格努伊炸鱼和薯条的机会。

前往霍基昂加（Hokianga）和怀波阿森林（Waipoua Forest）的公共交通十分有限，所以，如果你没有汽车，或者时间比较紧，一日游就十分合适。Fullers的"Giants & Glow Worms"（成人/儿童 $129/65）全程8小时，途经塔尼玛胡塔（最大的贝壳杉，见195页）和卡维提洞（Kawiti Caves，见182页），由当地毛利人带领。

Total Tours 食物和饮品

（☎0800 264 868; www.totaltours.co.nz; 团队游 $80）这些大巴车或面包车从派希亚出发，前往凯里凯里周围的乡村参加半天的美食、葡萄酒和工艺品之旅（Food, Wine and Craft），或半日美酒游。也可安排定制游活动，前往卡维提洞和卡瓦卡瓦（Kawakawa）的汉德瓦萨艺术公厕（Hundertwasser Toilets，卡瓦卡瓦公共厕所）。

节日和活动

岛屿湾乡村摇滚节 音乐节

（Bay of Islands Country Rock Festival; ☎09-404 1063; www.country-rock.co.nz; 音乐节入场券 $60; ⏲5月）5月的第二个周末，乡村摇滚乐团会在派希亚和拉塞尔的舞台上开唱。

岛屿湾爵士和蓝调音乐节 音乐节

（Bay of Islands Jazz & Blues Festival; ☎09-404 1063; www.jazz-blues.co.nz; 音乐节入场券 $60; ⏲8月）在8月的第二个周末，当地和国外团体将登上派希亚和拉塞尔的舞台。

到达和离开

飞机

岛屿湾（凯里凯里）机场[Bay of Islands (Kerikeri) Airport, KKE; ☎09-407 6133; www.bayofislandsairport.co.nz; 218 Wiroa Rd]位于凯里凯里西南8公里处。新西兰航空公司（见153页）有班机往返奥克兰。

Super Shuttle（☎0800 748 885; www.supershuttle.co.nz; Kerikeri Airport）提供的接驳车连接凯里凯里机场和岛屿湾的凯里凯里（$12）、派希亚（$27）等地。

ABC Shuttles & Tours（☎022 025 0800; www.abcshuttle.co.nz; 团队游 $40起）也提供机场到岛屿湾各城镇的交通服务。

公共汽车

InterCity（见153页）和Mana Bus（见153页）都有班车从奥克兰发往卡瓦卡瓦和派希亚。InterCity的车次还可以继续前往凯里凯里，最北可达凯塔亚。

拉塞尔（Russell）

☎09/人口 720

尽管一度被称为"太平洋上的堕落窟"，如今的拉塞尔却难免会让想体验灯红酒绿的人感到遗憾和失望：他们无法再体验180多年前的海滩纵酒狂欢。现在这里已经变成了历史小城，到处都是礼品店和民宿，夏天还能在海滨租到皮划艇或小划艇。

历史

在被称为"堕落窟"——甚至"拉塞尔"

Russell 拉塞尔

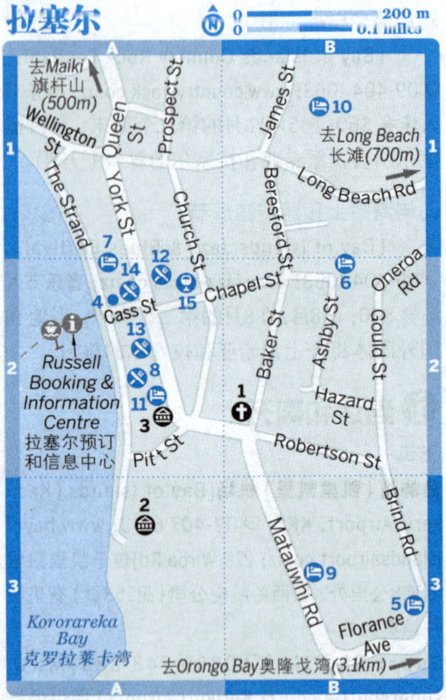

Russell 拉塞尔

景点

1 基督教堂 B2
2 庞帕里尔传教团印刷厂 A3
3 拉塞尔博物馆 A2

活动、课程和团队游

4 Russell Mini Tours A2

住宿

5 Arcadia Lodge B3
6 Bellrock Lodge B2
7 Duke of Marlborough Hotel A2
8 Hananui Lodge & Apartments A2
9 Motel Russell B3
10 Russell Top 10 .... B1

就餐

11 Gables A2
12 Hell Hole A2
13 Hōne's Garden A2
14 Newport Chocolates A2

饮品和夜生活

15 Duke of Marlborough Tavern A2

之前，这里叫作āreka，意为可爱的企鹅，是一处纳普希部落（Ngāpuhi）村庄。直到19世纪早期，这个部落才允许它成为奥特亚罗瓦（Aotearoa，毛利人对新西兰的称呼，又称“长白云之乡”）的第一个欧洲人定居点。很快，它就像磁铁一样引来了各种粗野之人，如逃犯、捕鲸人和醉醺醺的海员。19世纪30年代，曾有几十艘捕鲸船同时停泊在这个海港。1839年，查尔斯·达尔文（Charles Darwin）在他的著作《小猎犬号航海记》（*The Voyage of the Beagle*，原名*Narrative of the Surveying Voyages of His Majesty's Ships Adventure and Beagle*）中把拉塞尔描写成一个充斥着“社会渣滓”的地方。

1830年，这里发生了所谓的“女孩之战”（Girls' War），两位毛利女孩为赢得一位名叫布林德（Brind）的捕鲸船船长的注意而明争暗斗。一次，情敌在海滩偶遇，爆发了争吵和斗殴。接着，她们的家庭成员也卷了进来，为各自亲人受到的羞辱和伤害向对方展开报复。这次小冲突很快升级，一直持续了两周时间，造成数百人死伤，直到传教士介入调停，设法让双方达成和平协议，事件才得以平息。

1840年《怀唐伊条约》签署后，奥吉亚图（Okiato，现在的汽车渡轮始发站）成为总督驻地和临时首都，1841年，首都正式迁至奥克兰，放弃了当时被称为“拉塞尔”的奥吉亚图。而最终，“拉塞尔”之名也取代了Kororāreka。

景点

庞帕里尔传教团印刷厂 历史建筑

（Pompallier Mission; ☎09-403 9015; www.pompallier.co.nz; 5 The Strand; 成人/儿童 $10/免费; ⏲10:00~16:00）这座夯土建筑建于1842年，原本是天主教传教团的印刷厂，如今变成了传教团在西太平洋仅存的最后一座夯土建筑和新西兰最古老的工厂。在当初7年的运营中，这里印出了多达40,000本的毛利文印刷品。门票含非常有趣的团队游，可以亲自动手，体验图书印刷的完整过程，从有点恶心的鞣制动物毛皮作封面，到制版、装订成册，一步不落。

奥玛塔庄园 葡萄酒庄

（Omata Estate; ☎09-403 8007; www.omata.

co.nz; 212 Aucks Rd; ⏲10月至次年5月 11:00~18:00, 6月至9月 需要预约)随着出品的红葡萄酒(尤其陈年西拉)声誉日隆，奥玛塔庄园已然是北部最好的葡萄酒庄之一。除了品酒和海景，这里还提供拼盘($40)。酒庄位于拉塞尔到奥吉亚图(Okiato)汽车渡轮的半路上。

基督教堂 教堂

(Christ Church; www.oldchurch.org.nz; Church St)达尔文曾为这座新西兰最古老的教堂(1836年)的建造捐款。墓地里最大的纪念碑是献给纳普希部落铁腕酋长Tamati Waka Nene的，他来自霍基昂加(Hokianga)，曾在北部区战争中跟洪尼·鹤卡(Hōne Heke)酋长进行顽强的斗争。教堂的木头外墙上还能见到火枪和加农炮弹留下的弹坑，最早的弹坑能追溯到1845年的战争时期。

旗杆山 山丘

(Maiki; Flagstaff Rd)这里是洪尼·鹤卡4次砍断旗杆的地方，可以俯瞰拉塞尔。你可以选择开车上山，但秀丽的风景值得你爬山前往。在退潮时，顺着海滩走拖船道西边的小路，或者沿着Wellington St上山。

拉塞尔博物馆 博物馆

(Russell Museum; ☎09-403 7701; www.russellmuseum.org.nz; 2 York St; 成人/儿童 $10/免费; ⏲10:00~16:00)这家规模很小的博物馆有很不错的毛利展区，包括按1:5比例制成的库克船长奋进号(Endeavour)模型和一段介绍小城历史的录像，时长10分钟。

团队游

Russell Nature Walks 生态游

(☎027 908 2334; www.russellnaturewalks.co.nz; 6080 Russell Whakapara Rd; 成人/儿童 $55/25起)位于拉塞尔南部2.5公里处一座私人的原生林中，日间和夜间导览游能带你看到黑秧鸡、蜜雀等野生鸟类和沙螽等昆虫。夜间团队游有萤火虫照亮，天黑后有可能听到奇异鸟的叫声(很少能看见)。徒步持续1.5~2小时。

Russell Mini Tours 巴士游

(☎09-403 7866; www.russellminitours.com; The Strand和Cass St交叉路口; 成人/儿童 $30/15; ⏲团队游 全年 11:00、13:00、14:00, 10月至次年4月 10:00、15:00和16:00)乘坐小型巴士游览历史悠久的拉塞尔，有讲解。

节日和活动

拉塞尔鸟人节 运动

(Russell Birdman; www.russellbirdman.co.nz; Russell Wharf; ⏲7月)穿戴着各种新奇飞行装置的"疯子"们从码头跳进寒冷的水中。

高桅帆船竞赛 帆船

(Tall Ship Race; www.russellboatingclub.org.nz; ⏲1月)新年后的第一个周六在拉塞尔举行。

住宿

Wainui 青年旅舍 $

(☎09-403 8278; www.wainuilodge-russell-nz.com; 92d Te Wahapu Rd; 铺/标单/双 $29/54/68; 📶)这家青年旅舍很难找，但值得花费力气。这个现代化的林中静居可以直达海滩，只有两间客房，共享令人愉悦的公共空间。它位于拉塞尔到汽车渡轮的途中，距离拉塞尔5公里，也就是说，不是自驾的话，会非常不便。走Te Wahapu Rd，然后右拐上Waiaruhe Way即到。

Russell Top 10 假日公园 $$

(☎09-403 7826; www.russelltop10.co.nz; 1 James St; 露营地 $25起，套间 带/不带浴室 $150/100起; @📶)这个树木茂盛的度假公园维护良好，有家小商店，有良好的设施、美丽的绣球花(hydrangea)和整洁的小屋，套间非常棒，设施齐全，有露台和咖啡机，能看到海湾。

Motel Russell 汽车旅馆 $$

(☎09-403 7854; www.motelrussell.co.nz; 16 Matauwhi Bay Rd; 套间 $120起; 📶)这家老式汽车旅馆身处精心打理的花园之中，提供多种套间，还有一个异形游泳池，小孩子肯定会爱上这个小池子的。房间略微有些暗，但是在拉塞尔市中心能有这个价位的房间，的确不能再多挑剔了。

★**Arcadia Lodge** 民宿 $$$

(☎09-403 7756; www.arcadialodge.co.nz; 10 Florance Ave; 房间/套间 $220/330; ⏲9月至次年6月; 📶)这栋建于1890年的房屋位于山

洪尼·鹤卡和北部区战争（HŌNE HEKE & THE NORTHLAND WAR）

身为《怀唐伊条约》的首位签字者，纳普希部落（Ngāpuhi）酋长洪尼·鹤卡在条约签署仅5年后便感到非常不满，遂第4次谋划砍倒克罗拉莱卡（Kororareka）城内象征英国政权的旗杆，英国总督菲茨罗伊（FitzRoy）派海军和陆军驻守该城，竭力阻止此类事件再次发生。

1845年3月11日，纳普希部落对城里发动了一次声东击西的围攻，卡维提酋长（Kawiti）从南边进攻，另一支军队从长滩（Long Beach）进攻，这在战术上取得了重大胜利。当英军匆忙出战保卫城区时，洪尼·鹤卡已经第4次（也是最后一次）放倒了旗杆山（Maiki Hill）上的英国国旗。英军被迫撤退到停泊在海边的船上，皇家海军舰艇冒险号（HMS Hazard）船长在战斗中身负重伤，代理船长下令使用船上的加农炮向小镇开火，镇上的大部分建筑被夷为平地，第一次新西兰战争爆发了。

随后的几个月，英军与霍基昂加的纳普希人结成联盟，在几次战斗中打击了洪尼·鹤卡和卡维提。在此期间，现代化的军事要塞村诞生了，它拥有世界上第一个复杂有效的战壕系统。**卢阿佩卡佩卡要塞村**（Ruapekapeka Pā，见182页）就在卡瓦卡瓦以南的SH1沿线上，很值得停下来，看看这些令人震惊的防御工事。你可以在遗址上漫步，通过信息栏的详细介绍，穿越历史来到北部区战争最后一战的战场。最终，双方都没获得明显胜利，洪尼·鹤卡和卡维提与新任总督乔治·格雷（George Grey）达成了和解。

腰，屋内有一些有趣的古董，搭配上好的床品，极具特色。早餐或许是全城最好的，更别说还有平台可以看到那美不胜收的景致了。从图书室拿本书，从吧台点杯喝的，然后就在花园里找个安静的地方，好好放松一下吧。

Bellrock Lodge 公寓 $$$

（☎09-403 7422；www.bellrocklodge.co.nz；22 Chapel St；套间 $350；❄📶）有4个设施齐全的套间，每一间都自带露台，能眺望海湾的惊艳风景。房间的装潢讨人喜欢，不过值回票价的是外观而非氛围。到镇中心只需要走一段短短的下坡路，不过，回程的陡坡足以消耗掉你晚餐摄入的全部卡路里。

Duke of Marlborough Hotel 历史酒店 $$$

（☎09-403 7829；www.theduke.co.nz；35 The Strand；房间 $150~280；📶）Duke酒店持有新西兰最古老的酒馆营业执照，声称他们从1827年开始就一直为流氓和恶棍服务，尽管从那年算起，这家店曾两次被烧毁。楼上既有20世纪30年代扩建的精致明亮的小房间，也有面朝大海、时髦宽敞的双人间。

Hananui Lodge & Apartments 汽车旅馆 $$$

（☎09-403 7875；www.hananui.co.nz；4 York St；套间 $155~250；📶）这里的海边度假屋有闪亮的汽车旅馆式套间，马路对面还有新修的公寓房供你选择。最好的住处当属楼上的海景套间，位置极好，海滩美景一览无余。

就餐

Hell Hole 咖啡馆 $

（☎022 175 7847；www.facebook.com/hellholecoffee；19 York St；小吃 $6~12；⊙1月和2月 7:00~17:00，3月、4月、11月和12月 8:00~15:00）百吉饼、长棍面包、牛角面包，还有镇上最好的咖啡，这些都能在这个距海岸一个街区的小咖啡馆里找到。咖啡豆是当地烘烤的，加上有机软饮和手工冰品区，令它成了本地的大热门。

Newport Chocolates 咖啡馆 $

（☎09-403 8888；www.newportchocolates.co.nz；1 Cass St；巧克力 约$3；⊙周二至周四 10:00~18:00，周五和周六 10:00~19:30）现场手工制作美味的巧克力，有树莓、酸橙和辣椒口味，还有我们最喜欢的焦糖和海盐味。顶级的浓郁热巧克力和爽口刨冰值得品尝。

★**Gables** 当代风味 $$

（☎09-403 7670；www.thegablesrestaurant.

co.nz; 19 The Strand; 主菜 午餐 $22~28, 晚餐 $27~35; ⏲正午至15:00和周三至周一 17:30~22:00)Gables坐落在海滨一栋建于1847年的建筑里，以鲸鱼脊椎为地基。提供极具想象力的新西兰经典美食（羔羊肉、牛肉、海鲜）。尽量找个临窗的位子，好一边观赏水岸风景，一边期待当地顶级的特产，如牡蛎和芝士。

Hōne's Garden 比萨 $$

（☎022 466 3710; www.facebook.com/honesgarden; 10 York St; 比萨 $18~25; ⏲11月至次年4月 周三至周一 正午至22:00）在圆石铺砌的庭院品尝木柴烤的比萨（有11种不同的口味）、酒桶里放出来的冰镇精酿啤酒，感受轻松自在的新西兰氛围。菜单种类繁多，特色是美味的卷饼和健康的沙拉。前菜拼盘适合多人共享和难以做出取舍的食客。

饮品和夜生活

Duke of Marlborough Tavern 小酒馆

（☎09-403 7831; www.duketavern.co.nz; 19 York St; 主菜 $19~24; ⏲3月至11月 周二至周六 正午至23:00，周日 至18:00，12月至次年2月 每天 正午至深夜）别和海滨那家同名的老酒店弄混了，这家舒适的当地酒馆1976年才开业。周二的知识竞赛之夜总是很有趣。此外还有台球桌和超值的酒馆食物。

实用信息

拉塞尔预订和信息中心（Russell Booking & Information Centre; ☎09-403 8020; www.russellinfo.co.nz; Russell Wharf; ⏲8:00~17:00，夏季营业时间延长）

到达和离开

前往拉塞尔最快的方式是搭乘汽车渡轮（出租车/摩托车/乘客 $13/5.50/1），每10分钟就有一班从奥普阿（Opua，距派希亚5公里）开往奥吉亚图（Okiato，距拉塞尔8公里），运营时间为6:50~22:00。上船买票。如果你从南面过来，也可以选择走海岸线风景优美的Russell Rd。

从派希亚到拉塞尔最便捷的方式是搭乘**客运渡轮**（成人/儿童 往返$12/6）。运营时间是7:00~21:00（10月至次年5月营业至22:00），基本上是每30分钟一班船，晚上每小时1班。上船买票或者在派希亚的**信息中心**（见177页）买票。

派希亚、怀唐伊和哈鲁鲁（Paihia & Waitangi & Haruru）

☎09/人口 2532

作为新西兰——而不是"奥特亚罗瓦"（Aotearoa，毛利人对这片土地的传统称呼，意思是"长白云之乡"）——诞生的地方，怀唐伊在新西兰人的民族心理上有着特殊而复杂的地位，国庆节（即怀唐伊节，2月6日）期间庆祝与抗议、纪念与漠视混杂的状态就是很好的体现。

毛利酋长们和英国王室最初就是在这里签订了《怀唐伊条约》，这份条约长期受到忽视，却又引发了诸多争议，它确立了英国的君主国地位或诸如此类的东西，具体怎么说，就取决于你读的是英文版还是毛利文版的条约文件。如果有兴趣深入了解新西兰的历史和种族关系，可以从这里开始。

与怀唐伊一桥相连的派希亚，如果不是岛屿湾的主要入口，作为一个海滨城镇来说，就实在是乏善可陈。如果你的预算不是太紧，还是坐船去拉塞尔吧，那里比派希亚实在是好太多了，而且也更安静。

景点

★《怀唐伊条约》签署地 古迹

（Waitangi Treaty Grounds; ☎09-402 7437; www.waitangi.org.nz; 1 Tau Henare Dr, Waitangi; 成人/儿童 $50/免费; ⏲9:00~17:00）怀唐伊条约签署地位于一座草地与灌木覆盖的海岬上，是新西兰最重要的古迹。1840年2月6日，正是在这里，最初的43位毛利人酋长经过诸多商讨，同英国王室签订了《怀唐伊条约》，最终，超过500名酋长签署了该条约。门票含团队导览游和生机勃勃的文化表演，可凭票参观**怀唐伊博物馆**、**毛利会堂**和历史性的**签约屋**。

怀唐伊蒂科纳胡博物馆（Te Kōngahu Museum of Waitangi）于2016年开放，以现代化的方式，全面展示了条约在新西兰的过去、现在及未来中所扮演的角色。展览坦然审视了毛利人和欧洲人的早期交流、导致条约

Paihia 派希亚

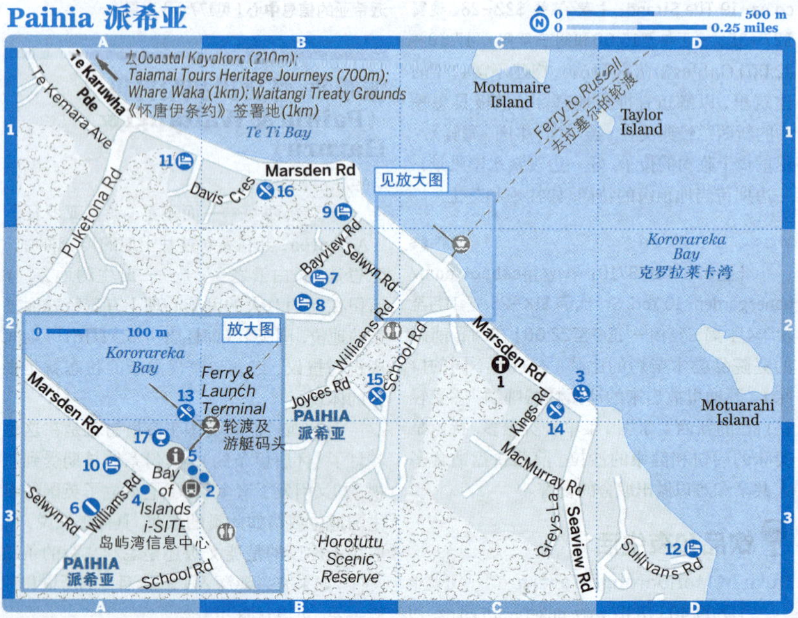

Paihia 派希亚

景点

1 圣保罗英国圣公会教堂 C2

活动、课程和团队游

2 Awesome NZ B3
3 Bay Beach Hire C2
4 Explore NZ A3
5 Fullers Great Sights A3
6 Paihia Dive A3

住宿

7 Abri Apartments B2
8 Allegra House B2
9 Breakwater Motel B1
10 Haka Lodge A3
11 Seabeds A1
12 Tarlton's Lodge D3

就餐

13 Charlotte's Kitchen A2
14 El Cafe C2
15 Legends B2
16 Provenir B1

饮品和夜生活

17 Alongside A3
Kings Road Bar & Brasserie .... （见14）

签署的事件、英国王室长期以来违背条约以致引发战争的来龙去脉，后续发生了诸多强征土地事件，以及随之爆发的抵抗运动，这些事件影响至今，就历史上的不公而索赔的努力仍在继续。许多与怀唐伊相关的珍宝原本散落在新西兰各地，如今，这个出色的博物馆已经收回了大量重要的历史物件。有一个房间专门存放所有重要文档的副本，另有一些银幕播放有趣的短片，讲述条约最初签署的戏剧化过程。

签约屋（Treaty House）原本是英国派驻新西兰的驻扎官员詹姆斯·巴斯比（James Busby）的住宅，有4个卧室，房屋在澳大利亚拆装装船，于1832年运抵当地并拼建完成。现在，它作为纪念馆和博物馆受到保护。签约屋里的展览讲述了房屋本身和屋主的故事。穿过草地，就来到精雕细琢的**毛利会堂**（whare runanga），它于1940年建成，以纪念条约签订100周年。精美的雕刻代表了各大毛利部落。文化表演在这里举行，以一支欢迎战舞（haka pōwhiri）作为开端，然后进入会堂倾听歌声（waiata），观看激动人心的战舞（haka）。

小海湾附近有一艘35米长、6吨重的战船（waka taua）Ngātokimatawhaorua，也是为纪念条约签订100周年而建造的。有图片展详细介绍了战船是如何由巨大的贝壳杉原木一点点建造而成的。这里还有一个出色的纪念品商店，出售毛利艺术和设计产品，附带一个雕塑工作室。

团队游10:00～15:00每逢整点出发。新西兰居民出示护照或驾照可享受门票半价的折扣（$25）。

圣保罗英国圣公会教堂 教堂

（St Paul's Anglican Church; 36 Marsden Rd, Paihia）圣保罗教堂建于1925年，用产自卡瓦卡瓦的石材建成，风格独特。教堂建在一座早期的传教教堂原址上，后者原是一座简易的蒲草小屋，建于1823年。注意圣坛彩色玻璃上画的当地鸟类白眉翡翠（kotare），英文称之为kingfisher，象征耶稣，因为两者均是国王（king）兼使徒（fisher of men）。而"牧师鸟"蜜雀（tui）和斑尾林鸽（kereru）则塑造了威廉兄弟（Williams brothers）的形象，一个博学，一个有力，他们兄弟俩正是在这里建立了传教站。

活动

Bay Beach Hire 皮划艇、划船

（☎09-402 6078; www.baybeachhire.co.nz; Marsden Rd, Paihia; ⊙9:00～17:00）出租皮划艇（每小时$15起）、双体帆船（第1小时$50，每增加1小时$40）、山地自行车（每天$75）、冲浪趴板（每小时/天$10/25）、站立式单桨冲浪板（每小时$25）、鱼竿（每天$10起）、潜水服和浮潜装备（都是每天$20）。还提供各种皮划艇游，其中包括日落时分的划船项目（$69）。

Paihia Dive 潜水

（☎09-402 7551; www.divenz.com; 7 Williams Rd, Paihia; 潜水 $249起; ⊙10月至次年5月 7:45～17:30，6月至9月 周一至周五 8:30～17:00 周六 至13:30）这家五星级PADI（专业潜水教练协会）运营的潜水机构组织参观坎特伯雷号或彩虹勇士号残骸及珊瑚礁的综合潜水游览项目，也出售钓鱼装备和浮潜装备。

Coastal Kayakers 皮划艇

（☎0800 334 661; www.coastalkayakers.co.nz; Te Karuwha Pde, Paihia）运营团队导览游（半/全日$89/139，最少2人）和多日探险，也向独立探险者出租皮划艇（半/全日$40/60）。

团队游

Awesome NZ 巴士游

（☎0800 486 877; www.awesomenz.com; Maritime Bldg, Marsden Rd, Paihia; 团队游 $130）终点站是雷因格角（Cape Reinga），活动项目包括滑沙、普凯蒂森林（Puketi Forest）短途徒步、品尝泰帕（Taipa）小吃、绕道芒格努伊（Mangonui）吃炸鱼和薯条等。

Explore NZ 游轮游

（☎09-402 8234; www.exploregroup.co.nz; Marsden Rd和Williams Rd交叉路口, Paihia）4小时的海湾探索（Discover the Bay）巡游（成人/儿童 $149/90，含烤肉午餐），前往岩中洞（Hole in the Rock），中途会在乌鲁普卡普卡岛（Urupukapuka Island）停留。

Fullers Great Sights 游轮游

（☎09-402 7421; www.dolphincruises.co.nz; Maritime Bldg, Marsden Rd, Paihia）4小时的"岩中洞巡游"（Hole in the Rock Cruise；成人/儿童 $107/54），探访美丽的海上拱门，回程会在乌鲁普卡普卡岛停靠。时长一日的奶油线游（Cream Trip；成人/儿童 $129/65，仅限11月至次年4月）沿当年的送货邮路绕行海湾。所有游船都会在拉塞尔码头（Russell Wharf）停靠上客。

Taiamai Tours Heritage Journeys 文化游、独木舟

（☎09-405 9990; www.taiamaitours.co.nz; 2.5小时团队游 $135; ⊙10月至次年4月 周二、周四、周六和周日 9:00出发）划着雕刻精美的传统独木舟，从怀唐伊桥前行到哈鲁鲁瀑布（Haruru Falls），船体长达12米。来自纳普希部落的船主身穿传统民族服饰，一板一眼地吟诵咒语进行表演（Karakia），分享他们

的故事。费用含《怀唐伊条约》签署地（见173页）的门票。

节日和活动

怀唐伊节
文化节

（Waitangi Day；Waitangi Treaty Grounds；⊙2月6日）2月6日，在怀唐伊条约签署地举行各种庆祝纪念活动，包括演讲、军舰致敬，以及一年一度的远足活动，目的地是巨舰Ngātokimatawhaorua。接下来便可享受食物、音乐和文化表演。

It!岛屿湾美食美酒节
美食节

（It! Bay of Islands Food & Wine Festival；www.paihianz.co.nz；Village Green，60 Marsden Rd；成人/儿童 $55/15；⊙10月）在派希亚举办，为期一天，可尽情享受食物、葡萄酒和知名新西兰音乐人的表演。

住宿

Haka Lodge
青年旅舍 $

（☎09-402 5637；www.hakalodge.com；76 Marsden Rd，Paihia；铺/房间 $29/99起；📶）马路对面就是码头，楼下就是诸多好餐厅，没有比这里位置更中心的住宿处了。现代化的彩色装潢是加分项，迷人的公共空间里有平板电视，无线网络不限流量。提供出色的宿舍和带独立卫浴、电视机的客房。

Seabeds
青年旅舍 $

（☎09-402 5567；www.seabeds.co.nz；46 Davis Cres，Paihia；铺/标单/双 $28/69/89；📶）Seabeds由汽车旅馆改建而成，提供舒适、友好、安静的经济型时尚住所，是派希亚最好的青年旅舍之一。几乎看不出设计痕迹，因此显得颇为潇洒。比Kings Rd上大多数社交氛围更浓厚的青年旅舍都安静。最重要的是，所有房间都自带浴室。

Beachside Holiday Park
假日公园 $

［☎09-402 7678；www.beachsideholiday.co.nz；1290 Paihia Rd（SH11）；露营地 $20起，套间 带/不带浴室 $100/75起；📶］这片位于派希亚南部的小露营地紧挨大海，有树荫遮蔽。尖顶的柠檬黄色小屋有种20世纪70年代的风情，还有皮划艇供出租。

Abri Apartments
公寓 $$

（☎09-402 8003；www.abriapartments.co.nz；10-12 Bayview Rd，Paihia；公寓 $165~185；📶）亚热带花园中有两座独立的吊脚小楼，老板自住的小楼楼下是宽敞的单卧套间。3处都能看到美丽的海湾，有厨房设施，还有免费的客用洗衣房。

Baystay B&B
民宿 $$

（☎09-402 7511；www.baystay.co.nz；93a Yorke Rd，Haruru；房间 $165~185；❄@📶）这家民宿设施精良，对同性恋友好，从水疗池向外望去可将山谷的景致尽收眼底。民宿所在的Yorke Rd靠近Puketona Rd，就在快到瀑布的地方。两晚起住。不接待12岁以下的儿童。

Breakwater Motel
汽车旅馆 $$

（☎09-402 7558；www.breakwatermotel.co.nz；1 Bayview Rd，Paihia；套间 $145~195；❄📶）这家较老的汽车旅馆位于派希亚海岸一处兀然突起的小海岬上，现已完成升级改造。套房整洁现代，每一间都有独立厨房。最好的是海滨套房，有朝海的阳台和露台。

Allegra House
民宿 $$$

（☎09-402 7932；www.allegra.co.nz；39 Bayview Rd，Paihia；房间 $260~290，公寓 $305；❄📶）这间高山住屋凌驾于城镇之上，海湾景致令人叹为观止。这里有3间漂亮的民宿房和一套配备齐全的宽敞公寓。最好的是顶楼房屋，有屋顶大露台。如果想开音乐会，客用休息室中有一台钢琴。

Tarlton's Lodge
民宿 $$

（☎09-402 6711；www.tarltonslodge.co.nz；11 Sullivans Rd，Paihia；房间 $320~350；📶）这家民宿位于山顶，建筑风格独特，装修紧跟时尚，海湾视野宽阔。主建筑有3间豪华套房，其中两间自带室外水疗池，适合浪漫之旅。早饭非常可口。

就餐

El Cafe
拉美菜 $

（☎09-402 7637；www.facebook.com/elcafepaihia；2 Kings Rd，Paihia；主菜 $11~15；⊙8:00~16:00；📶）这家优质咖啡馆是智利人经营的，有镇上最好喝的咖啡，早餐提供可口

的墨西哥卷、玉米饼（tacos）和蛋类菜式，如墨西哥香辣煎蛋（huevos rancheros）。古巴手撕猪肉三明治着实是一大亮点。天气温暖时，来这里吃水果冰沙也是一种享受。

Legends 小酒馆食物 $$

（☎09-402 6037; www.kravecateringpaihia.co.nz; 1 Joyces Rd, Paihia; 主菜 $16~27; ⏲17:00~22:00）想吃价格超值量又足的传统口味（想想汉堡、炸鱼和薯条、炸海鲜拼盘和当天捕获烹制的烤鱼）时，当地人就会来这家位于派希亚退役军人俱乐部的朴实餐厅。饮品可以在吧台单点。友情提醒：离开前记得归还盘子和酒杯，以免被责备。

Charlotte's Kitchen 当代风味 $$

（☎09-402 8296; www.charlotteskitchen.co.nz; Paihia Wharf, 69 Marsden Rd, Paihia; 主菜午餐 $16~27，晚餐 $20~35; ⏲周一至周五 11:30至深夜，周六和周日 8:00至深夜）名字来源于一位逃亡的澳大利亚罪犯，她是新西兰的第一位白人女性移民，这家时髦的餐厅兼酒吧位于主码头。墙壁上装饰着新西兰风格的饰品，菜单上的食品则来自世界各地，包括蒸猪肉包子、油炸玉米粉饼、古巴三明治和一种特别美味的亚洲风味的猪肉饺子肉汤。

Whare Waka 咖啡馆 $$

（☎09-402 7437; www.waitangi.org.nz; Waitangi Treaty Grounds, 1 Tau Henare Dr, Waitangi; 主菜 $13~19; ⏲8:00~16:00）咖啡馆坐落在一个有鸭子游弋的池塘边，背靠灌木林，能俯瞰条约签署地（见173页）。白天，Whare Waka（意思是"船屋"）是品尝美味咖啡馆食物的好地方，到了12月至次年3月，选个周三或周六的晚上，再来享受一顿坑烧美食（hāngi）搭配音乐会的晚餐吧。

★ Provenir 当代风味 $$$

（☎09-402 0111; www.paihiabeach.co.nz; Paihia Beach Resort, 130 Marsden Rd, Paihia; 主菜 $30~40; ⏲8:00~20:00和18:00至深夜）随季节变化的主菜选择不多，多采用新西兰地方产品和当地海鲜制作，其中包括来自附近奥隆戈湾（Orongo Bay）的肥嫩牡蛎，融入了精妙的亚洲风味，搭配北部最好的一些葡萄酒。甜点非常有创意，值得留点肚子尝一尝。

饮品和夜生活

Kings Road Bar & Brasserie 酒吧

（☎09-402 6080; 14 Kings Rd, Paihia; ⏲11:30至午夜; 📶）隐身昏暗的灯光中，窝在沙发椅里喝一杯舒心的饮品，或是在免费台球桌上打上一局。

Alongside 酒吧

（☎09-402 6220; www.alongside35.co.nz; 69 Marsden Rd, Paihia; ⏲8:00~22:00）这里很可能是整个北部地区里最大的水上露台了，从早餐的咖啡和百吉饼，到摇身变成欢乐的酒吧，Alongside妙趣无限。有酒吧小吃、餐食和许多舒服的沙发，适合就着鸡尾酒或冰啤谈天说地。

实用信息

岛屿湾信息中心（Bay of Islands i-SITE; ☎09-402 7345; www.northlandnz.com; 69 Marsden Rd, Paihia; ⏲3月至12月 8:00~17:00，1月和2月 至19:00）提供信息和预订服务。

到达和离开

所有经停派希亚的长途汽车都停靠在码头旁的海事大楼（Maritime Building）。

InterCity（见153页）每天有3~4班车往返奥克兰（$29起，4小时）、怀普（$25起，1.75小时）、旺阿雷（$12起，1.25小时）、卡瓦卡瓦（$15起，20分钟）和凯里凯里（$15起，20分钟）。

Mana Bus（见153页）与Naked Bus联运，每天有2班车往返奥克兰（$34，4小时）、沃克沃思（$27，3小时）、怀普（$14，2小时）、旺阿雷（$12，1.25小时）和卡瓦卡瓦（$7起，20分钟）。

渡轮（Paihia Wharf）定时出发前往拉塞尔，到乌鲁普卡普卡岛有季节性航次。

当地交通

可去Bay Beach Hire租车公司（见175页）租自行车。

乌鲁普卡普卡岛（Urupukapuka Island）

作为岛屿湾最大的岛，乌鲁普卡普卡岛极为静谧，步道纵横交错，周围环绕着湛蓝的海水。岛上原生鸟类数量很多，这要感谢人们提出的鸟类保护提案——这座岛及周边岛屿不再有鸟类的天敌。在登船驶离陆地之前，请仔细检查你的船和装备，以防有老鼠或是蚂蚁"偷渡"。

住宿

环保部露营地 露营地 $

（DOC Campsites；www.doc.govt.nz；露营地 成人/儿童 $13/6.50）环保部在凯博尔湾（Cable Bay）、日落湾（Sunset Bay）和乌鲁普卡普卡湾（Urupukapuka Bay）都设有露营地。均提供淡水、冷水浴（日落湾除外）及环保干厕。需自备食物、野营火炉及燃料。全年都需要预订。

到达和离开

Explore NZ（见175页）运营的渡轮可从派希亚和拉塞尔前往欧特赫伊湾（Otehei Bay；成人/儿童 $35/20），应该是全年开行，不过冬季有可能运营不稳定。大多数海湾游船都会在欧特赫伊湾停泊，留出一小段岛上游览的时间。

Bay of Islands Kayaking（见166页）可安排皮划艇旅行和提供岛上露营装备。注意，这里不向独行人士出租皮划艇，所以你需要找个搭档。

凯里凯里（Kerikeri）

☎09/人口 6500

凯里凯里意为"挖掘挖掘"，这个名字非常贴切，因为城市周围肥沃的农场上有许多挖掘活动。凯里凯里以橙子而闻名，也盛产奇异果、蔬菜和葡萄酒。如果你在寻找当地人不愿做的低薪高强度工作，就可以在这里开始你的打工假期。

这里的河湾风景如画，以它为中心的一片历史遗址让人得以一瞥早期毛利人与英国人的交往活动。1819年，纳普希部落的铁腕酋长宏基希卡（Hongi Hika）准许萨缪尔·马斯登神父（Rev Samuel Marsden）在考罗瑞普要塞（Kororipo Pā，见178页）传教。现在，这里正在发起一场宣传造势活动，希望可以进入联合国教科文组织的《世界文化遗产名录》。

景点

★凯里凯里传教屋 历史建筑

（Kerikeri Mission Station；☎09-407 9236；www.historic.org.nz；246 Kerikeri Rd；博物馆 $8，建筑游 $8，联票 $10；⏲10:00~16:00）在凯里凯里河湾（Kerikeri Basin）的堤坝上，新西兰最重要的两座历史建筑并肩而立。先从**石头商店**（Stone Store）开始，这是新西兰历史最悠久的石建筑（1836年），楼上有一个有趣的小博物馆，楼下的商店出售新西兰风格的纪念品和19世纪时曾出现在店里的商品。隔壁的**坎普之家**（Kemp House）有团队游，就从这里出发。坎普之家是栋低调的木头房屋，有着漂亮的乔治王时代风格，由传教士建于1822年，是新西兰最古老的建筑。

考罗瑞普要塞 古迹

（Kororipo Pā，Kerikeri Rd）免费 从凯里

毛利新西兰：岛屿湾和北部区

毛利人称北部区为Te Tai Tokerau。这一地区承载了毛利人悠久而骄傲的历史，如今是全新西兰毛利人口比例最高的地区之一。和东角（East Cape）一样，在这里你很可能听到有人讲毛利语。在神话里，新西兰是由勇敢的半神毛伊从海里钓上来的鱼，北部区则是这条鱼的尾巴。

尤为值得一去的毛利景点包括雷因格角（见188页）、《怀唐伊条约》签署地（见173页）和卢阿佩卡佩卡要塞村（见182页）。也不要错过怀波阿森林的最大贝壳杉塔尼玛胡塔（见195页）。

当地有不少旅行社能带你体验毛利文化，包括Footprints Waipoua（见194页）、Ahikaa Adventures（见189页）、Sand Safaris（见189页）、**Rewa's Village**（☎09-407 6454；www.rewasvillage.co.nz；1 Landing Rd；成人/儿童 $10/5；⏲10:00~16:00）。还有许多旅行社由毛利人或毛利族的分支部落（hapū）团体经营。

Kerikeri 凯里凯里

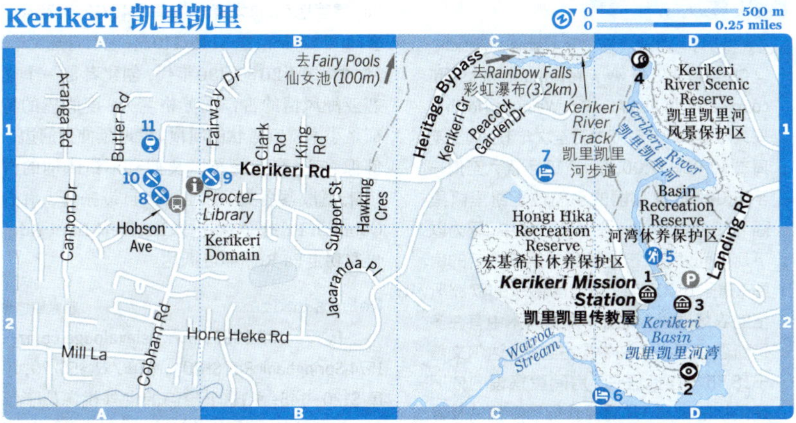

Kerikeri 凯里凯里

◎重要景点

1 凯里凯里传教屋……D2

◎景点

2 考罗瑞普要塞……D2
3 Rewa's Village……D2
4 瓦瑞普基瀑布……D1

活动、课程和团队游

5 凯里凯里河步道……D2

住宿

6 Pagoda Lodge……D2
7 Wharepuke Subtropical Accommodation……C1

就餐

8 岛屿湾农贸市场……A1
9 Cafe Jerusalem……B1
Village Cafe……（见9）
10 Ziezo……A1

饮品和夜生活

11 La Taza Del Diablo……A1

凯里传教屋上山，经过一条历史步道（有路标），通向宏基希卡的要塞和村庄。除了曾用于支撑木头栅栏的台地之外，遗迹很少。在火枪战争（Musket Wars）中，大型军团曾经从这里出发，让北岛的大部地区陷入恐慌，并屠杀了数千人。由于传教士们曾经武装过纳普希部落，直到如今还饱受争议。这条步道在漂亮的圣詹姆斯圣公会教堂（St James Anglican Church）附近结束，教堂为木建筑，建于1878年。

阿罗哈岛　　野生动物保护区

（Aroha Island；☎09-407 5243；www.arohaisland.co.nz；177 Rangitane Rd；⏲9:30~17:30）免费 这是一座占地5公顷的小岛，可以经由一条穿过红树林的永久性堤道到达。这个岛是北岛褐奇异鸟（brown kiwi）和其他原生鸟类的自然保护区，对于"仰慕"它们的人类来说，也是极好的野餐地点。岛上有一个游客中心，可租用皮划艇（$22起），还可以安排天黑后步行去观看野生奇异鸟（成人/儿童$40/15）。能看到奇异鸟的机会是50%，必须预订。

活动

凯里凯里河步道　　步行

（Kerikeri River Track）这条步道长3.5公里，始于凯里凯里盆地，穿过美丽的野生灌木丛，先后经过瓦瑞普基瀑布（Wharepuke Falls）、仙女池（Fairy Pools），最后到达彩虹瀑布（Rainbow Falls）。即便是阴天，这座27米高的瀑布上也有起舞的彩虹。此外，也可以从Rainbow Falls Rd前往彩虹瀑布。

Northland Paddleboarding　　水上运动

（☎027 777 1035；www.northlandpaddleboarding.co.nz；初级课程 每小时 $60）教授课程，组织单桨滑板导览游，在凯里凯里多处设有出发点。

值得一游

蒂怀马特传教站(Te Waimate Mission; ☎09-405 9734; www.tewaimatemission.co.nz; 344 Te Ahu Ahu Rd, Waimate North; 成人/儿童 $10/5; ⊙11月至次年4月 周五至周二 10:00~17:00, 5月至10月 周六至周一至16:00)这座美丽的小屋位于凯里凯里西北18公里处的一座绿色农场中，因为以下几点而闻名：它是新西兰第二古老的房屋(建于1831年)，有全国最早的欧洲风格的农场遗址；周围的异国树木中有许多是新西兰同类树种中最古老的；达尔文曾于1835年在此居住。房间里摆设的依旧是最初的家具，并简要介绍了传教站及其住户的故事。

住宿

阿罗哈岛 露营地 $

(Aroha Island; ☎09-407 5243; www.arohaisland.co.nz; 177 Rangitane Rd; 露营地/套间 $20/125起)登上这座充满"爱意"(aroha)的生态岛，在奇异鸟的陪伴下入眠。房间选择很多，价钱也很合理，既有位于贝壳海滩边基础设施齐全的宁静露营地，也有整座房屋。无论室内还是室外，全岛都禁止吸烟。

Wharepuke Subtropical Accommodation 小屋 $$

(☎09-407 8933; www.accommodation-bay-of-islands.co.nz; 190 Kerikeri Rd; 小屋 $180;)这里以食物和繁茂的花园著称。Wharepuke有5个设施齐备的单间度假屋，都掩映在棕榈林中。它们看起来有些像假日公园里那种预制板搭建的小屋，但就配置和空间而言，明显要高一个档次。

Kauri Park 汽车旅馆 $$

(☎09-407 7629; www.kauripark.co.nz; 512 Kerikeri Rd; 套间 $130起;)这家旅馆隐藏在通往凯里凯里路边的高大的树木后面，收费合理，拥有多种不同布局的套间，有些装修很时髦，另一些则略显老气。高价套房非常舒服，不过所有的房间都很宽敞，配备时尚的家具。

Pagoda Lodge 度假屋、露营地 $$

(☎09-407 8617; www.pagoda.co.nz; 81 Pa Rd; 露营地/游猎帐篷/大篷车 $40/120/130起, 套间 带/不带浴室 $145/110起; ⊙11月至次年3月;)建于20世纪30年代，创建者是一个迷恋亚洲风情的古怪的苏格兰人，度假屋的特征是小木屋宝塔状的屋顶。营地延伸到河边，佛像、吉卜赛大篷车以及拥有不错床铺的游猎帐篷散落各处，你也可以自带帐篷。沿着Cobham Rd走，左拐进入Kerikeri Inlet Rd，再左拐走Pa Rd，即可抵达。

Relax a Lodge 家庭寄宿 $

[☎09-407 6989; www.relaxalodge.co.nz; 1574 Springbank Rd (SH10); 标单/双 $55/70, 小屋 $120~145;]这个宁静的世外桃源位于镇外4公里处的一片橘园中，主楼中有整洁的背包客房间(浴室是公用的)，还有设施齐备的迷人小屋，能住2~4人，分布在园中各处。

Moon Gate Villa 民宿 $$$

(☎09-929 5921; www.moongatevilla.com; 462 Kerikeri Rd; 套间 $339~369, 小屋 $299;)这座现代建筑位于靠近凯里凯里的一片热带植物之间，内有景观小溪穿庭而过。共有3个套房，大些的两个附带巨大的水疗浴室，另一个自带一个额外的单间。花园里还有一个设施齐备的小屋和一个太阳能泳池。

就餐

岛屿湾农贸市场 市场 $

(Bay of Islands Farmers Market; www.bayofislandsfarmersmarket.co.nz; Hobson Ave; ⊙周日 8:30至正午)周日上午，邮局背后的停车场会排满帐篷，出售从美味香肠到超大胡萝卜在内的各种物品。可以买杯咖啡，品尝免费试吃的食物。

★Rusty Tractor 咖啡馆 $$

(☎09-407 3322; www.rustytractorcafe.co.nz; 582 Kerikeri Rd; 主菜 早餐 $17~20 午餐 $20~26; ⊙8:00~16:00;)作为一个奢华的早餐场所，这里的甜甜圈配法式生奶油和浆果要费些钱。此外还有些更健康的选择，咖啡称得上凯里凯里最佳。你还可以买一杯葡萄酒，趁着孩子们在后面草坪的火箭滑梯上玩耍时犒赏一下自己。

Ziezo 法式小馆 $$

（☎09-407 9511；55 Kerikeri Rd；主菜$20~29；⊙周四至周日 17:00至深夜）这家时髦的法式小馆必定是凯里凯里遍布零售店的主街之光，食物也相当有趣。店名在荷兰语中是"给！"的意思，除了经典的法式小馆食物之外，丝丝荷兰风味巧妙地从咖喱牛肉（来自前印度尼西亚殖民地的经典咖喱）和荷兰苹果派中透出来。

Marsden Estate 当代风味 $$

（☎09-407 9398；www.marsdenestate.co.nz；56 Wiroa Rd；主菜 早餐 $16~18 午餐 $28~38；⊙10:00~16:00；）这家葡萄酒庄餐厅内部宽敞但没有特色，可以选择后面有顶棚的露台，从那里能看到葡萄园美景和一个漂亮的池塘。英式早餐逊色于精致午餐，后者将当地食材与世界各地的风味融合在了一起。

Cafe Jerusalem 以色列菜 $

（☎09-407 1001；www.cafejerusalem.co.nz；Village Mall, 85 Kerikeri Rd；主菜 $17~20；⊙周一至周六 10:00至深夜）有北部区最好的炸豆泥丸子（falafel）、烤羊肉串（shawarma）和开胃菜品，服务人员笑容可掬，很有社交气氛。大多数主菜都配米饭、皮塔饼、中东小麦沙拉（tabouli）和沙拉。吃一顿丰盛的早午餐，试试辣味西红柿酱汁焙蛋（shakshuka）。

Village Cafe 咖啡馆 $$

（☎09-407 4062；www.facebook.com/thevillagecafekerikeri；Village Mall, 85 Kerikeri Rd；主菜 $12~20；⊙周一至周五 8:30~16:00，周六和周日 8:00~14:00）这家可爱的小咖啡馆在当地人气很高，咖啡很好喝，还有新鲜出炉的食物、清爽的早午餐和午餐菜肴。挑张桌子坐在北岛的阳光下，点一份分量超大的薯饼。

Ake Ake 英国菜、法国菜 $$$

（☎09-407 8230；www.akeakevineyard.co.nz；165 Waimate North Rd；主菜 $30~36；⊙周一至周六 正午至15:00和18:00~21:00，周日 正午至15:00，品酒 10:00~16:30；）在这家高档的葡萄酒餐厅中，乡村风光搭配的是丰盛而精致的乡村美食，包括羊排、野味派、鸭腿和牛排。周日的烤肉堪称传奇。吃过午餐后，沿着小路漫步穿过葡萄园，消耗一些卡路里。可为自驾的客人提供免费的过夜停车服务。

饮品和夜生活

La Taza Del Diablo 酒吧

（☎09-407 3912；www.facebook.com/eltazadeldiablo；3 Homestead Rd；⊙周三至周日 11:30至深夜；）这家墨西哥风格的酒吧活力四射却又声名狼藉，因为它让守旧的凯里凯里有了大量出色的龙舌兰酒、墨西哥啤酒和或许算得上是北部最好的玛格丽塔酒。小吃餐单上玉米饼、什锦菜卷和炸卷饼都有。有时会有现场活动，足以将这座文雅小镇的屋顶都掀掉。

实用信息

Procter Library（6 Cobham Rd；⊙周一至周五 8:00~17:00，周六 9:00~14:00；）这个图书馆提供旅游手册和免费上网。

到达和离开

飞机

岛屿湾（凯里凯里）机场（见169页）位于市区西南8公里处。新西兰航空有从奥克兰飞往凯里凯里的航班。**Super Shuttle**（见169页）运营的接驳车往返凯里凯里机场和岛屿湾各地，如凯里凯里（$12）和派希亚（$27）。

长途汽车

InterCity（见153页）的长途汽车从图书馆对面Cobham Rd 9号的公交车站出发。目的地包括奥克兰（$29起，4.5小时，每天3班）、旺阿雷（$12起，1.75小时，每天3班）、派希亚（$15起，20分钟，每天3班）、芒格努伊（$28，1小时，每天1班）和凯塔亚（$37，1.75小时，每天1班）。

Hokianga Link（☎021 405 872；www.buslink.co.nz）的小巴每周1班，往返凯里凯里和奥玛贝雷（Omapere），夏季每周增至2班。

卡瓦卡瓦（Kawakawa）

☎09/人口 1220

如果不是不起眼的村中心有两个非同一般的地方，那么，卡瓦卡瓦应该也不过是另一个经济上不太成功的普通北部村庄。这两处，一是建筑意义重大的公共厕所，一是一辆沿主街开行的蒸汽火车。此外，附近的农场里还藏着两处重要的毛利遗址，农庄本身也很迷人，值得一游。

景点

卢阿佩卡佩卡堡
古迹

（Ruapekapeka Pā；www.ruapekapeka.co.nz；Ruapekapeka Rd）**免费** 1846年1月，1600名英国军人对守卫在一座要塞中的500名毛利战士实施了10天的轰炸。要塞位于孤寂的半山腰上，其中有战壕、隧道和木头栅栏。卢阿佩卡佩卡的意思是"蝙蝠窝"，但是在英军突破时，蝙蝠早已四散，只留下一座空荡的要塞（并非第一次）。这次僵持就是北部战争的最后战役，此后双方便达成了和平协议。

卡维提洞
洞穴

（Kawiti Caves；☎09-404 0583；www.kawiticaves.co.nz；49 Waiomio Rd；成人/儿童$20/10；⊙8:30~16:00）参加30分钟的地下团队游，探索这些由萤火虫点亮的石灰岩洞穴，带队的是Ngāti Hine部落酋长卡维提的直系后裔。卡维提酋长是新西兰战争初期在卢阿佩卡佩卡城堡反抗英军的一员。

卡瓦卡瓦公共厕所
著名建筑

（Kawakawa Public Toilets；58 Gillies St）村子因为公共厕所而闻名，这种情况很罕见。但卡瓦卡瓦这座建筑的设计者是奥地利出生的艺术家、环保建筑师佛登斯列·汉德瓦萨（Friedensreich Hundertwasser，百水先生）。从1973年开始，他在卡瓦卡瓦附近一座与世隔绝、不通电的房屋中生活，直至2000年逝世。这座厕所是新西兰最上镜的厕所，也是典型的汉德瓦萨风格建筑——采用大量有机材料，以陶瓷马赛克和色彩明亮的瓶子装饰出起伏的线条，屋顶上有草和植物。

他的其他作品在维也纳和大阪也可以见到。

活动

岛屿湾老火车
铁路

（Bay of Islands Vintage Railway；☎09-404 0684；www.bayofislandsvintagerailway.org.nz；Gilies St；成人/儿童$20/5；⊙周五至周日10:45、正午、13:15、14:30，学校假期期间 每天）花50分钟的时间坐在车厢里，沿着卡瓦卡瓦的主街蜿蜒而下前往陶马勒勒（Taumarere），然后被蒸汽机Gabriel或古董柴油机拖回来。

到达和离开

InterCity（见153页）的班车停靠在卡瓦卡瓦路口，每天有3~4班，往返奥克兰（$37起，3.75小时）、

凯里凯里的手工艺作坊

就算你认为凯里凯里每个人都从事小规模的手工艺产业，那也是可以理解的，毕竟进城路上两边都充斥着各种工艺品店。靠近郊区有几座葡萄园，正竭尽所能地试图让北部也成为葡萄酒产区。鲜为人知的红葡萄品种香宝馨（chambourcin），以及皮诺塔吉（pinotage）和西拉（syrah）特别适应这一地区的亚热带潮湿气候。

可以看看《工艺品之旅》（*Art & Craft Trail*）和《葡萄酒之旅》（*Wine Trail*）。我们推荐以下地方。

Ake Ake（见181页）在这里吃午餐或购买葡萄酒可免费品尝（单品酒$8）。

Cottle Hill（☎09-407 5203；www.cottlehill.co.nz；28 Cottle Hill Dr；品酒$5，买酒可免费品尝；⊙11月至次年3月 10:00~17:00，4月至10月 周三至周日）有葡萄酒、波特酒、格拉巴酒和烈酒。

Get Fudged & Keriblue Ceramics（☎09-407 1111；www.keriblueceramics.co.nz；1691 SH10；⊙9:00~17:00）陶器和大块软糖的非凡结合。

Makana Confections（☎09-407 6800；www.makana.co.nz；504 Kerikeri Rd；⊙9:00~17:30）手工巧克力工厂，附设咖啡馆。

Marsden Estate（见181页）有葡萄酒品尝，还可以在露台上吃午餐。

值得一游

普凯蒂森林和奥玛胡塔森林（PUKETI & OMAHUTA FOREST）

从凯里凯里往内陆进发，普凯蒂森林和奥玛胡塔森林组成了一片连绵的原生雨林。普凯蒂森林的伐木业在1951年被叫停，不仅保护了这里仅存的贝壳杉，还挽救了濒临灭绝的垂耳鸦（kokako）。林间漫步时留心找找这种罕见的小动物，它们有灰色的身子和喙部蓝色的肉垂。

森林有多处入口，内部也有多条徒步步道，从轮椅可通行的15分钟步程的芒希纳吉纳贝壳杉步道（Manginangina Kauri Walk）到需时两天且充满挑战的怀帕帕河步道（Waipapa River Track）都有。可登录环保部网站（www.doc.govt.nz）了解其他步道。

住宿仅限于**环保部露营地**（☎09-407 0300；www.doc.govt.nz；Waiare Rd；露营地 成人/儿童 $8/4）、一处可容纳18人的小屋，以及Adventure Puketi的民宿。大多数旅行者从派希亚或凯里凯里过来。

Adventure Puketi（☎09-401 9095；www.forestwalks.com；476 Puketi Rd；团队游$65~155）组织各种森林生态徒步导览游，包括追踪夜行野生动物的夜间游。在森林边缘提供非常舒适的民宿。可登录网站查看团队游加住宿的套餐信息。

怀普（$28起，1.5小时）、旺阿雷（$14起，50分钟）、派希亚（$15起，20分钟）和凯里凯里（$17起，50分钟）。

Mana Bus（见153页）与Naked Bus联运，每天两趟车往返奥克兰（$34，4小时）、沃克沃思（$27，2.75小时）、怀普（$14，1.75小时）、旺阿雷（$12，1小时）和派希亚（$7起，20分钟）。

ABC Shuttles & Tours（见169页）运营的团队游从派希亚出发，前往卡瓦卡瓦和洞穴（$40，不含洞穴门票）。

远北地区（THE FAR NORTH）

在这里，你有机会探寻人迹罕至之处，虽然时常需要沿着土路才能到达。相对岛屿湾而言，辽阔的远北地区在吸引注意力和投资方面永远居于次要位置。然而，除了离岸的海岛以外，北岛这片亚热带气候的最北端，每平方公里土地都拥有更绵延的海岸线。如果说是“没有冬天的北方”可能言过其实，但这里的夏天的确漫长安逸。值得注意的是，在远北地区的一些地方，可以明显地感到经济萧条，有的地方甚至可以用“艰难”一词来形容。

ℹ 到达和离开

巴里尔航空（Barrier Air；☎09-275 9120；www.barrierair.kiwi；Kaitaia Airport）有航班往返奥克兰与凯塔亚之间。

InterCity（见153页）每天有一班车往返凯里凯里和凯塔亚，沿途停靠道特利斯湾（Doubtless Bay）所有主要的居民点。

Far North Link（☎09-408 1092；www.buslink.co.nz）工作日班次有限，连接凯塔亚、芒格努伊、阿希帕拉（Ahipara）和普基努伊（Pukenui）。

如果自己没有车，旅游大巴是前往雷格因角的最佳选择。

马图里湾和陶朗阿湾（Matauri & Tauranga Bays）

从SH10出发有一条不长的岔路，但是这条风景异常优美的环形路线可以从内陆前往壮观的海滩，与岛屿湾海滩为游客所呈现的浮华表象截然不同。

马图里湾有一片绵长的冲浪沙滩，距离SH10有18公里，海岸周围散布着卡瓦利群岛（Cavalli Islands）的17座小岛。在假日公园后方岬角的山顶，立有一座纪念彩虹勇士号（Rainbow Warrior）炸沉事件的纪念碑。如今，这艘绿色和平组织（Greenpeace）沉船的所在地已经成了颇受欢迎的潜水点。

回到主路，道路继续向西延伸，经过迷人的小村**蒂纳盖尔**（Te Ngaere）和接二连三的小海湾，在到达通往陶朗阿湾的岔路之前，还有一片桃红色的小型沙滩。

活动

Northland Sea Kayaking 皮划艇

（☎09-405 0381；www.northlandseakayaking.co.nz；半天/全天团队游 $90/115）沿着从陶朗阿湾起始的一条私人公路一直走就能找到这家公司，他们在这片迷人的海岸线、岩洞、海湾和岛屿周围开展皮划艇探索活动。参与团队游的话，每人加收$25即可提供住宿。

住宿

Matauri Bay Holiday Park 假日公园 $

（☎09-405 0525；www.matauribayholidaypark.co.nz；Matauri Bay Rd；露营地/套间$20/60起）这座度假公园位于海滩最北端，只有几个小屋，但有许多空间可供扎帐篷或停露营车。还有一个售卖杂货、酒和汽油的商店。

到达和离开

没有公共交通前往这些地区。

旺格罗阿港（Whangaroa Harbour）

绕过自陶朗阿湾伸出的海角，即是旺格罗阿港的狭长入口。旺格罗阿（Whangaroa）小渔村距离SH10有6公里，自称"新西兰的旗鱼之都"（Marlin Capital of NZ）。

每年12月至次年4月都有大量包租船只以供游钓，起价大约为每天$1200。如果你打算钓条大鱼，钓上来后请务必将其放生，因为条纹四鳍旗鱼（striped marlin）和剑鱼（swordfish）是新西兰最难以延续的鱼类品种。

港湾北角的另一侧是陶波湾（Taupo Bay），这处冲浪海滩在夏季吸引了一批新西兰冲浪狂热爱好者。在东风的作用下，海湾南端的入海口有非常适宜冲浪的右手浪。从SH10下来，依照路标指示，沿着一段11公里的公路行驶即可到达。

活动

从Old Hospital Rd尽头的停车场出发，沿着步道徒步20分钟即可登上圣保罗岩（St Paul's Rock，213米），俯瞰村庄。登上岩顶需要借助一根金属缆线，但是风景绝对值得你辛苦地奋力向上。

怀拉考溪步道（Wairakau Stream Track）向北伸入佩卡佩卡湾（Pekapeka Bay），起点在海湾另一侧北托塔拉（Totara North）的教堂附近，教堂位于Campbell Rd。这是一段未经开发的绝美路段，你可以在途中的天然泳池里凉爽一下。2小时（5.6公里）的徒步路程经过森林、一处废弃的农场和峭壁林立的河口，之后便到了环保部的**Lane Cove Hut**（☎09-407 0300；www.doc.govt.nz；成人/儿童 $15/7.50）小屋。

食宿

★ Kahoe Farms Hostel 青年旅舍 $

（☎09-405 1804；www.kahoefarms.co.nz；1266 SH10；铺 $32，房间 带/不带浴室 $116/86起；）这家旅舍就在SH10旁，位于转往旺格罗阿的岔路口以北10公里处。它没有辜负它的盛名，房间十分舒适，有着乡村田园般的环境，也有自制的意大利美食，但主人的殷勤好客才是最主要的。背包客小屋非常棒，但是往山上走一会儿，就会到达一处更好的别墅，带独立卫浴的房间性价比非常高。

Marlin 酒吧客栈 $$

（☎09-405 0347；www.marlinhotel.co.nz；578 Whangaroa Rd；主菜 $14~28；⊙周日 正午至次日1:00，周一至周六 9:00至次日1:00）这是一家友好的当地客栈，附设的咖啡馆供应美味实惠的食物。室内墙上钉着几条猎用鱼标本，让人印象深刻。

实用信息

Boyd Gallery（☎09-405 0230；www.whangaroa.co.nz；537 Whangaroa Rd；⊙8:00~19:00）这家杂货店兼具游客信息中心的功能。

到达和离开

旺格罗阿港本身不通公交。长途车一般会在SH10上附近的Kahoe下客，就在港口西边，距离旺格罗阿村15公里。

道特利斯湾（Doubtless Bay）

人口 1662

这个海湾别具一格的名字出自库克船长的一篇航海日志，他在其中写道，这片水域"无疑（doubtless）是一处海湾"。没错，船长！这里真是一个宽广的海湾啊，有不少漂亮的可以游泳的海滩伸向卡里卡里半岛（Karikari Peninsula）。

主要的中心小城芒格努伊（Mangonui，意为"大鲨鱼"）依然维持着渔业港口的风情，尽管海滨的历史建筑现在已经被不少咖啡馆和礼品店挤占。这些建筑都是芒格努伊作为捕鲸业中心时（1792~1850年）建造的，那时这里也出口亚麻、贝壳杉木材和树胶。

库珀海滩（Coopers Beach）、凯博尔湾（Cable Bay）和泰帕（Taipa）都有不少热门的度假村庄，这里的宁静吸引了不少海滨的富人。

景点和活动

在游客信息中心领取免费的《历史遗迹之旅》（*Heritage Trail*）手册，里面有3公里的自助导览徒步线介绍，沿途经过22处历史遗迹。其他步道则通往芒格努伊以西迷人的米尔湾（Mill Bay）和朗伊卡皮蒂要塞村历史保护区（Rangikapiti Pā Historic Reserve），后者有一处古老的毛利梯田，还可以欣赏道特利斯湾风景，日出和日落时分尤其壮观。有一条步道连接米尔湾和要塞村，但是你也可以驾车到达山顶附近。

彩虹勇士号（RAINBOW WARRIOR）炸沉事件

1985年7月10日的早晨，新西兰民众一觉醒来，就听到奥克兰港发生了一起恐怖袭击事件，造成一人死亡。绿色和平组织停泊在马斯登码头（Marsden Wharf）的旗舰彩虹勇士号被炸沉，这艘船原本准备前往塔希提岛附近的穆鲁罗亚环礁（Moruroa Atoll），抗议法国在此进行核试验。

根据邻里互助团体（Neighbourhood Watch group）提供的一条线索，新西兰警方拘捕了两名法国海外安全总局（DGSE）情报中心的特工。这两位特工假扮游客，在船舰上安放并先后引爆了两个定时爆炸装置。按照计划，第一个爆炸装置旨在让全体船员疏散，第二个用于炸沉船体。然而，在第一次爆炸疏散后，部分船员回到了船体调查并记录这次袭击。随即发生了第二次爆炸，导致绿色和平组织的摄影师费尔南多·佩雷拉（Fernando Pereira）随船沉入海中溺亡。

被逮捕的特工承认蓄意谋杀，并被判处10年监禁。法国政府作为回应，威胁禁止新西兰的所有产品出口运往欧洲经济共同体国家，此举将使新西兰的经济发展严重受挫。最后双方终于达成协议，法国同意向新西兰政府支付1300万新西兰元并且做出道歉，作为交换将特工遣返交还法国，将其拘押在南太平洋的一处环礁服刑3年。最终，法国向绿色和平组织支付了800万新西兰元的赔偿款，而制造爆炸案的罪犯在刑期执行之前就被悄悄释放了。

最初，法国总统弗朗索瓦·密特朗（François Mitterrand）否认政府参与了这起袭击活动，但随着调查的深入，他最终解雇了他的国防部长兼法国海外安全局长皮埃尔·拉柯斯特（Pierre Lacoste）。在爆炸事件20周年的纪念日，法国媒体《世界报》（*Le Monde*）刊登了一篇1986年拉柯斯特的报告，声称总统亲自授权了这起爆炸行动。

这起爆炸事件对新西兰造成了持久深远的影响，好在法国终于在1996年永久停止了在穆鲁罗亚环礁进行核试验。彩虹勇士号的船体残骸后来在北部区的卡瓦利群岛重新沉入水下，可供潜水者一探究竟。它的船桅被达加维尔博物馆（Dargaville Museum，见197页）出资购买安置，俯瞰着整个小镇。费尔南多·佩雷拉永远地安息在泰晤士（Thames）一处静谧的鸟类观测站中。彩虹勇士号纪念碑矗立在马图里湾（Matauri Bay）的一处毛利要塞村旧址上，就位于岛屿湾北面。

巴特勒角捕鲸博物馆 博物馆

（Butler Point Whaling Museum；☎09-406 0006；www.whalingmuseumbutlerpoint.com；Marchant Rd, Hihi；成人/儿童 $25/5；⏲需要预约）这座小型的私人博物馆被迷人的花园簇拥着，位于芒格努伊东北15公里处的Hihi。最重要的建筑是一座依然有人居住的维多利亚时代的宅邸，由退休的捕鲸船长威廉·巴特勒（William Butler）所建，他在1838年搬来这里，育有13名子女，并且先后做过商人、农场主、地方法官和议员。参观必须预约，先是房屋导览游，之后会欢迎你到庭院里游览，想逗留多久都可以。

住宿

Puketiti Lodge 客栈 $

（☎09-406 0369；www.puketitilodge.co.nz；53 Puketiti Dr；房间 $150；⏲11月至次年3月；）要来这里，你得有自己的车，不过宽敞露台上的风光值得你从海边远道而来。2个宽敞的房间里都有双人床，也提供一些铺位，此外还有一个公共厨房和休息室。在Midgley Rd往内陆方向转弯，过了通往Hihi的岔路即可到达，在芒格努伊村以南6公里处。

Mangonui Waterfront Apartments Motel 公寓 $$

（☎09-406 0347；www.mangonuiwaterfront.co.nz；88 Waterfront Dr, Mangonui；公寓 $120~250；）这些公寓位于芒格努伊海滨的一组古老房屋中，贝壳杉木板独具特色。每间房都不一样，有起居室和卧室合二为一的小一室，也有带厨房能住5人的2卧公寓。最好的是一卧的Tahi公寓，推开法式双开玻璃门你就能来到芒格努伊最好的阳台。

★Old Oak 历史酒店 $$$

（☎09-406 1250；www.theoldoak.co.nz；66 Waterfront Dr, Mangonui；标单/双/套 $175/225/275起；）这个小酒店始建于1861年，由贝壳杉木建造，别具一格，现在是一座优雅的精品酒店，有6个客房和套间，配以现代的设计和高档家具。这里很有气氛，甚至有闹鬼的传说。

Ramada Resort Reia Taipa Beach 度假村 $$$

（☎09-406 0656；www.ramadataipa.co.nz；22 Taipa Point Rd, Taipa；公寓 $270起；）这家开业已久的度假村现已修葺一新，服务热情，提供海滨或泳池畔的单间和公寓。附设一间餐厅、一个网球场和一个水疗泳池。

就餐

The Thai 泰国菜 $$

（☎09-406 1220；www.thethaimangonui.co.nz；80 Waterfront Dr, Mangonui；主菜 $21~27；⏲周二至周日 17:00~23:00；）北部区最棒的泰国餐馆，供应精美的食物，菜肴的名字也令人兴奋，例如"愤怒的猪"（Angry Pig）、"新西兰鸡"（Kiwi Chick）和"芒格努伊秀场"（Mangonui Showtime），也有大量的依善（泰国东北部）菜肴，搭配冰镇的胜狮啤酒。事实上，这里算得上是整个新西兰最好的泰国餐厅之一。

Little Kitchen on the Bay 咖啡馆 $$

（☎09-406 1644；www.facebook.com/littlekitchennz；118 Waterfront Dr, Mangonui；主菜 $12~20；⏲8:00~15:00）这家可爱的咖啡馆有一个面水的露台，室内阳光充足，提供芒格努伊最好的咖啡、出色的食品和美味主菜。菜单选项包括汉堡、派、吐司三明治、咖喱、蜜汁五花肉和马来西亚叻沙。

实用信息

道特利斯湾游客信息中心（Doubtless Bay Visitor Information Centre；☎09-406 2046；www.doubtlessbay.co.nz；118 Waterfront Dr, Mangonui；⏲1月至4月 周一至周六 10:00~17:00，5月至12月 至15:00）提供实用的当地信息资源。

到达和离开

InterCity（见153页）每天有一班车往返凯里凯里（$28，1小时）和凯塔亚（$25，40分钟），途中在这里停靠。

Far North Link（见183页）工作日有车前往凯塔亚（$5，1小时），运行时间大约在上下班时间前后。

以上车辆都停靠在芒格努伊的Wilton's Garage门外、库珀海滩（Coopers Beach）的运动

商店门外、凯伯尔湾的商店对面和泰帕加油站的外面。

卡里卡里半岛（Karikari Peninsula）

卡里卡里半岛形状奇特，弯成了一个近乎完美的直角，所以面向东南西北的海滩都离得很近。如果海风恼人，或者你想冲浪，又或是想欣赏日出或日落，只要换个海滩就能解决问题。

尽管拥有众多的自然资源，这片阳光炙烤的土地大部分却逃脱了开发，农民比旅游业者要多。这里也没有公共交通，而你也找不到太多商店或餐馆。不过这里也开始发生变化了。

2017年Carrington Resort度假村宣布计划打造国家最大的旅游综合体。当地人担心规划的规模，不过在本书调研时，该计划依然未有最终决定。

景点和活动

托克劳海滩（Tokerau Beach）是一片绵长的沙滩，形成了道特利斯湾的西部边缘。临近的瓦图威威（Whatuwhiwhi）隔着海湾与之相望，虽然更小，但有更多的建筑。可爱的玛泰湾（Maitai Bay）有两处小型海湾，非常适合游泳，水势平缓，适合儿童玩耍，但也有足够的浪花进行徒手冲浪。沿着土路走可以抵达半岛孤寂的尽头。

朗基普塔（Rangiputa）位于半岛的拐弯处，面朝西侧，洁白的沙滩和晶莹透亮又舒缓的海水简直就是太平洋岛屿梦幻世界的真实写照。连接朗吉普塔的公路上有一处岔路，通往偏僻的Puheke Beach，这片多风的狭长海滩有着白色的沙丘，形成了卡里卡里半岛的最北边缘。

Airzone Kitesurf School 风筝冲浪

（☎021 202 7949；www.kitesurfnz.com；1/2/3天课程 $195/380/560；⊙11月至次年3月）卡里卡里半岛独特的地形使这里成为世界上顶尖的风筝冲浪胜地之一。初学者在冲向海浪之前，需要在平静的水面上先磨炼一下技巧，而熟练的人则可以在半岛周围乘风破浪。

住宿

Karikari Lodge 青年旅舍 $

（☎09-406 7378；www.karikarilodge.co.nz；26 Inland Rd，Whatuwhiwhi；铺/房间/小屋 $35/65/80；Wi-Fi）这家太平洋岛屿主题的旅舍更像是一个家庭经营的旅馆，而不像是背包客旅舍，只有3个卧室，配有公共浴室，花园里有一座独立的小屋。额外福利包括可免费试用皮划艇、趴板、冲浪板和直立式冲浪板。如果你钓鱼的运气够好的话，这里也有设施齐备的厨房和烤肉设备可以使用。

Whatuwhiwhi Top 10 Holiday Park 假日公园 $

（☎09-408 7202；www.whatuwhiwhitop10.co.nz；17 Whatuwhiwhi Rd；露营地 $40起，套间带/不带浴室 $100/75起）这座假日公园位置很好，四周小山环绕，还能俯瞰海滩美景。设施不错，有免费的烧烤架和一个运动场。也出租潜水氧气罐和皮划艇。

环保部玛泰湾露营地 露营地 $

（DOC Maitai Bay Campsite；www.doc.govt.nz；Maitai Bay Rd；露营地 成人/儿童 $13/6.50）这座大型露营地位于半岛最美丽的一座海滩上，不接受预订，遵循先到先得的原则。有抽水马桶，提供饮用水和冷水淋浴。

Carrington Resort 度假村 $$$

（☎09-408 7222；www.carrington.co.nz；109 Matai Bay Rd；房间/别墅 $215/315起；Wi-Fi 泳池）这座山顶度假村看起来非常具有澳大利亚特色，拥有宽敞的景观阳台，种植了几棵桉树。客房和别墅的面积很大，毛利和太平洋风情的设计元素为这里增添了特色。俯瞰高尔夫球场和洁白沙滩，景致尤为漂亮。度假村有自己的高档餐厅，路对面的葡萄园中还有一家季节性营业的咖啡馆。

到达和离开

没有公共交通前往卡里卡里半岛。

雷因格角和九十里海滩（Cape Reinga & Ninety Mile Beach）

毛利人认为雷因格角（Te Rerenga Wairua）是灵魂踏上精神故土之旅的起点。

奥普里半岛（Aupouri Peninsula）就是一个巨大的跳板，它看起来的确也很像——又长又窄，延伸108公里，形成了新西兰最北部的尽头。九十里海滩绵延于半岛的西岸，确切地说，应该是“九十公里海滩”，而不是“九十英里”。海滩沿线是随之延绵的高耸沙丘，旁边就是奥普里森林（Aupouri Forest）。

景点

★雷因格角 观景点

（Cape Reinga; Far North Rd）位于1号国家公路终点的这处陡峭海岬是塔斯曼海和太平洋的交汇处，在暴雨天能掀起高达10米的惊涛骇浪。无论从现实还是从象征意义上说，雷因格角都是道路的尽头——在毛利传统中，死者的灵魂从这里离开世界。自然，这里就成了新西兰最神圣的场所。出于尊重，在这片区域不要吃喝。

真正的离世点被认为是一棵拥有800年树龄的波胡图卡瓦树，就在崖壁下方的Te Rerenga Wairua小岬角（灵魂起跳之地），紧抱着岩石生长——肉体凡胎不得靠近。

从停车场出发，沿着一条起伏的步道走1公里即可到达这座观景台，沿途经过雷因格角等地。信息板上详细介绍了这片地区的生态、历史和文化的重要意义。山脊附近长期云雾缭绕，就算在大热天，也会有阵阵凉意突然袭来。

出乎意料的是，雷因格角实际上并不是新西兰的最北端，这个殊荣当属难以接近的萨维尔崖（Surville Cliffs），通常我们只能远远望见它右侧的身影。事实上，这里距离最西端的玛丽亚范迪门角（Cape Maria van Diemen）倒是近得多，后者就在左边。

★蒂帕基大沙丘 沙丘

（Te Paki Giant Sand Dunes; www.doc.govt.nz; Te Paki Stream Rd）雷因格角周围的大片土地都属于蒂帕基休养保护区（Te Paki Recreation Reserves），由环保部管理。这片公共土地可以免费进入，让一切保持你看到时的样子，不要干预，也不要惊扰动物。蒂帕基溪入海口两侧7平方公里范围内散布着若干大型沙丘。如果想爬上沙丘，夏天可以在Ahikaa Adventures（见189页）租借滑沙板（$15）。

采胶人公园 博物馆

（Gumdiggers Park; ☎09-406 7166; www.gumdiggerspark.co.nz; 171 Heath Rd, Waiharara; 成人/儿童 $13/6; ⊙11月至次年4月 9:00~16:30）这片地区被贝壳杉森林覆盖了10万年，古老的原木和珍贵的树脂（用于制造亮漆和油毡）深埋地下。从19世纪70年代到20世纪20年代，挖掘这些珍宝都是这片地区的主要产业。1900年，大约7000名采胶人（gumdigger）掘遍了几乎整个北部区，当然也包括这里。从一段时长15分钟的录像片开始，然后穿越这片树林，走过采胶人的小屋、古老的贝壳杉树桩、留存至今的巨大原木，还有采胶人留下的坑洞。

活动

Natives 户外

（☎09-409 8482; www.natives.co.nz）当地的Ngāti Kuri部落是海角周边神圣区域的守护人，他们想到了一个募资重新造林的独特方式。花$35你就可以挑选一棵本地树种或灌木种下，缓和你对于排放温室气体的内疚，也可以让工作人员帮你种。

蒂帕基海滨步道 徒步

（Te Paki Coastal Track）从雷因格角出发，有一条步道沿蒂韦拉伊海滩（Te Werahi Beach）通往玛丽亚范迪门角（Cape Maria van Diemen，步程5小时的环路），带你前往新西兰最西角。这是从卡波瓦伊卢阿（Kapowairua）到蒂帕基溪（Te Paki Stream）的3~4天海滨步道（48公里）诸多路段中的一段，这条路一个人就能应付。

团队游

凯塔亚（Kaitaia）、阿希帕拉（Ahipara）、道特利斯湾和岛屿湾都有前往雷因格角的巴士游项目，但是没有定点往返这里的公共交通。

Petricevich Cape Reinga Tours 探险游

（☎09-408 2411; www.capereingatours.co.nz; 成人/儿童 $55/30）想游览雷因格角、蒂帕基沙丘，需要乘坐Dune Rider巴士沿九

十里海滩（Ninety Mile Beach）疾驰。上车点包括芒格努伊、凯塔亚和阿希帕拉。

Far North Outback Adventures 探险游

（☎09-409 4568；www.farnorthtours.co.nz；据定制项目定价）组织从凯塔亚或阿希帕拉出发的四驱车一日游行程，选择灵活，包括上午茶点和午餐。还可以选择前往偏远地带，比如大埃克西比申湾（Great Exhibition Bay）。

Sand Safaris 探险游

（☎09-408 1778；www.sandsafaris.co.nz；成人/儿童 $50/30）从阿希帕拉、凯塔亚和阿瓦努伊（Awanui）出发的大巴游览行程，包括在塔波图波图湾（Tapotupotu Bay）滑沙和午餐野餐。

Harrisons Cape Runner 探险游

（☎0800 227 373；www.harrisonscapereingatours.co.nz；成人/儿童 $50/25）经营沿九十里海滩前往雷因格角的一日游，乘坐卡车一般的四驱巴士，活动项目包括在塔波图波图湾（Tapotupotu Bay）滑沙和午餐野餐。每天9:00从凯塔亚出发，17:00返回。

Ahikaa Adventures 文化游

（☎09-409 8228；www.ahikaa-adventures.co.nz；Te Paki Stream Rd；团队游 $70~190）这些团队游都充满了毛利的文化风情，包括滑沙、皮划艇、浮潜、钓鱼，以及痛快大吃毛利传统坑烧（hāngi）食物。

住宿

半岛上好的住宿选择很少。环保部提供的简单露营地（www.doc.govt.nz；露营地 每位成人/儿童 $ 8/4）环境不错，分设在拉拉瓦海滩（Rarawa Beach）、卡波瓦伊卢阿（Kapowairua）和塔波图波图湾（Tapotupotu Bay）。只提供自来水、抽水马桶和冷水淋浴。不允许点火，需自备炊具，还要带上足够的驱蚊剂来抵挡蚊子和沙蝇。蒂帕基海岸步道沿线也有"Freedom/Leave No Trace"的露营区，意思是，可自由扎营，但禁止留下任何垃圾。

North Wind Lodge Backpackers 青年旅舍 $

（☎09-409 8515；www.northwind.co.nz；88 Otaipango Rd，Henderson Bay；铺/标单/标双/双 $30/60/66/80；⊙9月至次年5月）在奥普里半岛的东侧，沿土路前行6公里即能到达这处独特的尖顶房屋，这里环境温馨，草坪也非常安静，适合搭配一杯啤酒和一本书。步行范围内就有一片美丽的海滩。

到达和离开

除了不计其数的团队游，过了普基努伊（Pukenui）就没有公共交通了。事实上，普基努伊的公共交通也有限，仅限Far North Link（见183页）每周四从凯塔亚（$5，45分钟）开来的一班车。

除了Far North Rd（SH1）之外，如果你的交通工具够皮实，也可以沿着九十里海滩前行。然而据说曾有汽车在软沙地遇到麻烦，然后被潮水吞没，你还可以看到那些倒霉的车子从沙堆中探出身来。出发前务必确认潮汐涨落的时间，在涨潮前后各2.5小时内避免出行。还有要小心蒂帕基溪的"流沙"——如果陷入了流沙，保持行驶状态，切莫停车。许多租车公司禁止你在沙地行驶，如果不幸被困，汽车保险不予理赔。

前往奥普里半岛前，最好给车加满油。

凯塔亚（Kaitaia）

☎09/人口 4890

没人是冲着这个远北地区的首府城镇来的，但如果你想寻找超市、邮局或自动柜员机，这算是一个方便的地点。前往雷因格角和九十里海滩的团队游也多半从这里出发。

景点

蒂阿胡中心 艺术中心

（Te Ahu Centre；☎09-401 5200；www.kaitaianz.co.nz；South Rd和Matthews Ave交叉路口）这间市民和社区中心由电影院、剧院、游客信息中心、美术馆和一座远北地区博物馆（Far North Regional Museum）组成，博物馆常年举办蒂阿胡历史遗产展（Te Ahu Heritage；☎09-408 9454；www.teahuheritage.co.nz；成人/儿童 $7/免费；⊙周一至周五 8:30~17:00）免费。展出文物包括贝壳杉胶、新西兰玉石武器和14世纪的木雕。图书馆还有咖啡馆和免费无线网。中心的休息室四周环绕着一系列图腾柱（pou），分别描绘了毛利、英国、克罗地亚等曾对本地产生重大影响的民族和国家文化。

中心的每一个部分开放时间都不同。

食宿

Loredo Motel 汽车旅馆 $$

(☎09-408 3200; www.loredomotel.co.nz; 25 North Rd; 套间 $120起;) 这家轻松活泼的西班牙风格汽车旅馆，套间打理得非常整洁，周围还有棕榈树和草坪，配有一个游泳池。

Gecko Cafe 咖啡馆 $

(☎09-408 1160; 71 Commerce St; 主菜 $9~18; 周一至周五 7:00~15:00, 周六 8:00~13:30) 每天早上大排长龙的本地人证明了，这里有镇上最好的咖啡(自己烘烤)。食物也相当好。用蘑菇和西班牙辣香肠开启新的一天吧，带上个贻贝汉堡做午餐也不错。

Beachcomber 法式小馆 $$

(☎09-408 2010; www.beachcomber.net.nz; 222 Commerce St; 主菜 午餐 $19~36, 晚餐 25~38; 周一至周五 11:00~14:30和周一至周六 17:00~21:00;) 这家太平洋主题的家庭餐厅是小镇最佳的就餐去处，有大量的海鲜、肉类和素食菜肴，另外还有种类丰富的自助沙拉吧。记得留些肚子吃当天出炉的奶油蛋白甜饼。

实用信息

环保部凯塔亚地区旅游办事处 (DOC Kaitaia Area Office; ☎09-408 6014; www.doc.govt.nz; 25 Matthews Ave; 周一至周五 8:00~16:30) 是一个地区办事处，而非信息中心，不过员工很乐意提供最新的步道信息和建议。

远北地区信息中心 (Far North i-SITE; ☎09-408 9450; www.northlandnz.com; Te Ahu Centre, Matthews Ave和South Rd交叉路口; 8:30~17:00) 一个出色的信息中心，提供有关北部地区的全方面建议。

到达和离开

飞机

凯塔亚机场 (Kaitaia Airport, KAT; ☎021 818 314; Quarry Rd, Awanui) 位于小镇以北6公里处。巴里尔航空(见183页)有航班往返奥克兰(1小时)。

长途汽车

Far North Link (见183页) 平日有班车开往阿希帕拉(Ahipara; $3.50, 15分钟)和道特利斯湾($5, 1小时)，周四有班车前往普基努伊(Pukenui; $5, 45分钟)。

InterCity (见153页) 的班车每天往返蒂阿胡中心(见189页)和凯里凯里($37, 1.75小时)，途经道特利斯湾($25, 40分钟)。

阿希帕拉(Ahipara)

☎09/人口 1060

所有美好的事物都有一个终结，而九十里海滩就止于这座朝气蓬勃的海滨小镇。一些假日寓所悄然出现，但在这里，与前来冲浪的度假者摩肩接踵的，多半还是本地人。

这片地区以其巨大的沙丘和幅员广阔的树胶产地闻名，曾经有2000人在此工作。在阿希帕拉和更远的陶罗阿半岛(Tauroa Peninsula)，滑沙和四轮自行车都是颇受欢迎的沙丘活动项目。

景点

沉船湾 海滩

(Shipwreck Bay, Te Kōhanga; Wreck Bay Rd) 这处位于阿希帕拉西端的小海湾得名于这里的沉船，是最佳的冲浪地点，沉船在退潮时依然清晰可见。

活动

Ahipara Treks 骑马

(☎09-408 2532; www.taitokerauhoney.co.nz/ahipara-horse-treks; 11 Foreshore Rd; 1/2小时 $65/85) 提供海滩骑马慢跑，包括农场和海面骑行(如果海浪条件允许的话)。

Ahipara Adventure 探险运动

(☎09-409 2055; www.ahiparaadventure.co.nz; 15 Takahe Rd) 出租沙滩平底橇(半天 $15)、冲浪板(半天 $40)、徒手冲浪板(半天 $20)、立式冲浪板(半天 $50)、沙滩风帆车(每小时 $80)和四轮沙滩摩托(每小时 Harrisons Cape Runner $115)。

NZ Surfbros
冲浪

(☎021 252 7078; www.nzsurfbros.co.nz; 27 Kaka St; 2小时课程 $60)出租冲浪板，提供冲浪课程和5天的冲浪团队游($599起，含食宿和自奥克兰出发的交通)。

食宿

★Endless Summer Lodge
青年旅舍 $

(☎09-409 4181; www.endlesssummer.co.nz; 245 Foreshore Rd; 铺/房间 $30/86起; 📶)这家由贝壳杉老别墅(建于1880年)改建而成的旅舍坐落在沙滩对面，给人独具一格之感。没有电视，鼓励大家去后面有藤蔓遮阳的小平台，围坐在长桌或炭烤比萨炉边交流感情。可出借趴板和滑沙板，也出租冲浪板。

Ahipara Holiday Park
假日公园 $

(☎0800 888 988; www.ahiparaholidaypark.co.nz; 168 Takahe Rd; 露营地/铺/标双/双 $18/28/75/85起，套间 带/不带浴室 $105/75起; 📶)在假日公园可以找到各种类型的住宿选择，包括小屋、汽车旅馆套间，还有新西兰青年旅舍协会旗下的背包客度假屋，虽然有些老旧，但还是相当不错。公共休息室有炉火和五彩斑斓的壁画。

GEMS Seaside Lodge
公寓 $$

(☎027 820 9403; www.gemsseasidelodge.co.nz; 14 Kotare St; 公寓 $150起; 📶)就阿希帕拉而言，这里略显小资了，但谁会介意呢？这两家高端的独立公寓设施齐全，直通海滩，窗外就是海景。底层是一个宽敞的单间公寓，上层公寓有2个卧室和2个浴室。

North Drift Cafe
咖啡馆 $$

(☎09-409 4093; www.facebook.com/northdriftcafe; 250 Ahipara Rd; 主菜 $9~20; ⏲8:00~14:30)来这家悠闲的小咖啡馆开启新的一天，在门前的阳光露台上吃一顿英式早餐，喝一杯阿希帕拉最好的咖啡。午餐可以选择汉堡、炸鱼和薯条，或法式鸡肉炸玉米饼。夏季供应晚餐，每周四至周日17:00开始。

到达和离开

Far North Link(见183页)有一班工作日班车前往凯塔亚($3.50, 15分钟)，清晨从阿希帕拉出发，晚上返回。

霍基昂加(HOKIANGA)

霍基昂加港(Hokianga Harbour)向四周伸出纤长的触角，它是新西兰第四大海港。崎岖不平的地貌非常漂亮，由一片深浅不同的绿色和棕色组成。林中的小溪汇入海港，将这片海水染成姜味汽水的颜色。

在北部区所有偏远地带里，这里始终是最孤立于主流之外的。没有任何矫揉造作，毛

克罗地亚毛利人(NGĀTI TARARA)

在北部区旅行时，你可能会注意到，多数路名都以"-ich"结尾。凯塔亚和达加维尔的博物馆里都是三语标识牌——Haere mai(毛利文)、dobro došli(克罗地亚文)和welcome(英语)，"欢迎"你来到新西兰的这处特殊的民族聚居区。

从19世纪末起，就有人从达尔马提亚(Dalmatia)海岸——也就是如今的克罗地亚，来到新西兰寻找工作。许多人在北部区的树胶采集地定居下来。当时，新西兰的白人社会并不欢迎这批新移民，特别是在"一战"期间，因为他们持有奥匈帝国的护照。然而，北部区的毛利人小社区却没有这么对待他们。这些新移民能够在这里找到达尔马提亚乡村生活的共鸣：以大家庭为重，殷勤好客，更不要提两个民族都受到过殖民强权的不公正对待了。

毛利人开玩笑地称呼他们为Tarara，因为他们使用母语交流时，语速很快，在毛利人听起来，发出的声音就像一连串的"ta-ra-ra-ra-ra"。渐渐地，许多克罗地亚男子与当地女子通婚，他们建立的家族诞生了不少著名人物，而他们都拥有克罗地亚姓氏，如歌唱家玛格丽特·乌里希(Margaret Urlich)和橄榄球国家队全黑队(All Black)前队员弗拉诺·博蒂卡(Frano Botica)。在远北地区、达加维尔和奥克兰西岸区都能找到"Tarara"的大型社区。

利人居住区与世隔绝地散落在海港的多处水湾周围，几个世纪以来始终如故。霍基昂加最初被传奇探险家库佩（Kupe）发现，而纳普希部落（Ngāpuhi）从14世纪开始就一直在这里居住。20世纪60年代末，嬉皮士纷至沓来，在这里留下了些许活跃的艺术情调。

这里许多道路依然是土路，加之游人大多被吸引到了东边的岛屿湾，新西兰这片真正迷人的角落反而完全未被开发，这也是许多当地人喜欢这里的原因。

到达和离开

唯一的公共交通是Hokianga Link（见181页）每周一班的小巴，连接凯里凯里（Kerikeri）和奥玛贝雷（Omapere），夏季会增加到2班。

科胡科胡（Kohukohu）

☎09/人口 165

快！谁先草拟一份保护科胡科胡的条例，不然真的就太晚了。在新西兰，几乎没有别的地方像科胡科胡这座维多利亚时期风格的村庄一样有趣，拥有保护得如此完整的贝壳杉建筑群落，而几乎看不见一栋现代的畸形大楼。在贝壳杉砍伐业的鼎盛时期，科胡科胡曾经是一座繁忙的小镇，拥有一家锯木厂、一家造船厂、两家报社和银行。如今，这处穷乡僻壤安静地坐落在霍基昂加港的北岸，距离拉韦尼汽车渡轮（Rawene car ferry，见193页）4公里。

景点

乡村艺术画廊 画廊

（Village Arts；☎09-405 5827；www.villagearts.co.nz；1376 Kohukohu Rd；⏲10:00~15:00）在这样小的地方，能有这样一间画廊，实在是一个大惊喜。画廊位于一座修复后的遗产建筑中，展品大多出自霍基昂加艺术家之手，一直在轮换。

食宿

Tree House 青年旅舍

（☎09-405 5855；www.treehouse.co.nz；168 West Coast Rd；露营地/铺/标单/双 $20/32/64/82起；📶）🍃这是新西兰最好的青年旅舍之一，宿舍位于木质建筑的"主楼"中，粉刷明亮的几座小屋分散在一片异域的果树和坚果树林中。浴室是公共的，还有一个公用厨房和用餐空间。这处安逸的隐居地距离渡轮站2公里，下船后掉头向左即可到达。

Koke Cafe 咖啡馆 $

（☎09-405 5808；1374 Kohukohu Rd；主菜$8~16；⏲周三至周日 8:00~16:00，夏季营业时间延长）这家小咖啡馆位于Kohukohu Hotel临街的露台上，提供出色的咖啡和食物，包括百吉饼、美食派、猪肉三明治、汉堡和英式早餐。

到达和离开

这里没有公共交通，所以你需要自驾前往。登上**渡轮**（☎09-405 2602；www.fndc.govt.nz；小汽车/露营车/摩托车 $20/40/5，乘客 $2；⏲7:30~20:00），经过一段风光无限的航程，就能跨越海港抵达稍稍热闹一些的拉韦尼（Rawene）。

霍利基及周边（Horeke & Around）

霍利基很小，是继拉塞尔之后，新西兰的第二处欧洲人定居点。一支卫斯理传教团曾经在1828~1855年于此传教。1840年，3000名纳普希部落（Ngāpuhi）的毛利人聚集于此，签订了《怀唐伊条约》，是这份条约规模最大的一次签署活动。如今这里只是一个被遗忘的小村，灰扑扑的街道上，追猪的狗经常都比人还多。

风格纯朴的**Horeke Hotel**（☎09-401 9133；www.horekehotel.nz；2118 Horeke Rd；⏲周三至周日 13:00至深夜，法式小馆 周四至周日 17:30~20:00）被誉为新西兰最古老的小酒馆，历史可以追溯到1826年。夏日周末，这家花园酒吧里偶尔还会有现场摇滚音乐演出。

霍利基同时也是普何伦格双海岸自行车道（Pou Herenga Tai Twin Coast Cycle Trail，见167页）的西端终点。

景点

怀利利巨石自然公园 公园

（Wairere Boulders Nature Park；☎09-401 9935；www.wairereboulders.co.nz；McDonnell Rd；成人/儿童/家庭 $15/5/35，只收现金；⏲冬天/夏天 至17:00/19:00）🍃这片巨大的玄武岩石被古

老贝壳杉森林的酸性物质腐蚀，形成了一个个奇特的凹槽。留出40分钟走一趟主环形步道，沿途有几处需要蹚水和攀爬。另一条步道穿越雨林，通往巨石河谷尽头的一处平台，大约需要1.5小时。SH1和霍利基都有路标指向保护区，最后3公里是土路。

住宿

Horeke Hotel 酒吧客栈 $$

(☎09-401 9133; www.horekehotel.nz; 2118 Horeke Rd; 房间 $130~150)这家客栈提供简单但干净的住宿。全部3个房间都是套间，能看到港口的风景。

到达和离开

这里不通公共交通，所以唯一的方法就是骑车或开车。通往村子的唯一铺砌的道路是Rangiahua Rd，要从SH1往南。从SH12北上的Horeke Rd很难走，都是土路。

拉韦尼(Rawene)

人口 471

拉韦尼的建立时间稍晚于附近的霍利基，是新西兰的第三个欧洲人定居点。这里仍然保留了数量惊人的历史建筑，包括6座教堂！当初修建这些建筑的时候，这座港口比现在要繁忙得多。信息板上有一条文化遗产游览路线，列出了沿途的主要景点。

Four Square杂货店里有一个自动柜员机，还能买到汽油。

景点

1号帕内尔博物馆 画廊

(No 1 Parnell; ☎09-405 7520; www.no1parnell.weebly.com; 1 Parnell St; ⏲9:00~16:30)这座高档的商业画廊位于一座拥有百年历史的街角建筑中，原本是一家杂货店，现在展出当地艺术家创作的有趣的作品，也有一些来自更远地区的艺术家的创作。有一家阳光充足的咖啡馆。

食宿

拉韦尼假日公园 假日公园 $$

(Rawene Holiday Park; ☎09-405 7720; www.raweneholidaypark.co.nz; 1 Marmon St West; 露营地 $18起，套间 带/不带浴室 $130/65; 📶🐾)在这座管理有序的假日公园中，帐篷露营地隐藏在灌木丛中。小屋有设施简单的房间，需自带寝具(或者多花钱租一套)，也有含小厨房的全设施的套间。只有一个自带卫浴的套间。

Boatshed Cafe 咖啡馆 $

(☎09-405 7728; www.facebook.com/boatshedcaferawene; 8 Clendon Esplanade; 主菜 $8.50~15; ⏲8:30~16:00)在这家霍基昂加最好的咖啡馆俯瞰水景，品尝美味的食物。咖啡馆位于在汽车渡轮附近的一座历史舢舨棚中。是个很可爱的地方，礼品商店还出售当地工艺品。

到达和离开

有汽车渡轮开往霍基昂加的北岸，停靠科胡科胡以南4公里处，渡轮每小时至少一班。可以在船上买票，航行15分钟。通常在半点时从拉韦尼出发，整点时从北岸出发。

可以给奥波诺尼信息中心(见194页)打电话，要求Hokianga Link(见181页)安排小货车来接。周四有车往返奥波诺尼(30分钟)和凯里凯里(1小时)，夏季周二也有。

奥波诺尼和奥玛贝雷(Opononi & Omapere)

人口 414

奥波诺尼和奥玛贝雷原本是两个独立的村落，现在合成了一个相连的海滨居民区，沿霍基昂加海湾(Hokianga Harbour)南端附近的美丽海岸展开。这里的海水更清澈，适于游泳，主要的风景是隔海相望的北角(North Head)处一片连绵起伏的沙丘。从南边前往奥玛贝雷，沿途海湾景色非常壮观。

景点和活动

阿莱蒂乌鲁休闲保护区 自然保护区

(Arai-te-Uru Recreation Reserve; Signal Station Rd, Omapere)这座保护区覆盖了霍基昂加港的南部海岬，面对着海港的壮阔风景和荒凉的西海岸。步行不远就能到达一座旧信号站的遗址。原本是为了指导船舶安全穿越这片危险莫测的海域，顺利进入霍基昂加而修建，孰料海港船舶数量锐减，信号站在1951年关闭。还有一条步道通往相当迷你的马丁湾（Martin's Bay）。

Hokianga Bone Carving Studio 课程

（☎09-405 8061；hokiangabonecarvingstudio@gmail.com；15 Akiha St，Omapere；课程含午餐 $60）在Jim Taranaki这个面海的工作室预订一天的课程，学习创作属于你自己的毛利骨雕。

团队游

怀波阿足迹 文化游

（Footprints Waipoua；☎09-405 8207；www.footprintswaipoua.co.nz；Copthorne，334 SH12，Omapere；成人/儿童 $95/35）参加由毛利向导带领的4小时黄昏游，深入怀波阿森林，既能了解迷人的毛利文化，又能观赏林中的巨树。导游会分享部落的历史和故事，还会在参天大树前进行迷幻的祈祷吟诵（karakia）。也提供日间团队游（$80），只是黄昏游更强调灵性。

Hokianga Express 探险游

（☎021 405 872；hkexpress@xtra.co.nz；Opononi Jetty；成人/儿童 $27/17；）乘船跨海来到海港北侧，趴在滑板上冲下巨大的沙丘，涨潮时可以一直滑上水面。船只夏季每天开行（天气允许的话），其他季节视需求而定，不过，不管怎样都必须预订。

食宿

Globetrekkers Lodge 青年旅舍 $

（☎09-405 8183；www.globetrekkerslodge.com；281 SH12，Omapere；铺/标单/双 $29/54/70；）在这家家庭风格的旅舍放松歇息，欣赏海港的风景。多人间很明亮。单间没有独立浴室，但装潢颇具巧思，配备了书桌台、镜子、工艺品和蓬松的毛巾。有音响，但是没有电视，鼓励大家在葡萄藤架下的烧烤区域多多交流。

Kokohuia Lodge 民宿 $$$

（☎021 779 927；www.kokohuialodge.co.nz；101 Kokohuia Rd，Omapere；房间 $320；）这家民宿位于霍基昂加港银色的沙丘背后，周遭环绕着再生的本土原生灌木，将奢华、环保融为一体。以太阳能和有机散养的农产品为特色，却丝毫不影响它时髦现代的奢华住宿品质。

Hokianga Haven 民宿 $$$

（☎09-405 8285；www.hokiangahaven.co.nz；226 SH12，Omapere；房间 $220；）这家宽敞的单间公寓设施齐全，位于一座现代房屋中，可以让你在离海滩几步之隔的地方入睡。对于结伴的朋友和家庭旅行者，另有一个大床房。可安排体验各种康复理疗。

Landing Cafe 咖啡馆 $

（☎09-405 8169；www.thelandingcafe.co.nz；29 SH12，Opononi；主菜 $10~15；⏲9:00~15:00；）这个迷人的咖啡馆附属于旅游局，采用时尚的新西兰风格装潢，提供味美的咖啡。在宽敞的露台上找张桌子，一边吃炒鸡蛋配熏三文鱼，一边眺望海面。水准远远超出当地其他餐厅。

Opononi Hotel 小酒馆

（☎09-405 8858；www.opononihotel.com；19 SH12；主菜 $13~36）在这家友好的当地酒馆找张室外餐桌，坐下来欣赏港口对面奥波诺尼的巨大沙丘。夏季定期有现场活动，也是观看橄榄球比赛的好地方。

实用信息

奥波诺尼信息中心（Opononi i-SITE；☎09-405 8869；www.hokiangatourism.org.nz；29 SH12；⏲8:30~17:00）出色的信息咨询处，有大量当地纪念品售卖。

到达和离开

Hokianga Link（见181页）每周四有一班小面包车往返奥玛贝雷和凯里凯里（$15，1.5小时）。12月至次年3月的周二也运营。

怀奥特玛拉玛和怀马马库（Waiotemarama & Waimamaku）

毗邻的怀奥特玛拉玛和怀马马库坐落在

霍基昂加港和怀波阿森林之间，在SH12这段人烟稀少的路段沿线散落的若干小村庄中，是最先映入来访者眼帘的。

活动

Labyrinth Woodworks 户外

（☎09-405 4581；www.nzanity.co.nz；647 Waiotemarama Gorge Rd；迷宫 成人/儿童 $4/3；⊙9:00~17:00）集齐字母，拼出单词，就可以破解室外迷宫的密码了。拼图博物馆和复古棋盘游戏也很有趣。附近的步行道通往瀑布和巨大的贝壳杉树。

就餐

Morrell's Cafe 咖啡馆 $

（☎09-405 4545；7235 SH12，Waimamaku；主菜 $11~17；⊙9:00~15:00）这家咖啡馆兼工艺品商店过去是一家奶酪工厂。在看到达加维尔（Dargaville）之前，这就是沿途最后一家美味的餐馆了，所以进来喝杯咖啡，给自己的早餐加个鸡蛋或新鲜出炉的司康饼吧。

到达和离开

怀奥特玛拉玛和怀马马库没有公共交通可达。

贝壳杉海岸（KAURI COAST）

霍基昂加港至凯帕拉港（Kaipara Harbour）之间不但有奇特的悬崖与河流，甚至整段110公里的海岸线都几乎没有开发，一切如初。来这里最主要就是观赏贝壳杉森林，这是新西兰最壮观的自然景点之一。如果喜欢抱树，那这里有几棵粗壮的大树，想要一人合抱的话，你的双臂得有8米长。

达加维尔（Dargaville）以北几乎没有商店与餐馆，也没有自动柜员机，所以记得事先储备好"粮草"。如果想在这里徒步，请先登录环保部网站（www.doc.govt.nz）查看相关信息。

到达和离开

West Coaster（见164页）的班车周一至周五往返达加维尔和旺阿雷。

Te Wai Ora Coachlines（☎027 482 2950；www.tewaioracoachlines.com；成人/儿童 $50/40）每周一次往返达加维尔和奥克兰。

怀波阿森林（Waipoua Forest）

这座壮丽的森林保护区是北部区西海岸的亮点，1952年在强烈的舆论压力下建立。新西兰北部的贝壳杉森林一度广袤无垠，如今，这座森林保护区是现存最大的一片。森林公路（SH12）延伸18公里，途中经过好几棵参天大树。贝壳杉的高度可以达到60米，树干直径可超过5米。

作为英国王室违背《怀唐伊条约》的部分赔偿方案，这片森林的控制权已经归还给本地部落蒂罗罗阿（Te Roroa）。部落管理的怀波阿森林游客中心（见196页）、咖啡馆和露营地都靠近公园的最南端。

景点

★蒂玛图瓦纳赫利（Te Matua Ngahere） 地标

从停车场出发，20分钟的贝壳杉步道（Kauri Walks）将带你经过四姐妹（Four Sisters），这4棵大树优雅地并肩而立，根系紧紧交缠。之后，步道通往蒂玛图瓦纳赫利（森林之父）。高度仅30米的它，却是现存最粗壮的贝壳杉，树围达到了16.4米。相形之下，周围其他的成年树木都成了火柴杆。据估计，它有望活到3000岁。

一条单程30分钟的步道从四姐妹附近通往现存第七大的贝壳杉雅克斯（Yakas）。

★塔尼玛胡塔 地标

（Tāne Mahuta）塔尼玛胡塔得名于毛利人的森林之神，它威严地耸立于公园北端附近，距离公路不远。这棵树高51.5米，周长13.8米，木材量多达244.5立方米，是现今存活的最大的贝壳杉，雄踞这片土地已有1200年到2000年之久。这棵树很好找到，路边就有一个标识清晰的停车场（有咖啡车）。

住宿

Waipoua Forest Campground 露营地 $

（☎09-439 6445；www.teroroa.iwi.nz/

visit-waipoua; 1 Waipoua River Rd; 露营地/套间$15/20起)这座安逸的露营地坐落在怀波阿河和游客中心附近，提供热水淋浴、冲水厕所和厨房。小屋条件非常简单，需自备或租借寝具。

Waipoua Lodge 民宿 $$$

(☎09-439 0422; www.waipoualodge.co.nz; 4748 SH12; 套间 $625; 📶) 这座精致的古老别墅位于森林的南侧，拥有4间奢华宽敞的套房，以前都是马厩、剪羊毛工房和小牛繁育室。提供奢侈的晚餐($95)。

实用信息

怀波阿森林游客信息中心 (Waipoua Forest Visitor Centre; ☎09-439 6445; www.teroroa.iwi.nz/visit-waipoua; 1 Waipoua River Rd; ⏲11月至次年3月9:00~14:00，4月至10月 周三至周日)蒂罗罗阿部落运营的信息中心有一个关于贝壳杉森林的有趣展览，还有一个咖啡馆。中心会组织导览游($25)和文化活动。此外，附近还有一个天然游泳池、一处野餐区及步道。

到达和离开

怀波阿森林不通公共交通。如果没有车，可考虑在奥玛贝雷的Footprints Waipoua(见194页)或派希亚的Fullers Great Sights(见175页)参加团队游。

杜松贝壳杉公园(Trounson Kauri Park)

自1995年起，这片古老森林所在的586公顷土地上就展开了清除猎食天敌的行动，如今，它已成为本土濒临灭绝的鸟类的避难所。一条轻松的半小时环形步道(1.8公里)自公路旁的野餐区出发，穿过美丽的森林，经过潺潺溪水、几片漂亮的贝壳杉群、两三株倒伏的树木，还有两两并生的“四姐妹”。

附近的度假公园经营**夜间步行导览游**(成人/儿童 $30/20)，介绍当地植物和夜行野生动物，你甚至有机会看到难得一见的野生褐奇异鸟(brown kiwi)。

住宿

Kauri Coast Top 10 Holiday Park 假日公园 $

(☎09-439 0621; www.kauricoasttop10.co.nz; 7 Opouteke Rd; 露营地 $44起，套间 带/不带浴室 $114/90起; 📶👪)这座出色的假日公园位于开胡(Kaihu)河畔，距SH12公路2公里。有迷人的汽车旅馆式套间和一圈整洁的小屋，带或不带浴室和厨房的套间都有。除了著名的夜间步行导览游之外，这里还有一个天然游池和一个儿童游乐场，游乐场里有滑索缆道和蹦床。

环保部杜松贝壳杉公园露营地 露营地 $

(DOC Trounson Kauri Park Campsite; www.doc.govt.nz; Trounson Park Rd; 露营地 $30起)这座露营地比环保部大部分营地都好，有通电和不通电的露营地，还有公共厨房、冲水厕所和热水淋浴。

到达和离开

这座公园没有公共交通可达。如果你驾车从北边进入公园，在开胡(Kaihu)附近驶入第二个岔路，可以躲开一段颠簸的土路。

凯伊维沙湖(Kai Iwi Lakes)

这3座淡水沙丘湖互相依偎着坐落在海岸线附近，距离SH12有12公里，湖内满是鳟鱼。最大的**塔哈罗阿湖**(Taharoa)有蔚蓝的湖水，湖畔沙滩片片；**怀卡雷湖**(Lake Waikere，意思是“起涟漪的水面”)颇受滑水者的喜爱；而**凯伊维沙湖**(部落的食物来源)由于禁止机动船只的往来，是皮划艇和游泳的好地方。从湖群步行半小时即为海岸，继续前行2小时能够到达火山岩壁**芒格努伊峭壁**(Maunganui Bluff)的脚下，峭壁高达460米，上下一趟需要5小时。

住宿

凯伊维沙湖露营地 露营地 $

(Kai Iwi Lakes Campground; ☎09-439 0986; www.kaiiwicamp.nz; Domain Rd; 成人/儿童$15/8)塔哈罗阿湖畔有两个露营地，较大的松树海滩(Pine Beach)有冲水厕所和投币式

热水淋浴($2，3分钟)。漫步角(Promenade Point)只有冷水淋浴，但露营地更多。

到达和离开

凯伊维沙湖没有公共交通可达。下SH12公路后，继续向海岸方向驱车12公里即可到达。

贝利斯海滩(Baylys Beach)

贝利斯海滩拥有几座色彩明丽的度假小屋和几栋新建的楼房，距离达加维尔12公里，紧邻SH12，坐落在绵延100公里的瑞皮罗海滩(Ripiro Ocean Beach)旁，这片久经海浪冲刷的海岸线上曾发生过多起沉船灾难。

海滩本身就是一条正式规划的公路，退潮时你可以沿着沙地行驶，只是更加适合四驱车。虽然是新西兰最长的可以行车的海滩，但由于名气不大，游人倒是比九十里海滩少。驱车前往沙地之前，先向当地人询问情况，并且确认你的租车协议，保险可能不会覆盖你的情况，若非心中有数，就可能受骗。假日公园也出租四轮沙滩摩托车。

活动

Baylys Beach Horse Treks 骑马

(☎027 697 9610; www.baylysbeachhorsetreks.webs.com; 沙滩骑马 1/2小时 $70/125)提供半小时的骑马课程($25)及贝利斯海滩范围内的马匹骑行。骑马的最小年龄限制为14岁，除非孩子很有经验。小一些的孩子可以考虑1小时的围场骑马($40)。

住宿

Baylys Beach Holiday Park 假日公园 $

(☎09-439 6349; www.baylysbeach.co.nz; 24 Seaview Rd; 露营地 $20，套间 带/不带浴室 $90/80起; 📶)这座中等大小的露营地拥有迷人的奶绿色套间，散落在一片草坪上，周围长满了波胡图卡瓦树。选择涵盖简易小屋和设施齐备的六人度假屋。公园提供四轮摩托车出租，接受骑马活动的预订。

Sunset View Lodge 民宿 $$

(☎021 231 4114; www.sunsetviewlodge.co.nz; 7 Alcemene Lane; 房间 $175~195; ⊙7月至次年5月; 📶🏊)如果你喜欢端着一杯金汤力酒欣赏夕阳美景，这座大型时尚民宿就能满足你的需求。楼上的房间拥有绝佳的海景，全都带露台。不接受儿童入住。

到达和离开

贝利斯海滩没有公共交通可达。大多数旅行者从达加维尔前来，或是在往返怀波阿森林的途中顺道停留。

达加维尔(Dargaville)

☎09/人口 4250

达加维尔出产了占全新西兰总产量三分之二的甘薯，当一个小镇自称为“新西兰甘薯(kumara)之都”，你就会知道，不要对它抱有太多期望。这里由木材商人约瑟夫·达加维尔(Joseph Dargaville)在1872年建立，曾经是重要的河港，因为出口贝壳杉木材和树胶而繁荣。随着大批森林被砍伐殆尽，小镇逐渐没落，直至今日，这里成了怀罗阿河北部农业区一个闭塞的角落。

景点

达加维尔博物馆 博物馆

(Dargaville Museum; ☎09-439 7555; www.dargavillemuseum.co.nz; Harding Park; 成人/儿童 $15/5; ⊙9:00~16:00)达加维尔博物馆位于一座小山丘顶上，比绝大多数的地区博物馆都要有趣。这里有一个大型的树胶采集展，外加海洋、毛利文化和乐器展览，还有一段漂亮的铁轨模型。博物馆外，彩虹勇士号的桅杆被安放在要塞村遗址附近的一处瞭望台上，这里还复原了树胶采集工人营地。

库马拉鲍克斯 农场

(Kumara Box; ☎09-439 7018; www.kumarabox.co.nz; 503 Pouto Rd; 番薯秀 $20，乘火车 $10; ⊙需要预约)如果你想了解新西兰番薯，可以预约“番薯恩尼秀”(Kumara Ernie's show)。演出非常有趣，通常还包含一段拖拉机列车之旅，列车为自行拼接而成，将穿越农田，前往“新西兰最小的教堂”。这里也收藏了大量的贝壳，并可为露营车提供公共厨房和洗浴设施($12)。

食宿

露营车可以停靠在达加维尔博物馆的停车场（每晚$15）或库马拉鲍克斯农场（每晚$12）。

Greenhouse Backpackers 青年旅舍 $

（☎09-439 6342；greenhousebackpackers@ihug.co.nz；15 Gordon St；铺/房间 $30/74；@📶）原来是一座建于1921年的校舍，后经改建，教室被分隔成一个宽敞的多人间和一间公共休息室，都粉刷了彩色壁画。后花园里温馨舒适的套间更好。

Aratapu Tavern 得克萨斯－墨西哥菜 $$

（☎09-439 5923；www.aratapu.com；701 Pouto Rd；主菜 $15~22；⏲周二至周日 正午至深夜；📶）这家热情的乡村酒馆距离达加维尔约7公里，就在通往波托角（Poutu Point）的路边，最有名的是羊排，但玉米片和卷饼等得克萨斯—墨西哥式食物也风味十足，由满脸微笑的得克萨斯店主烹制。偶尔，这家花园酒吧周六会有现场音乐演出。

Blah, Blah, Blah… 咖啡馆 $$

（☎09-439 6300；101 Victoria St；早餐$10~19，午餐 $10~20，晚餐 $22~35；⏲周日和周一 9:00~15:30，周二至周六 至20:00；📶）达加维尔中心区首屈一指的餐馆，也是最好的酒吧，有一处花园区，播放潮流音乐，供应熟食小吃和啤酒、葡萄酒、鸡尾酒等。囊括全球风味的美食包括出色的英式早餐、比萨以及牛排。

实用信息

环保部西海岸/贝壳杉海岸办事处（DOC Te Tai Kauri /Kauri Coast Area Office；☎09-439 3450；www.doc.govt.nz；150 Colville Rd；⏲周一至周五 8:00~16:30）这是环保部设在当地的办公室，而非游客中心，不过可提供许多有关北部区徒步和露营的信息。

游客信息中心（Visitor Information Centre；☎09-439 4975；www.kauriinfocentre.co.nz；4 Murdoch St；⏲9月至次年6月 9:00~18:00，7月和8月 周二至周日 10:00~17:00；📶）由Woodturners Kauri Gallery & Studio运营。可预订住宿和团队游。

> **值得一游**
>
> ### 波托角（POUTO POINT）
>
> 波托角从达加维尔南面向下延伸，是一座狭长的海岬，与塔斯曼海和怀罗阿河（Wairoa River）相连，然后在凯帕拉港（Kaipara，新西兰最大的海港）突然中断。这是一处非常偏远的海峡，点缀着几十座小沙湖，孤独的**凯帕拉灯塔**（Kaipara Lighthouse）是贝壳杉木造的，于1884年建成。凯帕拉海港的南北两处海角相隔不到10公里，可如果你要开车往返两地，就得绕行267公里。
>
> 要探索以达加维尔附近的格林克斯沟（Glinks Gully）为起点的71公里海滩公路，四驱车正可以大显身手。环保部的《波托角寻宝》（*Pouto Hidden Treasures*）对摩托车骑行者非常有用，提供的建议既能保护你的爱车，也能维护脆弱的生态系统，可登录www.doc.govt.nz下载。

到达和离开

West Coaster（见164页）在工作日运行连接达加维尔和旺阿雷的班车，每天2班。

Te Wai Ora Coachlines（见195页）有班车往来连接达加维尔和奥克兰（3小时），途经沃克沃思（Warkworth）和马塔科希（Matakohe），周五晚上从奥克兰出发，周日晚上从达加维尔返回。

马塔科希（Matakohe）

☎09/人口 400

除了乡村的魅力，精彩的贝壳杉博物馆也是人们造访这座村庄的主要缘由。博物馆商店还销售由贝壳杉木和树胶制作而成的纪念品。

博物馆对面就是小巧的**马塔科希拓荒者教堂**（Matakohe Pioneer Church），1867年采用小的贝壳杉木材修造，卫理公会和圣公会的教徒都可以在此进行礼拜，同时还兼具社区会议厅和学校的功能。你可以在附近漫步，走过历史悠久的**校舍**（Schoolhouse，1878年）和**邮局与电话交换台**（Post office/telephone exchange，1909年）。

景点

贝壳杉博物馆

博物馆

（Kauri Museum；☎09-431 7417；www.kau.nz；5 Church Rd；成人/儿童 $25/8；⏲9:00~17:00）这座博物馆非常出色，其中展出的巨型贝壳杉横截面本身已经非常壮观，博物馆还通过各种方法将贝壳杉的整个产业栩栩如生地搬回了现实——复制并还原了拓荒者的锯木厂、膳宿公寓、树胶采集工的小屋以及维多利亚时期风格的住宅，还有照片、文物、精美的家具和镶嵌工艺品。树胶展厅（Gum Room）有奇特美妙的贝壳杉树胶展览，这种类似琥珀的材质可以雕刻、塑形和打磨，拥有珠宝一般的好品质。

住宿

马塔科希假日公园

假日公园 $

（Matakohe Holiday Park；☎09-431 6431；www.matakoheholidaypark.co.nz；66 Church Rd；露营地 $38，套间 带/不带浴室 $120/65起；）这座维护良好的小公园拥有现代化的设施、宽敞的空间、游乐场和欣赏凯帕拉港的好视野。住宿选择包括不带浴室的简单小屋和设备齐全的汽车旅馆式两卧室套间。

Matakohe House

民宿 $$

（☎09-431 7091；www.matakohehouse.co.nz；24 Church Rd；房间 $170~180；）这家民宿位于一栋靠近贝壳杉博物馆的漂亮别墅内。装饰简洁的房间通向弧形景观阳台，免费赠送的波特酒和巧克力等更是锦上添花。有一个小厨房可以制作热饮，公共休息室里有一架钢琴。

到达和离开

Te Wai Ora Coachlines（见195页）每周五晚从奥克兰发出一趟班车，开往达加维尔，周日晚返回。班车会经过马塔科希的贝壳杉博物馆，招手可停。

怀卡托和科罗曼德尔半岛

包括 ➡

最佳餐厅

- Hayes Common（见207页）
- Madame Woo（见207页）
- Refinery（见256页）
- Rock-It Kitchen(见213页)
- Port Road Project（见252页）

最佳住宿

- Earthstead（见218页）
- Solscape（见211页）
- Bow St Studios(见212页)
- Out in the Styx(见216页)
- Aroha Mountain Lodge（见221页）

为何去

青翠的山峦连绵起伏，与气势磅礴的怀卡托河（Waikato River）并肩前行，敢于冒险挑战的人们在拉格伦（Raglan）乘风破浪，或是深入精彩绝伦的怀托莫洞穴（Waitomo Caves）探险。

但这里也是泰努伊人（Tainui）的地盘。19世纪50年代，这一强大的毛利部落联盟推举了一位国王，抵抗英国人入侵他们的家园。富饶的怀卡托虽然被强行夺走了，但他们一直控制着国王乡（King Country）的崎岖领地直到20世纪初。

科罗曼德尔半岛（Coromandel Peninsula）位于东北边，伸入太平洋，在豪拉基湾（Hauraki Gulf）的东部形成了一条天然的屏障。半岛东海岸有北岛最棒的白沙滩，西海岸的泥滩湿地和风景如画的石湾聚集着不少生活方式另类的人。深入半岛中部，山脊上纵横分布着徒步小道，徒步者可以探索大片偏僻的灌木丛林，林中生长着贝壳杉（kauri）。

何时去

- 从每年圣诞节到次年1月底的暑假期间，怀希（Waihi）、怀蒂昂格（Whitianga）、旺格玛塔（Whangamata）和拉格伦的沙滩住宿价格都是最高的。新年夜这里人非常多。
- 2月和3月气候温和。科罗曼德尔半岛的气候更稳定，游客数量也更少。在多山的科罗曼德尔地区，降雨主要集中在5月至9月。
- 怀卡托地区的夏季会很干旱，陶马鲁努伊（Taumarunui）周围的南部地区通常更加潮湿、阴冷。
- 如果能避开学校暑假的旺季（圣诞节至次年1月），怀卡托地区的住宿选择很丰富。
- 拉格伦全年都是十分受欢迎的冲浪去处。

怀卡托和科罗曼德尔半岛亮点

1 科罗曼德尔半岛最北端（见241页）踏着偏远的碎石路，漫步在姹紫嫣红的古波胡图卡瓦树下。

2 蒂阿格努伊阿黑海洋保护区（见244页）在隐蔽的岛屿、洞穴和海湾周围划皮划艇。

3 卡朗格哈克峡谷（见254页）穿越深不可测的茂密森林。

4 哈黑海滩（见248页）远眺离岸岛屿，欣赏它们身披夏日余晖、光彩熠熠的样子。

5 怀托莫洞穴（见223页）探寻地面下的刺激，尝试黑水漂流。

6 拉格伦（见209页）乘风破浪，然后在这个悠闲的冲浪小镇光顾酒吧，小酌一杯。

7 芒格陶塔伊山生态保护区（见216页）徒步穿越这个内陆岛屿天堂。

8 霍比屯电影外景地游（见219页）在这迷人的电影场景中，与你内心的比尔博或弗罗多相会。

到达和离开

哈密尔顿是这片地区的交通枢纽，大量国内航班出入当地机场（见209页）。从哈密尔顿乘坐长途汽车可以到达北岛的各个角落。大多数内陆城镇都可以乘坐长途汽车到达，而在一些偏远的沿海小镇[除了SH3上的莫考（Mokau）]，公共交通服务相对较不完善。

科罗曼德尔半岛的交通选择更为有限，该地区的海滩和海岸线更适合乘坐个人交通工具前往。

怀卡托（WAIKATO）

历史

这片地区向北一直延伸至奥克兰的曼努考海港（Manukau Harbour），早在欧洲人抵达之前就一直是怀卡托诸部落的故乡。他们的祖先是泰努伊（Tainui）移民。怀卡托部落在这片土地定居期间，取代或合并了许多早期的移民部落。

起初，欧洲人遵循毛利人的方式与他们接触，并让当地人从中获益。虽然当时毛利人肥沃的土地已经种植了紫色番薯（kumara）和其他农作物，但还是很好地适应了新引入的水果和蔬菜。到了19世纪40年代，怀卡托经济繁荣，大量的农产品输出供给奥克兰和更远地方的定居者。

在19世纪50年代期间，两种文明开始交恶，主要是因为殖民者强行购买毛利人的土地。毛利人为了反抗，建立了一个部落联盟并推选出一位国王来保护他们的利益，并发起了“Kingitanga”，也就是后来人们所知的“国王运动”。

1863年7月，格雷总督（Governor Grey）派遣大批军队入侵怀卡托，进行殖民侵略。经过近一年的战争，也就是怀卡托战争，国王运动者（Kingites）退守南方，“国王乡”由此得名。

这场战争导致3600平方公里的土地被没收，其中大部分交由殖民地的英国士兵耕种和驻守。直到1995年，为了一个多世纪前错误的侵略和土地没收行为，英国王室向怀卡托的各个部落致以诚挚的道歉，支付了1.7亿新西兰元的赔偿款，并归还了当时仍由王室拥有的土地。

怀卡托和科罗曼德尔半岛精华

就餐 科罗曼德尔的双壳类海鲜——贻贝、牡蛎和扇贝都是当地特产。

饮品 在Luke's Kitchen & Café（见243页）品尝当地Blue Fridge Brewery出品的精酿啤酒。

阅读 《新西兰企鹅史》（*The Penguin History of New Zealand*, 2003年），作者是已故作家、前欧普德雷（Opoutere）居民迈克尔·金（Michael King）。

聆听 在芒格陶塔伊山生态保护区（见216页）倾听本土鸟类的鸣啭。

观赏 在哈黑（见247页）附近浮潜，观察擦身而过的鱼群。

节日 每年一度的旺格玛塔海滩狂欢节（见251页）。

绿色旅行 入住Solscape（见211页）的不接电圆锥帐篷。

网络资源 www.thecoromandel.com, www.hamiltonwaikato.com, www.kingcountry.co.nz

哈密尔顿（Hamilton）

☎07/人口 206,400

在一个岛国，内陆城市永远不会像沿海城市那样有吸引力。罗托鲁阿（Rotorua）和陶波（Taupo）就是同病相怜的两座内陆城市，但它们分别凭借滚烫的泥浆和湖泊弥补了缺憾。哈密尔顿则不然，尽管拥有壮观的怀卡托河，这座城市却依然显得平淡无奇。

哈密尔顿的市区还是有一定的吸引力。Hood St和Victoria St周围有热闹的酒吧和一些很棒的餐馆、咖啡馆，能确保在你逛过诸如哈密尔顿花园（见203页）之类的城市主要景点之后，有美味的食物可吃。

虽然灰绿色的怀卡托河从市区流过，但城市规划完全忽视了它的存在，除非驾车跨过桥梁，否则来客对于这条河的存在简直浑然不觉。幸运的是，开发工程已经开始，中央商务区与河边步道即将连通。

大多数人选择沿SH1公路往返奥克兰和哈密尔顿，驾车1.5小时就能抵达。不过，如果想逛逛，上怀卡托有一些有趣的小地方，如纳鲁阿瓦西亚（Ngaruawahia），在那里你会找到Turangawaewae毛利集会地（Turangawaewae Marae; ☎07-824 5189; 29 River Rd）。

景点

★怀卡托博物馆 博物馆

（Waikato Museum; ☎07-838 6606; www.waikatomuseum.co.nz; 1 Grantham St; 捐赠入场; ⏰10:00~17:00）免费 怀卡托博物馆非常不错，主要分为五个区域：一是美术馆；二是互动科学馆；三是泰努伊展馆，这里收藏了毛利人的珍宝，包括雕刻精美的战船（waka taua）Te Winikawaka号；四是一处题为“没有乏味的时刻”（Never a Dull Moment）的哈密尔顿历史陈列馆；五是一座怀卡托河陈列馆。博物馆同时经营各类公共活动。部分展览收取门票，有许多一次性展览。

★哈密尔顿花园 花园

（Hamilton Gardens; ☎07-838 6782; www.hamiltongardens.co.nz; Cobham Dr; 导览游 成人/儿童 $15/8; ⏰园林花园 7:30~17:00，信息中心 9:00~17:00，导览游 9月至次年4月 11:00）免费 哈密尔顿花园位于市中心东南面，占地超过50公顷，内部有大型停车场、咖啡馆、餐厅和数量繁多的主题园林式花园。有独立的意大利文艺复兴式花园、中国园林、日本、英国、美国式花园，以及融柱廊、宝塔，甚至一座迷你版泰姬陵的印度花园。可持续种植的菜园系列（Productive Garden Collection）、香草花园和殖民时代前的蒂帕拉帕拉毛利花园（Maori Te Parapara）也同样有趣。留意大门口令人印象深刻的大地之毯（Nga Uri O Hinetuparimaunga）雕塑。

近来又建成了一座都铎时代风格的花园和一座种植了200多种温带植物的热带花园。导览游需要预订。要前往花园，从哈密尔顿交通中心（见209页）搭乘29路公交（成人/儿童 $3.30/2.20）即可。

Zealong Tea Estate 种植园

（☎0800 932 566; www.zealong.com; 495 Gordonton Rd, Gordonton; 品茶 成人/儿童 $49/25; ⏰11月至次年4月 10:00~17:00，5月至10月 周二至周日，团队游 9:30和14:30）参加有趣的团队游，了解新西兰唯一的茶园。茶园位于哈密尔顿东南约10公里处，美味的下午茶体验提供茶制点心（成人/儿童 $85/60）。

怀卡托河 河流、公园

（Waikato River）灌木簇拥的步道位于河道两岸，为城市增添了一抹绿色。慢跑小道一直延伸到环绕城西罗托罗阿湖（Lake Rotoroa）的木板步道。纪念公园（Memorial Park）距离市区较近，园内，“朗基瑞伊”号明轮船（PS Rangiriri）的船体残骸搁浅在河岸上，朗基瑞伊号是曾服役于怀卡托战争的铁皮蒸汽炮艇。本书调研时，连接哈密尔顿商业主街Victoria St和步道的工程正在进展中，目前连接通路已完成施工并开放。

里夫·拉夫像 纪念碑

（Riff Raff; www.riffraffstatue.org; Victoria St）作为哈密尔顿市内一座别致的公共艺术品，这尊塑像等身还原了《洛基恐怖秀》（*Rocky Horror Picture Show*）的编剧理查德·奥布赖恩（Richard O' Brien）在剧中扮演的那位仆人——来自变性星球的外星异装癖——“Riff Raff”（意思是“不三不四的人”）。雕像俯视着一处小型公园，公园所在地就是从前的大使剧院（Embassy Theatre），奥布赖恩曾在这家剧院担任造型师。很难想象，20世纪60年代的哈密尔顿会激发出双性外星人的故事。塑像对面有一座鲜红色的“福特博士实验室”（Frankenfurter's Lab），实际上是新近安装的公共厕所。

老汽车博物馆 博物馆

（Classics Museum; ☎07-957-2230; www.classicsmuseum.co.nz; 11 Railside Pl, Frankton; 成人/儿童 $20/8; ⏰周一至周五 7:00~15:00，周六和周日 8:00~16:00）让100多辆20世纪上半叶的古董车带你回到旧时光。就算不是汽车发烧友，你仍然会被疯狂的水陆两用车（Amphicar）、酷炫的玛莎拉蒂（Maserati）与克尔维特（Corvette）跑车弄得眼花缭乱。博物馆紧邻SH1，位于哈密尔顿市中心西北方。

Waikato & King Country 怀卡托和国王乡

哈密尔顿动物园

动物园

（Hamilton Zoo；☎07-838 6720；www.hamiltonzoo.co.nz；183 Brymer Rd；成人/儿童/家庭$23/11/66，团队游另外收费；⌚9:00~16:30，15:00停止入园）哈密尔顿动物园里生活着五百多种生物，包括诡计多端又充满好奇心的黑猩猩。团队导览活动有“眼对眼”（Eye2Eye）和“面对面”（Face2Face），可以进入内场近距离接触各种动物，每天还有开放的“相会饲养员”（Meet the Keeper）项目。动物园位于哈密尔顿市中心西北8公里处。

艺术标杆美术馆

美术馆

（ArtsPost；www.waikatomuseum.co.nz/artspost；120 Victoria St；⌚10:00~17:00）**免费** 这座当代美术馆兼礼品商店位于一栋恢宏的前邮局里。重点展示当地艺术的精品：油画、玻璃杯、印刷品、织物和照片。

陶皮利

山

（Taupiri）陶皮利（海拔287米）位于哈密

尔顿以北26公里处，紧邻SH1，是泰努伊人心目中的圣山。要认出这个地方不难，只要看看山坡上的公墓，或听听过往汽车的喇叭鸣笛——当地人说这是他们在经过圣山时向心爱的人打招呼。2006年8月，备受爱戴的毛利女王提·阿泰（Dame Te Atairangikaahu）去世，她的遗体由独木舟（waka）溯流而上运往她最后的安息之所——山顶一处没有墓碑的坟墓。当时，数千民众聚集于此，送别了这位女王。

活动

Waikato River Explorer 游轮

（☎0800 139 756；www.waikatoexplorer.co.nz；Hamilton Gardens Jetty；成人/儿童 $35/18；⏲周三至周日 频繁，12月26日至次年2月6日 每天）1.5小时的怀卡托河观光巡游，从哈密尔顿花园（见203页）的码头出发。开行日期不定，尤其是在夏季以外，最好提前上网确认日期和时间。网站同样提供包括葡萄酒品鉴在内的其他游览观光活动信息。

Extreme Edge 登山

（☎07-847 5858；www.extremeedgehamilton.co.nz；90 Greenwood St；日票 含装备 成人/儿童 $18.50/14；⏲周一至周五 正午至21:30，周六和周日 9:00~19:00；👪）位于城西，近弗兰克通火车站（Frankton），室内有多面彩色攀岩墙拔地而起，高达14米。另外还有专门的儿童攀岩区，以及免费的安全培训课程。

Kiwi Balloon Company 热气球

（☎07-843 8538，021 912 679；www.kiwiballooncompany.co.nz；每人 $370）若想远眺郁郁葱葱的怀卡托乡村，乘坐热气球航行是一次既迷人又惊悚的体验。整个行程大约持续4小时，包括一顿香槟早餐，以及1小时的翱翔之旅。

节日和活动

新西兰七人制橄榄球赛 体育节

（New Zealand Rugby Sevens；www.sevens.co.nz；⏲2月初）这是国际七人制橄榄球系列赛在新西兰的分赛，每年2月第一个周末在哈密尔顿的怀卡托体育场举行。能看到来自各国的代表队各显身手。最受欢迎的一般包括新西兰队（不出意料的）、斐济和南太平洋队伍。穿得怪一点才会受欢迎。

哈密尔顿花园艺术节 表演艺术节

（Hamilton Gardens Arts Festival；☎07-859 1317；www.hgaf.co.nz；⏲2月）2月的最后两周，音乐、喜剧、戏剧、舞蹈和电影会在哈密尔顿花园（见203页）的天空下纷纷登场。

飞跃怀卡托热气球节 体育节

（Balloons over Waikato；☎07-856 7215；www.balloonsoverwaikato.co.nz；⏲3月）五彩缤纷的热气球节日。

住宿

★City Centre B&B 民宿 $$

（☎07-838 1671；www.citycentrebnb.co.nz；3 Anglesea St；房间 $90~125；@📶🏊）这家很棒的河畔公寓楼设施齐全，正对着游泳池，就在中心城区一条街道的尽头（去Victoria St和Hood St路口热闹的酒吧街只需步行5分钟），但很安静。另外，主楼的侧翼还有一间卧室，可以自己做早餐。最少入住两晚。

Backpackers Central 青年旅舍 $

（☎07-839 1928；www.backpackerscentral.co.nz；846 Victoria St；铺 $30，标单 $49，房间 $82~125；@📶）这家经营有序的青年旅舍集中在一层楼，提供多人间和单人间，双人间和家庭房在另一层，部分房间配备独立浴室，所有房间共享公共厨房和休息室。如果有旅伴同行，可以把这里作为汽车旅馆之外的备选。

Hamilton City Holiday Park 假日公园 $

（☎07-855 8255；www.hamiltoncityholidaypark.co.nz；14 Ruakura Rd；露营地/小屋/套间 $36/60/88起；@📶）枝繁叶茂的公园里有简单的小屋和树荫遮盖的露营地。距离城区较近（位于市中心以东2公里处），而且价格很亲民。

Atrium on Ulster 汽车旅馆 $$

（☎07- 839 0839；www.atriumonulster.co.nz；281 Ulster St；双 $145~245；📶）在哈密尔顿市中心略北的Ulster St沿线汽车旅馆，我们选出了这一家。开间、一室以及二室公寓的

Hamilton 哈密尔顿

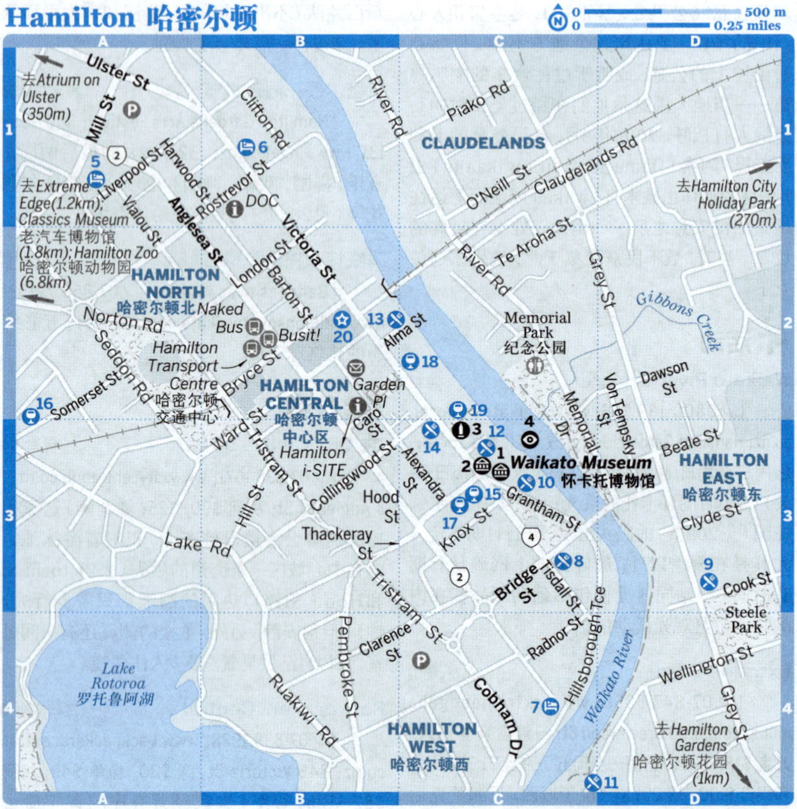

Hamilton 哈密尔顿

重要景点

1 怀卡托博物馆 C3

景点

2 艺术标杆美术馆 C3
3 里夫·拉夫像 C3
4 怀卡托河 C3

住宿

5 Anglesea Motel A1
6 Backpackers Central B1
7 City Centre B&B C4

就餐

Banh Mi Caphe .... （见3）
8 Chim Choo Ree C3
9 Duck Island Ice Cream D3
10 Gothenburg C3
11 Hayes Common C4
12 Madame Woo C3
13 Palate B2
14 River Kitchen C3

饮品和夜生活

15 Craft C3
16 Good George Brewing A2
17 Little George C3
18 Local Taphouse C2
19 Wonderhorse C2

娱乐

20 Lido Cinema B2

装潢都很时尚，另附健身房和热水浴缸等设施，怀卡托体育场就在附近，看比赛很方便。

Anglesea Motel 汽车旅馆 $$

（07-834 0010; www.angleseamotel.com; 36 Liverpool St; 套间 $150起; ）住客反馈好，空间宽敞，经理也很友善，提供游泳池、壁球和网球场，装潢也毫不落伍，令人难以抗拒。

就餐

Duck Island Ice Cream 冰激凌 $

（07-856 5948; www.duckislandicecream.co.nz; 300 Grey St; 冰激凌 $4.50起; 周二至周四和周日 11:00~18:00，周五和周六 至21:00; ）口味多到令人眼花缭乱，而且一直更换——试试大黄和四川花椒怎么样，或者是黑莓、鼠尾草和蜂蜜？这是新西兰最好的冰激凌店，阳光明媚，充溢着复古的氛围，提神的自制苏打水和冰激凌值得你专程过河走一趟哈密尔顿东（Hamilton East）。

Banh Mi Caphe 越南菜 $

（07-839 1141; www.facebook.com/banhmicaphe; 198/2 Victoria St; 小吃和主菜 $10~17; 周二至周六 正午至深夜）清新的春卷、越南三明治（banh mi）和热气腾腾的汤粉（pho）都是这家时尚小餐馆的招牌，这家餐馆会把你带回河内的巷尾。

★ **Hayes Common** 咖啡馆 $$

（027 537 1853; www.hayescommon.co.nz; Plunket Tce和Jellicoe Dr交叉路口, Hamilton East; 主菜 $21~34; 周三至周六 8:00~23:00，周日和周二 至16:00; ）过河到哈密尔顿东，试试这家在老车库中新开的热闹餐厅。尽管做派低调，Hayes Common的菜单上却从早餐的巴西莓，到午餐的杜卡香料炒蛋、烤鸡以及汉堡都有，非常多元。晚餐则有羊羔肉配哈里萨辣椒酱、融合了世界风味的菜肴、葡萄酒和当地精酿啤酒，保证会让你流连忘返。

菜单上还专设素食单。吃完后，步行一小段距离就能到达河边，看到对岸核心商务区的风景。

★ **Madame Woo** 马来西亚菜 $$

（07-839 5605; www.madamwoo.co.nz/hamilton; 6 Sapper Moore-Jones Pl; 主菜 $26~32; 11:00至深夜; ）这家室内挑高的餐厅就在Victoria St旁，提供地道的马来西亚街头食物。试试亚洲风味的鸡尾酒或精酿啤酒搭配招牌猪肉或鸡肉卷，或者开怀大吃滋味浓郁的咖喱和诱人的沙拉。服务很出色。错过葡式蛋挞无异于犯罪。

Gothenburg 西班牙小吃 $$

（07-834 3562; www.gothenburg.co.nz; ANZ Centre, 21 Grantham St; 共享拼盘菜 $8~27; 周一至周五 9:00~23:00，周六 11:30至深夜）坐拥河畔美景，室内空间很高，还有夏天时的露台，这是我们在哈密尔顿最爱的餐厅之一。拼盘菜单轻而易举就涵盖了全世界的风味，不妨试试猪肉泡菜饺子，或土豆团子配蓝纹奶酪和蜜饯核桃。啤酒单上有斯堪的纳维亚半岛的品牌，也有当地出产的怀卡托精酿，桶装直取。

葡萄酒和鸡尾酒也很棒，尤其是橙色浓缩咖啡马蒂尼。印度奶茶和姜饼意式奶冻甜点是Gothenburg的经典。

River Kitchen 咖啡馆 $$

（07-839 2906; www.theriverkitchen.co.nz; 237 Victoria St; 主菜 $14~19; 周一至周五 7:00~16:00，周六和周日 8:00~15:00; ）River Kitchen提供风格简洁的餐饮：蛋糕、精美早餐和新鲜时令午餐，别忘了尝尝三文鱼肉丁（salmon hash）。店内还有一位对咖啡豆了如指掌的咖啡师。只要在这里吃过一顿早餐，你就会回来吃午餐，然后考虑第二天继续来吃早餐——River Kitchen就是这样一个值得再三光临的地方。

Chim Choo Ree 新派新西兰菜 $$$

（07-839 4329; www.chimchooree.co.nz; 14 Bridge St; 主菜 $36~38; 周一至周五 11:30~14:00，周一至周六 17:00至深夜）Chim Choo Ree位于河畔的一座宽敞的历史遗迹建筑里，专注于小盘菜，如鞑靼金枪鱼（tuna tartare）配拉格比柚子、山羊乳调味饭、油封鸭腿猪肚等。主菜分量更大，创意十足，食材采用鸭肉、羊肉、鹿肉和鲷鱼等。当地饕客还会配上精美的葡萄酒或风味馥郁的新西兰精酿啤酒。六道菜的品尝菜单价格为$100。

Palate 新派新西兰菜、创意菜 $$$

（☎07-834 2921；www.palaterestaurant.co.nz；20 Alma St；主菜 $34~38；⏰周二至周五 11:30~14:00，周二至周六 17:30至深夜）简单精致的Palate烹饪是有口皆碑的新西兰当地料理。创意的料理包括牛脸肉意大利饺子配熏蘑菇和蓝纹奶酪布丁。酒水是哈密尔顿最好的之一，有当地精酿啤酒，也有季节性酒品，此外还有超值的午间快餐（两道菜 $25）。

饮品和夜生活

Craft 精酿啤酒

（☎07-839 4531；www.facebook.com/craftbeerhamilton；15 Hood St；⏰周三至周五 15:00至深夜，周六 13:00起）这里有15个龙头流淌着琥珀色的佳酿，足够叫城里的精酿啤酒爱好者一来再来。常备品种有来自新西兰各地的佳酿，有时有国际热门品牌，堪称惊喜。通常周三19:00开始知识竞赛之夜，很可能供应小汉堡和果木比萨。

Local Taphouse 酒吧

（☎07-834 4923；www.facebook.com/thelocaltaphouse；Sky City，346 Victoria St；⏰11:00~22:00）这是哈密尔顿Sky City餐饮区中的一员，有产自附近怀卡托各地区、丰盛湾和科罗曼德尔的啤酒。提供丰盛的贻贝和汉堡等美食。Sky City附近还有一家西班牙小吃和烧烤餐厅，一家很好的日间咖啡馆和一家优雅的夜晚鸡尾酒吧，都值得一试。

Little George 精酿啤酒

（☎07-834 4345；www.facebook.com/littlegeorgepopupbar；15 Hood St；⏰周二至周四 16:00至次日1:00，周五 15:00至次日3:00，周六 17:30至次日3:00）比兄弟店Good George Brewing更靠近市中心，是Hood St夜生活区一家出色的酒吧。经常有来自Good George的啤酒，不过常常也有其他品牌的新西兰精酿啤酒。提供美味的酒吧食物，周四常有一辆当地的美食车（16:00~21:00）。周二的炸玉米饼超值。

Good George Brewing 自酿酒吧

（☎07-847 3223；www.goodgeorge.co.nz；32a Somerset St，Frankton；团队游 含啤酒和食物 $22；⏰11:00至深夜，团队游 周二至周四 18:00起）洋溢着时尚的工业气息，曾经的圣乔治教堂（Church of St George）摇身一变，成了精酿啤酒的圣殿。来一份5种啤酒的试喝套装（$15），再配上炭火烤比萨（$22）或主菜（$25~34）。我们最爱的口味是柑橘味的美国麦酒和浓烈的Drop Hop苹果酒。团队游需要预订。

Wonderhorse 鸡尾酒吧、精酿啤酒

（☎07-839 2281；www.facebook.com/wonderhorsebar；232 Victoria St；⏰周三至周六 17:00至次日3:00）隐藏在距离Victoria St约20米远的地方，定期供应当地优质酒厂酿制的精酿啤酒，包括Shunters Yard和Brewaucracy。常用一台唱机播放音乐，以汉堡和亚洲街头小吃搭配鸡尾酒，堪称哈密尔顿最好的酒吧之一。

☆ 娱乐

Lido Cinema 电影院

（☎07-838 9010；www.lidocinema.co.nz；Level 1，Centre Place，501 Victoria St；票价 成人/儿童 $16/10；⏰10:00至深夜）放映艺术影片，周二有特价（$11）。

ⓘ 实用信息

Anglesea Clinic（☎07-858 0800；www.angleseamedical.co.nz；Anglesea St和Thackeray St交叉路口；⏰24小时）提供事故和急诊医疗救助。

环保部（Department of Conservation，简称DOC；☎07-858 1000；www.doc.govt.nz；Level 5，73 Rostrevor St；⏰周一至周五 8:00~16:30）提供步道、露营地和环保部小屋的地图和宣传册。

哈密尔顿信息中心（Hamilton i-SITE；☎0800 242 645，07-958 5960；www.visithamilton.co.nz；Caro St和Alexandra St交叉路口；⏰周一至周五 9:00~17:00，周六和周日 9:30~15:30；📶）提供住宿、活动和交通预订，另在对面的Garden Pl提供免费Wi-Fi。

邮局（☎07 839 4991；www.nzpost.co.nz；Centre Place，Paper Plus内；⏰周一至周六 9:00~17:30，周日 10:00~16:00）最靠近市中心的邮局，位于Centre Place商场的Paper Plus商店中。

怀卡托医院（Waikato Hospital；☎07-839 8899；

www.waikatodhb.govt.nz; Pembroke St; ⏲24小时)怀卡托地区的主要医院，位于哈密尔顿市中心以南约3公里。

到达和离开

飞机

哈密尔顿国际机场(Hamilton International Airport, HIA; ☎07-848 9027; www.hamiltonairport.co.nz; Airport Rd)位于市区以南12公里处。

新西兰航空(Air New Zealand; ☎0800 737 000; www.airnewzealand.co.nz)有直达航班定期往返哈密尔顿与克赖斯特彻奇(基督城)、北帕默斯顿和惠灵顿。

Super Shuttle(☎0800 748 885, 07-843 7778; www.supershuttle.co.nz; 单程 $30)提供市区范围内的上门接送服务。**Aerolink Shuttles**(☎0800 151 551; www.aerolink.nz; 单程 $80)也有机场服务。**Raglan Scenic Tours**(☎021 0274 7014, 07-825 0507; www.raglanscenictours.co.nz)连接机场和拉格伦。出租车(见209页)价格约为$55。InterCity有一班车从哈密尔顿直达奥克兰机场。

长途汽车

所有长途汽车都在**哈密尔顿交通中心**(Hamilton Transport Centre; ☎07-834 3457; www.hamilton.co.nz; Anglesea St和Bryce St交叉路口; 📶)停靠和发车。

怀卡托地方委员会(Waikato Regional Council)的**Busit!**为本地区提供客运服务，目的地包括纳鲁阿瓦西亚(Ngaruawahia)、剑桥(Cambridge)、蒂阿瓦穆图(Te Awamutu)和拉格伦(Raglan)。

InterCity(☎09-583 5780; www.intercity.co.nz)可以抵达如下目的地:

目的地	价格($)	行程	班次(每天)
奥克兰	12~32	2小时	11
剑桥	10~22	25分钟	9
玛塔玛塔	10~18	50分钟	4
纳鲁阿瓦西亚	10~21	20分钟	9
罗托鲁阿	14~35	1.5小时	5
蒂阿罗哈	10	1小时	2
蒂阿瓦穆图	10~15	35分钟	3
惠灵顿	30~75	5小时	3

Naked Bus(nakedbus.com)提供往返以下目的地的客运服务(部分):

目的地	价格($)	行程	班次(每天)
奥克兰	17~19	2小时	5
剑桥	15	30分钟	5~7
玛塔玛塔	20	1小时	1
纳鲁阿瓦西亚	15	30分钟	5
罗托鲁阿	10	1.5小时	4~5
惠灵顿	25~45	9.5小时	1~2

火车

哈密尔顿位于**北部探索者号**(Northern Explorer; ☎0800 872 467; www. greatjourneysofnz.co.nz)的路线上，列车往返于奥克兰($49起, 2.5小时)和惠灵顿($119起, 9.5小时)，途经奥托罗杭阿(Otorohanga; $59起, 45分钟)。列车每周一、周四和周六从位于哈密尔顿市中心以西1公里处的的弗兰克通火车站(Frankton train station; Fraser St)发车。火车站没有售票窗口，请登录网站了解票务详情。

当地交通

哈密尔顿的**Busit!**(☎0800 4287 5463; www.busit.co.nz; 市区路线 成人/儿童 $3.30/2.20)客运网络连接了市中心和郊区，每天运营时间约为7:00~19:30(周五收车较晚)。所有的长途汽车都途经哈密尔顿交通中心。Busit!也提供免费的CBD环线班车，途经Victoria St、Liverpool St、Anglesea St和Bridge St，每10分钟1班(工作日7:00~18:00)。

Victoria St是城市的主要购物区，停车可能很难。往西走几个街区可能运气会好些。

想找出租车，可尝试**Hamilton Taxis**(☎07-847 7477, 0800 477 477; www.hamiltontaxis.co.nz)。

或者，你也可以从**RaD Car Hire**(☎07-839 1049; www.radcarhire.co.nz; 383 Anglesea St; ⏲周一至周五 7:30~17:00, 周六 8:00至正午)租车。

拉格伦(Raglan)

☎07/人口 2740

安逸的拉格伦应该是新西兰最完美的冲浪小镇了。小镇不大，因此得以避免大规模的开发建设，不过这里麻雀虽小五脏俱全，生活气息很浓，有好吃的餐馆，还有一家酒吧，能

Raglan 拉格伦

Raglan 拉格伦

景点
1 经典艺术中心 C3

活动、课程和团队游
2 Raglan Kayak & Paddleboard B1
3 Raglan Watersports C2

住宿
4 Bow St Studios B1
5 Raglan Backpackers C2

就餐
6 Aloha Sushi C1
7 Pantry C1
8 Shack C1

饮品和夜生活
9 Harbour View Hotel C1

购物
Jet Collective ...... （见8）

在夏季吸引大牌乐队来演出。除了南边有一处著名的冲浪胜地，港湾也是划皮艇的好地方。小镇还有一座精彩的艺术场所，几处展览馆和商店都值得细细欣赏。

景点

经典艺术中心

艺术中心、美术馆

（Old School Arts Centre；☎07-825 0023；www.raglanartscentre.co.nz；Stewart St；⏲周一至周五 10:00~14:00）**免费** 经典艺术中心是一个社区的艺术中心，开设不同的展览和讲习班，包括编织、雕刻、瑜伽和讲故事。整个夏季定期放映电影（$15）：来份小吃加啤酒就完美了。**拉格伦创意集市**（Raglan Creative Market）既时尚又充满艺术气息，每月第2个星期日（10:00~14:00）在艺术中心前举行。

活动

Raglan Rock

攀岩、探洞

（☎0800 724 7625；www.raglanrock.com；攀岩 半天 $120，探洞和峡谷漂流 $120）在邻近石峡（Stone Valley）的石灰悬崖提供全面的攀岩指导和全套装备，或是惊险刺激的"呆胖霍比特人"（Stupid Fat Hobbit）攀岩项目，在拉格伦港湾有绳降。探洞的选择包括石峡和更具挑战性的"响尾蛇"洞穴

(Rattlesnake)。也提供峡谷漂流——可咨询天黑后的峡谷漂流之旅，行程中包括一处萤火虫照亮的瀑布。最少2人成行。

Raglan Watersports 水上运动

(☎07-825 0507; www.raglanwatersports.co.nz; 5a Bankart St; 团队/私人 立式单桨冲浪课程 每人 $45/65)运营得很好的立式单桨冲浪课程、租赁和导览团队游一站式水上运动机构。提供皮划艇出租和团队游，风筝滑水和冲浪课程以及冲浪板租赁。也出租自行车——参见网站上推荐的当地骑行路线。

Raglan Kayak & Paddleboard 皮划艇

(☎07-825 8862; www.raglaneco.co.nz; Bow St Jetty; 单人/双人皮划艇 半天 $45/65, 3小时港口立式冲浪导览游 每人 $89; ⏲11月至次年5月)拉格伦港非常适宜皮划艇运动。这家机构出租皮划艇，经营导览团队游。可以在和缓的奥波图鲁河(Opotoru River)上学习划船的基础知识，或者划到港口北端，细看薄饼岩(pancake rocks)的每一个角落。也提供站立式划艇出租、团队游和课程。

Solscape 冲浪

(☎07-825 8268; www.solscape.co.nz; 611 Wainui Rd; 冲浪板和潜水衣出租 半天 $35)提供2.5小时的冲浪课程($85)。

在拉格伦周边骑马

徒步、冲浪、桨板冲浪和皮划艇都是探索拉格伦周边森林和海洋美景的热门方式，不过骑马也很值得推荐。有2家著名运营商提供短途游，包括海滩骑马(甚至包括无马鞍浅滩骑行)、农场骑马以及可选择定制的森林小路骑行。登录**Surf & Turf**(☎027 435 2648; www.raglanhorseriding.co.nz; 3953B SH23; $65起)，寻找结合骑马和海上活动的最佳选择。或者加入**鲁阿普克海岸荒野游**(Wild Coast Ruapuke; ☎07-825 0059; www.wildcoast.co.nz; 1549 Whaanga Rd, Ruapuke; $130起)🌿，体会卡里欧里山(Mt Karioi)周边的丛林、海滩和农场共同为你带来的兴奋的感觉。

团队游

Waihine Moe Sunset Harbour Cruise 游轮

(☎07-825 7873; www.raglanboatcharters.co.nz; Raglan Wharf; 成人/儿童 $49/29; ⏲12月底至次年3月 周四至周日)2小时的日落巡游，乘坐Wahine Moe号遨游拉格伦海港，含饮品。90分钟的上午海港巡游(成人/儿童 $30/15)从拉格伦的Bow St码头出发，乘坐的是较小的Harmony船。含上门接人。

Raglan Scenic Tours 团队游

(☎07-825 0507; www.raglanscenictours.co.nz; 7a Main Rd; 2.5小时拉格伦观光游 成人/儿童 $60/20)观光团队游包括游览拉格伦周边，以及前往新娘面纱瀑布(Bridal Veil Falls，怀雷因格)和蒂图图峡谷(Te Toto Gorge)的专线(成人/儿童 $48/15)。可安排卡里欧里山徒步(Mt Karioi; 成人 $60起)。

住宿

★ **Solscape** 青年旅舍、小屋 $

(☎07-825 8268; www.solscape.co.nz; 611 Wainui Rd; 露营位 每人 $20, 列车厢 铺/双 $30/80, 圆锥帐篷 $40, 小屋 双 $100~220; @📶)🌿隶属国际青年旅舍联盟(YHA)旗下，在原生灌木环绕的山顶提供环保的住宿选择，包括锥形帐篷、钟形帐篷、夯土球顶屋、列车车厢和时尚生态度假屋。此外还有空地可以搭建帐篷、停放房车，也提供一些简易的小屋。使用太阳能可将对环境的影响降至最小，"环保厨房"(Conscious Kitchen)的食材来自可持续菜园的有机农产品。

另有瑜伽、按摩和冲浪课程。

Raglan West Accommodation 汽车旅馆 $

(☎07-282 0248; www.raglanwestaccommodation.com; 45 Wainui Rd; 双 $90; 📶)超值之选，有设备齐全的简单厨房，走几步，经过一座方便的步行桥，就是拉格伦的咖啡馆、餐厅和商店。附近有一家很好的咖啡馆，提供休闲早餐。

Raglan Backpackers 青年旅舍 $

(☎07-825 0515; www.raglanbackpackers.co.nz; 6 Wi Neera St; 汽车营地 每人 $19, 铺

$29~31，标单 $59，标双和双 $78；@）这家安逸的旅舍就在水边，一些房间可以看见海景，其他房间则围绕着花园庭院。副楼也有一些房间。提供免费的自行车、皮划艇以及冲浪板。你还可以参加瑜伽课程，弹弹吉他，蒸个桑拿。这里没有Wi-Fi，因为它会“毁掉这里的氛围”。

★ Bow St Studios 公寓 $$

（☎07-825 0551；www.bowstreet.co.nz；1 Bow St；开间 $155~245，小屋 $175~195；📶）就在镇上的海边，开间设施齐全，还有一间历史悠久的小屋。住处被一座亚热带花园包围，波胡图卡瓦树密植成荫，简约时尚的装饰既入流，又能放松身心。

Hidden Valley 小屋 $$

（☎07-825 5813；www.hiddenvalleyraglan.com；SH23，Te Uku；双 $195~245）位于拉格伦3公里外一片12公顷的自然林中，有两座独立的小木屋，都配有私人水疗池。Tree Tops小木屋坐落在一棵新西兰白松（kahikatea）旁，Mountain View小木屋能看到卡里欧里山。装潢时尚现代，有设备齐全的厨房。可上网查询周中折扣。

就餐

Food Department 咖啡馆 $

（☎07-282 0248；www.facebook.com/fooddepartmentraglanroast；45 Wainui Rd；比萨 每片 $6，整个 $18~24；⏲周四至周一 8:00~20:30，周五和周三 至17:00）切片比萨和有趣的意式冰激凌——我们最爱的是肉桂和大米——强调了这里地道的意大利身份。在不协调的复古家具中享用一天中的第一杯咖啡和足以宽慰身心的食物，比如烤宽面条，可以在店里吃，也可以带走。这里也是享用悠闲午餐的好地方。

Aloha Sushi 日本菜 $

（☎07-825 7440；www.facebook.com/AlohaSushiRaglan；4 Wallis St；寿司 $1.60~2，主菜 $10~23；⏲周三至周一 10:00~20:00；✎）在回转盘上点购寿司、乌冬面和盖浇饭（donburi），一切都洋溢着夏威夷—日本的

毛利新西兰：怀卡托和科罗曼德尔半岛

怀卡托和国王乡仍然是新西兰毛利文化影响最深的地区之一。这里是泰努伊（Tainui）部落的腹地，泰努伊人在14世纪搭乘泰努伊独木舟（Tainui waka）来到卡菲亚登陆上岸。部落后来被分为四个主要分支：怀卡托（Waikato）、豪拉基（Hauraki）、纳提玛妮亚波脱（Ngāti Maniapoto）和纳提拉卡瓦（Ngāti Raukawa）。后来，泰努伊部落与以纳鲁阿瓦西亚（Ngaruawahia）为基地的国王运动（Kīngitanga）紧密联系在一起。

接触毛利文化的最佳机会是纳鲁阿瓦西亚的赛船日和国王加冕周年纪念日。哈密尔顿和蒂阿瓦穆图的博物馆展出有趣的毛利珍宝（taonga）。

怀卡托土地战争（Waikato Land War）的遗迹可以在朗基瑞伊（Rangiriri）、朗基奥维亚（Rangiaowhia）和奥拉库（Orakau）找到。登录www.thewaikatowar.co.nz可以下载地图、音频文件和智能手机的应用程序，后者展示了1863~1864年战争中爆发冲突的各个地点。

数十处集会地（marae）建筑遍布郊野，包括阿瓦基诺（Awakino）和埋葬着泰努伊独木舟的卡菲亚（Kawhia）。除非获得允许，否则严禁入内参观，但是你可以站在大门口看一看。一些区域的团队游会涉及毛利文化元素，包括鲁阿库利岩洞（Ruakuri Cave，见225页）。

尽管邻近的科罗曼德尔半岛拥有丰富悠久的毛利历史，却并没有多少与毛利文化亲近的机会。这里遍布着军事要塞村，毛利语称之为“帕”（pā），其中最便于参观的就是帕阿库（Paaku，见250页）。另有一些要塞村分布在奥皮托海滩（Opito Beach）、哈黑（Hahei）和温泉海滩（Hot Water Beach）。

冲浪嬉皮风格。看看精选的大量出色的冲浪和摇滚音乐海报，吃一顿超级健康的三文鱼和牛油果，为一天的活动做好准备。

★ **Rock-It Kitchen** 咖啡馆 $$

（☎07-825 8233；www.rockitraglan.co.nz；248 Wainui Rd；主菜 $20~35；⏰周日至周四 9:00~15:00，周五和周六 至深夜；✎）这里毗邻冲浪海滩，距离小镇大约3公里，位于一座古老的木屋中，装潢一派乡村风情，提供本地区最好的食物。有来自西奥克兰Hallertau酿酒厂的葡萄酒和啤酒，搭配苏格兰威士忌菲力牛排和松露土豆泥作为晚餐，全天都供应早餐红薯泥蛋糕，很受饥饿冲浪者的欢迎。

夏季设有户外餐桌，如果潮水刚好，甚至可以从拉格伦划皮艇直达怀努伊河口。

Shack 各国风味 $$

（☎07-825 0027；www.theshackraglan.com；19 Bow St；主菜 $15~21；⏰8:00~16:00；✎）身为拉格伦最好的咖啡馆，经典的早午餐菜色是炸鹰嘴豆玉米饼（chickpea-and-corn fritters），主菜也别有趣味，有泡菜炒饭和慢烤羊肩肉。挂着冲浪板的墙壁、斑驳老旧的地板、快节奏的步调、国际员工送上的新西兰葡萄酒和精酿啤酒，这一切组成了一道非常亮丽的风景线。健康选择包括巴西莓沙拉，搭配水果、燕麦卷以及当地椰子酸奶。

Pantry 咖啡馆 $$

（☎07-825 8405；23 Bow St；主菜 $15~20；⏰每天 8:00~16:00，周四至周六 17:00~21:00；✎）这家宽敞明亮的咖啡馆之前叫作Raglan Social Club，位于主街，2017年重开后换了这个名字。有出色的食物，如每天提供的新鲜沙拉。周四至周六的晚间特选（可堂食或外带）包括炸玉米饼和美食汉堡。进口啤酒和苹果酒随时供应。

这里也有大量的素食和严格素食选择。

饮品和夜生活

Wharf Kitchen & Bar 酒吧、咖啡馆

（☎07-825-0010；www.thewharfkitchenbar.co.nz；43 Rose St；⏰9:30至深夜）新近开业，靠近码头，是在午后阳光或拉格伦日落下享受葡萄酒、冰啤的最佳去处。装潢将海洋风格融入了拉格伦的古老痕迹中，餐品很出色，有肥嫩的贻贝、鱼肉炸玉米饼和酸橘汁鲷鱼。共享拼盘菜（$38~55）适合团队和饥饿的情侣。

Harbour View Hotel 小酒馆

（☎07-825 8010；www.harbourviewhotel.co.nz；14 Bow St；⏰11:00至深夜）经典的老酒馆，在遮阴的游廊下供应街头饮品。比萨很不错，周末和夏天有时还有现场音乐表演。

购物

★ **Toi Hauāuru Studio** 艺术

（☎021 174 4629，07-825 0244；www.toihauauru.com；4338 Main Rd；⏰周三至周日 10:00~17:00）这家出色的画廊/商店由当地艺术家Simon Te Wheoro运营，距离拉格伦2公里远，位于从哈密尔顿来的路上。出售当代艺术作品、雕塑、毛利风格的作品和绿玉（pounamu）雕塑。店主也很擅长毛利文身（ta moko）——如果想要，可通过网站联系。

古怪的当地冲浪服和色彩缤纷的毛利坠饰（hei tiki）价格不贵，是有趣的纪念品。

Soul Shoes 鞋

（☎07-825 8765；www.soulshoes.co.nz；Raglan Wharf, Wallis St；⏰10:00~17:00）Soul Shoes自1973年以来就在拉格伦闻名全世界，步入21世纪后，除了手工款皮鞋，还加入了时尚的肩背包、双肩包和手袋。在拉格伦中心区的Volcon Lane还有一家分店（周四至周日营业）。

Jet Collective 工艺品

（☎07-825 8566；www.jetcollective.co.nz；19a Bow St；⏰周三至周一 10:00~16:00）时尚的工艺品店，展示100%拉格伦艺术家的作品，从音乐唱片和多媒体作品，到新西兰经典复古的艺术品。这里也很适合顺便造访，再与友善的制作团队聊一聊拉格伦蓬勃兴起的多样艺术氛围。

实用信息

拉格伦信息中心（Raglan i-SITE；☎07-825 0556；www.raglan.org.nz；13 Wainui Rd；⏰周二至周四

9:00~17:00，周五和周六 至18:30，周日和周一 至17:30）提供环保部（DOC）的宣传册以及当地的住宿和活动信息，包括风筝冲浪和划桨。可以看看附属的博物馆，特别是回顾拉格伦冲浪历史的展览。

西岸区保健中心（West Coast Health Centre；☎07-825 0114；12 Wallis St；⊙周一至周五 9:00~17:00）提供全面的医疗救助。

到达和离开

从哈密尔顿出发，沿着SH23西行48公里即可到达拉格伦。未铺柏油的乡间小路连接拉格伦和50公里以南的卡菲亚（Kawhia），蜿蜒的小路虽然行驶缓慢，且有落石的隐患，但是一路上人迹罕至、风景秀丽。掉头往哈密尔顿方向行驶7公里，在岔路选择蒂马塔（Te Mata）/卡菲亚方向，至少预留1小时。

怀卡托地方委员会（Waikato District Council）的**Busit!**（☎0800 4287 5463；www.busit.co.nz；成人/儿童 $9/5.60）有长途汽车往返哈密尔顿和拉格伦（1小时），工作日每天4班，周末每天2班。

Raglan Scenic Tours（见209页）经营拉格伦和哈密尔顿之间的往返班车（单程$42.50）和往返奥克兰国际机场的直达班车。

当地交通

Raglan Taxi（☎027-825 8157）当地出租车服务。

拉格伦以南（South of Raglan）

拉格伦以南，北岛西海岸上有一系列出色的冲浪海滩。鲸鱼湾（Whale Bay）和玛努湾（Manu Bay）吸引了全世界的冲浪手。如果不冲浪，这里也有环绕卡里欧里山和皮隆亚山的徒步可选。

景点

卡里欧里山 山

（Mt Karioi；意为“睡美人”）卡里欧里山（海拔756米）传说中是一位睡美人（看山的侧影就明白了），也是皮隆亚山（Mt Pirongia）的姐妹。山脚下的蒂图图峡谷（Te Toto Gorge；鲸鱼湾以南8公里处）是一条山体侧面的陡峭裂缝，从上往下看直叫人眩晕。从蒂图图峡谷的停车场出发，有一条步道沿着西坡上山，一路风景秀美，但是非常考验体力。需要2.5小时才能到达一处观景台，此后上山顶的1小时路程很轻松。若从东坡上山，怀拉凯步道（Wairake Track）更加陡峭，需要攀爬2.5小时才能抵达山顶，并在此与蒂图图步道（Te Toto Track）汇合。

怀雷因格 瀑布

（Waireinga；意思为“新娘面纱瀑布”）沿着拉格伦—哈密尔顿的主路往南开一会儿，经过蒂马塔之后有一处岔路，继续前行4公里，就可以抵达55米高的怀雷因格。从停车场出发，轻松步行10分钟穿越长满苔藓的灌木林，就到达了瀑布顶端（但这里不适宜游泳）。继续步行10分钟就能走到瀑布底。注意锁好你的车：这里存在盗窃问题。

皮隆亚山 山

（Mt Pirongia；www.mtpirongia.org.nz）这座森林公园占地170平方公里，最主要的景点就是皮隆亚山。怀卡托大部分地区都可以清晰地看到这座海拔959米的山峰。攀登这座山，通常从Corcoran Rd出发（单程3~5小时），有小路通往其他观景台。有趣的是，已知最高的树——新西兰鸡毛松（kahikatea，66.5米）就生长在这座山边。如果你要过夜，山顶附近有环保部小屋，内设6张床位：在哈密尔顿环保部（见208页）可以领取地图并咨询具体信息。

活动

距离拉格伦不远有一些冲浪胜地，邻近的指示滩（Indicators）、鲸鱼湾和玛努湾因其巨浪而成为国际知名的冲浪圣地。布鲁斯·布朗（Bruce Brown）1964年的经典逐浪电影《漫长夏日》（*The Endless Summer*）就突出描绘了玛努湾。

玛努湾 冲浪

（Manu Bay）从纳鲁努伊海滩前行2.5公里抵达玛努湾，这处传奇的冲浪胜地据说拥有世界上最长的左手浪。塔斯曼海的浪花撞上海岸线的特殊角度（西南角能产生最美的海浪），创造了这里整齐绵长的海浪。

鲸鱼湾 冲浪

（Whale Bay）鲸鱼湾是一处著名的冲浪点，位于玛努湾以西1公里处。人比玛努湾少，但是抵达Calvert Rd的尽头，还需要攀爬600米的岩石才能到达海边。

纳鲁努伊海滩 冲浪、游泳

（Ngarunui Beach）大洋海滩（Ocean Beach）以南不到1公里处的纳鲁努伊海滩非常适合冲浪爱好者学习冲浪。悬崖顶端是救生员志愿者的俱乐部，救生员在10月下旬到次年4月期间都会在部分黑沙滩巡视。这是拉格伦唯一配有救生员的海滩，也是最适合游泳的海滩。

拉格伦冲浪学校 冲浪

（Raglan Surf School；☎07-825 7873；www.raglansurfingschool.co.nz；5b Whaanga Rd，Whale Bay；设备租赁 每小时 冲浪板 $20起，趴板 $5，潜水衣 $5，3小时课程 含从拉格伦过来的交通 $89）令这所冲浪学校引以为豪的是，他们能让95%的新手在第一次课程中就在冲浪板上站起来。学校还经营着Surfdames（☎07-825 7873；www.surfdames.co.nz；5b Whaanga Rd，Whale Bay；冲浪课程 每人 $100），只允许女性参加，提供的冲浪课程与瑜伽、按摩和美容互相结合在一起。

住宿

Karioi Lodge 青年旅舍 $

（☎07-825 7873；www.karioilodge.co.nz；5b Whaanga Rd；Whale Bay；铺/双 $33/79；@📶）Karioi Lodge位于一片原生的灌木林中，提供桑拿、滑索、山地自行车、灌木和海滩步道、生态花园、植树和拉格伦冲浪学校课程。虽然没有套间，但是房间洁净温馨。露营车旅行者可以以每人$18的价格入住森林，还可以使用这里的浴室和厨房设备。

Sleeping Lady Lodges 度假屋 $$

（☎07-825 7873；www.sleepinglady.co.nz；5b Whaanga Rd；度假屋 $175~280）房屋非常舒适，设备齐全，每间屋子都能饱览海景。

到达和离开

没有公共交通可达。Raglan Scenic Tours（见209页）有团队游。

蒂阿瓦穆图（Te Awamutu）

☎07/人口 9800

蒂阿瓦穆图又名"玫瑰之都"，位于牧场之国的深处，名字的意思是"河流截短之处"，指的是大型的独木舟过了这里就不再适合航行。这是个宜人的乡村重镇。道路两侧种植着群花绽放的树木，还有一家不错的博物馆，是个过夜的好地方。

景点

★蒂阿瓦穆图博物馆 博物馆

（Te Awamutu Museum；☎07-872 0085；www.tamuseum.org.nz；135 Roche St；捐赠入场；⏲周一至周五 10:00~16:00，周六 至14:00）有毛利珍宝（taonga）的收藏，以及怀卡托战争的绝妙展览。

亮点是"彩虹"（Te Uenuku），一件古老的毛利雕塑，估计已有600年历史。如果喜欢Crowded House的芬恩兄弟和Split Enz，可索取他们的影碟、纪念册和剪贴簿——蒂阿瓦穆图是他们的故乡。

活动

Bryce's Rockclimbing 攀岩

（☎07-872 2533；www.rockclimb.co.nz；

蒂阿瓦穆图的天籁之音

在Crowded House乐队首张单曲*Mean to Me*的前几句歌词中，尼尔·芬恩（Neil Finn）仅凭一己之力就成功地让他的故乡蒂阿瓦穆图赢取了全世界的关注。但这并不是蒂阿瓦穆图第一次为艺术家提供创作灵感，Spilt Enz乐队跟尼尔·芬恩的哥哥蒂姆（Tim）合作的*Haul Away*和*Kia Kaha*就包含了类似的内容。

新西兰这对才华横溢的芬恩兄弟以其原创歌曲闻名，尽管他们如日中天的日子已经过去，但是芬恩兄弟的乐迷依然把蒂阿瓦穆图视为朝圣之地，可向信息中心（见216页）工作人员咨询有关芬恩兄弟的明信片以及记录他们丰功伟绩的趣味剪贴簿等事宜。更多内容可参观蒂阿瓦穆图博物馆，博物馆应约开放。

值得一游

芒格陶塔伊山生态保护区（SANCTUARY MOUNTAIN MAUNGATAU-TARI）

内陆火山能否成为天堂孤岛？受豪拉基湾成功消灭入侵生物并重新引入本土物种的启发，当地的公益基金会在芒格陶塔伊三座山峰（海拔797米）周围修建围栏以阻止外部生物的入侵，建立了令人叹为观止的**芒格陶塔伊山生态保护区**（07-870 5180；www.sanctuarymountain.co.nz；99 Tari Rd，Pukeatua；成人/儿童 $20/8）。

徒步穿越山间原始森林（约6小时）是一项很受欢迎的活动，也有从游客中心出发的短途导览团队游。动物相关的亮点包括两种新西兰独有的物种：大蜥蜴和奇异鸟。**Out in the Styx**（07-872 4505；www.styx.co.nz；2117 Arapuni Rd，Pukeatua；铺/标单/双 $125/185/320）提供住宿和至步道起点的交通服务。

1424 Owairaka Valley Rd）位于蒂阿瓦穆图东南25公里的乡村，附近有数百座不同的岩石可供攀登（许多步行可达）。超现实的风景提供了北岛上一些最好的攀岩场所，但更适合至少具备基本攀岩技巧者。

友好的店主Bryce Martin能就本地区各攀岩点提供独立建议。

这里是新西兰最大的攀岩设备零售店，出售和出租全套装备。另一个选择是出色的网络商店（www.shop.rockclimb.co.nz）。并可提供舒适的住宿，所有房间都有独立的浴室（铺/双 $30/76）。早餐可应客人的要求提供。住宿处也对徒步者、骑行者、钓鱼者和普通游客开放。需要有自己的车才能来这里。

食宿

Rosetown Motel 汽车旅馆 $$

（0800 767 386，07-871 5779；www.rosetownmotel.co.nz；844 Kihikihi Rd；双 $130~150；）"玫瑰之都"的老式套房拥有厨房、崭新的床单和电视机，还有一处共享水疗池。如果你渴望一晚真正小镇式的睡眠，这是一处可靠的选择。

Walton St Coffee 咖啡馆 $

（022 070 6411；www.facebook.com/waltonstreetcollective；3 Walton St；小吃和餐 $6~15；周二至周五 7:00~15:00，周六 8:30~13:00）淳朴的建筑配着裸露的橡梁和复古的家具，这里集合了咖啡馆、美术馆与表演空间的功能，是在蒂阿瓦穆图喝杯咖啡的最好去处。食物也以有机和无谷蛋白为主要特色。可尝试Buddha Bowl，内容一直更换，融合新鲜时令蔬菜和当天谷物，上面覆盖腰果和香草调味品。

Red Kitchen 咖啡馆 $$

（07-871 8715；www.redkitchen.co.nz；51 Mahoe St；主菜 $14~21；周一至周五 7:00~17:30，周六 7:30~14:30）这处阳光明媚的咖啡馆有可口的咖啡、柜台选餐和各国风味的早午餐与午餐，还有一家食品店和厨艺学校。尝尝加澳洲坚果和蔓越莓的牛奶麦片粥，或者奶油蘑菇意大利脆皮面包。周一至周五过来选一份美味冷冻快餐（TV dinners，真的很好吃），在汽车旅馆的微波炉里加热一下就可以是你的晚餐。

实用信息

蒂阿瓦穆图信息中心（Te Awamutu i-SITE；07-871 3259；www.teawamutuinfo.co.nz；1 Gorst Ave；周一至周五 9:00~17:00，周六和周日 至14:30）提供大量的当地信息。

到达和离开

蒂阿瓦穆图在SH3沿线，哈密尔顿与奥托罗杭阿（Otorohanga）之间，距离两地均有29公里。若要前往哈密尔顿地区，客运公司**Busit!**（0800 4287 5463；www.busit.co.nz）是最经济的选择（成人/儿童 $6.70/4.50，50分钟，工作日每天8班，周末每天3班）。**InterCity**（09-583 5780；www.intercity.co.nz）有班车自蒂阿瓦穆图往返奥克兰（$23，2.5小时）和哈密尔顿（$11，30分钟），每天各3班。

剑桥（Cambridge）

☎07/人口 15,200

这个地名不言而喻。尽管狂放不羁的怀卡托河与英国剑桥的康河迥然不同，但这里的好居民依然竭力秉持着英国绅士彬彬有礼的态度。这里拥有乡村绿地和林荫大道。

剑桥以繁育和训练纯种马闻名。骏马造型的公共雕塑屡见不鲜，许多都夸耀说各自雕塑的原型是往届墨尔本杯（Melbourne Cup）比赛的冠军。这里也是一个新兴的餐饮目的地，有出色的餐馆，值得从哈密尔顿短途驾车前往。

景点

剑桥博物馆 博物馆

（Cambridge Museum；☎07-827 3319；www.cambridgemuseum.org.nz；24 Victoria St；捐赠入馆；⏲周一至周五 10:00~16:00，周六和周日 至14:00）不同寻常的剑桥博物馆坐落在一栋原法院大楼，拥有丰富的开拓者遗物，有一间军事历史展厅和大量当地历史展览。

朱比利花园 花园、纪念碑

（Jubilee Gardens；Victoria St）除了西班牙布道院风格的钟楼，朱比利花园全心全意恪守了母国的建筑式样。一尊英国雄狮雕像守卫着阵亡纪念碑，上面的铭牌写着：告诉英国人，立下这座纪念碑的人始终忠实于她，我们心无旁骛并长眠于此。在马路对面枝叶繁茂的维多利亚广场上，每个周六上午都有农贸市场。

卡拉皮罗湖 湖泊

（Lake Karapiro；☎07-827 4178；www.waipadc.govt.nz；Maungatautari Rd）卡拉皮罗湖位于剑桥东南8公里处，是怀卡托河8座水电站中最下游的一座。景色壮丽，尤其开车穿越这座1947年建造的大坝顶部的时候。湖泊宽达21公里，是一处世界级的赛艇比赛场地。

活动

Te Awa 骑行、徒步

（The Great New Zealand River Ride；www.te-awa.org.nz）这里的骑行和徒步小路沿着怀卡托湖蜿蜒70公里，从哈密尔顿以北的纳鲁阿瓦西亚（Ngaruawahia）到城市以南的霍拉霍拉（Horahora）。这条路很平坦，风景优美。亮点包括从剑桥的新西兰精英骑手运动员训练中心Avantidrome骑行到卡拉皮罗湖南。详情参见网站。

Boatshed Kayaks 皮划艇

（☎07-827 8286；www.theboatshed.net.nz；Karapiro，21 Amber Lane；单人/双人皮划艇3小时 $20/40，桨板 2小时 $40；⏲周三至周日9:00~17:00）提供简易的皮划艇和桨板出租。花上约1个小时，你还可以划船观赏几座瀑布。有黄昏时分的皮划艇导览项目（成人/儿童 $110/75），到附近的Pokewhaenua溪去观赏一处萤火虫峡谷。这些行程都需要预订。登录网站可以查看卡拉皮罗湖和怀卡托湖上其他的导览皮划艇之旅。

怀卡托河徒步小径 骑车、徒步

（Waikato River Trails；www.waikatorivertrails.com）怀卡托河徒步小径全长103公里，是“纳哈雷格”（Nga Haerenga）新西兰自行车道（New Zealand Cycle Trail；www.nzcycletrail.com）的一部分。小路从剑桥附近的Pokaiwhenua桥开始，向东和南蜿蜒，经过卡拉皮罗湖（见217页），进入南怀卡托地区，至阿提阿姆利大坝（Atiamuri Dam）结束。

5条相互连接的步道上有美不胜收的沿途风光和历史风情，可任意步行或骑车穿越其中。可从网站下载5个路段的免费地图。

住宿

Cambridge Motor Park 假日公园 $

（☎07-827 5649；www.cambridgemotorpark.co.nz；32 Scott St；露营地 $36起，套间 $70~115；📶）这处露营地有碧绿的大片草地，十分安静且经营完善。虽然以帐篷和房车为主，但是小屋和套间也很不错。

Cambridge Coach House 民宿、小屋 $$

（☎07-823 7922；www.cambridgecoachhouse.co.nz；3796 Cambridge Rd，Leamington；套 $165起，小屋 $175起；📶🏊）这处农场住宿是个可以放松的漂亮住处，被怀卡托浓厚的田园气息所包围。有两个时尚的双人间和一栋设

施齐全的小屋。另有平板电视和热水泵，欢迎住客在绿荫庭院中生火烤肉。位于小镇以南数公里，前往蒂阿瓦穆图的方向。

★ Earthstead 民宿 $$$

（☎07-827 3771；www.earthstead.co.nz；3635 Cambridge Rd, Monvale；双 $219~419；📶）🌿位于剑桥南部乡村，驾车可以很快抵达，有两个套间Earth House和Cob Cottage，使用环保可持续的土砖建造，还有两个带有优雅欧洲氛围的房间。早餐采用小农场出产的新鲜有机食材制作，包括鸡蛋、蜂蜜和现烤的酸面包。

就餐

剑桥农贸市场 市场 $

（Cambridge Farmers Market；www.waikatofarmersmarkets.co.nz；⏲周六 8:00至正午）这家出色的市场在绿荫环绕的维多利亚广场举办，每周一次，集中了大量当地风味。

Paddock 咖啡馆 $

（☎07-827 4232；www.paddockcambridge.co.nz；46a Victoria St；小吃和主菜 $9~18；⏲周一至周四 8:00~17:00，周五和周六 至20:00，周日至16:00）这家时尚的厨房风格餐厅看上去就像是从奥克兰或墨尔本空降的，菜单上能看到散养的家禽和用有机食物制作的菜肴。磨损的木头家具和生动的彩色壁画弥补了偏僻的地理位置带来的不便，手工苏打水和健康的冰沙（试试香蕉、椰枣和肉桂口味）很适合搭配美味的百吉饼和汉堡。

Alpha Street Kitchen & Bar 新派新西兰菜 $$

（☎07-827 5596；www.alphast.co.nz；47 Alpha St；主菜 $23~43；⏲周二至周日 11:00至深夜；🖉）这家遗产建筑从前是National Hotel，现在是怀卡托最好的新餐厅之一。坐在外面，悠闲地用一顿午餐，试试味噌口味的熏三文鱼，或吃一顿羊羔肉或鹿肉的精致晚餐。多人共享的大盘菜（想想牡蛎天妇罗汉堡、西班牙辣香肠和土豆炸丸子）也是很棒的酒吧小吃。

Alpino cucina e vino 意大利菜 $$

（☎07-827 5595；www.alpino.co.nz；43 Victoria St；比萨 $19~26，主菜 $29~38；⏲周三至周日 11:30~21:30）这家餐厅时尚优雅却悠闲亲切，位于从前的邮局遗产建筑中，是怀卡托地区最好的餐厅之一。菜单主打出色的意大利面和丰盛的意式主菜，不妨试试迷迭香和帕尔玛干酪意大利饺子配鸭腿，也有顶级的果木比萨可供外带。

饮品和夜生活

Good Union 小酒馆

（☎07-834 4040；www.goodunion.co.nz；98 Victoria St；⏲11:00至深夜）哈密尔顿的Good George Brewing（见208页）帝国现在已经扩张到了这家剑桥的小酒馆。酒馆位于一座色彩缤纷、个性十足的前教堂中。在有趣的遗产建筑内部找个座位，或者在户外巨大的露台上找张桌子，来一份Good George的优质啤酒或苹果酒，配上比萨、炸玉米饼或丰盛的主食。周末下午有时会有现场音乐会。

实用信息

剑桥信息中心（Cambridge i-SITE；☎07-823 3456；www.cambridge.co.nz；Victoria St和Queen St交叉路口；⏲周一至周五 9:00~17:00，周六和周日 10:00~16:00；📶）提供免费*Heritage & Tree Trail*和城镇地图，还有上网服务。

到达和离开

剑桥位于哈密尔顿东南22公里的SH1旁，客运系统十分完善。怀卡托地方委员会的**Busit!**（☎0800 4287 5463；www.busit.co.nz）有班车前往哈密尔顿（$6.70，40分钟，工作日 每天7班，周末 每天3班）。

InterCity（☎09-583 5780；www.intercity.co.nz）的班车信息如下：

目的地	价格（$）	行程	班次（每天）
奥克兰	19~47	2.5小时	12
哈密尔顿	16	30分钟	8
玛塔玛塔	15~20	30分钟	2
罗托鲁阿	15-36	1.25小时	5
惠灵顿	29~70	8.5小时	3

Naked Bus（☎09-979 1616；https://nakedbus.com）同样开行如下各地：

目的地	价格($)	行程	班次(每天)
奥克兰	15	2.5小时	6
哈密尔顿	13	30分钟	5
玛塔玛塔	25	2.25小时	1
罗托鲁阿	15	1.25小时	4
惠灵顿	51	9.5小时	1

玛塔玛塔（Matamata）

☎07/人口 7800

玛塔玛塔是一座宜人的小镇，以养马为主，在彼得·杰克逊（Peter Jackson）的史诗电影三部曲《指环王》（*Lord of the Rings*）使这里成为景点之前，或许你开车经过都不会停驻片刻。在电影拍摄期间，有300位当地居民作为临时演员（浓密的腿毛可不是招募演员的必要条件）参加拍摄。

随着后续电影《霍比特人》（*The Hobbit*）的拍摄，小城现在已经如火如荼地朝着中土世界迈进，包括一座令人毛骨悚然的咕噜姆（Gollum）雕塑，而当地的信息中心打扮得也极其与众不同。

多数前往玛塔玛塔的旅行者都是为了来看看霍比特人的兄弟，除此以外，这里有一家很棒的咖啡馆，还有长满参天大树的街道和连绵起伏的碧绿山谷。

景点

霍比屯电影外景地游 电影外景地

（Hobbiton Movie Set Tours；☎0508 446 224 866, 07-888 1505；www.hobbitontours.com；501 Buckland Rd, Hinuera；成人/儿童 团队游 $84/42，晚餐团队游 $195/152.50；⏲团队游 10:00~16:30）由于版权的原因，电影布景地必须在摄制结束后拆除，但是霍比屯的所有者经过协商，保住了霍比特人的洞府，并且为了新片《霍比特人》的拍摄，此地已彻底重建。团队游包括在新奇美妙的“青龙客栈”（Green Dragon Inn）喝上一杯。玛塔玛塔信息中心提供车辆免费接送，可在霍比屯的官方网站查好时刻表。提前预订非常重要。周日和周三的晚餐团队游很抢手，含一顿晚宴。

如果不搭乘免费班车，计划自驾前往，就从玛塔玛塔朝着剑桥的方向前进，右转入Puketutu Rd，再左转驶入Buckland Rd，停靠在Shire's Rest Cafe。

怀利利瀑布 瀑布

（Wairere Falls）怀利利瀑布位于玛塔玛塔东北15公里处，气势壮观，高达153米，是北岛落差最大的瀑布。从停车场出发，需步行45分钟穿越原生灌木丛抵达观景台，或者花1.5小时攀爬峭壁抵达顶端。

弗思塔 博物馆、历史建筑

（Firth Tower；☎07-888 8369；www.firthtower.co.nz；Tower Rd；庭院 免费，建筑 成人/儿童 $10/5；⏲庭院 每天10:00~16:00，塔 周四至周一 10:00~16:00）弗思塔由奥克兰商人约书亚·弗思（Josiah Firth）在1882年建造。高达18米的水泥塔一度是当时的地位象征，现在则珍藏着毛利人和拓荒者的遗物。塔身周围还有10栋其他历史建筑，包括教室、教堂和监狱。位于玛塔玛塔镇以东3公里处。

活动

宝石温泉 温泉

（Opal Hot Springs；☎0800 800 198；www.opalhotsprings.co.nz；257 Okauia Springs Rd；成人/儿童 $8/4，30分钟私人水疗 $10/5；⏲9:00~21:00）宝石温泉虽然没有它的名字那么富丽堂皇，但确实拥有3个很大的温泉池。从弗思塔北面拐上公路，沿公路前行2公里。那里也有一处假日公园。

住宿

Matamata Backpackers 青年旅舍 $

（☎07-880 9745；www.matamatabackpackers.co.nz；61 Firth St；铺/房间 $28/70；📶）这座2017年刚开的旅舍运转良好，态度热情，离霍比屯公交车始发站很近，可轻松步行前往，提供镇上最超值的铺位。宿舍和私人房间装潢简单，色彩缤纷的寝具让环境变得生动，旅舍设施包括宽敞的公共休息区。

Broadway Motel & Miro Court Villas 汽车旅馆 $$

（☎07-888 8482；www.broadwaymatamata.

co.nz；128 Broadway；双 $115~185，双卧室公寓 $290；@ ☒）这片家庭经营的汽车旅馆建筑群既有保养得很好的老派建筑，又有远离街道的崭新夺目的大楼。其中最时髦的住处是公寓式样的Miro Court别墅。

餐饮

Workman's Cafe Bar
咖啡馆 $$

（☎07-888 5498；52 Broadway；主菜 $12~33；⊙周三至周日 7:30~22:00）这家新式餐馆真的很古怪，天花板悬吊着老式的半导体收音机，用艺术派风格装饰的镜子铺满了整堵墙，音响里播放着约翰尼·卡什（Johnny Cash）的歌，但这个特别的小馆在玛塔玛塔内外闻名遐迩。入夜后的酒吧也很不错。

Redoubt Bar & Eatery
小酒馆 $$

（☎07-888 8585；www.redoubtbarandeatery.co.nz；48 Broadway；⊙11:00~1:00）期待以"指环王"的角色命名的薄脆比萨、获得大奖的三文鱼和杂烩（hash stack）吧。有时旁边的巷道里会举行电影之夜。大多数周末有现场音乐。这里还珍藏了许多与体育以及玛塔玛塔相关的周边物品，包括几个有趣的啤酒桶，出现得恰到好处。

实用信息

玛塔玛塔信息中心（Matamata i-SITE；☎07-888 7260；www.matamatanz.co.nz；45 Broadway；⊙9:00~17:00）位于一座美轮美奂的"霍比特人"门房内，霍比屯的团队游在这里出发。

到达和离开

玛塔玛塔位于SH27，蒂劳（Tirau）以北20公里处。

InterCity（☎09-583 5780；www.intercity.co.nz）有班车前往剑桥（$15，40分钟，每天2班）、哈密尔顿（$15，1小时，每天3班）、罗托鲁阿（$28，1小时，每天2班）和陶朗阿（$25，1小时，每天2班）。**Naked Bus**（☎09-979 1616；nakedbus.com）提供类似的服务，还有一班车前往奥克兰（$17，3.5小时，每天2班）。

Coromandel Adventures（见239页）周一至周五运营的接驳车连接科罗曼德尔镇和罗托鲁阿，途中停靠玛塔玛塔。

蒂阿罗哈（Te Aroha）

☎07/人口 3800

蒂阿罗哈充满情调，你甚至可以说它满满的都是"爱"，因为这就是这座城市的名字"Te Aroha"的意思。它依偎在郁郁葱葱的蒂阿罗哈山（Mt Te Aroha，海拔952米）脚下，如果你想要的是徒步或享受小镇水疗温泉，这里就是个好地方。这里也是豪拉基铁路小径（Hauraki Rail Trail）的南端起点。主街缺乏活力，适合搜罗古怪的古董和复古衣服饰品。小镇许多景点都围绕在蒂阿罗哈绿荫山腰的中央公园（Domain）旁。

景点

蒂阿罗哈博物馆
博物馆

（Te Aroha Museum；☎07-884 4427；www.tearoha-museum.com；Te Aroha Domain；成人/儿童 $5/2；⊙11月至次年3月 11:00~16:00，4月至10月 正午至15:00）蒂阿罗哈博物馆过去是华丽的温泉疗养院（又名"蒂阿罗哈之珍"）。展品包含古怪的陶瓷、老温泉罐、历史悠久的照片，还有一台古老的印刷机。

活动

蒂阿罗哈山
徒步、山地自行车

（Mt Te Aroha）攀登蒂阿罗哈山的步道始于温泉区上方。登上Bald Spur/Whakapipi观景台（海拔350米）需要45分钟，然后还要走2.7公里（2小时）登顶。在信息中心（见221页）询问山地自行车道的信息。

蒂阿罗哈温泉
水疗

（Te Aroha Mineral Spas；☎07-884 8717；www.tearohamineralspas.co.nz；Boundary St，Te Aroha Domain；30分钟疗程 成人/儿童 $19/11；⊙周一至周五 10:30~21:00，周六和周日 至22:00）这座爱德华时代风格的温泉区（Edwardian Hot Springs Domain），提供令人放松的私人浴缸、按摩、美容和香薰。变化无常的莫凯娜间歇喷泉（Mokena Geyser）是目前世界上已知的唯一一座苏打水间歇泉，大约每40分钟喷发一次，喷射高度达到3米，正午至14:00喷发最为剧烈。温泉水疗需要预约。

食宿

Te Aroha Holiday Park 假日公园 $

(☎07-884 9567; www.tearohaholidaypark.co.nz; 217 Stanley Rd; 露营地 $20起, 露营地房车标单/双 $30/45, 小屋和套间 $65~110; @🛜🏊)这座假日公园在一片橡树林中,你会在鸟鸣的欢唱中醒来。配有网球场、健身房和加热游泳池,位于小镇西南2公里处。

★**Aroha Mountain Lodge** 度假屋、民宿 $$

(☎07-884 8134; www.arohamountainlodge.co.nz; 5 Boundary St; 标单/双 $135/145/320) Aroha Mountain Lodge位于小镇之上的山腰,两座可爱的爱德华时代的别墅充满了蒂阿罗哈的风情,一派绿意盎然。这里提供平价的奢华享受(比普通的汽车旅馆真是好太多了),有偿提供早餐(每人$20)。设施齐全的Chocolate Box可以容纳8人。

Domain Cottage Cafe 咖啡馆 $

(☎07-884 9222; Whitaker St, Te Aroha Domain; 小吃和主菜 $8~22; ⏰周二至周日 9:00~15:00)非常怡人的日间咖啡馆,位于蒂阿罗哈中央公园(Te Aroha Domain)旁的遗产建筑里。如果只是路过这座小镇,绝对值得停下来喝杯咖啡,吃块蛋糕。在附近的蒂阿罗哈山(见220页)徒步或骑行后,吃点羊肉三明治再合适不过了。

Ironique 咖啡馆 $$

(☎07-884 8489; www.ironique.co.nz; 159 Whitaker St; 主菜 $10~35; ⏰周一至周三 8:00~16:00, 周四至周日 至深夜)征服了豪拉基铁路小径之后,来这里喝杯咖啡,吃一份火腿蛋松饼早餐定定神。或是来份猪五花肉或南瓜调味饭的晚餐。不要忘了到安逸的庭院里喝上几杯。

实用信息

蒂阿罗哈信息中心(Te Aroha i-SITE; ☎07-884 8052; www.tearohanz.co.nz; 102 Whitaker St; ⏰周一至周五 9:30~17:00, 周六和周日 至16:00)可咨询蒂阿罗哈山步道(见220页)和其他当地景点的信息。

到达和离开

蒂阿罗哈在SH26旁,位于派罗阿(Paeroa)以南21公里、哈密尔顿东北55公里处。怀卡托地方委员会的**Busit!**(☎0800 4287 5463; www.busit.co.nz)运营往返哈密尔顿(成人/儿童 $8.40/4.20, 1小时, 工作日 17:15)的班车。Coromandel Adventures(见239页)周一至周五有班车往返科罗曼德尔镇和罗托鲁阿,途中停靠蒂阿罗哈。

国王乡(KING COUNTRY)

这里是当之无愧的新西兰农业腹地,培育了牛群牲畜和新西兰国家橄榄球队(又称"全黑队",All Blacks)。这是独立的毛利王国堡垒,镇压国王运动的战争也没能征服这里。据说塔华欧国王(King Tawhiao)把他的帽子扣在一张新西兰的大地图之上,宣布帽子盖住的所有土地都将纳入他的统治(mana),而直到1883年以前,这片地区都坚定地将欧洲人拒之门外。

怀托莫洞穴是这片地区的主要景点。它们本身就是令人难以置信的自然奇观,更遑论还有一系列刺激的极限运动了。

卡菲亚(Kawhia)

☎07/人口 670

为了抵制自己的文化被消融,行事低调的卡菲亚(名字听起来像字母K打头的一个黑手党组织)成功避免了大规模的建设发展,安逸的渔村环境得以保留下来。这里没有什么公共设施,只有杂货店、两三家外卖餐馆和一家加油站。库克船长曾在1770年航行途中经过此地,却错过了通向这一大型港口的狭窄入海口。

景点

玛基图集会地 历史遗址

(Maketu Marae; www.kawhia.maori.nz; Kaora St)一条步道从卡菲亚码头出发,沿海岸延伸至玛基图集会地,那是有着精美雕刻的会堂Auaukiterangi,两块石头(Hani和Puna)标志着**毛利传统独木舟**(Tainui waka)的埋葬地。这个集会地是私人财产,未经玛基图集会地委员会允许不得入内。可给委员会发送邮件请求许可。

大洋海滩 海滩、温泉

(Ocean Beach; Te Puia Rd)大洋海滩位于

卡菲亚以西4公里处，有着高耸的黑色沙丘。在这里游泳很危险，但是在落潮前后的一两个小时内，你会在沙滩上找到蒂普亚温泉（Te Puia Hot Springs）——挖一个洞，你就拥有了天然的温泉池。

卡菲亚地区博物馆和美术馆 博物馆、美术馆

（Kawhia Regional Museum & Gallery；☎07-871 0161；www.facebook.com/MuseumKawhia；Omimiti Reserve，KawhiaWharf；捐赠金币入馆；⌚11:00~16:00，3月至11月开放时间缩短）卡菲亚不惹眼的博物馆位于海边，展品呈现了当地历史和航海发展的历程，还有许多毛利手工艺品以及定期的艺术展览。这里还担任游客信息中心的角色。

活动

Kawhia Beachside S-Cape（☎07-871 0727；www.kawhiabeachsidescape.co.nz；225 Pouewe St；露营地 $40起，小屋 $65~110，套间 $135~165；📶）和Kawhia Motel有皮划艇出租。

食宿

Kawhia Motel 汽车旅馆 $$

（☎07-871 0865；www.kawhiamotel.co.nz；Jervois St和Tainui St交叉路口；双 $129~159；📶）老式的汽车旅馆，有6个套房，色彩明亮，管理完善。隔壁就是商店。有皮划艇和自行车出租。

Rusty Snapper 咖啡馆 $$

（☎07-871 0030；www.facebook.com/rustysnapperkawhia；64 Jervois St；主菜 $12~24；⌚10:00~16:00，1月和2月营业时间延长）新鲜出炉的司康饼、切片比萨和蛋糕，搭配镇上最好的客房，想吃炸鱼和薯条或新鲜的时令海鲜，这里也是首选。提供当地牡蛎和银鱼煎饼。

实用信息

当地信息参见www.kawhiaharbour.co.nz。

到达和离开

卡菲亚没有长途汽车服务。从奥托罗杭阿（58公里）沿着SH31前行，或者沿着风景秀丽但崎岖不平的土路，可以到达拉格伦（50公里，其中22公里的道路不整）。

奥托罗杭阿（Otorohanga）

☎07/人口 2700

奥托罗杭阿的主干道上挂满了新西兰人喜爱的形象：绵羊、橡胶靴、人字拖鞋、8号金属丝、"全黑"橄榄球队、奶油水果蛋白饼（pavlova）和孩子们喜爱的"小蜜蜂"（Buzzy Bee）玩具……小镇的奇异鸟屋也值得一去。

景点

埃德蒙·希拉里步道 纪念物

（Ed Hillary Walkway；⌚24小时）新西兰人喜欢装扮主要街道，对埃德蒙·希拉里步道（Ed Hillary Walkway，紧邻Maniapoto St）也不例外，信息展板介绍了全黑队和马麦酱（Marmite），当然，还有埃德蒙爵士。

奥托罗杭阿奇异鸟屋和原生鸟类公园 动物园

（Otorohanga Kiwi House & Native Bird Park；☎07-873 7391；www.kiwihouse.org.nz；20 Alex Telfer Dr；成人/儿童 $24/8；⌚9:00~17:00，奇异鸟喂食 10:30、13:30和15:30）这座鸟类公园有一间夜行鸟舍，你可以看见活跃的奇异鸟精力充沛地用它长长的喙翻寻着食物。在新西兰，只有在这里才能看见大斑奇异鸟（great spotted kiwi），这是3种奇异鸟中最大的一种。也有棕色奇异鸟。还提供有一个为这些鸟类喂食的项目。其他展示的当地鸟类还包括卡卡鹦鹉（kaka）、食肉鹦鹉（kea）、布克鹰鸮（morepork）和黑秧鸡（weka）。

住宿

Otorohanga Holiday Park 假日公园 $

（☎07-873 7253；www.kiwiholidaypark.co.nz；20 Huiputea Dr；露营地 $40起，小屋和套间 $75~130；@📶）这个假日公园并不起眼，但是服务友好，设施整洁，附设健身中心和桑拿房。

餐饮

Ō Cafe 咖啡馆 $

（☎07-873 8714；www.facebook.com/Cafe.Otorohanga；35 Maniapoto St；主菜 $12~20；

金基汤加（KINGITANGA）

毛利人是个相对比较新的概念。在19世纪中叶以前，新西兰实际上由很多独立的部落国家组成，自1840年以来就在与英国政府的关联下运作。

1856年，面对英国人潮水般地涌入，不同部落联合起来，为了更好地抵制领土和文化的流失，发起了金基汤加国王运动（Kīngitanga King Movement）。部落领袖聚拢起来，选举了怀卡托的酋长波塔陶·蒂韦罗韦罗（Pōtatau Te Wherowhero）为第一任毛利国王，希望他与日俱增的mana（声望）能够增进部落之间的团结，就像女王领导的英联邦一样。

虽然怀卡托战争以毛利人的惨败告终，国王乡最终也对欧洲人开放，金基汤加（Kīngitanga，意思是“王国”）却保留了下来，尽管它没有正式的宪法地位。2006年，波塔陶的第五代孙女提·阿泰（Te Arikinui Dame Te Atairangikaahu）在位40年后离世，人们纷纷流露出莫大的悲恸，可见金基汤加在世人的心目中依然不同凡响。虽然国王的席位不是世袭继承，而是由不同的部落推选继任者，但波塔陶的王位至今继续传承，现在的毛利国王是图黑提亚·帕基（Tuheitia Paki）。

7:30~15:30）奥托罗杭阿最新最多元的咖啡馆，有很大的共享餐桌，采光充沛，菜单种类多样，有早餐经典食物、家常风味的烘焙食品和丰盛的午餐选择。我们推荐羊羔肉汉堡配美丽的甜菜根小菜。附设的礼品店出售当地艺术品和工艺品。

Thirsty Weta 小酒馆、精酿啤酒

（07-873 6699；www.theweta.co.nz；57 Maniapoto St；10:00至次日2:00；）丰盛的菜肴包括比萨、牛排、汉堡和玉米薄饼。入夜后，小酒馆摇身变成酒吧，有当地的音乐人出场演奏。是当地少数几个能找到King Country Brewing Co（见228页）桶装精酿啤酒的地方。我们最爱的是淡艾尔。

实用信息

奥托罗杭阿信息中心（Otorohanga i-SITE；07-873 8951；www.otorohanga.co.nz；27 Turongo St；周一至周五 9:00~17:00，10月至次年4月 周六和周日 10:00~14:00；）提供免费Wi-Fi和当地信息。

到达和离开

长途汽车

InterCity（09-583 5780；www.intercity.co.nz）的长途汽车从奥托罗杭阿开往奥克兰（$20~42，3.25小时，每天3班）、蒂阿瓦穆图（Te Awamutu；$10~21，30分钟，每天3班）、蒂库伊蒂（Te Kuiti；$10~21，1小时，每天3班）和罗托鲁阿（Rotorua；$25~53，2.5小时，每天2班）。

Naked Bus（0900 625 33；nakedbus.com）每天17:00有一趟班车驶往怀托莫洞穴（$13，20分钟）。另有往返哈密尔顿（$16，1小时）和新普利茅斯（$22，3.25小时）的服务。

Caves Shuttle & Taxi Service（见228页）提供的便利服务可连接奥托罗杭阿和怀托莫，有定时出发的班次，也可预约时间出发。可通过当地信息中心或住宿提供者预订。也有往返奥克兰或哈密尔顿机场的车次。

火车

奥托罗杭阿位于**北部探索者号**（Northern Explorer；0800 872 467；www.greatjourneysofnz.co.nz）列车线路上，列车往返奥克兰（$59起，3.25小时）和惠灵顿（$139起，9小时），途经哈密尔顿（$59起，50分钟），也在帕默斯顿北、奥阿库尼和国家公园停靠。南下的列车周一、周四和周六从奥克兰出发，北上的列车周二、周五和周日从惠灵顿返回奥克兰。

怀托莫洞穴（Waitomo Caves）

07/人口 500

即便你觉得潮湿黑暗的地道听起来像是地狱，还是一定要去瞧瞧。这里的石灰岩洞穴和萤火虫是北岛当之无愧的主要景点之一。

怀托莫（Waitomo）的名字由“水”（wai）和“坑洞”（tomo）组成，这片地区

Waitomo Caves 怀托莫洞穴

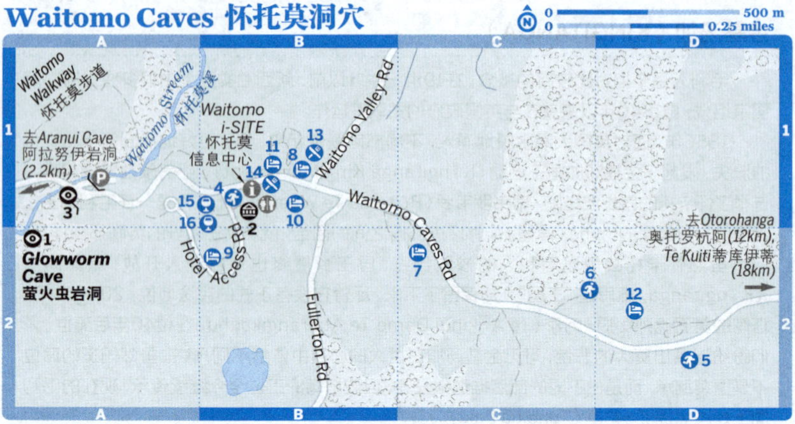

Waitomo Caves 怀托莫洞穴

重要景点
1 萤火虫岩洞 A2

景点
2 怀托莫洞穴研究中心 B1
3 怀托莫洞穴游客中心 A1

活动、课程和团队游
4 CaveWorld B1
5 Legendary Black Water Rafting Company D2
Spellbound .... （见14）
6 Waitomo Adventures C2

住宿
7 Abseil Inn C2
8 Huhu Chalet B1
9 Kiwi Paka B2
10 Waitomo Caves Guest Lodge B1
11 Waitomo Top 10 Holiday Park B1
12 YHA Juno Hall Waitomo D2

就餐
13 Huhu B1
14 Waitomo General Store B1

饮品和夜生活
15 King Country Brewing Company B1
16 Tomo B1

布满无数坑洞，可以深入地下洞穴和暗河之中。在地图上标记出来的洞穴超过300多座，其中主要的3处洞穴：萤火虫（Glowworm）岩洞、鲁阿库利（Ruakuri）岩洞和阿拉努伊（Aranui）岩洞，一百多年来让无数来访者流连忘返。

怀托莫洞穴的体验不会引起幽闭恐惧症，萤火虫岩洞有电灯照明，宽敞得宛如大教堂一般，根本没有你想象中那样狭窄。如果你追求的岩洞体验是紧张狭窄、全身湿透和一片漆黑的，怀托莫洞穴也能为你效劳。

这里没有加油站，不过在Kiwi Paka（见227页）有一台自动柜员机。最好是在蒂库伊蒂（Te Kuiti）或奥托罗杭阿备好现金、杂货和汽油。

景点

怀托莫洞穴游客中心 游客中心

（Caves Visitor Centre; ☎0800 456 922; www.waitomo.com; Waitomo Caves Rd; ⊙9:00~17:00）怀托莫洞穴的三大洞穴都由同一家机构运营，位于漂亮崭新的怀托莫洞穴游客中心（就在萤火虫岩洞附近）。中心提供不同类型的套票，包括三大洞穴套票（Triple Cave Combo; 成人/儿童 $97/44），此外还可参加Legendary Black Water Rafting Company组织的刺激的地下活动。参加洞穴游不妨试着避开大型旅游团，他们基本都会在10:30~14:30抵达。

★ **萤火虫岩洞** 洞穴

（Glowworm Cave; ☎0800 456 922; www.

waitomo.com/waitomo-glowworm-caves；成人/儿童 $51/23；⏲45分钟团队游 9:00~17:00 每30分钟一次）萤火虫岩洞的团队导览游地点就在游客中心后方，穿越壮观的钟乳石和石笋，抵达被称为**大教堂**（Cathedral）的巨大洞穴。当你的小船摇摆着行驶在暗河上，临近终点才是最精彩的景观。那时候，你的双眼已经逐渐适应了黑暗的环境，你将看见一条微光闪烁的银河（萤火虫）围绕左右。在游客中心预订团队游。

鲁阿库利岩洞　　洞穴

（Ruakuri Cave；☎0800 782 587，07-878 6219；www.waitomo.com/ruakuri-cave；成人/儿童 $74/29；⏲2小时团队游 9:00、10:00、11:00、12:30、13:30、14:30和15:30）鲁阿库利岩洞有一座15米高的回旋楼梯，来访者不必再踏在岩洞入口毛利人的墓地上。洞穴系统长达7.5公里，团队游穿越其中的1.6公里，包括几处有萤火虫的大洞、地下河流和瀑布，一路上还有鬼斧神工的石灰岩。自从这处岩洞向公众开放之后，“灵性”一说就渐渐传开——有人还声称里面闹鬼。按照习俗，离开洞穴时需要洗手，以去除“晦气”（tapu）。可以在游客中心或在出发处的Legendary Black Water Rafting Company预订团队游并从那里出发。

阿拉努伊岩洞　　洞穴

（Aranui Cave；☎0800 456 922；www.waitomo.com/aranui-cave；成人/儿童 $50/23；⏲1小时团队游 9:00~16:00）阿拉努伊岩洞位于萤火虫岩洞（见224页）以西3公里处。这座洞穴十分干燥，因此没有萤火虫，但造型各异的石灰岩弥补了这一缺憾。数千根细小的钟乳石像稻草一般从洞顶悬垂而下。在游客中心（见224页）预订团队游，并可就地乘车前往洞口。旅程包括一段15分钟的丛林徒步。

怀托莫洞穴研究中心　　博物馆

（Waitomo Caves Discovery Centre；☎07-878 7640；www.waitomocaves.com；21 Waitomo Caves Rd；成人/儿童 $5/免费；⏲8:45~17:00）怀托莫洞穴研究中心，毗邻怀托莫信息中心（见228页），提供精彩的展览，解读洞穴的形成过程、洞中的多种动植物、怀托莫洞穴及其探险的历史。

活动

地下活动

Legendary Black Water Rafting Company　　洞穴探险

（☎0800 782 5874；www.waitomo.com/black-water-rafting；585 Waitomo Caves Rd）在他们经营的“黑暗迷宫团队游”（Black

萤火虫的魔法

萤火虫（是glowworm，而非firefly，也称蓝光荧火虫，在本书中若无特别说明，荧火虫均指蓝光荧火虫）是蕈蚊（fungus gnat）的幼虫，而幼虫发光的器官可以产生一种柔和的绿光。它们生活在从突出物上垂下的“吊床”中，向下编织黏性的丝线，通过自身光线的吸引，捕食那些粗心大意的小昆虫。当小昆虫飞向那束微光，就会被丝线困住，而萤火虫只要把丝线卷上来，就可以饱餐一顿。

萤火虫的幼虫阶段持续6~9个月，这取决于它们所获取的食物数量。当它们生长到火柴杆的大小，就会化蛹——和蚕茧十分类似。大约两周后，成年的真菌蚋就会破蛹而出。

成年的真菌蚋不会存活很久，因为它没有口器进食。成虫破蛹之后，在两三天内完成交配产卵，然后就死去了。它们产下的卵黏糊糊的，每堆40~50颗，大约将在3周内孵化成新一代的萤火虫幼虫。

萤火虫喜欢在潮湿黑暗的洞穴环境中生长，但只要湿度足够、具备可供悬挂的突出物和可食用的小昆虫，它们可以在任何环境中生存。怀托莫洞穴以其萤火虫而闻名于世，但你也可以在新西兰许多地方，包括岩洞和室外见到它们。

看到萤火虫时，千万不要触碰它们的“吊床”或悬垂的丝线，不要发出响声，也不要用灯光照射它们。这些都会导致它们发出的光线变得黯淡，而它们需要花上好几个小时，才能够再次亮起来，而在此期间这些幼虫都会挨饿。发出最亮光芒的萤火虫都是肚子最饿的。

Labyrinth tour; $142, 3小时）中，你将身穿紧身潜水服，坐着橡皮筏，在流经鲁阿库利岩洞（见225页）的暗河上漂流。最精彩的部分是从小瀑布直坠而下，然后穿越一条布满萤火虫的水道。漂流结束后，可以享受淋浴，并在咖啡馆品尝热汤和百吉饼。

此外，还有更富挑战性的"黑暗深渊团队游"（Black Abyss tour; $246, 5小时），包括绳降35米深入鲁阿库利岩洞，洞内还有一处滑索（zipline），以及若干观赏萤火虫和轮胎漂流的活动。

必须达到一定年龄才能参加团队游，网上预约可能有优惠。也可在网站查看含其他怀托莫洞穴的套餐。

Spellbound 洞穴探险

（☎0800 773 552, 07-878 7622; www.glowworm.co.nz; 10 Waitomo Caves Rd; 成人/儿童 $75/26; ⏲3小时团队游 10:00、11:00、14:00、15:00）如果你不想弄湿衣服，对于萤火虫的兴趣又大过于"身体力行"，而且还想避开主要洞穴里的大型旅行团，那么，Spellbound是个好选择。这是小规模的团队游，探访芒格怀迪阿考洞穴群（Mangawhitiakau）的一部分，其中的萤火虫更多，还能坐一段筏子。洞穴位于怀托莫以南12公里处。

Kiwi Cave Rafting 洞穴探险

（☎0800 228 372, 07-873 9149; www.blackwaterraftingwaitomo.co.nz; 95 Waitomo Caves Rd）这些小团队的探险征程（5小时，$250）从绳降训练开始，随后便直降27米，深入一个天然洞穴，之后乘坐橡皮筏，沿着地下暗河漂流，一路上有许多萤火虫。洞穴探险结束前，使用绳索攀爬20米的悬崖返回地面。另外提供3小时的探险行程（$125），无须漂流涉水。从网上直接向Kiwi Cave Rafting预订会有很大折扣。

Glowing Adventures 洞穴探险

（☎0508 445 694, 07-878 7234; www.glowing.co.nz; 1199 Oparure Rd; 每人 $159）🍃这是怀托莫地区最新的地下探险项目，位于一个家庭农场中，以小型团队游（最多8人）的形式前往更为偏远和未经改变的洞穴。团队游包括攀爬圆石、登山、穿越地下河流，有一定的探险难度，要求有相应的身体素质。萤火虫很多，所以3小时的游览可能要在地下花费将近2小时。

Waitomo Adventures 洞穴探险

（☎0800 924 866, 07-878 7788; www.waitomo.co.nz; 654 Waitomo Caves Rd）Waitomo Adventures提供5种不同的洞穴探险项目，提前至少12小时在线预订，能享受8折优惠。"失落世界之旅"（Lost World; 4/7小时，$405/580）一开始需要绳降100米深入洞穴，然后边走边爬，时而还要涉水或游泳。Haggas Honking Holes（4小时，$275）包含3次瀑布绳降，然后攀岩并沿着地下暗河前行。

Tumu Tumu Toobing（4小时，$215）是包含徒步、攀岩、游泳和轮胎漂流的旅行。St Benedict's Cavern（3小时，$215）包括绳降和地下滑索。

CaveWorld 洞穴探险

（☎0800 228 338, 07-878 6577; www.caveworld.co.nz; Waitomo Caves Rd和Hotel Access Rd交叉路口）CaveWorld经营的Tube It（$139，2小时）在满是萤火虫的蒂阿纳鲁阿开展黑水漂流活动。也可参加Footwhistle Glowworm Cave Tour（$59，1小时），包括在一座森林小屋停留，享用一杯提神的卡瓦卡瓦茶（kawakawa），这是一种用当地灌木叶制作的天然滋补饮品。Twilight Footwhistle团队游价格为$65。

徒步

怀托莫信息中心（见228页）有介绍该地区步道的免费手册。从阿拉努伊岩洞（见225页）到鲁阿库利岩洞（见225页）是一条很棒的短途路线。以怀托莫洞穴游客中心（见224页）为起点的**怀托莫步道**（Waitomo Walkway）全程5公里，往返需要3小时，途中会穿越农田，顺着怀托莫溪（Waitomo Stream）抵达**鲁阿库利风景保护区**（Ruakuri Scenic Reserve），在那里徒步往返30分钟，经过一个天然的石灰岩隧道。这里晚上有萤火虫，驱车前往停车场，带上手电筒找找看。

但杜勒山步道 徒步

（Dundle Hill Walk；☎07-878 7640；www.dundlehillwalk.co.nz；成人/儿童 $75/35）私人经营的但杜勒山步道是一条全长27公里的环形步道，花上两天一夜就可以完成全程，穿越怀托莫的灌木林和农田，费用包括在森林高处的简陋住处过夜。

住宿

Waitomo Top 10 Holiday Park 假日公园 $

（☎07-878 7639，0508 498 666；www.waitomopark.co.nz；12 Waitomo Caves Rd；露营地 $44起，小屋和套间 $95~190；@📶≋🚻）这家迷人的假日公园位于村庄中央，设施一尘不染，有现代的小屋，大量的室外活动也能让孩子们玩得不亦乐乎。小屋是结伴旅行的住宿好选择，修整过的公共浴室很干净。

YHA Juno Hall Waitomo 青年旅舍 $

（☎07-878 7649；www.junowaitomo.co.nz；600 Waitomo Caves Rd；露营地 $17起，铺 $30，双带/不带浴室 $84/74；@📶≋）这处专门修建的时髦旅舍距离村庄1公里，木结构的休息区域有一处温暖的篝火，显现出热烈的欢迎气氛，另有一个室外游泳池和一个网球场。

Kiwi Paka 青年旅舍 $

（☎07-878 3395；www.waitomokiwipaka.co.nz；Hotel Access Rd；铺/标单/双 $35/65/75，度假屋 标单/双/标双/四 $95/100/110/150；@📶）这是一家特意修建的阿尔卑斯风格的旅舍，主楼提供4人宿舍，另有独立的尖顶度假屋。附设Morepork Cafe咖啡馆，提供整洁的设施，很受旅行团青睐。

Huhu Chalet 出租屋 $$

（www.airbnb.com；10 Waitomo Caves Rd；双 $150）隐藏在一座古怪的金字塔建筑中，那曾经是某个广告建筑的一部分。楼上有一个舒适的夹层卧室，楼下是活泼（红色）、现代的浴室和客厅。简单的木板墙，几件复古家具，为小屋营造出一种温暖的新西兰氛围。距离怀托莫最好的餐厅只有几米远。

Waitomo Caves Guest Lodge 民宿 $$

（☎07-878 7641，0800 465 762；www.waitomocavesguestlodge.co.nz；7 Waitomo Village Rd；标单/双 含早餐 $100/150；📶）这家舒适温馨的有套间的民宿小屋位于山腰，在民宿中央还有一个美丽的花园。从顶楼的小屋可以看见山谷美景。房费含大份欧陆式早餐，亲切的店主乐于助人，居家猫Thomas的管理技能也是一个亮点。

Abseil Inn 民宿 $$

（☎07-878 7815；www.abseilinn.co.nz；709 Waitomo Caves Rd；双 $140~180起；📶）一条非常非常陡峭的车道将你带到这家欢快的民宿。有4间主题房间，提供美味的早餐，老板也很风趣。最大的房间有双人浴缸，可以饱览山谷美景。

就餐

Waitomo General Store 咖啡馆 $

（☎07-878 8613；www.facebook.com/waitomogeneralstore；15 Waitomo Caves Rd；小吃和主菜 $8~18；⏲3月至11月 8:30~16:00，12月至次年2月 至20:30；📶）这家咖啡馆提供敦实的大汉堡、美味的咖啡和随时供应的啤酒，供探索洞穴前后享用。可以坐在阳光露台上使用免费的无线网络。

★Huhu 新派新西兰菜 $$

（☎07-878 6674；www.huhucafe.co.nz；10 Waitomo Caves Rd；主菜 $15~32；⏲正午至深夜；📶）在Huhu的露台可以看到很棒的风景，店内供应非常新颖的新西兰食物。啜一口浓郁的新西兰葡萄酒或精酿啤酒[包括当地King Country Brewing Co（见228页）的产品]，品尝一下文火炖羊肉、烟熏三文鱼和烤鸭等美味佳肴。午餐推荐让人欲罢不能的奶酪鸡。楼下是King Country Brewing小啤酒吧，主要在夏季开放。

饮品和夜生活

Tomo 小酒馆

（☎07-878 8448；Hotel Access Rd；⏲11:00至深夜）这家热情的小酒馆由King Country Brewing Co公司运营。结霜的淡色艾尔啤酒搭配鱼汉堡、杂烩或大份猪排，多半很适合在地下忙碌探索一天之后享用。当然，要在阳光露台上吃。注意，这里有一只非常友好的家养黑猫。

King Country Brewing Company 自酿酒吧

（☎021 498 665；www.kingcountrybrewingco.co.nz；Tomo, Hotel Access Rd；⏲11:00至深夜）这家精酿啤酒酒吧在Tomo（见227页）楼下，自酿比尔森啤酒、印度淡啤酒（IPA）、淡艾尔啤酒、麦芽啤酒和苹果酒。由于与大啤酒商的合约问题，这家酒吧本身并不能随时供应所有自酿啤酒，但在怀托莫的Huhu（见227页）和奥托罗杭阿的Thirsty Weta（见223页）都能找到。

实用信息

怀托莫信息中心（Waitomo i-SITE；☎0800 474 839, 07-878 7640；www.waitomocaves.com；21 Waitomo Caves Rd；⏲9:00~17:30）可以上网，有邮局和订票代理。

到达和离开

Naked Bus（☎0900 625 33；nakedbus.com）每天17:00有一班车前往怀托莫洞穴村（$13, 20分钟）。另有车辆开往哈密尔顿（$16, 1小时）和新普利茅斯（$22, 3.25小时）。

Caves Shuttle & Taxi Service（☎07-873 9083；www.cavesshuttlewaitomo.co.nz；成人/儿童$15/8）连接奥托罗杭阿和怀托莫，有定时发车的班次，也可按预订要求发车。可通过当地信息中心或住宿处订票。10:00和17:00的车从奥托罗杭阿出发，10:30和18:00从怀托莫出发。也有车开往奥克兰或哈密尔顿机场。

Waitomo Wanderer（☎0800 000 4321, 03-477 9083；www.travelheadfirst.com）从罗托鲁阿或奥克兰往返此地，每天1班，可以选择岩洞探险、萤火虫观赏和轮胎漂流的附加服务。如果你是J.R.R.托尔金（JRR Tolkien）或彼得·杰克逊爵士（Sir Peter Jackson）的粉丝，还可以在套餐中加入霍比屯游览的行程。

从怀托莫向南到塔拉纳基（South from Waitomo to Taranaki）

从怀托莫沿着Te Anga Rd偏僻的道路西行，虽然车行缓慢，但风景十分迷人。如果你要前往塔拉纳基（Taranaki），那么就换成SH3。全长111公里的路线上，只有12公里没有铺设柏油路面，但几乎全程都蜿蜒狭窄。中途不停车的话，需要预留约2小时才能走完，务必提前加满油。

景点

芒格普胡埃天然桥风景保护区（Mangapohue Natural Bridge Scenic Reserve）位于怀托莫以西26公里处，占地5.5公顷，有一处巨大的天然石灰岩拱门。沿着可以通行轮椅的小路，步行5分钟即可到达拱门。

继续往西4公里，是**皮里皮里洞穴风景保护区**（Piripiri Caves Scenic Reserve），沿着步道步行5分钟可以到达一座大型洞穴，里面有巨大的牡蛎化石。带上一支手电筒，做好暴雨后道路泥泞的准备。拾阶盘旋而下，进入幽暗的深渊……

壮观的**马罗考帕瀑布**（Marokopa Falls）位于怀托莫以西32公里处，瀑布层层递进，高达30米，非常壮观。从公路出发，有条小道（往返15分钟）能够抵达瀑布脚下。

经过蒂昂阿（Te Anga）之后，你可以往北转往59公里外的卡菲亚（Kawhia），也可以继续沿着西南方向前行，到达**马罗考帕**（Marokopa，人口：1560），这是一座位于海岸边的黑沙滩小村庄。蒂昂阿和马罗考帕地区全都布满了洞穴。

公路向南伸向**基里蒂希利**（Kiritehere），在此沿着潺潺小溪穿越田园牧歌般的耕地，抵达**莫亚托阿**（Moeatoa）后向右（南）转，驶上Mangatoa Rd。现在，就是真正的荒僻山区了，你可以钻入茂密的**法雷奥里诺森林**（Whareorino Forest）。对于徒步旅行者来说，可以选择入住环保部经营的**Leitch's Hut**（☎07-878 1050；www.doc.govt.nz；成人$5），小屋共有16个铺位。

来到**怀卡沃**（Waikawau），走土路绕行5公里，前往**纳鲁普普角**（Ngarupupu Point）附近的海岸，这里有条100米长的步道穿过潮湿的隧道，通往一片巧妙躲藏起来的黑沙滩。但若想在这里游泳，请三思，因为这里经常有危险的暗流。

道路继续蜿蜒28公里，穿越茂密的森林和零星的耕地，然后在阿瓦基诺（Awakino）以东与SH3会合。

塔瓦劳森林（Tawarau Forest）位于

怀托莫洞穴以西20公里处，环保部出版的《怀卡托和国王乡步道》(*Waitomo & King Country Tracks*)手册概述了森林内的步道，其中包含一条从Appletree Rd末端前往塔瓦劳瀑布(Tawarau Falls)的1小时步道。手册售价$1，可以在哈密尔顿或蒂库伊蒂的环保部购得。

住宿

Marokopa Campground
假日公园 $

(☎07-876 7444；marokopacampground@xtra.co.nz；Rauparaha St；露营地 每人 $19起，铺 $25，小屋 双 $150，村舍 $130)虽算不上漂亮，但位置得天独厚，靠近海岸。有一家小商店，可以满足基本的需求。同时提供Sunset Hill村舍的住宿，从海滩步行8分钟即可到达。

到达和离开

马罗考帕(Marokopa)没有公共交通可达，自驾沿途景色非常美。

蒂库伊蒂(Te Kuiti)

☎07/人口 4380

迷人的小镇蒂库伊蒂坐落在山谷之中，四周群山风景如画。欢迎来到"世界剪羊毛之都"，如果你是专程来参加新西兰赶羊节(Great New Zealand Muster)的，那就更有体会了。这里是已故的科林·米兹爵士(Sir Colin Meads)的出生地，他是新西兰最具标志意义的全黑队队员之一。

景点

科林·米兹爵士塑像
塑像

(Sir Colin Meads Statue；Rora St)这座塑像纪念的是已故的科林·米兹爵士，全黑队的传奇队长，也是新西兰最好的橄榄球员之一。他被亲切地称为"松树"，是蒂库伊蒂和国王乡的终生居民，言行简洁、崇尚实用主义的个性被认为是新西兰人的典型代表——按当地叫法就是"好伙计"的意思。

剪羊毛能手
地标

(Big Shearer；Rora St)这尊剪羊毛能手雕塑高达7米，重7.5吨，坐落于小镇南端。

节日和活动

新西兰赶羊节
文化、美食和饮品节

(Great New Zealand Muster；www.waitomo.govt.nz/events/the-great-nz-muster；⊙3月底/4月初)新西兰赶羊节的高潮就是精彩纷呈的奔羊节(Running of the Sheep)：两千多只毛茸茸的小家伙沿着蒂库伊蒂主街奔跑。节日内容还包括剪羊毛竞赛、游行、毛利文化演出、现场音乐、烧烤、毛利传统大餐(hāngi)和摊贩市场。

食宿

Waitomo Lodge Motel
汽车旅馆 $$

(☎07-878 0003；www.waitomo-lodge.co.nz；62 Te Kumi Rd；套间 $130~175；📶)这家汽车旅馆位于蒂库伊蒂与怀托莫的交界处，有20间宽敞的现代客房，尽显当代艺术气息，房间内配有平板电视，小露台能眺望屋后的芒加可洼溪(Mangaokewa Stream)。这里还有两只小动物，包括友好的小猎犬Willow。

Bosco Cafe
咖啡馆 $

(☎07-878 3633；www.boscocafe.me；57 Te Kumi Rd；主菜 $10~22；⊙8:00~18:00；📶)这家一流的咖啡馆充满工业设计感，供应美味的咖啡、诱人的食物和甜蜜的服务。不妨尝试培根裹烘肉饼(the bacon-wrapped meatloaf)配绿叶蔬菜，或美味的鸡肉卷。

Stoked Eatery
咖啡馆 $$

(☎07-878 8758；www.stokedeatery.co.nz；Te Kuiti Railway Station, 2 Rora St；主菜 $17~38；⊙10:00至深夜)这家繁忙的餐厅兼酒吧位于从前火车站的站台上，位置便利，氛围悠闲，菜肴品种丰盛。菜品分量非常大，亮点包括羊排和奶酪炒鸡。葡萄酒单很像样，还有随时供应的当地精酿啤酒，也是饮酒的好地方。

实用信息

蒂库伊蒂环保部(Te Kuiti DOC, Department of Conservation；☎07-878 1050；www.doc.govt.nz；78 Taupiri St；⊙周一至周五 8:00~16:30)是马尼阿伯托(Maniapoto)地区一带的区域办公室。

蒂库伊蒂信息中心(Te Kuiti i-SITE；☎07-878

8077; www.waitomo.govt.nz; Rora St; ⌚周一至周五 9:00~17:00, 周六和周日 10:00~14:00, 5月至10月 周末关闭; 📶) 提供网络及游客信息咨询。

ℹ 到达和离开

InterCity (☎09-583 5780; www.intercity.co.nz) 有班车开往奥克兰 (Auckland; $24~49, 3.5小时, 每天3班)、莫考 (Mokau; $14~29, 2小时, 每天1班)、新普利茅斯 (New Plymouth; $15~29, 2.5小时, 每天1班)、奥托罗杭阿 (Otorohanga; $10~21, 20分钟, 每天3班) 和陶马鲁努伊 (Taumarunui; $10~21, 1.25小时, 每天1班)。

Naked Bus (☎09-979 1616; nakedbus.com) 运营的班车开往哈密尔顿 (Hamilton; $16, 1.5小时, 每天2班)、新普利茅斯 ($16, 2.25小时, 每天1班) 和奥托罗杭阿 ($11, 20分钟, 每天2班)。

皮欧皮欧、阿瓦基诺和莫考 (Pio Pio, Awakino & Mokau)

SH3从蒂库伊蒂向西南延伸至海岸，然后沿着崎岖的海岸线抵达新普利茅斯。在皮欧皮欧 (Pio Pio, 人口: 400) 绕路前往毛腿怀托莫 (Hairy Feet Waitomo, 见231页)，那是新西兰最新的中土世界主题景点之一。

在这条风景优美的路线沿途，怪石嶙峋的石灰岩上遍布着绵羊牧场，但来到阿瓦基诺河 (Awakino River) 沿岸时，两侧的风景也被茂盛的原生森林所取代。这条河在阿瓦基诺 (Awakino, 人口: 60) 注入塔斯曼海，这处小型定居点可以让船只在河口来往避风，住宿可选淳朴的Awakino Hotel (见231页)。

另辟蹊径

普里奥拉森林公园 (PUREORA FOREST PARK)

普里奥拉森林环陶波湖西岸伸展，占地780平方公里，其中生长着新西兰最高的桃柘罗汉松 (totara)。经过环保人士持之不懈的倡导，伐木业在20世纪80年代停止，森林得到了全面的再生。林区的徒步路线包括登顶**普里奥拉山** (Mt Pureora, 海拔1165米) 和**提提劳彭阿山** (Mt Titiraupenga, 海拔1042米) 的岩石尖峰。从Bismarck Rd的停车场步行一会儿即可到达一座12米高的观景台，为观鸟者提供俯视丛林顶部的机会。

骑行者可以选择壮观的**木材小径** (Timber Trail)，从森林北端的普里奥拉村向西南方向前行85公里，直抵翁加鲁伊 (Ongarue)。推荐留出2天时间。**Pa Harakeke** (☎07-929 8708; www.paharekeke.co.nz; 138 Maraeroa Rd; 双 $150) 🍃提供住宿和接送服务，是毛利人在普里奥拉村落附近运营的一项有趣的创新举措。

有关接驳交通和自行车租赁服务，可联系陶马鲁努伊的Epic Cycle Adventures (见232页)。登录www.thetimbertrail.com和www.thetimbertrail.nz查看地图、接驳交通、自行车租赁及路线规划等相关信息。

Awhina Wilderness Experience (www.facebook.com/AwhinaWildernessExperience) 提供在当地毛利向导陪伴下的5小时步行游览，穿梭未被破坏的灌木林，直抵圣山提提劳彭阿山的顶峰。

住宿有3处**环保部露营地** (www.doc.govt.nz; 成人/儿童 $8/4) 可选，营地中有供自助注册登记的盒子，还有2座有趣的度假屋和小屋。

在3处环保部露营地标准小屋中过夜，需持有山中留宿小屋通票 (Backcountry Hut Pass)，或提前购买小屋的住宿票。住宿票、地图和实用信息都可以在环保部获取。

此外，也有一座乡村风情的舒适旅舍**Black Fern Lodge** (☎07-894 7677; www.blackfernlodge.co.nz; Ongarue Stream Rd, Waimiha; 每人 $60起)，位于木材小路终点附近，这里的家常菜备受称赞。

没有固定班次的公共交通，不过陶马鲁努伊的Epic Cycle Adventures (见232页) 可安排接送。

继续往南5公里，随着塔拉纳基山（Mt Taranaki）一点点从地平线上出现，你就来到了小村庄莫考（Mokau，人口：400）。这里有一片漂亮的黑沙滩，是极佳的冲浪和垂钓地。每年8月至11月，莫考河（Mokau River，北岛第二大河流）里的小鲱鱼（whitebait）大量繁殖，当地的小鲱鱼追随者也随之蜂拥而至。

景点和活动

从阿瓦基诺稍往南行，壮观的**玛尼亚罗瓦集会地**（Maniaroa Marae）占据了公路上方的悬崖。这座重要的综合建筑里存放着毛利传统独木舟（Tainui waka）的碇石，而正是这艘船将该地区的原住民从波利尼西亚群岛的故土带到这里。你可以隔着栅栏一睹雕刻精美的会堂Te Kohaarua。除非有人邀请你入内，否则不能进入会堂。

毛腿怀托莫　电影拍摄地

（Hairy Feet Waitomo；☎07-877 8003；www.hairyfeetwaitomo.co.nz；1411 Mangaotaki Rd, Pio Pio；团队游 成人/儿童 $50/25；⏲团队游 10:00和13:00）从皮欧皮欧往西北绕道前往芒高塔基山谷（Mangaotaki Valley）和毛腿怀托莫基地，这里是新西兰最有趣的中土电影拍摄地。《霍比特人》中的一些场景就是在这高耸的石灰悬崖下拍摄的。

Mokau River Tours　乘船

（☎0800 665 282；www.mokauriver.co.nz；成人/儿童 $60/10）在运营3小时的MV Glen Royal河上巡游，途中会在上游森林中一座老露营地停留。

食宿

Mokau Motel　汽车旅馆 $$

（☎06-752 9725；www.mokaumotels.co.nz；SH3, Mokau；标单/双/套 $100/115/130起；📶）在村子上方，提供钓鱼建议，有设备齐全的套间和3个豪华套房。

Whitebait Inn　咖啡馆 $$

（☎06-752 9713；www.whitebaitinn.co.nz；55 North St, Mokau；小吃和主菜 $12~27；⏲7:30~18:30）想尝试当地特色的银鱼，这家经典的新西兰餐馆是个好选择。先找到屋顶上银鱼垂钓者的古怪雕像，然后饱尝美味煎饼或煎蛋卷配新鲜松软的白面包。挤一点柠檬汁，加点盐和胡椒，味道好极了。

Awakino Hotel　小酒馆食物 $$

（☎06-752 9815；www.facebook.com/AwakinoHotel；SH3, Awakino；餐 $13~22；⏲周日至周四 11:00~22:00，周五和周六 至午夜）阿瓦基诺河在这里汇入塔斯曼海，船只在河口停泊，当地人在这家乡村风情的酒店找到了庇护。菜肴丰盛，有银鱼煎饼，还有一家讨人喜欢的花园酒吧。新店主让这家经典新西兰酒馆重新焕发了生机。

到达和离开

InterCity（www.intercity.co.nz）有班车从蒂库伊蒂开往莫考（$14起，1小时，每天1班），班车运行于奥克兰和新普利茅斯之间。

陶马鲁努伊（Taumarunui）

☎06/人口 5140

陶马鲁努伊在天冷时有一些萧瑟，但是这座位于国王乡腹地的小镇充满潜力。选择住在这里主要有两个原因：一是到旺阿努伊河（Whanganui River）划皮划艇；二是将此处作为前往汤加里罗国家公园（Tongariro National Park）滑雪的廉价基地。另外，小镇周围有一些漂亮的步道和自行车道。

有关陶马鲁努伊和斯特拉特福（Stratford）之间的"被遗忘的世界"公路（Forgotten World Hwy）详情，请咨询Eastern Taranaki Experience（见286页）。关于旺阿努伊河的独木舟和皮划艇详情，可从旺阿努伊国家公园（Whanganui National Park，见283页）获取。

景点

在小镇的西侧，翁加鲁伊河（Ongarue River）对面的**蒂佩卡观景台**（Te Peka Lookout）是一处欣赏风景的好地方。

劳利姆盘山铁路　历史遗址

（Raurimu Spiral；见282页地图）劳利姆盘山铁路位于小镇以南30公里，是铁路工程史上的一次独特功绩，经过10年的建设，于1908

年完工。铁道迷可以乘坐北部探索者号列车前往国家公园所在的小镇，体验这段盘山铁路。不幸的是，自2012年起，这条铁路线上的列车不再停靠陶马鲁努伊。

活动

旺阿努伊河沿岸的**河岸步道**（River Walk）全长3公里，位于小镇以南1公里处，从樱桃林领地（Cherry Grove Domain）延伸至陶马鲁努伊假日公园（Taumarunui Holiday Park）。

Epic Cycle Adventures 山地自行车

（☎022 023 7958；www.thetimbertrail.nz；9 Rata St, Manunui；自行车和接驳车 $105起）如果你很渴望探索木材小道（Timber Trail），这里可以安排自行车出租，提供便利的接驳服务。可登录网站查看这条有趣的骑行之路的更多信息。

团队游

探秘"被遗忘的世界" 团队游

（Forgotten World Adventures；☎0800 7245 2278；www.forgottenworldadventures.co.nz；9 Hakiaha St；半天/1/2天团队游 $125/230/595；⏲预订办公室 9:00~14:00）在铁道乘坐由古怪的高尔夫球车改造而成的车厢，从陶马鲁努伊前往塔拉纳基地区的小村庄旺阿莫莫纳（Whangamomona）。全程景色壮观，需要穿过20个隧道。另有包括火车和喷射艇的组合路线，以及从陶马鲁努伊前往斯特拉福德（Stratford）的行程，需要2天，全程140公里，含旺阿莫莫纳住宿一晚。

"被遗忘的世界"汽艇游 探险

（Forgotten World Jet；☎0800 7245 2278, 07-895 7181；www.fwj.co.nz；Cherry Grove Domain；1/2小时 $105/205起）旺阿努伊河上惊心动魄的喷射艇航行。更长的8小时探险包括壮观的"绝路桥"（Bridge to Nowhere），也提供融合了探秘"被遗忘的世界"和铁路之旅的行程。

食宿

Taumarunui Holiday Park 假日公园 $

（☎07-895 9345；www.taumarunuiholidaypark.co.nz；SH4；露营地 $18起，小屋和别墅 $55~90；@📶）这处露营地位于小镇以东4公里处的旺阿努伊河边，树影婆娑，可以安全地在河里游泳，并提供干净的设施。友好的园主有很多想法，会告诉你该看什么、该玩什么。

Twin Rivers Motel 汽车旅馆 $

（☎07-895 8063；www.twinrivers.co.nz；23 Marae St；套间 $90~215；📶）双子河（Twin Rivers）畔的12个套间，崭新洁净，较大的套间多达7个。

Copper Tree Cafe 咖啡馆 $$

（☎07-896 7442；75 Hakiaha St；主菜 $14~24；⏲周一至周三 9:00~16:00，周四和周五 9:00~21:00，周六和周日 10:00~16:00）一对时髦的年轻夫妇让这家主街咖啡馆变得有了生气。供应真材实料的乳蛋饼和自制的派搭配薯片、沙拉，还有火腿蛋松饼搭配美味咖啡作为午餐。

实用信息

陶马鲁努伊信息中心（Taumarunui i-SITE；☎07-895 7494；www.visitruapehu.com；116 Hakiaha St；⏲8:30~17:30）提供旅游信息和上网服务。

到达和离开

陶马鲁努伊位于SH4上，蒂库伊蒂以南81公里和国家公园所在小镇以北41公里处。**InterCity**（☎0508 353 947；www.intercity.co.nz）开往奥克兰（$30，4.5小时）的班车途经蒂库伊蒂，另一趟班车开往北帕默斯顿（$33起，4.5小时，每天1班），途经国家公园。

奥方奥（Owhango）

☎06/人口 210

奥方奥是一座巴掌大的小村庄，所有街道的名字都以字母"O"开头。这处舒适的地方适合徒步者和山地自行车爱好者，**42号通道**（42 Traverse，见317页）在此结束。滑雪者如果不想花大价钱住汤加里罗国家公园滑雪场附近，也可以住在奥方奥。沿着Omaki Rd，一条2小时的徒步环线可穿越**奥西尼汤加风景保护区**（Ohinetonga Scenic Reserve）的原始森林。

住宿

Blue Duck Station 度假屋、青年旅舍 $

(见282页地图;☎07-895 6276;www.blueduckstation.co.nz;RD2, Whakahoro;铺 $45,双 $100~195)这处生态气息浓厚的住所俯瞰着雷塔鲁克河(Retaruke River),位于奥方奥西南36公里处(在奥方奥以南1公里处选择Kaitieke方向的岔路即可到达)。实际上就是几个不同类型的度假屋,过去剪羊毛工人的宿舍变成了多人间,而设备齐全的家庭小屋可以容纳8人。房主是一位狂热的环境保护者,致力于恢复原始的鸟类栖息地和历史建筑。活动包括灌木丛林团队游、骑马、皮划艇和山地自行车。

Forest Lodge 度假屋 $

(见312页地图;☎07-895 4854;www.forest-lodge.co.nz;12 Omaki Rd;铺/双 $25/60起,汽车旅馆 双 $80;)这是一家舒适的背包客旅店,有舒适干净的房间和不错的公共空间。喜欢私人空间的旅行者可以住在隔壁独立的汽车旅馆里,设施齐备。度假屋提供山地自行车租借,以及运输自行车前往42通道的服务。也可代为安排附近Owhango Hotel的住宿,有宿舍($30)和私人房($60)。

到达和离开

奥方奥位于陶马鲁努伊以南14公里的SH4上。**InterCity**(☎0508 353 947;www.intercity.co.nz)所有经停陶马鲁努伊的长途汽车都会停靠奥方奥。

科罗曼德尔半岛 (COROMANDEL PENINSULA)

科罗曼德尔半岛位于奥克兰以东,探入太平洋,形成了豪拉基湾的东部边界。尽管相对靠近,但半岛上依然很容易就能找到与世隔绝的美丽之地。壮观的山脊将半岛分成了两个截然不同的部分。

东海岸上有北岛最好的白沙海滩。奥克兰人关门闭户地赶着出门过圣诞和新年时,这里就是他们的目的地。西海岸古老的金矿城镇没有人群的喧嚣,这里泥泞的湿地和美丽的石头海湾对公众来说吸引力没那么大。这片海岸长久以来一直是另类生活方式推崇者的避难地。中间平分半岛的山脉有纵横交错的步道,徒步者可以探索大片未经开发的灌木丛,这里曾经有参天的贝壳杉,如今,它们又重新开始生长了。

历史

毛利人把包括半岛、岛屿和海湾两侧的整片区域都称为"豪拉基"(Hauraki)。这片土地分属不同的部落(iwi),包括泰努伊部落(Tainui)的帕雷·豪拉基分支(Pare Hauraki)、蒂阿拉瓦部落(Te Arawa)和更早移民到此的其他的部落后裔。人们在这里发现了波利尼西亚的文物和先民捕猎恐鸟的证据,这说明毛利人已在此生活了1000年左右。

豪拉基部落是第一批接触欧洲商人的毛利人。这里是毗邻奥克兰的天然良港,又能供应充足的珍贵木材。因此,这里的经济得以迅速发展,人们纷纷加入砍伐贝壳杉的行列。造船业紧随木材交易开始蓬勃发展,1832年,水星湾(Mercury Bay)建起了第一家船厂。可是后来海边的贝壳杉变得稀缺,伐木工人不得不艰难地深入丛林获取木材。为了借助水力将大块的木料运往海边,甚至还建造了贝壳杉水坝。到了20世纪30年代,贝壳杉被滥伐殆尽,伐木业也销声匿迹。

1852年,人们第一次在新西兰发现了黄金,地点就在科罗曼德尔镇(Coromandel Town)附近。虽说第一波淘金热转瞬即逝,但1867年在泰晤士(Thames),乃至于后来在其他地方,又陆续发现了更多的金矿。此外,半岛地区也有许多其他珍贵的宝石矿,包括石英、玛瑙、紫水晶和碧玉。在西海岸任意一处海滩上找找,都可能会有收获。

尽管当地的豪拉基部落与欧洲人有数十年成功的交往经历,却依旧遭受了殖民主义沉重的打击。殖民者和政府为了获得珍贵矿藏的开采权,肆无忌惮地推进交易,致使毛利人在19世纪80年代失去了大片的土地。时至今日,科罗曼德尔半岛的毛利人在当地人口所占的比重也远远低于邻近的几个地区。

到达和离开

每天运营在奥克兰—陶朗阿路线上的车次经停泰晤士和怀希(Waihi),另有路线绕行科罗曼德

Coromandel Peninsula 科罗曼德尔半岛

0 20 km
0 10 miles

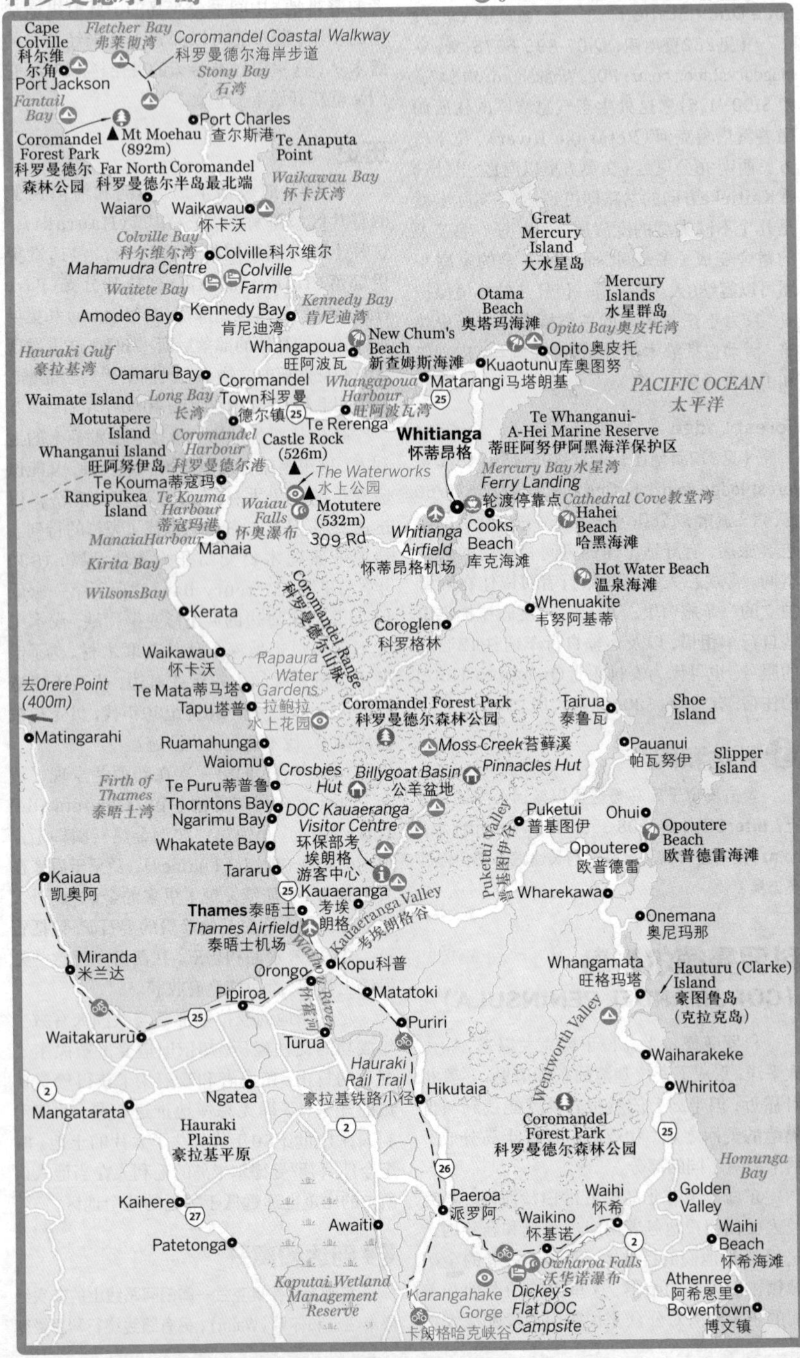

尔镇、怀蒂昂格（Whitianga）和泰鲁瓦（Tairua）。

美丽的**360 Discovery**（☎0800 360 3472；www.360discovery.co.nz）渡轮可从奥克兰经怀希基岛前往科罗曼德尔镇，绝对值得一试。

Coromandel Adventures（见239页）提供的周一到周五的便利服务，连接科罗曼德尔镇和罗托鲁阿。夏季高峰期间每天运营。

米兰达（Miranda）

就潮湿泥泞的泰晤士湾而言，这个村庄的名字很漂亮，距离奥克兰的车程也只有1小时。来这里有两个理由：在温泉池里嬉水；观鸟。

要想能全年研究水鸟和涉禽，这里就是最合适的地方之一了。广阔的泥滩上到处都是小虫子和甲壳类动物，吸引了成千上万只候鸟从北极来此越冬，目前已经发现了43种水鸟。最主要的两种鸟类是斑尾塍鹬（bar-tailed godwit）和红腹滨鹬（lesser knot或red knot），但是很少会看到翻石鹬（turnstone）、矶鹬（sandpiper）和古怪而居无定所的红颈滨鹬（red-necked stint）。曾有一只在这里标记过的塍鹬又从阿拉斯加飞了回来——也就是说它连续飞行了11,570公里。飞行距离较短的候鸟则包括澳洲斑蛎鹬（pied oyster-catcher）和濒危的弯嘴鸻（wrybill），都是从南岛飞来的，还有栗胸鸻（banded dotterel）和黑翅长脚鹬（pied stilt）。

景点和活动

普克罗克罗米兰达滨鸟中心 野生动物保护区

（Pukorokoro Miranda Shorebird Centre；☎09-232 2781；www.miranda-shorebird.org.nz；283 East Coast Rd；观鸟手册 $2；⊙9:00~17:00）中心有鸟类生活展，出租望远镜并销售非常实用的观鸟手册（$2）。附近有一处观鸟站和好几条步道，需时30分钟至2小时不等。提供干净的住处（铺位/标间 $25/95），还带厨房。可登录网站查看近期观鸟信息。

米兰达温泉 温泉

（Miranda Hot Springs；☎07-867 3055；www.mirandahotsprings.co.nz；Front Miranda Rd；成人/儿童 $14/7，私人水疗另加 $15；⊙9:00~21:00）位于水鸟中心以南5公里处，有一处大型的温泉游泳池（据说是南半球最大的）、一处舒适的桑拿池和私人水疗池。

住宿

Miranda Holiday Park 假日公园

（☎07-867 3205；www.mirandaholidaypark.co.nz；595 Front Miranda Rd；露营地 每位 $27，套间 $90~190；@🛜🏊）隔壁就是米兰达温泉。公园拥有亮丽如新的套间、自己的温泉池和夜间网球场。

到达和离开

没有公共交通可达米兰达。大多数游客都是在奥克兰往返泰晤士的途中到访的。

泰晤士（Thames）

☎07/人口 7060

泰晤士有不少精致漂亮的木制建筑，仿佛19世纪的淘金热余温犹存，只是灰头土脸的矿工早已被追求另类生活方式的人们取代。对于打算前往附近考埃朗格谷（Kauaeranga Valley）徒步或溪降的人们而言，这里是一处不错的大本营。

库克船长在1769年到达这里，并将怀霍河（Waihou River）命名为"泰晤士"，因为它和英国的泰晤士河有些相像，但你很有可能不这么认为。这片区域过去属于纳提玛鲁部落（Ngāti Maru），他们是泰努伊部落的后裔。壮观的毛利会堂Hotunui（建于1878年）被奥克兰博物馆视为珍宝。

1867年，泰晤士对淘金者开放，一年之内引来了一万多名欧洲移民，纳提玛鲁部落显然寡不敌众。当最初的繁荣转向萧条，政府为了寻求发展，展开投机交易，致使毛利人负债累累，被迫变卖自己的家园。

景点

★金矿体验 金矿

（Goldmine Experience；☎07-868 8514；www.goldmine-experience.co.nz；Moanataiari Rd和Pollen St交叉路口；成人/儿童 $15/5；⊙1月至3月 10:00~16:00，4月、5月和9月至12月 周六和周日 至13:00）步行穿越一条金矿隧道，观看捣矿

Thames 泰晤士

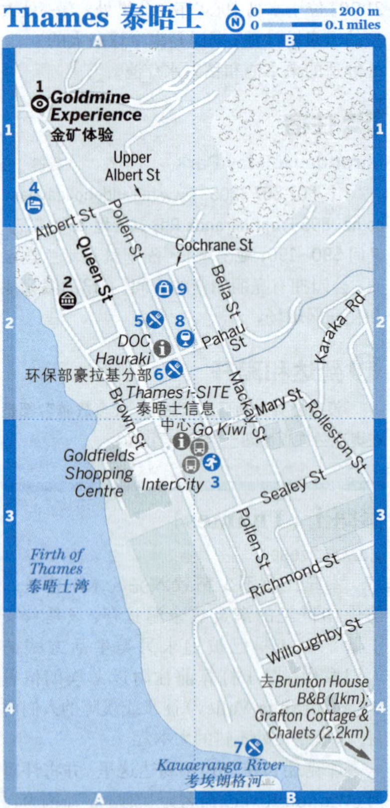

机碾碎岩石，了解康沃尔淘金者的历史，还可以试试亲手搜寻黄金（另收$2）。

蝴蝶森林 花园

（Butterfly Forest; www.butterfly.co.nz; Victoria St; 成人/儿童 $15/7; ⏲9月至次年5月 9:30~16:30，6月至8月 周六和周日 10:30~15:30）位于城区以北大约3公里处的Dickson Holiday Park内，这座与世隔绝的丛林内有数百只异域蝴蝶翩然飞舞。

矿业学院和矿物博物馆 博物馆

（School of Mines & Mineralogical Museum; ☎07-868 6227; www.historicplaces.org.nz; 101 Cochrane St; 成人/儿童 $10/免费; ⏲1月和2月 11:00~15:00，3月至12月 周三至周日）历史遗迹信托基金会（Historic Places Trust）经营这些建筑的游览运营，博物馆内拥有大量新西兰的岩石、矿石和化石标本。最古老的部分建于1868年，曾经属于一座卫理公会的主日学校，坐落在毛利人的墓园内。信托基金会还分发免费手册，用以自助导览泰晤士的标志性建筑。

Thames 泰晤士

重要景点
1 金矿体验 A1

景点
2 矿业学院和矿物博物馆 A2

活动、课程和团队游
3 JollyBikes B3

住宿
4 Sunkist Guesthouse A1

就餐
5 Cafe Melbourne A2
6 Coco Coffee Bar A2
7 Wharf Coffee House & Bar B4

饮品和夜生活
8 Junction Hotel A2

购物
9 Bounty Store A2

活动

Canyonz 户外

（☎0800 422 696; www.canyonz.co.nz; 行程 $390）这家机构经营在考埃朗格谷的睡神峡谷（Sleeping God Canyon）里进行的溪降项目。可以感受超过300米的垂直落差，需要完成绳降、溯溪和跳降。8:30从泰晤士出发，也可以7:00从汉密尔顿接客人出发。泰晤士距离奥克兰市中心仅1.5小时的车程，所以你也可以从奥克兰进行一日自驾游。

JollyBikes 自行车

（☎07-867 9026; www.jollybikes.co.nz; 535 Pollen St; 山地自行车/电动自行车租赁 每天 $45/80起; ⏲周一至周五 9:30~17:00，周六 至14:00）出租山地自行车和电动自行车，并提供修车服务，有豪拉基铁路小径的大量信息。

住宿

Sunkist Guesthouse 民宿 $

（☎07-868 8808; www.sunkisguesthouse.

nz; 506 Brown St; 标单/双和标双 $75/95; @) 这座旅舍的前身是Lady Bowen Hotel，位于一栋19世纪60年代的历史建筑内，提供单人间、双人大床间和双床间，有一座阳光花园。房费含早餐，所有房间共用公共浴室。厨房设备齐全，是自炊旅客的理想选择，还有一个讨人喜欢的户外烤肉区。

Brunton House B&B 民宿 $$

（07-868 5160; www.bruntonhouse.co.nz; 210 Parawai Rd; 房间 $160起; @）这栋双层的别墅用贝壳杉木建成，建于1875年，配有现代化的厨房和浴室，但依然保留了建筑的原始风貌，因此没有套房。客人可以在空地、泳池边、充满设计感的休息室或楼上的露台憩息。夏季可在草坪球场上打网球。

Grafton Cottage & Chalets 度假屋 $$

（07-868 9971; www.graftoncottage.co.nz; 304 Grafton Rd; 套间 $140~220; @）大多数迷人的小木屋都在一座小山上，都有平台，可以欣赏壮丽的风景。热情的主人提供免费的网络、早餐、游泳池、水疗和烧烤区。

豪拉基铁路小径（HAURAKI RAIL TRAIL）

豪拉基铁路小径从泰晤士向南，延伸至派罗阿（Paeroa）后分岔，一支继续向南到蒂阿罗哈，一支转向东，通向怀希。由于邻近奥克兰和汉密尔顿等大城市，这条路线也越来越热门。2~3天的行程最受欢迎，但仅包含部分路段的较短行程也同样值得。从派罗阿向东穿越卡朗格哈克峡谷（Karangahake Gorge），途经怀基诺（Waikino）前往怀希的岔路环绕一处风景如画的河谷，景色十分优美。沿途的中心城镇泰晤士、派罗阿、蒂阿罗哈和怀希都可提供周全的服务，包括自行车租借、往返巴士和住宿等。

登录www.haurakirailtrail.co.nz了解更多详情，查询小径地图和一日骑行的推荐去处。小径在最新规划下向西延伸，从泰晤士河口附近的科普（Kopu）经米兰达到凯奥阿。可在网站查询最新进展。

Coastal Motor Lodge 汽车旅馆 $$

（07-868 6843; www.stayatcoastal.co.nz; 608 Tararu Rd; 套间 $164~169; ）这处时尚友好的旅馆提供汽车旅馆和度假屋形式的住宿，位于泰晤士以北2公里处。可以眺望大海，夏季尤其受欢迎。

餐饮

Cafe Melbourne 咖啡馆 $

（07-868 3159; www.facebook.com/cafemelbournegrahamstown; 715 Pollen St; 主菜 $13~20; 周一至周四 8:00~17:00，周五 至21:00，周六和周日 9:00~16:00）这家咖啡馆时尚又宽敞，绝对能将你带入澳大利亚城市的都市氛围中。供多人合坐的大餐桌营造出一种欢快的气息，菜品从里科塔奶酪煎饼（ricotta pancakes）到午餐的牛肉三明治和咖喱鱼肉，十分丰富。位于一座被称为Depot的改造建筑中，在这里，你还能找到一家果汁吧和一个熟食店，后者供应手工面包和外带沙拉。

Wharf Coffee House & Bar 咖啡馆 $

（07-868 6828; www.facebook.com/thewharfcoffeehouseandbar; Shortland Wharf, Queen St; 小吃和主菜 $10~18; 周一和周二 9:00~15:00，周三、周六和周日 至19:00，周四和周五 至21:00）这家淳朴的木结构餐馆栖息在海边，提供美味的炸鱼和薯条。选择户外的餐桌，来杯啤酒或葡萄酒，就会明白这里为什么始终是当地人的最爱了。烟熏海鲜拼盘尤其好吃。

Coco Coffee Bar 咖啡馆 $

（07-868 8616; 661 Pollen St; 小吃 $5起; 周一至周六 6:45~14:00）这家时尚的小咖啡馆位于一栋旧别墅的角落里，全部用白色装饰，供应很棒的咖啡和诱人的点心及蛋糕。

Junction Hotel 小酒馆

（07-868 6008; www.thejunction.net.nz; 700 Pollen St; 10:00至深夜）这家酒馆自从1869年以来就是淘金矿工的天堂，是一座典型的小镇酒馆，不太上档次，但充满历史气息。周末的现场音乐吸引了一批年轻人，而全家出游的旅行者则通常会先前往面朝角落的Grahamstown Bar & Diner，美美地享用一顿酒吧小吃、比萨和主菜（$15~33）。

购物

★ Bounty Store 工艺品

（☎07-868 8988；www.facebook.com/bountystore；754 Pollen St；⏲周二至周五 9:30~17:00，周六 9:30~14:00和17:00~18:00）出色的工艺品商店，有大量当地制品及精选的新西兰风格作品。强烈推荐特色纪念品和礼品。

实用信息

环保部豪拉基分部（DOC Hauraki，Department of Conservation；☎07-867 9180；www.doc.govt.nz；Pahau St和Kirkwood St交叉路口）提供步道信息。

泰晤士信息中心（Thames i-SITE；☎07-868 7284；www.thecoromandel.com/thames；200 Mary St；⏲周一至周五 9:00~16:00，周六和周日 至13:00）一家出色的信息中心，提供整个科罗曼德尔半岛的信息。

到达和离开

InterCity（☎09-583 5780；www.intercity.co.nz）有班车开往奥克兰（$22，1.5小时）和哈密尔顿（$25，1.75小时）。Go Kiwi（☎0800 446 549；www.go-kiwi.co.nz）的班车开往奥克兰（$49，2.25小时）和怀蒂昂格（Whitianga；$39，1.75小时）。Coromandel Adventures（见239页）周一到周五有接驳班车往来科罗曼德尔镇和罗托鲁阿，中途停靠泰晤士和玛塔玛塔，该线路12月至次年4月每天开行。

沿海岸从泰晤士到科罗曼德尔镇（Coastal Route from Thames to Coromandel Town）

从泰晤士出发，窄窄的SH25公路沿着海岸蛇行，经过漂亮的小海湾和岩石堆叠的海滩。海鸟数量丰富，你可以在海滩上垂钓，挖贝壳，翻寻石英和碧玉，甚至能找到含有黄金的矿石。每年12月，波胡图卡瓦树（也被称为"新西兰圣诞树"）繁花似锦，整个岛一片姹紫嫣红。

一些小村庄面朝风景如画的海湾，散布着不少商店、汽车旅馆、民宿和露营地。你可以在塔普（Tapu）转向内陆，沿大体铺设了柏油路面的公路行驶6公里到拉鲍拉水上花园（Rapaura Water Gardens；☎07-868 4821；www.rapaurawatergardens.co.nz；586 Tapu-Coroglen Rd；成人/儿童 $15/6；⏲9:00~17:00），园内有流水、绿树和雕塑。

从威尔森湾（Wilson Bay）开始，公路偏离海岸线，越过几座小山和谷地，即可到达科罗曼德尔镇。小镇距离泰晤士55公里。从这里远眺科罗曼德尔港（Coromandel Harbour），星罗棋布的岛屿景色非常漂亮。

就餐

Waiomu Beach Cafe 咖啡馆 $$

（☎07-868 2554；www.facebook.com/waiomubeachcafe；622 Thames Coast Rd，Waiomu Bay；主菜 $11~25；⏲7:00~17:00）这家色彩缤纷的咖啡馆就在蒂普鲁（Te Puru）北侧，停下来吃一顿早餐，享用美味的比萨、鲜榨果汁和健康沙拉。也有来自半岛的当地精酿啤酒。

到达和离开

推荐自驾探索这条壮观蜿蜒的海滨公路。Coromandel Adventures（见239页）运营的接驳车连接泰晤士和科罗曼德尔镇。

科罗曼德尔镇（Coromandel Town）

☎07/人口 1480

科罗曼德尔镇不大，古怪有趣，拥有不少历史建筑。镇上整洁的咖啡馆、有趣的艺术品商店、很棒的住处选择和美味的烟熏贻贝会让你流连忘返。

1852年，在车道溪（Driving Creek）附近第一次发现了黄金。最初统治这片土地的帕图克里克里部落（Patukirikiri）通过淘金许可获得了不小的收益。尝到甜头之后，与泰晤士纳提玛鲁部落相同的命运也降临到他们的头上。到1871年为止，债务迫使他们变卖所有的土地，只剩下778英亩的山地。如今，能确认属于该部落的人数已不足100人。

科罗曼德尔镇只是整个科罗曼德尔半岛的一部分，地处半岛的西海岸，所以并不适合用来探索东海岸的教堂湾（Cathedral Cove）和温泉海滩（Hot Water Beach）。

景点

历史遗迹信托基金会推出的《科罗曼德尔镇》手册介绍了许多历史景点，科罗曼德尔镇信息中心（见241页）有提供。

科罗曼德尔采矿和历史博物馆 博物馆

（Coromandel Mining & Historic Museum；07-866 8987；841 Rings Rd；成人/儿童 $5/免费；12月中旬至次年1月 10:00~16:00，2月至12月中旬 周六和周日 10:00~13:00）在这座小型博物馆，可以一探当年拓荒者的生活。

活动

★车道溪铁路观光 铁路

（Driving Creek Railway；07-866 8703；www.dcrail.nz；380 Driving Creek Rd；成人/儿童 $35/13；10:15、11:30、12:45、14:00、15:15和16:30，夏季班次增加）这条铁路的主人是已故的环保主义者Barry Brickell，这是他毕生心血的结晶，一辆与众不同的火车爬上陡坡，穿过4座架柱桥，沿着两条回旋铁轨上升，再沿一对之字形铁轨下降，穿过两条隧道，最后抵达全景塔（Eye-full Tower）。1小时的行程中，在火车上能看到许多艺术品和重建的原生森林，夏季建议预订。

科罗曼德尔金矿体验 观光

（Coromandel Goldfield Experience；www.dcrail .nz）这项新设的体验活动介绍了科罗曼德尔金矿的历史，旅途中要乘坐一班电气采矿列车前往科普兰溪（Copeland's Stream），那里是1853年新西兰第一次发现金矿的地方，此外还会参观古老的碾压机（Stamper Battery）和淘金。登录网站查看价格和出发时间。

团队游

Coromandel Adventures 自驾游

（0800 462 676；www.coromandeladventures.co.nz；90 Tiki Rd；团队游 成人/儿童 $75/45）提供各种行程，包括在科罗曼德尔镇和半岛周围的行程，有到怀蒂昂格（Whitianga）的接驳服务。另有一班便利的接驳班车，连接科罗曼德尔镇和罗托鲁阿，途经泰晤士、派罗阿（Paeroa）、蒂阿罗哈、玛塔玛塔和蒂劳（Tirau）。5月至11月周一到周五运营，12月至次年4月每天运营。

住宿

可在Coromandel Accommodation Solutions（07-866 8803；www.accommodationcoromandel.co.nz；265 Kapanga Rd；套间和公寓 $129~250；）咨询附近海滩的租房信息。

Tui Lodge 青年旅舍 $

（07-866 8237；www.coromandeltuilodge.co.nz；60 Whangapoua Rd；露营地 每人 $20，铺 $29~32，房间 $70~90；@）这家田园风的舒适背包客旅舍树木成荫，提供免费的自行车，还有时令水果和不错的房间。步行一小段即可抵达小镇，较贵的房间自带卫浴。

Anchor Lodge 汽车旅馆、青年旅舍 $

（07-866 7992；www.anchorlodgecoromandel.co.nz；448 Wharf Rd；铺 $31，双 $75；套间 $145~370；@）再没有什么住处会有自己的金矿和萤火虫洞穴了，这家高端的背包客旅舍兼汽车旅馆的混合楼两者皆备，还有一个小型的加热游泳池和水疗池可供使用。另外，2楼的套间可以欣赏港口美景。

Coromandel Motel & Holiday Park 假日公园 $

（07-866 8830；www.coromandeltop10.co.nz；636 Rings Rd；露营地 $46起，套间 $90~185；@）友善好客，设施完善，小屋粉刷精美，还有迷人的套间，草坪也修剪得很整齐。夏季生意很好，需要预订。还提供自行车出租（每天 $20）。带公用浴室的干净小屋对背包客来说很超值。

Hush Boutique Accommodation 出租屋 $$

（07-866 7771；www.hushaccommodation.co.nz；425 Driving Creek Rd；小屋 $125起）4个乡村风格却不失时尚的私人小屋散落在这片原生的灌木林间，环境十分惬意，每个小屋都自带浴室。原木装修营造出温暖的氛围，旁边有一条宁静的小溪，户外区域提供全套烹饪设备，可以烧烤，是与同行的旅游者叙旧的最好去处。旁边的Hush House能容纳6人（$355）。

Green House 公寓 $$

(☎07-866 7303; www.greenhousebandb.co.nz; 505 Tiki Rd; 房间 $195; @📶)一家老派时尚住宿处，待客热情，提供3个装潢时尚的房间。翻修过，住客可享受海景和充满田园气息的风光。

Jacaranda Lodge 民宿 $$

(☎07-866 8002; www.jacarandalodge.co.nz; 3195 Tiki Rd; 标单 $90, 双 $155~185; 📶)🍃这栋两层的民宿坐落在6公顷的农场和玫瑰园之中，在这儿可以尽情休憩。友好的主人Judy和Gerard会给你奉上可口的早餐，通常选用果园的农产品：李子、杏仁、澳大利亚坚果和柑橘，都不喷洒农药。一些客房共用浴室。

Driving Creek Villas 别墅 $$$

(☎07-866 7755; www.drivingcreekvillas.com; 21a Colville Rd; 别墅 $345; 📶)这个豪华的住处适合成年人，有3间宽敞、设备齐全的现代化木屋，保证足够的隐私。波利尼西亚风格的室内设计线条流畅，屋后还有灌木丛和潺潺的溪流，整个环境令人赞叹。

就餐

Driving Creek Cafe 素食 $

(☎07-866 7066; www.drivingcreekcafe.nz; 180 Driving Creek Rd; 主菜 $9~20; ⏲周二至周日 9:00~17:00; 📶✎)🍃这座时尚的泥砖咖啡屋提供多种素食选择，有素食、纯素、不含谷蛋白、有机食品以及公平交易的食物。食物摆盘优美，新鲜又健康。大快朵颐之后，孩子可以在沙坑玩耍，大人们则可以通过免费的无线网查查邮件。不要忘了点一杯极美味的果汁或冰沙，再试试荞麦薄饼或美味的炸土豆三明治。

Coromandel Oyster Company 海鲜 $

(☎07-866 8028; www.freshoysters.co.nz; 1611 Tiki Rd; 小吃和餐 $5~25; ⏲10:00~17:30)刚刚捕捞上岸的贻贝、扇贝、牡蛎，烧熟的鱼和薯条，还有比目鱼。从泰晤士过来的话，你会在抵达科罗曼德尔镇之前约7公里的一座小山上找到它。问问出色的杂烩是否还在供应。

★ Wharf Road 咖啡馆、素食 $$

(☎07-866 7538; www.facebook.com/pg/wharfroad; 24 Wharf Rd; 主菜 $12~18; ⏲8:00~15:00; ✎)🍃这家店将都市的感觉带到了科罗曼德尔镇，咖啡很出色，有趣的早午餐包括牛油果、百吉饼或土耳其鸡蛋配干辣椒黄油，播放轻松的新西兰雷鬼音乐，能让你悠然开启新的一天。在树木环绕的空间用午餐也很受欢迎，还有葡萄酒和精酿啤酒来搭配超级健康的有机蔬菜。

Coromandel Mussel Kitchen 海鲜 $$

(☎07-866 7245; www.musselkitchen.co.nz; SH25和309 Rd交叉路口; 主菜 $15~26; ⏲9月中旬至次年6月初 9:00~15:00)这家很酷的咖啡馆酒吧位于小镇以南3公里的田间。贻贝或是选用泰式和地中海风味的酱汁，或是炭烤料理。夏天的花园酒吧非常适合来一份贻贝汉堡和本店酿制的MK Brewing Co冰啤酒。可外带烟熏或辣味贻贝及瓶装啤酒。

Pepper Tree 新派新西兰菜 $$

(☎07-866 8211; www.peppertreerestaurant.co.nz; 31 Kapanga Rd; 主菜 午餐 $16~28, 晚餐 $25~36; ⏲10:00~21:00; 📶✎)科罗曼德尔镇最高端的餐厅，菜量非常丰盛，以当地的海鲜为主。夏天的夜晚，非常适宜在树荫下的庭院餐桌用餐。

饮品和夜生活

Star & Garter Hotel 小酒馆

(☎07-866 8503; www.starandgarter.co.nz; 5 Kapanga Rd; ⏲11:00至深夜)这家时尚的酒馆建于1873年，内部充分利用了贝壳杉做简易的装饰，还有个不错的桌球台。这里音效不错，周末有现场演出和DJ助阵。啤酒花园用波纹铁皮装饰，非常漂亮。

购物

Source 工艺品

(☎07-866 7345; 31 Kapanaga Rd; ⏲10:00~16:00)展示了超过30位当地工匠的作品，富有创意。

实用信息

科罗曼德尔镇信息中心(Coromandel Town Information Centre; ☎07-866 8598; www.coromandeltown.co.nz; 85 Kapanga Rd; ⏲10:00~16:00; 📶)提供很好的地图和当地信息。可以领取历史遗迹信托基金会(Historic Places Trust)编写的《科罗曼德尔镇》(*Coromandel Town*)宣传册。

到达和离开

目前,从奥克兰出发到达科罗曼德尔镇的最佳方式是搭乘360 Discovery(见235页)的渡轮(单程/往返 $60/95,2小时,夏季 每天,其余季节 周六和周日),中途停靠激流岛的奥拉皮尤(Orapiu)。渡轮码头在蒂寇玛(Te Kouma)的汉纳福兹码头(Hannafords Wharf),码头有免费接驳车运营10公里将乘客送至科罗曼德尔镇。也可以预订当天往返的行程参观车道溪铁路(见239页)等科罗曼德尔景点。

360 Discovery的渡轮自行车不收费。骑自行车观光的人可以在海湾码头(Gulf Harbour)乘坐渡轮前往奥克兰渡轮码头,这样就能完全避开奥克兰的交通尾气和复杂的路况,然后再直接转船前往科罗曼德尔镇。

InterCity(☎09-583 5780; www.intercity.co.nz)有车从科罗曼德尔镇信息中心附近的一个车站(Woollams Ave)出发,去往哈密尔顿($40, 3.5小时)。**Go Kiwi**(☎0800 446 549; www.go-kiwi.co.nz)有车前往奥克兰($59, 4.5小时)。Coromandel Adventures(见239页)运营的接驳车从科罗曼德尔镇前往罗托鲁阿(Rotorua; 5月至11月 周一至周五,12月至次年4月 每天),玛塔玛塔是途中大站,从那里可前往霍比屯(见219页)。

科罗曼德尔半岛最北端 (Far North Coromandel)

科罗曼德尔半岛的最北端连绵起伏,与世隔绝,景色美得令人啧啧称奇,值得你大费周章前往游览。夏季是最佳游览时间,届时石子路没有积水,波胡图卡瓦树绽放出绯红色的花朵,还可以来此露营,但住宿选择不多。

景点

科尔维尔(Colville)是一处偏远的小乡村,吸引了不少生活方式另类的人。这里没有多少可去之处,除了精巧的**Colville General Store**(☎07-866 6805; Colville Rd, Colville; ⏲8:30~17:00; ✎)🍃和**Hereford 'n' a Pickle**(☎07-866 6937; www.facebook.com/hereford.n.a.pickle; Colville Town; 派 $4~6; ⏲9:00~16:00, 4月至10月 营业时间缩短; 📶)咖啡馆。

柏油路面只铺设到科尔维尔以北3公里处,道路在此变为石子路,一分为二,分别延伸至半岛两侧。沿着西海岸的那条路向前行进,参天的波胡图卡瓦树一直护送你穿过碧波荡漾的海水和多石的海滩。**Fantail Bay Campsite**(☎07-866 6685; www.doc.govt.nz; Port Jackson Rd; 成人/儿童 $13/6.50)是环保部(DOC)经营的小型露营地,位于科尔维尔以北23公里处。再往前7公里就能到达海滨的**Port Jackson Campsite**(☎07-866 6932; www.doc.govt.nz; Port Jackson Rd; 成人/儿童 $13/6.50),也属于环保部,但是面积更大,就在海滩上。

继续深入4公里就能到达一座壮观的**观景台**。**大巴里尔岛**距此仅有20公里,目力所及之处,都曾经是科罗曼德尔半岛的一部分。**弗莱彻湾**(Fletcher Bay)在这片神奇土地的末端,道路在此终结。尽管这里距离科尔维尔仅37公里,但驾车前往还是要预留1小时的时间。这里另外有一个**环保部露营地**(DOC campsite; ☎07-866 6685; www.doc.govt.nz; Fletcher Bay; 成人/儿童 $13/6.50),以及**Fletcher Bay Backpackers**(☎07-866 6685; www.doc.govt.nz; Fletcher Bay; 铺 $26)。

东海岸的道路止于**石湾**(Stone Bay),那里也有一处**环保部露营地**(☎07-866 6822; www.doc.govt.nz; Stony Bay; 成人/儿童 $13/6.50,海滨小屋 $80),环保部也在此经营一处度假屋(bach),可容纳5人。自此向南,几处精美的海滩散布着不少海滨度假屋,一路通往较大的村庄**查尔斯港**(Port Charles)。在那里你会找到**Tangiaro Kiwi Retreat**(☎07-866 6614; www.kiwiretreat.co.nz; 1299 Port Charles Rd; Port Charles; 套间 $220~350; 📶)。

值得一游

科罗曼德尔森林公园（COROMANDEL FOREST PARK）

科罗曼德尔森林公园交错分布着三十多条步道，遍布半岛中心好几处主要的区域。最受欢迎的徒步路线通往**顶峰**（Pinnacles；海拔759米），就在泰晤士后方的考埃朗格谷（Kauaeranga Valley），十分具有挑战性，往返需要6~8小时。另外，主要的徒步路线还有科罗曼德尔海岸步道（Coromandel Coastal Walkway）和普基图伊谷（Puketui Valley）。前者在半岛的最北端，从弗莱彻湾（Fletcher Bay）到石湾（Stony Bay），后者可步行前往废弃的金矿。

有关科罗曼德尔的导览徒步探险事宜，可联系**Walking Legends**（☎07-312 5297, 0800 925 569；www.walkinglegends.com；4日游 $1590起）。

环保部的**Pinnacles Hut**有80张床，配备煤气炊具、取暖设备、卫生间和冷水淋浴设施。**Crosbies Hut**有10张床位，从泰晤士或考埃朗格谷出发，需要徒步4~6小时方可抵达，务必预订。在公园的偏僻区域还有4处简易的山中度假露营地（成人/儿童 $8/4）：上面两个小屋附近各有一处，另外两处在苔藓溪（Moss Creek）和公羊盆地（Billygoat Basin），只有一个厕所。另外在Kauaeranga Valley Rd沿线有8处保护区露营地（成人/儿童 $13/6.50）。可在www.doc.govt.nz网上预订。

环保部考埃朗格谷游客中心（DOC Kauaeranga Visitor Centre, Department of Conservation；☎07-867 9080；www.doc.govt.nz；Kauaeranga Valley Rd；⏲8:30~16:00）以生动有趣的展示介绍贝壳杉森林和它的历史。并出售地图，提供保护区信息。工作人员也能提供建议。游客中心距离SH25有14公里，继续沿着石子路前行9公里即可到达步道起点。

没有固定班次的公共交通，自驾或者安排接送是必需的。可以向泰晤士的信息中心（见238页）咨询接驳服务。

再前行8公里，有一处岔路可以返回科尔维尔，或者你可以选择另一条路继续向南，到达**怀卡沃湾**（Waikawau Bay），那里有一处大型的**环保部露营地**（☎07-866 1106；www.doc.govt.nz；Waikawau Beach Rd, Waikawau Bay；成人/儿童 $15/6.50），里面的商店只在夏天经营。道路在此蜿蜒向南，经过**肯尼迪湾**（Kennedy Bay），然后回到车道溪铁路（见239页）附近。

活动

科罗曼德尔海岸步道　徒步

（Coromandel Coastal Walkway）这是一段风光如画的3.5小时（单程）徒步路线，连接弗莱彻湾和石湾。这条步道相对轻松，可以看到优美的海岸风景，途中有一段穿越农田的路程。

Coromandel Discovery　徒步

（☎07-866 8175；www.coromandeldiscovery.co.nz；39 Whangapoua Rd, Coromandel Town；成人/儿童 $135/75）如果你不想往返重复走同一条海岸步道，Coromandel Discovery可以开车把你从科罗曼德尔镇一路送往弗莱彻湾，4小时后在石湾等待并送你返程。可咨询其他探索大教堂湾和温泉海滩的团队游项目。

住宿

Mahamudra Centre　隐居处 $

（☎07-866 6851；www.mahamudra.org.nz；RD4, Main Rd, Colville；露营地/铺/标单/标双 $18/28/50/80）是一处藏传佛教的隐居处，有一座佛塔、一间禅房和定期的冥想课程。环境有如公园一般，提供简易的住宿。

Colville Farm　度假屋 $$

（☎07-866 6820；www.colvillefarmholidays.co.nz；2140 Colville Rd；双 $50~100；@📶）占地1260公顷，有许多有趣的住处，既有灌木林间设施简易的乡间小舍，又有设备齐全的独立房屋。客人可以亲身体验牧场的工作（包括挤奶）或者骑马旅行（$40~150，1~5小时）。

到达和离开

没有公共交通可达。最佳游览时间是夏季，届时碎石道路是干的。

从科罗曼德尔镇到怀蒂昂格（Coromandel Town to Whitianga）

从科罗曼德尔镇前往东南方向的怀蒂昂格有两条路线。SH25是主要的一条路线，虽然比较长，需要绕一些路，但是用时更短，还可以享受海景，并前往一些没有人工痕迹的沙滩。另一条路线是游客较少但更具传奇色彩的309公路，是一条穿越茂盛灌木林的土路，难以驾驭。

309公路（309 Road）

309公路的起点位于科罗曼德尔镇以南3公里处，其中21公里的路段穿越了科罗曼德尔山脉（虽然多数是土路，但路况良好），在怀蒂昂格以南7公里处与SH25交会。

亮点包括奇特别致的水上公园（water park；☎07-866 7191；www.thewaterworks.co.nz；471 309 Rd；成人/儿童 $25/20；⏰11月至次年3月 10:00~18:00，5月至10月 至16:00；👪）🍃。再西行2公里，花2分钟徒步穿越风景优美的灌木小道，可抵达10米高的怀奥瀑布（Waiau Falls）。继续前行500米，轻松步行10分钟后驻足，来到一片令人惊叹的贝壳杉林（kauri grove），最粗壮的一棵贝壳杉周长甚至达到6米。这些矗立了600年的参天大树侥幸逃过了19世纪的疯狂滥伐，使人不禁联想起半岛曾经的壮阔场面。

住宿处只有Wairua Lodge（☎07-866 0304；www.wairualodge.co.nz；251 Old Coach Rd；房间 $195~275），不过驾车沿309 Rd公路分别往两边的科罗曼德尔镇或怀蒂昂格去需时都很短。

309 Rd公路并非全程都有铺砌路面，但只要小心驾驶，还是很轻松的。这条路上没有公共交通。

25号公路（SH25）

SH25先急剧攀升至一处不可思议的观景台，然后沿陡坡下山。自Te Rerenga分出岔路，一路沿海港至旺阿波瓦（Whangapoua），这片海滩除了普通的度假屋和一座怡人的假日公园之外，没有别的景致，但你可以顺着怪石嶙峋的海滩步行30分钟，前往另一处人迹罕至的原始海滩新查姆斯海滩（New Chum's Beach），这里被认为是新西兰最美丽的海滩之一。要来这里，就得准备好脱掉鞋子，涉过一片潟湖，出发前到旺阿波瓦的海滨商店附近咨询一下地图事宜。

沿着SH25继续东行，你可以很快到达库奥图努（Kuaotunu），这个度假小村更为有趣，位于一段美丽的白沙滩上，这里有一家小咖啡馆、一间商店和一处上了年纪的加油站。

在库奥图努可以离开公路，走一段土路，前往科罗曼德尔半岛保存最好的隐秘地点。首先映入眼帘的是绵长的奥塔玛海滩（Otama Beach），除了几栋房屋和农场之外，堪称荒芜。

沿着狭长的道路继续前行，柏油路面又出现了，而你也就到达了奥皮托（Opito），这里隐藏了250栋光鲜亮丽的豪宅，它们太漂亮了，不能简单地称之为度假屋，其中16间豪宅住着固定居民。这里是一处迷人的海滩，你可以步行至最远处，抵达一座叫作奈蒂黑（Ngāti Hei）的军事要塞。

食宿

Whangapoua Holiday Park 假日公园 $

（☎07-866 5215；www.whangapouaholidaypark.co.nz；1266 Whangapoua Rd，Whangapoua；露营地 $20起，小屋 $75~105；⏰10月中旬至次年4月）这家度假公园有舒适的小屋和绿荫露营地，厨房和洗澡场所都维护得很好。

Leighton Lodge 民宿 $$

（☎07-866 0756；www.leightonlodge.co.nz；17 Stewart Pl，Opito；标单 $160~190，双 $200~220；@）这是奥皮托"真正"的民居之一，装潢时尚，主人健谈，楼上房间有阳台，风景很好，楼下有设施齐备的公寓房。跟Fern打个招呼，它是店主养的拉布拉多犬，十分友善。

★Luke's Kitchen & Cafe 咖啡馆、比萨 $$

（☎07-866 4420；www.lukeskitchen.co.nz；

20 Blackjack Rd, Kuaotunu; 主菜和比萨 $15~28; ⏲咖啡馆和画廊 8:30~15:30, 餐厅和酒吧 11:00~22:00, 4月至10月 餐厅营业时间缩短)有一种乡村冲浪小屋的氛围，提供当地小酿酒厂Blue Fridge Brewery生产的冰啤，还有出色的柴烤比萨。有时会有现场音乐会，海鲜和奶油水果冰沙让这里成了必去之地。旁边是店主日间营业的咖啡馆和画廊，有非常好的咖啡、自家烘焙品和不拘一格的当地艺术品出售。

到达和离开

探索这里蜿蜒公路的最佳方式是自驾，**Go Kiwi**(见249页)连接马塔朗基(Matarangi)和奥克兰的班车也会在库奥图鲁(Kuaotunu)停靠。

怀蒂昂格(Whitianga)

☎07/人口 4700

怀蒂昂格最吸引人的就是水星湾(Mercury Bay)的沙滩，以及在怪石嶙峋的海岸线和蒂阿格努伊阿黑海洋保护区(Te Whanganui-A-Hei Marine Reserve)附近提供的潜水、划船和皮划艇项目。美丽的港口以垂钓闻名(1月至3月可来此捕获旗鱼和金枪鱼)。

传说，天生的航海英雄、传奇的波利尼西亚探险家和航海家库佩(Kupe)曾于950年左右在此登陆。怀蒂昂格的名字也正是取自"Te Whitianga a Kupe"的缩写，意思就是"库佩的横渡登陆处"。

景点

野牛海滩(Buffalo Beach)沿着水星湾延伸，位于怀蒂昂格港口以北。只需乘坐5分钟客运渡轮(☎07-866 3462; www.whitiangaferry.co.nz; 成人/儿童/自行车 $5/3/1.50; ⏲7:30~19:30和20:30~22:30)，即可跨越海港抵达渡轮停靠点。从这里，你就可以步行前往当地的景点，诸如饱览海景的公园怀蒂昂格岩石风景和历史保护区(Whitianga Rock Scenic & Historical Reserve)和莎士比亚悬崖观景台(Shakespeare Cliff Lookout)。更远的景点包括哈黑海滩(Hahei Beach; 13公里)、教堂湾(Cathedral Cove; 15km)和温泉海滩(Hot Water Beach; 18km, 骑车1小时)。如果你计划从渡轮停靠点骑自行车前往这些目的地，那就准备好享受沿途相对平缓的地势吧。

Cathedral Cove Shuttles(☎027 422 5899; www.cathedralcoveshuttles.co.nz; $15起; 👪)提供便捷的交通服务。

洛斯特温泉 温泉

(Lost Spring; ☎07-866 0456; www.thelostspring.co.nz; 121a Cook Dr; 每90分钟/每天 $40/70; ⏲周日至周五 9:30~18:00, 周六 至20:00)这处温泉场馆消费不菲，但非常吸引人，简直就是迪士尼遇上了波利尼西亚，热气腾腾的温泉池被丛林般的灌木环绕着，旁边就是一座活火山。是手握一杯鸡尾酒，沉浸于火热的安逸之中的理想场所。这里还有一处日间水疗和一间咖啡馆。14岁以下儿童须在大人陪同下下水。

水星湾博物馆 博物馆

(Mercury Bay Museum; ☎07-866 0730; www.mercurybaymuseum.co.nz; 11a The Esplanade; 成人/儿童 $7.50/2; ⏲10:00~16:00)这座小巧有趣的博物馆聚焦当地历史，特别是怀蒂昂格著名的到访者——库佩和库克船长。

活动

Bike Man 骑行

(☎07-866 0745; thebikeman@xtra.co.nz; 16 Coghill St; 每天 $25; ⏲周一至周五 9:00~17:00, 周六 至13:00)借辆自行车搭乘渡轮，踏上前往哈黑海滩和温泉海滩的旅程。

Windborne 乘船

(☎027 475 2411; www.windborne.co.nz; 航行1日 $95; ⏲12月至次年4月)从12月至次年4月，可以乘这艘帆船航行一天。帆船全长19米，于1928年建造。另外，可在2月和3月前往水星群岛(Mercury Islands; $150)。

团队游

前往蒂阿格努伊阿黑海洋保护区(Te Whanganui-A-Hei Marine Reserve)的团队游项目不计其数，在那里你会看见奇形怪状的岩石，如果走运的话，还能看到海豚、海狗、企鹅和逆戟鲸。有的团队游是纯粹的邮轮巡

Whitianga 怀蒂昂格

Whitianga 怀蒂昂格

景点

1 洛斯特温泉 ...A1
2 水星湾博物馆 ...B2

活动、课程和团队游

3 Bike Man ...A2

住宿

4 Beachside Resort ...A1
5 Mercury Bay Holiday Park ...A3
6 Turtle Cove ...A3

就餐

7 Blue Ginger ...B2
8 Coghill House ...A2
9 Poivre & Sel ...A2
10 Salt Restaurant & Bar ...B2
11 Stoked ...B2

饮品和夜生活

12 Whitianga Hotel ...B2

航，其他则可以选择参加游泳与浮潜项目。

Ocean Leopard 乘船

（☎0800 843 8687; www.oceanleopardtours.co.nz; 成人/儿童 $90/50; ⏲团队游10:30、13:30和16:00）2小时的行程一路沿着景色优美的海岸，教堂湾（见247页）理所当然包含在内。船体有个实用的遮阳棚，另外提供1小时的"旋风之旅"（Whirlwind Tour; 成人/儿童 $60/35）。

Glass Bottom Boat 乘船

（☎07-867 1962; www.glassbottomboatwhitianga.co.nz; 成人/儿童 $95/50）2小时的航行，探索蒂旺阿努伊阿黑海洋保护区（Te Whanganui-A-Hei Marine Reserve）。

Whitianga Adventures 乘船

（☎0800 806 060; www.whitianga-adventures.co.nz; 成人/儿童 $75/45）乘充气艇参加2小时的海洋洞穴冒险（Sea Cave Adventure）。

Cave Cruzer 乘船

（☎0800 427 893; www.cavecruzer.co.nz; 成人/儿童1小时 $60/35, 2小时 $80/45）乘坐硬体充气艇观光。

节日和活动

扇贝节 食物和饮品

（Scallop Festival; ☎07-867 1510; www.scallopfestival.co.nz; ⏲9月）为期一天，展示食物、娱乐还有许多人最爱的双壳贝。

住宿

Turtle Cove 青年旅舍 $

（☎07-867 1517; www.turtlecove.co.nz; 14 Bryce St; 铺 $29~30, 双 $77~198; @📶）色彩缤纷的公共区和一个宽敞的现代化厨房使这里成了半岛和怀卡托地区最好的青年旅舍之一。最大的宿舍只有6张床，更像是一个友好的家庭旅馆，而非喧嚣的派对宫殿。前台工作团队很可靠，能就如何最大化利用时间提供大量意见。

On the Beach Backpackers Lodge 青年旅舍 $

（☎07-866 5380; www.coromandelbackpackers.com; 46 Buffalo Beach Rd; 铺 $27, 双和标双 $80~115, 家 $160; @）这家位于海滩边的大型旅舍粉刷着明亮的色彩，属于新西兰国

际青年旅舍联盟(YHA)旗下，提供大量的房型选择，包括几间海景房和套间。提供免费的皮划艇、冲浪板和铁锹(在温泉海滩使用)。另外，如果你想搭乘渡轮和骑行去哈黑，这里也提供骑自行车($20)的活动。

Mercury Bay Holiday Park 假日公园 $

(07-866 5579; www.mercurybayholidaypark.co.nz; 121 Albert St; 露营地 $28起，套间 $95~220;) 这家小型假日公园位于一处郊区的居民区中，舒适整洁，有操场、蹦床、游泳池和桌球台。

Beachside Resort 汽车旅馆 $$

(07-867 1356; www.beachsideresort.co.nz; 20 Eyre St; 套间 $195~225;) 这栋时髦的汽车旅馆附属于Oceans Resort，有整洁的套间，配备了小厨房。高层的套间有阳台。尽管名字叫“海滩之畔”，但是距离海滩还有很远的距离。这儿还有一处恒温的游泳池。

Within the Bays 民宿 $$$

(07-866 2848; www.withinthebays.co.nz; 49 Tarapatiki Dr; 房间 $275~325;) 这个山顶的民宿旅馆俯瞰着水星湾，景色优美，主人热情好客，真的非常值得你考虑。为行动不便的客人提供很好的装置，民宿内甚至有一条可通行轮椅的林间小道。距离怀蒂昂格镇5公里。

就餐

Coghill House 咖啡馆 $

(07-866 0592; www.thecog.co.nz; 10 Coghill St; 主菜 $10~18; 8:00~15:00) 赶早来到这座街边咖啡馆的阳光露台，尝试不错的柜台食物、大份的煎饼和塞得圆滚滚的玉米卷饼，还有镇上最好的咖啡。

Stoked 咖啡馆、酒吧 $$

(07-866 0029; www.getstoked.co.nz; 19 The Esplanade; 比萨 $18~25，主菜 $24~32; 周五至周日 正午至深夜，周四 16:00起) 厨房的中心有一个炭炉，提供的菜品有麦卢卡木熏三文鱼、泥炉烤鸡和美味的木柴烤比萨。海景必不可少，露台视野更是无敌，科罗曼德尔葡萄酒和来自库奥图鲁Blue Fridge Brewery小酒厂的精酿啤酒都是当地引以为豪的产品。

Salt Restaurant & Bar 新派新西兰菜、海鲜 $$

(07-866 5818; www.salt-whitianga.co.nz; 2 Blacksmith Lane; 大盘菜 $12~30，主菜 $25~39; 周一至周四 16:00至深夜，周五至周日正午起) 怀蒂昂格海景(包括前往渡轮停靠点的懒洋洋的渡轮)为悠闲的用餐提供了很好的背景。这家餐厅附属于Whitianga Hotel，环境时尚。夏季可以坐在外面的露台上，试试当地葡萄酒配平锅煎鱼，搭配生食柜台的Cloudy Bay蛤蚌或科罗曼德尔牡蛎。

Blue Ginger 东南亚菜 $$

(07-867 1777; www.blueginger.co.nz; 1/10 Blacksmith Lane; 大盘菜 $9~14，主菜 $22~28; 周二至周五 11:00~14:00，周二至周六 17:00至深夜) 这家悠闲的餐厅有可拼桌的餐桌，菜单弥漫着东南亚风情。亮点包括印尼风味的咖喱牛肉、泰式炒河粉和美味的红咖喱烤鸭。不提供啤酒和葡萄酒。

Poivre & Sel 法国菜 $$$

(07-866 0053; www. poivresel.co.nz; 2 Mill Rd; 2/3道菜套餐 $58/76; 周二至周六 17:00至深夜) 这座地中海风格的别墅有棕榈树遮阴的花园，是镇上最时髦的餐厅。当地产的科罗曼德尔海鲜和新西兰产品在法国烹饪手法的料理下焕发光彩，不妨试试浓味海鲜汤。餐厅的酒吧从17:00开始营业，供应法国香槟配奶酪或蒜味蜗牛的组合($20~30)。晚餐18:00起，建议预订。

饮品和夜生活

Whitianga Hotel 酒馆

(07-866 5818; www.whitiangahotel.co.nz; 1 Blacksmith Lane; 11:00至深夜) 超值的酒馆食物，大量随时供应的冰啤，悠闲的花园吧台，造就了经典新西兰酒馆的体验。可以在泳池畔的餐桌边挑战当地人，周末晚上过来有DJ打碟，乐队的演唱可能会让你赞美到词穷。

实用信息

怀蒂昂格信息中心 (Whitianga i-SITE; 07-866 5555; www.whitianga.co.nz; 66 Albert St; 周一至周五 9:00~17:00，周六和周日 至16:00) 提供实用信息和上网服务。夏季营业时间延长。

到达和离开

船

客运渡轮（见244页）5分钟即可载你穿过海港，到达怀蒂昂格岩石风景和历史保护区（Whitianga Rock Scenic & Historical Reserve）、麻纺厂湾（Flaxmill Bay）、莎士比亚悬崖观景台（Shakespeare Cliff Lookout，见244页）、库克船长纪念碑（Captain Cook's Memorial）、孤独湾（Lonely Bay）和库克斯湾（Cooks Bay）。

汽车

InterCity（07-348 0366；www.intercity.co.nz）有班车连接怀蒂昂格和泰晤士（$25，90分钟，每天2班），从那里可以换乘继续前往奥克兰和哈密尔顿的车。Go Kiwi（见249页）连接怀蒂昂格和泰晤士（$39，90分钟，每天1班）、奥克兰（$64，3.5小时，每天1班），这趟车也会绕行温泉海滩（Hot Water Beach）和哈黑（Hahei）。登录网站可查看时刻表。**Naked Bus**（https://nakedbus.com）也有车辆往来怀蒂昂格。

科罗格林和韦努阿基蒂（Coroglen & Whenuakite）

稍不留神，你就可能错过科罗格林和韦努阿基蒂的村庄，它们位于怀蒂昂格以南、温泉海滩以西的SH25旁。沿途还有一些有趣的地方，包括一座很好的精酿啤酒厂和每周一次的农贸市场（07-866 3315；www.facebook.com/coroglenfarmersmarket；SH25，Coroglen；10月底至次年6月初 9:00~13:00）。

活动

Rangihau Ranch 骑马

（07-866 3875；www.rangihauranch.co.nz；Rangihau Rd，Coroglen；骑马 每小时 $60）牧场员工会带你骑马穿越驮马古道，途经美丽的灌木林，一路景色壮丽。有一处宁静的乡村小屋（$150）可供住宿。

住宿

Seabreeze Holiday Park 假日公园 $

（07-866 3050；www.seabreezeholidaypark.co.nz；1043 SH25，Whenuakite；露营地 $19~25，铺 $34，套间 $85~170；）一个友好的草地公园，里面还有一家精酿啤酒厂。还能有什么不满意呢？

餐饮

Colenso 咖啡馆 $

（07-866 3725；www.colensocafe.co.nz；SH25，Whenuakite；主菜 $10~19；10:00~16:00）比一般的公路服务站要好，供应极佳的公平交易咖啡、烤饼、蛋糕和简餐。另外，还销售家居用品和礼品。尝尝美味的澳大利亚坚果花生糖。

Hot Water Brewing Co 精酿啤酒

（07-866 3830；www.hotwaterbrewingco.com；Seabreeze Holiday Park，1043 SH25，Whenuakite；11:00至深夜）是一家现代的精酿啤酒厂，有许多户外的座位。招牌佳酿包括浓郁的Kauri Falls Pale Ale和醇厚的Walkers Porter，也提供不错的酒吧小吃和比萨。

Coroglen Tavern 小酒馆

（07-866 3809；www.coroglentavern.com；1937 SH25，Coroglen；10:00至深夜）是一座传奇、典型的偏远乡村小酒馆，与世隔绝，每年夏季都吸引新西兰大牌的乐队来此演唱。

到达和离开

InterCity（见238页）连接泰晤士和怀蒂昂格的车次也在韦努阿基蒂和科罗格林停靠。

哈黑（Hahei）

07/人口 270

哈黑是一座传奇的新西兰海滨小镇，面积不大。每到夏天，这里的人口就会膨胀到7000，但其他时候，几乎就成了一座空城，只有偶尔几个匆匆过客，停下车来，眺望一下教堂湾。这是一处迷人的地方，特别是在安静的淡季，可以让人好好休息放松几天。哈黑取名于同名的祖先部落——奈蒂黑（Ngāti Hei），他们在14世纪乘坐蒂阿拉瓦（Te Arawa）独木舟来到此地。详情可见www.hahei.co.nz。

景点

教堂湾 海滩

（Cathedral Cove）美丽的教堂湾拥有著名

的巨大石拱和天然瀑布，清晨和黄昏是最好的时候，可以避开游客高峰。

从位于哈黑以北约2公里的教堂湾停车场出发，一路连绵起伏，大约可以走上30~40分钟。途中路过岩石遍布的宝石湾（Gemstone Bay，有条浮潜路线，可以一路看到大鲷鱼、螯虾和魔鬼鱼）和多沙的魔鬼鱼湾（Stingray Bay）。从哈黑海滩到教堂湾步行全程大约需要70分钟。也可选乘教堂湾水上出租车（027 919 0563；www.cathedralcovewatertaxi.co.nz；单程/往返 成人 $15/30 儿童 $10/20；每30分钟1班），航程只要10分钟。

如果自驾，最好把车停在哈黑村村口的Hahei Park N' Ride Car Park，因为在夏季高峰期，教堂湾停车场（包括海湾）可能非常拥挤。从哈黑步行2公里即可到达教堂湾停车场，每日10:00~18:00可以搭乘Go Kiwi（见249页）的接驳车（$5）。

哈黑海滩

海滩

（Hahei Beach）哈黑海滩绵长又迷人，远处起伏的岛屿景观别具一格。从哈黑海滩的南端出发，步行15分钟即可到达军事要塞村蒂帕利（Te Pare），这里拥有壮观的海岸风光。

活动

Cathedral Cove Sea Kayaking

皮划艇

（07-866 3877；www.seakayaktours.co.nz；88 Hahei Beach Rd；半天/全天 $115/190；8:45和13:30，12月和1月班次增加）这家机构运营皮划艇导览项目，在教堂湾和水星湾海域的石拱、洞穴和岛屿周围活动。如果条件允许，偏远海岸团队游（Remote Coast Tour）可以前往另一方向的许多洞穴、吹蚀穴和悠长的隧道。

Hahei Beach Bikes

骑行

（021 701 093；www.haheibeachbikes.co.nz；自行车出租 半天/全天 $35/45）友好的店主Jonny提供地图和铁锹，前者标记了主要景点，后者供你在温泉海滩挖掘水疗池。一年里大多数时候都可以从Hahei Holiday Park（41 Harsant Ave）拿到自行车，不过Jonny也会为从怀蒂昂格乘船到渡轮停靠点（Ferry Landing）的旅行者送车上门，也可以送进哈黑村。

团队游

Hahei Explorer

探险

（07-866 3910；www.haheiexplorer.co.nz；成人/儿童 $95/50）乘坐喷气艇游览海岸，时长为1小时。

住宿

Tatahi Lodge

青年旅舍、汽车旅馆 $

（07-866 3992；www.tatahilodge.co.nz；Grange Rd；铺 $33，房间 $84~130，套间 $175起；@）在这个美妙的地方，背包客会得到对待娇嫩花儿般的照顾和尊重。多人间和公共区域设施都很棒，与更昂贵的汽车旅馆套间一样吸引人。

Purangi Garden Accommodation

小屋 $$

（07-866 4036；www.purangigarden.co.nz；Lees Rd；双 $180~200）这座惬意的住所位于普朗伊河（Purangi River）一处安静的水湾畔，提供舒适的度假屋、较大的住房和设施完备的宽敞蒙古包。花园经过精心打理，草坪一直延伸到海边，非常适合下水游泳和划艇。如果友好的主人登门送上一些有机水果或新鲜烘烤的面包，完全不必奇怪。

驱车一会儿，就能到达哈黑和温泉海滩。

The Church

小屋 $$

（07-866 3533；www.thechurchhahei.co.nz；87 Hahei Beach Rd；小屋 $150~230；）这些淳朴的木屋经过精装打扮，别具一格，位于一处亚热带花园内。时尚的店主非常热情，在这片地区该做什么，该看什么，他会提供许多意见。

餐饮

The Church

地中海菜 $$

（07-866 3797；www.thechurchbistro.co.nz；87 Hahei Beach Rd；主菜 $30~35；15:00至深夜，3月至10月 营业时间缩短）这座迷人的木头教堂是哈黑最时尚的食肆。菜单上品种不多，提供欧洲风味的主菜，包括用当地海鲜制作的法式汤，罐子炖熟的鸡肉制作的派，马德拉酱意大利烟肉和豌豆。一定要留点肚子给出色的甜点，最好预订，尤其在夏天，因为

> **海滩安全提示**
>
> 温泉海滩有危险的离岸流，主要地热区域前方的海域尤其多见。就溺水事故的统计数字而言，这里是新西兰最危险的四处海滩之一，尽管可能存在游人基数太大的原因。但无论如何，如果没有救生员在岗巡视，在这里游泳很不安全。

遗产建筑中的用餐空间相对较小。

★ **Pour House** 小酒馆

（☎07-866 3354；www.coromandelbrewingcompany.co.nz；7 Grange Rd；⏲周一至周五 17:00至深夜，5月至11月 周六和周日 正午至深夜，12月至次年4月 每天 正午起）科罗曼德尔酿酒厂（Coromandel Brewing Company）的总部，这家小酒馆兼法式小馆以其自产的5种啤酒闻名，采用现代化的装潢。肉类、奶酪和当地海鲜拼盘配上可口的比萨，可以在啤酒花园享用。我们最喜爱的啤酒是Code Red Irish Ale。

到达和离开

在旺季的夏季学校假日期间，有长途客车从库克海滩的渡轮停靠点（Ferry Landing）发车，驶往温泉海滩，中途经停哈黑。详情可咨询怀蒂昂格信息中心（见246页）。

Go Kiwi（☎07-866 0336；www.go-kiwi.co.nz）每天有一班车连接哈黑、温泉海滩与奥克兰、怀蒂昂格（Whitianga）。

Cathedral Cove Shuttles（见244页）提供的便利服务连接渡轮码头和附近的海滩、景点。可通过电话或短信咨询车次。

从渡轮停靠点到哈黑大约有10公里远。可在Hahei Beach Bikes（见248页）的Hahei Holiday Park（见248页）提车点取车。

温泉海滩（Hot Water Beach）

温泉海滩的出名无可厚非，这里确实很特别。在退潮前后2小时内，你可以进入海滩中央，一片沙地位于露出地面的岩石前，温泉就从此处的地表下涓涓渗出。不妨带上一把铁锹，挖个洞，你就有了属于自己的温泉浴池。冲浪者在主要的海滩前停留，等候一次次乘风破浪的机会。两处海滩之间的岬角上仍能找到奈蒂黑部落的痕迹。

景点和活动

莫科艺术空间 画廊

（Moko Artspace；☎07-866 3367；www.moko.co.nz；24 Pye Pl；⏲10:00~17:00）靠近温泉海滩，拥有很多漂亮的物品，包括艺术品、雕塑和珠宝，都带有现代太平洋和毛利的风情。

Hot Water Beach Store 户外

（☎07-866 3006；Pye Pl；⏲9:00~17:00）出租铁锹（$5），附设一家咖啡馆。

食宿

Hot Water Beach Top 10 Holiday Park 假日公园 $

（☎07-866 3116；www.hotwaterbeachtop10.co.nz；790 Hot Water Beach Rd；露营地 $25起，铺 $30，套间 $90~165；@📶）🍃这处露营地四周都是高耸的竹林和桉树，运营良好，设施齐全，有绿草成茵的露营地，整洁宽敞的背包客小屋，时尚的别墅有用当地木料制作和雕刻的拱顶天花板。

Hot Waves 咖啡馆 $$

（☎07-866 3887；8 Pye Pl；主菜 $12~26；⏲周一至周四和周日 8:30~16:00，周五和周六 至20:30）在夏季，人人都想来这家很棒的咖啡馆，坐在花园就餐，所以有时候要排队等很久。想慵懒地用一顿早午餐，可尝试火腿蛋松饼配熏三文鱼或早餐玉米煎饼。这里也出租铁锹（$5）。周五晚上偶尔会有音乐表演，不妨打听一下。

到达和离开

Cathedral Cove Shuttles（☎027 422 5899；www.cathedralcoveshuttles.co.nz；每人 根据目的地 $4~40；⏲12月至次年2月 9:00至深夜，3月至11月 至22:30）和Go Kiwi的车都在这里停靠。这里也是从怀蒂昂格过海抵达渡轮停靠点的自行车手很喜欢的目的地。从渡轮停靠点到温泉海滩大约要骑行18公里。

值得一游

普基图伊谷（PUKETUI VALLEY）

在泰鲁瓦以南12公里处，有一条岔路通往普基图伊谷和历史悠久的**布罗肯山金矿场**（Broken Hills Gold-Mine Workings；www.doc.govt.nz），这座金矿距离主要道路8公里，沿着一段石子路走就能够到达。有一些短途步道前往捣石机所在地，但最好的徒步路线则是穿越500米长的Collins Drive矿井隧道。穿过隧道后，留意小路两侧的"观景台"，可以远眺全景。往返大约需要3小时，记得备上手电筒和外套。可以在泰鲁瓦和旺格玛塔的信息中心索取环保部（DOC）的宣传册。

住宿仅限于一处**环保部露营地**（www.doc.govt.nz；成人/儿童 $13/6.50）。

没有公共交通前往普基图伊谷。大多数游人选择在往返泰鲁瓦和旺格玛塔的途中顺路游览。

泰鲁瓦和帕瓦努伊（Tairua & Pauanui）

☎07/人口 1270

泰鲁瓦与其姊妹城镇帕瓦努伊分别位于河口的两侧，而河口正是风帆运动和小孩嬉水的绝佳场所。两座城镇都有相当棒的冲浪海滩（帕瓦努伊的可能略胜一筹），在夏天，两座城镇的人都很多。但是两者的相似之处仅在于此。

泰鲁瓦是一座功能型的居民小镇（有商店、自动柜员机和许多餐馆），而帕瓦努伊则是奥克兰人的高档隐居地。前者更友好，始终保持着一分真挚。

景点和活动

多家机构都提供包船出海垂钓和观光之旅，详情可咨询信息中心（见251页）。

帕阿库 山

（Paaku）大约700万年前，帕阿库还是一座火山岛，现在则变成了泰鲁瓦港口的北部山头。17世纪时，在遭到纳提玛鲁部落（Ngāti Maru）入侵之前，奈蒂黑部落曾在此建有一座要塞村（pā）。沿着Paku Dr的陡坡步行向上，15分钟就可以到达顶峰，山顶的风景非常壮观，可以俯瞰泰鲁瓦、帕瓦努伊和阿尔德曼群岛（Alderman Islands）。沿途的信息板记述了泰鲁瓦的殖民历史，但关于源远流长的毛利人定居时期，却只有一处轻描淡写的介绍。

食宿

Sunlover Retreat 民宿 $$$

（☎07-864 9024；www.sunlover.co.nz；20 Ridge Rd；双 $320~350；📶）这家时尚的民宿凌驾于海港之上，能欣赏到帕阿库和泰鲁瓦美景。3个套间中有2个带户外阳台，巨大的观景窗确保了室内采光，房间看起来宽敞明亮。装潢别致、现代，点缀着奇特的新西兰艺术品，店里养的拉布拉多贵宾犬Rover会热情欢迎住客。

Manaia Kitchen& Bar 咖啡馆 $$

（☎07-864 9050；www.manaiakitchenbar.co.nz；228 Main Rd；主菜 早餐 $12~18，午餐 $17~24，晚餐 $24~32；⏲周四至周二 9:00至深夜）庭院的座位适合在夏日慵懒地享用早午餐，而深夜时可以在锃亮的铜面吧台喝上一杯，Manaia是泰鲁瓦地区一处最具都市气息的时尚角落。菜单十分有趣，包括鱼肉炸玉米饼和鱿鱼配香辣哈里萨辣椒酱，意大利主厨还会制作泰鲁瓦最地道的比萨。周五晚上偶尔有现场音乐会和DJ打碟。

Old Mill Cafe 咖啡馆 $$

（☎07-864 9390；www.theoldmillcafetairua.com；1 The Esplanade；主菜 $15~25；⏲周四至周日 8:00~16:00）这里有五彩的墙壁、优雅的阳台家具，能看到海港。提供有趣的咖啡馆饮食，比如西班牙风味的烘焙鸡蛋早餐和泰式对虾咖喱午餐，还有可能是科罗曼德尔最好的马芬。

实用信息

泰鲁瓦信息中心（Tairua Information Centre；☎07-864 7575；www.thecoromandel.com/tairua；223 Main Rd；⏲9:00~17:00）提供信息、地图，及住宿和交通预订。

到达和离开

InterCity（www.intercity.co.nz）、Naked Bus（www.nakedbus.com）和Go Kiwi（www.go-kiwi.co.nz）都提供前往泰鲁瓦的客运服务。

从泰鲁瓦到帕瓦努伊要乘坐**客运渡轮**（☎027-497 0316；$5；⏲12月和1月 每天），夏季旺季和周末10:00~16:00，约每小时1班。其他月份调整为"水上出租车"服务。

旺格玛塔（Whangamata）

☎07/人口 3560

当奥克兰的社交名流纷纷涌向帕瓦努伊时，年轻朋友和性感尤物则会齐聚旺格玛塔，或是冲浪，或是派对，或是谈情说爱。整个新年这里都分外嘈杂，人口数量会膨胀到4万人以上。旺格玛塔的确是一座夏季的度假小镇，而在淡季，大街上甚至会杂草丛生，能看见风滚草（tumbleweed）滚过街面。

> **另辟蹊径**
>
> **欧普德雷（OPOUTERE）**
>
> 这里算得上是科罗曼德尔不为大多数人所知的美丽秘境之一了。除了一簇居民房屋，方圆数英里内都杳无人烟。在这里游泳是很危险的，尤其是希基努伊小岛（Hikinui Islet）靠近海滩的海域。海岬沙滩上是**瓦莱卡瓦野生动物保护区**（Wharekawa Wildlife Refuge），栖息着濒危物种新西兰鸻（NZ dotterel）。
>
> 如果要住宿，**Copsefield**（☎07-865 9555；www.copsefield.co.nz；1055 SH25；房间 $120~200；📶）有宁静的乡村风格的别墅，坐落在一片迷人的繁盛花园中，附设水疗池和河畔游泳池。主楼有3间迷人的民宿房间，而独立的度假小屋更便宜一些。
>
> 在希库埃（Hikuai）换乘**Go Kiwi**（☎0800 446 549；www.go-kiwi.co.nz）往返奥克兰和怀蒂昂格（Whitianga）的班车，可达欧普雷德。

活动

除了钓鱼（垂钓活动集中在1月初到4月之间），在豪图鲁岛[Hauturu Island，又名克拉克岛（Clarke Island）]一带可以进行的活动还包括冲浪、野外定向和山地骑行，还有绝佳的徒步小道。

文特沃斯瀑布步道（Wentworth Falls walk）往返需要2.5小时，步道起点位于小镇以南3公里处，沿着Wentworth Valley Rd这条土路前行4公里即可到达。Parakiwai Quarry Rd位于Wentworth Valley Rd以南3公里，它的尽头是**韦尔克劳庞加步道**（Wharekirauponga walk）。这条有时很泥泞的步道全程往返10公里（预留3.5~4小时），通往一处矿营，沿途多鸟和六角形的熔岩柱，会经过不少捣矿机和瀑布。

韦努阿库拉（Whenuakura，即甜甜圈岛）是皮划艇和立式单桨冲浪的热门目的地。请注意，当地正致力于推动小岛升级为野生动物保护区，因此不允许登岛上岸，只能在岛屿周围划船。

SurfSup 水上运动

（☎021 217 1201；www.surfsup.nz；1 Wharf Rd；半天/全天 冲浪板 $30/50，皮划艇 $40/60起，1/2小时 桨板 $20/30）另外提供桨板和冲浪课程。12月至次年3月，每天有到韦努阿库拉的皮划艇和桨板团队游。

Kiwi Dundee Adventures 徒步

（☎07-865 8809；www.kiwidundee.co.nz）🍃店主Doug Johansen自诩"新西兰的鳄鱼邓迪"（Crocodile Dundee），在科罗曼德尔半岛和全国范围内，为1~16天的野外徒步提供翔实的指导与导览。

节日和活动

旺格玛塔海滩狂欢节 文化节

（Whangamata Beach Hop；www.beachhop.co.nz；⏲3月底至4月初）这个每年一度的美国复古文化庆祝活动是游玩小镇的好时候，你将邂逅用古董车改装的赛车、老爷车、摩托车和摇滚音乐。翻出经典的白T恤加皮夹克套装，掸去灰尘，把头发高高盘成蜂窝状，准备出发吧。不过，千万记得要提前订好住宿。

住宿

Surf n Stay NZ 青年旅舍 $

（☎07-865 8323；http://surfnstaynewzealand.com；227 Beverly Tce；铺 $34~36，标单 $60，双 $120；📶）这家旅舍位于距离海滨一个街区的安静街道上，由一对友好的新西兰和巴西夫妇经营，宿舍和私人房都干净舒适。房费包括英式早餐。提供冲浪和桨板课程（$70起），出租桨板、冲浪板和皮划艇（$20起），组织时间较长的冲浪营，其中部分包括瑜伽活动。

附近还有一个设施齐全的套间，价格为$150。

Wentworth Valley Campsite 露营地 $

（☎07-865 7032；www.doc.govt.nz；474 Wentworth Valley Rd；成人/儿童 $13/6.50）比大多数环保部的露营地都要高档，可以从文特沃思瀑布步道（见251页）前往，提供厕所、淋浴和燃气烧烤。

Breakers 汽车旅馆 $$

（☎07-865 8464；www.breakersmotel.co.nz；324 Hetherington Rd；套间 $185~245；📶🏊）这家新潮的汽车旅馆正对游艇码头，位于泰鲁瓦前往旺格玛塔的路上，有一个非常吸引人的游泳池，楼上套间的露台上有水疗池。

就餐

Soul Burger 汉堡 $

（☎07-865 8194；www.soulburger.co.nz；441 Port Rd；汉堡 $11~17；⏰周三至周日 17:00至深夜，12月至次年2月 每天）提供分量十足的汉堡，还为它们取了诸如“灵魂蓝调兄弟”（Soul Blues Brother）、“纯素韵律”（Vegan Vibe）这样的名字。这家时尚的街角小店持有售酒执照，可以为你的汉堡配上一瓶冰啤酒。

★Port Road Project 咖啡馆 $$

（☎07-865 7288；www.facebook.com/portroadproject；719 Port Rd；主菜 $15~25；⏰周四至周一 8:00~15:00，12月至次年2月 营业时间延长；✍）🍃时尚的斯堪的纳维亚半岛风格，让这家新开的咖啡馆为沉睡的小镇点上了一抹亮色。和当地人一起，坐在阳光明媚的公共餐桌边，从全天供应的菜单上点些吃的，搭配美味的咖啡、哈密尔顿精酿啤酒和苹果酒，也有大量的葡萄酒可选。偶尔晚上也营业，尤其是夏天，届时会提供创意共享拼盘，以及美式烤肉。记得提前咨询确认。

Argo Restaurant 新派新西兰菜 $$

（☎07-865 7157；www.argorestaurant.co.nz；328 Ocean Rd；主菜 $26~35；⏰周一、周四和周五 17:00~21:30，周六和周日 14:00~22:00，12月底至次年2月初 每天；📶）旺格玛塔最经典的餐厅，一目了然的菜单上有法式小馆的经典菜式，可能包括回锅肉、油封鸭腿。前菜有腌扇贝、对虾或鲜牡蛎。空气清新的露台是下午享用新西兰精酿啤酒或葡萄酒的完美场所。旺季营业时间延长。

SixfortySix 咖啡馆 $$

（☎07-865 6117；www.sixfortysix.co.nz；646 Port Rd；主菜 $10~26；⏰周日至周五 8:00~16:00，周六 至23:00；✍）🍃提供美味的柜台食品，比如海鲜酱手撕猪肉百吉饼，也有更加实在的主菜，包括美味扇贝和培根汉堡。饮品单上有新西兰葡萄酒、当地精酿啤酒、鲜榨果汁、冰沙和美味的咖啡。夏季晚餐时间会延长，还有一个墨西哥食堂供应炸玉米饼、玉米卷饼和玛格丽特酒。

饮品和夜生活

Lincoln 小酒馆 $$

（☎07-865 6338；www.facebook.com/thelincolnwhangamata；501 Port Rd；⏰周二至周五 17:00至深夜，周六 11:00至深夜）这家小酒馆集酒吧、法式小馆和咖啡馆于一体，为你提供各式各样的美好享受，就在旺格玛塔的主干道上。DJ会在夏天的周末悄然登场。

实用信息

旺格玛塔信息中心（Whangamata Info Plus；☎07-865 8340；www.thecoromandel.com/whangamata；616 Port Rd；⏰周一至周五 9:00~17:00，周六和周日 9:30~15:30）团队友好，提供丰

富的信息。

到达和离开

Go Kiwi（☎0800 446 549；www.go-kiwi.co.nz）有班车发往奥克兰（$75，3.5小时，每天1班）和科罗曼德尔地区其他区域。

怀希和怀希海滩（Waihi & Waihi Beach）

☎07/人口 4527和1935

自1878年以来，人们就一直在新西兰资源最丰富的玛撒矿区（Martha Mine）开采黄金和白银，城镇很快随之建立，高大的建筑拔地而起，夹道皆是凤凰棕榈。

玛撒矿区在1952年关闭，1988年又重新恢复露天开采，并且计划利用邻近潜在的矿源，预计可开采到2020年左右。此外，怀希作为风景绝佳的豪拉基铁路小径（见237页）的重要组成部分，正不动声色地迎来另一个发展机遇。

在怀希简单参观一番饶有趣味，怀希海滩（Waihi Beach）更是令人流连忘返。这两个地方中间隔着11公里的农田。一处采矿，一处冲浪，天差地别。沙滩绵延9公里，延伸至陶朗阿港北端的博文镇（Bowentown），在那里，你会发现一些被港口庇护的海滩，如美丽的安扎克湾（Anzac Bay）。有一条步行45分钟的徒步路线颇受欢迎，往北一路穿越灌木林，到达奥拉卡瓦湾（Orokawa Bay），这处海湾依然保留了原始的风貌。

景点

作为怀希的主干道，Seddon St有一些有趣的雕像，沿途信息板介绍着怀希辉煌的过往，还有一些环状交叉路看起来像被压扁的《神秘博士》里的机器人Dalek。游客中心（见255页）对面，是城镇的地标性建筑康沃尔泵房（Cornish Pumphouse，1904年），夜晚亮灯时分外别致。从这里沿矿坑口步道（Pit Rim Walkway）漫步，一窥250米深的玛撒矿区（Martha Mine）景象。

《豪拉基历史淘金城镇》手册（*Historic Hauraki Gold Towns*，从游客中心免费领取）列出了怀希和派罗阿的徒步路线。

★黄金探索中心 博物馆

（Gold Discovery Centre；☎07-863 9015；www.golddiscoverycentre.co.nz；126 Seddon St，Waihi；成人/儿童 $25/13；⏲9:00~17:00，4月至11月 至16:00）这家超棒的探索中心讲述了该区域金矿开采的过去、现在和未来，互动展览聚焦个人，讲述了许多有趣的故事。有全息投影和短影片，寓教于乐，吸引很多来访者。运气好的话，还能在"拟真"Two-Up（一个用硬币进行的赌博游戏）游戏中与头发花白的矿主较量一番。

阿希恩里温泉 温泉

（Athenree Hot Springs；☎07-863 5600；www.athenreehotsprings.co.nz；1 Athenree Rd，Athenree；成人/儿童 $7/5.50；⏲10:00~19:00）温泉池就藏在一座假日公园（☎07-863 5600；www.athenreehotsprings.co.nz；1 Athenree Rd，Athenree；露营地 $54起，套间 $85~175；@🛜🏊）中，两座室外温泉池虽然不大，却依然能让你在天气微凉的季节里泡得舒心。

活动

Waihi Bicycle Hire 骑行

（☎07-863 8418；www.waihibicyclehire.co.nz；25 Seddon St，Waihi；自行车租赁 半天/全天 $30/40起；⏲8:00~17:00）提供自行车出租，也有关于豪拉基铁路步道怀希端的大量信息。提供有趣的双人自行车和更高效的电动自行车。

淘金铁路 铁路

（Goldfields Railway；☎07-863 8251；www.waihirail.co.nz；30 Wrigley St，Waihi；成人/儿童 往返 $20/12，自行车 每程加收 $2；⏲从怀希出发 周六、周日和节假日 10:00、11:45和13:45）乘坐老式火车从怀希出发，全程7公里，经过30分钟抵达怀基诺（Waikino）。可以携带自行车，以便下车后继续探索豪拉基铁路小径的卡朗格哈克峡谷（Karangahake Gorge）路段。列车时刻表随季节变化，最好提前上网确认。

团队游

Waihi Gold Mine Tours 团队游

（☎07-863 9015；www.golddiscoverycentre.co.nz/tours；Gold Discovery Centre，126 Seddon

St, Waihi；成人/儿童 $34/17；⊙10:00和12:30，12月至次年2月 会增加开团数量）想深入壮观的玛撒矿区（Martha Mine）内部，可参加从黄金探索中心出发的Waihi Gold Mine Tour团队游，全程1.5小时。

住宿

Bowentown Beach Holiday Park 假日公园 $

（☎07-863 5381；www.bowentown.co.nz；510 Seaforth Rd, Waihi Beach；露营地 $50起，套间 $85~195；@📶）这座经营维护得极好的假日公园抢占了一块极其漂亮的沙滩，有一流的汽车旅馆式套间和露营设施。

Beachfront B&B 民宿 $$

（☎07-863 5393；www.beachfrontbandb.co.nz；3 Shaw Rd, Waihi Beach；房间 $140）这家民宿名副其实，绝对位于"海边"，拥有壮观的海景。楼下舒适的公寓有电视机和冰箱，打开房门就能去海上冲浪了。步行很短距离就有一家出色的海滨咖啡馆。

Waihi Beach Lodge 民宿 $$$

（☎07-863 5818；www.waihibeachlodge.co.nz；170 Seaforth Ave, Waihi Beach；双 $295；📶）这家民宿距离海滩不过数步之遥，有色彩

不要错过

卡朗格哈克峡谷（KARANGAHAKE GORGE）

连接怀希和派罗阿的公路穿过灌木成荫的卡朗格哈克峡谷，是新西兰风景最美的短途公路之一。徒步和骑行道循着毛利人昔日的小道、历史悠久的矿区、铁路残迹以及浓密的灌木林延伸。在毛利人的传说中，这片地区于守护神taniwha的护佑之下。1875年以前，当地部落为了禁止矿工进入，与好斗的蒂库堤（Te Kooti）部落结成了联盟。

卡朗格哈克峡谷历史步道（Karangahake Gorge Historic Walkway；www.doc.govt.nz）全长4.5公里，单程耗时1.5小时，非常值得一游。**豪拉基铁路小径**的东侧岔路也途经这片地区，可以从怀希乘坐火车前来，兜风欣赏峡谷最壮丽的一段风景。在**Waikino Station Cafe**（☎07-863 8640；www.facebook.com/waikinostationcafe；SH2；主菜 $10~20；⊙周一至周五10:00~15:00，周六和周日 9:30~16:00）也能租到自行车。与这家咖啡馆隔河相望的，是**维多利亚电池电车和博物馆**（Victoria Battery Tramway & Museum；☎027 351 8980；www.vbts.org.nz；Waikino；⊙周三、周日和节假日 10:00~15:00）。

继续向西数公里，Waitawheta Rd从SH2过河，延伸向**沃华诺瀑布**（Owharoa Falls）。瀑布对面是餐厅**Bistro at The Falls Retreat**（☎07-863 8770；www.fallsretreat.co.nz；25 Waitawheta Rd；比萨 $24~26，主菜 $30~40；⊙周三至周日 11:00~22:00；👪），旁边有一家设施齐备的乡村风格**住宿处**（☎07-212 8087；www.fallsretreat.co.nz/accommodation；25 Waitawheta Rd；双 $150）。

以卡朗格哈克峡谷的停车场为起点，有不少较短的徒步路线和环形步道。需要带上手电筒，因为一些步道会经过隧道。其中一条徒步2小时后可抵达**Dickey's Flat**（www.doc.govt.nz；Dickey's Flat Rd；成人/儿童 $8/4），那里有一处环保部露营地和一个不错的游泳池。在主要停车场里能找到环保部设置的信息板，上面介绍了这些步道和这片地区的历史。

沿着同一条路继续前行，拉脱维亚风格的酒庄**Ohinemuri Estate Winery**（☎07-862 8874；www.ohinemuri.co.nz；Moresby St；主菜 $16~33，共享拼盘菜 $45；⊙周三至周日10:00~16:00）供应上等的美味午餐。

金矿铁路的列车连接怀希和怀基诺（Waikino），那里有一条有趣的自行车道，沿着豪拉基铁路小径沿线非常美丽的山坡前行，穿过怀朗格哈克峡谷，大部分路段都很平坦。其他路段更适合驾车。

缤纷的现代化房间，还有一个自带小厨房的开间公寓。早餐堪称传奇，通常在阳光明媚的露台上供应。跟友好的店主Greg和Ali讨教一下自酿蜂蜜和意大利柠檬甜酒的秘诀，说不定有机会品尝。Greg熟知大量当地信息。

Manawa Ridge 度假屋 $$$

（☎07-863 9400；www.manawaridge.co.nz；267 Ngatitangata Rd, Waihi；房间 $950）这座形似城堡的生态度假屋坐落在310米高的山脊上，位于怀希东北6公里处，可以远眺整个丰盛湾（Bay of Plenty），由回收的铁路枕木、泥砖和石灰泥的草墙建造而成，而房间的装饰将朴素与奢华完美融合在了一起。

就餐

★Surf Shack 咖啡馆 $$

（☎07-863 4353；www.surfshackcafe.co.nz；123 Emerton Rd, Waihi Beach；主菜 $10~22；⊙周三至周日 9:00~14:30；）位于怀希海滩外围，绝对值得专程前来品尝丰盛的沙拉，以及可能算得上是新西兰最好的汉堡。菜单上的亮点还包括墨西哥、希腊和东南亚街头风味的小吃，饮品有新西兰精酿啤酒、康普茶和有机冷榨果汁。

Waihi Beach Hotel 法式小馆 $$

（☎07-863 5402；www.waihibeachhotel.co.nz；60 Wilson Rd, Waihi Beach；主菜 $20~30；⊙周四至周日 7:00至深夜，11月至次年3月 营业时间延长；）有趣的菜单上能看到早午餐的香辣豌豆、西班牙辣香肠配水波蛋，晚餐有鱼汉堡配手切薯条，汉堡也棒极了。服务娴熟悠然，饮品有自制苏打水和沙冰。许多食材都产自怀希附近地区。登录网站可查看周末固定节目和DJ。

Flatwhite 咖啡馆 $$

（☎07-863 1346；www.flatwhitecafe.co.nz；21 Shaw Rd, Waihi Beach；主菜 早午餐 $13~24，晚餐 $23~39；⊙8:00~22:00；）风格时髦，拥有售酒执照，并且就在海滩边。Flatwhite提供令人精力充沛的早午餐，以及味道相当不错的比萨。晚餐菜单上我们最爱的是杜卡香料三文鱼配哈里萨酸奶酱。最佳餐位是宽敞的露台或海滨草坪，可以一边喝着冰啤或凉沁的白葡萄酒，一边欣赏绝美的太平洋风景。

Porch Kitchen & Bar 咖啡馆 $$

（☎07-863 1330；www.theporchwaihibeach.co.nz；23 Wilson Rd, Waihi Beach；主菜 早午餐 $14~27，晚餐 $28~32；⊙周日至周四 8:00~15:00，周五和周六 至23:00）这家热闹的咖啡馆和酒吧位于怀希海滩的小镇上，提供丰盛的早餐和实惠的主菜。用好到出奇的火腿蛋松饼开始你的一天，或者晚上来吃些贻贝对虾意大利面。酒吧小吃和精酿啤酒很搭，周六17:00开始是欢乐时光，偶尔有现场音乐演出。

实用信息

怀希游客中心（Waihi i-SITE；☎07-863 9015；www.waihi.org.nz；126 Seddon St, Waihi；⊙9:00~17:00，4月至11月 至16:00）提供当地实用信息，还有一家妙趣横生的怀希黄金探索中心（见253页），通过现代化的互动展示，再现了怀希地区黄金开采的过去、现在和未来。怀希海滩也有一家很好的**信息中心**（www.waihibeachinfo.co.nz；Wilson Rd, Waihi Beach；⊙10:00~15:00），由志愿者运营，所以时间不定。

到达和离开

搭乘**InterCity**（见209页）的长途客车可以到达哈密尔顿（$33，2.5小时），陶朗阿（$19，1小时）和泰晤士（$15，50分钟）。

派罗阿（Paeroa）

☎07/人口 3980

派罗阿是饮料品牌Lemon & Paeroa（L&P）的诞生地，L&P是新西兰的特色标志，标榜自己“在新西兰人尽皆知”。可事实上，这种讨人喜欢的碳酸饮料已经被全球饮料行业巨头可口可乐阿马提尔公司（Coca-Cola Amatil）收购，只是在奥克兰生产而已。时至今日，一代又一代的新西兰儿童仍旧不知疲倦地缠着他们的父母前来这里，仅仅就是为了看一眼巨大的L&P饮料瓶。登录www.paeroa.org.nz查看这种新西兰标志性饮品的全部故事。对于怀旧的旅行者而言，派罗阿的主街上有一些出色的复古和古董商店。

景点

历史海洋公园 博物馆

（Historical Maritime Park；☎07-862 7121；www.historicalmaritimepark.co.nz；6894 SH2；成人/儿童 $5/2；⏰10:00~15:00）这家出色的河畔海洋博物馆位于派罗阿西北约3公里处，SH2旁。详细展出了詹姆斯·库克船长1769年探访泰晤士河口及附近的怀霍河（Waihou River）的相关信息。其余展品聚焦河上贸易对科罗曼德尔金矿的重要意义。无论北上还是南下，绝对值得在此稍作停留。

派罗阿博物馆 博物馆

（Paeroa Museum；☎07-862 8942；37 Belmont Rd；成人/儿童 $2/1；⏰周二至周五 正午至15:00）收藏了丰富的皇家阿尔伯特（Royal Albert）瓷器，以及其他拓荒者和毛利人的手工艺品——留意抽屉内部。

食宿

★Refinery 咖啡馆 $

（☎07-862 7678；www.the-refinery.co.nz；5 Willoughby St；小吃 $8~14；⏰周三至周五 8:30~16:00，周六和周日 9:00起）这座宽敞的咖啡馆呈现出20世纪六七十年代的风格，有一台点唱机，欢迎顾客从箱子里满满的黑胶唱片中挑选播放，请悠闲地迷失其中吧。最好是在复古的旧沙发上和餐厅中享用美味咖啡和食物，尤其是烤三明治，可以试试Cuban。

这里还提供时尚的住宿（☎07-862 7678；www.the-refinery.co.nz；5 Willoughby St；双 $99起；📶）。欢迎入住真正的新西兰精品房，走进这个国家最好的咖啡馆之一。

L&P Cafe, Bar & Brasserie 咖啡馆 $$

（☎07-862 6753；www.lpcafe.co.nz；SH2；主菜 $11~20；⏰8:00至深夜）点一份L&P的洋葱圈、炸鱼和薯条，或L&P红烧五花肉。当然，还要留点肚子吃L&P的冰激凌甜点。

实用信息

派罗阿信息中心（Paeroa Information Centre；☎07-862 6999；www.paeroa.org.nz；Old Post Office Bldg，101 Normanby Rd；⏰周一至周五 9:00~17:00）提供信息和宣传册，后者包括豪拉基铁路小径游玩指南。

到达和离开

InterCity（www.intercity.co.nz）有班车从派罗阿往返泰晤士（$15，30分钟，每天3班）和哈密尔顿（$25，5小时，每天1班）。

塔拉纳基和旺阿努伊

包括 ➡

最佳餐饮

- Monica's Eatery（见265页）
- Social Kitchen（见265页）
- Saigon Corner（见291页）
- Opunake Fish,Chips and More（见274页）
- Citadel（见280页）

最佳住宿

- One Burgess Hill（见264页）
- Ducks & Drakes（见263页）
- Ahu Ahu Beach Villas（见272页）
- Tivoli Homestay（见264页）
- King & Queen Hotel Suites（见264页）
- Browns Boutique B&B（见279页）

为何去

塔拉纳基（Taranaki，也称“Naki”）地处新西兰被低估的西海岸，位于奥克兰和惠灵顿中间，堪称这个国家的“得克萨斯”，近海有取之不尽的石油和天然气。而在新普利茅斯，免费的画廊、地方级的博物馆和热门餐厅吸引了渴望兼顾慢节奏与现代生活方式的奥克兰年轻家庭和退休人士。旅行者也一样。

城市背面是惊人的火山——塔拉纳基山（Mt Taranaki），就算不攀登，也值得拍摄。火山地形造就了本地区的黑沙海滩，每逢夏季，冲浪者和度假游人便会蜂拥而至。

东边稍远处，历史悠久的旺阿努伊河穿过旺阿努伊国家公园，蜿蜒流向旺阿努伊市，这个19世纪建立的河港城市随着时间的积淀而越发优雅迷人，也滋养了当地的艺术氛围。北帕默斯顿是马纳瓦图地区最大的城市，这里是一个学生城，有无咖啡不欢的梅西大学师生。城市周围的地区民风淳朴，生活节奏缓慢。

何时去

- 1月和2月，沿着105公里长的45号冲浪公路巡游，寻找你最爱的黑沙海滩——趁夏日冲上浪尖！
- 7月，塔拉纳基山上的粉雪和完美的景色使之成为理想的游览季节。
- 12月，人群蜂拥而至，参加一年一度的灯光节，到普凯库拉公园观灯。

塔拉纳基和旺阿努伊亮点

❶ **塔拉纳基山**(见267页)步行登上巨大的环形火山口,或在山间走走。

❷ **新西兰橄榄球博物馆**(见288页)在**北帕默斯顿**感受全黑队的精神。

❸ **45号冲浪公路**(见272页)挑战冲浪海滩的巨浪。

❹ **新普利茅斯**(见260页)在雷恩·莱中心了解实验艺术,尝试城市里一家家咖啡馆的手艺。

❺ **新西兰玻璃馆**(见276页)在**旺阿努伊**观看玻璃制品的吹制过程。

❻ **旺阿努伊国家公园**(见281页)划着独木舟或皮划艇到旺阿努伊河上寻找平静的真谛,或是加入极限喷射艇探险。

❼ **旺阿努伊河公路**(见283页)驾车或骑行穿行——速度无所谓,目的是感受过程。

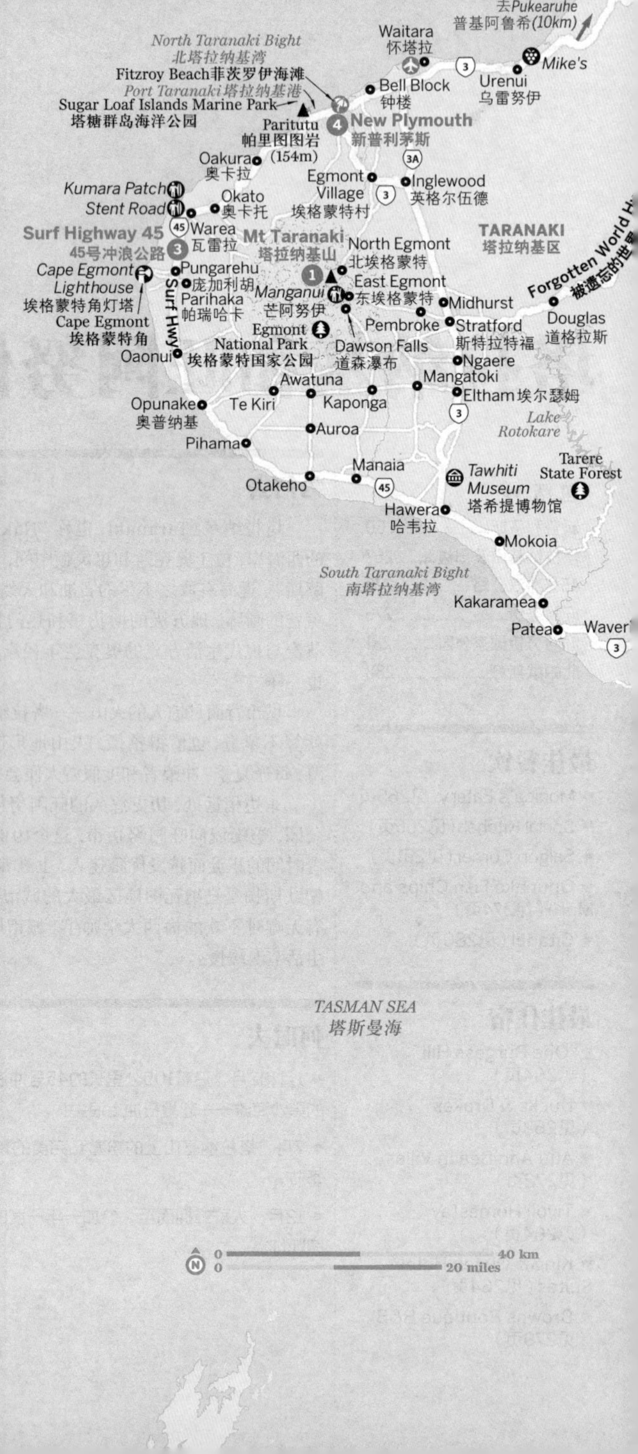

去Taumarunui
陶马鲁努伊(43km)
去Ohinepane
奥因尼佩尼
(10km)
去Taumarunui
陶马鲁努伊(14km)
去Taupo
陶波(39km)
Ohura Falls
奥胡拉瀑布
Maraekowhai
Owhango
奥方奥
Turangi
图朗伊
Mt Pihanga
皮杭阿火山
(1325m)
Whakahoro
法卡霍罗
Mt Tongariro
汤加里罗火山
(1967m)
Rangipo
Kaimanawa Mountains
卡曼纳瓦山脉
Whangamomona
旺阿莫莫纳
Ohura River
奥胡拉河
Mangapurua Trig
芒格普鲁瓦三角点
(663m)
Tongariro
National Park
汤加里罗国家公园
WAIKATO
怀卡托区
Mt Ngauruhoe
瑙鲁霍伊山(2291m)
Whanganui
National Park
旺阿努伊国家公园
Mangapurua/
Kaiwhakauka Track
芒格普鲁瓦/
凯瓦考步道
Whakapapa Village
华卡帕帕村
Iwikau Village
Kaimanawa
Forest Park
卡曼纳瓦森林公园
HAWKE'S BAY 霍克湾区
Mt Humphries
(730m)
Mt Ruapehu
鲁阿佩胡火山
(2797m)
Tohunga
Junction
Desert Rd
Matemateāonga
Track
玛蒂玛蒂亚昂加步道
Raetihi
拉伊蒂希
Ohakune
奥阿库尼
Pipiriki
皮皮里基
Waiouru
怀乌鲁
Whanganui River
旺阿努伊河
Paraparas
Hiruharama 希鲁哈拉玛
Ranana 拉纳纳
Matahiwi
Whanganui
National Park
旺阿努伊国家公园
Koriniti
考利尼蒂
Raukawa Falls
Atene 阿蒂尼
Atene Tracks &
Taumata Trig
阿蒂尼步道和
陶马塔三角点
Whanganui River Road
旺阿努伊河公路
Parikino
帕里基诺
Mangaweka
Ruahine
Forest Park
鲁瓦希尼森林公园
Kai Iwi
凯伊维
Kai Iwi Valley Rd
Kai Iwi Beach
凯伊维海滩
MANAWATU-WANGANUI
马纳瓦图-旺阿努伊区
Ohingaiti
Castlecliff
Whanganui
旺阿努伊
Whanganui
Airport
旺阿努伊机场
Hunterville
Turakina
Turakina Beach
Marton
Ruahine Range
鲁瓦希尼山脉
Bulls
Feilding
菲尔丁
Dannevirke
Moanaroa Beach
Palmerston
North Airport
北帕默斯顿机场
Ashhurst
Manawatu Gorge
马纳瓦图峡谷
Palmerston North
北帕默斯顿
Woodville
Himatangi Beach
Ballance
Mangatainoka
Foxton Beach
福克斯顿海滩
Foxton
福克斯顿
Manawatu Rv
马纳瓦图河
Makerua
Konini
Shannon
香农
Makuri
Hokio Beach
Tararua Range
塔拉鲁阿山脉
Levin
勒文
Eketahuna
Waikawa Beach
Manakau
Otaki Beach
WELLINGTON
惠灵顿区
去Masterton
马斯特顿(25km)
去Masterton
马斯特顿(36km)

到达和当地交通

新西兰航空（见266页）提供塔拉纳基往返新普利茅斯的国内航班。Naked Bus（www.nakedbus.com）和InterCity（www.intercity.co.nz）同样有到新普利茅斯的班车线路。塔拉纳基山和新普利茅斯之间有接驳班车往来。

新西兰航空有航班飞往旺阿努伊和北帕默斯顿这两个城市的机场，InterCity（Naked Bus没有前往旺阿努伊的车次）的班车服务也都覆盖了这两座城市。由新西兰铁路公司提供的火车旅游线路（见292页）经停北帕默斯顿，这趟旅游列车往返奥克兰和惠灵顿。

新普利茅斯（New Plymouth）

☎06/人口 74,200

新普利茅斯是新西兰这一区域唯一的国际深水港，它背倚塔拉纳基山（可能是最好的地理环境），周围是郁郁葱葱的农庄。和所有的港口城市一样，世界各地的旅行者随潮水来来往往，当地人在一片喧嚣中拥有了国际化的视野。城镇中充满了浓厚的艺术气息（有两家极好的免费画廊）。这里有几家很棒的咖啡馆，人们热爱户外活动，关注传统。冲浪海滩和塔拉纳基山（埃格蒙特国家公园）近在咫尺。

景点

★雷恩·莱中心 画廊

（Len Lye Centre；☎06-759 6060；www.lenlyefoundation.com；42 Queen St；⏲10:00~17:00；👪）**免费** "伟大的艺术和伟大的建筑五五分"，雷恩·莱（1901~1980年）曾这样说。这座当代艺术画廊就是献给这位震撼世界的新西兰艺术家的。确实，建筑本身就很不可思议：混凝土结构的楼体外观是镜面的，看起来就像一支支长笛，里面是一系列由坡道连接的画廊，其中收藏着莱的作品——活跃，喧嚣，令人惊喜。隔壁是电影院、儿童艺术部和更为开阔的戈怀德–布鲁斯特艺术画廊（Govett-Brewster Art Gallery）。不要错过。

★普凯库拉公园 公园

（Pukekura Park；☎06-759 6060；www.pukekura.org.nz；Liardet St；⏲白天）**免费** 这里是新普利茅斯最好的公园，占地49公顷，集花园、游乐场、步道、溪流、瀑布、池塘和展室于一体。划船（每半小时$15，仅限夏季）穿过最大的湖（水中随处可见足有手臂长的鳗鱼），湖边有Tea House（☎06-758 7205；菜肴$8~19；⏲9:00~16:00；👪）提供简餐。夏季，炫目的灯光节（见263页）吸引着大批游客，盛况不逊于在修剪完美的草坪球场上举行的英式板球赛（cricket oval）。

★普基阿里基 博物馆

（Puke Ariki；☎06-759 6060；www.pukeariki.com；1 Ariki St；⏲周一、周二、周四和周五9:00~18:00，周六和周日 至17:00）**免费** 这座博物馆的名字翻译过来就是"酋长山"，其中设有信息中心（见266页）、一座博物馆、一座图书馆、一家咖啡馆和一个餐厅Arborio（☎06-759 1241；www.arborio.co.nz，65 St Aubyn St；早餐和午餐 $10~26，晚餐 $21~38；⏲9:00至深夜；📶）。出色的博物馆中收藏着大量的毛利文物，外加殖民地、山地地质学和野生动物的展品（但愿悬挂在大厅上空的鲨鱼不要掉下来）。

★戈怀德–布鲁斯特艺术画廊 美术馆

（Govett-Brewster Art Gallery；☎06-759 6060；www.govettbrewster.com；42 Queen St；⏲10:00~17:00）**免费** 戈怀德–布鲁斯特艺术画廊算是新西兰最好的地方画廊了，毗邻超赞的雷恩·莱中心（见260页），展品多为富于实验性和争议性的国内外当代艺术作品。不妨顺便拐到旁边很棒的Monica's Eatery（见265页）吃点东西。

帕里图图岩 山丘

（Paritutu Rock；Centennial Dr；⏲白天）**免费** 位于城西的帕里图图是一座陡峭的石头山（海拔150米），名字的意思是"上升的绝壁"。说"绝壁"是对的——它确实令人膝盖发软，爬到山顶需要15分钟，后半段需要抓着一根铁链爬上光秃的岩石。如果你能无视内心的尖叫登上山顶，就能尽览方圆数英里的景色，既能远眺塔糖群岛（Sugar Loaves），也能俯视城区和远处的塔拉纳基山。但如果天气不好，最好（安全起见）还是留待来日。

塔糖群岛海洋公园 岛屿

（Sugar Loaf Islands Marine Park；☎06-759

New Plymouth 新普利茅斯

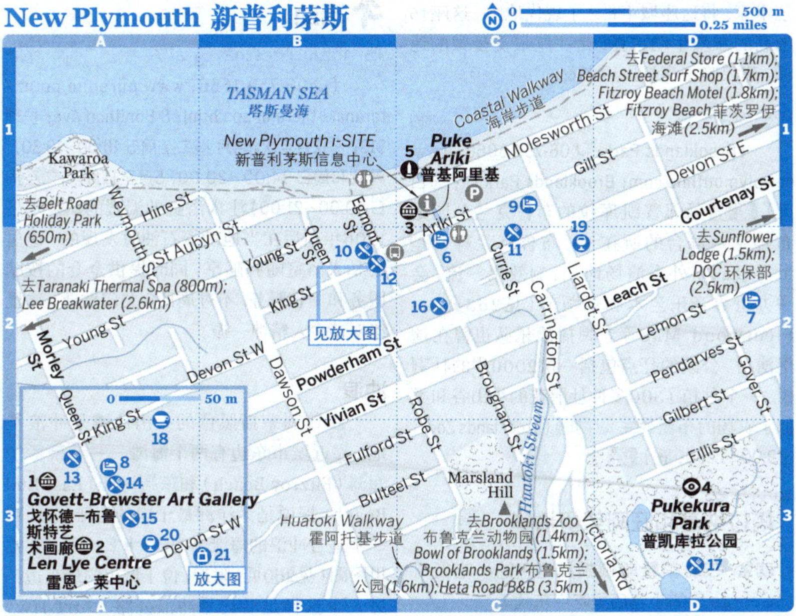

New Plymouth 新普利茅斯

重要景点

1 戈怀德—布鲁斯特艺术画廊......A3
2 雷恩·莱中心......A3
3 普基阿里基......C1
4 普凯库拉公园......D3

景点

5 风杖......C1

住宿

6 Ariki Backpackers......C2
7 Ducks & Drakes......D2
8 King & Queen Hotel Suites......A3
9 Metrotel......C1

就餐

Arborio......（见3）
10 Frederic's......B2
11 Kathakali......C2
12 Meat & Liquor......B2
13 Monica's Eatery......A3
14 Ms White Pizza & Beer Garden......A3
15 Public Catering Co.......A3
16 Social Kitchen......C2
17 Tea House......D3

饮品和夜生活

18 Bean Store......A3
19 Hour Glass......C2
20 Snug Lounge......A3

购物

21 Kina......B3

0350; www.doc.govt.nz; ⏲24小时）免费 这些礁石小岛在毛利语中称为"Ngā Motu"，是火山遗迹经海水千万年侵蚀形成的，距离海岸大约有1公里，是10,000只海鸟和400多只海狮的栖息地。大部分海狮6月至10月生活在这里，但也有一些全年在岛上栖息。这里也是热门的潜水地，夏秋能见度可达20米。普基阿里基的信息中心（见266页）能为你提供皮划艇租赁、导游或参加团队游（见263页）的建议。

风杖

雕塑

（Wind Wand; Puke Ariki Landing, St Aubyn St; ⏲24小时）免费 普基阿里基登陆点的这个古怪的作品是雷恩·莱设计的——正是这位艺术家，将这座城市带入了现代地图。这座45米高的雕塑生动古怪，是一座很受爱戴的地标。建议晚上亮灯以后来看。

布鲁克兰公园 公园

（Brooklands Park；☎06-759 6060；www.newplymouthnz.com；Brooklands Park Dr；⏰白天）免费 紧邻普凯库拉的布鲁克兰公园是布鲁克兰舞台的所在地。布鲁克兰舞台是世界级的室外表演场地，音响效果一流，会举办世界音乐艺术和舞蹈节（见263页），Fleetwood Mac等老牌摇滚乐队也曾在这里演出。公园的亮点包括一棵2000岁的牡荆树、一个种植了300多种杜鹃花的小山谷和类似于农场的**布鲁克兰动物园**（Brooklands Zoo；⏰9:00~17:00；👪）免费。

塔拉纳基和旺阿努伊精华

就餐 在北帕默斯顿颇具盛名的小吃街George St的小吃店里吃点东西。

饮品 从Ozone Coffee Roaster的**Bean Store**（Bean Store by Ozone Coffee；☎06-757 5404；www.ozonecoffee.co.nz；47a King St；菜肴 $5~12；⏰周一至周五 7:00~15:30，周六 7:00~14:00，周日 8:00~14:00）购买第三次咖啡浪潮的成果。

阅读 《一个火热的星期五》（*Came a Hot Friday*），罗纳德·休·莫利埃森（Ronald Hugh Morrieson）1964年出版的小说，他出生于哈韦拉，作品讲述了两个骗子欺骗全国出版商的故事。

聆听 旺阿努伊最著名的即兴表演歌手The Have的摇滚专辑*Back to the Burning Wreck*。

观赏 汤姆克鲁斯出演的电影《最后的武士》[爱德华·兹维克（Edward Zwick）导演，2003年；塔拉纳基山脉才是这部电影的主角]。

绿色旅行 划着小船沿旺阿努伊河前行，观赏令人惊叹的新西兰原野风景。

网络资源 www.visit.taranaki.info，www.whanganuinz.com，www.manawatunz.co.nz

活动

Taranaki Thermal Spa 水疗

（☎06-759 1666；www.pureone.co.nz/taranaki-thermal-spa.html；8 Bonithon Ave；护理 $13；⏰12月至次年4月 周二至周五 10:00~19:30，周六和周日 14:00~20:00，5月至11月 周二至周日 10:00~21:00）注入浴缸的温暖的矿泉水是1906年前后在当地勘探石油时发现的。这里的私人浴室随到随享，同时提供全套的按摩服务和美容服务，不过周日会关门歇业。这里绝对能令人精神一振。

冲浪

新普利茅斯黑色的火山沙滩是冲浪圣地。靠近城市东边有两个海滩——**菲茨罗伊海滩**（Fitzroy Beach）和**东端海滩**（East End Beach；据说是大洋洲最干净的海滩）。还有一个适合冲浪的海滩名为**Back Beach**，在帕里图图（见260页）附近，位于城市的最东边。另一个选择是沿45号冲浪公路（Surf Hwy 45）向南。

Beach Street Surf Shop 冲浪

（☎06-758 0400；www.facebook.com/BeachstreetNZ/；39 Beach St；1小时课程 $100起；⏰周一至周五 10:00~17:00，周六和周日 至15:00；👪）这家冲浪用品店位于菲茨罗伊海滩附近，提供冲浪课程、装备出租（冲浪板/立式桨板/潜水服 每小时$15/25/10）和冲浪建议（登录Facebook主页查看有关当地海浪的实时情报）。

徒步

新普利茅斯信息中心（见266页）提供小册子《塔拉纳基：步行者指南》（*Taranaki: A Walker's Guide*），其中包括当地的海岸景点信息、旅馆预订信息，以及可供散步的公园信息。连接钟楼（Bell Block）和塔拉纳基港的**海岸步道**（Coastal Walkway，11公里）很不错，沿途可以见识到新普利茅斯热闹的冲浪景象，还会穿过很上镜的**雷瓦雷瓦大桥**（Te Rewa Rewa Bridge；☎06-759 5150；www.visit.taranaki.info；Te Rewa Rewa Bridge；⏰24小时）。**霍阿托基步道**（Huatoki Walkway；5公里）依霍阿托基溪（Huatoki Stream）而建，是条连接市中心的漫步小道。《新普利茅斯历史之旅》（*New Plymouth Heritage Trail*）手册介绍了不少真正值得一看的热门历史遗址。

如果想登山（见268页），无论是走短途环路，还是多日步道，都有Top Guides Taranaki（见269页）和Taranaki Tours（见269页）运营的接驳车往返新普利茅斯和埃格蒙特国家公园。

团队游

Chaddy's Charters 乘船

（☎06-758 9133；www.chaddyscharters.co.nz；Ocean View Pde, Lee Breakwater；成人/儿童 $40/15；⏲9月至次年6月 8:00~16:00，7月和8月 9:00~16:00；👪）乘坐这家公司的船游览塔糖群岛，1小时的航程保证你笑声不断。潮汐和天气允许的情况下，每天从Lee Breakwater发船。也提供皮划艇（单人/双人 每小时$15/30）、自行车（每小时$10）和立式桨板（每小时$30）出租。冬季营业时间根据天气而定。

Canoe & Kayak Taranaki 皮划艇

（☎06-751 2340；www.canoeandkayak.co.nz；468 St Aubyn St；1.25小时 $50）提前致电，预订季节性皮划艇团队游或立式桨板课程。

节日和活动

★世界音乐艺术和舞蹈节 音乐节、文化节

（WOMAD, World of Music, Arts & Dance；☎0800 484 253；www.womad.co.nz；⏲3月）每年3月，国内外艺术家纷纷在**布鲁克兰舞台**（Bowl of Brooklands；☎06-759 6060；www.npeventvenues.nz；Brooklands Park Dr；⏲仅限演出日期）表演。WOMAD非常出名，届时，全国各地的音乐迷都会蜂拥而至，共襄盛举。可在线预订露营位。

塔拉纳基国际艺术节 艺术节

（Taranaki International Arts Festival；☎06-759 8412；www.taft.co.nz；⏲8月和9月）在这个大型的地方性艺术节上，除了欣赏戏剧、舞蹈、音乐、视觉艺术和游行之外，还能大饱口福。

塔拉纳基园艺大观 文化节

（Taranaki Garden Spectacular；☎0800 746 363；www.gardenfestnz.co.nz/；⏲10月至11月）历史悠久的新西兰鲜花节，你肯定没在别处见过这么多杜鹃花。

新西兰文身和艺术节 文化节

（NZ Tattoo & Art Festival；www.nztattooart.com；⏲11月）这个漂亮皮肤的盛会于11月举行，吸引数千名文身爱好者齐聚此地，度过一个繁忙的周末。给自己弄个新"徽章"，或者看看自行车越野赛上花样百出的骑手或是连轴转的滑稽表演。

灯光节 文化节

（Festival of Lights；☎06-759 6060；www.festivaloflights.nz；⏲12月至次年2月）每年12月中旬到次年2月初，五颜六色的灯光妆点着普凯库拉公园（见260页），还有现场音乐表演、1000种灯光装置和角色扮演游行。

住宿

★Ducks & Drakes 青年旅舍、酒店 $

（☎06-758 0404；www.ducksanddrakes.co.nz；48 Lemon St；旅舍 铺/标单/双 $32/68/90起，酒店 房间 $130起；📶）一座迷宫般的建筑，建造于19世纪20年代，有明亮的墙壁和高级的木结构装修，个性十足。楼上的房间精致、隐秘、僻静，还能看到日出。旁边是一家昂贵的酒店，装修奢华，提供大床套房。每当十几岁的女儿有朋友过来时，店主就会躲到那边去。

Belt Road Holiday Park 假日公园 $

（☎06-758 0228，0800 804 204；www.beltroad.co.nz；2 Belt Rd；露营地 $23起，木屋 $75~145；📶）🍃这个度假公园位于一片种着波胡图卡瓦树的草地上，地势很高，能俯瞰塔斯曼海。从市区步行到这里需要15分钟。其中6个最好的木屋，住起来感觉不亚于价值百万美元的别墅，有一个儿童游乐区以及一个蹦床。

Heta Road B&B 民宿 $

（☎06-759 1205；www.lookafterme.co.nz/accommodation/heta-homestay；206d Heta Rd, Highlands Park；双 $85起；🅿📶）这座有格调的民宿距离市区4公里，是一个宁静又经济的大本营。主人有旅游业的从业背景，乐于分享指南，也很幽默[经常引用电视剧《费尔蒂旅馆》

（*Fawlty Towers*）中的笑料]。有4个房间，其中2个自带卫浴，并且全都能直接连通水疗影音室。

Sunflower Lodge
青年旅舍 $

（☎06-759 0050，0800 422 257；www.sunflowerlodge.co.nz；33 Timandra St；铺/标单/标双/双/标三 $33/64/78/78/105起；@📶）这家国际青年旅舍位于一条陡峭的车道旁，从市区驾车向南几分钟即到，为了改掉原本养老院的环境，这里尽了最大的努力，而且大部分都成功了。宿舍最多能住4人，白板上列出了免费活动清单，能眺望西海岸是加分项，更不用说还有高质量的床垫和一个烤肉亭了。

Ariki Backpackers
青年旅舍 $

（☎06-769 5020；www.arikibackpackers.com；25 Ariki St；铺 $30，双 $70~90；@📶）这家地处市中心的青年旅舍位于古老的Royal Hotel楼上，铺着时髦的地毯欢迎四方来客。宽敞的客厅区域摆放着很受欢迎的复古沙发，房顶露台能俯瞰公园对面的普基阿里基（见260页）。大多数房间带独立卫浴。出租自行车、冲浪板和皮划艇，不过拥抱金色猎犬Ronnie是免费的。

店主拥有整座建筑，所以可以留意优惠活动，旁边的休息室会有DJ表演和深夜项目。

★ One Burgess Hill
汽车旅馆、公寓 $$

（☎06-757 2056；www.oneburgesshill.co.nz；1 Burgess Hill Rd；双 $146起，1/2卧套间 $186/255起；📶）这家可爱的住宿处完全超乎了汽车旅馆给人的期待，有15个时尚的套房，位于新普利茅斯市中心以南（通往塔拉纳基山的路上）约5公里处的一片绿色山坡上。室内装饰时尚，厨房漂亮，有木柴烤炉，私有山谷风景不同于一般的路边汽车旅馆。楼上房间床边就是浴缸，抬眼就是怀瓦凯欧（Waiwhakaiho）河。

Metrotel
汽车旅馆 $$

（☎06-222 0036；www.themetrotel.co.nz；22 Gill St；双 $130~160，2卧套间 $255；P📶）2017年开业，还能看到20世纪20年代老仓库墙壁的痕迹。房间简单但时尚，色彩缤纷，有裸露的灯泡，或是半衬着软垫、有动物印花的长沙发。2卧带跃层的房间天花板很高，单间公寓可容轮椅直接进入，有木头露台，2卧公寓里还有独立的厨房和休息室。

Fitzroy Beach Motel
汽车旅馆 $$

（☎06-757 2925，0800 757 2925；www.fitzroybeachmotel.co.nz；25 Beach St；1/2卧套间 $160/200起，加床 $20；📶）这家汽车旅馆很宁静，离菲茨罗伊海滩仅200米，此前已完成了大规模整修和扩建。亮点很多，包括令人平静的配色、高质量的地毯、双层玻璃、可爱的浴室、大电视，每个房间空间都很大（无论是大床房还是标间）。自行车免费使用。

★ King & Queen Hotel Suites
精品酒店 $$$

（☎06-757 2999，0800 574 683；www.kingandqueen.co.nz；King St和Queen St交叉路口；双 $179起，套 $219~440；P@📶）这是一家具有皇家气质的酒店，就坐落在时尚的西区（West End Precinct）——国王街和王后街的交叉路口（懂了吧？）。拥有永不出错的专业团队，每间套房都配有摩洛哥和欧洲的古董家私、光亮的黑色瓷砖、时尚艺术品、皮沙发以及工业化的别致细节。住客可借用自行车，还有一些和当地最好的一些咖啡馆、酒吧和餐厅联合设置的用后可退款的便利设施。

Tivoli Homestay
民宿 $$$

（☎06-751 1206；www.tivolihomestay.co.nz；22 Scott St，Moturoa；双 $229；P📶）这个魅力超凡的民宿位于市中心以西约5公里处，距离帕里图图岩（Paritutu Rock，见260页）1公里，有3个房间，店主友好。除了有新普利茅斯最好的早餐之外，从楼上的公共空间（包括一个户外露台和童话般的小塔）望去，你的目光能翻越塔拉纳基山、穿过中部高原（Central Plateau），直抵大海。

就餐

Public Catering Co.
咖啡馆 $

（☎06-759 7090；www.publiccatering.co.nz；White Hart courtyard，43a Queen St；$6~10；⏲周一至周六 8:00~15:30，周日 9:00~15:00）这家咖啡馆是怀特哈特区（White Hart Precinct）又一个瑰宝，它是一家美食承

办公司的前台。橱窗里摆着甜甜圈、派和鲁宾三明治，热乎乎的肉卷和汤在冷天是一种享受。室内满眼都是装饰性的混凝土块和裸露的水管，有一张公共餐桌。不过，如果天气暖和，不如到院子里吃个意式冰激凌吧。

Ms White Pizza & Beer Garden 比萨 $

(www.mswhite.co.nz; White Hart Courtyard, 47 Queen St; 比萨 $13~19; ⏲周一和周二 16:00~22:00, 周三、周四和周日 11:00~22:00, 周五和周六 至23:00; ✍)和Snug Lounge（见265页）共享一个阳光庭院，供应传统的木柴烤意大利比萨和超过40种精酿啤酒，食物都是在户外厨房制作的。试试番茄酱和马苏里拉奶酪打底的"Rosse"比萨，或以橄榄油代替番茄的"Bianche"比萨。周一有$10特价菜，发朋友圈一定要带上主题标签：#pizzawillneverbreakyourheart（从不让人失望的比萨）。

★ Social Kitchen 拉美菜 $$

(☎06-757 2711; www.social-kitchen.co.nz; 40 Powderham St; 共享拼盘菜 $30~55; ⏲正午至深夜; 📶)这家时尚的餐厅位于曾经的救世军堡垒(Salvation Army Citadel)里，到处都是迷人的霓虹灯和动物标本。肉和猪头像艺术品一样悬挂着，想避开可以去庭院，那里挂的是五颜六色的灯。空着肚子来，分享浓郁的西班牙香肠和Mibrasa木炭炉烹煮的怀托阿散养鸡。

★ Monica's Eatery 新派新西兰菜 $$

(☎06-759 2038; www.monicaseatery.co.nz; King St和Queen St交叉路口; 早餐 $13~19, 午餐 $15~39, 晚餐 $23~40; ⏲6:30至深夜; 📶✍)位于戈怀德－布鲁斯特艺术画廊（见260页）和雷恩·莱中心（见260页）旁边，全天营业，虽然采用当代风格装饰，但氛围温馨。或许能透过开放式厨房看到手工制作的宽面条被盛进碗里，或者听着Bill Withers和Supremes的动感旋律轮换交接。店员很可能会建议你往热乎乎的佛卡夏面包上"刷酱"。不管怎样，我们在这里感受到了家的氛围。

Federal Store 咖啡馆 $$

(☎06-757 8147; www.thefederalstore.com; 440 Devon St E; 主菜 $12~19; ⏲周一至周五 7:00~16:30, 周六和周日 8:30~16:30; ✍👪)这家咖啡馆十分受欢迎，摆的都是复古风格的家具，不禁令人想起19世纪50年代街角店铺的气氛。当你在彩旗下的服务台排队等待点餐的时候，围着整齐头巾的店员会为你服务。保持好心情，等待店员为你送上南方炸鸡百吉饼、莎苏卡（shakshuka；番茄香辛料酱水波蛋）或火腿蛋松饼，也有蛋糕、馅饼和柜台熟食。很适合小孩子。

Kathakali 南印度菜 $$

(☎06-758 8848; www.kathakali.co.nz; 39a Devon St E; 主菜 $17~22; ⏲周二至周日 正午至14:00 和17:00~22:00; ✍)从Devon St上楼，就是这家当地人最爱的餐厅，店员都能叫得出熟客的名字。菜单上有各种南印度食物，从必点的dosa（风味烤饼）配椰子酸辣酱、sambar（酸豆汤），到什锦菜咖喱和椰子、腰果，一应俱全。不知怎么回事，在这里，喀拉拉邦似乎也不那么遥远了。

Bach on Breakwater 咖啡馆 $$

(☎06-769 6967; www.bachonbreakwater.co.nz; Ocean View Pde, Lee Breakwater; 主菜 $12~25; ⏲周三至周五 9:30~16:00, 周六和周日 至17:00; ✍)这家位于Lee Breakwater区域的咖啡馆兼小酒馆由沉甸甸的再生木建成，看起来像一个饱经风霜的水手箱。全天供应的早午餐从素食版的丰盛早餐，到涂有厚厚花生酱的纽约客法式吐司都有。素食、严格素食和无谷蛋白食品可以按照色彩编码方便地找到。

Meat & Liquor 美国菜 $$$

(☎06-7591 227; www.meatandliquor.co.nz; 34a Egmont St; 主菜 $26~45; ⏲周四和周五 正午至14:00, 每天 17:00~23:00; 📶)跟着闪闪发亮的红色霓虹灯走，经过**Frederic's**(☎06-759 1227; www.frederics.co.nz; 34 Egmont St; 拼盘 $14~21, 主菜 $19~30; ⏲正午至午夜; 📶)酒吧，上楼来到这家餐厅。这里用茶巾取代了餐巾，包肉纸取代了桌布。把素食主义的朋友留在家里，分享足有400克的可持续农业生产的牛肉、当地羊羔臀肉和猪肉。我们喜欢里面的酒吧及其吸引眼球的口号："细切好下口。"

🍷 饮品和夜生活

★ Snug Lounge 鸡尾酒吧

(☎06-757 9130; www.snuglounge.co.nz;

Devon St W和Queen St交叉路口；小盘菜 $9~19；⏲周一至周六 16:00至深夜，周日 正午至深夜）这家酒吧位于从前标志性的White Hart Hotel酒店中，地处城边，是个喝酒的好地方。打扮得漂亮一点来这里，点一个Tropical Botanical（金酒、椰子汁和薄荷），拿出坐拥全城的气派。出色的精选日式共享菜肴可以确保你一直有这种感觉。

Hour Glass 酒吧

（☎06-758 2299；www.facebook.com/thehourglass49；49 Liardet St；西班牙小吃 $4~10，主菜 $32~35；⏲周二至周六 16:00至深夜）这家经营至午夜的西班牙小吃和精酿啤酒吧悄然出现在Liardet St上，酒吧内配有深红色锦缎的窗帘、纯木直背椅和有趣的木质镶板台面。提供多种精心酿制的啤酒，如果你是常客，这里甚至还有带着名字的储酒柜帮你储存昂贵的酒。可登录Facebook主页查看品尝和休闲活动。

购物

Kina 艺术品、珠宝

（☎06-759 1201；www.kina.co.nz；101 Devon St W；⏲周一至周五 9:00~17:30，周六 9:30~16:00，周日 11:00~16:00）优美的店面就在主街道上，店内销售华美的新西兰手工艺品、珠宝、洗浴和美容产品，外加艺术设计品，此外还定期举办展览。这是购买有意义的新西兰纪念品的最佳去处。

实用信息

环保部（DOC，Department of Conservation；☎06-759 0350；www.doc.govt.nz；55a Rimu St；⏲周一至周五 8:00~16:30）提供本地区的国家公园，以及徒步、露营等信息。

新普利茅斯信息中心（New Plymouth i-SITE；☎06-759 6060；www.taranaki.co.nz；Puke Ariki，1 Ariki St；⏲周一、周二、周四和周五 9:00~18:00，周三 至21:00，周六和周日 至17:00；节假日关闭）位于**普基阿里基**（见260页）大厦内，为游客提供大量互动式信息。

Phoenix Urgent Doctors（☎06-759 4295；www.phoenixdoctors.co.nz；95 Vivian St；⏲8:30~20:00）可预约医生，提供紧急医疗救助。有药店。

Taranaki Base Hospital（☎06-753 6139；www.tdhb.org.nz；23 David St，Westown；⏲24小时）事故处理和急诊。

到达和离开

飞机

新普利茅斯机场（New Plymouth Airport；☎0800 144 129；www.newplymouthairport.com；Airport Dr）在市区以东11公里处，紧邻SH3。**Scott's Airport Shuttle**（☎0800 373 001，06-769 5974；www.npairportshuttle.co.nz；每人 $18~28，每2人 $22~32）运营往返机场的上门接驳车。

航空公司如下：

新西兰航空公司（Air New Zealand；☎06-357 3000，0800 737 000；www.airnewzealand.co.nz）每天都有航班抵离奥克兰、惠灵顿和克赖斯特彻奇（基督城），还有联程航班。

新加坡航空公司（Singapore Airlines；www.singaporeair.com）航班往返新普利茅斯、克赖斯特彻奇（基督城）和奥克兰。

维珍澳洲航空公司（Virgin Australia；www.virginaustralia.com）与新西兰航空公司航线相同。

长途汽车

长途汽车中心（Bus Centre；Egmont St和Ariki St交叉路口）位于新普利茅斯市中心，提供多条长途客运线路服务。标准票价（即不退款）是最便宜的选择。

InterCity（www.intercity.co.nz）可以抵达以下目的地：

目的地	票价	时间(小时)	班次(每天)
奥克兰	$43起	6	2
哈密尔顿	$33起	3.5~4	4
北帕默斯顿	$28起	4	1
惠灵顿	$29起	7	1
旺阿努伊	$23起	2.5	1

Naked Bus（www.nakedbus.com）长途客运线路与InterCity几乎相同，有时还能与其他运营商的车次衔接联运。登录网站查看路线和票价。

当地交通

自行车

Cycle Inn（☎06-758 7418；www.cycleinn.co.nz；133 Devon St E；每2小时/每天 $10/20；⏲周一至

周五 8:30~17:00，周六 9:00~16:00，周日 10:00~14:00）提供自行车出租。位于Lee Breakwater的Chaddy's Charters（见263页）也有。

公共汽车

Citylink（☎0800 872 287；www.taranakibus.info；票 成人/儿童 $3.70/2.30）周一至周五运营，线路遍布新普利茅斯。另外，还有车辆开往北边的怀塔拉（Waitara）和南边的奥卡拉（Oakura）。始发站为长途汽车中心（见266页）。

小汽车

Rent-a-Dent（☎06-757 5362，1800 14 18 22；www. rentadent.co.nz；592 Devon St E；⏲周一至周五 8:00~17:00，周六 至正午）想要租金便宜，试试Rent-a-Dent。

出租车

Energy City Cabs（☎06-757 5580，0800 14 15 25；www.energycabs.co.nz）新普利茅斯地区的出租车。

新普利茅斯周边 （Around New Plymouth）

从新普利茅斯沿着SH3北上，沿途会经过一些有趣的地方，许多朝海的岔路都通往高耸的沙丘和冲浪海滩。

景点

过了河畔的夏季热门度假地乌雷努伊（Urenui）大约5公里后，你将看到一家名为Mike's（☎06-752 3676；www.mikesbeer.co.nz；487 Mokau Rd，Urenui；比萨 $18；⏲10:00~17:00）的酿酒厂，有人认为它是北塔拉纳基地区的亮点。再往前走，是通往普基阿鲁希（Pukearuhe）和白崖（White Cliffs）的出口。后者是一块巨大的峭壁，与位于多佛（Dover）的同名悬崖颇为相似。白崖步道以普基阿鲁希的船坞坡道为起点，走一圈要3小时，步行道两侧有迷人的海景和山景（塔拉纳基山脉和鲁阿佩胡火山）一路随行。海滩边的潮汐有些危险，最好在退潮2小时内游玩。

继续往北边的莫考（Mokau）走，看到三姐妹（Three Sisters）岩时停一停，这标志着你就在东加里普鲁图桥（Tongaporutu Bridge）的正南面了，潮水一退，你就可以过桥走到海岸对面。如今，两个"姐姐"孤独地矗立在海里，"妹妹"10年前已经坍塌成了一堆石砾，但眼看着被海水日夜侵蚀的悬崖边将有一个新的"妹妹"要诞生了。三姐妹旁边是大象岩（Elephant Rock）——你永远都猜不到它的模样像什么。

普凯堤 花园

（Pukeiti；☎0800 736 222；www.pukeiti.org.nz；2290 Carrington Rd，New Plymouth；⏲9:00~17:00）免费 这座公园位于新普利茅斯城南23公里处，种植着大面积的杜鹃花。全年任何时候都值得到这里来一趟，尤其是9月至11月，花香四溢的时节。参加花园徒步（45分钟到2小时），或者带孩子玩一场自主导览的树屋小径（Treehouse Trail）探险。园内还有个咖啡馆。

塔拉纳基天文、交通和科技博物馆 博物馆

（Taranaki Aviation，Transport & Technology Museum，简称TATATM；☎06-752 2845；http://tatatm.tripod.com/museum；SH3和Kent Rd交叉路口，New Plymouth；成人/儿童/家庭 $7/2/16；⏲周六、周日、学校和公共假日 10:30~16:00）这座博物馆位于新普利茅斯以南大约9公里处的路边，展品包括老旧的飞机、火车、汽车和常见的居家杂物。由热心的志愿者维护，因为公众的捐赠，展品数量一直在增长。许多展览都是互动型的。不要错过到哈佛大学训练机的机舱里坐一坐的机会！

塔拉纳基山及周边 （Mt Taranaki & Around）

到达和离开

可以自驾上下塔拉纳基山，也可以选择搭乘接驳车，从新普利茅斯前往国家公园的主要入口。InterCity（www.intercity.co.nz）和Naked Bus（www.nakedbus.com）的班车在往返旺阿努伊和新普利茅斯的途中经停斯特拉特福（Stratford）和英格尔伍德（Inglewood）。

塔拉纳基山（埃格蒙特国家公园）[Mt Taranaki (Egmont National Park)]

近乎完美的锥形火山拔地而起，直升上2518米的高空，任谁都不可能无视塔拉纳基

山。按照毛利人的说法，塔拉纳基山与汤加里罗山争夺美丽的皮杭阿山（Mt Pihanga），不料战败，之后便从北岛的火山高原来到这里。从地质学角度来看，塔拉纳基山（Mt Taranaki）是三大火山[另外两个是凯塔克（Kaitake）和波瓦凯（Pouakai）]中最"年轻"的一个，它们都位于同一条断层线上。它最后一次爆发是在350多年前，专家说新一轮爆发是迟早的事。但若因此而错过它的壮丽，就是你的损失了，这座山绝对不容错过。只是，其中的危险也是众所周知的，因此，在尝试徒步攀登之前，还须先到环保部的信息中心查看最新消息。

上山的路有很多，从北埃格蒙特（North Egmont）、道森瀑布（Dawson Falls，见269页）、东埃格蒙特（East Egmont）都可以上山。北埃格蒙特和道森瀑布都有环保部的信息中心，而要想投宿或购买装备，就需要到斯特拉特福和英格尔伍德了。

活动

徒步

由于交通方便，塔拉纳基山成了新西兰"被攀登次数最多"的山。然而，在这座山上徒步却很危险，不可掉以轻心。出发之前一定要多听听其他登山者的建议，并在环保部游客中心或信息中心登记自己的徒步路线。

大多数登山者从北埃格蒙特、道森瀑布和东埃格蒙特出发。首先，务必详细阅读环保部的小册子（每本$1~1.50，可在网站免费下载打印）了解路线详情，或通过免费手册《塔拉纳基：步行者指南》（*Taranaki: A Walker's Guide*）了解更多信息。不过，有消息称宣传册很快就会停止发放。

从北埃格蒙特上山的路叫作**波瓦凯环路**（Pouakai Circuit），沿途风景如画。这条环形路长25公里，途经高山地带、沼泽和草地，能看到令人迷醉的山间风光，全程需时2~3天，只用1天的**波瓦凯穿越线**（Pouakai Crossing）更短，也更受欢迎，单程19公里。同起点还有几条较好走的短线，如**Ngatoro Loop Track**（40分钟）、**Veronica Loop**（2小时）和**Nature Walk**（15分钟环线）。**塔拉纳基山登顶路线**（Mt Taranaki Summit Climb）的起点也是北埃格蒙特山，这是条14公里的登山路线，需要使用到登山杖，上山需要5~6小时，下山3~4小时，经验不足者切勿尝试，尤其是在山路被冰雪覆盖的情况下。

Potaema Track（无障碍通道，往返30分钟）和**斯特拉特福高原瞭望台线**（Stratford Plateau Lookout，往返10分钟）在东埃格蒙特。陡峭的**Enchanted Track**相对较长，往返需要2~3小时。

在道森瀑布，有数条短途步道供你选择，包括**Wilkies Pools Loop**（往返1.25小时），其中的新桥能让你回头眺望山峰。跨越湖泊，还有**Fanthams Peak**（往返5小时）可走，只是风景虽美，却也更富挑战性，冬季路面会被冰雪覆盖。**Kapuni Loop Track**（1小时环路）通往18米高的**道森瀑布**。从游客中心出发，走大约10分钟可到达观景台，在那里也可以看到道森瀑布。

55公里长的**Around-the-Mountain Circuit**崎岖难行，走完需要3~5天，仅限经验丰富的登山者。沿途有许多小木屋，但住宿费用要提前支付。

York Road Loop Track（3小时以内）起点为斯特拉特福（Stratford）北边的York Rd，部分路段是一条废弃的铁路线。

2月至4月降雪量小，山区徒步无须雇用向导，但其他时间，缺少经验的登山者应该向环保部询问关于当地登山俱乐部和向导的信息。雇用向导每天的费用为$300左右。

滑雪

芒格努伊滑雪区 滑雪

（Manganui Ski Area；www.skitaranaki.co.nz；紧邻Pembroke Rd, East Egmont；缆车票每

塔拉纳基令人心碎的故事

在毛利人的传说中，塔拉纳基曾经属于北岛中部的火山部落。但是，在与汤加里罗山（Tongariro）争夺美丽情人皮杭阿火山（Pihanga；位于陶波湖附近）的大战失败后，他被迫离开，逃往南方（有人说他是因为羞愧，也有人说他是为了平息事端）。这一路，他在地球表面划下了一道宽阔的伤口，也就是如今的旺阿努伊河。最后，他停下了脚步，伟岸而孤独地伫立着，终日以泪洗面。

天 成人/儿童 $50/35）从斯特拉特福出发，沿Pembroke Rd到达斯特拉特福高原（Stratford Plateau），再往前走1.5公里就来到小小的滑雪场芒格努伊滑雪区。斯特拉特福信息中心（见272页）每天发布天气和降雪情况，也可以通过网络摄像头查看。提供共享设施的滑雪小屋（成人/儿童/家庭 $45/15/100），但限10人成团方可入住，其中至少要有5位成年人。最新信息和快速回复，可查看Facebook主页www.facebook.com/Manganui。

团队游

Top Guides Taranaki 徒步

（☎0800 448 433；www.topguides.co.nz；半天/全天徒步 每人 $99/299起）塔拉纳基山导览徒步，包括半日和全日行程，最少4人成团。提供往返新普利茅斯和山间的接驳服务。

Taranaki Tours 团队游

（☎06-757 9888；www.taranakitours.com；每人 $145起）以塔拉纳基山范围内的一日游为主，其特色是会介绍毛利文化和自然历史知识。也提供“被遗忘的世界”公路团队游（Forgotten World Hwy tour）、冲浪团队游和高山接驳服务。

Beck Helicopters 观光飞行

（☎0800 336 644，06-764 7073；www.heli.co.nz；4512 Mountain Rd，Eltham；飞行 每人 $295起）在嗡嗡声中，乘坐观光直升机环绕这座大山飞行（你本来觉得从地上看就已经够好了！）。最少4人成团。

住宿

山间有几个环保部的小木屋，都挨着登山步道。大部分每晚$15（Syme为$5），需要提前在环保部支付住宿费用。自带厨具、餐具和睡袋。不接受预约，先到先得。

路口山坡上有一家青年旅舍、两处环保部管理的简易住房和一些有趣的度假屋。

Camphouse 青年旅舍 $

（☎06-756 0990；www.doc.govt.nz；Egmont Rd，North Egmont；成人/儿童 $25/10，独用 $600）这间简易风格的青年旅舍在北埃格蒙特的游客中心后面，房子建于1850年，房顶盖着波浪形铁皮，墙上还有枪洞（塔拉纳基土地战争中殖民者向当地毛利人开枪留下的痕迹）。

在门廊上就能看到一望无际的美景。4个房间能住32人，有公共设施。

变幻莫测的塔拉纳基山

塔拉纳基山看似容易攀登，但这座低调的山峰已经夺去80多条人命。山区的小气候瞬息万变：刚才还是暑气炎炎，转眼间就大雪纷飞。山上还有险峻的断崖和陡峭的冰坡。

山区有多条短途步道，大多数时候是安全的，但乐于冒险的人最好选择1月至3月来。带上一份详细的地形图——Topo50出版的《塔拉纳基（埃格蒙特）山》（*Mt Taranaki or Mt Egmont*；比例尺为1:50,000），地图不错，还要向环保部的职员询问最新的天气状况。如果打算前往山间徒步，你必须在山上的道森瀑布或北埃格蒙特环保部游客中心或新普利茅斯信息中心（见266页）登记，还可以通过网站www.adventuresmart.org.nz登记。

★Ngāti Ruanui Stratford Mountain House 度假屋 $$

（☎06-765 6100，027 588 0228；www.stratfordmountainhouse.co.nz；Pembroke Rd；双/家 $155/195；📶）这间高效运转的旅馆坐落在塔拉纳基山的斯特拉特福一侧（离SH3公路15公里，再往前3公里就到达芒格努伊滑雪区），在一条短短的森林小路上方，有8个汽车旅馆式的小木屋、一个双人间、一个可住4人的家庭房。寒冷的夜晚，水疗浴室是一大恩赐，欧式餐厅（主菜 早餐和午餐 $12~39，晚餐 $31~42）中的壁炉也是。有膳宿套餐（$345起）。

实用信息

道森瀑布游客中心（Dawson Falls Visitor Centre；☎06-443 0248；www.doc.govt.nz；Manaia Rd，Dawson Falls；⏰周四至周日 9:00~16:00，学校假期 每天）在山的东南角，门口有一根令人生畏的图腾柱。

毛利新西兰：塔拉纳基和旺阿努伊

自从那座同名山脉为躲避它遭遇的浪漫爱情困境而逃到此地以来，塔拉纳基地区就陷入了一段动荡的历史。先是当地各部落与来自怀卡托的侵略者之间的冲突，然后是和英国政府的两场战争：第一次是1860~1861年；第二次是1865~1869年。这两场战争直接导致了大面积的土地被没收，以及在帕瑞哈卡（Parihaka）兴起的一次罕见的消极抵抗运动。

乘车往东沿着旺阿努伊河公路前往毛利人的传统领地深处，沿途经过阿蒂尼（Atene）、考利尼蒂（Koriniti）、Ranana和希鲁哈拉玛等毛利村庄。在旺阿努伊，一定要去旺阿努伊地区博物馆（Whanganui Regional Museum，见276页）看看奇妙的土著展品，普提基教堂（见277页）的毛利雕刻也不能错过。

北帕默斯顿的蒂马纳瓦博物馆（见288页）以毛利展品为主，而新西兰橄榄球博物馆（见288页）则向全黑队的毛利队员致敬，没有他们，这支球队不可能连连夺得世界冠军。

MetService（www.metservice.com）最新山区天气。

北埃格蒙特游客中心（North Egmont Visitor Centre；☎06-756 0990；www.doc.govt.nz；Egmont Rd，North Egmont；⏰8:00~16:00，冬季时间缩短）提供国家公园全面的最新信息，以及关于徒步和小屋的确切细节。

到达和离开

有3条主要公路通往埃格蒙特国家公园（Egmont National Park），沿路都标识得很清楚。离新普利茅斯最近的是北埃格蒙特：在埃格蒙特村（Egmont Village；新普利茅斯以南12公里处）离开SH3，沿着Egmont Rd往前14公里。在斯特拉特福，从Pembroke Rd出口离开公路，继续走15公里前往东埃格蒙特和芒格努伊滑雪区。从东南方向来的话，Manaia Rd通往距离斯特拉特福23公里的道森瀑布。

没有连接国家公园的公交车，但只要你花上$40/60（单程/往返），有些运营往返客车或团队游的机构会载你一程（团队游一般便宜些）。

Eastern Taranaki Experience（见286页）总部在斯特拉特福，提供山间接驳班车、团队游和住宿服务。

Taranaki Tours 往返新普利茅斯和北埃格蒙特，适合一日徒步。

Top Guides Taranaki（见269页）山间接驳服务，在新普利茅斯周边有接车点。7:00~7:20可到住宿处接车。也提供高山向导。

英格尔伍德（Inglewood）

☎06/人口 3250

只有一条主街的小镇英格尔伍德位于SH3路边，到塔拉纳基山很方便，是个补充超市物品和小零食的实用供给站。

景点

Fun Ho! 国家玩具博物馆 博物馆

（Fun Ho! National Toy Museum；☎06-756 7030；www.funhotoys.co.nz；25 Rata St；成人/儿童 $7/3.50；⏰10:00~16:00；👪）这座可爱的博物馆展出（并出售）老式的砂模铸造玩具，也是当地的游客信息中心。同样适合大孩子和玩具爱好者，每个人都会大喊“Fun Ho!”（好玩！）。

食宿

Inglebrook Villa & Gardens 民宿 $$

（☎027 271 8354，06-756 6062；www.inglebrook.co.nz；87 Rata St；标单/双 含早餐 $140/170；📶）这座1907年初建成的建筑位于一片300平方米的土地上，掩映在修剪得整整齐齐的树木和花园中，从仅有的Garden Suite看出去，一片绿意盎然，房里有一对落地玻璃门和一个露台。我们喜欢木头贴面的浴室，还有休息室里的砖砌壁炉。多花$10可享受英式早餐。休息室里可提供沙发床（加$60）。

Caffe Windsor 咖啡馆 $$

（☎027 368 2738，06-756 6665；www.caffewindsor.co.nz；1 Kelly St；主菜 早午餐 $12~19，晚餐 $18~30；⏰周一至周四 8:30~17:00，周五和周六 至深夜，周日 至15:00）Caffe Windsor位于一栋火红色的建于1878年的建筑内，是因格尔伍德最早的店铺之一。早上出售鸡蛋和华夫饼，白天供应老派汉堡和三明治，晚上供应泰式红咖喱鸡及其他食物。

斯特拉特福（Stratford）

☎06/人口 8991

走SH3的话，斯特拉特福在新普利茅斯东南方向40公里处，这里是塔拉纳基山的门户。斯特拉特福与英格兰埃文河畔的莎士比亚出生地斯特拉特福（Stratford-upon-Avon）同名，连街道名都充满诗意。小镇声称拥有新西兰第一座（也是最后一座）钟琴。钟琴每天4次（10:00、13:00、15:00和19:00）准点奏响。更让人印象深刻的是卡灵顿步道（Carrington Walkway），穿过爱德华国王公园（King Edward Park）的纪念大门即到，它沿着帕蒂亚溪（Pātea Stream）伸展，带你跨过桥梁，穿过农场和开满杜鹃花的幽谷。

景点

珀西·汤普森美术馆 美术馆

（Percy Thomson Gallery; ☎06-765 0917; www.percythomsongallery.org.nz; Prospero Pl, 56 Miranda St; ⏲周一至周五 10:30~16:00，周六和周日 至17:00）免费 这座先进的社区美术馆（以前任市长的名字命名）就在斯特拉特福信息中心旁，馆内展出当地、地区和国内艺术家的作品。每隔3~4周会更换新展。

塔拉纳基先驱村 博物馆

（Taranaki Pioneer Village; ☎06-765 5399; www.pioneervillage.co.nz; SH3; 成人/儿童 $12/5; ⏲10:00~16:00; 👪）从斯特拉特福出发，沿SH3往南走1公里，就来到了这里。这个占地4公顷的户外博物馆由40座老房子组成，许多可追溯到19世纪50年代初。历史厚重感扑面而来，甚至令人有点毛骨悚然。如果想让双脚休息一下，先驱特快列车是个好选择（入场费$5或$3）。这里还有一家咖啡馆。

住宿

Regan House 民宿 $$

（☎06-765 4189, 022 412 3354; www.reganhouse.co.nz; 193 Regan St; 标单/双 含早餐 $100/150; Ⓟ📶）这座建于20世纪初的房屋里

另辟蹊径

被遗忘的世界公路

斯特拉特福和陶马鲁努伊（Taumarunui）之间150公里的公路（即SH43）号称“被遗忘的世界公路”。这条路有一小段（约11公里）石子路穿过林木茂密的山丘，经过毛利人的要塞村（pā）、废弃的煤矿和许多历史遗址。只有一小段（大约12公里）还是土路。停停走走，需要4小时，沿途没有加油站，务必在出发前加满油。也要记得在本地区的信息中心或环保部游客中心拿一份《被遗忘的世界公路》（*Forgotten World Highway*）出行指南。

景点

旺阿莫莫纳（Whangamomona, 人口: 40）是这条公路的亮点。1989年，在与当地议会产生摩擦之后，这个小村子宣布独立，每逢奇数年的1月庆祝一次“共和日”（Republic Day），在庆祝活动上有华丽的主题表演。不要错过古老的Whangamomona Hotel（☎06-752 5823; www.whangamomonahotel.co.nz; 6018 Forgotten World Hwy, Whangamomona; 标单/双 $120/150，度假小屋 $175; ⏲9:00至深夜），这所大房子提供简单的住宿和丰盛的乡村菜肴。出租屋有能容纳8人的Whanga Bridge House（☎06-762 5552; www.facebook.com/whangabridgehouse6025; 6025 Ohura Rd, Whangamomona; 标单/双 含早餐$120/150）和能容纳6人的Whanga Butcher Shop（☎06-762 5552; www.facebook.com/WhangaButcherShop; 6024 Ohura Road, Whangamomona; 标单/双 $120/150），由同一个团队经营。

团队游

不驾车的话，可以参加Eastern Taranaki Experience（见286页）或Taranaki Tours（见269页）的团队游。还可以看看陶马鲁努伊的探秘“被遗忘的世界”（见232页）。

只有2个套间（当店主一家住在这里时，就只有一个了），在斯特拉特福更加商业化的有限住宿之外，算是一个补充。有极舒适的床、修剪整齐的花园、分量充足的英式早餐，其中鸡蛋是农场自产的，有温馨的家的感觉。位于“被遗忘的世界公路”起点。

Amity Court Motel 汽车旅馆 **$$**

（☎06-765 4496，0800 496 313；www.amitycourtmotel.co.nz；35 Broadway N；双/公寓$140/224起；📶👪）石头包裹的柱子，生动的屋顶，木头百叶窗，柔和的洞穴一般的色彩，Amity Court Motel将小镇的住宿水准拔高了。2卧公寓很适合家庭旅行者，情侣可以问问12号房，阳台上有热水浴缸。店内有一个电动车充电站。

ℹ 实用信息

斯特拉特福信息中心（Stratford i-SITE；☎0800 765 6708，06-765 6708；www.stratford.govt.nz；Prospero Pl，Broadway S，Stratford；⏲周一至周五 8:30~17:00，周六和周日 10:00~15:00）提供当地各种情报，还能就塔拉纳基山步道提出很好的建议。沿着主街旁的一条柱廊街走即可到达。

45号冲浪公路（Surf Highway 45）

连接新普利茅斯和哈韦拉的南北向公路SH45全长105公里，人称“45号冲浪公路”。它随海岸线伸展，沿途有多片黑沙海滩，但别太拘泥于公路的名号——道路的确经过大量的黑沙沙滩，但也会弯向内陆，穿过绿色的牧场和农场。在游客中心拿一份《45号冲浪公路》（*Surf Highway 45*）小册子。

ℹ 到达和离开

令人欣喜的是，新西兰这片地区的游客还不多。你需要自驾游玩（骑行也是个好选择，地形大都很平坦）。

替代方案是，当地SouthLink（www.taranakibus.info）的公共汽车周五有一班车从新普利茅斯出发，沿SH45前往奥卡拉（Oakura）、奥卡托（Okato）和奥普纳基（Opunake），然后开往内陆，经埃尔瑟姆（Eltham）抵达哈韦拉（Hawera）。周一至周五，SouthLink每天开行一班车，从新普利茅斯出发，沿内陆路线，经斯特拉特福前往哈韦拉。

奥卡拉（Oakura）

☎06/人口 1380

从新普利茅斯出发，沿着SH45往西南方向走15公里，就来到第一个休息站——节奏缓慢的小城奥卡拉。小镇上的礼品店、加油站和家庭医药中心都只有一家，但好的用餐场所却多得不成比例。宽阔的沙滩不仅因为其右手浪深受冲浪者喜爱，还非常适合家庭度假。记得带上沙滩鞋，阳光照射下的黑沙十分炙热。

🏃 活动

到**Vertigo Surf**（☎06-752 7363；www.vertigosurf.com；2 Tasman Pde；课程 $80起；⏲周一至周五 9:00~17:30，周六和周日 至16:00）或**Tarawave Surf School**（☎021 119 6218；www.taranakisurfschool.com；90分钟课程 每人$50起）参加课程，磨炼你的冲浪技能。

🛏 食宿

Oakura Beach Holiday Park 假日公园 **$**

（☎06-752 7861；www.oakurabeach.com；2 Jans Tce；露营地 $22起，木屋 $75~150；@📶）这个高于平均水平的海滩公园在悬崖和大海之间，最适合房车露营，但设施齐备的套间C11和C12能看到连绵不断的海景。有抬高的简单小屋，也有海滨帐篷位。从公园步行穿过自然保护区可前往Gaerloch号船难遗址，想象一下这艘达345吨的船曾经的光彩。

★ **Ahu Ahu Beach Villas** 精品酒店 **$$$**

（☎06-752 7370；www.ahu.co.nz；321 Ahu Ahu Rd；双和家 $210~295，2卧度假屋 $450起；📶）价格虽高，但风景一流。酒店坐落在一座小山上，海景尽收眼底，这座豪华别墅式酒店的设计一反常理，建材大量使用回收木材，墙上镶满了漂流瓶，百年历史的法式瓦铺屋顶上满是青苔，精心抛光的水泥地上镶满了鲍鱼壳。套房可住4人，是日落小酌的理想场所。

High Tide 咖啡馆 $

（www.facebook.com/hightideoakura；1136b SH45；午餐 $9~15，糕点 $3~5；⏲7:00~14:00）曾经是海滩上的一个食物车，因为太过受欢迎，便搬进了这个永久性营业场所。超新鲜的秘方点心（试试熏三文鱼百吉饼或法式糕点）和咖啡都是镇上最佳。员工都满面笑容，当地艺术家的作品、室内花灯和有图案的靠垫平添了几许波希米亚的冲浪氛围。

★Black Sand Pizzeria & Bistro 比萨、早餐 $$

（☎06-752 7806；www.facebook.com/blacksandOK；1 Tasman Pde；比萨 $15~20；⏲夏季 周二至周日 9:00至深夜，冬季 周四和周五 17:00至深夜，周六和周日 9:00至深夜；👪）这家值得信赖的餐馆就在海滩上，与冲浪俱乐部占据同一座建筑。那不勒斯风味的比萨地道得让人惊喜——都是薄底，有气泡形成的硬壳——这些用意大利式锅制作、木柴烤出的美味让塔拉纳基人都想过来一尝究竟。也有酒馆食物、早餐和随时供应的啤酒。

奥卡托及周边 (Okato & Around)

在奥卡拉和奥普纳基之间，SH45公路向内陆伸展，穿过奥卡托，中途可以绕道去几片不错的海滩。这里有传说中极好的冲浪场所，比如瓦雷阿（Warea）以南的Stent Rd（Stent Rd, Warea；⏲24小时），奥卡托以西的Kumara Patch（Komene Rd, Okato；⏲24小时）。庞加利胡（Pungarehu）附近的埃格蒙特角（Cape Egmont）有一座古老的灯塔（Lighthouse；Cape Rd, Pungarehu；⏲24小时）免费，以及相连的博物馆（☎06-763 8507, 06-763 8489；www.southtaranaki.com；Bayly Rd, Warea；捐赠入场；⏲周六和周日 11:00~15:00）。

食宿

Stony River Hotel 小酒馆 $$

（☎06-752 4454；www.stonyriverhotel.co.nz；2502 SH45, Okato；标双/双/标三 含早餐 $110/120/170；📶）这家柠檬黄的公路酒店建于1875年，目的是供骑马北上的邮差中途休息。楼上有超级整洁的乡村风格套间，光线明亮，楼下有一个餐厅（主菜 $17~34），周末供应午餐，周三至周日提供晚餐。角落房间视野最好。不要错过周三伴随着“嗡啪嗡啪”调子的炸肉排之夜。

★Cafe Lahar 咖啡馆 $

（☎06-752 4865；64 Carthew St, Okato；主菜 $10~22；⏲周二 8:30~15:00，周三和周四 至16:00，周五至周日 至23:00）这家悠闲的咖啡馆位于奥卡托一座仿佛黑边盒子似的笨拙的木头房屋中（很难错过，毕竟这里也没别的什么了）。这里空间很高，有旋转的电扇，门前有几只诱人的沙发，菜单上有猪肉香肠和豆子，周五、周六和周日晚上供应泥炉鸡肉沙拉和比萨，时不时也提供美味的咖啡和现场音乐。

奥普纳基 (Opunake)

☎06/人口 1335

慵懒的奥普纳基是塔拉纳基的消夏小城兼冲浪中心，有一个带遮阳篷的海滩（适合家庭）。主街上没有太多吸引人的地方，不过尝试一下美味的炸鱼和薯条总不会错，还可以到修复后的Everybody's Theatre看场电影。

活动

奥普纳基步道 徒步

（Opunake Walkway；Layard St；⏲白天）免费 想舒展舒展腿脚？奥普纳基步道是一条7公里长的步道，有路标，走完全程需要3个小时，围绕着奥普纳基海滨展开，起点在Layard St的奥普纳基湖（Opunake Lake；可以钓鱼）。

Surfing With Murray 冲浪

（☎027 218 3377；murraybaylis@gmail.com；课程 $60起）1.5小时的小团队冲浪课程，在奥普纳基海滩安全的波浪中进行。提供潜水衣和冲浪板，最多4个学生（2人及以上同行，价格降至$60或更低）。

食宿

Opunake Beach Holiday Park 假日公园 $

（☎0800 758 009, 06-761 7525；www.opunakebeachnz.co.nz；1 Beach Rd；双 露营地/木屋/别墅 $44/75/110；@📶）酒店公园是一片设施完善的园区，就在冲浪沙滩后面。园区内

铺满草坪，营地的厨房也很大，住宿面积非常大，几米外就是冲浪黑沙滩。

Headlands 酒店 $$

（☎06-761 8358；www.headlands.co.nz；4 Havelock St；房间 $130~250；📶）这个刚开业不久的旅馆距离海滩仅100米，有一个豪华的3层客房楼，楼下是一间欧洲印度风格的小馆（主菜 $12~34；食物比装潢好）。这里是镇上最紧俏的住宿选择，能看到日落美景的房间最好，不过现代化的风格稍显无趣。

★**Opunake Fish, Chips and More** 炸鱼和薯条 $

（☎06-761 8478；www.facebook.com/Opunakefishchipsandmore；61 Tasman St；炸鱼和薯条 $3.50~10；⏰11:00~20:00）这里将炸鱼和薯条做到了极致：历史悠久（20世纪60年代开业），手切土豆，提供种类繁多的鱼（包括当天捕捞的鲜鱼）。店主是当地人，满面笑容，还提供不含谷蛋白的食物，在这里吃一顿，你立刻就会感觉融入了奥普纳基社区。便宜，讨人喜欢，怀旧。

Sugar Juice Café 咖啡馆 $$

（☎06-761 7062；42 Tasman St；早午餐 $5~21，晚餐 $25~39；⏰周日至周三 8:00~16:00，周四 至20:00，周五和周六 至21:00，6月至8月 周一歇业；✍）快活、嬉皮、健康，这里有SH45一线最值得信赖的食物。店里散发着香喷喷的味道（试试晚餐的南方炸鸡汉堡，或者午餐招牌展示的香肠卷）。像样的咖啡、美味的柜台食物，还有大份早餐和庭院——不要错过。

☆ 娱乐

Everybody's Theatre 电影院

（☎027 383 7926；www.everybodystheatre.co.nz；72 Tasman St；成人/儿童 $10/8；⏰播映 周三和周六 13:00和19:00，周五和周日 19:00）这家建于20世纪20年代的剧院由志愿者运营，于2016年完成大修。剧院斥资$250,000对建筑进行了抗震处理，在本书写作之时，修复费用合计已达$900,000。楼下有沙发，楼上有常见的电影院座席，播放最新电影，“精品之夜”上映经典、外国和边缘电影。

ℹ 实用信息

奥普纳基图书馆（Opunake Library；☎0800 111 323；www.opunakenz.co.nz；43 Tasman St；

帕瑞哈卡运动（THE PARIHAKA MOVEMENT）

毛利小村庄帕瑞哈卡在SH45以东的庞加利胡附近，从19世纪60年代中期开始，就是和平抵抗运动的中心。这场运动不仅有塔拉纳基各部落参加，更涉及全国的毛利人。领导人Te Whiti-o-Rongomai和Tohu Kākahi都有塔拉纳基和Te Āti Awa的血统。

土地战争结束后，塔拉纳基毛利人面对的最大问题就是土地征收。在Te Whiti的领导下，新的抗争手段诞生——以非暴力方式抵抗殖民者。

1879年，当政府开始统计怀马蒂平原（Waimate Plain）上被没收的土地时，赤手空拳的Te Whiti追随者们头插标志抵抗运动的白色羽毛，采取挖断公路、树立篱笆墙、拔掉测量土地的界标等方式表示抗议——全部都以幽默的方式进行。然而，许多人被逮捕，而且不经审判就被关押在南岛，但抗议活动持续进行，愈演愈烈。最后，1881年11月，政府派遣了1600多名士兵去镇压帕瑞哈卡的抗议活动。村民或被逮捕，或遭驱赶，整个村子被夷为平地。Te Whiti和Tohu被逮捕并被关进了监狱，直到1883年才获得释放。他们入狱期间，帕瑞哈卡被重建，而破坏公路的行动一直持续到19世纪90年代。

2006年，新西兰政府向那些因政府侵略和土地被征收而受到影响的帕瑞哈卡部落正式道歉，并给予经济赔偿。

Te Whiti的精神在帕瑞哈卡永垂不朽，他的后代每年都在帕瑞哈卡举行集会，年初还会在此公开举办帕瑞哈卡国际和平音乐艺术节（Parihaka International Peace Festival）。详情可登录www.parihaka.com。

◷周一至周五 9:00~17:00，周六 9:30~13:00；📶）奥普纳基图书馆兼作当地游客信息中心，提供十几台可上网的终端，前厅有24小时免费Wi-Fi。

哈韦拉 (Hawera)

☎06/人口 11,750

哈韦拉虽然是塔拉纳基南部最大的城市，但并不繁华，因为这里以农业种植为主。不妨在这里补充旅行供给，喝杯咖啡，去一趟信息中心，放松一下腿脚或者住上一晚。如果你刚好就是个追星族，一定别错过猫王。

景点

★KD猫王博物馆 博物馆

（KD's Elvis Presley Museum；☎06-278 7624，027 498 2942；www.elvismuseum.co.nz；51 Argyle St；捐赠入场；◷根据预约）猫王不死！在Kevin D Wasley的迷人博物馆里随处都能看到猫王的影子。馆内收藏有1万多张猫王的唱片，还有将近60年来收集到的猫王纪念品。Kevin D说："这就是我的激情所在。"他的灰白头发光滑地束在脑后，非常符合博物馆主题。需要预约才能进入参观，先打电话。

塔希提博物馆 博物馆

（Tawhiti Museum；☎06-278 6837；www.tawhitimuseum.co.nz；401 Ohangai Rd；成人/儿童 $15/5；◷2月至5月和9月至12月 周五至周日 10:00~16:00，6月至8月 仅限周日）展品丰富，有立体布景和真人大小的当地少数民族仿真人像。数量众多的拖拉机展品是对于农业历史的致敬。馆内甚至有一段长满杂草的火车道和贸易者与捕鲸者号渡船（Traders & Whalers，均需额外付费）。博物馆位于城北4公里处的Tawhiti Rd拐角。

哈韦拉水塔 塔、瞭望台

（Hawera Water Tower；☎06-278 8599；www.southtaranaki.com；55 High St；成人/儿童/家庭 $2.50/1/6；◷周一至周五 8:30~16:00，周六、周日和节假日 10:00~14:00）朴素的哈韦拉水塔高55米，是哈韦拉最有趣的景点之一。在旁边的信息中心（见276页）拿钥匙，走上215级台阶，就可以俯视芸芸众生（天气晴朗的时候能看到海岸和塔拉纳基山）。

斯内利（SNELLY）！

奥普纳基可不是只有冲浪出名，这里还是著名的中跑运动员皮特·斯内尔爵士（Sir Peter Snell，昵称Snelly，生于1938年）的故乡。斯内尔在1960年罗马奥运会和1964年东京奥运会上以显著的优势夺得冠军，在意大利赢得了800米金牌，在日本夺得800米和1500米两块金牌，在澳大利亚佩斯的1962年英联邦运动会获得两块金牌。这样的成就注定了斯内尔成为传奇人物！图书馆门口还立着他的青铜纪念像。

食宿

Wheatly Downs Farmstay 农场寄宿 $

（☎06-278 6523；www.mttaranaki.co.nz；484 Ararata Rd；露营地 $20起，铺/标单/标双 $33/75/75，双 带/不带浴室 $115/75）古老的农舍位于淳朴乡间一座350公顷的绵羊和家畜农场里，室内铺着厚厚的木地板，没有任何华而不实的器物。和蔼可亲的店主没准儿会让你去帮忙喂他的动物。经过塔希提博物馆出口上Ararata Rd，继续往前开5.5公里即可到达。可以提前约好，让老板来路口接你。

Park Motel 汽车旅馆 $$

（☎06-278 7275；www.theparkmotel.co.nz；61 Waihi Rd；双 $140，1/2卧公寓 $155/170；Ⓟ）18个条件简单但干净的房间就在爱德华国王公园和水上中心的马路对面，这是我们在哈韦拉最爱的汽车旅馆。有单间公寓、1~2卧公寓；8号房有一个水疗浴室，所有房间都有自制曲奇饼。

Tairoa Lodge 民宿 $$$

（☎06-278 8603；www.tairoa-lodge.co.nz；3 Puawai St；标单/双 $165/215，小屋 双 $245，成人/儿童 $50/30，均含早餐；📶🏊）这座十分上镜的维多利亚时代大宅建于1875年，华丽古老，坐落在哈韦拉东郊一片绿草如茵的草地上，有3个客房和2个独立的小屋（2/3卧）。有许多古老的装饰，花园里有许多鸟（经常举办结婚派对），车道两边种着竹子，尽头有丰盛的英式早餐等着你。

Someday 咖啡馆 $$

(☎06-278 6097; www.facebook.com/somedaycafehawera; 90 Princes St; 菜肴 $9~19; ⊙周一至周五 7:00~17:00, 周六 9:00~15:00; 📶)在这个没什么像样地方可以用餐的小镇，你几乎总是能听到这家店的名字。中世纪风格的椅子围绕在工业风的公共餐桌边，能坐大约20人，当地人会就着方圆几公里内最好的蛋糕和咖啡闲聊，或者享用全天供应的早午餐（试试华丽的农夫拼盘）。只是路过？那就在这儿停吧。

实用信息

南塔拉纳基信息中心(South Taranaki i-SITE; ☎06-278 8599; www.southtaranaki.com; 55 High St; ⊙周一至周五 8:30~17:00, 周六和周日 10:00~15:00; 📶)在这里可以充分了解南塔拉纳基。夏季周末工作时间延长。

旺阿努伊(Whanganui)

☎06/人口 42,150

旺阿努伊在成为旺阿努伊之前，曾经被叫作Petre，1940年河口建立。作为新西兰最古老的城镇之一（1936年以前还是第五大城市），这里融毛利文化和遗产建筑于一体，还有一个欣欣向荣的当地艺术团体。从信息中心（见281页）拿一份免费的《旺阿努伊遗产指南》(*Whanganui Heritage Guide*)，进行60分钟的自助观光。

虽然偶尔会泛滥，但宽阔的旺阿努伊河是城镇的命脉，这里有定期举办的市集和观光步道，昔日的港口建筑翻修成了玻璃艺术工作室。阳光灿烂的午后，在Victoria Ave没有狗的树荫下闲逛再惬意不过了。

景点

★ 怀马里展览中心 博物馆

(Waimarie Centre; ☎0800 783 2637, 06-347 1863; www.waimarie.co.nz; 1a Taupo Quay; 游船 成人/儿童/家庭 $45/15/90; ⊙10月至次年4月 10:00~15:00; 👪) 免费 古老的展品很有趣，但参观者都是奔着旺阿努伊河上最后的明轮船怀马里号(Waimarie)来的。1900年，这艘船从英国远道而来，之后一直行驶在旺阿努伊河上，可惜1952年却原因不明地沉没了。在水下沉睡了41年之后，它被打捞出水，经过修复，在21世纪的第一天重新起航。现在，它搭载团队游的游客，沿河逆流而上，每次巡游2小时，10:30登船。需要预订。

★ 萨基特美术馆码头展馆 画廊

(Sarjeant on the Quay; ☎06-349 0506; www.sarjeant.org.nz; 38 Taupo Quay; ⊙10:30~16:30) 免费 优雅的新古典主义风格的萨基特美术馆位于皇后公园(Queen Park)，目前为了做抗震改造而关闭。工程竣工前，其中的艺术品都会收藏在陶波码头。这里的展厅不如山上多，所以展品有限（但会轮换）。路对面的旺阿努伊信息中心（见281页）展出更多。这里也有一家礼品商店，有许多旺阿努伊玻璃品出售。

★ 新西兰玻璃馆 美术馆

(New Zealand Glassworks; ☎06-927 6803; www.nzglassworks.com; 2 Rutland St; ⊙10:00~16:30) 免费 旺阿努伊诸多玻璃工作室中最好的一个，在这里随便逛逛，你可以亲眼见到工人吹玻璃，如果留出一天时间，还能学习吹玻璃（$290，最多4人），或者上30分钟的“制作镇纸”课（$80），又或者只是在寒冷的午后出门闲逛，暖暖身子。

旺阿努伊地区博物馆 博物馆

(Whanganui Regional Museum; ☎06-349 1110; www.wrm.org.nz; 62 Ridgway St; ⊙10:00~16:30) 免费 我们到访时，原本的皇后公园博物馆因为做防震改造而关闭，转移到Ridgway St继续营业。在这里，你将参观新西兰较好的自然历史博物馆之一，其中有毛利展品、几个看起来很怪异的mere（绿色花岗岩棍子），以及殖民地时期和野生动植物展品。

凯伊维海滩 海滩

(Kai Iwi Beach; Mowhanau Dr, 紧邻Rapanui Rd; ⊙24小时; 👪)凯伊维海滩很原始，布满黑沙，有一座“二战”时期炮台的遗址和大量的木船碎片（你可能会看到当地人在收集它们）。还有一个大型游乐场、一条缆道和大量适合小孩子戏水的区域。

从城区出发，沿Great North Rd往北走

Whanganui 旺阿努伊

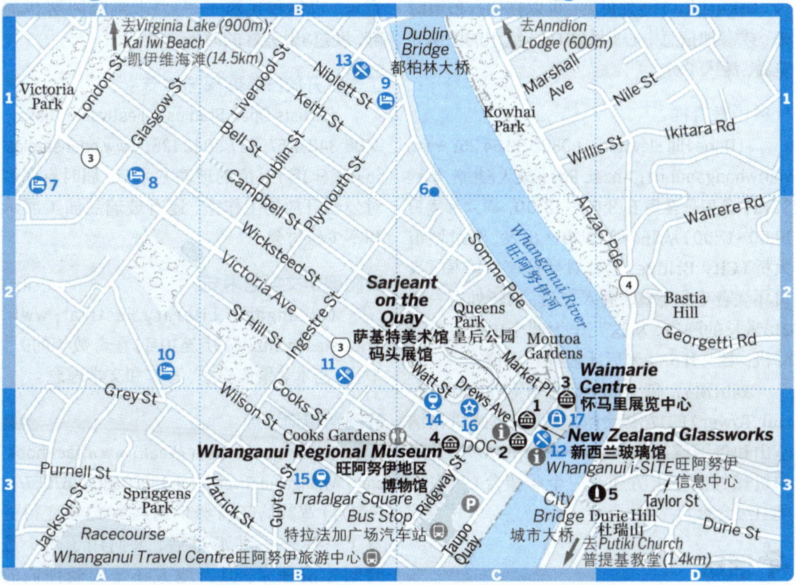

Whanganui 旺阿努伊

重要景点

1 新西兰玻璃馆......C3
2 萨基特美术馆码头展馆......C3
3 怀马里展览中心......C3
4 旺阿努伊地区博物馆......C3

景点

5 杜瑞山升降梯......D3

活动、课程和团队游

Wanganui City Guided Walking Tours......（见12）
6 Whanganui River Road Tours......C1

住宿

7 151 on London......A1
8 Aotea Motor Lodge......A1
9 Braemar House YHA......B1
10 Browns Boutique B&B......A2
Tamara Backpackers Lodge......（见6）

就餐

Big Orange......（见4）
Ceramic Lounge......（见4）
11 Mischief on Guyton......B2
12 Mud Ducks......C3
13 Yellow House Cafe......B1

饮品和夜生活

14 Frank Bar + Eatery......C3
15 Lucky Bar + Kitchen......B3

娱乐

16 Savage Club......C3

购物

17 河岸市场和旺阿努伊农贸市场......C3

4公里，然后左转上Rapanui Rd，往海的方向前行10公里就到了。

普提基教堂 教堂

（Putiki Church; St Paul's Memorial Church; ☎06-349 0508; www.visitwhanganui.nz; 20 Anaua St; 每人 $10; ⊙布道 周日 9:00，团队游 周四至周日 14:00，或者根据安排）从城区出发，往海边方向走1公里，过了城市大桥（City Bridge）就到了。普提基教堂又名圣保罗纪念教堂（St Paul's Memorial Church）。外观平淡无奇，但跟其他虔诚庄严的教堂一样，它的

内部很壮观：教堂里非常恢宏，毛利雕刻和织板（tukutuku）随处可见。可以在周日布道时来，或参加信息中心（见281页）组织的团队导览游，深入了解。

杜瑞山升降梯 塔

（Durie Hill Elevator；☎0800 92 64 26；www.visitwhanganui.nz；Anzac Pde；成人/儿童 单程 $2/1；⏲周一至周五 8:00~18:00，周六和周日 10:00~17:00）从旺阿努伊市区出发，穿过城市大桥（City Bridge）后就看到这座升降梯。入口环绕着毛利雕塑，进入之后，山腰处有一条213米长的隧道，从这儿坐上建于1919年的升降机，要上升65.8米后才能到达山顶。

到山顶后，爬上战争纪念塔（War Memorial Tower）的176级台阶，就可以远眺塔拉纳基山和鲁阿佩胡火山（Mt Ruapehu）。升降梯机械控制室上方还有一个瞭望台（只需要爬41级台阶）。

活动

Wanganui Horse Treks 骑马

（☎021 930 950，06-345 3285；www.facebook.com/wanganuihorsetreks；78 Wikitoria Rd, Whanganui Airport；1/1.5小时骑马 $80/120）选一匹合适的马，骑上去，绕着南海滩或凯伊维海滩的滩头和沙丘漫步，两地分别位于旺阿努伊市中心的西南和西北，驾车很快就到。如果能约上3个朋友一起，可享受折扣。先打电话告知时间、方向并预约。这就出发吧！

团队游

Wanganui City Guided Walking Tours 步行游

（☎06-349 3258；www.visitwhanganui.nz；31 Taupo Quay；每人 $10；⏲10月至次年4月 周六和周日 10:00和14:00）报名参加1.5小时的步行游，穿行在古老的旺阿努伊市，在游览历史建筑和景点的同时，顺便锻炼一下腿脚。团队游从信息中心（见281页）出发，要先到信息中心订票。

节日和活动

采葡萄周末 文化节

（Vintage Weekend；☎021 261 3526；www.vintageweekend.co.nz；⏲1月）复古汽车、服装、音乐、市集和建筑——1月来到旺阿努伊河畔，度过3天美好的时光。

工作室开放日暨玻璃艺术节 艺术节

（Artists Open Studios & Festival of Glass；☎06-348 0157，027 3042 126；www.openstudios.co.nz；⏲3月）一流的玻璃艺术节。届时有许多对公众开放的工作室，还有玻璃品加工展示和不少研讨会。

旺阿努伊文学艺术节 文化节

（Whanganui Literary Festival；www.writersfest.co.nz；⏲9月至10月）在奇数年的9月举行，艺术节聚焦思想、写作和文学理念。

旺阿努伊河流周 文化

（Whanganui River Week；www.facebook.com/Whanganui-River-Week-156726904367057/；⏲11月）宽阔的旺阿努伊河在2015年变得更宽了一些——洪水过后，人们用了几个月时间才清理完。但当地人还是很爱他们的河流，会在11月举办各种活动，花上一周时间来庆祝。可以在Facebook主页查看最新活动。

墓地环线摩托车赛 体育节

（Cemetery Circuit Motorcycle Race；www.cemeterycircuit.co.nz；⏲12月26日）每逢节礼日（圣诞节后第一个工作日），旺阿努伊的街道上就充斥着摩托车发动机震耳欲聋的轰鸣。堪称南半球版的曼岛TT摩托车大赛。

住宿

★Anndion Lodge 青年旅舍 $

（☎0800 343 056，06-343 3593；www.anndionlodge.co.nz；143 Anzac Pde；标单/双/家庭/套 $75/88/105/135起；@🛜🏊）这个青年旅舍之前由Ann和Dion经营，现在也一直很有吸引力，有立体音响、公用大厨房、泳池餐桌、大电视、水疗池、桑拿房、游泳池、烧烤区和餐厅。

Whanganui River Top 10 Holiday Park 假日公园 $

（☎06-343 8402，0800 272 664；www.wrivertop10.co.nz；460 Somme Pde, Aramoho；

是"WHANGANUI"还是"WANGANUI"？

是的，我们知道这两个名字很容易混淆。到底有没有字母"h"？拼法虽不同，但发音一致："wong-ga"，不念成"fong-ga"（像新西兰其他"w"和"h"都有的地名那样）。

当地方言中"whanga"（港口）念作"wong-ga"，所以才有一开始"Wanganui"的拼法。然而，1991年，新西兰地理协会对旺阿努伊河和旺阿努伊国家公园正式采用毛利拼写方式（有"h"）。这是文化妥协的结果：以当地白人为主的城市名和地区名保留旧式拼法，而河流经过的地区，即毛利人的领土，使用新拼法。

2009年，该协会同意给城市名和地区名也加上"h"，这在社区内引发了争论，双方旗鼓相当、争执不下，市长Michael Laws则直言反对加上"h"。最终，新西兰国土信息管理部长Maurice Williamson颁布法令，两种拼法都可以，是否加上"h"可由个人或企业自行决定——真是典型的新西兰人的折中案！

这种折中方式一直持续到2014年，旺阿努伊地区议会投票要求新西兰地理委员会正式将本地更名为Whanganui。接着，公共磋商程序启动。2015年底，新西兰国土信息管理部长Louise Upston宣布，本地区名字正式变更为Whanganui。好极了！

无/有电力供应 露营地 $39/46，木屋/套间 $76/130起；🛜🏊👪）位于旺阿努伊河西岸，都柏林大桥（Dublin Bridge）以北6公里处。设施（包括游泳池、游戏室和蓬松的枕头）齐备。出租皮划艇，店主送至上游，然后你自己划回营地。在廉价的木屋可以观赏到超值的景色，夏季可以选择豪华帐篷（$100）。当地公共汽车从这里经过。

Tamara Backpackers Lodge 青年旅舍 $

（☎06-347 6300；www.tamaralodge.com；24 Somme Pde；铺/标单/标三/四 $29/44/93/116起，双和标双 带/不带浴室 $86/62起；@🛜）看起来很漂亮，双层客房楼内部像迷宫似的，阳台很大，天花板也高，此外还有厨房、电视间、免费自行车和青草如茵的后花园。店员乐于助人，会告诉你该看什么，去哪里看。要一个能俯瞰河景的房间就完美了。

Braemar House YHA 青年旅舍 $

（☎06-348 2301；www.braemarhouse.co.nz；2 Plymouth St；铺/标单/标双/双 $35/50/70/75，家庭旅馆 含早餐 标单和双 $140；@🛜）Braemar位于河边，融合了1895年维多利亚风格民宿的品位和可靠的国际青年旅舍联盟（YHA）背包客栈（尽管休息区各自独立）的服务质量，是一处不错的选择。采用中央供暖的客栈房间很不错，多人宿舍在后面，通风良好，背包族们相处愉快。后院草坪上有鸡在巡逻。

★ **Browns Boutique B&B** 民宿 $$

（☎0273 082 495；www.brownsboutiquebnb.co.nz；34 College St，College Estate；标单/双 含早餐 $175/190）同一个家庭已经经营这里超过50年，建筑本身建于1910年，建造人也很巧合地姓布朗（Brown），不过不是一家子。后面有2个房间，是独立入口，能看到外面的院子，除了豪华的装潢和装饰细节（瓷砖由摩洛哥裔新西兰人制作，打字机取代了留言簿），放养的家禽和精致的早餐也很棒。

入住3晚或以上，双人间的价格有优惠（每晚$175）。

151 on London 汽车旅馆 $$

（☎0800 151 566，06-345 8668；www.151onlondon.co.nz；151 London St；双 $130~180，2卧公寓 $200起；🛜👪）优美的建筑风格、优质地毯和床单、雪白的墙壁、银色和黑色的主色调以及大电视，为这家整洁、时髦的汽车旅馆赢得了客人的青睐。最贵的房间是公寓类型的套间（楼上楼下都有），可住6人，是旺阿努伊最豪华的房型。停车场对面有个咖啡馆。

Aotea Motor Lodge 汽车旅馆 $$

（☎06-345 0303；www.aoteamotorlodge.co.nz；390 Victoria Ave；双 $145起，1卧套房 $215起；🛜）旺阿努伊最新的汽车旅馆之一，看着这家旅馆就令人心生喜悦。时髦的双层客房楼位于Victoria Ave靠北部一端，有宽敞的套

房，奢华的床上用品，皮座椅，深色木家具和大量精美的大理石摆件。每个房间都有水疗池。旺阿努伊从来不缺浪漫。

就餐

★ Mischief on Guyton
咖啡馆 $

（☎06-347 1227；www.facebook.com/mischiefonguyton；96 Guyton St；主菜 $10~23；⏰周一至周五 7:30~15:00）搞笑的标识和写满了不适合印出来，但可以在喝咖啡时边看边笑的标语日历，Mischief on Guyton（盖顿的恶作剧）。名副其实。从台阶（或庭院）进去，研究一下早午餐和午餐的二合一菜单，上面的菜品很有趣，比如名字很好玩的rockamorocca，其实就是皮塔饼上堆着煎蛋配杜卡（烤坚果加香料）。

★ Yellow House Cafe
咖啡馆 $

（The Yellow House；☎06-345 0083；www.yellowhousecafe.co.nz；Pitt St和Dublin St交叉路口；餐 $11~19；⏰周一至周五 8:00~16:00，周六和周日 8:30~16:00；🖉）步行远离繁华的市中心，很多人为了这里的流行音乐、酪乳煎饼、当地艺术、美味煎蛋饼和庭院樱花树下的一张餐桌而来。超级友好的店员会尽心竭力提供城内游玩的建议。午餐可以在阳光露台上尝试鹿肉汉堡。如果想喝下午茶，需要预订。

★ Citadel
汉堡 $$

（☎06-344 7076；www.facebook.com/the-citadel.castlecliff；14a Rangiora St, Castlecliff；汉堡 $12~19；⏰周四、周日、周一 9:00~20:00，周五和周六 至21:00；👪）想找北岛最好的汉堡？这家社区小店是强有力的竞争者，从市中心驾车10分钟即到。除了经典款外，“Eh Monster”也一直很受欢迎。点一份（配有大份薯条），留意看头顶的叫号机。露台外墙上的涂鸦看起来像是儿童绘本的封面。有早餐菜单、儿童菜单和木头游乐园。

Big Orange
咖啡馆 $$

（☎06-348 4449；www.facebook.com/bigorangecafe；51 Victoria Ave；餐 $14~24；⏰周一至周五 7:30~15:00，周六和周日 8:00~15:00；📶👪）位于一栋美丽的旺阿努伊式红砖老建筑内，除了浓缩咖啡之外，还供应美味汉堡、大份早餐、马芬、蛋糕和三明治。夏天，坐在室外座椅能欣赏到周遭风光，很抢手。同一栋楼里的Ceramic Lounge（www.facebook.com/ceramicloungebar；主菜 $23~40；⏰周三至周六 17:00至深夜；📶）17:00起营业，提供晚餐和饮品。问问能否买一杯“预付款”咖啡（留待需要者领取饮用）。

饮品和夜生活

Frank Bar + Eatery
鸡尾酒吧

（☎027 441 9577，027 4222 555，06-348 4808；www.facebook.com/pg/frankwhanganui；98 Victoria Ave；汉堡 $18.50，拼盘 $25~45；⏰周二和周三 17:00~21:00，周四 至22:00，周五和周六 至午夜）每个周末都有DJ和活动，还有可靠的鸡尾酒清单，如果要推荐晚上的活动场所，我们像店主Frank一样推荐这里。这个很高的空间被分出一个工业休闲风格的用餐区，上面隔出了一个夹层。食物有汉堡和大份的共享拼盘。“欢乐时光”是周四到周六的18:00~21:00。

Lucky Bar + Kitchen
酒吧

（☎021 126 3936；www.facebook.com/luckybarwhanganui；53 Wilson St；主菜 $26~28；⏰周三至周六 16:00至深夜，厨房 21:00结束）当地少数几个夜间活动的场所之一，哪怕你不喜欢现场音乐会，地道的食物也值得品尝。小舞台后有箱子摞在一起，天花板上挂着圆形的纸灯笼和迪斯科灯，有一种可爱的高中氛围。节奏到位时，所有人都会上台起舞，不分年龄。

娱乐

Savage Club
现场音乐

（☎021 256 7647；www.whanganuimusiciansclub.co.nz；65 Drews Ave；⏰每月第一个周五 19:00）每月第一个周五是这里的俱乐部之夜。也就是说，会有当地和国外明星出场表演，甚至提早开麦。可以到Facebook搜索Whanganui Musicians Club，看看最新安排。更棒的是，21:00前可以自带酒水。

购物

河岸市场和旺阿努伊农贸市场
市场

（River Traders Market & Whanganui Farmers Market；☎027 229 9616；www.therivertraders.

co.nz; Moutoa Quay; ⏲周六 9:00~13:00)周六上午，像当地人一样，去怀马里中心旁的河岸市场逛逛，看看各种当地手工艺品。这里也是旺阿努伊的农贸市场，有大量的有机产品。可以买些野餐食品，到河畔树荫享用。

实用信息

环保部（Department of Conservation，简称DOC; ☎06-349 2100; www.doc.govt.nz; 34-36 Taupo Quay; ⏲周一至周五 8:30~16:30）提供国家公园和当地露营信息。

旺阿努伊医院（Whanganui Hospital; ☎06-348 1234; www.wdhb.org.nz; 100 Heads Rd; ⏲24小时）处理事故和急诊。

旺阿努伊信息中心（Whanganui i-SITE; ☎06-349 0508, 0800 926 426; www. whanganuinz.com; 31 Taupo Quay; ⏲11月至次年4月 9:00~17:00, 5月至10月 周六和周日 至16:00; 📶）位于一栋面积很大的河边建筑内（记得看看古老的地板），提供旅游和环保部相关信息（如果街对面的环保部办公室关门的话）。萨基特美术馆码头展馆（见276页）的展览空间就在楼上，楼下可爱的**Mud Ducks**（☎06-348 7626; www.facebook.com/MudDucks; 31 Taupo Quay; 菜肴 $13~24; ⏲8:30~16:00; 📶）咖啡馆旁有无线网络休息室。

到达和离开

飞机

旺阿努伊机场（Whanganui Airport; ☎06-349 0001; www.wanganuiairport.co.nz; Airport Rd）在城南4公里处，过河近海一侧。

新西兰航空（www.airnewzealand.co.nz）每天都有抵离奥克兰的直达航班和联程航班。

长途汽车

InterCity（www.intercity.co.nz）的长途汽车从**旺阿努伊旅游中心**（Whanganui Travel Centre; ☎06-345 7100; 156 Ridgeway St; ⏲周一至周五 8:15~17:15）发车。

目的地	价格	行程(小时)	班次(每天)
奥克兰	$33起	8	1
哈密尔顿	$31起	5.5	1
新普利茅斯	$17起	2.5	1~2
北帕默斯顿	$18起	1.5	3~4
惠灵顿	$24起	4	2~3

当地交通

自行车

Bike Shed（☎06-345 5500; www.bikeshed.co.nz; Ridgway St和St Hill St交叉路口; ⏲周一至周五 8:00~17:30, 周六 9:00~14:00）出租自行车，含头盔和车锁，每日租金最低$35。这也是咨询鲁阿佩胡火山至旺阿努伊的山海线自行车道（www.mountainstosea.co.nz）相关信息的好地方，这条自行车道属于"纳哈雷格"新西兰自行车道（www.nzcycletrail.com）的一段。

公共汽车

特拉法加广场汽车站（Trafalgar Square Bus Stop; www.horizons.govt.nz; 票价 成人/儿童 $2.50/1.50）Horizons提供地方议会运营的4条公交线路，始发站是位于Taupo Quay的特拉法加广场购物中心，其中橙线车和紫线车经过位于Aramoho的Whanganui River Top 10 Holiday Park。

出租车

Rivercity Cabs（☎ 06-345 3333, 0800 345 3333; www.whanganui.bluebubbletaxi.co.nz）

旺阿努伊国家公园（Whanganui National Park）

旺阿努伊河或许不交税，不投选票，但与人享有同样的权利。这是因为在2017年初，它成了第一条被法律认定为"人"的河，这是经过140年斗争的结果。新立法认可毛利部落与这条河之间的精神联系，即认可它是毛利人的祖先。

旺阿努伊河从汤加里罗山蜿蜒290公里，汇入塔斯曼海，是新西兰最长的可行船河流，游人可乘坐独木舟、皮划艇、喷射艇横渡，也可以沿河骑自行车。

当地的原生树林是浓密的罗汉松属阔叶林，林中点缀着蕨类植物。偶尔可以在河边看到白杨和其他外来物种，它们是早已消失的定居点留下的遗迹。顺着河流，你还会见到以前毛利人的住所痕迹，有古老的要塞村（pā）和村庄（kainga）遗址，旺阿努伊河和奥胡拉河（Ohura River）在Maraekowhai的交汇处还有Hauhau niu（战争与和平）柱。

Whanganui National Park Area
旺阿努伊国家公园地区

历史

在毛利传说中，旺阿努伊河的来历是这样的：塔拉纳基山在与汤加里罗山争夺可爱的皮杭阿山的过程中落败，于是从北岛中部逃往大海，他一直往前跑，身后形成了一条长长的裂痕。他在海岸处向西转，最后停在如今的位置。汤加里罗山用冷水注满了那条裂痕，于是就形成了旺阿努伊河。

据说，伟大的波利尼西亚探险家库佩（Kupe）曾在公元800年前后沿着旺阿努伊河往上游走了20公里。而早在公元1100年，毛利人就在这里生活了。欧洲人于19世纪30年代末来此扎根，那时毛利人的村庄遍布两岸。传教士逆流而上，他们在希鲁哈拉玛（Hiruharama）、拉纳纳（Ranana）、考利尼蒂（Koriniti）和阿蒂尼（Atene）的定居点保存至今。

19世纪60年代河上出现了蒸汽船。1886年，旺阿努伊的一家公司首次开办了蒸汽船商业运输的业务。很快其他公司也推出了类

Whanganui National Park Area 旺阿努伊国家公园地区

景点

1 绝路桥 B2
2 凯伊维海滩 B5
3 卡瓦纳面粉厂 C3
4 考利尼蒂毛利集会地 C4
5 普提基教堂 C5
6 圣约瑟教堂 C3

活动、课程和团队游

7 阿蒂尼观景步道和阿蒂尼地平线步道 C4
8 Bridge to Nowhere Tours C3
绝路桥步道 （见1）
9 芒格普鲁瓦/凯瓦考卡步道 C1
10 玛蒂玛蒂亚昂加步道 A2
11 Wanganui Horse Treks C5
Whanganui River Adventures （见8）
12 Whanganui River Canoes D2
13 Whanganui Scenic Experience C4

住宿

14 Blue Duck Station C1
15 Bridge to Nowhere Lodge B2
16 Flying Fox C4
17 Kohu Cottage C4
18 Rivertime Lodge C4
Whanga Bridge House （见19）
Whanga Butcher Shop （见19）
19 Whangamomona Hotel A1
20 Whanganui River Top 10 Holiday Park C5

就餐

21 Citadel B5
22 Matahiwi Gallery Cafe C3

实用信息

环保部皮里皮里露营地 （见8）

似的服务，船只在旺阿努伊和陶马鲁努伊之间往来。

新西兰当代旅游业正是萌芽于此。到1905年，"泛舟毛利人的莱茵河"在国际上声名鹊起，每年在上游旺阿努伊或下游陶马鲁努伊乘船的游客达到12,000人。游船工程学的技巧和掌舵的技术成为永恒的传奇。

从1918年开始，皮皮里基上游的土地成了第一次世界大战归来的士兵的安居之所。这里土地贫瘠，并不适宜种植农作物，许多家庭要劳作好几年才能有收成。只有几家农场坚持到了20世纪40年代初。

奥克兰至惠灵顿的铁路和公路的建成标志着船只运输时代的终结。1959年，最后一艘商业运输船退役。如今还在河上巡游的老船只有一艘，即明轮船怀马里号（PS Waimarie，见276页）。

景点

旺阿努伊河公路（Whanagnui River Rd）从旺阿努伊通往皮皮里基，沿途风景如画：苍翠的山坡径直沉入翡翠般的旺阿努伊河。

在帕里基诺（Parikino）以北约7公里处，河流和公路弯成一个明显的U形，可以减速慢慢欣赏**牡蛎崖**（Oyster Cliffs），在这里，曾经生活在海中的牡蛎变成化石，从岩石中凸显出来。如果过桥并且看到了莫库库风景保护区（Moukuku Scenic Reserve）的路标，就说明你走得太远了。

沿河上溯，有几处毛利人的村庄，**阿蒂尼**、**考利尼蒂**、**拉纳纳**和**希鲁哈拉玛**，进村之前一定要得到当地人的允许。沿着公路，你会在沿途看见一些早期定居点的遗址，比如始建于1854年的**卡瓦纳面粉厂**（Kawana Flour Mill；☎04-472 4341；www.nzhistory.net.nz/media/photo/kawana-flourmill；4075 Whanganui River Rd；⏲黎明至黄昏）**免费**，就在Matahiwi和要塞村遗址附近。

皮皮里基（Pipiriki）位于旺阿努伊河公路北端的河边。这个多雨的河边小村没什么可看的（也没有商店或加油站），但过去是个度假胜地，河上蒸汽船和手摇船穿梭如织。皮皮里基是独木舟河景游览的终点和喷射艇游览的出发点。

圣约瑟教堂 教堂

（St Joseph's Church；☎06-342 8190；www.compassion.org.nz；Whanganui River Rd；⏲9:00~17:00）**免费** 这座教堂位于旺阿努伊河路在耶路撒冷村（Jerusalem）内的拐角，耸立在深深的河湾上方一块突出的土地上，有红色和芥末色的尖塔，构成了一幅美不胜收的画面。1892年，一个由Suzanne Aubert率领的法国天主教传教团在耶路撒冷村修建了Daughters of Sisters of Compassion教堂。脱掉鞋子，探索（稍稍有些滑）修道院和玛德琳风格的宿舍。

Sisters教堂收留浑身泥泞的旅行者，提供20个宿舍式床位（成人$20，儿童$5，床单加收$10）和一个小厨房。预订有优惠。沿河往下就是莫托阿岛（Moutoa Island），即1864年那场战斗的古老遗址。

绝路桥 桥

（Bridge to Nowhere; Whanganui River）

免费 说这座桥看起来不得其所，还算是保守的评价。桥两头都没有路，不是天才也能猜出这个名字的来源。建造它，原本是为了让马能够过河，前往“二战”后划拨给士兵们的芒格普鲁瓦谷（Mangapurua Valley）农场，1942年，老兵们抛弃这片贫瘠的土地，森林重新夺回了它的领地。这段桥在可供徒步和山地骑行的芒格普鲁瓦步道上，从芒格普鲁瓦登陆点（Mangapurua Landing）逆流步行40分钟到皮皮里基，然后再乘坐快艇，也可抵达。

考利尼蒂毛利集会地 文化中心

（Koriniti Marae; ☎021 115 1256; www.wrmtb.co.nz; Koriniti Pa Rd; ⏲9:00~17:00）

免费 除了集会地（marae）发挥它原本职能的时间之外，你都可以逛逛看看。地址在旺阿努伊河路和旺阿努伊河之间（有路标）。欢迎捐赠（koha）金币，不过并非必须。

活动

独木舟和皮划艇

在从陶马鲁努伊顺流前往皮皮里基的全程145公里的河段上，划独木舟或皮艇是最受欢迎的游览项目。这项活动已经被收录进新西兰徒步胜地系统，称作旺阿努伊之旅（Whanganui Journey）。这条河的水流被定为二级，也就是说，即使没有经验的人也能毫无危险地划船，但也不乏令人激动的激流。如需十大徒步路线门票，必须订票。

陶马鲁努伊至皮皮里基（Taumarunui to Pipiriki）的旅程需要5天4晚，奥因尼佩尼至皮皮里基（Ohinepane to Pipiriki）的旅程需要4天3晚，法卡霍罗至皮皮里基（Whakahoro to Pipiriki）的旅程需要3天2晚。陶马鲁努伊至法卡霍罗的2天1晚路线最受欢迎，尤其是周末度假游客。此外，你也可以参加陶马鲁努伊至奥因尼佩尼或奥因尼佩尼至法卡霍罗的一日游。从法卡霍罗到下游的皮皮里基有87公里，不通公路，只能花上几天时间坐船前往。划独木舟的人大多在皮皮里基停靠。

10月至次年复活节是最适合乘独木舟游览的季节。每年参加独木舟河上之旅的游客多达5000人，他们大多是圣诞节至次年1月末来这里。冬季河上几乎看不到人影，因为河水在寒冷的季节里会变得湍急，同时水位上涨，潮湿的气候和日照缩短也会令游人打退堂鼓。

双人加拿大独木舟1/3/5天租金大约为每人$100/200/250，不含交通费（每人约$50）。单人皮划艇每天租金约$70。租船公司应有尽有，救生衣和防水鼓（翻船的时候能救命）等都有提供。

你也可以参加带导游的独木舟或皮划艇之旅，2天/5天的导览游每人的费用最低约为$350/850。

Whanganui River Canoes 独木舟、皮划艇

（☎0800 408 888, 06-385 4176; www.whanganuirivercanoes.co.nz; Raetihi Holiday Park, 10 Parapara Rd, Raetihi; 租赁 3/4/5天每人 $160/170/180起，导览游 3/4/5天 每人 $665/785/885起）出租皮划艇和独木舟，外加全包型导览游。如果时间不充裕，一日游是个好选择，可乘喷射艇到绝路桥，然后换乘独木舟前往皮皮里基。

Owhango Adventures 独木舟、皮划艇

（见312页地图；☎0800 222 663, 07-895 4854, 027 678 6461; www.canoewhanganuiriver.com; 2191 SH4, Owhango; 1/2/3/4/5天游 每人 $100/150/170/170/170起，河上导览游 每天$225）多种顺流而下的多日游，价格中含或不含河上导游的都有。需自行预订环保部的住宿处。4人及以上报名参加2~5夜线路者可享受出发前一晚的免费住宿。

Adrift Guided Outdoor Adventures 独木舟

（☎07-892 2751, 0800 462 374; www.adriftnz.co.nz; 53 Carroll St, National Park Village; 1/3日游 成人 $295/950，儿童 $260/680）沿旺

阿努伊河宽阔的河面顺流而下的多日导览独木舟之旅，有专家级的向导。可提供国家公园村（National Park Village）Adrift营地的接送服务，需要预订。

Unique Whanganui River Experience 独木舟、皮划艇

（☎027 5544 426; www.uniquewhanganuiriver.co.nz; 3/4/5天游 $800/900/1100起）全包型5天导览游，包括一个知识、经验丰富的当地导游。大本营在菲尔丁（Feilding）。

Blazing Paddles 独木舟、皮划艇

（见312页地图；☎0800 252 946，021 996 954; www.blazingpaddles.co.nz; 985 SH4, Piriaka; 1~7日游 每人 $75~250）旺阿努伊河独木舟定制体验，从陶马鲁努伊（Taumarunui）集合完毕开始，时长从1小时到1周不等。含交通和设备费用，不含环保部住宿/露营费。安全的停车处是额外的便利服务。

Taumarunui Canoe Hire 独木舟、皮划艇

（☎07-895 7483, 0800 226 634; www.taumarunuicanoehire.co.nz; 292 Hikumutu Rd, Taumarunui; 游览 每人 $65起）大本营在陶马鲁努伊，提供的无导览河上游有大量的背景支持（地图、环保部门票、喷射艇等）。时长从2小时到8天不等。

Canoe Safaris 独木舟、皮划艇

（☎0800 272 3353, 06-385 9237; www.canoesafaris.co.nz; 6 Tay St, Ohakune; 独木舟出租 3/4/5天 $185/200/210）3~5天的定制河上旅程，含所有必需的设备，总部在奥阿库尼（Ohakune）。也提供河上导览游，以及朗基蒂凯（Rangitikei）和莫哈卡（Mohaka）的河上行程。

Yeti Tours 独木舟、皮划艇

（☎0800 322 388, 06-385 8197; www.yetitours.co.nz; 3 Burns St, Ohakune; 租赁 2~8天 $175~260, 团队游 2~6天 $420~895）出租独木舟和皮划艇，外加带导游的旺阿努伊河旅程。

喷射艇

划船要好几天的路程，乘坐喷射艇只要几个小时就走完了，记得要按住帽子哦。喷气艇从皮皮里基和旺阿努伊出发，4小时的团队游每人最低$125~150。大多数公司还提供前往玛蒂玛蒂亚昂加步道（Matemateāonga Track）和芒格普鲁瓦步道（Mangapurua Track）河边终点的交通服务。

Bridge to Nowhere Tours 户外

（☎0800 480 308, 06-385 4622; www.bridgetonowhere.co.nz; 11 Owairua Rd, Pipiriki; 喷射艇 成人/儿童 $140/70起，2天独木舟 成人/儿童 $235/165起）喷射艇团队游、独木舟、山地自行车、徒步——Bridge to Nowhere Lodge（见287页）的人都能协调，含住宿，也有住宿加膳食的套餐。

Whanganui Scenic Experience 喷射艇、独木舟

（☎0800 945 335, 06-342 5599; www.whanganuiscenicjet.com; 1195 Whanganui River Rd; 2~8小时游 成人 $80~200，儿童 $60~160）组织从旺阿努伊沿河而上的喷射艇团队游，外加耗时更长的探险，深入国家公园，有徒步项目。也提供独木舟和独木舟/喷射艇组合项目。

Whanganui River Adventures 乘船、独木舟

（☎0800 862 743, 06-385 3246; www.whanganuiriveradventures.co.nz; 2522 Pipiriki-Raetihi Rd, Pipiriki; 游览 $80起）从皮皮里基出发沿河而上的喷射艇之旅，含皮皮里基的露营、小木屋和小屋。如果赶时间，一日喷射艇加独木舟组合（$160）就能让你深入体验国家公园。

徒步

绝路桥步道 徒步

（Bridge to Nowhere Track; ☎06-349 2100; www.doc.govt.nz; Whanganui National Park; ⏰白天）**免费** 绝路桥步道从芒格普鲁瓦登陆点（需从皮皮里基乘喷射艇逆流而上30公里）前往早已被人遗忘的绝路桥（见284页），步行需要40分钟，这是旺阿努伊国家公园里最受欢迎的徒步线路。可以联系喷射艇公司解决交通问题（单程每人约$100）。

阿蒂尼观景步道和阿蒂尼地平线步道 徒步

（Atene Viewpoint Walk & Atene Skyline

Track; ☎06-349 2100; www.doc.govt.nz; Whanganui River Rd; ⊙白天）免费 在阿蒂尼，从旺阿努伊河公路和SH4交叉路口以北约22公里处，你可以选择短一些的阿蒂尼观景步道（Atene Viewpoint Walk），这是一条1小时左右的上山路。沿着建筑工程与发展部（Ministry of Works and Development）为发展水力发电（曾有计划在阿蒂尼修建大坝，那样的话，就连远在陶马鲁努伊的河谷都会被淹没）而于1959年修建的公路前进，穿过原生丛林和农场。步道尽头在一座黑色的榉木桥上——期待国家公园的壮丽景色吧。

玛蒂玛蒂亚昂加步道 徒步

（Matemateāonga Track; ☎06-349 2100; www.doc.govt.nz; Whanganui National Park）免费 玛蒂玛蒂亚昂加步道全程42公里，被称为新西兰最好的步道，走完需要3~4天。或许是地处偏僻的缘故，这条步道不像新西兰其他著名线路那样吸引徒步者。沿路深入原始丛林和山区，经过Whakaihuwaka Rd时将看到玛蒂玛蒂亚昂加山脉的山尖。Whakaihuwaka Rd于1911年动工兴建，目的是连接斯特拉特福和拉伊蒂希（Raetihi）的铁路。第一次世界大战致使工程搁置，从此再也没能复工。

芒格普鲁瓦/凯瓦考卡步道 徒步

（Mangapurua/Kaiwhakauka Track; ☎06-349 2100; www.doc.govt.nz; Whanganui National Park）免费 芒格普鲁瓦/凯瓦考卡步道全长40公里，起点法卡霍罗和终点芒格普鲁瓦登陆点都在旺阿努伊河边。这条步道沿着芒格普鲁瓦河和凯瓦考卡河（两者都是旺阿努伊河的支流）蜿蜒前进。山谷间有条小路通往该地区的制高点，663米高的**芒格普鲁瓦三角点**（Mangapurua Trig），站在山顶可以远眺汤加里罗山和埃格蒙特国家公园里的火山。该步道还经过绝路桥（见284页），步行总共需要20小时（3~4天）。

山地自行车

旺阿努伊河公路和芒格普鲁瓦/凯瓦考卡步道合在一起，成为317公里的**山海线**（Mountains to Sea; www.mountainstosea.co.nz）鲁阿佩胡火山—旺阿努伊自行车道，为“纳

> **前往偏远步道**
>
> 玛蒂玛蒂亚昂加步道和芒格普鲁瓦/凯瓦考卡步道都是非常好的长途步道（可从www.doc.govt.nz网站下载信息）。两条步道都是单程线路，起点（或终点）在河边偏僻的地方，因此你必须要借助喷射艇才能到达。详情咨询喷射艇公司。从皮皮里基到玛蒂玛蒂亚昂加步道每人的费用约为$50，至芒格普鲁瓦步道费用约为$100。

哈雷格”新西兰自行车道（Nga Haerenga,New Zealand Cycle Trail; www.nzcycletrail.com）的组成部分。从以往的经验来看，可以乘坐喷射艇（需预约）顺流而下到达皮皮里基，在芒格普鲁瓦到绝路桥附近的旺阿努伊河登岸，然后骑自行车到达旺阿努伊河公路。旺阿努伊的Bike Shed（见281页）提供修理服务和信息。

☞ 团队游

Whanganui River Road Tours 团队游

（☎027 318 9803; www.whanganuiriverroad.com; 每人 $80起）由Tamara Backpackers Lodge的Rory组织，乘坐小巴，游览旺阿努伊河公路，沿途有许多景点，附带解说，全程5个小时。或者，你还可以先直奔皮皮里基再返回。两种团队游最少都是4人成团，提供接送服务。

Eastern Taranaki Experience 团队游

（☎06-765 7482, 027 4717136, 027 246 6383; www.eastern-taranaki.co.nz; 5 Verona Place, Stratford; 每人 含午餐 $210起）从邻近塔拉纳基的斯特拉福德（提供旺阿努伊接车服务）出发，若干一日游线路带你沿旺阿努伊河行至皮皮里基，从那里乘坐喷射艇逆流而上，然后步行前往绝路桥，之后返程。最少6人成行。也组织多日游。

Whanganui Tours 团队游

（☎027 201 2472, 06-345 3475; www.whanganuitours.co.nz; 每人 $63）跟邮递员一起，沿旺阿努伊河公路前往皮皮里基（7:30~8:00接车），边看风景边听有关沿途风土人情的解说。工作日1人成行，周末至少

3人。车辆返回时间是15:00左右。打听清楚从耶路撒冷乘车或骑自行车返回旺阿努伊的情况。

住宿

旺阿努伊国家公园 (Whanganui National Park)

旺阿努伊国家公园里有许多小木屋，还有一个度假屋和不计其数的露营地(十大步道之外，小屋 免费至$15，10月至次年4月执行)。陶马鲁努伊和皮皮里基之间有两座木屋夏季被用作"十大徒步路线"木屋(每晚$32)，其他季节则成为"山中度假屋"，分别是：John Coull Hut和Tieke Kainga Hut。后者也是毛利人的集会地(如果在这儿住，必须完全遵守集会地的规矩，例如禁酒)。Whakahoro Bunkroom也在这一河段，Downes Hut在河下游的西岸、阿蒂尼对面。

Bridge to Nowhere Lodge 度假屋 $

(☎06-385 4622, 0800 480 308; www.bridgetonowhere.co.nz; Whanganui National Park; 帐篷/小屋/铺 $15/30/55)这个偏僻的度假屋位于国家公园腹地，与下游的皮皮里基相距21公里，玛蒂玛蒂亚昂加步道就在附近。要来这儿，要么在皮皮里基乘坐喷射艇，要么步行。店里有个持照酒吧，菜肴是家常风味的，味道不错。店方还组织喷射艇、独木舟和山地车骑行之旅(见285页)。提供交通、住宿、餐饮套餐，其中双人床加早餐的套餐$155起。

> **露营和木屋许可证**
>
> 每年从10月1日到次年4月30日，在旺阿努伊国家公园的陶马鲁努伊到皮皮里基段入住木屋(成人/儿童 $22~70/免费)和露营地(成人/儿童 $6~20/免费)都需要使用十大徒步路线通票(Great Walk Tickets)。其他时段只要山中留宿小屋通票(Backcountry Hut Pass; 成人/儿童 1年期 $122/61，半年期 $92/46)，你还可以住一晚付一晚(成人/儿童 $5/2.50)。许可证和票可以在网上购买(www.greatwalks.co.nz)，也可以通过电子邮件(greatwalks@doc.govt.nz)、打电话(☎0800 694 732)购买。此外，华卡帕帕(Whakapapa)、陶马鲁努伊、奥阿库尼(Ohakune)或者旺阿努伊(见281页)等地的环保部办公室也出售通票。

旺阿努伊河公路 (Whanganui River Road)

旺阿努伊河公路沿线有两家度假小屋可供旅行者住宿。此外还有一个非正式的免费露营地，有卫生间和凉水。另一个(更加不正式)在阿蒂尼北侧。皮皮里基还有一个露营地、一些小屋和Whanganui River Adventures(见285页)经营的村舍。

Kohu Cottage 出租屋 $

(☎06-342 8178; www.whanganuiriver.co.nz/accommodation1/kohu-cottage; 3154 Whanganui River Rd, Koroniti; 1/2/3晚 每晚$100/80/70)这个温馨的小屋有100年历史了！窗户上还有挡雨板呢！位于考利尼蒂的公路上方，能住4个人，第5人需要多付$10。有个小厨房，晚上可以烧炭火抵御河边的寒气。住得越久，每晚价格越便宜。

Flying Fox 度假屋、民宿 $$

(☎06-927 6809; www.theflyingfox.co.nz; Whanganui River Rd; 露营地 $15，夏季豪华露营铺 $60，双 $90~240; 📶)🍃这家与大自然融为一体的旅馆位于考利尼蒂的河对面，只能靠船或同名的缆道(停在旺阿努伊河路的一侧，自行过河)前往。设施齐备的小房子Brewers Cottage、James K和Glory Cart可以自炊，也可以选择早餐+住宿套餐(每人$120)，室外的绿地上可以搭帐篷。

Rivertime Lodge 度假屋 $$

(☎06-342 5599; www.rivertimelodge.co.nz; 1569 Whanganui River Rd; 11月至次年4月 每人 $50~60)Rivertime是个简单的河畔度假屋，有两个房间、一个洗衣房、一个木柴炉、一个可爱的露台，没有电视。3个增加的带卫浴小屋每间能住2人，使得这个住宿处扩容到可接纳10人，不过一次只出租给一个团队，这样门外远眺河畔的用餐区就能为你们独享。双人床和早餐套餐每人$105起。

就餐

沿途餐饮选择不多，不过悠闲的咖啡馆Matahiwi Gallery（☎06-342 8112；www.facebook.com/Matahiwigallery；3925 Whanganui River Rd，Matahiwi；小吃 $4~8；⏲10月至次年5月周三至周日 9:00~16:00）很迷人。提前致电确认是否开门。不然的话，还是打包一个三明治带着吧。

实用信息

通过友善的旺阿努伊信息中心（见281页）或陶马鲁努伊信息中心（见232页），以及网站www.doc.govt.nz或www.whanganuiriver.co.nz查询国家公园的信息。要得到更直观的信息，可以阅读新西兰Recreational Canoeing Association出版的《旺阿努伊河指南》（*Guide to the Whanganui River*，$10；参见http://rivers.org.nz/whanganui-guide）。

环保部的**皮皮里基中心**（☎06-385 5022；www.doc.govt.nz；Owairua Rd，Pipiriki；⏲不定）和**陶马鲁努伊中心**（☎07-895 8201；www.doc.govt.nz；Cherry Grove Domain，Taumarunui；⏲不定）与其说是游客信息中心，倒不如说是营地，而且并非一直有人。

旺阿努伊河公路沿线的手机信号最多称得上是断断续续。

到达和离开

北边的陶马鲁努伊、奥因尼佩尼和法卡霍罗都有公路通往旺阿努伊河公路，但法卡霍罗那条又长又偏僻，而且大部分路段还是土路。从奥方奥（Owhango）和劳利姆（Raurimu）到法卡霍罗都要走SH4。直到皮皮里基之后，才有其他通往河边的公路。

南边，旺阿努伊河公路在旺阿努伊以北14公里处的地方离开SH4，在旺阿努伊以北91公里处的拉伊蒂希重新会入SH4。旺阿努伊和皮皮里基之间相距79公里，驾车约需2小时。从旺阿努伊出发，经过皮皮里基和拉伊蒂希之后返回SH4，这段路最少需要4个小时（如果时常停下来游玩拍照，可能时间就更长些）。也可参加从旺阿努伊出发的旺阿努伊河公路团队游。

沿路没有加油站。

北帕默斯顿（Palmerston North）

☎06/人口 80,080

马纳瓦图（Manawatu）包括北边的Rangitikei区和南边的Horowhenua区，拥有丰饶的养殖场区。该地区的交通枢纽北帕默斯顿坐落于马纳瓦图河两岸。新西兰最大的大学梅西大学对这个城市的文化和社会结构有着深刻的影响。这里的居民思想开明、文质彬彬。

可John Cleese对这些都无动于衷，他声称“如果你想自杀但又缺乏勇气，至北帕默斯顿走一遭就能帮你的忙”。作为报复，这个城市用他的名字命名了一个垃圾场。我们认为Cleese需要回来看看（已经过去10年），走走城外出色的山地自行车道和绿树成荫的步道，尝尝城里美味的咖啡、啤酒，见见友好的当地人。

景点

★新西兰橄榄球博物馆 博物馆

（New Zealand Rugby Museum；☎06-358 6947；www.rugbymuseum.co.nz；Te Manawa Complex，326 Main St；成人/儿童/家庭 $12.50/5/30；⏲10:00~17:00）橄榄球迷们对新西兰橄榄球博物馆津津乐道，这个新开的博物馆收藏着海量与橄榄球有关的纪念品，例如1905年全黑队的棒球夹克、发球机和每一届橄榄球世界杯第一场赛事中使用过的哨子。新西兰于2011年和2015年获得橄榄球世界杯冠军。和馆里的工作人员聊聊他们对国家队在2019年赛事表现的预测。

★蒂马纳瓦 博物馆

（Te Manawa；☎06-355 5000；www.temanawa.co.nz；326 Main St；⏲10:00~17:00，周四 至19:30；👪）免费 集博物馆和画廊于一体。“艺术、科学和历史”展的展品十分丰富。博物馆里还有许多毛利展品，内容涵盖社会历史、当地动物和湿地的信息，还有一个关于马纳瓦图河（Manawatu River）的互动科学展。画廊的展品定期更换。互动体验区内的展品让孩子们乐疯了。新西兰橄榄球博物馆和它在同一组建筑群里。

Palmerston North 北帕默斯顿

Palmerston North 北帕默斯顿

重要景点
- 1 新西兰橄榄球博物馆 B3
- 2 蒂马纳瓦 B3

景点
- 3 广场 C2

住宿
- 4 @ the Hub B2
- 5 Destiny Motel C3
- Peppertree Hostel .... （见6）
- 6 Primrose Manor C1

就餐
- 7 Arranged Marriage C2
- 8 Local D1
- 9 Nero Restaurant C1
- 10 Saigon Corner C2
- 11 Yeda C1

饮品和夜生活
- 12 Brew Union C1

娱乐
- 13 Regent on Broadway C1

购物
- 14 Bruce McKenzie Booksellers B2

广场 公园

（The Square；☎06-356 8199；www.pncc.govt.nz；The Square；⌚24小时）**免费** 这座广场是北帕默斯顿的中心和灵魂，将人们对英语国家"绿色村庄"的认识提高到了新的高度。广场的毛利语名字"Te Marae o Hine"被挑选来代表所有和平共处的部落和民族，当太阳升起时，很多人都会聚集在草坪上用午餐。7公顷的宽阔草坪上有钟楼、鸭子池塘、巨型象棋、毛利木刻、塑像、四季常青的树木和免费的无线网络。

活动

到信息中心（见292页）去获取《城市步行游览手册》（*Discover City Walkways*）和介绍购物、餐饮、探索及所有活动日程的宣传册。

Lido Aquatic Centre 游泳

(☎06-357 2684; www.lidoaquaticcentre.co.nz; 50 Park Rd; 成人/儿童/家庭 $5/4/13.50, 划水 一日通票 $12; ⏰周一至周四 6:00~20:00, 周五 至21:00~21:00, 周六和周日 8:00~20:00) 夏季，平原上阳光炽热，人们就来这儿游泳。虽然跟威尼斯的同名海滩无法相提并论，但这儿有50米长的游泳池、水滑梯、咖啡馆和健身房。

团队游

Tui Brewery Tours 团队游

(☎06-376 0815; www.tuihq.co.nz; 5 Mara St, Mangatainoka; 40分钟团队游 每人 $20起; ⏰11月至次年4月 周日至周四 11:00~17:00, 周五和周六 至18:00, 5月至10月 关门晚1小时) 即使你喜欢精酿啤酒胜过随处可见的Tui牌啤酒，这个有趣的酿酒厂还是值得参观的（11:30和14:30）。看过酿酒厂和博物馆，再品尝一两杯Tui。酒厂位于北帕默斯顿东部40公里处，需要预约。除了参观，还可以进去吃午餐（主菜$18~22），在户外草地的阳光餐桌上享用。

Feilding Saleyard Tours 团队游

(☎06-323 3318; www.feildingsaleyards.co.nz/stockyardtours; 10 Manchester Sq, Feilding; 团队游 $10; ⏰周五 11:00) 在位于市中心北边19公里处的小镇里，当地农夫可能会向你传授出售家畜的技巧。可以参观拍卖活动，这里每周平均有15,000只羊和1400头牛被出售。可以在Manchester Sq的信息中心买票，不过售票厅在Livestock Centre的Manchester St。

节日和活动

文化节 文化节

(Festival of Cultures; ☎06-351 4100; www.festivalofcultures.co.nz; The Square; ⏰3月底) 盛大的艺术、文化/生活方式节，3月末举办，为期一天，广场(见289页)上设有食品和工艺品市场。

马纳瓦图国际爵士和蓝调音乐节 音乐节

(Manawatu International Jazz & Blues Festival; www.mjc.org.nz; ⏰5月底至6月初) 全城都沉醉在爵士乐和蓝调的节奏中，人们随之摇摆身体。活动很多，包括许多咖啡馆举办的自由爵士演出，以及Globe Theatre和Regent on Broadway（见291页）的大型活动。此外还有研讨会和工作坊。

住宿

@ the Hub 酒店 $

(☎06-356 8880; www.atthehub.co.nz; 25 Rangitikei St; 房间 $99~170; 📶) 有两家@the Hub酒店，一家WEST（短住），一家EAST（长住）。后者是为学生准备的，不过旅行者都可以预订，包括带小厨房和客房服务的套间、简单的学生间、三卧家庭公寓等。地段很好，但相当乏味。要个窗户能俯瞰广场的房间，或者索性冒险尝试一下无窗房。

Peppertree Hostel 青年旅舍 $

(☎06-355 4054; www.peppertreehostel.co.nz; 121 Grey St; 铺/标单/双/家 $31/65/78/124; 📶) 不知为什么，这里到处放着涂成绿色的靴子，里面装满了多肉植物。这家可爱的百年老屋是城里最好的经济型住宿地了。床垫很厚，厨房里总有人在忙碌，还有钢琴和壁炉，给人家一样的感觉。浴室不分男女，不过也有一个仅限女生入住的宿舍。共9个房间，35张床。

Palmerston North Holiday Park 假日公园 $

(☎06-358 0349; www.palmerstonnorthholidaypark.co.nz; 133 Dittmer Dr; 露营地/木屋 $35/50起，双/家庭套间 $95/105; 📶👪) 紧邻Ruha St，距离广场约2公里，绿树成荫，草坪上开满野菊花，很安静，而且价格合理。旁边就是Victoria Esplanade花园。树木和花园更添宁静，除非有孩子占领了游乐场！

Destiny Motel 汽车旅馆 $$

(☎06-355 0050; www.destinymotel.co.nz; 127 Fitzherbert Ave; 双/套/2卧 $145/165/259起; 🅿📶) 这里的单间和套间充满了色彩和图案，因此从大多数汽车旅馆稳妥但无聊的配色方案中脱颖而出——时尚，富有当代气息，有全套现代化设备，更像精品酒店。

Primrose Manor 客栈 $$

(☎06-355 4213; www.primrosemanor.

co.nz; 123 Grey St; 双 $120~145; 📶)🍃由隔壁的Peppertree Hostel经营，更像高档可爱的客栈。有一个时尚的中央公共厨房，休息室那边还有5个客房，大多数都自带卫浴，全都有电视。可以自由前往果园，不过预订时先问清楚，因为我们到访时正在翻修，长期住客也很多。

就餐

★ Saigon Corner 越南菜 $

（☎06-355 4988; www.facebook.com/saigoncornernz; 54 Princess St; 主菜 $8.50~16; ⏰周二至周六 11:00~15:00和17:00~20:30，周一 11:00~15:00; ✍）这家讨人喜欢的休闲餐厅是便宜的就餐之选，提供所有经典越南菜式：米粉、三明治、越南春卷、面条和米饭。菜品新鲜，挤满了当地人，堂吃外带都很好。

★ Local 咖啡馆 $

（☎06-280 4821; www.cafelocal.co.nz; 240 Broadway Ave; 菜肴 $10~15; ⏰周一至周三 7:00~15:30，周四和周五 至19:00，周六 8:00~16:00; 📶👪）这家出色的咖啡馆主打“自己搭配”的膳食。早餐有鸡蛋搭配土豆香草和烤三文鱼，午餐有整碗自选蛋白质沙拉。与地产经纪商位于同一座建筑，因为青绿色沙发、瓷砖和宽敞的户外空间而拔得头筹。吃到酥松的薯条之前可别着急离开。

Arranged Marriage 南印度菜 $$

（☎351 6300; www.arrangedmarriage.co.nz; 32b The Square; $16~23; ⏰周二至周日 正午至14:00和17:00~21:30; ✍）是新普利茅斯Kathakali团队（见265页）的第二家分店，让你在广场上就能品尝到印度喀拉拉邦的风味。装潢有趣生动，但又不显得俗丽（喜欢椰子墙），闻不到食物的味道。有黄油鸡和蔬菜咖喱，不过还是建议点招牌菜咖喱土豆卷饼。$12的午餐也很棒。

Yeda 亚洲菜 $$

（☎06-358 3978; www.yeda.co.nz; 78 Broadway Ave; 主菜 $16~19; ⏰11:00~21:00）感觉有点像是啤酒吧或大学礼堂，可能是极简风格的长形房间配上混凝土地面，又挤满了学生的缘故。菜单覆盖所有的亚洲基本菜式，包括越南米粉、泰国鸡和饺子。等位期间可以品尝清酒或朝日啤酒（不会等太久）。可咨询周六下午的烹饪课程（每人 $40）。

★ Nero Restaurant 各国风味 $$$

（☎06-354 0312; www.nerorestaurant.co.nz; 36 Amesbury St; 主菜 $39~44; ⏰周一至周五 11:00~15:00和17:00至深夜，周六 17:00至深夜）在一座修整过的1918年维多利亚式建筑中，有一个修剪整齐的草坪用餐区，这是当地最好的用餐场所。主厨兼店主是Beef & Lamb New Zealand的大使，不过也提供蜜汁猪五花和花椰菜牛排等菜肴。试试风干牛肉，再和店里的猫Truffles打个招呼。

饮品和夜生活

★ Brew Union 小啤酒厂

（☎06-280 3146; www.brewunion.co.nz; 41 Broadway Ave; ⏰11:00~22:00）🍃这是一座令人印象深刻的仓库，从前住着一个屠夫，之后变成了唱片行和运动用品店，现在则是当地喝一杯的最好去处。要穿过一整片街区才能到达，酒吧和餐厅中有21种随时供应的啤酒，架子上有45种金酒。过来喝一杯，留下来吃木柴烤的比萨。周五至周日有DJ现场打碟和音乐会。

娱乐

Regent on Broadway 表演艺术

（☎06-350 2100; www.regent.co.nz; 53 Broadway Ave）这家剧院在1930年开业，当时是城市的瑰宝，但在20世纪90年代因为游客逐步减少而关闭。议会介入斥资1000万美元进行整修，社区也募集了170万美元（平均每个城市居民捐献了25美元）。可登录网站查看音乐、演出、芭蕾等活动安排。

购物

★ Herb Farm 化妆品

（☎06 326 8633; www.homeoftheherbfarm.co.nz; Grove Rd, RD10; ⏰10:00~16:30; 👪）Lynn Kirkland自创的自然疗法所带来的市场需求，是这家商店在1993年开门营业的初衷。后来她的女儿也加入进来，母女共同在这1公顷童话般的花园里出售美容、自然护肤和健康产品。距离市中心不到20分钟，不妨在咖啡馆挑些有机食品（$13~22），享受这里的宁静氛围。

Bruce McKenzie Booksellers 图书

（☎06-356 9922；www.bmbooks.co.nz；37 George St；⌚周一至周五 9:00~17:30，周六 至17:00，周日 10:00~16:00）一家出色的独立书店。拿起你寻寻觅觅的新西兰精酿啤酒指南，再翻翻新西兰作家的小说。

实用信息

环保部（Department of Conservation，简称DOC；☎06-350 9700；www.doc.govt.nz；28 North St；⌚周一至周五 8:00~16:30）环保部的信息中心，在广场以北2公里处。

北帕默斯顿医院（Palmerston North Hospital；☎06-356 9169；www.midcentraldhb.govt.nz；50 Ruahine St；⌚24小时）应对事故和急诊。

北帕默斯顿信息中心（Palmerston North i-SITE；☎0800 6262 9288，06-350 1922；www.manawatunz.co.nz；The Square；⌚周一至周四 9:00~17:30，周五和周日 至17:00，周六 至15:00；📶）提供非常有用的旅游信息，现在也出租电动自行车（每小时/半天/全天 $30/45/65）。我们很喜欢打印在A4纸上的当地徒步、公园、购物等指南信息。

帕默斯敦医疗中心（Palms Medical Centre；☎06-354 7737；www.careforyou.co.nz/the-palms；445 Ferguson St；⌚每天 8:00~20:00，全科医生 周一至周五 9:00~17:00）紧急医疗救助，也可预约医生就诊，还有个药房。

到达和离开

飞机

北帕默斯顿机场（Palmerston North Airport；☎06-351 4415；www.pnairport.co.nz；Airport Dr）在市中心以北4公里处。

新西兰航空（www.airnewzealand.co.nz）每天有从这里飞往奥克兰、基督城和惠灵顿的直达航班。捷星航空（www.jetstar.com）有航班往返奥克兰和惠灵顿。Originair（www.originair.nz）的航班往返帕默斯顿和南部的纳尔逊（Nelson）。

长途汽车

InterCity（www.intercity.co.nz）的长途汽车从广场东侧的**主街汽车站**（Main St bus terminus）出发，目的地如下：

目的地	价格	行程(小时)	班次(每天)
奥克兰	$42起	9.5	3
内皮尔	$24起	3.5	3
陶波	$24起	4	3
惠灵顿	$22起	2.25	9
旺阿努伊	$18起	1.5	4

Naked Bus（www.nakedbus.com）的长途汽车也从Main St汽车站出发，前往北岛的大多数中心城市：

目的地	价格	行程(小时)	班次(每天)
奥克兰	$28起	10	2~4
内皮尔	$22起	2.5	2~4
陶波	$15起	4	2~3
惠灵顿	$13起	2.5	2~4

火车

KiwiRail Scenic Journeys（☎0800 872 467，04-495 0775；wwwkiwirailscenic.co.nz）运营往返惠灵顿和奥克兰的长途火车，中途停靠重新启用的北帕默斯顿火车站（Mathews Ave），该火车站位于广场以北约2.5公里处，紧邻Tremaine Ave。要从北帕默斯顿前往惠灵顿，可以乘坐Northern Explorer（$69，2.5小时），发车时间为周一、周四、周六16:20；或乘坐Capital Connection（$35，2小时），周一至周五6:15从Palmy发车。要想到奥克兰，乘坐Northern Explorer（$179，9小时），周四、周五和周日，10:00发车。在KiwiRail Scenic Journeys可直接买票，或者上了Capital Connection火车之后买，信息中心也可买票（车站不售票）。

当地交通

抵离机场

北帕默斯顿往返菲尔丁（Feilding）的公共汽车会经过机场。出租车很多，Super Shuttle（☎0800 748 885，09-522 5100；www.supershuttle.co.nz；票价 $18起）的小客车也可以载你去市区（需要预约）。从城区到机场的出租车费大约$20。

自行车

Crank It Cycles（☎06-358 9810；www.scrankitcycles.co.nz；244 Cuba St；半天/全天 $35/50；⌚周一至周五 8:00~17:30，周六 9:30~15:00，周

日 10:00~14:00）出租城市自行车，含头盔和车锁（押金$50）。信息中心也可以租到电动自行车。

公共汽车

Horizons（☎06 9522 800，0508 800 800；www.horizons.govt.nz；成人/儿童 $2.50/1.50）的公交车白天运营，始发站在广场东侧的主街汽车站（Main St bus terminus）。北帕默斯顿往返菲尔丁的公交车现在会经过机场。如果要在这里停留一段时间，可以上车后或者在信息中心购买一张GoCard。

出租车

Gold & Black Taxis（☎0800 351 2345，06-351 2345；www.taxisgb.co.nz）是一个家庭经营的当地出租车公司。

北帕默斯顿周边（Around Palmerston North）

北帕默斯顿周边的风景和海滩，与这座学生城市里更快更统一的节奏形成了鲜明对比。在北帕默斯顿以东约12公里处，SH2进入马纳瓦图峡谷（Manawatu Gorge）。毛利人称之为“Te Apiti”，意为“狭窄的通道”，他们相信峡谷中心附近的红色巨岩是峡谷的守护神灵。沿着坡路上行11公里即可抵达观景台，单程需要大约4小时。峡谷西南端是塔拉鲁阿风力农场（Tararua Wind Farm），以北是蒂阿皮提风力农场（Te Āpiti Wind Farm）。

本书写作之时，穿过马纳瓦图峡谷的SH3公路因为滑坡关闭了，不过步道还开放。出发前先去北帕默斯顿的信息中心或当地环保部（致电06-350 9700）确认详情。

北帕默斯顿南边是香农（Shannon；人口：1250）和福克斯顿（Foxton；人口：2650），前往惠灵顿的一路上都是宁静的乡村小镇。

福克斯顿海滩（Foxton Beach）是塔斯曼海边延绵的一系列沙滩之一，其他值得一游的海滩包括Himatangi、Hokio和怀卡瓦（Waikawa）。

勒文（Levin；人口：20,900）城镇规模比较大，但因为距离惠灵顿和北帕默斯顿太近了，赶路的游客反倒不会停留。

可以晚上在帕默斯顿住宿，白天去周边一日游。最好自驾。InterCity（www.intercity.co.nz）和Naked Bus（www.nakedbus.com）往返北帕默斯顿和惠灵顿的车会经过勒文和香农（有时也经过福克斯顿）。

景点

塔拉鲁阿风力农场 农场

（Tararua Wind Farm；☎027 244 1049；www.windenergy.org.nz/tararua-wind-farm；Hall Block Rd，Ballance；⏲24小时）在峡谷西南端，即距离北帕默斯顿约40分钟车程的地方，是号称南半球最大的风力农场塔拉鲁阿风力农场。农场位于私人领地内，不过哪怕不进山顶“私人领地”的大门，也值得沿着蜿蜒曲折的土路驾车过来观赏风景，感受车子在风中摇晃的感觉。

蒂阿皮提风力农场 地标

（Te Āpiti Wind Farm；☎0800 496 496；www.meridianenergy.co.nz/about-us/te-apiti；Saddle Rd，Woodville；⏲24小时）免费 马纳瓦图峡谷北边就是蒂阿皮提风力农场。这里55个涡轮创造的电力每年足够大约39,000个新西兰家庭使用。位于私人领地，不过进门后有一个公共观景平台，景色迷人，就在Saddle Rd旁边——可以到北帕默斯顿信息中心咨询方向。比去塔拉鲁阿农场的路好走。

活动

Timeless Horse Treks 骑马

（☎027 446 8536，06-376 6157；www.timelesshorsetreks.co.nz；Gorge Rd，Ballance；30/60/90分钟骑行 $25/50/85起；👪）想逃离城市的喧嚣，还可以来这里。骑着温驯的马儿在马纳瓦图河（Manawatu River）边和周围的山区闲逛。可提供北帕默斯顿接送服务。

陶波和鲁阿佩胡地区

包括 ➡

最佳餐饮

- Cadillac Cafe（见310页）
- Storehouse（见305页）
- Southern Meat Kitchen（见305页）
- Spoon & Paddle（见305页）
- Blind Finch（见321页）

最佳住宿

- Station Lodge（见320页）
- Braxmere（见308页）
- River Lodge（见320页）
- Lake Motel（见304页）
- Ruapehu Country Lodge（见321页）

为何去

欢迎来到你等待已久的新西兰，这里如画一般的美景中有许多火山，也有大量的水域和自然森林。这有很大一部分要归因于陶波火山带（Taupo Volcanic Zone），由此经罗托鲁阿（Rotorua）至瓦卡阿利[Whakaari，又名怀特岛（White Island）]一带地热活动频繁。这里景色优美，但重要的是山体内部的活动：地下涌动的暗流造就了北岛的明星景观，例如新西兰最大的湖泊和汤加里罗国家公园（Tongariro National Park）内3座终年积雪的山峰。

想要寻求刺激的人在这里会得到犒赏——说到户外运动，这个地区如今已经超过了皇后镇。当你终于玩累了（或者你只想悠闲地度假），可尝试具有治愈效果的飞钓，或是在温泉浴池里泡几天。陶波和高原地区真的能满足每个人的需求。

何时去

- 这里的冬季和夏季一样受欢迎，实际上并没有哪个季节不适宜游览新西兰中部。
- 滑雪季在7月至10月前后，但山区随时可能有暴风雨，气温也会随之降至冰点以下，海拔2500米以上则终年积雪覆盖。
- 由于海拔高，鲁阿佩胡地区通常气候寒冷，冬季最高气温为0℃左右，夏季最高气温为24℃左右。
- 从圣诞节至1月下旬，陶波湖挤满了度假的新西兰人，所以这段时间预订酒店需要先付款。

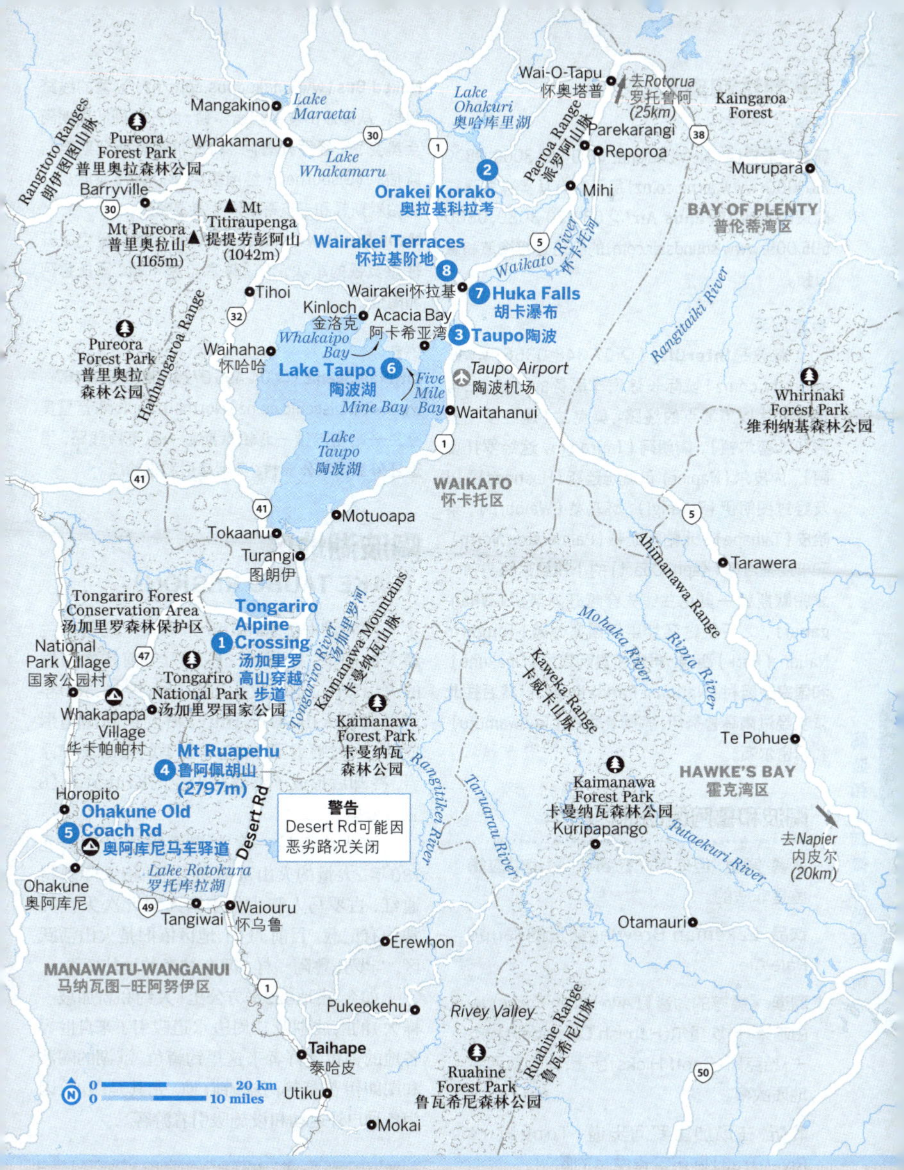

陶波和鲁阿佩胡地区亮点

❶ **汤加里罗高山穿越步道**（见313页）看看为什么这里被称作新西兰最佳一日徒步道。

❷ **奥拉基科拉考**（见301页）重新发现这处火山上"迷失的山谷"。

❸ **陶波**（见296页）欣赏着怀卡托河蹦个极。

❹ **鲁阿佩胡山**（见311页）滑过图罗瓦或华卡帕帕的新雪。

❺ **奥阿库尼马车驿道**（见319页）骑着山地自行车跨越284米长的Hapuawhenua高架桥。

❻ **陶波湖**（见299页）乘皮划艇或游船，去看现代毛利岩雕。

❼ **胡卡瀑布**（见299页）坐上喷射艇，沿怀卡托河直奔瀑布。

❽ **怀拉基阶地**（见299页）泡温泉，享受具有治疗功效的地热温泉水。

到达和离开

飞机

新西兰航空(Air New Zealand; ☎09-357 3000,0800 737 000; www.airnz.co.nz)每天都有从奥克兰飞往陶波的航班。**Sounds Air**(☎03 520 3080,0800 505 005; www.soundsair.com)的航班连接陶波和惠灵顿。

长途汽车

陶波是**InterCity**(☎07-348 0366; www.intercity.co.nz)城际长途汽车服务的枢纽,日常运营直达以下地点的线路:奥克兰(途经罗托鲁阿和哈密尔顿)、陶朗阿(Tauranga,途经罗托鲁阿)、内皮尔(Napier)和黑斯廷斯(Hastings),以及经过图朗伊(Turangi)、怀乌鲁(Waiouru)、泰哈皮(Taihape)、北帕默斯顿(Palmerston North)和卡皮蒂海岸(Kapiti Coast)的小镇到达惠灵顿。北帕默斯顿—奥克兰线先穿越旺阿努伊(Whanganui),之后绕过汤加里罗国家公园(Tongario National Park)西端,再经由奥阿库尼(Ohakune)和国家公园村(National Park Village),然后往北依次经过陶马鲁努伊、蒂阿瓦木图(Te Awamutu)和哈密尔顿。

> **陶波和鲁阿佩胡地区精华**
>
> **就餐** 鳟鱼,但你得先钓到它!餐馆供应鳟鱼是非法的。
>
> **饮品** Lakeman Brewing酿造的Taupo Pale Ale。
>
> **阅读** 《震撼的力量》(*Awesome Forces*),由哈米什·坎贝尔(Hamish Campbell)和杰夫·希克斯(Geoff Hicks)所著,详解新西兰地质故事。
>
> **聆听** 在汤加里罗河步道(Tongariro River Trail)聆听蜜雀悦耳的鸣叫。
>
> **观赏** 欣赏电影《指环王》(*The Lord of the Rings*)和《霍比特人》(*The Hobbit*),游览电影拍摄地汤加里罗的群山和急流。
>
> **骑车** 陶波的火山口山地自行车公园。
>
> **网络资源** www.greatlaketaupo.com; www.visitruapehu.com; www.nationalpark.co.nz; www.visitohakune.co.nz

Naked Bus(www.nakedbus.com/nz)运营的线路包括:从陶波出发经哈密尔顿、罗托鲁阿和陶朗阿至奥克兰;经罗托鲁阿、内皮尔和黑斯廷斯至吉斯伯恩(Gisborne);经图朗伊、怀乌鲁、泰哈皮、北帕默斯顿和卡皮蒂海岸至惠灵顿。

Mana Bus(www.manabus.com)运营的奥克兰开往惠灵顿的车次,沿途停靠哈密尔顿、罗托鲁阿和陶波。

火车

KiwiRail Scenic(☎04-495 0775, 0800 872 467; www.kiwirailscenic.co.nz)Northern Explorer运营奥克兰—哈密尔顿—北帕默斯顿—惠灵顿线路,沿途还停靠国家公园村、奥阿库尼和泰哈皮。

陶波湖地区 (LAKE TAUBO REGION)

陶波湖(也称Taupo Moana)是新西兰最大的湖泊,坐落于一座30万年前初次喷发的火山口内。这个火山口是在大约26,500年前奥努伊火山(Oruanui)喷发期间塌陷形成的,当时喷射了750立方公里的火山灰和浮岩,冷却后形成了看似小山丘的Krakatoa(8立方公里)。

该火山最后一次大规模喷发是在公元180年,大量的火山灰喷向天空,把天际映得通红,古罗马人和古代中国人对此次天空异常均有记载。目前,这个地区依旧是火山活跃区,与罗托鲁阿一样,拥有神奇的地热资源。

如今,占地622平方公里(大约和新加坡一样大)的陶波湖及其周边水道吸引了来自世界各地的钓鱼爱好者来这里钓鳟鱼。滨湖的陶波和图朗伊都是热门旅游胜地。尤其是陶波,因为各种户外运动和设施吸引着游客。

陶波(Taupo)

☎07/人口 32,900

天气晴朗时,沿着陶波湖的东北岸前往陶波,一路风景令人陶醉:湖的面积和新加坡一样大,对岸是汤加里罗国家公园里积雪覆盖的山岳。

这里提供各种令你肾上腺素激增的运动,还有温泉水域、湖畔步道和一些很好的就餐地,如今,陶波已经超过罗托鲁阿,成为

Central Taupo 陶波市中心

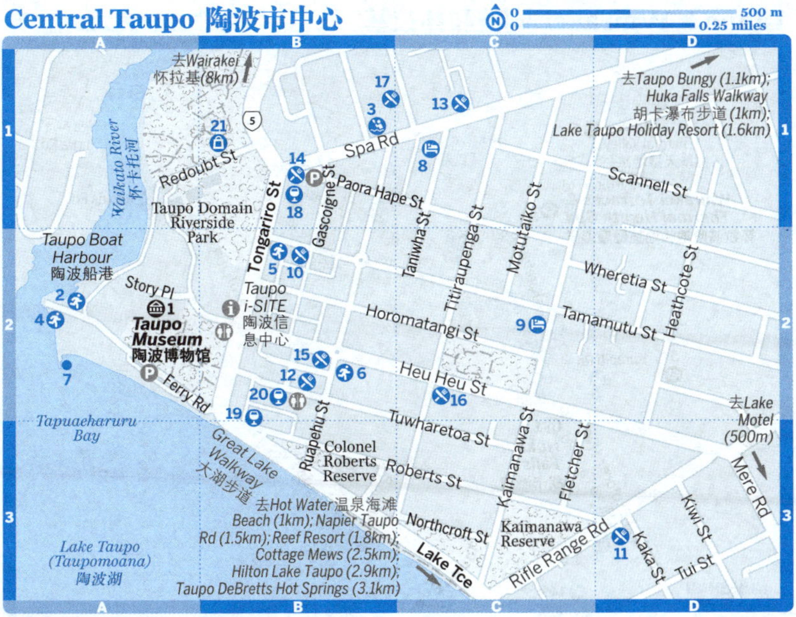

Central Taupo 陶波市中心

重要景点

1 陶波博物馆 A2

活动、课程和团队游

2 Big Sky Parasail A2
3 Canoe & Kayak B1
Ernest Kemp Cruises .... （见2）
Fish Cruise Taupo .... （见2）
4 Lake Fun Taupo A2
5 Pack & Pedal B2
6 Rafting NZ Adventure Centre B2
Sail Barbary .... （见2）
Taupo Troutcatcher .... （见4）
7 Taupo's Floatplane A2

住宿

8 Finlay Jacks C1
9 Haka Lodge C2

就餐

10 Bistro B2
11 Brantry D3
12 Malabar Beyond India B2
13 Merchant C1
14 Pauly's Diner B1
15 Replete Cafe & Store B2
Southern Meat Kitchen .... （见12）
16 Spoon & Paddle C2
17 Storehouse B1

饮品和夜生活

18 Crafty Trout Brewing B1
19 Lakehouse B2
20 Vine Eatery & Bar B2

购物

Kura Gallery .... （见15）
21 陶波市场 B1

北岛首选的度假胜地。它同时也吸引着户外运动员们，无论是常规骑行还是越野骑行，这里都是新西兰最棒的自行车骑行目的地之一。

新西兰最长的河流怀卡托河（Waikato River）就发源于紧邻市区的陶波湖。它依次穿过胡卡瀑布（Huka Falls）和阿拉蒂亚蒂亚激流（Aratiatia Rapids），最后安静地汇入奥克兰南侧的西海岸。

历史

让我们从故事的开始说起，公元180年

Taupo & Wairakei 陶波和怀拉基

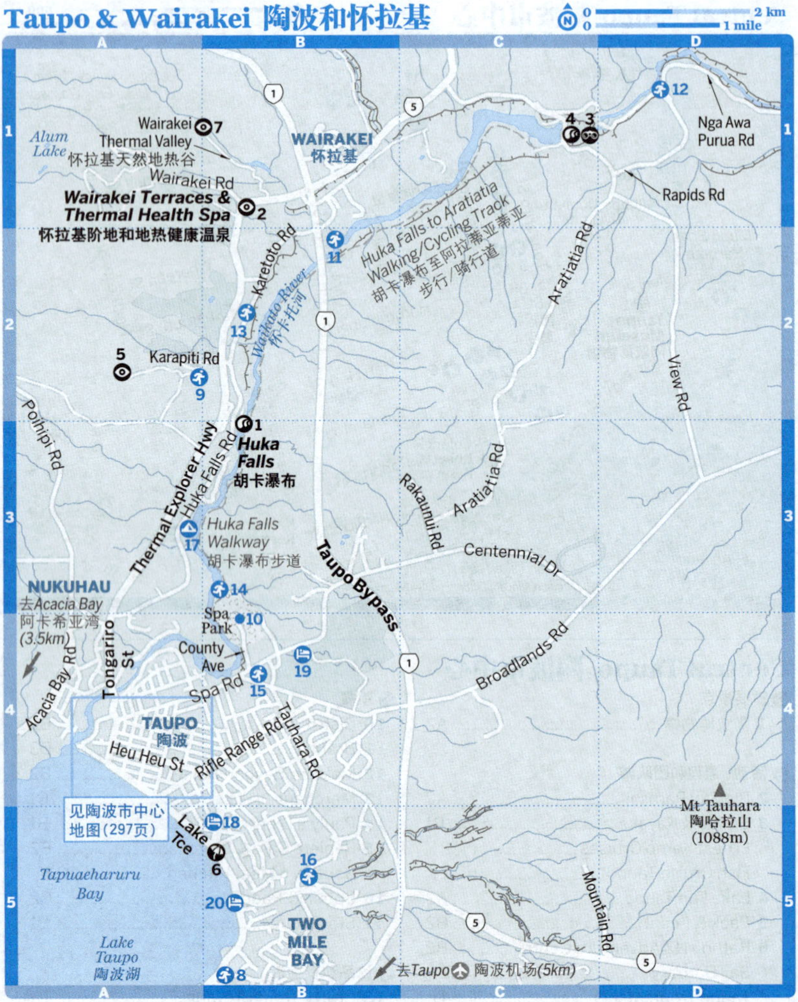

陶波火山喷发，这是有史以来规模最大和最剧烈的一次火山喷发。喷发物覆盖了30,000平方公里，整个新西兰当时都被灰烬覆盖，有些地方的火山灰深达10米。所有的生物都被毁灭了，古罗马和古中国都有不同寻常的红色日落的记载。在此过程中，火山口形成了陶波湖。

但是在毛利人的传说中，是祭司Ngā-toro-i-rangi在寻找居住地时创造了这个湖。他爬上陶哈拉山（Tauhara），看见一个积满灰尘的大坑，便往里面丢了一棵罗汉松，清水于是汇聚成湖。早期一位名叫Tia的毛利人是第一个探索该地区的人。Tia发现了这个湖，并盖着斗篷在湖边睡觉，于是这里就被叫作Taupō Nui a Tia（Tia的大斗篷）。当时居住在此的纳蒂图法利托部落（Ngāti Tūwharetoa）的后代一直存续至今。

欧洲人在东海岸土地战争（East Coast Land War, 1866~1872年）期间，凭借武力驻扎在这里，将这里作为军事要塞。1869年，他们建立了一个防御工程，由一队骑警驻守，但当年年底就被Te Kooti打败了。

Taupo & Wairakei 陶波和怀拉基

重要景点

景点

活动、课程和团队游

住宿

购物

20世纪，汽车的普及使陶波从一个仅有约750人的湖边小村变成了大型度假城市，从北岛各地到这里都十分便利。现在，每逢度假旺季，城中人口数量就猛增，新西兰人和外国游客都一窝蜂地跑到大湖（Great Lake）游玩。

景点

陶波的多数景点在城外，主要集中在怀拉基（Wairakei）周边至北部一带。中心地区的主要亮点是湖，以及你在湖中、湖上和周围能进行的活动。

★怀拉基阶地和地热健康温泉　温泉

（Wairakei Terraces & Thermal Health Spa；☎07-378 0913；www.wairakeiterraces.co.nz；Wairakei Rd；地热步行游 成人/儿童 $15/7.50，温泉池 $25，按摩 $85起；⏲10月至次年3月 8:30~21:00，4月至9月 至20:30，周四 19:00关闭）富含矿物质的水源从附近的怀拉基地热蒸汽田经硅石阶地（silica terraces）倾泻进入池中（向14岁及以上人士开放），周边有天然的花园环绕。考虑到价格，我们认为此处的自助步行游项目比**阶地徒步**更好，这里有一个修复过的毛利村庄，有人工间歇泉和一个硅石阶地，花几个小时在有治疗功效的温泉里泡一泡也很值得。

黄昏前来可以观赏温泉池上方的落日。晚上的**毛利文化体验**（Maori Cultural Experience；成人/儿童 $104/52）包括毛利传统的欢迎仪式、音乐会、游览和一顿hāngi（在石坑中烹饪的食物，毛利大餐）。这些体验让我们得以感受新西兰地热地区的毛利人生活。

★胡卡瀑布　瀑布

（Huka Falls；www.greatlaketaupo.com；Huka Falls Rd）这里标志清晰，有停车场，旁边还有个售货亭。有3座瀑布，它们标志着新西兰最长的河流怀卡托河变窄的地方。河水以每秒220,000升的流量，从11米的高处奔腾而下，冲入下方汹涌的蔚蓝色池塘。从桥上可以见识到被毛利人称为Hukanui（雄伟的奔泉）的激流惊人的力量。

★陶波博物馆　博物馆

（Taupo Museum；www.taupodc.govt.nz；4 Story Pl；成人/儿童 $5/免费；⏲10:00~16:30）这里拥有一个极好的毛利美术馆和一些奇特的展览，包括一个20世纪60年代的大篷车，景观栩栩如生，仿佛大篷车的主人刚刚来到湖边。这个小小的博物馆为人们提供了一个雨天里有趣的游览去处。镇馆之宝是一座雕刻精美的毛利会堂Te Aroha o Rongoheikume。历史展包括当地产业、火山活动和一个19世纪商铺的仿制品。

毛利岩雕　历史遗址

（Maori Rock Carvings）这些10米高的雕刻位于Mine Bay附近的峭壁上，只能乘船前去欣赏。它们是雕刻大师Matahi Whakataka-Brightwell创作于20世纪70年代末的作品，其图案描绘的是具有远见卓识的毛利航海家Ngātoro-i-rangi在1000年前带领纳蒂图法利托和蒂阿拉瓦两个部落来到陶波地区的故事。清晨出发，或者参加日落巡游。

怀拉基天然地热谷 自然地貌

（Wairakei Natural Thermal Valley；☎07-374 8004；www.wairakeitouristpark.co.nz；Wairakei Thermal Valley，紧邻SH1；成人/儿童 $10/5；⏲9:00至日落前1小时）这条地热步道（约1.8公里）位于一片与世隔绝的地区和宁静的露营地，周围有孔雀和其他动物（露营地 每人 $18~21，小木屋 $75~95，村舍 $125起，夏季帐篷 11月至次年4月初 据天气状况提供 $65~85）。售票处在**咖啡馆**，可探索泥塘、石英结构、"香槟锅"和濒危的罕见植物。孩子们会很喜欢供出租的温泉激光枪。

阿拉蒂亚蒂亚激流 瀑布

（Aratiatia Rapids；www.greatlaketaupo.com）免费 这里距离SH5只有2公里，原本是奔腾的怀卡托河最为壮观的河段，直到政府在此截流修建了水电站大坝。尽管如此，每年10月至次年3月的10:00、12:00、14:00和16:00，以及每年4月至9月的10:00、12:00和14:00，大坝依然会开闸放水。你可以在两处**观景点**（Lookouts；紧邻Aratiatia Rd）欣赏湍急倾泻的水流。

月球火山口 自然地貌

（Craters of the Moon；☎027 6564 684；www.cratersofthemoon.co.nz；Karapiti Rd；成人/儿童/家庭 $8/4/20；⏲8:30~17:00）因为周围修建了水电站导致水位降低，这个地热地区才为人所知。压力减轻后，新的蒸汽和冒着气泡的泥池涌现出来。环绕2.7公里的"月球坑"外缘走一圈约需45分钟，沿途可以俯瞰远处的湖光和山色。入口处有个售货亭，由志愿者值守，他会帮忙看车。

活动

喜欢刺激运动的可以寻找组合多项活动的特别套餐。有些运营商会提供背包客折扣。

想获得漂流、乘船去毛利岩雕（见299页）、文化体验及更多活动的大幅折扣，可尝试通过www.bookme.co.nz或www.grabone.co.nz/rotorua-taupo网站预订。

探险和极限运动

★ Taupo Bungy 蹦极

（☎0800 888 408；www.taupobungy.co.nz；202 Spa Rd；单人/双人蹦极 $169/338；⏲9:30~17:00）这个景色如画的蹦极地位于怀卡托河边高高的峭壁上，是北岛最受欢迎的蹦极地。勇敢者从悬崖上方34米处突出的平台上纵身一跃而下，挑战令人揪心的47米高的蹦极。11米的Cliffhanger极限秋千也很刺激（单人/双人秋千 $145/290）。

Skydive Taupo 跳伞

（☎07-378 4662，0800 586 766；www.skydivetaupo.co.nz；Anzac Memorial Dr；12,000英尺/15,000英尺 $279/359）设有多种套餐（$458起），包括第二次跳伞可享优惠价格，专为跳伞狂热爱好者提供。

Rafting NZ Adventure Centre 探险运动

（Adventure Centre；☎0508 238 3688，07-378 8482；www.theadventurecentre.co.nz；47 Ruapehu St；⏲12月至次年5月 9:00~17:00，6月至11月 10:00~17:00）这处运营很好的机构位置便利，就在陶波市中心，能帮你安排各种活动，包括汤加里罗河漂流、跳伞、喷射船和蹦极，也有更轻松的活动，如湖上巡游和钓鱼。**Adventure 6D Cinema**电影院就在这里，可以模拟漂流和瀑布蹦极（成人/儿童 $15/9）。

Hukafalls Jet 探险运动

（☎07-374 8572，0800 485 253；www.hukafallsjet.com；200 Karetoto Rd；成人/儿童 $129/89）30分钟的紧张之旅将带你逆流而上到达浪花飞溅的胡卡瀑布脚下，然后顺流直下来到下游的阿拉蒂亚蒂亚大坝（Aratiatia Dam），每到一处，喷射艇都会故意急转弯，完成360度的水面特技旋转，非常刺激。游览活动全天都有，会根据天气情况安排（报价含陶波接车）。

Rapids Jet 探险运动

（☎07-374 8066，0800 727 437，0274 308 730；www.rapidsjet.com；Nga Awa Purua Rd；成人/儿童 $115/65；⏲10月至次年3月 9:00~17:00，

4月至9月 10:00~16:00）35分钟的喷射艇之旅十分刺激。喷射艇如离弦的箭一般在阿拉蒂亚蒂亚激流下游疾驰，刺激程度（价格也是）与胡卡瀑布喷射艇游不相上下。喷射艇从通往阿拉蒂亚蒂亚观景台的小路终点出发。要前往此处，只需沿Rapids Rd转到Nga Awa Purua Rd即可到达。

Big Sky Parasail 探险运动

（☎0800 724 4759；www.bigskyparasail.co.nz；Taupo Boat Harbour, Redoubt St；单人滑翔$119，多人$99/人；⊙10月中旬至次年5月9:00~18:00）高空滑翔伞从湖边"起飞"，可选高度有1000英尺或500英尺，不过根据一个教练的说法，后者就像"摩天轮升了一半"。必须预订。早鸟优惠价格为$85。

Rock'n Ropes 户外

（☎0800 244 508, 07-374 8111；www.rocknropes.co.nz；65 Karetoto Rd；每人 $20~70；⊙取决于天气情况）考验胆量的高空绳索活动就在**Huka Honey Hive**（☎07-374 8553；www.hukahoneyhive.com；⊙10:00~17:00）旁边进行。内容包括高空桥、秋千、高空滑索和极限大摆荡。只想待在地面上？要知道，4~86岁的人都曾经挑战过。感觉自己很勇敢？可以看一下最新的项目：全国独一无二的5层楼自由落体。

徒步和骑自行车

从**Pack & Pedal**（☎07-377 4346；www.packandpedaltaupo.com；5 Tamamutu St；2小时/半天/全天租赁 $30/40/60；⊙周一至周五 8:30~18:00，周六 8:30~17:00，周日 9:00~16:00）在信息中心（见306页）可获取地图，包括十大骑行车道的地图，还可以租自行车。你需要成为**Bike Taupo**（www.biketaupo.org.nz；1周 $10）的临时会员才能骑车上当地车道。城里的自行车店可以帮忙办理临时会员卡。

胡卡瀑布步道 步行、骑车

（Huka Falls Walkway；County Ave）步道起点位于County Ave（紧邻Spa Rd）尽头的Spa Park停车场。这条路很好走，沿途景色如画。沿怀卡托河东岸走，3公里就能到达胡卡

另辟蹊径

奥拉基科拉考（ORAKEI KORAKO）

与其他地热地区相比，偏僻的**奥拉基科拉考**（☎07-378 3131；www.orakeikorako.co.nz；494 Orakei Korako Rd；成人/儿童 $36/15；⊙8:00~16:30）的游人并不多。但是，自从粉红色和白色梯形丘（Pink and White Terraces）遭到破坏之后，这里渐渐成为新西兰现存最好的地热地区，有活跃的间歇泉、令人惊艳的阶地、咕咕冒泡的彩虹陆地和新西兰唯一的地热洞穴。

该国家公园以多彩的**硅石阶地**闻名，贯穿其间的步道由无数台阶和石板路组成，步道经过几个**间歇泉**和**鲁阿塔普岩洞**（Ruatapu Cave，游览此处至少需要1.5小时）。鲁阿塔普岩洞是一个巨大的天然洞穴，洞里有个呈翠绿色的水潭，据说毛利妇女在为宗教仪式做准备时会拿潭水当镜子照（"奥拉基科拉考"的意思就是"梳妆打扮的地方"）。

门票含从游客中心及咖啡店泛舟过湖的费用。非旺季出行记得带上手机，因为渡轮司机不一定每次都会留神清点应该登船返回的人！

游客中心内的Mud Cake Cade提供基本的食物，有一个可爱的露台，能从那里俯瞰奥哈库里湖（Lake Ohakuri）。

奥拉基科拉考距离陶波市中心有大约30公里，距离罗托鲁阿65公里。这里没有公共交通，不过可以乘坐**New Zealand River Jet**（☎0800 748 375, 07-333 7111；www.riverjet.co.nz；Mihi Bridge, SH5；成人/儿童 $179/99，含奥拉基科拉考的门票）的船过来。

这片地区没有住宿处，人们大多是在往返罗托鲁阿和陶波的途中前来游览。从陶波到奥拉基科拉考，沿着SH1朝哈密尔顿方向行驶23公里，从路标处出主路之后，继续行驶14公里即可到达。如果你从罗托鲁阿来，则应走SH5，经过Mihi后到达奥拉基科拉考。

瀑布。从胡卡瀑布继续往前，是全程7公里的胡卡瀑布至阿拉蒂亚蒂亚激流步道（Huka Falls to Aratiatia Rapids Walking Track；要再走2个多小时）。骑自行车完成陶波—胡卡瀑布—阿拉蒂亚蒂亚环线一共需要约4小时。

火山口山地自行车公园 山地自行车

（Craters MTB Park；www.biketaupo.org.nz；Karapiti Rd；⏲24小时）免费 想找一条激动人心又适合各水平层次的50公里越野山地自行车道，可以来这里，在陶波以北的怀拉基森林中，驾车大约10分钟即可到达，就在抵达月球火山口路口之前。

别忘了事先注册好Bike Taupo的临时会员。

大湖步道 步行、骑车

（Great Lake Trail；www.greatlaketrail.com）这条专门修建的71公里道路从瓦卡伊波湾（Whakaipo Bay）开始，直至陶波湖西北远端入口的怀哈哈（Waihaha）。所谓的W2K段介于瓦卡伊波和金洛克（Kinloch）之间，穿越湖区至汤加里罗国家公园，景色极美。

温泉

可以在怀拉基阶地（见299页）享受美妙的温泉浴，也可以跟着当地人前往地热水疗公园温泉。

★地热水疗公园温泉 温泉

（Spa Thermal Park Hot Spring；Country Ave；⏲7:00~20:00）免费 奥图姆希科溪（Otumuheke Stream）的温泉热水和怀卡托河在桥下交汇，形成了一个免费的天然温泉池。不过要注意，这里的湍急河水曾淹死过从温泉出来试图凉快一下的人。温泉位于胡卡瀑布步道的起点附近，距离市中心几公里远。

Taupo DeBretts Hot Springs 温泉

（☎07-3788559；www.taupodebretts.co.nz；76 Napier-Taupo Rd；成人/儿童 $22/11；⏲8:30~21:30；👪）🍃这里提供各种富含矿物质的室内和室外疗养温泉池，也有加氯消毒过的淡水池。孩子们喜欢加热的龙形水滑梯、两座弯曲的竞赛水疗滑道和互动式的“温泉游乐场”，而大人们也能享受如休闲按摩等多种服务。

水上运动

陶波湖的湖水是出了名的冰冷刺骨，但在湖中心南侧，有几处水面下有温泉，例如温泉海滩（Hot Water Beach；Lake Tce，Hilltop）免费。你可以在市区的湖水里游泳，而位于市区以西5公里处的阿卡希亚湾（Acacia Bay）尤为宜人，再往西7公里处的瓦卡伊波湾更好、更幽静，是未经开发的水边保护区，极适宜在此赖上一整天。

Canoe & Kayak 独木舟、皮划艇

（☎07-378 1003；www.canoeandkayak.co.nz/taupo；54 Spa Rd；⏲11月至次年3月 周一至周五 9:00~17:00，周六和周日 至15:00，4月至10月 周一至周五 9:00~17:00，周六 至15:00）提供导游，包括2小时的怀卡托河游览（$59）和半天的毛利岩雕游览（$99）。

2 Mile Bay Sailing & Watersports Centre 帆船、皮划艇

（☎0275886588；www.sailingcentre.co.nz；Lake Tce；⏲11月至次年4月 9:00~22:00，5月至10月 周一至周四 9:00~19:00，周五至周日 至20:00）有一个湖边咖啡馆兼酒吧，播放本·哈珀（Ben Harper）的音乐，出租单桨冲浪板、皮划艇、帆板、独木舟（$30起）、帆船（$75）和双体船（$95起）。按小时计费。1小时的课程花费$50。11:00起提供比萨。或者周日16:00去，参加湖面上举办的当地音乐集会环节（music jam sessions）。

Lake Fun Taupo 乘船

（☎0800 876 882；www.lakefuntaupo.co.nz；Taupo Marina，Ferry Rd；⏲9:00~21:00，取决于天气）这家机构位于距离信息中心（见306页）约500米远的码头上，出租单人/双人皮划艇（每小时$25/35）、冲浪板（每小时$30）、自动摩托艇（每小时$120起）和摩托艇（每小时$150）。

钓鱼

Fish Cruise Taupo 钓鱼、游轮

（Launch Office；☎07-378 3444；www.fishcruisetaupo.co.nz；Taupo Boat Harbour，65 Redoubt St；⏲10月至次年3月 9:00~17:00，4月至9月 9:30~15:00）这家机构拥有13艘船，可提供包船

毛利新西兰：陶波和鲁阿佩胡地区

北岛（North Island）中部坐拥群山，在好些关于奢靡与背叛的毛利传说中皆有迹可循，最后部分山脉消失在岛屿的其他部分（参见塔拉纳基山的悲惨故事，见268页）。

在所有动荡结束很久之后，一位名叫Ngātoro-i-rangi的tohunga（牧师）从Hawaiki乘舟探索这片地区，并为剩下的山命名。当中最神圣的是汤加里罗，由至少12座火山组成，被视为群山之首。

本区域内主要的部落（*iwi*）纳蒂图法利托（Ngāti Tūwharetoa；www.tuwharetoa.co.nz），是新西兰少数保留了无可争议的ariki（首领）的部落。现任ariki是Sir Tumu Te Heuheu Tukino VIII，他的曾曾祖父Te Heuheu Tukino IV（Ngātoro-i-rangi的后人）曾在1887年将汤加里罗的群山赠予新西兰。

想要探寻当地毛利人及其祖先的故事，可游览陶波博物馆（见299页）、Mine Bay的悬崖峭壁（见299页），或怀拉基阶地（见299页）。

服务，无论你是需要一辆小摩托艇钓鱼，还是一辆豪华游艇出海休闲游，都可满足。

Taupo Troutcatcher 钓鱼

（☎0800 376 882；www.taupotroutcatcher.co.nz；Taupo Marina，Ferry Rd；每小时 $110起；⊙9:00~21:00，取决于天气）这家运营商有20年的陶波湖钓鱼经验，如果你想自己钓鱼做晚餐，这里是个很好的选择。船上住宿有5人和10人两种选择。

团队游

★Sail Barbary 乘船

（☎07-378 5879；www.sailbarbary.com；Taupo Boat Harbour，Redoubt St；成人/儿童 $49~54/29~54；⊙全年 10:30和14:00，12月至次年2月 加开17:00）每天由一辆经典的1926年游艇提供到毛利岩雕的行程，全程2小时30分钟。晚上的巡航包括自助餐比萨和一杯饮品。一直是在自然环境中，更类似于探险，如果觉得冷，有定制的雨衣、带兜帽的羊毛内衬斗篷可供使用。

Taupo Kayaking Adventures 皮划艇

（☎0274 801 231；www.tka.co.nz；2/876 Acacia Bay Rd，Acacia Bay；团队游 $60起）提供从阿卡希亚湾基地至毛利岩雕的皮划艇导览游，往返约4小时（$100，含茶点）。也有时间更长的行程及步行/骑车组合游可选。

Ernest Kemp Cruises 乘船

（☎07-378 3444，021 669 139；www.ernestkemp.co.nz；Taupo Boat Harbour，Redoubt St；成人/儿童 $35~44/10~22；⊙全年 10:30和14:00，10月至次年4月 17:00）乘上Ernest Kemp蒸汽艇（复制品）享受2小时的乘船游，参观毛利岩雕、温泉海滩、湖畔和阿卡希亚湾。有生动的解说及美味的茶和咖啡。在Fish Cuise Taupo（见302页）预订。学校假期期间，12:30有一班90分钟的特别线（成人/儿童 $35/10）。也可问问鸡尾酒巡航（cocktail cruise）的情况。

Taupo's Floatplane 观光飞行

（☎07-378 7500；www.tauposfloatplane.co.nz；Taupo Boat Harbour，Ferry Rd；飞行 $109~955）位于码头附近，其水上飞机航线各异，包括湖上的短途观光以及鲁阿佩胡火山（Mt Ruapehu）或瓦卡阿利（怀特岛）的长途探险。时长3小时的优惠套餐Taupo Trifecta包括观光飞行、前往奥拉基科拉考（见301页）的旅程和乘坐喷射艇（$645）。

节日和活动

Wanderlust 音乐节、文化节

（www.wanderlust.com/festivals/great-lake-taupo；⊙2月/3月）自称是“毫无保留地庆祝清醒生活”，为期4天，将休闲和激烈的音乐与瑜伽、冥想融合在一起，侧重替代疗法和自然健康。

街头涂鸦艺术节 艺术节

（Graffiato Street Art Festival；www.

taupostreetart.co.nz; ⌚10月) 免费 在这五颜六色的3天里，可以在陶波的街道上观看当地和国外街头艺术家创作的大幅作品。可以从信息中心(见306页)或网站上收集一份陶波街头艺术地图，留心纪念毛利部落的作品。

陶波湖自行车挑战赛 体育

(Lake Taupo Cycle Challenge; www.cyclechallenge.com; ⌚11月)一年一度的陶波湖自行车挑战赛是新西兰最大的自行车赛事。全程160公里，在11月的最后一个周六举行，届时约有1万人围绕着陶波湖骑车。

住宿

陶波有许多可供住宿的地方，在12月底至次年1月及主要的运动盛事期间住宿非常热门(需要预订)。2017年底应对旅游业和过度拥挤的新露营法生效后，露营者可选择**Hipapatua**(Huka Falls Rd) 免费，这是一个破旧的河边露营地。

Finlay Jacks 青年旅舍 $

(☎07-378 9292; www.finlayjacks.co.nz; 20 Taniwha St; 铺/标单/双/家 $23/35/80/120起; 📶)我们在陶波最爱的青年旅舍，是一家由古老汽车旅馆改造成的针对年轻人的五彩缤纷的中心。最大的房间有12个床位，但感觉有些小，床位分成8个或4个一组。自带卫浴的经济型私人房里有超舒适的床铺。我们喜欢墙上的流行文化印刷品、花纹床罩和草地。

Haka Lodge 青年旅舍 $

(☎07-377 0068; www.hakalodge.com; 56 Kaimanawa St; 铺 $28~33, 双 $69, 1卧公寓 $149; 📶)从你走进去的那一刻起，就会感受到一种梦幻的社团氛围。我们喜欢定制的不会嘎吱嘎吱响的宿舍床铺，有嵌入式储物柜和2层烤肉露台，旁边就是一尘不染的现代化厨房。可以在厨房墙上寻找薄煎饼(pikelets)的菜谱。舒适的躺椅里装的是豆子，外面有排球网、吊床和水疗池。

★Waitahanui Lodge 汽车旅馆 $$

(☎0800 104 321, 07-378 7183; www.waitahanuilodge.co.nz; 116 SH1, Waitahanui; 双 $119~199; 📶)位于陶波以南10公里处，5个海滩小屋风格的套间是游泳、钓鱼和欣赏宏伟落日的理想之地。最棒的当属两个正对湖边的套间，但其他房间也可到达湖边，有公共活动区可以交朋识友，还有免费的小船和皮划艇。套间全部都带小厨房，也可以生火使用公用的烤肉架。

有鱼竿出租，半天/全天为$20/30。

★Lake Motel 汽车旅馆 $$

(☎07-378 4222, 021 951 808; www.thelakeonline.co.nz; 63 Mere Rd; 开间 $125~175, 1卧套间 $145~185; @📶)这家精品汽车旅馆采用的是20世纪六七十年代的设计，令人想起电影《王牌大贱谍》(*Austin Powers*)，里面的家具都是那个时代标志性设计师的作品。4个一卧套间分别能住2人至4人，有厨房和客厅，连同2个开间(最多2人)，一起分享花园。找找店主儿子创作的油画，画的都是知名乐手。

免费出借自行车。

Te Moenga Lodge 民宿 $$

(☎07-378 0894, 021 680 863; www.temoenga.co.nz; 60 Te Moenga Park, Acacia Bay; 房间/6卧公寓 含早餐 $180/290~380; 📶🏊)驾车到街道的尽头，在小山顶上停下，会看到两只友好的金色牧羊犬来欢迎你。这里有两个开间，两个独立的小屋和一个能住6人的公寓。门前就是陶波湖，你可能不会注意到这里时尚温馨的装潢。最好的享受就是湖景。

Reef Resort 度假村 $$

(☎0800 733 378, 07-378 5115; www.reefresort.co.nz; 219 Lake Tce; 双/1卧客房 $166~217/200~242起; 📶🏊)这座建筑在陶波众多水边公寓旅馆中独树一帜，因为它有装修典雅、价格合理的单床到3床的公寓，坐落于一片景色宜人的水塘中央，有温泉水疗泳池。值得多花点钱享受湖上风景。出租巡航自行车，每小时$5。

Lake Taupo Holiday Resort 假日公园 $$

(☎0800 332 121, 07-378 6860; www.laketauporesort.co.nz; 41 Centennial Dr; 露营地/小屋/套间 $36/103/138起; @📶🏊)这座整洁的度假公园距离信息中心约2.5公里，拥有所有现代设施，包括一个巨大的温水游泳池(我们说的是地热加热的潟湖，配电影银幕和酒

吧)，法式掷球、篮球、排球和网球场，还有一家商店。打理得很整齐的草地，时尚的住宿选择，一尘不染的设备，令这里全年都很有竞争力。

★ Acacia Cliffs Lodge 民宿 $$$

(☎021 821 338，07-378 1551；www.acaciacliffslodge.co.nz；133 MaparaRd，Acacia Bay；双 $650~750；⊙5月至9月歇业；@📶)这家奢华的民宿高踞于山丘之上，俯瞰着阿卡希亚湾(Acacia Bay)。这里一共有4间现代化的套房，设计极具艺术性，在其中3间能看到广阔的湖景，另外1间虽然看不到湖景，但拥有其他3间所没有的曲线形状的浴池和私人花园。老板同时也是主厨，在一个加热台前准备高质量的食物，可提供3道菜的晚餐(每人 $95)。价格含早餐、餐前饮品、餐包和陶波机场交通。

Serenity on Wakeman 民宿 $$$

(☎027 454 6518；www.tauposerenity.co.nz；57 Wakeman Rd，Acacia Bay；房间 $290~380；📶)没有比这里的湖景更美的住宿处了，但是只有两个房间(严格来说，第3个是给团队游客的)，你必须预订。细节做得很好，从浴袍到露台早餐都看得出来。楼上的套间有私人阳台、大床和双人水疗浴缸。豪华、宁静、浪漫。

就餐

Pauly's Diner 汉堡 $

(☎07-378 4315；www.paulysdiner.nz；3 Paora Hape St；汉堡 $12~15；⊙周三至周日和隔周周一 11:30~20:30)这家热门的汉堡店由来自奥克兰的两兄弟经营，和一家老的炸鱼和薯条店联营，看上去他们的配方刚刚好(售罄很常见)。店里只能坐十几个人，外面还能坐几个，特色菜都发在Instagram上了(鸡肉炸玉米片是其中一道)，也有奶昔和炸物。

Merchant 熟食 $

(☎07-378 4626；www.themerchant.co.nz；114 Spa Rd；⊙周一和周日 9:00~18:00，周二至周四和周六 至18:30，周五 至19:00)这家商店位于城镇边缘，云集优秀的新西兰手艺人做的食品及国外进口的精品，方便需要囤货的人们。Scenic Cellars也在这里，储有精酿啤酒和罕见的高价葡萄酒，也有单麦芽威士忌，等等。如果不知道该买什么，问问渊博到不可思议的Lea。

★ Storehouse 咖啡馆 $$

(☎07-378 8820；www.facebook.com/storehousenz；14 Runanga St；主菜 $13~18；⊙周一至周五 7:00~15:30，周六 8:00~15:30，周日 至15:00；📶👪)如果想找陶波最酷的咖啡馆，那你找对地方了。2013年开业，位于一家从前的水暖设备商店，有两层。楼下有室内植物垂挂在库房横梁上，楼上的墙上令人费解地绑着一辆自行车。早餐沙拉经常会卖空——那意味着，我们此刻正在吃炸鸡华夫饼。

★ Replete Cafe & Store 咖啡馆 $$

(☎07-377 3011；www.replete.co.nz；45 Heu Heu St；主菜 $13~18；⊙周一至周五 8:00~17:00，周六和周日 至16:00；📶)"不到这里来喝杯咖啡，就不算来过陶波，"一位顾客告诉我们，"这是重头大戏。"他没说错。Replete建于1993年，分为一家咖啡馆和一家出售设计师厨具、陶器与纪念品的商店。咖啡馆的柜子是全城最美之一，午餐有亚洲食物日式肉酱、斯里兰卡咖喱，想吃吗?

★ Southern Meat Kitchen 南美菜 $$

(SMK；☎07-378 3582；www.facebook.com/smktaupo；40 Tuwharetoa St；主菜 $22~34；⊙周三至周日 正午至午夜，周一和周二 16:00~23:00)叫上所有的肉食动物一起来吃！这里的慢烹牛胸肉、手撕猪肉和碎鸡肉都是在一个美洲风格的木柴熏炉上制作的——可以半磅起点(加$8升级到1磅)。可搭配奶酪通心粉、卷心菜沙拉和米饭。留点肚子吃墨西哥辣椒和切达干酪玉米面包，放在铁锅里上桌，搭配诱人的蜂蜜黄油。啤酒品尝价为$15。

Spoon & Paddle 咖啡馆 $$

(☎07-378 9664；www.facebook.com/spoonandpaddle；101 Heu Heu St；主菜 $15~20；⊙8:00~16:00；📶👪)这家咖啡馆位于一座20世纪50年代的房屋中，采用彩色装潢，感觉像是去朋友家同一群陌生人一起吃了顿早午餐。早餐全天供应，11:30之后可以点美味的国际风味食物，包括五花肉包子、当地牛腩加软壳水产的玉米薄饼或羊肩肉沙拉。咖啡很美味，有一个为孩子们准备的游乐场。

Bistro 新派新西兰菜 $$

(☎07-377 3111; www.thebistro.co.nz; 17 Tamamutu St; 主菜 $26~39; ⊙17:00至午夜)这家法式小馆很受当地人欢迎(建议预订)，专心制作基本款食物，非常出色。也就是说，会采用当地时令食材烹制培根卷当地羊羔肉(Wharekauhau lamb)。还有数量不多但精挑细选的啤酒和葡萄酒佐餐。就连儿童的菜单也很诱人。

Malabar Beyond India 印度菜 $$

(☎07-376 5456, 07-376 5454; www.malabartaupo.com; 2/40 Tuwharetoa St; 主菜 $17~26; ⊙11:30~13:00; ✎👪)我们在陶波最爱的印度菜餐厅，菜单选择多样，不过素食尤其好，比如黑扁豆制作的黄油扁豆(dal makhani)和卷心菜奶酪杏仁饺子(akabari kofta)。环境温暖，有漂亮的木头椅子和一堵石头景观墙，服务友好。

Brantry 新派新西兰菜 $$$

(☎07-378 0484; www.thebrantry.co.nz; 45 Rifle Range Rd; 3道菜套餐 $55~60; ⊙周二至周六 17:30起，12月至次年1月 每天 17:30起)虽然位于一栋20世纪50年代的老房子里，这家Brantry餐厅仍然是该地区最精致的餐馆之一，超值晚餐主打3道菜套餐。葡萄酒酒单令人难忘，友好的员工很乐意帮助你做一些很难的选择。可以坐在带屋顶的户外就餐区(提供毯子)，也可以在室内用餐。

饮品和夜生活

Crafty Trout Brewing 自酿酒吧

(☎07-989 8570; www.craftytrout.co.nz; 131-135 Tongariro St; 主菜 $18~28, 比萨 $14~49; ⊙Bier Kafe 周三至周一 正午至深夜，商店和啤酒厂 周三至周一 10:00~16:00; 📶)位于一座高山小屋和钓鱼小屋之间，飘荡的德国音乐只会被店内的5只布谷鸟钟打断。有舒服的皮沙发，阳光露台正适合品尝实打实的美味，包括炸鱼和薯条、木柴烤比萨，可从10种啤酒和苹果酒中任选一种佐餐。就选波特啤酒心的松露巧克力作为甜点吧。

Lakehouse 精酿啤酒

(☎07-377 1545; www.lakehousetaupo.co.nz; 10 Roberts St; 早餐 $9~20, 主菜 $20~30; ⊙8:00至深夜，厨房 至21:00)欢迎来这座精酿啤酒中心，有满满一冰柜的有趣的瓶装酒，还有9个啤酒桶循环提供新西兰精酿。可以点一个品尝套餐，共4瓶啤酒($15)，搭配一份比萨或石头烤牛排，坐在外面观赏湖景，没有云的时候可以看到山区。黑板上写着当日特色菜。

Vine Eatery & Bar 葡萄酒吧

(☎07-378 5704; www.vineeatery.co.nz; 37 Tuwharetoa St; 西班牙小吃 $8~14, 主菜 $17~39; ⊙11:00至午夜)这家餐厅兼葡萄酒吧工业化的屋顶上悬挂着玻璃葡萄酒杯做的吊灯，你可以坐在舒服的吧台上，也可以坐在高脚凳上或者火炉边。瓶装酒可外带回家，有冷藏服务，5分钟即可降温。选一杯酒(也有威士忌和精酿啤酒)搭配大份的传统西班牙小吃，或者待久一些享用更大分量的主菜。

购物

陶波市场 食物、工艺品

(Taupo Market; ☎027 306 6167, 07-3782 980; www.taupomarket.kiwi.nz; Redoubt St; ⊙周六 9:00~13:00)这家热门的周末市场里有大量食物摊和流动餐车，外加当地纪念品、工艺品和许多商品，都是你端上浓缩咖啡在户外逛着街开始一天的好理由。

Kura Gallery 艺术

(☎07-377 4068; www.kura.co.nz; 47a Heu Heu St; ⊙周一至周五 10:00~17:00, 周六和周日 至16:00)这家小型美术馆展出新西兰各地70多位艺术家的作品。可出售纺织品、雕塑、油画和首饰。许多物品上都有毛利或太平洋文化的痕迹。

实用信息

陶波信息中心(Taupo i-SITE; ☎0800 525 382, 07-376 0027; www.greatlaketaupo.com; 30 Tongariro St; ⊙5月至10月 9:00~16:30, 11月至次年4月 8:30~17:00)帮助预订住宿、交通和活动，提供有用的建议，还提供环保部出版的地图和城市地图。

到达和离开

陶波机场（☎07-378 7771; www.taupoairport.co.nz; Anzac Memorial Dr）位于城区以南8公里处。从机场到市中心乘坐出租车需要12分钟，价格约$25。

新西兰航空（见296页）往返奥克兰和陶波的飞机每天2~3班（50分钟），Sounds Air（见296页）往返惠灵顿和陶波的飞机每天至少1班（1小时），周二和周三除外。

InterCity（见296页），**Mana Bus**（www.manabus.com）和**Naked Bus**（www.nakedbus.com/nz）的长途汽车站就在**陶波信息中心**门口，可在信息中心订票。

当地交通

当地Connector公交车由**Busit!**（☎0800 4287 5463; www.busit.co.nz）运营，包括到陶波北部的服务，最远到胡卡瀑布和怀拉基（Wairakei），周一至周五每天2班。

Great Lake Shuttles（☎021 0236 3439; www.greatlakeshuttles.co.nz）在该地区周边提供出租服务，还可**出租自行车**。

出租车公司有**Blue Bubble Taxis**（☎07-378 5100; www.taupo.bluebubbletaxi.co.nz）和**Top Cabs**（☎07-378 9250）。

全年有众多巴士提供到图朗伊和汤加里罗国家公园的往返服务。详情可咨询陶波信息中心，他们能根据季节给出最适合你的建议（滑雪或徒步）。

图朗伊（Turangi）

☎07/人口 3000

如果喜欢鳟鱼，那就大声喊出来吧！图朗伊是"世界鳟鱼垂钓之都"。又因地处陶波湖南岸，紧邻汤加里罗，也是很好的激浪漂流地，滑雪客如果从滑雪场和汤加里罗国家公园的步道前来很方便。

图朗伊是一个小镇，因为20世纪60年代汤加里罗水电开发工程而逐渐繁荣。人口曾在两年内翻了4倍，1968年达到峰值6500人。

景点

火山活动中心 博物馆

（Volcanic Activity Centre; www.volcanoes.

Turangi 图朗伊

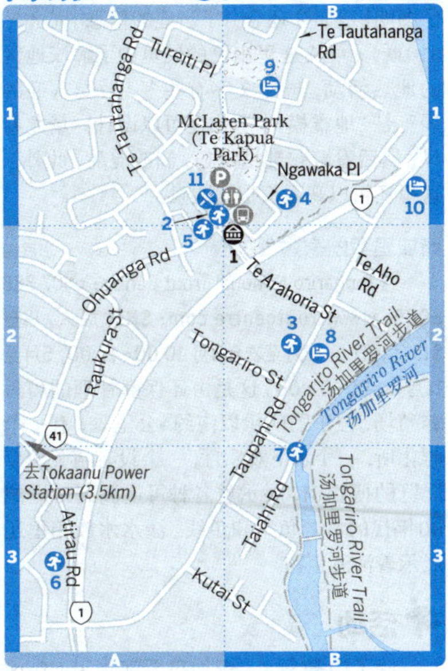

Turangi 图朗伊

◎ 景点

1 火山活动中心......B2

活动、课程和团队游

2 Greig's Sporting World......A1
3 Ian & Andrew Jenkins......B2
4 Rafting NZ......B1
5 Sporting Life......A2
6 Tongariro River Rafting......A3
7 汤加里罗河步道......B3

住宿

8 Creel Lodge......B2
9 Riverstone Backpackers......B1
10 Sportmans Lodge......B1

就餐

11 Cadillac Cafe......A1
Creel Tackle House & Cafe......（见8）

实用信息

图朗伊信息中心......（见1）

co.nz; i-SITE, 1 Ngawaka Pl; 成人/儿童 $12/7; ⊙9:00~16:00)这个互动科技馆从陶波搬到了图朗伊，如今还合并了当地的信息中心（见310页）。可从这里出色的展览中了解该地区的地热活动，虽然文字有些多。最受欢迎的展览是“地震模拟”。你还可以设计一场龙卷风，然后看着它摧枯拉朽、制造混乱。此外，这里还可以观看模拟间歇泉。

汤加里罗国家鳟鱼中心 水族馆

(Tongariro National Trout Centre; ☎07-386 8085; www.troutcentre.com; SH1; 成人/儿童 $15/免费; ⊙12月至次年4月 10:00~16:00，5月至11月 10:00~15:00)这是由环保部管理的鳟鱼养殖场，位于图朗伊以南约4公里处，有一个孵化所，一个水下观察厅，一个设有精美教育展览的博物馆，展示着各种可追溯到19世纪80年代的古老鱼竿和鱼线。淡水水族箱里还展示着河流生物。

活动

除了钓鳟鱼外，汤加里罗河步道（Tongariro River Trail）带给你从小镇中心出发的惬意的步行体验，想节约时间可以骑自行车。更远一点的不错的步道包括：Te Ponanga Saddle山顶附近的Hinemihi's Track，位于图朗伊以西8公里处，在SH47上（往返15分钟）；Maunganamu Track，位于图朗伊以西4公里处，在SH41上（往返40分钟）；陶朗阿－陶波河步道（Tauranga-Taupo River Walk，30分钟）起点在Te Rangiita，位于图朗伊以北12公里处，紧邻SH1。

汤加里罗河有几处适合漂流的三级激流，夏季在地势较低的河段也有适合初学者的一级激流。

★汤加里罗河步道 徒步、骑自行车

(Tongariro River Trail; www.greatlaketaupo.com)汤加里罗河步道全程15公里，可步行也可骑自行车环行，从镇上出发，一直沿上游通往Red Hut吊桥，路上还经过汤加里罗国家鳟鱼中心。环线全程需步行4小时，在路况好的地段骑自行车约需2小时。上午去看看钓鱼者怎样在及膝深的水中钓鳟鱼。

Tongariro River Rafting 漂流

(☎0800 101 024, 07-386 6409; www.trr.co.nz; 95 Atirau Rd; ⊙9:00~17:00)可以乘坐二级家庭船(Grade Ⅱ Gentle Family Float; 成人/儿童 $95/79)感受激流，或是沿着三级激流快速顺流而下(成人/儿童 $139/125)。这家机构还提供山地自行车租赁服务(预订游程可免费使用2小时)，并组织导览游。班车可停靠在42号横贯线(42 Traverse)、汤加里罗河步道(Tongariro River Trail)、树干峡谷(Tree Trunk Gorge)和渔夫步道(Fishers Track)。此外，还提供含多种活动的组合套餐。

Rafting NZ 漂流

(☎0800 865 226, 07-386 0352; www.raftingnewzealand.com; 41 Ngawaka Pl; ⊙8:00起至16:00~19:00，据团队游情况而定)这家公司的主要线路包括汤加里罗河激浪漂流，全程4小时，三级漂流，可以选择瀑布跳水（成人/儿童 $179/149）和相对和缓的“全家乐”漂流（二级激流，$139/119，从营地到营地需时3小时）。4人及以上的团体可以挑战两天一夜的团队游，在河边宿营（三级以上激流，每人$410）。

住宿

Sportmans Lodge 度假屋 $

(☎07-386 8150, 0800 366 208; www.sportsmanslodge.co.nz; 15 Taupahi Rd; 房间 $95~100，小屋 $125; 📶)这家度假屋背靠河道，是一家隐蔽的住宿处，适合鳟鱼垂钓者，因为在这里不会被打扰。整洁紧凑的房间共用一个休息室，里面有一个开放式火炉，以及一个设施齐备的厨房，设有钓鱼荣誉墙。设施齐备的小屋能住4人，旁边小路通往一张阳光明媚的野餐桌。

Riverstone Backpackers 青年旅舍 $

(☎07-386 7004; www.riverstonebackpackers.com; 222 Te Rangitautahanga Rd; 铺 $35，标双 $76，双 带/不带浴室 $82/76; 📶)这所小巧美观的背包客旅馆由一所老房子翻修而成，让人感到宾至如归，离镇中心很近，拥有一间令人羡慕的好厨房和舒适的大厅，还有风景如画的院落（有木头大露台和比萨烤炉）。

★Braxmere 汽车旅馆 $$

(☎07-3866449; www.braxmere.co.nz; 88 Waihi Rd, Tokaanu; 套间 $180; 📶)位于陶波湖

南岸，距离图朗伊只有8公里，10个设施齐备的套间与湖面只有一片草地相隔。所有房间都是宽敞的一卧套间，带露台和烤肉架，装潢是迷人的海洋风，旅馆内的Lakeland House餐厅（见310页）算是额外福利。我们到访时，这里计划建一座私人地热泳池。

Motuoapa Bay Holiday Park 假日公园 $$

（07-386 7162; www.motuoapabayholidaypark.co.nz; 2 Motuoapa Esplanade, Motuoapa; 露营地 $20，小屋和套间 $70~140; ）这家可爱的假日公园位于图朗伊以北约8公里处，值得夸耀的不仅是湖畔的好位置和多样的住宿选择，你还可以住在色彩缤纷的VW Kombi面包车和奇怪的船行小木屋里（适合2~7人）。也有设施齐备的汽车旅馆套间，可住8人。

Creel Lodge 汽车旅馆 $$

（07-386 8081, 0800 273 355; www.creel.co.nz; 183 Taupahi Rd; 1/2卧套间 $140/145~155; ）这家如天堂般的民宿隐藏于汤加里罗河的一个延伸处，绿树成荫，安静而隐秘。有19个宽敞的1~2卧套间，能住2~4人，名字分别来源于用于垂钓的假蝇和当地的山。有独立的休息室、厨房，舒适的露台可观赏日落，

关于鳟鱼

为了提升新西兰的农业、狩猎和渔业的发展机会，早期的欧洲殖民者引进了这种如负鼠和兔子般可怕的入侵者。另外一种更善意的解说是，这种棕色和彩虹色的鳟鱼在19世纪50年代之后被释放进了新西兰的河里。

如今，它们大受垂钓者们的欢迎，你会看到垂钓者们蹲坐在清澈的河水或深绿色的水塘旁轻挥假蝇饵。也曾有名人在北岛的这片水域碰运气，包括美国前总统吉米·卡特（Jimmy Carter）、迈克尔·基顿（Michael Keaton）、哈里森·福特（Harrison Ford）和利亚姆·尼森（Liam Neeson），他们都曾入住Tongariro Lodge。

关于陶波鳟鱼的夸张传说有，它比一袋马铃薯还要重，比一块冲浪板还要长。实情是，每年有超过28,000条鳟鱼被当地及世界各地的钓鱼发烧友合法捕走。

鳟鱼的捕钓被严格管制，对在哪里捕、如何捕有很多规矩，牌照肯定是需要的。可登录www.doc.govt.nz或www.fishandgame.org.nz购买。我们的建议是，最好找一位向导。他们大多提供灵活的导览游，半天大概需要$300。

Creel Tackle House & Cafe（07-386 7929; www.creeltackle.com; 183 Taupahi Rd; 午餐 $10~15; 咖啡馆 8:00~16:00，用品商店 7:30~17:00）有钓鱼装备出租，提供钓鱼窍门和咖啡。

Bryce Curle Fly Fishing（07-386 6813, 027 204 9401; www.brycecurleflyfishing.com; 根据预约）以图朗伊为基地的导览游。

Flyfishtaupo（027 4450 223, 07-377 8054; www.flyfishtaupo.com）向导Brent Pirie组织各种钓鱼之旅，包括为老年人度身定制的“Old Farts & Tarts”游。

Greig' s Sporting World（Barry Greig' s Sporting World; 07-386 6911; www.greigsports.co.nz; 59 Town Centre; 8:30~17:00）出售装备，代为预约向导和包船。

Sporting Life（07-386 8996; www.sportinglife-turangi.co.nz; The Mall, Town Centre; 周一至周六 8:30~17:30，周日 9:30~17:00）这家运动品商店出售各种与钓鱼有关的周边产品，也提供用品出租。网站提供最新钓鱼信息。

Ian & Andrew Jenkins（07-386 0840; www.tui-lodge.co.nz; Tui Lodge, 196 Taupahi Rd; 根据预约）父子飞钓向导。

Central Plateau Fishing（027 681 4134, 07-378 8192; www.cpf.net.nz）以图朗伊为基地的游览，联系Brett Cameron。

还可以免费使用烧烤设备。旅馆内还有一家（Creel Tackle House & Cafe）。

Tongariro Lodge 度假屋 $$$

（☎07-386 7946；www.tongarirolodge.co.nz；83 Grace Rd；1卧小屋 $175，2/5卧别墅 价格取决于入住人数 $269~750起；📶）位于汤加里罗河上，距离图朗伊3公里，由著名的钓鱼者Tony Hayes在1982年修建。占地9公顷，有经济型小屋，带阳光露台和套间，也有更大更豪华的选择，适合团队和享乐者。

就餐

★ Cadillac Cafe 咖啡馆 $$

（☎07-386 0552；www.facebook.com/Thymeforfoodcafe；35 Turangi Town Centre；主菜 $9~20；⊙8:30~15:00）这家咖啡馆有一排排的复古椅子、诸多海报和20世纪五六十年代令人难忘的玩具收藏，让人感觉就像是回到了过去。你可以一边玩复古游戏，一边等待你的大汉堡、红烧排骨或炸鱼和薯条。看看你能不能拒绝旋转展柜中的美式蛋糕。也有儿童餐和不含谷蛋白的菜单。户外有许多餐位。

Oreti Restaurant 新派新西兰菜 $$

（☎07-386 7070，0800 574 413；www.oretivillage.com；Mission House Dr，Pukawa；主菜 $29~36；⊙周三至周日 18:00~20:00，或根据预约，周日歇业）这家餐厅坐拥湖景和山景，哪怕食物水准只是一般，也足以脱颖而出。但厨房并不妥协，拿出了美味的酥皮对虾配甜辣椒和蒜泥蛋黄酱，优雅的主菜包括烤鸭胸，用欧洲萝卜和西梅增加甜度。服务员伴着法国爵士背景乐下对你说bon appétit（祝你好胃口），湖上还有哪里能找到这样的服务呢？

Lakeland House 各国风味 $$

（☎07-386 6442；www.braxmere.co.nz；88 Waihi Rd，Tokaanu；主菜 午餐 $20~40，晚餐 $27~40；⊙10:00~15:00和18:00至深夜）这是陶波湖边不得不去的餐馆，能看到湖景，白天的菜单主要有大分量的意面、沙拉和海鲜杂烩浓汤。酒桶里有Tuatara Brewing的精酿啤酒，晚上来的话，可以吃到煎鲷鱼配荷兰式或法式虎虾，再加糯糯的椰枣布丁配枫糖榛子冰激凌。距图朗伊6公里，紧邻SH41。

实用信息

图朗伊信息中心（Turangi i-SITE；☎07-386 8999，0800 288 726；www.greatlaketaupo.com；1 Ngawaka Pl；⊙夏季 9:00~16:30，冬季 8:30~16:00；📶）提供汤加里罗国家公园、卡曼纳瓦森林公园（Kaimanawa Forest Park）、钓鳟鱼、雪况和路况等信息。出售环保部度假屋票、滑雪通票和钓鱼许可证，还可以代为预订交通工具、住宿和活动。别忘了去火山活动中心（见307页）看看。

到达和离开

InterCity（见296页）、**Mana Bus**（www.manabus.com）和**Naked Bus**（www.nakedbus.com/nz）的客车都在Ngawaka Pl的**图朗伊信息中心**门口设有站点。**Backyard Tours**（☎022 314 2656，07-386 5322；www.backyardtours.com）和**Turangi Alpine Shuttles**（☎0272 322 135，0508 427 677；www.alpineshuttles.co.nz）都能安排到汤加里罗高山穿越步道的交通。

当地交通

Central Plateau Cycles（☎07-386 0186；www.facebook.com/pg/Centralplateaucycles；259/3 Te Rangitautahanga Rd；2小时 $20，半天/全天出租 $30/45；⊙周一至周五 9:00~17:00，周六 至 14:00）出租从基本款到专业级别的自行车。

鲁阿佩胡地区（RUAPEHU REGION）

鲁阿佩胡地区是新西兰主要的探险目的地之一，从来不缺新鲜空气。汤加里罗国家公园是一大亮点，除了夏季的徒步和冬季的雪上运动之外，汤加里罗高山穿越步道（见313页）被认为是世界上最好的一日徒步步道。如果你更喜欢山地自行车和皮划艇运动，可以前往国家公园村和奥阿库尼。

到达和离开

InterCity（见296页）和**Naked Bus**（www.nakedbus.com/nz）的班车可至奥阿库尼和国家公园村。Northern Explorer的火车往返奥克兰和惠灵顿，途中停靠国家公园村。

汤加里罗国家公园（Tongariro National Park）

在进入汤加里罗国家公园之前，你就会看见3座巍峨的火山：鲁阿佩胡（见311页）、瑙鲁霍伊（见311页）和汤加里罗（见311页）。它们高耸在地平线上，让人不由得屏住呼吸。不靠近些实在是浪费机会，可以去滑雪场，或是别致的一日汤加里罗高山穿越步道（见313页），也可以沿着其他步道深入自然。不用走完整个国家公园的796平方公里，你也会感受到大自然的震撼人心。

这是新西兰第一座国家公园，也是当地毛利部落纳蒂图法利托（Tuwharetoa Māori）在一百多年前赠予的礼物。很久之后，由于火山地貌和深刻的文化意义，它被联合国教科文组织认定为双遗产。毛利人认为这里的群山都是与彼此搏斗的强壮武士。在搏斗过程中，他们铸就了这番每年吸引20余万游客的风景。亲身来一次，你就能明白他们为什么而战。

历史

汤加里罗是新西兰首个国家公园，建于1887年。在1886年结束新西兰战争（土地战争）之后，原住民土地法庭（Native Land Court）聚首共议汤加里罗附近土地的归属权。纳蒂图法利托族的酋长侯若那库·蒂·修修·图基诺四世（Horonuku Te Heuheu Tukino Ⅳ）慷慨激昂地恳求保留这片土地的完整，谨防白种人（Pākehā）觊觎它，要将它变为牧场。“如果将我们的汤加里罗山当作是普通土地交由土地法庭处理，”酋长说，“它们会变成怎样？它们会被切割卖掉，一片归某个白种人所有，另一片又归其他人所有。”

1887年，侯若那库酋长将这片区域献给女王，要求建造一个国家公园，从而保证了这片土地得到长久保护，这是新西兰第一个国家公园，在全世界也是第四个。在那个年代，酋长有着过人的远见，意识到汤加里罗的价值在于它无价的自然美景与生态资源，而不是成为又一个羊圈。

这个国家公园的发展很缓慢，直到1909年铁路通车后，大量游人才纷至沓来。20世纪50年代至60年代，发展突飞猛进，因为道路完工，新步道开辟出来了，更多的营地也建立了起来。

景点

鲁阿佩胡山 火山

（Mt Ruapehu; www.mtruapehu.com）2797米高的鲁阿佩胡山是北岛最高的山，也是世界上最活跃的火山之一。其中一次喷发始于1945年3月，持续了将近一年，熔岩扩散到火山口湖（Crater Lake），大量的火山灰像黑云一样飘散，远至惠灵顿。在火山灰沉降过程中，据报道出现了几百例“鲁阿佩胡喉”病例。1953年圣诞节前夜，一个火山口湖大坝垮塌，大量火山泥流横扫山区，冲垮了一座铁路桥，一列满载旅客的火车冲进河里，造成151人丧生。这是新西兰史上最严重的事故之一。

鲁阿佩胡火山在1969年和1973年也曾喷发过，此后仍然以无法捉摸的频率频繁地大规模喷发。2007年，一块火山岩砸在一个徒步者营地里，一位小学老师幸运地逃过一劫，只是伤了腿。

汤加里罗山 火山

（Mt Tongariro; www.visitruapehu.com/explore/tongariro-national-park）持续的咆哮时刻提醒着人们，本地区的所有火山仍非常活跃。最近的一次喷发发生在2012年，这座位于公园最北边，同时也是公园最低火山的汤加里罗山（海拔1967米），其北侧的若干火山口发生了好几次喷发，导致著名的高山穿越步道（见313页）部分关闭长达9个月之久（关于近期爆发的视频，请查看www.doc.govt.nz/eruption）。

瑙鲁霍伊山 火山

（Mt Ngauruhoe; ☎07-892 3729; www.visitruapehu.com/explore/tongariro-national-park/volcanoes）鲁阿佩胡火山的东北边是瑙鲁霍伊火山（海拔2287米），它是3座火山中最年轻的一座，最早的喷发被认为是在2500年前。到1975年为止，瑙鲁霍伊火山至少每9年爆发一次，其中1954年的一次爆发，持续长达11个月，喷发出600万立方米的熔岩。如今其蒸汽通风口已经暂时冷却，意味着主要喷发口已被堵塞。

Tongariro National Park & Around
汤加里罗国家公园及周边

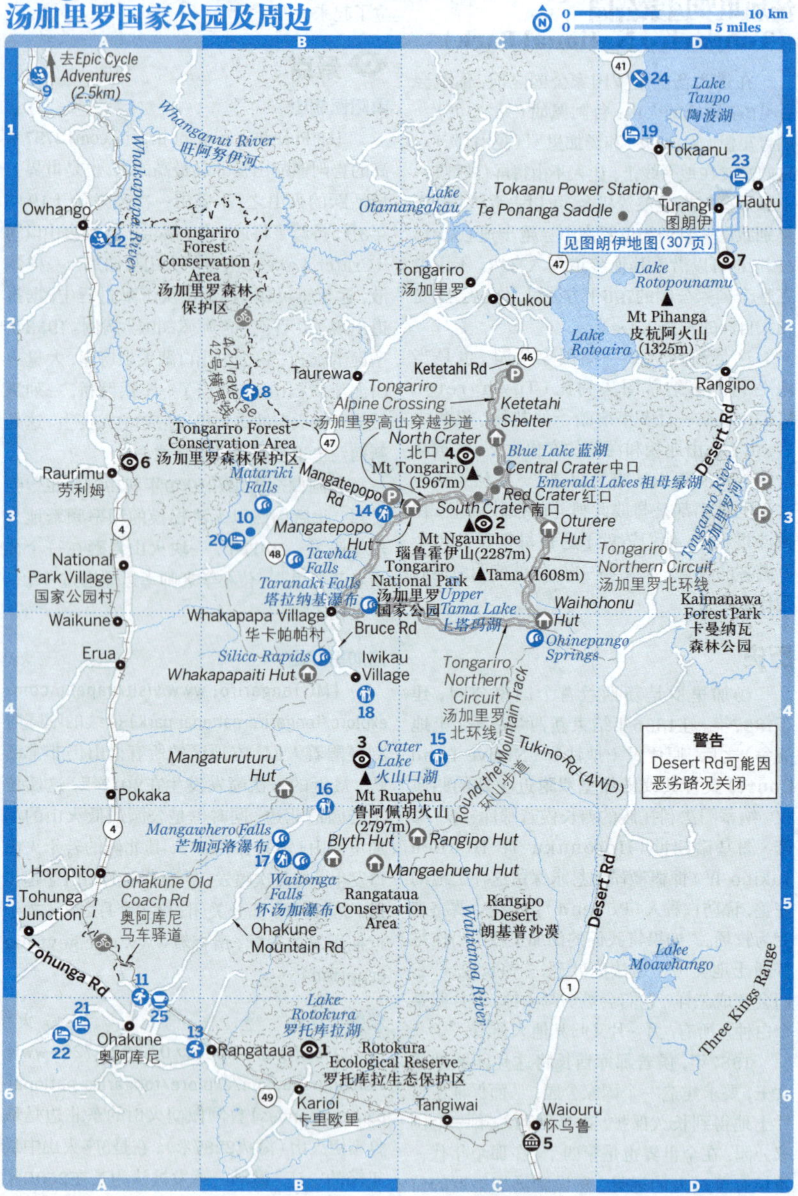

活动

徒步

华卡帕帕村（见316页）、奥阿库尼（见322页）和图朗伊（见310页）的环保部、信息中心及旅游服务机构都提供地图、公园内的实时徒步信息、路况和天气情况。每年1月，环保部在公园及周边组织徒步导览游。可致电环保部咨询详情或进行预订。

Tongariro National Park & Around
汤加里罗国家公园及周边

◎景点

1 罗托库拉湖……B6
2 瑙鲁霍伊山……C3
3 鲁阿佩胡山……B4
4 汤加里罗山……C3
5 国家军事博物馆……C6
6 劳利姆盘山铁路……A3
7 汤加里罗国家鳟鱼中心……D2

活动、课程和团队游

8 42号横贯线……B2
9 Blazing Paddles……A1
10 Mountain Air……B3
11 奥阿库尼马车驿道……A5
12 Owhango Adventures……A2
13 Ruapehu Homestead……A6
14 汤加里罗高山穿越步道……B3
15 图基诺滑雪场……C4
16 图罗瓦滑雪场……B5
17 怀汤加瀑布步道……B5
18 华卡帕帕滑雪场……B4

住宿

19 Braxmere……D1
20 Discovery Lodge……B3
Forest Lodge……（见12）
21 River Lodge……A6
22 Ruapehu Country Lodge……A6
23 Tongariro Lodge……D1

就餐

Lakeland House……（见19）
24 Oreti Restaurant……D1

饮品和夜生活

25 Craft Haus……A6
Kitchen……（见25）

实用信息

怀乌鲁信息中心……（见5）

国家公园最安全、最热门的徒步时节是12月至次年3月，届时步道上通常积雪已散，天气也更稳定。到了冬天步道就完全变成了高山探险之旅，要求登山者经验丰富，配有破冰斧和冰爪。Adrift Guided Outdoor Adventures（见318页）提供冬季导览徒步游。

经验更丰富的徒步者最爱汤加里罗北部环线，不过公园里足有14,000公里的步道可供选择，从短途轻松步道到出色的一日步道都有，比如**华卡帕帕谷**（Whakapapa Valley）和**塔玛湖**（Tama Lakes）步道，两条都从华卡帕帕的汤加里罗国家公园游客中心（见316页）开始。这里也有大量富于挑战性的路线，比如**环山步道**（Round the Mountain Track），这条偏远的步道有71公里长，环绕鲁阿佩胡山，需要4~6天，只适合身体强健、经验丰富、装备齐全的旅行者。

公园徒步步道周边分布有10个木屋，大多每人$15。但由于汤加里罗北环路步道（Tongariro Northern Circuit）是新西兰十大徒步路线（Great Walk）之一，Mangatepopo、Oturere和Waihohonu均是为大徒步线徒步季（10月中旬到次年4月）专设的木屋（$36）。每个木屋都设有燃气炉、加热装置、冷自来水和老式厕所，还有带床垫的上下铺宿舍。露营地就在木屋旁边。支付$14，宿营者就可以使用木屋的设施。

徒步木屋门票需预订，可从汤加里罗国家公园游客中心（见316页）、**十大徒步路线预订处**（Great Walks Bookings; ☎0800 694 732; www.greatwalks.co.nz），或全国范围的环保部游客中心预订。在徒步季节预订需交订金。在非旺季，按标准木屋收费（$5），燃气炉被移走，可与山中留宿小屋和门票一起付费。

★汤加里罗高山穿越步道 徒步

（Tongariro Alpine Crossing; www.tongarirocrossing.org.nz）这条热门的步道通常被誉为新西兰最美好的一日徒步路线，每年有超过10万徒步者完成挑战。全程覆盖各种地形，全长19.4公里，需要6~8小时，沿途能看到蒸汽喷口、喷泉、千奇百怪的岩石和如月球表面般的盆地。其中，祖母绿湖（Emerald Lakes）段最有标志意义。

上述是这条步道在天气好时的徒步体验。天气不好的时候，上下山就费力了，只有尖部是橘色的雪杖记录你这一天行走的时间和距离。当顶部刮着强风时，徒步者几乎需要手脚并用地沿着红口（Red Crater）山脊爬行。

这是步道的高点，强风能把人刮得双脚无法着地。晴天也可能刮风，出发前先到离你最近的信息中心查询一下。步道在圣诞节和复活节之后的头几天的好天气时最拥挤，随随便便就有超过1000人在路上。

这条越山步道需要认真对待。你不仅需要较好的身体素质，还要准备好应对各种天气。装备不当的人在这条路上会成为“传奇”，脚踏不适合的鞋、没带防雨外套、身穿紧身牛仔裤的情况我们都见过。除了要装备充足，你还需要准备充足的水和食物。如果想参加导览徒步，可联系Adrift Guided Outdoor Adventures（见318页）或Adventure Outdoors（见317页）。

步道始于紧邻SH47的Mangatepopo Rd停车场，结束于紧邻SH46的Ketetahi Rd。2017年底，Mangatepopo Rd增建了一座4小时停车场，以解决拥堵问题。想越山的话需要安排接驳服务，你的住宿处一般都能提供建议。华卡帕帕村、国家公园村、图朗伊、陶波、奥阿库尼和拉伊蒂希（Raetihi）都可安排接驳服务。

线路	预计夏季徒步时间
Mangatepopo Rd尽头—Mangatepopo Hut	15分钟
Mangatepopo Hut—南口（South Crater）	1.5~2小时
南口—祖母绿湖（Emerald Lakes）	1~1.5小时
祖母绿湖—Ketetahi Shelter	1.5小时
Ketetahi Shelter—道路终点	1.5小时

汤加里罗北环路步道 徒步

（Tongariro Northern Circuit；www.doc.govt.nz/tongarironortherncircuit）步道围绕瑙鲁霍伊火山（见311页），全长43公里。这条路线可从华卡帕帕村、Mangatepopo Rd或Ketetahi Rd几个起点出发，均有定点发车的巴士可达。尽管有些地方不算好走，总体还是标记清晰、维护良好的。身体素质中等的徒步者也可以选择这条步道。天气会突然变化，所以做好准备，出发前到游客中心（见316页）咨询一下。

2017年底，为了保护环境和圣山（*maunga tapu*）的纯洁，环保部移走了瑙鲁霍伊和汤加里罗山顶的路标。

这条环线步道的亮点包括徒步穿过几个风景优美、五彩缤纷的火山特色景点，这些火山使得公园被联合国教科文组织列为世界文化遗产。其中亮点包括**南口**（South Crater）、**中口**（Central Crater）和**红口**（Red Crater）等火山口，还会经过数个五彩缤纷的湖，如**祖母绿湖**（Emerald Lakes）、**蓝湖**（Blue Lake）、**上塔玛湖**（Upper Tama Lake）和**下塔玛湖**（Lower Tama Lake），沿途有**冷苏打泉**（Cold Soda Springs），还会看到火山锥、熔岩流和冰川谷等火山地貌。

传统的徒步起点和终点是华卡帕帕村公园游客信息中心下方的Ngauruhoe Place。但很多徒步者从Mangatepopo Rd出发，这就把旅程缩减到3天，降低遇到坏天气的概率。出发后中途在Oturere和Waihohonu木屋停留，最后在华卡帕帕村结束。

线路	预计夏季徒步时间（小时）
华卡帕帕村—Mangatepopo Hut	3~4
Mangatepopo Hut—Oturere Hut	5~6
Oturere Hut—Waihohonu Hut	3
Waihohonu Hut—华卡帕帕村	5~6

环山步道 徒步

（Round the Mountain Track；☎07-892 3729；www.doc.govt.nz）这条独辟蹊径的步道是忙碌的汤加里罗北环路步道之外一个更宁静的选择，不过很难走，有一些地方需要渡河，不推荐徒步入门者或没有装备的人前往。步道绕鲁阿佩胡山（见311页）而行，一路经过多种地形，包括冰川河、草丛沼泽以及宏伟的山地。全长66.2公里，至少要留出4天。

如果算上去Blyth Hut和塔玛湖的支路，实际需要6天。

可以从华卡帕帕村、靠近Waihohonu Hut的路口、Ohakune Mountain Rd或Whakapapaiti Hut前往环山步道。大部分徒步者从华卡帕帕村开始，结束环路后再返回这里。

步道12月至次年3月间最安全，此时积雪很少或没有，雪崩概率较小。其余时候因为积雪覆盖山路，导航很难，需要准备全套高山步

登山安全

很多到新西兰的旅行者无法成功登山。与其他地方相比，这里的山看起来似乎要小一些，但天气变化远比你所预计的快，救援（和死亡事故）也并不少见。开启远程徒步时，你一定要确保装备完善，谨记安全第一，包括把你的行程告知可靠的人，并到最近的游客中心查询最新信息。最重要的是要准备合适的衣服。最好是外层是防雨材料，甚至穿上防水裤。即使是夏天，手套和帽子也要备好。除了耐寒靴，根本不用考虑别的鞋。带上足够的水、小吃和防晒霜，炎热的天气尤甚。

行设备（冰斧、钉鞋和专业服装）。想尝试这条步道，你需要做好万全的准备。带上详细地图，查看最新情况，带上足够应对所有气候条件的衣服，以及充足的食物。一定要将你的计划和预计返回日期告诉责任人，回来后还要去找他报到。

路上的住宿处有Waihohonu、Rangipo、Mangaehuehu、Mangaturuturu和Whakapapaiti木屋，有一条支路可前往Blyth Hut。

Walking Legends 徒步

（☎021 545 068，0800 925 569，07-312 5297；www.walkinglegends.com）组织前往汤加里罗的高山步道（3.5天，$1590）和汤加里罗北环路（3天，$970）的导览徒步游。

滑雪

华卡帕帕和图罗瓦两个相邻的滑雪区分别位于鲁阿佩胡火山的两侧山坡，是新西兰最大的两个滑雪地。两者海拔均约为2300米，设有适合各种水平的滑雪场，既有初学者适用的缓坡，也有长而陡峭的高级雪道。缆车当日通票在两个滑雪区都有效。

华卡帕帕滑雪场 滑雪

（Whakapapa Ski Area；☎07-892 4000；www.mtruapehu.com/winter/whakapapa；Bruce Rd；缆车一日通票 成人/儿童 $119/69）位于鲁阿佩胡山（见311页）西北方，是新西兰最大的滑雪区，占地1050公顷，有超过65条线路，最高海拔可达2300米。有一些简单的雪道，适合初学者。唯一的住宿处是私人滑雪俱乐部度假屋，所以大多数游客住在华卡帕帕或国家公园村。

图罗瓦滑雪场 滑雪

（Turoa Ski Area；☎06-385 8456；www.mtruapehu.com/winter/Turoa；Ohakune Mountain Rd；缆车一日通票 成人/儿童 $119/69）位于鲁阿佩胡山（见311页）西南方，有大洋洲最长的坡道（722米）和新西兰最高的缆车High Noon Express。有设备可以出租，还有滑雪学校、出色的学习区和简单的雪道，很适合初学者。奥阿库尼镇（Ohakune）距离这里有大约16公里，是滑雪后休闲活动最多的地方。

图基诺滑雪场 雪上运动

（Tukino Ski Area；☎0800 885 466，06-387 6294；www.tukino.org；Tukino Access Rd；缆车一日通票 成人/儿童 $65/35）由私人俱乐部经营的图基诺滑雪场位于鲁阿佩胡火山东侧，距离图朗伊46公里，距离怀乌鲁35公里。位置很偏僻，离开路况良好的Desert Rd（SH1）之后，还要沿碎石路走7公里才能到达，所以需要乘坐四驱车（或者提前致电到两驱车停车场预订往返接驳，成人/儿童 $20/10）。这里人少，位置偏远，以初学者和中级水平的滑雪者居多。

团队游

Mountain Air 观光飞行

（☎0800 922 812；www.mountainair.co.nz；SH47；飞行15/25/35分钟 $120/195/245；⏲8:00~19:00）就在S48路口，基地位于华卡帕帕村和国家公园村之间，提供由此出发的观光飞行之旅。也可从图朗伊和陶波起飞。

到达和离开

InterCity（见296页）和**Naked Bus**（www.nakedbus.com/nz）运营的车次经过国家公园村和奥阿库尼，KiwiRail Scenic（见296页）运营的Northern Explorer列车在国家公园村停靠。

前往汤加里罗国家公园的主要门户是华卡帕帕村，不过公园本身的边界线也是公路：东侧是SH1（名为Desert Rd），西侧是SH4，北部是SH46和SH47，南部是SH49。

奥阿库尼山公路从奥阿库尼上山前往图罗瓦

滑雪区。Desert Rd在天气不好时经常关闭，届时只能绕行。同样，Ohakune Mountain Rd和Bruce Rd两条公路也会关闭，过了某些路段，可能仅限四驱车或配有雪地防滑链的小汽车通行。

如果不能确定，可咨询你的酒店，或给游客中心打电话。

华卡帕帕村（Whakapapa Village）

☎07/人口 100（夏天），300（冬天）

位于鲁阿佩胡山的山脚与汤加里罗国家公园边界的华卡帕帕村（发音“fa-ka-pa-pa”；海拔1140米）是公园的入口，也是公园游客中心所在地，还是好几条徒步步道的起点。

活动

塔玛湖区步道 徒步

（Tama Lakes Track; Ngauruhoe Pl）这条全长17公里的步道是汤加里罗北环路步道的一部分，以华卡帕帕村为起点，通往位于鲁阿佩胡火山和瑙鲁霍伊火山之间的山谷中的塔玛湖区，往返需5~6小时。在上塔玛湖能看到瑙鲁霍伊山和汤加里罗山的美景。

塔拉纳基瀑布步道 徒步

（Taranaki Falls Track; Ngauruhoe Pl）走完这条环形步道全程需2小时，长6公里，从村子出发到塔拉纳基瀑布，瀑布高20米，有15,000年历史，沿着一条古老的熔岩流道直泻而下，汇入一个巨石围成的池子中。

住宿

华卡帕帕村住处有限，滑雪季节房价通常会飙涨。附近的国家公园村和奥阿库尼可提供更多住宿选择。至于餐饮购物，奥阿库尼是更好的大本营。圣诞节/新年和复活节前后住宿价格也会上涨。

Whakapapa Holiday Park 假日公园 $

（☎07-892 3897; www.whakapapa.net.nz; SH48; 露营位 每人$23，铺 $28，小屋 $76~140，全套套间 $130~140; 📶）这是一座热门的度假公园，位于Whakapapanui Stream旁，提供多种房型，如建在美丽的山毛榉林之中的宿营地（21号能看到山景）、有5个房间32张床位的背包客旅馆、能住6人的木屋（需自带被单）和带独立厨卫的2卧套间。**商店**出售基本的日用品。公用大厨房最近刚翻新过。

Chateau Tongariro Hotel 酒店 $$$

（☎07-892 3809，0800 242 832; www.chateau.co.nz; Bruce Rd; 双 $195~290，套 $1000起; @📶🏊）虽然依然保留着辉煌的气派，这座建于1929年的地标式酒店多少显得有些暗淡了，不妨先查看一下汤加里罗翼楼和遗产翼楼的情况，再决定选什么房间。不过这里仍然浪漫，你可以在休息室一边眺望瑙鲁霍伊山一边享用**下午茶**（www.chateau.co.nz/chateau-high-tea; 下午茶 $32; ⏲11:00~17:00），在门厅品尝开胃酒，在宏伟的**Ruapehu Room**（www.chateau.co.nz/ruapehu-restaurant; 主菜 $30~43; ⏲6:30~10:00和18:30~21:00，周日 正午至14:00）享用晚餐。

就餐

Fergusson's Cafe 咖啡馆 $

（☎07-892 3809; www.chateau.co.nz/fergussons-cafe; Bruce Rd; 主菜 $8~15; ⏲6:00~23:30; 📶）是一家悠闲的早午餐咖啡馆，有户外餐桌，每天都有自助早餐（每人$12.50）、三明治、蛋糕和咖啡。上了山，从Chateau Tongariro Hotel过马路即到。

实用信息

汤加里罗国家公园游客中心［Tongariro National Park Visitor Centre，即华卡帕帕游客中心（Whakapapa Visitor Centre）; ☎07-892 3729; www.doc.govt.nz/tongarirovisitorcentre; Bruce Rd; ⏲10月最后一个周末至次年4月 每天8:00~17:00，5月至10月最后一个周五 8:30~16:30］提供地图和整个公园的信息，包括步行、木屋、最新滑雪情况、步道和天气情况。动身前往汤加里罗高山穿越步道前先来这里咨询一下。

内容翔实的《在汤加里罗国家公园和周边步行》（*Walks in and around Tongariro National Park*）手册提供关于公园内30条散步步道和徒步步道的实用概览（$3）。中心内还有关于本地区地质学和人类历史的有趣展品，是下雨天消磨时间的好地方。

更多国家公园的实用信息可通过奥阿库尼

（见322页）、图朗伊（见310页）和陶波（见306页）的信息中心获取。

到达和离开

长途汽车

汤加里罗国家公园拥有完善的班车服务，有班车往返华卡帕帕村、国家公园村、奥阿库尼、陶波和图朗伊，以及那些有名步道的起始点。夏季，它们主要搭载徒步游客，而冬季几乎只发往滑雪场。为避免可能产生的麻烦，最好预约。

很多班车由住宿提供方的分支或附属机构经营，所以，预订住宿时可以一并咨询交通信息。**Roam**（☎021 588 734，0800 762 612；www.roam.net.nz；Whakapapa Holiday Park, Bruce Rd；成人/儿童 $35/25）是一家总部设在华卡帕帕村的当地公司。

或者，可以询问陶波地区的**Tongariro Expeditions**（☎0800 828 763，07-377 0435；www.tongariroexpeditions.com）、图朗伊地区的**Turangi Alpine Shuttles**（见310页）。

自驾

前往汤加里罗国家公园的主路是SH48，可至华卡帕帕村，之后继续上山，和Bruce Rd一样通往华卡帕帕滑雪区。

国家公园村（National Park Village）

☎07/人口 200

要前往新西兰最好的一日徒步线汤加里罗高山穿越步道（见313页），小小的国家公园村是最便利的住宿地，住宿和就餐选择都比附近的华卡帕帕多。

国家公园村在滑雪季最繁忙，夏季比陶波安静，因为好动的旅行者都忙着享受附近的户外活动。关于本地区一个冷门小知识：这里是火车爱好者的热门目的地。谁知道呢？

活动

村子本身没什么好玩的，其主要优势就是距离国家公园步道、山地自行车道、旺阿努伊河（Whanganui River）独木舟之旅和滑雪场很近。村里的大部分住处都提供汤加里罗高山穿越步道（见313页）的接驳服务，以及缆车通票和租用雪具优惠套餐，这样能帮你省下不少钱。**Eivins**（☎07-892 2843；www.facebook.com/EivinsRentals；SH4和Waimarino Tokaanu Rd交叉路口；滑雪设备出租 半天/全天$26/33，滑雪板出租 半天/全天$32/40；⊙11月至次年6月 周四至周一 7:00~18:00，7月至10月 每天）和**Ski Biz**（☎07-892 2717；www.skibiz.co.nz；10 Carroll St；⊙夏季 7:30~10:30和16:00~19:00，冬季 7:30~19:00，周五至午夜）提供最好的滑雪设备租赁。

班车每天从村里出发，夏季开往汤加里罗高山穿越步道和华卡帕帕村，冬季开往滑雪区。

天气合适时，有经验的户外登山者会携带自己的装备，在芒格蒂帕帕山谷（Mangatepopo Valley）和华卡帕帕峡谷（Whakapapa Gorge）附近寻找活动地点。此外还可以前往国家公园背包客（National Park Backpackers，是家青年旅舍）的室内攀岩墙。

My Kiwi Adventure 山地自行车

（☎021 784 202，0800 784 202；www.mykiwiadventure.co.nz；2 Findlay St；单桨冲浪 $50，山地自行车 $45起；⊙8:00~17:30）提供国家公园范围内的活动，包括奥塔芒格考湖（Lake Otamangakau；11月至次年4月，2.5小时）的立式单桨冲浪。行程含装备和接驳交通。许多山地自行车探险选取的是当地出色的小路，不过我们推荐Tongariro Adventure Package（$75），包括汤加里罗高山穿越步道和骑行奥阿库尼马车驿道，全程需要2天。也可单独出租自行车（半天/全天 $35/55）。

Adventure Outdoors 徒步、皮划艇

（☎0800 386 925，027 242 7209；www.adventureoutdoors.co.nz；60 Carroll St；⊙根据预约）提供汤加里罗高山穿越步道导览游（冬季 $185，夏季看日出$345）、旺阿努伊或华卡帕帕双人皮划艇（$235）河上漂流。提供潜水衣和救生衣，所以，只管出发就好。

42号横贯线 山地自行车

（42 Traverse；见312页地图；Kapoors Rd，紧邻SH47）这条山地自行车小路贯穿汤加里罗森林，需要4~6小时，全程46公里，是北岛最受欢迎的一日骑行路线之一。小路沿着古老

的伐木道路前行，相对较可靠，不过有许多上下坡，如果是从Kapoors Rd（紧邻SH47）开始，下行前往Owhango，那么下坡路更多。

Adrift Guided Outdoor Adventures 徒步

（☎07-892 2751; www.adriftnz.co.nz; 53 Carroll St; ⊙根据预约）组织旺阿努伊河独木舟导览游（1/3天，$295/950）和多种汤加里罗国家公园徒步导览游（2小时至3天，$115~950），后者包括汤加里罗高山穿越步道（$195起）和鲁阿佩胡山火山口湖（$225）行程。另有半天山地自行车远足（$205）。

住宿

国家公园村有经济型和中等价位的旅馆——这很合理，因为你大部分时间都在户外活动。

春夏价格（10月至次年2月）一般比冬季滑雪季和学校寒假（3月至9月）期间要便宜。为避免无处可住，最好还是提前预订。

夏季人更多，尤其是会有很多去走汤加里罗高山穿越步道（见313页）的游人。

National Park Backpackers 青年旅舍 $

（☎07-892 2870; www.npbp.co.nz; 4 Findlay St; 套 $15, 铺 $26~30, 双 $62~90; 📶）这家青年旅舍由国际青年旅舍联盟（Youth Hostels Association，简称YHA）经营，由大片的旧木板和木条建成，有一个可供休憩的大花园，一个设施齐全的厨房和标准的房间。这里能提供预订各种活动的一站式服务，天气变糟时有**攀岩墙**（Climbing Wall; 成人/儿童 $15/10; ⊙9:00~20:00）可玩。有小**商店**。建议：要一间能看到积雪山巅的房间。

Park Hotel 酒店 $$

（☎07-892 2748，0800 800 491; www.the-park.co.nz; 2/6 Millar St; 双/标双/家 $115/115/125起; 📶）这是我们走汤加里罗步道时最喜欢的住宿处，就在SH4公路旁。整洁，而且非常实惠，双人间、四人间和家庭跃层房安静舒适。含早餐和2晚徒步的套餐超值，下山后，这里有水疗池可以沐浴。**Spiral Restaurant & Bar**（主菜$20~34）是吃饭的好地方。

Discovery Lodge 度假屋 $$

（见312页地图; ☎07-892 2744，0800 122 122; www.discovery.net.nz; SH47; 露营地 $18，小木屋 $60，双 $100起，1卧房间 $160起; @）这个住宿处是汤加里罗高山穿越步道的出色营地，有大量的房间，包括基本型的小木屋、汽车旅馆房间、高档小屋。附设的**餐厅**大露台上能看到鲁阿佩胡山，还有一个**酒吧**和休息室，提供**接驳服务**。店主是世界级山地跑手Callum Harland，他是高山步道非正式纪录的保持者，成绩为惊人的1小时25分！

Tongariro Crossing Lodge 度假屋 $$

（☎07-892 2688; www.tongarirocrossinglodge.com; 27 Carroll St; 双 $189~209; 📶）这个装有挡风板的白色小屋装饰着浅蓝色线条，很漂亮。夏季鲜花盛开。新店主重装了其中6个宽敞房间，它们大多都自带起居空间。2个开间公用一个厨房，另外2个设备齐全，其余的则很适合家庭入住。有仿古家具、阳光露台和烤肉区。

Parkview Apartments 公寓 $$$

（☎021 252 4930; www.parkviewnationalpark.com; 24 Waimarino-Tokaanu Rd; 双 $290; 📶）时尚的现代住宿已经来到了国家公园村。公寓都有2个卧室，能住4人，或2个成人、3个小孩，大窗子外就是美丽的高山风景，而大屏幕电视、煤气炉和现代化的厨房使得室内也很吸引人。

餐饮

Station Cafe 咖啡馆 $$

（☎07-892 2881; www.stationcafe.co.nz; Findlay St和Station Rd交叉路口; 午餐 $15~28，晚餐 $29~35; ⊙9:00~21:00）这个改建的小咖啡馆是国家公园村里少数几个还不错的就餐处之一。出售带鸡蛋的早午餐、三明治、咖啡和美味的蛋糕，晚餐菜单读起来像是到了社区美食餐吧（猪里脊肉、牛里脊肉、面包屑炸鸡）。可预约周日晚上的烤肉（$20）。

Schnapps 小酒馆

（☎07-892 2788; www.schnappsbarruapehu.com; SH4和Findlay St交叉路口; ⊙正午至深夜）这个受欢迎的酒馆有以肉为主的菜单（餐 $19~28）、篝火、大屏幕电视、池边桌子，还设有一个自动柜员机，很方便。冬季周末晚上

感觉更棒。最近在门前增建了一座迷你高尔夫球场，吸引了各个年龄段的孩子（成人/儿童$11/6）。不想社交？入口有一家卖酒的商店。

实用信息

村里没有信息中心，需登录www.nationalpark.co.nz和www.visitruapehu.com查询信息。最近的信息中心在陶马鲁努伊（见232页）和奥阿库尼（见322页）。

到达和离开

村子位于SH4和SH47的交叉路口，海拔825米，距离华卡帕帕村中心15公里。

InterCity（☎09-5835780；www.intercity.co.nz）的车在位于Station Cafe的国家公园站（National Park Station）停靠。KiwiRail Scenic（见296页）运营的Northern Explorer火车同样停靠于此。

Tongariro Crossing Shuttles（☎07-892 2993；www.tongarirocrossingshuttles.co.nz）提供国家公园村往返汤加里罗高山穿越步道（$40）和华卡帕帕（$35；前往汤加里罗北部环线）的接驳服务。

奥阿库尼（Ohakune）

☎06/人口 1000

户外探险爱好者们，不用再找了：奥阿库尼冬季能满足滑雪爱好者的需求，夏季能为徒步者和山地自行车骑手提供场地。雪花在图罗瓦滑雪场落下时氛围最好，人们会回到镇上一起喝东西驱寒。虽然户外很冷，但滑雪后的活动总是很受欢迎。

积雪消融后，村庄归于宁静，住宿价格也会下降。此时便是沿着梦幻的马车驿道骑行的完美世界，这条小道也是探索旺阿努伊国家公园的便利入口。

城区分成泾渭分明的两个部分：商业区沿公路铺开，冬季活动中心集中在交通枢纽火车站（Junction）的北端。两者由**芒加河洛河步道**（Mangawhero River Walkway）连接，这是一条2公里长的河畔林荫漫步道。

活动

小城附近有数条观景步道，其中许多以Ohakune Mountain Rd为起点。Ohakune Mountain Rd全长17公里，起点是奥阿库尼，终点位于鲁阿佩胡火山的图罗瓦滑雪场（见315页）。详情可参阅环保部小册子《在汤加里罗国家公园和周边步行》（*Walks in and around Tongariro National Park*, $3），在鲁阿佩胡信息中心（见321页）可买到。

前往汤加里罗高山穿越步道（见313页），可以从奥阿库尼出发，乘坐常规班车，交通非常方便，而想去**环山步道**（见314页），则只需沿着怀汤加瀑布步道（Waitonga Falls Track，见320页）继续前行即可。

★ 奥阿库尼马车驿道 山地自行车

（Ohakune Old Coach Road；www.ohakunecoachroad.co.nz；Marshalls Rd）这条等级不高的路线是新西兰最好的半日（3~4小时）自行车道之一，沿途会经过一些工程遗址，包括古老的Hapuawhenua和Toanui高架桥，它们是南半球弯曲高架桥中仅有的两座。还经过古老的泪柏和罗汉松森林，它们因为位于鲁阿佩胡山背风处，躲过了公元180年陶波火山的喷发。从奥阿库尼火车站沿着Old Coach Rd前行，右转上Marshalls Rd后进入小路。

Mountain Bike Station 山地自行车

（☎0800 245 464, 06-3859018；www.mountainbikestation.co.nz；Ohakune Shopping Centre, 27 Goldfinch St；⏲7月至10月 周一至周五

值得一游

罗托库拉湖(LAKE ROTOKURA)

罗托库拉湖（☎07-892 3729；www.doc.govt.nz）位于奥阿库尼东南12公里处的卡里欧里（Karioi；意思是“流连的地方”），紧邻SH49。这里有两个湖：一个是干湖（Dry Lake），实际上非常湿润，适合野餐；较远的是罗托库拉，是毛利人的圣地（tapu），所以禁止吃东西、钓鱼和游泳。从罗托库拉步道的起点出发，步行1公里，还有另一条绕湖环路可选。如果想走完全程，记得留出1小时，好欣赏古山毛榉丛和水鸟。

从奥阿库尼出发，沿SH49驾车向东南行进11公里，然后转入Karioi Station Rd岔路行进1公里。越过铁路线，直至抵达罗托库拉停车场。

7:30~18:00，周六和周日7:00~18:00，11月至次年6月9:00~18:00）出租山地自行车（半天/全天$35/50起），还提供按人收费的接驳服务，可前往图罗瓦滑雪场（$20）、霍罗皮托（$15）和旺阿努伊（$189）。也提供更长时间的自行车和接驳套餐。旺季一般营业更久，具体时间根据需求而定。同一座建筑中还有SLR（☎06-385 9018；www.slr.co.nz；⏰7月至10月 周一至周五7:30~18:00，周六和周日7:00~18:00，11月至次年6月9:00~18:00）。

怀汤加瀑布步道 徒步

（Waitonga Falls Track；www.doc.govt.nz；Ohakune Mountain Rd）怀汤加瀑布步道（往返1.5小时，4公里）直通汤加里罗最高的瀑布怀汤加瀑布（高39米），在这里能眺望鲁阿佩胡火山的风光。起点是Ohakune Mountain Rd。

Ruapehu Homestead 骑马

（见282页地图；☎027-267 7057；www.ruapehuhomestead.kiwi.nz；Piwara St和SH49交叉路口，Rangataua；30分钟至3小时，成人$30~180，儿童$25~150；⏰徒步10:00、正午和14:00）位于奥阿库尼以东4公里处（Rangataua附近），提供在这个牧场周边的导览徒步游。客人也可以在河边或山景乡村小路上长距离骑行。

住宿

Station Lodge 青年旅舍 $

（☎06-385 8797；www.stationlodge.co.nz；60 Thames St；铺/房间$28/70，公寓$130~220，小屋$220~250；@📶）位于一栋可爱的古老别墅内，房间铺着木地板，天花板高高的。这间青年旅舍由青年旅舍协会经营，厨房设备齐全，大厅舒适，还有个水疗池和带比萨炉的花园。如果你希望有私密的空间，这里有能住2~6人的公寓和单独的度假屋（有些是两卧，带煤气炉和私人水疗池）。

LKNZ Lodge 青年旅舍 $

（☎06-385 9169；www.lknz.co.nz；1 Rata St；露营地$30，铺$23~28，双$65~99，家$159；📶）房间分布在4座度假屋中，从经济型到豪华背包客型都有。滑雪季至少有一间会被教练租走。整洁的双人间里有木制窗框，很划算。旅舍配备一个烘干室，另有500张DVD，提供自行车出租，以及收费水疗池、桑拿房和咖啡馆（7:30开业，试试烤干酪辣味玉米片）。

Ohakune Top 10 Holiday Park 假日公园 $

（☎06-385 8561，0800 825 825；www.ohakuni.net.nz；5 Moore St；露营地$45，套间$72~140；@📶👪）一条冒着气泡的潺潺小溪从假日公园边上流过。有各种房型，包括整洁的汽车旅馆套间，能住6人。营地里还有游乐场、烧烤区和私人水疗池。木头栅栏上塑料瓶中种植的香草可以随意采摘。

Powderhorn Chateau 酒店 $$$

（☎06-385 8888；www.powderhorn.co.nz；Thames St和Mangawhero Tce交叉路口；房间$260起；@📶🏊）在这座瑞士风格的小屋中，客人所住的房间是他们最爱的《指环王》角色在电影拍摄时所住过的。彼得·杰克森（Peter Jackson）当时预订了一套8人公寓，不过另外还有33个经济型的住宿处。里面采用木头装饰，有负鼠皮毯子，一个室内水疗泳池，吧台有对讲机，是探索山地和狂欢的好地方。

Peaks Motor Inn 汽车旅馆 $$

（☎0508 843 732，06-385 9144；www.thepeaks.co.nz；Mangawhero Tce和Shannon St交叉路口；双/单卧套间$149/169起；📶）这家汽车旅馆干净整洁，房间宽敞，卫浴不错，带完整厨房。公共设施包括草地、简单的健身房、很大的户外水疗池和桑拿房。可上网查看含前往汤加里罗高山穿越步道的优惠套餐。

★River Lodge 民宿 $$$

（见282页地图；☎021 292 2883，06-385 4771；www.theriverlodge.co.nz；206 Mangawhero River Rd；度假屋含早餐$290，1/2卧房间$260/290；📶）这家迷人的住宿处距离镇子8公里，是根据芒加河洛河（Mangawhero River）设计的。鱼儿可以直接游进来，可以躺在吊床上悠闲地休息，借一条野餐毯子去野餐，或者沿着赤足按摩小路行走。有3个双人间，一间是一张独立的单人床，两间是迷人的两人小木屋，带私人水疗泳池和壁炉。

★ **Ruapehu Country Lodge** 民宿 $$$

（见282页地图；☎06-385 9594，021 707 850；www.ruapehucountrylodge.co.nz；630 Raetihi-Ohakune Rd；双 $295；📶）在奥阿库尼以西约5公里处，前往拉伊蒂希（Raetihi）的路旁。将乡村优雅和经典装饰完美融合在一起，店主Heather和Peter会热烈欢迎你，打理得很整齐的车道两旁的羊驼也是。周围是一片占地2公顷的大花园，在蜿蜒的河流对岸是当地的一家高尔夫球场。

就餐

★ **Eat Takeaway Diner** 咖啡馆 $

（☎020 4126 5520；www.facebook.com/eattakeawaydiner；49 Clyde St；小吃和主菜 $9~14；⏰8:00~15:00，节假日和10月23日至31日关闭；📶✍）在这个位于主街的现代咖啡馆中，能吃到百吉饼、创意沙拉、美味的美式和得克萨斯墨西哥风味菜肴，并喝到镇上最好的咖啡。店铺饰以白瓷砖和蓝色色块，主打有机食材，注重可持续发展，有为节食者准备的友好的选择，比如素食"奶酪汉堡"、沙拉和玉米煎饼。

★ **Blind Finch** 汉堡、早餐 $$

（☎06-3858076；www.theblindfinch.co.nz；29 Goldfinch St；汉堡和早餐 $15.50；⏰7月至10月 9:00~22:00；11月至次年6月 周一至周五 16:00~22:00，周六和周日 9:00~22:00；📶）完成了汤加里罗山徒步、鲁阿佩胡山滑雪或山地自行车骑行后，没有比在麦卢卡树木柴烤架上制作的定制巨大汉堡更让人满足的了。有一间酒吧，营业到次日2:00，经常有即兴演出、汉堡宾戈游戏、知识竞赛等活动。早餐有6种火腿蛋松饼，供应到14:00。

Cyprus Tree 意大利菜 $$

（☎06-385 8857；www.cyprustree.co.nz；Clyde St和Miro St交叉路口；主菜 $24~34；⏰周一至周五 4:30至深夜，周六和周日 9:00至深夜）这个休闲餐馆兼酒吧全年营业，出售各种意大利菜及融合了新西兰风味的食物，如野鹿肉土豆香草饼、慢烹羊羔肉宽蛋面。有一份专为孩子准备的菜单，也为"大孩子"们提供奥阿库尼品种最丰富的新西兰精酿啤酒。酒吧小吃从15:00供应到17:00。冬季火炉边有沙发，夏季有户外露台。

看见橙色

如果是沿State Highway向西北方向行进，抵达奥阿库尼时你看见的第一个东西，就是一个**大胡萝卜**（Big Carrot；Rangataua Rd；👪）。这是对于新西兰"胡萝卜之都"的致礼。事情要追溯到20世纪20年代，当时中国移民清理了这里的土地来种植这种蔬菜。坐在任何看得见公路的地方，你都可能看到载满仍带着斑斑泥土的胡萝卜的卡车。这里甚至还有一个每年一度的**胡萝卜狂欢节**（Carrot Carnival；www.carrotcarnival.org.nz；⏰6月初）。

饮品和夜生活

Craft Haus 咖啡

（☎06-385 8683，022 3858 683；www.thecrafthaus.co.nz；31 Thames St；饮品 $3~5；⏰周一、周二、周四和周五 10:00~14:00，周六和周日 10:00~17:00）这家咖啡馆位于奥阿库尼古老的火车站里，就在站台上，也是一家画廊、服装店和酿酒厂，墙壁上写着"当地人就是新黑人"的标语。**火山咖啡豆**（Volcano Coffee）直接在后面烘烤，**Ruapehu Brewing Co.**酿酒，**Opus Fresh**出售美丽的羊绒服饰，也零散摆放着当地艺术品出售。

Kitchen 精酿啤酒

（☎06-385 8664；www.4thames.co.nz；4 Thames St；主菜 $22~25；⏰周一至周五 8:00~18:00，周六和周日 7:00~18:00，滑雪季 至深夜）友好的店主称这是他"带酒吧的海滩房"。只提供20多家酿酒厂生产的新西兰精酿啤酒，冬季和9月第一个周末的春季派对人很多。有当地乐师演奏，提供简单美味的食物，口味介于墨西哥和亚洲之间。

实用信息

鲁阿佩胡信息中心（Ruapehu i-SITE；☎0800 047 483，06-385 8427；www.visit-ruapehu.com；54 Clyde St；⏰8:00~17:30）可帮助预订游览、交通和住宿。大部分日子的10:00~16:30有环保部官员在场。

值得一游

RIVER VALLEY

River Valley（☎06-388 1444；www.rivervalley.co.nz；Mangahoata Rd，Taihape；⊙7:30~17:00）是一个探险中心兼住宿处，位于泰哈皮东北约30公里处（从泰哈皮的Gretna Hotel酒店出发，跟着路标走）。半日激浪漂流很热门，在朗基蒂凯河（Rangitikei River）的五级浪头上急行，非常刺激（$175）。也提供骑马游，途中能看见鲁阿佩胡山、鲁瓦希尼山脉（Ruahine Range）和朗基蒂凯河（2小时/半天 $129/175）。

这里也提供**住宿**（露营地 每人 $18，铺 $31，双 $169~175，民宿 $199）。**餐厅**所用食材均来自中心自己的菜园。可咨询综合活动假日套餐（Multi Activity Adventure Holidays）。

探索奥阿库尼（Visit Ohakune；www.visitohakune.co.nz）提供“The Mountain Town”及周边地区信息的实用网站。

到达和离开

InterCity（见296页）有直达车从陶波和奥克兰开来，往返北帕默斯顿和奥克兰、惠灵顿和奥克兰的车次也经过这里，停靠在信息中心附近的Clyde St。KiwiRail Scenic（见296页）经营的Northern Explorer列车也经过这里。

Dempsey Buses（☎06-385 4022；www.dempseybuses.co.nz）的总部就在这里，提供鲁阿佩胡地区的服务，包括接驳车及常规班车：班车前往汤加里罗高山穿越步道（夏季7:15从奥阿库尼出发，每人$50）；每天一班接驳车往返奥阿库尼马车驿道；前往图鲁瓦滑雪场公园停车场的接驳车接送滑雪或骑行后从Ohakune Mountain Rd下山的乘客；还可提供前往42号横贯线以及往返芒格普鲁瓦步道（Mangapurua Track）、绝路桥的定制服务。

怀乌鲁（Waiouru）

☎06/人口 740

怀乌鲁（海拔792米）原本是一个军事基地，也是全程56公里的Desert Rd（通往图朗伊）沿线的休息站。冬天雪后这条路经常禁行。**朗基普沙漠**（Rangipo Desert）虽然植被稀少，红色的沙中只有小片草丛，但它并非真的沙漠。这一独特的地貌是200万年的火山喷发的结果——尤其是约2000年前的陶波火山喷发，令这块土地铺上了一层厚厚的浮岩，破坏了所有植被。

除了国家军事博物馆外，镇上其他亮点不多。

景点

国家军事博物馆 博物馆

（National Army Museum；☎06-387 6911；www.armymuseum.co.nz；SH1和Hassett Dr交叉路口；成人/儿童 $15/5；⊙9:00~16:30）位于城南一个大型水泥掩体内，收藏有与新西兰军事及各大战役（从殖民地时期到当代）相关的藏品。这里馆藏的武器、制服、纪念品和其他藏品都讲述着动人的故事。馆内附设的**咖啡馆**9:00~16:00开放。要来一场真正有纪念意义的旅行，不妨参加澳新军团日（Anzac Day；4月25日）的黎明仪式。

实用信息

怀乌鲁信息中心（Waiouru i-SITE；☎06-387 5279；www.visitruapehu.com；National Army Museum，SH1和Hassett Dr交叉路口；⊙9:00~18:30）有关怀乌鲁和鲁阿佩胡地区的当地知识和旅行建议。提供预约服务，也有纪念品。位于标志性的国家军事博物馆。

到达和离开

怀乌鲁位于奥阿库尼以东27公里处，SH1和SH49的交叉路口。InterCity（见296页）往返奥克兰和惠灵顿的班车中途经停此处。早晚各有几班从奥克兰开来的车，白天的车都来自惠灵顿，车程分别为6.75小时和4.75小时。

罗托鲁阿和普伦蒂湾（丰盛湾）

包括 ➡

最佳就餐

- Macau（见349页）
- Me & You（见350页）
- Eightyeight（见354页）
- Post Bank（见354页）
- Grindz Café（见349页）

最佳住宿

- Warm Earth Cottage（见358页）
- Sport of Kings（见334页）
- Asure Harbour View Motel（见348页）
- Ohiwa Beach Holiday Park（见366页）
- City Lights Boutique Lodge（见335页）

为何去

1769年，库克船长（Captain Cook）航行到此处时，给这里起名“普伦蒂湾”（Bay of Plenty，又名丰盛湾），它的丰饶持续至今。这里阳光普照，沙滩迷人，海湾从西边的怀希海滩（Waihi Beach）一直延伸到东边的奥波蒂基（Opotiki），两者之间拥有陶朗阿、芒特芒阿努伊和瓦卡塔尼（Whakatane）等几个度假胜地。

离瓦卡塔尼海岸不远，便是新西兰最不安分的火山瓦卡阿利（怀特岛）。这一地区火山活动的迹象无处不在，赋予该地区一种源自地下的壮观，尤以罗托鲁阿为最。人们在热气蒸腾的温泉、突然发威的间歇泉和咕咕冒泡的泥池间正常地生活，而汹涌的含硫气体则给了小镇一股标志性的臭鸡蛋味。

在罗托鲁阿和丰盛湾，毛利传统根深蒂固。在这里，你可以充分体验新西兰丰富的土著文化：去欣赏热情奔放的音乐表演，甩开腮帮子去享用hāngi（即毛利大餐），或是熟习毛利艺术品和工艺品技术。

何时去

- 丰盛湾是新西兰阳光最充足的地区之一，瓦卡塔尼每年平均日照的时间纪录十分辉煌，长达2350小时。夏天（12月至次年2月）最高气温在20℃以上。能来玩的人都来这里了，空气中弥漫着一种节日的气息，令人兴奋，沙滩也极为诱人。
- 至于罗托鲁阿，不管什么季节你都可以来看看：这里的地热奇景常年可见，而且住宿在任何时候都不是问题。
- 冬季，气温在一夜之间可能会降到5℃，使得温泉池更加诱人。不过海边通常暖和一些，而且你可以独占整片海滩。

罗托鲁阿和普伦蒂湾(丰盛湾)亮点

❶ **罗托鲁阿**(见325页)透过硫黄蒸汽打量这个独特的小镇，这里地热活跃，有丰富的毛利文化和世界一流的山地骑行场所。

❷ **瓦卡阿利**(怀特岛；见363页)走近距海岸49公里的活火山，火山锥蒸汽腾腾。

❸ **芒特芒阿努伊**(见351页)在海滩上闲逛，驾驭海浪，徒步攀上同名山头，然后下到地热池放松休息，蓄力造访热闹的小餐饮区。

❹ **怀奥塔普地热世界**(见340页)走近本地区最多彩的地热景点，为它的神秘色调而惊叹。

❺ **怀旺格火山谷**(见340页)下行穿过一条水流喷射、滋滋作响的峡谷，前往宁静的湖泊。

❻ **瓦卡塔尼**(见358页)沉浸在阳光小镇的氛围里，体验并存的毛利文化和海滩文化。

到达和离开

新西兰航空（Air New Zealand；见45页）开设多条直飞航线，可以从陶朗阿和罗托鲁阿飞往奥克兰、惠灵顿和克赖斯特彻奇（基督城），**Air Chathams**（☎0800 580 127；www.airchathams.co.nz）的航班往返瓦卡塔尼和奥克兰。

InterCity（见44页）和**ManaBus**（☎09-367 9140；www.manabus.com）运营的汽车将罗托鲁阿、陶朗阿和北岛大多数主要城市连接起来，还有一些班次有限的路线连接丰盛湾其他城镇。

Aerolink Shuttles（☎0800 151 551；www.aerolink.nz）和**Luxury Airport Shuttles**（☎07-547 4444；www.luxuryairportshuttles.co.nz）都运营奥克兰、哈密尔顿机场及丰盛湾主要城镇的上门接驳服务。

罗托鲁阿（ROTORUA）

☎07/人口 65,300

罗托鲁阿是新西兰最活跃的地热区域，吸上一口这里硫黄味浓重的空气，或许会感觉喘不上气，却算是真正地感受到了罗托鲁阿的味道。毛利人对这里充满敬意，他们把这里首屈一指的一处壮观温泉叫作“怀奥塔普”（Wai-O-Tapu，意思是“神圣之水”）。当地人口的34%是毛利人，他们的文化表演和传统毛利大餐魅力非凡，不亚于这里的美景。

尽管臭鸡蛋味无处不在，这座“硫黄城”（Sulphur City）却是北岛最受游客青睐的地区之一。一些人认为稳定的旅游业使小镇变得安于现状，著名景点的价格一直在上涨。不过，可以肯定的是，与附近的陶朗阿和陶波等镇子相比，罗托鲁阿在餐饮和酒吧建设方面已经落后了。城市景观并不令人称心如意，但是，你还能在哪儿看到排水沟飘荡着蒸汽、公园里泥浆沸腾的景象呢？

历史

14世纪，塔马特卡普阿（Tamatekapua）率众乘阿拉瓦（Arawa）独木舟出发，在丰盛湾内的玛基图（Maketu）登陆，并在此定居。定居者们把部落命名为蒂阿拉瓦部落，以此来纪念那艘载着他们到达此地的独木舟。

在之后的几百年里，蒂阿拉瓦各个部落分支分而治之（今天居住在罗托鲁阿的蒂阿拉瓦的主要部落是Ngāti Whakaue）。规模较大的一次战争发生在1823年。当时，蒂阿拉瓦部落的领土遭到了来自北岛Hongi Hika领导的纳普希部落的入侵，双方多次交锋，史称“火枪战争”（Musket Wars）。当蒂阿拉瓦战败于摩基亚岛（Mokoia Island）后，双方达成了和解。

怀卡托战争（Waikato War；1863~1864年）期间，蒂阿拉瓦部落支持政府军，以对抗自己的宿敌怀卡托部落。蒂阿拉瓦部落得到了军队的支持，阻止了支持金基汤加（Kingitanga）国王运动的东海岸援军的到来。

战火于19世纪70年代早期平息下来，而一些流言传来传去，称罗托鲁阿这里景观秀美，地貌奇特，而且温泉可以包治百病。于是，罗托鲁阿兴旺了起来。当时这里最有名

罗托鲁阿和丰盛湾精华

就餐 在罗托鲁阿的“晚餐和秀”的毛利文化体验活动中，尝尝毛利地热大餐（hāngi）。

饮品 来自罗托鲁阿Croucher Brewing Co（见338页）的当地精酿啤酒。

阅读 《图说唐加塔环努阿历史》（*Tangata Whenua, An Illustrated History*），Atholl Anderson、Judith Binney和Aroha Harris著，2014年出版，汇聚了毛利的一切，盛大而美丽。

聆听 《库拉》（*Kora*）是来自瓦卡塔尼的库拉乐队的一张同名专辑，可谓追本溯源之作。

观赏 《乌图》（*Utu*，1983年）Geoff Murphy导演，新西兰经典电影，有一幕令人难忘的吃眼球的场景，受1865年传教士Rev Carl Völkner在奥波蒂基之死启发而创作。

绿色旅行 到罗托鲁阿的红杉林林间小径（Redwoods Treewalk，见330页），享受绿色体验。

网络资源 www.rotoruanz.com，www.bayofplenty.co.nz

Rotorua 罗托鲁阿

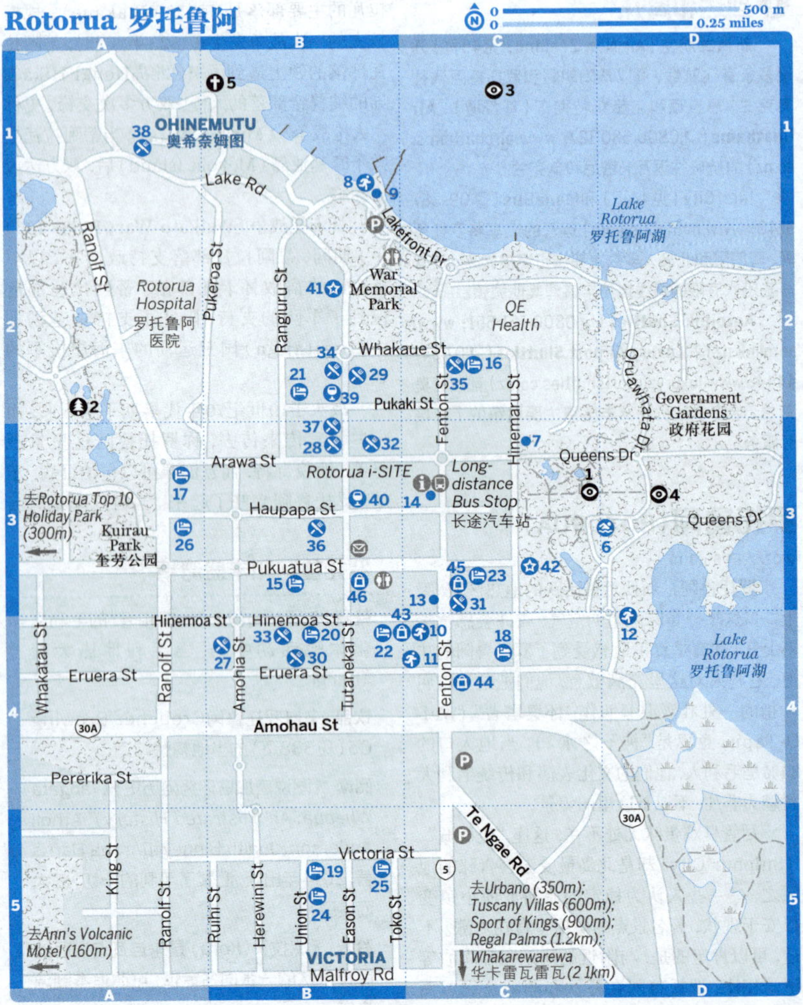

的景观是粉红阶地（Pink Terrace）和白阶地（White Terrace），由火山硅石沉积构成。尽管被时人吹捧成了“世界第八大自然奇观”，但它们在塔拉韦拉山（Mt Tarawera）1886年的火山爆发中毁于一旦。

◉ 景点

◉ 市中心

罗托鲁阿博物馆 著名建筑

（Rotorua Museum；☎07-350 1814；www.rotoruamuseum.co.nz；Oruawhata Dr；成人/儿童$20/8）这家杰出的博物馆位于一座宏伟的仿都铎风格的建筑内，是罗托鲁阿最重要的建筑，于1908年开业，原来是一个典雅的水疗会所，叫作“浴楼”（Bath House）。1969年被改造成博物馆，后来增建了一座艺术馆。可惜的是，2016年11月，650公里外的凯库拉地震后，建筑上发现裂缝，博物馆关闭。本书调研之时，这里正在进行防震加固，有希望能在2021年重开。

奎劳公园 公园

（Kuirau Park；Ranolf St）想以经济的方式

Rotorua 罗托鲁阿

景点

1 政府花园 C3
2 奎劳公园 A2
3 罗托鲁阿湖 C1
4 罗托鲁阿博物馆 D3
5 圣菲斯圣公会教堂 B1

活动、课程和团队游

6 Blue Baths D3
7 Happy Ewe Tours C3
8 Kawarau Jet B1
9 Mana Adventures B1
10 Mountain Bike Rotorua C4
11 O'Keefe's Anglers Depot C4
12 Polynesian Spa D4
13 Rotorua Duck Tours C3
14 Thermal Land Shuttle C3
Volcanic Air .... （见9）
Wall .... （见22）

住宿

15 Astray B3
16 Aura C2
17 Base Rotorua A3
18 Crash Palace C4
19 Funky Green Voyager B5
20 Quest Rotorua Central B4
21 Regent of Rotorua B2
22 Rock Solid Backpackers B4
23 Rotorua Central Backpackers C3
24 Six on Union B5
25 Victoria Lodge B5
26 YHA Rotorua A3

就餐

27 Abracadabra Cafe Bar B4
28 Artisan Cafe B3
29 Atticus Finch B2
30 Capers Epicurean B4
31 Coconut Cafe & Restaurant C3
32 Fat Dog B3
33 Le Café de Paris B4
34 Leonardo's Pure Italian B2
35 Lime Caffeteria C2
36 Sabroso B3
37 Thai Restaurant B3
38 Third Place A1

饮品和夜生活

39 Brew B2
40 Pig & Whistle B3
Ponsonby Rd .... （见34）

娱乐

Basement Cinema .... （见22）
41 Matariki B2
42 塔玛基毛利村 C3

购物

43 Moko 101 .... B4
44 Mountain Jade C4
45 Rākai Jade C3
46 罗托鲁阿夜市 B3

进行地热探险吗？那就来位于罗托鲁阿镇西的奎劳公园，免费探索这片火山区吧。这里将文雅的园林同最不可预知的大自然并置在一起。栅栏围住的区域里，有蒸汽嗞嗞作响，泥浆沸腾，而推着婴儿车的父母正走过满是鸭子的池塘，穿过紫藤架。偶尔的喷发会让公园陷入一片泥泞，打破议会园艺师们最周全的计划。

在活动区周围要小心，看牢你的孩子。

罗托鲁阿湖 湖泊

（Lake Rotorua）罗托鲁阿湖是该地区18个湖泊中最大的一个，水下是一座死火山。**摩基亚岛**（Mokoia Island）位于湖中，几个世纪以来一直被这里的几个部落支系争来夺去。你可以乘船游湖，湖畔有几个游船运营机构。

政府花园 花园

（Government Gardens；Hinemaru St）修前整齐的政府花园环抱罗托鲁阿博物馆，将英式风格（玫瑰园、槌球草地和保龄球绿地）与毛利传统（门口及巧妙融于建筑的雕塑）完美地结合在一起。因为是在罗托鲁阿，四处都散落着蒸汽缭绕的地热池，值得绕着湖畔的地热活跃区走一走。

华卡雷瓦雷瓦（Whakarewarewa）

罗托鲁阿最吸引人的地方就是华卡雷瓦雷瓦地区（发音"fah-kah-reh-wah-reh-wah"），在市中心往南3公里处，是个地热区。这里的全名叫Te Whakarewarewatanga o te Ope Taua a Wāhiao，意思是"瓦西奥主战派的战舞"（The War Dance of the War Party of

Wāhiao）。这片地区既以毛利文化的重要意义而闻名，也因为蒸汽和咕咕冒泡的泥浆而为人所知。有超过500个温泉，包括一些著名的间歇泉。

地热活跃区域分为依然有人居住的毛利村庄华卡雷瓦雷瓦（见本页）和蒂普亚（Te Puia）建筑群，两者之间有一道围墙间隔。两地都提供文化演出和大量的地热主题活动。村子里更便宜，不过蒂普亚有新西兰房屋和重要的毛利艺术机构。

蒂普亚 文化中心

（Te Puia；☎07-348 9047；www.tepuia.com；Hemo Rd；成人/儿童 $54/29，含演出 $69/35，夜游 $125/63；⏲8:00~17:00）蒂普亚以文化团体的大量演出和**波胡图泉**（Pōhutu，意思是"水花大溅"或"大爆炸"）激发了人们对毛利文化的热情，著名的波胡图间歇泉每天喷射近20次，喷出的热水水柱高达30米。附近有个名为**威尔士亲王羽徽**（Prince of Wales' Feathers）的间歇泉，喷射时间总是比波胡图早一小会儿，因此你可以很好地判断波胡图何时会"喷发"。这里还有**国家雕刻学校**（National Carving School）和**国家纺织学校**（National Weaving School），可参观学生工作的场景。

日间游（Te Rā）包括一次参观整个建筑群的导览游（整点出发），游览一座雕刻会堂（wharenui）、一座重建的前殖民地时期村庄、一个夜行动物奇异鸟的围场、一大片华卡雷瓦雷瓦地热区，后者含3座主要的间歇泉和一个巨大的沸腾的泥浆池。游览之后也欢迎你四处悠闲漫步。多花些钱看文化表演（10:15、12:15、15:15）是值得的，演出包含进入雕刻会堂的传统欢迎仪式和45分钟的kapa haka（传统歌舞）音乐会。

3小时的夜间体验（Te Pō）从18:00开始，包括一场文化表演和一次大餐，之后是乘坐交通工具参观地热区。

当然，出口要经过礼品店，这样你就有机会购买真正的毛利艺术品和工艺品，还有用蒂普亚富含矿物质的泥制作的美容产品。

华卡雷瓦雷瓦 村庄

（Whakarewarewa；☎07-349 3463；www.whakarewarewa.com；17 TyronSt；成人/儿童 $40/18，含餐 $70/40；⏲8:30~17:00）与专为游客体验毛利文化而建造的景点不同，华卡雷瓦雷瓦是一个原生态的毛利村庄，当地原住民Tūhourangi/Ngāti Wāhiao部落在这里已经生活了几个世纪。村民作为团队游（9:00~16:00整点出发）的向导，为你讲述他们生活的故事，这里有热气腾腾、咕咕冒泡的池水，还有硅石阶地（silica terrace）和间歇泉。虽然大部分地热区都在围墙那边的蒂普亚，但在这里观赏波胡图泉也很好，而且还便宜得多。

门票包含一次文化表演（每天11:15和14:00，11月至次年3月12:30加一场）和一条自助导游的自然步道。你能在村庄的商店里买到"正宗"的当地艺术品和工艺品，还能了解亚麻纺织、木雕以及文身（tāmoko）等毛利传统技艺。在商店旁边，你可以吃到刚从滚热的温泉里捞出来的甜玉米（$2），口感爽滑，非常可口，是镇上唯一名副其实的"地热毛利大餐"。

华卡雷瓦雷瓦红杉森林 森林

（Redwoods Whakarewarewa Forest；☎07-350 0110；www.redwoods.co.nz；Long Mile Rd）这片富有魔力的森林公园位于罗托鲁阿东南3公里处，毗邻Tarawera Rd。自1899年开始，人们在森林中栽下了170种树木，想看看哪种树更适合做木材。然而公园今日辉煌气势的缔造者，要归功于高大的加利福尼亚红杉（可长到72米高）。半日步道穿过红杉林，全天步道可前往蓝湖（Blue Lake）和绿湖（Green Lake）。有几条步道从红杉林信息中心（见339页）开始，在那里，你能找到壮观的红杉林林间小径（见330页）。

除了徒步，森林也适合野餐，而且是公认的山地骑行的好去处。车道总长近100公里，适合各个级别的车手，足以让游人畅玩数日。注意，并非所有的林中道路都被辟为自行车道，骑行一定要遵守指示牌的指示。骑行地图可在信息中心领取。Mountain Bike Rotorua（见332页）和Planet Bike（见332页）提供自行车出租，它们位于公园另一头，紧邻Waipa State Mill Rd，有厕所和淋浴间。本书调研期间，公园的这个区域内正在建设一条专业的自行车越野赛（BMX）标准车道。

奥希奈姆图（Ohinemutu）

奥希奈姆图是一座毛利湖畔村庄，生活

毛利新西兰：罗托鲁阿和丰盛湾

丰盛湾的毛利称谓是“Te Moana a Toi”（陶伊之海），令人回想起波利尼西亚早期航海者首先抵达瓦卡塔尼并在此定居的历史。后来（大约在13世纪或14世纪），马塔图瓦（Mataatua）独木舟驾临瓦卡塔尼，海湾大多数部落的先祖都要追溯到这次移民。其中包括奥波蒂基（Opotiki）的**法卡托伊部落**（Te Whakatōhea; www.whakatohea.co.nz）、瓦卡塔尼的**那嘎提阿瓦部落**（Ngāti Awa; www.ngatiawa.iwi.nz），以及位于陶朗阿地区的**那嘎朗基部落**（Ngāi Te Rangi; www.ngaiterangi.org.nz）、Ngāti Pūkenga（www.ngatipukenga.com）和Ngāti Ranginui（www.ranginui.co.nz）。罗托鲁阿的**蒂阿拉瓦部落**（Te Arawa; www.tearawa.iwi.nz）得名于先祖驾驶的另一艘独木舟。

这个地区的部落都参与了19世纪晚期的新西兰战争，其中与政府为敌的部落惨淡收场，大片土地为政府收缴，一些由此产生的法律问题时至今日仍未得到解决。

该地区的毛利人口众多，为旅行者提供了许多了解毛利文化的机会。瓦卡塔尼主街上有一个毛利人集会地（marae），可供参观，还有或许是全新西兰最古老的要塞村陶伊要塞（Toi's Pā，见360页）。罗托鲁阿有众多的传统村落，还有丰富多彩的活动，主要包括品尝毛利大餐和观看文化表演等。

着将近260位居民。亮点包括建于1905年的神圣的**塔马特卡普阿集会地**（Tama-te-Kapua Meeting House，游客不能入内）、众多冒着蒸汽的火山喷气孔，以及融合了毛利、英国风格的圣菲斯圣公会教堂。游览此村庄时请表现出尊重：这里是私有土地，当地人不喜欢吵吵闹闹、多管闲事的游客到处游荡和拍照片。

圣菲斯圣公会教堂　教堂

（St Faith's Anglican Church; ☎07-348 2393; Korokai St; 捐赠入场; ⊙8:00~18:00，布道周日 9:00，周三 10:00）这座古老的木质教堂于1918年封圣。里面装饰着复杂的毛利雕塑、亚麻编织带（tukutuku）、绘画卷轴和彩绘玻璃窗。透过玻璃可以看见其中一面窗户上有一尊蚀刻的耶稣像，他身穿毛利斗篷，行走在罗托鲁阿湖面上。教堂背后是一处军队墓地和纪念碑。

◉ 周边

翼展国家猛禽中心　鸟类保护区

（Wingspan; ☎07-357 4469; www.wingspan.co.nz; 1164 Paradise Valley Rd, Ngongotaha Valley; 成人/儿童 $25/10; ⊙9:00~15:00）该中心致力于保护新西兰濒危鸟类，尤其是新西兰猎鹰（karearea）。你可以通过博物馆的各种展览了解这些鸟类的相关知识，然后去孵化区窥看一番，最后去全天候鸟舍观赏游览。一定要在13:30之前到达，好赶上14:00的飞禽表演。

天堂谷温泉　自然中心

（Paradise Valley Springs; ☎07-348 9667; www.paradisevalleysprings.co.nz; 467 Paradise Valley Rd, Ngongotaha Valley; 成人/儿童 $30/15; ⊙8:00至黄昏，最晚入场 17:00）天堂谷温泉位于那贡高塔哈山（Mt Ngongotaha）脚下的天堂谷中，距罗托鲁阿8公里。公园占地6公顷，溪水中有许多鳟鱼、滑溜溜的大鳗鱼、本土鸟类和各种陆地动物，包括鹿、羊驼（alpaca）、负鼠（possum）和一个狮群（喂食14:30开始）。公园附设一间咖啡店和一条高悬的树冠步道。

Volcanic Hills Winery　葡萄酒厂

（☎07-282 2018; www.volcanichills.co.nz; 176 Fairy Springs Rd, Fairy Springs; 品酒 3/5种 $9.50/15; ⊙11:00~17:30）这座酿酒厂经营的酒吧位于缆车站的顶部，能让你有机会在欣赏壮丽湖景的同时品味葡萄酒。这里的酒采用新西兰主要葡萄酒产区的葡萄，在山脚酿造。如果拿缆车票购买品酒套餐，可节省$2。

农业馆　农业中心

（Agrodome; ☎07-357 1050; www.agrodome.

co.nz; 141 WesternRd, Ngongotaha; 成人/儿童表演$36/19, 团队游 $49/25, 马车 $20/15, 四驱车观光$99/89; ⏲8:30~17:00）在这个新西兰模范农场里，你可以了解到关于绵羊的一切知识。表演活动（9:30、11:00和14:30）包括冠军公羊游行、喂羊羔、剪羊毛、挤奶和小狗秀。是的，有些玩笑很粗野，但还是非常具有娱乐性。拖拉机游10:40、12:10、13:30、15:40出发。你也可以乘坐挽马拉的马车，或参加乘坐四驱车深入僻野的4WD Back Country Adventure（10:45、12:15、15:45）。

彩虹温泉 自然中心

（Rainbow Springs; ☎07-350 0440; www.rainbowsprings.co.nz; 192 Fairy Springs Rd, Fairy Springs; 24小时通票 成人/儿童/家庭 $40/20/99; ⏲8:30~22:00）这里的天然泉水是野生鳟鱼和鳗鱼的乐园，你可以通过水下观察器欣赏鱼儿畅游。这里有配信息牌的步行路径、"大水花"（Big Splash）水上项目和种类丰富的动物，包括新西兰大蜥蜴（tuatara，当地的一种蜥蜴）和当地鸟类。其中的亮点活动是**邂逅奇异鸟**（Kiwi Encounter），可以让你有幸窥见这种濒危物种的日常生活。30分钟的团队游很精彩（每人多交$10），你可以蹑手蹑脚地参观恒温箱和孵化区。11:30有一场异国鸟类自由翱翔的表演。

温泉位于罗托鲁阿中心区以北约3公里处。

活动

探险运动

罗托鲁阿树冠之旅 探险运动

（Rotorua Canopy Tours; ☎07-343 1001; www.canopytours.co.nz; 147 Fairy Springs Rd, Fairy Springs; 3小时团队游 成人/儿童 $149/119; ⏲10月至次年4月 8:00~20:00, 5月至9月 至18:00）探索一个由吊桥、飞索、高空滑索和树顶平台组成的网络，全程长1.2公里，离地22米高，穿行在茂密的原始森林的树冠之中（他们说这些新西兰红松已经存活1000年了），还有很多鸟儿陪着你。所有旅程都从缆车对面的办公室出发。

红杉林林间小径 徒步

（Redwoods Treewalk; ☎07-350 0110; www.treewalk.co.nz; Long Mile Rd, Whakarewarewa; 成人/儿童 $25/15; ⏲8:30~21:30）这条步道由23座富于弹性的木桥连缀而成，悬在百年红杉树林半空，全长超过500米。步道的大部分都在森林地面以上约6米处，但有些地方会抬升到20米。入夜后，树上的木灯笼会点亮，景象令人难忘。

Agroventures 探险运动

（☎07-357 4747; www.agroventures.co.nz; 1335 Paradise Valley Rd, Ngongotaha; 1/2/4次票 $49/85/129, 蹦极 $129; ⏲9:00~17:00）冒险园在罗托鲁阿以北9公里处（可乘免费班车到达），是各种运动的乐园。可以先试试这里43米高的**蹦极**（bungy）项目，再玩玩**大俯冲**（Swoop）这个时速可达130公里的大秋千。**极限自由落体**（Freefall Xtreme）这个项目模拟跳伞体验，还有一个项目叫**蜘蛛车**（Shweeb）。蜘蛛车是一辆单轨自行车，轨道在上，一个透明的玻璃舱吊在下面，你躺在舱内蹬踏板骑行，时速可达50公里。

蜘蛛车旁边的**阿格罗喷射艇**（Agro-jet），据称是新西兰最快的喷射艇，让你可以在1公里的航道里乘风破浪。此外还有一个**BMX**空气气囊和坡道，可供你练习起跳（2小时$30，自带自行车）。

Skyline Rotorua 缆车

（☎07-347 0027; www.skyline.co.nz; 178 Fairy Springs Rd, Fairy Springs; 贡多拉 成人/儿童 $30/15; ⏲9:00~22:00）相较于贡高塔哈山（Mt Ngongotaha）山顶提供的刺激活动，乘缆车登上山腰只是小菜一碟。最受欢迎的是**小型橇**，沿着3条不同的轨道出发（1/3/5/7次乘坐 $14/28/38/45）。想体验更快的速度，可尝试**Sky Swing**（成人/儿童 $89/74），**Zoom Zipline**（$95/85）或山地自行车Gravity Park（见331页）。山顶还有一条自然步道、观星区域（$93/49）和一家餐厅，以及提供品酒的Volcanic Hills Winery（见329页）。

Zorb 探险运动

（☎07-357 5100; www.zorb.com; 149 WesternRd, Ngongotaha; 1/2/3人乘坐 $45/70/90; ⏲9:00~17:00, 1月 至19:00）悠波球道在罗托鲁阿以北9公里的SH5旁——你如果看见几个里

在罗托鲁阿的……

一日

先漫步穿越蒸汽腾腾的**奎劳公园**（Kuirau Park，见326页），然后下行前往奥希奈姆图（Ohinemutu）探寻会堂（wharenui）的雕刻与**圣菲斯圣公会教堂**（St Faith’s Anglican Church，见329页）。沿湖岸前往**政府花园**（见327页），穿过公园后，从更好的视角细看**罗托鲁阿博物馆**（见326页）和**Blue Baths**（见332页）外墙。在镇中心找点吃的，然后前往**华卡雷瓦雷瓦**（见328页）或**蒂普亚**（见328页）观赏文化表演，等待定时喷射的波胡图泉（Pōhutu）。晚上前往Tutanekai St的**Eat Streat**吃喝。睡前到**Polynesian Spa**（见332页）的湖畔矿泉中泡个澡。

两日

地热奇观看多少都不嫌多！上午在**怀旺格火山谷**（Waimangu Volcanic Valley，见340页）或**怀奥塔普地热世界**（Wai-O-Tapu Thermal Wonderland，见340页）度过。下午驾车前往**塔拉韦拉湖**（Lake Tarawera，见341页），中途停靠**蒂基塔普**（Tikitapu，蓝湖）环路。晚上到**塔玛基毛利村**（Tamaki Māori Village，见338页）或**米泰毛利村**（Mitai Māori Village，见338页）欣赏音乐会，享用（埋在地下烹饪的）毛利大餐。

面有人的透明大球从草坡上滚下，说明你已经到了。悠波球道有3种：150米直道、180米“之”字道和250米陡道。你可以在球内把自己固定起来，干爽地“滚”，也可以往球里面加点水，在不被固定的情况下“自由翻腾”，甚至能和两个朋友一起翻腾。

Kawarau Jet 乘船

（☎07-343 7600，0800 538 7746；www.kjetrotorua.co.nz；Lakefront Dr；30分钟 成人/儿童 $85/54；⏰9:00~18:00）在这里租一艘喷射艇，在湖中风驰电掣一把。也可组织帆伞运动（parasailing，30分钟 单人/双人 $85/115）。

Wall 攀岩

（☎07-350 1400；www.basementcinema.co.nz；1140 Hinemoa St；成人/儿童 $16/13，租鞋 $5；⏰周一至周五 正午至22:00，周六和周日10:00~21:00）这里有3层楼高的室内攀岩墙，支点众多，可供你灵活攀爬，一展身手。

Adventure Playground 户外

（☎0800 782 396；www.adventureplayground.co.nz；451 Ngongotaha Rd，Ngongotaha；⏰10:00起）这家多元活动中心提供骑马（1/2小时 $65/120）、射击黏土鸟模型（$75起）和自驾四驱车团队游（半天/全天 $85/140）。孩子们可以参加有人牵马的10分钟骑马活动（$20）。

OGO 探险运动

（☎07-343 7676；www.ogo.co.nz；525 Ngongotaha Rd，Fairy Springs；1/2/3项 $45/80/99；⏰9:00~17:00）在OGO（城北约5公里处），可以钻进一个大泡泡，沿着绿草山坡滚下去，有的有水，有的没有。是的，这和Zorb很像。

山地自行车

罗托鲁阿位于华卡雷瓦雷瓦红杉森林（Redwoods Whakarewarewa Forest，见328页）和Skyline Rotorua MTB Gravity Park之间，是著名的山地自行车和自行车越野赛目的地。此外，需要2天时间的48公里**温泉骑行道**（Te Ara Ahi，Thermal by Bike）从罗托鲁阿开始，向南经过多个地热景点，到达怀基蒂谷温泉（见344页）。这条中等难度的路线是新西兰自行车道机构（New Zealand Cycle Trail）评出的“最佳骑行道”（Great Rides；www.nzcycletrail.com）之一。更多信息，可以在罗托鲁阿信息中心咨询，或登录www.riderotorua.com查询。

★ Skyline Rotorua MTB Gravity Park 山地自行车

（☎07-347 0027；www.skyline.co.nz；178 Fairy Springs Rd，Fairy Springs；1/15/40次 缆车 含自行车 $30/59/110；⏰9:00~17:30）罗托鲁阿作

为世界级山地自行车运动目的地的又一力证，便是从贡高塔哈山铺向山脚的11条山地自行车（MTB）车道网，覆盖各个经验水平的骑行需求。乘坐Skyline缆车可登上公园顶部。这里的Mountain Bike Rotorua提供自行车出租。

Mountain Bike Rotorua 山地自行车

（☎07-348 4295；www.mtbrotorua.co.nz；Waipa State Mill Rd，Whakarewarewa；租车 每2小时/天 $35/60起，导览骑行 $130起；⊙9:00~17:00）这家机构在华卡雷瓦雷瓦红杉森林入口处、怀帕磨坊（Waipa Mill）停车场内提供自行车出租。这里是许多骑行道路的起点。也可以顺道造访他们在罗托鲁阿市中心的**探险中心**（☎07-348 4290；www.mtbrotorua.co.nz；1128 Hinemoa St；⊙9:00~17:00），那里提供租赁服务和山地骑行信息，有一家时髦的小咖啡馆，也可以帮你在Skyline MTB Gravity Park安排一辆自行车。

Planet Bike 骑行

（☎07-346 1717；www.planetbike.co.nz；8 Waipa Bypass Rd，Whakarewarewa；租车 每2小时/全天 $35/60起）在华卡雷瓦雷瓦红杉森林出租自行车（前避震、全减震、电动和儿童自行车都有），并提供山地导览骑行（$150起）。

徒步

在罗托鲁阿附近，你有许多机会活动腿脚，包括热门的湖畔步道（20分钟）。贡高塔哈山也有2条很好的步道：2.5公里的**贡高塔哈山自然环线**（Ngongotaha Nature Loop）穿过原始森林，很好走；而往返5公里的**欢喜路**（Jubilee Track）通往峰顶（无甚美景可言），道路陡峭。

更广阔的罗托鲁阿湖地区（见344页）还有几十条更富挑战性的步道。

温泉和按摩

Blue Baths 游泳

（☎07-350 2119；www.bluebaths.co.nz；Queens Dr；成人/儿童 $11/6；⊙10:00~18:00）建筑为西班牙布道院风格（Spanish Mission），非常漂亮。最初于1933年开业（1982~1999年竟然停业长达17年之久），现在定期举办特别活动（表演、婚礼等）。如果你想下水泡泡，从隔壁的Polynesian Spa买票可进入这里的泳池，不过要知道，虽然是地热加热，但池水并非矿物质水。

Polynesian Spa 温泉

（☎07-348 1328；www.polynesianspa.co.nz；1000 Hinemoa St；家庭池 成人/儿童 $23/10，普通/豪华池 $30/50，私人池 每30分钟 $20起；⊙8:00~23:00）一家位于政府花园的几处泉水间的公共浴池，1882年开业，从那时起，人们就在这些浴池中肆意放纵。可选择加热的淡水家庭池，或湖边一系列仅限成人的小矿泉池（36℃~42℃）。有些湖畔泉池还用石头镶边，风景更好，更加豪华，包含一个免费的储物柜（否则需要$5）和浴巾。

提供水疗项目，包括按摩、泥浆浴和美容。

钓鱼

罗托鲁阿附近总能找到钓鳟鱼的好地方。你可以找个向导，也可以单刀赴会，但不管怎样，都需要一张钓鱼执照（每天$20）。执照可以在**O' Keefe' s Anglers Depot**（☎07-346 0178；www.okeefesfishing.co.nz；1113 Eruera St；⊙周一至周五 8:30~17:00，周六 9:00~14:00）办理。注意，罗托鲁阿不是所有湖泊都可以全年钓鱼。最好在O' Keefe' s或罗托鲁阿信息中心（见339页）确认一下。

Trout Man 钓鱼

（☎021 951 174；www.waiteti.com；14 Okona Cres，Ngongotaha；2小时/全天活动 $55/175起）你可以在这里向经验老到的钓客Harvey Clark请教钓鱼之道。

其他活动

神奇迷宫农场 户外

（aMAZEme；☎07-357 5759；www.amazeme.co.nz；1335 Paradise Valley Rd，Ngongotaha；成人/儿童/家庭 $16/10/50；⊙10:00~16:00；👪）这座令人流连忘返的迷宫全长1.4公里，由修剪得十分齐整的齐头高的虎耳草灌木丛构成，歧途无数，小心找不着北（和孩子）！这里还有一个蝴蝶屋和一个小型家畜爱抚动物园。

团队游

Happy Ewe Tours 骑自行车

(☎022 622 9252; www.happyewetours.com; 出发点 1148 Hinemaru St; 成人/儿童 $60/30; ⏲10:00和14:00) 你可以骑自行车加入小团队游览罗托鲁阿，全程3小时，经过城市的27个景点。道路平坦，骑行速度较慢，所以你不需要顶好的体力(毕竟你是来度假的嘛)。

Foris Eco Tours 生态游

(☎07-542 5080; www.foris.co.nz; $295起) 在维利那基蒂普阿阿塔内保护公园(见345页)观赏古老的雨林和野生鸟类，在水流平缓的朗基泰基河上参加漂流或鳟鱼垂钓之旅。

Elite Adventures 团队游

(☎07-347 8282; www.eliteadventures.co.nz; 半天/全天 $155/290起) 这里组织的小型团队游涵盖了一系列罗托鲁阿重要的人文和自然景点。

Volcanic Air 团队游

(☎07-348 9984; www.volcanicair.co.nz; Lakefront Dr; 游览 $95~1045) 在这里，你可以乘坐各种水上飞机和直升机欣赏塔拉韦拉山及其周围的地热奇景，包括时长3.5小时的瓦卡阿利(怀特岛)观光。

Thermal Land Shuttle 团队游

(☎0800 894 287; www.thermalshuttle.co.nz; 出发点 1167 Fenton St; 团队游 成人/儿童 $65/33起) 每天组织接驳和团队游，涵盖几个主要景点，包括怀旺格、怀奥塔普、怀托莫洞穴和Te Ara Ahi自行车道上的几个站点。可以只选择交通服务，也可选择全包套餐。

Rotorua Duck Tours 团队游

(☎07-345 6522; www.rotoruaducktours.co.nz; 1241 Fenton St; 成人/儿童 $69/45; ⏲发团: 10月至次年4月 11:00, 13:00, 15:30, 5月至9月 11:00, 14:15) 搭乘环保两栖车游览主要景点和三大湖泊的90分钟团队游，更多行程可见官网。

Geyser Link Shuttle 团队游

(☎03-477 9083; www.travelheadfirst.com; 半天/全天 $82/135) 罗托鲁阿周边主要景点团队游，包括半天的怀奥塔普或怀旺格，或一天游览两处。也组织游览霍比屯、华卡雷瓦雷瓦和米泰毛利村的行程。

Mana Adventures 乘船

(☎07-348 4186; www.manaadventures.co.nz; Lakefront Dr; ⏲9:00~17:00) 这家机构就位于湖畔，在天气允许的情况下，你可以租赁脚踏船(成人/儿童 每20分钟 $10/8)和皮划艇(半小时/1小时 $16/28)，还可以钻进一个巨大的漂浮球到水面上走走(5分钟 $11)。

住宿

罗托鲁阿有许多汽车旅馆(尤其是Fenton St附近)，假日公园众多，适合背包客的住宿场所也在不断变化。镇中心西北7公里处的贡高塔哈乡村腹地有些很好的民宿。

Crash Palace 青年旅舍 $

(☎07-348 8842; www.crashpalace.co.nz; 1271 Hinemaru St; 铺/标单 $24/50起，双 带/不带浴室 $78/70起; @📶) 位于政府花园旁，地方很大，在20世纪30年代曾是一家酒店。既不过分张扬，也不流于呆板，氛围拿捏得恰到好处。最好的房间铺有木地板，墙上挂着不少画作。前厅有台球桌和DJ控制台，后面有地热加热的热水浴盆。路边停车位有限。

Waiteti TroutStream Holiday Park 度假公园 $

(☎07-357 5255; www.waiteti.com; 14 Okona Cres, Ngongotaha; 露营地/标单/标双 $21/35/55起，套间 带/不带浴室 $105/60; 📶) 这里养护得很好，但需驾车8公里才能进城，如果你不介意这点的话，倒是个好去处。露营地所在花园井井有条，紧邻一条满是鳟鱼的溪流。这里既可爱又经典，有个性十足的汽车旅馆套间、结构紧凑的木屋、干净整洁的背包客客房(只有私人房)和美丽的河岸露营地。免费提供皮划艇和小橡皮艇。有飞钓课程。

YHA Rotorua 青年旅舍 $

(☎07-349 4088; www.yha.co.nz; 1278 Haupapa St; 铺 $26~31，带/不带浴室 标单 $85/75，双 $94/84起; @📶) 这家旅店从设计阶段就充分考虑了顾客的需求，明亮干净，很有档次。旅店的服务人员会帮你预订行程，可寄存或租借自行车，所以非常适合喜欢户外运动的游客。稍贵的房间配有浴室。你可以在旅店的烧烤区和露台上与朋友小聚，更棒的是还能在路边停车。

Funky Green Voyager 青年旅舍 $

（☎07-346 1754；www.funkygreenvoyager.co.nz；4 UnionSt, Victoria；铺 $28~29，带/不带浴室 标单 $70/47，双 $78/66；Wi-Fi）这里内外都是绿色——这不仅仅是几罐绿油漆刷出来的，更得益于这里奉行环保主义的宗旨。旅舍内需要脱鞋，氛围轻松时尚，见多识广的店主深知旅途中游客的种种需求，与住客无话不谈。最好的房间配有浴室。宿舍很宽敞，床垫质量很好，还有坚固的木床。

Rotorua Central Backpackers 青年旅舍 $

（☎07-349 3285；www.rotoruacentralbackpackers.co.nz；1076 Pukuatua St；铺/标单/双 不带浴室 $28/62/66；Wi-Fi）这家古朴的客栈建于1936年，一开始是公寓，保留了很多古老的特色，包括深色木质墙脚线和门框、大号浴缸和由地热供暖的暖气。这里的宿舍房间最多6张床（无上下铺），配有一个温泉浴池和烧烤区。如果你不是一个爱派对的人，这里再完美不过了。

Rock Solid Backpackers 青年旅舍 $

（☎07-282 2053；www.rocksolidrotorua.co.nz；1140 Hinemoa St；铺/标单 $27/60起，双 带/不带浴室 $95/75；Wi-Fi）宽敞无比的Rock Solid由一间购物中心改建而成，你可能会睡在一家以前的花店或熟食店里，靠街边的楼上宿舍阳光充沛，还有一个宽敞明亮的厨房。楼下是攀岩墙（见331页）和一眼能看穿的宽敞休息室。提供免费无线网络、乒乓球和台球桌。

Base Rotorua 青年旅舍 $

（☎07-348 8636；www.stayatbase.com；1286 Arawa St；铺 $30~33，房间 带/不带浴室 $100/90；@ Wi-Fi 泳池）这里是贝斯酒店（Base）的一家连锁店，地方很大。喜爱热闹的背包客常常光顾此地，尤其喜欢这里颓废风的Lava Bar（食物便宜，有主题之夜）。有点旧，宿舍有些拥挤（最多会有10张床），但是优点也不少：有女生宿舍，大多数房间都有配套卫浴，以及一个大型地热恒温泳池。

Astray 汽车旅馆、青年旅舍 $

（☎07-348 1200；www.astray.co.nz；1202 Pukuatua St；铺/标单 $25/45，双 带/不带浴室 $95/70；Wi-Fi）Astray是一个“微型汽车旅馆”，可能更适合在东京而不是罗托鲁阿，不过即使你身高1米9也够用了。干净、整洁、安静、员工友好、位置优越，只是别指望有太大的空间。

★ **Sport of Kings** 汽车旅馆 $$

（☎07-348 2135；www.sportofkingsmotel.co.nz；6 Peace St, Fenton Park；套间 $159起；Wi-Fi 泳池 亲子）这个友好的旅馆位于跑马场旁（如果你还没猜出来），16个整洁、舒适的套间脱颖而出。有些自带热水水疗，其余客人可以预订私人浴池，或是跳进加热泳池。这里还有一个电气轿车充电站、一个自行车清洗区，每天免费提供报纸。

All Seasons Holiday Park 假日公园 $$

（☎07-345 6240；www.allseasonsrotorua.co.nz；50-58 Lee Rd, Hannahs Bay；露营地 $23起，套间 带/不带浴室 $129/95；空调 @ Wi-Fi 泳池 亲子）在这家以恐龙为主题的露营地中，侏罗纪公园与度假公园融为一体，位于市中心东北8公里处。孩子们会喜欢这里五颜六色的混凝土怪兽、有趣的游乐场以及室内加热泳池。父母们则对这里合理的价格、现代化汽车旅馆套间里的浴袍以及配备齐全的露营地厨房青睐有加。靠近机场，不过航班不多，晚上没有航班。

B&B @ the Redwoods 民宿 $$

（☎07-345 4499；www.theredwoods.co.nz；3 Awatea St, Lynmore；房间 $180~229；Wi-Fi）这个怡人的住宿处提供3个民宿套间，位于森林边缘的一座郊区房屋中。2个能看到湖面，第3个面朝门前的花园。所有房间都通往一个客用大休息室，在那里你可以自己倒一杯热饮，或是分享一杯夜间葡萄酒。

Aura 汽车旅馆 $$

（☎07-348 8134；www.aurarotorua.co.nz；1078 Whakaue St；套间 $145起；Wi-Fi 泳池）罗托鲁阿许多汽车旅馆都有地热加热的淡水水疗池，但是这家旅馆却与众不同，有3个天然矿物水疗池和1个加热的户外游泳池。这是一片较老的建筑群，但已经全面翻修，友好的店主能帮你准备一辆免费的荷兰风格的自行车去湖边探险。

Regal Palms 汽车旅馆 $$

（☎07-350 3232；www.regalpalms.co.nz；350 Fenton St，Glenholme；房间 $185起；❄@📶🏊👪）一个立志打造成为度假村的大型高档汽车旅馆，有三个树荫花园、一个游泳池、一个健身房、一个桑拿房，儿童游乐设施包括一个迷你高尔夫球场。房间和公寓宽敞现代，全部都有水疗浴室，里面还有一个休息室酒吧。

Rotorua Top 10 HolidayPark 假日公园 $

（☎07-348 1886；www.rotoruatop10.co.nz；1495 Pukuatua St；露营地 $55起，套间 带/不带浴室 $175/150；❄@📶🏊👪）这家露营地"麻雀虽小，五脏俱全"，打理得很干净。设施包括一个小型户外泳池、热水矿物质水疗和一个很好的儿童游乐场。小木屋很好，有水壶、烤箱和小冰箱，你也可以选择设备齐全的智能汽车旅馆套间。

Victoria Lodge 汽车旅馆 $$

（☎07-348 4039；www.victorialodge.co.nz；10 Victoria St，Victoria；套间 $129起；📶）长久以来，这家气氛友好的旅馆在此站稳脚跟，看着一批又一批的竞争酒店开了又关，在当地可谓"孤独求败"。这里的套间个性十足，还配备了地热浴池。公寓房间设施齐全，住4个人正舒服，但挤挤也能住下7人。

Sandi's Bed & Breakfast 民宿 $$

（☎07-348 0884；www.sandisbedandbreakfast.co.nz；103 Fairy Springs Rd，Fairy Springs；标单/双 含早餐 $85/130；📶🏊）我们上次到访这家友好的家庭式的民宿时，这里正在进行翻修，老板桑迪（Sandi）脾气很好，提供欧陆早餐，总是带着笑容向客人提供当地的出游建议。这里位于镇上以北几公里，并且临着一条喧嚣的街道，所以最好是能住在背后的两间波希米亚风格木屋，里面有电视和宽敞的活动空间。

Six on Union 汽车旅馆 $$

（☎07-347 8062；www.sixonunion.co.nz；6 Union St，Victoria；套间 $129~180；@📶🏊）鲜花吊篮仿佛都在对你打招呼。这家气氛内敛的旅馆配有泳池、温泉池，每个套间都有一个小厨房。远离街道噪声，并且小走一段便可抵达镇上。

Ann's Volcanic Motel 汽车旅馆 $$

（☎07-347 1007；www.rotoruamotel.co.nz；107 Malfroy Rd，Victoria；套间 $129起；📶）在这家历史较悠久的汽车旅馆里，较大的房间配有户外温泉池，还有供行动不便的游客使用的设施。临街的房间稍微有些吵。免费的洗衣设施是个加分项。

★City Lights Boutique Lodge 民宿 $$$

（☎07-349 1413；www.citylights.nz；56c Mountain Rd，Western Heights；房间/小屋/公寓/套 $275/275/285/355；❄@📶）这家高档度假屋位于贡高塔哈山的山坡上，能俯视下方的罗托鲁阿，主楼有3个民宿套间，附加一个设备齐全的公寓，独立的花园小屋在往下一点的车道边。此外还有健身房、桑拿室和宠物羊驼。

Quest Rotorua Central 公寓 $$$

（☎07-929 9808；www.questrotoruacentral.co.nz；1192 Hinemoa St；公寓 $210起；❄📶）这座现代化的4层楼位于镇中心，是一个设施齐备的高档公寓。双层玻璃屏蔽了街道噪声，不过天黑后罗托鲁阿也并不是很吵。就连单间公寓也很宽敞，有全套厨房设备和洗衣设施。

Koura Lodge 民宿 $$$

（☎07-348 5868；www.kouralodge.co.nz；209 Kawaha Point Rd，Kawaha Point；房间 $525起；📶）这座高端度假屋位于湖西岸一个与世隔绝的地方，有宽敞的房间和套间，以及一个两卧公寓。露台和阳台上能看到湖景，可以直接划上皮划艇出发。美食早餐围着巨大的木头桌子展开，是与其他旅客见面的好地方。热水浴池和桑拿房是加分项。

Regent of Rotorua 精品酒店 $$$

（☎07-348 4079；www.regentrotorua.co.nz；1191 Pukaki St；标单/双 $210/280；❄📶🏊）这是一座翻修过的20世纪60年代的汽车旅馆，采用黑白装潢，有华丽的镜子和墙纸，散发出迷人的魅力。户外和室内小泳池都有加热设备。如果厌倦了所谓的好评餐厅，走几步就能到达有"食街"之称的Tutanekai St。

Tuscany Villas 汽车旅馆 $$

（☎07-348 3500；www.tuscanyvillasrotorua.

co.nz; 280 Fenton St, Glenholme; 套间 $240起; 📶)这家由家族经营的旅馆有意大利风格的建筑和尖尖的新西兰罗汉松，在Fenton St的汽车旅馆中可谓鹤立鸡群。它既适合商务旅行者，也适合普通休闲游客，房间装修奢华，配有电视和DVD机，旅店的水疗浴缸又大又深。提供免费无线网络。

就餐

Tutanekai St被称为食街（Eat Streat），靠湖边的路段不允许车辆通行，遮阳篷下排着的是一系列食肆。城镇周边选择也很多，不过没什么能给人留下特别印象的。

Le Café de Paris 咖啡馆 $

(☎07-348 1210; www.facebook.com/cafedeparisrotorua; 1206 Hinemoa St; 主菜 $10~18; ⏰周二至周六 7:30~16:00; 📶)这家小咖啡馆招呼的方式非常法式，实际风格却介于传统饼店和新西兰退休人员会喜欢的咖啡馆之间。风味薄饼（galettes）按需制作，搭配吐司三明治和果酱司康饼供应。咖啡也很好。

Coconut Cafe & Restaurant 南印度菜 $

(☎07-343 6556; www.coconutcafe.co.nz; 1240 Fenton St; 主菜 $9~18; ⏰11:00~15:00和17:00~23:00; ✍👪)这家餐厅由一个来自喀拉拉邦的友好的南印度家庭经营，装潢充斥着黄色和淡绿色，也提供地道的斯里兰卡菜肴。可尝试鱼moilee（丰盛的喀拉拉邦风味咖喱，搭配椰奶），就着Kingfisher啤酒或提神的芒果印度奶昔食用。

Mistress of Cakes 面包房 $

(☎07-345 6521; www.mistressofcakes.co.nz; Shop 2, 26 Lynmore Ave, Lynmore; 小吃 $5~8; ⏰周二至周四 8:00~16:00, 周五 8:00~18:00, 周六 9:00~13:00; 📶)在附近的红杉林徒步或骑山地自行车久了，来这里喝杯咖啡，吃个香肠卷会很舒服。还有美味的麦芬、面包片、饼干、司康饼和乳蛋饼。

Artisan Cafe 咖啡馆 $$

(☎07-348 0057; www.artisancaferotorua.com; 1149 Tutanekai St; 主菜 $11~24; ⏰7:00~16:00; 📶)罗托鲁阿最好的咖啡馆，一个旋转的轮子和一个玛丽·波平斯（Mary Poppins）风格的自行车为这里增添了几分淳朴的感觉。不过食物可不老派，有英式早餐、汉堡、沙拉和几种素食。哪怕是硬汉也应该点Little Miss Bene，这是一道火腿蛋松饼，分量可观。

Atticus Finch 各国风味 $$

(☎07-460 0400; ; www.atticusfinch.co.nz; ; Eat Streat, 1106 Tutanekai St; 午餐 $16~20, 共享拼盘菜 $7.50~34; ⏰正午至14:30和17:00至深夜; ✍)这家时尚的餐厅位于食街，名字来源于《杀死一只知更鸟》(*To Kill a Mocking Bird*)中的那位正义律师，不妨来一杯Harper Lee鸡尾酒或Scout Sangria。除了文学隐喻外，菜单上的共享拼盘菜呈现的是亚洲和地中海风情，而非南美，还有一份简短的新西兰啤酒和葡萄酒清单，营造出当地的氛围。

Thai Restaurant 泰国菜 $$

(☎07-348-6677; www.thethairestaurant.co.nz; 1141 Tutanekai St; 主菜 $24~29; ⏰正午至14:30和17:00至深夜; ✍)这家餐厅位于Tutanekai St，是当地各国风味餐厅中我们最爱的一家，名字没有想象力，但有出色的服务和顶级的经典菜肴，包括泰式炒河粉和绿咖喱。海鲜尤其好。

Leonardo's Pure Italian 意大利菜 $$

(☎07-347 7084; www.leonardospure.co.nz; Eat Streat, 1099 Tutanekai St; 主菜 $22~36; ⏰17:00至深夜; ✍)虽然外表看起来像山洞似的，里面的怡人程度却令人惊讶，有硬木装饰，灯光柔和，服务热情。有时候简单的东西反而是最好的，例如这里的传统（即无奶油）培根蛋意大利干面（tagliatelle alla carbonara）。甜点水准比较随机。

Abracadabra Cafe Bar 地中海菜、墨西哥菜 $$

(☎07-348 3883; www.abracadabracafe.com; 1263 Amohia St; 主菜 $26~32, 西班牙小吃 $11~15; ⏰周二至周六 10:30~23:00, 周日 至15:00; 📶👪)介乎于西班牙、墨西哥、北非风情之间，提供美味的辛辣料理，从杏仁牛肉摩纳哥炖菜（beef-and-apricottagine）到什锦鸡肉卷（chicken enchiladas），应有尽有。门前有个迷人的露台，屋后有个很棒的啤酒露台，是就着当地精酿啤酒享受西班牙小吃的好地方。

Third Place 咖啡馆 $$

（☎07-349 4852; www.thirdplacecafe.co.nz; 36 Lake Rd, Ohinemutu; 主菜 $15~20; ⏲7:30~16:00; 📶）这家超级友好的咖啡馆远离喧嚣，能看到美丽的湖景。早餐和早午餐全天供应，美食包括炸鱼和薯条（fish and chips），还有一道令人赞叹的"大杂烩"（mumble jumble），含紫甘薯（kumara）泥、绿番茄以及辛辣的口利左香肠（chorizo），上面配上培根、煮鸡蛋和荷兰黄酱（hollandaise sauce）。这里不卖酒，想醉也醉不成。你可以倒在红皮沙发上休息，或是抢个临窗的座位，欣赏外面的奥希奈姆图。

Sabroso 拉美菜 $$

（☎07-349 0591; www.sabroso.co.nz; 1184 Haupapa St; 主菜 $21~25; ⏲周三至周日 17:00~21:00）这家拉美小酒馆外表矜持文艺，装饰着墨西哥宽边帽、吉他和用科罗娜啤酒瓶做成的调料瓶，供应迷人的墨西哥菜。黑豆辣椒（black-bean chilli）和海鲜塔可（炸玉米饼）很出色，还有热辣的玛格丽塔酒。强烈推荐提前预订，因为非常受欢迎。可以买一瓶店主制作的辣酱，给下一摊的新西兰烤肉提味。

Fat Dog 咖啡馆 $$

（☎07-347 7586; www.fatdogcafe.co.nz; 1161 Arawa St; 主菜 早餐 $13~19, 午餐和晚餐 $19~26; ⏲7:00~21:00; 📶👪）咖啡馆的墙壁上印着狗狗的爪印和一些无厘头的诗句，可以说是罗托鲁阿最好玩也是最适合孩子们来的咖啡馆。白天的菜品包括汉堡、墨西哥脆饼（nachos）、沙拉和大三明治。到了晚上，则可在烛光下享用羊肉和鹿肉大餐。也提供精酿啤酒。

Lime Caffeteria 咖啡馆 $$

（☎07-350 2033; www.limecafe.co.nz; 1096 WhakaueSt; 主菜 $13~25; ⏲7:30~16:30）这间有趣的咖啡馆位于湖畔一个安静的角落，非常适合在户外享用早餐，菜品很有创意，也很受欢迎。可以尝尝这里的芒果鸡肉沙拉或意式鲑鱼大虾烩饭配酸橙酱（prawn-and-salmon risotto in lime sauce）。这里精致的柜台小食和咖啡都很棒。

罗托鲁阿经济游

新西兰对于高价值旅游业（即针对非常富有的游客）的需求不断扩张，有时候感觉想看看绵羊农场，最后却被吸引到旅游景点。不幸的是，这种状况在罗托鲁阿尤其真实。不过，经济型预算的旅行者依然有办法好好品味这里的地热和文化奇观。

在奎劳公园（见326页）、奥希奈姆图村（见328页）和湖畔的政府花园（见327页）可免费观赏地热活动。避开高价温泉，到Blue Baths（见332页）泡温泉。想泡矿物质温泉，可以去地狱之门（见341页）。许多当地汽车旅馆和假日公园也有自己的地热温泉池，有些是真的矿泉。

该地区有许多很棒的自然步道，可在罗托鲁阿信息中心（见339页）咨询。如果红杉林林间小径（见330页）超出你的预算，晚上开车到路边停下，欣赏灯光点亮森林的梦幻氛围。

如果只能前往一个收费地热区，这里有一个指南可以帮你做出选择：

华卡雷瓦雷瓦（见328页）在蒸汽之中体验真实的毛利生活。

蒂普亚（见328页）将地热和传统毛利文化精妙结合，不过是目前为止最贵的选择。

怀旺格火山谷（见340页）避开了人潮，带给你独自置身狂野大自然的最佳体验。

怀奥塔普地热世界（见340页）最让人难忘和多彩的地热世界，也是最便宜的，不过通常来说人也最多。

地狱之门（见341页）差不多一样，不过最后有一个附加的泥浆足浴池。

Capers Epicurean 咖啡馆 $$

（☎07-348 8818; www.capers.co.nz; 1181 Eruera St; 主菜 早午餐 $13~23，晚餐 $23~26; ⊙7:00~21:00; ）这家时尚的咖啡馆好像一个粮仓，总是食客盈门。吸引大家到来的是一柜子一柜子的精致食品，包括三明治、沙拉和点心。店里有一块黑板，上面写着早餐食品和其他热食。熟食柜台琳琅满目地摆放着蔬果调味酱（relish）、果酱和巧克力。

Urbano 法式小馆 $$

（☎07-349 3770; www.urbanobistro.co.nz; 289 Fenton St, Glenholme; 主菜 早午餐 $15~25，晚餐 $26~44; ⊙周一至周六 9:00~23:00，周日 至15:00）这家时尚小馆位于市郊，店内比较暗，有街头餐桌，白天提供悠闲的咖啡馆食物（英式早餐、沙拉、汉堡、当天做的咖喱），晚上更像是豪华法式小馆。咖啡杯像桶一样大。

饮品和夜生活

Ponsonby Rd 鸡尾酒吧

（☎021 151 2036; www.ponsonbyrd.co.nz; Eat Streat, 1109 Tutanekai St; ⊙周二至周六16:00至次日3:00; ）从前的电视天气预报员，如今的工党国会议员Tamati Coffey，为罗托鲁阿引入了一种类似于大城市的时尚氛围——酒吧的名字代表的是奥克兰的美食区。红色的灯光和淡紫色装饰，显得相当有活力，门前的露台是喝鸡尾酒看往来行人的好地方。大多数周末都有现场音乐演出。

Brew 精酿啤酒

（☎07-346 0976; www.brewpub.co.nz; Eat Streat, 1103 Tutanekai St; ⊙11:00至次日1:00）Croucher Brewing Co是罗托鲁阿首屈一指的优质自酿酒厂，来自这家公司的小伙子们经营着Brew酒吧，酒吧就位于罗托鲁阿主要的美食街上，地段很棒。提供Croucher最好的13种产品，也有来自新西兰和海外的其他品牌。试试啤酒花风味浓郁的Sulfur City Pilsner，搭配比萨或汉堡。定期有现场音乐演出。

Pig & Whistle 小酒馆

（☎07-347 3025; www.pigandwhistle.co.nz; 1182 Tutanekai St; ⊙11:00至深夜; ）这家生意很棒的酒吧位于一个曾经的警察局内（找找正立面上的毛利图案），招牌是冰拉格啤酒，有大屏幕电视、啤酒花园和现场音乐，也卖些地道的酒馆小吃。菜单品种丰富，既有哈里萨辣酱鸡肉沙拉，又有用料十足的汉堡、炸鱼和薯条。

☆ 娱乐

塔玛基毛利村 传统音乐

（Tamaki Māori Village; www. tamakimaorivillage.co.nz; 预订办公室 在1220 Hinemaru St; 成人/儿童 $130/70）提供3.5小时的日落毛利文化体验，提供罗托鲁阿免费接车服务，然后向南15公里，到重建的前殖民地时代村庄。活动需要你亲自动手参与，以互动的方式带领你穿越毛利历史、艺术、传统和习俗。毛利传统大餐（hāngi）后是音乐会。

Matariki 传统音乐

（☎07-346 3888; www.novotelrotorua.co.nz; 11 Tutanekai St; 音乐会 成人/儿童 $35/18，含餐 $69/35）Novotel的毛利文化体验，包括一场传统大餐（hāngi），之后是传统歌舞表演。在酒店旁边的一座独立建筑中进行，面朝湖畔公园。

米泰毛利村 传统音乐

（Mitai Māori Village; ☎07-343 9132; www.mitai.co.nz; 196 Fairy Springs Rd, Fairy Springs; 成人 $116，儿童 $23~58; ⊙18:30）这个家族机构提供的夜间观光活动非常受欢迎，时长3小时。你可以听音乐会，吃毛利大餐，还能伴着萤火虫在灌木丛中漫步。首先是乘坐独木舟战舰抵达，还可以和隔壁的彩虹温泉夜间团队游联合起来，包括徒步穿过奇异鸟保护区。可派车上门接游客，也可以只参加音乐会。

Basement Cinema 电影院

（☎07-350 1400; www.basementcinema.co.nz; 1140 Hinemoa St; 成人/儿童 $15/12; ⊙时间不定）电影院、攀岩健身房以及一个青年旅舍同处一栋大楼，非常奇怪。以播放小众电影、外语片和艺术片为主。周二票价只要$10。

购物

Rākai Jade 工艺品

（☎027 443 9295; www.rakaijade.co.nz; 1234 Fenton St; ⊙周一至周六 9:00~17:00）除了购买现成的pounamu（绿玉）之外，还可以

同当地毛利雕刻师一起设计和雕刻独属于你的项坠或珠宝首饰。如果可能，我们更倾向于"Carve Your Own"体验（$150），需要留出一整天时间。

罗托鲁阿夜市 市场

（Rotorua Night Market；www.rotoruanightmarket.co.nz；Tutanekai St；⊙周四 17:00至深夜）为了给夜市腾地方，每周四晚，Tutanekai St上的Haupapa St到Hinemoa St之间的路段会被封闭。夜市上有当地工艺品、纪念品、靓丽的街头艺人、咖啡、红酒以及各种民族食品摊位，足以让你大快朵颐。

Moko 101 艺术

（☎021 165 7624；www.facebook.com/MOKO101；1130a Hinemoa St；预订 $50，文身 每小时 $150；⊙周一至周五 10:00~17:00）这里提供传统的毛利文身服务，不过采用的是现代文身设备，而非石头凿子。也展示并出售当地毛利艺术家的作品。

Mountain Jade 工艺品

（☎07-349 1828；www.mountainjade.co.nz；1288 Fenton St；⊙9:00~18:00）透过街边的橱窗，你可以欣赏雕刻师现场工作。然后进门详细研究高端手工绿玉首饰和其他物品。在1189 Fenton St有一家分店。

ⓘ 实用信息

湖区急救（Lakes Primecare；☎07-348 1000；1165 Tutanekai St；⊙8:00~22:00）提供医疗急救，隔壁有深夜药店。

邮局（Post Office；☎0800 081 190；www.nzpost.co.nz；1218TutanekaiSt；⊙周一至周五 9:00~17:00，周六 至13:00）地处中心地带。

红杉林信息中心（Redwoods i-SITE；☎07-350 0110；www.redwoods.co.nz；Long Mile Rd，Whakarewarewa；⊙8:30~21:30）出售**红杉林林间小径**（见330页）的门票，提供**华卡雷瓦雷瓦红杉森林**（见328页）和罗托鲁阿全境信息。

罗托鲁阿医院（Rotorua Hospital；☎07-348 1199；www.lakesdhb.govt.nz；Pukeroa Rd；⊙24小时）24小时急诊服务。

罗托鲁阿信息中心（Rotoruai-SITE；☎07-348 5179；www.rotoruanz.com；1167 Fenton St；⊙9月至次年5月 7:30~18:00；）这里是旅游信息和预订中心，包括由环保部负责的徒步路线的相关信息。还有一个收费站、淋浴间和寄存柜，提供罗托鲁阿世界级山地自行车骑行网络的大量信息。

ⓘ 到达和离开

飞机

新西兰航空（Air New Zealand，见45页）的航班往返奥克兰、惠灵顿和克赖斯特彻奇（基督城）。

长途汽车

所有的**长途汽车**（Fenton St）都在罗托鲁阿信息中心外停靠，你可以在那里订票。

InterCity（见44页）班车开往奥克兰（$21起，4小时，每天6班）、哈密尔顿（$15起，1.5小时，每天5班）、陶波（$13起，1小时，每天4班）、内皮尔（$20，4小时，每天1班）和惠灵顿（$26起，7.5小

不要错过

毛利音乐会和毛利大餐

毛利文化游是罗托鲁阿的大热门，尽管有些商业化，但仍不失为一次了解新西兰土著文化的好机会。其中两项主要活动就是传统表演艺术（kapa haka）和毛利大餐（hāngi），这两个活动也经常在夜晚一起举办，以飨游客。晚会包括欢迎仪式（pōwhiri）、著名的战舞（haka）、歌曲（waiata）和波伊舞（poi），女性会旋转亚麻球展示她们的灵巧。

塔玛基毛利村（见338页）和家庭运营的米泰毛利村（见338页）是著名景点中最受欢迎的，因为重新建造了沦为殖民地前的村庄环境，丰富了游客的体验。蒂普亚（见328页）和华卡雷瓦雷瓦（见327页）位于一个活跃的地热区，提供了又一处刺激的旅游地。两处都有日间表演。蒂普亚也有晚上的大餐和表演套餐，而华卡雷瓦雷瓦提供毛利大餐风格的午餐。

许多大酒店都提供套餐，虽然可能会缺乏梦幻的环境，但一般都相当便宜。

时，每天3班）。

Mana Bus（见325页）的车辆往返奥克兰（$21起，4小时，每天5班）、哈密尔顿（$20，1.75小时，每天1班）、陶波（$23，1小时，每天2班）、内皮尔（$23，3.25小时，每天1班）和惠灵顿（$25起，7.25小时，每天2班）。

Baybus（☎0800 422 928; www.baybus.co.nz）每天有2班Twin City Express往返陶朗阿（$12.20，1.5小时）和芒特芒格努伊（$11.60，1.75小时），经停奥凯利瀑布群（Okere Falls; $3.90，25分钟）。

当地交通

抵离机场

罗托鲁阿机场（Rotorua Airport，ROT; ☎07-345 8800; www.rotorua-airport.co.nz; SH30）位于城镇东北9公里处。**Super Shuttle**（☎09-522 5100; www.supershuttle.co.nz; 第一个人/每增加一人$21/5）能提供上门机场接送服务。Baybus的10路车每小时一班停靠机场。从市中心打车前往机场大约需要$30。

公共汽车

Baybus在6:30~18:00开行11条当地路线（现金$2.70，一日通$8.60）。最有用的包括：去贡高塔哈的1路（25分钟，每小时1班），途经彩虹温泉/空中缆车，3路前往红杉林（10分钟，每半小时1班），10路前往机场（18分钟，每小时1班），11路前往华卡雷瓦雷瓦（13分钟，每半小时1班）。

很多当地景点都提供免费接送服务。

小汽车

在罗托鲁阿机场，你能看到许多有名的租车机构在招揽生意。不然，可以试试**Rent a Dent**（☎07-349 3993; www.rentadent.co.nz; 39 Fairy Springs Rd, Fairy Springs; ⏲周一至周五8:00~17:00，周六 至正午）。

出租车

罗托鲁阿出租车公司（Rotorua Taxis; ☎07-348 1111; www.rotoruataxis.co.nz）罗托鲁阿著名的出租车公司。

罗托鲁阿湖
（ROTORUA LAKES）

罗托鲁阿镇北部和东部像是打翻的葡萄酒般散落着18个湖（roto），罗托鲁阿湖是其中最大的一个。湖周围有许多景点展示本地区过去的火山爆发和现在蒸汽缭绕的情景，有3条主要河流连接其间。

景点

★怀旺格火山谷 自然景观

（Waimangu Volcanic Valley; ☎07-366 6137; www.waimangu.cn.nz; 587 WaimanguRd; 成人/儿童 步行 $39/12，乘船游 $45/12; ⏲8:30~17:00，最晚进谷时间 15:00）怀旺格地热区在1886年塔拉韦拉火山爆发时才横空出世，沿着一条山谷，向下延伸到罗托马哈那湖（Lake Rotomahana；意为"温湖"）。这里的体验与其他地热售票区相当不同，因为要步行走下一条两边长着茂盛树木的山谷，返回是从1.5公里、2.8公里或3.6公里点乘坐接驳公交。最后一个公交停靠站是在湖边，在那里可参加45分钟的乘船巡游，经过蒸汽腾腾的悬崖。

亮点包括粉蓝色的地狱火山口湖（Inferno Crater Lake），出水温度可达80℃，以及世界最大的地热泉煎锅湖（Frying Pan Lake）。怀旺格意思是"黑水"，源自一度由此处世界上最强劲的间歇泉中喷出来的深色水，那是1990~1994年喷发过程中形成的，喷射高度可达400米。

怀旺格距罗托鲁阿南20分钟的车程，沿SH5朝陶波（Taupo）方向行进15公里，然后遵从标志，沿岔路再行6公里。

★怀奥塔普地热世界 自然景观

（Wai-O-Tapu Thermal Wonderland; ☎07-366 6333; www.waiotapu.co.nz; 201 WaiotapuLoopRd; 成人/儿童 $33/11; ⏲8:30~17:00）怀奥塔普（意为"神圣之水"）是本地区最富色彩的地热景点，地方不大，但是挤满了许多有趣的地热景观，亮点是边缘为橙色、65米宽的香槟池（Champagne Pool）和怪异的黄绿色魔鬼浴场（Devil's Bath）。就在大门外（但是要门票）的是诺克斯夫人间歇泉（Lady Knox Geyser），在每天10:15准时喷涌（需要用一块有机香皂引导一下），喷射高度可达20米，持续约1个小时（建议9:45就到那儿候着）。

从最短（1.5公里）步道穿过保护区你就能看到许多景点，不过最好是留出至少2个小时，走完3公里的环路，这条路向下通往一座汇入纳克罗湖（Lake Ngakoro）的瀑布。

从罗托鲁阿向南出发，沿SH5陶波方向行进27公里，然后遵从标志，沿岔路再行2公里，到达怀奥塔普。

塔拉韦拉湖 湖

（Lake Tarawera; Tarawera Rd）这个美丽的湖泊为塔拉韦拉山（海拔1110米）提供了一面镜子，是热门的游泳、钓鱼、乘船和徒步地。现在看起来可能很宁静，但在1886年6月10日晚上却完全不是这样，当时火山苏醒喷发，深达20米的火山灰和泥浆将周围乡村包裹了起来。水上出租车和巡航船从靠岸点（Landing）出发，就在被埋没的村子背后2公里处。

地狱之门 自然景观

（Hell's Gate; ☎07-345 3151; www.hellsgate.co.nz; SH30, Tikitere; 成人/儿童 $35/18, 游泳池 $20/10, 套餐 含泥浆浴 $90/45; ⊙8:30~20:30）这个高度活跃的地热保护区位于罗托鲁阿东北16公里处的Whakatane Rd（即SH30）旁，Ngāti Rangiteaorere被人们称为堤基泰利（Tikitere）。不是地热区中最多彩的一座，但在所有咕咕冒泡的地热池和蒸汽缭绕的喷气口中，有一些独特的细节，比如一座2.4米高的泥浆火山，南半球最大的自然温泉瀑布，还有一个虽小但值回票价的户外疗愈矿泉池。

这个可怕的名字是1934年来此旅游的英国剧作家萧伯纳（George Bernard Shaw）起的，他形容这里是地狱之门。不过，堤基泰利在当地毛利人眼中一直是一个疗愈场所。战士们从战场返回，会进入温泉瀑布，仪式性地净化身体和灵魂，这里的水中充满硫黄，被用作治疗腐烂伤口的消毒剂。绕着地热区环游一圈后，停下来到入口附近专门设计的令人抚慰的温暖泥浆中泡泡脚。

这里还有咖啡馆和工作室，可以亲自试试制作木雕。

蒂怀罗阿，埋没村 考古遗址

（Te Wairoa, the Buried Village; ☎07-362 8287; www.buriedvillage.co.nz; 1180 Tarawera Rd; 成人/儿童 $35/10; ⊙9:00~17:00）蒂怀罗阿曾是维多利亚时代游玩塔拉韦拉湖岸著名粉红色和白色阶地的主要停靠站。1886年塔拉韦拉山喷发时，整个村庄被埋没在2米深的泥浆之中。现在，这里的博物馆收藏着遗迹中挖掘出的物件，游客也可在穿着当时服装的导游的陪同下参观被挖掘出的遗址。沿一条小路可前往高30米的蒂怀罗阿瀑布（Te Wairoa Falls）。

活动

漂流、皮划艇和滑板漂流

罗托鲁阿周边皮划艇和激浪漂流运动刺激不断，其中凯图纳河（Kaituna River）难度等级为5级（Grade V），奥凯利瀑布（Okere Falls）落差有7米，令人咋舌，是世界上最高的商业漂流瀑布。多数行程都需要一天。有些运营机构安排的活动深入更偏远的朗基泰基河（Rangitaiki River，难度等级3~4级）和怀罗阿河（Wairoa River，难度等级5级），但这两处只能在隔周的周日，即大坝开闸之时，才能进行漂流活动。所谓滑板漂流（sledging），就是身体伏在一块滑板上顺流而下。多数经营机构都可以安排接送服务。

Rotorua Rafting 漂流

（☎0800 772 384; www.rotorua-rafting.co.nz; 761 SH33, Okere Falls; 漂流 $85~90）在难度等级为5级的凯图纳河上漂流，最低年龄限制为13岁，不过10岁就可以到难度等级为3级的河段上漂流。含罗托鲁阿市中心的接送服务。

River Rats 漂流、皮划艇

（☎07-345 6543; www.riverrats.co.nz; Hangar 14s, Rotorua Airport, 837 Te Ngae Rd）这里安排的激浪漂流可以挑战凯图纳河（$105）、怀罗阿河（$129）和朗基泰基河（$139）。公司也在朗基泰基河下游（难度等级2级）安排观光游，适合年纪更小的人参加（$139）。皮划艇包括自由租赁（2小时$30起）和4小时的罗托伊蒂湖（Lake Rotoiti）温泉池导览游（$119）。凯图纳湖（$129）也有激动人心的河上滑板漂流。

Waimarino Kayak Tours 皮划艇

（☎07-576 4233; www.glowwormkayaking.com; 出发点 Okere Falls Store, 757a SH33, Okere

Rotorua Lakes 罗托鲁阿湖

Rotorua Lakes 罗托鲁阿湖

重要景点
1 怀旺格火山谷......C6
2 怀奥塔普地热世界......C7

景点
3 农业馆......A3
4 地狱之门......C2
5 塔拉韦拉湖......C4
6 彩虹温泉......A3
7 华卡雷瓦雷瓦红杉森林......B4
8 蒂普亚......A4
9 蒂怀罗阿，埋没村......C5
10 Volcanic Hills Winery......A3
11 华卡雷瓦雷瓦......B4
12 翼展国家猛禽中心......A3

活动、课程和团队游
13 Adventure Playground......A3
Agroventures......（见3）
神奇迷宫农场......（见3）
14 Farmhouse......A2
15 Kaituna Cascades......C2
Kaituna Kayaks......（见40）
16 Mountain Bike Rotorua......A4
OGO......（见6）
17 Planet Bike......B4
18 红杉林林间小径......B4
19 River Rats......B3
20 罗托鲁阿树冠之旅......A3
Rotorua Paddle Tours......（见40）
Rotorua Rafting......（见40）
Skyline Rotorua......（见6）
21 Skyline Rotorua MTB Gravity Park......A3
22 塔拉韦拉小径......C5
Totally Tarawera......（见38）
Trout Man......（见37）
23 怀基蒂谷温泉......B6
Waimarino Kayak Tours......（见40）
24 Wet 'n' Wild......A2
25 Zorb......A3

住宿
26 All Seasons Holiday Park......B3
27 Ann's Volcanic Motel......A4
28 B&B @ the Redwoods......B4
29 Blue Lake Top 10 Holiday Park......B4
30 City Lights Boutique Lodge......A3
31 Hot Water Beach Campsite......C5
32 Koura Lodge......A3
33 Regal Palms......A4
34 Rotorua Top 10 Holiday Park......A3
35 Sandi's Bed & Breakfast......A3
36 Sport of Kings......A4
Tuscany Villas......（见36）
37 Waiteti Trout Stream Holiday Park......A3

就餐
38 Landing Cafe......C4
39 Mistress of Cakes......B4
40 Okere Falls Store......B2
41 Urbano......A4

娱乐
米泰毛利村......（见6）

Falls；成人/儿童 $130/85）参加罗托伊蒂湖导览游，前往天然地热池和一座萤火虫洞穴。

Wet 'n' Wild 漂流

（☎07-348 3191；www.wetnwildrafting.co.nz；58a Fryer Rd, Hamurana）安排在凯图纳河（$99）、怀罗阿河（$115）和莫考河（Mokau，$160）漂流，还有更轻松简单的朗基泰基河漂流（成人/儿童 $140/120），长途旅程则会深入莫图河（Motu River）和莫哈卡河（Mohaka River）边缘河段（2~5天，$650~1095）。

Kaituna Cascades 漂流、皮划艇

（☎07-345 4199；www.kaitunacascades.co.nz；18 Okere Falls Rd, Okere Falls）漂流安排在凯图纳河（$95）、朗基泰基河（$140）和怀罗阿河（$120），也有活动套餐。

Kaituna Kayaks 皮划艇

（☎021 277 2855；www.kaitunakayaks.co.nz；出发点 Rotorua Rafting, 761 SH33, Okere Falls；双人行程 $150，课程 每半天/全天 $100/220起）在凯图纳河上，由导游陪同乘双人皮划艇观光。也开展皮划艇培训课程（团体授课更便宜）。

Kaitiaki Adventures 漂流、徒步

（☎07-357 2236；www.kaitiaki.co.nz）激浪漂流活动安排在凯图纳河（$109）、怀罗阿河（$138）上，滑板漂流活动安排在凯图纳河难度等级3级的河段上（$120）。也组织4.5小

时的导览徒步，攀登塔拉韦拉山，包括绕着火山口边缘行走（$164）。价格含罗托鲁阿市中心往返及乘坐直升机前往火山口。

徒步

环保部的小手册《罗托鲁阿湖区步道》（*Walks in the Rotorua Lakes Area*）详细介绍了小镇的无数步道，可从网站（www.doc.govt.nz）下载。

从漂亮的**蓝湖步道**（Blue Lake Track；1.5小时，5.5公里）开始是个不错的选择，可绕蒂基泰普湖（Lake Tikitapu）一圈。

10.5公里的**东奥卡塔纳步道**（Eastern Okataina Walkway；单程3小时）沿奥卡塔纳湖东岸通向塔拉韦拉湖。途中经过的音壳（Sound shell），是一个天然形成的露天剧场，内有要塞村（pā）遗迹和几个游泳区域。22.5公里长的**西奥卡塔纳步道**（Western Okataina Walkway；单程7小时）穿过奥卡塔纳湖西岸的森林，前往罗托伊蒂湖（Lake Rotoiti）。

6公里长的**北塔拉韦拉步道**（Northern Tarawera Track；单程3小时）与东奥卡塔纳步道相连。你可以通过这两条路，从鲁阿图（Ruato）或奥卡塔纳湖出发，步行两天抵达塔拉韦拉湖，中间的露营过夜地点可选在哈弗里斯湾（Humphries Bay，露营地免费）或**塔拉韦拉湖口**（Tarawera Outlet；☎07-323 6300；www.doc.govt.nz；成人/儿童 $13/6.50）。从塔拉韦拉湖口，你可以继续步行，前往高65米的**塔拉韦拉瀑布**（Tarawera Falls；单程2小时，5公里）。你也可以从小镇凯瓦劳（Kawerau）出发，沿着一条林间小路抵达塔拉韦拉湖口。小镇多为木建筑，略显冷清，位于普陶阿基山[Putauaki，也称埃治坎比山（Mt Edgecumbe）]山脚，在通向瓦卡塔尼的公路旁。进入小镇需交$5，还需从凯瓦劳信息中心（Kawerau i-SITE，见345页）获取准入证。

奥凯利瀑布（Okere Falls）位于罗托鲁阿东北21公里处的SH33旁。沿当地一条1.2公里的步道（往返30分钟，非常轻松），你可以经过7米高的瀑布（漂流的热门地点），穿过新西兰罗汉松（podocarp）森林，沿着凯图纳河（Kaituna River）前行。小路经过海尼莫阿台阶（Hinemoa's Steps），那里有一个能俯瞰凯图纳河的瞭望台。

就在怀奥塔普以北，SH5公路边，2.5公里长的**彩虹山顶步道**（Rainbow Mountain Summit Track；单程1.5小时）是一条费力的上山步道，可登上毛利人口中的Maunga Kakaramea（即七彩土山）。站在山顶能眺望陶波湖和汤加里罗国家公园（Tongariro National Park）的壮丽美景。

塔拉韦拉小径 徒步

（Tarawera Trail；www.doc.govt.nz）这条耗时5~6小时的步道从塔拉韦拉路上的蒂怀罗阿停车场开始，沿塔拉韦拉湖蜿蜒15公里，穿越森林，前往温泉海滩，那里有**露营地**（☎07-349 3463；www.whakarewarewa.com；成人/儿童 $13/6.50）。Totally Tarawera在此运营水上出租车，需要预订，可载你返回靠岸点（Landing），从那里徒步2公里即可返回停车场。

可在罗托鲁阿信息中心（见339页）拿一份环保部的《塔拉韦拉步道》（*Tarawera Trail*）宣传册，或从www.doc.govt.nz下载。

其他活动

怀基蒂谷温泉 温泉

（Waikite Valley Thermal Pools；☎07-333 1861；www.hotpools.co.nz；648 WaikiteValleyRd；成人/儿童 $17/9，私人池 每人 $20；⏲10:00~21:00）🍃这片出众的户外温泉位于罗托鲁阿以南30公里处的一条葱翠的山谷中，相比罗托鲁阿的地热浴池更加低调（不用说也更便宜）。从大的家庭池到小的浴池都有，也提供私人水疗池。这里还有咖啡馆，旁边有露营地（露营位 每位成人/儿童 $22/11起；露营者可免费使用温泉池）。

在SH5怀奥塔普出口处的对面右转，再行6公里便是。驾车翻过山岭时的峡谷美景无与伦比，就冲这点也值得走一趟。

Farmhouse 骑马

（☎07-332 3771；www.thefarmhouse.co.nz；55 Sunnex Rd，Hamurana；30/60/120分钟 $35/55/95；👪）新西兰最大的骑马机构，提供初学者短途骑行，也有更长的步道，穿过农场前往自然林，位于罗托鲁阿市中心西北16公里处。孩子可参加15分钟的小马骑行（$25）。

团队游

Rotorua Paddle Tours 团队游

（☎0800 787 768; www.rotoruapaddletours.co.nz; Rotorua Rafting, 761 SH33, Okere Falls; 团队游$80; ⏲9:00、正午和15:00）想要试试站立式单桨冲浪，而无须顾及波浪的干扰吗？这家机构就提供蓝湖（蒂基塔普湖）、罗托鲁阿湖和罗托伊蒂湖连接运河的河道冲浪之旅。全程预留3小时，1小时在水上。无须经验，均可参加。

Totally Tarawera 游轮

（☎07-362 8080; www.totallytarawera.com; the Landing, 1375 Tarawera Rd; 成人/儿童团队游 $65/30, 水上出租车 $25/15）提供塔拉韦拉湖导览巡航，参观文化和地热景点（包括温泉海滩和一处自然林温泉），有一辆水上出租车往返靠岸点和温泉海滩，那里是塔拉韦拉小径（见344页）的终点，必须预订。

住宿

Blue Lake Top 10 Holiday Park 假日公园 $$

（☎07-362 8120; www.bluelaketop10.co.nz; 723 Tarawera Rd; 露营地 $45起，套间 带/不带浴室 $130/80起；@📶👪）可以让你在蓝湖（即蒂基塔普湖）边露营，地点在距离塔拉韦拉湖6公里处。这里管理有序，设施非常干净，有大量小木屋和汽车旅馆套间。

就餐

Okere Falls Store 咖啡馆 $

（☎07-362 4944; www.okerefallsstore.co.nz; 757a SH33, Okere Falls; 小吃 $7~15; ⏲7:00~19:00, 啤酒花园 周五和周六 至21:00）这家咖啡馆兼商店距离罗托鲁阿约20公里，是靠近湖面最高处的便利补给站。可以坐在阳台上凉快一下，吃点水果冰沙，饱览罗托伊蒂湖美景，或者到后面的啤酒花园喝葡萄酒、当地精酿啤酒，吃自制的风味派。定期举办现场音乐会，10月有啤酒节。

Landing Cafe 咖啡馆 $$

（☎07-362 8502; The Landing, Tarawera Rd; 主菜 $15~24; ⏲10:00~20:00）这家咖啡馆酒吧兼法式小馆坐落在湖畔，友好的店员是加分项，提供培根、鸡蛋、比萨和咖喱等。

值得一游

维利那基蒂普阿阿塔内保护公园（WHIRINAKI TE PUA-A-TĀNE CONSERVATION PARK）

这片绿意盎然的新西兰罗汉松（podocarp）森林公园内有峡谷、瀑布、瞭望台、溪流以及**奥里乌瓦卡生态保护区**（Oriuwaka Ecological Area）和**阿拉卡基潟湖**（Arahaki Lagoon）。森林公园中的步道长短不一，难度各异：环保部出版的小册子《维利那基蒂普阿阿塔内保护公园步道》（*Walks in Whirinaki Te Pua-a-Tāne Conservation Park*）详细列出了步行线路和露营地点。网上可以免费下载，也可以去由环保部管理的**姆鲁帕拉游客中心**（Murupara visitor centre; ☎07-366 1080; Main Rd, Murupara; ; ⏲周一至周五 9:00~17:00）领取。

短途步行推荐沿**维利那基河**（Whirinaki River）而行的9.3公里**维利那基瀑布环路**（Whirinaki Waterfall Loop Track, 3小时）。较长的线路包括**维利那基步道**（Whirinaki Track, 往返2天），可与**蒂何伊步道**（Te Hoe Track, 往返4天）合并行走。也可骑行挑战贯穿公园各处的16公里**山地车道**。

保护区在罗托鲁阿东南90公里的SH38公路旁，前往蒂乌雷韦拉国家公园（Te Urewera National Park）的途中（Te Whaiti向Minginui的岔路上）。还有几处方便到达的露营区和10处荒野小屋（免费至$15），在环保部办公室付费。

实用信息

凯瓦劳信息中心（Kawerau i-SITE; ☎07-323 6300; www.kaweraunz.com; Plunkett St bus terminal; ⏲9:00~16:00）位于罗托鲁阿和瓦卡塔尼中间的凯瓦劳，有当地住宿处的详细信息，出售塔拉韦拉湖口和塔拉韦拉瀑布步道、露营地的许可证。

到达和离开

Baybus（见340页）运营的Twin City Express每天2班，往返罗托鲁阿（$3.90, 25分钟）和陶朗阿（$10, 1小时），途中停靠奥凯雷瀑布群。

一些主要景点和活动运营商提供罗托鲁阿接送，也可乘坐Geyser Link Shuttle（见333页）或Thermal Land Shuttle（见333页）的接驳车。

普伦蒂湾（丰盛湾，BAY OF PLENTY）

丰盛湾的海岸长满了波胡图卡瓦树（pohutukawa），从怀希海滩（Waihi Beach）一直延伸到奥波蒂基（Opotiki），向内陆一直延伸到凯麦山脉（Kaimai Range）。一代又一代的新西兰人都选择在假日来到这里，顶着烈日，展开"盐味十足"的活动。

到达和离开

丰盛湾的城镇之间都有便利的公共交通连接。陶朗阿城市机场（见351页）有航班前往奥克兰、惠灵顿和克赖斯特彻奇（基督城），瓦卡塔尼机场（见364页）有航班前往奥克兰。没有火车服务。

陶朗阿（Tauranga）

☎07/人口 138,000

陶朗阿（发音"toe-run-gah"）自20世纪90年代开始兴旺起来，2017年超越达尼丁，成为新西兰第五大城市。尤其受从奥克兰过于活跃的房地产市场套现的退休员工，以及无法在那里购房的年轻家庭的欢迎。

高速发展使这里主干道上的交通堵塞情况甚至和奥克兰有的一拼。凭借石油提炼工业和取之不尽的煤炭和木材资源，陶朗阿成为新西兰最繁忙的港口，也破坏了曾经从市中心就能看到的芒格努伊山的可爱景致。

不过高速发展也带来了时髦的酒店，极好的餐厅和酒吧，提升了海滨的魅力。论对游客的吸引力，市中心永远都无法同海滨郊区、芒特芒阿努伊小镇和帕帕马郊县相比，不过，如果你住在山区，进城来吃吃转转还是值得的。

景点

磨坊礁酒庄
葡萄酒庄

（Mills Reef Winery；☎07-576 8800；www.millsreef.co.nz；143 Moffat Rd, Bethlehem；⏲10:00~17:00）酒庄位于贝斯勒海姆（Bethlehem），距市中心7公里，非常气派。这里不种葡萄，所用葡萄来自新西兰最著名的葡萄酒产区。另有一家文雅的餐厅，每天提供早午餐和午餐（主菜$23~38）。

榆树传教楼
历史建筑

（The Elms；www.theelms.org.nz；15 Mission St；成人/儿童 $15/7.5，花园 免费；⏲10:00~16:00）陶朗阿原本的传教站，有丰盛湾最早的建筑，新西兰最古老的橡树之一，以及第一架钢琴。有趣的导览游讲述了传教站的故事，及其与当地毛利人的关系。传教站是1838年由英国国教牧师阿尔弗雷德·内斯比特·布朗（Alfred Nesbit Brown）创建的，建筑直到1997年依然归布朗家族所有，保留了许多原有的家具、图书和其他财产。

陶朗阿美术馆
美术馆

（Tauranga Art Gallery；☎07-578 7933；www.artgallery.org.nz；Wharf St和Willow St交叉路口；⏲10:00~16:30）**免费** 出色的美术馆，里面富于挑战性的当代作品恐怕会惹人烦恼。建筑本身曾是一家银行，不过从外表已经很难看出来。可以说这里从里到外都堪称恰到好处。礼品店也值得一逛。

传教站墓地
墓地

（Mission Cemetery；Marsh St）这座绿荫小墓地距离榆树传教楼不远，有一些与当地毛利人和政府军在19世纪60年代战争相关的有趣的纪念遗址。其中一座显眼的纪念碑是为了纪念Rāwiri Puhirake，他是Ngāi Te Rangi的部落首领，因为提出了战争期间仁慈对待英国平民和伤员的行为规则而为人们铭记。

明登观景台
观景台

（Minden Lookout；Minden Rd, Wairoa）这座木头观景台位于市中心以西约13公里处，天气晴朗时，几乎能看见丰盛湾的全景，看看你是否能在远处看见Whaakari的蒸汽。走SH2前往Te Puna，然后向南转Minden Rd，观景台在公路上方约3公里处。

蒙默斯堡
考古遗址

（Monmouth Redoubt；Monmouth St；⏲24小

Tauranga 陶朗阿

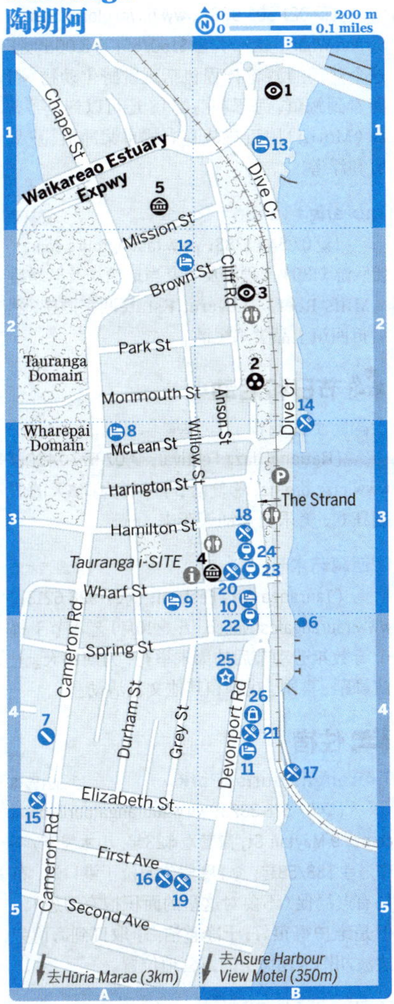

Tauranga 陶朗阿

景点

1 传教站墓地 B1
2 蒙默斯堡 B2
3 罗宾斯公园 B2
4 陶朗阿美术馆 B3
5 榆树传教楼 A1

活动、课程和团队游

6 Bay Explorer B4
Cycle Tauranga .... （见9）
7 Dive Zone A4

住宿

8 City Suites A3
9 Harbour City Motor Inn A3
10 Harbourside City Backpackers B3
11 Hotel on Devonport B4
12 Roselands Motel A2
13 Trinity Wharf B1

就餐

14 Bobby's Fresh Fish Market B3
15 Elizabeth Cafe & Larder A4
16 Grindz Café A5
17 Harbourside B4
18 Macau B3
19 Me & You A5
20 Rye Bar & Grill B3
21 The Med B4

饮品和夜生活

22 Brew B4
23 Crown & Badger B3
24 Phoenix B3

娱乐

25 Rialto Cinemas B4

购物

26 Vinyl Destination B4

时）**免费** 阴森的蒙默斯堡矗立在巨大的波胡图卡瓦树旁，在新西兰战争期间是一个毛利人的要塞村，后来被英军接管和改造。在堡垒脚下，Strand街尽头，有一艘**蒂阿瓦努伊独木舟**（Te Awanui），这是一艘毛利仪式性的独木舟，在一个开放式建筑中展出。

罗宾斯公园

花园

（Robbins Park; Cliff Rd）在暮春时节和夏季，花园里会开满茂盛的玫瑰花。位于悬崖顶部覆盖着常春藤的柱廊背后，能俯瞰港口。旁边的温室里满满的都是凤梨和棕榈树。

活动

免费旅行手册《陶朗阿城市步道》（*Tauranga City Walkways*，可从信息中心索取）中详细列出了陶朗阿和芒特芒阿努伊附近的步行线路。对历史感兴趣的游客也可以领取免费手册《陶朗阿访古》（*Historic Tauranga*），然后拿着手册游览小镇的诸多古迹。

★ Waimarino Adventure Park 探险运动

（☎07-576 4233；www.waimarino.com；36 Taniwha Pl, Bethlehem；公园日票 成人/儿童 $44/34；⊙10:00~17:00）位于城西8公里处的怀罗阿河两岸，提供皮划艇（包括一个定制皮划艇滑道）、攀岩、划船、水上蹦床、绳索课程和一个名叫"The Blob"的人体弹弓项目。也出租皮划艇（每小时/天 $19/55），可划船顺流而下前往海港，或参加导览游。

Adrenal in Forest 探险运动

（☎07-929 8724；www.adrenalin-forest.co.nz；TECTAII Terrain Park, Whataroa Rd, Ngawaro；成人/儿童 $43/28；⊙10月至次年3月 每天，4月至9月 周三至周日 10:00~14:30）在陶朗阿到罗托鲁阿的道路沿线，距陶朗阿26公里，这里令人激动不已：一系列的空中钢丝、飞索、平台、缆索桥在一片高高的针叶林上方交错相连。共有6种不同的路线，难度逐渐增加，挑战你的神经。

Cycle Tauranga 骑行

（☎07-571 1435；www.cycletauranga.co.nz；Harbour City Motor Inn, 50 Wharf St；2小时/4小时/天 $20/29/49）出租公路、小路多用途自行车，包括头盔、锁、挂包和地图。也提供团队游。

Dive Zone 潜水

（☎07-578 4050；www.divezonetauranga.co.nz；213 Cameron Rd；行程 $150起；⊙周一至周五 8:00~18:00，周六 7:30~16:00，周日 7:30~14:00）安排专业潜水教练协会（PADI）的课程，能带你探索附近水域的沉船残骸和礁石，也出租相关装备。

团队游

Waimarino Kayak Tours 皮划艇

（☎07-576 4233；www.glowwormkayaking.com；36 Taniwha Pl, Bethlehem）再也没有比夜间穿过麦克拉伦湖（Lake McLaren）前往一座满是萤火虫的峡谷更梦幻的皮划艇团队游（$130）了。日间游包括麦克拉伦湖（$105）、怀罗阿河（$75）和陶朗阿港（$120）。出发点在Waimarino Adventure Park，可提供前往此地的交通。

Bay Explorer 游轮

（☎021 605 968；www.bayexplorer.co.nz；Strand Wharf；成人/儿童 $150/65；⊙8:00出发）这个热门的游轮行程包括观赏野生动物（可能看到鲸鱼、海豚和鸟类），还可以到莫蒂蒂岛（Motiti）附近挑战直立式单桨冲浪、皮划艇和浮潜。

Tauranga Tasting Tours 团队游

（☎07-544 1383；www.tastingtours.co.nz；团队游 $130）行程涉及一家当地酒坊及磨坊礁（Mills Reef）、Leveret Estate两家酒庄，然后折回镇上品尝鸡尾酒。

节日和活动

全国爵士音乐节 音乐节、食品节和葡萄酒节

（National Jazz Festival；☎07-577 7460；www.jazz.org.nz；⊙复活节）一场为期5天的假期狂欢，美乐美食铺天袭来。

陶朗阿艺术节 表演艺术节

（Tauranga Arts Festival；☎07-928 6213；www.taurangafestival.co.nz；⊙10月）艺术节于每个奇数年劳动节后的周末举行，为期10天，上演舞蹈、喜剧、戏剧和其他文艺活动。

住宿

Tauranga Tourist Park 假日公园 $

（☎07-578 3323；www.taurangatouristpark.co.nz；9 Mayfair St；露营地 $28起，小木屋 带/不带浴室 $88/58起；📶）度假公园位于港口边，布局有点局促（不要对这里的面积抱有幻想），但是维护得很好，干净整洁。争取订到海湾旁边波胡图卡瓦树下的露营地位置。

Harbourside City Backpackers 青年旅舍 $

（☎07-579 4066；www.backpacktauranga.co.nz；105 The Strand；铺 $31，房间 带/不带浴室 $90/86；@📶）这家青年旅舍由过去的一家酒店改造而成，气氛融洽。住在这里能够呼吸海的气息，而且酒吧餐馆林立的Strand街就近在咫尺。房间较小，但很干净，而且你更多时候是在屋顶露台上享受，所以小就小吧。

★ Asure Harbour View Motel 汽车旅馆 $$

（☎07-578 8621；www.harbourviewmotel.

co.nz; 7 Fifth Ave East; 套间 $155起;)这座老派的汽车旅馆有清新的海风吹拂，染上了一种淡蓝和灰色的色泽，搭配古怪的枝形吊灯。楼上房间有些能看到美丽的海景，虽然位于一条安静的死巷，但步行很快就能到达市中心。友好的店主甚至还能将免费报纸送到你门口。

Hotel on Devonport 酒店 $$$

(07-578 2668; www.hotelondevonport.net.nz; 72 Devonport Rd; 房间 $185起;)酒店位于市中心，是陶朗阿最高的住处。房间窗外即是海湾景色，玻璃是减噪的，内部装饰非常有品位，吸引了许多商务旅行者、飞机乘务员和有钱的周末度假客。住客可使用健身房，就在庄严的Tauranga Club里，酒店和它在同一座大楼。

Harbour City Motor Inn 汽车旅馆 $$

(07-571 1435; www.taurangaharbourcity.co.nz; 50 Wharf St; 套间 $155起;)这家汽车旅馆位于镇中心，占尽地理优势（而且车位充足），外观为柠檬黄色。每个房间都设有按摩浴缸和小厨房，店员也非常友好，能就你的旅行提供很不错的建议。

City Suites 酒店 $$

(07-577 1480; www.citysuites.co.nz; 32 Cameron Rd; 套间 $150起;)宽敞的房间要么有露台，要么有阳台，配有大床和设施齐全的厨房，再加上一个游泳池、免费Wi-Fi和叫人放心的地下停车场等完善设施，吸引了不少走南闯北的商务旅客。

Roselands Motel 汽车旅馆 $$

(07-578 2294; www.roselands.co.nz; 21 Brown St; 套间 $149起;)这家可爱的老派汽车旅馆位于市中心一个安静的位置，墙面洒着点点柠檬绿，有板条床和新电视，打理得很整洁。有宽敞的套间（全部都带小厨房），主人很友好。

850 Cameron 汽车旅馆 $$

(07-577 1774; www.850motel.co.nz; 850 Cameron Rd, South Tauranga; 套间 $155;)这家时髦的两层砖房提供各种设施齐全的现代化公寓，包括开间、带水疗浴室的两卧套房。全部都有厨房，顶层公寓有闪亮的金属和玻璃阳台，不过风景并不吸引人：只能越过停车场看到医疗中心的背面。

Trinity Wharf 酒店 $$$

(07- 577 8700; www.trinitywharf.co.nz; 51 Dive Cres; 房间 $210起;)这座方方正正的三层楼靠近大桥。大堂走浮夸的当代风格，有白色的地砖和带刺的盆栽植物。穿过大堂便是酒店附设的Halo Lounge & Dining高档酒吧餐厅。客房超级大，奢华但不做作。设施包括一个少有人来的健身房、一个无边泳池和免费Wi-Fi，是陶朗阿目前为止最亮眼的住宿地。

就餐

★ Grindz Café 咖啡馆 $

(07-579 0017; 50 First Ave; 餐 $10~19; 8:00~15:30;)这家咖啡馆就在人来人往的第一大街（First Ave）上，户外桌椅旁边啜着咖啡边闲聊的客人营造出街头生活的热闹感。室内有跃层，非常宽敞，墙纸很“潮”，还有古董和怀旧物品。提供英式早餐、麦芬、蛋糕、冰沙以及其他当日沙拉，包括素食和严格素食选择，也有出色的咖啡。

Bobby' s Fresh Fish Market 炸鱼和薯条 $

(07-578 1789; 1 Dive Cres; 炸鱼和薯条 $6.20; 8:00~19:00)这是当地一家传奇餐馆，出售鲜鱼，也有本地最好的炸鱼和薯条。不过我们的选择是贻贝煎饼，在烤肉台制作，搭配白面包吃。可以在水畔的户外六角形餐桌和众多陪你用餐的海鸥中找个位子。

The Med 咖啡馆 $

(07-577 0487; www.medcafe.co.nz; 62 Devonport Rd; 主菜 $9~19; 7:00~16:00;)这里的咖啡很棒，全天供应美味早餐，因此挤满了回头客，墙上的神奇女侠赞许地看着这一切。你可以看着黑板菜单点餐，也可以到装满三明治、沙拉、果馅饼（flan）和蛋糕的橱柜里自选。中午和周末人多得有点儿“疯狂”，但细心的店员让一切都井然有序。

★ Macau 亚洲菜 $$

(07-578 8717; www.dinemacau.co.nz; 59 The Strand; 共享拼盘菜 $10~33; 11:30至

深夜）在这家陶朗阿最好的餐厅中，吸引人的亚洲菜是主打。菜肴——无论大小——都是分享分量。菜单亮点包括羊排生菜卷（sang choy bow）、酥脆的川味茄子和吃了还想吃的叉烧包。装潢时髦，还有亚洲风味的鸡尾酒和大量精酿啤酒。

★Me & You 咖啡馆 $$

（☎07-577 0567；48 First Ave；主菜 $15~19；⏲7:00~15:30；📶✍）我们在陶朗阿最爱的咖啡馆，装潢复古，门前有一个迷人的露台，时尚的咖啡师真的很懂行。有大量的柜台食物，包括令人垂涎的烘焙食品和不停更换的新鲜沙拉。菜单上有鸡蛋早餐和美味的水果冰沙。

Rye Bar & Grill 美国菜 $$

（☎07-571 4138；www.ryekitchen.co.nz；19 Wharf St；主菜 $23~40；⏲周二至周四 16:30至深夜，周五至周日 正午至深夜）这家乡村风情的悠闲餐厅位于Wharf St适合步行的区域，主打美国南方菜肴。在户外找张餐桌，点上一份汉堡、牛胸肉或黄油牛奶煎鸡，配精酿啤酒或威士忌。

Elizabeth Cafe & Larder 咖啡馆 $$

（☎07-579 0950；www.elizabethcafe.co.nz；247 Cameron Rd；主菜 $10~25；⏲8:00~15:00；📶）在Elizabeth你可以"吃、喝、玩"，这是一个时尚的咖啡馆兼酒吧，位于一座4层市中心写字楼的首层。很多客人是从楼上移步而来的，但你也无须西装笔挺，就可以享用美味的火腿蛋松饼配土豆饼，或鱼肉塔可（炸玉米饼）配美味的墨西哥卷心菜沙拉。这里充满有趣的工业审美，还有桶装佩罗尼（Peroni）啤酒。

Harbourside 新派新西兰菜 $$

（☎07-571 0520；www.harboursidetauranga.co.nz；150 The Strand；主菜 $24~39；⏲11:30~14:30和17:30至深夜）位于Strand街末段一个气氛极好的百年船屋上，这里非常适合享用浪漫的晚餐，伴着轻轻拍打的海浪和餐馆上方的铁路桥一路蜿蜒跨过海港。亚洲风味烤鸭无可匹敌，路过时进来喝杯拨动情绪的餐前饮料。

Somerset Cottage 新派新西兰菜 $$$

（☎07-576 6889；www.somersetcottage.co.nz；30 Bethlehem Rd，Bethlehem；主菜 $33~43；⏲周三至周五 11:30~14:30，周一至周六 18:00~21:00）这家优雅的餐厅不协调地坐落在一座郊区商场对面，当地人喜欢来这里享用特色菜。菜品季节性很强，皆选取最好的新西兰食材，烹饪考究但不烦琐。推荐菜品包括烘焙奶酪蛋奶酥（baked cheese soufflé）、紫甘薯椰子鸭（duck with coconut kumara）以及著名的甘草冰激凌（liquorice ice cream）。

🍷饮品和夜生活

Brew 精酿啤酒

（☎07-578 3543；www.brewpub.co.nz；107 The Strand；4种啤酒品尝套餐 $18；⏲周一至周三 16:00至深夜，周四至周日 11:00至深夜）这家长长的混凝土酒吧有足够的空间容纳很多人，还有足够多的Croucher's当季精酿艾尔和比尔森啤酒。气氛适合社交，有共用的桌子、美味的比萨和酒馆食物。也可以品尝新西兰各地的啤酒。

Phoenix 酒吧

（☎07-578 8741；www.thephoenixtauranga.co.nz；67 The Strand；⏲周一至周五 10:30至深夜，周六和周日 8:30至深夜）就位于Strand街北部末段，店面不太规整，供应上好的Monteiths啤酒（曾经很小众，如今很主流），还提供比萨和满是肉的酒吧餐。周末有认真的年轻人在露台上为盛装打扮的酒客演奏吉他。

Crown & Badger 小酒馆

（☎07-571 3038；www.crownandbadger.co.nz；91 The Strand；⏲9:00至深夜）这家被漆成黑色的英式酒吧很正宗，食物有香肠、土豆泥和约克郡迷你布丁。主菜价格为$17~29。周末有乐队现场表演，场面尤为火爆。

☆娱乐

Rialto Cinemas 电影院

（☎07-577 0445；www.rialtotauranga.co.nz；Goddards Centre，21 Devonport Rd；成人/儿童 $17/11）这里是陶朗阿电影协会（Tauranga Film Society）所在地，是全城看电影的最佳场所：经典片、小众电影、艺术片和国际影片无所不包。黑暗中你还可以品品咖啡，或喝杯红酒。周二有折扣。

购物

★ Vinyl Destination 音乐

（☎027 412 7628; www.vinyldestination.co.nz; 52 Devonport Rd; ⏲9:00~17:00）这家尤为时尚的机构不是常见的唱片店，它同时还是咖啡馆、音乐厅甚至广播台（105.4FM）。如果城里有什么有趣的活动，消息灵通的员工肯定会知道。

实用信息

环保部陶朗阿办公室（DOC Tauranga Office; ☎07-578 7677; www.doc.govt.nz; 253 Chadwick Rd, Greerton; ⏲周一至周五 8:00~16:30）是一个现场办公室，并非游客中心，但可提供凯麦马马库森林公园（Kaimai Mamaku Forest Park）的步道和露营信息。

陶朗阿医院（Tauranga Hospital; ☎07-579 8000; www.bopdhb.govt.nz; 829 Cameron Rd, Tauranga South; ⏲24小时）急救和其他服务。

陶朗阿信息中心（Tauranga i-SITE; ☎07-578 8103; www.bayofplentynz.com; 95 Willow St; ⏲8:30~17:00; 📶）提供当地旅游信息、住宿预订、InterCity车票以及环保部出版的地图。

到达和离开

飞机

陶朗阿城市机场（Tauranga City Airport, TRG; ☎07-575 2456; www.taurangacityairport.co.nz; 73 Jean Batten Dr）实际上就在芒特芒阿努伊海港对面。新西兰航空（见45页）每日有航班直飞奥克兰、惠灵顿和克赖斯特彻奇（基督城）。

长途汽车

汽车停靠在Wharf St的信息中心附近。

InterCity（见44页）的班车开往奥克兰（$22, 3.75小时，每天3班）、哈密尔顿（$17, 1.75小时，每天2班）、陶波（$22起，3小时，每天2班）、内皮尔（$24, 6小时，每天1班）和惠灵顿（$38, 9.5小时，每天1班）。

Mana Bus（见325页）的车往返奥克兰（$15起，3.5小时，每天5班）、哈密尔顿（$13, 2小时，每天1班）、卡蒂卡蒂（Katikati; $15, 35分钟，每天2班）和罗托鲁阿（$12, 1.5小时，每天1班）。

Baybus（见340页）的车前往芒特芒阿努伊（Mt Maunganui; $3.40, 28分钟，每15分钟1班）、帕帕马（Papamoa; $3.40, 30分钟，每小时1班）、罗托鲁阿（$12.20, 1.5小时，每天2班）、瓦卡塔尼（Whakatane; $16, 2小时，大多数时候都有）和卡蒂卡蒂（$8.20, 50分钟，每天2班）。

自驾

如果走SH29公路往剑桥（Cambridge）方向，Takitimu Dr每辆车收费$1.80。往东前往瓦卡塔尼或南下罗托鲁阿，可走Tauranga Eastern Link（每辆车$2），起点在帕帕马附近。无论往哪里走，都能找到免费但较慢的替代公路。可通过www.nzta.govt.nz缴费。

当地交通

自行车

骑行陶朗阿（Cycle Tauranga; 见348页）出租公路山路两用车，包括头盔、车锁、自行车马鞍包（saddle bag）和地图，也组织团队游。

公共汽车

陶朗阿明黄色车身的Baybus（见340页）公交有14条线路，能抵达城市多数地点。

小汽车

陶朗阿市内有众多汽车租赁机构的办事处，包括便宜的**Rent-a-Dent**（☎07-578 1772; www.rentadent.co.nz; 19 Fifteenth Ave; ⏲周一至周五 8:00~17:00，周六至正午）。

出租车

Tauranga Mount Taxis（☎07-578 6086; www.taurangataxis.co.nz）乘坐出租车从陶朗阿市中心前往机场或芒特芒阿努伊花费大约$25。

芒特芒阿努伊（Mt Maunganui）

☎07/人口 19,100

芒特芒阿努伊位于一座散落着火山锥的狭窄半岛上，有一座快节奏的海滩小镇，有地热池、热闹的咖啡馆和时尚酒吧。虽然1989年被陶朗阿吞并，但依然保有不同的个性，呈现出阳光照射下的冲浪氛围。

芒阿努伊的意思是“大山”，所以芒特芒阿努伊是个很奇怪的名字（大山山？），尤其是考虑到以下两点：1.山并不大；2.其毛利名字叫毛奥（Mauao），意思是“晨光照耀”。

Mt Maunganui 芒特芒阿努伊

Mt Maunganui 芒特芒阿努伊

重要景点

1 毛奥 A1

活动、课程和团队游

2 Hibiscus C2
3 Mount Hot Pools B2
4 Mount Surfshop C2

住宿

5 Beachside Holiday Park B2
6 Belle Mer C2
7 Mission Belle Motel B2
8 Mount Backpackers C2
9 Pacific Coast Lodge D4
10 Seagulls Guesthouse D4
11 Westhaven Motel B3

就餐

12 Eightyeight C2
13 Fish Face C2
14 Mount Bistro B2
15 芒特主街农贸市场 C2
Post Bank .... （见12）
16 Pronto B2
17 Smart India C3
18 Tay Street Beach Cafe D3

饮品和夜生活

Astrolabe Brewbar .... （见12）
19 Hide C3
20 Mount Social Club C3

购物

21 Little Big Markets C3

渴望阳光的游客在夏天会蜂拥而至，而小镇则建起了越来越多的公寓塔楼来迎接他们。至于海滩，可爱漫长的主海滩很受冲浪者和游泳者的欢迎，你也可以到海港的飞行员湾海滩（Pilot Bay Beach）下水。

景点

★毛奥 山、瞭望台

（Mauao）探索232米高的毛奥（芒阿努伊山）可以走小路，在山间蜿蜒穿行，然后到达与众不同的火山锥顶峰。登顶步道（summit walk）陡峭崎岖，往返大约需要50分钟（下山相当快）。你也能在邻近半岛的莫图里基岛（Moturiki Island）上攀爬礁岩。小岛与毛奥山脚连成了一条毛奥山脚步道（Mauao Base Track；3.5公里，45分钟）。小路蜿蜒穿行于一片神奇的波胡图卡瓦树林，在每年11月至次年1月迎来花期。

新西兰老飞机博物馆 博物馆

（Classic Flyers NZ；☎07-572 4000；www.classicflyersnz.com；9 Jean Batten Dr；成人/儿童/家庭 $15/7.50/30；⊙9:30~16:00；👪）这座有趣的飞机博物馆靠近机场，展出双翼飞机、退役的美军喷气机和奇怪的直升机，有喷火战斗机、小鹰、灯蛾和天鹰等型号。除此之外，馆内还有一家热闹的咖啡馆和一个出色的游乐场，里面也摆放着机身。“飞机狂人”可乘坐DC3（$99起）怀旧，或乘坐双翼飞机（$355起）飞上一小段。

活动

芒特芒阿努伊被认为是新西兰最棒的冲浪城市（这里的高中甚至开设冲浪课）。主海滩（Main Beach）有超赞的近岸激浪，离岸不远还有100米长的人工冲浪礁，可供你乘风破浪。

Mount Hot Pools 温泉

（☎07-577 8551；www.mounthotpools.co.nz；9 Adams Ave；成人/儿童 $14/9；⊙周一至周六 6:00~22:00，周日 8:00~22:00）如果征服毛奥之后感到肌肉酸痛，就来这片火山脚下的地热海水泳池区里好好泡泡，放松一下筋骨吧。如果觉得家庭旅客的热闹氛围太吵闹，也有私人泳池（$32起）。

Hibiscus 冲浪

（☎07-575 3792；www.surfschool.co.nz；Main Beach；2小时/2天课程 $75/165）出租冲浪板，提供各种冲浪课程。夏季到主海滩寻找它们的面包车或红色露台。

Mount Surfshop 冲浪

（☎07-575 9133；www.mountsurfshop.co.nz；98 Maunganui Rd；4小时冲浪板 $30；⊙周一至周六 9:00~17:00，周日 10:00~17:00）在海滩沿线出租冲浪板和滑板，也能出售。

Rocktopia 攀岩

（☎07-572 4920；www.rocktopia.co.nz；9 Triton Ave；成人/儿童 $17/13；⊙9:00~20:00；👪）这家大型攀岩中心分为Rock On和Clip n Climb两部分，前者是一面涂画得像灌木丛瀑布的大攀岩墙，后者有点像是迷你攀岩主题公园，有适合儿童的项目，比如“信心之跃”（Leap of Faith）和“垂直滑道”（Vertical Drop Slide）。

Tauranga Tandem Skydiving 跳伞

（☎07-574 8533；www.tandemskydive.co.nz；2 Kittyhawk Way；10,000/12,000英尺跳伞 $325/375）提供刺激的跳伞，下降过程中最远能看到瓦卡阿利（怀特岛）[Whakaari（White Island）]和鲁阿佩胡山（Mt Ruapehu）。

Baywave 游泳

（☎07-577 8550；www.bayvenues.co.nz；Girven Rd和Gloucester Rd交叉路口；成人/儿童 $7.50/5，水上滑道 $4.90；⊙周一至周五 6:00~21:00，周六和周日 7:00~19:00）这家大型水上运动中心有一个25米的游泳池、一个波浪池、一个水上滑道和各项水上有氧运动项目，还有健身中心和桑拿。

团队游

Aerius Helicopters 观光飞行

（☎0800 864 354；www.aerius.co.nz；Tauranga Airport；飞行 $115起）🍃空中巡游，最远可到达罗托鲁阿的塔拉韦拉湖和瓦卡阿利（怀特岛）。

住宿

Seagulls Guesthouse 青年旅舍 $

（☎07-574 2099；www.seagullsguesthouse.

co.nz; 12 Hinau St; 铺/标单 $34/70起, 双 带/不带浴室 $99/78; @📶)再也受不了人满为患、酒气熏天的旅馆了?那么这家位于镇外不远处安静街道上的旅舍就再适合不过了:这里算是高档背包客住所,无可挑剔,提倡安静地享受环境,而非肆意地挥霍青春。这里的高档房配有浴室和电视。

Beachside Holiday Park 假日公园 $

(☎07-575 4471; www.mountbeachside.co.nz; 1 Adams Ave; 露营地/房车/小木屋 $45/75/110起; @)位于芒阿努伊山脚下的一处僻静之地,有3个不同的露营区,都是社区经营的,露营地环境很好,带全部必要设施。靠近Mount Hot Pools,露营者可享受泳池折扣,附近还有一条美食街。前台兼作当地的信息中心。

Pacific Coast Lodge 青年旅舍 $

(☎07-574 9601; www.pacificcoastlodge.co.nz; 432 Maunganui Rd; 铺/标单 不带浴室 $30/88起; @📶)位于主路上,离镇中心不远,管理有方,装修时髦,会提醒爱喝酒的客人22:00以后到镇上去喝,所以虽然氛围友好,但不吵不闹。特别设计的上下铺宿舍十分宽敞,饰有海滩主题的壁画。免费提供自行车和冲浪板。

Mount Backpackers 青年旅舍 $

(☎07-575 0860; www.mountbackpackers.co.nz; 87 Maunganui Rd; 铺 $30~40; @📶)如果你追求的是离海滩和酒吧很近的简朴宿舍,那么主街上的这座青年旅舍就很适合你(不过要戴上耳塞)。额外福利包括便宜的冲浪板、自行车出租以及优惠的冲浪培训。

Westhaven Motel 汽车旅馆 $$

(☎07-575 4753; www.westhavenmotel.co.nz; 27a The Mall; 套间 $130起; 📶)如果你能忽略破旧的百叶窗、薄薄的毛巾和没有特色的装潢,这里就会是一个宽敞而且出人意料的便宜住处,尤其适合家庭或结伴的朋友。距离商店和海滩都很近,距离热水泳池也只有很短一段路。

Mission Belle Motel 汽车旅馆 $$

(☎07-575 2578; www.missionbellemotel.co.nz; 1 Victoria Rd; 套间 $170起; 📶)这家由家庭经营的旅馆从外面看活脱脱就是一座西班牙传教站的房屋,像从意大利式西部片里搬出来的一样。内部却非常现代,有超棒的双层家庭间,配大浴缸。有些开间很小,但都有厨房。注意,旅馆背靠Astrolabe Brewbar(见356页),所以后面的套间可能很吵。

Belle Mer 公寓 $$$

(☎07-575 0011; www.bellemer.co.nz; 53 Marine Pde; 公寓 $300起; 📶🏊)这座奢华的海滩综合楼里房型各异,有1~3间卧室的公寓,有些配有海景阳台,有些则俯瞰酒店的私家庭院(但露台泳池或海滩多半会更吸引你)。房间装饰得很有品位,长期租住所需要的一切都应有尽有,还配有全套的厨房和洗衣房。

就餐

芒特主街农贸市场 市场 $

(Mount Mainstreet Farmers Market; www.mountmaunganui.org.nz; Phoenix Car Park, Maunganui Rd; ⏰周日 9:00~13:00)赶早起床奔赴这个本地的农贸市场,开启一个振奋精神的周日上午吧:新鲜的水果蔬菜、咖啡、酥皮点心、蜂蜜、奶酪、果汁……这里不允许出售手工艺品。

★ Eightyeight 咖啡馆 $$

(☎07-574 0384; 88 Maunganui Rd; 主菜 $14~20; ⏰7:00~16:30)如果在节食,不要来这家出色的小咖啡馆。不是说这里的食物不健康,只是分量太大,而且柜台里的烘焙食品完全让人难以抵挡。里面很小,可以在后院的花篮下找个座位。

★ Post Bank 法式小馆 $$

(☎07-575 4782; www.postbank.co.nz; 82 Maunganui Rd; 主菜 $28~38; ⏰周二至周五 正午至14:30,每晚 17:00至深夜)书架上挤满了各种书,营造出一种绅士俱乐部的感觉,不过食物却并不乏味。菜单弥漫着欧洲风情,分为3个章节和结语。吧台后面专业团队熟练调制出的鸡尾酒几乎可以和20年代的地下酒吧相媲美。

Fish Face 海鲜 $$

(☎07-575 2782; www.fish-face.co.nz; 107 Maunganui Rd; 主菜 $22~29; ⏰周三至周一 正午

雷娜号残骸

2011年10月5日，载有1368个集装箱和1900吨燃油，重达47,000吨的内燃机船雷娜号（Rena）在距芒特芒阿努伊海岸22公里的Astrolabe Reef处触礁。当时这艘船正试图泊进新西兰最繁忙的港口陶朗阿港（Tauranga harbour），却在此过程中莫名其妙地撞上了一块一直以来标记十分明显的礁石。猛烈的撞击导致船体破裂，雷娜号装载的石油开始泄漏，集装箱也从甲板上掉落。在之后的几天里，油污、集装箱和死鱼、死鸟等被冲上了这片美丽的海滩，使当地人目瞪口呆。

寻找替罪羊的游戏随即展开：船长、船主还是船舶公司？数以千计的志愿者们同心协力，开始了清污工作。救援者最终成功转移了船上的大部分余油，可是在2012年1月8日这天，雷娜号最终断成两截，剩下的油和几十个集装箱全都掉入大海。船尾部分随后也沉入海中。

人们最初的关注点都集中在防止漏油上面，回避了如何处理雷娜号这个棘手的大家伙的问题。2017年，新西兰环境法庭裁决，沉船的残骸应该留在原地，因为将其从礁石移走会造成进一步的环境破坏。沉船中现在生活着许多鱼，已经成为热门的潜水地。

这次触礁已然在环境上和经济上产生了灾难性后果，但其长期影响还很难预测：当地企业在当时损失重大，但已全面复苏，美丽的海滩也重新恢复干净。可查阅www.astrolabereef.co.nz，获取关于沉船附近划船、钓鱼和潜水的信息。

至21:00，周二 14:00~21:00；🚸）这家的海鲜和葡萄酒吧新鲜、有趣又悠闲，白墙上装饰着有趣的鱼类卡通。菜单选择多样，银鳕鱼既可以做成摩洛哥风味，也可以做成巴厘岛咖喱风味，或者你也可以尝试经典海员酱汁意面或酸橘汁腌石首鱼，怎么点都不会错。

Smart India 印度菜 **$$**

（☎07-574 9909；www.smartindia.co.nz；245a Maunganui Rd；主菜 $17~23；⏲11:30~14:30和17:00~22:00；🖉）这家五彩的印度小餐厅看上去不怎么样，咖喱却很棒，就连酸橙色和橙色的墙壁上都写满了夸赞的话。还透着粉色的嫩羊羔肉烩菠菜泥（lamb saagwala）是一大亮点，口感十足的咖喱蘑菇配豌豆（mutter korma with peas）也不错。服务很出色。午餐可以来这里尝试$10的特色咖喱。

Tay Street Beach Cafe 咖啡馆 **$$**

（☎07-572 0691；www.taystreetbeachcafe.co.nz；Tay St和Marine Pde交叉路口；早餐 $10~21，主菜 $19~29；⏲周日至周三 7:30~15:00，周四至周六 至21:00）这家面朝大海的咖啡馆位于毛奥以南约2公里处，是从芒特搬过来的，原来的地方有时候太吵闹了。懂行的当地人会在晴天早上过来喝咖啡，吃早午餐的经典菜式，大口品尝午餐的对虾炸玉米饼，或是在工作日晚上过来品尝法式小馆美食。最后还有精选的美味葡萄酒和精酿啤酒。

Pronto 汉堡 **$$**

（☎07-572 1109；www.prontoburgers.co.nz；7/1 Marine Pde；汉堡 $15~18；⏲周一 9:30~15:00，周二至周日 至20:00；🚸）美味汉堡菜单让这里看起来像是法式小馆：鸡肉帕尔玛干酪、手撕羊肩肉、炸鸡排、摩洛哥鸡肉、猪五花……特别是辣子鸡肉配大块牛油果，无可匹敌。不过服务水平不太跟得上。找个街边的座位，欣赏大海和山地风景。

Mount Bistro 法式小馆 **$$$**

（☎07-575 3872；www.mountbistro.nz；6 AdamsAve；主菜 $36~64；⏲周二至周日 17:30~22:00）这家乳白色的饭店位于毛奥山脚，一大特色是选用当地优质肉类（如羔羊肉、牛肉、鹿肉、鸡肉、鱼等）创造性地烹制出经典新西兰大餐（如羊腿、海鲜杂烩），配以热情周到的服务。是很有档次的晚餐场所。

🍷 饮品和夜生活

★ Mount Social Club 酒吧

（☎07-574 7773；www.mountsocialclub.co.nz；305 Maunganui Rd；⏲8:00至次日1:00；📶🚸）🍃将回收材料、设计细节和大量完全疯

狂的创意融为一体，奉上一场视觉盛宴。可以在里面坐下享用美食，但我们更喜欢的是在庭院里找个浴缸座椅。有乐队时，当然要在涂着幻彩荧光漆的卡车厢里跳舞。

★ **Hide** 酒吧

（☎07-572 0532; www.facebook.com/hide.thirstandhunger; 147b Maunganui Rd; ⏰周二16:00~22:00，周三、周四和周日 正午至22:00，周五和周六 正午至午夜）循着音乐和嬉笑的声音找到这家时髦的庭院酒吧，它隐藏在芒特主街商店的背后，是温暖夏夜就着Moa啤酒吃汉堡的完美选择，天冷时会生火。我们由衷地喜欢这里的巧克力朗姆内格罗尼酒（Negroni）。

★ **Astrolabe Brewbar** 小酒馆

（☎07-574 8155; www.astrolabe.co.nz; 82 Maunganui Rd; ⏰9:30至深夜；📶👪）这家酒吧洋溢着一种放克怀旧"度假小屋"风，有碎花地毯、摆满经典小说的书架、沙滩太阳伞、磨损的旅行箱。如果这都不能让你感受到度假的氛围，Mac's Brewery的精酿啤酒够了吧。还不行，那就请店员从一大堆特色金酒和朗姆酒中给你推荐。这里甚至还有一个儿童游乐场，要是孩子不安分，就把他们放进去。

购物

Little Big Markets 市场

（www.littlebigevents.co.nz; Coronation Park; ⏰10月至次年3月 第一个周六 9:00~14:00）这个每月一次的早市上有艺术品、工艺品和美食。

实用信息

Beachside Holiday Park（见354页）的前台兼作信息中心，8:30~20:00开放。

到达和离开

飞机

陶朗阿城市机场（Tauranga City Airport，见351页）实际上就在芒特芒阿努伊，距离陶朗阿市中心4公里。

长途汽车

芒特的主要汽车站在Salisbury Ave，就在Maunganui Rd路对面。

Baybus（见340页）白天有车前往陶朗阿（$3.40，28分钟，每15分钟1班）、帕帕马（Papamoa；$3.40，34分钟，每小时1班）和罗托鲁阿（$11.60，1.75小时，每天2班）。

InterCity（见44页）的目的地包括奥克兰（$22，4小时，每天2班）、哈密尔顿（$17，2.75小时，每天1班）、罗托鲁阿（$10，1.5小时，每天1班）、陶波（$16，3小时，每天1班）和内皮尔（$19，6小时，每天1班）。

Mana Bus（见325页）每天有班车往返奥克兰（$24，4.75小时）、哈密尔顿（$17，2.5小时）、卡蒂卡蒂（$26，1.25小时）和罗托鲁阿（$6，1.25小时）。

自驾

可以经过大桥到达芒特芒阿努伊，也可从南面沿SH2到达。租车可以联系**Rite Price Rentals**（☎07-575 2726; www.ritepricerentals.co.nz; 63 Totara St; ⏰周一至周六 8:00~17:00，周日 至正午）。

帕帕马（Papamoa）

☎07/人口 20,100

帕帕马是个蓬勃兴旺的小镇，邻近芒特芒阿努伊。两地仅由一两片围场隔开，而那些围场将来肯定会被开发。在小镇的一些地方，朴素的街道两边立有新建的大房，让人感觉像一片封闭的社区，但是翻过庇护小镇的沙丘，便是一片美到极致的海滩——难怪不断有人搬来帕帕马居住。

活动

Blokart Recreation Park 探险运动

（☎07-572 4256; www.blokartrecreationpark.co.nz; 176 Parton Rd; 陆地风帆车 30分钟/1小时 $30/50，漂流车 15分钟 $25; ⏰周六和周日 10:00~16:30）忘了讨厌的水吧，这里的定制高速车道可以让你体验"陆地扬帆"的感觉（陆地风帆车就像坐在轮子上冲浪一样）。也有电动漂流车，哪怕没有风也可以玩。两种都很好玩，容易掌握，强烈推荐。

食宿

Beach House Motel 汽车旅馆 $$

（☎07-572 1424，0800 429 999; www.beachhousemotel.co.nz; 224 Papamoa Beach Rd; 套间 $155起；📶🏊）外部是棱角分明的波纹铁皮，内里却放着品位不俗的藤制家具，这里有无可挑剔的高档新西兰海滩度假房（beach house）。气氛轻松，靠近海滩，海风太大时也可以在游泳池里玩耍。岩石花园似已容不下里面的橙色雏菊。

Papamoa Beach Top 10 Holiday Resort 假日公园 $$

（☎07-572 0816；www.papamoabeach.co.nz；535 Papamoa Beach Rd；露营地 $24起，套间 带/不带浴室 $153/93；@📶👪）这座不规则的度假村曾经是一片房车露营地，现在化身为干净的现代公园，无论是风貌还是价格都大非往昔可比。住宿包括带厨房的豪华别墅，就在沙丘后面。小孩子会喜欢这里的游乐场、蹦床和夏季的儿童俱乐部。

Bluebiyou 咖啡馆 $$

（☎07-572 2099；www.bluebiyou.co.nz；559 PapamoaBeach Rd；主菜 早餐 $16~20，午餐 $22~37；⏰10:00至深夜）是一家位于沙丘上的餐厅，温馨随意，供应分量很大的早午餐、各种意式菜肴（蒜蓉面包、比萨、意大利面）、海鲜特色菜和西班牙小吃。精心烹饪的牡蛎很棒。周日下午有现场音乐演出、欢乐时光特价饮品和食物。

到达和离开

Baybus（见340页）有班车开往芒特芒阿努伊（$3.40，50分钟）和陶朗阿（$3.40，30分钟），至少每小时1班，大多数日子都有去往瓦卡塔尼（$14，1.5小时）的车。

卡蒂卡蒂（Katikati）

☎07/人口 4060

当地人把这里叫作“卡提卡”（Katikat）。小镇位于公路旁，人来人往，曾是世界上唯一的阿尔斯特人（Ulster，爱尔兰苏格兰人）规划移民点。小镇上有五颜六色的壁画，来纪念这段历史。现在的镇中心有超过60幅壁画，还有一些有趣的街头雕塑（找找Barry，一个奇异鸟小伙子，坐在信息中心附近的一个公园长椅上读报纸）。

景点

俳句步道 公园

（Haiku Pathway；www.katikati.co.nz）这个独特的景点是新千年的纪念项目，刻有俳句的石头小路沿着乌雷塔拉河（Uretara River）蜿蜒穿过美丽的公园，就在主街后面。

卡蒂卡蒂鸟园 鸟类保护区

（Katikati Bird Gardens；☎07-549 0912；www.birdgardens.co.nz；263 Walker Rd East，Aongatete；成人/儿童 $10/8.50；⏰10月至次年5月 每天 10:00~16:30，6月至9月 周六和周日；👪）这座私营鸟园位于小镇以南约7公里处，占地4公顷，园内飞舞着各种本土和异国鸟类[见过小新西兰鸬鹚（kawaupaka）吗？]。门票含一小包麦粒，这样你一进去就会很受欢迎。准备好照相机，拍摄飞过头顶的鸽子。园内有一家咖啡馆兼礼品店，还有精品村舍可供住宿（民宿 双人间 $175）。

西湾博物馆 博物馆

（Western Bay Museum；☎07-549 0651；www.nzmuseum.com；32 Main Rd；成人/儿童 $5/2；⏰10:00~16:00）这家小型地区博物馆位于从前的消防站，展出一系列毛利文物，都来自当地的Ngāi Te Rangi部落，也有一些临时展览，展出小镇各方面的历史遗产。不要错过古老的卡蒂卡蒂监狱（Katikati Jail），那是一座小屋，一次只能关押两名囚犯。

Leveret Estate 葡萄酒庄园

（☎07-552 0795；www.wineportfolio.co.nz；2389 SH2；⏰9:30~17:00）这座出色的酒庄是从非洲的葡萄酒乡移植过来的南非荷兰建筑，位于卡蒂卡蒂以南8公里的SH2公路旁。你可以在此品酒，也可买酒回去收藏。他们酿制分外迷人（价格也很实惠）的白苏维浓、黑皮诺和晚收维欧尼葡萄酒。

团队游

卡蒂卡蒂壁画游 文化

（Katikati Mural Tours；☎07-549 5250；www.muraltown.co.nz；出发点 36 Main Rd；每人 $10；⏰10月至次年3月 周六和周日 11:00）从信息中心出发的导览游，参观分布在小镇上的60多幅壁画中的一部分。无须预订。

住宿

Kaimai View Motel 汽车旅馆 $$

（☎07-549 0398；www.kaimaiview.co.nz；84

MainRd；套间 $135起；📶🏊）这家旅馆的房间非常整洁（全部以新西兰土生树木命名），配有CD机和小厨房。较大的房间还配有按摩浴缸。后墙外的风景很好，的确对得起店名。

★ **Warm Earth Cottage** 村舍 $$$

（☎07-549 0962；www.warmearthcottage.co.nz；202 Thompsons Track，Aongatete；双$290）从小镇向南行5公里，再沿SH2向西行2公里，你便可以到达这家桃源仙境般的住所。你可以在这儿与伴侣重燃激情，或是慢慢品味纯粹的快乐。两座美丽的村舍不通电，旁边是可以畅游的怀特口和河（Waitekohe River）。在这里你还能点火烤肉，或是享受室外木火洗浴，或是在舒适的客人休息室兼图书室细细读上一本书。自制早餐分量很足，费用已包含在房费中。

餐饮

Ambria 法式小馆 $$

（☎07-549 2272；www.ambria.co.nz；5/62 Main Rd；主菜 午餐 $17~20，晚餐 $26~37；⏲周二和周三 17:00至深夜，周四至周日 11:00~14:00和17:00至深夜）这家餐馆虽然位于城镇东边一个不甚起眼的商业区，但神奇的是，氛围特别好，是一家热门的酒吧餐馆。找个临河的座位，点上一杯新西兰红酒，享用烤鸭腿配红薯泥。午餐和晚餐都有美食比萨。

Talisman Hotel 小酒馆

（☎07-549 3218；www.talismanhotel.co.nz；7 Main Rd；⏲11:00至深夜）Talisman比一般的小镇酒吧要好，有一个迷人的花园酒吧和法式小馆。

实用信息

卡蒂卡蒂信息中心（Katikati Information Centre；☎07-549 1658；www.katikati.org.nz；36 Main Rd；⏲周一至周五 8:00~17:00，周六和周日 10:00~14:00；📶）出售小镇壁画指南（$5），壁画导览游也从这里开始。

到达和离开

每天有3班InterCity（见44页）班车经停本地，往返奥克兰（$17，3.25小时）、泰晤士（Thames；$15起，1.25小时）、怀希（$15，29分钟）、陶朗阿（$15起，35分钟）和芒特芒阿努伊（$15，45分钟）。

Mana Bus（见325页）每天有一班车往返奥克兰（$18，2.75小时）、怀希（$26，20分钟）、陶朗阿（$26，35分钟）、芒特芒阿努伊（$26，1.25小时）和罗托鲁阿（$10起，2.75小时）。

Baybus（见340页）每天有2班车前往陶朗阿（$8.20，50分钟），周四有一班车前往怀希（$5，30分钟）和怀希海滩（$5，58分钟）。

瓦卡塔尼（Whakatane）

☎07/人口 18,800

瓦卡塔尼（发音“fah-kah-tah-neh”）位于瓦卡塔尼河河口，是一个天然的河港，也是波胡图卡瓦树的天堂。这里是农业区中心，但小镇的魅力远不只农业：怡人的沙滩、阳光灿烂的小城气息、瓦卡阿利（怀特岛）海岸的火山景观——先随便说几个。这里也一直是新西兰阳光最好的地方，不过2016年，本地长期保持的“新西兰日照最充分的城镇”桂冠以微弱劣势转移到了布莱尼姆（Blenheim）头上。

景点

马塔图瓦 历史建筑

（Mataatua；☎07-308 4271；www.mataatua.com；105 Muriwai Dr；成人/儿童 1小时团队游 $49/15，包括徒步 $98/30；⏲12月至次年2月 10:00~16:00，3月至11月 至14:00）**免费** 马塔图瓦是一座梦幻的毛利会堂，1875年开凿完成，也是Te Mānuka Tūtahimarae（传统会堂）的核心建筑。旁边的游客中心用展览和迷人的8分钟影片讲解了这座“归乡楼”的非凡故事。参观会堂需参加1小时的导览游（一般正午和14:00开始，要提前致电预约），游览以一场powhiri（传统欢迎仪式）作为开端。

1879年，马塔图瓦被拆卸送去了悉尼，这让当地的那嘎提阿瓦部落（Ngāti Awa）惊慌失措，因为它象征着部落的祖先。雪上加霜的是，建筑还被从里到外翻修一新，从前的壁画中加入了粗糙的澳大利亚元素。在墨尔本展示了一番之后，它被送去了伦敦，在维多利亚和阿尔伯特美术馆中一待就是40年。后来

Whakatane 瓦卡塔尼

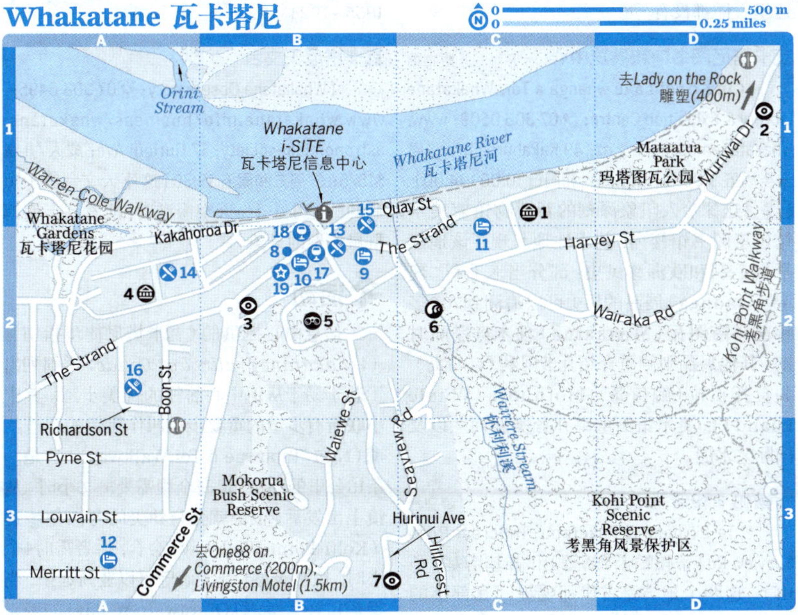

Whakatane 瓦卡塔尼

景点

1 马塔图瓦 C1
2 穆里怀岩洞 D1
3 波哈图罗瓦 B2
4 瓦卡塔尼图书馆和展览中心 A2
5 蒂帕帕卡和普基塔基 B2
6 怀利利瀑布 C2
7 瓦卡塔尼天文台 B3

活动、课程和团队游

8 Diveworks B2
White Island Tours .... （见11）

住宿

9 Tuscany Villas B2
10 Whakatane Hotel B2
11 White Island Rendezvous C2
12 Windsor Lodge Backpackers A3

就餐

13 L'Epicerie B2
14 Niko Niko A2
Peejay's Cafe .... （见11）
15 Roquette B1
16 Soulsa A2

饮品和夜生活

17 Craic B2
18 Office Bar & Grill B2

娱乐

Boiler Room .... （见17）
19 WhakaMax Movies B2

它被缩小规模，以适应奥塔戈博物馆（Otago Museum）的场地，直到71年后的2011年，才终于归乡。

参观可结合90分钟的“我们先祖的足迹”（Footsteps of Our Ancestors）徒步团队游一起进行，后者会参观附近具有重要文化意义的遗址。

怀利利瀑布

瀑布

（Wairere Falls; Toroa St）瀑布藏身在小镇后方，垂挂于峭壁之上，水势汹汹，景色如画。这里曾为镇上的麻纺厂和面粉磨坊提供能源，也为瓦卡塔尼提供饮用水。瀑布不但美，更贵在其“天然去雕饰”：售票亭、电子介绍和热狗车这种普遍存在的煞风景的东西，这里一样都没有。

瓦卡塔尼图书馆和展览中心 博物馆

（Te Kōputu a te whanga a Toi, Whakatane Library & Exhibition Centre; ☎07-306 0509; www.whakatanemuseum.org.nz; 49 Kakahoroa Dr; ⌚周一至周五 9:00~17:00，周六和周日 10:00~14:00）**免费**这家令人印象深刻的新博物馆兼美术馆位于图书馆楼内，艺术性地呈现了该地区早期毛利和欧洲移民史：部分当地毛利"瑰宝"（taonga）展品的历史可以追溯到700多年前马塔图瓦（Mātaatua）独木舟登陆时期。其他展品则侧重介绍瓦卡阿利（怀特岛）和莫托霍拉（鲸鱼岛）[Motuhora（Whale Island）]。美术馆侧重举办各类新西兰以及国际艺术展。

蒂帕帕卡和普基塔基 瞭望台

（Te Pāpaka & Puketapu; Hillcrest Rd和Seaview Rd）蒂帕帕卡（螃蟹）和普基塔基（圣山），这两个地方是古代那嘎提阿瓦部落的要塞村遗址，位于镇后峭壁之上，可谓"一夫当关，万夫莫开"，也是俯瞰瓦卡塔尼的绝美观景处。先找到从停车场往Seaview Rd顶部走的小路，前往第一座要塞村，然后横穿Hillcrest Rd，转入去第二座的小路。

穆里怀岩洞 洞穴

（Muriwai's Cave, Te Ana o Muriwai; 35 Muriwai Dr）这座部分已经坍塌的岩洞曾经深入山体122米，是一位著名先知的家，他是马塔图瓦独木舟队长托拉（Toroa）的兄弟。当年，托拉离开波利尼西亚家园之前，遵照其父伊拉基瓦（Irakewa）的指示，需要寻找3个地标，这处岩洞就是其中之一。洞口有其兄弟姐妹的雕像。

波哈图罗瓦 地标

（Pōhaturoa; The Strand和Commerce St交叉路口）这里位于Strand街一处环岛旁，是一个巨大的"神圣"（tapu）岩体。过去，毛利人洗礼、去世、交战和文身（moko）等仪式都在此举行。1840年，那嘎提阿瓦部落的诸位酋长就是在这里签署了《怀唐伊条约》（*The Treaty of Waitangi*）。这里还有一个纪念碑，以纪念那嘎提阿瓦酋长蒂·胡里努伊·阿帕努伊（Te Hurinui Apanui, 1855~1924年）。

瓦卡塔尼天文台 天文台

（Whakatane Observatory; ☎07-308 6495; www.whakatane.info/business/whakatane-astronomical-society; 17 Hurinui Ave; 成人/儿童 $15/5; ⌚周二和周五 19:30）这座天文台位于镇后的一座小山上，天空澄澈时，能看到丰盛湾群星汇聚的景象。

活动

信息中心提供的《瓦卡塔尼徒步指南》（*Whakatāne Walkways Guide*）详细列出了若干易于从镇中心前往的优美步道。其中串联所有步道的重要步道叫作**陶伊的足迹步道**（Ngā Tapuwae o Toi Walkway），这是一条16公里的环路，走完全程需要5~6小时。从镇上出发后，很快就会与壮美的**考黑角步道**（Kohi Point Walkway）会合，后者需时4个小时，植被茂盛，登上峭壁可以登高远望，当**奥塔拉怀莱莱湾**（Otarawairere Bay）的美景呈现在眼前时，任何人都会发出由衷的赞叹。你还可以到被称为新西兰最古老要塞村的**陶伊要塞**（Toi's Pā，或Kapua-te-rangi）去看看。7公里（大约3小时）后，你就到了奥霍普，那里美得惊人，绕点儿路也值。如果真是累得迈不动步了，可以乘公共汽车从奥霍普返回瓦卡塔尼。

不想走得那么辛苦，你可以选择较平坦的**Warren Cole Walkway**（往返1小时），从Landing Rd桥出发，沿瓦卡塔尼河行进，经过瓦卡塔尼花园和穆里怀岩洞。

Onepū Mountain Bike Park 山地骑行

（SH30, Te Teko）**免费**一路颠簸大约15公里，穿越森林。这个骑行公园位于瓦卡塔尼西南30公里处，去往罗托鲁阿的路边。这里甚至有一些类似自行车越野赛赛道的小路可以尝试。想了解这条路和其他车道的信息，可到信息中心索取《瓦卡塔尼骑行指南》（*Whakatāne Cycling Guide*）。

团队游

★ White Island Tours 团队游

（☎0800 733 529; www.whiteisland.co.nz; 15 The Strand; 5.5小时游 成人/儿童 $219/130）

出色的1.5小时岛屿团队游，也是前往瓦卡阿利（怀特岛）的唯一官方乘船之旅，途中能看到野生动物，提供午间野餐。另有莫托霍拉（鲸鱼岛）团队游（成人/儿童 $99/59）。

White Island Flights 观光飞行

（07-308 7760；www.whiteislandflights.co.nz；Whakatane Airport；飞行 $249）乘坐固定翼飞机的观光之旅，飞越瓦卡阿利（怀特岛），有许多拍照机会。瓦卡阿利、塔拉韦拉山套餐价格为$339。

Diveworks 潜水

（0800 354 7737，07-308 2001；www.whaleislandtours.com；96 The Strand；潜水 含设备 $215起）除了莫托霍拉（见362页）生态导览游之外，还可以深入周边水域，包括探索44米深处的Seafire号残骸。亦可前往Rurima Islands看龙虾仔，最远可到瓦卡阿利（怀特岛）。

Frontier Helicopters 观光飞行

（0800 804 354；www.whiteislandvolcano.co.nz；Whakatane Airport；团队游 $695）搭乘直升机前往瓦卡阿利（怀特岛），在活火山的火山口降落，展开1小时的导览徒步。

住宿

Windsor Lodge Backpackers 青年旅舍 $

（07-308 8040；www.windsorlodge-backpackers.co.nz；10 Merritt St；铺 $25，房间带/不带浴室 $84/49起，双 $88/68；@）这家旅舍由一个殡仪馆改造而成，有很好的宿舍房，前面也有2个私人套间。内部的大庭院很适合夏季社交。

Whakatane Hotel 小酒馆 $

（07-307 1670；www.whakatanehotel.co.nz；79 The Strand；标单 $75，双 带/不带浴室 $85/75；）这座可爱的装饰艺术风格的酒馆楼上有条件简单但体面的房间，正是你所期待的这个时代应有的酒馆住宿处的样子：层高很高，有许多公用浴室，还有一个公共厨房。楼下的酒吧可能会有些吵。

One88 on Commerce 汽车旅馆 $$

（07-307 0915；www.one88oncommerce.co.nz；188 Commerce St；套间 $149起；）这家

瓦卡塔尼的得名

“瓦卡塔尼”的名字源自六百多年前，是最早的毛利定居者到达这里两百多年后的事情了。一天，部落战士托拉（Toroa）及其家人乘坐“马塔图瓦”（Mātaatua）大型航海独木舟（waka）驶入河口。当男人们都上岸去和当地的部落首领会面时，潮水变向，将独木舟和船上的一群女人推回了海中。毛利人非常忌讳（tapu）女人驾船，而面对危机，托拉的女儿怀拉卡（Waikara）高喊一声：“欺吾巾帼中无丈夫乎！”（E! Kia whakatāne au i ahau!），然后抓起船桨，将船安全划回岸边。今天，一座颇具想象力的**怀拉卡雕像**骄傲地矗立在瓦卡塔尼港口的一块岩石上，以纪念这位奇女子的勇敢品质。

现代化的汽车旅馆位于镇中心10分钟步程外，有宽敞的房间和床铺超大的套房。大多数房间都有水疗浴缸和私人庭院，还有小厨房和巨大的平板电视。

White Island Rendezvous 汽车旅馆 $$

（07-308 9500；www.whiteislandrendezvous.co.nz；15 The Strand E；标单/双 $99/140起；）这片完美的综合楼由手脚麻利的White Island Tour员工（参加团队游的旅客可打折）运营，其中包括一个看着有些像托斯卡纳风格的主楼、一片时髦的波形铁小屋组成的“微型村”，以及位于一座迷人别墅旁的民宿房。阳台和露台很多，可以让你沐浴在海风中，有些套间有水疗浴室。

Tuscany Villas 汽车旅馆 $$

（07-308 2244；www.tuscanyvillas.co.nz；57 The Strand E；套间 $159起；）这个汽车旅馆叫托斯卡纳（Tuscany），虽然与真正的佛罗伦萨远隔万水千山，但是几缕灿烂的阳光、锻铁护栏阳台、户外比萨烤炉和夏日葡萄酒酒吧确实能让人感受到些许意大利的风情。房间奢华舒适，配有超大床和水疗浴池。

Livingston Motel 汽车旅馆 $$

（07-308 6400；www.livingston.co.nz；42 Landing Rd；套间 $130起；）从这家农场风格

的汽车旅馆到镇上要走好一段路，但旅馆一尘不染，房间又大又整洁，床超舒服，高级套房里的特大号温泉浴缸也很赞，在Landing Rd一带几家旅馆中算是最棒的了。

Captain's Cabin 公寓 $$

（☎07-308 5719; www.captainscabin.co.nz; 23 Muriwai Dr; 双/标三 $135/160）这家温馨的公寓位于镇子宁静的一侧，能看到波光粼粼的水面，设施齐备，如果想逗留一段时间，这里是完美的选择（2晚及以上更便宜）。舒适的起居空间聪明地结合了卧室、休息室、厨房和餐厅，还有一个小次卧和袖珍浴室，全部都装饰着可爱的航海路线图案。

就餐

Peejay's Cafe 咖啡馆 $

（☎07-308 9588; www.whiteisland.co.nz; 15 The Strand E; 主菜 $10~19; ⊙6:30~16:00）这是White Island Rendezvous建筑群的一部分，是我们在瓦卡塔尼最爱的咖啡馆，提供鸡蛋葱豆饭和美味的烘焙食品，包括一种好吃的生姜片。许多菜里都有生姜，毫无疑问是为了温暖乘船来到瓦卡阿利的游人的胃。团队到达前后会很挤，但其他时间都很悠闲，讨人喜欢。

Julian's Berry Farm 咖啡馆 $

（☎07-308 4253; www.juliansberryfarm.co.nz; 12 Huna Rd, Coastlands; 主菜 $5~20; ⊙11月至次年2月 8:30~17:30; 👪）到农场采摘浆果是新西兰的一项夏季传统，孩子们会很喜欢，但如果你想把这个腰酸背痛的工作留给其他人，那不如来这个农场咖啡馆里点些喝的，在阳光大露台上找个位子坐下来。大部分食品都含有浆果，包括马芬、热蛋糕、冰沙和冰激凌。农场里还有一个迷你高尔夫球场和一个小农场。

Niko Niko 寿司 $

（☎07-307 7351; 43 Kakahoroa Dr; 寿司 $2~3; ⊙9:00~18:00）这家寿司店位于Strand街和海滨之间一个阳光明媚的角落。可以点两份摆盘很美的辣椒鸡肉卷，到外面的阳光餐桌享用。价格从$11到$15，加长寿司卷很超值。

Soulsa 新派新西兰菜 $$

（☎07-307 8689; www.soulsa.co.nz; 14 Richardson St; 主菜 $33; ⊙周一至周六 17:30~21:00）这家现代餐厅会将时令产品创意性地

值得一游

莫托霍拉（鲸鱼岛）[MOUTOHORA（WHALE ISLAND）]

毛利地名的英文名称很少会对应原意，但这座距离瓦卡塔尼海岸9公里的火山岛从某些特定角度看上去，真的很像卡通鲸鱼。这座岛也是陶波火山带中的一员，远不及其他火山活跃，但沿岸还是有一些温泉。最高峰达到353米。岛上有几个历史遗址，包括一个古老的要塞村、一个采石场和一个露营地。

莫托霍拉曾是那嘎提阿瓦部落（Ngāti Awa）的一个定居点，1867年归欧洲人所有。从1965年开始，这里被环保部列为海鸟和涉禽的野生动物保护区，现在完全处于无天敌状态。1999年，40只北岛鞍背鸟（一度濒危）在这里放归大自然，如今，它们的数量已达到将近1500只。海狗在这里也很常见。

既然是保护区，上岛当然会受到限制，持有许可证的运营商数量有限，行程都从瓦卡塔尼出发。

White Island Tours（见360页）半日团队游（成人/儿童 $99/59），还可前往新西兰海狗栖息地观光和观鸟。

Diveworks（见361页）2小时环岛游（成人/儿童 $90/70），或4小时的岛屿导览团队游（$120/75）。

KG Kayaks（见364页）乘坐双体船前往岛屿，然后放下皮划艇环绕海岸线观赏野生鸟类，条件合适时还可进入海上洞穴（每人$195）。

不要错过

瓦卡阿利（怀特岛）[WHAKAARI（WHITE ISLAND）]

这里是新西兰最活跃的火山，距离瓦卡塔尼海岸49公里，天气晴朗时，很容易通过始终喷涌的白色烟雾辨认出它的位置。据估计，这座小岛已有15万至20万年的历史，最初由3个形成于不同年代的独立火山锥构成。两座较老的火山锥已经逐渐被侵蚀，耸立在中间的新火山锥反倒"长个儿"了。321米的吉斯伯恩峰（Mt Gisborne）是岛上的最高点。而在吃水线以下，山体又向海床下降了440米。

景点

游览瓦卡阿利岛绝对是一生一次的难忘体验。有资质的团队游会直接在火山口着陆，然后小心翼翼地在明黄色的硫黄和蒸汽口之间穿行（有记录表明，火山口内部温度在600℃~800℃），你不会看到任何岩浆（不是那种类型的火山），不过会接触和感受到纯硫黄的味道，还可以在酸性的地热溪中洗洗你的10分钱硬币。

此外，团队游还会前往1923~1933年在岛上运营的硫黄工厂。火山环境侵蚀了金属，却保存下木头，留下一片非常上镜的废墟。岛上也曾尝试开矿，最后以悲剧告终。1914年，驻扎在此的10人全部消失无踪，唯一的幸存者是营地里的猫——彼得（Pete，后来被称为"彼得大帝"）。

上岛并非没有危险，不过从那以后这里没有死过人。每过2~10年，岛上总会发生重大事件，一般是火山灰喷发。任何时候都必须戴硬顶帽，运营方会提供防毒面具——气体无毒，但会刺激喉咙。

虽然环境恶劣，这座岛上却生活着许多塘鹅，周边水域也有大量的海洋生物。

团队游

所有团队游都从瓦卡塔尼出发，而且都要根据天气和火山活动制订行程。必须预订，不过确切行程得到出发前一晚才能确定。

White Island Tours（见360页）有唯一能登陆小岛的船只，热心的员工都是知识渊博的向导。整个行程需要5~6小时，包括1小时上岛游览及靠岸野餐。90分钟的船程（单程）中可以留心观察海洋生物。

Frontier Helicopters（见361页）提供2小时的团队游，从瓦卡塔尼出发，绕着火山鸟瞰，然后降落在火山口游览。

Aerius Helicopters（见353页）提供类似的体验，从芒特芒阿努伊出发（每人$870）。

转化为美味菜肴，从亚洲风味的汤到鹿肉配红薯之类味道浓郁的新西兰经典菜都有。葡萄酒也不错。

L' Epicerie 咖啡馆 $$

（☎07-308 5981；www.lepicerie.co.nz；73 The Strand；主菜 $10~20；⌚7:30~16:00；👪）这个位于瓦卡塔尼中心区的经典法国咖啡馆真是个惊喜，公共餐桌提供美味的煎蛋饼、羊角包、可丽饼。咖啡极棒，熟食架上塞满果酱、面包、芥末酱和又臭又美味的法国奶酪，营造出浓浓的法国风情。休闲早餐不妨试试好吃的法式加利特饼（galette）。

Roquette 地中海菜 $$

（☎07-307 0722；www.roquette-restaurant.co.nz；23 QuaySt；主菜 午餐 $22~37，晚餐 $30~37；⌚周一至周六 10:00至深夜）这家豪华的现代水畔餐厅提供偏地中海风味的菜肴，有夏季沙拉、意式烩饭（risotto）和鱼类菜品，让人称绝。气氛舒缓，装饰以玻璃为主，咖啡很好喝，服务员很麻利。推荐烤羊肉沙拉（char-grilled lamb salad）、对虾和西班牙辣香肠炸饭团。18:00之前有超值的早鸟套餐（主菜加葡萄酒$23）。

饮品和夜生活

Craic 爱尔兰酒吧

（☎07-282 3058；www.whakatanehotel.co.nz；Whakatane Hotel, 79 The Strand；⊙11:00至深夜）这家爱尔兰酒吧是当地人常去的地方。兴致高的时候，喝个一两品脱，兴致不高的时候就来杯热巧克力。里面有许多舒适的角落，阳光好的时候，街边餐桌也是好地方。

Office Bar & Grill 酒吧

（☎07-307 0123；www.whakatane.info/business/office-bar-grill；82 The Strand；⊙10:00至深夜）这家运动风格的酒吧很实在，"干什么像什么"：竞赛成绩好、啤酒很好；菜品配薯条、沙拉等，分量很足；工作日后几天晚上还有现场乐队表演，DJ也会偶尔来助兴。

娱乐

Boiler Room 现场音乐

（☎07-282 3058；www.facebook.com/Boiler Room Whakatane；George St）就在Whakatane Hotel，仅限有活动时开放，空间很大，有免费的DJ和现场乐队演出，有时会有新西兰即兴喜剧表演。

WhakaMax Movies 电影院

（☎07-308 7623；www.whakamax.co.nz；99 The Strand；成人/儿童 $14/9）电影院位于Strand街的正中心，放映的都是最新的电影。17:00之前和周二有低价票。

实用信息

瓦卡塔尼信息中心（Whakatanei-SITE；☎07-306 2030；www.whakatane.com；Quay St和Kakahoroa Dr交叉路口；⊙周一至周五 8:30~17:30，周六和周日 9:00~16:00；📶）提供免费无线网（下班后楼外露台上也有信号）、团队游预订、住宿及环保部相关的一般咨询服务。可出租自行车（2小时$10），探索附近的海滨步道。

到达和离开

飞机

瓦卡塔尼机场（Whakatane Airport，WHK；216 Aerodrome Rd, Thornton）位于镇子以西9公里的桑顿（Thornton）。Air Chathams（见325页）每天有2~3个航班往返瓦卡塔尼和奥克兰。

长途汽车

Baybus（见340页）的班车前往奥霍普（Ohope；$3.40，30分钟，每天7班，周日除外）、奥波蒂基（Opotiki；$9.50，45分钟，每周2班）、帕帕马（$14，1.5小时，大多数日子）和陶朗阿（$16，2小时，大多数日子）。

大多数日子里，InterCity（见44页）都有一班车前往奥克兰（$38，6小时）、哈密尔顿（$34，3.5小时）、罗托鲁阿（$23，1.5小时）、奥波蒂基（$15，35分钟）和吉斯伯恩（$16，3小时），在信息中心外停靠。

奥霍普（Ohope）

☎07/人口 2760

从瓦卡塔尼翻山再过6公里便是奥霍普。这里有一片极为壮观的海滩，几乎绵延不断，想懒洋洋地发呆也行，兴冲冲地冲浪也行。背后是安静的奥西瓦港（Ohiwa Harbour），那是皮划艇和钓鱼的最佳场所。

活动

Salt Spray Surf School 冲浪

（☎021 149 1972；www.saltspraysurfschool.co.nz；West End Rd；2小时课程 $70起）出租冲浪板和泳衣，提供初学者课程，包括专门面对儿童和女性的课程。

团队游

KG Kayaks 皮划艇

（☎027 272 4073；www.kgkayaks.co.nz；93 Kutarere Wharf Rd, Kutarere；团队游 $85起，1/2/3小时租赁 $25/45/65）总部位于奥西瓦港南岸，介于奥霍普和奥波蒂基之间，夏季在奥霍普有个棚子，出租皮划艇。2.5小时的海岸导览探险从奥霍普海滩出发，划船绕着隐蔽的海湾探险，也提供奥西瓦港日间和夜间短途游，长些的行程可至莫托霍拉（见362页）。

住宿

Moanarua Beach Cottage 民宿 $$

（☎07-312 5924；www.moanarua.co.nz；2 Hoterini St；双 $180）店主Miria和Taroi热爱旅游，将温暖的服务与当地毛利遗产、艺术和文化信息结合在一起。住宿地位于设施齐备

的毛利风情花园小屋。Taroi负责出租自行车和皮划艇，安排钓鱼和乘船游，同客人打成一片。

Ohope Beach Top 10 Holiday Park 假日公园 $$

（☎07312 4460；www.ohopebeach.co.nz；367 Harbour Rd；露营地 $21起，套间 带/不带浴室 $163/78起；）这片大型建筑群是一个标准的现代度假公园，有许多适合"全家同乐"的设施：运动场、迷你高尔夫、蹦床、滑道泳池……还有绿荫营地，在一些很棒的公寓间里，你能够遥望到沙丘。一到夏季，人就会多得不得了（价格也相应提高）。

Aquarius Motel 汽车旅馆 $$

（☎07-312 4550；www.aquariusmotel.co.nz；103 Harbour Rd；套间 $135起；）一系列的小套间从主路后面一直延伸到海滩（完全无须游泳池）。房间简单，但都有厨房。

就餐

Ohiwa Oyster Farm 炸鱼和薯条 $

（☎07-312 4566；www.whakatane.info/business/ohiwa-oyster-farm；111 WainuiRd；餐 $7.30~12；⏲10:00~18:30）这家经典的路边海鲜小店高耸在奥西瓦港泥泞的后滩之上（绝对是牡蛎之乡）。打算野餐的话，来这儿买炸鱼和薯条准没错，或者囤些牡蛎。可以留意徘徊在水边等待喂食的黄貂鱼。

Moxi 咖啡馆 $$

（☎021 283 1330；www.moxicafe.co.nz；23 Pohutukawa Ave；主菜 早餐 $12~18，午餐 $18~24；⏲7:00~15:30）这座露天咖啡馆在船运集装箱外，有非常闪亮的百叶窗式屋顶，是奥霍普的最佳咖啡馆。分量不大，服务也一般，但食物美味，咖啡一流。也提供精酿啤酒和葡萄酒，是海滩游玩后的好去处。

Cadera 墨西哥菜 $$

（☎07-312 6122；www.facebook.com/Cadera.ohope；19 Pohutukawa Ave；主菜 $18~25；⏲周二和周三 16:00~22:00，周四 16:00至午夜，周五至周日 11:00至午夜）这座悠闲的餐厅酒吧完美地坐落在海滩环境中，当然，墙上一定有弗里达·卡罗（Frida Kahlo），菜单上都是墨西哥热门菜式（玉米脆片、墨西哥卷、油炸玉米饼）。塔可尤其美味。

Fisherman's Wharf 法式小馆 $$

（☎07-312 4017；www.facebook.com/fishermanswharfcafe；340 Harbour Rd；主菜 $28~33；⏲周三至周六 17:30~20:30）这座悠闲的海滨餐厅有宽敞的露台，在上面能看到一流的海滨风景。菜肴包括出色的牛排和海鲜，不妨试试鱼肉塔可。精选的啤酒和葡萄酒能让你在奥霍普度过悠闲的一夜。外面有个外卖窗口，出售炸鱼和薯条。

到达和离开

Baybus（见340页）的122路从瓦卡塔尼翻山前往奥霍普（$3.40，30分钟，每天7班，周日停运）。每逢周一、周三，147路延伸至奥波蒂基（$9.50，45分钟）。

InterCity（见44页）大多数时候都有班车前往奥克兰（$39，6.5小时）、哈密尔顿（$34，4小时）、罗托鲁阿（$23，2小时）、奥波蒂基（$15，25分钟）和吉斯伯恩（$16，3小时）。

奥波蒂基（Opotiki）

☎07/人口 4180

奥波蒂基被两条河环绕着，呈整齐的网格状，是一个处处散发着岁月气息的小镇，历史建筑散布其间。附近有两片很好的海滩：奥西瓦（Ohiwa）和怀欧塔希（Waiotahi）。除海滩外，小镇的主要魅力在于，它是前往东海岸和内陆一系列山地自行车车道的门户。这里的毛利传统保存得很好，有超过一半人口都是毛利后裔。

景点

从当地信息中心领取（或是从网站www.opotikinz.com下载）小册子《奥波蒂基访古》（*Historic Opotiki*），详细了解小镇的古建筑。

胡库塔亚领地 森林、考古遗址

（Hukutaia Domain；501 Woodlands Rd；⏲白天）**免费** 这片虽小但青翠的森林位于镇南约8公里处，生长着约1500种本土植物，沿步程20分钟的环路观赏。最重要的是一棵名

叫“塔基塔基劳”（Taketakerau）的新西兰牡荆树（puriri），高23米，树龄估计已超过2000年。领地中还有一片墓地，曾经专门用于埋葬法卡托伊部落（Whakatōhea）乌坡克雷荷支系（Upokorehe hapū）中的身份显赫者。如今，逝者的遗骨已被迁至别处重新安葬。

海欧娜圣斯蒂芬教堂 教堂

（Hiona St Stephen's Church；☎07-315 8319；www.hiona.org.nz；124 Church St）圣斯蒂芬教堂建于1862年，由白色的木头建造，内部使用木头线条装饰，圣殿内有亚麻编织带（tukutuku），是一座圣公会（Anglican）教堂。1865年，当地法卡托伊部落（Whakatōhea）得知，传教士卡尔·沃克纳（Reverend Carl Völkner）曾在新西兰土地战争中充任政府间谍，于是在这里将其处死。当时，政府将一位名叫莫克莫克（Mokomoko）的当地人当作凶手绞死。1992年，时任总督给莫克莫克追发了一道迟来的特赦令。这份特赦令至今还挂在教堂大厅中。

教堂开放时间多变，不过一般上午会开放，直至14:00左右。

奥波蒂基博物馆 博物馆

（Opotiki Museum；☎07-315 5193；www.opotikimuseum.org.nz；123 Church St；成人/儿童 $10/5；⏲周一至周五 10:00~16:00，周六 至14:00）这间博物馆由志愿者管理，有不少有趣的文化遗产展品，包括毛利“瑰宝”（taonga）、军用物品、仿建的店面（理发店、木匠店和印刷店）等，也不乏农业工具，包括拖拉机、马车等。凭门票可进入几扇门之外的Shalfoon & Francis杂货店（可能需要叫人开门）。

这家商店建于19世纪60年代，2000年关门，现在货架上依然有堆得老高的老杂货和五金件，手袋、胶带、天平、书籍——要啥有啥。这些展品绝对妙趣横生。

活动

莫图自行车道 山地自行车

（Motu Trails；www.mototrails.co.nz）作为新西兰自行车道“最佳骑行道”（Great Rides）之一，这条自行车道由奥波蒂基周边的3条车道组成——较容易的沙丘小道（Dunes Trail；10公里）、中等的莫图公路道（Motu Road Trail；67公里）和高等级的帕基希道（Pakihi Track；44公里）。全部都是单行道，必须有车接驳，不过部分路段可以连接组成莫图环线（Motu Trails Loop；91公里）。

自行车租借、露营地和度假屋住宿、接驳交通等相关信息详见www.motucycletrails.com或www.hireandshuttle.co.nz。

Travel Shop 户外

（☎07-315 8881；www.travelshop.co.nz；104 Church St；租借 4/8小时 $30/40；⏲周一至周五 9:00~17:00）这座主街上的旅行机构，出租自行车、皮划艇和冲浪板。

住宿

★ Ohiwa Beach Holiday Park 假日公园 $

（☎07-315 4741；www.ohiwaholidays.co.nz；Ohiwa Harbour Rd；露营地 $21起，套间 带/不带浴室 $95/65起；）这个大度假公园幸福地偎依在奥西瓦港和壮阔海滩之间的一个偏远角落，位于奥波蒂基以西14公里处，很有新西兰夏季的风情：波胡图卡瓦树、凤凰棕榈、修剪整齐的草坪、翻卷的海浪和无边沙滩。套间不多，不过有宽敞的空间可供扎帐篷。淋浴需投币。

Opotiki Beach House 青年旅舍 $

（☎07-315 5117；www.opotikibeachhouse.co.nz；7 Appleton Rd，Waiotahi Beach；铺/标单/双 $30/49/68起；）这里的沙滩适合光着脚到处走。木板露台上阳光灿烂，还挂着吊床。这里坐拥海景，还有个宽阔的沙地后院。在宿舍和微风轻拂的休息厅后面，是不错的双人间。这里还为想体验正宗新西兰暑假的游客准备了一个古怪的房车（可睡2人）。旅舍位于镇西5公里的怀欧塔希海滩（Waiotahi Beach）上。

Central Oasis Backpackers 青年旅舍 $

（☎07-315 5165；centraloasis@hotmail.com；30 King St；铺/标单/双 $25/35/56起；）这家旅店位于镇中的一座19世纪木屋中，很温馨，房间宽敞，店内有炉火，花园繁茂。还有一辆便利的咖啡露营车提供有机咖啡、茶和新鲜果汁，咖啡车对外营业。

Island View Holiday Park 假日公园 $$

（☎07-315 7519；www.islandviewholiday.co.nz；6 Appleton Rd，Waiotahi Beach；铺和露营地 $25，套间 带/不带浴室 $140/80起；）在这座悠闲的假日公园中，以漂浮木修建的朴实栅栏营造出鲁滨孙漂流记的氛围。小木屋通往共享露台，有烤肉台和它们各自的厕所，这意味着，牺牲掉的隐私能在社交上获得补偿。此外，这里提供免费的皮划艇，树上有吊床，还有一个排球场和游泳池。

Eastland Pacific Motor Lodge 汽车旅馆 $$

（☎07-315 5524；www.eastlandpacific.co.nz；44 St John St；套间 $125起；）这里干净、明亮，打理得很好，套间简单但陈设讨人喜欢。部分房间带水疗浴缸，$160的两卧套间可谓物超所值。

就餐

Two Fish 咖啡馆 $

（☎07-315 5448；102 Church St；主菜 $7~21；周一至周五 8:00~14:50，周六 至13:50）奥波蒂基像样的餐馆不多，但是这家快乐的小咖啡馆提供健康的自制汉堡、杂烩浓汤、吐司、牛排三明治以及沙拉，食品柜里还有各种各样的食品可供选择。咖啡也很出色。在装潢怀旧的室内或庭院找个位子。

娱乐

★DeLuxe Theatre 电影院

（☎07-315 6110；www.deluxetheatre.co.nz；127 Church St；成人/儿童 $14/7）这家迷人的影院建于1926年，由社区经营，放映近期的电影，也会有奇怪的音乐会。

实用信息

奥波蒂基信息中心（Opotiki i-SITE；☎07-315 3031；www.opotikinz.com；70 Bridge St；周一至周五 9:00~16:30，周六和周日 至13:00；）和**环保部**（DOC；☎07-315 1001；www.doc.govt.nz；70 Bridge St；周五 9:00~16:30）在同一栋楼里。信息中心可为活动和交通订票，也提供游览东海岸不可缺少的免费小手册《太平洋海岸公路》（*Pacific Coast Highway*）。有淋浴设施（$3）。

到达和离开

长途汽车

Baybus（见340页）的147路（$9.50）开往瓦卡塔尼（55分钟）和奥霍普（45分钟），每周一、周三各2班。150路周二和周四向东沿海岸开行，最远可到Potaka。

InterCity（见44页）大多数时候都有一班车开往奥克兰（$42，6.75小时）、哈密尔顿（$34，4.25小时）、罗托鲁阿（$23，2.25小时）、瓦卡塔尼（$15，44分钟）和吉斯伯恩（$16，2小时）。

自驾

从奥波蒂基向东有两条公路：SH2穿过壮观的怀奥艾卡峡谷（Waioeka Gorge），SH35绕东角（East Cape）而行。走SH2的话，你可以在白天沿小路步行游览怀奥艾卡峡谷风景保护区（Waioeka Gorge Scenic Reserve），深入越来越陡、越来越窄的峡谷。此后，公路开始进入下坡，两旁青山如画，连绵起伏，点缀着成群的绵羊，最终到达吉斯伯恩。

东海岸

包括 ➡

最佳就餐

- Mister D（见394页）
- Bistronomy（见394页）
- Crawford Road Kitchen（见380页）
- Maina（见399页）
- Elephant Hill（见400页）

最佳住宿

- Stranded in Paradise（见373页）
- St Andrews Escape（见399页）
- Millar Road（见399页）
- Ahi Kaa Motel（见379页）
- Kiwiesque（见393页）

为何去

新西兰为人熟知的是丰富而狂野的地貌风景，但在东海岸，最独特的却是其社会形态。从很“接地气”的东角定居点，到北哈夫洛克富有的、浸在酒香中的街道，你看到的是一幅活生生的新西兰“浮世绘”。

没有什么地方比东海岸更能让你深刻感受毛利文化了。雕刻精美的毛利人集会地（marae）随处可见，还可体验毛利土语（te reo）和传统（tikanga）。

无畏者在这里可以轻松摆脱汹涌的旅行人流的困扰，沿太平洋海岸公路（the Pacific Coast Hwy）飞驰，去乡间小路、偏僻的海滩，或是神秘原始的蒂乌雷韦拉（Te Urewera）。

当荒野的呼唤耗尽了你的精力，吉斯伯恩和内皮尔能让你放松休整，迅速恢复元气。霍克斯湾（Hawke's Bay）地区有不少葡萄种植园，在这里，你会品尝到各种美酒。

何时去

- 东海岸气候温暖少雨。夏季（大约12月至次年3月），温和的内皮尔和阳光灿烂的吉斯伯恩附近的温度在25℃上下，冬季（大约6月至8月）的温度也很少降至8℃以下。
- 适合葡萄生长的霍克斯湾全年阳光温暖，气候温和干燥，年平均降雨量仅为800毫米。丰收季节是秋天（3月至5月）。
- 冬季，东角周边的太平洋海岸公路（SH35）上有几段偶尔会遭遇强降雨：旅行前记得在道路的任意一头（奥波蒂基或吉斯伯恩）查查路况。

到达和当地交通

该地区仅吉斯伯恩和内皮尔有机场。可搭乘新西兰航空(Air New Zealand; www.airnewzealand.co.nz)的航班从奥克兰和惠灵顿前往这两个城市,或是从基督城前往内皮尔。SH2和SH5上有定点发车的Intercity(www.intercity.co.nz)和Naked Bus(https://nakedbus.com)的长途汽车,将吉斯伯恩、奥波蒂基、怀罗阿(Wairoa)、内皮尔和黑斯廷斯(Hastings)与所有的中心城市连接起来。

东角和蒂乌雷韦拉附近的交通不太方便。Bay Hopper(www.baybus.co.nz)的车辆每周二和周四下午往返奥波蒂基和波塔卡/逃亡角(Pota-ka /Cape Runaway)之间($17, 2小时)。**Cooks Courier**(见375页)的车辆周二和周四往返于蒂阿拉罗阿和奥波基蒂,周一至周六每天往返吉斯伯恩和希克斯湾(Hicks Bay)之间。可打电话咨询价格和出发/抵达时间。也可自驾前往。

东角(EAST CAPE)

☎06和07

慢节奏的东角是新西兰的奇异之"角"。这里很安静,当地人因为对农业生产和对海洋的热爱团结在了一起,感觉这里所有人都彼此认识。马背上的人、沙滩上的拖拉机、晚餐桌上的鲜鱼——都是东角司空见惯的景象。

在内陆,人迹罕至的劳库马拉山脉(Raukumara Range)绵延起伏,成为东角崎岖的脊梁。在海边,327公里长的太平洋海岸公路(SH35)连接了奥波蒂基与吉斯伯恩。浮木散布在冷清的海岸上,只有少数旅行者陶醉在沙地海湾画卷般的美景中。

太平洋海岸公路(Pacific Coast Hwy)

这条全长327公里的太平洋海岸公路绕行北岛最东端,一个弯接着一个弯。对于驾车出行的新西兰人来说,这条路一直是默认的选择。如果你喜欢在驾驶时观赏沿途风光,而且不介意景点稀少且相距遥远,那么你也许会发现这段旅程其实很爽、很有趣。如果时间紧迫,一天可以走完,不过在途中过上一夜(或更多)会更值得。

东海岸精华

就餐 品尝来自黑斯廷斯农贸市场(见397页)的新鲜美食。

饮品 Sunshine Brewery(见380页)的Young Nick's Pale Ale。

阅读 读一读维提·伊希马拉(Witi Ihimaera)1987年出版的小说《鲸骑士》(*Whale Rider*),再看看2002年由该小说改编的极富感官冲击力的电影。

聆听 在吉斯伯恩的韵律与美酒音乐节(见378页)听国际和新西兰DJ打碟。

观赏 泰卡·怀蒂蒂(Taika Waititi)在怀豪湾(Waihau Bay)拍摄的破纪录搞笑片《男孩》(*Boy*, 2010年)。

绿色旅行 体验弥尔顿葡萄园(见380页),这里的葡萄健康有机,生机勃勃,美味至极。

网络资源 www.hawkesbaynz.com; www.gisbornenz.com; www.lonelyplanet.com/new-zealand/the-east-coast

如果时间紧,你可以从奥波蒂基沿SH2前往吉斯伯恩。这条经怀奥艾卡峡谷(Waioeka Gorge)的147公里的路线需要2.5小时,从古老的陶朗阿桥(Tauranga Bridge)出发,有一条2~3小时的步道环线。

这两条路线都可在《太平洋海岸公路指南》(*Pacific Coast Highway Guide*)中找到。你可以在吉斯伯恩(见375页)和奥波蒂基(见365页)的游客信息中心找到这本超棒的指南。记得把油加满,把食物带足,再出发——沿路商店和加油站不多。住宿和就餐的地方倒是分布得很均匀,可根据具体情况灵活安排。

景点

沿着奥波蒂基东海岸,你可以隐约看见瓦卡阿利(怀特岛),这是活火山中的"老烟枪"。托莱莱(Torere)、哈怀(Hawai)和奥马奥(Omaio)三处的海滩很是荒凉,水中礁石陡峭,遗留着船只留下的漂流物。别忘了欣赏托莱莱学校门前绝美的雕刻(whakairo)。

东海岸亮点

❶ **内皮尔**（见387页）在这座迷人的城镇里，身处装饰艺术的环绕之中，让你穿越回20世纪30年代。

❷ **霍克斯湾葡萄酒产区**（见395页）穿梭于当地的酒窖之间，闻酒香、品酒味。

❸ **吉斯伯恩葡萄酒庄**（见380页）在吉斯伯恩周边寻找更妙的新西兰葡萄酒。

❹ **蒂乌雷韦拉**（见383页）在茂密的森林中迷失自己，这里有丰富的毛利文化。

❺ **太平洋海岸公路**（见369页）绕东海岬环游，细数地标：拐子角、托拉加湾、托科马库湾和东海岬灯塔。

❻ **吉斯伯恩**（见375页）来冲浪，踩着冲

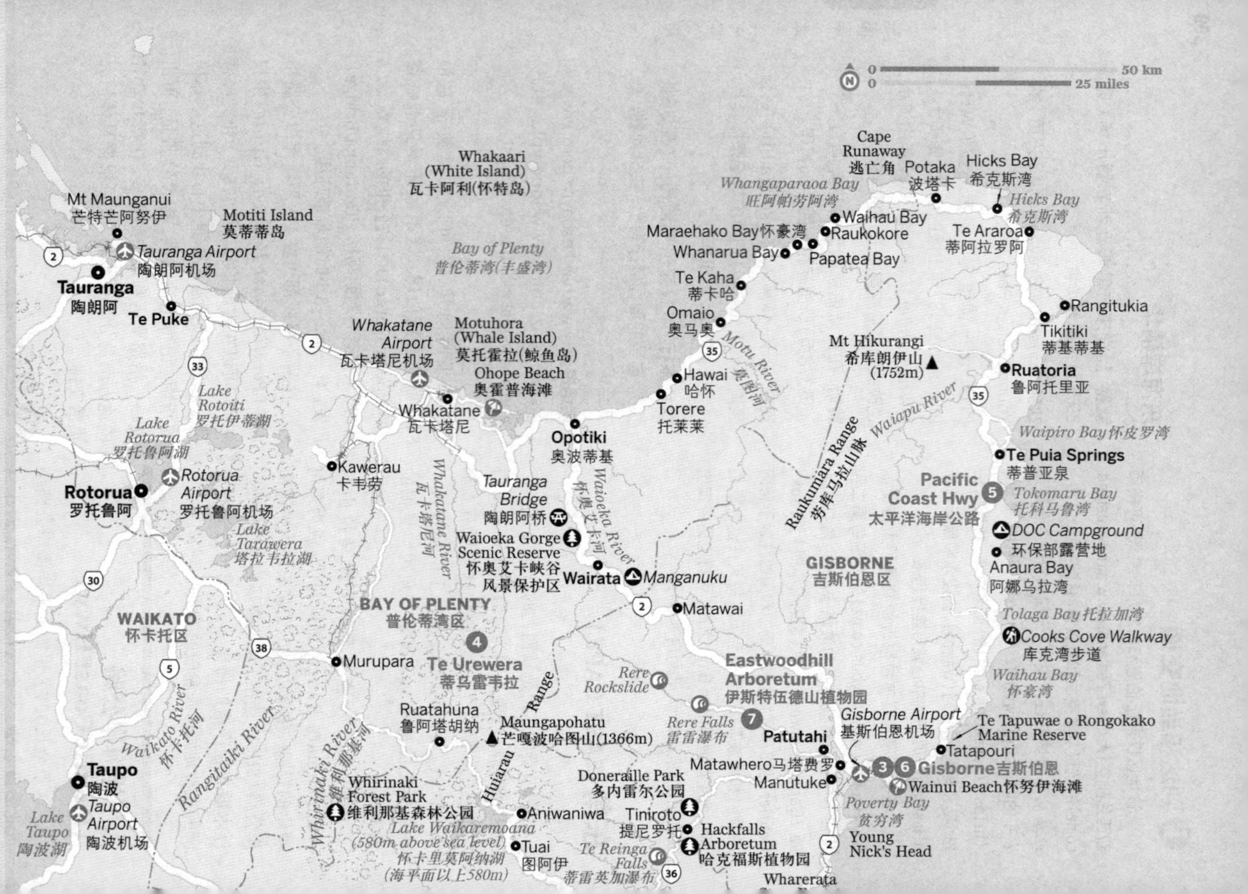

浪板冲进东海岸的波涛。

❼ **伊斯特伍德山植物园**（见377页）在充满魔力的丛林小路中寻找林中仙女，从吉斯伯恩驾车过来很快。

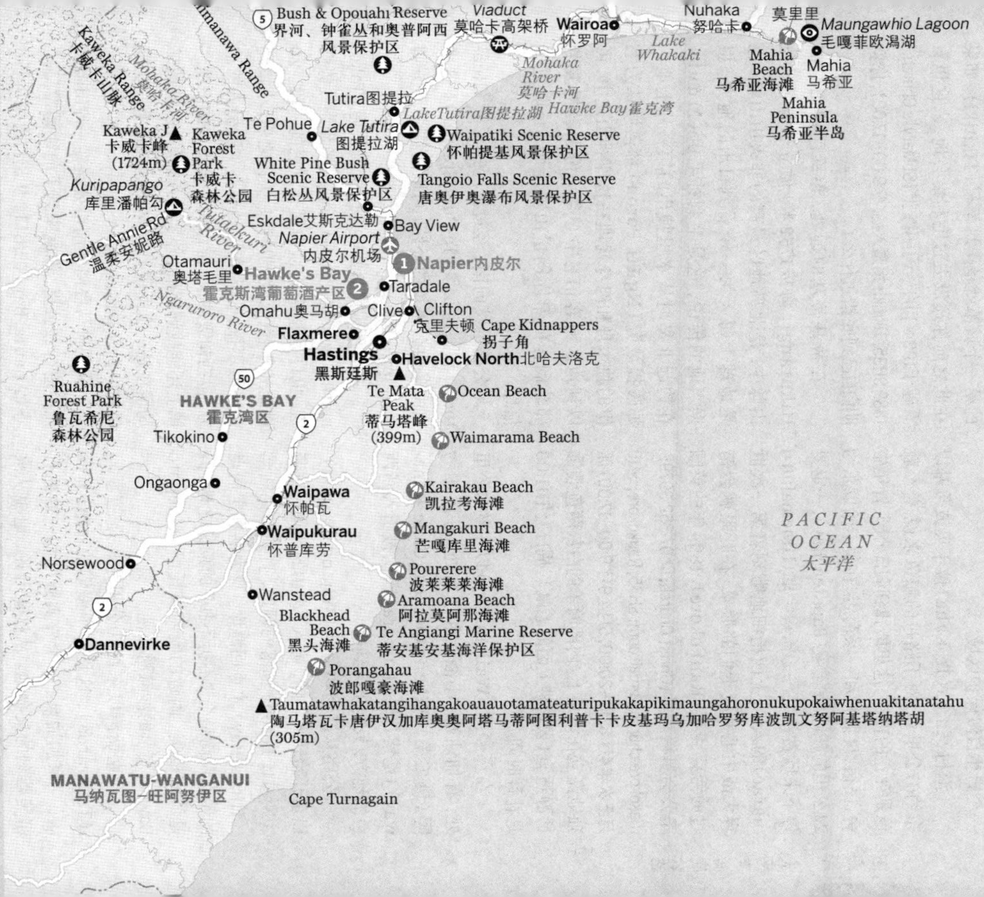

哈怀是蒂法挠阿帕努伊（Whānau-ā-Apanui）部落的西部边界，他们的传统领地（rohe）一直扩展到逃亡角。

从奥波蒂基往东约42公里，公路会穿过一条铺满鹅卵石的河流。这就是广阔的莫图河（Motu River）。这里也是新西兰指定的第一个野生自然保护区域。

渔村蒂卡哈（Te Kaha）位于奥波蒂基以东约67公里处，对于路过的鲸鱼来说，曾经就像是死亡的丧钟。这里能找到假日公园、青年旅舍、民宿、度假村和一家商店。在蒂卡哈以东约24公里的帕帕特阿湾（Papatea Bay），一定要停下来欣赏希奈马胡鲁集会地（Hinemahuru marae）的入口，上面精细地雕刻着第一次世界大战中毛利战士们的形象。在眨眼就会错过的劳克克莱（Raukokore），1894年的英国圣公会基督教堂（Christ Church; ☎07-352 3979; ruakokore.church@gmail.com; SH35, Raukokore; ⏲10月至次年4月 8:00~20:00, 5月至9月 9:00~17:00）孤独地矗立在海角上。内部简单的白灰两色装饰恬静适宜（要留神上面的老鼠）。周日上午11:00是礼拜时间。

在怀豪湾（Waihau Bay）以东约17公里处，有加油站、小酒馆和住宿处，旺阿帕劳阿（逃亡角）[Whangaparaoa（Cape Runaway）]是紫甘薯（kumara）首次被引入新西兰的地方，只能步行到达。

公路从旺阿帕劳阿（Whangaparaoa）以东开始转入内陆，进入了多山的那嘎提波劳（Ngāti Porou）部落的领地，直到希克斯湾（Hicks Bay）才重回海岸。身为毛利定居点的希克斯湾是个"不折不扣"的荒凉之地，但是海滩极美。附近的奥内波托湾（Onepoto Bay）有安全的沙滩游泳池。

希克斯湾以东约10公里是蒂阿拉罗阿（Te Araroa），这是一个偏僻的村落，有商店、一家加油泵、一个外卖餐厅和一处拥有精美雕刻的集会地。从这里开始，地貌从火成岩层变成了沙石峭壁，茂密的灌木丛肆意生长。在蒂阿拉罗阿的学校操场上，立着一株名叫"蒂瓦哈莱莱克胡"（Te-Waha-O-Rerekohu）的波胡图卡瓦树，其树龄已经超过350岁，高20米、宽40米，据称是新西兰最大的波胡图卡瓦树。

你可以从蒂阿拉罗阿开车去参观东角灯塔（East Cape Lighthouse）。灯塔位于新西兰陆地的东端，沿一条大体为土路的道路向镇东行驶21公里（用时30分钟），再爬25分钟的坡（750级台阶），便可来到灯塔。记得定好闹钟来这里看日出。

在蒂阿拉罗阿南部的农田中穿行，你到达的第一个城镇就是蒂基蒂基（Tikitiki）。如果在此之前你还没去过毛利集会地，来这里看看建于1924年的圣玛丽教堂（St Mary's Church; 1889 SH35, Tikitiki; 捐赠入场; ⏲9:00~17:00），你就明白自己到底错过什么了。

在蒂基蒂基的远处，希库朗伊山（Mt Hikurangi，海拔1752米）傲立于劳库马拉山脉中，是北岛地区最高的非火山山峰，也是地球上每天第一个看到日出的地方。根据当地的传说，这是毛利神毛伊（Māui）在钓起北岛时从水里拽出的第一片土地。那嘎提波劳（Ngāti Porou）部落则认为毛伊的独木舟和肉身就埋在这座神山之中。可以到地区游客信息中心拿一份那噶提波劳部落制作的希库朗伊山宣传册，获取更多信息。

公路继续向南，经过鲁阿托里亚（Ruatoria）和蒂普亚泉（Te Puia Springs）。这里有一条14公里长的环路，可以前往怀皮罗湾（Waipiro Bay）。

蒂普亚以南11公里是托科马鲁湾（Tokomaru Bay）。这里海滩辽阔，沿湾悬崖气势恢宏，也许是整个旅途中最有意思的一段。20世纪50年代，镇上的冷冻厂关门之后，小镇经济一蹶不振，但现在还是有不少吸引人的地方，包括初级冲浪、游泳和一家很好的酒馆。镇上还能找到超市、外卖店和邮局（从前的邮局现在是一家民宿），海湾最远处还有一些零星的惊喜等着你。

从托科马鲁湾往南沿公路在一片田园风光中前行22公里，你就来到了前往阿娜乌拉湾（Anaura Bay）的出口。从出口出来再行6公里便是阿娜乌拉湾。当海湾出现在眼前时，你会不由地赞叹起来。库克船长（Captain Cook）曾于1769年来到这里，感叹当地人的生活"安宁至极"，文化"确实惊人"。

重返公路，再向南行14公里便到了托拉加湾（Tolaga Bay），这是东角最大的城镇（人口：830）。离主街不远处是托拉加贝羊绒公司

（Tolaga Bay Cashmere Company；☎06-862 6826；www.cashmere.co.nz；31 Solander St，Tolaga Bay；⏲周一至周五 10:00~16:00）。公司所在的装饰艺术风格的建筑曾是市政大楼。

托拉加最有名的是令人赞叹的古船坞。船坞建于1929年，1968年之前一直被用作商业经营，长660米，为南半球之最，经过精细（昂贵）的修缮，现在已大致修复。

活动

Dive Tatapouri 潜水

（☎06-868 5153；www.divetatapouri.com；532 SH35，Tatapouri）提供一系列水上活动，包括潜水之旅（价格根据要求而定）、暗礁生态团队游（成人/儿童 $45/20）和浮潜之旅（$70）。经常能看到黄貂鱼，暗礁之旅可以投喂，浮潜可以与它们交流。

库克湾步道 徒步

（Cooks Cove Walkway；www.doc.govt.nz；Wharf Rd，Tolaga Bay；⏲11月至次年7月）靠近托拉加湾老码头，长5.8公里，2.5小时便能轻松走完。沿这条环形小路穿过农田和天然灌木丛，你会来到一个小海湾，那是库克船长的登陆处。海滩北端有个位置绝佳的塔塔拉哈基悬崖观景台（Tatarahake Cliffs Lookout），沿陡峭山路前行10分钟便能到达。

Wet' n' Wild Rafting 漂流

（☎0800 462 7238，07-348 3191；www.wetnwildrafting.co.nz；2~5天团队游 $995~1095）总部在罗托鲁阿的郊外，可组织莫图河长达数天的观光活动，历时最长的可顺流行进100公里。两日游要求乘直升机前往出发点，因此和五日游的花费差不多。

住宿

★ Stranded in Paradise 青年旅舍 $

（☎06-864 5870；www.stranded-in-

毛利新西兰：东海岸

这一地区主要的部落（iwi）有蒂法挠阿帕努伊（Te Whānau-ā -Apanui；www.apanui.co.nz；位于东角西侧）、那嘎提波劳（Ngāti Porou；www.ngatiporou.com；位于东角东侧）、那嘎提卡杭谷努（Ngāti Kahungunu；www.kahungunu.iwi.nz；位于霍克斯湾以南的海岸）和那嘎提图和（Ngāi Tūhoe；www.ngaituhoe.iwi.nz；位于蒂乌雷韦拉内陆地区）。

那嘎提波劳和那嘎提卡杭谷努分别是新西兰第二和第三大部落。19世纪末，两个部落里走出了两位伟大的领袖：詹姆斯·卡洛尔（James Carroll，第一位毛利内阁大臣）和阿皮拉那·那嘎塔（Apirana Ngata，曾短期担任代理总理）。那嘎塔的头像被印在了面值为50元的新西兰货币上，他为了带领毛利人实现文化复兴，在议会工作时可谓兢兢业业。这个地区那些有着华丽雕刻的集会地便是那嘎塔取得的部分成就。

东角附近是毛利人最活跃的中心地带，集会地星罗棋布，堪称风景，每一处都是一个安静的毛利村庄的中心。东角的土著（tangata whenua）比邻而居，主要以捕鱼和耕地为生。如果没有19世纪的大规模土地掠夺，那么，所有毛利人也许依然过着现在只有在东角才能看到的生活。

在这里，你随时随地都能遇到毛利人。如果想找毛利风情浓郁的地方住，可以考虑Hikihiki' s Inn（见386页）。想深入了解毛利文化（Maoritanga），建议参加有导游陪同的观光游。推荐Long Island Guides（见397页）或**Waimarama Tours**（☎021 057 0935；www.waimaramamaori.co.nz；2~4小时团队游 每人 $95，交通费 $40起）。

要是想以更安静的方式来体验毛利文化，可以参观吉斯伯恩的泰拉希提博物馆（Tairawhiti Museum，见377页）、C连纪念馆（C Company Memorial House，见377页）、内皮尔的**奥塔塔罗要塞村**（Otatara Pā；☎06-834 3111；www.doc.govt.nz；紧邻Springfield Rd；⏲24小时）和蒂基蒂基的圣玛丽教堂（St Mary' s Church，见91页）。

paradise.net; 21 Potae St, Tokomaru Bay; 露营地每人 $18, 铺/标单/双/家 $32/48/75/96; 📶)位于镇后的山上，有12个床位，推荐理由是这里风景很好，还配备环保厕所和免费Wi-Fi。楼上有两间条件一般的阁楼宿舍房，楼下有一个双人间，另外还有三间波浪形状的木屋。露营者可以把帐篷扎在山包(海湾景色惊人地美丽)上，在那里纵览四方。

Anaura Bay Family Motor Camp 露营地 $

(☎06-862 6380; www.tairawhitigisborne.co.nz; Anaura Bay Rd, Anaura Bay; 露营地 成人/儿童 $20/11起)最大的优点就是位置好：露营地紧靠着的海滩有一条小河，詹姆斯·库克船长曾到此储水。这里有个不错的厨房，也配有淋浴间和厕所。

这里还有一个标准的新西兰环保部露营地(成人/儿童 $8/4)，入住者需自备全套装备。10月至次年4月开放。

Morepork's Nest 青年旅舍 $

(☎06-391 8954; myradawn5@gmail.com; 57 Waione Rd, Te Araroa; 铺 $25, 露营车或帐篷营地 每人$15; 📶)这个简单但很有个性的住宿处位于一座拥有135年历史的女修道院中，周围的花园里都是鸟。厨房和浴室设备是公用的，花园里有露营车和帐篷空间。墙上的老萨克斯风还能吹吗?

Tolaga Bay Holiday Park 假日公园 $

(☎06-862 6716; www.tolagabayholidaypark.co.nz; 167 Wharf Rd, Tolaga Bay; 露营地 成人/儿童 $16/10起, 小屋 $60~100; 📶)就在船坞旁边。凛冽的海风摇晃着诺福克岛松(Norfolk Island pine)，阳光温柔地洒在公共草坪上。这是个特别的地方。小木屋富于乡村风情，有公用厨房、洗衣设施和厕所。

Hicks Bay Motel Lodge 汽车旅馆 $

(☎06-864 4880; www.hicksbaymotel.co.nz; 5198 SH35, Hicks Bay; 铺 $40, 双 $89~171, 两卧套间 $165; 📶🍽)拥有50年历史，高踞在海湾之上，很有兵营的感觉，景色也很棒。干净的老式客房缺少亮点，但好在有饭店(主菜 $21~35, 午餐和晚餐时间营业)、商店、泳池和萤火虫山洞作为补偿。

Nga Puriri 度假屋 $$

(☎06-864 4035; www.thepuriris.co.nz; 5138 Te Araroa Rd, Hicks Bay; 双 含早餐 $160; 📶)这家设备齐全的小度假屋俯瞰希克斯湾，很讨人喜欢，房间能住两个人，早餐鸡蛋是隔壁的鸡生的。附近的奥内波托湾有安全的游泳沙滩。

Waikawa B&B 民宿 $$

(☎07-325 2070; www.waikawa.net; 7541 SH35, Te Kaha; 双/套间 $110/130起, 加床 $35; @)这家梦幻的民宿位于蒂卡哈以北约7公里处，位于一片岩石突兀的海湾中，能看到瓦卡阿利(怀特岛)，日落的景色也很美。建筑把沧桑的木材、波纹铁皮和鲍壳嵌饰完美融合在一起，很有艺术感。这里有两间民宿：一个双人间，一个设施齐备的两卧海滨小屋，后者能住6人。

Tui Lodge 民宿 $$

(☎07-325 2922; tuilodge@yahoo.co.nz; 200 Copenhagen Rd, Te Kaha; 标单/双 含早餐 $155/175)这家宽敞的现代客栈位于一片面积达3公顷的花园，花园打理得很精心，包括蜜雀在内的许多种鸟类在此安家。店家可以为你安排美味的饭菜，还可以安排骑马远足、钓鱼和潜水等活动。

就餐

Cottle's Cafe & Bakery 面包房 $

(☎06-862 6484; Cook St和Monkhouse St交叉路口, Tolaga Bay; 派 $4~5; ⏲7:00~16:00)美味的咖啡和出色的风味派让这里成了托拉加湾主街上的必到之处。培根和鸡蛋派在整个东角都很受欢迎，不过我们估计鱼也很棒。买个派带走，一边欣赏托拉加湾码头的景色一边品尝美味。

Pacific Coast Macadamias 冰激凌 $

(☎07-325 2960; www.macanuts.co.nz; 8462 SH35, Whanarua Bay; 小吃 $5~12; ⏲12月26日至次年3月 10:00~15:00, 12月1日至24日 周六和周日; 👪)来一大桶澳大利亚坚果蜂蜜冰激凌，欣赏在新西兰数一数二的壮观海岸景色，仿佛来到天堂。吐司三明治和坚果甜品让这里成了停车吃午餐的好去处。夏季(12月至次年3月)以外季节营业时间不固定，可以提前打电话询问。

Waihau Bay Lodge 小酒馆食物 $$

（☎07-325 3805；www.thewaihaubaylodge.co.nz；Orete Point Rd，Waihau Bay；主菜 $25~35；⏲周日至周三 16:00至深夜，周四至周六 14:00起）这是一栋位于码头旁的两层楼老酒馆，提供分量十足的餐食和住宿。从露营（$15）到4床宿舍（每人 $35起），再到自带卫浴的双人间（$140）和可以容纳8人的宽敞的单元套房（双 $195，加床 $30），应有尽有。

Te Puka Tavern 小酒馆食物 $$

（☎06-864 5465；www.tepukatavern.co.nz；135 Beach Rd，Tokomaru Bay；主菜 $15~28；⏲11:00至深夜；📶）这家经营有道的酒吧有很棒的海景，当地人都会来这里吃饭喝酒，可以说这里是他们生活中不可或缺的一部分。

4个整洁的错层套间设施齐备，最多能住6人（双 $160，加床 $30），还能容纳4辆露营车（接电露营地$15，不接电免费）。

购物

东角玛努卡公司 食物

（East Cape Manuka Company；☎06-864 4824；www.eastcapemanuka.co.nz；4464 Te Araroa Rd，Te Araroa；⏲10月至次年4月 9:00~15:00，5月至9月 周一至周五）这家积极进取的公司出售用东角麦卢卡树制成的香皂、油、面霜和蜂蜜。可以在这儿停车，喝杯咖啡、吃块奶酪蛋糕，或来一杯美味的麦卢卡蜂蜜奶昔（餐食和小吃$6~15）。墙上的展示柜里能看到繁忙劳作的蜜蜂。

到达和离开

目前为止，体验太平洋海岸公路的最好方式是自驾（机动车或脚踏车）。此外，Bay Hopper（www.baybus.co.nz）的班车每周二和周四的下午往返奥波蒂基（Opotiki）和波塔卡/逃亡角（Potaka/Cape Runaway）。**Cooks Couriers**（☎021 371 364，06-864 4711）的车周二和周四往返蒂阿拉罗阿（Te Araroa）和奥波蒂基，周一至周六每天往返吉斯伯恩和希克斯湾。

吉斯伯恩（Gisborne）

☎06/人口 47,734

喜爱这里的人把它叫作“小吉子”（Gizzy）。吉斯伯恩（发音为Gis-born，而非Gis-bun）是个美丽的城市，一边是冲浪海滩，一边是成片的酒吧（霞多丽是主流酒品）。吉斯伯恩骄傲地宣称自己是地球上每天第一个看见太阳的城市。这里很适合待上几天，你可以去海滩逛逛，品品红酒。

如果喜欢节日，可以12月来赴一场舞蹈、音乐和DJ之约，或者10月来体验当地最好的食物、葡萄酒和啤酒。其他时候，可以在树上的仙境徒步，或者探索新西兰最好的地区博物馆，这些都是到访新西兰最偏远城市的好理由。

历史

吉斯伯恩地区早在700多年前就有人定居。当时，胡劳塔号（Horouta）独木舟（waka）的船长帕奥（Paoa）和塔基提姆号（Takitimu）的船长基瓦（Kiwa）达成协议，建立了图郎阿努伊基瓦（Turanganui a Kiwa，即现在的吉斯伯恩）。紫甘薯在这片肥沃的土地上长得很好，于是这个定居点就兴旺起来了。

1769年，库克船长的探险队从奋进号（Endeavour）上看到的新西兰第一片土地就是这里。由于急于补充船上的物资和探索这片土地，船在这里靠岸，这让当地的毛利人非常吃惊。毛利人以传统的欢迎方式接近库克的船员（在这种欢迎仪式中，表情狰狞的毛利战士会挥着武器大叫，让不了解状况的人异常恐惧），结果让白人误会他们是要进攻，于是对其开火，杀死了6名土著。这为后来双方跨文化关系的发展开了一个坏头。

可想而知，奋进号没有补充上物资就起航了。库克船长也许是心中有气，便把这里称作“贫穷湾”（Poverty Bay），因为“我们想要的东西一件都没拿到”。

随着捕鲸业和农业的发展，欧洲移民从1831年开始进入这里，后来传教士们也闻风而至。在19世纪60年代，移民者和毛利人之间爆发了多次战争。豪豪教徒（Hauhau）在塔拉纳基（Taranaki）开始起义，反抗之火一直烧到了东海岸，最终在1865年引发了瓦兰嘎希卡之战（the battle of Waerenga a Hika）。

想了解吉斯伯恩的历史景点，可以从当

Gisborne 吉斯伯恩

Gisborne 吉斯伯恩

重要景点

1 泰拉希提博物馆 D2

景点

C连纪念馆 .... （见1）
2 库克纪念碑 C4
3 库克广场 C4
4 臭羊蹄农场雕像 C3
5 吉斯伯恩农贸市场 D2
6 吉斯伯恩葡萄酒中心 D3
7 蒂蒂朗伊观景台 D4
8 蒂蒂朗伊保护区 D4

住宿

9 Ahi Kaa Motel B3
10 吉斯伯恩区政府 D2
11 Gisborne YHA D3
12 Portside Hotel C3
13 Teal Motor Lodge B1
14 Waikanae Beach Top 10 Holiday Park B3

就餐

Crawford Road Kitchen .... （见6）
15 Frank & Albie's C3
16 Muirs Bookshop & Cafe C3
17 Neighbourhood Pizzeria C1
PBC Cafe .... （见21）
18 USSCO Bar & Bistro C3

饮品和夜生活

19 Smash Palace A3
20 Sunshine Brewery B3

娱乐

21 Dome Cinema C3

地信息中心（见381页）获取手册《历史之旅》（*Historic Walk*）。

景点

★泰拉希提博物馆
博物馆

（Tairawhiti Museum; ☎06-867 3832; www.tairawhitimuseum.org.nz; Kelvin Rise, Stout St; 成人/儿童 $5/免费; ⏱周一至周六 10:00~16:00, 周日13:30起）这座绝好的博物馆及其新建的画廊聚焦东海岸的毛利历史和殖民史。这里是吉斯伯恩艺术界的中枢，经常有特别展览，也收藏了不少非常优秀的老照片。这里还有一个配楼，展出海洋主题的展品，涉及毛利独木舟（waka）、捕鲸业、库克船长时代的"贫穷湾"，但是最有趣的还是这里展出的老式冲浪板。还有一家商店，咖啡馆能俯瞰凯文公园（Kelvin Park）。外面有修复过的威利别墅（Wyllie Cottage，1872年），那是吉斯伯恩最古老的房屋。

臭羊蹄农场雕像
雕像

（Footrot Flats Statue; Peel St, HB Williams Memorial Library外）吉斯伯恩已经获捐了许多雕塑，但这一座是为了纪念当地已故漫画家穆雷·波尔（Murray Ball）创作的畅销漫画《臭羊蹄农场》（*Footrot Flats*，见381页），也是我们的最爱。沃尔（Wal）系列漫画中的典型新西兰农民形象和他忠诚的伙伴狗狗（The Dog）一起站在那里眺望远方。想了解《臭羊蹄农场》更多信息，参见www.footrotflats.com，或搜索1986年的电影《臭羊蹄农场：狗的故事》（*Footrot Flats: The Dog's Tale*；穆雷·波尔导演）。

C连纪念馆
文化中心

（C Company Memorial House; www.ngatamatoa.co.nz; 10 Stout St; ⏱周二至周五和周日正午至15:00，周六 10:00起）这座文化中心是为了纪念新西兰军队第28军（毛利军团）的忠诚和贡献。"二战"期间，他们在欧洲和北美英勇作战，是东海岸毛利人所组成的C连。纪念馆用照片和故事的形式讲述了他们的生平故事。

吉斯伯恩农贸市场
市场

（Gisborne Farmers Market; ☎027 251 8608; www.gisbornefarmersmarket.co.nz; Stout St和Fitzherbert St交叉路口; ⏱周六 9:30~12:30）琳琅满目的新鲜水果、澳洲坚果（和澳洲坚果酱）、小食品（煮熟的肉和肉制品）、蜂蜜、药草、咖啡、葡萄酒、面包、点心、鱼、芝士和吉斯伯恩橘子……全都是当地出产或加工的。

蒂蒂朗伊保护区
公园

（Titirangi Reserve; www.gdc.govt.nz; Titirangi Dr, 紧邻Queens Dr; 👪）保护区位于山上，俯瞰整个城市，曾经是一个要塞。你可以沿Queens Dr开车或步行到达这里，或是从库克纪念碑（Cook Monument）那里的步行小路上山。顶峰观景台（Titirangi Dr）附近有另一个纪念库克的建筑——库克广场（Cook's Plaza; Titirangi Dr）。邻近处有一棵戴安娜王妃于1983年种下的波胡图卡瓦树。

伊斯特伍德山植物园
花园

（Eastwoodhill Arboretum; ☎06-863 9003; www.eastwoodhill.org.nz; 2392 Wharekopae Rd, Ngatapa; 成人/儿童/家庭 $15/2/28; ⏱9:00~17:00; 👪）这里的北半球树木和灌木的数量为南半球之最，如同植物的天堂。植物园有25公里长的主题步行道，看着惊人的美景，闻着松树的香气，走上一天也不觉得累。植物园位于吉斯伯恩西北35公里处，路标指示清晰，很好找。

园内有一个简单的住宿处，提供宿舍和客房（宿舍铺位$35，大床房$120，标间$70，全部含花园门票）。可以安排膳食，也有设施齐备的厨房可供使用（买好食物带来，附近一家商店也没有）。

东海岸科技博物馆
博物馆

（East Coast Museum of Technology，简称ECMOT; ☎027 221 5703; www.ecmot.org.nz; SH2, Makaraka; 成人/儿童 $5/1; ⏱周日至周五 10:00~16:00，周六 13:00起）别被名字中的"科技"两个字误导：这里的东西老的多，新的少。博物馆在镇中心以西约5公里处，由一座斑驳的旧挤奶棚和旁边的几个配房改造而成，展品五花八门，有农业工具、消防车和各种设备。可以找一下千禧年欢迎牌！

活动

水上运动

冲浪是吉斯伯恩的社交标配，连十几岁

的小孩都有一身“高手”风范。怀卡奈海滩(Waikanae Beach)和罗伯茨路(Roberts Road)适合初学者和经验不足的人。经验丰富的冲浪者可以前往镇南的派普(Pipe),或镇东的海绵湾(Sponge Bay)、图阿莫图岛(Tuamotu Island),挑战那里的管状浪。沿SH35继续往东,你还可以在怀努伊(Wainui)和马克拉里(Makorori)找到很棒的海浪。怀卡奈和中路海滩(Midway Beach)之间的旗帜线内是一处安全的游泳点。

Rere Rockslide 游泳

(Wharekopae Rd; ⏲白天)这处天然运动场出现在雷雷河(Rere River)上,沿Wharekopae Rd向吉斯伯恩西北方向前进50公里即是。你要做的,是在轮胎或冲浪趴板的保护下,沿60米长的石头坡道滑下,一路颠簸地栽进坡底的水池里。往下游走3公里是雷雷瀑布(Rere Falls)。20米宽的水幕从5米的高处落下,如果不介意被淋一身水,你还能走到水幕后面去。

Walking on Water Surf School 冲浪

(简称WOW; ☎06-863 2969, 022 313 0213; www.wowsurfschool.com; 2小时/3天/4天课程 每人 $60/140/185起; 👪)冲浪就是在水上走,对吗?不对,比那要难——但是这些人知道该怎么将稚嫩的新手立刻转变成姿势笔直的冲浪手。也有儿童课程和设备出租。

徒步

吉斯伯恩周边有许多小路供你征服,可以先在河边散散步,热热身。吉斯伯恩信息中心(见381页)能给你提供《历史之旅》(*Historic Walk*)和《吉斯伯恩城区步行路》(*Walking Trails of Gisborne City*)手册。

蒂库里步道(Te Kuri Walkway; 2小时, 5.6公里, 11月至次年7月)的起点距镇北4公里,在Shelley Rd尽头。步道蜿蜒穿过农田和森林,风景绝佳。

团队游

Haurata High Country Walks 徒步

(☎06-867 8452; www.haurata.co.nz; 自助/导览徒步 每人$15/25起)和这家机构一起到山里徒步,提供带向导和不带向导的短途和长途一日步行,可穿越吉斯伯恩背后壮丽的高山乡村。也提供膳食、农场住宿处和热水浴。这里的“Aerial Station”产业位于吉斯伯恩西北约65公里处。驾车需要70分钟。

Tairāwhiti Tours 文化游

(☎021 276 5484; www.tairawhititours.co.nz; 团队游 $225起)出色的吉斯伯恩周边5.5小时的导览团队游,可深入探索历史、葡萄酒、食物和文化(所有有意思的东西)。提供团队折扣。

Cycle Gisborne 骑车

(☎06-927 7021; www.cyclegisborne.com; 团队游 $125起,自行车租赁 每天 $50起)组织骑行观光,时长从半天到几天,路程有近有远,参观地点包括酒庄和伊斯特伍德山植物园(见377页)等地。也提供自行车租赁(提供地图,服务热情,有问必答)。

节日和活动

“第一道光”葡萄酒美食节 葡萄酒节、美食节

(First Light Wine & Food Festival; www.firstlightwineandfood.co.nz; ⏲10月)酒窖很壮观,当地酿酒商和美食爱好者都聚集在这里。公交车从吉斯伯恩信息中心(见381页)出发,运送狂欢者往返各个场所。

韵律与美酒音乐节 音乐节、葡萄酒节

(Rhythm & Vines, 简称R&V; www.rhythmandvines.co.nz; ⏲12月)吉斯伯格音乐日历上的盛事,为期3天,一直持续到新年前夜,重头戏是当地及国际大牌乐队、DJ的表演。这段时间住宿会变得很紧张。

住宿

Gisborne YHA 青年旅舍 $

(☎06-867 3269; www.yha.co.nz; 32 Harris St; 铺/标单/双/家 $29/52/68/130; @📶👪)从小镇出来,跨过河走不远就能找到这家芥末黄的旅舍。旅舍建于1925年,维护得很好。房间又大又舒服(顶楼的10人间也是如此),公共露台和草坪很适合聊天。有一个自带卫浴的家庭间,还提供冲浪板和自行车租赁。

Waikanae Beach Top 10 Holiday Park 假日公园 $

(☎06-867 5634, 0800 867 563; www.

gisborneholidaypark.co.nz; Grey St; 露营地 每人 $27起，小屋和套间 双 $95~150; 📶🛁👨‍👩‍👧）这里就在海滩边，轻松地走上10分钟就能到镇上。露营地青草遍地，条件简单的小屋和更好的套间住宿性价比高，草坪上也可以搭帐篷或是泊房车。提供冲浪板和自行车租赁服务，2017年年底刚新增了一个游泳池。

Portside Hotel 酒店、公寓 $$

（☎0800 767 874, 06-869 1000; www.portsidegisborne.co.nz; 2 Reads Quay; 双/公寓 $165/235起; @📶🛁）这里是吉斯伯恩商务旅行之选，提供3层楼的时髦两卧公寓，就在河口，能看到大船来来往往。配色采用炭灰和奶油色，小阳台前面都是玻璃墙。

Ahi Kaa Motel 汽车旅馆 $$

（☎06-867 7107; www.ahikaa.co.nz; 61 Salisbury Rd; 双 $140~170; @📶）🍃这是位于一条安静小街上的高档汽车旅馆，从怀卡奈海滩穿过马路走几步就到。精选的寝具、有品位的浴室、双层玻璃、露天浴室、循环利用的木材、太阳能供电和循环利用的设计思路……很棒！

Teal Motor Lodge 汽车旅馆 $$

（☎0800 838 325, 06-868 4019; www.teal.co.nz; 479 Gladstone Rd; 双/家 $150/205起; 📶🛁）这家略带高山度假村风格的汽车旅馆位于主干道上（距小镇500米），外观很美（只是有点像《广告狂人》）。这里的套间干净整洁，让人有宾至如归的感觉。配有游泳池，还有大片草坪可以跑来跑去。有免费Wi-Fi。

Knapdale Eco Lodge 度假屋 $$$

（☎06-862 5444; www.knapdale.co.nz; 114 Snowsill Rd, Waihirere; 双 含早餐 $420起; 📶）沉浸在田园诗般的客栈里吧！这里有湖，有农场动物，还有自产食物，可以任你自由自在地放松。客栈为现代风格，里面有许多国际艺术作品，建筑正面为玻璃幕墙，向前延伸出一大片露台区，配有火盆、烤肉架和比萨烤箱。提前预订可以享用含五道菜的晚餐（$95）。沿Back Ormond Rd向吉斯伯恩西北方向走10公里即是。

夏季露营

吉斯伯恩区政府（Gisborne District Council，简称GDC; ☎06-867 2049, 0800 653 800; www.gdc.govt.nz/summer-camping; 15 Fitzherbert St, Gisborne; 露营许可 $16~66）运营几家“夏季露营地”，在9月底至次年4月初开放，而且限定在蒂阿拉罗阿和吉斯伯恩之间的几个指定地方。你可以在区政府或在线申请露营许可证。许可证分为连续2晚、连续10晚和连续28晚3种，花费分别为$16、$31和$66，可供不超过6人使用（也可以在吉斯伯恩或奥波蒂基信息中心购买许可证）。须自带煤气炉、化学厕所和饮用水。

就餐

Neighbourhood Pizzeria 比萨 $

（☎06-868 7174; www.neighbourhoodpizzeria.co.nz; 9 Ballance St; 比萨 $10~18; ⏰16:30~20:30）在一个时髦的露营车中提供派，大多数晚上都能吸引许多当地老食客，我们认为这里的比萨足以跻身全国最佳之列。有玛格丽塔、猪肉、墨西哥辣椒、鸡肉和西班牙辣香肠等传统风味。马苏里拉奶酪来自附近的怀马塔，旁边有一家出色的工作日咖啡馆和一个出售复古商品的时髦商店。

Frank & Albie's 咖啡馆 $

（☎06-867 7847; www.frankandalbie.co.nz; 24 Gladstone Rd; 主菜 $6~10; ⏰周一至周五 7:00~14:30）“We cut lunch, not corners”（我们投入做餐，不投机）是这家店的座右铭，店面位于吉斯伯恩的主街上，有一点点嬉皮（注意门上装饰艺术的老灯）。漂亮的夹板长椅，循环利用的木头餐桌和整洁的白色高脚凳是享受超级三明治、咖啡、茶和冰沙的背景。

Muirs Bookshop & Café 咖啡馆 $

（☎06-867 9741; www.muirsbookshop.co.nz; 62 Gladstone Rd; 餐 $5~14; ⏰周一至周五 8:30~15:30，周六 9:00~15:00）这家简朴的咖啡馆坐落在一座美丽老建筑的独立老书店楼上，提供精选的柜台食物和蛋糕，品种不多，但很美味。喜爱文学和意式浓缩咖啡的主顾

吉斯伯恩葡萄酒庄

怀帕奥阿河(Waipaoa River)河谷到吉斯伯恩西北地区夏季炎热，土壤肥沃，是新西兰最棒的葡萄种植区之一。这片区域自古以来以霞多丽(chardonnay)闻名，但是最近这里的琼瑶浆(Gewürztraminer)和灰皮诺(pinot gris)也正在吸引越来越多的关注。去网站www.gisbornewine.co.nz下载一份酒庄地图。淡季开放时间会缩短。最好的4家酒庄如下:

弥尔顿葡萄园(Milton; ☎06-862 8680; www.millton.co.nz; 119 Papatu Rd, Manutuke; ⏲10:00~17:00，冬季开放时间缩短)

马塔费罗(Matawhero; ☎06-867 6140; www.matawhero.co.nz; Riverpoint Rd, Matawhero; ⏲周六和周日 正午至16:00)

柯尔克帕特里克庄园(Kirkpatrick Estate; ☎06-862 7722; www.kew.co.nz; 569 Wharekopae Rd, Patutahi; ⏲预约开放)

布什米尔庄园(Bushmere Estate; ☎06-868 9317; www.bushmere.com; 166 Main Rd, Matawhero; ⏲9月至次年5月 周三至周日 11:00~15:00)

坐下就挪不动脚步，赶都赶不走。天气好的时候可以去临街的阳台坐坐。9:30左右过来，很可能吃到现烤出炉的巧克力奶油圆面包。

★Crawford Road Kitchen 法式小馆 $$

(☎06-867 4085; www.crawfordroadkitchen.co.nz; Shed 3, 50 The Esplanade; 大盘菜$11~25; ⏲周二至周四 11:00~21:00，周五和周六 至22:00，周日 至17:00)这家法式小馆隶属**吉斯伯恩葡萄酒中心**(Gisborne Wine Centre; ☎06-867 4085; www.gisbornewinecentre.co.nz; Shed 3, 50 The Esplanade; ⏲周二至周六 11:00~21:00，周日 至17:00)，融美食创意与国际风味于一体，地址也很吸引人，在吉斯伯恩内港。超值共享大盘菜包括羊乳酪焗烤羊羔肉配甜菜根浓汤，或是烤鲷鱼配哈里萨辣椒酱和藜麦，出色的葡萄酒单上有当地产的15种葡萄酒，按杯出售。出售的精酿啤酒也是让店家引以为豪的本地自酿。

PBC Cafe 咖啡馆 $$

(☎06-863 3165; 38 Childers Rd; 主菜 早餐 $15~25，午餐 $20~32; ⏲周一至周五 7:00~15:00，周六和周日 8:00起; ✎)这栋老建筑曾是Poverty Bay Club绅士俱乐部，建于1874年，古老却不失气派。里面的咖啡馆更是锦上添花：柜台小食(counter food)非常棒，全天供应早午餐，还有比萨和写在黑板上的当日特别菜，价格合理。沿着外墙摆放的大长凳很招人喜爱。有一家Dome Cinema(见381页)，还有一个可爱的小礼品店。

USSCO Bar & Bistro 新派新西兰菜 $$$

(☎06-868 3246; www.ussco.co.nz; 16 Childers Rd; 主菜 $36~45; ⏲周一至周六 16:30至深夜)饭店所在的建筑曾是联盟蒸汽船公司(Union Steam Ship Company，饭店名字便是其缩写)的所在地。经过改造，这里成了一个非常有档次的饭店。厨师烹饪手法细腻，菜品选用当季食材，推荐烤鸭配甘薯，甜点非常好吃，是这里的亮点。有当地葡萄酒和新西兰精酿啤酒。菜量很大，正餐都有好几道菜。

🍷 饮品和夜生活

★Smash Palace 酒吧

(☎06-867 7769; www.smashpalacebar.com; 24 Banks St; ⏲周二、周四和周日 15:00~20:00，周三和周五 至23:00，周六 正午至深夜)在破旧的酒吧买醉：这家具有象征意义的经典酒吧位于吉斯伯恩的工业荒地里(如你所料，噪音很大)，啤酒花园里挤满了及时行乐的人，还有一架归酒吧所有的DC3型客机残骸。偶尔有乐队现场助兴，周日下午播放黑胶唱片。

★Sunshine Brewery 小啤酒厂

(☎06-867 7777; www.sunshinebrewery.co.nz; 49 Awapuni Rd; ⏲周一至周六 正午至20:00)这家吉斯伯恩当地酿酒厂提供一系列高质量的瓶装啤酒，包括出色的Electron

IPA，在怀卡奈海滩附近有一个极好的品鉴室。也提供Neighbourhood Pizzeria（见379页）的比萨，可搭配啤酒花风味浓郁的Offshore Indian Pale Lager享用。所产诸多有趣的精酿啤酒都属于Sunrise Project系列旗下。品酒$15（5种啤酒）。

☆娱乐

★Dome Cinema 电影院、酒吧

（☎08-324 3005；www.domecinema.co.nz；38 Childers Rd；票 $14；⊙周三至周日 17:00起）这家出色的电影院位于迷人的老Poverty Bay Club大楼（1874年）：玻璃穹顶的舞厅中现在放满了沙包和充满艺术气息的推击球。隔壁有个时髦的酒吧，提供啤酒、葡萄酒和比萨，采用的是黑漆地板。这里还有家PBC Cafe（见380页）。

ℹ实用信息

环保部（Department of Conservation，简称DOC；☎06-869 0460；www.doc.govt.nz；63 Carnarvon St；⊙周一至周五 8:00~16:30）

吉斯伯恩医院（Gisborne Hospital；www.tdh.org.nz；☎06-869 0500；421 Ormond Rd, Riverdale；⊙24小时）

吉斯伯恩信息中心（Gisborne i-SITE；☎06-868 6139；www.gisbornenz.com；209 Grey St；⊙周一至周五 8:30~17:30，周六 9:00~17:00，周日 10:00~16:00；📶）位于一根吸引眼球的加拿大图腾柱旁边，除了提供各种信息，还设有一个旅游预订台，可以上网，提供自行车租赁，有卫生间。

邮局（www.nzpost.co.nz；127 Gladstone Rd；⊙周一至周五 9:00~17:00，周六 至正午）

Three Rivers Medical（☎06-867 7411；www.3rivers.co.nz；75 Customhouse St；⊙周一至周五 8:00~20:00，周六和周日 9:00~18:00）可预约医生和牙医。

ℹ到达和当地交通

飞机

吉斯伯恩机场（Gisborne Airport；www.eastland.co.nz/gisborne-airport；Aerodrome Rd, Awapuni）在城西3公里处。新西兰航空（www.airnewzealand.co.nz）有航班往返奥克兰和惠灵顿。

《臭羊蹄农场》的故事

1976年到1994年，吉斯伯恩的长期居民穆雷·波尔（1939~2017年）在新西兰全国报纸上连载四格漫画故事《臭羊蹄农场》（*Footrot Flats*），该系列图书在新西兰和澳大利亚售出了百万册。奇怪的是，这套书在丹麦也很畅销。

《臭羊蹄农场》主要讲述沃力士·“沃尔”·臭羊蹄（Wallace ‘Wal’ Footrot）和他昵称为“狗狗”（The Dog）的忠诚的边境牧羊犬的故事。狗狗恰恰是新西兰人低调性格的完美体现。多次出现的角色还包括“厚脸皮”达林·霍布森（Darlene ‘Cheeky’ Hobson），沃尔的发型师女友；霍尔瑟（Horse），一只暴躁易怒的猫，以波尔农场中一只猫为原型创作的；还有普林斯·查尔斯（Prince Charles），沃尔的姨妈多利（Dolly）养的一只骄纵成性的威尔士柯基犬。因为普林斯·查尔斯并不了解农场，所以“狗狗”需要经常教导他乡村生活好的一面。

乡村生活是这部四格漫画一以贯之的背景，地道的新西兰环境亦然，比如故事中小城劳伯（Raupo）的本地橄榄球俱乐部。这种对于乡村的感情与自豪也是漫画深受城市居民和乡村居民热爱的一大原因：新西兰依然是一个年轻的国家，许多20世纪末出生的新西兰人往前数一两代，都能看出乡村生活方式对他们先辈的影响。

除了温和幽默的一面，漫画家波尔一生都在强烈反对社会不公。《臭羊蹄农场》同时也对环境保护论表达了轻微的批评。系列漫画最畅销的时期是20世纪80年代中期，1986年被改编成电影长片，1986年到1991年奥克兰还开办了一个主题公园。《花生漫画》（*Peanuts*）的作者查尔斯·M.舒尔茨（Charles M Schulz）和波尔惺惺相惜，《臭羊蹄农场》在美国出版时，舒尔茨为他写了序。

值得一游

马希亚半岛（MAHIA PENINSULA）

马希亚半岛位于吉斯伯恩和内皮尔之间，有饱受侵蚀的山体，沙滩外的海水蓝得发亮。半岛很像一个迷你版的科罗曼德尔（Coromandel），但没有成群的游客，只有陡峭的悬崖峭壁。

东海岸的当地人一直以来都喜欢来此度假，他们主要是来进行船类活动和沙滩活动。如果你有自己的交通工具，也可以很轻松地来这儿凑热闹。游览一下风景保护区，看看鸟类成群的毛嘎非欧潟湖（Maungawhio Lagoon），在海滩上转转（夕阳下的马希亚海滩非常美），甚至还能打一局高尔夫，就这样一两天不知不觉就过去了。马希亚有几个小居民点，共同提供了几家客栈、一个假日公园、一个酒吧小馆和两家商店。

近年来，半岛东端成了新西兰完全独有的火箭公司的发射地。登录Rocket Lab的网站（www.rocketlabusa.com））了解新西兰这一令人惊讶的创新行业的信息。

登录www.voyagemahia.co.nz查看住宿处清单。

半岛位于吉斯伯恩到怀罗阿公路（SH2）往东一点。在努哈卡（Nuhaka）转弯。主要定居点在20公里之外。这里不通公交，需要自驾前来。

长途汽车

InterCity和Naked Bus的班车每天从吉斯伯恩信息中心出发，前往下列目的地：

目的地	公司	价格	行程（小时）
奥克兰	InterCity	$85	9
内皮尔	InterCity	$45	4
奥波蒂基	InterCity	$31	2
奥波蒂基	Naked Bus	$22	2
罗托鲁阿	InterCity	$60	5
罗托鲁阿	Naked Bus	$28	4.5
陶波	Naked Bus	$25	6
怀罗阿	InterCity	$29	1.5

小汽车

吉斯伯恩机场汽车租赁（Gisborne Airport Car Rental；☎0800 144 129；www.gisborneairportcarhire.co.nz）代理9家租车公司，既有大公司，也有当地企业。

出租车

Gisborne Taxis（☎0800 505 555, 06-867 2222；www.gisbornetaxis.co.nz）

吉斯伯恩南部（South of Gisborne）

从吉斯伯恩向南前往内皮尔，有海岸公路，也有内陆公路。靠近海岸的这条路更好一点，因为它耗时更少，偶尔还能看到海景。但是SH36[也称提尼罗托路（Tiniroto Rd）]沿路有几个很不错的景点，也是一个不错的选择。

景点

多内雷尔公园（Doneraille Park）距吉斯伯恩49公里，是一片宁静的河畔灌木保护区，里面有一条水流冰凉的小河。区内有自由露营区，供自给式旅行车停泊。Tiniroto Tavern旁有条岔路，行驶3公里便到了**哈克福斯植物园**（Hackfalls Arboretum；☎06-863 7083；www.hackfalls.org.nz；187 Berry Rd, Tiniroto；成人/儿童 $10/免费；⏲9:00~17:00）。再向南行进12公里便是**蒂雷英加瀑布**（Te Reinga Falls），水瀑如雪，值得一去。

交通更为繁忙的SH2从这里折向内陆，不远就是**法雷拉塔州森林**（Wharerata State Forest，要小心这里运木头的卡车）。森林外是**莫里里温泉**（Morere Hot Springs；☎06-837 8856；www.morerehotsprings.co.nz；SH2, Morere；成人/儿童 $12/6，私人池 $15/10，不游泳 $3；⏲10:00~17:00，12月至次年2月 开放时间延长）。温泉距吉斯伯恩55公里，泉水来自**莫里里温泉风景保护区**（Morere Springs Scenic Reserve）。

从吉斯伯恩出发，沿SH2前行，你一定要留心寻找位于左边的色彩鲜亮的**泰恩努伊阿朗伊集会地**（Taane-nui-a-Rangi Marae）。从路上就已经看得很清楚了，没被邀请切勿贸然进入。

沿SH2继续向南，便来到了位于霍克湾

（Hawke Bay）北端的努哈卡（Nuhaka）。从这里，你可以向西前往怀罗阿，或向东前往“海味十足”的马希亚半岛（Mahia Penisula）。离努哈卡环岛不远处有**卡杭谷努集会地**（Kahungunu Marae; www.kahungunu.iwi.nz/our-marae; Ihaka St和Mataira St交叉路口，Nuhaka）。

食宿

Morere Hot Springs Lodge & Cabins 平房 $

（☎06-837 8824; www.morerelodge.co.nz; SH2, Morere; 双 $100~120，加床 $30; ）位于一片农场飞地，羊羔欢悦，狗不停地冲你摇尾巴。住宿选择包括一座古典的1917年农舍（能住12人），带厨房和露营位，另外还有一个两卧农舍（可住4人）和2座上镜的小木屋。很超值，可预约比萨和其他晚餐。

到达和离开

从吉斯伯恩沿着SH2公路南下，靠着海岸走，或者从内陆的SH36公路走，经过提尼罗托（Tiniroto）。两条路都能前往怀罗阿。

InterCity（www.intercity.co.nz）的班车走SH2，每天从**吉斯伯恩信息中心**（见381页）出发，途经怀罗阿（$10起，1.5小时），前往内皮尔（$14起，4小时）。

蒂乌雷韦拉（Te Urewera）

蒂乌雷韦拉雾气弥漫，神秘莫测，是北岛最大的公园，还是一片2127平方公里的处女森林，其间散布着河流与湖泊，其中最值得推荐的便是怀卡里莫阿纳湖（Lake Waikaremoana，意思是“涟漪海”）。湖泊好像一口深深的大锅，环湖有一条怀卡里莫阿纳湖步道（Lake Waikaremoana Track），是新西兰十大徒步路线（Great Walks）之一。嶙峋的峭壁陡然而降，下面是长着芦苇的入水口，然而湖水依然如镜面一般平静，只有山地的微风或是展翅的水鸟才会不时掀起一些涟漪。

蒂库堤（TE KOOTI）

毛利历史中时常出现术士、先知和战士的身影。传奇人物蒂库堤（Te Kooti）就是其中的一位。

1865年，蒂库堤与政府军联手对抗豪豪教徒（the Hauhau，其信仰也称善和教，Pai Marire，一个杂糅了基督教和毛利传统信仰的教派，创立者也是一位能征善战的先知），却被当作间谍，未经审判便被囚禁到了查塔姆群岛（Chatham Islands）上。

在狱中，蒂库堤研读圣经，并对人讲自己看见了大天使米迦勒（Michael）。他的布道非常有感染力，而且还能展示出不少“神迹”——包括能用双手创造出火焰（逮捕他的人说蒂库堤依靠的是从火柴头上弄下来的磷）。结果，蒂库堤让善和教信徒皈依了他创立的这个毛利版本的基督教。

1867年，蒂库堤带着200人出其不意地组织了一场越狱，劫持了一艘运送物资的船，逃离了查塔姆群岛，驶往贫穷湾（今吉斯伯恩）。路上，他把一名质疑者当成祭品扔下船去。安全到达之后，蒂库堤的信徒们通过高举右手而不是谦卑鞠躬的方式来向上帝致意，于是蒂库堤创立的教派被称作“举手派”（ringa tu）。

蒂库堤请求和殖民地政府进行对话，但是遭到拒绝。行政长官雷吉纳德·比格斯（Reginald Biggs）要求他立即投降。蒂库堤对白人（欧洲裔新西兰人）所谓的“正义”毫不感兴趣，于是开始带领手下人展开一系列卓有成效的游击战。首战告捷，便在吉斯伯恩旁的马塔费罗杀掉了包括比格斯在内的50余人（里面既有毛利人又有白人，既有妇女又有小孩）。

政府对他长达4年的追剿由此展开。最终，蒂库堤跑进了国王乡（King Country）。这里面积很大，是毛利国王的属地，政府军不敢贸然进入。

政府也发现自己对整件事的处理是徒劳无功的，遂在1883年赦免了蒂库堤。那时，他作为先知和法师的名气已是深入人心，其建立的“举手派”也已根深蒂固——如今“举手派”号称有16,000多名教众。

历史

非毛利族的新西兰人（Pakeha，白种人）听到“蒂乌雷韦拉”这个名字时，依然会感觉有点儿不舒服：这不仅仅是由于它翻译过来意思是“烧焦的阴茎”，还因为这片狂野的林地见证了毛利人漫长的反抗史，散发着一种野性和不羁。

当地的Ngāi Tūhoe部落名字很有诗意，像是“雾的孩子”，可就是他们，始终没有签署《怀唐伊条约》（*The Treaty of Waitangi*），并在怀卡托战争（Waikato Wars）中与鲁维·马尼阿波图（Rewi Maniapoto，另一部落的酋长）的军队在奥拉库（Orakau）开战。蒂库堤（Te Kooti）的军队在与政府军的游击战中也曾来此避难。蒂库堤的继承人克那那（Rua Kenana）曾于1905年领导着一批人在神圣的芒嘎波哈图山（Maungapohatu，海拔1366米）下建立了一个繁荣的社区，并一直在此生活到了1916年。此后，他在一场政治博弈中被逮捕，居住点也随之消亡，新西兰最后一个毛利独立运动的堡垒被摧毁。芒嘎波哈图山的居住点再也没有重获曾经的繁荣，现

Lake Waikaremoana Track 怀卡里莫阿纳湖步道

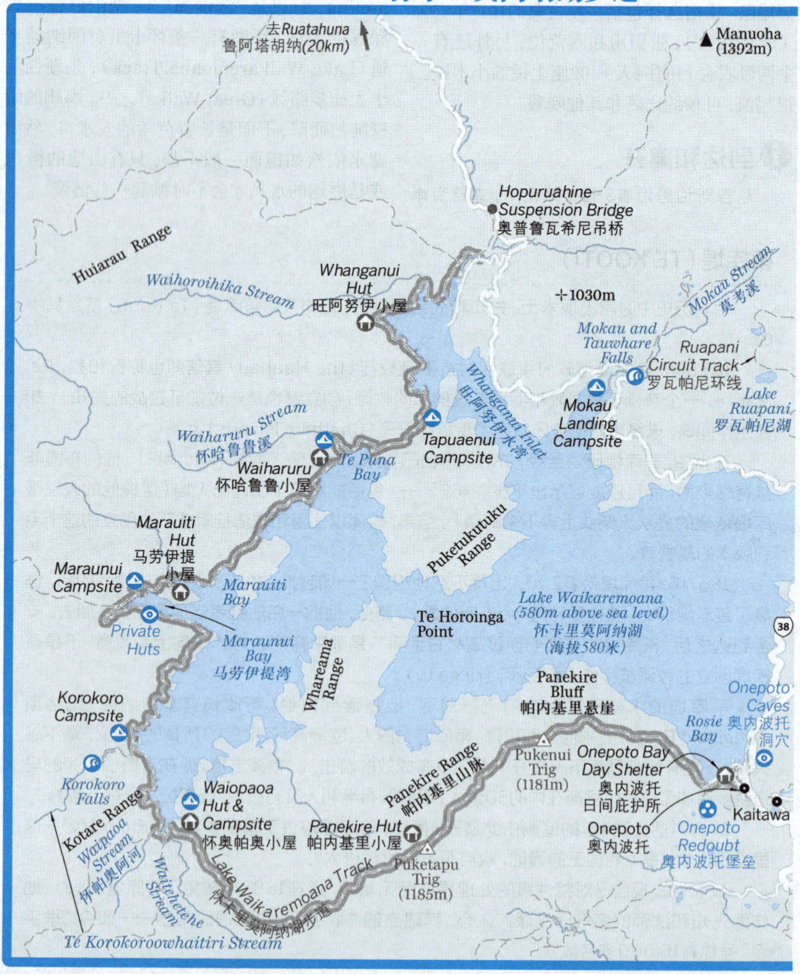

在这里只留下了一个小小的定居点。在离这里不远的鲁阿塔胡纳（Ruatahuna）小镇，有一个非常漂亮的马塔图瓦集会地（Mataatua Marae），纪念着蒂库堤的功绩。

Tūhoe人依然对其身份和传统感到自豪，当地仍有40%的人经常使用部落的土语（Te Reo）。

2014年，《怀唐伊条约》达成和解，蒂乌雷韦拉的管理权被移交给Tūhoe人和新西兰政府共同组成的蒂乌雷韦拉董事会。Tūhoe人和这个董事会领导了蒂乌雷韦拉每年的规划构想，并同环保部一起，维护本地区的步道和旅游设施。

活动

蒂乌雷韦拉的广阔领地上有十几条步道，大多数在环保部的《怀卡里莫阿纳湖徒步》宣传册（$2）中都有介绍。许多短步道从湖东岸附近或怀卡里莫阿纳度假公园出发，或者可以走更长的怀卡里莫阿纳湖步道。

怀卡里莫阿纳湖步道

这条步道是新西兰十大步道之一，长46公里，徒步需走3~4天，中途经过壮观的帕内基里悬崖（Panekire Bluff，海拔1180米）崖顶，登高远眺，四周由蕨类和树木组成的森林尽收眼底。步道难度适中，只是通向帕内基里悬崖的上坡路段较为难走。夏天人很多。

虽然步道全年开放，但冬季的雨水让路更加难走，吓退了许多人。这里的海拔是580米，因此温度即使在夏天也会下降得很快。徒步者应该带上便携式炉灶和燃料，因为沿途没有地方管饭。

沿途分布着5间**小屋**（成人/儿童 $32/免费）和一个**露营地**（成人/儿童 $14/免费），不管在什么季节，都必须通过新西兰环保部预订才能入住。可以在地区的环保部办公室、信息中心或网站www.doc.govtgreatwalks.co.nz预订。

如果你开车的话，最安全的方法是把车停在Waikaremoana Holiday Park或Big Bush Holiday Park，然后搭乘水上出租车到达小路的起点。也可以联系热情又有经验的**Walking Legends**（☎0800 925 569, 07-312 5297; www.walkinglegends.com; 每人$1490~1590）或**Te Urewera Treks**（☎07-929 9669; www.teureweratreks.co.nz/home; 每人$1500），报名参加一价全包的三晚导览游。

你可以从南边的**奥内波陶**（Onepoto）外出发，沿顺时针方向徒步行走，或是从北边的**奥普鲁瓦希尼吊桥**（Hopuruahine Suspension Bridge）出发，沿逆时针方向行走。

预计徒步行走的时间如下：

路线	行程(小时)
奥内波陶至帕内基里小屋(Panekire Hut)	5
帕内基里小屋至怀奥帕奥小屋(Waiopaoa Hut)	3~4
怀奥帕奥小屋至马劳伊提小屋(Marauiti Hut)	4~5
马劳伊提小屋至怀哈鲁鲁小屋(Waiharuru Hut)	1.5
怀哈鲁鲁小屋至旺阿努伊小屋(Whanganui Hut)	2
旺阿努伊小屋至奥普鲁瓦希尼吊桥	2

怀卡雷提湖附近的徒步

怀卡雷提湖(Lake Waikareiti)中有几个世外小岛,非常迷人。你可以从怀卡雷提湖最东端附近出发,步行1小时到达岸边。

从前往怀卡雷提湖的小路可以到达更具挑战性的罗瓦帕尼环线(Ruapani Circuit Track,6小时环路),这条环线穿过了湿地和茂密的原始森林。从湖边还有一条3小时的步道,可前往湖北端的Sandy Bay Hut。

住宿

环保部在蒂乌雷韦拉设有30多个小屋和露营地,多数设施非常简单,外加Waikaremoana Holiday Park。美丽的小村图阿伊(Tuai)地区也有一家民宿。

Waikaremoana Holiday Park 假日公园 $

(☎06-837 3826; www.doc.govt.nz/waikaremoana-holiday-park; 6249 Lake Rd/SH38; 无/有电力供应露营地 $36/42,小木屋/度假屋 双 $65/130起; 👪)露营地就位于湖岸上,有瑞士风格的小木屋、渔夫木屋(fisher's cabin),多数住处都看得到湖景,还有一家商店。2017年底开放的新的小木屋隐藏在天然森林里。

Hikihiki's Inn 民宿 $$$

(☎06-837 3701; www.hikihiki.co.nz; 9 Rotten Row, Tuai; 标单/双 $140/255)带护墙板的小民宿距奥内波陶6公里,位于可爱的小村庄图阿伊内,由一个友好且魅力十足的"百分百"当地人打理。

实用信息

蒂乌雷韦拉游客中心(Te Urewera Visitor Centre, Te Kura Whenua Paradise; ☎06-837 3803; www.ngaituhoe.iwi.nz; 6249 Lake Rd; ⏰8:30~16:00)这个壮观的湖畔游客中心是2017年由Ngāi Tūhoe开办的,里面有一个咖啡馆,展出蒂乌雷韦拉的自然和文化历史。同样提供游客信息中心和环保部信息中心的相关资讯及服务,包括怀卡里莫阿纳湖步道信息,十大步道小屋及露营地通票预订等。可租船探索旁边的怀卡雷提湖。

到达和离开

经SH39从怀罗阿到怀卡雷提湖约需1小时(64公里),继续前行可到达罗托鲁阿——整条SH38公里又被称为**蒂乌雷韦拉雨林线**(Te Urewera Rainforest Route),全程195公里,其中怀罗阿和罗托鲁阿之间约95公里的路段为土石路,要经历4个小时的颠簸路程(不过是很棒的探险经历)。

Big Bush Water Taxi(☎0800 525 392, 06-837 3777; www.lakewaikaremoana.co.nz/water-taxi; 每人 单程 $50~60)可以把你送到奥内波陶或奥普鲁瓦希尼这两条小路的起点,也可为那些力气不大的游客将行李从一个小屋送往另一个小屋。公司也运营往返怀罗阿的迷你班车(每人 单程 $50起)。

霍克斯湾(HAWKE'S BAY)

霍克湾(Hawke Bay)指的是从马希亚半岛(Mahia Penisula)到拐子角(Cape Kidnappers)这一带的水域,看上去像是北岛东岸被生生咬掉了一块。而多了一个"斯"字的霍克斯湾(Hawke's Bay)指的是包括南部内陆在内的一大片区域:包括肥沃的农田、冲浪沙滩、山区和森林。美食、美酒和建筑都令人久久难以忘怀。这里温馨、舒适却又迷人销魂,透过玫瑰色的红酒杯看见的风景最是迷人。

怀罗阿及周边(Wairoa & Around)

湖畔小镇怀罗阿(人口:4260)现在正试着改变其"乏善可陈"的口碑。虽然没有足够的吸引力让你在这里多待几天,但是也有几个不错的地方可以逛逛,包括很棒(而且开门

时间极早)的馅饼店**Oslers**(☎06-838 8299;116 Marine Pde, Wairoa;馅饼 $4~5,餐 $7~15;⏲周一至周五 8:00~16:00,周六和周日 至14:30)。富于艺术气息的**Eastend Cafe**(☎06-838 6070;eastendcafe@xtra.co.nz;250 Marine Pde, Wairoa;餐 $7~20;⏲周一至周五 7:00~15:00,周六和周日 8:00~16:00)是改造过的**Gaiety Cinema & Theatre**(☎06-838 3104;www.gaietytheatre.co.nz;252 Marine Pde, Wairoa;票$10起;⏲周四至周日 10:00~22:00)建筑群的一部分,这里是镇上的文化中心。其余的娱乐活动还包括到铺着木板的**河畔步道**(River Walkway)上散步,逛一家老银行里的**怀罗阿博物馆**(Wairoa Museum;☎06-838 3108;www.facebook.com/pg/WairoaMuseum;142 Marine Pde, Wairoa;⏲周一至周五 10:00~16:00,周六 正午关闭)免费。

景点

怀罗阿和内皮尔之间的公路长117公里,和一条铁路线并行,多数路段旁边是"不上相"的农田和森林。这条铁路目前仅供货运火车使用。途中的**莫哈卡高架桥**(Mohaka Viaduct,1937年)是大洋洲最高的铁路高架桥(海拔97米),从下面穿过时,你会意识到它与周围环境多么的不协调。

图提拉湖(Lake Tutira)曾有早期毛利先民居住,现在有不少步行小路,也是一个鸟类的天堂。你可在湖北边的图提拉村,沿Poho-kura Rd前往美丽的**界河风景保护区**(Boundary Stream Scenic Reserve),这是当地一处重要的保护区。路上延伸出3条环形小路,步行时间从40分钟到3小时不等。沿路你还能看到**奥普阿西风景保护区**(Opouahi Scenic Reserve)和**钟雀丛风景保护区**(Bellbird Bush Scenic Reserve),两处都非常值得徒步观光。关于这些保护区的信息可参见www.doc.govt.nz。

怀帕提基海滩(Waipatiki Beach)在Waipatiki Rd旁,位于内比尔以外34公里处,景色很美。这里有一片不起眼的露营地和占地64公顷的**怀帕提基风景保护区**(Waipatiki Scenic Reserve)。再沿SH2向前走便是**白松丛风景保护区**(White Pine Bush Scenic Reserve),距内皮尔29公里。这里遍生新西兰鸡毛松(kahikatea)和尼考棕榈(nikau palm)。在内皮尔北面27公里处有**唐奥伊奥瀑布风景保护区**(Tangoio Falls Scenic Reserve)。保护区内有蒂阿娜瀑布(Te Ana Falls),遍生桫椤(wheki-ponga)和本土兰花。同样的,关于这些保护区的信息可参见www.doc.govt.nz。白松丛保护区和唐奥伊奥保护区之间有一条**唐奥伊奥步道**(Tangoio Walkway,3小时),与卡雷阿拉溪(Kareaara Stream)并行。

在最后的20公里路程中,公路重回海岸,直抵内皮尔,一路景色绝佳。从艾斯克河(Esk River)河口开始便是霍克斯湾的葡萄酒主产区。

实用信息

怀罗阿信息中心(Wairoa i-SITE;☎06-838 7440;www.visitwairoa.co.nz;SH2和Queen St交叉路口;⏲周一至周五 8:30~17:00,周六和周日 10:00~16:00)当地信息中心,提供怀卡雷莫阿纳湖的游玩建议和城镇各处的住宿信息。

到达和离开

怀罗阿位于吉斯伯恩西南98公里、内皮尔东北117公里处,最近的成规模的小镇是蒂乌雷韦拉(见383页)。InterCity(www.intercity.co.nz)有发自吉斯伯恩(1.5小时,$10起)和内皮尔(2.25小时,$14起)的班车。

内皮尔(Napier)

☎06/人口 63,100

今日的内皮尔是一座充满魅力、阳光灿烂的宁静之城,带有富庶的英格兰高级海边度假胜地的气息。1931年大地震后,人们遵照当时正流行的建筑风格重建了这座城市,以至于内皮尔的装饰艺术风格建筑密集程度极高。不要期待在这里看见克莱斯勒大厦(Chrysler Building,纽约著名的装饰艺术风格高楼),内皮尔都是低层建筑,但你会找到保存完好的20世纪30年代的建筑外观和街道景观,即便是最没有情调的人也会不禁像"了不起的盖茨比"一样大摇大摆起来。留些时间,尝试新西兰最好的一些地区餐厅,探访出色的葡萄酒庄,相比黑斯廷斯和北哈夫洛

Hawke's Bay 霍克斯湾

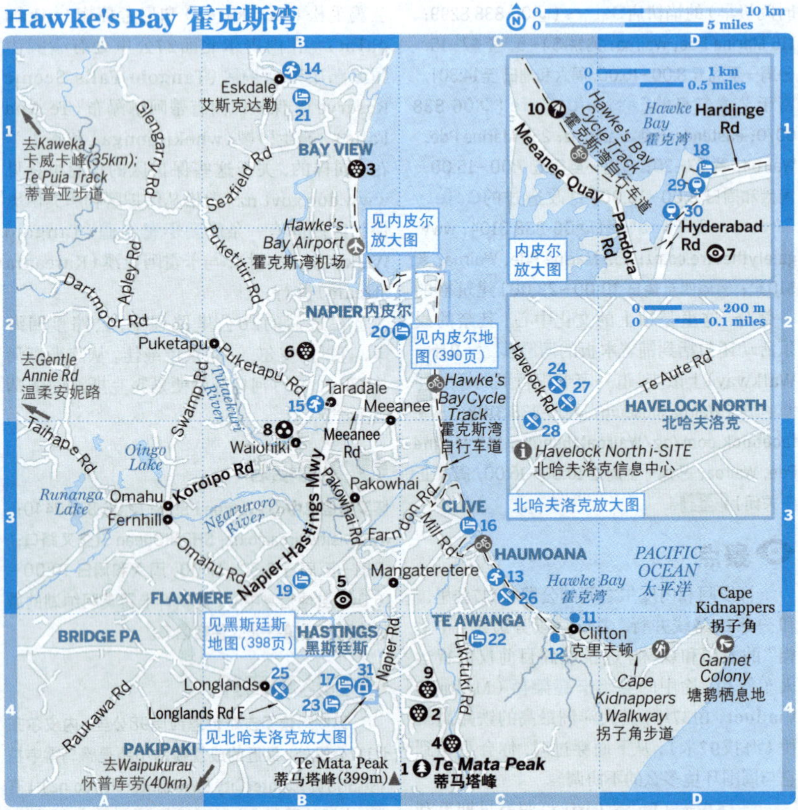

克的名店名庄，这里人会少一些。

历史

这一地区自12世纪以来便有人居住，当时被毛利人叫作“阿胡里里”（Ahuriri；现在是内皮尔一个郊区的名称）。当詹姆斯·库克（James Cook）在1769年10月第一次看到这里时，当地的主要部落是那嘎提卡杭谷努（Ngāti Kahungunu），其控制的地域从海岸一直延伸到惠灵顿。

19世纪30年代，捕鲸船开始在阿胡里里附近出现。1839年，这里有了一个贸易点。到了19世纪50年代，英国王室通过不太光彩的手段购得霍克斯湾140万公顷的土地，只留给那嘎提卡杭谷努部落不足4000公顷的土地。小镇是1854年规划建立的，名字来源于当时不列颠将军兼殖民地行政官查尔斯·内皮尔（Charles Napier）。

1931年2月3日10:46，一场大地震（里氏7.9级）将这里夷为平地，导致内皮尔及附近的黑斯廷斯258人遇难。当地的一片潟湖由于地震被抬高到了海平面以上2米，这反倒让内皮尔多出了40平方公里的土地（内皮尔的机场便在这片新增的区域内，其实叫“内皮尔船坞”更为合适）。热火朝天的重建工程随之开始，这里逐渐变成世界上装饰艺术风格建筑最集中的城市之一。

景点

内皮尔最知名的无疑是其建筑，想仔细研究这些瑰宝可能要花几天时间（尤其是如果你还停下来用餐的话）。在镇子周边，霍克斯湾的葡萄酒庄是一处亮点。

★ **霍克斯湾博物馆剧场画廊** 博物馆、剧院

（MTG Hawke's Bay, Museum Theatre Gallery; ☎06-835 7781; www.mtghawkesbay.com; 1

Hawke's Bay 霍克斯湾

重要景点
1 蒂马塔峰 C4

景点
2 Black Barn Vineyards C4
3 Crab Farm Winery B1
4 Craggy Range C4
5 黑斯廷斯农贸市场 B3
6 Mission Estate Winery B2
7 国家烟草公司大楼 D2
8 奥塔塔罗要塞村历史保护区 B3
9 Te Mata Estate C4
10 西岸海滩 C1

活动、课程和团队游
Coastal Wine Cycles （见13）
11 Gannet Beach Adventures C4
12 Gannet Safaris C4
13 Hawke's Bay Farmyard Zoo C3
14 Pan Pac Eskdale MTB Park B1
15 Pedal Power B2

住宿
16 Clive Colonial Cottages C3
17 Cottages on St Andrews B4
18 Crown Hotel D1
19 Eco Lodge Pakowhai B3
20 Kennedy Park Resort C2
21 Kiwiesque B1
22 Millar Road C4
23 St Andrews Escape B4

就餐
24 Alessandro's C2
25 Bareknuckle BBQ B4
26 Elephant Hill C3
27 Maina C2
28 Malo C3
Milk & Honey （见18）

饮品和夜生活
29 4th Door Lounge Bar D1
30 Thirsty Whale D1

娱乐
环球小剧院 （见18）

购物
31 Strawberry Patch B4

Tennyson St；⏲10:00~17:00）免费 这座看上去很时髦的博物馆、剧院和画廊堪称内皮尔的文化中心。这是一处滨水的亮白色建筑，集博物馆、剧院、画廊于一体，聚集了现场表演、电影放映以及定期更换的画廊和博物馆展出，还有团队游和当地展览。内皮尔的公共图书馆——有免费的无线网络——在2018年搬入了这座建筑。

★每日电讯报大楼 建筑

（Daily Telegraph Building；☎06-834 1911；www.heritage.org.nz/the-list/details/1129；49 Tennyson St；⏲周一至周五 9:00~17:00）每日电讯报大楼是内皮尔装饰艺术秀的明星之一，其交错的线条、喷泉造型和对称图案的外观非常漂亮。如果恰逢前门对外开放，那就赶快进去欣赏一下经过精心修复的大厅吧（现在是一个房地产商办公室）。

海之墙 公共艺术

（Sea Walls, Artists for Oceans）内皮尔城内分散着将近50幅发人深省的彩色壁画，它们是2016年和2017年举办的街头艺术节的一部分。到内皮尔信息中心（见396页）或新西兰国家水族馆（见390页）拿一份《海之墙：向大海致礼的艺术家展》（*Sea Walls: Artists for Oceans*）地图，开始自行探索这些旨在强化和庆祝我们海洋生态系统健康的作品。

悬崖山观景台 瞭望台

（Bluff Hill Lookout；Lighthouse Rd；⏲24小时）登顶悬崖山（海拔102米）的山路百转千回，如同一座全速运行的电梯（最好是开车），但可以欣赏到跨越海港的壮阔美景。带点儿野餐或炸鱼和薯条来吧。

国家烟草公司大楼 建筑

（National Tobacco Company Building；☎06-834 1911；www.heritage.org.nz/the-list/details/1170；Bridge St和Ossian St交叉路口，Ahuriri；⏲大厅 周一至周五 9:00~17:00）阿胡里里海岸旁的这座大楼（1932年）被不少人认为是内皮尔最棒的装饰艺术风格的建筑——将装饰艺术风格的形式与新艺术风格（art nouveau）的自然元素融为一体。曲线优美的入口雕有玫瑰、菖蒲（bulrush）和葡萄藤。办

Napier 内皮尔

公时间内，你可以抓住叶子形的黄铜门把手，拉开大门，进入前部的两个房间。

新西兰国家水族馆 水族馆

（National Aquarium of New Zealand; ☎06-834 1404; www.nationalaquarium.co.nz; 546 Marine Pde; 成人/儿童/家庭 $20/10.50/57; ⏲9:00~17:00，喂食 10:00和14:00，最晚入场16:30）水族馆坐落在一座现代综合性大楼中，屋顶的设计灵感来自黄貂鱼，里面展出的动物包括水虎鱼（piranhas）、淡水龟

Napier 内皮尔

(terrapin)、鳗鱼(eel)、奇异鸟(kiwi)、新西兰大蜥蜴(tuatara)以及大量其他鱼类。会浮潜的游客可以与鲨鱼一起戏水($100),或是报名参加与小企鹅亲密接触(Little Penguin Close Encounter, $70)的活动。

海洋大道 街道

(Marine Parade)这条优雅的海滨大道两旁种植着诺福克岛松(Norfolk Island pine),零星分布着汽车旅馆和迷人的木制别墅。此外,沿路还有公园、古怪的**下沉式花园**(sunken gardens; Marine Pde; ⏲24小时)、一个迷你高尔夫球场、一个滑冰公园、一个回音壁、一个游泳中心和一个水族馆。靠近大道北端有**汤姆·帕克喷泉**(Tom Parker Fountain; Marine Pde) 免费 ——最适合在晚上华丽的灯火下欣赏。喷泉旁边是雕塑**海礁仙女**(Pania of the Reef; Marine Pde) 免费 。

内皮尔监狱 历史建筑

(Napier Prison; www.napierprison.com; 55 Coote Rd; 成人/儿童/家庭 $20/10/50; ⏲9:00~17:00)如果你正在逃避法律制裁,那么在这座建于1906年的冷酷监狱游览会减轻你的负罪感。监狱位于城市后面的山上,提供声频电子导览,有16种语言。

活动

去内皮尔的鹅卵石海滩游泳并不安全。要游泳,当地人会选择城市北部的**西岸海滩**(Westshore Beach; 紧邻Ferguson Ave, Westshore),或是去拐子角南部的冲浪海滩。

Mountain Valley 探险运动

(☎06-834 9756; www.mountainvalley.co.nz; 408 McVicar Rd, Te Pohue; 骑马/漂流/钓鱼 每人 $70/109/250)这里在内皮尔以北60公里处,位于SH5旁,能组织多种户外运动,包括骑马观光、激流漂流、皮划艇和飞钓。场地内也有简单的住宿设施(露营地/宿舍/双人间$16/22/100起)。

Ocean Spa 游泳

(☎06-835 8553; www.oceanspanapier.co.nz; 42 Marine Pde; 成人/儿童 $11/8, 私人池30分钟 $13/10; ⏲周一至周六 6:00~22:00, 周日 8:00起)水边一个耀眼的建筑群,有泳道泳池、热水池、美容水疗和健身房——足以让你游到筋疲力尽……

团队游

如果你没空参与装饰艺术风格建筑团队游或自助导览游,那就上街走走好了,尤其是Tennyson St和Emerson St。一定记着抬头看啊!

装饰艺术中心 文化游

（Deco Centre；☎06-835 0022；www.artdeconapier.com；7 Tennyson St；⊙9:00~17:00；👪）从这里开始你的探索，每天都有。1小时的装饰艺术导览徒步游（$19）10:00从内皮尔信息中心（见396页）开始；2小时的团队游（$21）14:00从装饰艺术中心开始。这里还有一家小商店，外加自助游览手册，如《装饰艺术徒步行》（*Art Deco Walk*；$10）、《装饰艺术观光自驾》（*Art Deco Scenic Drive*；$3）和《漫步马雷瓦》（*Marewa Meander*；$3）。

Hawke's Bay Scenic Tours 团队游

（☎06-844 5693，027 497 9231；www.hbscenictours.co.nz；团队游 $55起）提供2.5小时的内皮尔旋风游（Napier Whirlwind；$55）、全天的霍克斯湾观光游（$140）和4.5小时的葡萄酒啤酒厂游（$100）。

Absolute de Tours 巴士游

（☎06- 844 8699；www.absolutedetours.co.nz；团队游 90分钟/半天 $50/70起）运营城市快速巴士观光之旅，包括马雷瓦（Marewa）、悬崖山、装饰艺术中心（见本页），也有内皮尔和黑斯廷斯的半日游。

Grape Escape 葡萄酒庄游

（☎021 227 7211，0800 100 489；www.grapeescape.net.nz；团队游 $90起）著名的葡萄酒庄半日游，可以访问4~5座酒庄，也有含午餐的6小时团队游（$95）。对于蜜月佳侣，还有专门的极限豪华葡萄酒庄团队游（每对$895）。

海湾骑行

200公里长的霍克斯湾自行车道（Hawke's Bay Trails；www.nzcycletrail.com/hawkes-bay-trails）网络是"纳哈雷格"新西兰自行车道（Nga Haerenga）的一部分，既有城市路段供短途骑行，也有崎岖狭窄的山地路段让人大显身手。自行车专用车道环绕着内皮尔、黑斯廷斯和海岸线，沿途满是水岸风光和葡萄酒庄。《霍克斯湾骑行地图》（*Hawke's Bay Cycle Map*）可在当地游客信息中心获取，或从网上下载。

内皮尔本身是个适合骑车的城市，尤其是海洋大道（Marine Pde）沿线。那里有一家**Fishbike**（☎0800 131 600，06-833 6979；www.fishbike.nz；22 Marine Pde，Pacific Surf Club；自行车租赁 每半天/全天 $30/40，双人自行车 每小时 $35；⊙9:00~17:00），出租各种舒适的自行车，包括双人自行车。**Napier City Bike Hire**（☎021 959 595，0800 245 344；www.bikehirenapier.co.nz；117 Marine Pde；半天 儿童/城市/山地自行车出租 $20/25/30起，全天 $25/35/40起；⊙9:00~17:00）是另一个经营机构。

山地自行车手可以前往**泛太平洋艾斯克达勒山地自行车公园**（Pan Pac Eskdale MTB Park；☎06-873 8793；www.hawkesbaymtb.co.nz；紧邻SH5；三周通行证 $10），在森林里尽情享受。登录网站或致电了解路线详情。租用山地车可以选择**Pedal Power**（☎06-844 9771；www.avantiplus.co.nz/pedalpower；340 Gloucester St，Taradale；半天/全天 $30/50起；⊙周一至周五 8:00~17:30，周六 9:00~15:00，周日 10:00~15:00），就在中心城区外，或者，也可以选择从Napier City Bike Hire租借。

这里气候适宜、地势多样、道路众多，所以有许多自行车旅行公司在海湾沿线组织各类骑行游，其中近乎强制地包含了前往附近葡萄酒庄的内容。经营机构包括：

Bike About Tours（☎06-845 4836，027 232 4355；www.bikeabouttours.co.nz；团队游 半天/全天 $25/30）

Coastal Wine Cycles（☎06-875 0302；www.winecycles.co.nz；41 East Rd，Te Awanga；团队游 每天 $40；👪）

On Yer Bike Winery Tours（☎06-650 4627；www.onyerbikehb.co.nz；全日游 $55）

Takaro Trails（☎06-835 9030；www.takarotrails.co.nz；日间骑行 $40起）

节日和活动

艺术装饰周

文化节

（Art Deco Weekend；www.artdeconapier.com；⏲2月）每到2月的第3周，内皮尔和黑斯廷斯便会联合主办精彩纷呈的装饰艺术周。晚宴、野餐、舞会和“爵士时代”的华丽服饰展示等约125场活动填满了整整一周，其中许多都是免费的。约40,000名装饰艺术爱好者将云集于此！

住宿

Napier YHA

青年旅舍 $

（☎06-835 7039；www.yha.co.nz；277 Marine Pde；铺/标单/双 $30/45/69；📶）内皮尔这家友好的国际青年旅舍联盟（YHA）成员店位于海滩旁一座可爱、古老的木制别墅中，房间多得数不清。这里有个超棒的阅读角和一个阳光灿烂的后院。工作人员能在预订及提供当地信息方面对你提供帮助。这里是海洋大道（Marine Pde）沿路最好的几家青年旅舍之一。自行车租赁每天$20。

Criterion Art Deco Backpackers

青年旅舍 $

（☎06-835 2059；www.criterionartdeco.co.nz；48 Emerson St；铺/标单/双/家 不带浴室 $29/53/66/112起，双 带浴室 $85起；📶）老板投重金将这座位于市中心建筑一楼的宝红色青旅打扮得整洁漂亮，这是全内皮尔西班牙布道院风格建筑的完美体现者，有美丽的可俯瞰Emerson St的小阳台和休闲室中令人惊异的老壁炉。这是一个位置方便、超级迷人的青旅。

Kennedy Park Resort

假日公园 $

（☎0800 457 275，06-843 9126；www.kennedypark.co.nz；1 Storkey St；露营地 $53起，小屋和套间 $65~173；@📶🏊👪）这里不像露营地，而像一座度假者蜂拥而至的郊区县城，是内皮尔最棒的露营地，也是离城最近的露营地（在城中心西南2.5公里处）。设施齐全，还有一片小屋和套间，甚至一台卡拉OK机！

Seaview Lodge B&B

民宿 $$

（☎027 235 0202，06-835 0202；www.aseaviewlodge.co.nz；5 Seaview Tce；房间 $150~190；📶）这座维多利亚式宏伟别墅（1890年）如女王般傲视四方——在这里可以看到大部分城区以及一大片海。典雅的房间有着颇具水准的时代元素，有的是独立浴室，有的是含浴室的套间。日落时分，你会忍不住来到游廊上小酌一杯。游廊就在令人放松的住客休息厅外。

★ Kiwiesque

民宿 $$$

（☎06-836 7216；www.kiwiesque.com；347 SH 5，Eskdale；双 $295~345；📶）🍃位于内皮尔以北约18公里处的艾斯克达勒（Eskdale），住宿就在广阔的葡萄园边。对于独立旅行者来说，最好的选择在现代羊毛场风格的建筑中，有4个套间。早餐提供时令食物，浴室优雅，户外露台能看到葡萄园。环保设计包括双层玻璃窗和墙壁中的羊毛隔热层。

Pebble Beach Motor Inn

汽车旅馆 $$$

（☎0800 723 224，06-835 7496；www.pebblebeach.co.nz；445 Marine Pde；房间 $219~315起；📶）和大多数新西兰的汽车旅馆不同，这家店真的由老板经营，也就是说，经营者拥有房子的产权，所以，维护和服务是经营团队最在意的事项。3层楼有25间整洁干净的房间，都带有厨房、水疗设施、阳台，而且能看见海景。大多数时间都是满房。试试向友好的店主请教“一杆进洞”的高尔夫故事。

Scenic Hotel Te Pania

酒店 $$$

（☎06-833 7733；www.scenichotels.co.nz；45 Marine Pde；双 $190起，1/2卧套间 $260/342起；@📶）这座新装修的曲线形6层酒店给人一种直观的复古魅力，看上去就像一个海边迷你版的联合国总部。但房间可一点儿也不复古，有设计师品牌的床上用品、皮制长沙发和落地窗，打开窗户，一股海洋气息充溢心间。

Crown Hotel

酒店 $$$

（☎06-833 8300；www.thecrownnapier.co.nz；Bridge St和Hardinge Rd交叉路口，Ahuriri；双 $199起，1/2卧公寓 $239/369起；📶）这家豪华的公寓式酒店是从一家1932年的小酒馆改建而来的，当时一定伤了不少渔民主顾的心。新的配楼特色是柔和的氛围、漂亮的墙纸和床上用品，以及极佳的海景。楼下有一个咖

啡馆，早上可以去喝咖啡，步行可达许多其他餐厅。

Masonic Hotel

酒店 $$$

（☎06-835 8689；www.masonic.co.nz；Tennyson St和Marine Pde交叉路口；房间 $239~649；📶）这家装饰艺术风格的酒店位于城镇正中心，其房间、餐馆和酒吧占据了一大片街区。一场势在必行的装修让这家老酒店重新焕发了生机，在原本的建筑中新增了条纹地毯和奇特的墙纸。全部42个房间和套间都自带浴室，最好的房间能看到海景，并可直通屋顶露台。

就餐

Hapī

素食 $

（☎06-561 0142；www.hapi.nz；89 Hastings St；主菜 $12~14；⏲7:00~16:00；🖉）🍃欢迎来到Hapī，在这里，刻苦自律的素食也能如此美味。早餐包括巴西莓、芡欧鼠尾草和藜麦，搭配超赞的小吃，如炸玉米条（polenta fries）、干辣椒豆腐塔可，饮品有冷榨的有机健康饮，植物基底的冰沙也很健康，而且价格实惠。

Cafe Ujazi

咖啡馆 $

（☎06-835 1490；www.facebook.com/ujazicafe；28 Tennyson St；主菜 $10~22；⏲8:00~17:00）这是内皮尔最具波希米亚风情的咖啡馆。打开窗子，任由店内气息蔓延到人行道上的就餐区。咖啡馆经营的年头不短，一直保持着高水准，提供每日特别菜品和贴心的柜台食物（有素食和严格素食特色菜）。建议试试这里的经典特色菜"雷瓦纳"（rewana），一种以传统毛利面包为主的丰盛早餐。自制柠檬水棒极了！

★Mister D

新派新西兰菜 $$

（☎06-835 5022；www.misterd.co.nz；47 Tennyson St；主菜 $25~36；⏲周日至周三7:30~16:00，周四至周六 7:30至深夜）这个铺着地板的长长房间连同它铺绿地砖的酒吧是内皮尔饮食界的骄傲。这里极富个性，装饰时髦，价格合理，服务生像踩着风火轮一般为你快速送上手撕猪肉配白玉米粥或烤鸭调味饭。诱人的甜甜圈配一个装满巧克力、果酱或奶油酱的针筒（自助给甜甜圈注射）。必须预订。

Milk & Honey

咖啡馆 $$

（☎06-833 6099；www.themilkandhoney.co.nz；19 Hardinge Rd，Ahuriri；主菜和大盘菜 $15~34；⏲7:00~21:00）临海多美食佳酿的Ahuriri村一带最好的选择之一，能看到大海和木栈道，每天菜单多样。可以用霍克斯湾啤酒和葡萄酒搭配美味的海鲜酸橘汁腌鱼，或是品尝日本风味的鸡肉沙拉。天黑以后，重点转向共享大盘菜，比如酥脆的对虾和鱼条。

11月到次年3月的下午和晚上，隔壁的Pizza/Pazzi and The Hatch提供比萨和亚洲饺子。

Greek National Cafe

希腊菜 $$

（☎06-833 6069；www.greeknationalcafe.nz；112 Emerson St；主菜 $20~29；⏲周二至周四 17:00~21:00，周五 16:00~22:00，周六 17:00~22:00；🖉）作为新西兰餐厅，National Cafe烹制牛排和海鲜已有几十年历史了。2017年，店铺原来的希腊主人的后人接手重新开业。有些菜是从全盛时期延续下来的，不过现在的重点是地道的风味。钻进复古的20世纪60年代装潢里，用茴香酒、葡萄酒和松香味希腊葡萄酒搭配开胃菜和炭烤章鱼。

一定要点kessaria派配蜜糖奶酪和松子。

★Bistronomy

新派新西兰菜 $$$

（☎06-834 4309；www.bistronomy.co.nz；40 Hastings St；主菜 午餐 $22~28，晚餐 6/9道菜 $75/100；⏲周五至周日 正午至深夜，周三和周四 17:00起；🖉）🍃Bistronomy证明了在新西兰的大城市之外也能吃到最好的食物。强烈推荐精心准备的当季尝新菜单，包括漆树料熏石首鱼、卡瓦胡椒（一种新西兰林间香草）蒸鸡肉。这些菜肴都会给你带来超值的体验，回家后你一定会回味无穷。午餐没那么正式，但也相当好。

Pacifica

新派新西兰菜 $$$

（☎06-833-6335；www.pacificarestaurant.co.nz；209 Marine Pde；5道菜 不含/含葡萄酒 $65/115；⏲周二至周六 18:00~22:00）🍃2017年被Cuisine杂志评为新西兰最佳餐厅，展示了主厨Jeremy Rameka对于海鲜的熟悉。装潢呈现令人惊讶的休闲风格，超值的5道菜套餐只要$65，其中包括慕斯贻贝和扇贝，或椰子奶油泡的柠檬鱼。还有一个包含其他蛋白质食物的套餐，也有推荐的佐餐葡萄酒。

饮品和夜生活

Monica Loves 酒吧

（☎06-650 0240；www.monicaloves.co.nz；39 Tennyson St；⏲周三和周四 15:00~23:00，周五和周六 至午夜）这家酒吧隐藏在Tennyson St旁，将大城市的小巷风格带到了内皮尔。寻找上面写着"谁杀了酒吧老板"（Who shot the barman）的霓虹招牌，来这里喝顶级鸡尾酒准没错，啤酒单上长期有令人惊喜的现场供应，还有一个注重霍克斯湾产品的葡萄酒单。

4th Door Lounge Bar 鸡尾酒吧

（☎06-834 0835；www.threedoorsup.co.nz/the-4th-door；3 Waghorne St，Ahuriri；⏲周三至周六 17:00至深夜）要是逛腻了Ahuriri的海滨酒吧，可以来这里换换口味。这是一个很有氛围的古典角落，适合晚餐前小酌，或是睡前喝一杯。周末有时会有现场爵士乐和钢琴演奏。

Emporium 酒吧

（☎06-835 0013；www.emporiumbar.co.nz；Masonic Hotel，Tennyson St和Marine Pde交叉路口；⏲7:00至深夜；📶）这是内皮尔最文雅的酒吧，氛围很好，大理石台面、华丽的艺术装饰细节和古老旧物散落各处。其他优势包括：服务生腿脚麻利，鸡尾酒富有创意，咖啡很棒，提供新西兰葡萄酒，有酒吧简餐（一份$17~36），还有绝佳的地理位置。

Thirsty Whale 酒吧

（☎06-835 8815；www.thethirstywhale.co.nz；62 West Quay，Ahuriri；⏲周一至周五 11:00至深夜，周六和周日 9:00起；📶）鲸鱼会饮酒吗？或者只是在过滤磷虾？无论如何，这家码头边的大型酒吧是朋友欢聚（主菜 $12~39）的好地方。"霍克斯最大的屏幕"下方是观看全黑队比赛的好地方。

娱乐

环球小剧院 电影院

（Globe Theatrette；☎06-833 6011；www.globenapier.co.nz；15 Hardinge Rd，Ahuriri；票 成

不要错过

霍克斯湾葡萄酒产区

曾经，霍克斯湾以果园闻名遐迩。今天，葡萄园后来居上，使这里成为新西兰第二大葡萄酒产区（位列莫尔伯勒之后）。这里所产的葡萄酒包括多款很棒的波尔多口味红酒、西拉（shiraz）和霞多丽（chardonnay）。你可以从游客信息中心拿一份《霍克斯湾葡萄酒指南》（*Hawke's Bay Winery Guide*）地图，或者从黑斯廷斯信息中心（见400页）或**内皮尔信息中心**拿一份《霍克斯湾步道》（*Hawke's Bay Trails*）地图，也可以登录www.winehawkesbay.co.nz下载。以下是几家我们喜欢的：

Black Barn Vineyards（☎06-877 7985；www.blackbarn.com；Black Barn Rd，Havelock North；⏲品酒室 10:00~16:00，餐厅 周日至周三 10:00~17:00 周四至周六 至21:00，4月至10月 营业时间缩短）

Mission Estate Winery（☎06-845 9354；www.missionestate.co.nz；198 Church Rd，Taradale；⏲周一至周六 9:00~17:00，周日 10:00~16:30）

Crab Farm Winery（☎06-836 6678；www.crabfarmwinery.co.nz；511 Main North Rd，Bay View；⏲每天 10:00~17:00，外加 周五 18:00至深夜）

Te Mata Estate（☎06-877 4399；www.temata.co.nz；349 Te Mata Rd，Havelock North；⏲周一至周五 9:00~17:00，周六 10:00起）

Craggy Range（☎06-873 0141；www.craggyrange.com；253 Waimarama Rd，Havelock North；⏲10:00~18:00，4月至10月 周一和周二歇业）

人/儿童 $16/14；⏲周二至周日 13:00至深夜）走进这家45个座位的精品电影院你会满眼的紫色，拥有一个豪华影厅，会放映文艺片，可以方便地买到高端零食和饮品。

Cabana Bar 现场音乐

（☎06-835 1102；www.cabana.net.nz；11 Shakespeare Rd；⏲周三至周六 18:00至深夜）这里曾是当地传奇般的表演场馆，主打20世纪70年代、80年代和90年代的音乐，1997年关门。感谢某些卓有眼光的摇滚迷，使之又一次成了内皮尔音乐爱好者的大爱。有Led Zep悼念活动以及新西兰本土乐队演出和卡拉OK之夜。

实用信息

内皮尔城市医疗站（City Medical Napier；☎06-878 8109；www.hawkesbay.health.nz；76 Wellesley Rd；⏲24小时）24小时医疗救助。

环保部（Department of Conservation，简称DOC；☎06-834 3111；www.doc.govt.co.nz；59 Marine Pde；⏲周一至周五 9:00~16:15）提供地图、咨询服务和各种通票。

内皮尔信息中心（Napier i-SITE；☎06-834 1911；www.napiernz.com；100 Marine Pde；⏲9:00~17:00，12月至次年2月 营业时间延长）就在海港旁边，方便、有用。

内皮尔邮局（Napier Post Office；www.nzpost.co.nz；1 Dickens St；⏲周一至周五 9:00~17:00，周六 9:30~12:30）

到达和离开

飞机

霍克斯湾机场（Hawke's Bay Airport；www.hawkesbay-airport.co.nz；SH2）位于城北8公里处。

新西兰航空（Air New Zealand；☎0800 737 000；www.airnewzealand.co.nz）有直航航班往返奥克兰、惠灵顿和基督城。**捷星航空**连接内皮尔和奥克兰。Sounds Air有直飞航班前往布莱尼姆（Blenheim），每周3班。

长途汽车

InterCity（www.intercity.co.nz）的长途汽车票可以通过网站或在**信息中心**预订。Naked Bus（https://nakedbus.com）的票最好是在网上预订。有些Naked Bus的车次由ManaBus运营。

两家公司都从**Clive Sq bus stop**出发，每天发车（有数班前往黑斯廷斯）前往下列目的地：

目的地	公司	价格	行程
奥克兰	InterCity	$50	7.5小时
奥克兰	Naked Bus	$26	9小时
吉斯伯恩	InterCity	$43	4小时
黑斯廷斯	InterCity	$15	30分钟
北帕默斯顿	InterCity	$18	3小时
陶波	InterCity	$18	2小时
陶波	Naked Bus	$15	2小时
怀罗阿	InterCity	$14	2.25小时
惠灵顿	InterCity	$33	5.5小时
惠灵顿	Naked Bus	$23	5小时

当地交通

自行车

可以从Fishbike（见392页）或Napier City Bike Hire（见392页）租借自行车（包括双人自行车和儿童自行车）。

公交车

GoBay（www.hbrc.govt.nz）的当地公交车（配有自行车架）每天在内皮尔、黑斯廷斯和北哈夫洛克（Havelock North）之间频繁往返。内皮尔和黑斯廷斯之间（成人/儿童 $4.20/2）有快车运营，全程30分钟，每站都停的普通长途汽车全程需55分钟。公交车始发站在**达顿街车站**（Dalton St Bus Stop）。

小汽车

位于霍克斯湾机场的租车机构信息请见www.rentalcars.com，包括大公司和当地小企业。

RAD Car Hire（☎06-834 0688，0800 736 823；www.radcarhire.co.nz；Hawke's Bay Airport，SH2；⏲周一至周五 7:00~17:00，周六 至13:00，周日 9:00至正午）也设在机场。

出租车

从市区打车至机场，或者预约机场接驳车的花费约为$20~25。可尝试**Blue Bubble Taxis**（☎06-835 7777，0800 228 294；www.hawkesbay.bluebubbletaxi.co.nz）或上门接送的**Super Shuttle**（☎0800 748 885；www.supershuttle.co.nz；单程 $20，多加一人 $5）。

黑斯廷斯及周边（Hastings & Around）

☎06/人口 77,900

黑斯廷斯位于霍克斯湾水果产区的中心，非常忙碌，是该地区的商业中心，在内皮尔以南20公里处。从这里再走几公里，经过沿路的一个个果园，便来到了北哈夫洛克(Havelock North)，一个背靠蒂马塔峰(Te Mata Peak)的村庄，洋溢着勃勃的乡村气息。

有餐厅、酿酒厂和葡萄园可以吃吃喝喝，有出色的农贸市场和季节性水果摊可逛，是美食爱好者探索这一地区的绝佳理由，作为调剂，骑上自行车或徒步走进蒂马塔壮丽的自然风光中吧。

景点

与内皮尔一样，黑斯廷斯也未能在1931年的地震中幸免，重建后，这里拥有不少很棒的装饰艺术风格建筑和西班牙布道院风格建筑。主街上的亮点有威斯特曼大楼(Westerman's Building; Russell St和Heretaunga St E交叉路口)。大楼被不少人认为是霍克斯湾地区西班牙布道院风格的代表作。当然，此外还有无数的建筑瑰宝。黑斯延斯信息中心(见400页)有名为《黑斯廷斯装饰艺术建筑》(*Art Deco Hastings*)的小册子($1)，详细介绍了两条自助观光路线。

★蒂马塔峰 公园

(Te Mata Peak; ☎06-873 0080; www.tematapark.co.nz; 紧邻Te Mata Rd, Havelock North; ⏲5:00~22:00)蒂马塔峰(海拔399米)在荷勒唐嘎平原(Heretaunga Plains)上陡然升起，矗立在北哈夫洛克以南16公里处，是占地1平方公里的蒂马塔基金会公园(Te Mata Trust Park)的一部分。登顶途中，你会经过牧羊小路、摇摇晃晃的护栏以及令人目眩的石头陡坡。公园给人的整体感觉十分荒凉，像是来到了苏格兰高地，或者月球表面。晴天时站在此处的观景台，可遥望霍克湾、马希亚半岛以及远处的鲁阿佩胡火山。

公园内全长30公里的小路纵横交错，行走时间从30分钟到2小时不等。可从当地旅游信息中心领取小册子《蒂马塔公园步道Top 5》(*Te Mata Park's Top 5 Walking Tracks*)。山地骑行也是热门项目。

黑斯廷斯农贸市场 农贸市场

(Hastings Farmers Market; www.hawkesbayfarmersmarket.co.nz; Showgrounds, Kenilworth Rd; ⏲周日 8:30~12:30)如果恰逢周日，那么千万不要错过这个市场。记着空着肚子来，带些现金，再带上一个大大的购物袋。

黑斯廷斯城市艺术画廊 画廊

(Hastings City Art Gallery, 简称HCAG; ☎06-871 5095; www.hastingscityartgallery.co.nz; 201 Eastbourne St E; ⏲10:00~16:30)专门建造的小画廊空间明亮，里面展有当代新西兰(包括毛利)以及世界各地的艺术作品。期待一些古怪的作品吧(比黑斯廷斯本身古怪得多)。

活动

Hawke's Bay Farmyard Zoo 骑马

(☎06-875 0244; www.farmyardzoo.co.nz; 32 East Rd, Haumoana; 农场门票 成人/儿童/家庭 $10/7/35，骑马 1/2小时 $70/100; ⏲10:00~17:00; 👪)这座农场位于黑斯廷斯市中心以西13公里处，小孩子们多半会喜欢爱抚这里的农场动物和骑小马($5)，大人们则可以爬上马背慢慢行走，跨越海滨乡村，来一段短途旅行。

Airplay Paragliding 滑翔伞

(☎06-845 1977; www.airplay.co.nz; 1日课程 $220)蒂马塔峰热气流充足，是滑翔伞运动的热门地。如果你迫切希望享受坠落的感觉，这里开设的全天初级培训课将满足你的需要。

团队游

Long Island Guides 导览游、文化游

(☎06-874 7877; www.longislandtoursnz.com; 半日游 每人 $248起)为游客量身规划霍克斯湾观光活动，活动涵盖各类兴趣点，包括毛利文化、徒步、皮划艇、骑马等。当然，一定少不了美食和美酒。

Prinsy's Tours 葡萄酒

(☎06-845 3703, 0800 004 237; www.prinsystours.co.nz; 半天/全天 团队游 $90/110

Hastings 黑斯廷斯

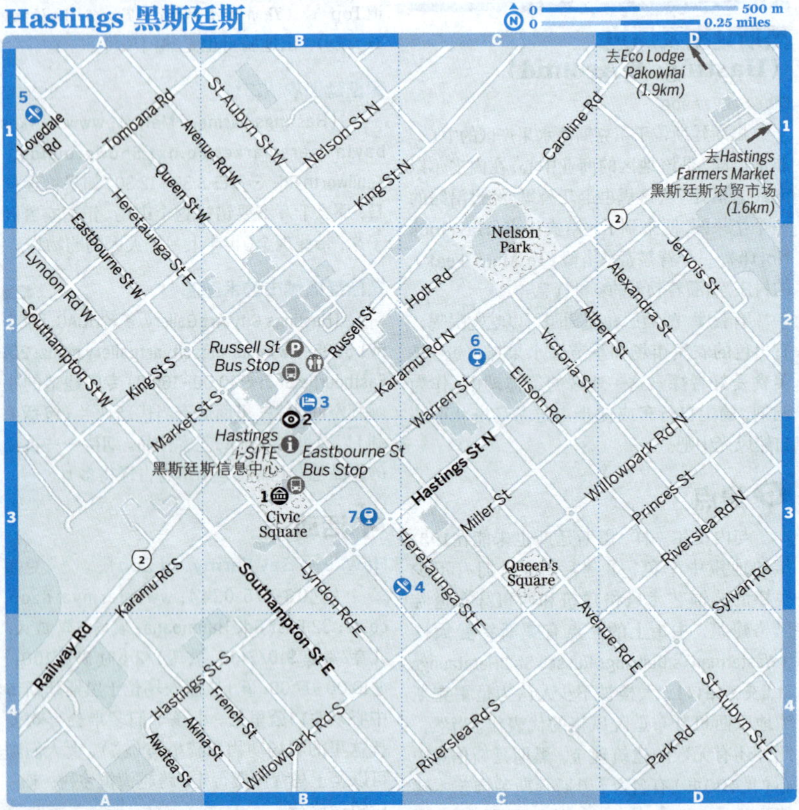

Hastings 黑斯廷斯

景点

1 黑斯廷斯城市艺术画廊 B3
2 威斯特曼大楼 B3

住宿

3 Rotten Apple B2

就餐

4 Opera Kitchen C3
5 Rush Munro's A1

饮品和夜生活

6 Brave Brewing Co C2
7 Common Room B3

起）组织难度适中的半天或全天的葡萄酒主题徒步游览。在四五家葡萄酒酒庄内，还有为外行人提供的知识普及活动。上门接送是额外福利。

节日和活动

黑斯廷斯鲜花游行 文化节

（Hastings Blossom Parade；www.facebook.com/HastingsBlossomParade；⊙9月）这项活动因1960年的12人"暴乱"而闻"名"，当时几个当地少年因为有点暴躁发怒就被逮捕扣押了几个小时。每年一度的鲜花纪念于9月下半月举行，届时恰逢春天，花香四溢，可以看到街头游行、艺术品及手工艺品，还有许多到访的艺术家。

住宿

Eco Lodge Pakowhai 青年旅舍 $

（☎027 298 8910；www.ecolodge-pakowhai.co.nz；1000 Pakowhai Rd, Hastings；铺/标单 $27/70，双 带/不带浴室 $80/70；📶）🌿从1885年起，这家人就在这片土地上耕种，但其经营理念极具前

瞻性。健谈的老板使用太阳能板、雨水收集系统、蚯蚓松土、双层玻璃等来减少碳排放，而且善于帮旅行者找农活干。住宿包括整洁的新建小屋或位于老农舍里的宿舍。整周租的价格非常合算，有免费Wi-Fi和洗衣房。

Rotten Apple
青年旅舍 $

（06-878 4363；www.rottenapple.co.nz；Upstairs, 114 Heretaunga St E, Hastings；铺/标双/双 $26/70/70，周租 $125/140/140；）这座1层楼的青旅位于城镇中心，有果园工人常驻于此，他们享受周租价格，也让旅店有了点儿"果味儿"。这里有一小片阳台、不错的厨房和愉悦的社交气氛。工作人员可以帮你找工作（将烂苹果从好苹果中分拣出来）。如果不想参加派对，这里还有一个专门的"安静房间"。

Cottages on St Andrews
小屋 $$

（06-877 1644；www.cottagesonstandrews.nz；14 St Andrews Rd, Havelock North；套 $160，小屋 $320；）这些设施齐备的现代两卧小屋距离北哈夫洛克约1公里，位于一片宁静的乡野。设备应有尽有，温水泳池、网球场、儿童游乐园，对阖家出行者有莫大的吸引力，更别说还有两只羊羔、骆马和其他家养动物等着和你打招呼。另有一个价格较低的开间套间。

Clive Colonial Cottages
小屋 $$

（06-870 1018；www.clivecolonialcottages.co.nz；198 School Rd, Clive；双 $175起；）这里离海滩只有2分钟的步行距离，离黑斯廷斯、内皮尔和哈夫洛克也很近。2英亩的土地上，3座优美的厨房农舍围绕着一个庭院花园。公共空间里有烧烤设备、巨大的象棋盘和台球房。提供自行车，小径直通门前。

★ St Andrews Escape
民宿 $$$

（06-877 1525；www.standrewsescape.co.nz；172 St Andrews Rd, Havelock North；双 $210~250，小屋 $250；）这个住宿处靠近果园和一个小湖，距离北哈夫洛克约3公里，有4间装潢独特的客房，还有一个独立的小木屋。我们最爱的是主楼中的"复古"房，散发着20世纪60年代的气息，设施齐备的Te Whare（能住3人）有新西兰的设计风格。周四到周六两晚起租。

★ Millar Road
别墅 $$$

（06-875 1977；www.millarroad.co.nz；83 Millar Rd, Hastings；别墅/住宅 $500/800起；）位于图基图基山（Tuki Tuki Hills）的Millar Road能看到周围的葡萄园和海湾，其颇具特色的建筑是老天派来犒劳你的。两个豪华小别墅（每个可入住4人）和一座超级有范儿的大宅（最多可入住8人）里摆满了新西兰制造的家具和当地艺术品。你可以探索其20公顷的属地，也可以在泳池边"耍酷"。

就餐

Rush Munro's
冰激凌 $

（06-878 9634；www.rushmunro.co.nz；704 Heretaunga St W, Hastings；冰激凌 $4~7；周一至周五 正午至17:00，周六和周日 11:00起，12月至次年2月 营业时间延长）这家冰激凌店是黑斯廷斯的标志，从1926年就开始售卖当地制作的冰激凌了。我们最爱的是麦卢卡蜂蜜口味，最好是在绿荫花园中享用。

★ Maina
咖啡馆 $$

（06-877 1714；www.maina.co.nz；11 Havelock Rd, Havelock North；主菜 $12~24；周一至周五 7:00~23:00，周六 8:00起，周日 9:00~15:00；）霍克斯湾最好的新晋咖啡馆，模糊了早餐和午餐的界限。建在从前的邮局中，弥漫着时尚、复古的新西兰风情，亮点包括蒂马塔蘑菇有机酸面包或奶油手撕猪肉炸丸子。比萨和循环供应的各种沙拉也很棒，家常烘焙食物包括完美的上午咖啡和甜甜圈。

★ Opera Kitchen
咖啡馆 $$

（06-870 6020；www.eatdrinksharehb.co.nz；306 Eastbourne St E, Hastings；主菜 $13~30；周一至周五 7:30~16:00，周六和周日 9:00~15:00；）位于一座层高很高的遗产建筑中——从前是HB电力局——是我们在黑斯廷斯最爱的咖啡馆，供应精致的各国风味早餐和午餐。可以花上几个小时翻阅设计杂志，大吃熏鱼饼配烤海苔酱或韩国炒鸡配焦糖味噌，还有超赞的糕点和美味咖啡。员工效率很高。

Bareknuckle BBQ 烤肉 $$

（☎021 773 303；www.bareknucklebbq.co.nz；1091 Riverslea Rd South，Longlands；小吃和主菜 $13~28；⊙周五 11:00~22:00，周六 至17:00）这家地道的美国烤肉店位于黑斯廷斯西南约4公里处，很受当地人的欢迎。烤肉师Jimmy Macken很在行，就连烤炉都是在得克萨斯墨西哥边境一带手工制作的，他会制作美味的胸肉、肋排和手撕猪肉。塔可也很适合在闹腾腾的花园中享用，当地产的精酿啤酒随时都有。

Alessandro's 比萨 $$

（☎06-877 8844；www.alessandrospizzeria.co.nz；24 Havelock Rd，Havelock North；主菜 $20~27；⊙周二至周六 16:30~21:00）这家出色的餐厅提供手工制作的木柴烤比萨，皮薄，风味绝佳，就像那不勒斯的一样。试试noci e pere（梨子、戈尔根朱勒干酪、马苏里拉奶酪、核桃和松露蜂蜜）搭配甜点阿芙佳朵（affogato）。室内装潢时髦。Peroni啤酒随到随有。

★**Elephant Hill** 新派新西兰菜 $$$

（☎06-872 6060；www.elephanthill.co.nz；86 Clifton Rd，Te Awanga；主菜 $36~42；⊙品酒室 11月至次年3月 11:00~17:00，4月至10月 至16:00，餐厅 11月至次年3月 每天 正午至15:00和18:00~21:00，4月至10月 周四至周六）霍克斯湾周边有许多很好的葡萄酒庄，但这家位于Te Awanga海滩环境中的餐厅却很特别。巨大的观景窗外是拐子角和葡萄园的风景，曾获大奖的葡萄酒很棒，正宜搭配时令菜肴，比如泰式烤鱼，或者鞑靼牛肉配芥末冰激凌和松露蛋黄酱。是个考究的地方。

Malo 新派新西兰菜 $$$

（☎06-877 2009；www.malo.co.nz；4 Te Aute Rd，Havelock North；主菜 $36~38；⊙7:00~11:00和16:00至深夜）通常酒店餐厅的水平很难预测，但位于Porters Boutique Hotel的这家餐厅却切中要点。开放式厨房采用霍克斯湾当地时令食材制作菜肴，有当地产的羔羊肉、鹿肉、新鲜牡蛎、吞拿鱼和石首鱼。也有啤酒小吃，比如晚餐档的越南春卷、寿司和饺子，16:00开始供应。

饮品和夜生活

★**GodsOwn Brewery** 精酿啤酒

（☎027 931 1042；www.godsownbrewery.co.nz；3672 SH 50，Maraekakaho；⊙周四和周五 15:00~22:00，周六和周日 正午起）这家小啤酒厂位于黑斯廷斯以东22公里，在一个旅行帐篷、一辆大篷车和几张户外餐桌处招待来客。借助一套紧凑的设备酿造传统欧洲啤酒，如biere de gardes和saisons。隐蔽的山谷中种着葡萄。酿酒过程中用过的粮食被用来制作美味的木柴烤面包干（$10~20）。

Common Room 酒吧

（☎027 656 8959；www.commonroombar.com；227 Heretaunga St E，Hastings；⊙周三至周六 15:00至深夜）这家时髦的小酒吧位于黑斯廷斯中心区，基本没有任何缺点：快活的员工、酒吧小吃、精酿啤酒、葡萄酒、创意复古的店堂、花园酒吧、波斯挂毯、现场音乐演出，风格从爵士、另类乡村到独立音乐无所不包。一切都刚刚好！12月至次年3月，周日也营业。

Brave Brewing Co 精酿啤酒

（☎027 460 8414；www.facebook.com/bravebeer；408 Warren St；⊙周四 16:00~21:00，周五至周日 正午起）时髦紧凑的品尝室位于黑斯廷斯市中心边缘，展示自家酿造的产品，问问是否刚好有Tigermilk IPA，经常也有全国各地其他酿酒厂的啤酒。好奇的啤酒爱好者可以选4种酒的品尝套餐，再就着不同的啤酒，品尝本店Carr's Kitchen制作的美食汉堡（$15）。

购物

Strawberry Patch 食品

（☎06-877 1350；www.strawberrypatch.co.nz；76 Havelock Rd，Havelock North；⊙9:00~17:30）丰收季节（11月底至次年4月）来挑选草莓，全年都可以买到新鲜的土产、野餐食物、咖啡和货真价实的水果冰激凌（$4）。

实用信息

黑斯廷斯信息中心（Hastings i-SITE；☎06-873 0080；www.hawkesbaynz.com；Westermans

Bldg, Russell St和Heretaunga St E交叉路口；⏲周一至周五 9:00~17:00，周六 至15:00，周日10:00~14:00）可以上网，有常见的各种地图，提供手册和预订服务。

黑斯廷斯纪念医院（Hastings Memorial Hospital；☎06-878 8109；www.hawkesbay.health.nz；Omahu Rd, Camberley；⏲24小时）

北哈夫洛克信息中心（Havelock North i-SITE；☎06-877 9600；www.havelocknorthnz.com；1 Te Aute Rd；⏲周一至周五 10:00~17:00，周六 至15:00，周日 至14:00；📶）在一个可爱的小信息亭内提供当地资讯。

到达和离开

内皮尔的霍克斯湾机场（Hawke's Bay Airport，见396页）距黑斯廷斯有20分钟的车程。

新西兰航空（Air New Zealand；☎06-873 2200；www.airnewzealand.co.nz；117 Heretaunga St W, Hastings；⏲9:00~17:00）有航班从内皮尔前往奥克兰、惠灵顿和克赖斯特彻奇（基督城）。

InterCity的班车停靠**Russell St车站**。可以在线或是在当地信息中心预订InterCity（www.intercity.co.nz）和Naked Bus（https://nakedbus.com）的车票。

当地交通

GoBay（www.hbrc.govt.nz）运营的当地公交（有自行车架）往返黑斯廷斯、北哈夫洛克和内皮尔之间。每天都有黑斯廷斯到内皮尔的班次，快车（成人/儿童 $4.20/2）全程30分钟，每站都停的普通长途汽车全程需55分钟。周一至周六，有长途汽车从黑斯廷斯到北哈夫洛克（成人/儿童 $2.90/1.5，35分钟）。始发站为**Eastbourne St车站**。

Hastings Taxis（☎0800 875 055, 06-878 5055；www.hastingstaxis.co.nz）提供当地出租车服务。

拐子角（Cape Kidnappers）

每年9月中旬至次年4月底这段时间，拐子角（得名是因为当地的毛利人曾试图绑架服侍库克船长的塔希提男童）都会出现一群乱叫的塘鹅（gannet）。这种大海鸟通常居住在偏僻的岛上，可是这里的塘鹅竟在大陆安家，丝毫不介意周遭的人类观众。

塘鹅一到这里便筑巢安家，孵化需要大概6周的时间，11月初塘鹅宝宝便开始出现了。次年3月份鸟群开始迁徙，到5月就彻底消失了。

因此，11月初到次年2月底是观赏的最佳时间。可参加团队游或沿步道自行前往鸟群**栖居地**（☎06-834 3111；www.doc.govt.nz；紧邻Clifton Rd, Clifton；⏲11月至次年6月）**免费**。步道自克里夫顿（Clifton）起，往返约需5小时。沿途能看到有趣的峭壁形态、潮水潭、一个有遮蔽的野餐点，当然，还有那些塘鹅。小路是否畅通取决于潮汐：至少要等涨潮结束以后3个小时才能出发前往，必须赶在退潮后1.5小时内启程返回。

团队游

Gannet Beach Adventures 生态游

（☎06-875 0898, 0800 426 638；www.gannets.com；475 Clifton Rd, Clifton；成人/儿童/家庭 $44/24/106；👪）你可以坐在由拖拉机牵引的车厢内沿海滩前行，到达拐子角后进行90分钟的自由观光。这项有导游陪同的活动，往返共需4个多小时，从克里夫顿海滨出发，好玩又超值。

Gannet Safaris 生态游

（☎06-875 0888；www.gannetsafaris.co.nz；396 Clifton Rd, Te Awang；成人/儿童 $80/40）乘坐四驱车穿过农田，从陆路驶入塘鹅栖息地。活动需要3小时，出发时间分别在9:30和13:30。内皮尔和黑斯廷斯的接客服务需额外付费（成人/儿童 $32/16）。

到达和离开

克里夫顿（Clifton）没有常规公交，但是从黑斯廷斯驾车很快即可抵达（20公里）。团队游经营者可提供收费交通服务，你也可以骑自行车前往。

霍克斯湾中部（Central Hawke's Bay）

黑斯廷斯往南是一片草原牧场，那里星星点点的漂亮房屋，是依然活在维多利亚时代的牧民的家。这是一片游人罕至的地区[即

"羔羊之国"(Lamb Country)],历史悠久,有很多无人海滩。地区中心城镇叫作**怀普库劳**[Waipukurau,也叫怀普(Wai-puk);人口:3750],并不算显眼,但有加油站、汽车旅馆和超市,霍克斯湾中部信息中心(Central Hawke's Bay Information Centre,见本页)附设一个咖啡亭。

出发前可以到内皮尔和黑斯廷斯信息中心找找方便的"Limestone Route"自驾地图。

景点

这里的海岸边有多达6处海风萧萧的沙滩值得一游,分别是:**凯拉考**(Kairakau)、**芒嘎库里**(Mangakuri)、**波莱莱莱**(Pourerere)、**阿拉莫阿那**(Aramoana)、**黑头**(Blackhead)和**波郎嘎豪**(Porangahau),其中前5个海滩适合游泳。在这些海滩上,人们可以进行各种"沙味""海味"十足的活动,包括冲浪和钓鱼,也有很多浮木及潮水潭供游人探索。阿拉莫阿那和黑头沙滩之间有环保部管理的**蒂安基安基海洋保护区**(Te Angiangi Marine Reserve)——记得带上浮潜装备。

在这里的人迹罕至之处立着一座平淡无奇的小山,但是这座山的名字长度位列世界第一,很值得拍照留念。信不信由你……这座山全名叫作**陶马塔瓦卡唐伊汉加库奥奥阿塔马蒂阿图利普卡卡皮基玛乌加哈罗努库波凯文努阿基塔纳塔胡**(Taumatawhakatangihangakoauauotamateaturipukakapikimaungahoronukupokaiwhenuakitanatahu)。这么长的名字其实还只是缩写,山名的原意是"长着一对大膝盖的,被人称为'土地吞噬者'的,能滑山、爬山、吃山的塔马提(Tamatea)吹笛子给他兄弟听时所在的那座山的山顶"。前往这里,你先要在怀普库劳加满油,然后沿52号公路(route 52)驱车40公里,到达曼高拉帕(Mangaorapa)路口。在路口左转,朝波郎嘎豪方向行4公里,到达一个立有许多路牌的交叉路口,按照标志右转,再行4.3公里,即可找到。

恩格恩格(Onga Onga)是怀帕瓦(Waipawa)以西16公里处的一个古村落,有很多很有意思的维多利亚和爱德华时代的建筑。你可以在怀普库劳的信息中心获取一份自助徒步游小手册,前往这里观光。

霍克斯湾中部移民博物馆 博物馆

(Central Hawke's Bay Settlers Museum; www.chbsettlersmuseum.co.nz; 23 High St, Waipawa; 成人/儿童 $5/1; ⏲10:00~16:00)位于怀帕瓦,展出了早期探索者的手工制品,有会让你很长见识的"先民住房"展,还有一个保存完好的独木舟样本。正门外安放着不幸的Maroro号帆船的锚,找找看。

就餐

★ Paper Mulberry Café 咖啡馆 $

(☎06-856 8688; www.papermulberrycafe.co.nz; 89 SH2, Pukehou; 小吃 $4~10,午餐主菜 $10~17; ⏲7:00~16:00)位于怀普库劳和黑斯廷斯中间,Paper Mulberry既是个复古的咖啡馆,也是一个画廊,位于一座有100年历史的碧绿色教堂中,提供非常不错的咖啡、果昔和家常食品(推荐无与伦比的乳脂软糖)。很值得停下来吃点儿东西,再随便看看旁边桌子上的当地工艺品,冬天还可以在木柴炉边烤烤屁股。

De La Mama 汉堡 $

(☎021 261 0180; www.facebook.com/DeLaMamaWaipawa; 85 High St, Waipawa; 汉堡 $10~15; ⏲周三至周日 正午至20:00,周二 17:00起)你一边在墙上寻觅被掩藏的拉丁主题壁画,一边就已经发现,这个令人惊艳的地方有着当地最好的汉堡。纽约和古巴口味是我们的最爱,继续北上或南下之前,一定要买些西班牙油条(churros)和咖啡带上。

实用信息

霍克斯湾中部信息中心(Central Hawke's Bay Information Centre; ☎06-858 6488; www.lambcountry.co.nz; Railway Esplanade, Waipukurau; ⏲周一至周五 9:00~16:00,周六 至13:00)位于老火车站(一侧有咖啡亭),能提供很多帮助。

到达和离开

InterCity (www.intercity.co.nz)和Naked Bus (https://nakedbus.com)往来惠灵顿至内皮尔一线的长途汽车都经过怀帕瓦(Waipawa)和怀普库劳(Waipukurau)。

卡威卡和鲁瓦希尼山脉(Kaweka & Ruahine Ranges)

位置偏僻的卡威卡和鲁瓦希尼山脉将霍克斯湾与中央高原(Central Plateau)分隔开。这片森林茂密的旷野之地里有不少北岛最棒的徒步区。登录www.doc.govt.nz了解鲁瓦希尼森林公园(Ruahine Forest Park)步道、小屋和露营地的信息，还可以下载《卡威卡森林公园和普克提提里保护区》(*Kaweka Forest Park & Puketitiri Reserves*)和《东鲁瓦希尼森林公园》(*Eastern Ruahine Forest Park*)宣传册。

活动

这里有一条古老的毛利步行路，长136公里，现在被称作**温柔安妮路**(Gentle Annie Road)。小路起点在黑斯廷斯附近的奥马胡(Omahu)，终点在塔哈佩(Taihape)，途经奥塔毛里(Otamauri)和库里帕潘勾(Kuripapango，有一个设施简单但是迷人的环保部露营地，成人/儿童 $6/3)。走完这条与世隔绝的道路大约需要3小时(或者花两天时间骑自行车)。

卡威卡峰(Kaweka J)是卡威卡山脉(Kaweka Range)的最高点(海拔1724米)，可从Kaweka Rd的尽头出发，徒步3~5个小时到达峰顶。若驾车从内皮尔出发，可先选择Puketitiri Rd，然后转上Whittle Rd前往徒步起点。这段旅程本身便很值得体验，部分道路是土石路，往返约需3小时。

蒂普亚步道(Te Puia Track)与风景如画的**莫哈卡河**(Mohaka River)并行，需走上3个小时，可以在出发前或回来后在这边的**天然温泉池**(☎06-834 3111; www.doc.govt.nz; 紧邻Makahu Rd; ⏲白天) 免费 里泡个澡。从内皮尔出发，先选择Puketitiri Rd，然后转上Pakaututu Rd，再转上Makahu Rd。道路的某些部分可能比较危险，最好开一辆四驱车。

莫哈卡漂流(Mohaka Rafting; ☎027 825 8539, 06-839 1808; www.mohakarafting.com; 一日游 $115~210，3天 每2人 $3850)可提供莫哈卡河(Mohaka River)上的漂流活动。

1

2
FILIP FUXA/SHUTTERSTOCK ©

3
BOYLOSO/SHUTTERSTOCK ©

1. 皮哈（见141页）
皮哈长久以来就是奥克兰人钟爱的避世之地。

2-3. 奥克兰城区
这是新西兰人口最多的城市，有高耸的建筑，奥克兰大学钟楼（见89页）和天空塔（见89页），后者是南半球最高的建筑，你可以在上面的Sky Lounge Cafe & Bar喝着咖啡观赏美景。

4. 伊甸山（见91页）
奥克兰最高的火山，自地峡平地拔起196米，中央的火山口有50米深。

4
©DENIZUNLUSU/GETTY IMAGES

1

FERDINAND WAGNER/SHUTTERSTOCK ©

2

4

1-3. 太平洋海岸公路（见369页）
这条327公里的路早已成为新西兰人人生中的一个重要仪式场所。沿途风景包括劳克克莱的基督教堂（见372页）、孤绝海岬上抚慰人心的温馨灯塔、古老的陶朗阿桥（见369页）。

2. 怀卡里莫阿纳湖步道（见385页）
这条需要3~4天才能走完的46公里步道全年皆可通行，你将登上壮观的帕尼基利绝壁（Panekire Bluff）。

4. 内皮尔（见387页）
内皮尔在1931年时被一场毁灭性的地震所毁，后来按照当时流行的建筑风格进行重建，至今仍是一个独特的装饰艺术建筑中心。

1

2

RUDMER ZWERVER/SHUTTERSTOCK ©

1. 卡皮蒂岛（见442页）
卡皮蒂岛的主要亮点就在于，岛上生活着大量的鸟类。

2. 城堡角（见452页）
这里是名副其实的世界尽头，有独一无二的游泳体验、徒步和洞穴探险的机会。

3. 惠灵顿市区（见416页）
维多利亚时代风格的木头建筑点缀着灌木丛生的山腰，下方是一个钩子形状的海港。

4. 惠灵顿植物园（见416页）
25公顷的花园和原始自然森林，在缆车终点站等着你。

4

1

2

4

1. 奥拉基/库克山国家公园（见592页）
这座壮观的国家公园里有宏伟的奥拉基/库克山——3724米高，是新西兰最高峰。

2-3. 克赖斯特彻奇（基督城；见539页）
基督城是一座生机勃勃的新旧交替之城，这里有古老的遗址，例如植物园（见542页），也有地震后新建的建筑，例如过渡大教堂（见543页）。

4. 莱克特卡波（见588页）
好牧人教堂（见588页）高耸在这座绿宝石色的湖面上，湖泊因为1953年竣工的一座水电站而形成。

1

GUNTSOOPHACK YUKTAHNON/SHUTTERSTOCK ©

2

4

1. 奥塔戈半岛（见623页）
从达尼丁市区驾车只需半小时，这片小半岛上有许多野生动物。

2-4. 达尼丁（见610页）
多山的达尼丁有世界上最陡峭的街道巴尔德温街（见615页；见右下图），拥有的城市奇观包括达尼丁火车站（见614页；见左下图），距隧道海滩步道（见616页；见右上图）等自然风光很近。

惠灵顿地区

包括 ➡

最佳就餐

- Noble Rot（见432页）
- Shepherd（见432页）
- Logan Brown（见434页）
- Loretta（见432页）
- Whitebait（见434页）

最佳住宿

- QT Museum Wellington（见430页）
- Ohtel（见430页）
- City Cottages（见428页）
- Dwellington（见427页）
- YHA Wellington City（见427页）

为何去

如果迄今为止，你的新西兰之旅充满了精彩的户外活动，所到之处都是寂静的乡下小镇，那么惠灵顿的节奏将使你耳目一新。艺术电影院、潮流酒吧和数不清的咖啡馆都能在这个“文化之都”找到。

作为北岛和南岛的交会点，旅行者们通常会从这里经过。现在，蒂帕帕（Te Papa）和西兰蒂亚（Zealandia）等地的美景留住了人们的脚步，停留再久一些，你会发现还有其他大量城市景点留待探索。

往北不到1小时路程的卡皮蒂海岸（Kapiti Coast），带有慢悠悠的海滩氛围，卡皮蒂岛（Kapiti Island）自然保护区也是一大亮点。在距林姆塔卡山脉（Rimutaka Range）东北1小时路程的地方，就是怀拉拉帕（Wairarapa）农场平原，这里星星点点散布着许多宁静的小镇和酒庄，平原边上是崎岖而野性的海岸线。

何时去

- 惠灵顿的确有不少大风、寒冷和阴沉的日子，但这并不是全部。对于“多风的惠灵顿”而言，一年中至少有几天是天蓝如洗的，温度也很适合穿T恤，这时你会听见当地人大声说着“在天气晴朗的日子里你是无法不被惠灵顿所吸引的”。
- 每年的11月至次年4月气候较为温暖，平均最高气温在20℃左右；5月至8月比较寒冷潮湿，日平均气温徘徊在12℃左右。
- 卡皮蒂海岸和怀拉拉帕又有不同了——两者都更温暖、没那么多风，晴朗蓝天的日子更多。

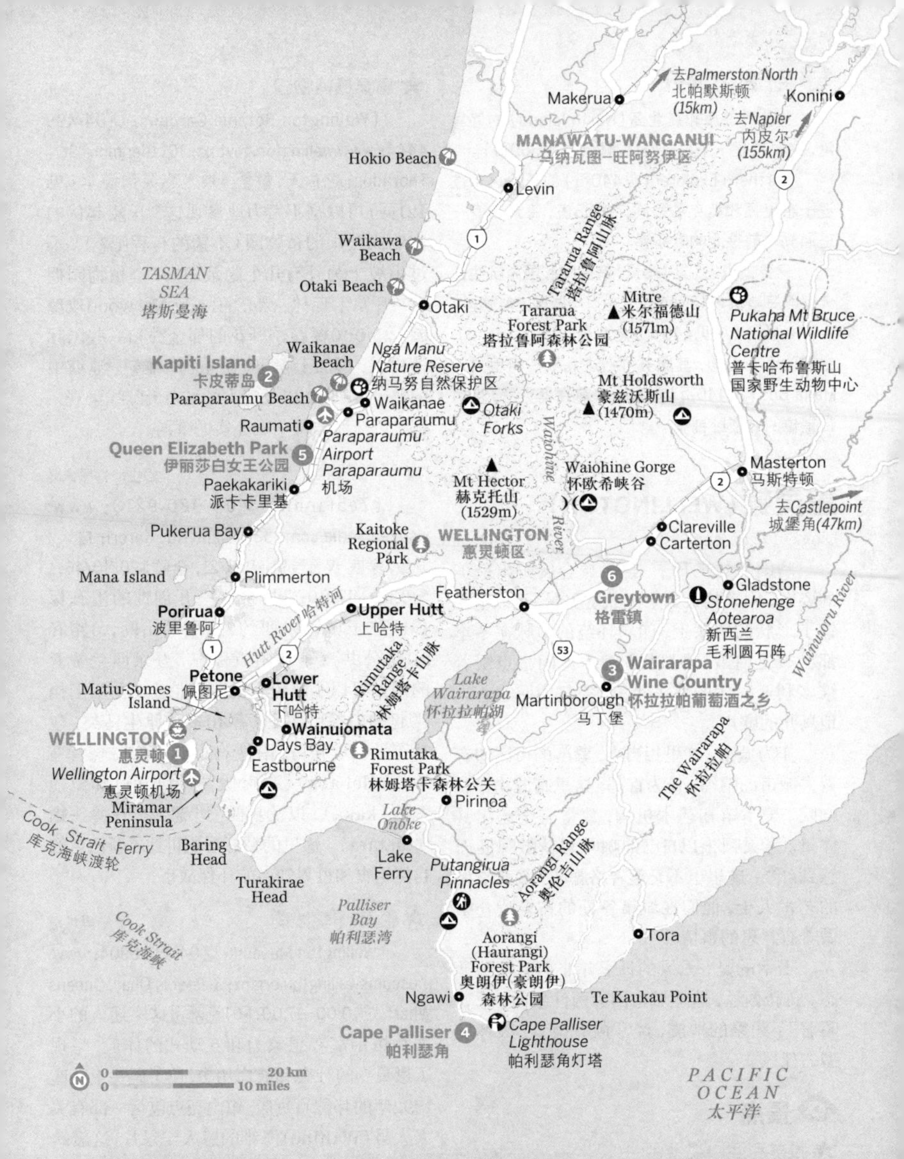

惠灵顿地区亮点

❶ **惠灵顿**（见416页）新西兰最富艺术气息、最放浪不羁和最具政治色彩的城市，扎进这个精酿啤酒和顶级咖啡的海洋。

❷ **卡皮蒂岛**（见442页）徒步穿越本地丛林，里面有新西兰最罕见的鸟类，夜间徒步或许还能碰到奇异鸟。

❸ **怀拉拉帕葡萄酒之乡**（见447页）环游了马丁堡的葡萄酒庄之后，试着骑自行车走直线。

❹ **帕利瑟角**（见449页）在这片遥远偏僻的海岬沿台阶爬上灯塔。

❺ **伊丽莎白女王公园**（见451页）在派卡卡里基附近的沙丘间漫游。

❻ **格雷镇**（见449页）沉浸在这座怀拉拉帕最美小镇文雅的遗产魅力中。

到达和离开

作为跨岛渡轮在北岛（North Island）的停靠港，惠灵顿是一个重要的交通枢纽（见560页）。

Northern Explorer（见440页）的长途火车往返于惠灵顿和奥克兰之间，每周3班，每天还有一班通勤车前往北帕默斯顿。

惠灵顿机场（见439页）有国际和国内航线，卡皮蒂海岸机场（见442页）也有一些国内航班。

InterCity（见440页）是北岛（North Island）主要的汽车公司，其服务可到达几乎任何地方。Mana Bus（见440页）也有车次前往奥克兰，包括带铺位的过夜卧铺车。

惠灵顿（WELLINGTON）

☎04/人口 208,000

晴朗无风的日子，惠灵顿会展露出最美的姿态。刚来的人如果想欣赏美景，可以坐在钩子形状的码头上，四周环绕的山脉在冬季都会披上白雪。港口上方灌木丛闪耀点缀着维多利亚时代的木头建筑，空气中回响着当地鸟儿的歌声。

作为城市，这里相当小，紧凑的市区却有着大城市的喧嚣。作为首都，这里有博物馆、剧院、美术馆和艺术机构，数量完全超出其体量。惠灵顿很以自己的咖啡和精酿啤酒而感到自豪，这里也不乏蓄着络腮胡、踩着滑板的艺术人士，他们在城市各处的古老货仓中做着有意思的事情。

不幸的是，无风的日子并非惠灵顿的常态。在新西兰，这座城市因为两件事而"恶名昭著"：频繁的地震，经常撕裂雨伞、破坏发型的狂风。

景点

★维多利亚山观景台　瞭望台

（Mt Victoria Lookout；Lookout Rd）这座城市最令人难忘的观景台位于市中心东部196米高的维多利亚山（Matairangi）山巅。可乘坐20路公共汽车上到半山腰，但大家通常的做法都是步行上山，汗流浃背地登顶（可以向当地人问路或是跟着感觉走）。如果开车，就沿着海滨的Oriental Pde行驶，然后拐入Carlton Gore Rd。除了观光之外，这里还有一些相当有趣的信息展板。

★惠灵顿植物园　花园

（Wellington Botanic Gardens；☎04-499 4444；www.wellington.govt.nz；101 Glenmore St, Thorndon；⏲白天）免费 乘坐惠灵顿缆车（见421页）可以毫不费力地参观这个丘陵起伏的占地25公顷的植物园（不错的行程吧？）。不过山坡上另外有几个隐蔽的入口。植物园拥有一片原生森林、漂亮的Lady Norwood玫瑰园、25,000棵春季开花的郁金香和一些国际植物展，再加上喷泉、游乐场、雕塑、池塘中的鸭子、咖啡馆以及迷人的城市天际线景观，都足以让你体验一次充实的郊游。

★西兰蒂亚　野生动物保护区

（Zealandia；☎04-920 9213；www.visitzealandia.com；53 Waiapu Rd, Karori；成人/儿童/家庭 仅看展览 $9/5/21，全票 $20/10/46；⏲9:00~17:00；👪）🍃这座开创性的生态保护区位于城镇以西约2公里的山间，3路和20路公共汽车在附近停靠，登录西兰蒂亚的网站可以了解免费的班车信息。在用围档拦起的山谷中，栖息着30多种原生鸟类，包括罕见的奇异鸟、南秧鸡（takahe）、鞍背鸟（saddleback）、缝叶吸蜜鸟（hihi）和橄榄鹦鹉（kaka），以及新西兰小恐龙——喙头蜥（tuatara）。这里的精彩展览讲述了新西兰的自然历史和世界知名的环保故事。

★惠灵顿博物馆　博物馆

（Wellington Museum；☎04-472 8904；www.museumswellington.org.nz；3 Jervois Quay, Queens Wharf；⏲10:00~17:00；👪）免费 这座迷人的小博物馆用富有想象力和互动式的体验，呈现了惠灵顿的社会和航海历史，位于码头上一座1892年的邦德百货店。馆内亮点包括一部有关太太号（Wahine）海难的感人纪录片。这艘跨岛渡轮在1968年的一个可怕的狂风天里于海港入口处沉没了，51人遇难。在博物馆里，古老的毛利传说也通过小型全息虚拟演员及其他特效技术得到了夸张演绎。

★新西兰国会大厦　历史建筑

（Parliament House；☎04-817 9503；www.parliament.nz；Molesworth St；⏲9:30~16:30）免费 新西兰虽然是个年轻的国家，却有着世界上连续运转时间最长的国会之一，并且创下

了许多第一的纪录，比如最早赋予女性选举权(1893年)，第一个接纳公开变性人国会议员(1999年)。有一个免费的导览团队游，可从中了解新西兰民主的独特故事。

蒂帕帕 博物馆

(Te Papa; ☎04-381 7000; www.tepapa.govt.nz; 55 Cable St; 团队游 成人/儿童 $20/10; ⏲10:00~18:00; 👪) 免费 新西兰国家博物馆很难错过，它在惠灵顿海滨占据了很大一块地方。"Te Papa Tongarewa"被随意译成"百宝箱"(treasure box)，事实上，这样的形容很贴切。馆内的宝藏包括：惊人的毛利文物收藏品和博物馆内色彩鲜艳的毛利人集会地(marae)；自然历史和环境展览；太平洋和新西兰历史展厅；儿童可动手参与的主题——"探索中心"；托伊艺术画廊(Toi Art)，国家艺术藏品新家园，于2018年开放。这里还会举办一些知名的短期展览，需要付费参观，但普通参观是免费的。介绍和毛利亮点团队游从2楼的信息台开始，值得预约。

维塔之家 工作室

(Weta Cave; ☎04-909 4100; www.wetanz.com; 1 Weka St, Miramar; 一个团队游 成人/儿童 $25/12, 两个团队游 $45/20; ⏲9:00~17:30) Weta Workshop公司曾荣获奥斯卡特效大奖，作品包括《指环王》《霍比特人》《金刚》《第九区》《雷神：诸神黄昏》。参加45分钟好玩的导览游可了解他们的工作，每半小时一次，推荐预订。位于市中心以东8公里处，可搭乘31路公交车，或者拿入场证预约车辆(往返40分钟)。

惠灵顿城市美术馆 美术馆

(City Gallery Wellington; 见422页地图; www.citygallery.org.nz; Civic Sq, Wakefield St; 主要展览可能收费; ⏲10:00~17:00) 免费 这个备受欢迎的城市美术馆坐落在市政广场(Civic Sq)那栋宏伟的老图书馆里。这里经常举办优秀的当代著名国际展览，并且致力于挖掘和支持新西兰最前沿的艺术。重大展览可能会收费。

普克阿胡国家战争纪念公园 纪念馆

(Pukeahu National War Memorial Park; ☎04-385 2496; www.mch.govt.nz; Buckle St, Mt Cook; ⏲大厅10:00~17:00) 看起来很奇怪，新西兰国家战争纪念馆竟然是一个乐器，而其中最重要的雕塑竟然不是战士，而是一位悲伤的母亲和她的孩子。这座雕塑位于装有49只钟、51米高的装饰艺术建筑**钟琴**(Carillon, 1932年)底部的**纪念厅**中。两边是肃穆的公园，静得不可思议，还有一座由15根红色砂岩石柱组成的显眼的**澳大利亚纪念碑**。

Space Place 天文台

(☎04-910 3140; www.museumswellington.org.nz; 40 Salamanca Rd, Kelburn; 成人/儿童/家庭 $13/8/39; ⏲周二和周五16:00~23:00, 周六10:00~23:00, 周日10:00~17:30) 这座用穹顶包围的天文馆位于惠灵顿植物园(见416页)山顶的卡特天文台(Carter Observatory)，定期提供空间主题的多媒体展览(如*We Are Aliens*, *Dynamic Earth*, *Matariki Dawn*)和观星季。可登录网站查看展览时间。

奥特里-威尔顿丛林 公园

(Otari-Wilton's Bush; ☎04-499 4444;

惠灵顿精华

就餐 惠灵顿有大量可以让你撑爆肚皮的美味咖啡馆和餐馆。吃饭时要穿有可以调节腰带的裤子哦。

饮品 咖啡，惠灵顿能让你时刻保持清醒。

阅读 《凯瑟琳·曼斯菲尔德短篇集》(*The Collected Stories of Katherine Mansfield*)。

聆听 The Mutton Birds的*Wellington*(1994年)或The Mockers的*Murder in Manners St*(1980年)。

观赏 《吸血鬼生活》(*What We Do in the Shadows*, Taika Waititi和Jermaine Clement, 2014年)，在其中惠灵顿的吸血鬼见了光。

绿色旅行 西兰蒂亚(见416页)，城市范围内的一个突破性环保圣地。

网络资源 www.wellingtonnz.com, www.wairarapanz.com, www.kapiticoast.govt.nz, www.lonelyplanet.com/newzealand/wellington

Wellington 惠灵顿

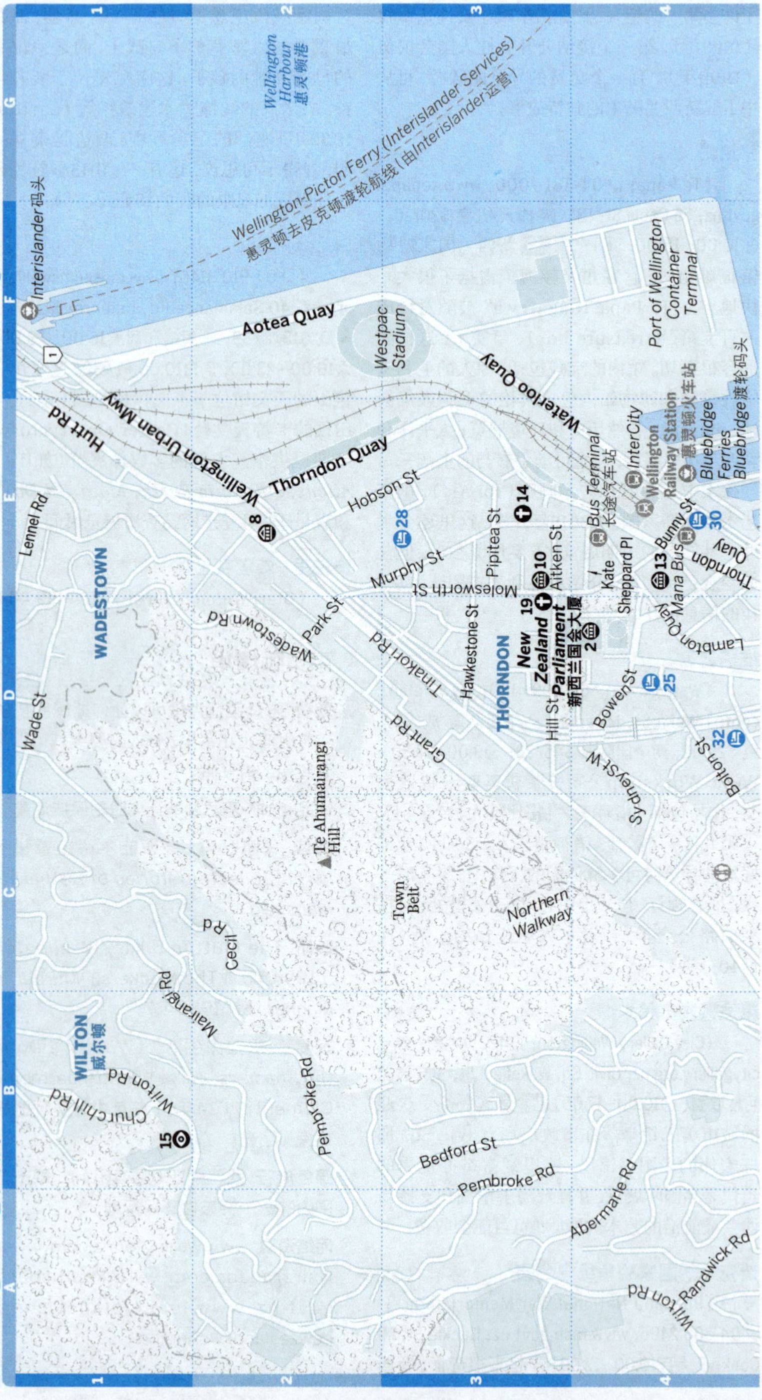

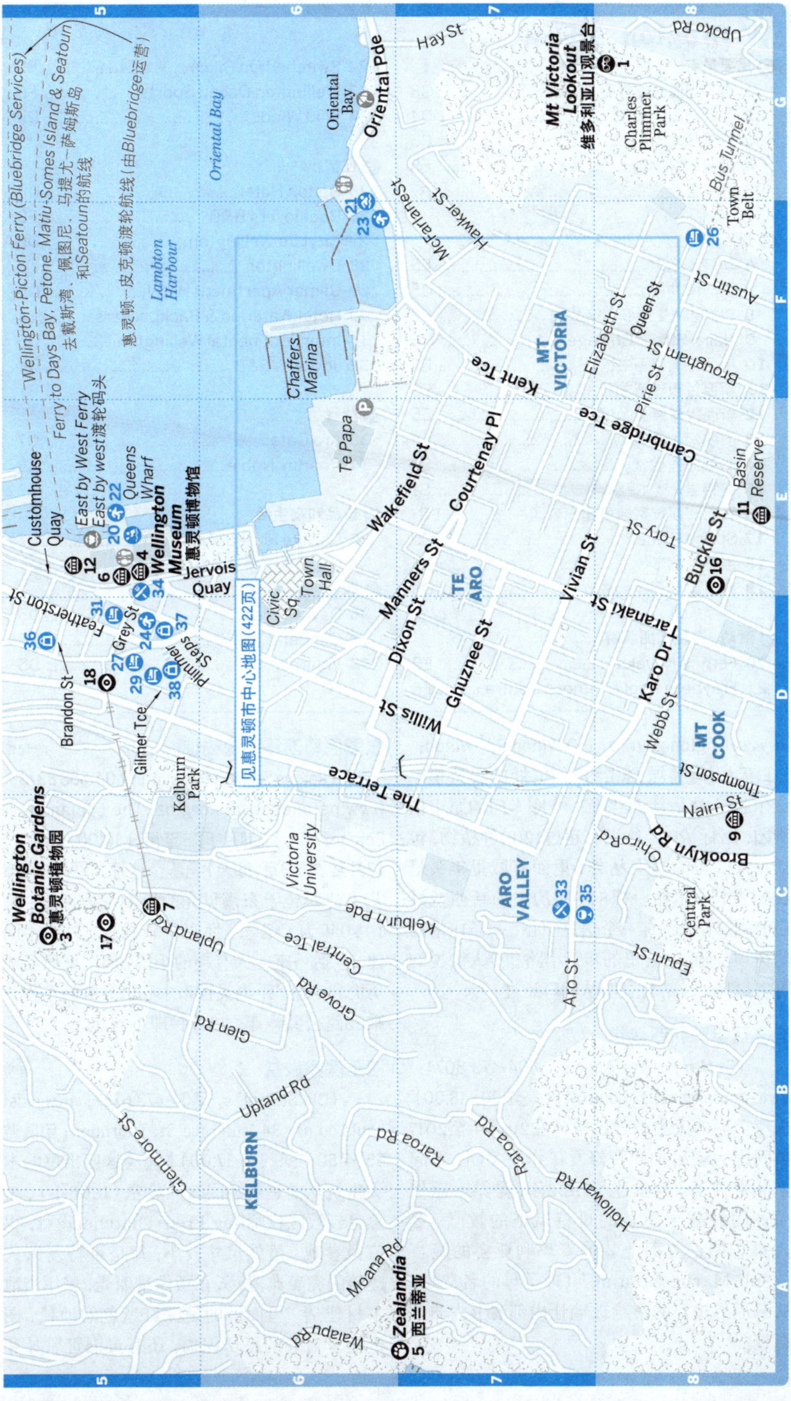
Wellington-Picton Ferry (Bluebridge Services)
惠灵顿－皮克顿渡轮航线(由Bluebridge运营)
Ferry to Days Bay, Petone, Matiu-Somes Island & Seatoun
去戴斯湾、佩图尼、马提尤－萨姆斯岛和Seatoun的航线
East by West Ferry
East by west渡轮码头
Lambton Harbour
Oriental Bay
Customhouse Quay
Queens Wharf
Wellington Museum
惠灵顿博物馆
Jervois Quay
Chaffers Marina
Te Papa
Oriental Bay
Oriental Pde
Hay St
Upoko Rd
Mt Victoria Lookout
维多利亚山观景台
Charles Plimmer Park
Bus Tunnel
Town Belt
Hawker St
McFarlane St
Austin St
Queen St
Elizabeth St
MT VICTORIA
Kent Tce
Broughham St
Pirie St
Cambridge Tce
Basin Reserve
Wakefield St
Courtenay Pl
Civic Sq
Town Hall
Manners St
TE ARO
Tory St
Buckle St
Vivian St
Taranaki St
Dixon St
Ghuznee St
Karo Dr
Willis St
Webb St
MT COOK
Thompson St
The Terrace
见惠灵顿市中心地图(422页)
Featherston St
Grey St
Brandon St
Plimmer Steps
Gilmer Tce
Kelburn Park
Wellington Botanic Gardens
惠灵顿植物园
Victoria University
Nairn St
Brooklyn Rd
Ohiro Rd
ARO VALLEY
Kelburn Pde
Central Tce
Upland Rd
Grove Rd
Glen Rd
Central Park
Epuni St
Aro St
Upland Rd
Glenmore St
KELBURN
Raroa Rd
Raroa Rd
Holloway Rd
Moana Rd
Waiapu Rd
Zealandia
西兰蒂亚
A
B
C
D
E
F
G
5
6
7
8

Wellington 惠灵顿

重要景点

1 维多利亚山观景台 G8
2 新西兰国会大厦 D4
3 惠灵顿植物园 C5
4 惠灵顿博物馆 E5
5 西兰蒂亚 A7

景点

6 学院美术馆 E5
7 缆车博物馆 C5
8 凯瑟琳·曼斯菲尔德故居 E2
9 Nairn Street Cottage C8
10 新西兰国家图书馆 E3
11 新西兰板球博物馆 E8
12 新西兰肖像美术馆 E5
13 旧政府大楼 E4
14 旧圣保罗教堂 E3
15 奥特里-威尔顿丛林 B1
16 普克阿胡国家战争纪念公园 E8
17 Space Place C5
18 惠灵顿缆车 D5
19 惠灵顿圣保罗大教堂 D3

活动、课程和团队游

20 Ferg' s Kayaks E5
21 Freyberg Pool & Fitness Centre F6
22 Switched On Bikes E5
23 Wellington Ocean Sports F6
24 Wild Winds D5

住宿

25 Bolton Hotel D4
26 Booklovers B&B F8
27 CityLife Wellington D5
28 Dwellington E3
29 Gilmer Apartment Hotel D5
30 Hotel Waterloo & Backpackers E4
31 InterContinental Wellington D5
32 Joyce' s B&B D4

就餐

33 Aro Cafe C7
34 Charley Noble E5

饮品和夜生活

35 Garage Project Taproom C7

购物

36 David Jones D5
37 Old Bank D5
38 Vault D5

www.wellington.govt.nz; 160 Wilton Rd, Wilton; ⏲白天）免费 城西北约5公里处的奥特里—威尔顿丛林是新西兰唯一一座专门的原生植物园，路标清晰。这里有超过1200种植物，包括一片广袤的本土丛林，里面有城里年头最长的古树（比如一棵800年历史的新西兰红松）。此外这还有一个信息中心、一条18米高的树顶步道、11公里的步行小路和令人愉悦的野餐区域。14路公交车从门口经过。

天使圣母玛利亚教堂 教堂

（St Mary of the Angels; ☎04-473 8074; www.smoa.org.nz; 17 Boulcott St; ⏲7:00~18:00）这座美丽的天主教教区教堂在2013年至2017年间因为震后加固和修复工作而关闭，看起来非常神圣。教堂建于1922年，是第一座使用加固混凝土建造的哥特风格的教堂。令人难忘的正立面上装饰着玛利亚会的箴言“Sub Mariæ Nomine”（以圣母的名义），从慕尼黑进口的彩绘玻璃让内部看上去非常温暖。

佩图尼早期移民博物馆 博物馆

（Petone Settlers Museum; ☎04-568 8373; www.petonesettlers.org.nz; The Esplanade, Petone; ⏲4月至11月 周三至周日 10:00~16:00, 12月至次年3月 每天）免费 这座华丽的装饰艺术建筑位于布满贝壳的佩图尼海滩上，是1940年为了纪念《怀唐伊条约》一百周年而建，包括一座迷人有趣的小博物馆，聚焦当地历史和工业。距惠灵顿市中心10分钟的车程，乘83路公共汽车，23分钟即可到达。

旧圣保罗教堂 教堂

（Old St Paul' s, ☎04-473 6722; www.oldstpauls.co.nz; 34 Mulgrave St, Thorndon; 团队游$5~7.50; ⏲9:30~17:00）免费 这座出色的木头建筑从前是英国国教大教堂（1866年），由惠灵顿教区牧师Rev Fred Thatcher设计，很值得参观。虽然尺寸较小，却是哥特复兴式建筑的完美典范，天花板像是船壳，采用当地木材建造。里面铺的是深红紫色的地毯，橱柜里有古老的祭坛织物，还有黄铜管风琴和一个小商店。

旧政府大楼 历史建筑

（Old Government Buildings；☎04-472 4341；www.heritage.org.nz；55 Lambton Quay；⏲周一至周五 9:00~17:00）免费 这座宏伟的意大利建筑（1876年）在国会的对面，是南半球最大的木结构建筑，看上去就像石材建筑，技艺精湛。现在是维多利亚大学法学院的一部分。可观察壮观的空中台阶，1楼和2楼是从前的内阁会议室，有历史展览。

凯瑟琳·曼斯菲尔德故居 历史建筑

（Katherine Mansfield House；☎04-473 7268；www.katherinemansfield.com；25 Tinakori Rd，Thorndon；成人/儿童 $8/免费；团队游 $10；⏲周二至周日 10:00~16:00）凯瑟琳·曼斯菲尔德是新西兰最杰出的作家之一，常与契诃夫（Chekhov）和莫泊桑（Maupassant）相提并论。她出生于1888年，1923年死于肺结核，年仅34岁。在这栋位于Tinakori Rd的住宅中，她度过了5年的童年时光。现在这里设有关于她的生平纪念展，包括一部传记电影。

惠灵顿缆车 缆车

（Wellington Cable Car；☎04-472 2199；www.wellingtoncablecar.co.nz；Cable Car Lane，280 Lambton Quay后面；单程 成人/儿童 $4/2，往返 $7.50/3.50；⏲每10分钟1趟，周一至周五 7:00~22:00，周六和周日 8:30~21:00）惠灵顿最有名的景点之一是那些叮叮当当从Lambton Quay一路沿着陡坡爬升到凯尔伯恩（Kelburn）的小红缆车。路线尽头是惠灵顿植物园（见416页）、Space Place（见417页）和小巧精致的**缆车博物馆**（Cable Car Museum；☎04-475 3578；www.museumswellington.org.nz；1A Upland Rd，Kelburn；⏲9:30~17:00）免费。博物馆极富感染力地讲述了1902年为开发凯尔伯恩丘陵定居地而修建缆车的历史。之后，你可以乘缆车下山，也可以徒步穿过植物园下山。

惠灵顿动物园 动物园

（Wellington Zoo；☎04-381 6755；www.wellingtonzoo.com；200 Daniell St，Newtown；成人/儿童 $24/12；⏲9:30~17:00；👪）惠灵顿动物园致力于保护和研究，还有一个活跃的圈养繁殖计划，这里也是大量当地和非当地野生动物的家园，包括狮子和黑猩猩。夜行动物馆里居住着奇异鸟和喙头蜥。"close encounter"（近距离观赏）活动能够让你看到大型猫科动物、小猫熊、长颈鹿和淘气的小猫鼬（收费项目）。这家动物园坐落于城南4公里处，乘坐10路或23路公交车即可到达。

新西兰板球博物馆 博物馆

（New Zealand Cricket Museum；☎04-385 6602；www.nzcricketmuseum.co.nz；Museum Stand，Basin Reserve，Mt Cook；捐赠入场；⏲板球赛期间）这座博物馆隐藏在Basin Reserve下方，是这项老派运动粉丝的必到之地。只有板球赛期间开放，或者特别预约。可登录网站查看详情。

新西兰国家图书馆 博物馆

（National Library of New Zealand；☎0800 474 300；www.natlib.govt.nz；70 Molesworth St，Thorndon；⏲周一至周六 8:30~17:00）免费 国家图书馆除了是一个很好的研究资料库外，也有各种展览空间，包括**特恩布尔画廊**（Turnbull Gallery），展出珍本书，举办临时展览。亮点是**He Tohu**（信号），2017年开幕，收藏着新西兰最宝贵的3部文档：1835年的《新西兰联合部落独立宣言》（*Declaration of Independence of the United Tribes of NZ*）、1840年的《怀唐伊条约》（*Treaty of Waitangi*）和1893年的《女性选举权请愿书》（*Women's Suffrage Petition*）。有趣的多媒体展览向参观者介绍了这些档案的重要意义。

水桶喷泉 喷泉

（Bucket Fountain；Cuba Mall；⏲24小时；👪）古巴市场的地标喷泉用类似禅宗的倾斜和倾注过程，嘲弄了周围的商业化现象。孩子们会很喜欢。

新西兰肖像美术馆 美术馆

（New Zealand Portrait Gallery；☎04-472 2298；www.nzportraitgallery.org.nz；Shed 11，Customhouse Wharf；⏲10:30~16:30）免费 这个出色的美术馆坐落在海滨历史悠久的红砖仓库中，展出馆藏的多位新西兰肖像画家的作品，还有时常更换的特邀嘉宾展。

Central Wellington 惠灵顿市中心

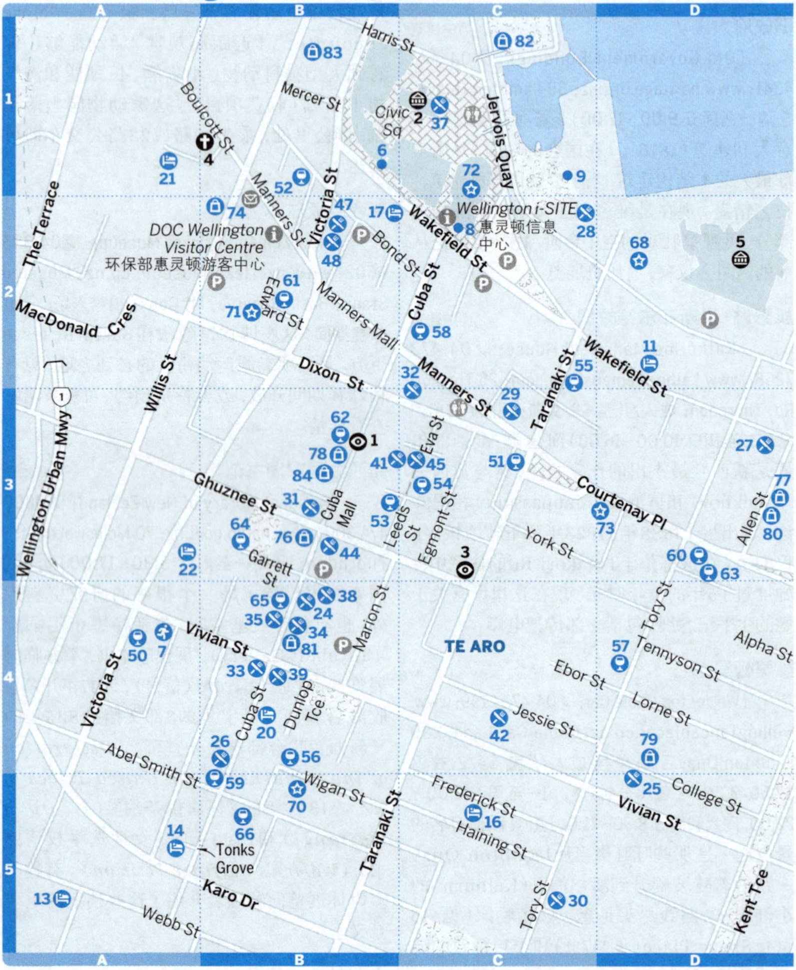

道斯美术馆

美术馆

（Dowse Art Museum；☎04-570 6500；www.dowse.org.nz；45 Laings Rd, Lower Hutt；⊙10:00~17:00；👪）免费 出色的道斯美术馆是文化和欢乐的圣地，单凭其讨人喜欢的建筑结构就值得一游，同时也是一座适合家庭游客、通俗易懂的艺术博物馆，展示新西兰的艺术、手工艺和设计作品。还有个不错的咖啡馆供你小坐。唯一的永久性藏品是雕刻的pataka（传统高脚仓库）。自驾20分钟可达，或乘坐83路公交车（30分钟），从惠灵顿市中心乘坐火车前来也耗时不多。

惠灵顿圣保罗大教堂

大教堂

（Wellington Cathedral of St Paul；☎04-472 0286；www.wellingtoncathedral.org.nz；Hill St和Molesworth St交叉路口；⊙周日至周五8:00~17:00，周六 10:00~16:00）免费 这座现代化的英国国教教堂长88米，高18米，散发出一种摩尔建筑的风情，里面天花板很高。教堂于1964年首次开放，1998年才竣工——因此其外观如此破烂就更让人惊讶了。可以去寻找可爱的木头做的女士小礼拜堂（Lady

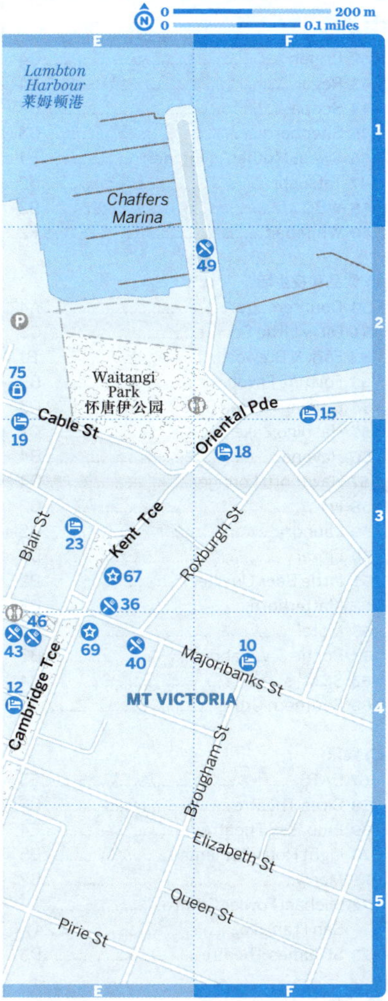

Chapel），这是一座1991年从帕拉帕拉乌姆搬来的1905年的教堂，就在大教堂旁边。

恩塔昂加声影博物馆 档案馆

（Ngā Taonga Sound & Vision；☎04-384 7647；www.ngataonga.org.nz；84 Taranaki St；电影票价 成人/儿童 $10/8；⏲图书馆 周一至周五 正午至16:00）**免费** 这个电影资料馆是新西兰的动态影像馆，在这里待上几天都不会感到厌倦。这里的图书馆拥有数千部影片，涵盖故事片、纪录片、短片、家庭电影、新闻影片、电视节目和广告……这里也会定期放映电影（登录网站查看排期），你也可以在免费的视觉阅览室找出喜欢的电影，看到你眼花缭乱为止。如果图书馆关闭，馆内还有个多媒体播放室。

学院美术馆 美术馆

（Academy Galleries；☎04-499 8807；www.nzafa.com；1 Queens Wharf；⏲10:00~17:00）**免费** 学院美术馆堪称新西兰美术学院（New Zealand Academy of Fine Arts；建于1882年）的艺术展示窗口，定期举办新西兰优秀艺术家的作品展，展览经常更换，包括油画、陶瓷和摄影。

Nairn Street Cottage 博物馆

（☎04-384 9122；www.museumswellington.org.nz；68 Nairn St，Mt Cook；成人/儿童 $8/4；⏲周六和周日 正午至16:00）从Cuba St最高处轻松漫步5分钟就可以抵达惠灵顿最古老的小屋（1857年），小屋已经经过细心的修复（带有一个有机花园和鸡群）。只能通过团队游进入（正午到15:00之间整点出发），再现了早期定居者的故事和19世纪中期的生活。

活动

惠灵顿的海港提供了许多活动机会：皮划艇，滑板冲浪，航海，风帆冲浪……（惠灵顿多风，不妨充分利用这一特点）。而在陆地上，则可以进行攀岩、骑行和高空徒步等活动。可以拿一本《惠灵顿城市骑行地图》（*Wellington City Cycle Map*）获取更多关于自行车道的信息。

Switched On Bikes 骑行

（☎022 075 8754；www.switchedonbikes.co.nz；Queens Wharf；城市和山地自行车出租 1小时/4小时/天 $15/40/60，电动 $20/45/75，导览游 $95起；⏲9:00~17:00）如果不想在山上气喘吁吁，这里出租电动自行车，可供你游览城市，或者参加导览团队游参观海港。可在码头尽头附近寻找他们开在船运集装箱中的基地。

Wellington Ocean Sports 水上运动

（☎04-939 6702；www.oceansports.org.nz；115 Oriental Pde；海港航海 每人 $40；⏲预订办公室 9:00~17:00）可参加1小时的港口航海之旅，驾驭惠灵顿臭名昭著的狂风，大多数是

Central Wellington 惠灵顿市中心

景点

1 水桶喷泉 B3
2 惠灵顿城市美术馆 C1
3 恩塔昂加声影博物馆 C3
4 天使圣母玛利亚教堂 B1
5 蒂帕帕 D2

活动、课程和团队游

6 Hop On Hop Off B1
7 On Yer Bike A4
8 South Coast Shuttles C2
9 Te Wharewaka o Pōneke C1
Walk Wellington （见8）
Zest Food Tours （见8）

住宿

10 Apollo Lodge F4
11 At Home D2
12 Cambridge Hotel E4
13 Capital View Motor Inn A5
14 City Cottages A5
15 Copthorne Hotel F2
16 Gourmet Stay C5
17 Nomads Capital B2
18 Ohtel F3
19 QT Museum Wellington E3
20 Quality Hotel B4
21 Trek Global A1
22 Victoria Court Motor Lodge A3
23 YHA Wellington City E3

就餐

24 Aunty Mena's B4
25 Caffe L'affare D5
Capitol （见69）
26 Fidel's B4
27 Field & Green D3
28 Gelissimo Gelato C2
29 Great India C3
30 Havana Coffee Works C5
31 KK Malaysian Restaurant B3
32 Little Penang C3
33 Logan Brown B4
34 Loretta B4
35 Midnight Espresso B4
36 Mt Vic Chippery E3
37 Nikau Cafe C1
38 Noble Rot B4
39 Ombra B4
40 Ortega Fish Shack E4
41 Pizza Pomodoro B3
42 Prefab C4
43 Regal E4
44 Scopa B3
45 Shepherd C3
46 Sweet Mother's Kitchen E4
47 Tatsushi B2
48 WBC B2
49 Whitebait F2

饮品和夜生活

50 Counterculture A4
51 Dirty Little Secret C3
52 Fork & Brewer B1
53 Fortune Favours B3
54 Golding's Free Dive C3
55 Hashigo Zake C2
56 Havana B4
57 Hawthorn Lounge D4
58 Ivy C2
59 Laundry B5
60 Library D3
61 Little Beer Quarter B2
62 Matterhorn B3
63 Motel D3
64 Rogue & Vagabond B3
65 S&M's B4
66 Southern Cross B5

娱乐

67 BATS E3
68 Circa Theatre D2
69 Embassy Theatre E4
70 Light House Cinema B5
71 Meow B2
72 Michael Fowler Centre C1
San Fran （见24）
73 St James Theatre D3

购物

74 Bello B2
75 Harbourside Market E2
76 Hunters & Collectors B3
77 Kura D3
78 Mandatory B3
79 Moore Wilson's D4
80 Ora Gallery D3
81 Slow Boat Records B4
82 Underground Market C1
83 Unity Books B1
84 惠灵顿夜市 B3

在周末出发（根据天气而定）——无须经验！可咨询立式桨板冲浪、风帆冲浪、浮架独木舟（waka ama）和皮划艇运动的信息。

Ferg's Kayaks 皮划艇、登山

（☎04-499 8898；www.fergskayaks.co.nz；Shed 6, Queens Wharf；⊙周一至周五 10:00~20:00，周六和周日 9:00~18:00）如果想拉伸一下筋骨，你可以在室内攀岩（成人/儿童 $21/17），穿直排轮滑鞋在海边巡游（1/2小时 $20/25），也可以去划皮艇（1/2小时 $25/35）或玩立式单桨冲浪（1/2小时 $30/40）。这里还提供自行车租赁（每小时/天 $20/80起）及皮划艇导览游。

Makara Peak Mountain Bike Park 山地自行车

（www.makarapeak.org；116 South Karori Rd, Karori；⊙白天）在市中心以西7公里的卡罗里（Karori）山上，公园占地230公顷。这里有总长度达到45公里的自行车单车道，有适合初学者及专家级玩家的各种难度。附近的**Mud Cycles**（☎04-476 4961；www.mudcycles.co.nz；424 Karori Rd, Karori；半天/全天/周末 出租自行车 $35/60/100起；⊙周一至周五 9:30~18:30，周六和周日 10:00~17:00）有山地自行车出租。要乘坐公共汽车来这里，可选择3路公交车。

Freyberg Pool & Fitness Centre 游泳

（☎04-801 4530；www.wellington.govt.nz；139 Oriental Pde；游泳池 成人/儿童 $6/3.70；⊙6:00~21:00；👪）这座建于1963年的现代化健身中心是东方湾最显眼的建筑。除了一个室内大游泳池之外，这里还有健身房、水疗中心，提供有氧操、瑜伽和普拉提等课程。

Adrenalin Forest 探险运动

（☎04-237 8553；www.adrenalin-forest.co.nz；Okowai Rd, Porirua；成人/儿童 3小时 $43/28；⊙10月至次年4月 每天，5月至9月 周三至周日 10:00~14:30）这里有高高的蛛网一般的缆车线路、悬索桥和挂在松树之间的平台。位于惠灵顿市中心以北21公里处，可乘坐火车前往Porirua，然后换乘230路公交车。

Wild Winds 水上运动

（☎04-473 3458；www.wildwinds.co.nz；2 Hunter St；2小时课程 $110；⊙周一至周五 10:00~17:30，周六 至15:00）惠灵顿有风有水，就是为风帆冲浪和风筝冲浪准备的。可选择一种，或囊括两种的入门课程。

On Yer Bike 骑行

（☎04-384 8480；www.avantiplus.co.nz/wellington；181 Vivian St；城市/山地/电动自行车 每天 $30/40/60；⊙周一至周六 8:30~17:30）市中心的高质量自行车出租机构。

☞ 团队游

Kiwi Coastal Tours 驾车

（☎021 464 957；www.kiwicoastaltours.co.nz；3/5hr tours $150/250）组织在崎岖的南部海岸线上出色的四驱车探索之旅，有一个当地的毛伊人导游，他有一大堆故事可以跟你讲。

Walk Wellington 步行游览

（☎04-473 3145；www.walkwellington.org.nz；出发点 惠灵顿信息中心，111 Wakefield St；团队游 $20；⊙全年 每天 10:00，以及 12月至次年3月的周一、周三和周五17:00）信息量丰富的2小时步行游览，物超所值，侧重游览市中心和海滨区域，从惠灵顿信息中心（见439页）出发。可以通过网络和电话预订，也可直接在现场报名加入。

Zest Food Tours 食物、饮品

（☎04-801 9198；www.zestfoodtours.co.nz；出发点 惠灵顿信息中心，111 Wakefield St；团队游 $185起）组织3.5~5小时的小规模城市美食观光游，还有翻山前往怀拉拉帕葡萄酒区的一日团队游。

Flat Earth 驾车

（☎04-472 9635；www.flatearth.co.nz；半日/全日团队游 $95/385起）有一系列小团队主题团队游：城市景点、毛利宝库、艺术、郊野、中土电影拍摄基地，也有马丁堡葡萄酒团队游。

Te Wharewaka o Pōneke 文化

（☎04-901 3333；www.wharewakaoponeke.co.nz；Taranaki Wharf, 2 Taranaki St；团队游徒步 $30~40，2小时独木舟 $100，3小时独木舟和徒

值得一游

戴斯湾和马提尤/萨姆斯岛（DAYS BAY & MATIU/SOMES ISLAND）

从19世纪80年代开始，惠灵顿人就会跨过海港前往戴斯湾一日游。这个海湾有海滩、公园和咖啡馆，到处都有出租皮划艇、划桨船和自行车的船棚。从戴斯湾步行10分钟即可到达伊斯特本，这个海滨小镇有咖啡馆，还有一家漂亮的小酒馆、一个夏季泳池和一个游乐场。

East by West Ferry（☎04-499 1282；www.eastbywest.co.nz；Queens Wharf；往返 成人/儿童 $23/12）可爱的小渡轮工作日每天往返16趟，旅途耗时20~30分钟，周末8班。有些也在佩图尼（Petone）和西顿（Seatoun）停靠。

每天也有3~4班渡轮在海港中部的马提尤/萨姆斯岛停靠，这是个由环保部管理的自然保护区，在岛上你可能看到沙螽（weta）、喙头蜥、凤头鹦鹉（kakariki）和小蓝企鹅，以及其他小动物。马提尤/萨姆斯岛有丰富的历史，它曾经是一个战俘营和检疫站。你可以带上野餐午饭，或在基本露营地（成人/儿童 $13/6.50）或环保部两个小屋住宿（包场$200）。可登录网站www.doc.govt.nz预订，或者到**环保部惠灵顿游客中心**（见439页）预订。

步 $125）准备好参加2小时的毛利独木舟之旅（可能会有点湿），游览惠灵顿的海滨，沿途有许多文化景点。可打电话咨询最新的团队游时间和预订——有最少人数限制。

Hop On Hop Off 巴士

（☎0800 246 877；www.hoponhopoff.co.nz；出发点101 Wakefield St；成人/儿童 $45/30；⏲出发9:30、11:00、12:30和14:30）提供灵活的1.5小时城市观光环线游，途中经停11个站。车票24小时内有效。

South Coast Shuttles 驾车

（☎04-389 2161；www.southcoastshuttles.co.nz；出发点 惠灵顿信息中心，111 Wakefield St；2.5小时团队游 $55；⏲团队游 10:00和13:00）提供每天固定时间的景点团队游，包括南海岸、维多利亚山、维塔洞和奥特里—威尔顿丛林。

Rover Rings 驾车

（☎04-471 0044；www.wellingtonrover.co.nz；团队游 成人/儿童 $95/50起）半日或全日团队游，参观城市及周边的《指环王》拍摄基地。

Wellington Movie Tours 团队游

（☎027 419 3077；www.adventuresafari.co.nz；团队游 成人/儿童 $45/30起）提供半天和全天的团队游——比起缠着工作人员问个不休，不如在这个团队游中参观并体验更多道具、电影剪辑和中土世界的电影取景地。

节日和活动

咨询惠灵顿信息中心（见439页），查看全部活动列表。

夏日城市节 文化

（Summer City；www.wellington.govt.nz；⏲1月至3月；👪）这是一个夏季的全程节日盛会，有很多免费活动和户外活动，包括美妙的“奇妙花园”（Gardens Magic）音乐会。惠灵顿太平洋岛民节和怀唐伊日庆祝活动也在这期间举行。

先锋艺术节 文化

（Fringe；https://fringe.co.nz/；⏲2月至3月）历时3周，是实验视觉艺术、音乐、舞蹈和戏剧的盛宴。虽然与两年一度的新西兰节同期举办，但先锋艺术节每年都有。

新西兰节 文化

（New Zealand Festival；www.festival.co.nz；⏲2月至3月）每两年举办一次（偶数年，在2月中旬至3月中旬举行），长达1个月的文化节集结戏剧、舞蹈、音乐、视觉艺术和文学等各种活动，不乏丰富的国际表演。这是一次真正的艺术盛宴。

新西兰国际喜剧节 喜剧节

（New Zealand International Comedy

Festival; www.comedyfestival.co.nz; ⏲4月至5月）历时3周的疯狂节日。表演者包括享誉全球的当地喜剧演员和真正的国际喜剧大师。

惠灵顿爵士节 音乐

（Wellington Jazz Festival; www.jazzfestival.co.nz; ⏲6月中旬）首都各地打响指跟着节拍跳舞的好时间，为期5天——也是冬季严寒的解药。

玛塔里基 文化

（Matariki; www.tepapa.govt.nz; ⏲6月中旬至7月中旬）为庆祝毛利新年，在蒂帕帕举办的舞蹈、音乐等免费活动。

新西兰国际电影节 电影节

（New Zealand International Film Festival; www.nzff.co.nz; ⏲7月至8月）为期2周的独立电影节，放映新西兰和国际影视佳作。

Beervana 啤酒节

（www.beervana.co.nz; Westpac Stadium; ⏲8月）精酿啤酒的爱好者涌入城市，只为周末畅饮而来。

惠灵顿特色美食节 食物和饮品

（Wellington on a Plate; www.wellingtononaplate.com; ⏲8月）让人唇齿留香的美食节，城市各处的餐馆举办各种优惠活动。为期17天。

春节 集市

（Spring Festival; www.wellington.govt.nz; ⏲9月; 👪）踮着脚尖穿过惠灵顿植物园和奥特里-威尔顿丛林的郁金香，有许多免费的适合孩子的徒步和活动。

★世界时装艺术设计评选秀 时装秀

（World of WearableArt，简称WOW; www.worldofwearableart.com; TSB Bank Arena; ⏲9月至10月）盛大华丽的时装（时装或雕塑——线条优美）表演，为期2周。门票炙手可热，到处的酒店住宿都会被提前预订一空。

住宿

惠灵顿市区的住宿比周边城区贵很多，在距市中心步行不远的地方还有不少住宿选择。免费停车位很少，所以提前问清楚是很有必要的。惠灵顿的经济型住宿主要是庞大的多层青年旅舍，汽车旅馆点缀在城市边缘，设备齐全的公寓很受欢迎，而且一般周末都有折扣。夏季和重大活动期间需要预订。

★Dwellington 青年旅舍 $

（☎04-550 9373; www.thedwellington.co.nz; 8 Halswell St, Thorndon; 铺/房间 $29/85起; P📶）这座极好的现代化青年旅舍由两座相邻的历史建筑翻修而成，位于美国大使馆和中国大使馆之间。没有套房，但房间干净、明亮、舒适，提供免费的无线网络和早餐。在这里乘坐渡轮、火车和城际汽车都很方便，但天黑后想去Cuba St附近逛逛要走很远。

★YHA Wellington City 青年旅舍 $

（☎04-801 7280; www.yha.co.nz; 292 Wakefield St交叉路口; 铺/标单 $36/87, 双 带/不带浴室 $134/99; @📶）🍃这家值得信赖的旅舍，有极好的公共区域，包括两个大厨房、用餐区以及单独的游戏室、阅读室和电影放映室，这些都为它赚了不少掌声。这里提倡可持续发展（回收、堆肥和高效节能热水）的措施很多。接待处提供各种预订服务和意式浓缩咖啡机。

★Moana Lodge 青年旅舍 $

（☎04-233 2010; www.moanalodge.co.nz; 40 Moana Rd; 铺/标单/双 $38/70/96; P📶）旅舍位于惠灵顿市中心以北25公里处的Plimmerton（乘火车30分钟），能看到海景，马路对面就有一小片沙滩。这座可爱的老房子堪称完美的住宿，和它热情的主人一起等待着旅客的到来。

Cambridge Hotel 青年旅舍、酒店 $

（☎04-385 8829; www.cambridgehotel.co.nz; 28 Cambridge Tce; 铺 $26~40, 标单 带/不带浴室 $99/69起, 双 $119/89; 📶）建于1883年，是一座完美的街角客栈，楼上是老派的经济型房间，很难相信20世纪60年代女王曾在这里下榻。所有房间都有小冰箱和水壶，有些带小浴室。翼楼是背包客住宿区域，这里有一个舒适的带厨房的休息室，明亮的浴室，虽然客房采光不足，但天花板很高。锦上添花之处是有$3的平价早餐。

Trek Global 青年旅舍 $

（04-471 3480; www.trekglobal.net; 9 O' Reilly Ave; 铺/标单 $23/59，双 带/不带浴室 $89/79; P @ 📶）这家旅舍位于巷子深处，亮点是时髦又受欢迎的门厅和舒适的带电视的休闲室。住宿区和厨房被挤到了养兔场般拥挤的回廊，但有相对安静的环境、清新的客房，还有其他值得称道的项目，如自行车出租、停车（每天$20）、仅限女客的带向阳露台的宿舍。

Wellington Top 10 Holiday Park 度假公园 $

（04-568 5913; www.wellingtontop10.co.nz; 95 Hutt Park Rd, Seaview; 露营地 $35起，套间 带/不带浴室 $120/70; P 📶 👪）这个度假公园位于惠灵顿东北方向16公里处，是距离城市最近的露营地。适合家庭度假的设施包括公共厨房、游戏室和游乐场，唯一不足的是位于工业区。驶离SH2，沿佩图尼和海景区方向标记行驶，或乘坐83路公共汽车都可到达。

Nomads Capital 青年旅舍 $

（04-978 7800; www.nomadsworld.com; 118 Wakefield St; 铺/房间 $32/120起; 📶）就在市中心，干净的房间非常安全，有套间，还有一个咖啡馆兼酒吧。厨房和休息室很小，但服务灵活，传统的细节和便利的位置会让你忽略不足。此外还提供免费早餐，也有简餐。

Hotel Waterloo & Backpackers 青年旅舍 $

（04-473 8482; www.hotelwaterloo.co.nz; 1 Bunny St; 铺 $25~35，标单 带/不带浴室 $99/72起，双 $119/89; @ 📶）这个经济型酒店和旅舍在城市铁路尽头的一家装饰艺术风格的酒店（建于1937年）中，有整洁的房屋，还有宽敞个性的公共区（一定要去酒吧看看）。

★ City Cottages 出租屋 $$

（0210739232; www.wellingtoncityaccommodation.co.nz; 5 & 7 Tonks Gr; 小屋 $170~200; P 📶）这两栋可爱的建于1880年的小房子位于历史建筑区内。经过合理的改建之后，成了一卧室的短租房，适合2个人入住，最多可以睡4个人（感谢沙发床的存在）。不是最安静的住宿处，但风格时尚，而且非常便利。也出租一个两卧小公寓，一个古老的联排建筑（能住10人），就在附近。

Gourmet Stay 酒店 $$

（04-801 6800; www.gourmetstay.co.nz; 25 Frederick St; 房间 带/不带浴室 $189/159起; P 📶 👪）这家背街酒店有点像青年旅舍，有13个房间，全部都采用不同的配置，分散在两座相邻建筑中。大多数都有套间，而且设计都很有品位，有很好的寝具和漂亮的艺术品。提供免费的欧陆早餐，黑板上会列出城里的美食指南。

Gilmer Apartment Hotel 酒店 $$

（04-978 1400; www.10gilmer.co.nz; 10 Gilmer Tce; 公寓 $118起; P 📶）这家位于市内的公寓酒店有62个套间，呈现出一种时髦、艺术的氛围。房型从单间公寓到两卧都有，全部都自带厨房和洗衣机，在这一区域可谓是划算的选择。须提前交费，不可退费。

Booklovers B&B 民宿 $$

（04-384 2714; www.booklovers.co.nz; 123 Pirie St, Mt Victoria; 标单/双 $180/220起; ❄ 📶 👪）这家优雅的到处是书的民宿由获奖作家简·托乐顿（Jane Tolerton）经营，有3个大床客房是套间（其中1间还加了张单人床）。在门口乘公交车可到Courtenay Pl和火车站，惠灵顿"绿带"（green belt）起点就在这家旅馆旁边。这里还有免费Wi-Fi和街头停车位。

Capital View Motor Inn 汽车旅馆 $$

（04-385 0515; www.capitalview.co.nz; 12 Thompson St, Mt Cook; 套 $140起; P 📶）这栋维护良好的整洁旅馆有21间客房。它靠近街道（Cuba St）的最高处，能享受真正的城市风光——尤其是宽敞超值的顶层复式房（能睡5人）。所有房间设施齐全、整洁漂亮，并且停车免费。

Apollo Lodge 汽车旅馆 $$

（04-385 1849; www.apollolodge.co.nz; 49 Majoribanks St, Mt Victoria; 套 $150起; P 📶 👪）在距Courtenay Pl相当近的地方，松散排列着几十间各式套间，从公寓到配备厨房设施的两卧长居套房都有。靠近城市，非常值。

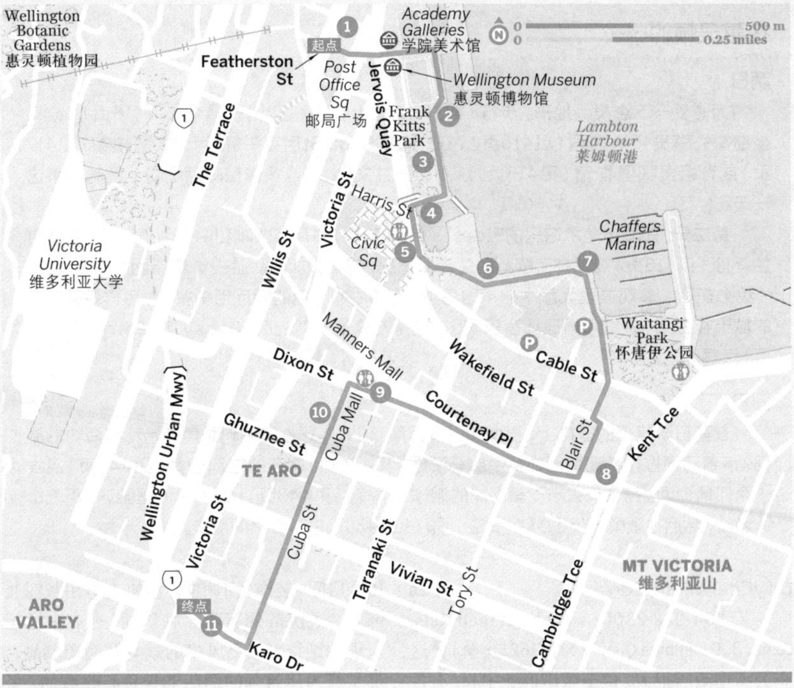

步行游览
城市雕塑

起点: 邮局广场

终点: KARO DR

距离: 2.8公里，1小时

从邮局广场开始，这里矗立着比尔·卡伯特创作的❶**Sky Blues**雕塑，线条随意在空中伸展。穿过Jervois码头，从学院美术馆与惠灵顿博物馆之间走过。在女王码头海滨向右，经过一个大棚子就到了❷**Water Whirler**，这是实验动力学家连恩·莱构思的针状雕塑，一天会有几次在整点疯狂旋转。

沿海滨大道，在❸**太太号**(Wahine)的桅杆下前行，这艘船于1968年悲剧性地沉没在惠灵顿港。街角是很像鲸鱼形体的白色的❹**信天翁喷泉**(Albatross Fountain)。绕行一小段路，走上❺**城市跨海大桥**(City to Sea Bridge)，观看这里收藏的饱经风霜的木头雕塑。

回到海滨，经过Te Raukura独木舟房子和❻**Hikitia**，这是世界最古老的水上起重船——本身也是一件雕塑。脱掉衣服跳下去，或者沿码头前行，经过斜倚在海港边缘的❼**风中的慰藉**(Solace in the Wind)赤裸的青铜雕像。

右转，蜿蜒穿过怀唐伊公园的景观湿地，然后横穿Cable St，沿Chaffers St走，接着去Blair St有百年历史的仓库。

到Courtenay Pl左转，看看❽**三脚架**(Tripod)，这是一座纪念惠灵顿影视产业的雕塑，再右转。再向西走，到达楔形的❾**Te Aro公园**，园内有个独木舟船首和易绊倒人的物件。

抵达Cuba St后拐向左，进入步行街。注意那个活跃而俏皮的❿**水桶喷泉**(见421页)——它孤零零地在这里用水花贱湿你的大腿。

放缓脚步，经过一个个橱窗，信步来到Cuba St最高处，这片历史遗迹区，被颇受争议的内城旁道横穿而过。在里根·金特里构思绝妙但有点儿恐怖的⓫**应需而变**(Subject to Change)雕塑结束你的游览，它旁边有一座7.5米深的古怪的通克斯井(Tonks' Well)，建于19世纪60年代。

在惠灵顿的……

两日

为感受一下惠灵顿地形，步行（或开车）登上**维多利亚山观景台**（见416页），或乘坐缆车去**惠灵顿植物园**（见416页）。在时髦的Cuba St用完午餐，可以去**蒂帕帕**（见417页）或者**惠灵顿博物馆**（见416页）感受新西兰文化。在众多精酿啤酒吧喝上几轮结束这一天。

第二天，在城市美术馆里的**Fidel's**（见433页）享用了咖啡和前卫创意菜后，直奔**西兰蒂亚**（见416页）观鸟并了解新西兰环保情况，或者参加团队游去参观**新西兰国会大厦**（见416页），参观这里大厅中的不同鸟类。到市中心出色的餐厅用午餐，然后再返回喧嚣的城市夜生活，去看几场现场音乐演出，或是在修缮一新的**Embassy Theatre**（见437页）里看场电影。

四日

在两日游旅程的基础上，再增加以下行程：沿充满野性的帕利瑟角开始观看海豹的旅程，接着到怀拉拉帕葡萄酒之乡中部**马丁堡**（见446页）附近的**帕利瑟角**（见449页）品尝一两杯葡萄酒。第二天去卡皮蒂海岸的**派卡卡里基**（见443页），跳进大海里游泳，再吃个冰激凌，然后在隔壁的**伊丽莎白女王公园**（见443页）的沙丘之间漫步。

CityLife Wellington 公寓 $$

（☎04-922 2800；www.heritagehotels.co.nz；300 Lambton Quay；公寓 $162起；📶）🍃这座公寓型酒店很大，位于城市商业中心，有各种豪华公寓、一至两卧公寓。有些有全套厨房和房内洗衣设备，有些是海景房。

Victoria Court Motor Lodge 汽车旅馆 $$

（☎04-385 7102；www.victoriacourt.co.nz；201 Victoria St；套间 $165；P📶）这座3层柠檬黄色维多利亚时代的法院，还在为这个城市提供服务，这里提供宽敞的带厨房开放式公寓或者多房间公寓。有两个无障碍房间，最大的套间可以睡5人。旅馆距离Cuba St很近，店内可以免费停车。

Quality Hotel 酒店 $$

（☎04-385 2156；www.cqwellington.com；223 Cuba St；套 $183起；P📶🏊）这家高层酒店与旁边质量稍逊的姐妹保护建筑Comfort Hotel看起来很不平衡。两处共享一个前台，以及内部酒吧、餐厅、游泳池和停车场（每晚$30）。套房时髦宽敞，但服务参差不齐。

★ **Ohtel** 精品酒店 $$$

（☎04-803 0600；www.ohtel.nz；66 Oriental Pde，Oriental Bay；房间 $229起；❄📶）🍃是不是感觉走进了一本设计杂志？这家小酒店里有10个房间，装饰各不相同，浴缸上方用灰泥装饰着令人沉醉的新西兰风景画，还有中世纪斯堪的纳维亚半岛风格的家具及陶瓷制品，都是身为建筑师的酒店老板费心收藏的。最好的房间有露台，能看到海港。

★ **QT Museum Wellington** 酒店 $$$

（☎04-802 8900；www.qtwellington.com；90 Cable St；房间/公寓 $215/296；❄📶🏊）这家充满艺术气息的酒店采用河马主题装饰，显得很离奇。酒店翼楼中，黑色电梯正对着深色走廊，通往装潢浮艳的房间。公寓翼楼稍稍克制一些，但也同样豪华，套间中有小厨房和洗衣机。

Edgewater Lodge 民宿 $$$

（☎04-388 4446；www.edgewaterwellington.co.nz；423 Karaka Bay Rd，Karaka Bay；房间 $290起；P📶）酒店的名字edgewater的确名副其实，真的就在水边。从市区开车过来需要15分钟，但前往电影制作飞地Miramar很方便——这可能也就是附近散落着霍比特人相关设施的原因。3个房间里有一个带大露台，另一个有独立的大门。

Joyce's B&B 民宿 $$$

（☎04-499 7338；www.joycesbnb.nz；46 Aurora Tce，Kelburn；房间 $215；P📶）高耸在陡

峭的Aurora Tce机动车道上方，距离城市只有一小段距离。2个房间里有私人浴室，其中一个像是小公寓，有独立的厨房、洗衣机，旁边还有一个次卧。靠近市中心，免费停车场是罕见的福利。

Bolton Hotel 酒店 $$$

（☎04-472 9966；www.boltonhotel.co.nz；12 Bolton St；房间 $297起；📶✖）到访城市的外交和商务人士都会选择这里，139个房间分布在19层楼中。有各种形状尺寸的房间，它们拥有同样的柔和色调主题，还有精美的亚麻布品以及色彩丰富的艺术品。大部分都带有全套厨房设施，一些房间还享有公园或城市景观。无拘无束，还有一丝艺术气息。

At Home 公寓 $$$

（☎04-802 0858；www.athomewellington.com；L4，181 Wakefield St；公寓 $229起；❄📶）进门时做了最坏的打算是可以原谅的，因为走进这座商务型建筑，要乘坐电梯上楼，沿着一条毫无特色的走廊才能走到凌乱的前台。经过看似凌乱、毫无特色的前路，明亮宽敞的房间出乎意料地让人惊喜。全部房间都有厨房、洗衣机和写字台，就在市中心。

InterContinental Wellington 酒店 $$$

（☎04-472 2722；www.intercontinental.com；2 Grey St；房间 $293起；📶✖）位于市中心一座20世纪80年代风格的大理石装饰的建筑中，提供所有常见的五星级酒店设备，都是你在洲际酒店所预期的——有健身房、游泳池和出色的餐厅。

Copthorne Hotel 酒店 $$$

（☎04-385 0279；www.millenniumhotels.com；100 Oriental Pde，Oriental Bay；双 $219起；📶✖）这家多层酒店位置极好，就在港口对面。商务人士随着一波波时尚的浪潮走进这里，爱好运动的顾客却是冲着马路对面Freyberg健身房免费的室内加热泳池以及健身设备而来。

就餐

在惠灵顿，有让人眼花缭乱的就餐选择：各式各样的现代咖啡馆、高档餐厅，还有许多面馆，而激烈的竞争造就了这里普遍高水准的餐饮特点。

Little Penang 马来西亚菜 $

（☎04-382 9818；www.facebook.com/littlepenang；40 Dixon St；主菜 $12~17；⏰周一至周五 11:00~15:00和17:00~21:00，周六 11:00~21:00；✍）在一众出色的马来西亚餐厅中，这里凭借新鲜的口感、出色的甜食脱颖而出。可以点一份椰浆饭（nasi lemak）配漂亮的鸡蛋坚果配菜，或者花$9来一份烤肉面包配咖喱。不要躲避咖喱的气息。午餐时间这里挤到不可思议。

Havana Coffee Works 咖啡馆 $

（☎04-384 7041；www.havana.co.nz；163

孩子们的惠灵顿

让我们开门见山吧：对孩子来说，惠灵顿最大的吸引力所在就是蒂帕帕（见417页），整个公园看起来像是由一群年仅5岁的天才们策划的。这里有丰富的交互活动，比应付一条鱿鱼更令人毛骨悚然、诡异和奇妙的东西，以及许多适合各个年龄段的特别活动。可查看网站上的儿童和家庭专栏，了解蒂帕帕在这方面的威力。

刚好，蒂帕帕两侧的沿海弗兰克·基茨公园（Frank Kitts Park）和怀唐伊公园（Waitangi Park）都有游乐场，而且可以就近溜溜冰、吃个冰激凌，成年人还能喝杯救命的浓缩咖啡。

乘惠灵顿缆车（见421页）围绕惠灵顿植物园（见416页）转一圈，能让孩子们振奋不已，而当夜幕降临时，到Space Place（见417页）去，在那里，孩子们可以凝视遥远的星系。如果想看更多陆地生物，就去惠灵顿动物园（见421页）或者西兰蒂亚（见416页）观摩那些疯狂的动物吧。

可登录www.wellingtonnz.com，搜寻更多景点和活动。

Tory St；小吃 $4~8；⏲周一至周五 7:00~17:00）这家梦幻的烘焙工坊和"一流"咖啡馆将惠灵顿对古巴的一切沉迷进行到底，提供震撼人心的咖啡，微笑随处可见。小吃仅限于从加热器中端出来的司康饼、百吉饼、蛋糕和派。烘焙工坊中也有一个外卖柜台。

Midnight Espresso 咖啡馆 $

（☎04-384 7014；www.facebook.com/midnightespresso；178 Cuba St；主菜 $8~17；⏲7:30至次日3:00；✍）这家营业到很晚的咖啡馆很棒，是一个午夜之后的好去处。如果饿了，可以品尝奶酪意式宽面、黏稠的椰枣布丁或菠菜罗勒马芬，但咖啡才是真正的卖点。装饰有旧地板和弹子球机，能找到黄铜修补的小盘子。

KK Malaysian Restaurant 马来西亚菜 $

（☎04-385 6698；www.kkmalaysian.co.nz；54 Ghuznee St；主菜 $13~16；⏲周一至周六 11:30~21:30，周日 17:00~21:30；✍）这里的静物蔬菜画和令人痛苦的托斯卡纳壁画有些古怪，但忽略装潢，把注意力集中到食物上来吧——这里有首都最好的马来西亚菜。下班后的情侣会来一份咖喱飞饼（roti chanai），学生会来一份马来西亚叻沙，距离Cuba St只有几米远。也有很好的素食选择。

Gelissimo Gelato 冰激凌 $

（☎04-385 9313；；www.gelissimo.co.nz；Taranaki Wharf, 11 Cable St；；一颗冰激凌球 $5；⏲周一至周五8:00~17:30，周六和周日10:30~17:30）最热门的冷饮就是格拉汉姆（Graham）制作的冰激凌和冰糕。有点难找，隐藏在巨大的Mac' s精酿啤酒吧背后。

★ **Noble Rot** 法国菜 $$

（☎04-385 6671；www.noblerot.co.nz；6 Swan Lane；主菜 $29~34；⏲16:00至深夜）这家舒适的餐厅隐藏在角落，自认为是葡萄酒吧，却提供惠灵顿最好的食物。菜单弥漫着法式风情（熟食、鸭肉冻糕、熏奶酪蛋奶酥、慢烹羔羊肉），外加一些新西兰特色菜，比如意式细面配puha（一种当地绿色蔬菜）。无须多说，葡萄酒单也很出色。

★ **Shepherd** 当代风格 $$

（☎04-385 7274；www.shepherdrestaurant.co.nz；1/5 Eva St；主菜 $26~30；⏲周三至周日 17:30至深夜）这家出色的餐厅引领当代时尚餐饮风潮，提供各种创新口味的菜肴，不同一般的菜品和泡菜配菜。一头有一个长吧台，另一头是一个开放式厨房，这之间分类摆放着颜色鲜艳的高脚凳和桌子。氛围新潮，食物令人激动。

★ **Loretta** 咖啡馆 $$

（☎04-384 2213；www.loretta.net.nz；181 Cuba St；主菜 $13~28；⏲周二至周日 9:00~22:00；✍）从早餐（华夫饼、煎饼、谷物食品）、午餐（三明治、油煎饼、汤）到晚餐（比萨、烤鸡、炸肉排），这里以分量充足的经典菜肴赢得了粉丝。就餐环境明亮宽敞。我们推荐两人分一个比萨和一份谷物沙拉。只接受午餐预订。

Field & Green 英国菜 $$

（☎04-384 4992；www.fieldandgreen.co.nz；262 Wakefield St；主菜 $14~33；⏲周三至周六8:00~22:00，周日 至15:00）"欧洲灵魂食物"是他们的口号，但提供的其实是最好的英国菜，包括Red Leicester司康饼、威尔士干酪吐司、鸡蛋葱豆饭、炸鱼条三明治、培根三明治配HP调味酱和煎锅猪排。实际上这家餐厅远比听起来要精致，装潢充满斯堪的纳维亚半岛的时尚风情，掌勺的是伦敦出生的大厨Laura Greenfield。

WBC 创意菜 $$

（☎04-499 9379；www.wbcrestaurant.co.nz；Level 1, 107 Victoria St；小拼盘 $14~18，大拼盘 $25~28；⏲周二至周六 10:30至深夜）位于Wholesale Boot Company（知道他们为什么要用这个首字母缩写名称了吧），口味来自泰国、中国、日本，菜单上提供的都是新西兰最佳食材制作的菜肴，包括去壳牡蛎、蛤（提供生食、清蒸或天妇罗）和野味肉（塔尔羊炸玉米片、宫爆鹿肉）。每种都很美味，都可以分享。

Prefab 咖啡馆 $$

（☎04-385 2263；主菜 $11~26；⏲周一至周六 7:00~16:00；📶👪）位于一家大型工业风格的空间里，这里有城里最棒的意式浓缩咖啡，连豆子都是自家烘焙的，老板是惠灵顿咖啡重度上瘾者。自家手工制作的面包搭配菜单上丰富的选择，十分可口。阳光露台上有狗狗在打瞌睡，员工则在热闹的室内高效处理顾客的需求。

Nikau Cafe 咖啡馆 $$

（☎04-801 4168；www.nikaucafe.co.nc；City Gallery, Civic Sq；主菜 $15~27；⏰周一至周六 7:00~16:00）🍃它是惠灵顿令人眼花缭乱、做工精致的咖啡馆中的一股清风，Nikau坚持提供简单但是有品质的食物（锅煎哈洛米芝士、传奇性的鸡蛋葱豆饭）。爽口的前菜，美味的甜点，员工迷人，还有一个阳光庭院。有机时令菜单每天都会更换。

Capitol 意大利菜 $$

（☎04-384 2855；www.capitolrestaurant.co.nz；10 Kent Tce, Mt Victoria早午餐 $10~27，午餐 $18~27；⏰周一至周五 正午至15:00和17:30~21:30，周六至周日 9:30~15:00和17:30~21:30）这家有追求的星级餐厅提供简单的菜肴，用当季出产的本土食材烹任经典意大利菜肴（可尝试自制细宽面或帕玛森芝士裹羊肝）。餐厅内可能会有点嘈杂，但是环境依旧高雅。

Fidel's 咖啡馆 $$

（☎04-801 6868；www.fieldscafe.com；234 Cuba St；主菜 早午餐 $9~22，晚餐 $13~26；⏰8:00~22:00）是Cuba St上咖啡上瘾患者的另一选择。这里的厨房提供让人拍手叫绝的各种鸡蛋做法、比萨、超级沙拉，还有Welly's最佳奶昔。墙上装饰着具有历史意义的各种纪念品，室内灯光朦胧，面朝街道的小亭子提供外卖咖啡。忙碌的店员游走在咖啡馆的各个角落提供服务。

Aro Cafe 咖啡馆 $$

（☎04-384 4970；www.arocoffee.co.nz；90 Aro St, Aro Valley；主菜 早午餐 $9~23，晚餐 $23~28；⏰周一和周二 7:30~16:00，周三至周五 7:30~16:00和17:30~22:00，周六 9:00~16:00和17:30~22:00，周日 9:00~17:00）如果还有比Aro St的这片地区——尤其是这家历史悠久的特许咖啡馆——更上镜的地方，那简直就是犯罪。可以从里面点单，也可以找个座位坐下，会有人拿菜单过来。咖啡也很棒。晚上会变身成一座社区法式小馆。

Mt Vic Chippery 炸鱼和薯条 $$

（☎04-382 8713；www.thechippery.co.nz；5 Majoribanks St, Mt Victoria；餐 $12~20；⏰正午至22:30；👪）在这家位于回水湾的棚屋鱼餐厅就餐，可以按以下步骤火速来上一份炸鱼和薯条：①选择鱼的种类（至少有3个品种可选）。②选择裹在外面的配料（比如啤酒面糊、面包屑、天妇罗……）。③选择薯条种类（5种可选）。④加入蛋黄酱、凉拌卷心菜、沙拉酱或蘸酱料，再点杯高品质的软饮料。⑤在店内用餐或者外带。也有汉堡和煎香肠。

Caffe L'affare 咖啡馆 $$

（☎04-385 9748；www.laffare.co.nz；27 College St；主菜 $15~20；⏰8:00~16:00；👪）惠灵顿先锋咖啡烘焙坊之一（1990年开办），现在依然经营得很好。采用低调的工业风格装潢，背街的气氛一如既往的新潮。除了意料之内的很棒的咖啡之外，还有烹煮早餐、汤、汉堡、牛小排、牛排和沙拉。可以去寻找极富爱国色彩的新西兰国旗阵列，门前散落着餐桌，可以晒到太阳。

Tatsushi 日本菜 $$

（☎04-472 3928；www.facebook.com/tatsushi392；99 Victoria St；主菜 $9~19，套餐 $29~34；⏰周一至周六 11:30~14:30，周二至周六 18:00~22:00）这是一个紧凑的空间，围绕着一个开放式厨房，正宗的日本料理就是在那儿制作出来的，包括超新鲜的刺身、家常日式炸豆腐（agedashi tofu）、茶泡饭（chazuke soup）、醋拌菜（sunomono）和好吃的日式炸鸡块（karaage chicken）。寿司和便当可以外带。

Sweet Mother's Kitchen 美国菜 $$

（☎04-385 4444；www.sweetmotherskitchen.co.nz；5 Courtenay Pl；主菜 $11~27；⏰8:00~22:00；✍）Sweet Mother's Kitchen总是座无虚席，供应未必正宗但非常好吃的美国南方腹地美食，如墨西哥卷饼（burritos）、烤干酪玉米片（nachos）、手撕猪肉传统三明治（pulled pork po' boys）、什锦菜肴（jambalaya）、炸鸡和青柠派（key lime pie）。价格便宜，氛围友好，还提供精酿啤酒，店内阳光灿烂。

Great India 印度菜 $$

(☎04-384 5755; www.greatindia.co.nz; 141 Manners St; 主菜 $17~29; ⊙正午至14:00和17:00~21:00; ✎)这可不是一家随随便便的咖喱屋。尽管比竞争对手略贵一点儿，但这家店凭借口味出众的高品质特色菜一直保持着良好的口碑。超辣的咖喱鸡会辣到使你的卷发变直。

Ombra 意大利菜 $$

(☎04-385 3229; www.ombra.co.nz; 199 Cuba St; 菜肴 $6~19; ⊙10:00~23:00; ✎)这个时尚的小酒馆(bacaro)供应让人馋得流口水的cicheti(威尼斯小吃)，氛围温馨，效率很高。欣赏这里符合潮流的仿旧风格的内部装潢，啜饮几口开胃酒，然后分享可口的小食，比如煎鱼(fritto miso)、肉丸、小比萨(pizzette)和团子。用经典小吃——比如华丽的提拉米苏或蜂蜜无花果意式奶冻(panna cotta)结束一餐。

Regal 中国菜 $$

(☎04-384 6656; www.facebook.com/regal.restaurant; Level 1, 7 Courtenay Pl; 主菜 $16~31; ⊙11:00~14:30和17:30~22:30; ✎)Courtenay Pl周围中餐馆林立，每到周末都食客云集，他们都是来享用深夜拼盘和周末早茶的。Regal以它的速度、大分量和高质量的菜品以及富丽的内部设计而闻名——就是你所期待的中餐厅的样子——鲜美的蒸虾饺、叉烧包和四川麻辣豆腐广受好评。建议预订。

Scopa 意大利菜 $$

(☎04-384 6020; www.scopa.co.nz; Cuba St和Ghuznee St交叉路口; 比萨 $15~25, 主菜 $20~31; ⊙8:00至深夜; ✎)正宗的比萨、意大利面和意大利汤团让在这间现代化的餐厅就餐成为一段愉悦的时光。那种 "bianche"(白)比萨令人耳目一新，而 "pizzaiolo"(本周最佳比萨)同样让人刮目相看。周一晚上有肉丸，工作日午间有意大利面特色菜($12)。Peroni啤酒打开龙头就来。

Aunty Mena's 素食 $$

(☎04-382 8288; 167 Cuba St; 餐 $12~19; ⊙周一至周六 正午至21:00; ✎)这家讨人喜欢的面条店提供美味的马来西亚、中国素食和严格素食(包括绝赞的饺子)，店内简单干净，灯光明亮。

★ **Whitebait** 海鲜 $$$

(☎04-385 8555; www.white-bait.nz; 1 Clyde Quay Wharf; 主菜 $38; ⊙全年 17:30至深夜, 11月至次年3月 周三至周五 正午至15:00)中性的配色和纱帘为这家顶级海鲜餐厅营造了一种高档的氛围。所有的鱼类都是用可持续方法捕捞的，以娴熟的技艺烹饪，当代风格的菜单上也有大量高质量的非鱼类菜肴。早来的人(18:30前落座)还可以用"法式小馆"超值菜单($55包括一份牡蛎、前菜、主菜和小蛋糕)点菜。

★ **Logan Brown** 当代风格 $$$

(☎04-801 5114; www.loganbrown.co.nz; 192 Cuba St; 主菜 $39~45; ⊙周三至周六 正午至14:00和周二至周日 17:00至深夜; 📶)🍃餐厅名列惠灵顿最佳餐厅名单，确实是实至名归，散发着一种古典的氛围，但又不会过分正式。20世纪20年代银行房间风格的餐室是新古典主义风格的完美体现——新派新西兰菜要根据食材而定。3道菜法式小馆套餐($45)不会让你钱包大出血(不过史诗级的葡萄酒清单可能会让你损失一笔)。午餐还有超值的$25的主食加葡萄酒套餐。

Charley Noble 地中海菜 $$$

(☎04-282 0205; www.charleynoble.co.nz; 1 Post Office Sq; 主菜 $26~52; ⊙周一至周五 7:00至深夜, 周六和周日 17:00至深夜)下班人群过来后，这里可能会稍微有些喧闹，内部像洞穴，占据着一座修复过的Huddart Parker华丽建筑。单人就餐者可以在开放式大厨房边找个位置，以便能在前排观看菜肴制作过程。亮点包括生吃牡蛎和木柴烤肉。

Ortega Fish Shack 海鲜 $$$

(☎04-382 9559; www.ortega.co.nz; 16 Marjoribanks St, Mt Victoria; 主菜 $34~39; ⊙周二至周六 17:30至深夜)鳟鱼装饰、肖像画、海蓝色的墙壁和埃及风格的地砖打造出了一幅多姿多彩的地中海场景，是享用海鲜晚餐的梦幻场所。烹鱼手法五花八门(包括漂亮的生鱼片)，甜点持续散发着地中海风情，有加泰罗尼亚香橙可丽饼和惠灵顿首屈一指的美味

奶酪拼盘(cheese boards)。

饮品和夜生活

惠灵顿人喜爱深夜，城内挤满了酒吧，大多聚集在喧嚣的Courtenay Pl、放浪不羁的Cuba St和海滨。创意现场音乐使夜生活喧闹活跃，当然少不了新西兰葡萄酒和甚至更美味的精酿啤酒。可登录www.craftbeercapital.com查看啤酒宣传。活动列表参见www.undertheradar.co.nz和www.eventfinder.co.nz。

★ Dirty Little Secret 屋顶酒吧

(☎021 0824 0298; www.dirtylittlesecret.co.nz; Level 8, 7-8 Dixon St; ⊙周一至周四 16:00至深夜，周五至周日 正午至午夜；📶)虽然严格来说并不是秘密(温和的夜晚人满为患)，但这家位于古老Hope Gibbons Ltd之上的时髦酒吧很难抵达，入口在Taranaki St上，在Jack Hackett's Irish Pub旁边，毫无特色。有精酿啤酒、混合鸡尾酒、喧嚣的独立音乐和塑料挡雨棚。

★ Golding's Free Dive 精酿啤酒

(☎04-381 3616; www.goldingsfreedive.co.nz; 14 Leeds St; ⊙正午至23:00; 📶)这家装饰异常华丽的店面位置隐蔽，位于Cuba St附近一条繁忙的小巷里。这个精致小巧的精酿啤酒吧可圈可点，我们要特别指出，这里有赌场里用过的旋转座椅、非常好的葡萄酒单、令人陶醉的鲁宾三明治，外加隔壁店**Pomodoro**(☎04-381 2929; www.pizzapomodoro.co.nz; 13 Leeds St; 比萨 $16~26; ⊙周三至周五 正午至14:00和每天 17:00~21:00; 🖉)制作的比萨。空气中萦绕着蓝调、Zappa和Bowie的音乐。

★ Hawthorn Lounge 鸡尾酒吧

(☎04-890 3724; www.hawthornlounge.co.nz; Level 1, 82 Tory St; ⊙15:00至次日3:00)这家漂亮的鸡尾酒吧有种20世纪20年代的地下酒吧感觉，侍应身穿马甲，戴宽边软呢帽。你可以在这里品酒，玩扑克，或者干脆坐在吧台外面感受戏剧演出一般的氛围——这里认真的调酒师将经典变换成为现代杰作。营业到次日凌晨。

★ Library 酒吧

(☎04-382 8593; www.thelibrary.co.nz; Level 1, 53 Courtenay Pl; ⊙17:00至深夜)在书香满溢的“图书馆”酒吧里，你会发现自己来对地方了。这里有仿天鹅绒的卡座、桌游游戏，还有畅销鸡尾酒。丰富的酒单搭配可分享的美味甜品小吃，包括甜食和风味小吃。不定时安排现场音乐。

Garage Project Taproom 精酿啤酒

(☎04-802 5324; www.garageproject.co.nz; 91 Aro St, Aro Valley; ⊙周二至周四15:00~22:00，周五至周日 正午至22:00)实际上是一家精酿啤酒厂，位于从前的一座加油站，就在公路(68 Aro St)旁边，按升提供精酿啤酒，像是加油泵供油一样。如果不想喝这么多，可以去画满涂鸦的狭窄酒吧。点一个品尝套餐，或者碰碰运气试试Pernicious Weed或Venusian Pale Ale。

Motel 鸡尾酒吧

(☎04-384 9084; www.motelbar.co.nz; Forresters Lane; ⊙周一至周六 17:00至深夜)这家酒吧位于背街小巷，有复古的霓虹招牌，看着暗淡无光的阶梯营造出一种20世纪70年代的纽约无精打采的样子，里面却是一家放浪不羁、灯光朦胧的酒吧，酒保会调配水果鸡尾酒，背景是一幅巨大的蛤蜊，还有波利尼西亚风格的雕塑和菠萝灯。奇特好玩，是悄悄约会的好去处。

Fortune Favours 精酿啤酒

(☎04-595 4092; www.fortunefavours.beer; 7 Leeds St; ⊙11:00~23:00)这家大胆漂亮的酒吧位于古老仓库的屋顶，啤酒都是在楼下闪亮的大桶中酿造的。除了自己调配的几种酒之外，还有精酿啤酒、葡萄酒和鸡尾酒。

S&M's 同性恋

(☎04-802 5335; www.scottyandmals.co.nz; 176 Cuba St)别激动，这家高档酒吧中没有任何恋物癖和SM的内容，除非你迷恋的刚好是深色木头、枝形吊灯和美味鸡尾酒。是安静小酌的好地方，别指望这里会有喧嚣的人群。

Counterculture
酒吧

(☎04-891 2345; www.counterculture.co.nz; 211 Victoria St; 无限游戏 $5; ⊙周一至周五正午至22:00，周六和周日 10:00~22:00; 📶👪) 谁不偷偷地爱着棋盘游戏呢？如果你坚持的话，也可以摆出讽刺的姿态，不过在这里你可以当众释放你内在的游戏之魂。这里有将近400种游戏可选，员工会告诉你规则，精酿啤酒和鸡尾酒会弥补你竞赛时流的汗水。

Fork & Brewer
精酿啤酒

(☎04-472 0033; www.forkandbrewer.co.nz; 20a Bond St; ⊙周一至周六 11:30至深夜) 旨在提升“凌晨2点烤肉”的体验，提供出色的汉堡、比萨、派、共享拼盘和肉类主食，搭配精酿啤酒（有几十种——强烈推荐Low Blow IPA）。对了，还可以选择黑啤甜甜圈作为甜点！

Laundry
酒吧

(☎04-384 4280; www.laundry.net.nz; 240 Cuba St; ⊙16:00至次日2:00) 你可以在白天或夜晚的任何时间走进这家旧货商店酒吧，要一杯烈酒和一份墨西哥卷饼。定期的音乐会和DJ、南部风味的酒吧食物和缤纷多彩、用粗刷子涂抹的夸张装饰，助长了这里的狂欢气氛。后院里停着一辆大篷车。

Little Beer Quarter
精酿啤酒

(☎04-803 3304; www.littlebeerquarter.co.nz; 6 Edward St; ⊙周日和周一 15:30至深夜，周二至周六 正午至深夜) 这家可爱的酒吧隐蔽在一条街后的小巷里。这里氛围温暖、热情，处处显得柔软可亲，有很好的桶装和各种瓶装啤酒，足以吸引酒鬼纷至沓来，畅饮一番。这里还有不错的鸡尾酒、葡萄酒和威士忌，吧台小食美味可口。周一晚上可以花$20享用比萨和一品脱酒。

Rogue & Vagabond
精酿啤酒

(☎04-381 2321; www.rogueandvagabond.co.nz; 18 Garrett St; ⊙11:00至深夜) 这是一家凌乱可爱、缤纷多彩、变幻多姿的精酿啤酒吧，位于Cuba St中心位置，面朝一个精致的小公园。这里有许多亮点：18种桶装啤酒，包括两个手动啤酒泵，硬饼底的大份比萨、汉堡、夹肉三明治、酒类奶昔和定期的摇滚乐演出更添魅力。你可以在露台上细品，或是懒散地在草坪上喝一杯。

Havana
酒吧

(☎04-384 7039; www.havanabar.co.nz; 32a-34 Wigan St; 主菜 $25~28; ⊙11:30至深夜) 去找找Havana，它如同一根珍贵的针，插在惠灵顿的海量酒吧中。这家酒吧隐藏在一条小街里，由两栋共享迷人后院的老木屋组成。在这儿，你可以吃点西班牙小吃、喝点酒，然后闲聊、抽雪茄、欢宴，又或者三样都做，晚餐是犒赏。

Hashigo Zake
精酿啤酒

(☎04-384 7300; www.hashigozake.co.nz; 25 Taranaki St; ⊙正午至深夜; 📶) 这家用砖建成的地堡是一家充满激情的啤酒进口公司的大本营，将各种受欢迎的国际精酿融入精心选择的新西兰品牌中。围着吧台挤挤挨挨、摇头晃脑，注视着经常更换的啤酒桶和装得满满的小冰箱，现场音乐之夜可以挤进旁边可爱的小休息室。

Southern Cross
小酒馆

(☎04-384 9085; www.thecross.co.nz; 39 Abel Smith St; ⊙8:00至深夜; 👪) 这家有趣、气氛轻松的小酒馆欢迎所有人的到来——从吵闹的5岁孩子到做针线活的老奶奶。这里有一系列色彩鲜艳的房间，结合了一家热闹的酒吧、舞池、台球桌以及镇里最好的花园酒吧。这里有不错的桶装啤酒、适合各种预算的食物和定期举办的活动，比如演出、问答之夜、卡拉OK、咖啡小组等。

Matterhorn
酒吧

(☎04-384 3359; www.matterhorn.co.nz; 106b Cuba St; ⊙周一至周五 15:00至深夜，周六和周日 10:00至深夜) 建于1963年，最早是一家瑞士咖啡馆，提供颇受赞誉的食物（西班牙小吃、晚餐）、优质的服务和定期现场音乐。内部依然保留了性感独特的风格，葡萄酒单和你的腿一样长——始终是Cuba Mall最佳饮酒场所。

Ivy
男女同性恋

(☎04-282 1580; www.ivybar.co.nz; 63 Cuba St; ⊙周二至周六 19:00至深夜) 走下楼梯

就到了惠灵顿的酷儿世界。这里吸引了各种年轻人，卡拉OK之夜有许多年轻的女同性恋抱着话筒演唱。

☆ 娱乐

惠灵顿的戏剧演出很多，也有一些来自大型国有公司，比如Royal NZ Ballet和NZ Symphony Orchestra。大多数演出的票都可以通过Ticketek（www.ticketek.co.nz）、Ticketmaster（www.ticketmaster.co.nz）和TicketDirect（www.ticketdirect.co.nz）购买。在惠灵顿信息中心（见439页）经常可以买到一些当天演出的折扣票。

电影放映时间表可以在每日发行的《新西兰邮报》（*Dominion Post*）和www.flicks.co.nz上找到。这里也有一些出色的独立电影院，还有常见的主流综合影院。

★ Embassy Theatre　电影院

（☎04-384 7657；www.embassytheatre.co.nz；10 Kent Tce；⊙10:00至深夜）这座装饰艺术影院堪称"惠莱坞"（Wellywood）电影院的航母，建于20世纪20年代，如今主要放映主流影片，有最高水准的声音和视觉效果。一定要去后面迷人的Black Sparrow鸡尾酒吧看看。

Light House Cinema　电影院

（☎04-385-3337；www.lighthousecuba.co.nz；29 Wigan St；成人/儿童 $18/13；📶）这家时髦、现代的小电影院藏在Cuba St高处的尽头附近，有3个影厅，放映各种主流影片、艺术片和外国电影。有高品质小吃。周二票价为$11.50。

San Fran　现场音乐

（☎04-801 6797；www.sanfran.co.nz；171 Cuba St；⊙周二至周六 15:00至深夜）这个很受喜欢的中型音乐演出场所正在进军新的领域，引进了流行的精酿啤酒和烧烤肉食。但音乐演出依然占据主流地位，舞池是不可或缺的，你也可以跟以前一样，在阳台上享受午后的阳光。

Michael Fowler Centre　音乐厅

（☎04-801 4231；www.venueswellington.com；111 Wakefield St）城市主要音乐厅，定期有NZ Symphony Orchestra（www.nzso.co.nz）、Orchestra Wellington（www.orchestrawellington.co.nz）、各路流行明星和当代音乐家的演出。入口附近的惠灵顿信息中心（见439页）也是Ticketek和Ticketmaster售票处。

St James Theatre　剧场

（☎04-801 4231；www.venueswellington.com；77 Courtenay Pl）这座宏伟的古老遗产剧院经常上演名作，比如Royal NZ Ballet（www.rnzb.org.nz）和NZ Opera（www.nzopera.com）的作品，也有较少见的摇滚和喜剧演出。

Circa Theatre　剧院

（☎04-801 7992；www.circa.co.nz；1 Taranaki St）迷人的Circa位于海滨，有两个大厅，上演各种演出，从前沿新品到圣诞舞剧，应有尽有。表演开始前1小时还会出售余票。

Meow　现场音乐

（☎04-385 8883；www.welovemeow.co.nz；9 Edward St；⊙周二至周五 16:30至深夜，周六18:00至深夜）这家酒吧特别酷，主办各式各样的音乐会和其他演出：乡村、拉格泰姆、DJ、声学摇滚、爵士、诗歌……同时全天供应高品质、价格不贵的食物。混杂的复古装饰，有精酿啤酒。

BATS　剧院

（☎04-802 4175；www.bats.co.nz；1 Kent Tce）疯狂另类但不难理解的BATS在刚刚重新装修过的剧院里向观众呈现前沿又富实验性的新西兰戏剧——选择多样，价格便宜，环境亲切。

🔒 购物

惠灵顿有数目众多的独立品牌商铺，包括几十家设计师和精品服装店。在新西兰仍有非常多的本地制造产品，一些零售店也自豪地打出本地出产的旗号——尽管进口货和网购更便宜。

★ Unity Books　书店

（☎04-499 4245；www.unitybooks.co.nz；57 Willis St；⊙周一至周六 9:00~18:00，周日

11:00~17:00）新西兰书店业的标杆。新西兰专区的书籍堆得超级高。

Underground Market 市场

（www.undergroundmarket.co.nz；Frank Kitts Park下面，Jervois Quay；⊙周六 10:00~16:00）周六上午（有时周日也有），Frank Kitts Park下面的停车场会摆满货摊，出售有趣的工艺品、艺术礼品、新兴设计师设计的服饰、小吃——当然不可避免也有此类场合必不可少的捕梦网和扎染商品。

Bello 礼品和纪念品

（☎04-385 0058；www.bello.co.nz；140 Willis St；⊙周一至周五 10:00~18:00，周六和周日 至16:00）一家可爱的小精品店，里面出售各种华丽的玩意——还有迷人的店员，他们会帮你介绍设计师制作的玻璃器、精致的香水、碎花围巾和豪华的家居用品。

欢迎来到"惠莱坞"

作为活跃的新西兰电影产业所在地，惠灵顿近年来蜚声海内外，在世界电影版图占据了一席之地，赢得了"惠莱坞"（Wellywood）的美名。备受称赞的导演彼得·杰克逊（Peter Jackson）爵士仍以惠灵顿为家乡。成名电影《指环王》（*The Lord of the Rings*）以及随后的《金刚》（*King Kong*）、《丁丁历险记》（*The Adventures of Tintin*）和《霍比特人》（*The Hobbit*）使他成为一位好莱坞实力派导演，也为惠灵顿赢得了声誉。

加拿大导演詹姆斯·卡梅隆（James Cameron）目前也在努力制作电影，《阿凡达》（*Avatar*）系列的4部电影都已在新西兰开始拍摄，第一部计划于2020年上映。卡梅隆和他的家人都是新西兰居民，在怀拉拉帕乡村拥有土地。这一点他们与杰克逊一样，杰克逊在那里也有一片土地。

想要体验当地的电影魔力，电影爱好者可以参观迷你博物馆维塔之家（Weta Cave，见417页）或游览当地其他影视拍摄地——这可是当地旅行社擅长的旅游项目。

Slow Boat Records 音乐

（☎04-385 1330；www.slowboatrecords.co.nz；183 Cuba St；⊙周六至周四 9:30~17:30，周五 至19:30）乡村、民谣、流行、独立、金属、灵魂、摇滚、夏威夷鼻笛音乐——这里全部都有，是惠灵顿历史最悠久的音乐商店，也是Cuba St的主要商店。

Moore Wilson's 食物和饮品

（☎04-384 9906；www.moorewilsons.co.nz；93 Tory St；⊙7:30~19:00）像是对自炊游客的一声号召：这家诱人的杂货店是新西兰最致力于支持独立生产商和艺术产品的店铺之一。如果想吃到惠灵顿和新西兰最好的食物，这里就是你的目的地。可以上楼淘些干货、葡萄酒、啤酒和厨房用品。

Mandatory 服装

（☎04-384 6107；www.mandatory.co.nz；108 Cuba Mall；⊙周一至周五 10:00~18:00，周六 至16:30，周日 正午至16:00）提供一流服务，还有为惠灵顿时尚潮男提供的男装裁剪服务。

Harbourside Market 市场

（☎04-495 7895；www.harboursidemarket.co.nz；Cable St和Barnett St交叉路口；⊙周日 7:30~13:00）每个周日大约都有25,000个当地人来到这家市场。为什么？好吧，这里景色优美，就在蒂帕帕旁边，而且可以找到几乎所有的东西，包括树莓酱、用传承了好几代的种子种的胡萝卜、肉桂卷等。这里还有许多熟食可以买来当午餐。

Old Bank 购物中心

（☎04-922 0600；www.oldbank.co.nz；233-237 Lambton Quay；⊙周一至周五 9:00~18:00，周六和周日 11:00~15:00）这家可爱的古老建筑位于一片楔形地带，有一条豪华高端的拱廊商店街，主要出售的是珠宝和精品。可以看看绝妙的瓷砖地板和科林斯石柱。

Kura 艺术

（☎04-802 4934；www.kuragallery.co.nz；19 Allen St；⊙周一至周五 10:00~18:00，周六和周日 11:00~16:00）当代新西兰和毛利艺术品：绘画、陶瓷、珠宝和雕塑。这是一家出色的美术馆，就算不买也可以来看看。

惠灵顿夜市 市场

(Wellington Night Market; ☎022 074 2550; www.wellingtonnightmarket.co.nz; Left Bank, Cuba Mall; ⊙周五和周六17:00~23:00)Cuba St上夜生活很热闹，有各国风味的各种食物，街头艺人的演出让你眼花缭乱。周六市场会往后移一条街，延伸到Manners St的街角。

Hunters & Collectors 服饰

(☎04-384 8948; www.facebook.com/huntersandcollectorswellington; 134 Cuba St; ⊙周一至周六 10:30~18:00)除了新西兰最美的橱窗外，这里还出售下架时装及二手服装(朋克、滑板风、西方和现代风格)，还有鞋和配件。它的装饰橱窗是新西兰最美的。

Vault 礼品和纪念品

(☎04-471 1404; www.thevaultnz.com; 2 Plimmer Steps; ⊙周一至周四 9:30~17:30，周五 9:30~19:00，周六和周日11:00~16:30)精致的首饰、服装、包袋、陶瓷以及化妆品——一家可爱的商店，有许多美丽的新西兰制造的产品。

David Jones 百货商场

(☎04-912 0700; www.davidjones.com.au; 165-177 Lambton Quay; ⊙周六至周四 9:00~18:00，周五 至20:00)这家百货公司建于1863年，直到2016年这里都还属于Kirkcaldie & Stains，就是新西兰版本的哈罗德百货(Harrods)。现在这里是澳大利亚潮牌的前哨。携带旅行证件可购买免税商品。

ℹ 实用信息

急救和重要电话

救护车、火警和警察	☎111
Lifeline Aotearoa	☎0800 543 354
性虐待帮助基金会(Sexual Abuse Help Foundation)	☎04-801 6655
惠灵顿中央警察局	☎04-381 2000

上网

市中心(CBD; www.cbdfree.co.nz)大部分地方都有免费Wi-Fi。

医疗服务

惠灵顿意外和紧急医疗中心(Wellington Accident & Urgent Medical Centre; ☎04-384 4944; www.wamc.co.nz; 17 Adelaide Rd, Mt Cook; ⊙8:00~23:00)无须预约，还有非工作时间营业的药店。

惠灵顿地区医院(Wellington Regional Hospital; ☎04-385 5999; www.ccdhb.org.nz; Riddiford St, Newtown; ⊙24小时)有一个24小时的急救部，位于市中心以南1公里处。

UFS药店(☎04-384 9499; www.ufs.co.nz; 45 Courtenay Pl; ⊙周一至周五 8:00~18:00，周六 10:00~14:00)位于市中心，位置方便的药店。

邮局

邮局(Post Office; ☎0800 081 190; www.nzpost.co.nz; ; 2 Manners St; ⊙周一至周五 9:00~17:30，周六 至15:00; 📶)

旅游信息

环保部惠灵顿游客中心(DOC Wellington Visitor Centre; ☎04-384 7770; www.doc.govt.nz; 18 Manners St; ⊙周一至周五 9:30~17:00，周六 10:00~15:30)为旅行者提供当地及全国步道游览[包括新西兰十大徒步路线(Great Walks)]、公园、木屋和露营地的地图、许可证办理或信息咨询服务。

惠灵顿信息中心(Wellington i-SITE; ☎04-802 4860; www.wellingtonnz.com; 111 Wakefield St; ⊙8:30~17:00; 📶)地震后，这家信息中心从旧址搬到了位于Michael Fowler Centre的旧预订办公室。不出意外的话，近期应该都会设在这里，不过可登录网站查看最新情况。工作人员几乎可以提供所有预订服务，愉快地分发《惠灵顿官方旅游指南》(*Official Visitor Guide*)，还有地图和实用的小册子。中心内有互联网和咖啡厅。

ℹ 到达和离开

飞机

惠灵顿是新西兰的国际交通枢纽。**惠灵顿机场**(Wellington Airport, WLG; ☎04-385 5100; www.wellingtonairport.co.nz; Stewart Duff Dr, Rongotai)有一般机场都有的设备：信息亭、货币兑换处、自动柜员机、汽车租赁柜台、商店、意式浓缩咖啡……转机或者搭乘早班飞机的旅客需要注意，这里不准在机场候机厅过夜。

国内航班包括：

新西兰航空(Air New Zealand; ☎0800 737 000; www.airnewzealand.co.nz)往返奥克兰、哈密尔

顿、陶朗加、罗托鲁阿、吉斯伯恩、新普利茅斯、北帕默斯顿、卡皮蒂海岸、纳尔逊、布莱尼姆、基督城、蒂马鲁、皇后镇、达尼丁和因弗卡吉尔。

Golden Bay Air(www.goldenbayair.co.nz)去塔卡卡。

捷星航空(Jetstar; www.jetstar.com)运营惠灵顿往返奥克兰、纳尔逊、基督城和达尼丁的航班。

Sounds Air(☎0800 505 005; www.soundsair.com)运营惠灵顿往返陶波、布莱尼姆、皮克顿、纳尔逊和韦斯特波特的航班。

船

天气晴朗的日子里，乘船驶入惠灵顿港(Wellington Harbour)或穿越莫尔伯勒峡湾(Marlborough Sounds)的皮克顿会给人一种神奇的感觉。库克海峡(Cook Strait)虽然有时波涛汹涌，但是大型渡轮能从容应对，船上还有休息厅、咖啡馆、酒吧、信息台以及电影院。

汽车租赁公司允许你在渡轮码头取车或交车。如果在非营业时间抵达，他们会安排你从码头停车场取车。

有两个渡轮公司可选：

Bluebridge Ferries(☎04-471 6188; www.bluebridge.co.nz; 50 Waterloo Quay; 成人/儿童/小汽车/露营车/摩托车 $53/27/120/155/51起; 📶)每天1班往返惠灵顿和皮克顿(3.5小时)。

Interislander(☎04-498 3302; www.interislander.co.nz; Aotea Quay; 成人/儿童/小汽车/露营车/摩托车 $56/28/149/181/84起)每天5班往返惠灵顿和皮克顿，需要3.25~3.5小时。免费的接驳公交车从惠灵顿火车站的9号站台出发，开往Aotea码头，出发时间为白天启程船次出发前50分钟，以及每班船靠岸后20分钟。

长途汽车

惠灵顿是北岛主要的长途汽车交通枢纽。

InterCity(☎04-385 0520; www.intercity.co.nz)长途汽车从火车站的第9站台发车。目的地包括奥克兰($28, 11.25小时, 每天3班)、罗托鲁阿($26起, 7.5小时, 每天3班)、陶波($26起, 6小时, 每天4班)、内皮尔($19起, 5.25小时, 每天2班)和北帕默斯顿($15起, 2.25小时, 每天6班)。

Mana Bus(☎09-367 9140; www.manabus.com)从火车站对面的Bunny St出发。每天有2班车前往奥克兰($25起, 11.5小时)、哈密尔顿($30起, 9小时)、罗托鲁阿($25起, 7.25小时)、陶波($23起, 6.25小时)和北帕默斯顿($15起, 2小时)，有1班是过夜车，卧铺需要多加钱。

火车

Metlink(☎0800 801 700; www.metlink.org.nz)的通勤列车最远可前往派卡卡里基($10.50, 46分钟, 每30分钟1班)、帕拉帕拉乌姆($12, 55分钟, 每30分钟1班)、怀卡奈($13, 1小时, 每30分钟1班)和马斯特顿($18, 1.75小时, 工作日6班, 周末2班)。

Northern Explorer(www.greatjourneysofnz.co.nz)每周有3班列车往返北帕默斯顿($59起, 2小时)、奥阿库尼($79起, 5小时)，国家公园村($79起, 5.25小时)、哈密尔顿($139起, 8.5小时)和奥克兰($139起, 11小时)。

Capital Connection 工作日每天上午有1班车从北帕默斯顿($35, 2小时)、怀卡奈($15, 55分钟)和帕拉帕拉乌姆($10, 48分钟)开往惠灵顿，晚上返回。

ℹ 当地交通

Metlink 为惠灵顿地区的公共汽车、火车和港口渡轮的交通网络提供一站式服务，网站上有一个便利的旅途规划器。可以现金购票，也可以使用**Snapper**(www.snapper.co.nz)，这是一种综合性预付费智能卡。刷Snapper更便宜(一个区域为$1.66，现金为$2)，不过卡本身需要$10的工本费，所以短途乘坐可能不太划算。

抵离机场

惠灵顿机场在城市东南6公里处。**Wellington Combined Shuttles**(☎04-387 8787; www.co-opshuttles.co.nz; 1/2/3位乘客 $20/26/32)提供往返市中心和机场的点对点小公共汽车服务(15分钟)。2人或2人以上前往同一目的地的话，价钱会便宜很多。这些班车与抵达航班时刻表相匹配。

Airport Flyer(☎0800 801 700; www.airportflyer.co.nz; 付现金到城里 $9; 📶)的巴士往返于机场、惠灵顿火车站和Lower Hutt之间，每20分钟1班(高峰期每10分钟1班)，运行时间为7:00~21:00。

坐出租车从市中心到机场大约需要15分钟，价格为$30。

自行车

如果你很健壮或者想保持身材，骑自行车是

一个可行的选择。如果想更轻松地在山地骑行，可考虑电动自行车。Switched On Bikes（见423页）和On Yer Bike（见425页）提供电动自行车出租，Ferg's Kayaks（见425页）没有电动自行车，只有脚踩的普通车。

公交车

班次频繁又高效的**Metlink**公共汽车服务覆盖了整个惠灵顿地区，一般会在6:00~23:30提供运营服务。主要**汽车总站**（Lambton Quay）设在惠灵顿火车站和Cambridge Tce路口附近的Courtenay Pl。你可以在**惠灵顿信息中心**（见439页）和便利店，或者从Metlink的网站上获得线路地图和时间表。

Metlink还提供**夜行**（After Midnight）公交车服务，在周六和周日1:00~4:30，从两个市中心车站（Courtenay Pl和Manners St）始发。路线众多，到达城郊各个区。大多数旅途的价格都是$6.5。

小汽车

惠灵顿有很多单行道，白天停车位非常紧缺（并且昂贵）。如果你自驾小汽车或是房车，最好是把车停在市郊然后步行或搭乘公共交通进入市中心。市中心东南3公里的Evans Bay码头允许设备齐全的露营车自由露营。

除了几家主要的国际汽车租赁公司，惠灵顿还有好几家经济型运营商：

Apex Car Rental（☎04-385 2163；www.apexrentals.co.nz；186 Victoria St；⏰8:00~17:00）、**Jucy Rentals**（☎0800 399 736；www.jucy.co.nz；13 Jean Batten St，Rongotai；⏰8:00~18:00）和**Omega Rental Cars**（☎04-472 8465；www.omegarentalcars.com；77 Hutt Rd；⏰8:00~17:00）。大多数机构在机场和市中心都有办公室。如果你打算探索北岛和南岛，大部分租车公司都会建议你把车留在惠灵顿，然后横渡库克海峡之后，在皮克顿另取一辆车。这是惯常的做法（也更实惠），也能减轻汽车租赁公司的负担。

从惠灵顿出发到奥克兰还车更加实惠，因为大部分租车者的旅程是往相反的方向。不过你可能必须在24小时或48小时内完成这趟旅程。

出租车

在Courtenay Pl、Dixon St和Victoria St交叉路口、Featherston St和火车站门口都设有出租车候客点，但排队的人很多。主要出租车运营商包括：**Green Cabs**（☎0800 464 7336；www.greencabs.co.nz）和**Wellington Combined Taxis**（☎04-384 4444；www.taxis.co.nz）。城里还有其他许多优步司机。

火车

Metlink（见440页）经营5条贯穿惠灵顿各郊区到地区各地点的火车线路，从惠灵顿火车站始发的列车自6:00运营至23:00，车次频繁。线路有：

途经Ngaio和Khandallah到达**约翰逊维尔**（Johnsonville）；途经波里鲁阿（Porirua）、普利莫顿（Plimmerton）、派卡卡里基（Paekakariki）和帕拉帕拉乌姆（Paraparaumu）到达**卡皮蒂**；途经佩图尼到达**麦领**（Melling）；从**哈特谷**途经滑铁卢至上哈特；还有一条前往**怀拉拉帕**的线路，经停费瑟斯顿（Featherston）、卡特顿（Carterton）和马斯特顿（Masterton）。

在便利店、火车站、惠灵顿信息中心（见439页）和网站都可以拿到时刻表。价格按区域分类，Metlink网站上有个方便的计算器。一天漫游票（A Day Rover ticket，$14）允许乘客在非高峰时段和周末无限制乘坐除怀拉拉帕线之外的所有线路的火车。

卡皮蒂海岸（KAPITI COAST）

卡皮蒂海岸广阔的海滩上散落着浮木和浮石，游人稀少，已成为惠灵顿人的夏季游乐场和惠灵顿郊区的一部分。该地区因卡皮蒂岛（Kapiti Island）而得名，这个小岛是个距帕拉帕拉乌姆（Paraparaumu）5公里远的野生动物保护区。

起伏多山的塔拉鲁阿森林公园（Tararua Forest Park）沿着海岸线形成一道壮观秀丽的风景线，还有一些难度较低的适合在白天游玩的步道和一些花费时间更多的徒步小路。

从惠灵顿出发，可以到卡皮蒂海岸来个轻松一日游，但如果你想好好放松几天，这里也有足够多的乐趣让你沉浸其中。

ℹ 实用信息

这里的官方游客信息中心是帕拉帕拉乌姆信息中心（Paraparaumu i-Site，见444页），位于缺乏吸引力的Coastlands（www.coastlands.co.nz）购物区内，在这里你可以找到各种实用便利的服务设施，比如银行、自动柜员机、邮局和超市等。

值得一游

卡皮蒂岛（KAPITI I SLAND）

卡皮蒂岛是这条海岸线上最主要的景观，长10公里、宽2公里，1897年起被列为保护区。自1998年起，这里大致成了无天敌区域（20世纪80年代，这里铲除了22,500只负鼠），现在是种类繁多、数量可观的鸟类家园，其中许多种类在大陆非常罕见，甚至已经灭绝。

想来这座岛上参观，必须同两家特许运营商中的一家提前联系安排。

团队游

卡皮蒂岛对一日徒步游客开放（这里有一些很好的步道），在朗加迪拉（Rangatira）每天限100位游客上岛参观，从那里可以徒步登上521米高的制高点Tuteremoana。在北端限60位游客进入，这里有一条短而轻松的步道，通往几处观景点并绕着一个潟湖而行。

家族经营的**Kapiti Island Nature Tours**（☎021 126 7525，06-362 6606；www.kapitiislandnaturetours.co.nz；出发点 Kapiti Boating Club，Marine Pde；仅交通 $80）经营的一日团队游（$180，包括船和午餐）可观察岛上的鸟类（种类和数量都令人难以置信）、海豹栖居地、历史和毛利传统。过夜住宿（$384，包括船、餐和住宿）包括一次天黑后的丛林徒步，观察罕见的奇异鸟。**Kapiti Explorer**（☎027 655 4739；www.kapitiexplorer.nz；出发点Kapiti Boating Club，Marine Pde；成人/儿童 往返 $75/40起；⊙9月至次年5月）往返卡皮蒂岛，导览徒步游加$12，价格包括环保部的登陆许可。

实用信息

卡皮蒂岛更多信息可查询环保部发行的《卡皮蒂岛自然保护区》（*Kapiti Island Nature Reserve*）小册子（可登录www.doc.govt.nz下载），或者亲自前往环保部惠灵顿游客中心（见439页）咨询。

ℹ 到达和当地交通

到卡皮蒂海岸很方便，从惠灵顿驾车过来只有很短一段路，与奥克兰和惠灵顿都有便利的公交车和火车连接，帕拉帕拉乌姆有一座机场。

飞机

卡皮蒂海岸机场（Kapiti Coast Airport；☎04-298 1013；www.kapiticoastairport.co.nz；60 Toru Rd，Paraparaumu Beach）位于帕拉帕拉乌姆中心。**Sounds Air**（见440页）和**Air2there**（☎0800 777 000；www.air2there.com）航空公司有航班从这里飞往布莱尼姆和纳尔逊。

公共汽车

InterCity（见440页）运营的汽车在卡皮蒂海岸的主要小镇停靠。目的地包括惠灵顿、内皮尔、新普利茅斯、陶波和奥克兰。

Metlink（见440页）在帕拉帕拉乌姆和怀卡奈周边运营当地长途汽车服务，从火车站前往海滩尤其方便。

小汽车和摩托车

从惠灵顿开车来此很轻松，沿着SH1行驶，到达派卡卡里基后，由Kapiti Expressway接管。注意，从前的卫星导航可能没有这条路线，是2017年开放的。

火车

往返惠灵顿和卡皮蒂海岸间的Metlink（见440页）通勤火车比公共汽车更方便，而且班次更频繁。运营路线是从惠灵顿到怀卡奈（一般来说5:00至午夜，每半小时1班），中途在派卡卡里基和帕拉帕拉乌姆停靠。

每周有3天，Northern Explorer（见440页）观光火车会在帕拉帕拉乌姆停靠，目的地是北帕默斯顿（$59起，1小时）、奥阿库尼（$79起，3.75小时）、国家公园（$79起，4.5小时）、哈密尔顿（$119起，7.25小时）和奥克兰（$119起，9.75小时）。

Capital Connection（见440页）的通勤车工作日上午从北帕默斯顿开往惠灵顿，晚上返回，中途停靠帕拉帕拉乌姆和怀卡奈。

派卡卡里基（Paekakariki）

☎04/人口 1670

从惠灵顿北上的途中，卡皮蒂海岸上第一个值得停靠的地方就是可爱的小镇派卡卡里基，这里位于首都以北41公里处，是黑沙海滩沿岸颇具艺术气息的海滨村庄，有火车相连。

景点

★伊丽莎白女王公园 公园

（Queen Elizabeth Park；☎04-292 8625；www.gw.govt.nz/qep；MacKay's Crossing，SH1；⏲大门 8:00至天黑）这个公园是海岸沿线硕果仅存的几处没怎么被人为改变的沙丘和湿地地区之一，整个海滨公园占地650公顷，适合游泳、徒步、骑自行车和野餐，还有**电车博物馆**（tram museum；☎04-292 8361；www.wellingtontrams.org.nz；MacKay's Crossing，SH1；捐赠入场；⏲周六和周日 11:00~16:00，1月 每天）和骑马机构。公园共有3个入口：一个在派卡卡里基的Wellington Rd附近，一个在SH1边的MacKay's Crossing上，还有一个在北面Raumati的Esplanade附近。

活动

Stables on the Park 骑马

（☎06-364 3336；www.stablesonthepark.co.nz；MacKay's Crossing，SH1；矮马/骑马 $25/60起；⏲夏天大部分日子都开放）曼迪（Mandy）及其伙伴们经营的骑马导览游，这里的马训练有素。1.5小时的骑马项目带你沿海滩骑行，纵览卡皮蒂岛美景，然后沿公园小径深入公园游览。非常欢迎初学者。需要打电话预约。

食宿

Paekakariki Holiday Park 度假公园 $

（☎04-292 8292；www.paekakarikiholidaypark.co.nz；180 Wellington Rd；场地 $18起，套间带/不带浴室 $95/70起；@📶）这是一个树木茂盛的大公园，设施虽然跟不上新西兰当代度假公园的潮流，但位置很好，大约在村北1.5公里外伊丽莎白女王公园的南入口处（适合徒步和骑行）。整齐的树篱是帐篷和大篷车位置的分界线，这里也提供大量的小木屋和游客平房。

Finn's 酒店 $$

（☎04-292 8081；www.finnshotel.co.nz；2 Beach Rd；房间 $145~165；📶）Finn's 位于一个靠近铁路的低调村庄里，拥有明亮的米黄色外观，虽然地理位置并不占优势，但这家酒店宽敞的客房，提供法式菜肴的餐饮区，咖啡区，还有桶装精酿啤酒和一个酒店内设的26座电影院，都足以补偿酒店位置上的瑕疵。双层玻璃阻隔了公路噪声。

Beach Road Deli 咖啡馆 $

（☎04-902 9029；www.beach-road-deli.com；5 Beach Rd；主菜 $11~17；⏲周二至周四、周六和周日 7:30~16:00，周五 至20:30；✎）小巧玲珑的熟食店和木炭烤比萨店，摆满奶酪、自制烤面包和糕点。对于公路旅行者、自备野餐者来说，这间咖啡馆堪称天赐之福。这里还供应一流的咖啡。

帕拉帕拉乌姆（Paraparaumu）

☎04/人口 25,600

繁忙的帕拉帕拉乌姆是卡皮蒂海岸的主要商业和居民聚集点。小镇有两个中心：一个是公路边的主城，聚集着许多毫无吸引力的购物商铺；另一个就是帕拉帕拉乌姆海滩，这里有海滨公园和步道，很棒的游泳浴场和卡皮蒂岛的绝美海景（岛上的船都从这里起航）。如果喜欢精酿啤酒或小汽车，那你来对地方了。

这个地名的正确发音是“Pah-ra-pah-ra-*oo*-moo”，意为“烤炉剩饭”。据说，当年毛利战争打到这个定居点时，发现只剩下一些食物残渣，这里由此得名。这个发音有些拗口，当地人通常把它省略成“Para-par-am”。

景点

Tuatara Brewery 酿酒厂

（☎04-296 1953；www.tuatarabrewing.co.nz；7 Sheffield St；⏲周三和周四15:00~19:00，周五至周日 11:00~19:00）拜访惠灵顿最古老、最有名的自酿酒吧的生产场地，在这儿你可以喝上一两品脱，配些简单的酒吧小食（香肠、

毛利新西兰：惠灵顿

传说，惠灵顿地区是毛伊的鱼（Maui' s Fish）的鱼嘴，历来被称为“Te Whanganui-a-Tara”。19世纪中叶，毛利人称这里为“Pōneke”（是当时惠灵顿的欧洲名字“尼古拉斯港”在毛利语中的译名）。

这个地区主要的部落（iwi）有Te Āti Awa和Ngāti Toa。Ngati Toa的部落首领是Te Rauparaha，他创造了著名的Ka Mate战争舞蹈（Ka Mate haka）。像大部分城市一样，惠灵顿的毛利人也来自众多部落，因此有时也统称为Ngāti Pōneke。

新西兰的国家博物馆蒂帕帕（见417页）展出传统和现代毛利文化，那里还有一个艳丽的毛利人集会地（marae）。在博物馆礼品店里你会看到精美的雕刻品和其他手工艺品，在附近的Kura（见438页）和**Ora美术馆**（04-384 4157；www.oragallery.co.nz；23 Allen St；周一至周六 9:00~18:00，周日 10:00~16:00）里也能看到这类作品。

Te Wharewaka o Pōneke（见425页）、Kapiti Island Nature Tours（见442页）提供深入了解惠灵顿地区毛利文化的机会，还有Kiwi Coastal Tours（见425页）。

玉米脆饼、比萨）。提前预订周日下午的品尝体验，包括4种啤酒和开胃菜（$35）。

卢尔德圣母雕像 雕像

（Our Lady of Lourdes statue；从16 Taranaki St进）帕拉帕拉乌姆引以闻名的东西中最古怪的当然要数这座14米高的圣母像，她从一座75米高的小山上俯瞰着小镇。雕像是1958年当地的天主教牧师委托修建的，目的是纪念卢尔德现身100周年。雕像保护完好，但路很难走，要穿过镇子上一个蓬乱的部分，沿途的“苦路14处”也年久失修。

南部汽车博物馆 博物馆

（Southward Car Museum；04-297 1221；www.southwardcarmuseum.co.nz；Otaihanga Rd；成人/儿童 $18/5；9:00~16:30）这个飞机库一般巨大的博物馆，其藏品规模在大洋洲数一数二，拥有众多老爷车和稀有车型。留意那辆DeLorean、德国制造的1897 Lux和1950年黑帮人物爱开的凯迪拉克，上面还有弹痕。高速路旁有博物馆的路标。

就餐

Marine Parade Eatery 咖啡馆 $$

（04-892 0098；www.marineparadeeatery.com；50 Marine Pde；主菜 早餐 $15~20，午餐 $23~25，晚餐 $27~32；周六至周四 7:30~16:00，周五 至21:00；）这家雏菊般清新的咖啡馆准能让罗宾逊·克鲁索一般的流浪汉展露笑颜，提供国际风味的精致菜肴，前窗能看到卡皮蒂岛的美景。海鲜米叻沙（椰子米粉汤）很美味，还提供奇亚籽粥、百吉饼、手撕羊肉汉堡、椰子炖鸡和开胃菜拼盘。

The Social 小酒馆食物 $$

（04-298 3955；www.mysocial.co.nz；8 Kapiti Lights；主菜 $17~30；11:00至深夜）虽然位于商场附近的停车场，不太干净，但通风很好，是一家现代化的小酒馆，也是观看橄榄球、乐队表演和喝酒的好地方。食物也令人惊讶地好吃，推荐加勒比烧烤鸡肉汉堡、鹰嘴豆泥炸鱼和薯条、哈里萨辣椒酱、豆子和鱿鱼意大利面。

实用信息

帕拉帕拉乌姆信息中心（Paraparaumu i-SITE；04-298 8195；www.kapiticoast.govt.nz；Coastlands Mall，Main Rd；9:00~17:00）提供卡皮蒂海岸信息、地图和宣传册，包括介绍海岸步道和小路详情的《卡皮蒂徒步和骑行》（*Kāpiti Walking & Cycling*）宣传册。

怀卡奈（Waikanae）

04/人口 10,600

海滨小镇怀卡奈长期以来一直是退休人士的落脚处，但近年来这里已经转型成为一个日渐成熟的发展中的小镇，有些第一次买房的人因为支付不起惠灵顿的高价而飞来这里购买，由此也支撑了小镇的发展。这是一个讨人喜欢的海滨飞地，很适合休养生息和探索自然。

景点

纳马努 自然保护区

（Ngā Manu Nature Reserve；☎04-293 4131；www.ngamanu.co.nz；74 Ngā Manu Reserve Rd；成人/儿童/家庭 $18/8/38；⏰10:00~17:00；）这个鸟类保护区是怀卡奈吸引旅行者的主要景点，占地15公顷，设有野餐区、灌木丛步道、大型鸟舍，以及奇异鸟、猫头鹰和喙头蜥的夜间房舍。保护区内濒危的长鳍鳗鱼每天14:00喂食，导览喂鸟游于每天11:00出发（成人/儿童 $25/10，含门票）。

赫米马滕加纪念公园风景保护区 森林

（Hemi Matenga Memorial Park；www.doc.govt.nz；紧邻Tui Cres）免费 这个当地保护区占地面积为330公顷，俯瞰怀卡奈，保留着一大片新西兰桤木（kohekohe）森林。这个保护区地势陡峭，从海拔150米到最高点Te Au（海拔514米）约需3~4小时的跋涉。**桤木步道**（Kohekohe Walk）也在这里，这条步道路况不错，30分钟就能轻松走完。

团队游

Waikanae Estuary Bird Tours 生态游

（☎04-905 1001；www.kapitibirdtours.co.nz；2小时 团队游 $25）怀卡奈河口是鸟类的聚集地，一年中会有约66种鸟类飞到这里。在这些高度个性化并配有热情导游的游览活动中，你大概能看见20种鸟。

食宿

Kapiti Gateway Motel 汽车旅馆 $$

（☎04-902 5876；www.kapitigateway.co.nz；114 Main Rd；套 $125起；）一家整洁、热情的汽车旅馆，从外面看上去或许有些老派，但房间都更新过，有太阳能加热的泳池，提供免费Wi-Fi，还能收看天空电视台。所有的房间至少都有一个微波炉和小水壶，有些带全套厨房设施。

Long Beach 咖啡馆 $$

（☎04-293 6760；www.longbeach.net.nz；40 Tutere St；主菜 早餐 $13~24，晚餐 $16~33；⏰9:00~23:00；）这家迷人的家庭友好型咖啡馆兼酒吧有一个大温室和香草花园，可以在里面找个座位，下午可以在这里喝杯葡萄酒或精酿啤酒，阳光很好，周日有现场音乐演奏。菜单品种多样，包括烹煮早餐、比萨、酒馆食物和法式小馆风格的菜肴。

怀拉拉帕地区（THE WAIRARAPA）

☎06

怀拉拉帕包含了惠灵顿东部至东北部的广大地区，位于塔拉鲁阿山脉（Tararua Range）和林姆塔卡山脉（Rimutaka Range）的另一侧。它得名于**怀拉拉帕湖**（Wairarapa Moana，又称Lake Wairarapa，意思是"波光粼粼的水"）。这片80平方公里的浅湖及周边的湿地是亟待生态修复的重点地区，该地区持续几代的牧羊业也需要加以调整。羊群依然比比皆是，而葡萄酒庄和附属的食宿也如雨后春笋般出现，使该地区成了一个周末放松的好地方。

近年来，新西兰这片风景如画的内陆腹地同好莱坞联系起来，彼得·杰克逊爵士和詹姆斯·卡梅隆等大片导演都在这里扎了根。

活动

Rimutaka Cycle Trail 骑行

（www.nzcycletrail.com/trails/rimutaka-cycle-trail）这条115公里长、骑行需要3天的小路是"纳哈雷格"新西兰自行车道"精彩车道"中的一条。小路从惠灵顿海港最前端开始，进入Rimutaka山脉，然后分散绕过Palliser Bay湾西端。

到达和离开

Metlink（见440页）的通勤列车从惠灵顿驶向马斯特顿（Masterton；$17.5，工作日每天5班或6班，周末每天2班），经停怀拉拉帕的7个车站，包括费瑟斯顿（Featherston）和卡特顿（Carterton）但要注意，不经过格雷镇和马丁堡。

Tranzit Coachlines运营的InterCity（见440

页）的车往返马斯特顿和北帕默斯顿（$21，2小时），每周5天（周一和周六不开，周五2班）开行。

当地交通

Metlink（见440页）的200路汽车由Tranzit Coachlines运营，从马斯特顿开往卡特镇（Carterton）、格雷镇和费瑟斯顿，工作日7班，周六3班。周六的车次全部继续开往马丁堡，但工作日只有1班去。工作日还有5班车从马丁堡开往费瑟斯顿火车站。

出了主要城镇，你只能自驾，该地区许多重要景点都不在海滨，而在乡村公路沿线，所以沿途风景也是一半乐趣的来源，从惠灵顿跨越山脉，沿途风景尤其好。

马丁堡（Martinborough）

☎06/人口 1470

马丁堡（Wharekaka）呈米字展开，中央有一座绿荫广场，是一个很上镜的小镇，有一些迷人的古老建筑，周围环绕着大片的牧场和葡萄园。马丁堡以葡萄酒庄闻名，黑皮诺葡萄的香气吸引旅客来此品鉴美酒，再搭配美食，然后还可在精品旅店里打个盹儿。

大多数品酒室都环绕在小镇周边，为接近品酒行家提供了一个独特的机会。可以在主要酒庄周围走走，不过马丁堡一个经典风景就是欢天喜地的骑行者们随着下午时间的推移，速度变得越来越缓慢。

景点

Martinborough Brewery 酿酒厂

（☎06-306 6249；www.martinboroughbeer.com；10 Ohio St；品酒 $10起，团队游 $5；⏲3月至11月 周四至周一 11:00~19:00，12月至次年2月 周四至周二）现在新西兰不管走到哪里，想不看到角落里咕咕冒泡的酿酒厂都是很难的。马丁堡也不例外。这里生产各种口感醇香的精酿啤酒（黑啤是特色），与镇上流行的葡萄酒氛围分庭抗礼。可以在门前的阳光露台上选择品酒，或者喝上一品脱。可安排团队游。

活动

探索怀拉拉帕葡萄酒庄最环保的方式是骑行，这里平坦的地势使得骑自行车很轻松。自行车是很舒适的交通工具，马鞍包正好可以装下你的战利品。我们只想提醒你，天色渐黑时应该更加注意车技和路况。

自行车出租机构包括**Green Jersey Explorer Tours**（☎06-306 6027；www.greenjersey.co.nz；16 Kitchener St；6小时团队游 含午餐 $120，自行车租赁 每天 $40；👪）、**Indi Bikes**（☎027 306 6090；www.indibikesmartinborough.co.nz；每天 1~6座 $35~190；⏲周五至周日 10:00~17:30）、Martinborough Top 10 Holiday Park（见447页）和Martinborough Wine Merchants（见448页）。

团队游

Zest Food & Wine Tours 食物和饮品

（☎04-801 9198；www.zestfoodtours.co.nz；每人 含午餐 $595）专属小团队游（2~4人），环绕马丁堡和格雷镇，主要聚焦高质量葡萄酒和食物。价格昂贵，但是如果你真的想获得私人化的体验，值得尝试。团队游从费瑟斯顿火车站出发，包括从惠灵顿乘火车过来的价格。

Martinborough Wine Tours 葡萄酒

（☎06-306 8032；www.martinboroughwinetours.co.nz；每对 含午餐 $575）针对情侣的"马丁堡一日游"高端团队游，包括5家葡萄酒厂的品酒、一些历史景点、参观一家橄榄农场和一顿搭配葡萄酒的精致午餐。也提供便宜些的半日/一日团队游（每人$85）。

节日和活动

马丁堡美食节 食物和饮品

（Toast Martinborough；☎06-306 9183；www.toastmartinborough.co.nz；Memorial Sq；$89起；⏲11月）11月第三个周日举行，包括很受欢迎的葡萄酒、食物和音乐活动。需要预订。

住宿

Claremont 汽车旅馆 $$

（☎06-306 9162；www.theclaremont.co.nz；38 Regent St；套 $145起；📶）这处典雅的住处离镇中心有15分钟的步行距离，两层高，套间设备齐全，条件很好，现代化的零居室公寓带有

不要错过

怀拉拉帕葡萄酒之乡（WAIRARAPA WINE COUNTRY）

世界闻名的怀拉拉帕葡萄酒业险些被扼杀在摇篮里。当地的第一批葡萄藤是1883年种下的，不久之后的1908年禁酒令中止了这一个新兴产业。直到20世纪70年代末期，人们发现马丁堡的自然环境与法国勃艮第相似，这里的造酒业才得以复兴。几家葡萄园很快崛起，现在，在全区范围内葡萄园的数字已跃升至30个左右。毋庸置疑，马丁堡就是这一浪潮的主要阵地，格拉德斯通（Gladstone）和马斯特顿周围的葡萄园也在蒸蒸日上。黑皮诺是本地区最著名的葡萄品种，不过白苏维翁也不错，还有芳香型葡萄酒和西拉葡萄酒。

怀拉拉帕的葡萄酒庄因旅游业兴盛起来，品酒室大门为品酒敞开。大多数酒庄都会收取品尝费（不过如果买一瓶，许多都会退品酒费），也有一些免费。有些附带咖啡馆或餐厅，有些地方则会准备好野餐拼盘，供客人在酒庄花园里享用。冬季开放时间最短。

《怀拉拉帕酒庄路径地图》（*Wairarapa Wine Trail Map*，在马丁堡信息中心和很多其他地方都可获得）很有帮助，有地图可以帮你指路。可访问网站www.winesfrommartinborough.com以掌握更多信息。我们最爱的一些如下：

Ata Rangi（☎06-306 9570；www.atarangi.co.nz；14 Puruatanga Rd；品尝 $5，购买会退；⏲13:00~15:00）当地酿酒业的先行者之一。有种类齐全的美酒和漂亮的品酒室，也出售蜂蜜和橄榄油。

Coney Wines（☎06-306 8345；www.coneywines.co.nz；107 Dry River Rd；⏲12月至次年3月周五至周日 11:00~16:00，10月、11月和4月 只有周六营业）祈祷吧，你这次品酒之旅的东道主是独一无二的蒂姆·科尼（Tim Coney），他是位和蔼可亲的人，为客人提供非常美味的西拉葡萄酒（syrah），有时还会即兴演唱。这里还有家非常好的Trio Cafe，建议预订。

Haythornthwaite（☎06-306 9889；www.ht3wines.co.nz；45 Omarere Rd；品尝 $5；⏲11:00~17:00）用可持续的方法手工酿造葡萄酒，工艺复杂，产品包括樱桃黑皮诺和绚丽的琼瑶浆。如果天气好，可以在户外餐桌上品尝。

Martinborough Vineyard（☎06-306 9955；www.martinborough-vineyard.co.nz；57 Princess St；品尝 $5，购买会退；⏲10月至次年5月 每天，6月至9月 周五至周二 11:00~16:00）本地区第一家种植黑皮诺的葡萄园，堪称当地传奇，享有国际声誉。

Poppies Martinborough（☎06-306 8473；www.poppiesmartinborough.co.nz；91 Puruatanga Rd；⏲周五至周二11:00~16:00）充满热情的酿酒技艺和葡萄栽培联手制造出这一品牌精湛的手工酿造葡萄酒。在简约时尚的酒窖里品尝葡萄酒，搭配一份拼盘小食。

温泉水疗浴缸，另外还有明亮的双卧室公寓，所有房型价格合理（在冬季和每周中间几天更便宜）。周围环绕着整齐的花园，有烧烤区和供出租的自行车。

Martinborough Top 10 Holiday Park 度假公园 $$

（☎0800 780 909；www.martinboroughholidaypark.com；10 Dublin St；露营地 每人 $42起，套带/不带浴室 $139/80起；📶👪）这个迷人的露营地从镇上步行过来只需要5分钟，能看到葡萄园景观。这里绿树成荫，后面围墙外就有个城镇游泳池，小木屋很简单，但很超值，让你把省下的钱花在酒窖里。出租高质量自行车，包括前后座和儿童座的款式。

Old Manse 民宿 $$$

（☎06-306 8599；www.oldmanse.co.nz；19 Grey St；房间 $230~255；📶）这家珍贵的别墅散发着历史的魅力，有5个套间，颜色大胆。其中有2个房间的尺寸最大，其余的也都很宽敞。此外这里的花园中有1个酒窖热水浴池，能看到葡萄园。

Peppers Parehua 度假村 $$$

（☎06-306 8405；www.peppers.co.nz；

New York St West；小屋 $272起；📶🏊）马丁堡最豪华的住宿处，有28座独立的小木屋，散落在一片观赏湖的周围，环绕有葡萄园。全部都带有全套厨房设备和开放式火炉，有些带私人酒窖以及热水浴池。有一座网球场和餐厅。

Aylstone Retreat 精品酒店 $$$

（☎06-306 9505；www.aylstone.co.nz；19 Huangarua Rd；房间 $290；📶）位于村边，四周种满了葡萄藤，这家优雅的酒店以浪漫的氛围赢得好评。7间套房采用明快的花卉图案，散发出些许法国、乡村的情调，还有个公共阅读室。微型豪宅花园、运动草坪和树篱环绕四周，还配有精致的家具。

就餐

Café Medici 咖啡馆 $$

（☎06-306 9965；www.cafemedici.co.nz；9 Kitchener St；午餐 $9~23，晚餐 $30~36；⏲每天8:30~16:00，周五和周六18:30至深夜）这个通风的咖啡馆是当地人和常客长年的最爱，有一个阳光充沛的院子，提供美味咖啡。美味的自制食品包括马芬、西班牙炒蛋等可爱的早午餐菜，美味的大虾扁意面，以及地中海风味的晚餐，如摩洛哥羊肉塔津锅料理（Moroccan lamb tagine）。

Village Cafe 咖啡馆 $$

（☎06-306 8814；www.facebook.com/thevillagecafemartinborough；6 Kitchener St；主菜 $10~24；⏲8:00~16:00）说是"马丁堡之心"或许有些夸大，但这个位于镇中心的繁忙的小咖啡馆毫无疑问很受欢迎，提供鸡蛋早餐、大份沙拉、鲁宾三明治和比萨。营造出一种高级餐厅的氛围，有柔和的音乐，偶尔还有现场音乐会。

Pinocchio 法式小馆 $$$

（☎06-306 6094；www.pinocchiomartinborough.co.nz；3 Kitchener St；主菜 $36~38；⏲周三至周五 18:00至深夜）这家高端但休闲的小餐厅除了名字古怪外，还有很多讨人喜爱之处。有重视食材的现代乡村菜肴，比如手撕羊排配豌豆，标志性的鸭腿配鸭肝冻糕和南瓜。

饮品和夜生活

Micro Wine Bar 葡萄酒吧

（☎06-306 9716；www.facebook.com/microwinebar；14c Ohio St；⏲周四至周一 16:00至深夜）这是一家人气爆棚的小酒吧，有出色的葡萄酒（大多数为本地葡萄酒，也有一些其他地方的著名产品）、知名的精酿啤酒，以及从亚洲点心到地中海小吃等各种好吃的食物。品酒是体验葡萄园的好方式（白葡萄酒$20，红葡萄酒$25）。可以坐在洒满阳光的街边的位置，或是到庭园。会播放20世纪70年代的复古唱片。

Martinborough Hotel 小酒馆

（☎06-306 9350；www.martinboroughhotel.co.nz；Memorial Sq；⏲周一至周五 14:00至深夜，周六和周日 正午至深夜）这家1882年的美丽的酒店是辛苦一天后坐下来静静喝杯啤酒的优雅场所。不过餐桌占据了大部分空间，晴天可以在露台上找个座位。楼上有迷人的卧室。

娱乐

Circus 电影院

（☎06-306 9442；www.circus.net.nz；34 Jellicoe St；成人/儿童 $16/11；⏲周三至周一 15:00至深夜）幸运的老马丁堡有属于自己的时尚艺术电影院。这个现代的小型建筑有两个舒适的小剧场和一个咖啡馆，后者正对着一个阳光充足、带点儿禅意的花园。提供价格合理的食物（主菜$22~34），包括酒吧小吃、比萨、配有大量时令蔬菜的主菜。可以端杯葡萄酒进电影院。

购物

Martinborough Wine Merchants 葡萄酒

（☎06-306 9040；www.martinboroughwinemerchants.com；6 Kitchener St；⏲9:30~18:00）这个大商店在Village Café旁边，是购买当地葡萄酒的好地方，也许还能尝一些。他们还出售橄榄油和巧克力，也出租自行车（半天/全天$25/35），以便你可以用来进行品酒探险。

实用信息

马丁堡信息中心（Martinborough i-SITE；☎06-306

5010; www.wairarapanz.com; 18 Kitchener St; ⌚9:00~17:00)这个当地的信息中心虽然很小但很有帮助,储存有葡萄酒产区地图,以及大量的当地宣传册。

格雷镇(Greytown)

☎06/人口 2200

在SH2沿线的几个小镇中,格雷镇(Te Hupenui)是最美丽的一个。现在这里的城市常住人口数量庞大,周末还有一拨接一拨的惠灵顿人来此度假。这儿是新西兰首个经过规划的内陆城镇:保存完好的维多利亚式经典建筑排列在主街道两侧,许多都还装着有趣的历史饰板(可以拿一份*Historic Greytown*宣传册,里面有地图,很方便)。在这些古老的建筑中,你会找到住宿处、咖啡馆、餐厅和一些时髦的商店。

1890年格雷镇是新西兰第一个庆祝植树节的城镇,因此留下了许多壮观的大树。圣路加圣公会教堂(St Luke's Anglican Church)庭院里的花楸树是1856年从Rimutakas的一辆手赶二轮邮递马车上偷来的3棵样本中奇迹般发芽后仅存的一棵。其余著名的历史经典还有一座毛利人议会的遗址,19世纪90年代附近的Pāpāwai Marae曾举办过两次会议。

景点

鹅卵石博物馆 博物馆

(Cobblestones Museum; ☎06-304 9687; www.cobblestonesmuseum.org.nz; 169 Main St; 成人/儿童 $7/3; ⌚10月至次年5月 每天10:00~16:00, 6月至9月 周四至周日; 👪)这个可爱的博物馆位于一座古老的汽车站遗址中,还能看到原本的马厩和破旧的鹅卵石庭院,有一个整洁崭新的信息中心,馆内展示了那个时期的建筑和捐赠的古老物品,室外分布四处的美丽草坪吸引野餐的人们躺下来睡一会儿。有一个铁匠铺、一个学校、一个消防站、一座教堂、一个剪羊毛棚……殖民地的历史以可以触摸的形式呈现在眼前。

新西兰毛利圆石阵 纪念碑

(Stonehenge Aotearoa; ☎06-377 1600; www.stonehenge-aotearoa.co.nz; 51 Ahiaruhe Rd, Ahiaruhe; 成人/儿童 $10/5, 团队游 $20/5; ⌚1月 每天10:00~16:00, 2月至4月和9月至12月 周三至周日, 5月至8月 周六和周日)位于距离格雷镇东约10公里的一座农民后院中,这处英国史前巨石柱在南半球的等比例仿制品就矗立在绿草茵茵的小山丘上,俯瞰着怀拉拉帕平原。

另辟蹊径

帕利瑟角(CAPE PALLISER)

要爬上250级台阶前往1897年建造的白底条纹的**帕利瑟角灯塔**(Cape Palliser Lighthouse; Cape Palliser Rd),从马丁堡出发大约80分钟,这里没有公共交通。

路上你会经过**普唐伊鲁阿峰**(Putangirua Pinnacles; www.doc.govt.nz) 免费。矗立的山峰像个巨型管风琴,是由于雨水冲刷泥浆和沙土后露出了下层基岩而造就的。这片风景看上去很怪异,完全适合《指环王:王者归来》中死亡之路的荒凉景象。紧邻Cape Palliser Rd公路有停车场的路标。轻松走上1.5小时就能抵达观景台,也可以花3.5小时沿环线绕行山间前往海岸观景点。

随着帕利瑟角(Matakitakiakupe)越来越近,你将抵达的是饱经风霜的**纳威**(Ngawi)渔村。到了村里,首先映入你眼帘的是海滩上生锈的推土机,这是以前拖渔船上岸用的。

在前往灯塔或返回的路上,绕道去看看**渡轮湖**(Lake Ferry)畔老旧的定居点,这里能将**奥诺科湖**(Lake Onoke)尽收眼底。这片湖通过灰色叠瓦状的沙丘直接汇入大海,头顶有黑背大海鸥盘旋。**Lake Ferry Hotel**(☎06-307 7831; www.lakeferryhotel.co.nz; 2 Lake Ferry Rd, Lake Ferry; ⌚周一至周五 正午至15:00和17:00~21:00, 周六和周日 11:00~21:00; 📶)是一家老派酒馆,有一座漂亮的露台,可以坐在上面,就着炸鱼和薯条喝酒。也提供基本住宿处。

它的使命是令天空变得更迷人，无论昼夜。团队游开始前的介绍和视听解说非常精彩，而圆石阵本身就是个超现实主义的景观杰作（怪不得讨人喜欢）。

住宿

Greytown Campground 露营地 $

（☎06-304 9837；www.greytowncampground.co.nz；Kuratawhiti St；露营地/小屋 $15/65起；🅟）一个距小镇650米的简单的露营地，美观地分散在士兵纪念公园（Soldiers Memorial Park）内。除了绿荫营地外，住宿选择还包括一个吉卜赛大篷车、一个豪华帐篷、两座带铺位的巴掌大小的小屋。这里还有丛林徒步活动，网球场，附近还有一个大型儿童乐园。

Oak Estate Motor Lodge 汽车旅馆 $$

（☎06-304 8188；www.oakestate.co.nz；2 Hospital Rd；套间 $140起；📶）在一排雅致的橡树和漂亮花园掩映下的综合楼，有红顶套间，位于镇子最南端。有零居室、一卧室和两卧室的套房可供选择。内部装潢很有品位，白鸽在草地上走来走去。有免费的无线网络，不过信号不强。

就餐

Food Forest Organics 素食 $

（☎06-304 9790；www.foodforestorganics.co.nz；101 Main St；主菜 $12~14；⏲周三至周日9:30~16:30；✍）导演詹姆斯·卡梅隆在电影《阿凡达》中表达环保思想也不奇怪。作为怀拉拉帕当地人，他是一位严格的素食主义者，这家健康食品商店兼咖啡馆提供的许多有机产品都来自卡梅隆的家族农场（新鲜食材、坚果、蜂蜜、蜂蜡蜡烛、保湿霜、浴盐）。午餐可以享用美味的素食墨西哥馅饼、意式宽面或罗宋汤。座位有限。

French Baker 面包房 $

（☎06-304 8873；www.frenchbaker.co.nz；81 Main St；主菜 $7~16；⏲7:30~15:30）供应黄油羊角面包、诱人的馅饼和味道正宗的面包——这家店是货真价实的手工烘焙。从橱柜里选个面包带走，或是搭配火腿奶酪羊角面包、汤或意式肉酱面，再来一杯丝绸般顺滑的牛奶咖啡。

Saluté 西班牙小吃、比萨 $$

（☎06-304 9825；www.salute.net.nz；83 Main St；西班牙小吃 $9~19，比萨 $21，主菜 午餐 $18~24，晚餐 $36~38；⏲周三至周五 正午至深夜，周六和周日 11:30至深夜）位于主街上的一座整洁的红色铁壳屋中，如果你喜欢多汁、松脆、炭烧和油炸并配有大量橄榄油和柠檬的食品，摩洛哥风味的Salute会很适合你。如果不喜欢分享食物，这里也有一些很好的主食，全天都提供价格适中的比萨。

饮品和夜生活

Greytown Hotel 小酒馆

（☎06-304 9138；www.greytownhotel.co.nz；33 Main St；⏲10:00至深夜；📶）新西兰最古老的青年旅舍之一（1863年），这家“顶级酒馆”年纪虽大，却格外整洁。简单的房屋共用一个楼上的浴室，楼下有一个舒适的酒吧和餐厅，提供酒馆食物。是格雷镇21:00之后还有动静的少数地方之一，周六晚上有时有现场音乐会。

购物

Imperial Productions 玩具

（☎06-304 9625；www.imperialproductions.co.nz；5 McMaster St）一家可爱的老派商店，位于一个可爱的老派小镇，出售美丽的传统玩具士兵和其他玩偶。留心小小的毛利战士。

实用信息

格雷镇信息中心（Greytown Information Centre；89 Main St；⏲周五 14:00~16:00，周六和周日 11:00~15:00）这座由志愿者运营的中心位于格雷镇古老的镇政府大楼（1869年）。

马斯特顿及周边（Masterton & Around）

☎06/人口 23,400

作为怀拉拉帕的中心功能区，马斯特顿（Whakaoriori）是一个自然不做作的小镇，按部就班地发展着。2017年，马斯特顿被“保持新西兰美丽奖”（Keep NZ Beautiful Awards）评为新西兰最美丽的城市时，没有人比马斯特顿人更吃惊。确实，这座城市被两条河环抱，有一座可爱的中央公园，以及一些醒目的20世纪建筑。此外周边还有一些有趣的自然景点。

西南部是卡特顿（Carterton），SH2公路沿线的一系列乡村小镇之一。直到现在，它仍拥有许多最棒的挂式花篮，还增加了一些不错的二手物品商店和一些不错的咖啡馆。

景点

普卡哈布鲁斯山国家野生动物中心 野生动物保护区

（Pukaha Mt Bruce National Wildlife Centre; ☎06-375 8004; 85379 SH2; 成人/儿童 $20/6，含导览徒步 $45/25; ⏰9:00~16:30）在马斯特顿以北30公里处，这座占地10平方公里的机构是新西兰最成功的野生动物保护和人工繁殖中心。这里还有一座奇异鸟之家，还有一系列的鸟舍，能看到其他本土鸟类。也有喙头蜥展览，鳗鱼每天的喂食时间为13:30。导览徒步游每天11:00和14:00出发；需要预订。

伊丽莎白女王公园 公园

（Queen Elizabeth Park; www.cityofmasterton.co.nz; Dixon St, Masterton）建造于1877年，适合你舒展一下筋骨。绕湖漫步，玩跷跷板，看看小货车是否营业，或是在椭圆形的板球场上练习高空接球。

阿柔托依怀拉拉帕艺术和历史博物馆 博物馆

（Aratoi Wairarapa Museum of Art & History; ☎06-370 0001; www.aratoi.co.nz; 6 Dixon St, Masterton; 捐赠入场; ⏰10:00~16:30）这家虽小但很精彩的画廊举办有一些令人印象深刻的展览和活动项目（还有一个忙碌的咖啡馆和商店），精致而且相当出色。

塔拉鲁阿森林公园 自然保护区

（Tararua Forest Park; www.doc.govt.nz）免费 东部主入口的岔路就在马斯特顿南部的SH2上，沿着Norfolk Rd行驶大约15公里就到了大门口。这片区域被称为豪兹沃斯（Holdsworth），山间的溪流从保护区内的原始森林奔腾而下。休闲区内有天然游泳水潭、野餐点和露营地。另一个很受欢迎的地方是怀欧希峡谷（Waiohine Gorge），可以通过一条未经铺砌的狭窄的道路抵达，可寻找卡特顿南部的岔路口。

羊毛棚 博物馆

（Wool Shed; ☎06-378 8008; www.thewoolshednz.com; 12 Dixon St, Masterton; 成人/儿童 $10/2; ⏰10:00~16:00）这家绝赞的小博物馆展示了新西兰剪羊毛和羊毛生产业。闻闻羊毛脂的味道！这里也是给自己买一顶居家针织帽的好地方。

节日和活动

金剪子剪羊毛大赛 文化

（Golden Shears; www.goldenshears.co.nz; Masterton War Memorial Stadium, 2 Dixon St; 一日通票 $15; ⏰3月）马斯特顿以其有60年历史的国际性剪羊毛竞赛——金剪子剪羊毛大赛闻名于世，这项比赛于每年3月第一个星期举行，为期3天。

怀拉拉帕葡萄酒丰收节 食物和饮品

（☎027 477 4717; www.wairarapaharvestfestival.co.nz; The Cliffs, Dakins Rd, East Taratahi; 成人/儿童 $50/免费; ⏰3月）庆祝丰收季节的开始，有许多葡萄酒和食物，很适合家庭。在一个遥远的河畔举行，距离卡特顿10分钟，时间是3月中旬的周六（所有主要城镇都有接驳车，$15起）。门票从前一年的11月就开始出售——快点订！

住宿

Mawley Holiday Park 度假公园 $

（☎06-378 6454; www.mawleypark.co.nz; 5 Oxford St, Masterton; 露营地 $36起，套间 带/不带浴室 $100/70起）这座经得起检验的干净露营地横跨怀波瓦（Waipoua）河两岸，就在镇中心北面。住宿处从基本型小木屋（自带寝具）到设备齐全的两卧套间都有。

Cornwall Park Motel 汽车旅馆 $$

（☎06-378 2939; www.cornwallparkmotel.co.nz; 119 Cornwall St, Masterton; 套间 $120起; 📶🏊）这座整洁的汽车旅馆为你在背街提供了一个藏身处。整洁的砖建套间温暖舒适，中间有一片环绕着一棵老榆树展开的草坪，修建得很整齐。

值得一游

城堡角（CASTLE POINT）

城堡角位于马斯特顿以东68公里的海岸处。这地方真棒，就像世界尽头一样。这儿有一块大礁石：高达162米的城堡岩（Castle Rock），还有基本安全的游泳区和几条步行小道。从礁石到灯塔步行往返30分钟，很好走（但有时也会赶上离谱的大风），悬崖上有70多种贝壳化石。还可到达的另一处景点是一座巨大的石灰岩洞（需带手电），往返需要1小时。或者选择从拯救湾（Deliverance Cove）走到城堡岩，这条步道往返需要1.5小时。当海面有巨浪时，千万要远离低处礁石。可以向马斯特顿信息中心的工作人员询问住宿情况。

就餐

★Clareville Bakery 咖啡馆 $

（☎06-379 5333；www.theclarevillebakery.co.nz；3340 SH2, Clareville；主菜 $6~22；⏲周一至周六 7:30~16:00；👪）这家出色的烘焙咖啡馆位于卡特顿东北的SH2公路旁，以酸面包、羊羔肉派、开放式牛排三明治和亚美尼亚面包干而闻名——不过柜台里陈列的每一样食物都让人难以抗拒。有花园餐桌，孩子玩乐区，晚上定期会有现场音乐会。

Gladstone Inn 小酒馆食物 $$

（☎06-372 7866；www.gladstoneinn.co.nz；571 Gladstone Rd, Gladstone；比萨 $17~20，主菜 $27~32；⏲周二至周日11:00至深夜；👪）位于马斯特顿以南18公里处，不太像它的同名小镇，而更像片精神乐土。除了几个葡萄园外这里也没什么东西了，古典的木头客栈是干渴的当地人、骑行者、周日司机和下午慵懒喝酒者的天堂，他们会在河畔美丽花园酒吧的桌子上享用美酒。也有古怪的酒桶装精酿啤酒。

实用信息

环保部马斯特顿办公室（DOC Masterton Office；☎06-377 0700；www.doc.govt.nz；220 South Rd, Masterton；⏲周一至周五 9:00~16:30）一个地区办公室，而非游客中心，不过还是可以致电了解怀拉拉帕地区的环保部信息，包括步道建议。

马斯特顿信息中心（Masterton i-SITE；☎06-370 0900；www.wairarapanz.com；6 Dixon St；⏲9:30~16:30）帮你从大量当地信息中筛选出精华，包括一份《怀拉拉帕游客指南》（*Wairarapa Visitor Guide*），还提供住宿咨询。

莫尔伯勒和纳尔逊

包括 ➡

最佳餐饮

- Arbour（见469页）
- Hopgood' s（见481页）
- Rock Ferry（见469页）
- Cod & Lobster（见481页）
- Boat Shed Cafe（见484页）

最佳住宿

- Hopewell（见464页）
- Bay of Many Coves Resort（见463页）
- Lemon Tree Lodge（见475页）
- Zatori Retreat（见497页）
- St Leonards（见468页）

为何去

对于很多旅行者来说，莫尔伯勒和纳尔逊是南岛的第一站。当人们离开了多风的惠灵顿并提心吊胆地穿越了库克海峡之后，会惊叹于这里耀眼的阳光和可能比惠灵顿高出10℃的温暖天气。

除了宜人的气候，这两个南岛最北端的相邻地区还有很多相似之处：两地都以各自闻名的海滨度假胜地为傲，尤其是莫尔伯勒峡湾、阿贝尔·塔斯曼国家公园和凯库拉。这里还有两个国家公园——卡胡朗伊国家公园和纳尔逊湖区国家公园，它们隐藏在绵延不绝的山脉中，等待你来徒步探索。

这两个地区盛产美味：从野味和海鲜到盛夏时节的水果，应有尽有，然而最著名的是被酿成美酒出现在世界顶级餐厅中的葡萄。随身带上你的小折刀和野餐篮吧！

何时去

- 这里气候很好：莫尔伯勒和纳尔逊拥有新西兰最晴朗的天气，其中1月和2月最热，此时白天平均气温可达22℃。
- 7月最冷，平均气温12℃。然而，南岛最北端有时会出现奇妙的冬季天气：霜冻的早晨不常见，而闪亮的清澈天空和可以穿T恤的气温倒是司空见惯。
- 传闻是真的：越接近西岸区，气候就越潮湿多风。
- 从圣诞节到次年2月中旬，这里会挤满新西兰游客，所以要在这个时间段来新西兰，一定要提前计划，并做好与穿着人字拖集体出游的家庭竞争酒店和餐馆桌位的准备。

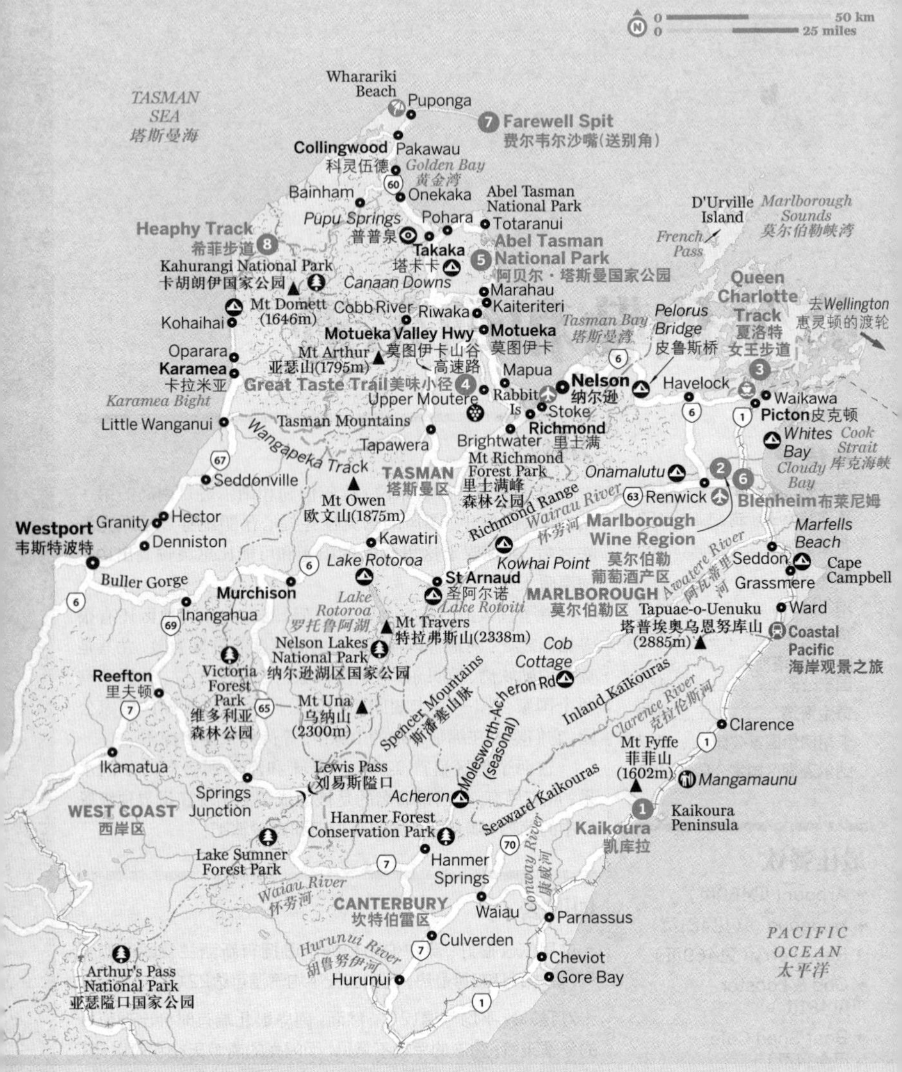

莫尔伯勒和纳尔逊亮点

❶ **凯库拉**（见471页）亲近野生动物，包括鲸鱼、海豹、海豚和信天翁。

❷ **莫尔伯勒葡萄酒产区**（见468页）随着你的嗅觉穿越这一地区。

❸ **夏洛特女王步道**（见462页）在莫尔伯勒峡湾步行或骑车。

❹ **美味小径**（见484页）沿着这条热门小径一路吃吃喝喝。

❺ **阿贝尔·塔斯曼国家公园**（见488页）风景如画，来此体验皮划艇运动或徒步。

❻ **奥玛卡航空文化遗产中心**（见465页）在新西兰最好的博物馆之一感受身心的震撼。

❼ **费尔韦尔沙嘴**（送别角，见496页）开车穿过一片沙地，沿途有塘鹅和长嘴涉水鸟相伴。

❽ **希菲步道**（见497页）穿越卡胡朗伊国家公园，徒步抵达狂野的西岸区。

到达和离开

可以乘坐从惠灵顿到皮克顿的渡轮缓慢穿越库克海峡，在途中欣赏美景，然后乘坐班机飞往主要的目的地。

InterCity是这里主要的长途汽车运营商，但同时也有当地的短途汽车。10月至次年5月期间，KiwiRail公司的Coastal Pacific火车往返于皮克顿和基督城之间，途经布莱尼姆和凯库拉，这条线路风景优美。2016年11月凯库拉地震后，这趟车就暂停服务了，不过现在已经恢复运营。可登录KiwiRail的网站（www.kiwirail.co.nz）查看最新信息。

租车很容易，在皮克顿有大量的汽车租赁公司和遍布整个地区的车库。

高人气的海岸地区，例如莫尔伯勒和阿贝尔·塔斯曼国家公园，最适合散步或进行皮划艇运动，便捷的水上出租车可以送你到达这些地区。

莫尔伯勒地区（MARLBOROUGH REGION）

皮克顿（Picton）是通往南岛的门户，也是莫尔伯勒峡湾探险的第一站。皮克顿南面是充满田园风情的农业重镇布莱尼姆（Blenheim）和它享誉世界的葡萄酒庄，再往南走则是观鲸胜地凯库拉（Kaikoura）。这片地区的亮点毫无疑问是著名的徒步和山地自行车小路夏洛特女王步道（Queen Charlotte Track），以及乘船探索莫尔伯勒海峡的诸多隐藏海湾和小湾。忙碌一天之后，推荐来一杯当地产的白苏维翁休息一下。

莫尔伯勒和纳尔逊精华

就餐 在莫尔伯勒出色的葡萄园餐厅的葡萄园里。

饮品 在Hop Federation（见485页）品尝灌注了当地里瓦卡啤酒花的淡啤酒。

阅读 爱丽斯·加列特利（Alice Galletly）的《怎么喝一杯啤酒》（*How to Drink a Beer*）。

聆听 纳尔逊湖区国家公园（见499页）里黎明合唱团的演唱。

观赏 在凯库拉天际线附近寻找鲸鱼。

节日 莫尔伯勒葡萄酒和美食节（见466页）。

绿色旅行 在Lochmara Lodge（见463页）学习其生态保护项目。

网络资源 www.marlboroughnz.com, www.nelsonnz.com, www.kaikoura.co.nz

历史

1642年，阿贝尔·塔斯曼（Abel Tasman）发现了迪维尔岛的东海岸（比詹姆斯·库克1770年的发现还早100多年）。但在此之前很多年，毛利商人和战士们就已熟悉了莫尔伯勒区，并把它叫作“Te Tau Ihu o Te Waka a Māui”（毛伊独木舟的船头）。而把这里叫作夏洛特女王峡湾（Queen Charlotte Sound）的人是库克，他的报告使该地成为南半球最知名的避风锚地。1827年，法国航海家Jules Dumont d' Urville发现一个狭窄的海峡，今天叫作“弗伦奇帕斯”（French Pass）。为了表彰他，法国政府把海峡北边的一个小岛以他的姓氏命名为“迪维尔岛”。同年，在托里海峡（Tory Channel）的Te Awaiti出现了一个捕鲸站，这也是欧洲人在该地区的第一个永久聚居地。

到达和离开

新西兰航空公司（☎0800 747 000; www.airnewzealand.co.nz）有直飞航班往返布莱尼姆机场和惠灵顿及奥克兰，然后继续前往其他地方。

Soundsair（☎0800 505 005, 03-520 3080; www.soundsair.co.nz; 10 London Quay; ⏲周一至周四和周六 7:30~17:30，周五 至19:00，周日 9:00~19:00）有航班连接布莱尼姆和惠灵顿、帕拉帕拉乌姆、内皮尔和凯库拉。

KiwiRail Scenic（☎0800 872 467; www.greatjourneysofnz.co.nz）运营的Coastal Pacific每天往返皮克顿和基督城，途经布莱尼姆和凯库拉，两个方向各一班。2016年11月凯库拉地震后，这趟车曾经暂停了1段时间，不过现在已经恢复。可登录KiwiRail的网站（www.kiwirail.co.nz）查看最新信息。

开往皮克顿的长途汽车从**Interislander**（☎0800 802 802；www.interislander.co.nz；Auckland St；成人/儿童 去惠灵顿 $52/32起）汽车站或信息中心（见459页）附近出发。

InterCity（☎03-365 1113；www.intercity.co.nz）运营的车次往返皮克顿和基督城，途经布莱尼姆和凯库拉，可继续前往达尼丁、皇后镇和因弗卡吉尔。也有车次往返纳尔逊和皮克顿，可继续前往莫图伊卡和西海岸。这些路线每天至少有1班车可连接惠灵顿的渡轮服务。**Naked Bus**（☎0900 625 33；https://nakedbus.com）南下前往基督城、达尼丁和皇后镇。

皮克顿（Picton）

☎03/人口 4360

皮克顿是港口城市，居民主要聚集在夏洛特女王峡湾前端的一个幽深峡谷中，这里冬天静谧，夏天喧哗（每天有多达8艘满载货物的渡船停在这里）。它是南岛游客的主要集散地，也是体验莫尔伯勒峡湾和夏洛特女王步道的最佳基地。近几年，这座小镇迎来了它的繁盛时期，即使逛完计划中的景点，皮克顿也还有无数个让人流连忘返的理由。

景点

观景台 观景台

从蒂罗汉阿步道（Tirohanga Track）上的这个观景台能眺望皮克顿和夏洛特女王开阔山脉的美景。

埃德温·福克斯海事博物馆 博物馆

（Edwin Fox Maritime Museum；☎03-573 6868；www.edwinfoxsociety.co.nz；Dunbar Wharf；成人/儿童 $15/5；⏲9:00~17:00）这里陈列的埃德温·福克斯号（Edwin Fox）据称是世界上现存第九古老的木船，它在加尔各答建造，并于1853年启航。在其航行生涯中，这艘船曾运载过参加克里米亚战争的军队、去往澳大利亚的罪犯以及去新西兰的移民。这座博物馆主要展出的是海事和船舶方面的展品，包括这艘珍贵的船。

生态世界水族馆 水族馆

（Eco World Aquarium；☎03-573 6030；www.ecoworldnz.co.nz；Dunbar Wharf；成人/儿童/家庭 $24/12/67；⏲9:30~19:30）成立这一中心的主要目的是帮助动物康复：各种各样可怜的动物在保护中心得到救助和休息，而且还在这里繁殖。这里还有许多新西兰独有的生物，例如新西兰的“活恐龙”——喙头蜥、蓝企鹅、壁虎和巨型沙螽。每天的喂鱼时间（11:00和14:00）格外惹眼。在同一栋老楼中的**皮克顿电影院**（Picton Cinema；☎03-573 6030；www.pictoncinemas.co.nz；Dunbar Wharf；票 成人/儿童 $16/11）放映主流电影和小众电影。

活动

这个地区的大部分活动都集中在莫尔伯勒峡湾周边，但不会游泳的“旱鸭子”也可以找到其他丰富的活动，包括一些宜人的步道。信息中心提供的免费地图上详细标出了这些步道，甚至包括一条仅1公里长的通往**鲍勃斯湾**（Bob’s Bay）的步道。山脊上的**长鼻步道**（Snout Track，往返3小时）让人饱览绝佳的水域景色。登上镇后面的小山，沿环状的**蒂罗汉阿步道**（Tirohanga Track）尽情徒步2个小时，可以看到镇上最美的景色。想要探索整个小镇，可以全家人从Wilderness Guides（见460页）租单车出行。

Go Dive Marlborough 潜水

（☎03-573 7831；https://godive.co.nz；66 Wellington St；潜水 $220起）提供海峡周边的潜水游，包括海洋保护区，也可前往米哈伊尔莱蒙托夫号（Mikhail Lermontov）船难遗址。也提供潜水培训和浮潜旅程（$95），以及亲手喂鱼。

团队游

Escape to Marlborough 团队游

（☎0800 6937 2273；www.escapetomarlborough.co.nz；成人/儿童 $69.50/15.50；⏲8:00~18:00）随上随下的巴士观光，每小时1班，连接皮克顿和布莱尼姆，停靠18个主要景点、葡萄园和酿酒厂。有两条路线，全程都是8小时，途中可以换另一条路线的车。也提供前往布莱尼姆或布莱尼姆机场的直达车，或预订葡萄酒团队游。

Marlborough Tour Company 团队游

（☎0800 990 800，03-577 9997；www.

marlboroughtourcompany.co.nz; Town Wharf; 成人/儿童 $155/59; ⏲出发 13:30）运营3.5小时的"海鲜奥德赛"巡游，可前往三文鱼农场，外加海鲜和白苏维翁酒品尝。其他团队游活动包括全天探索莫尔伯勒葡萄酒。

住宿

★Jugglers Rest 青年旅舍 $

（☎03-573 5570; www.jugglersrest.com; 8 Canterbury St; 铺 $33，双 $75~85; ⏲6月至9月歇业; @📶）幽默的店主非常能干，将这家店经营得很好、很环保，并且对背包旅行者实行铺位免费政策。这里安静且交通便利，去小镇只需要步行10分钟，骑车的话更快些。草木繁茂且相对私密的花园是与其他旅行者交流的绝佳场所，尤其是在偶尔的马戏团技巧表演时。

Buccaneer Lodge 度假屋 $

（☎03-573 5002; www.buccaneerlodge.co.nz; 314 Waikawa Rd, Waikawa; 双 $110; 📶）这个度假屋有4个翻修过的套间，有些从2楼的阳台上能看到非常美的景色。友善的店主Mel和Phil还提供周到的小镇接送服务、自行车出租和自制面包。楼下也有一个较小的房间（$80）。

Tombstone Backpackers 青年旅舍 $

（☎03-573 7116; www.tombstonebp.co.nz; 16 Gravesend Pl; 铺 $31~36，双 带/不带浴室 $91/84，公寓 $120; @📶）旅行者可以在漂亮的宿舍、双人间或一个带有各项设施的公寓中安静地休息。这里还有一个可眺望海港全景的水疗池、免费早餐、日照充足的阅读室、台球桌、免费网络、渡轮接送……清单还在增加中。

Sequoia Lodge Backpackers 青年旅舍 $

（☎0800 222 257, 03-573 8399; www.sequoialodge.co.nz; 3a Nelson Sq; 铺 $29~31，双 带/不带浴室 $84/74; 📶）这个管理完善的旅舍位于一座色彩明丽的维多利亚式建筑中。这里离市中心地带有一点儿远，但是其他服务很完善，包括免费Wi-Fi、吊床、烧烤、一个热水浴缸和晚上的巧克力布丁！在5月至10月提供早餐。Netflix特别房间可以满足电影电视爱好者的观看需求。家庭房适合团队游客（3人 $100起）。

Picton Top 10 Holiday Park 度假公园 $

（☎03-573 7212, 0800 277 444; www.pictontop10.co.nz; 70 Waikawa Rd; 露营地 $21起，套间 $75~160; @📶🏊）这里距城区只有500米，是一个空间利用率高、维护良好的酒店，有大片草坪和野餐长椅。还有让大家都满意的设施，包括运动场、烧烤区和游泳池。

Gables B&B 民宿 $$

（☎03-573 6772; www.thegables.co.nz; 20 Waikawa Rd; 双 $175~195，套间 $230; @📶）这所历史悠久的民宿（曾经是皮克顿市长的居所）在其主楼内有3个风格各不相同的套房，主楼背面有两个温馨的设施齐全的套房。老板很有幽默感（问问他们关于Muffin Club的事），提供出色的有关当地出行的建议。

Harbour View Motel 汽车旅馆 $$

（☎03-573 6259, 0800 101 133; www.harbourviewpicton.co.nz; 30 Waikawa Rd; 双 $140~240; 📶）这家汽车旅馆的优点之一是地势很高，从高雅、设施齐全、拥有木地板和露台的单间可以俯瞰皮克顿桅杆遍布的海港美景。

Whatamonga Homestay 家庭寄宿 $$

（☎03-573 7192; www.whsl.co.nz; 425 Port Underwood Rd; 双 含早餐 $360~390; @📶）沿Waikawa Rd行进8公里到Port Underwood Rd，就可以到达这所非常经典的水边住处。这个家庭寄宿点包含了两个设施完备的套间，每一个都配有超级大床和观景阳台。另外，在主楼一层还有两个房间，但是要共用浴室。该寄宿点提供免费的皮划艇、小艇和钓鱼设施。最少两晚起住。

就餐

Picton Village Bakkerij 面包房 $

（☎03-573 7082; www.facebook.com/PictonVillageBakery; Auckland St和Dublin St交叉路口; 面包房食品 $2~8; ⏲周一至周五 6:00~16:00，周六 至15:30; 🖉）这个由荷兰人经营的面包房供应纯正的欧洲风味食品，包括不错的面包、带馅料的面包卷、蛋糕和蛋奶酱酥皮塔甜点。风味派非常棒——询问是否提供鸡肉、干辣椒和奶油干酪口味的派（相信我

Picton 皮克顿

们，这个组合绝赞）。这里是乘船前后来吃点儿东西的最好选择，也可以打包一份午餐。

Café Cortado 咖啡馆 **$$**

（☎03-573 5630; www.cafecortado.co.nz; High St和London Quay交叉路口；主菜 $17~35; ⊙11月至次年4月 8:00至深夜，5月至10月 周三至周日 8:00至深夜）这是一个令人愉悦的街角咖啡馆和酒吧，透过前庭的波胡图卡瓦树（pohutukawa）和棕榈树可以一窥海港景色。鱼类菜肴、自制的芝士汉堡和正宗比萨，

Picton 皮克顿

味道始终如一。惊喜的是还有莫尔伯勒精选葡萄酒，以及用酒桶供应的一些精酿啤酒。早餐来吃一份墨西哥卷饼，晚上再回来品尝油炸啤酒面糊裹银鳕鱼。

实用信息

环保部皮克顿办公室（DOC Picton Office；☎03-520 3002；www.doc.govt.nz；14 Auckland St；⏰周一至周五 9:00~16:30）这个办公室是一个很大的前线办公室，只提供小屋和露营地门票，以及当地徒步信息。

皮克顿信息中心（Picton i-SITE；☎03-520 3113；www.marlboroughnz.com；foreshore；⏰8:00~17:00）为游客提供重要帮助，包括地图、夏洛特女王步道信息、寄物柜和票务预订服务。环保部在此设有服务处。

到达和离开

飞机

Soundsair（见455页）每天都有往返惠灵顿和皮克顿的航班（成人/儿童 $99/89起）。有机场大巴往返科罗米可（Koromiko）的机场。

船

有两家公司运营经库克海峡往返惠灵顿和皮克顿的航线。尽管几乎所有的渡轮都从同一个位置始发，但各个船运公司码头的位置却不同。**Interislander**（Auckland St）是主要的交通枢纽（有汽车租赁站点），那里还有咖啡馆和互联网设施。

Bluebridge Ferries（☎0800 844 844，04-471 6188；www.bluebridge.co.nz；成人/儿童 去惠灵顿 $53/27起；📶）整个横渡航程时长是3小时，该公司每天最多发4班开往各方向的轮船。搭载汽车的费用是$120起，露营车$155起。卧铺船抵达皮克顿的时间是6:00。

Interislander（见456页）整个横渡航程的时长是3小时。每天每个方向的轮船多达6班。搭载汽车的费用是$121起，露营车（不超过5.5米）是$153起，摩托车是$56起，自行车$15起。

许多水上交通运营商都提供当地前往夏洛特女王步道的交通服务，总部都在皮克顿。

长途汽车

开往皮克顿的长途汽车从Interislander（见456页）码头或者信息中心附近始发。

InterCity（☎03-365 1113；www.intercity.co.nz；Interislander渡轮码头外，Auckland St）有车向南，途经布莱尼姆（$12，30分钟）和凯库拉（$21，2.5小时），开往基督城（$56，5.5小时），每天2班，并有前往达尼丁、皇后镇和因弗卡吉尔的接驳车。也有车往返纳尔逊（$23，2.25小时），并有前往莫图伊卡和西岸区的接驳车。每天每条线路至少发1班汽车，并可衔接惠灵顿的渡轮服务。

Escape to Marlborough（见456页）运营的车次每小时1班，连接皮克顿和布莱尼姆（$12.50）及布莱尼姆机场（$17.50）。当地也有一家很好的接驳公司，即**Marlborough Sounds Shuttles**（☎03-573 7122；www.marlboroughsoundsshuttles.co.nz）。

火车

KiwiRail Scenic（见455页）经营Coastal Pacific线路的火车，该车次每天途经布莱尼姆和凯库拉，连接Interislander（见456页）的渡轮。可登录KiwiRail的网站（www.kiwirail.co.nz）查看最新信息。

当地交通

小镇内外和周边的班车由**A1 Picton Shuttles**（☎022 018 8472; www.a1pictonshuttles.co.nz）运营。

在皮克顿租车非常容易，由于价格竞争激烈，可以低价租到车辆（每天最低只要$50）。Interislander（见456页）渡轮码头有无数租车公司，其他许多公司则在很短的步行距离内。**Ace**（☎03-573 8939; www.acerentalcars.co.nz; Interislander Ferry Terminal）和**Omega**（☎03-573 5580; www.omegarentalcars.com; 1 Lagoon Rd）是可靠的当地租车公司。大多数租车公司允许在基督城还车。如果你计划在北岛开车，大多数公司会建议你在皮克顿还车，并在通过库克海峡之后到惠灵顿重新租一辆。

莫尔伯勒峡湾（Marlborough Sounds）

莫尔伯勒峡湾是一个地理迷宫，包含山峰、水湾、沙滩，以及在最后一个冰川时代海水流入深河谷形成的淡水河段等丰富地貌。此地区的地貌异常复杂，皮鲁斯峡湾就是最好的证明：它的直线长度只有42公里，却拥有379公里长的海岸线。

许多壮观的景点可以开车到达。沿着起伏的夏洛特女王公路（Queen Charlotte Drive），从皮克顿开35公里到哈夫洛克，峡湾近在眼前（即使是雨天）。但如果你还有一天时间，可以去弗伦奇帕斯（French Pass），甚至是迪维尔岛（D' Urville Island）朝圣，在那里你可以看到更为壮阔的峡湾景象。大部分公路都很狭窄，偶尔还会开裂，请为行程留出足够时间，并保持耐心。

这里还有大把机会供你步行、乘坐皮划艇、划船和骑自行车，也可以潜水——值得注意的是，这里有1986年在戈尔港（Port Gore）沉没的俄罗斯巡航舰米哈伊尔莱蒙托夫号（Mikhail Lermontov）沉船的遗骸。

景点和活动

摩图阿拉岛 野生动物保护区

（Motuara Island; www.doc.govt.nz; Queen Charlotte Sound）这座环保部管理的没有捕食者的岛屿保护区中有许多新西兰珍稀鸟类，包括拉维奇异鸟（rowi）、新西兰林鸽（kereru）、鞍背鸟（tieke）和毛脸鸬鹚。可以乘坐水上出租车过来，也可以联系运营皮克顿以外团队游项目的运营商。

Sea Kayak Adventure Tours 皮划艇、骑行

（☎03-574 2765, 0800 262 5492; www.nzseakayaking.com; Queen Charlotte Dr和Anakiwa Rd交叉路口；半天/1天 导览划船游 $90/125）提供夏洛特女王峡湾、坎特波罗峡湾和皮鲁斯峡湾周边的导览皮划艇和“先导览再自助”皮划艇项目，同时可选择增加自行车或徒步游内容，另外也出租自由皮划艇和山地自行车（半天/全天 $40/60）。

团队游

★ **Wilderness Guides** 团队游

（☎0800 266 266, 03-573 5432; www.wildernessguidesnz.com; Town Wharf, Picton; 一日导览游 $130起，皮划艇/自行车出租 每天 $60）提供受欢迎的“多种运动随心组合”一到三日游（皮划艇/徒步/自行车），另有其他许多导览、自助骑行、登山和皮划艇团队游，包括去往偏远的船湾的划船游。也有一系列很不错的山地自行车和皮划艇可供租赁。

Cougar Line 团队游

（☎03-573 7925, 0800 504 090; www.cougarlinecruises.co.nz; Town Wharf; 步道往返 $105，巡游 $85起）提供夏洛特女王步道的交通航行，还有各种各样的半天和全天游轮/徒步线路，包括独特的（也很灵活的）前往摩图阿拉岛的生态航线，以及从决心湾（Resolution Bay）到Furneaux Lodge的一日徒步。

Marlborough Sounds Adventure Company 团队游

（☎03-573 6078, 0800 283 283; www.marlboroughsounds.co.nz; Town Wharf, Picton; 半天/5天导览游套餐 $95/2420，皮划艇出租 每半天 $40起）提供自行车—徒步—皮划艇游览项目，可根据自身喜好和时间自选。有自行车、皮划艇和露营设备可供出租。旅途时长从半天到5天不等，热门的皮划艇和徒步包括1天的皮划艇、1天的徒步，以及在海峡地区住宿。

Marlborough Sounds 莫尔伯勒峡湾

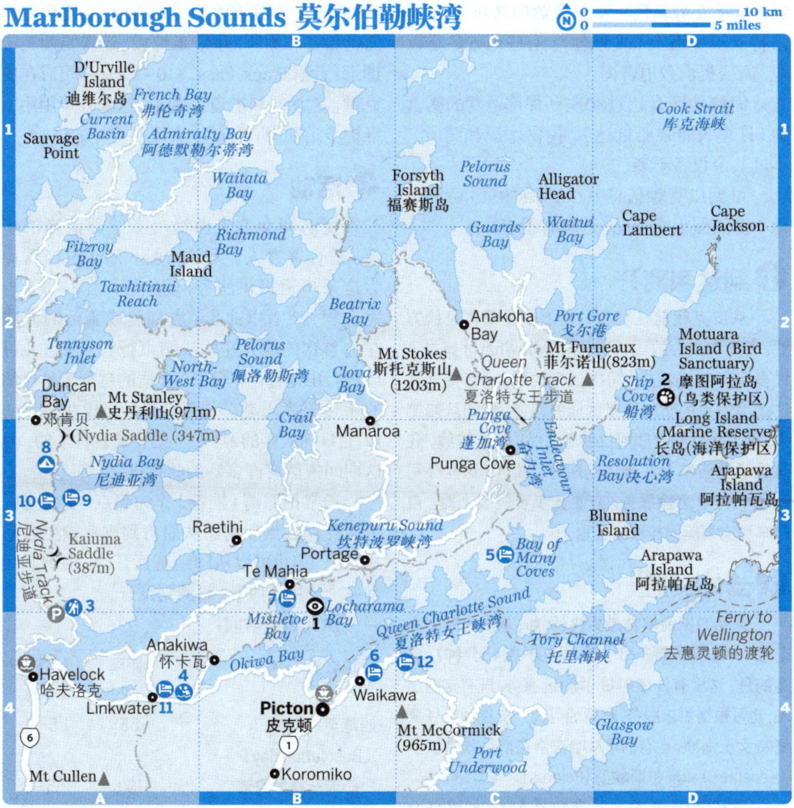

Beachcomber Cruises

团队游

（03-573 6175，0800 624 526；www.beachcombercruises.co.nz；Town Wharf，Picton；邮船 $101，游轮 $85起，步道往返 $103）有2~8小时的巡游航线，包括经典的“魔力邮船”，外加徒步、骑行和度假村午餐选项，以及往返步道的交通。

E-Ko Tours

团队游

（03-573 8040，0800 945 354；www.e-ko.nz；Town Wharf，Picton；海豚游泳/观赏 $165/135）半天的“与海豚共游”之旅，其他野生动物观赏团队游，可前往摩图阿拉岛（见460页）。如果不下水和野生动物接触，价格更便宜。

住宿

海峡有些住宿处只能乘船抵达，与世隔

Marlborough Sounds 莫尔伯勒峡湾

景点

1 Lochmara B3
2 摩图阿拉岛 D2

活动、课程和团队游

3 Nydia Track A3
4 Sea Kayak Adventures A4

住宿

5 Bay of Many Coves Resort C3
6 Buccaneer Lodge B4
Lochmara Lodge .... （见1）
7 Mistletoe Bay B3
8 尼迪亚湾环保部露营地 A3
9 Nydia Lodge A3
10 On the Track Lodge A3
11 Smiths Farm Holiday Park A4
12 Whatamonga Homestay C4

绝，非常安静，不过大多数热门选项都在夏洛特女王步道上（或旁边）。有些地方冬季歇业，需要提前致电咨询。

海峡地区有超过30座环保部运营的露营地（许多只能乘船抵达），提供水源和厕所，不过其余设备不多。

可到皮克顿信息中心（见459页）咨询当地小度假屋出租情况，这里有很多。

到达和离开

从皮克顿前往莫尔伯勒海峡是最常见的方式，那里市中心的城镇码头（Town Wharf）集中了许多运营商。这些公司提供各种服务，包括直接往返度假屋的航线和景区间的巡游，例如从船湾（Ship Cove）到摩图阿拉岛鸟类保护区的航线，还有往返夏洛特女王步道的航程。此外，这些公司还提供行李运输服务，方便徒步者轻装上路。自行车和皮划艇同样可以运输。

当地交通

乘船游览海峡总是更快（例如，从皮克顿驾车前往Punga湾需要2~3小时，乘船只需45分钟）。幸运的是，这里有许多船提供船运服务，既有定时出发，也可根据需求服务，有驳船可离开皮克顿前往夏洛特女王海峡，也有的可从哈夫洛克前往坎特波罗（Kenepuru）和皮鲁斯峡湾（Pelorus）。

可环游峡湾的运营商包括**Arrow Water Taxis**（☎03-573 8229, 027 444 4689; www.arrowwatertaxis.co.nz; Town Wharf, Picton），**水上飞机**（☎021 704 248, 03-573 9012; www.nz-scenic-flights.co.nz; Ferry Terminal, Picton; 起价 $110），Kenepuru Water Taxi（见465页），Pelorus Sound Water Taxi（见465页）和**Picton Water Taxis**（☎03-573 7853, 027 227 0284; www.pictonwatertaxis.co.nz; Waterfront, London Quay和Wellington St交叉路口，Picton）。

夏洛特女王步道（Queen Charlotte Track）

蜿蜒70公里的著名的夏洛特女王步道是新西兰经典步道之一，现在也是十大步道中的一条，它为游客们提供了无与伦比的海岸线风光。它从历史悠久的船湾（Ship Cove）到阿纳基瓦（Anakiwa），途经一些私人领地和环保部保护地。深入这些地区首先要征得土地所有者的同意，要尊重他们的私有财产，使用专用露营设备和厕所，并带走垃圾。还需要购买**步道通行证**（Track Pass, $10~18）——可以在皮克顿信息中心和步道上购买。这部分费用用于维护步道和为所有徒步者提供更好的体验。

活动

夏洛特女王步道是一条线路清晰的步道，适合普通人。无数的船和团队游经营商为这条步道提供服务，使你可以在3~5天走完全程，或者以徒步、皮划艇或骑行的方式在你喜欢的地方开始或结束行程。在这儿可以进行山地自行车骑行，合适的越野工具让你的旅途充满乐趣。步道的部分路段在每年的12月1日到次年的2月末是禁止骑自行车的，但这期间依然有许多好的骑行机会。

通常把船湾（推荐）作为起点，主要是因为从皮克顿到船湾比从船湾到皮克顿更容易找到船，但也可以从阿纳基瓦开始。阿纳基瓦有一个公用电话亭，船湾则没有。

预计步行时间：

步道区域	距离（公里）	行程（小时）
船湾至决心湾（Resolution Bay）	4.5	1.5~2
决心湾至奋力湾港（Endeavour Inlet）	10.5	2.5~3
奋力湾至露营湾/蓬加湾（Camp Bay/Punga Cove）	12	3~4
露营湾/蓬加湾至托利亚山脊/波蒂奇（Torea Saddle/Portage）	24	6~8
托利亚山脊/波蒂奇至蒂马希亚山脊（Te Mahia Saddle）	7.5	3~4
蒂马希亚山脊至阿纳基瓦（Anakiwa）	12.5	3~4

住宿

这里有许多极棒的多日游选择，你可以以皮克顿为基地。也有许多住宿选择，它们沿着道路分布开来，而船只经营商可以沿路为你运送行李。

有6个环保部管理的露营地，全部都配有厕所和水源，但没有烹饪设施。这里也有很多度假村、度假屋、旅舍和客栈。除非计划露营，否则你得提前很久预订夏洛特女王步道的住处，尤其是夏季。

Anakiwa 401 青年旅舍 $

（☎03-574 1388；www.anakiwa401.co.nz；401 Anakiwa Rd；标单/四 $75/200，双 $100~120；📶）这座由校舍改建的旅舍位于步道最南端，是一个非常适合休息和沉思的地方。这里有两个双人间（其中一间是套房）、一个双人间和一个位于沙滩上的设施齐全的套间。幽默的店主会开玩笑似的命令你跳下堤坝。你可以在夏日午后尝尝小绿篷车里下午出售的意式浓缩咖啡和冰激凌。提供免费的自行车和皮划艇。

Smiths Farm Holiday Park 度假公园 $

（☎03-574 2806；www.smithsfarm.co.nz；1419 Queen Charlotte Dr, Linkwater；露营地 每人$18起，小屋 $65，套间 $115~150；@📶）🍃这个度假公园坐落于夏洛特女王峡湾和皮鲁斯峡湾中间，即名字很写实的Linkwater（有"与水相连"之意）区。友好的Smith为旅行者们提供一些有基本设施的营地。维护得当的小木屋和汽车旅馆式套间面朝树木茂密的山坡，还有可爱的家畜在葱翠的宿营草坪上悠闲地吃草。从这里可以步行到附近的一座瀑布和奇妙的萤火虫幽谷。

Mistletoe Bay 度假公园 $

（☎03-573 4048；www.mistletoebay.co.nz；Onahau Bay；露营地 成人/儿童 $16/10，铺/双 $40/80，床品 $7.50；📶）🍃风景秀丽的Mistletoe Bay周围是树木茂密的山丘，为绝佳的露营之选，有朴实无华的公共设施。这里的8个现代小屋（$140），每个可容纳6人，还有1个小别墅和现代化的公用厨房。环保设施很多。你可以跳下堤坝，坐皮划艇在海湾中滑行，或者在夏洛特女王步道上漫步。

★ Te Mahia Bay Resort 度假村 $$

（☎03-573 4089；www.temahia.co.nz；63 Te Mahia Rd；双 $160~258；📶）这个低调又惹人喜爱的度假村位于夏洛特女王步道风景如画的坎特波罗峡湾旁边。这里有各种让人身心舒畅的海景房，推荐超值的老式套房。有商店，出售煮好的食物、比萨、蛋糕、咖啡和露营补给（葡萄酒），还有皮划艇出租和按摩服务。

Lochmara Lodge 度假村 $$

（☎03-573 4554 0800 562 462；www.lochmaralodge.co.nz；Loch-mara Bay；套间 $99~300；📶）🍃从夏洛特女王步道可以到达这个有艺术感的生态度假村，从皮克顿乘坐水上出租车也可直达（单程$30）。这里有双人套房、套间和度假屋，都位于葱翠茂盛的环境中，还有一家咖啡馆和餐厅，外加一个浴室，你可以在里面享受水疗或按摩。最近增添了**Lochmara's**（☎03-573 4554；www.lochmara.co.nz；Lochmara Bay；一日游 $40起）🍃野生动物保护活动和一个有趣的水下观景台。

★ Bay of Many Coves Resort 度假村 $$$

（☎0800 579 9771，03-579 9771；www.bayofmanycoves.co.nz；Bay of Many Coves；1/2/3卧室公寓 $860/1090/1435；📶🏊）这些奢华又与世隔绝的公寓有完善的现代化设施和私人水景阳台。这里提供高级餐饮，还有各种贴心的服务，比如按摩、水疗和热水浴缸。也有皮划艇和丛林徒步项目，还有海峡探险活动，由实践经验丰富的迷人店主及员工组织。

Mahana Lodge 度假屋 $$

（☎03-579 8373；www.mahanalodge.co.nz；Endeavour Inlet；双 $250；⏲6月至8月歇业）🍃这个美丽的度假屋以拥有唯美的水边草坪和精心设计的4间双人套房为特色。这里非常注重环保，如培育再生的灌木丛、捕捉有害动植物和种植有机蔬菜。实际上，这家度假屋让人称赞的地方有很多：免费的皮划艇、礼服、自制烘焙和一个可以提供晚餐的生机勃勃的温室（3道菜 $75）。

ℹ 实用信息

皮克顿信息中心（见459页）是获取有关步道信息和建议的最佳地，这里也提供交通和住宿预订服务。也可以登录Queen Charlotte Track（www.qctrack.co.nz）和Queen Charlotte Track Land Cooperative（www.qctlc.com）的网站看看。

ℹ 到达和离开

皮克顿水上出租车可以提供步道沿线许多地方的接送服务。

坎特波罗峡湾和皮鲁斯峡湾（Kenepuru & Pelorus Sounds）

坎特波罗峡湾和皮鲁斯峡湾在夏洛特女王峡湾的西面，相比之下不太为人所知，因此旅游服务设施较少，交通线路也较少。但这里有着非常优美的景色，值得旅行者花时间驻足，深入探索它的魅力。

哈夫洛克（Havelock）是这个区域的中心，位于35公里外的夏洛特女王公路的西面（东面是皮克顿），自称"世界绿蚌之都"。虽然哈夫洛克不是新西兰最酷的地方，但这里有大部分必需品，包括住宿、汽油和食品。

景点

当你漫步在哈夫洛克的街道上，可能会想这个地区一定还有更多地方可逛。你猜对了——要想深入了解这一地区，推荐你去卡伦眺望台（Cullen Point Lookout），从哈夫洛克沿夏洛特女王公路开车10分钟就到。再步行几分钟就可以到达一个岬角，在那里可以遥望哈夫洛克、周边村庄和皮鲁斯峡湾。当然，莫尔伯勒峡湾本身也有许多可看可做的事。

活动

Pelorus Eco Adventures 皮划艇

（☎03-574 2212，0800 252 663；www.kayaknewzealand.com；Blue Moon Lodge，48 Main Rd，Havelock；每人 $95起）乘充气皮划艇漂浮在风光迷人的皮鲁斯河上：电影《霍比特人》（*The Hobbit*）里乘木桶漂流的取景地就是这条河。随着急流漂流，穿过清澈的水池，经过原始森林和瀑布。无须经验即可参与。至少两人成行。团队游持续4~5小时。

尼迪亚步道 步行

（Nydia Track；www.doc.govt.nz）尼迪亚步道（27公里，10小时）的起点在凯乌玛湾（Kaiuma Bay），终点在邓肯湾（Duncan Bay，也可反向行走）。要想完成整个旅程还需要乘坐水上和公路交通工具。哈夫洛克的Blue Moon Lodge提供去往邓肯湾的穿梭巴士。

半途中可以看到美丽的尼迪亚湾，那里有新西兰环保部露营地（www.doc.govt.nz；成人/儿童 $6/3），还有一个公共的有50个床位的Nydia Lodge（☎03-520 3002；www.doc.govt.nz；铺 $15，最低收费 $60）。On the Track Lodge（☎03-579 8411；www.nydiatrack.org.nz；Nydia Bay；铺 $60，双 $140~180）在尼迪亚湾，还有另一处宁静的生态型住处，为住宿者提供一切，从打包午餐到晚餐不等，还有热水浴。

团队游

Pelorus Mail Boat 巡游

（☎03-574 1088；www.themailboat.co.nz；Jetty 1，Havelock Marina；成人/儿童 $128/免费；⏲11月至次年4月，5月至10月 周二、周四和周五出发 9:30）很受欢迎的全天乘船巡游，乘坐真正的新西兰邮轮穿越皮鲁斯峡湾。必须预订，自带午餐，提供皮克顿和布莱尼姆接送服务。

住宿

坎特波罗和皮鲁斯周边有大量住处，其中大多数可以很方便地从夏洛特女王步道到达。也有一些别具一格的环保部露营地（在1月通常挤满了突然而至的旅行者）、一些稍微偏远的度假屋和坐落在Linkwater区的非常便捷的Smiths Farm Holiday Park（见463页）。Linkwater位于Queen Charlotte Rd和Kenepuru Rd交叉路口处，在这里你可以找到出售食品的加油站。哈夫洛克有几家不错的住处。

Blue Moon Lodge 青年旅舍 $

（☎0800 252 663，03-574 2212；www.bluemoonhavelock.co.nz；48 Main Rd，Havelock；铺 $33，房间 带/不带浴室 $96/82起；@🛜）这个愉快、放松的旅舍主楼内，有温馨的房间，其中一个是水疗家庭套间（$130起），还有院子里的小木屋和一个简易宿舍。值得注意的还包括一个阳光充沛的烧烤台、皮鲁斯河上的充气皮划艇之旅和前往Nydia步道的交通服务。

★ **Hopewell** 度假屋 $$

（☎03-573 4341；www.hopewell.co.nz；7204 Kenepuru Rd，Double Bay；铺/小别墅 $40/240，双 带/不带浴室 $150/110；@🛜）偏远的Hopewell坐落于绿树环绕的水边，深受游客

喜爱。要到这里，需要开车行一段蜿蜒的路，或者从Te Mahia乘坐水上出租车（$25）。此店要求最少住两天，所以你可以在这里缓和一下心情，或者参加一些常规活动：骑山地自行车、划皮划艇、乘帆船、垂钓、吃美味比萨、泡露天热水浴池等。

Havelock Garden Motels 汽车旅馆 $$

（☎03-574 2387; www.gardenmotels.com; 71 Main Rd, Havelock; 双 $125~150; 📶）位于宽阔优雅的花园中，这里古树葱郁，花开遍地。此处20世纪60年代的套房经过翻修，可为游客提供温馨舒适的下榻体验。可帮游客预订当地活动。

实用信息

哈夫洛克信息中心（Havelock i-SITE; ☎03-577 8080; www.marlboroughnz.com; 61 Main Rd, Havelock; ⏲9月至次年5月 9:00~16:30）这座有用的小游客中心与**Eyes On Nature**博物馆在一起，里面有许多栩栩如生的吓人的鸟类、鱼和其他家畜1:1实物模型。

如需更多详情，包括完整的游客服务细节，请登录www.pelorus.co.nz，里面包含了哈夫洛克、坎特波罗峡湾和皮鲁斯峡湾的相关信息，也有关于弗伦奇帕斯（French Pass）及迪维尔岛（D' Urville Island）的信息。

到达和离开

InterCity（见456页）每天有从皮克顿到哈夫洛克的班车（$17, 1小时），途经布莱尼姆，还有从哈夫洛克到纳尔逊的班车（$17, 1.25小时）。班车从**哈夫洛克信息中心**附近出发。

当地交通

Kenepuru Water Taxi（☎03-573 4344, 021 132 3261; www.kenepuru.co.nz; 7170 Kenepuru Rd, Raetihi）和**Pelorus Sound Water Taxi**（☎0508 4283 5625, 027 444 2852; www.pelorussoundwatertaxis.co.nz; Pier C, Havelock Marina）都提供本地交通和观光服务。

布莱尼姆（Blenheim）

☎06/人口 27,150

布莱尼姆是一个农业城镇，在皮克顿以南29公里处，位于威瑟山（Wither Hills）和里奇蒙山脉（Richmond Ranges）之间美丽的怀劳平原（Wairau Plain）上。过去十年里，小镇开展了美化工程，成熟的葡萄酒产业和新建的地标博物馆极大地增加了城镇对游客的新引力。

可查看镇中心东北郊河畔最新开发的项目，包括小巧的公园、步道和一座步行桥。

不要错过

皮鲁斯桥（PELORUS BRIDGE）

哈夫洛克以西18公里处有一片平凡无奇的牧场，四周环绕着茂密的森林。这个风景优美的保护区有莫尔伯勒最后一片河积平原森林。它之所以留存至今，是因为1865年计划建造的小镇直到1912年还未建成，这片闭塞的森林因而躲过了当时兴旺的伐木业的伤害。如今，旅行者有机会探索其中众多的步道，惊叹于这座历史悠久的皮鲁斯桥，在清澈透明的皮鲁斯河（曾作为电影《霍比特人》的取景地）上畅游，或是沉浸在咖啡馆的烘焙美味中。晚上，少数幸运的旅行者可在环保部小巧却完美的**皮鲁斯桥露营地**（Pelorus Bridge Campsite; ☎03-571 6019; www.doc.govt.nz; Pelorus Bridge, SH6; 无/有电力供应 露营地 每人 $9/18）宿营，享受时尚现代的配套设施。日落的时候找找长尾蝙蝠，这个保护区是它们在莫尔伯勒的最后一片栖息地。

景点

★ **奥玛卡航空文化遗产中心** 博物馆

（Omaka Aviation Heritage Centre; ☎03-579 1305; www.omaka.org.nz; 79 Aerodrome Rd, Omaka; 成人/儿童/家庭 两个展览 $30/16/99; ⏲12月至次年3月 9:00~17:00, 4月至11月10:00~17:00）这座极富吸引力的出色博物馆收藏了电影导演彼得·杰克逊拥有的一系列超棒的“一战”飞机原型和复制藏品，它们被制作成活灵活现的立体模型，并配有生动的战争场景，例如红男爵曼弗雷德·冯·里希特霍芬（Manfred von Richthofen）之死。新建的翼楼中有危险天空（Dangerous Skies）展览，展

出的是“二战”的藏品。提供复古双翼飞机飞行项目(10/20分钟，1~2人 $250/380)。

馆内有一个咖啡馆和商店，隔壁就是**奥玛卡经典车展**(Omaka Classic Cars; ☎03-577 9419; www.omakaclassiccars.co.nz; Aerodrome Rd, Omaka; 成人/儿童 $15/免费; ⏲10:00~16:00)，里面展出了100多辆20世纪50~80年代的汽车。

波拉德公园 公园

(Pollard Park; Parker St)这座25公顷的公园从镇子步行过去需要10分钟，其中有美丽芳香的花园、运动场、网球场、槌球场和一个九洞高尔夫球场。夏天晚上亮灯后很漂亮。通往镇子的公路中途，有一座广阔的**泰勒河保护区**(Taylor River Reserve)，很漂亮，可以去散散步。

活动

威瑟山农场公园 步行

(Wither Hills Farm Park)这个11平方公里的丘陵公园位于一马平川的城镇中，让人身心放松。这里有60公里的人行道和山地自行车道，沿途还可欣赏怀劳山谷和云雾湾的美景。从信息中心(见470页)可以获得地图，也可在公园的多个入口处查看信息板，包括Redwood St和Taylor Pass Rd的入口。

Avantiplus 骑行

(☎03-578 0433; www.bikemarlborough.co.nz; 61 Queen St; 出租 每半天/全天 $25/40起; ⏲周一至周五 8:00~17:30，周六 10:00~14:00)出租自行车，还可安排其余出租和运送服务。如果想轻松些，也提供电动自行车和双人自行车。

团队游

葡萄酒团队游的游客一般乘坐小巴，全程持续4~7小时，可以去4~7个葡萄酒庄，价位在$65~95(一些比较全面的游览每日花费高达$200左右，包括一顿在酒庄的午餐)。

★ **Driftwood Eco-Tours** 皮划艇、生态游

(☎03-577 7651; www.driftwoodecotours.co.nz; 749 Dillons Point Rd; 皮划艇和四驱车团队游 $200)可乘坐皮划艇或四驱车游览具有重要历史意义的怀劳潟湖(Wairau Lagoon)及周边的迷人乡村，从布莱尼姆驾车过来需要10分钟。也许能看见罕见的鸟类和尊贵的篦鹭。拥有一些设备的Retreat套房能提供4人住宿(双/四 $250/450)，“treehouse”能住3人(双/三 $200/250)。早餐每人另付$20，两个住宿处都在奥帕瓦河(Opawa River)旁边。

Bike2Wine 团队游

(☎0800 653 262, 03-572 8458; www.bike2wine.co.nz; 9 Wilson St, Renwick; 标准/双人自行车 每天 $30/60，接车 $10; ⏲10:00~17:30)除了坐小巴游览葡萄酒庄外，还可以选择骑自行车。这里提供装备齐全、服务到位的自助线路游览服务。新店主正努力保持与之前一样水准的高质量服务，骑车很快就能抵达伦维克(Renwick)周边的许多葡萄园。

Sounds Connection 团队游

(☎03-573 8843, 0800 742 866; www.soundsconnection.co.nz; 团队游 $75起)以葡萄酒为基础的游览，探索该地区最好的葡萄酒庄和葡萄园餐厅，也合作运营莫尔伯勒海峡乘船游。

Bubbly Grape Wine Tours 团队游

(☎027 672 2195, 0800 228 2253; www.bubblygrape.co.nz; 团队游 $100~195)有3条不同的游览线路，包括美味的午餐。

Highlight Wine Tours 团队游

(☎027 434 6451, 03-577-9046; www.highlightwinetours.co.nz; 团队游 $115~130)除了去酒庄也参观巧克力工厂。可根据客户需求规划线路。

节日和活动

莫尔伯勒葡萄酒和美食节 食物和饮品

(Marlborough Wine & Food Festival; ☎03-577 9299; www.wine-marlborough-festival.co.nz; 门票 $62; ⏲2月中旬)地点在Brancott Estate Heritage Centre(见468页)。这是一个被当地特产葡萄酒、美食和娱乐填满的狂欢节。须提前预订好住处。

住宿

在旅游旺季，布莱尼姆的便宜住处通常挤满了来此做季节性工作的长住打工者。青年旅舍可以帮忙寻找工作机会并提供周租价

Marlborough Wine Region 莫尔伯勒葡萄酒产区

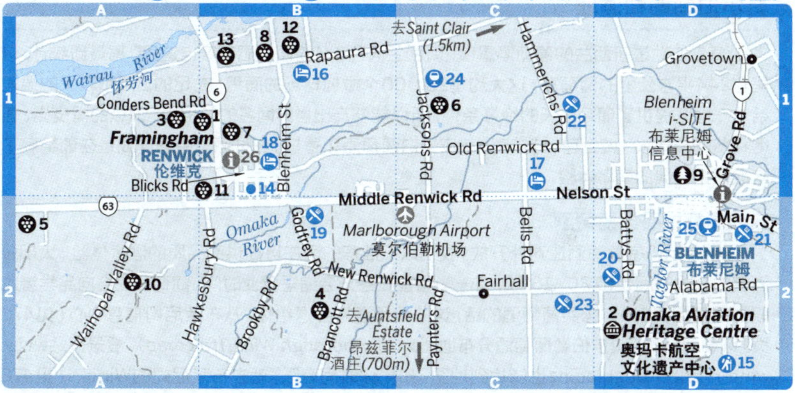

Marlborough Wine Region 莫尔伯勒葡萄酒产区

重要景点

1 Framingham............B1
2 奥玛卡航空文化遗产中心............D2

景点

3 Bladen............A1
4 Brancott Estate Heritage Centre............B2
5 Clos Henri Vineyard............A2
6 Cloudy Bay............C1
7 Forrest............B1
8 Huia............B1
奥玛卡经典车展............（见2）
9 波拉德公园............D1
10 Spy Valley Wines............A2
11 Te Whare Ra............B1
12 Vines Village............B1
13 Wairau River............B1

活动、课程和团队游

14 Bike2Wine............B1
15 Wither Hills Farm Park............D2

住宿

16 Marlborough Vintners Hotel............B1
Olde Mill House............（见14）
17 St Leonards............C1
18 Watson's Way Lodge............B1

就餐

19 Arbour............B2
20 Burleigh............D2
21 Gramado's............D2
22 Rock Ferry............C1
Wairau River Restaurant............（见13）
23 Wither Hills............C2

饮品和夜生活

24 Moa Brewing Company............C1
25 Scotch Wine Bar............D2

实用信息

26 环保部莫尔伯勒区办公室............B1

格。在镇中心西面的Middle Renwick Rd上和通往基督城的SH1上可以找到大量中等价位的汽车旅馆。

布莱尼姆中心区

Blenheim Top 10 Holiday Park 度假公园 $

（☎03-578 3667, 0800 268 666; www.blenheimtop10.co.nz; 78 Grove Rd; 露营地 $42, 小屋 $79~89, 套间 $135; @📶🏊）这个度假公园距离小镇约有10分钟步行距离，位于一座跨越奥帕瓦河的主要公路的桥下。建议选择最安静的露营地。小屋和套间整洁、简单、普通，位于由沥青铺设的场地里。有水疗设施、泳池、游乐场和自行车租赁服务。

Grapevine Backpackers 青年旅舍 $

（☎03-578 6062; www.thegrapevine.co.nz; 29 Park Tce; 铺 $26~27, 标单/双/标三 $62/70/84; 📶）这家旅舍位于距离市中心10分钟步行距离的妇产医院旧址上，为旅行者提供不错的房间。厨房较小，但有免费独木舟和奥帕瓦河畔的宁

莫尔伯勒葡萄酒庄

莫尔伯勒是新西兰的葡萄酒重镇，新西兰大约3/4的葡萄酒都产自这里。据最新统计，这里有244平方公里的葡萄藤，这大约是28,000个橄榄球场的面积！充足的日照和较大的温差给这一地区提供了葡萄生长的绝好条件，所以能够产出世界闻名的长相思、顶级的黑皮诺、值得称赞的夏敦埃、威士莲、特拉密、灰皮诺白葡萄酒和香槟。在试酒室中徜徉或是在葡萄藤下吃饭都是经典的南岛体验。

在品酒室中品尝葡萄酒

大约有35家葡萄酒庄对外开放。我们以下推荐的酒庄可提供高品质的酒窖体验。大部分酒窖的开放时间是10:30~16:30，有一些酒窖在冬天会缩短营业时间。葡萄酒庄会向品尝者收取少额费用，如果你购买葡萄酒的话，这些费用通常会退给你。从布莱尼姆信息中心（见470页）可拿到一份《莫尔伯勒葡萄酒分布地图》（*Marlborough Wine Trail map*），登录网站www.wine-marlborough.co.nz也能找到地图。如果你时间有限，就去布莱尼姆的Wino's（见470页），这是一个很不错的一站式购物商店，里面有高级且不太常见的莫尔伯勒葡萄酒。

昂兹菲尔酒庄（Auntsfield Estate；☎03-578 0622；www.auntsfield.co.nz；270 Paynters Rd；⊙根据预约 10月底至复活节 周一至周五 11:00~16:30）

Bladen（☎03-572 9417；www.bladen.co.nz；83 Conders Bend Rd；⊙10月底至次年4月 11:00~16:30）

Brancott Estate Heritage Centre（☎03-520 6975；www.brancottestate.com；180 Brancott Rd；⊙10:00~16:30）

Clos Henri Vineyard（☎03-572 7293；www.clos-henri.com；639 State Hwy 63，RD1；⊙10月至次年4月 周一至周五 10:00~16:00）

Cloudy Bay（☎03-520 9147；www.cloudybay.co.nz；230 Jacksons Rd；⊙10:00~16:00）

Forrest（☎03-572 9084；www.forrest.co.nz；19 Blicks Rd；⊙10:00~16:30）

Framingham（☎03-572 8884；www.framingham.co.nz；19 Conders Bend Rd，Renwick；⊙10:30~16:30）

Huia（☎03-572 8326；www.huiavineyards.com；22 Boyces Rd；⊙11月至次年3月 10:00~17:00）

Saint Clair Estate（☎03-570 5280；www.saintclair.co.nz；13 Selmes Rd，Rapaura；⊙11月至次年

静烧烤台做弥补。租自行车的费用为每天$25。

171 on High 汽车旅馆 $$

（☎0800 587 856，03-579 5098；www.171onhighmotel.co.nz；171 High St；双 $170~210；📶）一个毗邻小镇的好去处，有紫色单间，公寓房在白天阳光明媚、微风徐徐，夜晚则温馨如归、微光闪烁。这里设施完备，服务周到。

葡萄酒产区

Watson's Way Lodge 度假屋 $

（☎03-572 8228；www.watsonswaylodge.co.nz；56 High St，Renwick；帐篷/露营车 $15/18，铺 $30，双和标双 $88~99；⊙8月和9月歇业；@📶）以旅行者为本的套间房间整洁，位于一座精心改造的平房中，有全套厨房设备和舒适的休息室，还有宽敞、铺满落叶的花园，其间点缀着果树和吊床，还有一个爪外形支座的浴缸。这里提供自行车出租服务（客人/对外 每天 $18/28）和大量当地信息。

St Leonards 别墅 $$

（☎03-577 8328；www.stleonards.co.nz；18 St Leonards Rd；双 含早餐 $150~340；📶🏊）5座私密性较好的时尚乡村小别墅坐落在一处1886年的私人宅地上，占地4.5公顷，让人流

4月 10:00~17:00，5月至10月 10:00~16:00)

Spy Valley Wines (☎03-572 6207; www.spyvalleywine.co.nz; 37 Lake Timara Rd, Waihopai Valley; ⊙10月中旬至次年5月中旬 10:30~16:30，5月中旬至10月中旬 10:30~16:30)

Te Whare Ra (☎03-572 8581; www.twrwines.co.nz; 56 Anglesea St, Renwick; ⊙11月至次年3月中旬 周一至周五 10:00~16:00)

Vines Village (☎03-579 5424; www.thevinesvillage.co.nz; 193 Rapaura Rd; ⊙10:00~17:00)

Wairau River (☎03-572 9800; www.wairauriverwines.com; 11 Rapaura Rd; ⊙10:00~17:00)

Yealands Estate (☎03-575 7618; www.yealandsestate.co.nz; Seaview Rd和Reserve Rd交叉路口，Seddon; ⊙10:00~16:30)

最佳餐饮

Wairau River (☎03-572 9800; www.wairauriverwines.com; Rapaura Rd和SH6交叉路口，Renwick; 主菜 $21~27; ⊙正午至15:00)这个装修入时的泥砖结构小酒馆拥有宽阔的走廊和美丽的花园，可供人乘凉。你可以点一份干辣椒咸对虾，或蓝芝士舒芙蕾。在整个就餐过程中，你会感到轻松愉快。

Rock Ferry (☎03-579 6431; www.rockferry.co.nz; 130 Hammerichs Rd; 主菜 $25~29; ⊙11:30~15:00)室内室外环境宜人，稍显前卫。菜单虽小却内容丰富，有味噌三文鱼，配亚洲卷心菜沙拉或有机牛排开放式三明治，上盖奶油菠菜和凤尾鱼——搭配来自莫尔伯勒和奥塔戈的葡萄酒。

Wither Hills (☎03-520 8284; www.witherhills.co.nz; 211 New Renwick Rd; 主菜 $27~30，大拼盘 $22~24; ⊙11:00~16:00)这里的食物加工简单但做得很好，餐厅装修现代。在霍克尼式的草坪上找个垫子坐下来，享受鸭腿、当地三文鱼或奶酪和熟食拼盘，饱餐一顿后攀到金字形神塔的塔顶，遥望怀劳山谷风景。

Arbour (☎03-572 7989; www.arbour.co.nz; 36 Godfrey Rd, Renwick; 主菜 $37~39; ⊙8月至次年6月 周二至周六 17:00~23:00; ✎)这家优雅的餐厅位于伦维克(Renwick)葡萄酒乡，提供“品尝莫尔伯勒”项目，用当地食材制作当代大众喜爱的菜肴。尝试三道菜、四道菜或多道菜点餐服务($75/85/99)，或是一天结束少吃一些，从诱人的葡萄酒单上选一些喝上一两杯。

连忘返。每个小别墅都有自己独特的布局，所能看见的花园和葡萄园景色也各不相同。我们的选择是宽敞舒适的羊毛棚，有一种乡村别致感。这里的绵羊、鸡和鹿都在等待你的关注。

Olde Mill House 民宿 $$

(☎03-572 8458; www.oldemillhouse.co.nz; 9 Wilson St, Renwick; 双 $175~195; 📶)这座充满魅力的老房子位于伦维克(Renwick)地势较高的地方，款待每一位远道而来的客人。新主人让这家热情的民宿维持了高标准，装修富丽堂皇，还有自产水果、自制果酱和泡菜。免费自行车、露天水疗和花园使这里成为葡萄酒区中心地带的住宿首选。

Marlborough Vintners Hotel 酒店 $$$

(☎0800 684 190, 03-572 5094; www.mvh.co.nz; 190 Rapaura Rd; 双 $315起; 📶)从16间颇具设计感的套房能看见山谷的景色，超大浴室和抽象派艺术作品足以让酒店引以为傲。别具一格的大堂有酒吧和餐馆，外面是樱桃和有机蔬菜园。

✕餐饮

★Burleigh 熟食 $

(☎03-579 2531; www.facebook.com/

theburleighnz; 72 New Renwick Rd; 派 $6; ⌚周一至周五7:30~15:00，周六9:00~13:00）在这家极好的熟食店中，不起眼的派被抬升到了极高的高度，可尝试甜甜的五花肉或开胃的牛排和蓝纹奶酪，或者两种都选。新鲜的长棍面包、当地香肠、法国奶酪和很棒的咖啡也都很有诱惑力。避开午餐人群。

Gramado' s 巴西菜 $$

（☎03-579 1192; www.gramadosrestaurant.com; 74 Main St; 主菜 $28~40; ⌚周二至周六16:00至深夜）这家餐厅为布莱尼姆餐饮业注入了一丝拉美风情，可以大口品尝丰盛的菜肴，比如香料羊羔肉、巴西肉烧豆（feijoada）和巴西香料鱼。当然最后再来一杯凯匹林纳鸡尾酒。

Scotch Wine Bar 葡萄酒吧

（☎03-579 1176; www.scotchbar.co.nz; 24-26 Maxwell Rd; ⌚16:00至深夜）位于布莱尼姆中心区，是个适合社交的多用途场所，提供当地产葡萄酒、桶装精酿啤酒和共享拼盘（$18~30），包括五香羊羔肉和鹰嘴豆泥、蒸馒头夹日式炸鸡。隔壁有许多一流的葡萄酒可选，包括许多当地烈酒，可以在酒吧喝，也可以带回家。

Moa Brewing Company 精酿啤酒

（☎03-572 5146; www.moabeer.com; 258 Jacksons Rd, Rapaura; 品尝 $8; ⌚11:00~17:00）尝够了葡萄酒之后休息一下，到Rapaura乡村葡萄园中Moa的悠闲啤酒品尝室里换换口味。附近找不到任何不会飞的恐鸟（moa）的痕迹，不过花园里有许多其他鸟类。周五至周日有食物车，一般还有几种桶装的时令啤酒。啤酒爱好者应该尝试出色的酸啤酒。

Dodson Street 精酿啤酒

（☎03-577 8348; www.dodsonstreet.co.nz; 1 Dodson St; ⌚11:00~23:00）这个小酒馆和花园有啤酒厅的氛围，供应与之匹配的德国菜（主菜$17~27），特色是猪肘、德国香肠和炸肉排（比萨和汉堡也很棒）。最吸引人之处是24种高品质的精酿啤酒，种类不停更换，都来自莫尔伯勒和新西兰其他地区。品尝5种啤酒的价格为$10。

购物

Wino' s 葡萄酒

（☎03-578 4196; www.winos.co.nz; 49 Grove Rd; ⌚周日至周四 10:00~19:00，周五和周六 至20:00）如果时间有限，可以来这家纯正的一站式购物商店，有莫尔伯勒出产的一些较好且不常见的特产。

实用信息

布莱尼姆信息中心（Blenheim i-SITE; ☎03-577 8080; www.marlboroughnz.com; Railway Station, 8 Sinclair St; ⌚周一至周五 9:00~17:00，周六 至18:00，周日 10:00~15:00）提供莫尔伯勒及周边地区的信息，还有葡萄酒分布图和一切预订服务。

怀劳医院（Wairau Hospital; ☎03-520 9999; www.nmdhb.govt.nz; Hospital Rd）

到达和离开

飞机

莫尔伯勒机场（Marlborough Airport; www.marlboroughairport.co.nz; Tancred Cres, Woodbourne）在城镇以西6公里处的Middle Renwick Rd上。新西兰航空公司（见455页）有到达和离开惠灵顿和奥克兰的直航班机。Soundsair（见455页）的班机从布莱尼姆往返惠灵顿、帕拉帕拉乌姆、内皮尔和凯库拉。

长途汽车

InterCity（见456页）每天都有从布莱尼姆信息中心开往皮克顿（$10，30分钟）和纳尔逊（$22起，1.75小时）的班车。也有向南经过凯库拉开往基督城（$41起，6小时，每天4班）的班车。

Naked Bus（见456页）经营一些相同的路线和自营路线，车票便宜。

火车

KiwiRail Scenic（见455页）每天运营的Coastal Pacific列车（10月至次年5月）北上途经布莱尼姆前往皮克顿，南下途经凯库拉前往基督城。可登录网站查看最新情况。

当地交通

自行车

Avantiplus（见466页）出租自行车，还可安排其余出租和运送服务。**Bike2Wine**（见466页）也出租自行车，可供探索周边葡萄园。

公交车

布莱尼姆周边和莫尔伯勒其他地区的班车由**Blenheim Shuttles**（☎03-577 5277, 0800 577

527; www.blenheimshuttles.co.nz)经营。

出租车

Marlborough Taxis(☎03-577 5511)提供出租车服务。

凯库拉(Kaikoura)

☎03/人口 2080

沿SH1从布莱尼姆向东南方向驱车129公里，或者从基督城向北180公里，就到了凯库拉，这是一个风景秀丽的半岛小城，背靠峰顶常年积雪的临海凯库拉山脉(Seaward Kaikoura Range)。世界上很少有其他地方如凯库拉一样很容易就可以见到看似稀有的野生动物：鲸鱼、海豚、新西兰独有的软毛海豹(fur seals)、企鹅、剪嘴鸥(shearwaters)、海燕和几种信天翁(albatross)。这些动物都在此长久栖息或从此经过。

这里的海洋生物资源丰富，主要因为洋流和大陆架的地质结构——大陆架从陆地缓缓地斜伸入海洋90米，忽然跳入800多米的海底。暖流和寒流在这里汇合，当南方洋流激荡海底的时候，掀起一股上升洋流，并把海底的营养物质带到海面，为海洋生物提供食物。

历史

在毛利传说中，凯库拉半岛(Taumanu o Te Waka a Maui)是半神毛伊(Māui)在把北岛从深处钓起时脚踩的座位。这个地方曾有很多毛利人定居——对遗迹的挖掘表明这一地区是800~1000年前的一个恐鸟(moa)狩猎人的聚居地。凯库拉的名字来源于"kai"(意思是食物、吃)和"koura"(意思是龙虾仔)。

1770年，詹姆斯·库克航行路过这个半岛，但是没有登陆。他在航海日记中说，57个毛利人坐着4条双壳船靠近了他的奋进(Endeavour)号，但没有靠得很近。

1828年，在凯库拉的海滩前端发生了一场规模巨大的战斗。北部的Ngāti Toa部落逼近凯库拉，击败了当地的Ngāi Tahu部落，杀死并俘获了几百名敌人。

1842年，欧洲人在这里建立了一个捕鲸站。从那时直到1922年，凯库拉一直是个捕鲸中心。之后，农业和捕鱼业继续支撑着这个地区。20世纪80年代，野生动物游览活动开始让这个小镇转变，观赏海洋哺乳动物使其成为令人兴奋的旅游胜地。

2016年11月，一场7.8级的地震袭击了这片地区，但随着主要交通干线的重建，凯库拉将再次迎来光明的未来。

景点

基恩角海豹栖息地 野生动物保护区

(Point Kean Seal Colony)在半岛尽头，海豹在岩石上悠闲地打发时间，吸引了所有游客的目光。观看海豹要留足够的安全距离(10米)，并且一定不要站在海豹与大海之间——如果它们感到恐慌，便会攻击人类并快速逃走。2016年地震后海岸线升高，海豹已经搬到了距离公路和停车场更远的地方，所以要密切注意潮汐。

凯库拉博物馆 博物馆

(Kaikoura Museum; ☎03-319 7440; https://kaikoura-museum.co.nz; 96 West End; 成人/儿童 $12/6; ⏲10:00~16:00)凯库拉博物馆位于一座类似捕龙虾仔用的罐子的现代建筑中，是新西兰外省最好的博物馆之一。里面有策划得非常好的展览，讲解本地区的地质、自然和海岸历史——亮点包括一只蛇颈龙残骸的化石——对于2016年11月袭击本地区的地震也有重点展示。"新规范"(New Normal)区有超过30个单独的"迷你展览"，讲解地震的影响，展品由当地居民贡献。

菲弗之家 历史建筑

(Fyffe House; www.heritage.org.nz; 62 Avoca St; 成人/儿童 $10/免费; ⏲10月至次年4月每天 10:00~17:00, 5月至9月 周四至周一 10:00~16:00)凯库拉历史最悠久的建筑便是菲弗之家了。这座建筑用鲸鱼骨搭建，于1844年筑成。这栋两层楼的小别墅骄傲地矗立着，前面带有一个色彩缤纷的花园，通过迷人的展览可以一窥殖民时期定居者的生活。历史陈列品令人印象深刻，而剥落的墙纸和奇怪的蜘蛛网更增添了真实性。这里还有一间可爱的海洋主题商店。

活动和团队游

观鸟

野生动物团队游是凯库拉的特色，特别

Kaikoura 凯库拉

是观看鲸鱼(抹香鲸、巨头鲸、虎鲸、座头鲸和南脊美鲸)、海豚(赫氏海豚、宽吻海豚和暗黑斑纹海豚——尤其喜欢社交的一个种类,有时能看到几百只)和新西兰独有的软毛海豹的活动。这里也有许多鸟类,包括信天翁和蓝企鹅。在夏天,团队游需要提前几周预订,还要给坏天气留几天调整时间。

★ **Albatross Encounter** 观鸟

(☎03-319 6777, 0800 733 365; www.encounterkaikoura.co.nz; 96 Esplanade; 成人/儿

Kaikoura 凯库拉

童 $125/60；团队游 全年 9:00和13:00，11月至次年4月 6:00）哪怕不是观鸟狂人，也会爱上这个鸟类天堂，这里有海鸥、欧洲鸬鹚（mollymawks）、大海鸟和海燕。可以看到许多不同类别的信天翁。棒极了。

Whale Watch Kaikoura 观赏野生动物

（☎0800 655 121，03-319 6767；www.whalewatch.co.nz；Railway Station；3.5小时团队游 成人/儿童 $150/60）凯库拉最大的生态游公司，配备导游讲解，船上播放令人着迷的动画，你可以乘风破浪，寻找大块头伙伴。如果没有看到鲸鱼，退款80%（成功率95%）。如果这是你此行的必修项目，那就预留几天机动时间以防遇上坏天气吧。

Seal Kayak Kaikoura 皮划艇

（Levi's Pedal Kayaks；☎027 261 0124，0800 387 7325；www.sealkayakkaikoura.com；2 Beach Rd；团队游 $59起）这个观光、观赏海豹和钓鱼的项目使用的是脚踏式皮划艇，手臂或腿都可以推动。

South Pacific Whale Watch 观鲸

（☎0800 360 886；www.southpacificwhales.co.nz；72 West End；每人 $350~650）提供各种直升机观鲸和观光之旅。

Seal Swim Kaikoura 生态游

（☎03-319 6182，0800 732 579；www.sealswimkaikoura.co.nz；58 West End；观赏 成人/儿童 $110/70，观光 $55/35；10月至次年5月）参与钱伯斯（Chambers）家族经营的2小时浮潜导览游（乘船），与凯库拉健康的海豹（包括非常可爱的小海豹）一起游泳嬉戏。

Dolphin Encounter 生态游

（☎0800 733 365，03-319 6777；www.encounterkaikoura.co.nz；96 Esplanade；游泳 成人/儿童 $175/160，观赏 $95/50；团队游 全年 8:30和12:30，11月至次年4月 5:30）宣称有新西兰最高的观鲸成功率（90%），有两个地址，还可以与海豚共游，3小时的旅行感觉很好，经常会看到大群喜欢社交的暗黑斑纹海豚——这也是凯库拉的经典犒赏。

Wings over Whales 生态游

（☎03-319 6580，0800 226 629；www.whales.co.nz；30分钟飞行 成人/儿童 $180/75）轻型飞机从城南8公里处的SH1公路旁的凯库拉机场出发。观鲸成功率95%。

Kaikoura Helicopters 观光飞行

（☎03-319 6609；www.worldofwhales.co.nz；Whaleway Station Rd；15/60分钟飞行

$100/490)非常可靠的观鲸飞行(标准30分钟飞行需至少3人,每人$220),还有围绕半岛、菲弗山和峰顶的观光项目。可咨询从高空观察本地区震后壮观地貌的项目。

徒步

★ 凯库拉半岛步道 步行

(Kaikoura Peninsula Walkway)一定要在这条步道上来一次探险。你可以从小镇起步,经过基恩角,沿悬崖到南湾,最后经过地峡(当然也可经保护区)回到城镇,全程步行3~4小时。在途中,你会看到软毛海豹、红嘴海鸥以及剪嘴鸥的栖息地。沿途还有很多角度绝佳的瞭望台和有趣的讲解牌。在凯库拉信息中心(见476页)拿张地图或凭直觉去探险吧!

凯库拉海岸步道 徒步

(Kaikoura Coast Track; ☎03-319 2715; www.kaikouratrack.co.nz; 356 Conway Flat Rd, Ngaroma; $200)这是一段历时2天、长26公里的轻松自助徒步旅行——穿过私人农田,沿途能欣赏海岸与高山风光。价格包括2晚农场度假屋的住宿和行李运输服务,第一晚实际是在出发之前。自带睡袋和食物。从凯库拉以南45公里处出发。

Kaikoura Wilderness Walks 徒步

(☎0800 945 337, 03-319 6966; www.kaikourawilderness.co.nz; 一日徒步 $250~795)🍃3天的导览徒步游,全程穿过位于凯库拉临海山脉上私人拥有的普希峰自然保护区(Puhi Peaks Nature Reserve)。最方便到达的是羽毛谷(Valley of the Feathers),需徒步4小时,可登上Totara Saddle,观看2016年地震后的地形变化。

其他活动

在滨海大道前有一个安全的海滩浴场,2016年地震后附近形成了一个小冲浪湾。周围还有很好的冲浪点,尤其是在芒阿毛努海滩(Mangamaunu Beach,城镇以北15公里处)。Board Silly Surf & SUP Adventures(☎027 418 8900, 0800 787 352; www.boardsilly.co.nz; 9 Hawthorne Rd, Mangamaunu; 3小时课程 $80,冲浪板和潜水衣 $40起)和Coastal Sports(☎03-319 5028; www.coastalsports.co.nz; 24 West End; ⏰周一至周六 9:00~17:30,周日 10:00~17:00,10月底至次年复活节 营业时间延长)出租水上运动装备。

骑行的话,可以到凯库拉信息中心(见476页)或Coastal Sports租自行车。在那里可以咨询一下前往菲弗山(Mt Fyffe)山脚的Kowhai Trail步道。

Clarence River Rafting 漂流

(☎03-319 6993; www.clarenceriverrafting.co.nz; 1/3802 SH1, 位于Clarence Bridge; 半天 成人/儿童 $120/80)到克拉伦斯河(Clarence River)激浪漂流,体验2016年凯库拉地震后地势的抬升和改变。半天旅途包括2.5小时的漂流,更长的旅途包括3~5天的探险,途中会在野外露营(成人/儿童 $1400/900)。总部在凯库拉以北35公里处,克拉伦斯桥附近。难度等级为二级,提供所有装备。

Kaikoura Kayaks 皮划艇

(☎0800 452 456, 03-319 7118; www.kaikourakayaks.nz; 19 Killarney St; 3小时团队游 成人/儿童 $99/70; ⏰团队游 11月至次年4月 8:30、12:30和16:30,5月至10月 9:00和13:00; 👪)提供超棒的海上皮划艇导览游,适合家庭,可观赏软毛海豹,探索半岛海岸线。还提供皮划艇钓鱼及其他按需安排的游览,外加自由划皮划艇和皮划艇出租服务。可询问游览霍普泉(Hope Springs)的项目,这是一个海上咕咕冒泡的硫黄泉,2016年地震后才被发现。

Kaikoura Fishing Tours 钓鱼

(☎0800 246 6587, 027 524 5687; www.kaikoura-fishing-tours.co.nz; 2小时 每人 $120)主要提供景点观光服务和海鲜美食。可加工游客钓的鱼。

节日和活动

凯库拉海鲜节 食物和饮品

(Kaikoura Seafest; ☎0800 473 2337; www.seafest.co.nz; 成人/儿童 $45/15; ⏰10月)这个每年一度的节日10月初举行,为期一天,融海鲜、葡萄酒、啤酒和音乐于一体,总是很欢乐。鼓励奇装异服,所以看到一些人穿得像企鹅、海豚或其他深海鱼类,不要惊讶。需要预订住宿。

住宿

SkyHi Hostel Lodge 家庭旅馆 $

(☎03-319 5538; www.skyhi.nz; 11 Churchill St; 标单/双/标三 $55/72/105; 📶)更像是家庭旅馆，而非青年旅舍，有简单却干净的房间、公共浴室，也有一个现代化的厨房、宽敞的客用休息室，温室里能看到出色的山景和海景。和蔼店主的友善的猫总是走来走去，阳光花园和烤肉区是很棒的休息处。根据要求可到凯库拉信息中心(见476页)接客人。

Sunrise Lodge 青年旅舍 $

(☎03-319 7444; sunrisehostel@xtra.co.nz; 74 Beach Rd; 铺 $34~36，双 $90; 📶)位于一座现代建筑中，步行很快就能抵达很好的咖啡馆和餐厅。有干净的4人间、6人间和双人间，还有户外阳光桌椅。

Alpine Pacific Holiday Park 度假公园 $

(☎0800 692 322, 03-319 6275; www.alpinepacific.co.nz; 69 Beach Rd; 露营地 $50起，小屋 $85，套间和汽车旅馆 $152~215; @📶🏊)这个小巧紧凑又修剪整齐的公园非常适合游客露营，有非常先进的设施，包括游泳池、热水浴池和烧烤帐篷。小屋和套房更有设计感，而且从很多角度都可以欣赏到山景。

Albatross Backpacker Inn 青年旅舍 $

(☎0800 222 247, 03-319 6090; www.albatross-kaikoura.co.nz; 1 Torquay St; 铺 $34~36，标双/双/标三 $79/84/105; 📶)🍃这个有艺术氛围的旅舍位于3栋可爱的建筑里，其中一栋曾经是邮局。这里的装潢色彩鲜明，靠近海滩却没有让人发冷的海风。这里有一个陈列着乐器的舒适客厅，也可以到走廊和平台上放松一下。

★**Kaikoura Cottage Motels** 汽车旅馆 $$

(☎0800 526 882, 03-319 5599; www.kaikoura-cottagemotels.co.nz; Old Beach Rd和Mill Rd交叉路口; 双 $140~200; 📶)这间现代化的8层公寓看起来非常棒，四周长满美丽茂盛的当地植物。面向山景、设施齐全的套房最多可容纳4人，有一间工作室风格的敞开式客厅和一间私密的卧室。自豪的店主很可爱。

Bay Cottages 汽车旅馆 $$

(☎0800 556 623, 03-319 5506; www.baycottages.co.nz; 29a South Bay Pde; 村舍 $120~200; 📶)这个汽车旅馆位于城镇南面几公里处，是南湾住宿的超值选择。5座村舍(每间能住4人)，都配有厨房、客厅，能免费收看Netflix的节目。周围区域属于私人所有，很安静。南湾是许多步道的起点，钓鱼的人从附近凯库拉的新海港出发。提供烤肉架，可烹饪自己钓的鱼。

★**Lemon Tree Lodge** 民宿 $$$

(☎03-319 7464; www.lemontree.co.nz; 31 Adelphi Tce; 标单 $280，双 $280~320; 📶)能饱览超赞的大海和山地景色，主楼中有4个迷人时尚的房间，还有2个安静封闭的花园套间。我们最爱的是海景套房，透过大窗户或站在私人阳台上能看到超赞的太平洋风景。友好的店主旅游经验丰富，能提供许多如何充分享受本地区的宝贵建议。

Anchor Inn Motel 汽车旅馆 $$$

(☎03-319 5426; www.anchorinn.co.nz; 208 Esplanade; 双 $185~255; 📶)这里的澳大利亚店主因为太喜欢这家汽车旅馆，因此就买下搬了过来。时尚宽敞的套间从镇上徒步15分钟轻松可达，10秒钟就能到海边。于2017年装修完工并重新开放。

疯狂的龙虾仔(CRAY)

在凯库拉丰富的海洋生物中有一种你不能错过，那就是龙虾仔(并非淡水小龙虾)。鲜美细腻的肉质使其成为当地餐馆的重要食材。可惜的是，在餐馆吃龙虾仔价格通常很贵，半只就会卖到$50，一整只会卖到$100以上。

你可以在**Cods & Crayfish**(☎03-319 7899; 81 Beach Rd; ⏰8:00~18:00)，或标志性的**Nins Bin**(SH1)和**Cay's Crays**(SH1)买到新鲜的、加工或未加工的龙虾仔。后者位于城镇北面的一个海边大篷车里，驾车约20分钟。另一种选择是参加一次钓鱼团队游，或是直接去半岛海豹保护区附近的**Kaikoura Seafood BBQ**(☎027 376 3619; Fyffe Quay; 菜品 $6起; ⏰周日至周五 11:00~19:00，周六 至15:00，10月底至次年复活节 营业时间缩短)，在那儿你可以在阳光下尽情享用烹制好的龙虾仔。

就餐

Pier Hotel 小酒馆食物 $$

（☎03-319 5037；www.thepierhotel.co.nz；1 Avoca St；午餐 $16~25，晚餐 $29~40；⊙11:00至深夜）坐落在小镇的最佳海滨位置，能望见全景风光，是一个友好迷人的地方，无论在室外还是在公共酒吧或餐厅内，都很适合喝一杯，吃些美味的酒馆食物，包括龙虾仔（半只/整只 $50/100）。户外区是日落时欣赏凯库拉内陆山地风景的好地方。这里有凯库拉两大精酿啤酒商的产品：Emporium Brewing和Kaikoura Brewing Company。

Hislops Wholefoods Cafe 咖啡馆 $$

（☎03-319 6971；www.hislops-wholefoods.co.nz；33 Beach Rd；早餐和午餐主菜 $12~19，晚餐主菜 $26~36；⊙周三至周六 8:30~20:00，周日 至16:00；☑）这家历史悠久的凯库拉餐馆中，有机食材光芒耀眼。可以到绿荫露台上用早餐，享受薄煎饼配蓝莓或香辣哈里萨辣椒酱鸡蛋，或者预订晚餐，搭配有机葡萄酒和羊羔肉沙拉或当地海鲜。白天，家常烘焙食品混淆了健康和美味的界限，咖啡总是很好。

★ **Green Dolphin** 新派新西兰菜 $$$

（☎03-319 6666；www.greendolphinkaikoura.com；12 Avoca St；主菜 $28~39；⊙17:00至深夜）凯库拉这家一直保有高水平的餐馆供应高品质的当地食物，包括海鲜、牛肉、羊肉和鹿肉，也有美味的家常意大利面。丰富的酒水单也值得关注，里面有令人兴奋的开胃酒、出自基督城Three Boys Brewery的精酿啤酒、优质葡萄酒和许多其他酒水。建议预订，可以要一张窗边餐桌，体验凯库拉日落风景。

Zephyr 法式小馆 $$$

（☎03-319 6999；www.zephyrrestaurant.co.nz；40 West End；主菜 $29~37；⊙周二至周六 17:30至深夜，复活节至10月底 营业时间缩短）这家现代餐厅聚焦一个菜品不多的海鲜菜单，是享用海鲜杂烩汤、蘑菇鹿肉或当地鱼类及美食龙虾仔的好地方。葡萄酒和啤酒也非常出色。

饮品和夜生活

Emporium Brewing 小啤酒厂

（☎03-319 5897；www.emporiumbrewing.co.nz；57a Beach Rd；⊙10:00~20:00）在这里可以买到散装外卖酒，也可以买到瓶装啤酒。我们最爱的是Angry Sky Red IPA。里面有个迷你高尔夫球场。可以看看标有"earthquake cows"的洞口，2016年地震后，3只当地母牛在农场里的一个小"岛"上搁浅了3天。

实用信息

凯库拉信息中心（Kaikoura i-SITE；☎03-319 5641；www.kaikoura.co.nz；West End；⊙周一至周五 9:00~17:00，周六和周日 9:00~16:00，12月至次年3月 开放时间延长）这里的员工可以为你的旅行、住宿和交通提供预订服务，还能处理与环保部的有关事宜。

到达和离开

长途汽车

InterCity（见456页）运营往返凯库拉和纳尔逊（3.75小时）、皮克顿（2.25小时）及基督城（$26起，2.25小时）之间的长途汽车，每天2班。汽车站位于信息中心旁边，里面售票并提供信息。可登录InterCity网站查看最新情况。

Kaikoura Express（☎0800 500 929；www.kaikouraexpress.co.nz；成人 单程/往返 $35/60，儿童 $30/50）即"红色巴士"，运营有一班连接基督城和凯库拉的便利车次（2.25小时）。发车点在信息中心。

火车

KiwiRail Scenic（见455页）经营的Coastal Pacific线路火车每天开往皮克顿（2.25小时）和基督城（2.75小时），经停凯库拉，也有返程的车。

可登录KiwiRail的网站（www.kiwirail.co.nz）查看最新信息。

当地交通

Kaikoura Shuttles（☎03-319 6166；www.kaikourashuttles.co.nz）可以载你游览当地的景点，也有抵离机场的班车，还可运送你到凯库拉海岸步道的起点。当地汽车租赁服务，可联系**Kaikoura Rentals**（☎03-319 3311；www.kaikourarentals.co.nz；94 Churchill St）。

纳尔逊地区（NELSON REGION）

纳尔逊地区以塔斯曼湾（Tasman Bay）

为中心，北起黄金海湾(Golden Bay)和送别角(Farewell Spit)，南至纳尔逊湖区(Nelson Lakes)，是一个显而易见的受国际旅行者和当地人欢迎的旅行目的地。它不仅拥有3个国家公园(卡胡朗伊、纳尔逊湖区和阿贝尔·塔斯曼)，还能满足人们所有心血来潮的念头：美食、葡萄酒、啤酒、艺术品、工艺品、节日，应有尽有，还有此地最负盛名的消遣方式：在阳光下慵懒发呆。

到达和离开

纳尔逊是本地区的门户，有多条国内航线连接，全面的汽车服务可连通南岛所有大城镇。

Abel Tasman Coachlines(☎03-548 0285; www.abeltasmantravel.co.nz)

Golden Bay Coachlines(☎03-525 8352; www.gbcoachlines.co.nz)

Trek Express(☎027 222 1872, 0800 128 735; www.trekexpress.co.nz)

纳尔逊(Nelson)

☎03/人口 46,440

拥有优美的环境、精致的艺术、美食和充沛阳光的纳尔逊被誉为新西兰最“宜居”的城市之一。夏日，当地和国外旅行者们汇聚于此，欣然接受纳尔逊的赐予。

景点

纳尔逊的美术馆很多，大部分都被列在《纳尔逊市艺术品和工艺品》(*Art & Crafts Nelson City*)小册子中(附步行路线图)，可以从纳尔逊信息中心(见482页)拿到这本书。丰富多彩的漫步可以从Fibre Spectrum(☎03-548 1939; www.fibrespectrum.co.nz; 280 Trafalgar St; ⊙周一至周五 9:00~17:00, 周六 9:30~14:30)开始，然后再到“指环王”珠宝店Jens Hansen(☎03-548 0640; www.jenshansen.com; 320 Trafalgar Sq; ⊙全年 周一至周五 9:00~17:00, 周六 至14:00, 10月底至次年复活节 周日 10:00~13:00)、玻璃吹制工艺品店Flamedaisy(☎03-548 4475; www.flamedaisy.co.nz; 324 Trafalgar Sq; ⊙周一至周六 10:00~16:00)，之后走到位于拐角的纳尔逊陶器之乡。在周六，可以去纳尔逊市场(Nelson Market，见482页)发现更多有趣的当地创作。

★世界时装艺术设计和经典车博物馆　博物馆

(World of WearableArt & Classic Cars Museum，简称WOW; ☎03-547 4573; www.wowcars.co.nz; 1 Cadillac Way; 成人/儿童 $24/10; ⊙10:00~17:00)纳尔逊是新西兰最富灵感的时装秀——每年一度的世界时装艺术大奖(World of WearableArt Awards)的诞生地。在这里的几座令人眼花缭乱的展厅中，你将看到70多件现在和过去的作品，包括一个夜间可以发光的照明室。留心寻找展品“奇异的胸罩”(Bizarre Bras)。

跟胸罩比起来，你更喜欢汽车？在同一屋檐下还展览着超过100辆经典汽车和摩托车。展品经常变换，但是一辆1959年的粉红色凯迪拉克、一辆1950年的黄色子弹头史蒂倍克敞篷车和一辆宝马却始终不变。

1987年，创始人苏西·蒙克里夫(Suzie Moncrieff)开始在当地低调举办时装秀。其理念是创造一件既可以穿在身上又可以登台展示的艺术品。人们很快明白了这个时装秀的创意(和竞争)潜能。说对了，他们已经证明，服饰可以采用木头、金属、贝壳、扎线带、枯叶、乒乓球……制作。现在这个节日(见427页)已经搬到了惠灵顿举办。

如果时间富裕，你可以在展厅、咖啡馆与艺术品店间逗留几个小时。

★塔胡纳海滩　海滩

(Tahuna Beach; 👪)纳尔逊最棒的游乐场位于一片宽广的沙滩上(夏季有救生员)，背后是沙丘和一大片草地，有咖啡车、水上滑道游泳池、碰碰船、旱冰场、火车站模型和一片相邻的就餐区。周末这里的人会非常非常多！

McCashin's Brewery　酿酒厂

(☎03-547 5357; www.mccashins.co.nz; 660 Main Rd, Stoke; ⊙周一至周三 7:00~18:00, 周四和周五 7:00~22:00, 周六 9:00~22:00, 周日 9:00~20:00)是新西兰酿造工艺的新时代的开拓者，建于20世纪80年代。不妨去他们历史悠久的苹果酒工厂拜访，品品酒，吃一顿咖啡馆食物或是参与团队游。

Central Nelson 纳尔逊市中心

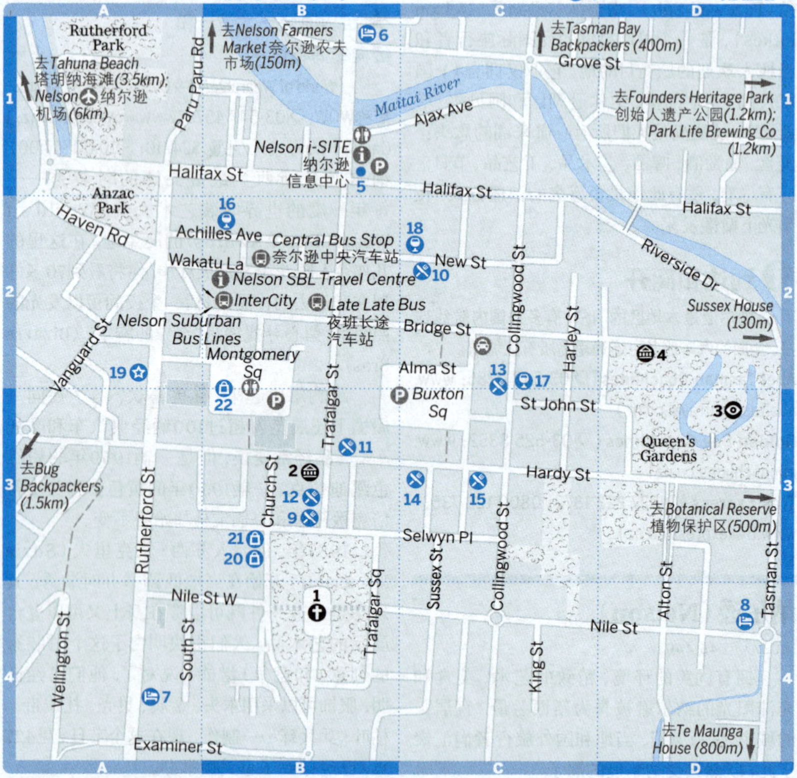

Central Nelson 纳尔逊市中心

◎ 景点

1 基督大教堂 B4
2 纳尔逊省立博物馆 B3
3 皇后花园 D3
4 苏特尔美术馆 D2

活动、课程和团队游

5 Trail Journeys B1

住宿

6 Cedar Grove Motor Lodge B1
7 Palazzo Motor Lodge A4
8 Prince Albert D4

就餐

9 Cod & Lobster B3
10 DeVille C2
11 Falafel Gourmet B3
12 Hopgood's B3
13 Indian Café C2
14 Morri Street Cafe C3
15 Urban Oyster C3

饮品和夜生活

16 Craft Beer Depot B2
17 Free House C2
18 Rhythm & Brown C2

娱乐

19 Theatre Royal A2

购物

Fibre Spectrum .... （见2）
20 Flamedaisy B3
21 Jens Hansen B3
22 纳尔逊市场 B2

创始人遗产公园　博物馆

（Founders Heritage Park；☎03-548 2649；www.founderspark.co.nz；87 Atawhai Dr；成人/儿童/家庭 $7/5/15；⊙10:00~16:30）公园距市中心2公里，是一座古村庄，有博物馆和画廊展览，还有手工制品，比如巧克力和服装。在这里漫步令人赏心悦目，你还可以去公园内的**Park Life Brewery**（☎03-548 4638；www.facebook.com/parklifebrewing；87 Atawhai Dr；⊙周一至周五 9:00~16:30，周六和周日 至17:30）坐坐。可以查看其Facebook主页，有时17:00（10月底至次年复活节）开始会有Food Truck Fridays。

苏特尔美术馆　画廊

（Suter Art Gallery；www.thesuter.org.nz；208 Bridge St；成人/儿童 $3/0.5，周六 免费；⊙9:30~16:30）免费 这个毗邻**皇后花园**（Queen's Gardens；Bridge St）的纳尔逊公共美术馆有各种展览、地板讲座、音乐剧、戏剧表演及电影。2016年底完成大修后，现已重新开放，其中包括一座艺术影院，一个很棒的河畔咖啡馆。可以登录其网站查询上映影片信息。

基督大教堂　教堂

（Christ Church Cathedral；www.nelsoncathedral.org；Trafalgar Sq；⊙9:00~18:00）免费 矗立在Trafalgar St上的基督大教堂是纳尔逊永久的象征，以基督艺术装饰风格著称。最佳参观时间是周日10:00~19:00，此时你可以听见管风琴的音乐声和唱诗班的歌唱。

纳尔逊省立博物馆　博物馆

（Nelson Provincial Museum；☎03-548 9588；www.nelsonmuseum.co.nz；Hardy St和Trafalgar St交叉路口；成人/儿童 $7/5；⊙周一至周五 10:00~17:00，周六和周日 至16:30）这家现代化的博物馆偏爱跟该地区有关的文化遗产和自然历史展品，还有定期巡回展览（门票价格不一）。博物馆里有一个巨大的屋顶花园。

活动

徒步和骑车

这个城镇及周围有很多适合步行和骑行的地方，可以在纳尔逊信息中心（见482页）查到。经典步行路线是前往**植物保护区**（Botanical Reserve；Milton St）山顶的**新西兰中心**（Centre of NZ）的路线。如果你喜欢这里的话，那么不妨打听一下**格兰屏**（Grampians）。

新西兰骑行车道的23条出色车道中有2条在纳尔逊：**敦山步道**（Dun Mountain Trail；www.heartofbiking.org.nz）从山上一直通到市中心南面，很棒但有挑战性，需要一天时间；美味小径（Great Taste Trail，见484页）提供一条平坦的骑行路线，途中经过遍布葡萄酒庄、食物和艺术品站的美丽乡村地区。

Gentle Cycling Company　骑车

（☎03-929 5652，0800 932 453；www.gentlecycling.co.nz；411 Nayland Rd，Stoke；一日团队游 $95起）提供美味小径上的自行车自助导览游服务，沿途在葡萄酒庄、精酿啤酒吧、咖啡馆和几处画廊停留（和品尝）。还提供自行车租赁（每天$30起）和穿梭巴士服务。

Trail Journeys　骑行

（☎03-540 3095，0800 292 538；www.trailjourneysnelson.co.nz；37-39 Halifax St；全天团队游 $89起）提供各种自助导游的骑行团队游，环绕纳尔逊城市，还可以沿着美味小径出城。位于纳尔逊市中心的信息中心（见482页）旁边，在Mapua码头和Kaiteriteri还有两个便利的服务站。

滑翔伞、悬挂式滑翔和风筝冲浪

纳尔逊十分适合刺激的运动，夏季有很多活动，特别是在神圣的塔胡纳海滩（见477页）上。双人滑翔伞的花费在$180左右，入门级风筝冲浪的起价为$150，而划桨冲浪板的租借费用为每小时$20左右。

Kite Surf Nelson　风筝冲浪

（☎0800 548 363；www.kitesurfnelson.co.nz；课程 $175起）在塔胡纳学习风筝冲浪，或者租一块直立式单桨冲浪板。

Nelson Paragliding　滑翔伞

（☎03-544 1182；www.nelsonparagliding.co.nz；Ngawhatu Recreation Ground，Stoke；双人滑翔伞 $220）飞到塔胡纳高空。

其他活动

Cable Bay Kayaks　皮划艇

（☎03-391 0010；www.cablebaykayaks.

co.nz; Cable Bay Rd, Hira; 导览游 半天/全天 $90/150)这家公司距离纳尔逊市只有15分钟的车程，格雷格(Greig)和团队会提供有向导的海上皮划艇游服务，你可以借此探索当地的海岸线，欣赏当地海洋生物(船上有潜水装备)，甚至有机会进入山洞。

Moana SUP 水上运动

(☎027 656 0268; www.moananzsup.co.nz; 课程 $70起)可以跟这里的人学习直立式桨叶冲浪，或者如果你已经学会了，可以租冲浪板。

团队游

Nelson Tours & Travel 团队游

(☎0272 237 5007, 0800 222 373; www.nelsontoursandtravel.co.nz)这里充分利用纳尔逊的葡萄酒、精酿啤酒、艺术和风景亮点，经营各种各样灵活的团队游。5小时的“两个世界的最佳饮品”(Best of Both Worlds, $140)之旅包括啤酒、葡萄酒和在其古老的Moutere Inn用午餐。也提供为期一天的团队游($250)。

节日和活动

纳尔逊爵士音乐节 音乐节

(Nelson Jazz Festival; www.nelsonjazzfest.co.nz; ⌚1月)地区性节日，1月举行，为期一周。届时，会举行超过50项当地和国际性活动，可以随着旋律起舞。

纳尔逊艺术节 表演艺术

(Nelson Arts Festival; www.nelsonartsfestivals.co.nz; ⌚10月)10月举行，为期两周，有街头狂欢、展览、歌舞表演、写作、戏剧和音乐。

住宿

Prince Albert 青年旅舍 $

(☎0800 867 3529, 03-548 8477; www.theprincealbert.co.nz; 113 Nile St; 铺 $27~29, 标单/双/标双 $50/85/85; 📶)这家热闹的背包客住宿处运营很好，从市中心步行5分钟即到，有宽敞的套间宿舍，中央是一个阳光庭院。私人房在主楼楼上。也有一个英国风格的小酒馆，客人可在其中见到当地人，吃一顿超值食物。

Bug Backpackers 青年旅舍 $

(☎03-539 4227; www.thebug.co.nz; 226 Vanguard St; 铺 $26~29, 双 $69~95; @📶)这是一家热闹的旅馆，从城里出发步行约15分钟即到。它由一栋改装别墅、隔壁的现代建筑和能住4人的设施齐全的套间组成。主题围绕大众汽车，装饰配色大胆，有高质量的床、温馨的后院和快乐的店主。提供免费自行车、无线网络和接送服务。

Tasman Bay Backpackers 青年旅舍 $

(☎0800 222 572, 03-548 7950; www.tasmanbaybackpackers.co.nz; 10 Weka St; 露营地 $20起, 铺 $28~30, 双 $76~88; @📶)这家友好的青年旅舍设计得很漂亮，有通风的公共区域、播放纯正的新西兰音乐，有色彩绚丽的客房、阳光明媚的露台和质量良好的吊床。免费服务有：无线网络、很好的自行车、冬季早餐、全年巧克力布丁和冰激凌。

Brook Valley Holiday Park 度假公园 $

(☎03-548 0399; 600 Brook St; 无/有电力供应 露营地 每人 $10/17)位于一片乡村中，距离纳尔逊市中心约4公里，靠近通往Dun Mountain山和皮鲁斯河的步道。公园的未来似乎不太确定，所以最好提前查清。

Sussex House 民宿 $$

(☎03-548 9972; www.sussex.co.nz; 238 Bridge St; 双 $170~190, 标三 $180; 📶)这个民宿建于1880年左右，位于一片相对较宁静的河畔，步行到市区至少需要5分钟。5个装饰高雅的房间里配备的是高档的床铺，充满时代气息的家具，有浴室，只有一个房间的私人浴室是在走廊里面。早餐可在华丽的餐厅中享用当地水果。

Te Maunga House 民宿 $$

(☎021 201 2461; www.nelsoncityaccommodation.co.nz; 15 Dorothy Annie Way; 标单 $80~100, 双 $125~140; ⌚5月至10月歇业; @📶)这家名叫“大山”的壮观老民宿坐落在景色优美的山上，名字十分贴切，店主经常旅行。这里设有两个标间和一个双人间，有一种家的氛围，每个房间配备舒服的床铺，都带浴室。吃过早饭，沿山路做运动吧！上山最多只有10分钟的路程，非常陡峭，进城需要15分钟。

Beaches Motor Inn 汽车旅馆 $$

(☎0800 332 232, 03-548 6008; www.

beachesmotorinn.co.nz; 69-71 Tahunanui Dr, Tahunanui; 双 $169起;) 有16个漂亮的套间，设备齐全，相比海滩，靠公路更近，但前往所有的水上景点都很方便。所有套间都有露台或阳台，提供免费的无线网络。

Cedar Grove Motor Lodge 汽车旅馆 $$

(03-545 1133; www.cedargrove.co.nz; Trafalgar St和Grove St交叉路口; 双 $160~210;) 这栋房间宽敞的现代公寓楼前有一棵古老雪松，离城镇只需步行3分钟。这里的单间和双人间豪华而典雅，带有全套烹饪设备。

Palazzo Motor Lodge 汽车旅馆 $$$

(03-545 8171, 0800 472 5293; www.palazzomotorlodge.co.nz; 159 Rutherford St; 双 $210~335;) 这家有着淡淡意大利风情的现代化汽车旅馆提供时髦的开间和1~2卧公寓，厨房令人羡慕，里面配备有很好的烹饪设备、漂亮的玻璃器皿和一台洗碗机。有一些让人有些疑心的古怪艺术装饰，不过很舒适，位置便利，算是弥补。

就餐

Falafel Gourmet 中东菜 $

(03-545 6220; 195 Hardy St; 餐 $11~19; 周一至周六 10:00~16:00;) 这里有几英里内最好的土耳其烤肉和大份沙拉，而且还是健康饮食！

★Cod & Lobster 海鲜、法式小馆 $$

(03-546 4300; www.codandlobster.com; 300 Trafalgar St; 主菜 $22~36; 11:00~23:00) 一流的鸡尾酒和新西兰最多的金酒使得这家古老的街角酒吧成了必去之地，也提供出色的食物。海鲜是主打，这并不奇怪，所以可以先来一杯血腥玛丽牡蛎酒激活味蕾，然后再品尝路易斯安纳风味的大虾和辣味香肠，或是超值的海鲜拼盘(2人 $40)。

Urban Oyster 新派新西兰菜 $$

(03-546 7861; www.urbaneatery.co.nz; 278 Hardy St; 菜肴 $11~27; 周一 16:00至深夜，周二至周六 11:00至深夜) 就着壳吮吸牡蛎，或是靠生鱼片和酸橘汁腌鱼激活味蕾，然后品尝街头食物，比如宫爆鸡丁或熏猪肉配炭烤虾蛋黄酱。黑色屠宰场瓷砖、前卫的艺术品、精选的葡萄酒单都在加强这里的大都会体验，精酿啤酒来自附近Mapua的Golden Bear Brewing。

DeVille 咖啡馆 $$

(03-545 6911; www.devillecafe.co.nz; 22 New St; 餐 $12~21; 周一至周六 8:00~16:00，周日 9:00~15:00;) DeVille的大多数餐桌位于四周都是围墙的甜美庭院中，那是一片隐藏在城市中的波希米亚风格的绿洲，是用餐和喝早茶的绝佳场所。食物很美味，且产自当地——从新鲜出炉的烘焙制品到香肠—墨西哥卷饼早午餐，再到恺撒沙拉和美味的汉堡，以地区葡萄酒和啤酒佐餐。夏季的周五营业时间将延长，因为有现场演出。

Morri Street Cafe 咖啡馆 $$

(03-548 8110; www.morrisonstreetcafe.co.nz; 244 Hardy St; 主菜 $11~21; 周一至周五 7:30~15:30，周六和周日 8:30~16:00;) 共享餐桌、五颜六色的当地艺术、安静的后院，这些因素使这里成了悠闲享用早餐或午餐的最佳选择。可能必须和即兴召开商务会议的当地人分享这个空间，但很值得，菜肴包括摩洛哥鸡蛋和一种美味的手撕猪肉汉堡。

Indian Café 印度菜 $$

(03-548 4089; www.theindiancafe.com; 94 Collingwood St; 主菜 $13~20; 周一至周五正午至14:00，每天 17:00至深夜;) 这家橘黄色的爱德华风格别墅是一家印度餐馆，使炸蔬菜(bhaji)升级为令人难忘的印度—英国风味菜肴，如泥炉焖鸡(chicken tandoori)、咖喱羊肉(rogan josh)和印度椰汁香牛肉咖喱(beef madras)。从品尝混合拼盘开始，在10种不同面包中选择一种搭配主菜吧。

★Hopgood's 新派新西兰菜 $$$

(03-545 7191; www.hopgoods.co.nz; 284 Trafalgar St; 主菜 $36~39; 周一至周六 17:30至深夜) 墙面饰以拼接式木条的Hopgood's是享用浪漫晚餐或假日请客的好去处。精心准备的食物很高档，但加工程序从简，使优质的当地食材发挥出原汁原味的口感。试试鸭胸肉配坚果玉米粥或羊羔臀肉配薄荷水瓜柳酱。5道菜品尝套餐($95)能让你体验到Hopgood's的全部亮点。还有值得品尝的新西兰酒。建议预订。

饮品和夜生活

Craft Beer Depot
精酿啤酒

（☎03-548 2126；www.craftbeerdepot.nz；70 Achilles Ave；⏰周二至周四 正午至21:00，周五和周六 至22:00，周日 至20:00）隐藏在汽车站后，是一家乡村风情的精酿啤酒吧，有许多新西兰最好的啤酒。有10个酒桶供应全国各地的精酿，后面房间里还有更多的瓶装啤酒。桌上足球、旧沙发、周五和周六偶尔会有食物车，还有新西兰最懂啤酒的酒保。

Free House
精酿啤酒

（☎03-548 9391；www.freehouse.co.nz；95 Collingwood St；⏰周一至周五 15:00~23:00，周六和周日 正午至23:00）从前是教堂，带有宗教意味的酒吧内部现在储藏口味精良、多变的精酿啤酒。可以在外面露台上享用巴西风味的酒吧小吃，周五或周六正午至18:00来，浏览出色的快闪（Pop-up）唱片行Family Jewels Records架子上的黑胶唱片。

Rhythm & Brown
酒吧

（☎03-546 6319；www.facebook.com/rhythmandbrown.nz；19 New St；⏰周二至周六 16:00至深夜）纳尔逊最小的深夜饮酒场所，经典鸡尾酒、美味葡萄酒和精酿啤酒从吧台后面流淌出来，唱片的甜美旋律从喇叭中飘出来。周六晚上会在一个时髦的小空间里举办小型活动。

追寻啤酒之梦

纳尔逊地区被称为新西兰工艺酿酒之都。自19世纪40年代以来，这里种植了世界级的啤酒花，而在纳尔逊和黄金海湾之间分布着12家啤酒酿造厂。

拿一份《纳尔逊精酿啤酒之路地图》（*Nelson Craft Beer Trail Map*，可从信息中心和其他店里拿到，也可访问www.craftbrewingcapital.co.nz），选择自己的方式徜徉在酿酒厂和酒馆之间。酒吧首选地有纳尔逊的Free House和Craft Beer Depot，里瓦卡的Hop Federation（见485页）和莫图伊卡Toad Hall（见486页）的Townshend Brewery。

娱乐

Theatre Royal
剧院

（☎03-548 3840；www.theatreroyalnelson.co.nz；78 Rutherford St；⏰售票处 周一至周五 10:00~16:00）这个高水平的艺术剧院位于一座经过修复的、迷人的文化遗产建筑中。这位"纳尔逊老太太"有引以为豪的全面的当地和巡回戏剧、舞蹈及音乐剧。可以在其网站查询最新活动演出和票务（或在www.ticketdirect.co.nz进行网络订票），也可以在售票处买票。

购物

纳尔逊农贸市场
市场

（Nelson Farmers Market；☎022 010 2776；www.nelsonfarmersmarket.org.nz；Maitai Blvd，Paru Paru Rd；⏰周三 8:00~14:00）这家市场于2017年底搬迁到这个河畔的绿荫位置，里面挤满了当地产品，可以塞满你的野餐篮子。

纳尔逊市场
市场

（Nelson Market；☎03-546 6454；www.nelsonmarket.co.nz；Montgomery Sq；⏰周六 8:00~13:00）不要错过这个繁忙的大市场，每周举行一次，有新鲜产品、食物摊、时装、当地艺术品、工艺品和街头艺人。

实用信息

非营业时间值班医生（After Hours & Duty Doctors；☎03-546 8881；98 Waimea Rd；⏰8:00~22:00）

纳尔逊医院（Nelson Hospital；☎03-546 1800；www.nmdhb.govt.nz；Waimea Rd）

纳尔逊信息中心（Nelson i-SITE；☎03-548 2304；www.nelsonnz.com；Trafalgar St和Halifax St交叉路口；⏰周一至周五 9:00~16:00，周六和周日 至17:00）有环保部的柜台，提供当地旅游信息，如国家公园及步行路线（包括阿贝尔·塔斯曼步道和希菲步道）。在那里可以领取《纳尔逊塔斯曼游客指南》（*Nelson Tasman Visitor Guide*）。

到达和离开

可以在**Nelson SBL Travel Centre**（☎03-548 1539；www.nelsoncoachlines.co.nz；27 Bridge St；⏰周一至周五 7:00~17:15）或信息中心预订Abel Tasman Coachlines、InterCity、KiwiRail Scenic的车票和Interisland的渡轮船票。

飞机

纳尔逊机场位于市区西南5公里处，靠近塔胡纳海滩。从那里乘坐出租车进城约需要$30，**Super Shuttle**（☎0800 748 885，03-547 5782；www.supershuttle.co.nz）的上门服务大约$20。

新西兰航空公司（Air New Zealand；☎0800 737 000；www.airnewzealand.co.nz）直飞航班往返惠灵顿、奥克兰和基督城。

Air2There（☎0800 777 000，04-904 5133；www.air2there.com）往返帕拉帕拉乌姆。

捷星航空（Jetstar；☎09-975 9426，0800 800 995；www.jetstar.com）往返奥克兰和惠灵顿。

Originair（☎0800 380 380；www.originair.co.nz）往返北帕默斯顿。

Soundsair（☎0800 505 005，03-520 3080；www.soundsair.com）往返惠灵顿和帕拉帕拉乌姆。

长途汽车

Abel Tasman Coachlines（见477页）有长途汽车从纳尔逊到莫图伊卡（$14，1小时）、凯特里特里（Kaiteriteri；$21，2小时）和马拉豪（Marahau；$21，2小时）。这些线路还与Golden Bay Coachlines（见477页）衔接，提供至塔卡卡及其周边的服务。到达和离开3个国家公园的长途汽车由Trek Express（见477页）经营。

InterCity（☎03-548 1538；www.intercity.co.nz；Bridge St）从纳尔逊出发，至大部分主要的南岛目的地，包括皮克顿（$23，2小时）、凯库拉（$52，3.5小时）和格雷茅斯（$40，6小时）。

当地交通

自行车

Nelson Cycle Hire & Tours（☎03-539 4193；www.nelsoncyclehire.co.nz；Nelson Airport；自行车出租每天 $45）出租自行车，还有许多其他自行车团队游公司。

公交车

Nelson Suburban Bus Lines（简称SBL；☎03-548 3290；www.nbus.co.nz；27 Bridge St）经营的NBUS从中央汽车站（Wakatu Lane）出发，提供从纳尔逊到里士满、途经塔胡纳努伊和Bishop-dale的当地服务，工作日末班车为19:00，周末末班车为16:30。这家公司还经营**Late Late Bus**（www.nbus.co.nz；Trafalgar St；⊙周五和周六 10:00至次日3:00），该线路周五和周六晚上从纳尔逊到里士满，经停塔胡纳努伊，在Trafalgar St上的Westpac银行门口始发。上述路线最高票价为$4。

出租车

Nelson City Taxis（☎03-548 8225；www.nelsontaxis.co.nz）

Sun City Taxis（☎03-548 2666；www.suncitytaxis.co.nz）

鲁比海岸和莫特雷山（Ruby Coast & Moutere Hills）

从纳尔逊南部的里士满出发，有两条路线可以到莫图伊卡：一条是沿鲁比海岸走的路线，比较繁忙、速度快；另一条是从内陆穿过莫特雷山。如果从纳尔逊出发往返游，可选择一条路出，一条路回。

两条公路相隔并不太远，也可以骑车通过美味小径探索这片地区，沿途的许多葡萄酒酒庄和其他美食（和艺术）站也可以骑车到达。《纳尔逊葡萄酒指南》（*Nelson Wine Guide*；www.winenelson.co.nz）小册子可以引导你找到它们。其余本地有用的资源包括《纳尔逊艺术指南》（*Nelson Art Guide*）和《纳尔逊的创造之路》（*Nelson's Creative Pathways*）手册。

景点

鲁比海岸路线从SH60公里开始，绕过沿威美亚入口（Waimea Inlet）的边缘，然后沿着标识清楚的**鲁比海岸景观之路**（Ruby Coast Scenic Route）行进，这是从纳尔逊到莫图伊卡最快的路线（大约45分钟车程），一路上各种美景会让你分神。主要景点包括兔子岛休养保护区和**马普瓦**（Mapua），靠近威美亚河口，有艺术品商店和餐馆。

内陆的**莫特雷公路**（Moutere Highway，SH60公路的阿普比出口有路标）是一个怡人的替代选择，这条路穿过了颠簸的乡村路、星罗棋布的农场、果园和生活区。这里景点较少而且彼此之间相隔很远，但这仍不失为一条风景优美、田园诗般的驾车路线，在盛夏时来更是物超所值，届时路边的小摊上摆满了新鲜物产。沿途主要定居点是**上莫特雷**（Upper Moutere）。最早来这里的德国移民将其命名为Sarau，而今这里是一座宁静的村庄，有一两个值得停靠的地方。可寻找《莫特雷工匠》(*Moutere Artisans*)步道指南(www.moutereartisans.co.nz)。

兔子岛/莫图罗阿 海滩、森林

(⌚黎明至黄昏)在SH60公路上，距离里士满大约9公里的岔路口可通往兔子岛/莫图罗阿。这是一个可多角度欣赏河口美景的保护区，这里有沙滩和安静的松树林步道，是美味小径(Great Taste Trail)的一部分。岛上不准过夜，通往该岛的桥在日落后禁止通行。

Höglund Art Class 画廊

(☎03-544 6500; www.hoglundartglass.com; 52 Lansdowne Rd, Appleby; ⌚10:00~17:00)奥拉(Ola)、玛丽(Marie)和他们的同事在熔炉边忙碌，制作享有国际声誉的玻璃艺术品。制作过程很值得观看，画廊里的成品看上去很漂亮。如果标志性的花瓶太重搬不回家，他们的首饰和企鹅可作为难忘的纪念品。

餐饮

Smokehouse 炸鱼和薯条

(☎0800 540 2280; www.smokehouse.co.nz; Mapua Wharf, Mapua; 炸鱼和薯条 $8~12; ⌚11:00~20:00)你可以在这儿买些炸鱼和薯条，带上码头，在海鸥的觊觎下用餐。还有外带木熏鱼。

★ **Boat Shed Cafe** 新派新西兰菜 $$

(☎03-540 2656; www.boatshedcafe.co.nz/mapua; 33 Toru St, Mapua; 共享拼盘 $15~20, 主菜 $31; ⌚10:30至深夜; 🖉)🍃别介意这个稍显奇怪的位置——这个海滨的凉亭要穿过马普瓦休闲公园(Mapua Leisure Park)才能抵达——专注于附近兔子岛(见484页)的风景，菜单融合多种国际风味，包括越南鞑靼牛肉、生鱼片，还有南岛最好的美食奶酪汉堡，惊艳的酒水单都是当地产品。

Jester House 咖啡馆 $$

(☎03-526 6742; www.jesterhouse.co.nz; 320 Aporo Rd, Tasman; 餐 $16~21; ⌚9:00~16:30)光是这家历史悠久的咖啡馆就值得到这条海滨公路上绕一圈，何况这里还有驯养的鳗鱼，以及宁静的雕塑花园诱惑你留下来吃午餐。菜单很简单，上面的订书钉已弯曲，里面有鹿肉汉堡、薰衣草脆饼和当地的啤酒、葡萄酒。从这里到马普瓦或莫图伊卡有8公里的路程。

Moutere Inn 酒馆

(☎03-543 2759; www.moutereinn.co.nz; 1406 Moutere Hwy, Upper Moutere; ⌚周一和周二 正午至20:00，周三和周日 至21:00，周四至周六 至23:00)据称是新西兰最古老的酒馆，内部装潢复古，氛围温馨。提供精致实惠的餐食($13~32; 自制汉堡和土豆团子)和大多是当地生产的精酿啤酒。你可以坐在洒满阳光的露台上，享用啤酒拼盘，或者来听一场晚上的现场音乐会。如果想休息，这里也有房间。

值得一游

美味小径

在天赐的好天气和平缓地形的助力下，塔斯曼地区开发出了新西兰最受欢迎的骑行路线。为什么这么受欢迎呢？因为没有其他任何一条路线的沿途有如此多值得停下来享受的食物、葡萄酒、精酿啤酒和艺术品，而从绵延起伏的原野到河口的木板栈道，这条小径穿越了一系列不同的风光。

美味小径(www.heartofbiking.org.nz)全程长174公里，从纳尔逊伸展到凯特里特里，还计划继续向内陆延伸。可以花几天时间骑车走完全程，沿途有住宿处，更简单的方法是选取不同的路段骑行一日游。马普瓦是很好的出发点，可以从Wheelie Fantastic(☎03-543 2245; www.wheeliefantastic.co.nz; 151 Aranui Rd, Mapua; 自助导游游 $65, 自行车出租 每天 $50)或Trail Journeys(见487页)租车，也可搭乘渡轮前往兔子岛的步道。小路也穿过激动人心的凯特里特里山地自行车公园(见487页)。

纳尔逊也有许多其他的骑行旅游公司和自行车出租公司能运送你到小径，有取车和送车点。

到达和离开

InterCity(见483页)的汽车连接纳尔逊和莫图伊卡,但是要前往鲁比海岸和莫特雷山,你需要自驾。沿着美味小径骑行是一个很好的探索方式。

莫图伊卡(Motueka)

☎03/人口 7600

莫图伊卡(发音"mott-oo-ecka",意为"秧鸟之岛")是一个繁华的农业中心和一个探索纳尔逊地区的极好的基地。小镇中有必要的设施:宽敞的旅舍、咖啡馆、路边水果摊,还有一条美丽的河流和河口。去黄金海湾、阿贝尔·塔斯曼国家公园和卡胡朗伊国家公园(Kahurangi National Park)时路过此地的旅行者可以在此地买到所需物品。离开之前可以到绿荫花园咖啡馆品尝当地的精酿啤酒和苹果酒,周日上午还有出色的农贸市场。喜欢挑战空中刺激运动的人有许多选择。

景点和活动

虽然莫图伊卡大多数景点都在城外,但城内还是有几个地方值得一看,最时髦的要属空中畅游活动,这里有新西兰最好的空中活动项目,是沐浴阳光和观赏美景的好地方,还可以目送行人经过。

尽管你从主干道上看不出来,但莫图伊卡只是从大海插入陆地的一块岩石。沿着河口步道可以欣赏水景(有鸟儿和海水浴场),也可以骑行,可从Bike Shed(☎03-929 8607; www.motuekabikeshed.co.nz; 132 High St; 半天/全天租借 $30/40)租借自行车。凭直觉或从莫图伊卡信息中心(见486页)拿一份小镇地图,那里也可以拿到《莫图伊卡艺术漫步》(*Motueka Art Walk*)小册子,其中详细介绍了雕塑、壁画和城镇周围其他不定期的活动。

Hop Federation 自酿酒吧

(☎03-528 0486; www.hopfederation.co.nz; 483 Main Rd, Riwaka; ⌚11:00~18:00)这家小却超棒的精酿啤酒吧位于距离莫图伊卡5公里处,可以来此品尝美酒和将美酒打包带走(装在酒壶里)。品尝套餐包括4种不同的啤酒($15),非常超值。我们推荐Red IPA。注意在马路对面有卖樱桃的摊子。

★Skydive Abel Tasman 探险运动

(☎03-528 4091, 0800 422 899; www.skydive.co.nz; Motueka Aerodrome, 60 College St; 跳跃 13,000/16,500英尺 $319/409)又回想起陶波(Taupo)了。我们在这两个地方都尝试过,而且觉得莫图伊卡更胜一筹,大概许多跳伞运动者都钟爱这个着陆点吧,你还有机会目睹他们飞行。拍照和视频套餐需要额外收费。从前面的草坪观看非常壮观。

住宿

Eden's Edge Lodge 青年旅舍 $

(☎03-528 4242; www.edensedge.co.nz; 137 Lodder Lane, Riwaka; 双/标双/标三 带浴室 $120/120/150; 📶)🍃这个度假屋周围环绕着农场,距离莫图伊卡有4公里,设施包括时髦的房屋和悠闲的公共区。早餐包括在房费内——有有机鸡蛋,都是从店主的鸡窝里拿出来的——花园里种着大量的香草,可供干净的厨房烹饪。可以租一辆自行车,沿着美味小径探索附近的啤酒、冰激凌和咖啡馆。

Motueka Top 10 Holiday Park 度假公园 $

(☎03-528 7189; www.motu-ekatop10.co.nz; 10 Fearon St; 露营地 $40起,小屋 $65~150,套间和汽车旅馆 $165~457; @📶🏊)🍃这个度假公园靠近小镇和美味小径,有草地,充满绿色魅力——可看看那些高大的松树!这里的公用设施井井有条,比如适合家庭的游泳池、水疗和蹦床。也有大量的住宿选择,从整洁崭新的小屋到可住11人的公寓,应有尽有。有自行车出租,还免费提供有关当地的建议和预约服务。

Laughing Kiwi 青年旅舍 $

(☎03-528 9229; www.laughingkiwi.co.nz; 310 High St; 铺 $29,双 带/不带浴室 $76/68; 📶)这家紧凑、低调的青旅的客房分布在老别墅和一个专门建造的背包客建筑内,后者还带漂亮的厨房/休息室。设施齐全的度假别墅可住4人,是团队出游的理想居所(双人间 $180)。

Equestrian Lodge Motel 汽车旅馆 $$

(☎0800 668 782, 03-528 9369; www.equestrianlodge.co.nz; Avalon Ct; 双 $148~178,四 $199~255; 📶🏊)这里没有马,也没有小屋,

Motueka 莫图伊卡

Motueka 莫图伊卡

活动、课程和团队游

1 Bike Shed....................A2

住宿

2 Equestrian Lodge Motel....................B3
3 Laughing Kiwi....................A3
4 Motueka Top 10 Holiday Park....................B1

就餐

5 莫图伊卡周日市场....................B2
6 Precinct Dining Co....................A2

饮品和夜生活

7 Sprig & Fern....................B2

但无伤大雅。这个出色的汽车旅馆靠近城镇（紧邻Tudor St），有广阔的草坪，还有玫瑰园、温水游泳池和水疗中心，还有一系列套间。快活的当地人会邀请你参加当地活动。

Resurgence 度假屋 $$$

（☎03-528 4664; www.resurgence.co.nz; Riwaka Valley Rd; 双 度假屋 $695起，小木屋 $595起；@ ⓦ ✉）🍃从这里前往阿贝尔·塔斯曼国家公园，开15分钟车即达。选择一个豪华套房度假屋或设施齐全的小木屋。从风景如画的里瓦卡河（Riwaka River）步行半个小时即可到达。度假屋价钱包括开胃酒、4道菜晚餐以及早餐。小木屋房价包含床铺和早餐，晚餐额外收费（$120）。

位于莫图伊卡西北18公里处。

餐饮

★ Toad Hall 咖啡馆 $$

（☎03-528 6456; www.toadhallmotueka.co.nz; 502 High St; 主菜 $16~23; ⊙复活节至10月 8:00~17:00，10月至次年复活节 周一和周二 8:00~18:00，周三至周日 至22:00）这家梦幻的咖啡馆提供出色的早餐和午餐（想想土豆泥蛋糕和猪肚汉堡）。也提供冰沙、果汁、烘焙食品、派和精选的杂货。夏季周五和周六晚上有现场音乐会和比萨。可以在新建的酒桶间里喝一杯，有啤酒和苹果酒，都是Townshend Brewery酿造。

Precinct Dining Co 咖啡馆 $$

（☎03-528 5332; www.precinctdining.com; 108 High St; 早餐和午餐主菜 $10~18，晚餐主菜 $24~30; ⊙周一 9:00~15:00，周二至周六 9:00至深夜）在镇子的北端，是一个悠闲的地方，提供多种超值的服务。早午餐来点火腿蛋松饼、豌豆和西班牙辣香肠，晚上回来品尝鱼，搭配当地黄金湾的蛤蚌，或者乡村风情的南瓜调味饭配烤核桃。然后来一杯美味咖啡，饮品单很专业。

Sprig & Fern 精酿啤酒

（☎03-528 4684; www.sprigandfern.co.nz; Wallace St; ⊙14:00至深夜）作为当地Sprig & Fern酒馆家族的一员，这家后街酒馆是莫图伊卡饮品业之选。小巧但舒适，有2个庭院，20种手工啤酒、简单的食物（比萨、拼盘和一种很棒的汉堡；餐 $15~25）和不定期的现场音乐表演。

实用信息

莫图伊卡信息中心（Motueka i-SITE; ☎03-528 6543; www.motueka-isite.co.nz; 20 Wallace St; ⊙周一至周五 9:00~16:30，周六和周日 至16:00）这家一直很忙碌的信息中心有乐于助人的工作人员，他们会帮忙预订从凯塔亚（Kaitaia）到布拉夫

(Bluff)的行程，并提供有关当地国家公园的专业知识和必需品。也提供环保部信息和预订服务。

到达和离开

长途汽车都在**莫图伊卡信息中心**门前发车。

Abel Tasman Coachlines（见477页）每天有车从纳尔逊（从那里可乘坐InterCity的车前往南岛其他目的地）到莫图伊卡（1小时）、凯特里特里（25分钟）和马拉豪（30分钟）。在夏季，这些线路与Golden Bay Coachline（见477页）的线路接驳，提供前往塔卡卡（Takaka；1.25小时）和其他黄金海湾目的地的服务，包括阿贝尔·塔斯曼国家公园的塔拉努伊（Totaranui）、科灵伍德（Collingwood）和希菲步道（Heaphy Track）的起点。注意，5月至9月，长途汽车运行班次较少。

凯特里特里（Kaiteriteri）

☎03/人口 790

凯特里特里可以简称为“凯特里”（Kaiteri），这个海滨小村庄距莫图伊卡13公里，是目前最受欢迎的度假小镇。夏季假期时，金色海滩适合游泳，人满为患的样子更像是南太平洋的努美阿（Noumea），而不像是新西兰。注意，凯特里特里也是通往阿贝尔·塔斯曼国家公园的主要出发点，尽管马拉豪是主要基地。

活动

凯特里特里山地自行车公园 山地自行车

（Kaiteriteri Mountain Bike Park；www.kaiteriterimtbpark.org.nz）广阔的山地自行车公园有适合各个水平的骑行者的路线。海滩对面的Trail Journeys（见本页）出租自行车，还可以提供建议。

食宿

Kaiteri Lodge 度假屋 $

（☎03-527 8281；www.kaiterilodge.co.nz；Inlet Rd；铺 $35，双 $80~160；@📶）这个现代化的风格独特的度假屋配有小而简约的宿舍和双人套房。海军蓝的装潢给有点儿沉闷的公共空间增添了些许生气。店内的**Beached Whale**（☎03-527 8281；www.kaiterilodge.co.nz；Inlet Rd；晚餐 $18~28；⏲16:00至深夜，5月至10月营业时间缩短）酒吧很受乘汽车旅行的背包客的欢迎。

Torlesse Coastal Motels 汽车旅馆 $$

（☎03-527 8063；www.torlessemotels.co.nz；8 Kotare Pl, Little Kaiteriteri Beach；双 $190~210，四 $300~350；📶）距离小凯特里特里海滩仅200米（在主海滩拐角处）的汽车旅馆位于宽敞的山坡上，有高高的天花板，配有厨房和洗衣房。大部分房间都能看到海景。这里有一个生长着蕨类植物的烧烤区和水疗设施。

Kai 法式小馆 $$

（☎03-527 8507；www.experiencekaiteriteri.co.nz；Inlet Rd和Sandy Bay Rd交叉路口；主菜 $15~33，共享拼盘 $18~32；⏲7:30~21:00，4月至11月营业时间缩短）这家咖啡馆餐厅从前叫作Shoreline，靠近海滩，现已更名为Kai，是一家现代化的时髦的法式小馆。早餐和午餐包括黄油牛奶煎饼和三文鱼百吉饼，晚餐（稍稍）正式一些，有鱼、牛肉和羔羊肉。冬季营业时间不稳定，不过旁边的**Goneburger**总会提供汉堡、卷饼和咖啡，供度假家庭所需。

到达和离开

Abel Tasman Coachlines提供凯特里特里的交通服务，可连接莫图伊卡（$11，20分钟）和纳尔逊（$21，90分钟）。

Trail Journeys（☎03-548 0093；www.trailjourneysnelson.co.nz；3 Kaiteriteri-Sandy Bay Rd）提供自行车出租和关于美味小径（见484页）的建议。也出租山地自行车，供旅行者探索附近的凯特里特里山地自行车公园。

马拉豪（Marahau）

☎03/人口 120

沿海岸从凯特里特里上行，位于莫图伊卡以北18公里的地方就是马拉豪（Marahau），这是去阿贝尔·塔斯曼国家公园的主要门户。严格意义上讲，它不能算作一个小镇，更像是度假村和游客聚集地。

活动

Abel Tasman Horse Trekking 骑马

（☎03-527 8232；https://abeltasman

horsetrekking.co.nz; Ocean View Chalets, 305 Sandy Bay-Marahau Rd; 2小时骑马 每人 $95)如果你想骑马，可以骑马沿海滩漫步。有2小时的海滩骑行(12岁及以上)，还有新手骑手培训。小孩可以帮忙刷洗和准备马鞍，然后在工作人员的牵引下骑矮马绕着围场骑行30分钟($35)。

住宿

Barn

青年旅舍 $

(☎03-527 8043; www.barn.co.nz; 14 Harvey Rd; 无/有电力供应 露营地 $20/22，铺 $32，双和标双 $89; @📶)这个背包客旅舍有舒适的宿舍、一个新建的厕所和草地露营地，还有一系列小木屋、露天厨房和烧烤区。这个谷仓本身就是其中心——一个公共厨房和休息室区域，中心露台有一个壁炉，很适合社交。提供旅游活动预订服务和安全的停车场。

Abel Tasman Lodge

汽车旅馆 $$

(☎03-527 8250; www.abeltasmanlodge.co.nz; 295 Sandy Bay-Marahau Rd; 双 $145~195，四 $200~260; @📶)🍃这家修复完的拱廊中有15个开间和设备齐全的套间，有出色的大教堂式拱顶，通往风景优美的花园，可以宁静度日。也有一个公共厨房，可供自炊者使用，另有水疗中心和桑拿浴室，杜鹃、蜜雀和铃鸟在周围的灌木丛林中鸣叫。内部有些时尚的装饰图案是根据当地鸟类创作的。

Ocean View Chalets

度假屋 $$

(☎03-527 8232; www.accommodationabeltasman.co.nz; 305 Sandy Bay-Marahau Rd; 双 $145~245，四 $299; 📶)这家旅馆位于绿树成荫的山坡上，有很好的私密性。这些用漂亮柏树做内衬装饰的小屋距海滨步道仅300米，可饱览渔夫岛(Fisherman Island)的美景。除最便宜的开间外，所有住宿处都设施齐全，提供早餐和外带午餐。

就餐

Fat Tui

汉堡 $

(☎03-527 8420; Marahau-Sandy Bay Rd和Marahau Valley Rd交叉路口; 汉堡 $14~17; ⏰10月底至次年复活节，5月至10月底 周三至周日 正午至20:00; ✎)众所周知，这家以鸟命名的餐馆在一个开不了多快的大篷车里。谢天谢地，这里供应高品质的汉堡，如牛肉饼(Cowpat)、羊肉饼(Ewe Beaut)和根茎叶做的蔬菜饼(素食)，还提供炸鱼和薯条、咖啡。

Hooked

咖啡馆 $$

(☎03-527 8576; www.hookedonmarahau.co.nz; 229 Marahau-Sandy Bay Rd; 午餐 $15~20，晚餐 $26~32; ⏰12月至次年3月 8:00~22:00，10月、11月和4月 8:00~11:00和15:00~22:00)这个地方很受欢迎，建议提前预订晚餐。室外露台可眺望风景。午餐主要是沙拉、海鲜，晚餐有新鲜的鱼、绿唇贻贝和新西兰羊腿。16:00~18:00是酒水减价时间。

Park Cafe

咖啡馆 $$

(☎03-527 8270; www.parkcafe.co.nz; Harvey Rd; 午餐 $12~22，晚餐 $17~36; ⏰9月中旬至次年5月 8:00至深夜; ✎)这家微风徐徐的咖啡厅坐落在海岸步道的起点处，是个让人振奋或让苗条的家伙体重反弹的地方。高热量饮食选择包括丰盛的早餐、汉堡和蛋糕，但这里也有海鲜和沙拉可选，外加周三到周六晚上木柴烤的比萨。在有风景的房间或在阳光明媚的庭院花园里享受吧。登录Facebook主页查看，有时候有现场音乐演出。

到达和离开

Abel Tasman Coachlines(见477页)提供马拉豪交通服务，可前往莫图伊卡($11，30分钟)和纳尔逊($21，2小时)。

阿贝尔·塔斯曼国家公园(Abel Tasman National Park)

位于沿海地区的阿贝尔·塔斯曼国家公园是新西兰最受欢迎的国家公园。该公园覆盖了从卡胡朗伊国家公园延伸出的无数大理石和石灰岩小山的北麓，园内充满洞穴。这里有各种徒步路线，包括内陆路线，但是很多人都是冲着海边步道来的——这是新西兰最受欢迎的十大徒步路线之一。

即便不是徒步爱好者，阿贝尔·塔斯曼隐藏的小湾和海滩上可提供的皮划艇和巡游选择，所有游客都可参与。

Abel Tasman National Park
阿贝尔·塔斯曼国家公园

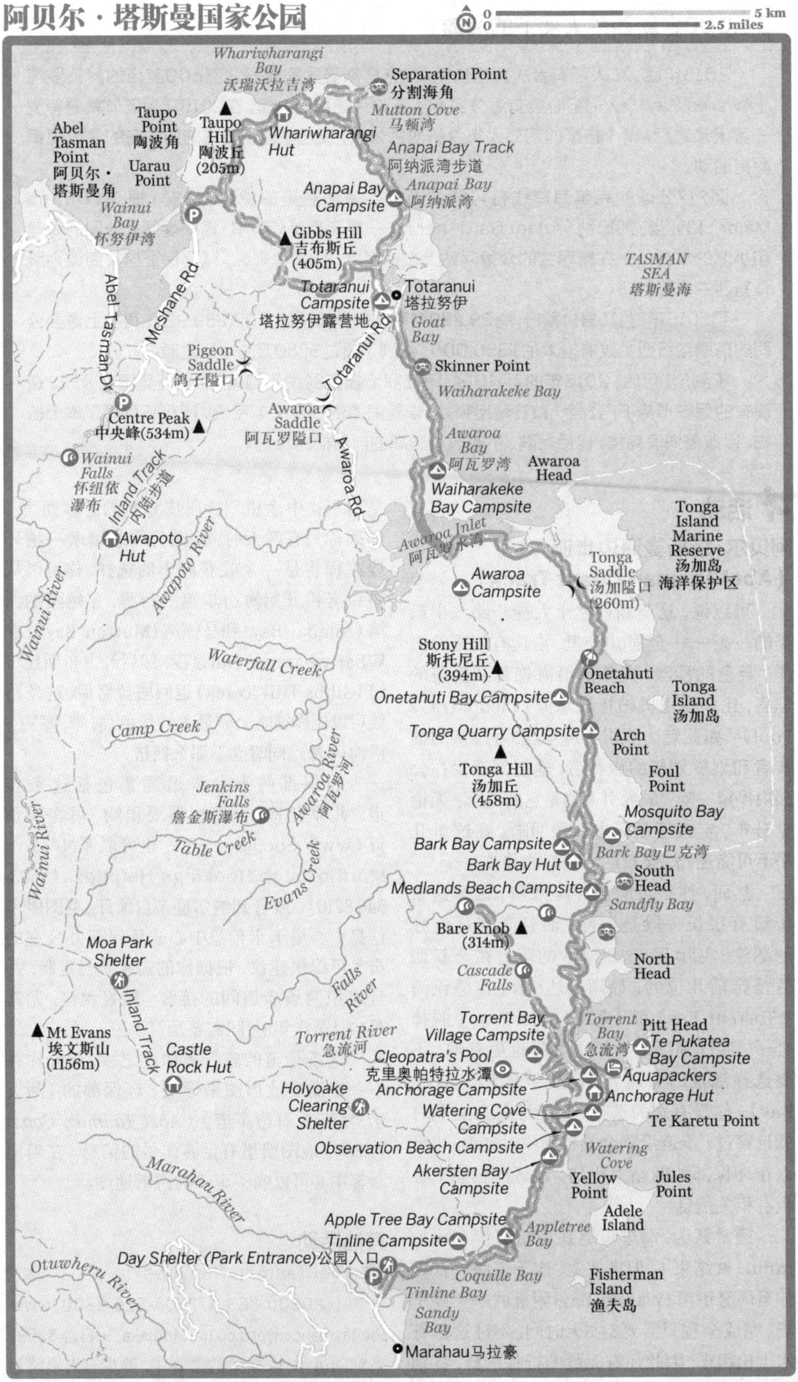

30,000名新西兰人买下的海滩

2015年底，私人所有者决定出售阿贝尔·塔斯曼国家公园北部800英亩的阿瓦罗湾（Awaroa Bay），人们担心会有海外买家买下这片隐秘的天堂，在2015年圣诞节就着啤酒一番闲谈之后，两个自豪的南岛人集合新西兰公众，发起了这个国家前所未有的最大规模募捐活动。

面对7公顷的完美海岸线有可能被海外买家所获得的威胁，杜安·梅杰（Duane Major）和亚当·加德纳（Adam Gard'ner）——夏天都是阿贝尔·塔斯曼国家公园的海湾和小湾的常客——在新西兰的众筹网站上发起了活动。简单来说，就是保证这片海滩为所有新西兰人所有。

到2016年2月15日付款日，有29,239名私人捐款者捐赠了$2,259,923，再加上重要公司的捐赠和新西兰政府投入的$350,000，达到了超过$280万的中标金额。

不到5个月后，2016年的7月10日，阿瓦罗湾被正式纳入阿贝尔·塔斯曼国家公园。在现有的保护形势下，公园一直在付出努力，恢复海滩的沙丘生态系统，还重新种植了本土植物，以改善海滨鸟类，包括蛎鹬、小嘴鸻和鹱鹬的自然栖息环境。

活动

阿贝尔·塔斯曼海边步道（Abel Tasman Coast Track）

可以说，这是新西兰十大徒步路线中最美的一条——全程60公里，沿途有闪耀的海洋、金色的沙滩、典型的沿海森林和隐蔽的惊喜，比如克里奥帕特拉水潭（Cleopatra's Pool）。如此魅力吸引了每年近3万过夜的徒步者和划皮划艇的旅行者，他们都至少在公园内停留一晚。最吸引人的是它的地形：无论是分布、定级还是标志都很明晰。在这里几乎不可能迷路，穿双运动鞋就能徒步。

然而，你很可能会弄湿双脚，因为这条步道有很长一段是海滩，而且会穿过疯狂的潮汐。实际上，这里潮汐的落差在全新西兰是排前几位的，最高可达6米。在急流湾（Torrent Bay）和巴克湾（Bark Bay），脱掉鞋子、穿过潮湿的沙子更容易也更有趣，不要选择涨潮时穿越。在阿瓦罗湾（Awaroa Bay），你没有别的选择，只能准备在退潮时就近穿过。步道沿路会发布潮汐时刻表，也可以在环保部的网站上找到。地区的信息中心也有相关信息。

通常认为，海岸步道在塔拉努伊（Totaranui）就结束了，但事实上，这条道路一直延伸至怀努伊湾（Wainui Bay）附近的一个停车场。完成全程只需要3~5天时间，不过这里有水上出租车，因此还有无数的行程选择，特别是对于在中途想划一段皮划艇的游客而言。如果你只有两天时间，在公园北端来一趟环线旅程将是一个收获颇丰的选择，你可以从塔拉努伊开始海边步道的行程，穿越阿纳派湾（Anapai Bay）和马顿湾（Mutton Bay），在Whariwharangi Hut过夜，然后经吉布斯丘步道（Gibbs Hill Track）返回塔拉努伊。这条路线可以让你领略公园最美的景色（海滩、海豹、沿海风光），同时也不那么拥挤。

环保部的十大步道通票包括这条步道。儿童免费，但仍然需要预约。可在线预订（www.doc.govt.nz），也可联系**Nelson Marlborough Bookings Helpdesk**（☎03-546 8210），或者到纳尔逊亲自预订。莫图伊卡信息中心塔卡卡信息中心或环保部办公室的员工可提供建议，根据你的需求量身定制，并且组织两条步道间的接驳。最好预订，尤其是12月至次年3月间需要预订小屋。

这条步道的旅行者如此之多，因此你并不一定需要地形图来导航。环保部的《阿贝尔·塔斯曼海边步道》（*Abel Tasman Coast Track*）地图册里有足够详尽的信息。在当地游客中心可以购买更多的讲解地图。

其他活动

★ **Abel Tasman Canyons** 探险

（☎0800 863 472, 03-528 9800; www.abeltasmancanyons.co.nz; Motueka; 一日游 $269）来到阿贝尔·塔斯曼的游客中，鲜少有人领略过

激流河(Torrent River)的风采。这家公司让你有机会目睹其令人叹为观止的花岗岩河谷,进行游泳、滑水、绕绳下降,或跳入如宝石般闪亮的水池,绝对乐趣无穷。此外,也提供探索卡胡朗伊国家公园(Kahurangi National Park)和里士满森林公园的项目,也有包括皮划艇和高空跳伞的套餐。

团队游

旅游公司通常提供免费的莫图伊卡接送服务,纳尔逊的接送服务需支付额外费用。

Wilsons Abel Tasman　户外

(☎03-528 2027, 0800 223 582; www.abeltasman.co.nz; 409 High St, Motueka; 徒步/皮划艇 $62/90)这家由家庭经营的机构历史悠久,提供多种巡航、徒步、皮划艇和团队游套餐。过夜住宿是在Wilson的度假屋,位于美丽的阿瓦罗(Awaroa)和急流湾(Torrent Bay),针对导览游的游客。

Abel Tasman Eco Tours　团队游

(☎03-528 0946, 0800 223 538; www.abeltasmanecotours.co.nz; Marahau; 一日徒步游 成人/儿童 $189/120)同海洋科学家Stew Robertson一起来一次环保一日游,或者乘船巡游海岸,或者参加5小时的徒步游前往怀努伊峡谷(Wainui Valley)。Stew是个自然历史迷,真的很懂行。

Abel Tasman Charters　乘船

(☎0800 223 522, 027 441 8588; www.abeltasmancharters.co.nz; 6小时团队游 $285)提供6小时的旅途,包括徒步、皮划艇、游泳和巡航,从史蒂芬湾(Stephen's Bay,靠近凯特里特里)前往阿贝尔·塔斯曼国家公园。

Abel Tasman Tours & Guided Walks　徒步

(☎03-528 9602; www.abeltasmantours.co.nz; Riwaka; 团队游 $295起)提供为期一天的小团队徒步旅行活动(至少两个人),含外带午餐和水上出租车。

住宿

沿着阿贝尔·塔斯曼海边步道有4个十大徒步路线木屋(Great Walk hut, $38),里面有铺位、暖气、冲洗式厕所和有限的照明,但没有厨房设施。还有19个特定的十大徒步路线露营地(Great Walk campsite, $14)。还有另一个很好的选择,即Aquapackers(见491页),是一艘双体船,永久停靠在安克雷奇湾(Anchorage Bay)。

因为海岸步道很受欢迎,所以所有的木屋和露营地都必须提前一年左右预订,可以通过十大徒步路线预订处(☎0800 694 732; www.doc.govt.nz)在网上预订,也可以在全国的环保部游客中心预订。木屋的票和全年通票不适用于步道,而且在每个木屋或露营地的停留时间都不能超过两晚,除了塔拉努伊的露营地——只能停留1晚。如果被发现没有有效的预订,会被罚款,也可能被要求离开公园。

Totaranui Campsite　露营地 $

(☎03-528 8083; www.doc.govt.nz; 10月至次年4月/5月至9月 $15/13)这个营地广受欢迎,可容纳数量惊人的露营者(850位),倚靠海滩,还拥有公园最好的绿植背景。环保部办公室除了有能帮忙的工作人员外,还有带注解的展览、抽水马桶、冷水淋浴和公用电话。注意每年的12月22日至次年2月8日会涨价至$30/晚,最少3晚起住,无延住时长限制。

Aquapackers　青年旅舍 $$

(☎0800 430 744; www.aqua packers.co.nz; Anchorage; 铺/双 含早餐 $85/245; ⏲5月至9月歇业)由13米长的双体船改造的住处,永久停靠在安克雷奇湾,提供与众不同但又活跃的背包客住所,能住22人。这里设施简单但还不错,价格包括床上用品、晚餐和早餐。必须提前预订。

到达和离开

离阿贝尔·塔斯曼最近的大城镇是莫图伊卡,附近的马拉豪则是其南部门户。尽管怀努伊是官方的北端终点,但人们通常在塔拉努伊结束行程,要么忽略步道北边的部分,要么走环线,通过吉布斯丘步道回到塔拉努伊。所有步道的门户都可通过Abel Tasman Coachlines(见477页)或Golden Bay Coachlines(见477页)抵达。

当地交通

到达公园后,可以很轻松地从凯特里特里或

在阿贝尔·塔斯曼划船

阿贝尔·塔斯曼海边步道长期以来就是徒步旅行者的领地，但美丽的风光使得这里同样成为进行海上皮划艇运动的诱人地，并且还可以把皮划艇运动与散步和露营结合起来。

这里提供各种能浮在水面上的专业装备，你也可以选择带导游或自由行。皮划艇活动可进行半天，最多3天，夜晚可以露营或住在环保部的木屋内，独自前来的人或背包客可以选择自助式或自炊式住所。你也可以划皮划艇游玩一天，露营过夜，然后往回徒步，或步行进入园区，再搭水上出租车返回。

大多数运营商以类似的价格提供类似的服务。马拉豪是主要基地，但行程是从凯特里特里始发的。有大量一日游选择，包括导览游，往往从马拉豪出发，前往鸟类很多的阿黛尔岛（Adele Island，约$200）。也有多日导览游，3天是常见选择，根据住宿和其他内容，价格在$260~750。

自由租借（双人皮划艇和设备出租）的话，每人的费用为$75/115左右（1/2天）。除了黄金海湾塔塔海滩（Tata Beach）上的Golden Bay Kayaks（见495页），所有皮划艇项目都从马拉豪出发。

大多数旅游公司都提供游览指导，参与项目的最低年龄为8岁或14岁，具体取决于行程。野营装备通常针对过夜旅行者，如果你会在园区中停留几天，大多数旅游公司会提供免费停车场。

11月至次年复活节是最忙的时候，12月至次年2月则绝对是客流高峰期。但是，皮划艇运动是全年都可以进行的项目，可以选择冬季出游，这个季节鸟类更多，而且阴霾天气更少。

在激烈的市场竞争中，下列运营商较为出色（可货比三家）：

Abel Tasman Kayaks（☎0800 732 529, 03-527 8022; www.abeltasmankayaks.co.nz; Main Rd, Marahau; 导览游 $150起）

Kahu Kayaks（☎0800 300 101, 03-527 8300; www.kahukayaks.co.nz; 11 Marahau Valley Rd; 自助导览/导览游 $75/215起）

Kaiteriteri Kayaks（☎0800 252 925, 03-527 8383; www.seakayak.co.nz; Kaiteriteri Beach; 成人/儿童 $80/60起）

Marahau Sea Kayaks（☎0800 529 257, 03-527 8176; www.msk.co.nz; Abel Tasman Centre, Franklin St, Marahau; 团队游 $150起）

R&R Kayaks（☎0508 223 224; www.rrkayaks.co.nz; 279 Sandy Bay-Marahau Rd; 团队游 $135起）

Sea Kayak Company（☎0508 252 925, 03-528 7251; www.seakayaknz.co.nz; 506 High St, Motueka; 团队游 $85起）

Tasman Bay Sea Kayaking（☎0800 827 525; www.tasmanbayseakayaking.co.nz; Harvey Rd, Marahau; 团队游 $110起）

Wilsons Abel Tasman（见491页）

马拉豪，通过许多旅游公司和水上出租运营商提供的固定班次或定制服务，到达和离开步道上的任何地方。从凯特里特里或马拉豪出发的单程价格为：到安克雷奇和急流湾$37，到巴克湾$42，到阿瓦罗$47，到塔拉努伊$49。从水上游览最好选择**Abel Tasman Aqua Taxi**（☎03-527 8083, 0800 278 282; www.aquataxi.co.nz; Marahau-Sandy Bay Rd, Marahau）或**Marahau Water Taxis**（☎03-527 8176, 0800 808 018; www.marahauwatertaxis.co.nz; Abel Tasman Centre, Franklin St, Marahau）。

黄金海湾(Golden Bay)

从莫图伊卡出发，沿SH60行驶一段跌宕蜿蜒的路，越过塔卡卡山，前往黄金海湾，这一小片地区融乡村魅力和艺术行动、另类生活方式于一体，有相当多的游客会在这片与世隔绝的地方享受时光。

对于游客来说，这里的主要吸引力在于能通往阿贝尔·塔斯曼和卡胡朗伊国家公园，还有其他一些自然景点，包括费尔韦尔沙嘴(Farewell Spit)，以及一系列美丽的海滩。可寻找(或下载)环保部的《黄金湾徒步》(*Walks in Golden Bay*)手册，开始你的探险。

到达和离开

黄金海湾交通还算便利，Golden Bay Coachlines(见477页)每天有车次往返纳尔逊和希菲步道，途经莫图伊卡和塔卡卡，但是要前往僻静地区，你需要绕路或自驾。

塔卡卡山(Takaka Hills)

☎03

塔卡卡山(海拔791米)在塔斯曼湾和黄金海湾之间。看上去是很漂亮的丛林地区，但仔细观察会发现这里是一片引人注目的大理石地貌，其经过百万年的侵蚀而形成。沿着山路(SH60)驾车行驶1小时便可探索这里的美景，这条陡峭曲折的公路沿途有壮观的观景台，还有一系列其他景点。

在山顶前面还有一条岔路，通向**迦南丘陵风景保护区**(Canaan Downs Scenic Reserve)，这个保护区就在一条长11公里的砂石路尽头。该区域因电影《指环王》(*Lord of the Rings*)和《霍比特人》(*Hobbit*)而出名，但这里最著名的景点却是**哈伍德洞穴**(Harwoods Hole)。它是该国最大的洞穴之一，深357米，宽70米，垂直高度176米。从停车场步行30分钟即可到达。简单地说：除了最有经验的洞穴探险者，此洞穴禁止其他人入内。

景点和活动

中级水平的山地自行车手可以沿着几条环道尝试，或者通过刺激的**拉梅卡步道**(Rameka Track)一路向南直到塔卡卡。另外一条靠近顶点的**塔卡卡山丘步道**(Takaka Hill Walkway)是一条全程3小时的环线，穿过布满大理石的喀斯特岩层、原始森林和农场，请见环保部的宣传册《黄金海湾徒步》(*Walks in Golden Bay*)。

纳罗瓦岩洞 洞穴

(Ngarua Caves; ☎03-528 8093; www.ngaruacaves.co.nz; SH60; 成人/儿童 $20/8; ⏲45分钟团队游 10月至次年4月 10:00~16:00 每小时出发一次，其余时间提前致电)山顶偏下一点儿的地方有一个坚若磐石的喀斯特地貌景点，在这里你可以看到无数的地下惊喜，包括恐鸟骨骼。只限团体游——不能单独去洞穴探险。

塔卡卡(Takaka)

☎03/人口 1240

塔卡卡有许多穿瑜伽裤、梳辫子头、在街上打赤脚的人，但它仍不失为一个可爱的城镇，也是到SH60最西端的送别角(Farewell Spit，见496页)之前的最后一个"大"中心。在这儿你会找到大部分需要的，以及少部分不需要的东西，但谁家衣柜没有几件从来不穿的扎染背心呢？

这里现在是一片有点儿嬉皮色彩的飞地，除此之外，还有一些有趣的新艺术合作机构，当地的酿酒厂也增添了另一种更加富于当代色彩的多元化魅力。

景点

塔卡卡的许多景点都可以通过自行车抵达，你可以从位于主路上的Quiet Revolution Cycle Shop(见494页)租车和获取地图。

Anatoki Salmon 孵卵处

(☎0800 262 865, 03-525 7251; www.anatokisalmon.co.nz; 230 McCallum Rd; 👪)在这里你有机会抓三文鱼，熏烤来做午餐，或者准备一顿超新鲜的生鱼片。提供钓鱼竿和指导，不过都很好抓。除了钓鱼，其他景点包括亲手给驯养的鳗鱼喂食，还有一个为孩子们准备的动物园，以及迷你高尔夫球场。不收入园费，不过三文鱼可能要花$35~55。

拉怀蒂岩洞 洞穴

(Rawhiti Cave; www.doc.govt.nz)附近最

抢眼的地质奇景当属拉怀蒂岩洞的植物喀斯特地貌。这里距塔卡卡15分钟车程（经过Motupipi，向右转入Glenview Rd，然后左转进入Packard Rd，跟着标志前行即可抵达）。2小时徒步回程（有多处陡峭的地形，潮湿处也很危险）遇到的景观会让你叹为观止（比如"大怪兽""獠牙"，甚至"沙罗蛇"）。

蒂怀科鲁普普泉 泉水

（Te Waikoropupu Springs；www.doc.govt.nz）"普普泉"是南半球最大的淡水泉，据说那里的泉水是世界上最清澈的。每秒约有14,000升的水从地下涌出，形成了这个五颜六色的小湖。从塔卡卡出发，沿SH60向西北行进4公里，从怀塔普桥（Waitapu Bridge）处跟随路标转向内陆，再继续前进3公里即可到达。停车场有信息牌，一条30分钟车程的森林环路会经过泉水，因为很神圣，所以禁止入内。

格罗夫风景保护区 瞭望台

（Grove Scenic Reserve；www.doc.govt.nz）在从塔卡卡出发大约10分钟的车程处（Clifton Rd上有路标），你会找到这个由粗糙老树点缀的令人疯狂的石灰岩迷宫。走完这里的步道约需10分钟，并经过一个令人印象深刻的瞭望台。

活动

Golden Bay Air 观光飞行

（☎03-525 8725，0800 588 885；www.goldenbayair.co.nz；Takaka Airfield，SH60）黄金海湾及其周边的特许观光飞行。

Pupu Hydro Walkway 步行

（www.doc.govt.nz；Pupu Valley Rd）这个令人愉快的2小时环形步道沿着一条古老的河道，穿过山毛榉森林，途经曾经的土木工程和金矿遗迹，到达一个始建于1929年后又重新修建过的（正在使用中的）普普水力发电站（Pupu Hydro Powerhouse）。距离Pupu Valley Rd尽头的塔卡卡9公里，沿着蒂怀科鲁普普泉路口的路标走即可。

Adventure Flights Golden Bay 观光飞行

（☎0800 150 338，03-525 6167；www.adventureflightsgoldenbay.co.nz；Takaka Airfield，SH60；$40起）黄金海湾及附近的特许观光飞行。

Quiet Revolution Cycle Shop 骑行

（☎03-525 9555；www.quietrevolution.co.nz；11 Commercial St；自行车出租 每天 $30~65；⏰周一至周五 9:00~17:00，周六 至12:30）在这家最出色的自行车行，你将获得私人服务。出租城镇和山地自行车，外加顶级的服务和销售。也有当地骑行地图，冬季希菲步道上有汽车载运服务。

住宿

Golden Bay Holiday Park 度假公园 $

（☎03-525 9742；www.goldenbayholidaypark.co.nz；99 Tukurua Rd，Tukurua；无/有电力供应 露营地 $43/47，小屋 双 $98；@📶）公园位于塔卡卡以北18公里处，前面是一片冷清的海滩，有大片草地、优雅的树荫和绿篱，这一切都弥补了公共设施的不足，同时为预算有限的旅行者提供了整洁、适合家庭入住的小屋，还有最多可住4人的奢华海滩房屋（$195~315）。

Kiwiana 青年旅舍 $

（☎0800 805 494，03-525 7676；www.kiwianabackpackers.co.nz；73 Motupipi St；露营地 每人 $24，标单/双 $55/70；@📶）温馨花园的另一边是一间可爱的木屋，房间都是以经典新西兰标志（人字拖、小蜜蜂）命名。车库已改造成一个生气勃勃的休息室，里面有燃木火炉、乒乓球桌、台球桌、音乐、书籍和游戏，还为客人提供免费的自行车。

★Adrift 别墅 $$$

（☎03-525 8353；www.adrift.co.nz；53 Tukurua Rd；双 $378~585；📶）🍃在风景优美的空地上点缀着5间村舍，住在里面可以享受在海滨吊床上的幸福感。大口吃掉你的早餐，然后在设施齐全的厨房里做顿饭，并在阳光充沛的露台上享用，或者泡在水疗浴缸中。一般至少住2晚，还提供一个时尚的开间。

餐饮

Dangerous Kitchen 咖啡馆 $$

（☎03-525 8686；www.thedangerouskitchen.co.nz；46a Commercial St；主菜 $13~30；⏰周一至周六 9:00~20:30；✍）🍃这里提供大量健康又超值的美食，比如鹰嘴豆泥丸子、比

萨、豆味墨西哥卷饼、意大利面、好吃的烘焙点心和果汁，以及当地葡萄酒和精酿啤酒。后面向阳的庭院和前面可供赏景的露台，给人一种悠闲的感觉，还有音乐相伴。可观察入口附近值得发上Instagram的古雅壁画，可咨询偶尔举行的现场音乐会信息。

★Mussel Inn 小酒馆

（☎03-525 9241；www.musselinn.co.nz；1259 SH60, Onekaka；全天小吃 $5~19，晚餐 $24~30；⊙11:00至深夜，7月中旬至9月中旬歇业）在塔卡卡和科灵伍德中间的位置有新西兰最受欢迎的自酿啤酒小酒馆。这里充满了新西兰乡村的气息，有吱吱作响的木头，一个带火盆的散漫的啤酒花园，经常有现场音乐和其他活动，还有分量很足的自制食品。你可以品尝一杯标志性的"库克船长"（Captain Cooker）——一瓶天然酿造的棕色啤酒。

Dancing Sands Distillery 酿酒厂

（☎03-525 9899；www.dancingsands.com；46a Commercial St；⊙周一至周六 10:00~16:00）这里是一个惊喜——是一个曾获大奖的酿酒厂，隐藏在塔卡卡主街旁一条小巷深处。Sacred Spring金酒酿造用的水和附近Pupū Springs出自同一蓄水层，其余还有新西兰最早的装进酒桶的金酒、巧克力口味或藏红花口味的金酒。其余出色的酒类还有朗姆酒和伏特加。

ℹ 实用信息

黄金海湾地区环保部办公室（Golden Bay Area DOC Office；☎03-525 8026；www.doc.govt.nz；62 Commercial St；⊙周一至周五 13:00~15:00）提供关于阿贝尔·塔斯曼国家公园、卡胡朗伊国家公园、希菲步道、送别角和科布谷的信息。出售木屋通行证。

黄金海湾游客中心（Golden Bay Visitor Center；☎03-525 9136；www.goldenbaynz.co.nz；Willow St；⊙周一至周五 10:00~15:00，周六 10:00~14:00）这个友好的中心可提供一切必要信息，包括免费的旅游地图。有预订服务，并出售环保部通行证。

ℹ 到达和离开

Golden Bay Air（见440页）有航班往返惠灵顿和塔卡卡，每天最少1班，最多4班（单程 成人/儿童 $169/129起）。

Golden Bay Coachlines（见477页）从塔卡卡出发，至科灵伍德（$21，25分钟）、希菲步道（$35，1小时）、塔拉努伊（$42，1小时），并翻山前往莫图伊卡（$28，1.25小时）和纳尔逊（$38，2.25小时）。

波哈罗（Pohara）

☎03/人口 550

位于塔卡卡东北方向约10公里处的波哈罗是一个海滨村庄，夏季人口是平时的4倍。这里比黄金海湾的其他地方有更多时髦的度假地，有怡人的空气、不错的食物与度假屋，还有一片退潮时和希斯罗机场跑道一样宽阔的海滩。

波哈罗靠近阿贝尔·塔斯曼国家公园北部的门户。进入公园的路大部分都是土路，经过塔拉科希港（Tarakohe Harbour，波哈罗的港口），然后到里加尔湾（Ligar Bay）。经过时很值得爬上阿贝尔·塔斯曼瞭望台去看看。

活动

过了波哈罗（Pohara），接下来是塔塔海滩（Tata Beach），那里有Golden Bay Kayaks（☎03-525 9095；www.goldenbaykayaks.co.nz；29 Cornwall Pl, Tata Beach；半天导览游 成人/儿童 $85/50起，自由租赁 $55起；👪），可提供皮划艇和站立式划桨冲浪板的自由租赁服务，还有探索阿贝尔·塔斯曼国家公园的导览游。

在怀努伊湾（Wainui Bay），顺着Totaranui Rd上的路标可以找到一条绿树成荫的1小时往返步行道，通向海湾最美的小瀑布——怀努伊瀑布（Wainui Falls）。

食宿

Pohara Beach Top 10 Holiday Park 度假公园 $

（☎0800 764 272, 03-525 9500；www.poharabeach.com；809 Abel Tasman Dr；露营地 $49，小屋和套间 $81~169；@🛜）公园位于沙丘和主干道之间的一片长草地上，位置相当不错，可享受海滩时光。露营地很好，有一些漂亮的小屋，但注意——这是新西兰度假客最喜欢的地方，所以盛夏时节会有些吵。内有商

不要错过

费尔韦尔沙嘴(FAREWELL SPIT, 送别角)

荒凉、空旷和科幻色彩:送别角是世界重点保护湿地和鸟类保护区,是成千上万迁徙水鸟的夏季家园,尤其是长嘴涉水鸟(godwit)、里海燕鸥(Caspian terns)和澳大拉西亚塘鹅(Australasian gannets)。步行者可以沿步道探索送别角,最远可达4公里处[见环保部的《送别角和Puponga农场公园》(*Farewell Spit & Puponga Farm Park*)小册子 $2, 或从www.doc.govt.nz下载],再往远处走就是旅游禁区了,可参加出色的**Farewell Spit Eco Tours**(☎0800 808 257, 03-524 8257; www.farewellspit.com; 6 Tasman St; 团队游 $130~165)的团队游,时间根据潮汐而定。

35公里长的海滩上,有巨大的月牙形沙丘,可以看到其横跨黄金海湾和广阔低潮盐沼的全景。

沙嘴下面的山顶有一座游客中心兼咖啡馆,很适合在这儿一边喝咖啡,一边写明信片,特别是天气恶劣的时候。

店和外卖店。

★ Sans Souci Inn 度假屋 $$

(☎03-525 8663; www.sanssouciinn.co.nz; 11 Richmond Rd; 标单/双 $95/120, 套间 $160起; ⌚7月至9月中旬歇业; 📶) Sans Souci是法语"无忧"的意思。这里有7间地中海风格的泥砖结构客房,住过其中任何一间的人都会把这句话当成口头禅。这里还有一个摆满植物并镶着马赛克的公用洗手间(简易蹲坑式)、通风休息室和通向亚热带庭院的开放式厨房。强烈推荐在店内餐厅用晚餐(必须预订;主菜 $35~37),早餐根据要求提供。

Ratanui 度假屋 $$$

(☎03-525 7998; www.ratanuilodge.com; 818 Abel Tasman Dr; 双 $235起; @📶🏊)这家漂亮的度假村是一个靠近海滩的浪漫天堂,呈现出维多利亚式装饰的富丽堂皇。有香水玫瑰花园、游泳池、水疗、按摩服务、鸡尾酒和展示当地产品的烛光餐厅(向公众开放,需预约)。也提供免费自行车。

到达和离开

Golden Bay Coachlines(见477页)每天都有从塔卡卡到塔拉努伊的车,中途经停波哈罗($17, 15分钟)。

科灵伍德及周边(Collingwood & Around)

☎03/人口 240

广阔的科灵伍德是黄金海湾的最后一个城镇,的确有点儿尽头的感觉。夏天这里很热闹,但对于大多数人来说,它只是去希菲步道或前往送别角的起点。

景点和活动

怀拉里基海滩 海滩

(Wharariki Beach)这片与世隔绝的偏远海滩要从农场上方的停车场(环保部运营的Puponga农场公园的一部分)沿着一条土路,再步行20分钟才能到。这里有坚硬的沙丘岩层、若隐若现的岩石小岛和东端的海豹栖息地(步行途中可留意小溪中的海豹)。看上去可能是一个诱人的游泳场所,但要小心,这里的回流很猛——大海是无所不能的……

Cape Farewell Horse Treks 骑马

(☎03-524 8031; www.horsetreksnz.com; McGowan St, Puponga; 徒步 $80起)这是一个不错的出发点,可前往怀拉里基海滩。在多风小镇的骑行项目从1.5小时(到Pillar Point)到3小时(到怀拉里基海滩)不等,还可以安排更长的行程(包括过夜)。

食宿

★ Innlet Backpackers & Cottages 青年旅舍 $

(☎03-524 8040, 027 970 8397; www.theinnlet.co.nz; 839 Collingwood-Puponga Rd, Pakawau; 铺/标单/双 $35/69/80, 小屋 $95; ⌚6月至8月歇业; 📶)这是去送别角途中的一个绿荫住宿选择,距科灵伍德10公里。主屋内有

雅致的背包客宿舍，还有单间，包括一个能睡6人的木屋。可享受花园的美丽景色，骑自行车或划皮划艇探索当地，或者去这里的丛林步道走走。登录网站查看偶尔会有的3晚特价。

Somerset House 青年旅舍 $

（☎03-524 8624；www.backpackerscollingwood.co.nz；10 Gibbs Rd；铺/标单/双 含早餐 $32/50/78；⊙5月至10月歇业；@📶）这座低调的小旅舍坐落在山上一栋明亮的古老建筑里。从露台可以眺望远处美景。你还可以从知识渊博的主人那里获取徒步建议。主人提供往返步道的交通服务、免费自行车、皮划艇，还有新鲜出炉的面包早餐，第4晚免费。

★ Zatori Retreat 度假屋、青年旅舍 $$

（☎03-524 8692；www.zatori.co.nz；2321 Takaka-Collingwood Rd；标单/双/家 带公共浴室 $60/120/210，套间 含早餐 $229~399；📶）🍃从前是妇产科医院，现在改造成了一个时尚休闲的住宿处。时髦的套间围绕着一个宽敞的休息区排开，里面有来自亚洲的五彩艺术品，外面能眺望到告别角的美景。还有一个独立的翼楼，里面的房间需要共用浴室，可供低预算游客使用。提供按摩服务，也有皮划艇和桨板冲浪版，有一个餐厅酒吧。

M.A.D Skool Café 咖啡馆 $

（☎021 107 6312；www.facebook.com/MADSkoolCafe；7 Tasman St；小吃和主菜 $5~18；⊙8:00~20:00；✍）🍃部分是古雅的美术馆，部分是素食和严格素食咖啡馆，有镇上最好的咖啡，精选食物包括汉堡、炸鱼和薯条，以及一系列素食和严格素食。营业时间不固定，尤其是夏季以外的时间。

ℹ 到达和离开

Golden Bay Coachlines（见477页）每天有两班车从塔卡卡到科灵伍德（$21，25分钟）。

卡胡朗伊国家公园（Kahurangi National Park）

卡胡朗伊的含义之一是"蓝色天空"，它是新西兰第二大国家公园，也是最多样化的国家公园之一。这里最吸引人的是其地质特征，从风化的沙滩和海崖，到地震形成的斜坡和冰碛堰塞湖，再到内陆高原平缓、奇怪的喀斯特地貌，应有尽有。

这个公园的面积为4250平方公里，其中85%都被森林覆盖。50%以上的新西兰植物物种都可以在公园里找到，包括80%以上的高山植物。公园内有60种鸟类，包括经常能看见的奇异鸟、鹦鹉、咔咔鸟和蓝鸭（whio）。这里有令人毛骨悚然的洞穴沙螽、怪异的甲虫和一种巨大的长腿蜘蛛，也有一种被称为Powelliphanta的史前蜗牛，这是公园动物王国的（慢）旗手。如果你想进行一次充满新奇体验的探索之旅，卡胡朗伊国家公园一定会让你感到满足。

🏃 活动

卡胡朗伊最知名的步道是希菲步道（Heaphy Track）。更具挑战性的万加佩卡（Wangapeka）不如希菲步道有名，但许多人觉得这一条更好玩。走这条步道需时5天，从小旺阿努伊（Little Wanganui）卡拉米亚（Karamea）以南25公里处开始，向东25公里抵达塔帕维拉（Tapawera）附近的Rolling River河。步道沿途有一连串的小屋。

不过，希菲和万加佩卡只是长达650公里的步道系统中的一部分。在科布谷（Cobb Valley）和亚瑟山/台地（Mt Arthur/Tablelands）有很好的全天和过夜徒步路线。如需所有卡胡朗伊步道的详细信息，请登录www.doc.govt.nz。

希菲步道（Heaphy Track）

希菲步道是新西兰最受欢迎的步道之一。从各方面讲，这条步道都是一条极品徒步路线，它穿越了各种各样的地形——繁茂的森林、神秘的戈兰山脚（Gouland Downs）、与世隔绝的河谷，还有洒满了盐雾和环绕着尼考棕榈树的海滩。

尽管很长，希菲步道却被很合理地分成了多段，相比卡胡朗伊国家公园里的其他漫长步道要容易一些。但这条步道依然可能变得很难走，尤其是天气不好的时候。

从东向西徒步，大部分攀爬活动都集中在第一天，风景优美的海滩步行难度适中，可留到最后做华丽收官。

5月至10月，可以在步道上骑山地自行车。这里道路漫长、环境偏僻，而且有可能碰上坏天气，这段史诗般的旅程只适合装备齐全、经验丰富的骑行者。塔卡卡的Quiet Revolution Cycle Shop（见494页）是获取更多信息的好地方。

经验丰富的徒步者可以在3天内走完希菲步道，但大多数人需要4～5天。如需步道详细说明，可参见环保部的《希菲步道》（*Heaphy Track*）宣传册。徒步时间预估如下：

路线	时长（小时）
Brown Hut至Perry Saddle Hut	5
Perry Saddle Hut至Gouland Downs Hut	2
Gouland Downs Hut至Saxon Hut	1.5
Saxon Hut至James Mackay Hut	3
James Mackay Hut至Lewis Hut	3.5
Lewis Hut至Heaphy Hut	2.5
Heaphy Hut至科哈伊哈伊河（Kohaihai River）	5

团队游

Bush & Beyond 徒步

（☎021 027 08209, 03-543 3742; www.heaphytrackguidedwalks.co.nz）本地区最早的导游公司（1993年开业），主打卡胡朗伊地区的项目，提供生态和自然历史导向的徒步，环绕国家公园，包括亚瑟山或科布谷徒步（2天 $700起），一个6天的希菲步道导览游套餐（$1900）。费用包括住宿和餐饮。全年运营，不过最佳徒步时间是10月至次年3月。

Kahurangi Guided Walks 徒步

（☎03-391 4120; www.kahurangiwalks.co.nz）提供时长一周的希菲徒步（$1950），包括一切费用，外加阿贝尔·塔斯曼国家公园的1～5日之旅。

住宿

希菲步道途中有7个十大徒步路线木屋（$34），里面有床铺和一片厨房区域、暖气、冲水厕所和冷水洗手池。大多数（但不是全部）木屋都有燃气灶。两个木屋有照明设备。沿途还有9个十大徒步路线露营地（$14），外加位于西岸区步道起点的**Kohaihai Campsite**（www.doc.govt.nz; 每人$8）。

希菲步道是新西兰十大徒步路线之一，所以必须提前一年预订木屋和露营地。可以通过**十大徒步路线预订处**（☎0800 694 732; www.doc.govt.nz）进行网上预订，或是通过环保部在全国各地的游客中心预订。

实用信息

现场预订木屋的最佳地点是纳尔逊信息中心的环保部柜台（见482页）——在靠近步道的黄金海湾终点处。可以在塔卡卡的黄金海湾地区环保部办公室（见495页）或黄金海湾游客中心（见495页）获取木屋门票、进行预订并咨询其他步道信息。也可参见www.heaphytrack.com和环保部的《希菲步道》（*Heaphy Track*）宣传册。

到达和离开

希菲步道的两端相距遥远，精确地说是463公里。在塔卡卡，12月至次年3月你可以搭乘Golden Bay Coachlines（见477页; $35, 9:15, 1小时）的车（经由科灵伍德）前往希菲步道。

而小镇卡拉米亚与步道的Kohaihai尽头相距15公里。10月至次年4月底，每天13:00～14:00，**Karamea Express**（☎03-782 6757; info@karamea-express.co.nz; 希菲步道摆渡车 $20/人）有班车从露营地发车，前往卡拉米亚（$20）。注意预订。Karamea Connections（☎03-782 6767; www.karameaconnections.co.nz）可根据需求安排接送。

Heaphy Bus（☎0800 128 735, 0272 221 872; www.theheaphybus.co.nz）提供往返班车服务，在Brown Hut和Kohaihai上下车（$160），还有当地步道按需接送的交通服务。

Heaphy Track Help（☎03-525 9576; www.heaphytrackhelp.co.nz）提供汽车搬运（约$300，视方向和时间而定）、空投食物及往返班车服务，并可提供建议。

Adventure Flights Golden Bay（见494页）提供从卡拉米亚返回塔卡卡的航班（反向也有），票价每人$240～265（最多5人）。**Golden Bay Air**（☎0800 588 885; www.goldenbayair.co.nz）也有同样的航班（票价 每人$149～179）。还有Helicopter Charter Karamea（见509页），最多可乘

坐6人，价格为$1400。5名乘客和山地自行车的价格为$1600。

纳尔逊湖区国家公园（Nelson Lakes National Park）

纯净的纳尔逊湖区国家公园包括两片湖泊——罗托伊蒂湖（Rotoiti）和罗托罗阿湖（Rotoroa），倚靠杂砂岩山，四周环绕着馥郁清香的山毛榉森林。该公园位于南阿尔卑斯山的北端，拥有夸张的冰川地貌，是一个令人肃然起敬的观赏地。

罗托伊蒂湖以东的公园被称为"大陆岛"，保护区旨在消除外来有害生物，如老鼠、负鼠（possums）、鼬（stoats），使原生植物和动物在这里繁殖。它提供了极好的徒步旅行环境，包括湖泊风光和一两只白蛉……公园是许多鸟儿的栖息地，也是著名的钓棕鳟鱼的地方。

纳尔逊湖地区的人类聚集点是低调的小村庄圣阿尔诺（St Arnaud）。

活动

在许多步行路线上，都可观赏到粗犷的风景，但在出发前，请至环保部纳尔逊湖游客中心索要地图，查阅步道线路、天气更新信息，并支付木屋住宿费或露营费。

这里有两条梦幻的一日徒步路线。耗时5个小时的罗伯特山环形步道（Mt Robert Circuit Track）始于罗伯特山停车场——从圣阿尔诺驾车很快就到，有Nelson Lakes Shuttles（见500页）接驳——绕山蜿蜒。沿着罗伯特山脉（Robert Ridge）一侧游览，可以见到国家公园中心地带令人称绝的美丽风景。也可以走圣阿尔诺步道（St Arnaud Range Track，往返5小时）：沿湖东侧走，缓缓攀登山脊，途经跳伞石（Parachute Rocks）。两条路线都不太容易，但途中冰川覆盖的山谷、耳环峰（arete peaks）和罗托伊蒂湖的美景令人惊叹。这些徒步旅行只能在天气状况好的时候进行，否则就是徒劳的（看不到漂亮风景），而且很危险。

从罗托伊蒂湖的克尔湾（Kerr Bay）和罗托罗阿湖的路尽头出发，也有大量的短程路线可选。这些路线和更长的一日徒步路线均可在环保部的《漫步在纳尔逊湖区国家公园》（*Walks in Nelson Lakes National Park*）宣传册（$2）中查阅到。

如果配备精良，可以选择更长的徒步路线，比如安琪勒丝路线（Lake Angelus Routes），这条壮丽的路线需要2～3天时间完成——沿罗伯特山脉漫游至安琪勒丝湖。你可以在漂亮的安琪勒丝小屋（Angelus Hut；成人/儿童 $20/10，11月底至次年4月必须预订；偏远地区通票/票价在全年其余时间也有效）住一两晚，然后沿3条路中的任何一条返回圣阿尔诺。拿取或下载环保部的《安琪勒丝小屋步道和路线》（*Angelus Hut Tracks & Routes*）宣传册。如果你听说过蓝湖（Blue Lake），即便没考虑过，也可以先到游客中心咨询一些意见。

彩虹 雪上运动

（Rainbow；☎03-521 1861，snow phone 0832 226 05；www.skirainbow.co.nz；一日缆车 成人/儿童 $80/39）阳光明媚的纳尔逊地区有一个滑雪区，就在100公里以外（和距离布莱尼姆的距离相同）。与纳尔逊湖国家公园交界，有多样化的地形，人少，还有很好的越野滑雪道。一般需安装汽车防滑链再前往。圣阿尔诺是最近的村庄（32公里），滑雪季一般从7月中旬持续到10月中旬。出租滑雪橇和滑雪板。

住宿

克尔湾环保部露营地 露营地 $

（Kerr Bay DOC Campsite；www.doc.govt.nz；无/有电力供应 露营地 每人 $18/21）该露营地位于罗托伊蒂湖岸边的克尔湾，是一家广受欢迎的营地，有电力、厕所和热水淋浴，同时还配有洗衣房和一个厨房。是一个鼓舞人心的探险大本营，但一定要提前预订。环保部西湾露营地（West Bay Campsite；☎03-521 1806；www.doc.govt.nz；成人/儿童 $13/6.50；⏰12月中旬至次年4月）周围也有许多露营地，那里是一个更加简单的露营地。

Travers-Sabine Lodge 青年旅舍 $

（☎03-521 1887；www.nelsonlakes.co.nz；Main Rd，St Arnaud；铺/双 $32/75；📶）这家青年旅舍是一个很棒的户外探险基地，距罗托伊蒂湖仅几步之遥，价格便宜、干净舒适。宿舍、双人间和家庭房里还有令人愉快的色彩鲜艳的亚麻床品。主人是经验丰富的自助冒险家，可以向你传授秘诀。也有步行设备和雪鞋可供租用。

★ **Alpine Lodge** 度假屋 $$

（☎03-521 1869；www.alpinelodge.co.nz；Main Rd, St Arnaud；双 $180~229；@📶）由家庭经营，历史悠久，提供多种房型选择，最好的是带水疗和夹层卧室的松木结构分层双人房。如果没有别的事情，可以去诱人的室内餐厅——有明火，很舒适，能看山景，还供应美食（正餐 $15~32，外带比萨 $20）和当地啤酒。

实用信息

环保部纳尔逊湖游客中心（DOC Nelson Lakes Visitor Centre；☎03-521 1806；www.doc.govt.nz；View Rd；⏲8:00~16:30，12月至次年4月 至17:00）很高兴向游客提供公园相关信息（天气、活动）和木屋通票，还有公园的生态和历史展览。

到达和离开

Nelson Lakes Shuttles（☎027 222 1872，03-540 2042；www.nelsonlakesshuttles.co.nz）12月至次年2月（周二10:00，$45），每周有1班车往返于纳尔逊和国家公园之间，全年其他时间按需提供服务。返回纳尔逊的时间为12月至次年2月周五的11:00。长途汽车也会在SH63的Kawatiri Junction上下客，以便其他往返纳尔逊和西岸区之间的长途汽车接驳。这家公司还可定制从圣阿尔诺到皮克顿、凯库拉、汉默斯普林斯和南方其他主要目的地的班车。也可以试试Trek Express（见504页），这家公司有定期班车在这条路线上往返。

当地交通

Rotoiti Water Taxis（☎021 702 278；www.rotoitiwatertaxis.co.nz；Kerr Bay）从克尔湾（Kerr Bay）和西湾（West Bay）到罗托伊蒂湖（Lake Rotoiti）最南端（3/4人 $100/200）。有皮划艇、独木舟和筏子出租，每半天$50起。也可以安排垂钓之旅和湖波观景巡游之旅。

西岸区

包括 ➡

最佳就餐

- Snake Bite Brewery（见529页）
- Aurora（见522页）
- Lake Matheson Cafe（见534页）
- Ramble + Ritual（见522页）

最佳住宿

- Theatre Royal Hotel（见519页）
- Rough & Tumble Lodge（见508页）
- Drifting Sands（见521页）
- Te Waonui Forest Retreat（见529页）
- Bazil's Hostel（见507页）

为何去

没有比西岸区更孤独甜蜜的地方了。这里的奇观吸引了大批的人群——比如弗朗兹约瑟夫和福克斯冰川，还有壮丽的千层石岩——不过你需要乘坐喷射艇、直升机或徒步才能探索内陆地区。这里被南部高山和荒凉的塔斯曼海环绕，西岸区在新西兰的陆地面积中占据了将近9%，但人口却只占全国的1%。

19世纪来到此地的欧洲移民克服了重重困难，积累黄金、煤炭和木材财富。他们所到之处留下了一系列鬼镇和被遗弃的拓荒者墓地，只有最能吃苦耐劳的人存活了下来。现在的航海者也展现出了同样的勇气，标志性的幽默和无条件的好客精神让他们看上去柔和了些。在这些不屈不挠的社区中游览，将让你深入了解狂野西岸区的现在和未来。

何时去

- 12月至次年2月是旺季，所以至少要提前2个月预订住宿处。
- 淡季的10月/11月和3月/4月也变得越来越忙碌，尤其是普纳凯基、霍基蒂卡和冰川周边。
- 西岸区阳光充沛，但降雨量也很大（有些地方每年降水量达到5米）。
- 5月至9月人少，住宿较便宜，气候温和（对新西兰来说），但肯定多雨。
- 徒步者在前往偏僻地区时全年都应该联系当地环保部员工了解情况。河道危险，下雪时间也比你想象中的要长。

西岸区亮点

❶ **冰川乡**（见526页）翱翔在弗朗兹约瑟夫和福克斯冰川之上，然后参加导览徒步游前往闪闪发亮的冰川。

❷ **海岸大道**（见511页）在这条令人难忘的100公里长的车道上，欣赏咸湿的海滩和壮观的千层石岩。

❸ **霍基蒂卡峡谷**（见519页）从高处的旋桥上观看这片汹涌的绿松石色的海水。

❹ **淘金历史**（见506页）在**老鬼路**上，或者在里夫顿等采矿小镇，一路探索过去。

❺ **欧帕罗罗盆地**（见510页）在这条汹涌的河流上漂流，享受被水溅湿的狂野乐趣。

❻ **布勒河**（503页）在急流涌动的布勒河上来一次又湿又野的水上探险。

❼ **西岸区荒野小径**（见515页）徒步或骑行都能享受同样的风光和历史。

❽ **奥卡里托**（见524页）驾着皮划艇穿越雨林运河，然后参加观赏奇异鸟的徒步。

❾ **霍基蒂卡**（见519页）在工作室中寻找真正的当地绿玉。

❿ **怀阿托托河**（见535页）乘坐喷射艇深入哈斯特的世界遗产荒野。

到达和离开

飞机

新西兰航空公司（Air New Zealand；www.airnewzealand.com）大多数日子每天都有两班航班往返霍基蒂卡和基督城之间。**Sounds Air**（☎0800 505 005，03-520 3080；www.soundsair.com）每天都有2~3个航班往返西港和惠灵顿。

长途汽车

运营主要城市及其周边交通网络的客运公司有**Atomic Travel**（☎03-349 0697；www.atomictravel.co.nz）、**InterCity**（☎03-365 1113；www.intercity.co.nz）和**Naked Bus**（☎09-979 1616；www.nakedbus.com），连接西岸区大量目的地和南岛其余地区。**West Coast Shuttle**（☎0274 927 000，03-768 0028；www.westcoastshuttle.cn.nz）每天都有一班车往返格雷茅斯和基督城之间。

火车

作为世界上最好的观光列车之一的高山列车（Tranz Alpine，见515页）连接了格雷茅斯和基督城。

布勒地区（BULLER REGION）

布勒地区将森林和海岸地区结合在一起，令人激动。南岛西北部的这片地区对于徒步者来说是一片应许之地。步道沿着河畔蜿蜒穿过原始森林，有些还会抵达欧帕罗罗拱门（Oparara Arch）等地质奇观。

19世纪中期，人们在布勒河发现黄金，很快采煤业就破坏了这里的风景。主要城镇西港和里夫顿精心保存了采矿业的历史，不过农业和旅游业才是今天布勒地区的收入来源。在泥泞中徒步、激浪漂流和在混浊的河道上划皮划艇，如果都玩够了，想换换口味，探究采矿历史是个好选择。

默奇森和布勒峡（Murchison & Buller Gorge）

☎03/人口 492

在默奇森，急流为空气增添了新鲜的气息，森林密布的小山吸引着徒步者的光临。这座不起眼的小镇位于纳尔逊西南125公里和西港以东95公里处，即“四河平原”（Four Rivers Plain）上。其中最具气魄的河流是布勒河（Buller River），它就从城镇旁流过，难度等级2~4级的激流使得这里很受有经验漂流者的欢迎，也吸引了许多新手（有些喷射艇运营商还有针对孩子……以及不愿面对风险的成人的旅途）。

除非对小镇历史和文物感兴趣，不然默奇森本身没有什么能让人激动的地方。不过在这里花一两天的时间漂流或徒步，算得上在纳尔逊和西岸区的旅途之间寻找刺激的一个好方法。

活动

向默奇森信息中心（见504页）要一份当地步道的信息，比如**天际线步道**（Skyline Walk），这条90分钟的步道要穿过长满蕨类的山毛榉和罗汉松树林，**约翰逊溪**（Johnson Creek）小径是一条需时2小时的环路，穿越松林前往1929年地震造成“大滑坡”。工作人员能为你安排租赁山地自行车，以及帮忙联络鳟鱼垂钓行程的向导。

★ Wild Rivers Rafting 漂流

（☎0508 467 238，03-789 8953；www.wildriversrafting.co.nz；2小时漂流 成人/儿童 $160/85）在美丽的布勒河那段特别刺激的地震急流区里，与布鲁斯（Bruce）和马蒂（Marty）玩激浪漂流（选“gunslinger”和“pop-up toaster”的玩家，祝你们好运！）。

Buller Canyon Jet 喷射艇

（☎03-523 9883；www.bullercanyonjet.co.nz；成人/儿童 $110/70；⊙9月至次年5月；👪）新西兰景色最美、性价比最高的喷射艇旅程的出发点之一就在110米长的巨大的布勒峡旋桥处，它将用40分钟穿过美丽的布勒，船长是个很幽默的人。

Ultimate Descents 漂流

（☎03-523 9899，0800 748 377；www.rivers.co.nz；38 Waller St；👪）这个总部设在默奇森的机构组织在布勒河上激浪漂流和划皮划艇的项目，包括经典的难度等级为3~4级的峡谷之旅（$160），以及比较优雅的半天家庭短途旅行（成人/儿童 $130/110），适合5岁及以上的儿童。

布勒峡旋桥 桥梁

（Buller Gorge Swingbridge；☎0800 285 537；www.bullergorge.co.nz；SH6；过桥费 成人/儿童 $10/5；⏰12月至次年4月 8:00~19:00，5月至11月 9:00~17:30；👪）这座桥在默奇森以西大约15公里处，是新西兰最长的旋桥（110米）。跨过桥，有短途步行路线通向White Creek Faultline，那是1929年地震的震中，以及从前的金矿遗址。或者搭乘160米长的Cometline滑索，可以坐着（成人/儿童 $30/15），也可以选择无座椅的"超人"速降（成人 $60）。

团队游

Natural Flames Experience 团队游

（☎0800 687 244，027 698 7244；www.naturalflames.co.nz；34 Waller St；成人/儿童 $95/65）谁会想到开采石油的历史将成为你旅途的亮点？这是一趟愉快且内容丰富的四驱车和丛林徒步半日游，途中会穿越葱翠的山谷、山毛榉树林和加了盖的油井，去往一个热门地点。自1922年起，这里的天然气就自地面渗出并一直熊熊燃烧。不妨在回到文明社会前，在火上用铁罐煮点儿东西并做个煎饼吃。

住宿

Kiwi Park Motels & Holiday Park 汽车旅馆、度假公园 $

（☎03-523 9248，0800 228 080；www.kiwipark.co.nz；170 Fairfax St；无/有电力供应 露营地 $20/27起，小屋 $70~85，汽车旅馆 $145~225；@📶👪）一个真正的挪亚方舟，这里生活着鸸鹋、羊羔和非常喜欢社交的鸭子，它们将这个郁郁葱葱的度假公园从普通抬升到了家庭度假的天堂。从掩映在高大绿树中的露营车和帐篷营地，到有基本设施的小木屋，用当地木头建造的宽敞汽车旅馆式的套间和厨房，应有尽有。这片绿色空间就在镇子以南1公里处。

Lazy Cow 青年旅舍 $

（☎03-523 9451；www.lazycow.co.nz；37 Waller St；铺 $32~35，双和标双 $90~110；📶）住在这里很容易变得慵懒起来，这里拥有舒适的家居环境，没有压力，规模较小。4床宿舍和私人房全部都有电热毯，提供免费的马芬或蛋糕来欢迎客人，可以在后院或舒适的休息室享用。

可以从旁边出色的**Cow Shed**（☎03-523 9523；http://lazycow.co.nz/eating；37 Waller St；主菜 $18~24；⏰周一至周五 17:00~21:00；✍）餐厅直接点一份比萨拿回房吃。

Riversong Cottages 小屋 $$

（☎03-523 9011；www.riversong.co.nz；30 Fairfax St；开间 $110，套间 $180起；📶）在这个悠闲而精致的住宿处，精品开间和两卧套间通往一个大的草坪庭院和蔬菜园，主人Arran和Alexia提供个性化服务。

就餐

Zen's Kitchen 咖啡馆、素食 $

（☎022 645 3756；www.zenskitchen.co.nz；38 Waller St；小吃 $5~10；⏰10月底至复活节 周三至周日 10:00~16:00；✍）这个复古的黄色和白色的大篷车里提供美味的汉堡，采用恰巴塔面包制作，中间夹的素食包括香辣大豆和蘑菇馅饼，以及腰果蒜泥蛋黄酱。天气较冷时，每天还有特色菜，新鲜的家常烘焙食品包括开胃奶油蛋卷或温乎乎的巧克力和蓝莓布朗宁。全部都是有机的，很棒。

实用信息

默奇森信息中心（Murchison Information Centre；☎03-523 9350；www.visitmurchison.nz；47 Waller St；⏰12月至次年3月 每天 10:00~17:00，4月和10月至11月 周一至周五 10:00~16:00，5月至9月 关闭）便利的游客中心，能协助旅行者了解活动信息，提供酒店预订和大量的当地信息。

到达和离开

InterCity（见503页）和Naked Bus（见503页）每天有长途汽车从皮克顿（$47，3小时）和纳尔逊（$29起，2小时）途经默奇森，有一班继续前往西岸区的西港（$24起，1.5小时）。徒步高峰期，**Trek Express**（☎027 222 1872，0800 128 735；www.trekexpress.co.nz）有车次穿过纳尔逊和旺格皮卡（Wangapeka）/希菲步道之间。

车站在Waller St的Beechwoods Café。

里夫顿(Reefton)

☎03/人口 1026

在里夫顿，每一座时代建筑和被遗弃的采矿小屋都弥漫着一股乡愁。里夫顿开采金矿的全盛时代的荣耀从未离开人们的心头，这里有专门为淘金热修建的博物馆，南边23公里处，还有一座那个时代留下的鬼镇。因为较早纳入了电网和街头照明系统，里夫顿获得了"光亮之城"的标签，不过现在这里最亮眼的却是伟大的户外运动。如果说美好往昔还不够吸引人的话，里夫顿还是山地骑行、徒步和漂流的出色大本营。

景点

里夫顿是个适合漫步的好地方。在半径200米以内的地方，有许多坚固的老建筑，很值得漫步游览。你可以走一走短途的**遗迹名胜步道**(Heritage Walk)，这条步道被收入了《历史悠久的里夫顿》(*Historic Reefton*)小册子里——从里夫顿信息中心(见506页)可以获得。

怀乌塔 鬼镇

(Waiuta; www.waiuta.org.nz; 紧邻 SH7)遥远的怀乌塔是西岸区最著名的鬼镇之一。这座曾经快速发展的金矿小镇，在高地上蔓延开1平方公里多的面积，在矿井塌陷之后，于1951年被遗弃。1905年发现金矿之后，怀乌塔迅速发展，但如今这座被森林覆盖的定居点只剩下一个巨大的生锈的锅炉、一个荒草丛生的游泳池、孤零零的砖砌烟囱和依然保持原样的古怪小屋，这栋小屋面朝着满是菟丝子的大自然。

活动

拿一份《里夫顿徒步和步道》(*Walks and Tracks of Reefton*)宣传册，其中详细列出了**金羊毛步道**(Golden Fleece Walk，15分钟)、**发电所步道**(Powerhouse Walk，25分钟)和其他容易的步道。

里夫顿被占地面积206,000公顷的**维多利亚森林公园**(Victoria Forest Park，新西兰最大的森林公园)环绕着，公园里有隐蔽的历史遗迹，比如布莱克斯角(Blacks Point)周边的老金矿。以布莱克斯角为起点，可以沿着有趣的**默里溪步道**(Murray Creek Track)进行一次5小时的环线游。许多步道，时长从90分钟到3小时不等，都从里夫顿以南23公里处的怀乌塔鬼镇或附近出发。

森林公园里的其他更长的游玩路线包括需时3天的**Kirwans**步道和需时2天的**大河步道**(Big River Track)，这两条步道都可以骑山地自行车。拿一本免费的《里夫顿山地骑行》(*Reefton Mountain Biking*，"史上最好的骑行")宣传册以了解更多信息。你可以在**Reefton Sports Centre**(☎03-732 8593; 56 Broadway; 自行车租赁 每天 $30; ⏲周一至周五 9:00~17:00，周六 10:00~13:00，周日 11:00~13:00)租到自行车，在这儿你还可以打听有关著名的鳟鱼垂钓的信息。

> **毛利新西兰：西岸区**
>
> 早期毛利人开辟道路穿行在阿尔卑斯山地和河谷之间，前往西岸区，寻找非常珍贵的绿玉(pounamu)。他们将这些绿玉刻成工具、武器以及装饰品。可以欣赏和购买小镇艺术家创作的上等雕刻品，或者在Bonz 'N' Stonz(见521页)打磨你自己的石头。

食宿

★ **Reef Cottage B&B** 民宿 $$

(☎03-732 8440; www.reefcottage.co.nz; 51-55 Broadway; 双 含早餐 $150~170; 📶)这座民宿由建于1887年的律师办公室改造而成，可以让你完全沉浸在旧世界的氛围之中。小巧的房间采用时代风格的家具装饰，现代设施包括时髦的浴室和一个设备齐全的客用厨房。在我们最爱的房间中，防盗的金库被改造成了浴室——保证私密！公共休息室和花园中还有一个活动空间。

旁边的咖啡馆提供全烹煮早餐，价格包括在房费之内。

Future Dough Co. 面包房 $$

(☎03-732 8497; www.thefuturedoughco.co.nz; 31 Broadway; 小吃 $3~8，餐 $13~20; ⏲8:00~17:00)这座木地板茶室到目前为止都

是里夫顿白天最繁忙的场所，无论是来买新鲜条装面包、自制黄油酥饼，还是吃大分量的香肠早餐、吐司和银鱼午餐。不过我们来这里却是为了美味的咖啡和涂有果酱、撒满肉桂粉的林泽蛋糕（Linzer）。

实用信息

里夫顿信息中心（Reefton i-Site；☎03-732 8391；www.reefton.co.nz；67-69 Broadway；⏰周一至周五 9:30~17:00，周六 9:30~14:00，周日 9:30~13:00；@）这里有乐于助人的工作人员，还有再现矿区的缩小版模型（金币之门）。

到达和离开

East West Coaches（☎03-789 6251；www.eastwestcoaches.co.nz）往返于西港（$20，1.25小时）和基督城（$60，3.75小时）的长途汽车每天都会经停里夫顿的信息中心附近，除了周六。

韦斯特波特（西港）及周边（Westport & Around）

☎03/人口 4035

西港是西岸区北部之都。小镇的财富曾随着采煤业的兴衰而动荡，不过现在这里静静地依靠几大产业而发展，包括乳制品业，以及越来越重要的旅游业。除了热情的游客服务，作为探索北部丹尼斯顿（Denniston）、迷人溪（Charming Creek）、卡拉米亚和希菲步道的基地，还是很不错的。

景点

最吸引人的景点都在西港郊外，尤其是沿着SH67往北走，经过Granity、纳卡瓦乌（Ngakawau，名副其实的迷人溪所在地）和赫克托（Hector），在这儿你能够看到新西兰最小的海豚——赫氏海豚——的纪念碑，算好时间才有可能看到它们。还可以探索赛登维尔（Seddonville）周边，这是一个位于莫基努伊河（Mokihinui River）上的小镇，长满灌木。作为刺激的老鬼路的最北端，这个小点在地图上会显得稍大一些。

煤炭之乡博物馆 博物馆

（Coaltown Museum；www.coaltown.co.nz；123 Palmerston St；成人/儿童 $10/2；⏰周一至周五 9:00~17:00，周六和周日 10:00~16:00）这个出色的博物馆位于信息中心旁边，是为了向西港的"黑金"致敬。有一个复制的矿场，脚本不错的展示面板，还有一系列极好的照片和拓荒者生活瞬间的展示，可让你对采煤业的历史有所了解。最好的是介绍丹尼斯顿（Denniston）的展览，包括一个巨大的刹车鼓，有展板介绍矿工每日所要遭遇的磨难。

丹尼斯顿高原 历史遗迹

（Denniston Plateau；www.doc.govt.nz；Denniston Rd）海拔600米的丹尼斯顿曾经是新西兰最大的煤矿所在地。1911年，这里有1500位居民，但到了1981年，只剩下8个人。丹尼斯顿因它令人惊叹的丹尼斯顿斜坡（Denniston Incline）闻名，这条斜坡是工程学奇观，使得满载的煤炭卡车可以沿着45°的斜坡往下走。展板介绍了高原的历史，步道则是通往过去的直接路径：镇步道（Town Walk，40分钟）环绕老城，马镫路（Bridle Path，往返5.5小时）则沿着古老的运煤路线走。

活动

西港是一个散步的好地方。西港信息中心（见508页）能够引导你去千禧步道（Millenium Walkway）和北部海滩保护区（North Beach Reserve）。这个地区最惊悚的探险活动是Underworld Adventures（见512页）的洞穴漂流，尽管山地自行车也正成为当地人和去偏僻地区的探险者的一项很受欢迎的消遣项目。Habitat Sports的工作人员提供自行车租赁服务、地图和建议。

★老鬼路 漫游、骑车

（Old Ghost Road；www.oldghostroad.org.nz）85公里长的老鬼路是新西兰最粗糙的自行车道和步道之一，它顺着一条历史悠久的矿工通道延伸。这条路1870年就开建了，但因为淘金热的衰退而从未完工。在经过志愿者的小心建设后，这条艰难的步道现在穿过了当地森林、草丛、河积平原和山谷。

道路的南端在莱伊尔（Lyell），从西港往东，沿着风景优美的布勒峡（SH6）开车50分钟（62公里）即可到达。由环保部经营的露营地和白天徒步活动很受欢迎，旅行者们被极易抵达的历史遗迹吸引，包括隐藏在丛林中的一处墓地。道路北段在塞登维尔(Seddonville),此处距离西港有45分钟车程(50公里),紧邻SH67。从这里开始,道路沿着陡峭的、足以令人眩晕的莫基努伊河(Mokihinui River)的一侧延展。连接道路两端的是一片壮观的高山区,风景奇美。

在这里,有两种通行方式,都深受徒步者的喜爱(预留5天)。经验丰富的山地自行车骑手可以应付狭窄的小路和大量的颠簸,这些几乎就是梦想之地,可在2~4天内完成,从莱伊尔到赛登维尔之间的路段更受喜爱。沿途有4个小屋,需要提前在老鬼路的网站预订,上面也详细列出了除从头到尾的骑行或徒步之外的其他探索方式。从任意一头开始一日游,旅途都将很有收获,而且很灵活,尤其是从西岸区一头起,经过独特的Rough & Tumble Lodge(见508页)的路段。

作为一条偏远的长途步道,天气状况变化很快,所以可登录步道网站查看状态。西港的**Buller Adventures**(☎0508 486 877; www.bulleradventures.com; 193 Palmerston St),**Habitat Sports**(☎03-788 8002; www.habitatsports.co.nz; 234 Palmerston St, Westport; 自行车租赁 $35起; ⏲周一至周五 9:00~17:00,周六 9:00~13:00)和**Hike n Bike Shuttle**(☎027 446 7876; www.hikenbikeshuttle.co.nz; 接驳 $40起)提供自行车和设备出租、接驳和其他相关服务。

★逆风角步道 步行、野生动物

(Cape Foulwind Walkway; www.doc.govt.nz)在逆风角周边徒步(单程45分钟至1小时),能听到海鸥尖利的叫声和刺耳的海浪声,这条路正如名字所示,疯狂呼啸。路上会穿过长着毛茛的农场,奥玛乌(Omau)和陶朗阿湾(Tauranga Bay)之间的海滨山区长满这种植物。在最南端,有一个**海豹栖息地**,海岸小路下面栖息着最多200只新西兰毛皮海豹(因季节而异)。再往北,途经一个星盘复制品(一个导航设备)和一座灯塔。在这条步道北端的Omau,有Star Tavern(见508页),这是个补充体力的好地方。

迷人溪步道 徒步、骑行

(Charming Creek Walkway; www.doc.govt.nz)可以从纳卡瓦乌(西港以北30公里处)开始,或者从赛登维尔附近开始,往前走几公里,是海岸上最好的一日步道之一,往返大约需要6小时。沿着一条古老的煤矿线穿过纳卡瓦乌河谷(Ngakawau River Gorge)。在这段路程中,有许多已生锈的遗迹、隧道以及高悬的桥梁和瀑布,还有很多有趣的植被。如果你不想来回都靠步行,可以向当地人打听一下交通信息。

住宿

★Bazil's Hostel 青年旅舍 $

(☎03-789 6410; www.bazils.com; 54 Russell St, Westport; 铺 $32, 双 带/不带浴室 $110/72; 📶)这家绘有壁画的旅馆有打理得很好的温馨宿舍和私人房,很适合社交。由一些很健谈的人经营,提供冲浪课程(3小时 $80; 冲浪板和衣服租赁 每天 $45)、雨林立式划桨(SUP)之旅和大量的社交活动。所以你想参加瑜伽班($8),吃点比萨炉烤出来的食物($10)吗,还是两者都想要?

★Old Slaughterhouse 青年旅舍 $

(☎027 529 7640, 03-782 8333; www.oldslaughterhouse.co.nz; SH67, Hector; 露营位 $22, 铺/标单/标双 $40/70/88; ⏲10月至次年6月)🍃旅舍位于西港北部32公里处,立于山丘之上,能欣赏到塔斯曼海的壮美风光。主要电力由水车发电供应,住宿中区域有宽广的公共休息区、共用厨房、阅读角和一片能让你逃离网络(Wi-Fi)的平台。从停车场步行10分钟的陡峭山路来是值得走的,这为旅舍增添了一丝隐世的魅力。

Carters Beach Top 10 Holiday Park 度假公园、汽车旅馆 $

(☎03-789 8002, 050 893 7876; www.top10westport.co.nz; 57 Marine Pde, Carters Beach; 无/有电力供应 露营地 $20/47, 套间 $72~215; @📶👪)这个整洁的公园距离西港4公里,距离陶朗阿湾12公里,有怡人的营地,也有舒适的小木屋和汽车旅馆套间。为那些想在途中寻找一家安静落脚点的旅客提供了不错的选择,还能游泳(或者碰到恶劣天气,这里还有一个游戏室和游乐场,可转移孩子们的注意力)。

Gentle Annie Seaside Accommodation
度假公园 $

(☎0274 188 587, 03-782 1826; www.gentleannie.co.nz; De Malmanche Rd, Mokihinui; 露营地 $12起, 标单/双 $30/60起, 小屋 $110~180; 📶)由家庭经营, 20世纪70年代开业, 露营地和设备齐全的小屋分布在莫基努伊河口。海滩并不平缓, 但氛围很悠闲: 住客可以徒步前往Gentle Annie Point享受激动人心的海景, 收集漂浮木在海滩燃起篝火, 然后到乡村时尚风格的小屋休息(我们尤其喜欢Remu House, 有宽敞的开放式休息室和火炉)。

Archer House
民宿 $$

(☎0800 789 877, 03-789 8778; www.archerhouse.co.nz; 75 Queen St, Westport; 双 含早餐 $195~245; 📶)这栋建于19世纪80年代的老房子从前是金矿区一个贸易商的家, 保留了原有的丰富细节。3个房间装饰各不相同(每一间都有一幅艺术品), 带私人浴室, 还有装饰高雅的休息室, 可以在里面晃着附赠的葡萄酒, 欣赏英国风格的彩绘玻璃、摩洛哥灯饰、瓷砖壁炉和茂盛的花园。

Miners on Sea
小屋、公寓 $$

[☎03-782 8664; www.minersonsea.co.nz; 117 Torea St(SH6), Granity; 豆荚房 双/标三 $85/100, 小木屋 $195~245]这家住宿处懂得穿越Granity的骑行者们需要什么: 耐用干净的"豆荚"房(有公用厨房和浴室设施), 相邻的**Tommyknockers**[☎03-782 8664; www.minersonsea.co.nz; 117 Torea St(SH6), Granity; 小吃 $4起, 主菜 $18~39; ⏲11:00~20:00]很方便买酒和食物。还有更高档的选择, 即现代化的设备齐全的小木屋: 有壁炉、闪亮的浴室和航海主题的装饰, 很适合这个面海的位置。早餐拼盘$17。

Omau Settlers Lodge
汽车旅馆 $$

(☎03-789 5200; www.omausettlerslodge.co.nz; Cape Foulwind Rd和Omau Rd交叉路口, Cape Foulwind; 双 含早餐 $145~175; 📶)这家完美的汽车旅馆靠近逆风角, 休闲是这里的格言。床铺松软, 浴室闪亮芳香, 此外这里还有一个户外的热水浴池, 周围环绕着灌木丛。店主Karen和Lee很健谈, 会提供超棒的建议, 以及令人满足的欧陆早餐。礼貌地询问, 或许你还能搭便车前往逆风角步道的尽头。

★ Rough & Tumble Lodge
度假屋 $$$

(☎03-782 1337; www.roughandtumble.co.nz; Mokihinui Rd, Seddonville; 双 含欧陆早餐 $210, 加床 $50; 📶)🍃这个豪华的度假屋位于老鬼路尽头的西岸区, 能看到激动人心的河景和丛林, 位于莫基努伊河转弯处。有5个错层式4人间, 银色桦树皮的楼梯扶手, 铮亮的浴室和走廊。福利: 利润会用于步道维护。

就餐

PR's Cafe
咖啡馆 $

(☎03-789 7779; 124 Palmerston St, Westport; 主菜 $10~20; ⏲周一至周五 7:00~16:30, 周六和周日 至15:00; 📶)西港最前卫的咖啡馆, 橱柜中装满了三明治和糕点, 柜台在美味的蛋糕(荷兰苹果蛋糕、香蕉奶油焦糖派等)和曲奇的重压下喘不过气来。全天供应精心准备的餐食, 比如三文鱼煎蛋卷配莳萝酱、希腊式馅饼、炸鱼和薯条。

Star Tavern
小酒馆食物

(☎03-789 6923; 6 Lighthouse Rd, Cape Foulwind; 餐 $9~30; ⏲周一至周五 16:00至深夜, 周六和周日 正午至深夜)一楼是游泳池和乒乓球台, 保证了欢乐的气氛。旁边是一个小餐厅, 可以品尝火腿拼盘、炸鱼和薯条, 或者大分量的牛排配大蒜黄油。嘿, 可以到逆风角徒步消化。

实用信息

Buller Hospital(☎03-788 9030; Cobden St, Westport; ⏲24小时)

环保部办公室(Department of Conservation Office; ☎03-788 8008; www.doc.govt.nz; 72 Russell St, Westport; ⏲周一至周五 8:00~11:00和14:00~16:30)可以在信息中心预订环保部经营的旅行项目, 并获得相关信息。如果有其他问题, 可以来此办公室咨询。

西港信息中心(Westport i-SITE; ☎03-789 6658; www.buller.co.nz; 123 Palmersto St, Westport; ⏲周一至周五 9:00~17:00, 周六和周日 10:00~16:30; 📶)提供当地步道、徒步线路、团队游、住宿和交通信息。有一台查询环保部信息和木屋/步道预订的自助终端。

到达和离开

飞机

Sounds Air（见503页）每天有2~3个航班往返于西港和惠灵顿。

长途汽车

InterCity（见503页）的长途汽车每天前往纳尔逊（$36起，3.5小时）和格雷茅斯（$21，2.25小时）。在格雷茅斯换乘可前往弗朗兹约瑟夫（Franz Josef）或福克斯冰川（$39起，6小时）。Naked Bus（见503页）提供的同样线路，价格相似。长途汽车从信息中心出发。

East West Coaches（见506页）除周六外，每天有车前往基督城，途经里夫顿和路易斯通道。从Caltex加油站出发。

Karamea Express（见511页）连接西港和卡拉米亚（$35，2小时，5月至9月 周一至周五，10月至次年4月 周六）两地。夏天旺季每天还有两班车前往Kohaihai，其余时间根据需求而定。也有车前往Wangapeka。

Trek Express（见504页）在旅游高峰季节，有车辆频繁往返于纳尔逊和旺格皮卡（Wangapeka）或希菲之间，并途经此处。

当地交通

自行车

Habitat Sports（见507页）提供自行车出租服务和建议。

出租车

Buller Taxis（☎03-789 6900）

卡拉米亚及周边（Karamea & Around）

☎03/人口 575

适合徒步的卡拉米亚是一个五彩的小村，旁边就是诱人的卡胡朗吉国家公园的原野。作为希菲步道和旺格佩卡步道的起点（或终点），这里经常能看见准备装备出发探险（或拖着脚筋疲力尽地走向酒馆）的徒步者。不用走太远就可以深入国家公园，尤其是大约拥有3500万年历史的欧帕罗罗盆地（Oparara Basin），这里的雨林中隐藏着石灰岩洞穴和自然形成的石拱。

从西港驾车北上，沿着SH67公路行驶98公里可抵达卡拉米亚（没有加油站，出发前把油箱加满）。

景点

★斯科特海滩 海滩

（Scotts Beach）从科哈伊哈伊（Kohaihai）翻山前往斯科特海滩单程大约需要1小时——这片空旷荒凉的海岸线雾气弥漫，浪涛卷着浮沫，撒满漂浮木，背靠尼考棕榈林。漫步美景之际，可别想着伸脚探进海里——这里有危险的海潮。

活动

尼考棕榈林、长满苔藓的森林和绝美海岸构成的户外奇景是旅行者到访卡拉米亚的主要原因。徒步者可踏上希菲步道，或者走上壮观的欧帕罗罗盆地周围的步道。灵活友好的Karamea Outdoor Adventures（☎03-782 6181；www.karameaadventures.co.nz；Bridge St，Karamea；导览皮划艇/急流漂流椅之旅$70起，2小时自行车之旅 $35起）提供导览和自由皮划艇及急流漂流椅之旅，还出租自行车，有骑马徒步和洞穴探险。

不要在卡拉米亚海滩上游泳，这里的海潮汹涌，浪涛拍打海岸。如果想伸脚探探水，可以在信息中心咨询淡水游泳地点，比如河洞之类的地方。

Helicopter Charter Karamea 观景飞行

（☎03-782 6111；www.helicharterkaramea.com；78 Aerodrome Rd，Karamea）提供的航班可飞往黄金海湾北部的步道起点；6人$1450；5人加山地自行车$1600。可咨询其他起飞或降落地点服务，包括前往老鬼路的。

徒步

向卡拉米亚社区居民致敬！他们在这里修建了惬意的卡拉米亚海湾步道（Karamea Estuary Walkway），这是一条沿入海口和卡拉米亚河延伸的步行路线，你可以自行决定行走距离。从村北的Flagstaff Rd可前往旁边的海滩。两处都有许多鸟类，最适合在日落时走走。卡拉米亚信息和资源中心（Karamea Information & Resource Centre，见511页）有许多地图，包括免费的《卡拉米亚》

不要错过

欧帕罗罗盆地（OPARARA BASIN）

欧帕罗罗盆地坐落在卡胡朗伊国家公园（Kahurangi National Park）内，是一个隐蔽的山谷，里面藏着各种奇观，比如石灰岩拱门和密林里的奇怪洞穴，而森林里有大片覆盖了苔藓的树木。山谷最主要的景点是200米长、37米高的**欧帕罗罗拱门**（Oparara Arch），这个拱门呈现出一种迷人的焦糖色，横跨在欧帕罗罗河（Oparara River）上。这条河沿着一条轻松的步道（往返45分钟）流淌。主要停车场从卡拉米亚驾车向东北行进25公里可达（有的地方非常陡峭狭窄），这里是好几条不同长度的步道的起点，这里也有出色的信息板。

在欧帕罗罗拱门步道的洞穴入口，有些徒步者会继续上山到高处观赏更好的景色，但是山路陡峭难行（尤其是雨后），所以我们不建议走。

茅瑞亚门拱门（Moria Gate Arch；43米长，19米高）要小一些，但壮观程度绝不逊色。沿着一条非凡的森林环形步道（1.5小时）就可以抵达这里，这条步道也经过**镜湖**（Mirror Tarn；距离停车场15分钟）。

从第二个停车场走10分钟，就到了**碎石路和鲍克斯峡谷岩洞**（Crazy Paving and Box Canyon Caves）。带上你的手电筒进入另一个世界，这里有奇形怪状的下层地貌和罕见的细长腿蜘蛛。蜘蛛、洞穴、黑暗……听上去有趣吧？

在更远处，有壮丽的**蜂巢山岩洞和拱门**（Honeycomb Hill Caves and Arch），这里只招待由**卡拉米亚信息和资源中心**（Karamea Information & Resource Centre，见511页）组织的导览游（3/5/8小时团队游 $95/150/240）。你可以向他们询问该地区其他导览游的情况，也可以问问**欧帕罗罗谷步道**（Oparara Valley Track）的交通状况。这是一条将会大有收获的独立步道，带你沿河穿过古老的森林，花费5小时，到达**芬尼安步道**（Fenian Walk）停车场。

要从卡拉米亚开车到这个山谷，需要沿着主北路往北开10公里，然后在McCallum's Mill Rd转弯，从这儿开始路标会指引你沿着曲折、凹凸不平的碎石路继续前行14公里，再进入山谷。不要尝试开露营车。

（*Karamea*）小册子，那里面详细介绍了其他的步行路线，包括**Big Rimu**（往返1小时，可前往一棵巨大的树）和**Zig Zag**（往返1小时），可通往观景台，眺望宁静的农场。

在卡拉米亚周边，较长的步行路线包括**芬尼安步道**（Fenian Walk；往返4小时，带手电筒），这条步道通往**大洞溪岩洞**（Cavern Creek Cave）、**隧道洞**（Tunnel Cave）和**亚当斯弗拉特**（Adams Flat）。在那里有仿造的淘金者木屋。还有通往贝尔镇木屋（Belltown Hut）的**旺格佩卡步道**（Wangapeka Track）的第一段。旺格佩卡步道是一趟需要4~6天才能完成的偏远地区旅程，只适合经验丰富的徒步者。

西岸区公路的尽头在距离卡拉米亚14公里处的**科哈伊哈伊**（Kohaihai），这里是希菲步道（见497页）的西侧起点（通常也是终点）。在这里可以享受**环保部露营地**（www.doc.govt.nz；Kahurangi National Park；露营地 成人/儿童 $8/4）。日间徒步、夜晚留宿均可在此处解决。徒步去斯科特海滩（见509页，往返2小时），或者走更远的距离，去往很棒的新希菲小屋（Heaphy Hut，5小时），然后在回程前休整1~2个晚上。

在这片区域，也可以骑山地自行车。每年5月至9月，全程步道对山地自行车手（2~3天）开放。你可以在西港的Habitat Sports（见507页）租自行车并打听详情。

Helicopter Charter Karamea（见509页）可飞抵黄金海湾（Golden Bay）北部的步道起点，6人需要$1450，5人加山地自行车$1600。（可以询问其他可能的降落或起飞地点，包括老鬼路）。

食宿

Karamea Farm Baches 小屋 $

(☎03-782 6838; www.karameafarmbaches.com; 17 Wharf Rd Karamea; 双/标三/四 $99/129/157; 📶) 这7栋带自炊设施的乡村小屋将重新使用和再循环发挥到了极致，有复古的墙纸、祖母留下的地毯，还种植了有机蔬菜。照明豪华，但是有一种老派的魅力。

除了一座小屋外，无线网络信号可抵达所有地方。

Rongo Dinner, Bed & Breakfast 民宿 $$

(☎03-782 6667; http://rongo.nz; 130 Waverley St, Karamea; 半膳宿 标单/双 $90/180; 📶) 外面装饰成彩虹的颜色，吸引你进入，自由的氛围会延长你的停留时间。从前是一个背包客旅舍，保持着一种慵懒的新嬉皮的氛围，不过现在法国大厨采用当地食材制作的美食让客人惊叹（房费包括早餐和晚餐）。

Last Resort 度假屋 $$

(☎03-782 6617, 0800 505 042; www.lastresort.co.nz; 71 Waverley St, Karamea; 铺/标双 带公共浴室 $74, 房间 2/3/4人 含私人浴室 $107/127/147, 开间 $130起; 📶) 这个散漫的度假村位于Market Cross以西约600米的一片绿色之中，能满足绝大多数旅行者的预算，带浴室和不带浴室的房型都有。豪华的有设备齐全的两卧小别墅（$155起），含水疗浴缸。福利包括洗衣设施和一个舒适的公共休息室，有电视和泡茶器具。

附属的**咖啡馆**(☎03-782 6617; www.lastresortkaramea.co.nz; 71 Waverley St, Karamea; 小吃 $4起，主菜 $15~30; ⏲7:30~23:00)是村里最好的用餐地点。

Karamea Village Hotel 小酒馆食物 $$

(☎03-782 6800; www.karameahotel.co.nz; Waverley St和Wharf Rd交叉路口, Karamea; 主菜 $15~34; ⏲11:00~23:00) 在这里，体验简单的快乐和温暖的款待：你可以打台球，喝一品脱麦芽酒，然后来一份烧烤晚餐、墨西哥玉米片和啤酒面糊炸鱼，听听当地人讲闲话，玩玩老虎机。

实用信息

卡拉米亚信息和资源中心(Karamea Information & Resource Centre; ☎03-782 6652; www.karameainfo.co.nz; Market Cross; ⏲周一至周五 9:00~17:00，周六和周日 10:00~13:00，5月至10月 开放时间缩短）这个极好的归社区所有的中心提供当地信息、互联网服务、地图以及环保部小屋门票。面积有两个加油站那么大。

到达和离开

Karamea Express(☎03-782 6757; info@karamea-express.co.nz) 连接卡拉米亚和西港（$35，2小时，5月至9月 周一至周五，10月至次年4月 另加周日）。周一和周六，这趟车可接驳到科哈伊哈伊（$20）。也有前往旺格佩卡的车次。必须预订——旺季以外根据预约需求发车。

Heaphy Bus(☎0800 128 735, 03-540 2042; www.theheaphybus.co.nz) 基地在纳尔逊，同时也在希菲步道两端和旺格佩卡提供运营服务。

乘坐Helicopter Charter Karamea（见509页）、**Golden Bay Air**(☎0800 588 885; www.goldenbayair.co.nz) 或**Adventure Flights Golden Bay**(☎0800 150 338, 03-525 6167; www.adventureflightsgoldenbay.co.nz; $185起）的直升机，从卡拉米亚飞往塔卡卡（Takaka），然后从希菲步道步行返回。每人花费$150起。联系卡拉米亚信息和资源中心可查询详情。

总部在Rongo的**Karamea Connections**(☎03-782 6667; www.karameaconnections.co.nz) 运营前往步道和村子的交通服务，可根据旅客需求安排去往希菲、旺格佩卡、欧帕罗罗盆地以及西港的城镇交通。票价根据团队规模和目的地而定，4人一组从卡拉米亚前往欧帕罗罗盆地（稍后从Fenian Track步道接车），每人价格约$25（自行车加$10）。

海岸大道
(THE GREAT COAST ROAD)

西港到格雷茅斯之间，沿着公路的100公里路线是新西兰最美车道之一，这条海岸大道蜿蜒经过的地方，一边是漂浮着泡沫的冲浪和卵石海滩，一边是悬在半空难以抵达的悬崖。美丽的SH6沿途最著名的景点是位于

普纳凯基（Punakaiki）的地质景观——千层石岩（Pancake Rocks）。不过也有许多疾风呼啸的观景台，可以停车眺望海浪拍击石塔。

如果你的汽油和现金不足，请在西港或格雷茅斯补充。

查尔斯顿及周边（Charleston & Around）

海岸大道最北部拥有采掘金矿的历史，在西港和普纳凯基千层石岩之间是梦幻的海岸和安静的农场。大约在中间的是查尔斯顿（Charleston），在19世纪60年代的淘金热期间，这里是个相当繁华的地方，曾经拥有80家宾馆，3家啤酒酿造厂，成百上千个饥渴的淘金者在尼尔河（Nile River）沿岸立桩标界。如今的查尔斯顿只剩下一个汽车旅馆、露营地、一些当地建筑以及精彩的Underworld Adventures（见本页）。参加这个旅行项目，探索迷人的地下宝藏。

查尔斯顿以南是海岸大道真正迷人之处，这里有一系列壮丽的海湾。注意慢走缓行。

景点和活动

Mitchells Gully Gold Mine 历史遗址

（☎03-789 6257；http://mitchellsgullygoldmine.co.nz；SH6, Charleston；成人/儿童 $10/免费；⏲9:00~16:00）想真正了解本地区采掘金矿的历史，可前往查尔斯顿以北3公里处的这座遗址。你会对19世纪60年代的采矿岁月有初步的了解，然后参加一个40分钟的怡人的丛林徒步，去探索采矿隧道和铁路线，沿途注意睁大眼睛，观察查尔斯顿最后幸存的水车和杵。

如果你在此地住宿，可以预约一次夜间的萤火虫之旅（成人/儿童 $25/5）。

Underworld Adventures 洞穴探险

（☎03-788 8168, 0800 116 686；www.caverafting.com；SH6, Charleston）参加黑水漂流之旅，深入满是萤火虫的尼尔河洞穴（Nile River Caves；成人/儿童 $185/150，4小时）。这个总部在查尔斯顿的友好的运营商也运营不含漂流的洞穴探险（成人/儿童 $120/87.50）。赶时间？可参加火车雨林之旅（成人/儿童 $25/20），这趟1.5小时的往返之旅每天2~3班。中心及其咖啡馆在西港以南26公里处。

10岁及以上的儿童可参加漂流，洞穴团队游适合所有能在湿滑地面上步行2小时的人。

洞穴冒险旅行（$350，5小时）要顺着一条40米长的绳子进入塔希灰岩洞（Te Tahi），那里有岩石断层、瀑布、史前化石以及奇怪的洞穴构造。

住宿

Beaconstone Eco Lodge 青年旅舍 $

（☎027 3341136；www.beaconstoneecolodge.co.nz；Birds Ferry Rd, SH6；铺 $40，双和标双 $96~104；⏲10月至次年4月；📶）🍃占地42公顷，这个太阳能发电的节能旅舍环保又友好。采用可持续利用的当地木材建造，有舒适的床铺和一个悠闲的休息区，风格是美式时尚搭配西岸区魅力。丛林徒步从门口向右。

到达和离开

InterCity（见503页）和Naked Bus（见503页）的车次每天有一班，服务海岸大道的这一部分，往返西港（$10，25分钟）和格雷茅斯（$16，2小时）的途中会在查尔斯顿停靠，经过普纳凯基（约$13，40分钟）。

普纳凯基和帕帕罗阿国家公园（Punakaiki & Paparoa National Park）

位于西港和格雷茅斯中间的普纳凯基，是一个位于占地38,000公顷的帕帕罗阿国家公园（Paparoa National Park）里的小居民区。大多数旅行者都选择在这里稍加停留，在千层石岩上看看风景，这座层叠的石灰岩结构看上去像是堆在一起的薄饼。不过这只是这片洒满卵石的令人难忘的海岸线上的一个亮点。卵石海滩（留心绿玉）日落壮观，有一些迷人步道深入国家公园。

景点

帕帕罗阿国家公园有高耸的悬崖、空旷的海滩、引人注目的山脉、迷幻的石灰岩河谷、多样的植物以及许多鸟类，包括威卡秧鸡（weka）和西部海燕（Westland petrel），后者是一种罕见的海鸟，只在此处筑巢。

★ 千层石岩 自然景观

（Pancake Rocks; www.doc.govt.nz; SH6）普纳凯基以白云石岬（Dolomite Point）闻名。经过一种名为“stylobedding”的沉积和风化过程，白云石岬的石灰岩看起来就像一摞摞厚煎饼。涨潮时（潮汐时间表张贴在游客中心；能与日落重合就最好了），海水涌入大洞穴并急速通过喷水孔，发出恐怖的轰鸣。如果在刮着狂风的日子来看这一场景，你便会情不自禁地感叹大自然才是世界的主宰。

从公路出来，步行20分钟可到岩石和喷水孔处（如果想拍照，预留40分钟）。步道有几个部分适合轮椅通行。

活动

普纳凯基周边的徒步旅行线路包括**楚门步道**（Truman Track，往返30分钟）以及**普纳凯基-波拉力环线**（Punakaiki-Porari Loop，3.5小时）。后者顺着壮观的石灰岩普罗拉里河谷延伸到山前，翻过山来到湍急的普纳凯基河，之后再回到公路。

想参观“稳固”的景点，可以去**福克斯河岩洞步道**（Fox River Cave Walk，往返3小时），它在普纳凯基以北12公里处，对业余探索爱好者开放。请自备手电筒和结实的鞋子。

帕帕罗阿国家公园游客中心（见514页）有免费的地图，上面详细列出了本地区的其他徒步旅行线。注意很多帕帕罗阿的内陆徒步线路容易受到河水泛滥的影响，出发前请务必在中心获取最新信息，随时注意预警信号和步道上用绳索拦起来的部分。

Punakaiki Canoes 皮划艇

（☎0800 271 383, 03-731 1870; www.riverkayaking.co.nz; SH6; 独木舟租赁 2小时 成人/儿童 $50/10，之后每小时 $5）这家机构在普罗拉里河大桥附近提供独木舟出租服务，经营温和、风景绝美的适合所有人参与的划船活动。出租商店在普纳凯基北端的河道附近有路标。

Punakaiki Horse Treks 骑马

（☎03-731 1839, 021 264 2600; www.pancake-rocks.co.nz; SH6, Punakaiki; 2.5小时 骑马 $180; ⊙10月中旬至次年5月初）参加这里的导览骑马团队游，可穿过美丽的普纳凯基峡谷，适合所有有经验的人士。私人骑行起价$220（最少2人）。

食宿

★ Punakaiki Beach Hostel 青年旅舍 $

（☎03-731 1852; www.punakaikibeachhostel.co.nz; 4 Webb St; 露营地 每人 $22，铺/双 $32/89; 📶）氛围悠闲，但运营高效。这家干净的24床旅舍拥有一个旅行者所需要的所有便利设施，包括洗衣机、公用厨房以及面带职业微笑的工作人员。除了舒适的宿舍，巴士套房（$140）是最新奇的住宿处，不过讨人喜欢的日落小屋（Sunset Cottage，$150）也值得挥霍一次。

Te Nikau Retreat 青年旅舍 $

（☎03-731 1111; www.tenikauretreat.co.nz; 19 Hartmount Pl; 铺 $32，双 $85~110，小木屋 $120~210; 📶）🍃住在这里让人感觉立刻得到了恢复。友好的员工营造了一种悠闲的基调，迷人的木头小屋（宿舍和私人小屋）隐藏在雨林中，离海滩只有一小段路。我们最爱的是小的Stargazer：位于一座小屋，只有两张床，但是玻璃屋顶面板可让你在晴朗的夜晚躺在床上数星星。

Hydrangea Cottages 村舍 $$

（☎03-731 1839; www.pancake-rocks.co.nz; SH6; 村舍 $245~485; 📶）位于半山腰的村舍俯瞰着塔斯曼海。有6座独立的设施齐全的小别墅，由废弃的木材和石头建成。每一座都不一样，比如“Miro”色彩奔放，有鲜艳的瓷砖，两层的“Nikau”有一个面海的私人露台。有时会有户外浴缸增添魅力。位于千层石岩和游客中心以南800米处。

Pancake Rocks Cafe 咖啡馆 $$

[☎03-731 1122; www.pancakerockscafe.com; 4300 Coast Rd (SH6), Punakaiki; 主菜 $10~26; ⊙8:00~17:00, 12月至次年2月 至22:00; 📝]在千层石岩步道对面的这家咖啡馆，想都不用想，薄

饼自然是这里引以为豪的主打，还有培根、浆果、奶油和其他美味配料。比萨甚至更好，包括银鱼、4种奶酪口味（也有一些美味的素食选择）。夏季周五18:00以后有开麦之夜。

实用信息

帕帕罗阿国家公园游客中心（Paparoa National Park Visitor Centre；☎03-731 1895；www.doc.govt.nz；SH6，Punakaiki；⊙10月至11月 9:00~17:00，12月至次年3月 至18:00，4月至9月 至16:30）在千层石岩步道对面，提供关于国家公园和步道情况的信息，帮助预订一些当地景点和住宿，包括小屋门票。

Punakaiki Promotions（www.punakaiki.co.nz）网上住宿、活动和潮汐时间指南。

到达和离开

InterCity（见503页）和Naked Bus（见503页）每天有车往北前往西港（$16起，1小时），往南前往格雷茅斯（$11起，45分钟）和福克斯冰川（$37起，5.5小时）。两家公司都会停很久，给乘客充足的时间欣赏千层石岩。

巴里镇及周边（Barrytown & Around）

海岸大道最南端，在普纳凯基和格雷茅斯之间，一侧是有众多岩石的海湾；另一侧是灌木丛生的起伏的帕帕罗阿山脉（Paparoa Ranges）。昏昏欲睡的巴里镇人口很少，是SH6公路这一段的主要定居点，不过开阔的视野是停留赏景的好借口。晴天出发，你最远可看到南阿尔卑斯山。

课程

★Barrytown Knifemaking 制刀

（☎03-731 1053，0800 256 433；www.barrytownknifemaking.com；2662 SH6，Barrytown；课程 $160；⊙周二至周日 根据预约）在普纳凯基以南17公里处，可参加一日课程，在史蒂夫（Steve）和罗宾（Robyn）的专业指导下，制造一把属于自己的刀——手工锻造刀刃，用当地木材加工刀柄。课程就在他们家里举行。福利包括投斧、一架大秋千，还有史蒂夫一连串仅供娱乐的蹩脚笑话。

住宿

★Breakers 民宿 $$$

（☎03-762 7743；www.breakers.co.nz；1367 SH6，Nine Mile Creek，Rapahoe；双 含早餐 $275~385；📶）精心准备的服务拨动了冲浪者和海滩游客的心弦，每一个房间都能看到海景，去海岸边也很方便。隐藏在格雷茅斯以北14公里处的一个山腰角落，4个套间都自带设备，装修雅致现代，有露台能观赏日落。

Ti Kouka House 民宿 $$$

（☎03-731 1460；www.tikoukahouse.co.nz；2522 SH6，Barrytown；双 含早餐 $350；📶）在海滩公路的对面，设计独一无二，背靠一片雨林。循环利用的建筑材料搭配漂浮木、彩绘玻璃和雕塑，营造出一种介于艺术家工作室和自然度假村之间的氛围。你可能会想搬进来一直住下去，不过那样你只能勉强选择3个装潢各不相同的房间中的一个入住了。

到达和离开

InterCity（见503页）和Naked Bus（见503页）每天有1班车服务海岸大道的这一段，往返西港（$17起，1.75小时）和格雷茅斯（$10起，20分钟）的途中会在巴里镇停靠，途经普纳凯基（$10，15分钟）。

格雷茅斯地区（GREYMOUTH REGION）

格雷茅斯位于壮观的高山公路亚瑟隘口的尽头，大约在海岸大道中间的位置，周边地区更多的是一个中转站，而非目的地。

最大的城镇格雷茅斯（毛利语中叫“Māwhera”，意思是大河口）强于服务，乏于景点，不过漂亮的酿酒厂和古老的村庄仙蒂镇（Shantytown）值得一游。内陆的库马拉是西岸区荒野小径（West Coast Wilderness Trail）一般骑手的停靠站，布恩那湖（Lake Brunner）是一个抚慰人心的度假地，可钓鱼和观鸟，偏远的布莱克鲍尔（Blackball）牢牢吸引着徒步者的眼球，这里是派克29纪念步道（Pike29 Memorial Track）的起点，这条45公里长的步道是“十大步道”之一，预计2019年年底开放。即便以新西兰的标准来看，格雷茅斯地区的友好程度也是数一数二的，这里脚踏实地的人民可能就足以吸引你在此逗留。

格雷茅斯(Greymouth)

☎03/人口 13,371(地区)

格雷茅斯是西岸区最大的城镇，也是这个地区的"大城市"。对当地人来说，这里是补充油料和购物的场所，对游客来说，这里是步道的入口。阴天过来，你就会知道，为什么格雷茅斯虽然位于名字极具想象力的格雷河的入口处，有时却沦为笑柄。不过这里有着采掘金矿的历史，分布着一些玉器商店，周边值得去徒步，除了阴云之外也有其他看点。

景点

仙蒂镇 博物馆

(Shantytown; ☎03-762 6634; www.shantytown.co.nz; Rutherglen Rd, Paroa; 成人/儿童/家庭 $31.50/15.50/74; ⌚8:30~17:00; 👪)对于孩子和心态年轻的游客来说很好玩，这座重建的19世纪60年代的掘金小镇位于格雷茅斯南部10公里处。往教堂、工坊和血腥的医院(蒙住孩子的眼睛)看看，全部都设计精巧，意图让人联想起当时的时代精神。可以穿上当时的衣服，拍些俗气的纪念照，试试淘金，不过重点是乘坐蒸汽火车进入丛林(每天5~7班)。

Monteith's Brewing Co 精酿酒吧

(☎03-768 4149; www.monteiths.co.nz; Turumaha St和Herbert St交叉路口; 导览游 $25; ⌚团队游 每天4次，品酒室和酒吧 5月至10月 11:00~20:00，11月至次年3月 至21:00)这是Monteith's最早的酿酒厂，也是品牌总部，虽是一家小公司，但提供高质量的体验。提前规划好时间，来参加每天4次的导览游(25分钟，包括一般品尝)或者在工业时尚风格的品酒室和酒吧DIY，那里火焰熊熊。

活动

★高山列车 火车游

(TranzAlpine; ☎04-495 0775, 0800 872 467; www.greatjourneysofnz.co.nz; 成人/儿童 单程 $119/83起)高山列车是世界著名的观光列车之一，穿越基督城和格雷茅斯之间的南阿尔卑斯山(Southern Alps)，穿过亚瑟隘口国家公园(Arthur's Pass National Park)，从太平洋抵达塔斯曼海。旅程长223公里，沿途可以看到令人难以置信的风景，从平坦的坎特伯雷冲积平原(Canterbury Plains)，穿越狭窄的高山山谷、一条8.5公里长的隧道、山毛榉森林覆盖的河谷，再沿着一个四周长满甘蓝树的湖泊前行。

火车每天14:05离开格雷茅斯，即便天气不好(如果海岸一边下雨，另一边可能还是晴

值得一游

西岸区荒野小径(WEST COAST WILDERNESS TRAIL)

西岸区荒野小径(www.westcoastwildernesstrail.co.nz)长136公里，是22条新西兰自行车道(NZ Cycle Trails; www.nzcycletrail.com)之一。这条小径从格雷茅斯沿着淘金小路、水库、老电车道和铁路线，延伸到罗斯，同时开辟了穿越乡村的新道路。沿路有由茂密雨林、冰川、河流、湖泊和湿地组成的绝美景色，而从白雪覆顶的南阿尔卑斯山到狂野的塔斯曼海，全程都风光无限，适合国际骑手。

大部分路段难度等级都很低，骑车走完整条路线需要整整4天时间，但就像许多新自行车道一样，这条路线可以被轻松地分成不同长度的几段。新手可挑战相当容易的"Big Day Out"，从Kawhaka到Kaniere，全程需要7小时，经过一些主要景点，或者沿着库马拉的淘金小路走一条需时4小时的车道。

主要出发点可以提供自行车租赁、交通服务和建议。在霍基蒂卡，可以联系**Wilderness Trail Shuttle**(☎03-755 5042, 021 263 3299; www.wildernesstrailshuttle.co.nz)。在格雷茅斯，可以问问**Trail Transport**(☎03-768 6618; www.trailtransport.co.nz; 自行车租赁 每天 $50起，接驳交通 $28~65)的工作人员。

Greymouth 格雷茅斯

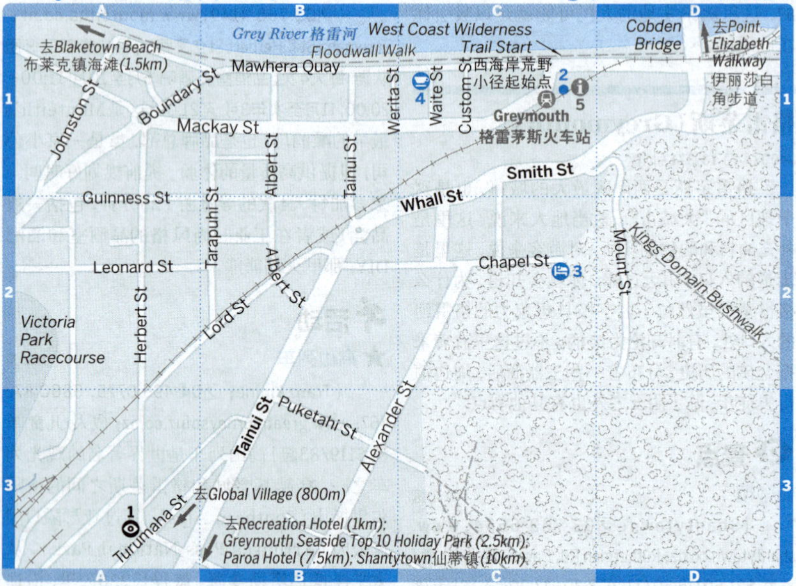

Greymouth 格雷茅斯

天），这趟5小时的旅程仍将是难以忘怀的。

伊丽莎白角步道 步行

（Point Elizabeth Walkway, www.doc.govt.nz）从位于格雷茅斯北部6公里处科布登（Cobden）的Dommett滨海大道，可以到这条令人愉快的伊丽莎白角步道（往返3小时）。绕过一片茂盛森林覆盖的拉帕霍伊山脉（Rapahoe Range）阴影下的岬角，步道通向一个令人难忘的海洋瞭望台，之后继续前行便是位于拉帕霍伊的步道北端（距离格雷茅斯11公里），这是一个小镇，有大片海滩和友好的当地小酒馆。

住宿

★ Global Village 青年旅舍 $

（☎03-768 7272; www.globalvillagebackpackers.co.nz; 42 Cowper St; 铺/双 $32/80; @🛜）这里的墙壁上有亚非艺术贴画，表现出一种富有激情的旅行者的意境。提供免费皮划艇——Karoro湖湿地就在几米之外，山地车可供住客使用，还有水疗、桑拿、烧烤和篝火供你休闲放松。

Greymouth Seaside Top 10 Holiday Park 度假公园、汽车旅馆 $

（☎03-768 6618, 0800 867 104; www.greymouth.co.nz; 2 Chesterfield St; 露营地 $40~46, 小屋 $60~125, 汽车旅馆 房间 $110~374; 🛜👪）这个大公园位置很好，适合在相连的海滩上漫步。公园位于城镇中心以南2.5公里处，有简易的小屋和豪华的海景汽车旅馆。雨天有游乐场和电视可供儿童娱乐，还有全套便利设备，比如洗衣机，外加一些出人意料的舒适细节，例如公共浴室的地暖。

Ardwyn House 民宿 $

（☎03-768 6107; ardwynhouse@hotmail.com; 48 Chapel St; 标单/双 含早餐 $65/110; 📶）这家民宿类似于家庭旅馆，有老派的房间，搭配古雅细节（包括轮船舵风格的床头柜），有一个公共浴室。位于火车站往南一条死胡同中的陡峭花园里。

旅行经验丰富的女主人Mary，将为你烹制丰盛的早餐。

Paroa Hotel 酒店 $$

（☎03-762 6860, 0800 762 6860; www.paroa.co.nz; 508 Main South Rd, Paroa; 套间 $149~300; 📶）这家珍贵的家庭酒店于1954年开始营业，从厨房到前台都进行了翻新。宽敞的套间有出色的床铺，装饰有迷人的单色画，还有一个公共花园。暖心的服务一直延续到值得注意的酒吧和餐厅中。在仙蒂镇路口的对面。

就餐

Recreation Hotel 法式小馆 $$

（☎03-768 5154; www.rechotel.co.nz; 68 High St; 主菜 $17~26; ⏲11:00至深夜）当地坚定的拥趸会来这家时髦的酒吧享用美味的酒馆食物，比如每天的烤肉、汉堡和当地炸鱼及薯条，在台球桌上来两局。

DP1 Cafe 咖啡馆

（104 Mawhera Quay; ⏲周一至周五 8:00~17:00, 周六和周日 9:00~17:00; 📶）作为格雷茅斯咖啡馆的中坚力量，这家码头咖啡馆中有大量的当地艺术品。时髦的客户和友好的店员使这里成了很好的约会场所（同时喝着镇上最好的意式浓缩咖啡）。早上有$6的马芬和特别咖啡，其他时候可以来吃一块焦糖华夫饼干。

实用信息

格雷基地医院（Grey Base Hospital; ☎03-769 7400; High St）

格雷茅斯信息中心（Greymouth i-SITE; ☎03-768 7080, 0800 767 080; www.westcoasttravel.co.nz; 164 Mackay St, Greymouth Train Station; ⏲周一至周五 9:00~17:00, 周六和周日 10:00~16:00; 📶）火车站内友好的工作人员可以为你提供各种建议，并帮忙预订环保部管理的木屋和徒步项目。也可参见www.westcoastnz.com。

到达和离开

长途汽车

所有的长途汽车都在火车站外设有站点。InterCity（见503页）每天都有北上的长途汽车，前往西港（$21起, 2.25小时）和纳尔逊（$40起, 6小时），南下到弗朗兹约瑟夫和福克斯冰川（约$30, 3.5小时）。Naked Bus（见503页）有车走同样的路线。两家公司都提供到更远的目的地的接驳交通。

Atomic Travel（见503页）每天有车往返格雷茅斯和基督城，West Coast Shuttle（见503页）也有——票价约为$50。

西岸区旅游中心（West Coast Travel Centre; ☎03-768 7080; www.westcoasttravel.co.nz; Railway Station, 164 Mackay St, Greymouth Train Station; ⏲周一至周五 9:00~17:00, 周六和周日 10:00~16:00; @📶）与信息中心合并后均设在火车站内，可以预订当地和全国的交通，并提供行李寄存服务。

火车

高山列车（见550页）从格雷茅斯出发前往基督城的时间为每天14:05。

当地交通

Greymouth Taxis（☎03-768 7078）乘出租车前往仙蒂镇价格约$35（单程）。Trail Transport（见515页）出租自行车，提供西岸区荒野小径的交通服务。

布莱克鲍尔（Blackball）

☎03/人口 330

破败的布莱克鲍尔只剩下往日采矿业黄金时代的残影，不过这座精神饱满的小镇不只有眼前表露的这些。位于从格雷茅斯溯河而上25公里处，是1866年为淘金者建造的，1890~1964年，人们在这里开采煤矿。由于1908年和1931年的颇具影响力的大罢工，全国劳工联盟（National Federation Of

Labour)在这里成立。

布莱克鲍尔至今仍为其工会的历史感到自豪——可以看看Formerly the Blackball Hilton(☎03-732 4705, 0800 425 225; www.blackballhilton.co.nz; 26 Hart St; 标单/双 含早餐$55/110; 📶)的古老海报。这座拥有百年历史的酒店是一大谈资:它曾为避免与一家连锁酒店产生法律冲突而更名。另一个著名的地方是Blackball Salami Co(☎03-732 4111; www.blackballsalami.co.nz; 11 Hilton St; 蒜味香肠套餐 $9起; ⏲周一至周五 8:00~16:00, 周六 9:00~14:00),这里生产的熏肉制品驰名西岸区。

昏昏欲睡的布莱克鲍尔有望在派克29纪念步道(Pike29 Memorial Track)开通后重获生机(可能在2019年开通),届时步道将为这里带来一批新的徒步者。

活动

连接布莱克鲍尔内陆地区和巴里镇海滨的克罗伊斯步道(Croesus Track; www.doc.govt.nz),将这片地区推到了徒步者的地图上。这条步道适合有经验的徒步者,沿着一条19世纪晚期古老的采矿小路,跨越帕帕罗阿山脉(攀上海平面1公里的高度),需要1~2天。从2019年年底,克罗伊斯步道将连通十大步道的一条新成员,即派克29纪念步道,这条需时2~3天的步道连接布莱克鲍尔和普纳凯基,全程45公里(有经验的骑手需要1~2天)。

到达和离开

从格雷茅斯驾车沿着西岸区公路(SH7)行进,半小时即可抵达布莱克鲍尔。需要自驾。

布恩那湖(Lake Brunner)

一旦抵达布恩那湖,你的脉搏跳速就可能变慢。这片占地40平方公里的天蓝色水域因为英国出生的探险家托马斯·布恩那(Thomas Brunner)而得名,位于格雷茅斯东南35公里处。湖很大,主要定居点摩瓦纳(Moana)却很小(在北岸)。不过这里有住宿选择,可满足家庭旅行者和被这里的宁静吸引来的鲑鱼垂钓爱好者。

布恩那风景优美,适合花上一两天,沿着湖畔步道漫步、钓鱼或观鸟。夏季需要预订(注意:冬季非常安静。)

活动

作为该地区的众多湖泊之一,布恩那湖很宁静,适合丛林徒步、观鸟和各种水上运动,包括划船和钓鱼。实际上,当地人认为这个湖和阿诺德河(Arnold River)是“鳟鱼终老的地方”,暗示这片地区基本上没有受过影响,可以任你放下钓线。格雷茅斯信息中心(见517页)可以帮你找个导游。

住宿

Lake Brunner Country Motel 汽车旅馆、露营地 $

(☎03-738 0144; www.lakebrunnermotel.co.nz; 2014 Arnold Valley Rd; 露营地 $35~40, 小木屋 $65~75, 村舍 $130~155; 📶)鸟鸣、花圃、6公顷的绿地……感觉轻松了吗?这家汽车旅馆和露营地距离布恩那湖2公里,选择包括有电力供应和无电力供应的露营地、简单无装饰的小木屋,全部都有公共浴室和厨房设施。更豪华的是设备齐全的村舍,有花卉装饰和很好的浴室。

到达和离开

要抵达布恩那湖,要沿着SH7公路在Stillwater路口转弯,距离格雷茅斯有36公里。也可以从南边走库马拉路口。高山列车(见550页)每天会在往返基督城和格雷茅斯的途中停靠摩瓦纳。Atomic Travel(见503页)的车每天也走同一条路。

库马拉(Kumara)

☎03/人口 310

曾经有一段时间,人们会涌进库马拉的两座剧院,跳华尔兹跳到天亮,或者看着路过这座淘金小镇的巡回马戏团的表演大声吆喝。但是这种热闹的19世纪80年代的景象早就成了过去,仅在亚瑟隘口西端附近(格雷茅斯以南30公里)留下一些破旧的定居点。因为有对库马拉光辉时代很感兴趣的当地热心人士,镇上到处都有展板,讲述历史上活跃人士的故事,Theatre Royal Hotel和其他改造过的旧时代建筑,能让你对此地金光闪闪的过去有所了解。

现在库马拉主要作为联合多种运动的海岸到海岸多项全能赛（www.coasttocoast.co.nz）的举办地。赛事每年2月举办，强壮、勇敢的参赛者将进行令人筋疲力尽的奔跑、骑行和划皮划艇的方式，一路跨越山区前往基督城，赛程全长243公里，顶级选手用不了11小时就能轻松完成。

食宿

Jacksons Retreat 度假公园 $

（☎03-738 0474；www.jacksonsretreat.co.nz；Jacksons，SH 73，Kumara；有/无电力供应套间 $48/44，小木屋 $90起，公寓 $180；）小定居点Jacksons偎依在格雷茅斯东南63公里处的Taramakau河边。这座独特的度假公园是亚瑟隘口路线上值得停靠的住宿处。崎岖的地势提供了一些很好的露营车营地，还有整洁的小木屋（含公用浴室）和设备齐全的宽敞公寓。有隐蔽的帐篷（$55），可供夜间在帆布下入睡，不用暴露在外。

★ Theatre Royal Hotel 酒店 $$$

（☎03-736 9277；www.theatreroyalhotel.co.nz；81 Seddon St，SH73，Kumara；双 $180起；）这座精心修复的酒店里，房间以库马拉历史上的著名人物为主题，为你在镇上停留提供了足够的理由。我们特别喜欢充满女性气质的Barbara Weldon房，它是为了纪念从前的一位风尘女郎（隔音很好）。汽车旅馆风格的矿工村舍（$200~300）能住4人，都是崭新的，带有爪型浴缸等复古细节。

这种富丽的风格一直延续到酒店的公寓（$239起）：精品公寓完全像是玛丽·安托瓦内特（Marie Antoinette）的幻想（有四柱床），或者在旧新西兰银行大楼中入住（现在的浴室曾经是黄金称量室）。

可以到餐厅（☎03-736 9277；www.theatreroyalhotel.co.nz；81 Seddon St，SH73，Kumara；午餐主菜 $16~25，晚餐主菜 $22~33；周日至周四 11:00~20:00，周五和周六 至深夜）玩些特别游戏，或是喝下午茶，旁边的酒吧很适合与当地人交谈。

到达和离开

West Coast Shuttle（见503页）的车每天往返基督城和格雷茅斯（$55，3.5小时）的途中会穿过库马拉（不要和库马拉路口弄混，路口靠近海岸），不过大多数游客都选择自驾或骑行过来。

西部（WESTLAND）

西部地区南有阿斯派林山国家公园，北有高低不平的海岸大道，是新西兰人口最稀少的地区之一。

在这片由农田和森林交织而成的挂毯上，最引人注目（也著名）的要数弗朗兹约瑟夫和福克斯冰川。虽然目前冰川面积在衰退，但这些被花岗岩悬崖框在中央、盖满积雪的山峰仍然吸引了数千名探险者，有许多是来寻求一些令人血脉贲张的刺激运动，如到西岸区荒野小径骑山地自行车，到科普兰步道（Copland Track）徒步，乘直升机翱翔在国家公园高空，或者踮着脚尖到丛林中探寻奇异鸟。

如果你习惯古雅低调的活动，这里也有文化历史可以探寻，比如罗斯（Ross）的淘金时代景点、霍基蒂卡的玉雕班，以及孤寂的艺术馆，当你想脱掉徒步鞋休息，它们都可供你游览几天。

霍基蒂卡（Hokitika）

☎03/人口 3078

这个可爱的海滨小镇有一丝闪光点，那就是当地产的绿玉（pounamu），由当地热闹的艺术家群体雕刻打磨得发亮。想购买绿玉、玻璃器、织物和其他自家种植产品的游客可以到霍基蒂卡的街上逛逛，这里散落着一些19世纪60年代淘金热遗留下来的宏伟建筑。

壮丽的落日和萤火虫谷地为这里的海滨田园生活氛围增添了额外的亮点，不过许多游客更喜欢能出汗的活动：霍基蒂卡可通往西岸区荒野小径、风景优美的卡尼里湖（Lake Kaniere）和玛希纳普（Mahinapua）步道。

景点

★ 霍基蒂卡峡谷 峡谷

（Hokitika Gorge；www.doc.govt.nz）这里的

Hokitika 霍基蒂卡

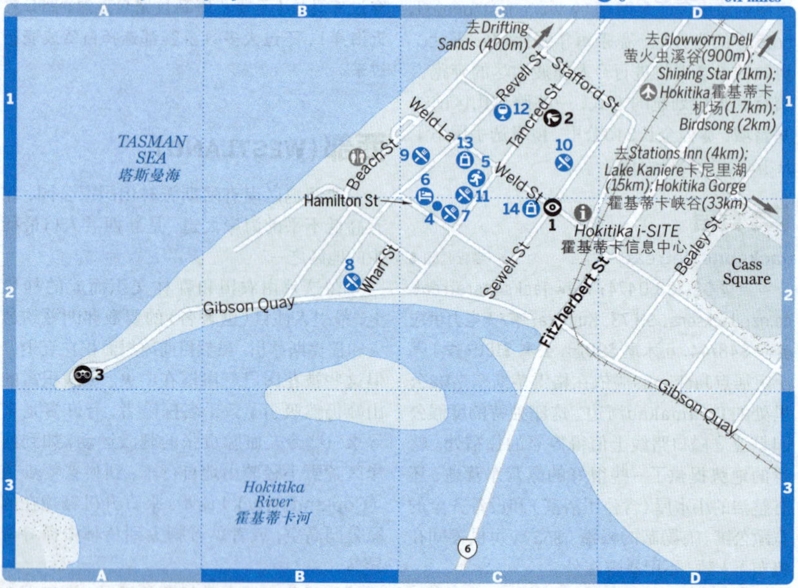

绿松石色的水来之不易。50万年的冰川运动雕刻出了霍基蒂卡瓷白的峡谷，研磨了数千年的岩石“粉末”加强了溪水的炫目色泽。旋桥有观景台，从停车场步行过去只需10分钟，不过你可能会花整整1个小时的时间欣赏和拍照（直至被沙蝇赶走）。从霍基蒂卡驾车向南35公里即到，Stafford St（过了乳制品厂）有清楚的路标。

玛希纳普湖

湖

（Lake Mahinapua; www.doc.govt.nz; SH6, Ruatapu）宁静的玛希纳普湖及森林位于霍基蒂卡以南10公里处。这个风景保护区建于1907年，有一个野餐区，环保部露营地舒适地依偎在山地风景之中，潟湖水形成的浅湾很温暖，适合划船。岸边有几条短途步道（往返1小时或更短），有路标。

卡尼里湖

湖泊

（Lake Kaniere; www.doc.govt.nz）美丽的卡尼里湖坐落在一个面积达7000公顷的风景保护区中心，该湖有8公里长、2公里宽、195米深，如果你下水游泳的话，会发现湖水非常清凉。不过，你可能更倾向于在**汉斯湾**（Hans Bay; www.doc.govt.nz, Lake Kaniere; 露营地 每位成人/儿童 $8/4）露营或野餐，欣赏**多萝西溪瀑布群**（Dorothy Creek Falls; 露营地南4公里处），或者从周边无数的步道中选一条走走，从15分钟的**独木舟湾步道**（Canoe Cove Walk）到7小时往返的**Mt Tuhua**艰难登山之旅，这里应有尽有。位于霍基蒂卡中心区东南20公里处。

日落观景点

瞭望台

（Sunset Point; Gibson Quay）前往绝美的日落观景点是霍基蒂卡的一项地道体验：看日光渐渐消逝，银鱼捕捞者撒网，吃炸鱼和薯条，或者绕着码头船难纪念碑走走。

萤火虫溪谷

自然景观

（Glowworm Dell; SH6）晚上带一把手电筒（或者摸黑）走进这座位于小镇北端的洞窟，SH6公路边有路标。在这里，你很容易看到新西兰萤火虫（即蕈蚊幼虫），它们会发出一种梦幻的蓝光。入口处的信息板将帮你指路。

国家奇异鸟中心

鸟类保护区

（National Kiwi Centre; ☎03-755 5251; www.thenationalkiwicentre.co.nz; 64 Tancred St; 成人/儿童 $24/12; ⏰12月至次年2月 9:00~17:00，3月

Hokitika 霍基蒂卡

至11月 至16:30；)踮着脚钻过黑暗的奇异鸟舍，观赏这种标志性的鸟类翻刨美味的昆虫，或是用它们晶亮的眼睛盯着一只大蜥蜴——一种2.25亿年都没有变过的爬行动物。规划好，等到鳗鱼喂食时间过来（每天3次，一般是在10:00、正午和15:00），届时你可以用钳子（或是徒手，令人战栗）夹着肉末，给这些滑溜的生物喂食。

活动

霍基蒂卡是徒步和骑行的便利营地。可下载环保部的手册《霍基蒂卡地区的步道》(*Walks in the Hokitika Area*)，去**Hokitika Cycles & Sports World**(☎03-755 8662；www.hokitikasportsworld.co.nz；33 Tancred St；自行车租赁 每天 $55；⏲9:00~17:00)租自行车，获取步道建议，包括西岸区荒野小径（见515页）。

Bonz 'N' Stonz 艺术

(www.bonz-n-stonz.co.nz；16 Hamilton St；雕刻 每小时 $30，全天 骨雕/玉雕 工作坊 $80/180)在史蒂夫（Steve）的指导下，设计、雕刻、打磨你自己的绿玉、骨头或鲍鱼。价格因材料和设计复杂程度而不同。建议预订，价格中包括"笑声治疗"。

West Coast Treetops Walkway 户外

(☎0508 8733 8677, 03-755 5052；www.treetopsnz.com；1128 Woodstock-Rimu Rd；成人/儿童 $38/15；⏲10月至次年3月 9:00~17:00，4月至9月 9:00~16:00)游客可沿着这条晃悠悠的钢铁步道漫步，全长450米，距离地面20米，能从当地森林的树冠上获得不同一般的视角，有许多泪柏和卡马希树。亮点是40米高的塔楼，从上面能看到玛希纳普湖、南阿尔卑斯山和塔斯曼海。轮椅可通行。

节日和活动

★**野味美食节** 食物和饮品

(Wildfoods Festival；www.wildfoods.co.nz；⏲3月)西岸区的海鲜有些单调？3月初来参加这个一日的大胃王节日，刺激你的味蕾吧。菜单上一般都会有鱼眼、猪耳、蚕蛹。别担心，有当地和国际食品摊，抹除你嘴里的血腥味……

浮木与沙 艺术节

(Driftwood & Sand；Hokitika Beach；⏲1月)在这个由志愿者领导的3天节日里，正在崭露头角的自由艺术家会在霍基蒂卡海滩上，将漂浮到岸上的货物转化为雕塑。参与者从新手到专业人士都有，因此他们的作品水平也从神秘到癫狂无所不有。

住宿

★**Drifting Sands** 民宿 $

(☎021 0266 5154；www.driftingsands.nz；197 Revell St；双和标三 $99~125，家 $200；)自然色调和织物、循环利用的家具、时尚的氛围让这家海滨精品家庭旅馆成了潮流和位置的赢家。休息室里有个烧木柴的炉子，提高了舒适程度，每天早上有新烤的面包，还免费出租自行车。住一个晚上绝对不够。

Birdsong 青年旅舍 $

(☎03-755 7179；www.birdsong.co.nz；124 Kumara Junction Hwy；铺 $34，标单/双 带公共浴室 $69/85，双 带私人浴室 $119，全部含早餐；)这家讨人喜欢的青年旅舍位于镇北2.5公

里处，公用休息室和厨房里的海景让人惊叹。房间以当地鸟类为主题，主人招呼客人很有一套，唯一的不足是浴室可以再大一些（私密性也要更好一些，而非装着沙龙风格的门）。

Shining Star 度假公园、汽车旅馆 $

（☎03-755 8921；www.shiningstar.co.nz；16 Richards Dr；露营地 成人/儿童 $20/10，双 $119~149，家 $185；📶👪）景色迷人，功能齐备。你可以野营，也可以选择面朝大海的小木屋。孩子会爱上这里的动物园，里面有猪和羊驼。在Dr Doolittle的预约簿上你可以看到好评。家长们更中意这里的水疗或桑拿（$15）。

Stations Inn 汽车旅馆 $$

（☎03-755 5499；www.stationsinnhokitika.co.nz；11 Blue Spur Rd；双 $170~300；📶）位于霍基蒂卡东南4公里处，19世纪60年代起就耸立在这里起伏的山丘之上。现在这里有豪华的套间，里面有大床（更大的套间有水疗浴池）。前面有一家餐厅（☎03-755 5499；www.stationsinnhokitika.co.nz；11 Blue Spur Rd；主菜 $32~42；⏲周二至周日 18:00~22:00）、庭院、水池和水车，将怀旧和现代便利设施融合得很好。

Teichelmann's B&B 民宿 $$$

（☎03-755 8232；www.teichelmanns.nz；20 Hamilton St；标单/双 含早餐 $235~280；📶）这里曾是外科医生、登山爱好者、专业的大胡子园丁Ebenezer Teichelmann的家，现在维持住了曾经珍贵的历史，但也增添了一流的热情和补充设施。6个房间都很通风，适合休养，还有很棒的床、高质量的棉布床单和私人浴室，能享受长满蕨类的花园风光。想更加私密，可要求入住设备齐全的Teichy小屋。

✖ 餐饮

★ Ramble + Ritual 咖啡馆 $

（☎03-755 6347；51 Sewell St；小吃 $3~8，餐 $8~15；⏲周一至周五 7:30~16:00；🖉）这个画廊兼咖啡馆隐藏在钟楼（Weld St和Sewell St交叉路口）附近，是同友好的店员和赌家交谈流连的时髦场所。让我们来看看，是选格吕耶尔干酪和蘑菇片、超级食物沙拉，还是姜汁麦片，配着超强劲的咖啡一同享用。

Dulcie's Takeaways 炸鱼和薯条 $

（Gibson Quay和Wharf St交叉路口；炸鱼和薯条 $6~12；⏲周二至周六 11:00~21:00）揣上美味的炸鱼和薯条（尝尝大菱鲆或蓝鳕鱼口味，或炸牡蛎），撒点海盐，去日落观景点享受。

★ Aurora 新派新西兰菜 $$

（☎03-755 8319；http://aurorahoki.co.nz；19 Tancred St；早餐 $10，主菜 $18~40；⏲8:00~23:00）早餐的鸡蛋培根夏巴塔面包、泰式贻贝，下午的西班牙小吃，甜点有浓郁的冰激凌……从早上一直供应到闭店，这里的食物摆盘都很漂亮，服务热情。

Fat Pipi 比萨 $$

（www.fatpipi.co.nz；89 Revell St；比萨 $20~30；⏲周三至周日 正午至14:30，每天 17:00~21:00；🖉）纯粹主义者可能会被这里的熏鸡和杏子的组合口味吓到，但这里提供的比萨是霍基蒂卡最好的。有素食和不含谷蛋白的选择，蒜味银鱼比萨有一种当地风情。喜欢吃甜食？可尝试甜点比萨，堆满了蓝莓、焦糖和面包屑。可以在花园酒吧享用，或者可以带去日落观景点（见520页）享用。

West Coast Wine Bar 葡萄酒吧

（www.westcoastwine.co.nz；108 Revell St；⏲周三至周六 16:00至深夜）为霍基蒂卡增添了几分高雅的气息，这个娱乐场所供应各种美味葡萄酒和精酿啤酒。可以在悠闲的后花园小酌，也可以在装饰有壁画和摇摇晃晃的鹿角的室内享用。

🛍 购物

霍基蒂卡的艺术和工艺品非常繁荣，围绕着雕刻和抛光绿玉展开，将它们打造为装饰品和首饰。注意有些画廊出售的玉器是从欧洲和亚洲进口的，所以购买前先问清楚。

此外还有木雕师、纺织工、吹玻璃师，他们都集中在镇中心的上等精品店里。

霍基蒂卡工艺品画廊 艺术和工艺品

（Hokitika Craft Gallery；☎03-755 8802；www.hokitikacraftgallery.co.nz；25 Tancred St；⏲9:30~17:00）镇上最好的一站式购物商店，展示各种当地作品，包括绿玉、首饰、亚麻手袋、手染丝巾、陶瓷和木器。

瓦埃瓦埃普纳姆 艺术和工艺品

（Waewae Pounamu；☎03-755 8304；www.waewaepounamu.co.nz；39 Weld St；⏲8:00~17:00）这家主路边的画廊精品店里有新西兰绿玉，展示了传统和现代设计。

霍基蒂卡玻璃工作室 艺术和工艺品

（Hokitika Glass Studio；☎03-755 7775；www.hokitikaglass.co.nz；9 Weld St）有花哨和华丽的艺术和纪念品：玻璃鸡蛋、多色碗和动物装饰品。是的，他们会给这些脆弱的物品包上许多层，以保证安全。在工作日，你可以看到熔炉里的鼓风机。

ℹ 实用信息

霍基蒂卡信息中心（Hokitika i-SITE；☎03-755 6166；www.hokitika.org；36 Weld St；⏲周一至周五8:30~17:00，周六和周日10:00~16:00）这里是新西兰最好的信息中心之一，提供丰富的预订服务，包括长途汽车服务。这里还提供环保部信息，不过你需要在网上或者更远的环保部游客中心预订相关服务。也可参见www.westcoastnz.com。

西部医疗中心（Westland Medical Centre；☎03-755 8180；www.westlandmedical.co.nz；54a Sewell St；⏲周一和周三至周五8:00~16:45，周二9:00~16:45）提前致电预约，或者使用下班时间的电话服务（24小时）。紧急情况下，可使用周末10:00和17:00的步入式服务。

ℹ 到达和离开

飞机

霍基蒂卡机场（Hokitika Airport；www.hokitikaairport.co.nz；Airport Dr，紧邻Tudor St）在镇中心以东1.5公里处。**新西兰航空公司**（www.airnewzealand.com）大多数日子每天有2个航班抵离基督城。

长途汽车

InterCity（见503页）或Naked Bus（见503页）的汽车每天有1班从Tancred St的奇异鸟中心出发，接着开往信息中心，前往格雷茅斯（约$15，45分钟）、福克斯冰川和弗朗兹约瑟夫冰川（$29起，2~2.5小时）。要去纳尔逊（$42，7小时），要在格雷茅斯换车。要去基督城，坐车前往格雷茅斯，换乘高山列车（见515页）。

ℹ 当地交通

Hokitika Taxis（☎03-755 5075）

罗斯（Ross）

☎03/人口 297

19世纪60年代中期，民众感觉这片山区有金矿，罗斯就这么匆忙被建设起来。人口很快激增到2500，在发现了“尊敬的罗迪”（Honourable Roddy）这一重量接近3公斤的天然金块后，这里的名气达到巅峰。

这里是西岸区荒野小径（见515页）的起点或终点，但驾车走在霍基蒂卡和西岸区冰川城镇之间时，淘金历史使得罗斯成为一个有趣的停靠站。

水道步道（Water Race Walk；往返1小时）从**遗产博物馆**（☎03-755 4077；4 Aylmer

银鱼热潮

如果在9月至11月中旬造访西岸区，你一定会看到一阵银鱼热潮。西岸区每年都会为这些透明的小鱼疯狂一次，用网捕捞一桶桶的银鱼是一项需要全身心投入、竞争相当激烈的赛事。首先从中能赚钱（海岸上每公斤能卖$60~70，其余地方则更贵），其次比你的邻居捕捞得更多让人心里很满足。从卡拉米亚到哈斯特，河畔都挤满了诱饵，但是如果你问钓鱼人，情况怎么样，他们可能会说不行……把你打发走，以免你探听到他们最好的钓鱼位置。

旺季时，你会看见有人在后门口出售银鱼，咖啡馆和餐厅都有提供。最常见的是加一个鸡蛋摊成鸡蛋饼，还要搭配一块柠檬，或者薄荷酱。我们也见过有人将它们放在比萨和沙拉上吃。

银鱼是指年幼的新西兰原生鱼类，包括南乳鱼、淡水钝鼻小鱼、胡瓜鱼，甚至鳗鱼。保护主义者称根本不应该吃银鱼，因为有些种类的银鱼正面临灭绝的危险或数量正在下降。环保部会对在银鱼捕捞季违背规则，以及网子尺寸错误的人进行处罚，并需求当地人只进行小规模捕捞。

St; $2; ⌚12月至次年3月 9:00~16:00, 4月至11月至14:00）附近启程，穿过旧金矿区、洞穴、隧道和墓地。可以从中心租用一个淘盘（$10），然后向Jones Creek进发，去寻找罗迪那样的大金块。

Empire Hotel（☎03-755 4005; 19 Aylmer St; ⌚10:00至深夜）楼上有简单的房间，但镇北3公里海滨的Top 10 Holiday Park Ross Beach（☎03-429 8277, 021 428 566; https://rossbeachtop10.co.nz; 145 Ross Beach Rd; 露营地 无/有电力供应 $40/50, 铺 $35, 豆荚房 带/不带浴室 $125/99起; 📶）才是我们的选择。

哈里哈里（Hari Hari）

☎03/人口 330

误打误撞闯进哈里哈里的最著名的游客要数澳大利亚飞行员盖伊·孟席斯（Guy Menzies），1931年他在跨越塔斯曼海的单人飞行途中被吹离航道，他的双翼飞机上下颠倒紧急降落在此处的一片沼泽中，完成了这次破纪录的飞行而且竟然奇迹般地毫发无伤。你更有可能于西岸区冰川和霍基蒂卡的巡航中路过这座令人昏昏欲睡的小镇，可以到哈里哈里海岸步道（Hari Hari Coastal Walk; Wanganui River）上舒展腿脚，或者到Pukeko Store[☎03-753 3192; 37 Main Rd（SH6）; 小吃 $4起; ⌚7:30~17:00; 📶✍]吃块蛋糕、喝杯茶。

公路上有路标指向两座汽车旅馆，我们喜欢经营得很好、讨人喜欢的Flaxbush Motels[☎03-753 3116; www.flaxbushmotels.co.nz; 29 Main St（SH6）; 双 $65~120; 📶]。

怀塔罗瓦（Whataroa）

☎03/人口 288

怀塔罗瓦虽然看起来单调，却是通往自然奇观的门户。这个莫可名状的小镇沿着SH6公路展开，在弗朗兹约瑟夫冰川以北30公里处，是前往新西兰唯一的科图库（白苍鹭）筑巢地的团队游的出发点。这些珍稀鸟儿的翅膀精致美丽如新娘的面纱，对于毛利人来说具有重要的意义，他们珍视白苍鹭的羽毛，并用"科图库"一词来形容这些稀客。9月底至次年2月间它们会在这里栖息。White Heron Sanctuary Tours（☎03-753 4120, 0800 523 456; www.whiteherontours.co.nz; Main Rd; 成人/儿童 $150/75; ⌚9月末至次年2月）🍃提供唯一观察它们的栖息地的团队游。

其他值得尝试的活动有Alpine Fault Tours[☎03-753 4236, 0800 556 244; http://alpinefaulttours.co.nz; 70 Main Rd（SH6）; 成人/儿童 $50/20; ⌚根据预约]，有巴士带领小团游客前往大洋洲和太平洋板块交接处。在这里你可以跨立两大构造板块，惊叹大自然的力量，倾听关于南阿尔卑斯山的有趣讲解。还可参加冰川乡村观光飞行（Glacier Country Scenic Flights; ☎03-753 4096, 0800 423 463; www.glacieradventures.co.nz; SH6和Scally Rd交叉路口; 飞行 $225~525）从怀塔罗瓦山谷（Whataroa Valley）起飞，鸟瞰大地。与周边冰川小镇的运营商相比，它们可以给你更多的观山机会。

White Heron Sanctuary Tours运营一个超值汽车旅馆（☎03-753 4120, 0800 523 456; www.whiteherontours.co.nz; Main Rd; 双 带/不带浴室 $130/80）。此外东部30公里处的哈里哈里也有一个讨人喜欢的汽车旅馆，西南30公里的弗朗兹约瑟夫也有大量选择（不过更贵）。

奥卡里托（Okarito）

☎03/人口 30

海滨小村奥卡里托偎依在一个潟湖旁，

绿玉符号

西岸区有一个繁荣的艺术家社区，收集绿玉制成雕塑和首饰，尤其是在霍基蒂卡和格雷茅斯。据称给别人购买绿玉比为自己购买要更幸运，一些常见的图案都拥有独特的意义。

Koru 一根旋转的蕨类植物嫩芽，象征着人生旅途：创造、成长和旅行。

Toki 一个矩形，代表毛利人的传统工具，象征勇气和力量。

Pikorua 当代"扭结"图案，象征家人与朋友之间的联系永存。

Hei matau 弯曲的鱼钩图案，有许多意思：健康、旅行平安和繁荣。

有一种疗养的氛围。奥卡里托潟湖（Okarito Lagoon）距离SH6公路只有10公里，是新西兰最大的未开发湿地。有超过76种鸟类在这里的水面梳理羽毛和滑翔，包括翅膀轻薄的白苍鹭。森林里隐藏着稀有的奇异鸟，这是新西兰最罕见的标志性陆地鸟类——在野外看见它们的可能性很大，可参加总部设在村子的南岛唯一合法奇异鸟观光运营商的项目。

奥卡里托没有商店，旅游设施也很有限，手机信号断断续续，所以在去那儿之前要提前预订并储备充分。

景点和活动

从海滨的一个停车场出发，可以轻松开始湿地漫步（Wetland Walk，20分钟），或者走上更长的Three Mile Pack Track（3小时，有根据涨潮时间变化的海岸往返路线，所以向当地人咨询一下涨潮时间）。还有一条到奥卡里托三角（Okarito Trig，往返1.5小时）的非常棒的线路，能看见壮观的南阿尔卑斯山和奥卡里托潟湖的美景（根据天气而定）。

★奥卡里托奇异鸟团队游 野生动物

（Okarito Kiwi Tours；☎03-753 4330；www.okaritokiwitours.co.nz；53 The Strand；3~5小时团队游 $75）想在奥卡里托茂盛的原始森林中看到罕见的奇异鸟并不容易，但是鸟语者Ian率领的小团夜间团队游却有98%的成功率。耐心、小心和好天气都必不可少。如果想看奇异鸟，可以提前预订，并在奥卡里托住一两晚，以防天气不好。

★Okarito Kayaks 皮划艇

（☎03-753 4014，0800 652 748；www.okarito.co.nz；1 The Strand；皮划艇出租 半天/全天 $65/75；⊙时间不定）这个有经验的运营商出租皮划艇，可供奥卡里托潟湖划船，深入大摇大摆的水禽，或是前往令人震撼的山地风景。想了解当地风光的话，私人导览皮划艇之旅（$100起）是理想选择。此外还根据天气、潮汐和划船路径提供诚恳的建议。

Okarito Boat Eco Tours 野生动物

（☎03-753 4223；www.okaritoboattours.co.nz；31 Wharf St；⊙10月底至次年5月）这里经营观鸟潟湖游，其中最成功的是“早鸟游”（$80，1.5小时，7:30）。热门的2小时生态游可深入了解这片出色的自然保护区（$90，9:00和11:30），或者如果你早上起不来，也有一个下午的“湿地游”（$70，14:30）。至少提前24小时预订。

住宿

Code Time Lodge 公寓 $$

（☎021 037 2031；www.codetimelodge.co.nz；8 Albert St；公寓 $150~250；📶）漂浮木装饰和柔和的配色传递出一种梦幻的氛围，有2个设备齐全的宽敞公寓（含厨房），还有烧木柴的炉子，很温暖。

Okarito Beach House 度假屋 $$

（☎03-753 4080；www.okaritobeachhouse.com；29 The Strand；双和标双 $115~165；📶）虽然在主街而非海滩，却令人振奋：装饰着竹子的通风双人间和标双（按大小收费），一个讨人喜欢的公用厨房，餐桌是用你所见过的最大的木头雕刻而成。设备齐全的迷人Hutel（$195，能住2人）更私密。

到达和离开

奥卡里托位于弗朗兹约瑟夫和怀塔罗瓦之间的SH6公路以北10公里处。需要自驾前往。

西部泰普提尼国家公园（WESTLAND TAI POUTINI NATIONAL PARK）

西部泰普提尼国家公园有巨大的群山、森林和冰川，其令人头疼的辽阔面积足够将游客击倒。从西岸区前往南阿尔卑斯山剃刀般的巅峰，公园最大的亮点就是弗朗兹约瑟夫冰川和福克斯冰川，两处都有小镇，相距23公里。公园里有超过60座冰川，只有这2座容易抵达。

冰川是西岸区充沛的降水量所造就的最宏伟的成果。雪落在冰川广阔的堆积层上，融合进20米深的透明的冰中，然后涌向陡峭的山谷。在这样的纬度上，再没有其他冰川如此接近大洋。

冰川看着惊艳，实际却很脆弱。气温升高已经使得冰川面积在缩小，步行看到它们的机会越来越小，如果气候继续不受控制地变化，无异于给冰川的长远未来敲响了丧钟。

弗朗兹约瑟夫冰川（Franz Josef Glacier）

☎03/人口 441

弗朗兹约瑟夫的冰雪斗篷曾经会从山上直接流进大海。经过千年的缓慢撤退，冰川现在到了内陆19公里的地方，只能乘直升机抵达。往北5公里的弗朗兹约瑟夫冰川村有大量小型飞机，可运载游客观赏闪闪发光的冰川和参差不齐的山峰。冰川上的许多地块能带领团队游客前往淡蓝色的山洞和冰隙。对于每年来这里的上千名游客来说，冰川体验是旅途最重要的时刻，但是这里也有步道、热水泳池和探险运动，包括四轮摩托车和陶土飞靶射击，都让人肾上腺素飙升。

1865年地质学家朱利斯·冯·哈斯特（Julius von Haast）带领第一个欧洲探险队来到这里，以奥地利皇帝的名字为这座冰川命了名。根据预测，未来天气会变得更加多雨和温暖，弗朗兹约瑟夫也会继续收缩，它的冰川槽线（山谷岩壁上的植物生长线）显示，几十年来冰川面积已经大幅缩减。

景点

西岸区野生动物中心 野生动物保护区

（West Coast Wildlife Centre；☎03-752 0600；www.wildkiwi.co.nz；Cron St和Cowan St交叉路口；一日通票 成人/儿童/家庭 $38/20/85，包括带后台的通票 $58/35/145；⏲8:00~17:00）这个景点的目的是喂养世界上最珍贵的两种奇异鸟——拉维（rowi）和哈斯托考加（Haast tokoeka）。一日通票物超所值，你能借此参观动物保育区、冰川和一些文物展览，并在蕨类围场中观看奇异鸟，见识5只居住在这里的本土大蜥蜴。后台票让你直通雏鸟培育和喂养区，这种绝无仅有的机会可以让你了解人类是如何把一个物种从灭绝边缘抢救回来的。

活动

独立徒步

有一系列步道都从距离村子5公里的冰川停车场开始。

从**哨兵岩**（Sentinel Rock，往返20分钟）既能看到令人难忘的冰川谷风光，也能看到被雾气和云层吞没的神秘全景。**Kā Roimata o Hine Hukatere步道**（往返1.5小时）是冰川谷的主要步道，引导你去所能接近的最美的冰面。

其他路线包括**道格拉斯步道**（Douglas Walk，往返1小时）。这条路紧邻Glacier Access Rd，经过1750年冰川前移所堆积起来的冰碛石和小壶状的**彼得池**（Peters Pool）。**阶梯步道**（Terrace Track，往返30分钟）是位于村庄后面一个适合漫步的灌木丛生的阶地，在这里能观赏怀霍河的美景。除此之外，还有两条很好的从Cowan St出发的雨林步道，即**卡勒里乔治步道**（Callery Gorge Walk）和**Tatare隧道步道**。在这两条路上往返的时间都在1.5小时左右——去后者带上手电筒。

环保部出色的《冰川地区步道》（*Glacier Region Walks*）宣传册（$2，或者在www.doc.govt.nz/Documents/parks-and-recreation/tracks-and-walks/west-coast/glacier-region-walks.pdf下载）详细列出了更富挑战性的步道，比如5小时的**罗伯茨角步道**（Roberts Point Track）和8小时的**亚历克斯圆丘步道**（Alex Knob Track），另外还有一些别的选择。

弗朗兹还是福克斯？

如果天气晴朗，直升机能飞，抓住机会参加直升机徒步，到访任何一座冰川都行。天气变化很快，有时直升机几天都不能起飞，令游客心碎。两座冰川中弗朗兹约瑟夫更受欢迎，它的险峻使得冰裂和冰结构更显壮观，福克斯则更长，移动得更快（你注意不到）。提供冰川直升机徒步的两大主要运营商都有安全和专业技术优先标准。更受欢迎的Franz Josef Glacier Guides像一台熟练的机器，而家族运营的Fox Glacier Guiding（见531页）则为自己的友好私人体验而自豪。他们的价格可供比较（冰上3小时直升机徒步约$450），两处都提供著名的在蓝冰洞照相的机会（不过弗朗兹的洞更大）。

另一条开往冰川停车场的线路也颇有魅力，Te Ara a Waiau步道/自行车道被茂密的雨林所覆盖，起点在城镇南端的消防站。单程步行约1小时，骑车30分钟。把自行车留在停车场——冰川步道上无法骑车。我们过来时，自行车租赁处不好找，有人建议从南边24公里处的最后一个租赁点Fox Glacier Lodge（见534页，每小时/半天 $5/15）租。可以在弗朗兹约瑟夫信息中心（i-SITE，见530页）得到最新信息。

导览徒步和直升机-徒步游览

Franz Josef Glacier Guides（☎03-752 0763，0800 484 337；www.franzjosefglacier.com；63 Cron St）提供由经验丰富的导游带领的小规模团队游（配备靴子、夹克和设备）。途中能看到令人目眩的蓝冰，可在冰洞中拍照，乘直升机往返冰川，可能是你在新西兰最难忘的经历。标准旅途包括3小时的导览冰上漫步（$459），大胆的可抓一把碎冰锥，参加5小时的冰上攀登团队游（仅限成人，$575）。如果不想到冰上去，可选择3小时的导览山谷徒步（成人/儿童 $75/65）。Glacier Valley Eco Tours（☎0800 925 586；www.glaciervalley.co.nz；22 Main Rd；成人/儿童 $75/37.50）提供的体验类似，有3.5小时的河边漫步，还可进入自然林。谈话为主的当地植物和地质力量介绍提升了旅途的知识性，看着冰山抿一口热气腾腾的茶让人感觉物有所值。

空中观光和高空跳伞

忘记沙蝇和蚊子吧！你所听到的嗡嗡声是巡航的小型飞机群发出的。最便宜的观光飞行可在弗朗兹约瑟夫冰川上空飞行10～12分钟（$120～165），不过可以多花些钱，选择20分钟或更长的旅程，可以在雪地着陆，或者饱览弗朗兹约瑟夫和福克斯两座冰山（$245起）。更贵的40分钟飞行可享受最迷人的风景（$370～460），在奥拉基/库克山飞来飞去。12岁以下的儿童价是成人价的70%。大部分商店位于主路上。

Skydive Franz 跳伞

（☎03-752 0714，0800 458 677；www.skydivefranz.co.nz；Main Rd）这里声称有新西兰最高的跳伞项目（19,000英尺，80～90秒自由降落，$559）。该公司也提供售价$419的16,500英尺的跳伞项目和$249的9000英尺的跳伞项目。你将领略奥拉基/库克山全景，眼前美景将打败你所有的跳伞体验。

Air Safaris 观光飞行

（☎0800 723 274，03-752 0716；www.airsafaris.co.nz；Main Rd）弗朗兹约瑟夫唯一的固定翼飞行旅行社，提供50分钟的"大横贯游"（grand traverse，$370），能看到弗朗兹约瑟夫和福克斯冰川、奥拉基/库克山、偏远的山谷、沿途的湖泊和水道。带照相机拍照要收费。

Glacier Helicopters 观光飞行

（☎03-752 0755，0800 800 732；www.glacierhelicopters.co.nz；Main Rd；20～40分钟飞行 $245～460）这个值得信赖的运营商从1970年就开始经营观光飞行。短一些的飞行可带你前往一座冰川，40分钟的项目可饱览两座，同时观赏奥拉基/库克山的壮丽景色。每种都会在雪地着陆一段时间。

Glacier Country Helicopters 观光飞行

（☎03-752 0203，0800 359 37269；www.glaciercountryhelicopters.co.nz；10 Main Rd；12～45分钟飞行 $165～465）这个家庭所有和运营的公司总部设在弗朗兹约瑟夫，提供4种不同的观光选择，包括一个经济型的弗朗兹约瑟夫高空12分钟飞行（$165）。

其他活动

★Glacier Country Kayaks 皮划艇

（☎03-752 0230，0800 423 262；www.glacierkayaks.com；64 Cron St；3小时 皮划艇 成人/儿童$115/70）换个节奏，不再乘坐直升机，参加梅普里卡湖（Lake Mapourika）导览皮划艇项目（在弗朗兹约瑟夫以北10公里处），观看光滑的冰面。"皮划艇经典"（kayak classic）3小时，可观赏鸟类和山地景色，外加一小段丛林徒步。夏季的"日落经典"（sunset classic，$125）是在黄金时间（不带照相机，但导游会帮忙拍照并免费分享）出行。

1小时的"探索"（discovery）徒步游对新手来说是个好的选择（成人/儿童 $85/65）。也提供直立式单桨冲浪（$85起）导览。

Franz Josef Glacier & Village
弗朗兹约瑟夫冰川和村庄

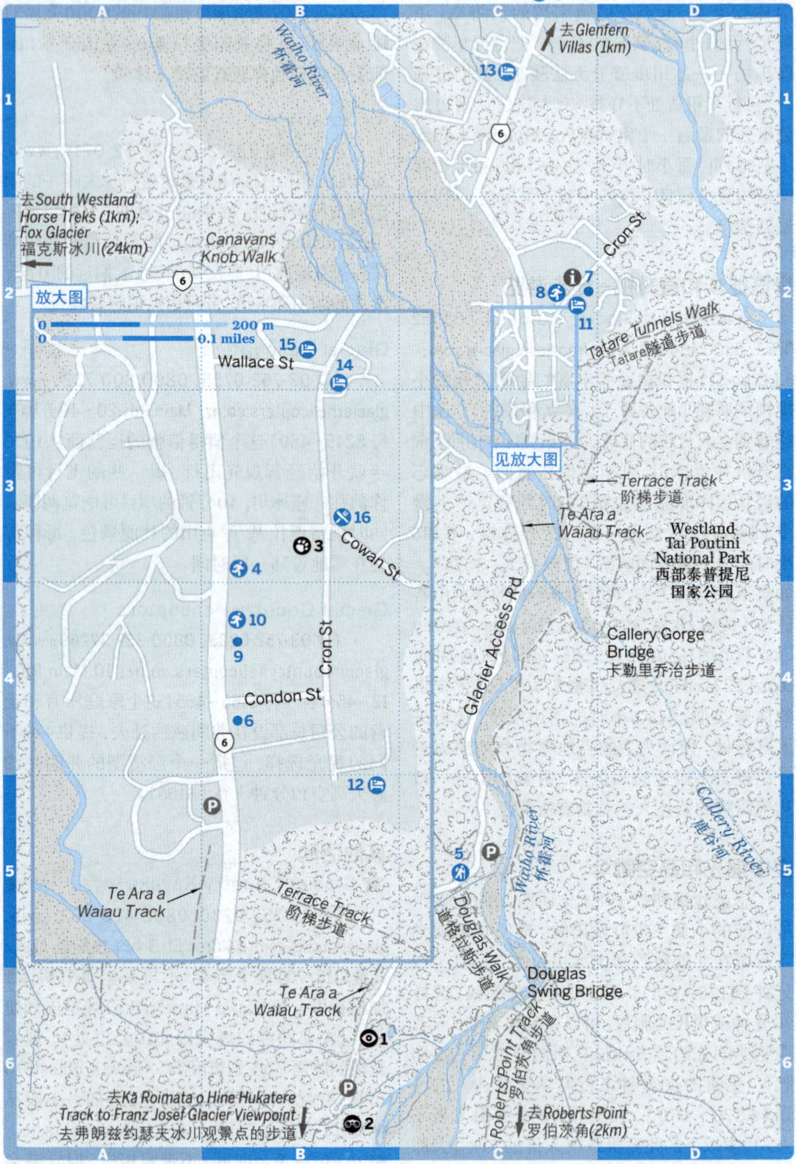

Glacier Hot Pools 温泉

（☎03-752 0099; www.glacierhotpools.co.nz; 63 Cron St; 成人/儿童 $28/24; ⏲11:00~21:00, 最晚入场 20:00）这个时尚的户外热水池综合设施巧妙地隐藏在小镇边缘漂亮的雨林草木之中，维持得很好，是远足后或雨天的完美选择。也提供私人池，1小时的按摩价格$140起。

Franz Josef Glacier & Village 弗朗兹约瑟夫冰川和村庄

South Westland Horse Treks 骑马

（☎0800 187 357, 03-752 0223; www.horsetreknz.com; Waiho Flats Rd; 1/1.5/2小时骑行 $90/145/170）这个旅行团经营骑马游览项目，沿途穿过农田和雨林，有些能看到梦幻的冰山风光，起点在镇西5公里处。欢迎新手。

住宿

Franz Josef Top 10 Holiday Park 度假公园 $

（☎0800 467 8975, 03-752 0735; www.franzjoseftop10.co.nz; 2902 Franz Josef Hwy; 露营地 $45~47, 小木屋 $78~83, 套间 $128~160; ）这个宽阔的度假公园有大量的住宿选择，里面都没有虚饰。帐篷和露营车区域采用自动灌溉草坪系统，远离公路，喜欢住四面墙房屋的游客可选择超值的小木屋（共用维持得很好的浴室和厨房区）或设备齐全的简洁的套间。位于镇北1.5公里处。

Franz Josef Glacier YHA 青年旅舍 $

（☎03-752 0754; www.yha.co.nz; 2-4 Cron St; 铺 $32起，双 带/不带浴室 $150/125; ）这家青旅实用友好，有宽敞、温暖的公共空间、家庭房、一个大的免费桑拿房，还可预订交通和活动。这里提供103张床位，但你仍需提前预订。

58 on Cron 汽车旅馆 $$

（☎0800 662 766, 03-752 0627; www.58oncron.co.nz; 58 Cron St; 双 $175~245; ）有16个舒适的汽车旅馆套间，从小的双人间到能住6人的家庭套间都有，能享受到温馨的服务，有一个烤肉区。福利：你不会忘记这家旅馆的地址。

★ Te Waonui Forest Retreat 酒店 $$$

（☎0800 696 963, 03-752 0555; www.tewaonui.co.nz; 3 Wallace St; 双 含早餐和晚餐 $749起; ⊙9月至次年4月; @）这家豪华的酒店充满了以这片陆地为灵感来源的设计细节：闪烁的灯光像是萤火虫，炭黑的墙壁象征着采矿业的过往，当地的石头提供了一个朴实的背景。除了面朝绿地的豪华房间外，这里的主要亮点是包含5道菜的品尝晚餐（价格包含在房费中），以及晚上的毛利文化表演。

★ Glenfern Villas 公寓 $$$

（☎0800 453 633, 03-752 0054; www.glenfern.co.nz; SH6; 双 $265~299; ）在镇北3公里处形成了一个小型的精英村庄，1卧和2卧别墅配备了所有的舒适细节，包括高质量的床铺、蓬松的沙发、闪亮的厨具和私人露台，你可以坐在上面聆听鸟鸣。提早预订。

餐饮

★ Snake Bite Brewery 亚洲菜、创意菜 $$

（☎03-752 0234; www.snakebite.co.nz; 28 Main Rd; 主菜 $18~25; ⊙7:30~22:30）在吃腻了西岸区的羊羔肉和银鱼之后，这里混杂的亚洲菜能唤醒味蕾。选择包括印尼炒饭（nasi goreng）、泰式和马来西亚咖喱、鱿鱼沙拉及

冰川术语

从下面术语中选一些作为标签发到社交网络账号上，能让你看起来像是个#地质#极客。

消融区（Ablation zone） 冰川开始融化的地方。

聚集区（Accumulation zone） 冰与雪聚集的地方。

冰河上端的裂缝（Bergschrund） 冰川开始形成地附近的一个巨大裂口。

纯洁冰（Blue ice） 聚集区[冰源（névé）]的雪被后来的雪压扁后，就变成了万年雪和纯洁冰。

裂冰（Calving） 冰脱离冰川冰面的过程。

冰川裂口（Crevasse） 在互相抵触的力量作用下，产生的一条裂缝。

万年雪（Firn） 雪被部分积压后的状态，进一步被积压会变成纯洁冰。

冰川粉末（Glacial flour） 冰川上流下来的乳白河流中漂亮的石块粉末。

冰崩（Icefall） 当冰川下降太快时，上端的冰裂开，变成一堆冰块坠落下来。

壶形湖（Kettle lake） 一片独立的死冰区融化后形成的湖。

冰碛（Moraine） 冰川侧面（lateral moraine）或终端（terminal moraine）形成的碎片冰墙。

冰源（Névé） 万年冰开始形成的雪原地区。

冰塔（Séracs） 冰川越过障碍物后形成的冰尖塔，像冰裂缝。

冰面（Terminus） 冰川底部最后的冰面。

胡萝卜，配以新鲜的酸橙调味。可尝试贻贝煎饼配芥末蛋黄酱。等菜期间，可品尝桶装精酿啤酒或者“snakebite”（一种苹果酒和啤酒的混合）。

Alice May 新派新西兰菜 $$

（☎03-752 0740；www.facebook.com/alicemayfranzjosef；Cowan St和Cron St交叉路口；主菜 $22~33；⏰16:00至深夜）采用假都铎风格装饰，增添了餐厅的魅力，是镇上最古典的餐厅。当然，菜单上囊括了新西兰最受欢迎的肉食，不过一般都经过了改造，比如葡萄酒和大茴香烤猪肉、布里干酪盖鸡，或是迷迭香和南瓜调味饭。试试找个户外或窗口的桌子，能看到令人惊叹的风景。

Monsoon 酒吧

（☎03-752 0220；www.monsoonbar.co.nz；46 Cron St；主菜 $15~33；⏰11:00~23:00）可以在阳光下或Rainforest Retreat（☎03-752 0220，0800 873 346；www.rainforestretreat.co.nz；46 Cron St；露营地 $39~48，铺 $30~39，双 $69~220；📶）舒适的小木屋风格的酒吧里小酌，人们一般会打包到筏子上同喜欢社交的旅行者一起享用。酒吧小吃、汉堡和漂亮的比萨（如西班牙辣香肠和对虾）保证你不想从舒适的火旁挪开。

ℹ 实用信息

弗朗兹约瑟夫健康中心（Franz Josef Health Centre；☎预约 0800 7943 2584，直拨 03-752 0700；97 Cron St；⏰周一至周五 8:30~18:00）西部主要医疗中心。非工作时段，电话会转接给当地护士接听。

弗朗兹约瑟夫信息中心（Franz Josef i-SITE；☎0800 354 748；www.glaciercountry.co.nz；63 Cron St；⏰8:30~18:00）有趣的当地中心，提供建议和活动预订服务。

西部泰普提尼国家公园游客中心（Westland Tai Poutini National Park Visitor Centre；☎03-752 0360；www.doc.govt.nz；69 Cron St；⏰12月至次

年2月 8:30~18:00，3月至11月 至17:00）内有不错的展览，提供徒步和所有重要的步道路线的更新信息，以及天气预报。

到达和离开

InterCity（见503页）和Naked Bus（见503页）每天都有直达长途汽车，沿着SH6公路行驶，每天1班，北至霍基蒂卡（$29，2.5小时）和格雷茅斯（约$29，4小时），南至哈斯特（$23起，3.75小时），途中会在福克斯冰川（$10，40分钟）停靠。提前预订费用为$1。每天还有1班直达车前往皇后镇（$62起，8.5小时）。要去纳尔逊或基督城，需要在格雷茅斯换车。

可在信息中心或Franz Josef Glacier YHA（见529页）预订。汽车站在Fern Grove Four Square超市对面。

Glacier Motors（☎03-752 0725；Main Rd；⏲8:00~19:30）即使是非工作时段，这里也有一个24小时的柴油机和加油泵。

当地交通

Glacier Shuttles & Charters（☎0800 999 739）提供到冰川停车场的定期班车（往返$12.50）。也可以预订往返马瑟森湖（Lake Matheson）、奥卡里托或福克斯冰川的交通（每人$55，最少2人）。

福克斯冰川（Fox Glacier）

☎03/人□ 400

不可逾越的福克斯冰川从南阿尔卑斯山向下，似乎一直在稳定地往下方的镇子上流淌，看上去有些不吉利。但是在这片脆弱的风景中，冰川自身才危险：虽然近年来也有前进迹象，但这座12公里的冰川（名字来源于新西兰前首相威廉·福克斯爵士）在过去的一个世纪中一直在稳定地后退。

> **冰川安全**
>
> 唯一安全靠近或登上冰面的方式就是参加导览团队游。两处的冰川底部冰面都围有绳索，以阻止有人因冰崩或河水涌起而被困，因为洪水在几分钟内就能淹没峡谷。遵守警告指示，远离绳索围住的区域（哪怕你看到导游带领徒步者往那边走……他们知道哪里安全，而你不知道）。

与冰川相比，同名小镇就没有这么激动人心了。周围环绕着农田，其中的咖啡馆和旅行社沿着主街排开，还有几十家针对11月至次年3月过来的游客的汽车旅馆。大多数游客来这里都是为了直升机徒步，或是参加观光飞行。但在混乱的西岸区，飞行天气永远无法保证。幸运的是，福克斯冰川上有步道和高空跳伞运动基地，过去拓荒者的遗址能让你在等待天空放晴的日子里保持忙碌。

景点

福克斯冰川观景台　　观景台

（Fox Glacier Lookout；Glacier Access Rd）天晴的时候，这是观赏福克斯冰川的最佳陆上基地（不过冰川的后退意味着，你可能只能看见一小片）。

活动

冰川步道和直升机徒步

登上冰川的唯一方法就是参加直升机徒步之旅，由出色的Fox Glacier Guiding（☎03-751 0825，0800 111 600；www.foxguides.co.nz；44 Main Rd）组织。独立步道可让你探索山谷——有着原始惊人的美景，即便是在冰川不能抵达的较低的区域——在安全允许范围内最近距离接触冰川的冰面。如果天气情况不稳定，直升机无法起飞，这里的活动也是好选择。

从福克斯村庄走1.5公里就到了去冰川的岔路，但要到停车场还要再走2公里，你可以独自通过蒂惠埃卡步道/自行车道（Te Weheka Walkway/Cycleway）到达。那是一条宜人的雨林小路，起始点就在Bella Vista南面，步行往返需2.5个小时，骑自行车只需1小时（请把自行车停放在停车场，冰川步道上是不可以骑车的）。从Fox Glacier Lodge（见534页）可以租到自行车（每小时/半天$5/15）。

从停车场出发，到冰面需要走约40分钟，根据具体情况而定。要遵守所有的指示标牌：此地状况复杂、危险。

靠近冰川的短途往返步道包括半小时的冰碛石步道（Moraine Walk，越过一道18

Fox Glacier & Village 福克斯冰川和村庄

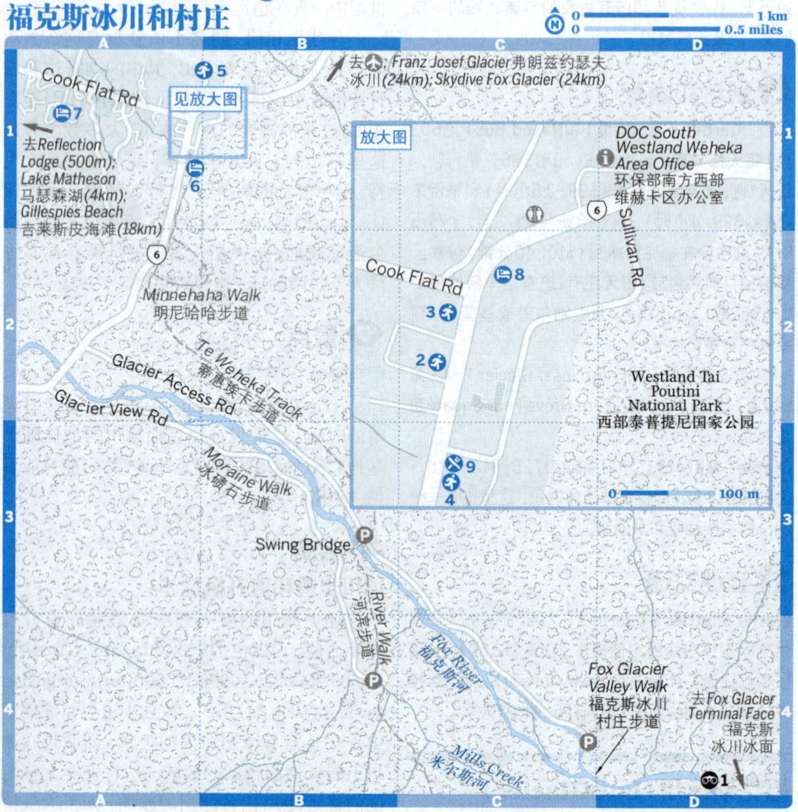

世纪前的大型冰坡）和20分钟的**明尼哈哈步道**（Minnehaha Walk）。全程都可通行的**河滨漫步瞭望台步道**（River Walk Lookout Track，往返20分钟）从Glacier View Rd的停车场出发，给所有游客提供一览冰川的机会。

拿一份环保部出版的极其出色的《冰川地区步道》（*Glacier Region Walks*，$2，或在www.doc.govt.nz/Documents/parks-and-recreation/tracks-and-walks/west-coast/glacier-region-walks.pdf下载）小册子，里面提供了地图和很有启发性的背景介绍。

其他徒步

★马瑟森湖 徒步

（Lake Matheson；www.doc.govt.nz）沿Cook Flat Rd走6公里，就可以看到著名的"镜湖"。慢慢地环湖步行需耗时1.5小时。虽然Lake Matheson Cafe（见534页）标榜"任何时间都是最美好的时光"，但参观的最佳时间是清晨或太阳快要落山的黄昏。

科普兰步道 徒步

（Copland Track；www.doc.govt.nz）科普兰步道的起点在福克斯冰川以南约26公里处SH6公路边，这是一条7小时的步道（需要中等健康水平），前往传奇色彩的迎客原（Welcome Flat），那里有温泉汩汩流出，就在环保部经营的迎客原小屋旁。小屋和旁边的露营地都非常受欢迎，所以要么提前在线预订，要么前往环保部的游客中心当面预订。

吉莱斯皮海滩 徒步

（Gillespies Beach；www.doc.govt.nz）沿着Cook Flat Rd走完21公里（最后12公里是土

Fox Glacier & Village 福克斯冰川和村庄

◎景点

1 福克斯冰川观景台........................D4

活动、课程和团队游

Fox & Franz Josef Heliservices........................(见2)

2 Fox Glacier Guiding........................C2

3 Helicopter Line........................C2

4 Mountain Helicopters........................C3

5 Skydive Fox Glacier........................B1

住宿

6 Fox Glacier Lodge........................A1

7 Fox Glacier Top 10 Holiday Park........A1

8 Westhaven........................C2

就餐

9 Last Kitchen........................C3

路），就到了遥远的吉莱斯皮海滩，这是一片狂风吹拂的蓝灰色沙滩和卵石滩，靠近一个老矿区聚居地。从这里可以开始各种有趣的徒步，包括一条30分钟、部分有掩蔽的环路，可前往1932年的一艘**采金船**，现在已经锈迹斑斑；还有一条往返3.5小时的**戈尔韦海滩**（Galway Beach）步道，那里有海豹出没，不要打扰它们。

空中观光和跳伞

短途的直升机飞行（10~20分钟）可提供一个壮丽的优势角度，俯瞰福克斯冰川，包括在山顶的积雪着陆。长一些的飞行（30~50分钟）也可以从空中观赏弗朗兹约瑟夫冰川和奥拉基/库克山。10分钟的愉快飞行价格约$120，不过我们推荐20分钟或更长的飞行（$245起）。儿童可以参加，不过年龄限制各不相同，价格可能为成人的70%左右。货比三家，大多数运营商都位于福克斯冰川村的主街上。

Helicopter Line 观光飞行

（☎0800 807 767, 03-751 0767; www.helicopter.co.nz; SH6和Cook Flat Rd交叉路口；20~50分钟飞行 $245~640）从1986年开始运送游客前往高空，这个著名的运营商有许多观光飞行项目可选。50分钟的飞行可饱览奥拉基/库克山和塔斯曼冰川（新西兰最长冰川）。注意，空中时间相对来说较长。

Skydive Fox Glacier 跳伞

（☎03-751 0080, 0800 751 0080; www.skydivefox.co.nz; Fox Glacier Airfield, SH6）飞跃时可以看到许多令人瞠目的风景，高度为16,500英尺（$399）、13,000英尺（$299）或9000英尺（$249）……30秒到65秒的自由坠落，取决于高度。从机场到镇中心，需要步行3分钟。

Fox & Franz Josef Heliservices 观光飞行

（☎03-751 0866, 0800 800 793; www.scenic-flights.co.nz; 44 Main Rd; 20~40分钟飞行$245~455）当地运营商，带领观光客上下冰川，一般都包括雪地着陆。双子冰川飞行（$325）很快就会结束，但长一些的飞行会到奥拉基/库克山附近翱翔。

Mountain Helicopters 观光飞行

（☎03-751 0045, 0800 369 423; www.mountainhelicopters.co.nz; 43 Main Rd; 10~40分钟飞行 $119~440）私人公司，由当地人所有，已有超过30年的历史，提供福克斯和弗朗兹约瑟夫冰川高空飞行。选项包括10分钟的浅尝辄止到40分钟的饱览福克斯冰川和奥拉基/库克山风景。

住宿

★ **Fox Glacier Top 10 Holiday Park** 度假公园 $

（☎03-751 0821, 0800 154 366; www.fghp.co.nz; Kerr Rd; 露营地 每人 $45~52, 小屋 $75起，套间 $144~280; 📶👪）激动人心的山地风景和大量的便利设施使这家值得信赖的连锁度假公园从当地竞争者中脱颖而出。草坪帐篷和露营车营地可通往一个高质量公用厨房和餐厅，简洁的小屋（没有私人浴室）和设备齐全的高档套间提供额外的舒适细节。有一个水疗池和带蹦床的游乐场，双人自行车可供家庭旅行者取乐。

Westhaven 汽车旅馆 $$

[☎0800 369 452, 03-751 0084; www.thewesthaven.co.nz; 29 Main Rd (SH6)；双 $178~311; @📶]23个精致的套间采用高档波纹钢材

和当地石材建造，充满如家一般的舒适细节（地暖、整洁的厨房），按大小定价。“高级”套间有水疗池。

Reflection Lodge 民宿 $$$

（☎03-751 0707；www.reflectionlodge.co.nz；141 Cook Flat Rd；双含早餐 $230；📶）这个1英里外的滑雪度假屋风格的民宿让人非常难忘。鲜花盛放的花园和高山景观是人们选择这里的原因。

Fox Glacier Lodge 民宿、汽车旅馆 $$$

（☎0800 369 800，03-751 0888；www.foxglacierlodge.com；41 Sullivan Rd；无/有电力供应 露营地 $30/40，双 $175~235；📶）外观和内部均用美丽的木材装饰，传递出一种山间小屋的氛围。同样地，还有带水疗浴池和天然气炉子的设施齐全的阁楼套间。所有住客都可使用公共烤肉台和洗衣设备。住在度假屋的客人房费包括一顿丰盛的欧陆早餐，其余客人要多掏$15。

就餐

★Lake Matheson Cafe 新派新西兰菜 $$

（☎03-751 0878；www.lakematheson.com；Lake Matheson Rd；早餐和午餐 $10~21，晚餐 $29~35；⏲11月至次年3月 8:00至深夜，4月至10月 至15:00）这家店位于马瑟森湖边，咖啡厅里的一切都很不错。尖顶建筑最大限度地表现出了令人心潮澎湃的山景，提供意式浓缩咖啡、精酿啤酒和高档美食。德国香肠早餐是湖边漫步的完美序曲，比萨上堆满了时令食材，海鲜调味饭上的三文鱼是从路前面的Paringa来的。

Last Kitchen 咖啡馆 $$

（☎03-751 0058；Sullivan Rd和SH6交叉路口；主菜 $25~35；⏲16:00~21:30）Last Kitchen充分利用了它的地理位置——阳光充沛的街角，提供当地产的食物，加以欧洲烹饪调味，有奶油鸡阿尔弗雷多芝士、馅料充足的汉堡和生姜羔羊肉，菜单上多是肉食。

实用信息

环保部南方西部维赫卡区办公室（DOC South Westland Weheka Area Office；☎03-751 0807；SH6；⏲周一至周五 10:00~14:00）不但提供日常旅游信息，还提供环保部信息、小木屋门票，外面的黑板上还有天气状况和步道的更新信息。

活动经营商和住宿处都准备好随时为你提供当地服务信息（并且通常会提供其余地方交通和活动预订信息），但你可以在www.glaciercountry.co.nz找到信息。可向你的住宿处咨询交通预订信息，或尝试Fox Glacier Guiding（见531页），他们还提供邮政和货币兑换服务。

福克斯冰川保健中心（Fox Glacier Health Centre；☎03-751 0836，24小时 0800 794 325；SH6）这里会公布诊所的营业时间，或者打☎0800寻求Franz Clinic的24小时协助。

到达和离开

InterCity（见503页）和Naked Bus（见503页）的直达车沿着SH6公路运营，每天有1班，经过福克斯冰川，南至哈斯特（$20起，2.5小时），北至霍基蒂卡（$53，3.25小时）和格雷茅斯（$61，4.5小时），中途会在弗朗兹约瑟夫（$10，40分钟）停靠。提前预订票价会低至$1。每天还有1班直达车抵达皇后镇（$59起，7.75小时）。要去纳尔逊或基督城，需要在格雷茅斯中转。

大多数车次都停在Fox Glacier Guiding（见531页）跳伞大楼的外面。

Fox Glacier Motors[☎03-751 0823；52 Main Rd（SH6）]如果要沿着海岸南下，这是你在抵达120公里外的哈斯特之前最后一个加油的机会。

哈斯特地区（HAAST REGION）

与世隔绝的哈斯特地区是西岸区公路的重点。随着逐渐靠近这里的森林、湿地以及一望无际的海滩，你的电话信号会越来越弱，野生动植物则越来越多：森林里有泪柏罗汉松，扭曲的铁心树上站着激动的鸟儿，海豹和企鹅的栖居地乱成一团。

这里属于Te Wāhipounamu——新西兰西南世界遗产区的一部分，作为揭开哈斯特周边自然美景的合适序幕，通往这里的两条路线沿途都有着令人惊叹的风景。连接哈斯特和福克斯冰川及西岸区其余地区的公路有120公里，沿着风景优美的公路穿过低地森林，能看见内陆风光、陡峭峡谷和间歇出现但极其壮观的海景。蜿蜒向南的是可怕的哈斯特隘口公路(Haast Pass Hwy，见536页)，这条145公里长的路状况参差不齐，景观令人倒吸凉气(也不由得握紧方向盘)。

哈斯特(Haast)

☎03/人口 240

哈斯特在宽阔的哈斯特河(Haast River)入口处，是前往森林、沙丘、参差海岸和长满树木的湖区的跳板。直到1965年，哈斯特才同西岸区公路上的其余地方连通，这里依然有一种未经染指的感觉。如果你在奥塔戈和西岸区冰川之间旅行，这里是给汽车加油和填饱肚子的地方，不过我们建议你四处逛逛，至少要去河上巡游一番，观赏一次燃烧般的日落。

如果你要往北去，看看你的燃油表，因为哈斯特的加油站是抵达福克斯冰川之前的最后一个了。

活动

★ Waiatoto River Safaris 巡航

(☎0800 538 723, 03-750 0780; www.riversafaris.co.nz; 1975 Haast-Jackson Bay Rd, Hannahs Clearing; 成人/儿童 $199/139; ⊙旅途11月至次年3月 10:00、13:00和16:00，4月至10月11:00)这里的2小时河上巡航会让你愉快地体验哈斯特的荒野。运营者Wayne和Ruth知识丰富，会在喷射船呼啸穿过世界遗产的森林途中为你指明鸟类，此外这些地区只能通过直升机抵达。鸟儿鸣叫，鸭子和船比赛，旅途速度一般都很平稳，不过有时也会遇到急流。

营地在哈斯特路口西南19公里处。

★ 船溪 徒步

(Ship Creek; www.doc.govt.nz)哈斯特以北15公里处是两条差别很大的步道的起点，两条都有有趣的解说板。漫步在**沙丘湖步道**(Dune Lake Walk，往返30分钟)的沙丘、矮小森林和散落着漂浮木的海滩上，然后走上迷人的**白松沼泽森林步道**(Kahikatea Swamp Forest Walk，往返20分钟)，沿着高悬在闪亮的沼泽上的木板路前行(很适合观鸟)。

Haast Heli 观光飞行

(☎03-750 0111; www.haastheli.co.nz; Marks Rd和Hwy 6交叉路口; 每人 $160~475起)这家小直升机运营商会载着寻求刺激的游客升到原始的Hanging Lakes谷上空(30分钟)，或者可前往阿斯派林山(1小时)。价格根据团队规模而定(最多4人)。

食宿

Haast Lodge 度假屋 $

(☎03-750 0703, 0800 500 703; www.haastlodge.com; Marks Road; 露营地 $16起，铺 $28，双和标双 $65，标三$70，套间 $140起; 📶)这个拥有所有住宿设施的地方维护良好、干净整洁，配有一个供度假屋住客和房车住客使用的公共区域，小巧现代的汽车旅馆就在Aspiring Court隔壁。

Haast River Motels & Holiday Park 度假公园、汽车旅馆 $$

[☎0800 624 847, 03-750 0020; www.haastrivermotels.co.nz; 52 Haast Pass Hwy (SH6), Haast township; 露营地 $44~48，双 $128，套间 $155~232; 📶]随和的员工，合理免费的无线网络流量(500MB)，宽敞的汽车旅馆套间，配备的是大床。这个度假公园许多地方都恰到好处。开露营车来的客人会很喜欢这里的便利设施，包括洗衣机、游戏室和摆满书及DVD的休息室，装饰有鹿头标本。

★ Wilderness Lodge Lake Moeraki 度假屋 $$$

(☎03-750 0881; www.wildernesslodge.co.nz; SH6, Lake Moeraki; 标单 $520~770，双 $840~1240，含早餐和晚餐; 📶)位于哈斯特以北31公里处的摩拉基湖(Lake Moeraki)最南端，是新西兰最好的生态度假屋之一。度假屋位于河道边的一片青翠之中，有舒适的房间和4道菜晚餐，但这里真正的特色还是户外活动，比如皮划艇之旅和海岸徒步——由环保主义者担任导游。

Hard Antler 小酒馆食物 $$

(☎03-750 0034; Marks Rd, Haast township; 主菜 $14~30; ⊙11:00至深夜)鹿角和一墙

的当地钓鱼名人的荣誉证书使这家哈斯特最好的酒店有一种狩猎小屋的感觉。服务粗暴，但肉类主食（炖鹿肉、汉堡和美味的烧烤银鳕鱼）全天供应。素食主义者的话，我们希望你喜欢墨西哥玉米片。

ℹ 实用信息

环保部哈斯特游客中心（DOC Haast Visitor Centre；☎03-750 0809；www.doc.govt.nz；SH6和Jackson Bay Rd交叉路口；⏲11月至次年3月 9:00~18:00，4月至10月 至16:30）提供全面的地区信息，免费播放哈斯特风景影片《荒野边缘》（*Edge of Wilderness*）。有户外水域和一个满满当当的博物馆，比一般的信息中心要吸引人。出售防虫水。

一般信息和游客服务可登录www.haastnz.com获取。

ℹ 到达和离开

Naked Bus（见503页）和Intercity（见503页）的车停靠在Marks Rd（Wilderness Accommodation对面），每天从皇后镇（$36，4.75小时）到弗朗兹约瑟夫冰川和福克斯冰川（$23起，3.5小时）。

杰克逊贝及周边（Jackson Bay & Around）

大多数游客选择驾车从哈斯特路口向东北走，前往壮观的福克斯冰川和弗朗兹约瑟夫冰川，不过这条少有人走的路其实非常有意思。向西南行进，在距离哈斯特45公里处，有一个袖珍村落杰克逊贝，上方高耸的是南阿尔卑斯山。没有道路穿行：这座渔村是这条路名副其实的终点。

这里的农场和星罗棋布的定居点证明了人们想在新西兰定居的坚定信念。1875年抵达的移民的定居计划注定要失败，他们的农耕和伐木产业被永不停歇的雨水所摧毁，而且在1938年之前，这里一直没有码头。在20世纪50年代之前，经由陆路到达哈斯特的唯一路径是通过霍基蒂卡和瓦纳卡的灌木丛步道。海岸上运送供给物资的船每2个月来一回。

除非你是在市场上购买银鱼，今天的杰克逊贝没什么景点，只有两条可爱又孤独的步道。

哈斯特隘口公路（HAAST PASS HIGHWAY）

西岸区和奥塔戈中部的这条145公里长的公路非常壮观。从哈斯特前往瓦纳卡（Wanaka）需要大约2.5小时，但如果你想在观景台和瀑布步道停留，要多留些时间给这条南阿尔卑斯山的鞍部。

从哈斯特向内陆，这条公路（SH6）沿哈斯特河（Haast River）蜿蜒，不久之后就穿过边界进入阿斯派灵山国家公园（Mt Aspiring National Park）。你走得越远，河谷就变得越窄，直到公路出现在峡谷峭壁周围，而峭壁上布满瀑布和岩石滑落的条条痕迹。大量的资金被投入这里，以保持这条公路的清晰可见。即便如此，对粗心的司机来说这里还是充满陷阱。可以在有标志的观景台停车或者走走短途徒步道，欣赏美景，比如优雅的扇尾鸽小瀑布群（Fantail Falls，往返10分钟）和名副其实的**闪电溪瀑布**（Thunder Creek Fall，往返1小时）。环保部发布的《行走在哈斯特公路上》（*Walks along the Haast Highway*，$2）小册子里有详细信息，不过在步道开始处也有足够详尽的信息。公路最高处是海拔563米的山口标志点，不久之后你就可以到达玛卡罗拉（Makarora）的就餐点和加油站了。奥塔戈（Otago），你好！

早期毛利人为了寻找绿玉而走上这条路，他们将这里命名为Tioripātea，意思是“干净的小路”。北方酋长Te Puoho曾在1836年带领队伍穿过隘口袭击南方部落。德国地理学家朱利叶斯·冯·哈斯特（Julius von Haast）于1863年率领一队欧洲人穿过——隘口、河流和小镇都以他的名字命名——但证据表明，苏格兰勘探者查尔斯·卡梅隆（Charles Cameron）可能在此之前就到过哈斯特。这显然是不容易的，因为这里地形复杂——哈斯特隘口公路直到1965年才开通。

活动

在奥库鲁（Okuru）附近，哈斯特以西10公里处，是**哈普卡河口步道**（Hapuka Estuary Walk，往返20分钟），这条蜿蜒的木栈道穿过一个寂静的野生动物保护区，沿途都是壮丽的美景。

公路继续向西，到达阿拉瓦特桥（Arawhata Bridge）。转弯继续行驶3.5公里，就到达了**埃勒里溪步道**（Ellery Creek Walkway；www.doc.govt.nz）。这条土路向南延伸3.5公里。1小时的往返之旅带你穿过长满青苔的山毛榉森林，通向平静的埃勒里湖（Ellery Lake）上的观景台。抵达时这里除了一个野餐长凳之外，几乎没什么别的东西，不过你也许可以独享这片美景。

从杰克逊贝公路尽头开始的是**Wharekai Te Kou步道**（Wharekai Te Kou Walk；www.doc.govt.nz），往返40分钟，走向大洋海滩（Ocean Beach），那是一个很小的海湾，在那里你可以看到汹涌的海浪和一些有趣的岩层。需时3~4小时的**平静水湾小径**（Smoothwater Bay Track）充满泥泞，沿着一条古老的拓荒者步道行进，起点也在附近。

就餐

Cray Pot 海鲜 $$

（☎03-750 0035；Haast-Jackson Bay Rd；主菜 $12~38；⊙10月至12月 正午至16:00，1月至4月 至19:00，5月 时间不定）这家涂漆明亮的露营车餐厅俯瞰杰克逊贝，营业时间多变是唯一缺点。提供海鲜，从大分量的炸鱼和薯条（$19）到龙虾尾配土豆沙拉（$65起）都有，还有银鱼、绿唇贻贝和当地银鳕鱼，搭配自家种植的蔬菜和香草。

到达和离开

杰克逊贝在哈斯特西南45公里处，有一条土路连接。这里没有公共交通，所以需要自驾。

克赖斯特彻奇（基督城）和坎特伯雷

包括 ➡

最佳就餐

- Pegasus Bay（见574页）
- Supreme Supreme（见555页）
- Little High Eatery（见555页）
- Oxford（见583页）
- Twenty Seven Steps（见556页）

最佳住宿

- Halfmoon Cottage（见565页）
- Eco Villa（见552页）
- 皮尔森林环保部露营地（见585页）
- Woodbank Park Cottages（见572页）

为何去

地震之后的基督城（Christchurch）是新西兰发展变化最为迅速的地方。目前脚手架正在陆续拆掉，旅游业繁荣发展，市中心适合步行的街道重新吸引了游客的目光。

距离城市仅有一小段车程的班克斯半岛（Banks Peninsula），隐藏着有田园风情的神秘海湾和海滩，白天可以在附近的海域出海观赏野生动物，日落时分返回拥有众多景点的美丽的阿卡罗阿（Akaroa）。北边有怀帕拉谷（Waipara Valley）的葡萄园和充满休闲气氛的汉默斯普林斯（Hanmer Springs）。一路向西，坎特伯雷（Canterbury）的片片农场很快就被南阿尔卑斯山脉的荒野所替代。

夏季到坎特伯雷旅行，可以在亚瑟隘口（Arthur's Pass）附近的高山峡谷和隘口间徒步，或是在马更些区（Mackenzie Country）碧绿的湖泊周边骑山地自行车。到了冬季（6月至9月），滑雪场则会变成焦点。无论哪个季节，这个国家的最高峰奥拉基/库克山（Aoraki/Mt Cook）始终矗立，守卫着这个多姿多彩的地区。

何时去

- 坎特伯雷是新西兰最干燥的地区之一。从塔斯曼海（Tasman Sea）吹来的湿润西风在抵达南岛东岸之前，就已经将降水都倾注在了西岸地区。1月至3月是炎热的夏日天气，有相当多的机会在该地区壮观的美景中参与户外活动。
- 10月至11月和3月至5月是平季，气候凉爽干燥，游人也不多。做好应对所有天气的准备，山区可能会下雪。
- 7月至10月是冬季，可以在哈特山（Mt Hutt）或者某个坎特伯雷小型俱乐部的滑雪场享受滑雪的乐趣。

到达和离开

飞机

基督城国际机场是南岛的主要交通枢纽。新西兰航空（Air New Zealand）的国内航班从这里出发，连接15个城市；捷星航空（Jetstar）有往返奥克兰和惠灵顿的航班；新西兰航空也有蒂马鲁和惠灵顿之间的往返航班。

长途汽车

基督城是长途汽车和公共汽车的运营枢纽，沿海岸向北最远可达皮克顿（Picton），向南可至达尼丁（Dunedin）以及蒂阿瑙（Te Anau），还可穿越南阿尔卑斯山至格雷茅斯（Greymouth），或越过内陆地区到达皇后镇（Queenstown）。

火车

高山列车（TranzAlpine）可连接基督城和格雷茅斯；Coastal Pacific可向北到达皮克顿，然后换乘渡轮，通过库克海峡（Cook Strait）到达北岛。

克赖斯特彻奇（基督城，CHRISTCHURCH）

☎03/人口 375,000

欢迎来到这座处于转型期的活力之城，它正以富有创造力的姿态对抗着新西兰历史上第二严重的自然灾害的余波。基督城在2010年和2011年接连发生的地震中共有186人遇难，在这座最有英国味道的传统新西兰城市，文化遗产也几乎随之灰飞烟灭。

如今的基督城正在大规模重建，市中心完全再造，震后有超过80%的建筑需要拆除。接下来很长一段时间，脚手架和锥形路障都将是基督城风景的一部分，但不要因此望而却步，激动人心的新建筑正以惊人的速度争相开放，大多数景点也都将重新开放。

好奇的游客会对这种混乱、疯狂而又五彩缤纷的混合氛围感到着迷，这里充满了激动人心、启发灵感的事物，远远超出你的想象。虽然历经心痛和艰辛，但当地人看到游人仍然会表现得非常开心。

历史

基督城最早的居民是恐鸟猎手，他们于1250年左右到达此地。在殖民时期开始前不久，Ngai Tahu部落在埃文河岸建立起一个名为Ōtautahi的小型季节性村落。

1850年抵达这里的英国定居者都是圣公会教徒，“最早四艘船”上的乘客被英国报纸称为“坎特伯雷朝圣者”。他们希望基督城成为阶层分明的英格兰社会在南太平洋的范例，而不是又一个脏乱的殖民地前哨。这里建起了许多教堂而不是酒馆，肥沃的农田牢牢掌握在贵族手中，羊毛也为基督城的精英们带来了财富。

1856年，基督城正式成为新西兰的第一座城市。这里像设想的一样非常英国化，城市规划和建筑风格都与宗主国如出一辙。人们精心培育的英式花园，让这里获得了“花园城市”的昵称。直至今日，春天的基督城仍然十分迷人。

景点

基督城主要景点中，绝大部分都是在2011年地震后不久重建的。现在这里可看的地方比以前更多。市中心有大量著名的艺术机构和博物馆，还有绝好的植物园和海格利公园（Hagley Park）。内城街道中隐藏着艺术项目和袖珍花园，城市风景主打石头建筑遗迹，以及崭新、闪亮的前卫建筑。

市中心（City Centre）

★基督城美术馆 美术馆

（Christchurch Art Gallery, Te Puna o Waiwhetu; ☎03-941 7300; www.christchurchartgallery.org.nz; Montreal St和Worcester Blvd交叉路口; ⏲周四至周二 10:00~17:00，周三 10:00~21:00）**免费** 基督城梦幻的美术馆在地震中被摧毁了，现在重新开放的场馆更加明亮，风格更大胆，有一系列激动人心的当地和国际展览。藏品从传统到当代无所不有——有灯光装置和互动雕塑。

免费导览游（1小时）每天11:00和14:00开始。

★地震纪念馆 博物馆

（Quake City; ☎03-366 5000; www.quakecity.co.nz; 299 Durham St N; 成人 $20，有/无监护人陪同的儿童 免费/$8; ⏲10:00~18:00）对于任何想要了解坎特伯雷地震所带来的影响的人，这个小型博物馆都是必游之地，里面

克赖斯特彻奇（基督城）和坎特伯雷亮点

❶ **克赖斯特彻奇（基督城）**（见539页）体验城市震后充满活力的重建和复兴场景。

❷ **植物园**（见542页）漫步穿越**基督城**美丽的绿色中心。

❸ **约翰山**（见588页）从高空欣赏马更些区超凡脱俗的美景和特卡波湖的梦幻蓝色。

❹ **汉默斯普林斯**（见570页）在这座著名的温泉疗养地，浸泡在抚慰人心的热水之中。

❺ **班克斯半岛**（见563页）从Summit Rd欣赏海浪拍击海岸，然后下行前往阿卡罗阿体验宁静的高卢氛围。

6 奥拉基/库克山国家公园（见592页）为新西兰最高峰穿透云层的身影赞叹。

7 高山海洋自行车道（见593页）从**特威泽尔**出发骑行游览这条车道最好的路段。

Christchurch 克赖斯特彻奇(基督城)

用照片、视频及各种物品讲述地震的故事，能看到基督城大教堂著名玫瑰花窗的残片，以及其他类似的动人残骸。这里有分别面向成年人和儿童的不同展览。其中最动人的要数幸存者讲述自己亲身经历的影像资料。

★ 植物园 花园

（Botanic Gardens；www.ccc.govt.nz；Rolleston Ave；⏲11月至次年2月 7:00~21:00，10月和3月 7:00~20:30，4月至9月 7:00~18:30）**免费** 漫步于河畔这片30公顷的林木与花卉美景之中，是在基督城旅行令人愉悦的绝佳体验。一年中的任何时节，植物园的景色都很迷人。春天杜鹃花和水仙花盛开之时，更是令人印象深刻。你可以在这里探索各个主题花园，也可以躺在草地上伸展四肢，**植物园游客中心**（☎03-941 7590；⏲9:00~16:00）旁边的游戏场地可供孩子玩耍，里面还有一个可爱的**咖啡馆**和礼品店。

有导游带领的徒步（$10，1.5小时）每天13:30（10月至次年5月）从坎特伯雷博物馆（Canterbury Museum）附近的大门出发，也可以选择搭乘Caterpillar电车。

坎特伯雷地震国家纪念馆 纪念馆

（Canterbury Earthquake National Memorial，Oi Manawa；www.canterburyearthquakememorial.co.nz；Oxford Tce）这座撼动人心的纪念碑于2017年揭幕，包括一面沿着埃文河南岸展开的100米长的纪念墙，上面铭刻着185名2011年2月22日地震遇难者的姓名。在对岸有一个绿树成荫的公园，为游客提供了一个沉思和纪念的空间。纪念馆的毛利语名字Oi Manawa意思是“心灵的震动或震颤”。

Christchurch 克赖斯特彻奇（基督城）

景点

1 基督城缆车 C4
2 先锋女性纪念碑 C4
3 里卡顿别墅和灌木丛 A2

住宿

4 Christchurch Top 10 .... A1
5 Fendalton House A2
6 Haka Lodge C2
7 Le Petit Hotel D3
8 Merivale Manor A1
9 Old Countryhouse B2

就餐

10 Bohemian Bakery D3
基督城农贸市场 .... （见3）
Freemans .... （见12）
11 Kinji A1
Lyttelton Coffee Company .... （见12）
12 利特尔顿农贸市场 C4
Roots .... （见12）
13 Under the Red Verandah B2

饮品和夜生活

Civil and Naval .... （见12）
The Brewery .... （见15）
Village Inn .... （见10）
Wunderbar .... （见12）

娱乐

14 AMI Stadium A2
Hollywood Cinema .... （见7）

购物

Henry Trading .... （见12）
London St Bookshop .... （见12）
15 Tannery C3

实用信息

利特尔顿游客信息中心 .... （见12）

交通

Black Cat .... （见12）

哈格利公园 公园

（Hagley Park; Riccarton Ave）哈格利公园环绕着植物园，是基督城面积最大的绿地，占地165公顷。Riccarton Ave将其一分为二，埃文河在北半区蜿蜒流淌。无论是雾霭缭绕的初秋清晨，还是樱花盛开的春日时分，Harper Ave都很适合散步。一年四季，这些林荫道都是慢跑者的天下。

过渡大教堂 教堂

（Transitional Cathedral; www.christchurchcathedral.co.nz; 234 Hereford St; 捐赠入场; ⏲4月至10月 9:00~17:00，11月至次年3月 9:00~19:00）因为在建造过程中使用了98根硬纸板管子，所以一般又被称为"硬纸板大教堂"。这处有趣的建筑是城市的临时英国国教大教堂，同时又是音乐厅。教堂由日本"灾难建筑师"坂茂（Shigeru Ban）设计，整幢建筑耗时11个月建成。

艺术中心 历史建筑

（Arts Centre; www.artscentre.org.nz; 2 Worcester Blvd; ⏲10:00~17:00）**免费** 这一区域的建筑始建于1877年，带有哥特复兴风格，是坎特伯雷学院（后来的坎特伯雷大学）的旧址。在地震毁坏之后经过大规模的重修，目前正逐渐对公众开放。在里面你会找到一系列商店、咖啡馆、博物馆以及画廊，还有基督城信息中心（Christchurch i-SITE; 见560页）。展览空间定期举办音乐会、集市和各类活动。

★坎特伯雷博物馆 博物馆

（Canterbury Museum; ☎03-366 5000; www.canterburymuseum.com; Rolleston Ave; ⏲10月至次年3月 9:00~17:30，4月至9月 9:00~17:00; 👪）**免费** 是的，这里有木乃伊和恐龙化石，但这间博物馆的亮点是更本地化、更现代的展览。毛利画廊有一些美丽的绿玉艺术品；气氛美妙的"基督城街"（Christchurch Street）展示了殖民时代的历史；复制的Fred & Myrtle的鲍鱼贝壳小屋虽然很华丽、很俗气，却极具新西兰风情；孩子们会喜欢"探索中心"（Discovery Centre; 门票 $2）的互动式展示。每周二和周四的15:30会有免费的（1小时）导览游，从大厅出发。

基督城缆车 缆车

（Christchurch Gondola; www.welcomeaboard.co.nz/gondola; 10 Bridle Path Rd; 往返 成人/儿童 $28/12; ⏲10:00~17:00）乘坐缆车跨越862米长

Central Christchurch 克赖斯特彻奇(基督城)市中心

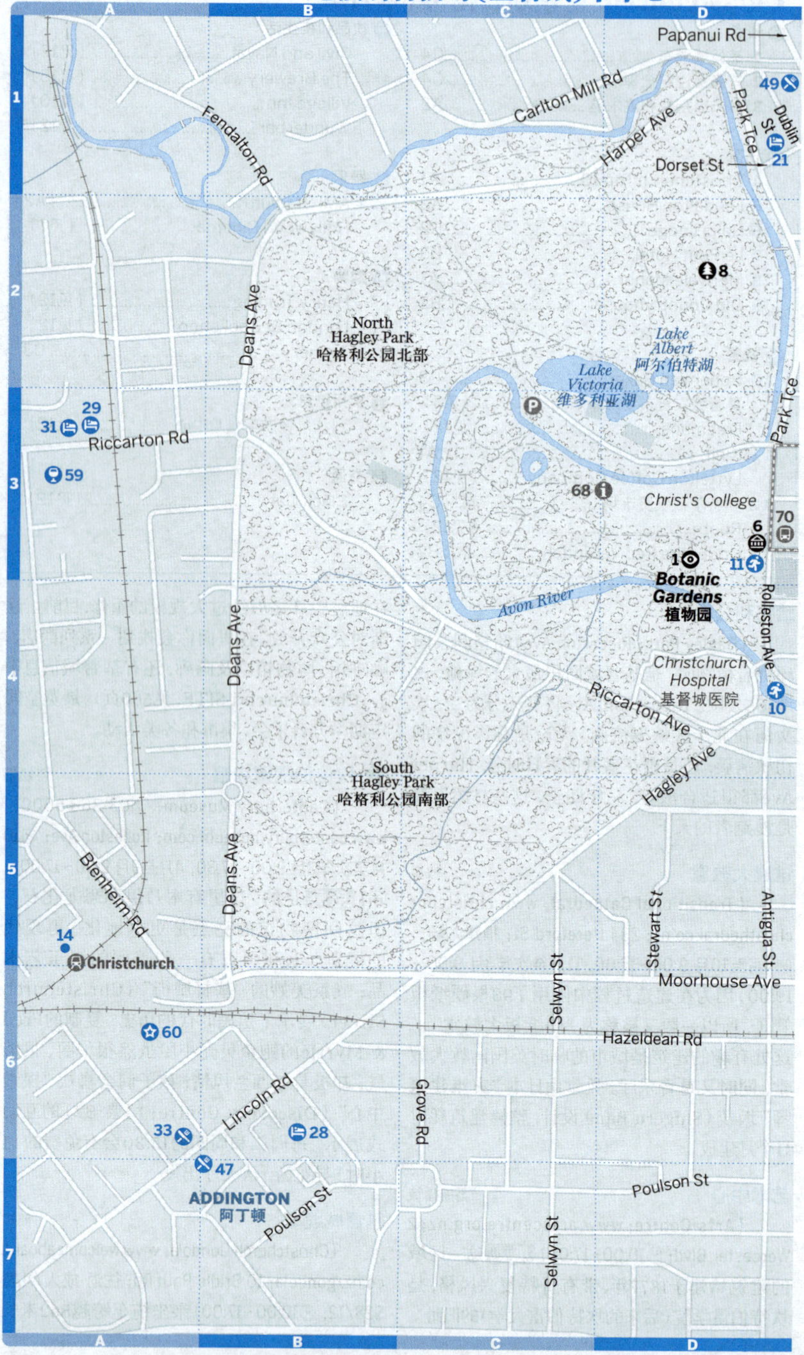

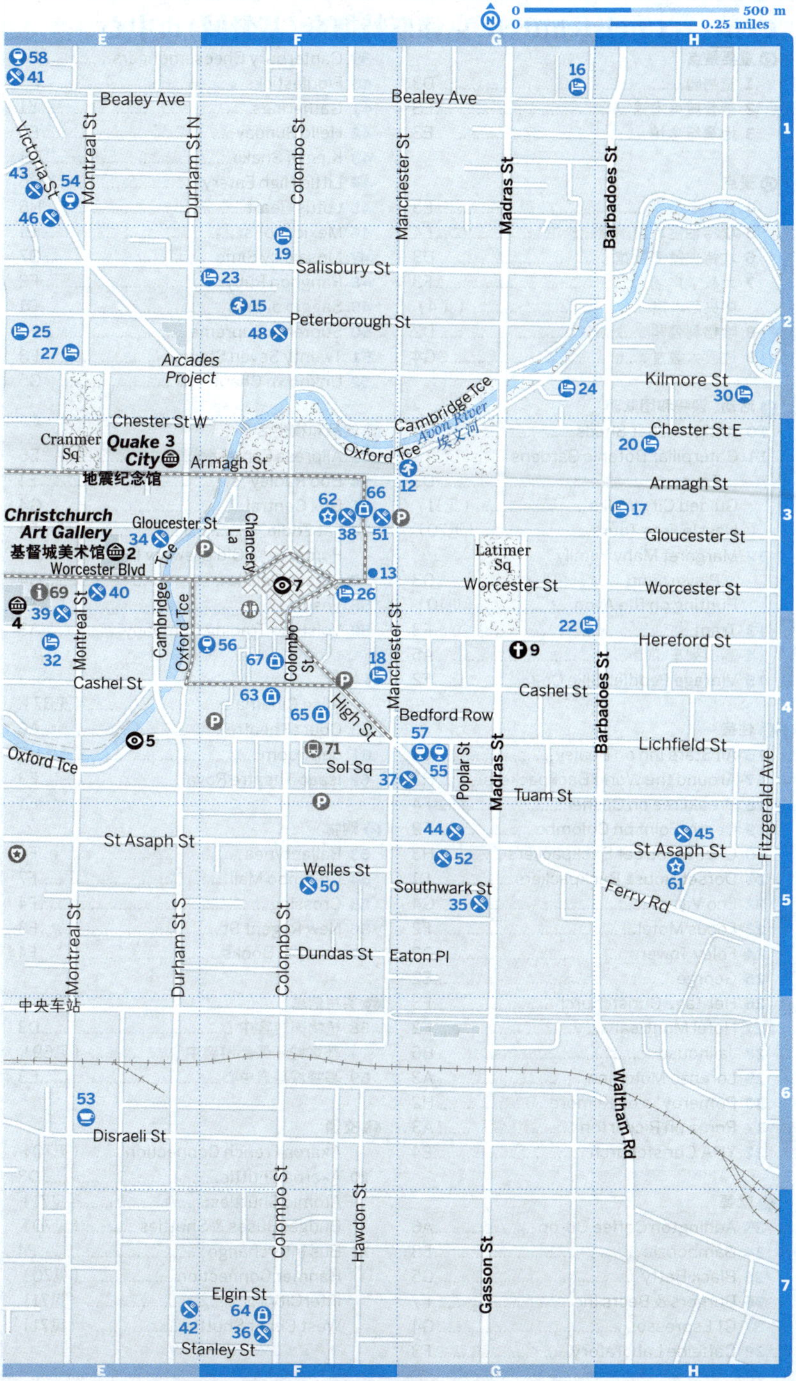

0 500 m
0 0.25 miles
Bealey Ave
Victoria St
Montreal St
Durham St N
Colombo St
Manchester St
Madras St
Barbadoes St
Salisbury St
Peterborough St
Arcades Project
Kilmore St
Cambridge Tce
Avon River
埃文河
Chester St W
Chester St E
Cranmer Sq
Quake City
地震纪念馆
Armagh St
Oxford Tce
Christchurch Art Gallery
基督城美术馆
Gloucester St
Chancery La
Worcester Blvd
Latimer Sq
Worcester St
Cambridge Tce
Oxford Tce
Colombo St
Hereford St
Cashel St
High St
Bedford Row
Lichfield St
Sol Sq
Poplar St
Tuam St
Fitzgerald Ave
St Asaph St
Welles St
Southwark St
Ferry Rd
Montreal St
Durham St S
Dundas St
Eaton Pl
中央车站
Waltham Rd
Disraeli St
Hawdon St
Gasson St
Elgin St
Stanley St

Central Christchurch 克赖斯特彻奇（基督城）市中心

◉ 重要景点

1 植物园......D3
2 基督城美术馆......E3
3 地震纪念馆......E3

◉ 景点

4 艺术中心......E3
5 坎特伯雷地震国家纪念馆......E4
6 坎特伯雷博物馆......D3
7 大教堂广场......F3
中央艺术馆......（见4）
8 哈格利公园......D2
9 过渡大教堂......G4

活动、课程和团队游

10 Antigua Boat Sheds......D4
11 Caterpillar Botanic Gardens Tour......D3
Guided City Walks......（见11）
Hassle Free Tours......（见70）
12 Margaret Mahy Family Playground......G3
Punting on the Avon......（见10）
13 Tram......F3
14 高山列车......A5
15 Vintage Peddler Bike Co......F2

住宿

16 All Stars Inn on Bealey......G1
17 Around the World Backpackers......H3
18 BreakFree on Cashel......F4
19 CentrePoint on Colombo......F2
20 Chester Street Backpackers......H3
21 Dorset House Backpackers......D1
22 Eco Villa......G4
23 Focus Motel......F2
24 Foley Towers......G2
25 George......E2
26 Heritage Christchurch......F3
27 Hotel Montreal......E2
28 Jailhouse......B6
29 Lorenzo Motor Inn......A3
30 Pomeroy's on Kilmore......H2
31 Roma on Riccarton......A3
32 YHA Christchurch......E4

就餐

33 Addington Coffee Co-op......A6
34 Bamboozle......E3
35 Black Betty......G5
36 Burgers & Beers Inc......F7
37 C1 Espresso......G4
38 Caffeine Laboratory......F3
39 Canterbury Cheesemongers......E4
40 Fiddlesticks......E3
41 Gatherings......E1
42 Hello Sunday......E7
43 King of Snake......E1
44 Little High Eatery......G5
45 Lotus Heart......H5
46 Mexicano's......E1
47 Mosaic by Simo......B7
48 Rangoon Ruby......F2
49 Saggio di Vino......D1
50 Supreme Supreme......F5
51 Twenty Seven Steps......F3
52 Unknown Chapter......G5

饮品和夜生活

53 Allpress Espresso......E6
54 Boo Radley's......E1
55 Dux Central......G4
56 Fat Eddie's......F4
Pomeroy's Old Brewery Inn......（见30）
57 Smash Palace......G4
58 Vesuvio......E1
59 Volstead Trading Company......A3

娱乐

Alice Cinema......（见37）
60 Court Theatre......A6
61 darkroom......H5
62 Isaac Theatre Royal......F3

购物

63 Ballantynes......F4
64 Colombo Mall......F7
65 Crossing......F4
66 New Regent St......F3
67 Scorpio Books......F4

实用信息

68 植物园游客中心......D3
基督城环保部游客中心......（见69）
69 基督城信息中心......E3

交通

Akaroa French Connection......（见70）
70 Akaroa Shuttle......D3
Atomic Shuttles......（见71）
Budget Buses & Shuttles......（见70）
71 Bus Interchange......F4
Hanmer Connection......（见70）
InterCity......（见71）
West Coast Shuttle......（见71）

的旅程，到达卡文迪什山（Mt Cavendish；海拔500米）的山顶，可以饱览利特尔顿、班克斯半岛和坎特伯雷平原的壮丽景色。山顶有一家咖啡馆，还有主要为儿童设计的时空隧道，可以回顾该地区的历史。你也可以步行前往卡文迪什悬崖瞭望台（Cavendish Bluff Lookout；往返30分钟）或者**先锋女性纪念碑**（Pioneer Women's Memorial；往返1小时）。

大教堂广场

广场

（Cathedral Square）基督城的城市广场位于正在重建区域的中心，这里有大教堂的遗址，用来缅怀地震给城市带来的损失。在2011年2月的那场地震中，教堂63米高的尖塔发生坍塌，随后，2011年6月和12月的两次地震毁坏了教堂珍贵的彩色玻璃玫瑰花窗。大教堂广场周边的其他建筑遗产也遭到了严重的破坏，不过一座现代地标——内尔·道森（Neil Dawson）设计的18米高的金属"圣杯"（Chalice）雕塑没有受损。这座雕塑是为了庆祝新千禧年于2001年建成的。

这座深受喜爱的哥特式大教堂，现已成为那些想要保护基督城文化遗产的人、财政实用主义者以及思想上偏向新事物人士论战的标志。2012年3月，英国国教基督城教区宣布将拆除这座大教堂，但文化遗产保护者提请法庭审理来阻止这一决策。2017年9月，政府和基督城议会最终共同决定大力提供财政支持，教堂领导阶层投票决定保存这座建筑。重建可能需要10年时间，预计将耗资1.04亿新西兰元。

中央美术馆

画廊

（Central Art Gallery；☎03-366 3318；www.thecentral.co.nz；Arts Centre，2 Worcester Blvd；⏲周二至周日 10:00~17:00）**免费** 中央美术馆位于艺术中心精心修复的1916年的图书馆中，展出新西兰当代著名艺术家和新兴艺术家的作品。

其他郊区（Other Suburbs）

里卡顿别墅和灌木丛

历史建筑

（Riccarton House & Bush；www.riccartonhouse.co.nz；16 Kahu Rd，Riccarton；⏲周日至周五 9:00~16:00，周六 9:00~13:00）**免费** 历史悠久的里卡顿别墅（1856年）傲然坐落于埃文河畔12公顷的美丽草地和森林中。每周六这里都会有很受欢迎的基督城农贸市场，其余时候可以去1楼可爱的餐厅。

不过这里最大的景点是屋后的一小块灌木丛。被防害虫栅栏圈起来的是坎特伯雷漫滩森林中最后的罗汉松林。

罗汉松是新西兰最高的本土树种，能长到60米高。这里最高的罗汉松只有30米，树龄为300年至600年。有一条短短的环路通向森林深处。

绝大部分建筑只有参加导览游才能进入，周日至周五每天14:00出发（成人/儿童 $18/5，1小时）。时间更短的团队游（成人/儿童 $8/免费）周六10:00~12:30每半小时一次。

欧拉那野生动物公园

动物园

（Orana Wildlife Park；☎03-359 7109；www.oranawildlifepark.co.nz；793 McLeans Island Rd，McLeans Island；成人/儿童 $34.50/9.50；

> **基督城和坎特伯雷精华**
>
> **就餐** 在新西兰最高峰下生长的三文鱼。
>
> **饮品** 到怀帕拉山谷品尝新西兰最好的黑皮诺和雷司令。
>
> **阅读** 《野人街的衰亡》（*Decline and Fall on Savage Street*，2017年），一本关于2011年地震的诗意小说，由南岛当地作家菲奥娜·法莱尔（Fiona Farrell）创作。
>
> **聆听** 基督城歌手Ladi6的灵魂韵律和高昂节奏。
>
> **观赏** 《转变》（*The Changeover*，2017年），米兰达·哈尔克特（Miranda Harcourt）和斯图亚特·麦肯齐（Stuart McKenzie）执导，根据玛格丽特·马伊（Margaret Mahy）1984年的小说改编，故事的发生地和拍摄地都在基督城。
>
> **绿色旅行** 探访班克斯半岛上注重环保的Okuti Garden（见565页）。
>
> **网络资源** www.christchurchnz.com，www.mtcooknz.com，www.midcanterburynz.com，www.visithurunui.co.nz

⏲10:00~17:00）欧拉那是"开放式"动物园，如果你选择跳进狮子笼（每人 $45），就会明白这话是什么意思了。这里有一座很棒的本土鸟类饲养场，游客可以漫步其间，还有为夜间活动的奇异鸟设置的馆舍，以及一个以鳄蜥为特色的爬行动物展馆。动物园面积达80公顷，大多数地盘都属于来自非洲的动物，比如犀牛、长颈鹿、斑马、猎豹和大猩猩。

柳岸野生动物保护区 动物园

（Willowbank Wildlife Reserve；☎03-359 6226；www.willowbank.co.nz；60 Hussey Rd, Northwood；成人/儿童 $29.50/12；⏲10月至次年4月 9:30~19:00，5月至9月 9:30~17:00）🍃这个动物保护区以新西兰本土动物为主（包括奇异鸟），有传统农场动物，也有圈养在围栏中的小袋鼠、鹿和狐猴。这里还有一座重建的毛利村庄，到了晚上就有Ko Tane（见551页）文化活动。位于城北10公里处，靠近机场。

国际南极中心 博物馆

（International Antarctic Centre；☎0508 736 4846，03-357 0519；www.iceberg.co.nz；Christchurch Airport, 38 Orchard Rd；成人/儿童 $39/19；⏲9:00~17:30）基督城作为前往南极的"五大门户城市"之一，自20世纪初探险船开始从利特尔顿前往那块冰封的大陆以来，就一直在南极探险中扮演着特别的角色。这

基督城大地震

基督城的地震噩梦开始于2010年9月4日4:35，震中位于城市以西40公里处，这场持续时间40秒、震级7.1级的地震将人们从睡梦中惊醒，对中心城区较古老的建筑造成了规模较大的破坏。靠近震中的Darfield乡村地区，草场中心出现了巨大的裂缝，南岛的主要铁路被弯折。因为地震发生在凌晨，大多数人还在睡梦之中，因此没有酿成惨祸，许多基督城居民觉得城市躲过了一劫。

很快，到了2011年2月22日12:51，基督城市中心人流往来不绝，办公室职员和购物者正在享受午餐休闲时光。这一次6.3级地震的震中就在城市东南10公里处，更加靠近市中心，而且震源深度只有5公里。这次影响更巨大，许多当地人都说自己被剧烈摆荡、几乎被垂直抛向空中。此次峰值地面加速度几乎达到重力加速度的2倍。

24秒的震颤之后，这座新西兰第二大城市被永远地改变了。高耸的标志性建筑基督城大教堂化作一片废墟，商业街上墙壁和走廊轰然倒塌，还有两幢多层建筑被夷为平地。185名遇难者分别来自20个国家，其中有115人是在6层高的坎特伯雷电视大厦遇难的，当时有许多国际学生正在这里参加语言课程。除此之外，历史悠久的利特尔顿港口毁坏严重，道路和桥梁倒塌，东郊居住区也被震后从地下喷涌出来的数以吨计的淤泥淹没。

随后几个月中，这里又接连遭遇数百次余震（又有1人在余震中丧生），但居民们的恢复能力和勇敢精神很快展现出来。"农场大军"（Farmy Army）从该地区农村腹地带着铲子和食品篮子进入城市。社区和媒体发动1万名学生，他们组成的学生志愿军（Student Volunteer Army）成为清理东郊围困居民区的重要力量。新西兰各地都提供了真诚的援助，还有7个国家派出了专业的城市搜救队前来支援。

这个2011年年初的炎热夏季发生的大事件造成的影响可能需要几代人来消化。东郊的社区和街道都将被废弃，基督城的遗产建筑遭受的损失不可挽回。部分地区的家庭被迫居住在不合安全标准的住所中，等待保险公司受理索赔。城市中心4条著名大街上大约80%的建筑已经（或即将）被拆除。除了遭遇劫难的、被挽救的，以及闪亮的新建筑之外，这里还有数不清的建筑工地，空地上依然到处都是碎石。

接下来20年的城市复建项目包括紧凑型低层市中心建筑、大型绿地、公园和埃文河沿岸的自行车道。重建和修复费用预计将达到400亿，甚至500亿新西兰元。

想了解地震的更多影响，倾听幸存者亲口讲述地震时的遭遇，强烈推荐地震纪念馆（见539页）。

座巨大的综合建筑体是为管理新西兰、美国和意大利三国在南极的合作项目而建的。在这里，旅行者有机会在欢乐的互动中了解南极。

这里好玩的东西还包括南极风暴舱（Antarctic Storm chamber），在里面你可以体验−18℃的寒风。你也可以面对面地“邂逅”蓝色小企鹅。还有爱斯基摩犬救援队见面会（仅限周五至周日）。“X终极套票”（XExtreme Pass；成人/儿童 $59/29）包含“4D小剧场之旅”——一部3D电影搭配摇晃的座椅以及喷水的效果，还能乘坐Hägglund全地形水陆两栖南极船。另一种票是企鹅幕后之旅（Penguin Backstage Pass；成人/儿童 $25/15），游客可以参观前文提到的“邂逅”企鹅之旅的幕后。

每天9:00、11:00、13:00和15:00会有一辆免费的接驳车从坎特伯雷博物馆（见543页）外出发开往国际南极中心，返程时间为10:00、12:00、14:00和16:00。

活动

划船

Antigua Boat Sheds 划船、皮划艇

（☎03-366 5885；www.boatsheds.co.nz；2 Cambridge Tce；⏲9:00~17:00）白绿相间的Antigua Boat Sheds很上相，其历史能追溯到1882年，出租划艇（$35）、独木舟（$12）、加拿大独木舟（$35）和自行车（成人/儿童 $10/5），按小时计费。这里还有一家出色的咖啡馆。

Punting on the Avon 划船

（www.punting.co.nz；2 Cambridge Tce；成人/儿童 $28/12；⏲10月至次年3月 9:00~18:00，4月至9月 10:00~16:00）如果觉得自己划船从埃文河顺流而下会有点累，那么何不悠闲地乘坐平底船，由身穿英国爱德华时代服饰的魁梧小伙子撑着长杆载你平缓地穿过植物园。团队游全年都从Antigua Boat Sheds出发，暖和的月份也有从Mona Vale和Worcester Bridge出发的选择。

徒步

基督城信息中心（见560页）提供徒步

> **基督城景点组合票**
>
> Christchurch Attractions（www.christchurchattractions.nz）是一个运营划船、有轨电车、缆车（见543页）和植物园团队游的公司，也包括汉默斯普林斯（见570页）的景点。提供多种组合的套票，如果想多参加几项活动，套票可以为你省些钱。5小时的Grand Tour（成人/儿童 $129/69）包括基督城全部4个景点，还会在萨姆纳停留。

团队游和自助游的信息，其中包括让你收获颇丰的埃文河徒步（Avon River Walk），途中会看到主要城市景点。另外，波特山（Port Hills）周边也有一些出色的步道。

如果想远程徒步去欣赏城市风景，可以从Dyers Pass Rd的Sign of the Takahe出发。这一地区有各种各样的“Sign of the……”，它们修建于20世纪二三十年代的大萧条时期，原本是作为休息停车点的汽车旅馆。这条徒步线路穿过维多利亚公园（Victoria Park），一路通往Sign of the Kiwi，之后沿景色怡人的Summit Rd到达斯科特保护区（Scotts Reserve）。

你也可以从Heathcote Valley（搭乘28路公共汽车可达）出发，沿Bridle Path走到利特尔顿（1.5小时）。Godley Head Walkway（往返2小时）从Taylors Mistake开始，两度横穿Summit Rd。天气晴朗时，路边美景尽收眼底。

关于克赖斯特彻奇和坎特伯雷地区的步道的详细信息，可登录www.christchurchnz.com查询。

骑自行车

基督城大部分地区都很平坦，有超过3000公里的骑行道路，很适合骑行探索。不信的话，可以在城里找找免费的《基督城城市骑行地图》（*Christchurch City Cycle Map*），也可以在www.ccc.govt.nz/cycling下载。

基督城信息中心（见560页）提供自行车出租和导览团队游的建议。

波特山区周边有一些很好的路边的车道，往班克斯半岛走，你会看到小河小路（Little River Trail，见565页）最好的部分，这是新西兰出色的车道之一。

Vintage Peddler Bike Hire Co 自行车租赁

（☎03-365 6530；www.thevintagepeddler.co.nz；7/75 Peterborough St；半天/全天 $25/30）你会迷上这里时髦的复古自行车。这里还提供头盔、车锁和当地信息，也提供规模较小的骑行团队游。

City Cycle Hire 骑行

（☎03-377 5952；www.cyclehire-tours.co.nz；城市自行车 半天/全天 $25/35起，观光自行车 每周$140起）提供公路和越野两用自行车及观光自行车的上门服务。如果想尝试16公里的下山路程（$70，包括缆车费用；1.5小时），他们还可以在缆车终点站准备好自行车。

游泳和冲浪

虽然不同的片区被冠以不同的名称，但实际上，这是从埃文河和Heathcote河口向北延伸的一整片沙滩。最靠近市中心的是New Brighton，一座独具特色的码头向海里延伸出300米，步行街两侧种着凤凰棕榈树。两边的South New Brighton和North Beach都是宁静之选，更北端的Waimairi也是我们偏爱的选择。

最好的是距离市中心12公里的萨姆纳（Sumner），位于河口的南侧。海滩的氛围，餐馆和艺术影院使得这里成为一日游的最佳选择。

在海岬更东端，与世隔绝的Taylors Mistake拥有基督城最干净的海滩，还有很出色的冲浪点。初学者应该在萨姆纳或New Brighton附近学习。

其他活动

Margaret Mahy Family Playground 游乐场

（Manchester St和Armagh St交叉路口；👪）名字来自新西兰深受喜爱的儿童作家Margaret Mahy，这片梦幻的游乐场分为4个主题区域——半岛、森林、湿地和平原。从跳水公园到巨大的旋转滑梯，你会找到许多孩子喜欢（和以孩子为设计对象）的项目。

团队游

★ Tram 电车

（☎03-366 7830；www.welcomeaboard.co.nz；成人/儿童 $25/免费；⊙9月至次年3月 9:00~18:00，4月至8月 10:00~17:00）出色的司机导游使这趟旅途不只是乘坐有轨电车这么简单。这条经过精心修复的古老电车绕着一条拥有17个站的环线行驶，每15分钟1班，会经过许多城市景点，包括大教堂广场和New Regent St。行完全线至少需要1小时，你可以全天随意乘坐。

高山列车 铁路

（TranzAlpine；☎03-341 2588，0800 872 467；www.kiwirailscenic.co.nz；单程 $119起）这趟高山列车是世界最棒的火车旅途之一，跨越南阿尔卑斯山，往返基督城和格雷茅斯，从太平洋到塔斯曼海，途中会经过一系列壮观的地势风貌，包括平坦的坎特伯雷冲积平原、狭窄的高山峡谷、一条8.5公里长的隧道、长着山毛榉的河畔峡谷、一片环绕着巨朱蕉的湖泊，还会穿过亚瑟隘口国家公园。

这趟4.5小时的旅途令人难忘，哪怕天气不好（如果一边的海岸在下雨，另一边可能是晴天）。火车从基督城出发是8:15，从格雷茅斯出发是14:05。

Guided City Walks 徒步

（☎0800 423 783；www.walkchristchurch.nz；Rolleston Ave；成人/儿童 $20/免费；⊙10:30和13:00）这些2.5小时的团队游从坎特伯雷博物馆外的红色亭子出发，在知识渊博的导游的带领下，悠闲地游览城市主要景点。

Hassle Free Tours 巴士游

（☎03-385 5775；www.hasslefree.co.nz）可以坐着敞篷双层巴士参加1小时的亮点团队游（$35），或3小时的探索团队游（$69）游览基督城。出发点在坎特伯雷博物馆外。还可以选择搭乘四驱车体验高山狩猎，凯考瓦观鲸，探访《指环王》（*The Lord of the Rings*）三部曲的取景地伊多拉斯（Edoras）。

Caterpillar Botanic Gardens Tour 户外

（☎0800 88 22 23；www.welcomeaboard.co.nz；成人/儿童 $20/9；⊙10月至次年3月

10:00~15:30，4月至9月 11:00~15:00）可以跳上"Caterpillar"电车游览基督城超级棒的植物园（见542页）。

Garden City Helicopters 观景飞机

（☎03-358 4360；www.helicopters.net.nz；73-93 Gray Rd；20分钟 每人 $199）飞越基督城和利特尔顿上空，目睹地震带来的冲击和这些地区的重建工作。

Ko Tane 文化

（☎03-359 6226；www.kotane.co.nz；60 Hussey Rd，Northwood；成人/儿童 $135/67.50；⏲17:15）在柳岸野生动物保护区（Willowbank Wildlife Reserve，见548页），有Ngāi Tahu部落成员呈现的奔放的毛利文化表演，包括欢迎仪式（pōwhiri）、著名的战舞、自助大餐（土炉）和很多歌舞表演（waiata ā ringa）。

节日和活动

在ccc.govt.nz/events和www.christchurchnz.com/events可以找到各种节日和活动的详细清单。

世界街头艺人节 表演艺术

（World Buskers Festival；www.worldbuskersfestival.com；⏲1月）每年1月中旬的10天里，来自新西兰本土和世界各地的天才街头艺人将为路人带来欢乐。表演包括单口喜剧、滑稽戏、音乐和马戏团艺术。登录网站可以了解表演地点。别忘了在他们的帽子里扔点儿钱。

KidsFest 集市

（www.kidsfest.org.nz；⏲7月）如果你优先考虑"合家欢"的项目，可在新西兰规模最大的儿童节日前后到访。提供各种适合儿童的表演、工坊和派对，会在学校寒假期间举办。

基督城艺术节 表演艺术

（Christchurch Arts Festival；www.artsfestival.co.nz；⏲8月中旬至9月中旬）为期1个月的双年艺术盛典，包括音乐、戏剧和舞蹈。下一次将于2019年举办。

NZ Cup & Show Week 赛马

（www.nzcupandshow.co.nz；⏲11月）包含各种赛马会、时装秀、烟花表演及最核心的农业和畜牧业展览，吸引了来自全国各地的人们。此项活动在11月中旬举行，时长为1周。

在基督城的……

两日

在**C1 Espresso**（见555页）用过早餐后，花些时间到市中心的废墟和新城走走，参观**地震纪念馆**（Quake City，见539页），穿越**大教堂广场**（Cathedral Square，见547页）。去**基督城美术馆**（见539页），然后到**Canterbury Cheesemongers**（见555页）准备野餐食品。午餐之后，可参观宏伟的**坎特伯雷博物馆**（Canterbury Museum，见543页），穿越可爱的**植物园**（见542页）。当晚，可去Victoria St餐厅区或前往**Smash Palace**（见557页）同时尚潮人们一起享用啤酒和汉堡。

第二天可从**Addington Coffee Co-op**（见556页）开始，接着乘坐**缆车**（见543页）前往卡文迪什山（Mt Cavendish）观赏美景，去高处走走。接着去利特尔顿的**Lyttelton Coffee Company**（见561页）用午餐，然后从隧道返回市区，下午晚些时候绕行到萨姆纳游泳或漫步，接着去**Hollywood Cinema**（见559页）看场电影。

四日

先按照两日游行程游览，接着第三天去阿卡罗阿（Akaroa，见566页）探寻野生动植物丰富的港口，到美丽的街巷中走一走，途中风景壮美，之后返回。第四天，参观**欧拉那野生动物公园**（Orana Wildlife Park，见547页）、**里卡顿别墅和灌木丛**（Riccarton House & Bush，见547页），接着到Woolston的**Tannery**（见559页）购物、喝啤酒、吃比萨，结束这一天的行程。

孩子们的基督城

基督城不乏孩子喜爱的景点。如果优先考虑适合家庭的地方，那么可以参加新西兰最大的儿童节KidsFest（www.kidsfest.org.nz）——每年7月举行，会有各种表演、手工作坊和团队活动。每年一度的世界街头艺人节一定很吸引小家伙们。

带小孩的人必去的地方是令人难忘的Margaret Mahy Family Playground（见550页）。想要进行野餐和户外活动，可参观植物园（见542页）。咖啡馆旁有一片运动场，小孩子们会喜欢在那里乘坐Caterpillar火车。还可以去欧拉那野生动物公园（见547页）和柳岸野生动物保护区（见548页）看野生动物，或让孩子们去Antigua Boat Sheds（见549页）划皮划艇或独木舟释放多余的能量。国际南极中心（见548页）、坎特伯雷博物馆的“探索中心”（见543页）和地震纪念馆（见539页）还能寓教于乐。

如果天气好，可以去萨姆纳或New Brighton的海滩。

Garden City SummerTimes 音乐

（www.summertimes.co.nz；⏲12月至次年3月）可沉浸在夏季的热闹氛围中，有大量的户外音乐会、节日和集市。

住宿

市中心

All Stars Inn on Bealey 青年旅舍 $

（☎03-366 6007；www.allstarsinn.com；263 Bealey Ave；铺 $34~39，双 $85，带浴室 $110；P@🛜）这个特别修建的建筑群位于城市边缘，精心设计的大房间是其主要的亮点。宿舍里有小冰箱、USB插口和独立的照明灯，也有一些带独立卫浴。独立房也一样设备齐全，步行前往镇中心需要25分钟。

YHA Christchurch 青年旅舍 $

（☎03-379 9536；www.yha.co.nz；36 Hereford St；铺/标单/双 $30/75/90起；@🛜）这个运营得很好的时髦旅舍有100多个床铺，位置便利，就在坎特伯雷博物馆和植物园附近。宿舍和双人间里有浴室。如果住满了，另一家国际青年旅舍联盟（YHA）成员店跟这里只隔了一条街（5 Worcester Blvd）。

Around the World Backpackers 青年旅舍 $

（☎03-365 4363；www.aroundtheworld.co.nz；314 Barbadoes St；铺 $25~41，双 $74~85；P@🛜）这座运营得很好的青年旅舍设施便利，有新西兰式装潢和阳光充足的后花园，还有吊床和烧烤台。房间虽小但干净，双人间里有电视，装潢温馨。

Dorset House Backpackers 青年旅舍 $

（☎03-366 8268；www.dorset.co.nz；1 Dorset St；铺 $34，双 $84~89；P@🛜）🌿这座宁静的木质别墅建于1871年，有一个阳光露台，一间很大的豪华休息室，带一张台球桌和很好的厨房设施。宿舍里配备的是普通床而非双层床，私人房虽小，但一尘不染。步行就能前往海格利公园和Victoria St餐厅区。

Chester Street Backpackers 青年旅舍 $

（☎03-377 1897；www.chesterst.co.nz；148 Chester St E；铺/双 $36/72；@🛜）这座悠闲的木头别墅刷着明亮的色彩涂漆，有一间阳光明媚的前厅，可供阅读。这里养了一只叫Vinnie的猫，是安静小花园里烧烤台周围的常客。

Foley Towers 青年旅舍 $

（☎03-366 9720；www.backpack.co.nz/foley.html；208 Kilmore St；铺 $31~34，双 $72，带浴室 $78；P@🛜）Foley Towers隐藏在浓密的树荫背后，提供大量维护得当的客房和宿舍，周围环绕着静谧的花园庭院。友好的员工乐于助人，会提供当地最新信息。

★ **Eco Villa** 家庭旅馆 $$

（☎03-595 1364；www.ecovilla.co.nz；251 Hereford St；双 $116~270，不带浴室 $95~150；P🛜）🌿这家精心重装的别墅只有8个房间，每一个装潢都不相同，有豪华的哑光家具。公共休息室、厨房和餐厅都很可爱，使用了注

重可持续的生态友好型设计，郁郁葱葱的菜园也不例外。此外还有两个户外浴室。一定要尝试美味的纯素早餐（每人$20）。

BreakFree on Cashel 酒店 $$

（☎03-360 1064；www.breakfreeoncashel.co.nz；165 Cashel St；双 $115~248；P 📶）这个现代化的大酒店位于CBD中心，能满足不同预算的游客。房间紧凑，设计前卫，配有高科技产品，比如智能电视和科幻色彩的豆荚浴室。

Pomeroy's on Kilmore 民宿 $$

（☎03-374 3532；www.pomeroysonkilmore.co.nz；282 Kilmore St；房间 $145~195；P 📶）就算不在基督城最好的精酿啤酒馆旁边，这间可爱的木屋仍会是我们的最爱。5个优雅套间中有3个可通往阳光明媚的花园，房费中包含欧陆风格的早餐，由隔壁的Little Pom's（见557页）提供。

Focus Motel 汽车旅馆 $$

（☎03-943 0800；www.focusmotel.com；344 Durham St N；房间 $160~250；P 📶）这间整洁友好的旅馆坐落在中心位置，提供单人公寓和一至两个卧室的套间，房间中配备大荧屏电视、iPod基座音响、小厨房，装饰风格超级现代。有客用烧烤台和洗衣房，放在枕边的巧克力令人倍感温馨。

CentrePoint on Colombo 汽车旅馆 $$

（☎03-377 0859；www.centrepointoncolombo.co.nz；859 Colombo St；房间/公寓 $155/189起；P 📶）友好的老板是日裔新西兰人，将市中心的这家汽车旅馆打扮得时尚又舒适。立体声音响、遮光窗帘和豪华客房配备的水疗浴室等元素让旅馆水平更上一层楼。

空隙填补者（GAP FILLER）

从地震后的空地开始，空隙填补者们用创意和色彩填补了城市的空白空间。项目包括临时艺术装置、表演空间和花园、散落在空荡建筑遗址的迷你高尔夫球场、世界第一座巨大的户外电脑游戏。地震造成了这些空隙，人类再把它们填满，可登录网站（www.gapfiller.org.nz）查看空隙地图，或者直接漫步街头，看看你能找到什么。

★ George 酒店 $$$

（☎03-379 4560；www.thegeorge.com；50 Park Tce；房间 $490~525，套 $795~1050；P @ 📶）George位于海格利公园旁，53间客房装修精美，与20世纪70年代风格的建筑外观不同，敬业的工作人员为客人提供无微不至的服务。酒店拥有很多豪华配置，包括超大电视、奢侈的洗漱用品和2家风评颇佳的附设餐厅——Pescatore和50 Bistro。

Hotel Montreal 酒店 $$$

（☎03-943 8547；www.hotelmontreal.co.nz；363 Montreal St；双 $550起；P 📶）这家高档酒店位于一座翻修过的公寓楼中，距离所有城市景点和Victoria St的餐厅都很近。时尚的套间装潢采用了大胆的黑色、灰色和金色配色，所有的房间都有豪华的休息区、小厨房和阳台，还附设一家光线充足的餐厅和健身房。淡季的房价很划算。

Heritage Christchurch 酒店 $$$

（☎03-983 4800；www.heritagehotels.co.nz；28-30 Cathedral Sq；套 $300~450；📶）这座酒店仍然挺立在大教堂广场上。这幢楼房原本是1909年建造的老政府大楼，它得以在地震中幸存，是因为20世纪90年代改造成酒店时经过了全面加固。通过长达3年的震后修复，宽敞的套房变得比以往更加优雅，所有房间都有独立的卧室和全套厨房设施。

Merivale

Merivale Manor 汽车旅馆 $$

（☎03-355 7731；www.merivalemanor.co.nz；122 Papanui Rd；双 $169~249；P 📶）这家优雅的汽车旅馆是一幢雅致的19世纪维多利亚风格的公寓，客房分布在主楼和街道两边更具汽车旅馆风格的街区中。有单人公寓，也有两间卧室公寓。

Fendalton

Fendalton House 民宿 $$

（☎03-343 1661；www.fendaltonhouse.co.nz；28a Kotare St；房间 $195；P 📶）这间友好

的居家风格的民宿位于Fendalton枝叶繁茂的美丽街道上，只有一间客房。住宿价格包括大分量的早餐。

Riccarton

Amber Kiwi Holiday Park 度假公园 $

（☎03-348 3327, 0800 348 308; www.amberpark.co.nz; 308 Blenheim Rd, Riccarton; 露营地 $43~47, 套 $84~220; P@）可爱的花园和靠近市中心的地理位置使这家城市度假公园成了露营车和露营者的好选择。这里也提供整洁的小木屋和更加宽敞的汽车旅馆套间。

Lorenzo Motor Inn 汽车旅馆 $$

（☎03-348 8074; www.lorenzomotorlodge.co.nz; 36 Riccarton Rd; 双 $160~175, 公寓 $250; P）这间整洁美观的两层汽车旅馆采用地中海风格，是繁忙的Riccarton Rd地区最棒的汽车旅馆。客房从单人公寓到两卧公寓都有，有些带有水疗浴室和小阳台，或可爱的客厅。

Roma on Riccarton 汽车旅馆 $$

（☎03-341 2100; www.romaonriccarton.co.nz; 38 Riccarton Rd; 双 $143~183, 公寓 $260; P）这家现代化的两层建筑是Riccarton Rd沿线诸多汽车旅馆中的一家，提供干净宽敞的套间，从单人公寓到两卧公寓都有。

阿丁顿（Addington）

★ **Jailhouse** 青年旅舍 $

（☎03-982 7777, 0800 524 546; www.jail.co.nz; 338 Lincoln Rd, Addington; 铺 $30~39, 标双/双 $85/89; @）1874~1999年，这里是Addington监狱。现在它是基督城非常迷人、友好的青年旅舍之一。私人房间有些小——旅舍的名字被称作“牢房”并非毫无来由——不过这里有大量的公共区，可以让你在房间之外放松休闲。入住的福利包括电视房、不限流量的免费无线网络，还可以出租自行车。

萨姆纳（Sumner）

Le Petit Hotel 民宿 $$

（☎03-326 6675; www.lepetithotel.co.nz; 16 Marriner St, Sumner; 双 $139~179; P@）有咖啡和羊角面包早餐，气氛轻松，店主和善，陈设优雅，距萨姆纳海滩很近，堪称基督城最佳的餐厅，绝对让我们大声称赞。可要求入住楼上的客房，风景更好。

其他郊区

Jucy Snooze Christchurch 青年旅舍 $

（☎03-903 0070; www.jucysnooze.co.nz; 5 Peter Leeming Rd; 铺/双 $39/129; P）从机场步行到这家新建的时髦背包客住宿处只需要10分钟，在传统宿舍中提供日本风格的胶囊床位，里面舒适隐蔽，有USB充电口和独立照明灯。这里也有小而干净的双人间，配备宽敞惊人的套内卫浴和平板电视。乘坐公交车前往市中心需要25分钟。

Haka Lodge 青年旅舍 $

（☎03-980 4252; www.hakalodge.com; 518 Linwood Ave, Woolston; 铺/双/公寓 $29/79/170; P）Haka Lodge位于郊区一座3层高的迷人房子里，提供色彩鲜艳的不含铺位的宿舍和讨人喜欢的双人间。意外惊喜包括舒适的休息区、烧木柴的火炉、宽敞的公共厨房，花园里常有鸟儿出没，还有烧烤台。这里是那种你会开心住上一阵子的地方。

Old Countryhouse 青年旅舍 $

（☎03-381 5504; www.oldcountryhousenz.com; 437 Gloucester St, Linwood; 铺 $36~38, 双 $99, 带浴室 $122; P@）这家令人放松的青年旅舍分布于3幢独立的别墅之中，位于Latimer Sq以东2公里处。这里有明亮的多人间、一个阅读休闲区、长满当地蕨类植物和薰衣草的可爱花园，还有水疗泳池和桑拿加热设备。

Christchurch Top 10 度假公园 $

（☎03-352 9176; www.christchurchtop10.co.nz; 39 Meadow St, Papanui; 营地 $30~55, 套 $75起, 带浴室 $85起; P@）这家大度假公园由家庭经营，有将近50年的历史，有多种住宿处可以选择，包括各种露营车设施和草地帐篷营地。设施完善，包括一个泳池、游戏室和自行车出租处。热心的员工会为你提供旅行建议和预订服务。

Airport Gateway 汽车旅馆 $$

（☎03-358 7093; www.airportgateway.

co.nz; 45 Roydvale Ave, Burnside; 双 $160~300; P ❄ 📶)这家大型汽车旅馆对于需要赶早班飞机的人来说很方便，拥有设施齐全的多种房型。新建的高级房非常舒适，经济型房间有些年头了，不过很干净，而且也宽敞。提供免费的24小时机场换乘服务。

就餐

市中心

★ Supreme Supreme 咖啡馆 $

（☎03-365 0445; www.supremesupreme.co.nz; 10 Welles St; 主菜早餐 $7~20，午餐 $12~22; ⏰周一至周五 7:00~15:00，周六和周日 8:00~15:00; ✎）有这么多美食，从哪里开始呢？或许可以先来一杯樱桃石榴混合果昔、巧克力奶昔，或者就来一杯出色的浓缩咖啡，搭配一个现烤的百吉饼，一份枸杞碗（goji bowl），甚至手撕咸牛肉炒土豆。这里是新西兰开业最早和最好的咖啡馆之一，风格、形式和功能都很棒，氛围令人惬意。

C1 Espresso 咖啡馆 $

（www.c1espresso.co.nz; 185 High St; 主菜 $10~22; ⏰7:00~22:00; 📶）🍃这家漂亮的咖啡馆位于一家老邮局建筑中，这里在地震中逃过一劫，装修使用了一些回收材料，比如维多利亚时代的橡木板材、20世纪70年代的照明设备，面积不大却摆放了不少餐桌。全天供应鸡蛋早餐和百吉饼，午餐菜单上有小汉堡和扭扭薯条。

Caffeine Laboratory 咖啡馆 $

（www.caffeinelab.co.nz; 1 New Regent St; 主菜 $10~22; ⏰周一至周五 7:00~15:00，周六和周日 8:00起; ✎）这家位于街角的小咖啡馆提供咖啡，但也烹饪美味的早午餐，比如法式蛋奶面包三明治、自制三文鱼或干辣椒手撕猪肉。午餐时分，菜单会变为美味、时尚的经典菜式，比如炸鸡和奶酪通心粉。

Mexicano's 墨西哥菜 $

（☎03-365 5330; www.mexicanos.co.nz; 131 Victoria St; 餐 $7~29; ⏰11:30至深夜; ✎）这家便宜的墨西哥餐厅为日渐热闹的Victoria St餐饮业锦上添花，提供墨西哥夹饼、炸鸡和手工鳄梨酱，虽然不地道，但很好吃，还有很受欢迎的玛格丽塔酒，以及小杯龙舌兰。亡灵节风格的装潢和可收缩的屋顶更增添了一种逍遥自在的态度。

Canterbury Cheesemongers 熟食 $

（☎03-379 0075; www.cheesemongers.co.nz; rear, 301 Montreal St; ⏰周二至周五 9:00~17:00，周六 至16:00）进去品尝手工奶酪、面包和配菜，比如泡菜和熏三文鱼，然后点一杯意式浓缩咖啡带走，沿着马路走到植物园享受完美的午餐野餐。

★ Little High Eatery 食堂 $$

（www.littlehigh.co.nz; 255 St Asaph St; 餐 $5~20; ⏰周一至周三 7:00~22:00，周四至周六 8:00至午夜，周日 8:00~22:00; 📶）无法决定晚餐想吃寿司、比萨还是泰餐？在这里，你不用被迫选择——这家时尚的新餐厅有8家不同的美食摊，提供从饺子到汉堡在内的所有选择。上午可以过来喝杯咖啡，或者深夜走进精心陈设的空间享用一杯莫吉托鸡尾酒。

Unknown Chapter 咖啡馆 $$

（www.unknownchaptercoffee.co.nz; 254 St Asaph St; 主菜 $14~22; ⏰6:30~16:00; ✎）光亮的混凝土、回收利用的木头餐桌、悬挂的植物和落地窗给了这家新餐厅一种时尚的感觉。早上进来喝杯咖啡，或者在午餐时段享用美味汉堡、沙拉和不可抗拒的蛋糕。

Fiddlesticks 新派新西兰菜 $$

（☎03-365 0533; www.fiddlesticksbar.co.nz; 48 Worcester Blvd; 早餐主菜 $12~20，午餐 $20~40，晚餐 $25~45; ⏰周一至周五 8:00至深夜，周六和周日 9:00起; 📶）侧身走进Fiddlesticks，享用精致丰盛的菜肴，从早餐到晚餐全部都有。这里舒适的正式餐厅很适合重视私密性的食客，不过我们喜欢附属于鸡尾酒吧台的玻璃庭院——尤其是周末早午餐时，你会忍不住喝杯诱人的“含羞草”（mimosa）鸡尾酒，搭配早餐里的鸡蛋。

Black Betty 咖啡馆 $$

（☎03-365 8522; www.blackbetty.co.nz; 165 Madras St; 主菜 $14~20; ⏰周一至周五 7:30~16:00，周六和周日 8:00起; 📶）一间工业

风格的别致仓库，很受附近高校学生的欢迎。服务友好，美味的食物和慵懒的氛围让人心动，但最大的亮点是特别烘烤的用Switch Espresso制作的咖啡——可尝试手冲、虹吸、爱乐压或传统的意式浓缩。

Rangoon Ruby 缅甸菜 $$

（☎022 028 0920；www.facebook.com/RangoonRubyChch；819 Colombo St；菜肴 $13~21；⏰周一至周六 17:30~21:30；📝）这家餐厅由长期以来一直很受欢迎的Bodhi Tree改造而来，十多年来，这里提供的美味的菜肴引得当地人赞叹不已。美味的菜肴分量大到可以分享，美味得让人想要大声赞美。泡菜茶叶沙拉（le pet thoke）和慢烹咖喱牛肉（ameyda nut）可圈可点。

Bamboozle 亚洲菜 $$

（☎03-366 9991；www.bamboozlerestaurant.co.nz；151 Cambridge Tce；主菜 $18~46；⏰每天 17:30至深夜，外加周一至周五 正午至14:00）亚洲创意菜是这家时尚餐厅的招牌特色，多才多艺的大厨将各种传统菜式创新地融合在一起。时尚的新址全部都是清凉的绿色和漂亮的玻璃。

Lotus Heart 素食 $$

（☎03-377 2727；www.thelotusheart.co.nz；363 St Asaph St；主菜 $14~25；⏰周二至周日 7:30~15:00，周五和周六 17:00~21:00；📝）🍃这家色彩鲜艳的素食餐厅由印度宗教领袖Sri Chinmoy的门徒经营，供应大量菜肴，包括美味的咖喱、卷饼、比萨、墨西哥玉米片和汉堡。有大量有机食物、素食和不含谷蛋白的食物，鲜榨果汁、冰沙和各种茶可以满足你的饮品需求。

★ **Twenty Seven Steps** 新派新西兰菜 $$$

（☎03-366 2727；www.twentysevensteps.co.nz；16 New Regent St；主菜 $34~40；⏰17:00至深夜）🍃这家优雅的餐厅能眺望到色彩柔和的New Regent St地区，菜肴以当地季节性食材为主。长期供应使用现代手法烹饪的羊羔肉、牛肉、鹿肉和海鲜，以及出色的调味饭。出色的甜点和友好的服务让这里生意兴隆，因此建议预订。

King of Snake 亚洲菜 $$

（☎03-365 7363；www.kingofsnake.co.nz；145 Victoria St；主菜 $27~43；⏰周一至周五 11:00至深夜，周六和周日 16:00至深夜）暗色的木质装潢、金色瓷砖和紫色骷髅图案的墙纸，让这家时髦餐厅和鸡尾酒吧的邪恶和诱惑恰到好处。有趣的创意菜单将亚洲美食一网打尽，从印度菜到韩国菜应有尽有，而且味道很好，就算价高也值得。

Saggio di Vino 欧洲菜 $$$

（☎03-379 4006；www.saggiodivino.co.nz；179 Victoria St；主菜 $40~46；⏰17:00至深夜）这家优雅的意大利—法国餐厅的菜单称得上是基督城最佳。在这儿可以品尝现代改良的经典菜肴，如鲜橙烤鸭、菲力牛排，外加时令品尝套餐（5道菜$105起，配葡萄酒$155）。最后，满载各种奶酪的手推车为这一餐画上完美的句号。

Merivale

Gatherings 新派新西兰菜 $$$

（☎021 02 93 5641；www.gatherings.co.nz；2 Papanui Rd；午餐主菜 $10~14，晚餐 5道菜品尝套餐 $65，含佐餐葡萄酒 $110；⏰周三至周六 正午至14:00和16:00~23:00；📝）🍃这家位于Papanui Rd餐饮区边缘的小餐厅专注于精心准备的季节性素食菜肴。5道菜的品尝套餐定期更换，主打可持续发展的当地产品和独特的口感组合。午餐提供简单而精致的主菜，比如烤奶酪或汤。

Riccarton

基督城农贸市场 市场 $

（Christchurch Farmers Market；www.christchurchfarmersmarket.co.nz；16 Kahu Rd，Riccarton；⏰周六 9:00~13:00）🍃这家出色的农贸市场位于美丽的里卡顿别墅（见547页），里面有各种美味的有机水果蔬菜、南岛奶酪三文鱼、当地精酿啤酒和异域风味的菜品。

阿丁顿

Addington Coffee Co-op 咖啡馆 $

（☎03-943 1662；www.addingtoncoffee.org.nz；297 Lincoln Rd，Addington；餐 $7~22；⏰周一

至周五 7:30~16:00，周六和周日 9:00起；📶✍）这是基督城最大、最好的咖啡馆之一，总是人山人海的。这里店面紧凑，蛋糕、馅饼美味可口，还有公平贸易的礼品，这些都极富吸引力。还有传说中的丰盛早餐（至14:00），当然，也有出色的咖啡。自带的自助洗衣店也吸引了不少匆忙的游客。

Mosaic by Simo 摩洛哥菜 $

（☎03-338 2882；www.mosaicbysimo.co.nz；300 Lincoln Rd，Addington；小吃和主菜 $8~19；⏲周一至周六 9:00~21:00；✍）Mosaic by Simo位于Addington，既是咖啡馆又是熟食店，因外卖的烤卷饼（bocadillos，有多种中东和非洲风味的馅料、酱汁和浇头可供选择）而广受欢迎。其他美食包括超大分量的拼盘、摩洛哥辣味香肠（merguez sausages）以及摩洛哥塔吉锅（tagines）。

萨姆纳

Bohemian Bakery 面包房 $

（☎021 070 6271；www.bohemianbakery.co.nz；43 Nayland St，Sumner；糕点 $4~6；⏲周三至周日 7:30~16:00）这家小面包房的厨房是全开放式的，所以你会看到面包师一整天都在制作美味的发酵食品。买一个出名好吃的肉桂卷带去海滩享用吧。

其他郊区

Kinji 日本菜 $$

（☎03-359 4697；www.kinjirestaurant.com；279b Greers Rd，Bishopdale；主菜 $16~24；⏲周一至周六 17:30~22:00）这家日本餐厅隐藏在郊区，但有一批忠实的客户，所以尽早预订才是明智之举。在这家店能享用生鱼片、姜汁烤鱿鱼和霜烤鹿肉，但是要记得留点肚子给绿茶提拉米苏——这绝对是一道令人惊喜的主打甜点。

Under the Red Verandah 咖啡馆 $$

（www.utrv.co.nz；29 Tancred St，Linwood；主菜 $15~25；⏲周一至周五 7:30~15:00，周六和周日 8:30~15:00；✍）这条幸运的郊区小巷有一家深受当地人和游客喜爱的可爱的阳光咖啡馆。可以在店名来源的走廊上坐下来，大嚼各种烘烤食物、燕麦煎饼、家常馅饼和用多种方法烹饪的鸡蛋。

Burgers & Beers Inc 汉堡 $$

（www.burgersandbeersinc.co.nz；355 Colombo St，Sydenham；汉堡 $14~18；⏲11:00至深夜）这家奇怪的美味汉堡店有Woolly Sahara Sand Hopper（摩洛哥风味的羊羔肉和柠檬酸奶）、Shagged Stag（鹿肉搭梅子酸辣酱）和种类时常更新的新西兰精酿啤酒，值得你到此品尝。

Hello Sunday 咖啡馆 $$

（☎03-260 1566；www.hellosundaycafe.co.nz；6 Elgin St，Sydenham；主菜 $13~23；⏲周一至周五 7:30~16:30，周六和周日 8:30起；📶✍）这家受欢迎的咖啡馆占据了修复后的旧邮局建筑中的两个房间，适合品尝全天供应的早午餐、好吃的沙拉和出色的咖啡。如果感觉想放纵一下，可以尝试白巧克力和花生黄油华夫饼，上面有香草糖——哇！太好吃了！

饮品和夜生活

市中心

★Smash Palace 酒吧

（☎03-366 5369；www.thesmashpalace.co.nz；172 High St；⏲周一至周四 15:00至深夜，周五至周日 正午起）这个啤酒花园体现了基督城如今闻名的无常、坚韧和机智，装饰设计匠心独具，是机修工车库、贫民公园和典型嬉皮士聚会处的迷人组合，再加上梦幻的校车、菜园和盛开的玫瑰，让这里更加完美。提供精酿啤酒、薯条、麦圈和现做的汉堡（$11~15）。

★Pomeroy's Old Brewery Inn 小酒馆

（☎03-365 1523；www.pomspub.co.nz；292 Kilmore St；⏲周二至周四 15:00至深夜，周五和周六 正午起）对于美味啤酒的爱好者来说，这家店是佐着一盘炸猪皮喝上一两杯的完美场所。在诸多可爱的英式酒馆细节中，有定期的现场音乐表演，一个舒适的阳光庭院和**Victoria's Kitchen**，后者提供暖心的酒馆食物（主菜 $25~40）。最新增设的**Little Pom's**小咖啡馆装饰美丽，供应出色的早午餐（$9~25），持续到下午。

Fat Eddie's 酒吧

（☎03-595 5332；www.fateddiesbar.co.nz；Hereford St 和Oxford Tce交叉路口；⏲14:00至深

夜）地震过去7年后，这家爵士乐酒吧在河畔一座崭新的建筑中重新开张了。有舒适的沙发，复古的装潢，一个大舞池，大多数晚上都有现场音乐会，四周包围的阳台很适合日落小酌，毫无疑问新店会比过去更受欢迎。

Dux Central 酒吧

（☎03-943 7830；www.duxcentral.co.nz；6 Poplar St；⏲11:00至深夜）这座崭新的建筑群为无精打采的High St重新注入了活力，这里有个新酒吧，提供自家和别处酿造的精酿啤酒，此外还有Emerald Room葡萄酒吧，Upper Dux餐厅和Poplar Social Club鸡尾酒吧，全部都位于一座精心修复后的旧建筑中。

Boo Radley's 酒吧

（☎03-366 9906；www.booradleys.co.nz；98 Victoria St；⏲16:00至深夜）一种私密的地下酒吧的氛围使这里成了一个迷人的深夜好去处。南方风格的装潢搭配波旁式的豪华，还有美式暖心食物，如汉堡、炸鸡和薯条（小吃$7~24）。这里也定期举办现场音乐会。

Merivale

Vesuvio 葡萄酒吧

（☎03-355 8530；www.vesuvio.co.nz；4 Papanui Rd，Merivale；⏲15:00至深夜）这家欧洲风格的葡萄酒吧隐藏在一片繁忙的餐馆背后，是晚餐前饮开胃酒的完美去处——不过精选的当地和进口葡萄酒、出色的餐前小吃（$19起）和定期的现场爵士乐演奏可能意味着，你会在这里流连到深夜。

Riccarton

Volstead Trading Company 酒吧

（www.volstead.co.nz；55 Riccarton Rd，Riccarton；⏲周一至周三 16:00~23:00，周四至周日 正午起）这家舒适的酒吧隐藏在一片郊区购物带中，舒适的古老沙发仿佛是从你之前住过的学生公寓里扒出来的，还有古雅的壁画，以及一系列桶装的精酿啤酒。佐酒菜单有美味的汉堡、墨西哥卷饼和炸鸡。

萨姆纳

Village Inn 小酒馆

（☎03-326 6973；www.thevillageinnsumner.co.nz；41b Nayland St，Sumner；⏲周二至周五 正午至深夜，周六和周日11:00起）萨姆纳主要购物区新开的这家酒馆有阳光庭院、美味的酒馆食物（主菜 $16~22），周日下午还有现场音乐会。

其他郊区

The Brewery 精酿啤酒

（www.casselsbrewery.co.nz；3 Garlands Rd，Woolston；⏲8:00至深夜）热爱啤酒的旅行者一定要来试试，在这里，强劲的艾尔啤酒是用一个烧木柴的酿造锅制作出来的。好奇心强但犹豫不决的旅客可以点托盘套装，夜晚经常有乐队演出。这里的比萨（$20~26）也很棒。

Allpress Espresso 咖啡

（110 Montreal St，Sydenham；⏲周一至周五 7:30~15:30）这是著名的新西兰咖啡烘焙工坊在基督城的分店，隐藏在Montreal St工业区尽头的一个平凡的门脸背后，提供还过得去的浓缩咖啡——一切都在意料之中。如果感觉饿，这里也有午间简餐和冰沙可供选择。

☆ 娱乐

www.undertheradar.co.nz和www.christchurchmusic.org.nz这两个网站有基督城现场音乐及夜店的清单。

Isaac Theatre Royal 剧院

（☎03-366 6326；www.isaactheatreroyal.co.nz；145 Gloucester St；⏲售票处 周一至周五 10:00~17:00）这家百年剧院于地震中幸存，2014年经修复重新焕发荣光。观众入场观赏歌剧、芭蕾、当代戏剧和摇滚演唱会时，还能观赏到建筑遗产的细节。

Alice Cinema 电影院

（☎03-365 0615；www.alice.co.nz；209 Tuam St；成人/儿童 $15/11）这家讨人喜欢的艺术影院只有两块银幕，位于历史悠久的杰出音像店Alice In Videoland里。

Court Theatre 剧院

（☎03-963 0870；www.courttheatre.org.nz；Bernard St，Addington；⏲售票处 周一至周四 9:00~20:15，周五 至22:15，周六 10:00~22:15）

Court Theatre最初是基督城城市艺术中心的一部分，但地震之后被迫迁到这座仓库之中。新址更加宽敞，可以观看大受欢迎的国际剧目和新西兰剧作家的作品。

darkroom 现场音乐

（www.darkroom.bar; 336 St Asaph St; ⏲周四至周六 19:00至深夜）结合现场音乐演奏和酒吧的热门场所，有多种新西兰啤酒和很赞的鸡尾酒。常有现场演奏，而且大多数时候可以免费入场。

Hollywood Cinema 电影院

（www.hollywoodcinema.co.nz; 28 Marriner St, Sumner; 成人/儿童 $17/12）萨姆纳郊区海滨的这座艺术影院主要放映艺术电影和大片。

AMI Stadium 体育馆

（Rugby League Park; www.crfu.co.nz; 95 Jack Hinton Dr, Addington）在2011年地震中，位于Lancaster Park的AMI Stadium遭到无法修复的损坏，之后，坎特伯雷橄榄球联盟将主场地搬到了Rugby League Park，这里也被称作AMI Stadium。2月底至7月，坎特伯雷十字军队（Canterbury Crusaders）在这里打橄榄球超级联赛。7月至9月，坎特伯雷队会参加新西兰的全国橄榄球锦标赛。

购物

★Tannery 购物中心

（www.thetannery.co.nz; 3 Garlands Rd, Woolston; ⏲10:00~17:00）对一个遗产损失惨重的城市来说，再没有比这座由19世纪的制革厂改造而成的震后建筑更受欢迎的了。这座维多利亚时代的建筑经过精心翻修，里面挤满了令人愉悦的精品店，出售从冲浪板到二手服饰、精致家居用品在内的所有物品。

下午购物累了的话，可以在The Brewery（见558页）停下来喝一杯，提提神。里面也有几家咖啡馆和一家艺术影院。

Scorpio Books 图书

（☎03-379 2882; www.scorpiobooks.co.nz; BNZ Centre, 120 Hereford St; ⏲周一至周五 9:00~18:00，周六和周日 10:00~17:00）这家出色的独立书店已经在里卡顿营业6年，现在又回到了市中心。

New Regent St 商场

（www.newregentstreet.co.nz）前身是一家色调柔和的西班牙修道院风格的商店，1932年建成时，这条街道被誉为新西兰最美丽的街道。经过震后的彻底重建，这里再次成为逛街的好去处，是一个高品质咖啡馆、酒吧和餐厅的集中地。

Ballantynes 百货商店

（www.ballantynes.com; Colombo St和Cashel St交叉路口; ⏲周一至周五 9:00~17:30，周六 9:00~17:00，周日10:00~17:00）基督城老牌百货店，出售各式男女流行服饰、化妆品、旅行用品、文具和新西兰特色礼品。

Crossing 购物中心

（☎027 506 8149; www.thecrossing.co.nz; 166 Cashel St; ⏲周一至周三 9:00~18:00，周四至20:00，周六和周日 10:00~17:00）2017年开办的这家闪亮的新购物中心面对Cashel St步行区购物商场，有各种当地和国际的零售商。

Colombo Mall 购物商场

（www.thecolombo.co.nz; 363 Colombo St, Sydenham; ⏲周一至周六 9:00~17:30，周日 10:00~17:00）这家时髦的小型购物商场步行就可前往CBD，有一些有趣的独立商店，一家艺术影院，许多美食餐厅——你会发现马卡龙、可丽饼、饺子、寿司、沙拉、精酿啤酒和美味咖啡。

实用信息

紧急和重要电话

急救（警察、火警、救护车）	☎111
国家代码	☎64
国际接入代码	☎00

医疗服务

24小时急救（☎03-365 7777; www.24hoursurgery.co.nz; 401 Madras St）无须预约。

基督城医院（Christchurch Hospital; ☎03-364 0640，急诊部 03-364 0270; www.cdhb.govt.nz; 2 Riccarton Ave）有24小时急诊服务

Urgent Pharmacy（☎03-366 4439; Bealey Ave和Colombo St交叉路口; ⏲周一至周五 18:00~23:00，周六和周日 9:00起）

旅游信息

机场信息中心（Airport i-SITE；☎03-741 3980；www.christchurchnz.com；国际到达大厅；⏰8:00~18:00）

基督城信息中心（Christchurch i-SITE；☎03-379 9629；www.christchurchnz.com；Arts Centre，28 Worcester Blvd；⏰8:30~17:00）

ChristchurchNZ（www.christchurchnz.com）城市和地区的官方旅游网站。

环保部游客中心（DOC Visitor Centre；☎03-379 4082；www.doc.govt.nz；Arts Centre，28 Worcester Blvd；⏰ 9:00~16:45）办事处位于南岛的国家公园内，就在信息中心里，提供徒步和小屋预订服务。

到达和离开

飞机

基督城机场（CHC；☎03-358 5029；www.christchurchairport.co.nz；30 Durey Rd）是南岛主要的国际航空枢纽，有定期航班前往澳大利亚、中国、斐济和新加坡。设施包括存包处、租车柜台、自动柜员机、外币兑换办公室和**信息中心**。

新西兰航空（Air New Zealand；☎0800 737 000；Air New Zealand）运营从奥克兰、惠灵顿、达尼丁、皇后镇抵离基督城的直飞航班。共享航班号的小型地区航线航班可抵离布莱尼姆（Blenheim）、哈密尔顿（Hamilton）、霍基蒂卡（Hokitika）、因弗卡吉尔（Invercargill）、内皮尔（Napier）、纳尔逊（Nelson）、新普利茅斯（New Plymouth）、帕拉帕拉乌姆（Paraparaumu）、罗托鲁阿（Rotorua）和陶朗加（Tauranga）。

捷星航空（Jetstar；☎0800 800 995；www.jetstar.com）有抵离奥克兰和惠灵顿的航班。

长途汽车

面向旅行者的客车一般停靠在Rolleston Ave上的坎特伯雷博物馆外，当地公共汽车和一些长途汽车从内城的**汽车换乘站**（Bus Interchange；Lichfield St和Colombo St交叉路口）出发。

Akaroa French Connection（☎0800 800 575；www.akaroabus.co.nz，Rolleston Ave；往返 成人/儿童 $50/35）每日出发，可至阿卡罗阿。

Akaroa Shuttle（☎0800 500 929；www.akaroashuttle.co.nz；Rolleston Ave；成人/儿童 单程 $35/30，往返 $50/40；⏰10月至次年4月）每日出发，可至阿卡罗阿。

Atomic Shuttles（☎03-349 0697；www.atomictravel.co.nz；Lichfield St）可抵达的目的地有皮克顿（$40，5.25小时）、格雷茅斯（$50，3.75小时）、蒂马鲁（$25，2.5小时）、达尼丁（$35，5.75小时）和皇后镇（$55，7小时）。

Budget Buses & Shuttles（☎03-615 5119；www.budgetshuttles.co.nz；Rolleston Ave；⏰周一至周六）上门接送班次可至杰拉尔丁（Geraldine；$57）和蒂马鲁（$50），也运营更便宜的班次（$27起）。

Hanmer Connection（☎03-382 2952，0800 242 663；www.hanmerconnection.co.nz；Rolleston Ave；成人/儿童 单程 $30/20，往返 $50/30）每日抵离汉默斯普林斯的班次途经Amberley和怀帕拉。

InterCity（☎03-365 1113；www.intercity.co.nz；Lichfield St）新西兰线路网最广泛也最可靠的长途汽车公司。至蒂马鲁（$14起，2.5小时）、达尼丁（$21起，6小时）、皇后镇（$47起，8~11小时）、蒂阿瑙（Te Anau；$63起，10.75小时）和皮克顿（$26起，5.25小时）的车次每日至少一班。

West Coast Shuttle（☎03-768 0028；www.westcoastshuttle.co.nz；Lichfield St）每天有车抵离西海岸，停靠斯普林菲尔德（Springfield；$32，1.25小时）、亚瑟隘口（$42，2.75小时）和格雷茅斯（$55，4小时）。

火车

基督城火车站（Christchurch Railway Station；www.greatjourneysofnz..co.nz；Troup Dr，Addington；⏰售票处 6:30~15:00）是两条评价很高的观光火车路线的终点站，其中的主角是高山列车（见550页）。另一趟Coastal Pacific的车沿着东海岸，从基督城开往皮克顿，停靠凯考瓦和布莱尼姆。本书调研时，这班车曾因为2016年地震的损坏暂停服务，目前已恢复运营。可在**Great Journeys of New Zealand**（☎0800 872 467；www.greatjourneysofnz.co.nz）了解最新信息。

当地交通

抵离机场

基督城机场距离市中心10公里，进城的出租车需要花费$45~65。机场也有便捷的公交车服务（www.metroinfo.co.nz）。紫色线路公共汽车途经里卡顿(20分钟),可至中央汽车换乘站(30分钟),然后可达萨姆纳(1.25小时)。29路公共汽车途经Fendalton(10分钟),到达汽车换乘站(30分钟)。两趟车花费均为$8.50(付款给司机),在7:00~23:00每30分钟一班。提供接驳服务,费用大约每人$25。

小汽车和摩托车

绝大多数汽车和露营车租赁公司都在基督城设有分公司,当地还有许多小公司。全国路线的运营商一般都希望你从基督城租车,在奥克兰还车,因为绝大多数租赁者会选取相反的路线旅行,所以如果你想寻求便宜,可以选择自南向北的路线。

当地公司包括:

Ace Rental Cars(☎03-360 3270; www.acerentalcars.co.nz; 20 Abros Pl, Burnside)

Hitch Car Rental(☎03-357 3074; www.hitchcarrentals.co.nz; 545 Wairakei Rd)

New Zealand Motorcycle Rentals & Tours(☎09-486 2472; www.nzbike.com)

New Zealand Rent a Car(☎03-961 5880; www.nzrentacar.co.nz; 26b Sheffield Cres, Burnside)

Omega Rental Cars(☎03-377 4558; www.omegarentalcars.com; 158 Orchard Rd, Harewood)

Pegasus Rental Cars(☎03-358 5890; www.rentalcars.co.nz; 154 Orchard Rd, Harewood)

公共交通

基督城的**Metro公共汽车网**(☎03-366 8855; www.metroinfo.co.nz)便宜又便捷,覆盖地区广泛。大部分公共汽车从内城的汽车换乘站出发。

可在基督城信息中心或换乘站领取时间表。车票(成人/儿童 $4/2)可上车购买,并可在2小时内换乘3次。2小时/1天/1周的地铁卡票价为$2.55/5.10/25.50,在相应时间内可不限次数乘坐。换乘站可买卡,购卡需要$10,卡内最少保有$10的余额。

出租车

Blue Star(☎03-379 9799; www.bluestartaxis.org.nz)

First Direct(☎03-377 5555; www.firstdirect.nznet.nz)

Gold Band(☎03-379 5795; www.goldbandtaxis.co.nz)

克赖斯特彻奇(基督城)周边(AROUND CHRISTCHURCH)

利特尔顿(Lyttelton)

☎03/人口 3100

著名的波特山区(Port Hills)位于基督城东南方,顺着山坡一直往下,就到了利特尔顿港(Lyttelton Harbour)。1850年,基督城最早的一批欧洲定居者在这里登陆,开始了他们翻山越岭的历史性"长征"。如今,一条2公里长的公路隧道让这段旅程大大缩短。

在2010~2011年的多次地震中,利特尔顿遭到了严重的损坏,伦敦街(London St)一带的许多老建筑相继被毁。但现在,利特尔顿已重新成为基督城最有吸引力的社区之一。独立自由的艺术氛围更加浓烈,并再次成为优质酒吧、咖啡馆和餐厅的聚集地。从基督城乘公共汽车来此,沉浸于当地的独特氛围中是非常值得的,尤其是阳光明媚的周六上午,集市人头攒动之时。

就餐

利特尔顿农贸市场 市场 $

(Lyttelton Farmers Market; www.lyttelton.net.nz; London St; ⌚周六 10:00~13:00)每到周六上午,食品摊就占据了利特尔顿大街的车位。可以和当地人一起购买新鲜面包、烘焙食品、花卉、奶酪、当地农产品和美味咖啡。

Lyttelton Coffee Company 咖啡馆 $$

(☎03-328 8096; www.samolytteltoncoffee.co.nz; 29 London St; 主菜 $12~20; ⌚周一至周五 7:00~16:00, 周六和周日 8:00~16:00; ✎ 👪)这家当地咖啡馆从废墟里重生,再度成为London St美食区的主要力量,在裸露砖墙的巨大仓库里提供美味的咖啡和健康的食物。

Freemans 意大利菜 $$

(☎03-328 7517; www.freemansdiningroom.co.nz; 47 London St; 主菜 早餐 $16~18, 午餐 $20~27, 晚餐 $24~39; ⌚周三至周五 15:00至深夜, 周六 9:00起, 周日 正午起; ✎)这里有意大

毛利新西兰：基督城和坎特伯雷

只有14%的毛利人生活在南岛，这其中的一半生活在坎特伯雷。第一个在此定居的大部落是Waitaha，该部落后来于16世纪被Ngāti Māmoe部落征服并吸纳。在接下来的一个世纪中，后者又被起源于北岛东海岸的Ngāi Tahu（www.ngaitahu.iwi.nz）部落征服。今天，Ngāi Tahu被视为毛利王国众多成功故事的其中一个，他们拥有优秀的理财能力和文化影响力，在地产、林业、渔业和许多高端旅游产业上表现都十分优秀。

在坎特伯雷有很多体验毛利文化的方式。在坎特伯雷博物馆（Canterbury Museum，见543页）、阿卡罗阿博物馆（Akaroa Museum，见566页）、奥凯因斯湾毛利人和殖民博物馆（Okains Bay Maori & Colonial Museum，见563页）和南坎特伯雷博物馆（South Canterbury Museum，见582页）可以参观古文物。基督城的柳岸野生动物保护区（Willowbank Wildlife Reserve，见548页）拥有一个复制的毛利村落，晚上还有一场文化展示演出。在更往南的蒂马鲁（Timaru），蒂阿娜毛利岩画艺术中心（Te Ana Maori Rock Art Centre，见582页）有互动式展览，还组织团队游现场参观拥有千百年历史的岩画作品。

利面、顶级比萨、当地产的葡萄酒和基督城Three Boys啤酒厂的啤酒，一直备受食客青睐。在码头甲板上找个位置，可以尽享无敌的港口风景，周日15:00以后还有爵士音乐会。

★ Roots　新派新西兰菜 $$$

（☎03-328 7658；www.rootsrestaurant.co.nz；8 London St；5/8/12道菜 品尝 $90/125/185，含葡萄酒 $140/205/305；⏲周二至周六18:00~23:00，外加周五和周六 正午至14:00）就让主厨兼店主Giulio Sturla用他著名的品尝套餐带领你来一场梦幻的美食之旅吧，菜肴全部使用所有当地和季节食材制作。如果选择放纵一下，还可搭配精心挑选的葡萄酒佐餐。需要预订。

饮品和夜生活

Civil and Naval　酒吧

（☎03-328 7206；www.civilandnaval.co.nz；16 London St；⏲周日至周四 10:00~23:00，周五和周六 10:00至次日1:00）这家小巧的酒吧员工脚踏实地，提供高质量的精选鸡尾酒、美味的葡萄酒和精酿啤酒，厨房提供高雅菜式，还有五花八门的西班牙小吃（$6~18）。

Governors Bay Hotel　小酒馆

（☎03-329 9433；www.governorsbayhotel.co.nz；52 Main Rd，Governors Bay；⏲11:00至深夜；📶）从利特尔顿驾车过来有9公里，沿途风景优美，是新西兰仍在经营的最古老的酒馆（1870年开业）。你可以要求坐在无比诱人的露台和花园餐位，来一场午后小酌。这里的食物也很棒，能提供所有经典酒馆的基本菜肴（主菜 $25~39）。

楼上时髦重装的客房里有公用浴室（双人房 $119~169）。

Wunderbar　酒吧

（☎03-328 8818；www.wunderbar.co.nz；19 London St；⏲周一至周五 17:00至深夜，周六和周日 13:00至次日3:00）这里是饮酒的最佳去处，定期有现场音乐表演，包括所有的音乐类型，吸引着志同道合的观众。光是古怪的装潢和被砍掉的玩偶头就值得来看一看。入口在后面停车场的楼梯处。

购物

London St Bookshop　图书

（48 London St；⏲周二至周日 10:00~16:00）这家迷人的二手书店灯光朦胧，摆满了诱人的书，是爱书之人的梦想之地。

Henry Trading　艺术和工艺品

（☎03-328 8088；www.henrytrading.co.nz；33 London St；⏲周二至周日 10:00~16:00）这家面积很小但用心布置的商店里有大量可爱的家居用品和礼品，许多都由当地的生产商制作，也有可爱的利特尔顿手工纪念品。

实用信息

利特尔顿游客信息中心（Lyttelton Visitor Information Centre；☎03-328 9093；www.lyttelton

harbour.info; 20 Oxford St; ⏲10:00~16:00）友好的店员能提供住宿、当地步道和渡轮出发信息。

ℹ 到达和离开

从利特尔顿取道利特尔顿隧道前往基督城CBD的车程为15公里。在本书写作时，利特尔顿和萨姆纳之间的Summit Rd路段依然封闭。当你拿到本书时，该路已开通。

长途汽车 28路和535路公共汽车从基督城前往利特尔顿（成人/儿童 $4/2，30分钟）。

渡轮 从利特尔顿出发，**Black Cat**（☎03-328 9078; www.blackcat.co.nz; 5 Norwich Quay）的渡轮可前往隐蔽的鹌鹑岛（Quail Island；成人/儿童 $30/15，10分钟，10月至次年4月 每天只有1班），以及沉闷的钻石海港（Diamond Harbour；成人/儿童 单程 $6.50/3.20，10分钟，每小时1班）。

班克斯半岛（Banks Peninsula）

☎03/人口 4750

美丽的班克斯半岛（Horomaka）是由800万年前两次剧烈的火山喷发形成的。港口和海湾从半岛中心向四周呈放射状分布，形成一种奇异的齿轮形状。历史悠久的小镇阿卡罗阿最为出众，它距离基督城80公里，沿着位于火山口边缘的Summit Rd开车而来，一路风景美不胜收。半岛周边点缀的海湾也值得探索。

班克斯半岛周围的海域是世界最小、最珍稀的海豚——赫氏海豚（Hector's dolphin）的栖息地，这种海豚只在新西兰海域中栖息。许多团队游行程从阿卡罗阿出发，可探访海豚和其他海洋动物，包括白鳍企鹅、虎鲸和海豹。

历史

詹姆斯·库克（James Cook）在1770年发现了班克斯半岛，他当时认为这是一个岛屿，并以自然学家约瑟夫·班克斯爵士（Sir Joseph Banks）的名字命名了这里。

1831年，设防村庄（pa）受到Ngati Toa酋长Te Rauparaha的袭击，在随后的大屠杀中，当地Ngāti Tahu的人口急剧减少。7年之后，捕鲸船长Jean Langlois与幸存者就购买班克斯半岛问题进行了协商，并返回法国创办了贸易公司。在法国政府的支持下，63名法国定居者在1840年抵达班克斯半岛，不过就在他们到达的前几天，按捺不住的英国政府官员已派出他们自己的战船，并在阿卡罗阿升起了米字旗，宣称英国在此的主权受到《怀唐伊条约》（*Treaty of Waitangi*）的保护。如果法国定居者能早来两年，整个南岛可能就会成为法国的殖民地，而新西兰的今天也会大不相同。

那些法国人还是在阿卡罗阿定居下来了，但是1849年他们的土地权被卖给了新西兰公司（New Zealand Company）。1850年，大批英国移民来到这里，茂密的森林被夷为平地。很快，农业成了半岛的支柱产业。

👁 景点

希内怀保护区 森林

（Hinewai Reserve; www.hinewai.org.nz; 632 Long Bay Rd）这座私人运营的1250公顷的自然保护区重新种植了自然林，可以在这里一窥半岛从前的样子。从大门入内步行不远就是游客中心，里面发放的小册子会介绍到15公里长的步道。

奥凯因斯湾毛利人和殖民博物馆 博物馆

（Okains Bay Maori & Colonial Museum; www.okainsbaymuseum.co.nz; 1146 Okains Bay Rd, Okains Bay; 成人/儿童 $10/2; ⏲10:00~17:00）博物馆位于阿卡罗阿东北方，这里收藏着令人尊敬的欧洲拓荒者的物品，不过具有重要国家意义的还是毛利藏品，其中包括会堂的复制品、战斗用独木舟、石器和私人装饰品，很值得一逛。注意，路旁还有一家可爱的商店。

活动

阿卡罗阿信息中心（见569页）有阿卡罗阿周围镇子步道的宣传册，能看到赋予阿卡罗阿独特个性的古老村舍、教堂和花园。6小时的天际线环路（Skyline Circuit）也从镇上开始，此外半岛上还有许多其他值得一逛的步道。

班克斯半岛步道 步行

（Banks Peninsula Track; ☎03-304 7612; www.bankstrack.co.nz; 2日/3日 $195/260起; ⏲10月至次年4月）这条私人拥有并定期维护的

Banks Peninsula 班克斯半岛

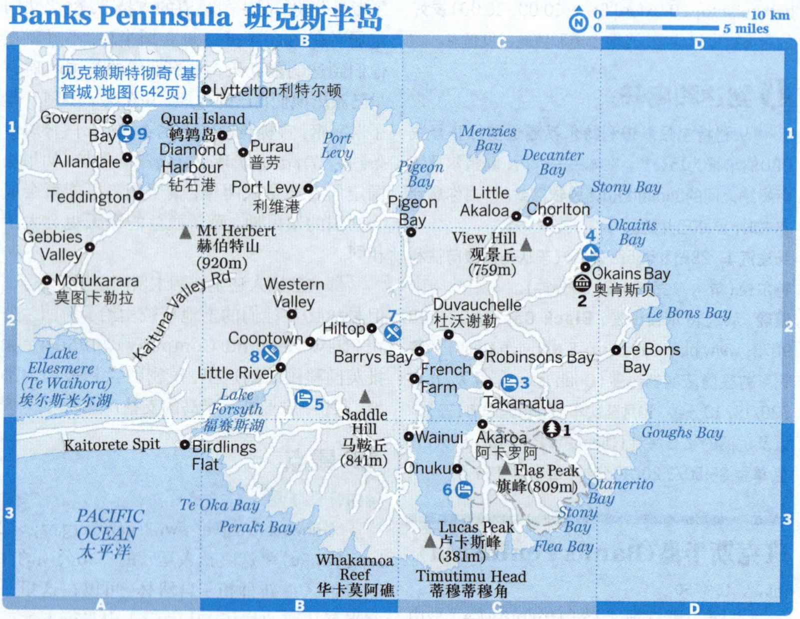

Banks Peninsula 班克斯半岛

◎ 景点

1 希内怀保护区......C3
2 奥凯因斯湾毛利人和殖民博物馆......C2

住宿

3 Coombe Farm......C2
4 奥凯因斯湾露营地......C2
5 Okuti Garden......B2
6 Onuku Farm Hostel......C3

就餐

7 Hilltop Tavern......B2
8 Little River Cafe & Gallery......B2

饮品和夜生活

9 Governors Bay Hotel......A1

路线长29公里，可以花3天时间穿越东阿卡罗阿海岸线附近的田地、森林和海滩。主要花费包括从阿卡罗阿来此的交通费和小屋住宿费。也可以选择两天的行程，路线相同，但要以更快的速度行进，适合有经验的徒步者。

Bone Dude 艺术

（☎03-329 0947；www.thebonedude.co.nz；111 Poranui Beach Rd，Birdlings Flat；$60起；⊙周五 13:00~16:00，周六 10:00~13:00）富有创造力的人可以考虑在Bone Dude预约一次课程，体验亲手雕刻骨雕垂饰（3小时）。参加课程的人数限制在7人以内，因此最好预约。

团队游

Pohatu Plunge 野生动物

（☎03-304 8542；www.pohatu.co.nz；团队游 成人/儿童 $75/55，自驾 $25/12）3小时的夜间团队游从阿卡罗阿到普哈图（Pohatu）白鳍企鹅栖息地（也提供自驾选择）。全年都可以观赏企鹅，但是最佳时间是8月至次年1月的繁殖季节。也提供海上皮划艇和四驱车自然团队游，还可以在一座僻静的农舍过夜。

Tuatara Tours 徒步

（☎03-962 3280；www.tuataratours.co.nz；每人 $1695；⊙11月至次年4月）你只需要打包一个小背包，参加阿卡罗阿导览徒步游，全程39公里，行程悠闲，需要3天，可从基督城前往阿卡罗阿，途经壮丽的Summit Ridge。费用包括出色的住宿和美食。

住宿

Onuku Farm Hostel 青年旅舍 $

（03-304 7066；www.onuku.co.nz；Hamiltons Rd, Onuku；露营地 每人 $12.50起，铺/双 $20/70起；10月至次年4月；P @ 📶）Onuku Farm Hostel位于阿卡罗阿以南6公里的一座世外桃源般的农场中，是背包客的好去处，有草地露营地和简朴、整洁的农舍小屋，“观星”小屋配备的是透明屋顶（$40，可住2人，自带寝具）。Tonga Hut（$80）提供不受打扰的体验和令人叹为观止的海景。可咨询与海豚共游的团队游（$110起）、皮划艇之旅（$40起）和Skytrack徒步。

★ Halfmoon Cottage 青年旅舍 $

（03-304 5050；www.halfmoon.co.nz；SH75, Barrys Bay；铺/标单/双 $33/64/80；6月至8月歇业；📶）这座建于1896年的漂亮村舍距阿卡罗阿12公里，就在河边，是休闲的好去处。你可以在大走廊或花园里的吊床上消磨好几天。客房舒适时髦，另提供自行车和皮划艇让顾客探寻当地美景。

Okuti Garden 青年旅舍 $

（03-325 1913；www.okuti.co.nz；216 Okuti Valley Rd；成人/儿童 $50/25；10月至次年4月；P 📶）注重生态是这处古怪旅舍的一大特征，一辆房车和几顶浪漫的圆顶帐篷点缀着色彩斑斓的厨房花园。新鲜采摘的香草、比萨烤炉、柴火烧水的浴缸、吊床和放养的鸡都让这里有一丝“健康生活”的味道。

奥凯因斯湾露营地 露营地 $

（Okains Bay Camping Ground；03-304 8789；www.okainsbaycamp.co.nz；1357 Okains Bay Rd；露营地 每位成人/儿童 $12/6；P）这处整洁的露营地位于一片松树林中，旁边就是美丽的海滩和河口。可用设施只有厨房设备、厕所和投币热水淋浴，但是位置无可匹敌。

Coombe Farm 民宿 $$

（03-304 7239；www.coombefarm.co.nz；18 Old Le Bons Track, Takamatua Valley；双 $180~220；P 📶）可选择入住私密浪漫的牧羊人小屋（Shepherd's Hut），有户外浴室，或者根据Laura Ashley品牌格调翻新的古老农舍。用完豪华早餐后，你可以步行前往附近的瀑布，或者开车5分钟前往阿卡罗阿。

就餐

Little River Cafe & Gallery 咖啡馆 $

（03-325 1944；www.littlerivergallery.com；SH75, Little River；主菜 $13~22；周一至周五7:30~16:00，周六和周日 7:30~16:30）繁荣的定居点Little River位于连接基督城和阿卡罗阿的SH75公路旁，有梦幻的当代美术馆、商店和咖啡馆。各方面都是顶级的，供应一些尤其美味的家常烘焙食物，也有好吃的熟食可打包带走。

Barrys Bay Cheese 奶酪 $

（03-304 5809；www.barrysbaycheese.co.nz；5807 Christchurch-Akaroa Rd；奶酪 $7~11；9:00~17:00）这座曾获大奖的奶酪工厂有一家附属的小商店，你可以在其中品尝奶酪美食，挑一些作为海滨野餐食品。透过大窗户可让你看到里面神奇的生产过程。距离阿卡罗阿12公里。

★ Hilltop Tavern 小酒馆食物 $$

（03-325 1005；www.thehilltop.co.nz；5207 Christchurch-Akaroa Rd；比萨 $24~26，主菜 $22~30；10:00至深夜，5月至9月 营业时间缩短）这家古老的酒馆有精酿啤酒、木火烤的比萨、台球桌，有时会有现场乐队演奏，当地人和游客都喜欢来这里。可以来享受绝美的阿卡罗阿海港和半岛风光，尤其是日落时分。

小河小路（LITTLE RIVER TRAIL）

这条难度很低的49公里的骑行小路（www.littleriverrailtrail.co.nz）是新西兰出色的骑行小路之一，从基督城郊区的霍恩比（Hornby）开始，到达班克斯半岛底部的小河。途中会翻越乡村平原，经过饱经风霜侵蚀的山峰，沿着Lake Ellesmere湖畔（这里有新西兰最多的鸟类）及其较小的姐妹湖Lake Forsyth行进。最好的部分是从小河返程的路段，那里有一家咖啡馆，出租自行车。

到达和离开

从10月到次年4月，Akaroa Shuttle（见560页）每天都有车从基督城前往阿卡罗阿（8:30出发），返回基督城是在15:45。登录网站可查看基督城内接送服务。也有从基督城出发探索班克斯半岛的观光之旅。

Akaroa French Connection（见560页）全年每天9:00都有车从基督城出发，从阿卡罗阿返程的时间是在16:00。

阿卡罗阿（Akaroa）

☎03/人口 624

阿卡罗阿（意为“长长的海滩”）是新西兰首个法国开拓者的定居点，开拓者的后代至今仍居住于此。这个迷人的小镇试图重新营造法国乡村风情，从街道和房屋的命名当中可见一斑。这里通常很宁静，但是会被定期从巨大的巡航船上下来的人群打破。船只曾停靠在利特尔顿港，但自从地震之后，它们大多去了阿卡罗阿。即便利特尔顿已经恢复元气，这些船只依然舍不得离阿卡罗阿而去。

景点

★巨匠之家 花园

（Giant's House；www.thegiantshouse.co.nz；68 Rue Balguerie；成人/儿童 $20/10；⏲1月至4月12:00~17:00，5月至12月 14:00~16:00）这座由雕塑和马赛克组成的古怪的花园可谓是巨匠之作，作品源自本地艺术家乔茜·马丁（Josie Martin）对艺术持之以恒的热爱，它们遍布阿卡罗阿的山腰。在错综复杂的镜面拼贴画、瓦片和破碎的瓷器中，你会发现高迪（Gaudí）和米罗（Miró）的影子。这里还有许多出人意料的隐蔽角落值得你探索。这座19世纪80年代建造的房子曾是阿卡罗阿首任银行经理的住所，乔茜自己的画作和雕塑作品也在这里展示。

★阿卡罗阿博物馆 博物馆

（Akaroa Museum；www.akaroamuseum.org.nz；Rue Lavaud和Rue Balguerie交叉路口；⏲10:30~16:30）免费 这个震后花大力气重建的地区博物馆用时尚的当代风格装饰，可从中了解半岛定居点从毛利时代到法国殖民时期不同阶段的历史，还可参观有趣的临时展览。20分钟的历史影片展映位于旁边经过修复的法院，值得观赏。注意捐款箱。

旧法国墓地 墓地

（Old French Cemetery）这座位于山腰的古迹是坎特伯雷第一座祝圣的墓地，也是一个令人沉痛的景点。沿着Rue Brittan旁边的小路上山即到。

圣帕特里克天主教堂 教堂

（St Patrick's Catholic Church；www.akaroacatholicparish.co.nz；29 Rue Lavaud；⏲8:00~19:00）可爱的阿卡罗阿天主教堂（1863年）有饰边装饰，色彩富丽的彩色玻璃是从德国的斯图加特（Stuttgart）进口来的。

圣保罗英国圣公会教堂 教堂

（St Peter's Anglican Church；46 Rue Balguerie）这座建于1864年的优雅的圣公会教堂于2015年重建，有大量裸露的木头、彩绘玻璃和一座古老的管风琴。不管你是不是信徒都值得参观。

活动

Akaroa Adventure Centre 户外

（☎03-304 7784；www.akaroa.com；74a Rue Lavaud；⏲9:00~17:00）出租海上皮划艇和站立式单桨冲浪板（每小时/天 $20/60）、船（每小时 $30）、自行车（每小时/天 $15/65）和钓鱼竿（每天 $10）。店面位于阿卡罗阿信息中心（见569页），夏季会营业到更晚（12月至次年3月）。

团队游

Akaroa Guided Sea Kayaking Safari 皮划艇

（☎021 156 4591；www.akaroakayaks.com；每人 $115起）参加这里的导览皮划艇团队游，到海港周边安静地划船，有针对初学者的项目，也可满足有经验的划手。7:30出发，参加3小时的日出巡游，如果无法早起，你还可以尝试11:30开始的亮点游。

Eastern Bays Scenic Mail Run 自驾游

（☎03-304 8526；团队游 $80；⏲周一至周五 9:00出发）全程120公里，耗时5小时，导游是一位转行为邮递员的前保护区管理员，跟随他前行，探访偏僻的村落和海湾。从阿卡罗阿信息中心（见569页）出发。要参加必须预订，因为只有8个座位。

Black Cat Cruises 乘船游

（☎03-304 7641; www.blackcat.co.nz; Main Wharf; 自然观光巡航 成人/儿童 $75/30, 与海豚一起游泳 成人/儿童 $160/130）除了2小时的自然观光巡航之外，Black Cat还提供3小时的"与海豚一起游泳"的体验，提供紧身潜水衣和潜水设备，还有回到陆地上的热水淋浴。乘船观光可随时前往（成人/儿童 $85/45），但每次仅限12人下水与海豚同游，所以需要预订。

Akaroa Dolphins 乘船游

（☎03-304 7866; www.akaroadolphins.co.nz; 65 Beach Rd; 成人/儿童 $80/40; ⊙全年12:45, 10月至次年4月 10:15和15:15）2小时的野生动物探索之旅，乘坐一艘50英尺长的舒适双体船出游，供应免费饮品、家常烘烤食物。最重要的是，还有一条出色的野生动物搜寻犬。

Fox II Sailing 乘船游

（☎0800 369 7245; www.akaroafoxsail.co.nz; Daly's Wharf; 成人/儿童 $80/40; ⊙1月至5月 10:30和13:30出发）享受美景，观察海洋生物，了解一些历史，尝试驾驶制造于1922年的双桅纵帆船。

Akaroa Sailing Cruises 乘船游

（☎0800 724 528; www.aclasssailing.co.nz; Main Wharf; 成人/儿童 $75/37.50; ⊙出发时间 10月至次年5月中旬 10:15和13:15）亲自驾驶这艘1946年建造的A级快艇进行2.5小时的巡航。

节日和活动

French Fest 美食和饮品

（www.akaroa.com/akaroa-french-fest; ⊙10月）这是一个受到高卢文化启发的大聚会，为期2天，包括重演历史、集市、各类活动，当然还有大量的美食和美酒。在奇数年举行。

住宿

Chez la Mer 青年旅舍 $

（☎03-304 7024; www.chezlamer.co.nz; 50 Rue Lavaud; 铺 $34, 双 $76, 带浴室 $86; 📶）这家友好的背包客旅舍位于一座漂亮的粉红色古老建筑中。房间维护良好，有一座郁郁葱葱的花园，还有鱼塘、吊床、烧烤设施，还有一间舒适的休息室和厨房，免费提供自行车。

Akaroa Top 10 Holiday Park 度假公园 $

（☎0800 727 525, 03-304 7471; www.akaroa-holidaypark.co.nz; 96 Morgans Rd; 露营地 $40~47, 套间 $82~125; @📶🏊👪）这家度假公园的王牌是壮观的海港和半岛山地景色。小屋和汽车旅馆套间虽然陈旧，但很整洁，设施区需要大修。

Akaroa Village Inn 公寓 $$

（☎03-304 1111; www.akaroavillageinn.co.nz; 81 Beach Rd; 套 $135~245; P📶）这座不规则的建筑就在海港前方，提供一卧和两卧套间，豪华程度不尽相同。水景公寓显然是最佳选择，不过可以多看几间，因为房间都是个人所有的，所以设备差别会很大。

La Rochelle 汽车旅馆 $$

（☎03-304 8762, 0800 452 762; www.larochellemotel.co.nz; 1 Rue Grehan; 双/四 $170/260; P📶）La Rochelle整洁、现代、价格合理，有各种紧凑的汽车旅馆小单间，均配备小厨房和小型封闭露台或阳台。步行即可前往主村。

Tresori Motor Lodge 汽车旅馆 $$

（☎03-304 7500; www.tresori.co.nz; Rue Jolie和Church St交叉路口; 双 $135~205; 📶）这间拥有12间现代套间的友好的汽车旅馆很干净，距离海滨大道只有一个街区。所有房间都带厨房，但由于距离阿卡罗阿咖啡馆和餐厅区很近，所以可能用不上。

★ Beaufort House 民宿 $$$

（☎03-304 7517; www.beauforthouse.co.nz; 42 Rue Grehan; 房间 $395; ⊙6月至8月歇业; P📶）这座可爱的房屋隐藏在一条安静街道上美丽的花园背后，始建于1878年，装饰着令人羡慕的艺术品和古董。5个房间装饰各不相同，只有一间不带独立卫浴，作为补偿，你可以使用大厅对面的私人浴室（有很大的爪形足的浴缸）。房价包括一顿出色的早餐。

Akaroa 阿卡罗阿

就餐

Peninsula General Store 咖啡馆、熟食 $

(03-304 8800; www.peninsulageneralstore.co.nz; 40 Rue Lavaud; 周四至周一 9:00~16:00) 这家位于角落的小餐厅不仅出售新鲜面包、当地有机食材和杂货,也有村里最好的意式浓缩咖啡。

Akaroa Boucherie & Deli 熟食 $

(67 Rue Lavaud; 周一至周五 10:00~17:30,周六 9:00~16:00)这家肉店和熟食店是

Akaroa 阿卡罗阿

野餐者和自炊人士的梦想之地，出售当地各种物产，包括面包、三文鱼、奶酪、泡菜、美味的馅饼、小份菜肴，当然也有肉类。

Akaroa Fish & Chips 炸鱼和薯条 $

（59 Beach Rd；主菜 $10~20；⏲11:00~19:30）这家小店位于海边一个舒适的场所，可大口品尝蓝鲭鱼、扇贝、牡蛎和其他各式油炸食品。可以在店里吃，也可以打包到马路对面的海港边享用。不管怎样，做好海鸥一直在你身边盘旋的准备。

Trading Rooms 法国菜 $$$

（☎03-304 7656；www.thetradingrooms.co.nz；71 Beach Rd；主菜 午餐 $19~29，晚餐 $28~39；⏲周四至周一 10:00~15:00，周五至周一 17:00~22:00）这家餐厅氛围很好，采用法式暗色木头和紫红色装饰，是精致用餐的好去处。法式菜肴包括蜗牛和砂锅菜，不过午餐的法式风情会少一些，菜单上会出现汉堡和美味的三明治。

Little Bistro 法国菜 $$$

（☎03-304 7314；www.thelittlebistro.co.nz；33 Rue Lavaud；主菜 $22~40；⏲周二至周六 17:30~23:00）这家体面的小酒馆提供精致的食物，经典法式小馆风格的菜单上有当地海鲜、南岛葡萄酒和坎特伯雷精酿啤酒。菜单应季变化，但是一般会有备受喜爱的脆皮羔羊肉和当地三文鱼。

饮品和夜生活

Harbar 酒吧

（83 Rue Jolie；⏲17:00~21:30）营业时间多变，根据天气和需求而定，不过这些都不会打消你来阿卡罗阿最受欢迎的这家水边酒吧饮酒赏落日的兴致。夏季夜晚（12月至次年3月）没有比这里更好的地方了。

娱乐

Akaroa Cinema & Café 电影院

（☎03-304 8898；www.cinecafe.co.nz；Rue Jolie和Selwyn Ave交叉路口；成人/儿童 $15/10）买瓶啤酒，观看艺术表演和经典电影，有高质量的声音和投影设备。

实用信息

阿卡罗阿信息中心和探险中心（Akaroa i-SITE & Adventure Centre；☎03-304 7784；www.akaroa.com；74a Rue Lavaud；⏲9:00~17:00）一家很有帮助的信息中心，提供免费地图、信息，预订活动、交通等资讯。这里也是邮局。

到达和离开

10月到次年4月，Akaroa Shuttle（见560页）每天有一班车从基督城前往阿卡罗阿（8:30出发），返程时间为15:45。可登录网站查看基督城接送服务。也提供从基督城出发探索班克斯半岛的观光团队游。

Akaroa French Connection（见560页）全年每日都有一班车9:00从基督城出发，返回时间为16:00。

北坎特伯雷（NORTH CANTERBURY）

从凯库拉（Kaikoura）向南，SH1穿过Hundalee Hills前往胡鲁努伊区（Hurunui District），该地区以红酒和汉默斯普林斯（Hanmer Springs）的地热温泉著称。坎特伯雷平原（Canterbury Plains）也从这里发端，这是一片广大、平缓、肥沃的农业区，被错综复杂的河流切割成块。这片平原的西边毗邻南阿尔卑斯山（Southern Alps）。无论你是从西港还是从纳尔逊进入坎特伯雷，最直接的路线都会从美丽的刘易斯隘口公路（Lewis Pass Hwy，SH7）穿过南阿尔卑斯山。

刘易斯隘口（Lewis Pass）

在连接东西海岸的3条主要通道中，海拔864米的刘易斯隘口最靠北，没有其他两条（亚瑟和哈斯特）陡峭，但风景一样优美。植被主要是山毛榉（红色和银色），还有沿着河流两岸生长的四翅槐树（kowhai）。

2016年11月地震后，凯考瓦北部的SH1公路关闭，刘易斯隘口就成了连接皮克顿和基督城的主要通道。从刘易斯隘口开始，公路向东蜿蜒62公里抵达汉默斯普林斯出口。

景点

马布尔山 森林

（Marble Hill；www.doc.govt.nz；SH7）马布尔山位于刘易斯隘口风景保护区内，有新西兰最美的环保部露营地之一——一排营地隐藏在山毛榉森林中，眺望着一片草地，周围环绕着积雪覆盖的山岳。

这个特别的地方是新西兰保护区运动的一个标志性胜利。在20世纪70年代，这片具有重要意义的森林因为341,159人的签名请愿而免于被砍伐的命运，这次请愿被称为“黑金宣言”（Maruia Declaration），对1987年环保部的创建起到了巨大的推动作用。

活动

这片区域有一些有趣的**徒步路线**，它们穿过一片山毛榉树林，背景是白雪皑皑的山峰，还有湖泊、高山小湖。比较受欢迎的路线是**St James Walkway**（66公里，行程4～5天）和穿过**萨姆纳湖森林公园**（Lake Sumner Forest Park）的道路。参见环保部提供的小册子《萨姆纳湖和刘易斯隘口》（*Lake Sumner & Lewis Pass*；$2）。这里属于亚高山气候带，请在小木屋签署出行意向书。

马鲁亚温泉 温泉

（Maruia Springs；☎03-523 8840；www.maruiasprings.co.nz；SH7；成人/儿童 $40/18；⏲水池 8:00～21:00）是一家小型温泉度假村，位于Maruia River沿岸。水温在36℃～42℃，拥有多种浴池，包括户外岩石浴池、室内浴池、桑拿和冷水浴池。冬天（6月至9月）景色如梦似幻，但在夏天（12月至次年3月）要提防沙蝇。

到达和离开

East West Coaches（☎03-789 6251；www.eastwestcoaches.co.nz）运营的客车除周六以外每天往返基督城和韦斯特波特（西港），途经刘易斯隘口（成人/儿童 $60/45，5小时），停靠Maruia Springs和St James Walkway。

汉默斯普林斯（Hanmer Springs）

☎03/人口 840

环绕在山脉之中的汉默斯普林斯略带欧洲风情，此外这里的许多街道都以英国温泉城镇（巴斯，哈罗盖特，利明顿）命名，更增添了气氛。小镇是南岛主要的地热温泉胜地。在这个低调且令人愉悦的地方，你可以尽情享受，无论是在温泉水池里、餐厅中，还是在水

Hanmer Springs 汉默斯普林斯

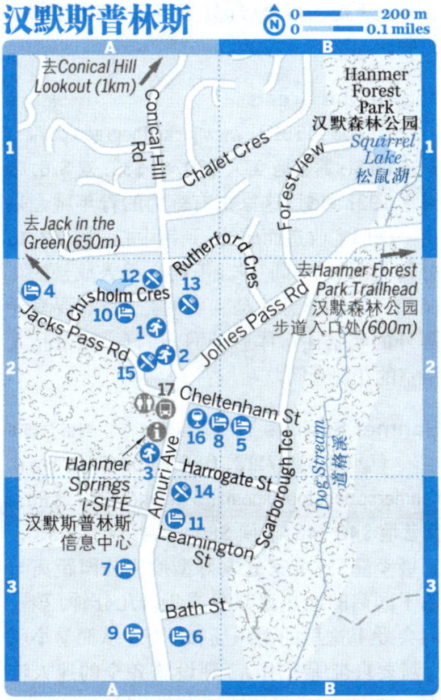

Hanmer Springs 汉默斯普林斯

活动、课程和团队游

1 汉默斯普林斯探险中心 A2
2 Hanmer Springs Attractions 预订办公室 A2
Hanmer Springs Spa （见3）
3 Hanmer Springs Thermal Pools A2

住宿

4 Chalets Motel A2
5 Cheltenham House B2
6 Hanmer Springs Top 10 A3
7 Kakapo Lodge A3
8 Rosie' s A2
9 Scenic Views A3
10 St James A2
11 Tussock Peak Motor Lodge A3

就餐

12 Coriander' s A2
Hanmer Springs Bakery （见1）
13 Malabar A2
14 No. 31 A3
15 Powerhouse Cafe A2

饮品和夜生活

16 Monteith' s Brewery Bar A2

交通

Hanmer Connection （见17）
Hanmer Tours & Shuttle （见17）
17 主汽车站 A2

疗中心内。如果你觉得这些听起来都太无聊的话，也别担心，还有很多适合家庭的户外活动，包括一些令人肾上腺素飙升的刺激项目。

活动

★汉默斯普林斯温泉池 温泉

（Hanmer Springs Thermal Pools；☎03-315 0000；www.hanmersprings.co.nz；42 Amuri Ave；成人/儿童 $24/12，储物柜 每2小时 $2；⏲10:00~21:00）根据毛利传说，这些温泉是北岛瑙鲁赫伊山（Mt Ngauruhoe）喷发的余烬从天空坠落形成的。不管起源如何，全年都有游客成群结队地浸泡在这里的温泉之中。主温泉水由一系列水温不同的大水池组成。

汉默森林公园 步行、山地骑行

（Hanmer Forest Park；www.visithurunui.co.nz）在这座城镇周围绵延130平方公里的森林中，步行和山地自行车爱好者可以找到很多活动空间。难度低的Woodland Walk从Jollies Pass Rd向上1公里处开始，穿过花旗松、杨树和红杉林，并入Majuba Walk通往Conical Hill Lookout，然后折回小镇（1.5小时）。

瀑布步道（Waterfall Track）是一条出色的半日步道，从McIntyre Rd尽头开始。汉默斯普林斯信息中心（见574页）提供一本叫作《森林公园步行》（*Forest Park Walks*）的小册子和一张山地自行车路线地图（售价都为$3）。

Hanmer Springs Spa 水疗

（☎03-315 0029，0800 873 529；www.hanmersprings.co.nz；42 Amuri Ave；⏲10:00~19:00）如果想养尊处优，那你算来对地方了。这家水疗中心能满足你对国际标准水疗中心的所有期待，包括面部护理（$90起）、热石按摩（$180）以及全身养护（$320）。

Mt Lyford Alpine Resort 滑雪

（☎0274 710 717，03-366 1220；www.mtlyford.co.nz；一日通票 成人/儿童 $75/35；⏲电梯

9:00~16:00）距离汉默斯普林斯和凯考瓦都在60公里左右，相比新西兰大部分滑雪场，更像是度假村，提供住宿和就餐选择。有各种滑道和山地公园。

旺季有从利福德山村（从汉默斯普林斯驾车45分钟）来的接驳车，可在汉默斯普林斯探险中心（Hanmer Spring Adventure；☎0800 368 7386, 03-315 7233；www.hanmeradventure.co.nz；20 Conical Hill Rd；⏰9:00~17:00）咨询。

汉默斯普林斯滑雪场 滑雪

（Hanmer Springs Ski Area；☎027 434 1806；www.skihanmer.co.nz；全日通票 成人/儿童/家 $60/30/130）这座小型滑雪场距离镇上只有17公里的土石路，拥有适合各种水平滑雪者的滑雪道。探险中心会在滑雪季安排往返滑雪场的交通（成人/儿童 $40/32），也可出租设备。

Hanmer Springs Attractions 探险运动

（☎03-315 7046, 0800 661 538；www.welcomeaboard.co.nz；839 Hanmer Springs Rd；⏰9:00~17:00）可从35米高的大桥上蹦极（$169），在怀奥峡谷（Waiau Gorge）乘坐喷射艇（1小时，成人/儿童 $125/70），乘筏子（2小时，成人/儿童 $169/99）或充气式独木舟（5小时，成人/儿童 $249/169）探索怀奥河，或者乘坐四驱车把自己弄得脏脏的（2小时，成人/儿童 $169/99）。活动基地在SH7路口附近的大桥旁，不过镇上有一个预订办公室（☎03-315 7346, 0800 661 538；www.welcomeaboard.co.nz；12 Conical Hill Rd；⏰9:00~17:00）。

住宿

汉默斯普林斯有大量的住宿选择，包括基本型的露营地，豪华的民宿和时髦的公寓。如果计划住一阵子，可登录www.alpineholidayhomes.co.nz和www.hanmerholidayhomes.co.nz网站查询当地租房信息。

Kakapo Lodge 青年旅舍 $

（☎03-315 7472；www.kakapolodge.co.nz；14 Amuri Ave；铺 $33，双 $76，带浴室 $95；🅿📶）Kapapo加盟了国际青年旅舍组织（YHA），店主很开朗，这里拥有宽敞的厨房和走廊，地热供暖，还有一个位于一层的室外露台。提供非上下铺的宿舍（部分带浴室）和干净的双人间。

Jack in the Green 青年旅舍 $

（☎03-315 5111；www.jackinthegreen.co.nz；3 Devon St；露营地 每人 $20，铺 $32，双 $76，带浴室 $92；🅿📶）这家富有魅力的青年旅舍是由一栋旧宅改造而成的，到镇中心只需步行10分钟。宽敞的房间（非上下铺）、令人放松的花园和舒适的休息区是主要的亮点。想要享受额外的私密住宿体验，可以预订一间带私人浴室的花园套间。

Hanmer Springs Top 10 度假公园 $

（☎03-315 7113, 0800 904 545；www.hanmerspringstop10.co.nz；5 Hanmer Springs Rd；露营地 $40~48，套间 $89起，带浴室 $145起；🅿@📶👪）这个家庭友好型度假公园距离与镇子同名的地热温泉只需步行几分钟，孩子们会爱上这里的游乐场和蹦床。从简易小屋（需要自带所有用品）到设施齐全的迷人汽车旅馆套间，这里的选择十分多样。

★ Woodbank Park Cottages 小屋 $$

（☎03-315 5075；www.woodbankcottages.co.nz；381 Woodbank Rd；双 $190~225；🅿❄）两座豪华的小屋被丛林环绕，从汉默斯普林斯到这里只有6分钟的车程，但给人置身世外桃源的感觉。装潢简洁现代，全包围的木质露台配有天然气烧烤设施，还能欣赏田园风光，也有烧木柴的壁炉和存货充足的厨房。

Chalets Motel 汽车旅馆 $$

（☎03-315 7097；www.chaletsmotel.co.nz；56 Jacks Pass Rd；双 $160~195；🅿📶）在这些整洁、价钱合理的独立式木屋中尽情享受山间美景。这家旅馆位于镇中心背后的山坡上。所有小屋都有设施齐全的厨房，较大的水疗套间是最佳选择。

Scenic Views 汽车旅馆 $$

（☎03-315 7419, 0800 843 974；www.hanmerscenicviews.co.nz；2 Amuri Ave；双 $160~235，公寓 $245起；🅿❄📶👪）迷人的木头和石头建造的建筑，提供现代化的单间和公寓，大多数都有阳光充足的阳台或露台。可从两个水

疗房中选择一个，能看到宜人的山景。

Rosie's 民宿 $$

(☎03-315 7095; www.rosiesbandbhanmer.co.nz; 9 Cheltenham St; 标单/双 $90/140; Ⓟ📶) Rosie虽然已经离开，但这家温馨超值的民宿依然好客热情。顾客可使用舒适的公用休息室和厨房，价格包括一顿欧陆早餐。

Tussock Peak Motor Lodge 汽车旅馆 $$

(☎03-315 5191, 0800 887 762; www.tussockpeak.co.nz; 2 Leamington St; 双 $160~180; 📶)风格现代、一尘不染的Tussock Peak Motor Lodge位于小镇中央，拥有色彩鲜艳的装潢和友好的服务。房型有小开间、单卧和双卧房，有些还带水疗浴盆和阳台。

Cheltenham House 民宿 $$$

(☎03-315 7545; www.cheltenham.co.nz; 13 Cheltenham St; 房间 $235~280; Ⓟ📶)这座20世纪30年代的大房子里有一张台球桌和一架大钢琴，主建筑内有4间充满艺术气息的套房，舒适的花园小屋有两间套房。美味的早餐可以直接送到你的房间，晚上还有红酒。

St James 公寓 $$$

(☎0508 785 2637, 03-315 5225; www.thestjames.co.nz; 20 Chisholm Cres; 双 $225~270, 公寓 $320起; Ⓟ❄📶)在这家非常现代化的时尚公寓，你可以享受所有生活设备，包括一个iPod基座音响和一间配备全套厨具的厨房。房间有从小开间至双卧公寓的各种类型，大多数都能看到山景。

✕ 就餐

Hanmer Springs Bakery 面包房 $

(☎03-315 7714; www.hanmerbakery.co.nz; 16 Conical Hill Rd; 馅饼 $4.80~5.80, 卷饼 $4.50起; ⏲6:00~16:00)在旺季，前来买肉馅饼和卷饼的队伍都要排到这家简陋面包房的门外了。

Coriander's 印度菜 $$

(☎03-315 7616; www.corianders.co.nz; Chisholm Cres; 主菜 $16~22; ⏲周二至周五 正午至14:00和17:00~22:00, 周一 17:00~22:00; 🌿)在这家粉刷鲜艳的北印度风味餐厅，有彭戈拉舞曲的背景音乐。这里有很多美味的羊羔肉、鸡肉和海鲜菜肴可供选择，素食也特别好。午餐特色菜($14)很超值。

Powerhouse Cafe 咖啡馆 $$

(☎03-315 5252; www.powerhousecafe.co.nz; 8 Jacks Pass Rd; 早午餐 主菜 $15~24; ⏲7:30~15:00)这家当地人最爱的就餐处隐藏

另辟蹊径

摩斯沃斯牧场(MOLESWORTH STATION)

摩斯沃斯牧场位于汉默斯普林斯和布莱尼姆(Blenheim)之间，占地1807平方公里，是新西兰最大的牧场，拥有新西兰数量最多的牛群(多达10,000头)。这里对新西兰的国家生态也很重要，整座农场如今由**环保部**(DOC; ☎03-572 9100; www.doc.govt.nz; Gee St, Renwick)监管。

天气允许的情况下，穿过牧场的Acheron Rd在11月至次年4月初会开放(主要还是取决于天气情况，请与环保部或位于汉默斯普林斯的游客信息中心核实)。注意，大门在7:00~19:00打开。可以从信息中心索取或在线下载环保部制作的宣传册《摩斯沃斯牧场》(*Molesworth Station*)了解信息。

只有部分区域允许过夜露营(成人/儿童 $6/3; 禁止明火)。这里还有两三座环保部的简陋小屋(成人/儿童 $5/2.50)。

Molesworth Heritage Tours(☎027 201 4536, 03-315 7401; www.molesworth.co.nz; 团队游 $198~770; ⏲10月至次年5月)组织从汉默斯普林斯出发的四驱车牧场团队游。一日游包括一顿午餐野餐，也可以选择5个小时的纯粹游览。从布莱尼姆方向出发的话，**Molesworth Tours**(☎03-572 8025; www.molesworthtours.co.nz)提供1~4天的全包四驱车游览($220~1487)，以及为期4天的全包(含饮食山地自行车探险游 $1460)。

在主街旁边，有美味蛋糕和高质量咖啡。用分量十足的High Country早餐为自己充电，或尝试Highland Fling——威士忌浸泡的焦糖粥，上面盖香蕉。午餐也同样美味。

Malabar 亚洲菜 $$

（☎03-315 7745；www.malabar.co.nz；5 Conical Hill Rd；主菜 $28~35；⏲周二至周日 17:00~22:00，周六 正午至 14:30）这家优雅的餐厅位于主街，供应从北京到印度班加罗尔（Bangalore）的各种亚洲风味菜肴，但更偏重印度菜。所有菜肴都可以供大家一同分享，也有少量菜肴可以单点外卖。

No. 31 新派新西兰菜 $$$

（☎03-315 7031；www.restaurant-no31.nz；31 Amuri Ave；主菜 $37~40；⏲17:00~23:00）开在一幢可爱的小木屋里，提供大分量、高质量的菜肴，虽然是守旧风格。高档的氛围与价格很相符，不过优越的位置也值得你付费——餐馆就在温泉对面。周末要预订。

饮品和夜生活

Monteith's Brewery Bar 小酒馆

（☎03-315 5133；www.mbbh.co.nz；47 Amuri Ave；⏲9:00~23:00）这家位于水边的酒馆是镇上最繁忙的，面积很大，但稍稍有些旧。厨房全天提供很好的酒馆食物（主菜 $22~35）。周日16:00起有现场音乐演奏。

实用信息

汉默斯普林斯信息中心（Hanmer Springs i-SITE；☎03-315 0020，0800 442 663；www.visithanmersprings.co.nz；40 Amuri Ave；⏲10:00~17:00）可预订交通工具、食宿和活动项目。

到达和离开

主汽车站在Amuri Ave和Jacks Pass Rd路口附近。

Hanmer Connection（见560页）往返基督城的每日班车途经怀帕拉（Waipara）和安伯利（Amberle），9:00从基督城出发，16:30从汉默斯普林斯返回。

Hanmer Tours & Shuttle（☎03-315 7418；www.hanmertours.co.nz）提供往返卡尔弗登（Culverden；$15，30分钟）、怀卡里（Waikari；$15，45分钟）、怀帕拉（$20，1小时）、安伯利（$20，1小时）、基督城市中心（$35，2小时）和基督城机场（$45，2小时）的客车，每天1班。

怀帕拉谷（Waipara Valley）

☎03/人口 5200

在基督城以北60公里处，怀帕拉谷沿SH1公路伸展，一片纯粹的田园风光尽现眼前。山谷的夏天温暖干燥，秋天夜晚凉爽，非常适宜种植葡萄、橄榄、榛子和薰衣草。怀帕拉出产的葡萄虽然还不到新西兰总量的3%，却有一些该国最好的由凉爽气候催生的葡萄酒，包括雷司令（riesling）、黑皮诺（pinot noir）和琼瑶浆（gewürztraminer）。

本地区有大约30家葡萄酒庄，约有12家有可供参观的品酒室，4家有餐厅。为充分探索山谷，带上一份北坎特伯雷葡萄酒产区地图（*North Canterbury Wine Region*；或者从www.waiparavalleynz.com网站下载）。然后，在公路上探寻其中几个亮点。该区域主要的城镇是小小的怀帕拉和稍大的安伯利，不过你可能大多数时间都是在两者之间的乡村度过。

景点

★ **Pegasus Bay** 葡萄酒庄

（☎03-314 6869；www.pegasusbay.com；Stockgrove Rd；⏲餐厅 周四至周一 正午至16:00，品酒 每天 10:00~17:00）Pegasus Bay是怀帕拉山谷最好的葡萄酒庄，环境最怡人，还有坎特伯雷最好的餐厅之一（主菜 $34~43）。修剪过的葱翠花园风景很好，不过当代风格的新西兰菜单和搭配的甘美葡萄酒才是亮点。

Black Estate 葡萄酒庄

（☎03-314 6085；www.blackestate.co.nz；614 Omihi Rd，SH1；⏲10:00~17:00，6月至10月 开放时间缩短）这座迷人的黑色粮仓高耸在能眺望山谷的一座小山上，有一些出色的酒品——可尝试从附近的3座葡萄园中出产的黑皮诺，每种土壤条件都不同。附属的餐厅光线充足，能看到绝美的风景，食物也是主打当地食材（主菜 $38~44）。

Brew Moon 精酿酒馆

（☎03-314 8036；www.brewmoon.co.nz；12

Markham St, Amberley; ⏲周三至周五 15:00至深夜，周六和周日 正午起）这家精酿酒馆提供的各种啤酒从来不会让人失望。进来装一壶带走，或者到舒适的酒吧区搭配美味的木柴烤的比萨一起享用（比萨 $10~20）。

食宿

Old Glenmark Vicarage 民宿 $$$

（☎03-314 6775; www.glenmarkvicarage.co.nz; 161 Church Rd, Waipara; 双 $230, 粮仓 双 $210; P 📶 🏊）这家精心修复的牧师住所中有两个很好的选择，可以在主楼享用床铺和早餐，也可以在由充满个性的粮仓改造的双人间休息，能住6个人（很适合家人或团队游客）。可爱的花园和游泳池是一大福利。

★ **Little Vintage Espresso** 咖啡馆 $

（20 Markham St, Amberley; 早餐 $10~19; ⏲周一至周六 7:00~16:00; 📶）这座刷成白色的小屋就在SH1公路旁，有镇上最好的咖啡，还有美味的食物。也提供全天早餐、美味三明治和家常蛋糕。

Pukeko Junction 咖啡馆、熟食 $$

（☎03-314 8834; www.pukekojunction.co.nz; 458 Ashworths Rd, SH1, Leithfield; 主菜 $7.50~20; ⏲周二至周日 9:00~16:30; ✍）本地很受欢迎的路边小馆之一，明亮、友好，位于利斯菲尔德（Leithfield，在安伯利以南），供应美味的烘焙食物，如精美的香肠卷和羊奶酪、韭菜和核桃馅饼。附属的商店有许多当地出产的优质葡萄酒。

到达和离开

Hanmer Connection（见560页）每天有1班车往返汉默斯普林斯（$20, 50分钟）和基督城（$20, 1.25小时），可按要求在怀帕拉停靠。

Hanmer Tours & Shuttle每天有1班车提供往返汉默斯普林斯（$20）、基督城市中心（$15）和基督城机场（$25）。

InterCity（见560页）的长途汽车往返皮克顿（$34起, 7小时）、凯库拉（$28起, 1.75小时）和基督城（$11起, 1小时），每日至少1班。如果凯考瓦北部的SH1公路重新开通，到皮克顿的时间会缩短。

从基督城开往皮克顿（Picton）的Coastal Pacific火车中途停靠怀帕拉，登录www.railnewzealand.com查看最新信息。

坎特伯雷中部（CENTRAL CANTERBURY）

这片地区大部分都是坎特伯雷平原的农业腹地，不过在西边还是有很多令游客感兴趣的地方，比如南阿尔卑斯山顶的皑皑白雪——这里有许多滑雪场，还有一些美妙的荒野步行路线。

风景最优美的道路远离海岸，而且大多数景点都可以通过两条壮丽的道路抵达，这在新西兰是不多见的。一条是从坎特伯雷平原出发进入山区，再前往西海岸的Great Alpine Highway（SH73）；另外一条是沿着山脚行进的Inland Scenic Route（SH72），南下前往特卡波（Tekapo）。

塞尔温区（Selwyn District）

☎03/人口 56,400

这一地区乡野气息浓厚，是以新西兰的首位英国国教圣公会主教的名字命名的。这里的许多地名都可以在英国本土找到，比如林肯（Lincoln）、达菲尔德（Darfield）、谢菲尔德（Sheffield）等。置身于"英格兰青山绿地"的幻觉很快就会被南阿尔卑斯山脉白雪覆顶的景象打破。

从基督城行至西岸区的途中，风景如画的Great Alpine Hwy穿过这片地区的中心。离开坎特伯雷平原之前，路上有一个小定居点，叫作斯普林菲尔德（Springfield），这里有一座纪念碑，是为了纪念路易·艾黎（Rewi Alley, 1897~1987年），他后来被列为"中国的十大国际友人"之一。

塞尔温的众多滑雪场或许不是新西兰最迷人的，但它们也能让滑雪爱好者过上一把瘾。**波特斯**（Porters; ☎03-318 4731; www.skiporters.co.nz; 一日电梯通票 成人/儿童 周末 $99/69, 周中 $79/49; ⏲电梯 9:00~16:00）是主要商业区，夜店区包括**奥林巴斯山**（Mt Olympus; ☎03-318 5840; www.mtolympus.co.nz; 一日电梯通票 成人/儿童 $75/35）、**奇斯曼**（Chesseman; ☎03-344 3247, 滑雪热线 03-318 8794; www.mtcheeseman.co.nz; 一日电梯通

票 成人/儿童 $79/39; ⌚电梯 9:00~16:30，周中开放时间缩短）、布罗肯河（Broken River; ☎03-318 8713; www.brokenriver.co.nz; 一日电梯通票 成人/儿童 $75/35; ⌚电梯 9:00~16:00）、克雷格本山谷（Craigieburn Valley; ☎03-318 8711; www.craigieburn.co.nz; 一日电梯通票 成人/儿童 $75/35）和圣殿盆地（Temple Basin; ☎03-377 7788; www.templebasin.co.nz; 一日电梯通票 成人/儿童 $69/35）。

活动

Rubicon Valley Horse Treks 骑马

（☎03-318 8886; www.rubiconvalley.co.nz; 534 Rubicon Rd, Springfield）位于距离斯普林菲尔德6公里的一座绵羊农场，提供各种骑马活动，可满足新手和高级骑手的需求，包括1小时的农场骑行（$55）、2小时的河畔或山谷骑行（$98）、2小时的日落骑行（$120）和6小时的山地骑行（$285）。

食宿

Smylies Accommodation 青年旅舍 $

（☎03-318 4740; www.smylies.co.nz; 5653 West Coast Rd, Springfield; 铺/标单/双 $38/60/90; P📶）这座经验丰富的热情旅舍是国际青年旅舍联盟（YHA）的成员店，有一台钢琴、大量的漫画、一个DVD图书室，公共大厨房中有一个烧木柴的火炉。除传统宿舍外，这里也有设备齐全的汽车旅馆套间（$105）和三卧小屋（$280）。冬季套餐（6月至9月）包括滑雪设备租赁和滑雪场交通。

Famous Sheffield Pie Shop 面包房 $

（☎03-318 3876; www.sheffieldpieshop.co.nz; 51 Main West Rd, Sheffield; 馅饼 $5~6; ⌚周一至周五 6:30~16:00，周六和周日 19:30起）这家一流的面包房位于路边，一眨眼就会错过，提供超过20种馅饼，包括传统的牛肉馅和偏实验风格的组合口味——如威士忌和鹿肉，或鸡肉、卡芒贝尔奶酪和杏干。可以在这里买一包阿富汗饼干——这种由玉米片和巧克力制成的食物的确美味！

到达和离开

公共交通仅限塞尔温区，所以最好是自驾。

亚瑟隘口（Arthur's Pass）

☎03/人口 30

从斯普林菲尔德离开坎特伯雷平原，Great Alpine Hwy越过波特隘口（Porter's Pass）后，又隐藏进了托利斯山脉（Torlesse Range）和克雷格本山脉（Craigieburn Range），之后就到了亚瑟隘口。

1864年，亚瑟·多布森（Arthur Dobson）“发现”了这里，不过，毛利人很久以前就已经通过这个隘口穿越南阿尔卑斯山脉了。到了西部淘金热的时代，人们亟须一条从基督城出发穿越南阿尔卑斯山脉的可靠通道，之后通行马车的道路不到一年就建好了。不久之后，为方便煤和木材贸易往来修建的铁路也于1923年完工。

现在这趟旅途令人惊艳。连绵的山谷各有特色，尤其是壮丽的怀马卡里基河谷（Waimakariri River Valley），一进入国家公园就能看见。

亚瑟隘口村距离真正的隘口还有4公里。这里海拔900米，是新西兰海拔最高的居民点，对于徒步、登山和滑雪这些户外运动爱好者来说，这里也是一个便利的基地。不过天气有些吓人，来之前做好下雨的准备。

景点

★亚瑟隘口国家公园 国家公园

（Arthur's Pass National Park; www.doc.govt.nz）1929年，这片跨越南阿尔卑斯山的广阔高山荒野成了南岛第一个国家公园，毛利语称这里为Ka Tiriti o Te Moana（意思是“白雪闪耀的高峰”）。公园占地1144平方公里，有三分之二位于主峰的坎特伯雷一侧，其余的在西部。这片高低不平的山地被深邃的峡谷切分，海拔跨度极大——塔拉马考河（Taramakau River）的245米到默奇森山（Mt Murchison）的2408米。

公园内有许多标记清晰的步道，尤其是在亚瑟隘口村周围地区。可以拿一份环保部的小册子《发现亚瑟隘口》（*Discover Arthur's Pass*），其中列出了许多受欢迎的步行路线，包括Arthur's Pass Walkway，这是一条相对轻松的路线——从村子走到隘口顶端的多布森纪念碑（Dobson Memorial;

往返2.5小时)；前往Devils Punchbowl瀑布群的1小时往返步道；还有欣赏圣殿盆地美丽风景的陡峭徒步路线(往返3小时)。难度较大的全天步道有Bealey Spur和经典的Avalanche Peak登顶步道。

公园里的许多多日步道大部分都在山谷中，中途要翻越几座山头，比如Goat Pass和Cass-Lagoon Saddles Tracks步道，两条线路都需要2天。这两条线路和公园里更长的路线需要一定的徒步经验，因为洪水会让河流变得很危险，天气也变化无常。出发前应该先咨询环保部。

Cave Stream Scenic Reserve 洞穴

(www.doc.govt.nz)在城堡山(Castle Hill)东北2公里处靠近断河桥的地方，你会发现这个594米长的洞穴。正如停车场的信息牌上指出的那样，穿越山洞是一次很有成就感的历险，不过必须携带简单的手电筒和保暖衣物，而且一定要在指定地区(水位低于腰部)时才能走。注意所有的提醒信息，采取必要的预防措施，然后欣赏其中令人震撼的精彩风景吧。

Castle Hill/Kura Tawhiti 地标

这些石灰岩结构散落在距离斯普林菲尔德约33公里处的一片葱绿的小牧场中，高达30米，看上去超凡脱俗，因此被早期毛利人命名为“边地瑰宝”。停车场(有厕所)有一条短途步道，可前往奇怪的岩石花园(10分钟)，很受攀岩者和摄影师的喜爱。

住宿

拥有简易设施的Avalanche Creek Shelter(www.doc.govt.nz; SH73; 成人/儿童 $8/4; P)可以露营，就在环保部对面，那里有餐桌、自来水、洗漱水槽和厕所。你也可以在亚瑟隘口以南8公里处的Klondyke Corner(www.doc.govt.nz; SH73)和24公里处的Hawdon Shelter(www.doc.govt.nz; Mount White Rd, 紧邻SH37)免费露营，这两处有厕所，可以加热溪水饮用。如果不想露营，亚瑟隘口村和周围有大量的住宿选择。

Mountain House YHA 青年旅舍 $

(☎03-318 9258; www.trampers.co.nz; 83 Main Rd; 铺/双 $33/92, 汽车旅馆套间 $165; P 📶)这个出色的住处包含一家运营良好的青年旅舍、两个高档的汽车旅馆套间和两个带原木壁炉的三卧小屋($340, 能住8人)，分散在村子各处。热心的经理还运营着一艘小船，可提供大量的当地徒步信息。

Arthur's Pass Village B&B 民宿 $$

(☎021 394 776; www.arthurspass.org.nz; 72 School Tce; 双 $140~160; P 📶)这家精心修复的舒适民宿曾是铁路小屋，有两间设备齐全的客房。早餐提供培根(肉来自散养的猪和鸡)、鸡蛋，以及煎饼和现烤的面包，友好的业主会一起用餐。还供应美味的家常晚餐($35)。

Arthur's Pass Alpine Motel 汽车旅馆 $$

(☎03-318 9233; www.apam.co.nz; 52 Main Rd; 双 $130; P 📶)在村子的南侧通道上，这座小屋风格的汽车旅馆有一种过去的温馨氛围，有漂亮的双层玻璃，热情的店主会提供活动建议。

Flock Hill Lodge 汽车旅馆、青年旅舍 $$

(☎03-318 8196; www.flockhill.co.nz; Great Alpine Hwy, Craigieburn Valley; 铺/标单/双 $35/55/90, 小屋 $170~200; P @ 📶)这座古老的高山绵羊站靠近克雷格本森林公园和派尔森湖(Lake Pearson)，剪羊毛工宿舍区位于一座美丽的农场中，提供地道的乡村生活体验，整洁的小屋位于一片修建得很整齐的美丽花园内。

Wilderness Lodge 度假屋 $$$

(☎03-318 9246; www.wildernesslodge.co.nz; Cora Lynn Rd, Bealey; 半膳宿 标单 $569~770, 双 $938~1240; P 📶)🍃这座中等规模的高山度假屋隐藏在公路旁的一片山毛榉森林中，可以安静享受自然美景。这里打理得很棒，主打沉浸式的自然体验。每天有两次导游活动(比如徒步和皮划艇)，费用包含在房费中，还提供美味的早餐和晚餐。

就餐

Arthur's Pass Store & Cafe 咖啡馆 $

(85 Main Rd; 早餐和午餐 $7~24; ⏲8:00~17:00; 📶)你会喜欢这里的，它是你的最佳选择——供应鸡蛋三明治、热薯条、美味的咖啡、基本的杂货，还可以加油。

Wobbly Kea

咖啡馆 $$

（www.wobblykea.co.nz；108 Main Rd；早餐 $10~17，主菜 $24~26；⏲9:00~20:00）可以来这里大吃一顿早午餐、午餐或晚餐，菜式选择不多，都是简单的食物，但是有美味的家常菜肴，比如炖肉和咖喱。昂贵的比萨（$33）也可外带，还有鱼和薯条。

实用信息

环保部亚瑟隘口游客中心（DOC Arthur's Pass Visitor Centre；☎03-318 9211；www.doc.govt.nz；80 Main Rd；⏲8:30~16:30）热心的员工可提供适宜的徒步路线以及重要的天气预报信息，还提供详细的路线指南和地势图，出租定位信号灯。出发前可通过这里的电脑登录AdventureSmart（www.adventuresmart.org.nz）上传你的详细徒步安排。

到达和离开

在离开斯普林菲尔德（或霍基蒂卡和格雷茅斯，如果你从西边来）时，一定要给汽车加满油。Arthur's Pass Store有一个加油站，但是很贵，而且只在8:00~17:00营业。

长途汽车出发点有好几个，都在商店附近——可通过汽车公司查看最新消息。

从亚瑟隘口出发，Atomic Shuttles（见560页）有客车往返基督城（$40，2.25小时）、斯普林菲尔德（$40，1小时）、布恩那湖（$40，50分钟）和格雷茅斯（$40，1.25小时）。

West Coast Shuttle（见560页）的客车往返基督城（$42，2.75小时）和格雷茅斯（$32，1.75小时）途中会停靠亚瑟隘口。

高山列车（TranzAlpine；☎04-495 0775，0800 872 467；www.greatjourneysofnz.co.nz/tranzalpine；票价 $119起）每天有一趟火车往返斯普林菲尔德（1.5小时）和基督城（2.5小时），中途在亚瑟隘口停靠，往返布恩那湖（1小时）和格雷茅斯（2小时）的列车也在此停靠。

梅思文（Methven）

☎03/人口 1700

梅思文在冬天（6月至9月）最热闹，到处是去附近哈特山（Mt Hutt）的滑雪爱好者。在其他时候，主路上看不到风滚草（tumbleweed）滚动的情景，这会让那些赶来观看10月牛仔大赛的硬汉们大失所望。夏天（12月至次年3月），这里是个低调的地方，很适合徒步者、山地自行车骑行者作为前往壮丽山脚的基地。

活动

大多数人来梅思文都是为了前往附近的滑雪场，不过这里附近也有许多其他的活动。在梅思文信息中心（见580页）可以咨询到旅行信息，例如当地步道（包括小镇遗产小路和梅思文步道/环路）、骑马、山地自行车骑行、钓鱼、黏土弹射击游戏、弓箭、高尔夫、直升机观景以及在附近的Rakaia Gorge乘坐喷气船等。

Rakaia Gorge Walkway

徒步

（www.doc.govt.nz；Rakaia Gorge Bridge，SH72）这条优质步道沿着河畔阶地前往高处的峡谷，途中穿过森林，经过古老的船夫小屋和矿场，有许多美丽的野餐场所。亮点是终点的瞭望台，能看到壮丽的高山风景。往返4小时，前往低处观景台（往返1小时）的短途步道也值得挑战。

Black Diamond Safaris

滑雪

（☎027 450 8283；www.blackdiamondsafaris.co.nz）提供四驱车服务，供旅行者前往人少的俱乐部滑雪场。收费$150起，只包括安全设备及使用说明，花费$275则包括缆车吊椅、导游服务和午餐。

Methven Heliski

滑雪

（☎03-302 8108；www.methvenheli.co.nz；Main St；5次滑雪一日游 $1075）各种偏远地区的直升机滑雪旅途，有很棒的导游，有5次滑雪机会，滑道平均高度在750~1000米。

Discovery Jet

乘船

（☎021 538 386，0800 538 2628；www.discoveryjet.co.nz；Rakaia Gorge Bridge，SH72；成人/儿童 $99/75）乘坐喷射艇快速探索拉凯亚峡谷（Rakaia Gorge）是非常刺激的体验。总部在大桥的下游，提供45分钟的乘船游，途中有甩尾和360度旋转，非常刺激，全程还可以观赏壮丽的山景。也有短途乘船游。

Skydiving Kiwis 跳伞

(☎0800 359 549; www.skydivingkiwis.com; Ashburton Airport, Seafield Rd)提供双人跳伞，高度有6000英尺($235)、9000英尺($285)、12,000英尺($335)和13,000英尺($360)，从阿什伯顿机场(Ashburton Airport)出发。

住宿

在滑雪季要提前预订，特别是那些廉价的住处。冬季价格涨幅很大(7月至9月)，有些地方12月至次年2月会关门。

Alpenhorn Chalet 青年旅舍 $

(☎03-302 8779; www.alpenhorn.co.nz; 44 Allen St; 铺 $30, 双 $65~85; P@令)这座温馨的小屋有一个绿荫温室，里面布置着一个温泉池、原木壁炉，附赠浓缩咖啡。房间宽敞，色彩明亮，内部装饰着许多暖色的纯天然木材，有一个双人房，里面有洗手间。

Rakaia Gorge Camping Ground 露营地 $

(☎03-302 9353; 6686 Arundel-Rakaia Gorge Rd; 露营地 成人/12岁下儿童 $8.50/免费)这里的露营地都没有电力供应，只有厕所、淋浴和一个小厨房，不过不要因此望而却步。这是方圆几英里内最好的露营地，高耸在蓝色的拉凯亚河上方，是探索该地区的出色中转站。5月至9月关闭。

Mt Hutt Bunkhouse 青年旅舍 $

(☎03-302 8894; www.mthuttbunkhouse.co.nz; 8 Lampard St; 铺 $31, 双 $68~80, 小屋 $280~350; P令)经营这家基本型旅舍的热情店主就在这里居住，旅舍设备齐全，光线明亮，通风良好。旅舍有一间舒适的休息室和一个大花园，花园里面有烤肉台和排球场。小木屋(可住18人)是团队游客的经济之选。

Big Tree Lodge 青年旅舍 $

(☎03-302 9575; www.bigtreelodge.co.nz; 25 South Belt; 铺 $35~40, 双 $75~90, 公寓 $110~180; P令)这个迷人的青年旅舍曾是牧师的住所，拥有多人间和木头装饰的浴室。后面隐蔽的Little Tree Studio是设施齐全的套间，最多可以住4个人。

不要错过

哈特山(MT HUTT)

哈特山(☎03-302 8811; www.nzski.com/mt-hutt; 一日电梯通票 成人/儿童 $99/50; ⊙9:00~16:00)有新西兰最大的商业滑雪场地(365公顷)，是南半球最高的滑雪区之一。滑雪场距离梅思文只有26公里，但在冬天需要驾车约40分钟才能到达，从基督城出发则需要2小时。道路很陡，天气不好时尤其要小心。

Methven Travel(见580页)在滑雪季运营从梅思文出发的接驳车($20)。这里一半的地形适合中级滑雪者，1/4的地形适合初学者，另外1/4适合滑雪高手。最长的滑道有2公里，其余亮点包括缆椅、直升机滑雪和适合学习滑板滑雪的开阔场地。滑雪季从6月中旬持续至10月中旬。

Redwood Lodge 青年旅舍、度假屋 $$

(☎03-302 8964; www.redwoodlodge.co.nz; 3 Wayne Pl; 标单 $55~65, 双 $86~149; P@令👪)这座迷人的度假屋很适合家庭游客，氛围安静，可以享受到温暖的服务。这里没有宿舍。大多数房间是套间，大房间可以重新布置接待家庭游客。宽敞的公共休息室适合滑雪后休息。

Whitestone Cottages 出租屋 $$$

(☎03-928 8050; ; www.whitestonecottages.co.nz; 3016 Methven Hwy; 度假屋 $175~255; P令)如果你只想舒展一下身体，做一顿饭，洗洗衣服，享受一个人的空间，小镇边上这4座位于绿荫之中的独立式大房子正是你要找的。每栋房子都有2个套间式卧室，可以睡6个人。房价是针对两人的，多一个人加收$35。

餐饮

Cafe 131 咖啡馆 $

(131 Main St; 主菜 $10~19; ⊙7:30~17:00; 令)抛光木材和透光窗户为这个小饭馆增添了温暖的氛围，虽然有些保守，但这里是当地人的最爱，因此值得信赖。亮点包括美味的咖啡、丰盛的全天早餐和美味的家常烘焙食品，如果想喝酒，这里也提供烈酒。免费无线网络是一大福利。

★ **Dubliner** 法式小馆 $$

(☎03-302 8259; www.dubliner.co.nz; 116 Main St; 餐 $19~34; ⊙16:30至深夜)这座氛围很好的爱尔兰酒吧和餐厅位于梅思文精心修复的老邮局中。美味的食物包括比萨、爱尔兰炖菜和其他丰盛的菜肴，适合点上1品脱精酿啤酒佐餐。

Aqua 日本菜 $$

(☎03-302 8335; 112 Main St; 主菜 $9~23; ⊙周四至周日 11:30~14:00和17:30~21:00)这家小餐厅主要在滑雪季营业，其余季节时间很难预测(最好提前致电询问)。女服务员穿着和服，餐馆提供日本菜肴，包括炒面、拉面和居酒屋风格的小菜，有冰冻啤酒和温热的清酒。

Blue Pub 小酒馆 $$

(☎03-302 8046; www.thebluepub.co.nz; 2 Barkers Rd; ⊙11:00至深夜; 📶)吧台由一块巨大的当地原生木材做成，可以坐在旁边喝酒，或者在更安静的咖啡馆(主菜 $24~36)品尝分量十足的饭菜。吃完饭后找个本地人，打一局台球，或者聆听定期举办的现场音乐会。

☆ 娱乐

Cinema Paradiso 电影院

(☎03-302 1975; www.cinemaparadiso.co.nz; 112 Main St; 成人/儿童 $17/12; ⊙周三至周日)一家特立独行的艺术电影院，有35个座位。

ℹ 实用信息

医疗中心(☎03-302 8105; The Square, Main St; ⊙8:30~17:30)

梅思文信息中心(Methven i-SITE; ☎03-302 8955; www.methvenmthutt.co.nz; 160 Main St; ⊙7月至9月 每天 9:30~17:00, 10月至次年6月 周一至周五 9:00~17:00, 周六和周日 10:00~15:00; 📶)可向员工咨询当地步道和其他活动信息。

ℹ 到达和离开

Methven Travel(☎0800 684 888, 03-302 8106; www.methventravel.co.nz; 160 Main St)运营梅思文和基督城机场之间的班车(成人/儿童 $45/27.50), 10月至次年6月每周4班，滑雪季增加到每日3班。6月到9月也有前往哈特山滑雪场的接驳车(成人往返 $20, 成人付费后儿童免费)。

萨姆斯山(Mt Somers)

☎03/人口 2650

萨姆斯山这个小定居点坐落在南阿尔卑斯山脉边缘，位于同名山峰脚下。该地区最大的亮点是**萨姆斯山步道**(26公里)，这是一条环绕该山峰的两天的徒步路线，该路线连接了人气颇旺的野餐点Sharplin Falls和Woolshed Creek。路线亮点包括火山岩层、毛利人岩画、深邃的河谷以及多种多样的植物。这条路线沿途天气很多变，需要提前做好准备。

路线沿途有两个环保部小屋：Pinnacles Hut和Woolshed Creek Hut(成人/儿童 $15/7.50)。小屋门票和信息可以在Mt Somers General Store和Staveley Store获取。

🛏 食宿

Mt Somers Holiday Park 度假公园 $

(☎03-303 9719; www.mountsomers.co.nz; Hoods Rd; 露营地 $20起, 小屋 $55, 带浴室 $80; 🅿)这个气氛友好的小型露营公园提供讨人喜欢的绿荫露营地，还有标准(自带卧具)和套间小屋。所有客人都可使用设施简单的公用厨房和休息区。

Staveley Store & Cafe 咖啡馆 $$

(☎03-303 0859; 2 Burgess Rd, Staveley; 主菜 $6~11; ⊙4月至11月 9:00~16:00)这家可爱的小村商店有方圆几英里内最好的咖啡，也提供美味的午餐卷饼、蛋糕、冰激凌和当地出产的杂货。这里还出售Mt Somers步道小屋门票。

Stronechrubie 法式小馆 $$

(☎03-303 9814; www.stronechrubie.co.nz; Hoods Rd和SH72交叉路口; 主菜 法式小馆 $18~28, 餐厅 $39~41; ⊙法式小馆 周四至周六 17:30至深夜, 餐厅 周三至周六 18:30至深夜, 周日午餐需预约; 📶)这座汽车旅馆里的舒适

的小木屋能俯瞰鸟语花香的花园（双人房$120~160），不过大有前途的美食餐厅才是亮点。可以在历史悠久、饱受赞誉的餐厅享用正式餐点，也可以前往新开的酒吧和法式小馆享用新派西班牙小吃风味的食物，还有美味的葡萄酒和精酿啤酒。建议预订。

实用信息

Mt Somers General Store（☎03-303 9831；61 Pattons Rd；⏲周一至周五 7:00~17:30，周六 8:00~17:30，周日 9:00~17:00）提供萨姆斯山步道小屋门票，还有信息中心、加油站和简陋的杂货店。

到达和离开

没有往返萨姆斯山村的长途汽车，所以需要自驾。

南坎特伯雷（SOUTH CANTERBURY）

穿过朗伊塔塔河（Rangitata River）进入南坎特伯雷后，SH1和Inland Scenic Route（SH72）逐渐接近，在雅致的小镇杰拉尔丁（Geraldine）二者相距不足8公里。在这里，你可以选择途经海港城市蒂马鲁（Timaru）的繁忙滨海公路，或者继续在内陆沿着SH79进入马更些区，在那里能看到新西兰几座最高的山峰耸立在钴蓝色的湖泊上。

马更些盆地（Mackenzie Basin）位于南阿尔卑斯山脉脚下，是古冰川运动形成的一个草丛遍地的荒野盆地。它的名字来源于传奇的詹姆斯·“乔克”·马更些（James “Jock” McKenzie），19世纪40年代，这里还人迹罕至，马更些在该地区藏匿自己偷来的羊群。

在拍摄指环王系列电影时，导演彼得·杰克逊爵士（Sir Peter Jackson）充分利用了这里崎岖的地貌。他选择库克山村作为米那斯提力斯（Minas Tirith），特威泽尔（Twizel）附近的一个绵羊站作为刚铎（Gondor）的帕兰诺平原（Pelennor Fields）。

蒂马鲁（Timaru）

☎03/人口 26,000

沿着SH1公路穿过蒂马鲁的游客会觉得这个小型海港城市只是基督城和达尼丁之间便捷的就餐和加油停留点，这也可以理解。不过大家还是停下来吧！漫步走进CBD，你会看见保存程度完好到令人惊讶的爱德华时代的街区，此外这里有一些很好的餐馆和有趣的购物场所，还有许多文化景点和可爱的公园，要游完全部景点至少需要一天时间。

小镇的名字源于毛利语的“Te Maru”，意思是“避难所”。直到1839年，这里才建立起了第一个定居点，当时来自悉尼的Weller兄弟建立了一个捕鲸点。卡罗琳号（Caroline）是当年运输鲸油的帆船，此处风景如画的海湾也由此得名。

景点

★艾甘蒂赫美术馆 画廊

（Aigantighe Art Gallery；www.timaru.govt.nz/community/facilities/art-gallery；49 Wai-iti Rd；⏲周二至周五 10:00~16:00，周六和周日 正午起）**免费** 作为南岛上最大的公众美术馆之一，这座建于1908年的旧宅邸收藏了新西兰和欧洲多个时代的艺术作品，热心的支持者还会在这里举办临时展览。画廊的盖尔语名字意思是“在家”，读作“egg-and-tie”。

圣心教堂 教堂

（Sacred Heart Basilica；7 Craigie Ave，Parkside）这座美丽的新古典主义教堂建于1911年，有鲜明的罗马式建筑特点，多个穹顶、爱奥尼亚式柱子和色彩缤纷的彩色玻璃令人印象深刻。它的建筑师弗朗西斯·彼得（Francis Petre）还设计了基督城和奥马鲁的天主教堂（基督城的那一座如今已成废墟）。在教堂内部，灰泥装饰富有新古典主义气息，包括错综复杂的花卉和圣心浮雕。没有固定的开放时间，可以去侧门碰碰运气。

卡罗琳湾公园 公园、海滩

（Caroline Bay Park；Marine Pde）这座宽阔的公园面朝小镇，包括Bay Hill悬崖下方一座标准的爱德华风格公园，还有一大片草坪、一片低矮的沙丘，以及海滩。游乐场、溜冰场、贝形音乐台、冰激凌摊、迷你高尔夫球场、戏水乐园等五花八门的场地能满足每个人的需求。

Timaru 蒂马鲁

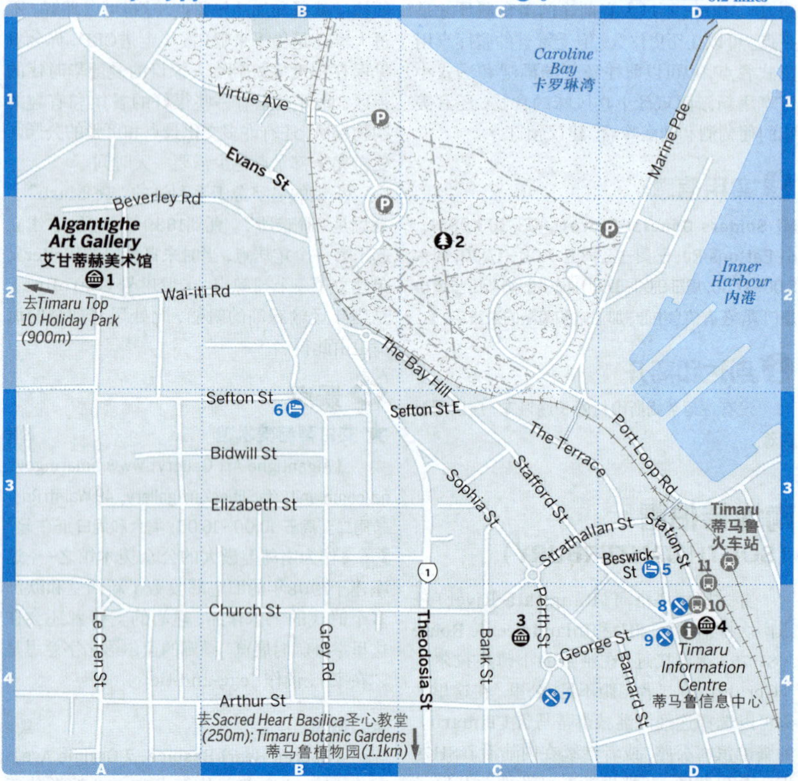

蒂阿娜毛利岩画艺术中心

博物馆

（Te Ana Maori Rock Art Centre；☎03-684 9141；www.teana.co.nz；2 George St；成人/儿童 $22/11，团队游 $130/52；⏲10:00~15:00）在热情的Ngai Tahu部落向导的讲解中，关于毛利岩画的创新多媒体展览变得栩栩如生。游客还可以参加3小时的短途旅行（11月至次年4月，14:00出发），游览当地的岩画艺术。预约很有必要。

蒂马鲁植物园

花园

（Timaru Botanic Gardens；King St和Queen St交叉路口；⏲8:00至黄昏）建于1864年，这些花园是停下来休息一两个小时的好地方，有一个池塘、青青草坪、茂密的森林、一个游乐场和热闹的花卉展览。运气好的话，可能会赶上杜鹃花或玫瑰盛开。从镇中心以南的Queen St进入。

南坎特伯雷博物馆

博物馆

（South Canterbury Museum；http://museum.timaru.govt.nz；Perth St；捐赠入场；⏲周二至周五 10:00~16:30，周六和周日 13:00~16:30）这里展览了一些关于当地历史和自然的收藏。亮点包括毛利展区、一艘完全复原的1859年船舱的模型，以及一架本地先驱飞行员兼发明家理查德·皮尔斯（Richard Pearse）设计并试飞的飞机的复制品。据推测，他几近成功的载人飞行尝试比1903年莱特兄弟著名的成功首飞早。

节日和活动

蒂马鲁玫瑰节

文化节

（Timaru Festival of Roses；www.festivaloroses.co.nz；⏲11月或12月）每年11月底或12月初举行，为期一周，释放蒂马鲁人对与玫瑰相关的所有事物的热情，有一个集市日、几场音

Timaru 蒂马鲁

乐会，以及各种合家欢项目。

住宿

Timaru Top 10 Holiday Park 度假公园 $

（☎03-684 7690；www.timaruholidaypark.co.nz；154a Selwyn St，Marwiel；露营地 $40~44，套间 $65起，带浴室 $99起；P 📶）这家一流的度假公园藏在郊区，拥有干净、多样的设施，成熟的绿荫营地上提供各种住宿选择。员工会竭尽所能帮助你了解当地信息，也提供预订服务。

Grosvenor 酒店 $

（☎03-687 9190；www.thegrosvenor.co.nz；26 Cains Tce；标单/双 $90/115起；P 📶）位于镇中心的一座遗产建筑中，这家超值的经济型酒店提供干净、简朴的房间，有舒适的床铺、小冰箱和电视。怪异的蒙德里安风格的走廊为这里增添了一种时尚的气息。

Sefton Homestay 民宿 $$

（☎03-688 0017；www.seftonhomestay.co.nz；32 Sefton St，Seaview；房间 $130~140；📶）这座引人注目的遗产房屋在一个可爱的花园后面，有两间客房，其中一间是套间，卧室较大，毗邻一个阳光休息室，大厅对面是洗手间。可以在宾客休息室喝一杯葡萄酒，和别的旅行者分享旅行故事。

Glendeer Lodge 民宿 $$$

（☎03-686 9274；www.glendeer.co.nz；51 Scarborough Rd，Scarborough；双 $210~260；P 📶）🍃这家专门修建的度假屋位于蒂马鲁以南4公里处，占地5公顷土地，远离SH1公路，很宁静。可徒步前往灯塔，在花园里休息，观看休耕期的鹿群在牧场吃草，然后前往设备齐全的豪华度假屋，那里有3个套间。店主的飞钓指南课程可以让你感受大自然的魅力。

餐饮

Arthur Street Kitchen 咖啡馆 $

（www.arthurstkitchen.co.nz；8 Arthur St；主菜 $9~19；⏲周一至周五 7:00~17:00，周六 9:00~15:00；🖉）蒂马鲁最时尚的咖啡馆，是按照成功秘籍打造的：有美味的咖啡、当代咖啡馆设施、好听的背景音乐，里面还有各种艺术品，外面有阳光餐桌。在制作食物方面很有天赋，包括谷物沙拉、精致的三明治和糕点，还有按菜单点菜的早餐和午餐菜单。

★Oxford 新派新西兰菜 $$

（☎03-688 3297；www.theoxford.co.nz；152 Stafford St；主菜 $26~32；⏲周一、周三至周五 10:00至深夜，周六和周日 9:30至深夜）这座街角的精致餐厅位于一座建于1925年的建筑中，采用时尚的单色装饰，墙壁上有关于蒂马鲁过去历史的纪念物。菜单上提供高水平的暖心食物，主打当地物产，如鹿肉、牛肉、三文鱼，诱人的酒水单上有皮诺葡萄酒和奶酪，吸引你进来品尝，或者来一杯可口的葡萄酒，搭配金色的糖浆布丁。

Koji 日本菜 $$

（☎03-686 9166；7 George St；主菜 $21~31；⏲11:30~14:00和17:00~21:00）这家错层式餐厅虽然外观低调，却营造出了很棒的日本氛围。可以坐在楼下餐厅，也可以选择可爱的吧台，或者最好前往楼上，可以观赏到铁板烧燃起的火焰。美味菜肴包括刺身、天妇罗、饺子和章鱼烧，还有会跳舞的鲣鱼花。

Speight's Ale House 小酒馆

（☎03-686 6030; www.timarualehouse.co.nz; 2 George St; ⏰11:30至深夜; 📶）这家小酒馆位于一座19世纪70年代的石头仓库中，会让你度过一个动感之夜，友好的员工和阳光庭院补偿了过于招摇的气氛，另有懒人沙发可供食客放松休闲。

ℹ 实用信息

蒂马鲁信息中心（Timaru Information Centre; ☎03-687 9997; www.southcanterbury.org.nz; 2 George St; ⏰周一至周五 10:00~16:00，周六和周日 至15:00; 📶）位于火车站对面（这里的火车只运货，不载客），和蒂阿娜毛利岩画艺术中心（见582页）在一座楼里。蒂马鲁的CBD和卡罗琳湾公园（Caroline Bay Park）都有免费的无线网络。

ℹ 到达和离开

飞机

新西兰航空（Air New Zealand，见560页）有来往于惠灵顿和蒂马鲁Richard Pearse Airport的航班，每天至少一班。

长途汽车

Atomic Shuttles（见560页）停靠在蒂马鲁游客中心旁边，每天2班，往返于基督城（$25, 2.5小时）、奥马鲁（$20, 1.25小时）和达尼丁（$25, 2.75小时）。

Budget Buses & Shuttles（见560页）运营往返基督城的上门接送班车（$47），也有既定路线的普通班车（$27），从蒂马鲁信息中心前往基督城的坎特伯雷博物馆（$27）。

InterCity（见560页）停靠在火车站外，车次可去往下列目的地：

目的地	起价	行程（小时）	班次
基督城	$29	2.5	每天2班
达尼丁	$34	3	每天2班
戈尔	$49	6	每天1班
奥马鲁	$23	1	每天2班
蒂阿瑙	$52	8	每天1班

内陆和马更些区（Inland & Mackenzie Country）

从基督城前往皇后镇和南部湖区要从SH1拐上SH79，这是一条风光优美的公路，可前往高地和奥拉基/库克山国家公园的东部山脚。一路上会经过杰拉尔丁（Geraldine）和费尔利（Fairlie），然后并入SH8，开过伯克斯隘口（Burkes Pass），抵达水体湛蓝、波光粼粼的特卡波湖（Lake Tekapo）。

从奥拉基/库克山国家公园壮丽高峰俯瞰的这片广阔高地被称为马更些区，这个名字来源于传奇人物詹姆斯·"乔克"·马更些（James 'Jock' McKenzie），19世纪40年代他在这片无人居住的区域放养偷来的畜群。当他最终被捕时，其他定居者意识到这片看似环境恶劣的土地其实具有畜牧价值，于是追随了他的脚步。最早横穿马更些区的是毛利人，他们早在几百年前就从班克斯半岛徒步经过这里前往奥塔戈。

皮尔森林（Peel Forest）

☎03/人口 180

皮尔森林藏身于南阿尔卑斯山麓和朗伊塔塔河之间，虽然面积小，却是重要的本土罗汉松遗留林之一。这里的霍氏罗汉松（totara）、泪柏罗汉松（kahikatea）和穗花罗汉松（matai）都有数百年历史。这里还是许多鸟儿的家园，如刺鹩（riflemen）、林鸽（kereru）、铃鸟（bellbirds）、扇尾鹟（fantails）和灰林莺（grey warblers）。这里有个小定居点，主要服务前来周边美景徒步、骑行和漂流的游客。

皮尔森林牧羊场附近有一条路通往"美索不达米亚"（Mesopotamia），英国作家Samuel Butler在19世纪60年代来过这里，这一经历启发他写出了著名的讽刺作品《乌有乡》（*Erewhon*）。

👁 景点

圣史蒂芬教堂 教堂

（St Stephen's Church; 1200 Peel Forest Rd）这个华丽的小教堂始建于1885年，属于英国国教圣公会，坐落在杂货店旁边一块可爱的林间空地上，拥有温暖的木制内饰和一些有趣的彩色玻璃。圣方济（St Francis of Assisi）雕像周围环绕着新西兰的特色植物和动物——可以让孩子们玩寻找蜥蜴的游戏。

活动

Big Tree Walk（往返30分钟）是一条轻松的步道，途中会穿越森林前往一棵尤其美丽的31米高的霍氏罗汉松，其树干周长9米，树龄超过1000年。还有去往**Emily Falls**（往返1.5小时）、**Rata Falls**（往返2小时）和**Acland Falls**（往返1小时）的步道。可以从Peel Forest Store拿一本《皮尔森林地区》（*Peel Forest Area*）宣传册，或者从环保部的网站（www.doc.govt.nz）下载。

★ Rangitata Rafts 漂流

（☎0800 251 251；www.rafts.co.nz；Rangitata Gorge Rd；⏰10月至次年5月）可从绝美的朗伊塔塔河谷开始你的探险，然后乘船2小时穿过峡谷里的五级急流（$215，最低年龄15岁）。还有一个较简单的路线，只有二级急流（$175，最低年龄6岁）。

Peel Forest Horse Trekking 骑马

（☎03-696 3703；www.peelforesthorsetrekking.co.nz；1小时/2小时/半天/全天 $65/120/220/320，多日 $800~1450）组织茂密森林中的短期或多日骑马漫步活动，由经验丰富的导游带领。和Peel Forest Lodge合作提供住宿套餐。

Hidden Valleys 漂流

（☎03-696 3560；www.hiddenvalleys.co.nz；⏰9月至次年5月）总部位于皮尔森林，但漂流活动并不限于朗伊塔塔河。多日漂流包括以下目的地：怀马卡里里河（Waimakariri）、怀奥河（Waiau）、兰兹伯勒河（Landsborough）、灰河（Grey）以及怀阿托托河（Waiatoto）。顺着凯库拉附近的克拉伦斯河（Clarence）漂流而下的五天之旅（$1650）是最大亮点。也有儿童可以参加的朗伊塔塔河短途漂流（成人 $105~200，儿童 $75~180）。

食宿

★ 皮尔森林环保部露营地 露营地 $

（Peel Forest DOC Campsite；☎03-696 3567；www.peelforest.co.nz；露营地 成人/儿童 有电源 $21/10.50，无电源 $18/9，小屋 $50~80）这个可爱的露营地位于朗伊塔塔河附近，距Peel Forest Store约3公里，拥有若干简单的2~4人铺位的小屋（带上你自己的睡袋）、热水淋浴和一个厨房。在Peel Forest Store办理入住手续。

Peel Forest Lodge 度假屋 $$$

（☎03-696 3703；www.peelforestlodge.co.nz；96 Brake Rd；双 $380，额外增加1个成人/儿童 $40/20；🅿📶）这个讨人喜欢的原木小屋藏身在森林中，有4个房间，可以住8个人，但主人每次只接待一批客人，所以这间度假屋可能会全归你和你的同伴享用。设施齐全，也可以安排餐饮，还可以组织到周围的美丽环境中骑马、漂流和其他探险活动。

Peel Forest Store 咖啡馆 $$

（☎03-696 3567；www.peelforest.co.nz；1202 Peel Forest Rd；主菜 午餐 $6~19，晚餐 $20~29；⏰咖啡馆 每天 9:30~16:30，酒吧 周三至周六 18:00至深夜；📶）你的一站式选择，这里供应基本杂货物品、小屋门票和网络，还提供环保部露营地（见本页）的预订服务。附设的咖啡馆有美味的浓缩咖啡，午餐提供吐司和汉堡，生意火爆。有时晚上会有现场音乐会，可登录网站查看日期。

到达和离开

Atomic Shuttles（见560页）和InterCity（见560页）的客车最远可送你到杰拉尔丁（Geraldine），不过要前往皮尔森林，你还是需要自驾，或者搭便车。

杰拉尔丁（Geraldine）

☎03/人口 2300

坎特伯雷人致力于英式园艺，可爱的杰拉尔丁乡村氛围浓厚，艺术活动丰富。春天（9月至11月），从Talbot St上的战争纪念碑漫步到River Garden Walk，看当地园丁忙着种植各种杜鹃花。如果还有力气，可尝试走一走镇子旁边塔尔博特森林（Talbot Forest）里标识清晰的步道。

景点和活动

杰拉尔丁历史博物馆 博物馆

（Geraldine Historical Museum；☎03-693 7028；5 Cox St；⏰周一至周六 10:00~15:00，周

日12:30起）免费 在风景如画的Town Board Office大厦（建于1885年），这个可爱的小博物馆讲述了小镇的历史，展品种类繁多，包括大量的老照片。

杰拉尔丁老爷车和机械博物馆 博物馆

（Geraldine Vintage Car & Machinery Museum；☎03-693 8756；178 Talbot St；成人/儿童 $15/免费；⏲10月至次年5月 9:30~16:00，6月至9月 周六和周日 10:00~16:00）内行会很喜欢这里维护得很好的老爷车。最古老的是一辆1907年的德·迪翁-布通（De Dion-Bouton）和一辆闪闪发亮的1926年款宾利车。这里还有一辆1954年为王室巡视而专门制造的戴姆勒汽车（Daimler）、一些非常漂亮的美洲虎（Jags）、20世纪70年代的高性能轿跑车和各种农场机械用品。

Big Rock Canyons 探险运动

（☎0800 244 762；www.bigrockcanyons.co.nz；团队游 $360起；⏲10月至次年4月）经营在杰拉尔丁附近的Kaumira Canyon，以及其他5个难度不同的峡谷一日探险游，提供杰拉尔丁或基督城接送服务。

住宿

Geraldine Kiwi Holiday Park 度假公园 $

（☎03-693 8147；www.geraldineholidaypark.co.nz；39 Hislop St；套 $36~40，双 $52~135；P @ 📶）🍃这家一流的度假公园位于郁郁葱葱的树木之间，就在镇中心。整洁的住宿处包括便宜的小屋和豪华的汽车旅馆套间，还有一个电视间和游乐场。

Rawhiti Backpackers 青年旅舍 $

（☎03-693 8252；www.rawhitibackpackers.co.nz；27 Hewlings St；铺/标单 $34/50，双 $78~84；P 📶）由产科医院改建而来的旅舍，位于小镇边缘的山坡上，明媚又宽敞，这儿有维持得很好的公用区域、明亮的房间、一棵柠檬树和两只可爱的猫。

Scenic Route Motor Lodge 汽车旅馆 $$

（☎03-693 9700；www.motelscenicroute.co.nz；28 Waihi Tce；双 $135~150；P 📶）从镇中心步行过来只需5分钟，现代化的汽车旅馆房间里有双层玻璃窗、平板电视和时髦的壁纸。较大的小开间有按摩浴缸。

就餐

杰拉尔丁很早以前就被誉为“新西兰奶酪和泡菜之都”，是自炊者的天堂。四峰广场（Four Peaks Plaza）周围有大量的工匠生产商，可以在路旁买包现炸的Heartland薯条。这里还有一座出色的**农夫市场**（St Mary's Church停车场；⏲10月至次年4月 周六 9:00~12:30）🍃，如果不想自己动手，镇上也有许多好的咖啡馆。

★ Talbot Forest Cheese 熟食 $

（www.talbotforestcheese.co.nz；Four Peaks Plaza，Talbot St；奶酪 $5~10；⏲9:00~17:00；✎）这家小店不仅展示有自己制作的大量奶酪（包括美味的帕尔马干酪和格吕耶尔干酪），还供应各种熟食，可以在这里购买野餐所需的一切美食。

Verde 咖啡馆 $

（☎03-693 9616；45 Talbot St；主菜 $9~18；⏲9:00~16:00；✎）这个一流的咖啡馆隐藏在小巷尽头旧邮局旁边的美丽花园中，很显然是杰拉尔丁最好的饭馆之一。进来喝杯咖啡，吃块蛋糕，或者留下来用一顿慵懒的午餐，有沙拉、汤、三明治等。

Barker's of Geraldine 熟食 $

（☎03-693 9727；www.barkers.co.nz；Four Peaks Plaza，Talbot St；果酱 $4~10；⏲10月至次年4月9:00~17:30，5月至9月 至17:00；✎）这家历史悠久的果酱生产商很受欢迎，出产树莓酱、番茄酸辣酱和樱桃汁，所谓“奶酪和泡菜之都”中的“泡菜”正是因这里得名。可以买些面包和奶酪，找个野餐长椅坐下来吃。

Running Duck 汉堡 $$

（☎03-693 8320；www.therunningduck.co.nz；1 Peel St；汉堡 $8~19；⏲周一、周三和周四 8:00~16:00，周五 8:00~20:00，周六和周日 9:00~16:00）这家时髦的汉堡店为杰拉尔丁的餐饮业又增添了一个很受欢迎的新成员，这里是品尝美味汉堡和酥脆薯条的完美场所，配有主厨Al特制的香辣酱。

娱乐

Geraldine Cinema 电影院

（☎03-693 8118；www.geraldinecinema.co.nz；78 Talbot St；成人/儿童 $12/8）这座古老优雅的电影院建于1924年，可以舒适地躺在老沙发上，观看一部好莱坞大片或者小众文艺片。偶尔也有现场音乐表演，通常是民乐、蓝调或乡村音乐。

实用信息

杰拉尔丁游客信息中心（Geraldine Visitor Information Centre；☎03-693 1101；www.southcanterbury.org.nz；38 Waihi Tce；⏰8:00~17:30）位于Kiwi Country游客中心内。另见www.gogeraldine.co.nz。

到达和离开

Atomic Shuttles（见560页）每天有一班车前往下列目的地：

目的地	票价	行程（小时）
基督城	$30	2
克伦威尔	$35	4.5
莱克特卡波	$25	1.25
皇后镇	$35	5
特威泽尔	$30	2

Budget Buses & Shuttles（见560页）提供前往基督城的上门接送班车（$57），还有一趟较便宜的定点路线班车（$47）。

InterCity（见560页）每天有一班车前往下列目的地：

目的地	起价	行程（小时）
基督城	$32	2.25
克伦威尔	$40	4.75
莱克特卡波	$21	1.25
库克山村	$38	3
皇后镇	$42	5.75

费尔利（Fairlie）

☎03/人口 720

郁郁葱葱的费尔利自称是"马更些的门户"，但实际上这个小乡镇感觉与马更些区像是相隔了一整个世界，它在伯克斯隘口另一头的西侧。面包房和野餐区是午餐的好去处。

景点和活动

信息中心提供周围地区**徒步和山地自行车骑行**的详细路线信息。主要滑雪景区**杜布森山**（Mt Dobson；☎03-281 5509；www.mtdobson.co.nz；一日电梯通票 成人/儿童 $82/28）位于费尔利西北26公里处的一个3公里宽、没有树木的盆地中。在费尔利西北29公里处，Two Thumb Range的**福克斯峰**（Fox Peak；☎03-685 8539，滑雪热线 03-688 0044；www.foxpeak.co.nz；一日电梯通票 成人/儿童 $60/10）还有一家俱乐部滑雪场。

费尔利遗产博物馆 博物馆

（Fairlie Heritage Museum；www.fairlieheritagemuseum.co.nz；49 Mt Cook Rd；成人/儿童 $6/免费；⏰9:30~17:00）这座稍显破旧的博物馆是新西兰乡村地区历史的窗口，其中有农场机械、飞机模型、实景模型和不拘一格的临时展览。亮点包括朴素的旋翼机、古老的村舍和有崭新拖拉机的汽车展区。附属的咖啡馆提供美味的饼干。

食宿

Musterer's 汽车旅馆 $$

（☎03-685 8284；www.musterers.co.nz；9 Gordon St；套 $110~260；P 📶）位于费尔利西部边缘，这里时髦的村舍设备齐全，拥有全套现代设施，额外的福利是一个公共烤肉区和剪羊毛农场"休息室"，里面有驴子、山羊和一匹矮马。套间豪华宽敞，大一些的房间有自带的用木柴加热的热水浴缸（加收$45），可以在星空下泡澡。

★ **Fairlie Bakehouse** 面包房 $

（☎03-685 6063；www.liebers.co.nz；74 Main St；馅饼 $5~7；⏰周一至周六 7:30~16:30，周日 至16:00；✎）这家极好的小面包房远近闻名，可能是你在费尔利逗留的最佳理由，制作出色的馅饼，包括传奇性的三文鱼和培根。甜点有美式甜甜圈和树莓奶酪蛋糕，也有新西兰经典甜食，比如方形奶油冻和乳酪面包。非常美味。

实用信息

费尔利游客信息中心（Fairlie Heartland Resource

& Information Centre；☎03-685 8496；www.fairlienz.com；67 Main St；⏲周一至周五 10:00~16:00）有地图和宣传册，可提供附近的活动信息。

到达和离开

Atomic Shuttles（见560页）每天有一班车前往下列目的地：

目的地	票价	行程
基督城	$30	2.5小时
克伦威尔	$35	3.5小时
杰拉尔丁	$20	40分钟
莱克特卡波	$20	40分钟
皇后镇	$50	4.5小时

InterCity（见560页）每天有一班车前往下列目的地：

目的地	起价	行程
基督城	$33	3.25小时
克伦威尔	$39	4小时
莱克特卡波	$13	40分钟
库克山	$87	2.5小时
皇后镇	$40	5小时

莱克特卡波（Lake Tekapo）

☎03/人口 369

这座小镇因为一座1953年竣工的水电站项目而诞生，现在因为旅游业的爆炸式发展而繁荣，不过这里很早以前就是基督城和皇后镇之间热门的旅游大巴停靠站。它受到欢迎其实是很合理的：小镇面对着一座蓝绿色的湖泊，背靠白雪皑皑的高山。

壮丽的马更些地区和南阿尔卑斯山风景已经是逗留于此的充足理由，但是等到天黑，这里还有数不清的亮点等着你。2012年，奥拉基马更些地区（Aoraki Mackenzie）被宣布为国际夜空保护区（International Dark Sky Reserve），这样的保护区全世界只有12个，特卡波的约翰山（Mt John）是体验该地区灿烂星空的绝佳场所——这里的星空没有灯光污染。

景点

好牧人教堂 教堂

（Church of the Good Shepherd；Pioneer Dr；☎9:00~17:00）这座美丽的石头教堂（建于1935年）祭坛后面的彩画窗户展示了一幅神圣壮丽的湖光山色。不用说，这是个很受欢迎的婚礼地点。清晨或傍晚时分前来能够避开喧闹的人群——这里是旅游大巴最爱的上下客区。

附近有一座柯利牧羊犬雕像，用于纪念曾帮助马更些区发展的牧羊犬。

活动

莱克特卡波是户外运动爱好者的出色营地。冬季（6月至9月），滑雪爱好者可到杜布森山（Mt Dobson，见587页）和**圆山**（Roundhill；☎021 680 694，滑雪热线 03-680 6977；www.roundhill.co.nz；一日电梯通票 成人/儿童 $84/36）滑降滑雪，也可前往Two Thumb Range玩越野滑雪。

当马更些盆地被冰川凿刻出来的时候，海拔1029米的**约翰山**（Mt John）依然是屹立在一片广阔冰河中的岩石岛。现在，有一条公路通向山顶，你也可以通过一条环形步道登顶（往返2.5小时），美丽的风景会让你感到不虚此行。如果想全天徒步，可以继续前往亚历山德里娜湖（Alexandrina Lake）和麦格雷戈湖（McGregor Lake）。

奥拉基马更些国际夜空保护区（AORAKI MACKENZIE INTERNATIONAL DARK SKY RESERVE）

马更些区的星星真的更明亮。清澈的天空和几近于无的灯光污染让这片地区成了世界上最好的观星场所之一——因此，4367平方公里的奥拉基/库克山国家公园和马更些盆地在2012年被评为南半球唯一一个国际夜空保护区。

如果只是业余观星，你所需要的只是一个无云的夜晚和暖和的衣服。想得到最好的体验，赶在新月时来，那时天空最暗。想要更多指导的话，最好参加**Earth & Sky**（☎03-680 6960；www.earthandsky.co.nz；SH8）运营的约翰山天文台组织的夜间团队游。

另辟蹊径

鲁阿塔尼瓦保护公园(RUATANIWHA CONSERVATION PARK)

这个占地368平方公里的**保护区**(www.doc.govt.nz)位于普卡基湖和Lake Ohau之间的一片广大区域，覆盖了崎岖的Ben Ohau Range山脉，以及杜布森、霍普金斯、赫胥黎、坦普尔和梅特兰山谷。这里有大量的徒步和山地骑行机会，环保部的小册子《鲁阿塔尼瓦保护公园》(*Ruataniwha Conservation Park*，网上可下载)上列出了该地区的众多步道，特威泽尔附近有几条一日步道。

环保部的小屋和露营区分布于公园内，不过要是想住得更舒服，可以试试Lake Ohau Lodge(见591页)。高山海洋自行车道(见593页)贯穿这片地区，是探索周围壮丽风景很好的方式。

免费的小镇地图详细介绍了这条步道和本地区的其他步道，包括**Cowan's Hill**和**莱克特卡波地区公园**在内的多条骑行道路。

Mackenzie Alpine Horse Trekking 骑马

(☎0800 628 269; www.maht.co.nz; Godley Peaks Rd; 30分钟/1小时/2小时/天 $45/70/110/310; ⏲10月至次年5月)位于通往约翰山的路上，这里的人们运营多条步道，徒步时可饱览当地美景，从新手到有经验的骑手都有合适的选择。

Tekapo Springs 水疗

(☎03-680 6550; www.tekaposprings.co.nz; 6 Lakeside Dr; 浴池 成人/儿童 $25/14，滑冰 $18/13; ⏲10:00~21:00)寒冷的日子没有比在这里风景优美的户外浴池中泡温泉更惬意的事情了，能看到远处白雪皑皑的雪山。浴池温度在28℃~40℃，还有一个人工海滩和水上游乐区。此外还有一个蒸汽浴室和桑拿房(多加$6)，以及一个白天开放的水疗池。

Tekapo Helicopters 观景飞行

(☎03-680 6229; www.tekapohelicopters.co.nz; SH8)想鸟瞰周边风景，这里有5种选择，从20分钟($215)到1个小时的飞行(包括奥拉基/库克山、福克斯冰川以及弗朗兹约瑟夫冰川，$525)不等，所有项目都包含高山着陆。

Air Safaris 观景飞行

(☎03-680 6880; www.airsafaris.co.nz; SH8)体验"Grand Traverse"固定翼飞行项目(成人/儿童 $370/250)能饱览奥拉基/库克山国家公园高峰的绝美风景，也有其他各种飞行项目，包括行程类似的直升机飞行。

住宿

Lake Tekapo Motels & Holiday Park 度假公园、汽车旅馆 $

(☎03-680 6825; www.laketekapo-accommodation.co.nz; 2 Lakeside Dr; 露营地 $44~56，铺 $36~40，双 $100~170; Ⓟ📶)这家度假公园位置优越，就在湖边肆意铺展，能满足每个人的愿望。舒适的度假小木屋很适合背包客，其他旅行者也可以享受可爱的新西兰海滨小屋、简朴小屋，时髦的套间风景尤其好。露营车住宿者和露营者也有许多选择，共用设施都是崭新的。

Tailor Made Tekapo Backpackers 青年旅舍 $

(☎03-680 6700; www.tekapohostelnz.com; 11 Aorangi Cres; 铺 $28~40，双 $87~100，双 不带浴室 $77~99; 📶)这家宽敞的青年旅舍有3座精心维护的房屋，坐落在一条安静的街上，从镇上步行过来只需要5分钟。这里适合社交，有明亮的宿舍(不是上下铺)和舒适的双人间，还有一个大花园，里面有烤肉台、吊床、鸡和兔子。隔壁的网球场和篮球场可供精力充沛者运动。

★Lake Tekapo Lodge 民宿 $$$

(☎03-680 6566; www.laketekapolodge.co.nz; 24 Aorangi Cres; 房间 $300~495; 📶)这座精心设计的豪华民宿中有许多令人羡慕的当代新西兰艺术作品，华丽的房间和休息室中能看到开阔的湖景和山景。提前预约可以提供精致的餐食。

Chalet Boutique Motel 公寓 $$$

(☎03-680 6774; www.thechalet.co.nz; 14 Pioneer Dr; 套间 $205~330; Ⓟ📶)"精品汽车旅馆"并不能准确形容这里迷人的住宿环

境，公寓位于湖畔，有3座相邻的房屋。专属的"Henkel小屋"非常出色，是情侣们的时尚选择。迷人的店主乐意提供你所需要的所有当地信息。

餐饮

★Astro Café
咖啡馆 $

（Mt John Observatory；主菜 $6~14；⊙10月至次年4月 9:00~18:00，5月至9月 10:00~17:00，根据天气状况决定）这是一间建在约翰山山顶的玻璃墙小房子，可以360度全方位欣赏整个马更些盆地的壮丽景色，而且可能是全世界最适合喝咖啡的地方之一。来一些百吉饼，搭配当地的三文鱼，或者是新鲜出炉的火腿三明治。咖啡和蛋糕也很不错。

Kohan
日本菜 $$

（☎03-680 6688；www.kohannz.com；SH8；菜肴 $6~20，便当 $28~39；⊙每天11:00~14:00，外加周一至周六18:00~21:00；📶）虽然装潢简单，却是特卡波最好的就餐选择之一，能看到美丽的湖景，提供地道的日本食物，包括用刚从船上拿回来的鲜鱼制作的刺身。留点儿肚子给手工抹茶冰激凌。

Run 76
咖啡馆 $$

（☎03-680 6910；www.run76laketekapo.co.nz；SH8；主菜 $13~22；⊙7:30~16:00；📶🖉）经典早餐菜肴（直至14:30），柜子里摆满了蛋糕、馅饼和三明治，美味的浓缩咖啡和免费的无线网络是造访这家小咖啡馆的全部理由。美味熟食——包括新烤的恰巴塔面包——会吸引自炊游客。

Mackenzie's Bar & Grill
酒吧 $$

（☎03-680 6886；SH8；⊙10:00至深夜）虽然并不建议完全相信这里的菜单，不过这家小酒馆风格的酒吧却是品尝冷盘和一些酒吧小吃的安全选择。风光怡人，尤其是当你走上露台上眺望湖面时。

实用信息

Kiwi Treasures & Information Centre（☎03-680 6686；SH8；⊙周一至周五 8:00~17:30，周六和周日 至18:00）这家小礼品店也是邮局和信息中心，提供当地地图和建议，也可预订附近的活动和国营长途汽车。

Tekapo Springs销售和信息中心（Tekapo Springs Sales & Information Centre；☎03-680 6579；SH8；⊙10:00~18:00）分发小册子并提供旅行建议，也可预约道路前面他们自己经营的住所。

参见www.tekapotourism.co.nz。

到达和离开

Atomic Shuttles（见560页）每天有一班车前往下列地方：

目的地	票价	行程
基督城	$35	3.25小时
克伦威尔	$30	3小时
杰拉尔德	$25	1.25小时
皇后镇	$45	4小时
特威泽尔	$20	40分钟

Cook Connection（☎0800 266 526；www.cookconnect.co.nz）提供前往库克山村的交通（$40，2.25小时）。InterCity（见560页）每天有一班车前往下列地方：

目的地	起价	行程（小时）
基督城	$35	3.75
克伦威尔	$35	2.75
杰拉尔丁	$20	1
库克山村	$84	1.5
皇后镇	$35	4

特威泽尔（Twizel）

☎03/人口 1200

发音是"twy-zel"，却被打趣叫作"Twizzel"，甚至有外人称这里是"Twizzelsticks"。不过还是Twizel的拼法笑到了最后。小镇建于1968年，原本是为了服务于附近水电站而建的居民点，计划在1984年水电站建设项目结束后废弃。但后来当地人却不愿离开他们的twizzlesticks，不愿放弃悠闲的山间乡村生活。

如今，小镇的度假屋带来了一定的繁荣，越来越多旅行者也开始了解这里的简单与朴实，位于各景点中间的地理位置能够满足任何人的（合理的）需求。

活动

特威泽尔位于一片壮丽的山区，有各种类型的探险活动可供选择。**鲁阿塔尼瓦湖**（Lake Ruataniwha）很适合划船、乘船游览和参与风帆冲浪。小镇地图[可从信息中心（见592页）领取]上标注了附近的步道和自行车道，包括一条美丽的河畔步道。特威泽尔也是骑行探索高山海洋自行车道（Alps 2 Ocean Cycle Trail，见593页）最好的大本营。

当地河流、运河和湖泊的钓鱼业也很发达。关于当地导游服务，请咨询信息中心。可向他们询问**Loch Cameron**游泳事宜（不过不要告诉他们是我们建议的）。

团队游

OneRing Tours 团队游

（☎0800 213 868，03-435 0073；www.lordoftheringstour.com；Ostler St和Wairepo St交叉路口）你有多少机会打扮成《指环王》（*The Lord of the Rings*）电影人物的样子，像疯了一样横冲直撞？这种机会不常有！参与团队游，可前往绵羊牧场，来到电影中帕兰诺平原之战（Battle of the Pelennor Fields）的取景地（成人/儿童 $89/59），或者午餐时间游览《霍比特人》（*Hobitit*）电影中的长湖镇（成人/儿童 $119/89）。

这里也有早餐之旅（成人/儿童 $109/89），或者只允许成人参加的暮光之旅（$139）。你可以一边欣赏夕阳挂在刚铎（Gondor）上空的美景，一边享用啤酒、红酒和小吃。

Helicopter Line 观景飞行

（☎03-435 0370；www.helicopter.co.nz；Pukaki Airport，Harry Wigley Dr）飞行选择包括1小时的奥拉基/库克山发现之旅（Aoraki/Mt Cook Discovery；$765）、25分钟的高山速览（Alpine Express；$300），也有时长介于这两者之间的项目。除了时长最短的选项之外，其他飞行项目都包括雪地着陆。

住宿

Twizel Holiday Park 度假公园 $

（☎03-435 0507；www.twizelholidaypark.co.nz；122 Mackenzie Dr；露营地 $40起，套间 $60~180；Ⓟ📶）提供郁郁葱葱、满是鲜花的场地，有草坪露营地和整洁的公用设施。由旧产科医院改造的建筑中有简单房屋，现代化设备齐全的小屋尤其超值。提供自行车出租。

> **不要错过**
>
> ### 普卡基湖瞭望台（LAKE PUKAKI LOOKOUT）
>
> 普卡基湖是马更些地区三大高山湖泊中最大的一个，就像一颗带有梦幻色彩的巨大宝石。湖岸上，就在连接特威泽尔和莱克特卡波的SH8公路旁，有一座一直都很受欢迎的标志性的瞭望台，这里能越过美丽的湖面，一路看到白雪皑皑的奥拉基/库克山及周围的山峰。
>
> 瞭望台旁边的**普卡基湖游客中心**（www.mtcookalpinesalmon.com；SH8；⏲10月至次年6月 8:30~17:30，7月至9月 9:00~17:00）其实是世界上海拔最高的三文鱼农场Mt Cook Alpine Salmon的前哨。这家农场在远处的一个水电运河系统内经营。在游客中心可买到刺身（$10）或熏鱼做晚餐。

★ **Lake Ohau Lodge** 度假屋 $$

（☎03-438 9885；www.ohau.co.nz；Lake Ohau Rd；标单 $110~216，双 $118~237；Ⓟ📶）这座田园风情的住宿处位于遥远的Lake Ohau湖畔，在特威泽尔以西42公里处，选择包括带共用设施的经济型房屋、带阳台能看山景的高档房屋。

度假屋在冬季是Ohau滑雪场的中心（6月至9月运营），非常热闹，夏季（12月至次年2月）比较安静。提供半膳宿套餐（最近的就餐选择在特威泽尔）。

Omahau Downs 度假屋、小屋 $$

（☎03-435 0199；www.omahau.co.nz；SH8；双 $150~165，小屋 $155起；⏲6月至8月歇业；Ⓟ📶）这座农家小院位于特威泽尔以北2公里处，拥有3个惬意舒适、设施齐全的村舍小屋（每个小屋最多可住15人）。还有一个度假屋，里面是崭新的现代化房间，还有一个可以远眺Ben Ohau Range山脉的露台。

Mountain Chalets 别墅 $$

（☎03-435 0785；www.mountainchalets.

co.nz; Wairepo Rd; 铺 $28, 双 $110~130; 📶) 木质天花板为这些舒适且设施齐全的A字结构小屋增添了淳朴的气息，房型有小开间、单卧和双卧套间。

Heartland Lodge 民宿、公寓 $$$

(☎03-435 0008; www.heartland-lodge.co.nz; 19 North West Arch; 双 $300~360, 公寓 $190; P📶)位于镇子树木葱茏的边缘，这座现代化的优雅大房子空间充足，提供套间和舒适、欢乐的公共空间。友好的店主会准备早餐，采用的是当地产的有机食材。旁边的“休息”公寓能住6人，自带小厨房（不提供早餐）。

就餐

★ Shawty's 咖啡馆 $$

(☎03-435 3155; www.shawtys.co.nz; 4 Market Pl; 主菜 早午餐 $12~20, 晚餐 $28~36; ⊙8:30至深夜; 📶) 镇中心的社交中心，也是最热门的就餐选择，提供丰盛的早餐、美味比萨，日落时提供高档的羔羊肉排，还有体贴的儿童菜单、鸡尾酒、户外用餐区，有时会有现场音乐演奏。这一切都让这里更加迷人。

High Country Salmon 海鲜 $$

(☎0800 400 385; www.highcountrysalmonfarm.co.nz; SH8; 三文鱼 每公斤 $60起; ⊙8:00~18:00)这座养鱼场距离特威泽尔3公里，冰山融水养殖出极其美味的鱼，可购买整条鱼的鲜鱼排，也可购买熏制的部分。我们喜欢加热的熏三文鱼，切成薄片撒在热意大利面中食用，可能还会加上一些奶油。这里还有一个小咖啡馆，出售刺身和其他三文鱼相关的菜肴。

Poppies Cafe 咖啡馆 $$

(☎03-435 0848; www.poppiescafe.com; 1 Benmore Pl; 主菜 早午餐 $10~21, 晚餐 $27~38; ⊙9:00~21:00; 📶) 这家经营良好的咖啡馆是当地人的最爱，早上提供经典早午餐菜肴和美味的咖啡，晚上过来，菜单上则有美味的咖喱，鲜鱼和意大利面。精酿啤酒适合搭配小吃小口品尝，如果你不是太贪婪的话。咖啡馆位于小镇以南，就在SH8公路边。

购物

Twizel Bookshop 图书

(☎027 464 5062; www.twizelbookshop.co.nz; 12b Market Pl; ⊙周一至周五 9:00~17:00, 周六和周日 营业时间缩短) 一家管理得很好的可爱书店，提供新书和二手书。

实用信息

特威泽尔信息中心 (Twizel Information Centre; ☎03-435 3124; www.twizel.info; Market Pl; ⊙周一至周五 8:30~17:00, 周六 10:00~15:00) 提供本地区步道和骑行小路信息，也可预订住宿。还出租自行车（1小时/3小时/全天 $25/35/45）。

到达和离开

Atomic Shuttles（见560页）每天有一班车前往下列地方：

目的地	票价	行程
基督城	$35	4小时
克伦威尔	$30	2小时
杰拉尔丁	$25	2小时
莱克特卡波	$20	45分钟
皇后镇	$30	3小时

Cook Connection（见592页）每天有一班车前往库克山村（单程/往返 $28/51, 1小时）。

InterCity（见560页）每天有一班车前往下列地方：

目的地	起价	行程
基督城	$38	5.25小时
克伦威尔	$28	2小时
莱克特卡波	$13	50分钟
库克山村	$78	1小时
皇后镇	$40	3小时

Naked Bus (www.nakedbus.com) 的客车前往基督城和皇后镇/瓦纳卡。

奥拉基/库克山国家公园（Aoraki/Mt Cook National Park）

☎03/人口 200

占地700平方公里的奥拉基/库克山国家公园是新西兰西南部（Te Wāhipounamu）世界遗产区的一部分。公园内超过1/3的地区都常年覆盖冰雪。新西兰全境海拔超过3000米的高山共有23座，其中19座位于这个公园内。最高的就是壮观的奥拉基/库克山，其海拔3724米，是澳大利亚、新西兰和太平洋诸岛屿地区的最高峰。这个区域有许多著名山峰，包括Sefton、塔斯曼山、Silberhorn、Malte Brun、La Perouse、Hicks、De la Beche、Douglas和Minarets。

只要没有云层遮挡，就能欣赏奥拉基/库克山壮观的景色。大部分游客都是坐旅游巴士到达，在Hermitage前下车照相，然后又沿着SH80下山。你可以在这儿多待一会儿，慢慢欣赏雄伟的山峰和周围的风景，还可以尝试一些不错的短途徒步路线，包括前往塔斯曼冰川的路线。

历史

在毛利语中，这座山被称为"奥拉基"（意为"穿云者"），是毛利神话里一位神灵的名字。1851年，为了纪念探险家詹姆斯·库克（James Cook）船长，其更名为库克山。

该地区一直是新西兰登山运动的中心。1882年3月2日，威廉·斯波茨伍德·格林（William Spotswood Green）和两位瑞士籍阿尔卑斯山民在经过62小时漫长的艰苦攀登后，最终宣告登顶失败。两年后，3个当地登山爱好者——汤姆·法伊夫（Tom Fyfe）、乔治·格拉哈姆（George Graham）和杰克·克拉克（Jack Clarke）听说两位欧洲著名登山家要来挑战库克山，于是抢先行动起来。在1894年圣诞节这一天，他们成功地登上了胡克冰川（Hooker Glacier）和北边的山脊。

1913年，澳大利亚登山家弗雷达夫人（Freda du Faur）成为第一位成功登顶的女性。1948年，新西兰人埃德蒙·希拉里（Edmund Hillary）的团队从南麓登顶，在接下来的人生中，他还成了第一个登顶珠穆朗玛峰的人。从此以后，大部分让人望而生畏的山坡路线全被攀登过了。

景点

★奥拉基/库克山国家公园游客中心

博物馆

（Aoraki/Mt Cook National Park Visitor Centre; ☎03-435 1186; www.doc.govt.nz; 1 Larch Grove; ⏲10月至次年4月 8:30~17:00，5月至9月至16:30）免费 算得上是新西兰最好的环保部游客中心。不仅提供与徒步路线和天气条件有关的所有必需信息，还设有公园自然和人类历史的展览。这里是一个很好的与大自然互

不要错过

高山海洋自行车道（ALPS 2 OCEAN CYCLE TRAIL）

高山海洋自行车道是新西兰自行车道（www.nzcycletrail.com）中最佳之一，从南阿尔卑斯山一路通往奥马鲁的太平洋海岸，风景壮丽。

新西兰最高峰——奥拉基/库克山——只是诸多美景之一。其余亮点还包括曲折的河流、冰川开凿出的峡湾、蓝绿色的水库、草丛覆盖的高原和葱翠的农场。除骑行之外，还可品尝葡萄酒、观赏企鹅、乘滑翔机飞行、泡露天温泉。乡村地区的人很热情，提供食物和住宿处，还提供交通和其他服务，使旅途容变得很轻松，也更享受。

车道分为9个容易到中等的部分，地形包括运河小路、宁静的乡村公路、古老的铁路线和专门修建的越野车道，也有一些较难的山路供跃跃欲试的骑手挑战。选择包括乘坐接驳车前往莱克特卡波（见588页）参加5~6小时的开阔地骑行，返回特威泽尔，或者从特威泽尔出发前往Lake Ohau Lodge（见591页）用午餐或晚餐。两条路上都能看到绝美的湖泊和山地风景，马更些正是以此闻名。

车道有旅游公司的支持，他们提供自行车出租、接驳车、行李转运和住宿场所。包括特威泽尔的**Cycle Journeys**（☎03-435 0578，0800 224 475; www.cyclejourneys.co.nz; 3 Benmore Pl; 全包套餐 $1250起）和**Jollie Biker**（☎027 223 1761，03-435 0517; www.thejolliebiker.co.nz; 193 Glen Lyon Rd; 出租自行车 每天 $50起）。高山海洋网站（www.alps2ocean.com）有详细信息。

Aoraki/Mt Cook National Park 奥拉基/库克山国家公园

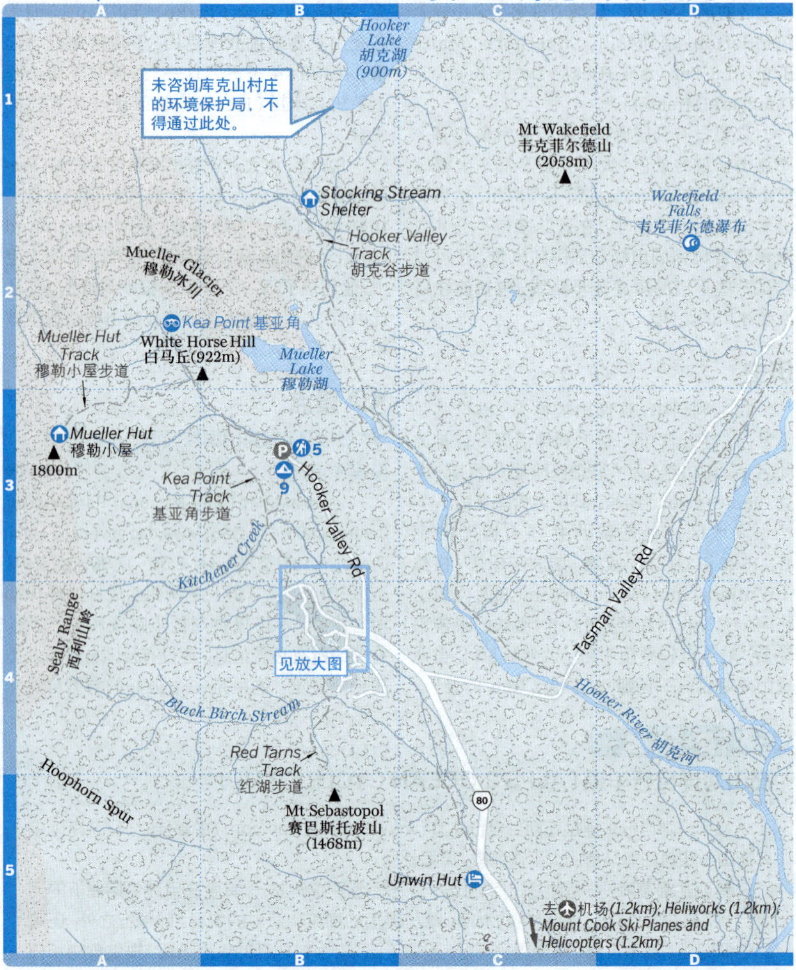

动的地方，哪怕是在雨天。大部分活动都可以在这里预约。

塔斯曼冰川

冰川

（Tasman Glacier; www.doc.govt.nz）27公里长、4公里宽的塔斯曼冰川是新西兰最大的冰川，但它正在迅速融化，以每年数百米的速度缩小。它的表面也在融化，自1891年首次测量以来其深度已经减少了150米。尽管融化速度相当快，但在冰最厚的地方仍然有600多米深。

在较低矮的地方，冰融化后已经露出了岩层、岩块和大圆石，于是冰层上出现了一片不太美观的样子。

冰川脚下的塔斯曼湖（Tasman Lake）在20世纪70年代初才开始形成，如今长度已经达到7公里。未来10年内，气候变化带来的影响会让它更加长。湖上是迷宫般的巨大冰山群，冰山还在持续不断地从冰川的末端分离出来。2011年2月22日，基督城地震导致一座1.3公里长、300米高、重达300万吨的冰山从冰川上断裂，造成高达3.5米的波浪，席卷了湖上游船（无人受伤）。可以参加Glacier

Aoraki/Mt Cook National Park 奥拉基/库克山国家公园

重要景点

1 奥拉基/库克山国家公园游客中心........E4

景点

2 埃德蒙·希拉里爵士高山中心..............E4
3 塔斯曼冰川..E1

活动、课程和团队游

4 Alpine Guides..E4
Big Sky Stargazing....................（见6）
Glacier Explorers.......................（见6）
Glacier Kayaking......................（见11）
5 胡克谷步道...B3
基亚角步道.................................（见1）
西莉湖步道.................................（见5）
Southern Alps Guiding.............（见11）
6 Tasman Valley 4WD & Argo Tours....E4

住宿

7 Aoraki Court Motel..............................F5
8 Aoraki/Mt Cook Alpine Lodge..........E5
9 DOC White Horse Hill Campground.B3
Hermitage ....（见6）
10 Mt Cook YHA......................................F5

就餐

11 Old Mountaineers' Cafe.....................E4

饮品和夜生活

12 Chamois Bar & Grill...........................F5

交通

13 Cook Connection................................E4
InterCity.......................................（见13）

Kayaking（见597页）组织的活动到塔斯曼湖上划皮艇。

在上一次大迁移中（17,000年前），冰川向南移动了较远的距离，凿出了普卡基湖。后来一次迁移没有到达山谷侧壁，外部山谷侧壁和后一次前移形成的冰碛之间有一条空隙。土路Tasman Valley Rd在库克山村以南800米处与Mt Cook Rd分开，通向这条空隙。从Blue Lakes庇护所沿着这条路行走8公里，抵达塔斯曼冰川观景步道（Tasman Glacier View Track；往返30分钟），再沿着无尽的台阶继续攀爬，可以抵达冰碛石岩壁上的一个观景点，途中有一条支路前往Blue Lakes。

埃德蒙·希拉里爵士高山中心 博物馆

（Sir Edmund Hillary Alpine Centre；www.hermitage.co.nz；Hermitage, Terrace Rd；成人/儿童 $20/10；⌚10月至次年3月 7:00~20:30，4月至9月 8:00~19:00）埃德蒙·希拉里爵士被公认为最伟大的新西兰人。2008年，在他去世前3周，这座多媒体博物馆正式开业。主要景点包括一座电影院和一个圆顶数字天文台，全天候不间断地播放影片，包括3D电影《魔幻库克山》（*Mt Cook Magic*）和介绍埃德蒙·希拉里爵士登顶珠峰壮举的75分钟纪录片。大厅里的纪念品来自埃德蒙不同探险经历以及Hermitage(见598页)酒店，这座酒店于1884年建成。

活动

徒步和登山

奥拉基/库克山国家公园游客中心(见598页)提供的多语种徒步和骑行道路宣传册中介绍了从村子出发的比较容易的徒步路线。留心途中遇到的塔尔羊(thar，即Himalayan goat)，是一种喜马拉雅山羊；还有一种来自欧洲的岩羚羊(chamois)，比塔尔羊小巧些；也可能看到红鹿(red deer)，也来自欧洲。夏季(12月至次年3月)的时候，你会看到盛开的库克山百合(Mt Cook lily)和一种巨大的高山毛茛，还有山地雏菊(daisies)、龙胆根(gentians)和火绒草(edelweiss)。

更长的徒步路线只推荐给有登山经验的人，因为高海拔地区的步道和条件很恶劣。这里的天气变幻无常。奥拉基/库克山距离海岸只有44公里，塔斯曼海带来的气候变化意味着库克山随时被笼罩在暴雨威胁之下。

对那些有经验的人来说，这里提供各种坡度选择，没有经验的新手必须与向导同行。但无论你的技术如何，都千万要小心——已经有200多人在这里因登山事故丧生。游客信息中心那本阴森的纪念册记录了1907年奥拉基/库克山第一次山难以来的死亡事故。从那时起，已有超过80位登山者在这座山峰上丧生。

登山之前务必先与公园巡逻队联系，认真听取他们的意见。如果要登山，或者哪怕只是选择较长的步道，出发前都请填写登山意向卡，返回后也要来登记，以便巡逻队员确认你安全归来。游客中心提供定位仪出租(每三天/周 $30/40)。

如果你打算住在公园的小木屋里，需要在环保部游客中心登记意向并缴费。步行者可以使用库克山村内的公共避难所，这里有自来水、厕所和投币淋浴。需要注意的是，这个避难所不能过夜。

★西莉湖步道(Sealy Tarns Track) 徒步

去西莉湖步道(往返3~4小时)的路线从基亚角步道(Kea Point Track)分岔出来，继续沿着山脊上去可以到Mueller Hut(铺$36)。这处小木屋有28个舒适的双层床床位，带煤气和厨房设施，还有室外厕所。

胡克谷步道 徒步

(Hooker Valley Track)也许是最好的日间徒步路线，这条步道从DOC White Horse Hill Campground(见597页)出发，往返3小时，前往胡克谷，并穿过3座吊桥，抵达Stocking Stream和胡克冰川(Hooker Glacier)的终点。经过第二座吊桥后，奥拉基/库克山的景色一览无余，而且你还常常能看到胡克湖上漂浮的冰川。

基亚角步道 徒步

(Kea Point Track)去往基亚角(从游客中心出发，往返2小时)的路边长满当地植物，路的尽头可以很好地欣赏奥拉基/库克山、胡克谷及Mt Sefton和Footstool被冰雪覆盖的一面。尽管步道名字中有kea(啄羊鹦鹉)，但你在这里看见啄羊鹦鹉的概率并不比公园中的其他部分更高。如果看见，不要喂食。

Alpine Guides 登山

(☎03-435 1834; www.alpineguides.co.nz; 98 Bowen Dr; 新手登山课程 $2350起)提供导览登山课程，针对所有水平的滑雪者，还组织滑雪游，包括直升机运送的项目。可以存储户外服装、登山装备，出租冰镐、攀登用鞋底钉、小背包和睡袋。

Southern Alps Guiding 攀岩、雪上运动

(☎03-435 1890; www.mtcook.com; Old Mountaineers' Cafe, Bowen Dr)提供登山指导和向导，全年都有的3~4小时的塔斯曼冰川直升机滑雪游($550)。6月至10月直升机滑雪可前往塔斯曼、默奇森和曼纳林(Mannering)冰川，有一系列5~15公里的雪道(4次 $1150起；每增加一次 每人$125起)。

Alpine Recreation 徒步

(☎0800 006 096, 03-680 6736; www.alpinerecreation.com; 导览徒步 2/4/6天 $790/1690/2490起)以莱克特卡波为基地，Alpine Recreation组织有向导带领的高海拔徒步，还有登山课程和滑雪游。可在向导带

领下攀登奥拉基/库克山、塔斯曼山和其他山峰。

其他活动

Glacier Kayaking 皮划艇

（☎03-435 1890；www.mtcook.com；Old Mountaineers' Cafe, Bowen Dr；每人 $250；⏰10月至次年4月）适合只有很少经验的划手，导览皮艇游客前往塔斯曼冰川或穆勒冰川（Mueller Glacier）的冰川湖。运气好的话，湖上通常会有冰山，但不管怎样，这里的风景都很壮观，还能上一节迷人的地质课程。旅途持续4~6小时，具体要视天气而定。在Old Mountaineers' Cafe（见598页）预约。

Big Sky Stargazing 观星

（☎03-435 1809，0800 686 800；www.hermitage.co.nz；Hermitage, Terrace Rd；成人/儿童 $90/45）高山中心的数字天文馆会通过一段45分钟的演示介绍新西兰的南部夜空，然后游客可以到外面，在天文学知识丰富的导游指导下用望远镜实地欣赏星空。

团队游

Mount Cook Ski Planes and Helicopters 观光飞行

（☎03-430 8026；www.mtcookskiplanes.com；Mt Cook Airport）通过这家总部设在库克山机场的机构，可乘坐滑雪飞机或直升机从空中欣赏库克山和周边的冰川。大多数飞行都包括一次雪上或冰上着陆。选择包括45分钟大环线（Grand Circle；成人/儿童 $560/425）和35分钟的塔斯曼体验（Tasman Experience；成人/儿童 $310/245）。只观光不着陆更便宜——如果想尝试，可选择10分钟的塔斯曼低地环线（Lower Tasman Loop；$ 99）。

Glacier Explorers 乘船

（☎03-435 1641；www.glacierexplorers.com；Hermitage, Terrace Rd；成人/儿童 $170/87；⏰9月至次年5月）参加这个小船团队游，乘坐一艘MAC船前往塔斯曼冰川的冰川湖游览，和古老的冰山及冰碛石亲密接触。费用包括一次30分钟的徒步。在Hermitage的活动咨询台预订（见598页）。

Helicopter Line 观景飞行

（☎03-435 1801；www.helicopter.co.nz；Glentanner Park, Mt Cook Rd）从Glentanner Park出发，Helicopter Line提供20分钟的高山美景（Alpine Vista）飞行（$240），飞越Ben Ohau Range的激动人心的35分钟飞行（$360），还有40分钟的飞越塔斯曼冰川并沿着奥拉基/库克山的飞行项目（$450）。都有雪上着陆。

Heliworks 观光飞行

（☎03-435 1460，0800 666 668；www.heliworks.nz；Mt Cook Airport；飞行 每人 $280~590）提供各种直升机观光飞行，飞越新西兰最壮观的一些风景，全部都包括一次冰川着陆。55分钟的奥拉基/库克山终极飞行（$580）会环绕新西兰最高峰。

Tasman Valley 4WD & Argo Tours 团队游

（☎0800 686 800；www.mountcooktours.co.nz；成人/儿童 $49/29）全年提供90分钟的Argo（8轮驱动的全地形越野汽车）团队游，前往塔斯曼冰川及其冰川湖。能看到许多高山植物，沿途还有有趣的讲解。在网上预订，或者在Hermitage（见598页）的活动咨询台预订。

住宿

Mt Cook YHA 青年旅舍 $

（☎03-435 1820；www.yha.co.nz；1 Bowen Dr；铺/双 $40/140；P📶）🍃装饰有松木的出色青年旅舍拥有免费桑拿房、干燥室、原木壁炉、一个大厨房和友好热情的员工。房间整洁温暖，不过有些房间稍显拥挤（特别是双上下铺房间）。

DOC White Horse Hill Campground 露营地 $

（☎03-435 1186；www.doc.govt.nz；Hooker Valley Rd；露营地 成人/儿童 $13/6.50；P）从库克山出发，朝胡克谷向上走2公里，就来到了这个自助登记的露营地。这里有一个简陋的避难所，带（冷水）水槽、桌子和厕所，还可以欣赏无穷的美景，去往各条步道也很方便。

Glentanner Park Centre 度假公园 $

（☎03-435 1855; www.glentanner.co.nz; State Hwy 80; 露营地 $22~25, 铺 $40, 套间 $110, 带浴室 $210起; P@📶）位于普卡基湖北岸、库克山村子以南22公里处，这是距离国家公园最近的设备齐全的露营地，包括小屋和汽车旅馆套间、一个上下铺房间、一个咖啡馆和放养的兔子。

★ **Aoraki/Mt Cook Alpine Lodge** 度假屋 $$

（☎03-435 1860; www.aorakialpinelodge.co.nz; Bowen Dr; 双 $169~240; P📶）这家由家庭经营的可爱度假屋拥有套间，包括一些很适合家庭的房间，有两个房间带小厨房，大多数都能看到风景。巨大的休息室和厨房区、烧烤区也有绝美山景——是吃烧烤晚餐的好地方。

Aoraki Court Motel 汽车旅馆 $$$

（☎03-435 1111; www.aorakicourt.co.nz; 26 Bowen Dr; 双 $375~455; P📶）在别的地方，虽然汽车旅馆不值这个价格，但这里的现代套间装潢漂亮，有全部的必要现代设备，能看到美景。部分套间有温泉浴缸，出租自行车。

Hermitage 酒店 $$$

（☎03-435 1809; www.hermitage.co.nz; Terrace Rd; 房间 $235~525; P@📶）享誉库克山的著名酒店坐拥美妙的山景。虽然有些历史比较久远的配楼走廊看起来有点儿像医院，但重新装修的房间已经达到了相当高的标准（最便宜的看不到山景）。除了商店和高山中心之外，有3种品质不错的用餐选择。

餐饮

Old Mountaineers' Cafe 咖啡馆 $$

（www.mtcook.com; Bowen Dr; 主菜 早餐 $9~15, 午餐 $14~26, 晚餐 $24~35; ⏱10:00~21:00; 📶）村子里最好的一家餐馆，有书和纪念品，都在鼓励你停留。可以透过观景窗欣赏山景，全天供应的菜单上提供当地食物和有机食物，包括三文鱼、培根馅饼、烹饪早餐、汉堡和比萨。

Chamois Bar & Grill 小酒馆

（www.mountcookbackpackers.co.nz; Bowen Dr; ⏱16:00至深夜; 📶）位于Mt Cook Backpacker Lodge楼上，这家大酒吧供应简单的酒馆食物（主菜 $15~30），有一张台球桌、一台大屏幕电视，偶尔还有现场演出，不过风景是最大亮点。日落时过来，可以看到群山颜色的变换。

实用信息

奥拉基/库克山国家公园游客中心（Aoraki/Mt Cook National Park Visitor Centre）是当地信息的最佳来源。最近的自动柜员机和超市位于特威泽尔。

到达和离开

库克山村子里的小机场只为飞行观光公司服务。有的公司愿意顺路带旅客到西岸区（例如弗朗兹约瑟夫），但飞行很大程度上依赖于天气条件。

如果是自驾旅行，最好在莱克特卡波或特威泽尔加好油。库克山也有一个自助服务的加油泵，但价格昂贵。

Cook Connection（见592页）提供前往莱克特卡波（$40, 1.5小时）和特威泽尔（$28, 45分钟）的班车服务。

InterCity（见560页）的班车在Hermitage停靠，不过它们是作为"观光游"的一部分运营，价格可能很贵——最好搭乘班车返回特威泽尔，从那里搭乘InterCity的车。

目的地	起价	行程（小时）
基督城	$213	5.25
莱克特卡波	$87	1.25
皇后镇	$184	4.75

达尼丁和奥塔戈

包括 ➡

最佳就餐

- Riverstone Kitchen（见607页）
- Fleur's Place（见610页）
- No 7 Balmac（见620页）
- Bracken（见619页）
- Courthouse Cafe & Larder（见631页）

最佳住宿

- Pen-y-bryn Lodge（见608页）
- Oliver's（见632页）
- Pitches Store（见629页）
- Old Bones Backpackers（见607页）
- Hogwartz（见616页）

为何去

奥塔戈（Otago）的城镇和乡村都颇具魅力，既有古怪的城镇，又有世界级的酒庄，还有新西兰最易接近的野生动物。它的历史中心是达尼丁（Dunedin），这里洋溢着生机盎然的学院文化和艺术气息。从镇上富丽堂皇的爱德华七世时代风格的火车站出发，可以沿着著名的泰伊里峡谷铁路（Taieri Gorge Railway）向内陆挺进，然后沿奥塔戈崎岖的中央铁路步道（Otago Central Rail Trail）骑自行车欣赏山景。

对于想领略殖民时期新西兰风情的人，可以在那些"淘金热"中涌现出的城镇中感受拓荒气氛，比如克莱德（Clyde）、圣巴桑斯（St Bathans）、内斯比（Naseby）和可爱的奥菲尔（Ophir）。想要观看野生动物的话，就去奥塔戈半岛（Otago Peninsula），在那里很容易看到企鹅、信天翁、海狮和海豹。海边的奥马鲁（Oamaru）有很棒的历史街区、常驻此地的企鹅种群，以及狂热的蒸汽朋克文化。

奥塔戈逍遥自在、遍地美景，向往轻松度假风格的探访者在这里绝对可以得到满足。

何时去

- 2月和3月天气晴朗而稳定（通常情况下如此），新鲜多汁的杏子、桃子、樱桃正当季。
- 复活节时，在两年一度的米德尔马奇（Middlemarch）单身舞会上结识"南部人"，或者在克莱德葡萄酒和美食节上用美酒、美食驱散心中的不快。
- 在较为安静的9月，可以在奥塔戈中央铁路步道骑自行车。
- 11月，观看职业车手在高地赛车运动公园竞赛，然后在奥马鲁维多利亚文化节（Oamaru's Victorian Heritage Celebrations）上，优雅地骑着前轮大后轮小的复古自行车。

达尼丁和奥塔戈亮点

❶ **奥马鲁**（见603页）体会历史遗产以及蒸汽朋克可能的未来。

❷ **奥塔戈半岛**（见623页）观察企鹅，仰望信天翁，目不转睛地观赏海豹。

❸ **奥菲尔**（见628页）在古雅的乡村探索新西兰的金矿遗产。

❹ **克伦威尔**（见632页）去盛产水果的南部的葡萄酒庄品尝最好的黑皮诺葡萄酒。

❺ **达尼丁**（见610页）品尝当地啤酒，在酒吧和咖啡馆里欣赏当地乐队的音乐。

❻ **奥塔戈中央铁路步道**（见627页）骑自行车沿废弃的铁路穿过沙石遍地的壮美风光。

❼ **泰伊里峡谷铁路**（见616页）沿着弯弯曲曲的遗产铁路，在峡谷和高架桥之间蜿蜒穿行。

到达和当地交通

新西兰航空(Air New Zealand; ☎0800 737 000; www.airnewzealand.co.nz)运营从达尼丁飞往基督城、惠灵顿和奥克兰的航班,而**捷星航空**(Jetstar; ☎0800 800 995; www.jetstar.com)有飞往惠灵顿和奥克兰的航班。火车服务仅有两列观光遗产火车线路(见616页):一列从达尼丁去往米德尔马奇;另一列去往帕默斯顿(Palmerston)。主要的长途汽车沿着SH1或SH8行驶。

怀塔基区(WAITAKI DISTRICT)

河床宽阔、洲屿众多的怀塔基河(Waitaki River)是奥塔戈与北边坎特伯雷的明显分界线。通过怀塔基山谷(Waitaki Valley),可以直接从南阿尔卑斯山脉到海边,不过选择这条路线的人不多,山谷中有奇异的石灰岩岩层、毛利人岩画和古化石。这个区域还是新西兰最新的红酒产地之一,也是新开通的高山海洋自行车道(Alps 2 Ocean Cycle Trail,见593页)的主要组成部分。这条路线将奥拉基/库克山国家公园(Ao-raki/Mt Cook National Park)和海岸相连。在该地区的主要城镇奥马拉马有企鹅、蒸汽朋克和辉煌的历史建筑。

奥马拉马(Omarama)

☎03/人口 270

慢节奏的奥马拉马位于怀塔基山谷的入口,群山环绕,风景绝美。牧人马术表演(12月28日)和牧羊犬比赛(3月)期间是这里最热闹的时节。

景点

黏土悬崖 地标

(Clay Cliffs Paritea; Henburn Rd; 小汽车$5)像月球表面一样的奇异景观,是由活跃的奥斯勒断层线(Osler fault line)沿线的层层泥沙碎石经过200万年的侵蚀形成的。这些悬崖位于私人土地上,门票钱是通过自助投进门口的荣誉箱支付。要抵达该地区,从小镇沿着SH8向北走3公里,然后往左拐到Quailburn Rd,再走3公里后往左拐到Henburn Rd的土路上(路标清晰)。

活动

奥马拉马浴室 水疗

(Omarama Hot Tubs; ☎03-438 9703; www.hottubsomarama.co.nz; 29 Omarama Ave, SH8; 每1/2/3/4人 盆浴 $52/90/114/136,池浴 $75/140/180/200; ⏲11:00至深夜)如果骑行或远足之后感觉双腿疲劳,或者只是想和伴侣度过一段愉快的时光,这些柴火加热的私人专享浴缸会是你的最佳选择。可以选择90分钟的热水浴缸(每个浴缸都有专属更衣室),或者2小时的"养生池",含桑拿服务。

浴池用水是不含化学物质的冰川和雪融水,每拨客人走后换一次,使用过的水将被回收并用于灌溉。虽然是日式泡汤的理念,但周围群山环绕的湖景和晴朗纯粹的夜空是只有新西兰南岛才能给你带来的。还提供有治疗功效的按摩(30/60/90分钟 $60/100/150)和其他护理项目。

Glide Omarama 滑翔

(☎03-438 9555; www.glideomarama.com; Airport Rd, Omarama Airfield)该地区的西风和夏日暖流为滑翔提供了有利条件,可以在绵延的山丘和壮观的南阿尔卑斯山脉上空进行一场世界级的翱翔,而且每年12月或1月都会在这里举行全国滑翔大会。这家机构提供滑翔课程和观光飞行,时间为30分钟($358)至5小时($1475)。

食宿

Buscot Station 农场住宿 $

(☎027 222 1754; www.bbh.co.nz; 912 SH8; 露营地/铺/标单/双 $10/26/44/63; Ⓟ)想拥有独一无二的新西兰体验,在这个家庭式农舍订个房间吧,它属于一座巨大绵羊和牛牧场或者在后面的大宿舍订个床位。日落风景极美,还有大量领地可供探索。它位于奥马拉马以北10公里处的SH8上。

Omarama Top 10 Holiday Park 度假公园 $

(☎03-438 9875; www.omaramatop10.co.nz; 1 Omarama Ave, SH8; 露营地 $40~45,套间 带/不带浴室 $145/80; Ⓟ🛜👪)🍃这家度假公园位于公路和一条溪流之间,设备很好。小屋标准间很惬意,还有较大的配卫浴设施的小木屋和设备齐全的汽车旅馆套间。

Wrinkly Rams 咖啡馆 $$

(☎03-438 9751; www.thewrinklyrams.co.nz; 24-30 Omarama Ave, SH8; 主菜 $12~30; ⏰7:00~16:30; 📶)旅游景点的餐厅可能会很狡猾,但这里的膳食完美(不过咖啡一般)。大玻璃窗和外面的餐桌让你在用餐时可饱览山地景色,产自附近怀塔基山谷的葡萄酒也是这里的特色。

实用信息

奥马拉马浴室(Omarama Hot Tubs,见601页)同时也是游客中心,可以提供住宿和交通信息。想了解更多详情,请登录网站www.discoveromarama.co.nz。

到达和离开

从奥马拉马前往克伦威尔的路要越过迷人的林迪斯隘口(Lindis Pass)。

Atomic Shuttles(见621页)班车在奥马拉马稍作停留,然后继续开往基督城($40,5小时)、莱克特卡波($20,1.75小时)、特威泽尔($20,20分钟)、克伦威尔($25,1.5小时)和皇后镇($35,2.5小时)。

InterCity(见622页)每天有两班车往返基督城($30起,4.75小时)、特威泽尔($10起,25分钟)、克伦威尔($23起,1.5小时)和皇后镇($32起,2.5小时),还有一班往返库克山($78起,1.25小时)。

Naked Bus(见622页)每天有一班车往返基督城(4.75小时)、莱克特卡波(1.25小时)、克伦威尔(2.5小时)和皇后镇(3.25小时)。票价会有变化。

怀塔基山谷(Waitaki Valley)

这是一条人迹罕至的路线,葡萄酒、滑水和三文鱼垂钓只是这里的一部分亮点。从奥马拉马出发,蜿蜒的SH83穿过若干碧蓝的湖泊。要是想绕到北岸欣赏风景,可以在Otematata离开公路,穿过班摩尔大坝(Benmore Dam),再穿回艾文摩尔大坝(Aviemore Dam)回到公路上来。

公路沿途散布着许多气氛慵懒的小镇、古老的河岸建筑和小酒馆。其中最吸引人的是**库劳**(Kurow)小镇,这里是获得世界杯冠军的新西兰全黑队退役队长里奇·麦考(Richie McCaw)的家乡。从几乎同样可爱的**登特隆**(Duntroon)出发,爱冒险的(并且已经投保的)驾驶员可以沿着土路穿过丹塞斯隘口(Danseys Pass)抵达内斯比(Naseby)。

怀塔基山谷的葡萄酒产业先驱正在引起国际葡萄酒专家的注意。当然,他们要同奥塔戈中部的同人享有同等的荣耀,还需要继续努力。

景点

库劳(Kurow)

库劳遗产和信息中心 博物馆

(Kurow Heritage & Information Centre; ☎03-436 0950; www.kurow.org.nz; 57 Bledisloe St, Kurow; ⏰全年 周一至周五 9:30~16:00,外加11月至次年3月 周六和周日 11:00~15:00) 免费 这妙趣横生的社区博物馆中有当地英雄里奇·麦考(Richie McCaw)的介绍,展品主要来自库劳早年间的文物和古董。员工学识渊

毛利新西兰:达尼丁和奥塔戈

奥塔戈的早期毛利历史和坎特伯雷(见538页)很相似,英国人来的时候,Ngāi Tahu是这里的主要部落。Ngāi Tahu出售的第一批土地叫作奥塔戈地块(Otago block),占地1618平方公里,在1844年以2400英镑的价格易手。奥塔戈(Otago)一名源自Ngāi Tahu人对奥塔戈半岛远端的小村庄Ōtākou的称呼,这个小村庄至今仍是毛利人的集会地(marae)。

达尼丁的奥塔戈博物馆(Otago Museum,见614页)拥有南岛最精美的毛利文化展览,展品包括一只雕刻精美的独木战舟(waka taua)和一块工艺精巧的绿色玉石(pounamu)。现在只有在奥塔戈山谷才能看到尚保留在原址的毛利岩画艺术。

博，待人友好，能提供出色的当地活动和路线的建议。

帕斯夸里库劳酒庄 葡萄酒庄园

（Pasquale Kurow Winery；☎03-436 0443；www.pasquale.co.nz；5292 Kurow-Duntroon Rd，SH83；⏰11月至次年3月 10:00~17:00）作为山谷中最令人难忘的酒庄，帕斯夸里出产品质一流的黑皮诺、灰皮诺和雷司令，还有罕见的种类，如琼瑶浆（Gerwürtztraminer）和阿内斯（arneis）。可以来这里品酒（$10，购买红酒可退款），前菜和奶酪拼盘很适合佐酒。

登特隆及周边 (Duntroon & Around)

塔基罗毛利岩画遗址 考古遗址

（Takiroa Maori Rock Painting Site；SH83）免费 这处遗址位于登特隆以西3公里处，藏在公路旁蜂巢一样的峭壁中，沿途有显眼的指示路牌。这里绘着拥有千百年历史的岩画，包括神秘生物、动物，甚至还有一艘扬帆的航船。

毛利岩画遗址 考古遗址

（Maerewhenua Maori Rock Painting Site；Livingstone-Duntroon Rd）免费 这处遗址在一块引人注目的石灰悬岩的庇护下，木炭和赭石岩画可以追溯到欧洲人首次来到新西兰之前。从登特隆向东，穿过Maerewhenua河之后在第一个路口向右拐，前行400米后，遗址就在你的左手边。

消失的世界展览中心 博物馆

（Vanished World Centre；www.vanishedworld.co.nz；7 Campbell St, Duntroon；成人/儿童$10/免费；⏰10:00~16:00）一座由志愿者运营的展览中心，小而有趣。如果有更多人来参观，也许就不会有那么多糟糕的海豚文身和跳舞企鹅的电影了。一旦看过拥有2500万年历史的锐齿海豚（shark-toothed dolphin）和巨型企鹅（giant penguin）的化石，它们突然就变得不那么可爱了。

买一份《消失的世界路线》（*Vanished World Trail*）地图（$6.50），上面标出了怀塔基山谷和北奥塔戈海岸周边地区的20个不同的有意思的地质景点。

达尼丁和奥塔戈精华

就餐 奥塔戈中部的油桃、杏子、桃子、梅子和樱桃。

饮品 奥塔戈中部和怀塔基山谷出产的黑皮诺葡萄酒。

阅读 奥塔戈作家詹尼特·弗雷姆（Janet Frame）的抒情自传《到岛上去》（*To The Island*，1982年）第一卷。

聆听 *Tally Ho! Flying Nun's Greatest Bits*，一家达尼丁老牌唱片公司于2011年推出的30周年纪念专辑。

观赏 《在我父亲的洞穴里》（*In My Father's Den*，2004年），以奥塔戈中部为故事背景。

节日 11月下旬的奥马鲁维多利亚文化节（见607页）。

绿色旅行 到奥塔戈半岛海滩悄悄寻找珍稀的黄眼企鹅。

网络资源 www.dunedinnz.com，www.centralotagonz.com

活动

Awakino Skifield 滑雪

（☎021 890 584；www.skiawakino.com；Awakino Skifield Rd；一日电梯通票 成人/儿童$55/27）位于库劳高处，在新西兰的滑雪场中，它的面积不算大，不过对于追求宁静的中等水平滑雪者而言值得一游。周末提供住宿和滑雪套餐。

到达和离开

这条路线没有公共交通。你需要自驾或骑行前往。

奥马鲁（Oamaru）

☎03/人口 13,000

在奥马鲁，一切都是缓慢进行的。游客们闲逛、当地人漫步、企鹅摇摇摆摆，就连这里最近复活的传统交通工具——前轮大后轮小的脚踏车（penny farthing）和蒸汽火车都是不慌不忙的节奏。大多数旅行者是来这里

Oamaru 奥马鲁

看企鹅的，不过，在奥马鲁四处逛逛，你会感受到它宁静表面下奔涌的古怪特质。简而言之，奥马鲁很酷。

河流下游旁，有一个由维多利亚时代风格建筑组成的街区。这里曾一度被荒弃，如今到处都是古怪的人、古文物收藏家和各行各业的另类人士。他们经营着标新立异的画廊、奇妙的商店、时尚的音乐场所，甚至还有一个“城市酒庄”。最引人注目的是蒸汽朋克艺术，它们的美学观念大胆地歌颂过去和未来，以“明日依旧”为口号和信念。

离开码头，奥马鲁海港的白石建筑中咖啡馆和酒吧越来越多，往山崖上走，有几家出色的住宿处。你会发现，你在这座慵懒的海滨小镇逗留的时间会超出预期。

历史

奥马鲁曾经非常富有且雄心勃勃。在19世纪80年代的鼎盛时期，奥马鲁的规模和当时的洛杉矶相当。冷藏肉的航运业就起源于附近，这让镇子积累了足够的财富，威风凛凛的建筑拔地而起，也让今天的Thames St尽显

Oamaru 奥马鲁

优雅。然而这个城镇很快就开始走下坡路，到19世纪末时濒临破产。

20世纪经济形势下滑，反而让这里的遗产建筑不像新西兰其他地方的市中心那样被胡乱地推倒。直到最近的几十年，独具慧眼的开发者才认识到奥马鲁的独一无二之处，保留下来的维多利亚风格的街景让这个本来平淡无奇的小镇变得奇趣无比。

景点

★维多利亚街区（Victorian Precinct）

街区

这个别有情调的飞地只包括Harbour St和Tyne St周边的几个街区，拥有新西兰保存得最完好的维多利亚时代风格的商业建筑。在浓雾弥漫的深夜，这里完全是狄更斯笔下的样子。这里还有奥马鲁一切时髦、炫酷和奇异的东西，以及整个南岛最好的闲逛商业地之一。

在白天漫步，你会发现古籍书店、古玩商店、画廊、二手服装商店、奇趣礼品店、艺术家工作室、老派棒棒糖店和手工书籍装订商。夜间有一些可爱的小酒吧营业，你甚至能看到一只企鹅沿着街边晃晃悠悠地走过——我们就看到了！

这个街区在周日最有活力：**奥马鲁农贸市场**（Oamaru farmers market）里人声鼎沸。需要注意的是部分商店和景点在周一关闭。

★蓝企鹅栖息地

鸟类保护区

（Blue Penguin Colony；☎03-433 1195；www.penguins.co.nz；2 Waterfront Rd；成人/儿童$30/15；⏲10:00至日落后2小时）每天晚上，你会看到来自奥马鲁不大的企鹅栖息地的小家伙们破浪而来，涉水上岸前往它们位于水滨老采石场的巢穴。涉水路线的两侧都设置了看台。普通票看台的视角已经很好，不过在高级票看台（成人/儿童 $45/22.50）能更近距离地观察企鹅，从穿过筑巢区的一条木板路可以走过去。

11月和12月能看到的企鹅数量最多（多达250只）。3月至8月可能只有10~50只企鹅。企鹅们在天黑之前（隆冬大约17:30，仲夏大约21:30）成群到来，全部上岸需要1小时。信息中心（i-SITE，见609页）会给出夜间观赏时间。禁止拍照和摄像，建议你穿得暖和一点儿。

如果要了解中心的保护工作以及在增加企鹅数量上取得的成功，可以参加白天的幕后之旅（自助游 成人/儿童 $10/5，导览游 $16/8）。还有将夜间观察和白天团队游结合起来的套餐项目。

在任何情况下，都不要在晚上到海边岩石附近寻找企鹅——这是在破坏它们的生存环境，还会干扰人类对企鹅影响的研究。

圣帕特里克大教堂 教堂

（St Patrick's Basilica；☎03-434 8543；www.cdd.org.nz/st-patrick-oamaru；68 Reed St）如果你梦想回到古罗马，那就在科林斯式柱子之间穿梭，进入这座辉煌的建于1873年的天主教堂吧。著名建筑师弗朗西斯·彼得（Francis Petre）花费了大量精力设计这座教堂，从用平顶镶板装饰的天花板和祭坛上的圆屋顶都可以看到他的心血。

泰晤士街（Thames St） 街区

当初奥马鲁的主街道之所以修这么宽，是为了让牛车能转过弯来。最令奥马鲁人骄傲的是这里建于19世纪末的一系列辉煌的建筑，它们由当地出产的乳白色的石灰岩（又称奥马鲁石或白石）建造，其形式反映了当时的流行趋势，特别强调新古典主义风格。

令人难忘的建筑包括佛雷斯特尔美术馆（Forrester Gallery；No 9，Thames St；建于1883年）、澳新银行大楼（ANZ Bank；No 11，Thames St；建于1871年）、怀基基区议会大楼（Waitaki District Council building；No 20 Thames St；建于1883年）、北奥塔戈博物馆（North Otago Museum；No 60，Thames St；建于1882年）、法院大楼（Courthouse；No 88，Thames St；建于1883年）和歌剧院（Opera House；No 92，Thames St；建于1907年）。

蒸汽朋克展览馆 美术馆

（Steampunk HQ；☎027 778 6547；www.steampunkoamaru.co.nz；1 Itchen St；成人/儿童 $10/2；⏰10:00~17:00）在这个展示蒸汽朋克文化的迷人美术馆里发现另一个过去，或是一个离奇版本的未来。古老的机器咔嚓作响，20世纪的工业遗产被赋予新的意义和想象，产生了颇为诡异的效果。投一枚$2的硬币就可以给展览馆前闪闪发亮的太空时代火车头点火。

★黄眼企鹅栖息地 鸟类保护区

（Yellow-Eyed Penguin Colony；Bushy Beach Rd）**免费** 与蓝企鹅相比，黄眼企鹅的体形更大，也更稀有，它们会在下午晚些时候涉水登陆灌木海滩（Bushy Beach）给幼鸟喂食。为了保护这些濒危鸟类，这片海滩在15:00关闭，但悬崖上设置了一系列给游客用的隐蔽处（你需要一副双筒望远镜才能看清楚企鹅）。最佳观察时间是日落前2小时。

奥马鲁公共花园 花园

（Oamaru Public Gardens；Severn St；⏰黎明至黄昏）这些美丽的花园于1876年开放，适合放松漫步，拥有广阔的草坪、水道、桥梁，以及一个儿童游乐场。

佛雷斯特尔美术馆 美术馆

（Forrester Gallery；☎03-433 0853；www.culturewaitaki.org.nz；9 Thames St；⏰周一至周五 10:30~16:30，周六和周日 13:00~16:30；👪）**免费** 佛雷斯特尔美术馆位于一栋形似神庙的前银行建筑中，有出色的当地和其他新西兰艺术临时展览。楼上的"惊奇实验室"（wonderlab）有专门为孩子们设计的互动展览。

白石城 博物馆

（Whitestone City；☎0508 978 663；www.whitestonecity.com；12 Harbour St，Seaward Side；成人/儿童 $20/10；⏰10:00~18:00）这座崭新的景点于2017年开放，重现了奥马鲁全盛时期的历史。漫步穿过复制的维多利亚时代街景，探访有学生用来写字的石板和女校长出没的教室，在光线朦胧的沙龙里玩老派的游戏。此外，可以试试前轮大后轮小的自行车旋转木马。

北奥塔戈博物馆 博物馆

（North Otago Museum；☎03-433 0852；www.culturewaitaki.org.nz；58-60 Thames St；⏰周一至周五 13:00~16:30）**免费** 北奥塔戈博物馆目前正在准备迁往一处更大的展览空间（计划2019年搬迁）。过渡时期，这里只有一个展厅开放，展品有限，包括毛利人和欧洲白人（Pākehā）留下的文物，以及一些古董印刷品。

活动

Vertical Ventures 骑自行车、攀岩

（☎03-434 5010；www.verticalventures.co.nz；4 Wansbeck St）租一辆山地自行车（每天$45）或参加山地自行车导览游，如高山至海洋自行车道（7天，含交通和食宿$2995起）的行程。所谓"垂直"（vertical）指的是攀岩一日游（每人 $150起）。

Oamaru Steam & Rail 火车

（www.oamaru-steam.org.nz；成人/儿童/家庭 往返 $8/3/20；⏲周日 11:00~15:00；👪）周日，乘坐这辆老式蒸汽火车从维多利亚街区来到水滨地区，全程30分钟。

节日和活动

维多利亚文化节 文化节

（Victorian Heritage Celebrations；www.vhc.co.nz；⏲11月中旬）为期5天的换装舞蹈和历史狂欢，以一场盛大的游乐会作为高潮。

住宿

★**Old Bones Backpackers** 青年旅舍 $

（☎03-434 8115；www.oldbones.co.nz；Beach Rd；房间 $100，露营车 每人 $25；@📶）位于海滨路旁，在奥马鲁以南5公里处，这座一流的青年旅舍没有多人间，房间都很整洁，环绕着一个阳光充足的巨大中庭。听着波浪拍打在公路旁，在木柴燃烧的火炉边休息，或者订一个带热水浴缸的房间（$90起），一边观星一边陶醉其中。

Oamaru Backpackers 青年旅舍 $

（☎021 190 0069；www.oamarubackpackers.co.nz；47 Tees St；铺/标单 $30/50，双 $75~90；P📶）这座新近重修的青年旅舍距离维多利亚时代街景很近，每个房间装饰都各不相

值得一游

里弗斯通（RIVERSTONE）

从奥马鲁走14公里，来到这座拥有独特气质的综合建筑区，这段旅程一定会让你觉得很值得。这片独特的建筑藏在SH1的一段路旁，毫不起眼，就位于怀塔基河（Waitaki River）洲屿密布的河口与SH83的岔口之间。

最重要的是，这里是**Riverstone Kitchen**（☎03-431 3505；www.riverstonekitchen.co.nz；1431 Glenavy-Hilderthorpe Rd，SH1，Waitaki Bridge；早餐 $16~22，午餐 $22~32，晚餐 $28~34；⏲周四至周六 9:00至深夜，周日至周一 至17:00）的所在地，这家精致的咖啡馆兼餐馆是奥马鲁餐饮业的翘楚。河石修砌的壁炉和抛光混凝土地板与新派而不过火的菜单相得益彰。许多食材来自当地的巨大菜园（可以去参观一下，令人难忘）。还有当地出产的鹿肉、猪肉、三文鱼和牛肉。早午餐选择丰富多样，有很棒的咖啡和传奇般的松露炒蛋（truffled scrambled eggs）。别忘了留点肚子吃甜点。

在隔壁的一排仿古建筑店面背后，**Riverstone Country**（☎03-431 3872；1431 Glenavy-Hilderthorpe Rd，SH1，Waitaki Bridge；⏲9:00~17:30）堆满了礼品、工艺品、家居用品、假花、花园饰品和圣诞装饰。外面的鸟舍里有金丝雀（canaries）、吸蜜鹦鹉（lorikeets）和天竺鼠（guinea pig）。

如果你想要瞧瞧最稀奇古怪的玩意儿，看看建筑区后面那座正在建设的有壕沟的城堡吧，它是里弗斯通业主之一多特·史密斯（Dot Smith）头脑风暴的产物，将会是一座私人住宅，已于2017年年中完工。在本书调研时，没有公共交通前往城堡，不过情况可能会发生变化，到访时可向餐厅询问最新信息。

如果想在这附近找个好的住宿处，**Waitaki Waters**（☎03-431 3880；www.campingoamaru.co.nz；305 Kaik Rd，Waitaki Bridge；露营地/小木屋 $15/45起；P📶）度假公园有崭新的设施，修剪整齐的树篱，远离SH1公路3公里，很安静。小木屋很简单，但维护得很好，你需要自备寝具。

同，出色的宿舍中有注重隐私的帘子和单独的电源插座。最棒的是，在通风、明亮的休息室里，巨大的窗边能看到海港风景。

Oamaru Top 10 Holiday Park 度假公园 $

（☎03-434 7666；www.oamarutop10.co.nz；30 Chelmer St；露营地 $40~45，套间 带/不带浴室 $110/75起；P@📶）绿草茵茵且维护良好的度假公园后有绿树，旁边有枝叶茂盛的公共花园。标准小屋只提供简单设施，不过，套间的条件就好多了（设施情况和舒适程度各异）。

Highfield Mews 汽车旅馆 $$

（☎03-434 3437；www.highfieldmews.co.nz；244 Thames St；套间 $190起；P@📶）这家新建成的汽车旅馆有基本型的时髦套间，带厨房、桌子、音响、贴瓷砖的浴室，还有户外家具。单卧套间带水疗浴室。

★Pen-y-bryn Lodge 民宿 $$$

（☎03-434 7939；www.penybryn.co.nz；41 Towey St；房间 $600~725；P📶）游历丰富的美食家业主让这座建于1889年的美丽住宅恢复了活力。主楼有2个房间，但我们更爱的是后面附楼中最近重装的3个豪华房间。在堆满古玩的休息室可以品尝餐前酒和点心，还可以安排四道菜的晚餐，在华丽的餐馆享用（每人$125起）。

就餐

Harbour St Bakery 面包房 $

（☎03-434 0444；www.harbourstreetbakery.com；4 Harbour St；馅饼 $5.50；⌚周二至周日 10:00~16:00）这家荷兰式小面包房的产品种类十分齐全，出售欧洲风味的面包、糕点和新西兰肉馅饼。找一个室外座位，奥马鲁的古老市井生活就像老电影一样徐徐展开。

Whitestone Cheese Factory 熟食、咖啡馆 $

（☎03-434 8098；www.whitestonecheese.com；3 Torridge St；拼盘 $14.50；⌚周一至周五 9:00~17:00，周六和周日 10:00~16:00）当地的美食老字号Whitestone拥有备受赞誉的手工奶酪。推开形如工厂的大门，进入小咖啡馆，用胆固醇丰富的食物向动脉的健康发起挑战。除了能满足自炊者的奶酪梦之外，这里也有两三种店内用餐的选择，包括奶酪司康饼、奶酪蛋糕和6种不同奶酪的拼盘，还有茶和咖啡。

Steam 咖啡馆 $

（www.facebook.com/steamoamaru；7 Thames St；主菜 $10~13；⌚周一至周五 7:30~16:30，周六和周日 8:30~14:30；📶）这家受欢迎的小咖啡馆靠近维多利亚时代街区，主打咖啡和果汁，也是购买现磨咖啡供旅途中享用的好地方。柜台里有当天的美食选择，如现烤的马芬、牛角包等。

Tees St 咖啡馆 $$

（☎03-434 7004；www.teesst.com；3 Tees St；主菜 $13~18；⌚周一至周五 7:00~15:00，周六和周日 8:30起；📶）位于一座装饰精美的维多利亚时代的布料店中，优雅的氛围很贴合这座时髦小咖啡馆的气质。在简洁的早午餐菜单上能找到常见的选择，包括鸡蛋、煎饼、美味的奇亚籽布丁，很棒的咖啡和自制糕点更是点睛之笔。

Midori 日本菜 $$

（☎03-434 9045；www.facebook.com/MidoriJapaneseSushiBarAndRestaurant；1 Ribble St；寿司 $12~17，主菜 $18~29；⌚周一至周三 10:30~20:30，周四至周五 10:30~21:00，周日 正午至20:30）Midori位于一座石头古建中，用当地出产的最新鲜的海鲜做成生鱼片和寿司。其他精心烹制的菜肴包括照烧三文鱼和蓝鳕鱼，乌冬汤面和各种便当。如果想买了带走，这里也有外卖菜单。

饮品和夜生活

Scott's Brewing Co. 自酿酒馆

（☎03-434 2244；www.scottsbrewing.co.nz；1 Wansbeck St；⌚周一至周二 11:00~20:30，周三和周日 至21:30，周四至周六 至23:00）这家老仓库位于水滨，供应奥马鲁最好的精酿啤酒。可以在吧台旁品尝，也可以到阳光露台上喝，再吃一点比萨。

Criterion Hotel 小酒馆

（☎03-434 6247；www.criterionhotel.co.nz；3 Tyne St；⌚周一至周五 11:00至深夜，周六和周

日 10:00至深夜）维多利亚街区最具维多利亚时代风情的漂亮酒吧，有一系列不错的啤酒和许多当地葡萄酒。周五通常有现场音乐表演。

☆ 娱乐

★ Penguin Club 现场音乐

（www.thepenguinclub.co.nz；Emulsion Lane，紧邻Harbour St；入场费不定）藏在19世纪街道旁一条别具风情的小巷里，这家夜店的位置和上演的曲目都很不同寻常：既有新西兰各地乐队的巡回表演，也有或朋克，或垃圾摇滚，或经典摇滚，或乡村的当地乐队的演出。

Oamaru Opera House 剧院

（☎03-433 0779；www.oamaruoperahouse.co.nz；90 Thames St；⊙售票处 周一至周五 10:00~16:00，周六 10:00~13:00）最初于1907年开业，现在经过重修又恢复了原来的荣耀，歌剧院举办各种演出，包括音乐、舞蹈、戏剧和喜剧，主礼堂能容纳500多名观众，上方是20世纪初修建的绝美的穹顶和枝形吊灯，小一点的Inkbox剧场中的演出气氛更为私密。

ℹ 实用信息

奥马鲁信息中心（Oamaru i-SITE；☎03-434 1656；www.visitoamaru.co.nz；1 Thames St；⊙9:00~17:00；📶）这里友好的员工提供海量信息，包括当地徒步之旅和野生动物的详细情况，外加每日观察企鹅的时间。这里也出租自行车（每半天/全天 $28/40），以及播放介绍小镇历史的有趣的影片（片长10分钟）。

ℹ 到达和离开

奥马鲁位于SH1海滨主路旁，在基督城（3.25小时）和达尼丁（1.5小时）之间。

大多数长途汽车和班车都从**拉贡达茶室**（Lagonda Tearooms；☎03-434 8716；www.facebook.com/LagondaTeaRooms；191 Thames St；⊙9:00~16:30；📶）出发。茶室和信息中心都能订票。

Atomic Shuttles（见621页）运营的班车往返基督城（$35，4小时）、蒂马鲁（$20，1.25小时）和达尼丁（$20，1.5小时），每天2班。

Coast Line Tours（见622页）运营的接驳车往返达尼丁（成人/儿童 $30/12），可到你的住宿处接你，也可安排到摩拉基和达尼丁机场的服务。

InterCity（见622页）运营往返基督城（$22起，4小时）、蒂马鲁（$15起，1小时）、摩拉基路口（$11起，28分钟）和达尼丁（$15起，1.5小时）的长途汽车，每天两班。还有每天一班开往蒂阿瑙（$30起，6.5小时）的长途汽车。

Naked Bus（见622页）有往返基督城（4小时）、蒂马鲁（1.25小时）、摩拉基（35分钟）和达尼丁（1.75小时）的长途汽车，每天一班。票价起伏很大，可登录网站查看详情。

达尼丁铁路（见616页）运营的Seasider旅游火车是一条观光路线，可前往达尼丁。

摩拉基（Moeraki）

☎03/人口 60

“摩拉基”的意思是“白天睡觉的地方”，由此，你应该能猜到这个小渔村的生活节奏。你可能会感到惊讶，这里竟然是欧洲人在新西兰的第一批定居点之一——1836年，他们在这里建起了一个捕鲸站。从此之后，此地出产了许多国宝级创作，从弗朗西斯·霍奇金斯（Frances Hodgkins）的绘画，到作家凯里·乎尔摩（Keri Hulme）的《骨人》（*the Bone People*），再到弗勒·沙利文（Fleur Sullivan）的烹饪技艺。

除了Fleur的同名餐馆，游客在此停留的主要理由是摩拉基大圆石（Moeraki Boulders；Te Kaihinaki），它很受摄影师和孩子们的喜爱。从村子走到圆石只需沿海滩漫步45分钟。沿着Kaiks Wildlife Trail朝另一个方向走，你会抵达一座漂亮而古老的木结构灯塔，你甚至能看到黄眼企鹅和毛皮海豹（务必保持距离）。

🛏 食宿

Riverside Haven Lodge & Holiday Park 露营地 $

（☎03-439 5830；www.riversidehaven.nz；2328 Herbert Hampden Rd/SH1，Waianakarua；露营地 $8起，铺 $28~33，双 带/不带浴室 $98/88起；📶）🍃这座可爱的河畔农场坐落在摩拉基岔路口以北12公里处的Waianakarua河曲，除了有田园般的宿营地外，还有色彩缤纷的

Dunedin & the Otago Peninsula 达尼丁和奥塔戈半岛

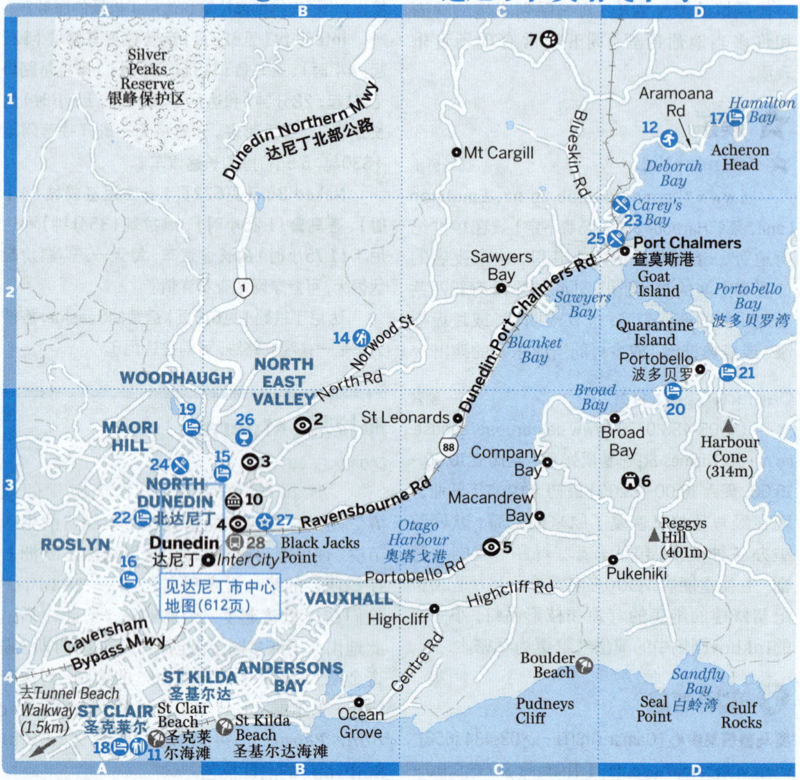

度假屋，有些有配套卫浴。孩子会爱上游乐场和农场动物，父母们则会爱上水疗和宁静的氛围。

Moeraki Beach Motel 汽车旅馆 $

（☎03-439 4862；www.moerakibeachmotels.co.nz；Cleddy St和Haven St交叉路口；套 $115起；P 📶）这个木头镶边的汽车旅馆里的4个错层套间都很宽敞舒适。每个房间都有两个卧室，以及设施齐备的厨房、阳台，能看到水景。

★ Fleur's Place 海鲜 $$$

（☎03-439 4480；www.fleursplace.com；Old Jetty，169 Haven St；主菜 $18~44；⏰周三至周日 10:30至深夜）这座锡铁和木头建造的古怪棚屋外观很朴素，却是整个南岛最好也最受欢迎的海鲜餐馆之一。到楼上的露台尽情享用新鲜的贝类、柔嫩的蓝鳕鱼和其他刚打捞上岸的海鲜。强烈建议预订座位。

ℹ 到达和离开

摩拉基在SH1公路沿途，从奥马鲁驾车30分钟可达，从达尼丁驾车需要1小时，奥马鲁和达尼丁之间运行的所有长途汽车都在SH1上的摩拉基岔路口附近停靠。从这里走到村子中心和圆石都是大约2公里的路程。

达尼丁（DUNEDIN）

☎03/人口 127,000

当新西兰人想到他们的第七大城市时，有两个词会跃入脑海——“苏格兰”和“学生”。奥塔戈是“南半球的爱丁堡”，对于自己的苏格兰血统非常自豪，从来不会错过任何在民间活动中推介肉馅羊肚（haggis）和风笛的机会——都是苏格兰的传统风俗。事实上，达尼丁这个名字就源自苏格兰盖尔语对爱丁堡的称呼——Dùn Èideann，这座城市甚至

还有专属的方格花纹。

和苏格兰人一样，达尼丁当地人喜欢喝酒，最好的代表就是达尼丁的满城学子。新西兰最古老大学的学生是当地酒吧的主力。

达尼丁是个轻松舒适的地方，可以让你慵懒地消磨几天时光。在丘陵起伏的郊区，安装着挡风板的房子中既有华丽的住宅，也有摇摇欲坠的棚子；而在拥挤的市中心，则有青石建造的维多利亚式建筑点缀其间。此外，如果想去市郊的奥塔戈半岛探索种类丰富的野生动物，这里也是不错的大本营。

历史

1848年，第一批欧洲移民抵达查莫斯港（Port Chalmers），两艘船上都是虔诚而勤劳的苏格兰人，其中包括苏格兰人的宠儿罗比·伯恩斯（Robbie Burns）的侄子。这位诗

Dunedin & the Otago Peninsula 达尼丁和奥塔戈半岛

重要景点

1 自然奇观保护区 F1

景点

2 巴尔德温街 B3
3 达尼丁植物园 B3
4 Emerson' s Brewery B3
5 格兰法罗森林公园 C3
6 拉纳克城堡 D3
7 奥罗科努依生态保护区 C1
8 企鹅栖息地 F1
9 皇家信天翁中心和泰瓦罗堡 F1
10 奥塔戈大学 B3

活动、课程和团队游

11 Esplanade Surf School A4
12 Hare Hill D1
13 Monarch Wildlife Cruises & Tours E1
14 Mt Cargill-Bethunes Gully Walkway B2
St Clair Hot Salt Water Pool .... （见18）

住宿

15 858 George St B3
16 Argoed A3
17 Billy Brown' s D1
18 Hotel St Clair A4
Larnach Castle .... （见6）
19 Leith Valley Touring Park A3
Majestic Mansions .... （见18）
20 McFarmers Backpackers D3
21 Portobello Motel D2
22 Roslyn Apartments A3

就餐

1908 Cafe .... （见21）
23 Carey' s Bay Hotel D2
Esplanade .... （见11）
24 No 7 Balmac A3
Portobello Hotel & Bistro .... （见21）
Starfish .... （见18）
25 Union Co. D2

饮品和夜生活

26 Inch Bar B3

娱乐

27 Forsyth Barr Stadium B3

交通

Naked Bus .... （见28）
28 Ritchies B3

Central Dunedin 达尼丁市中心

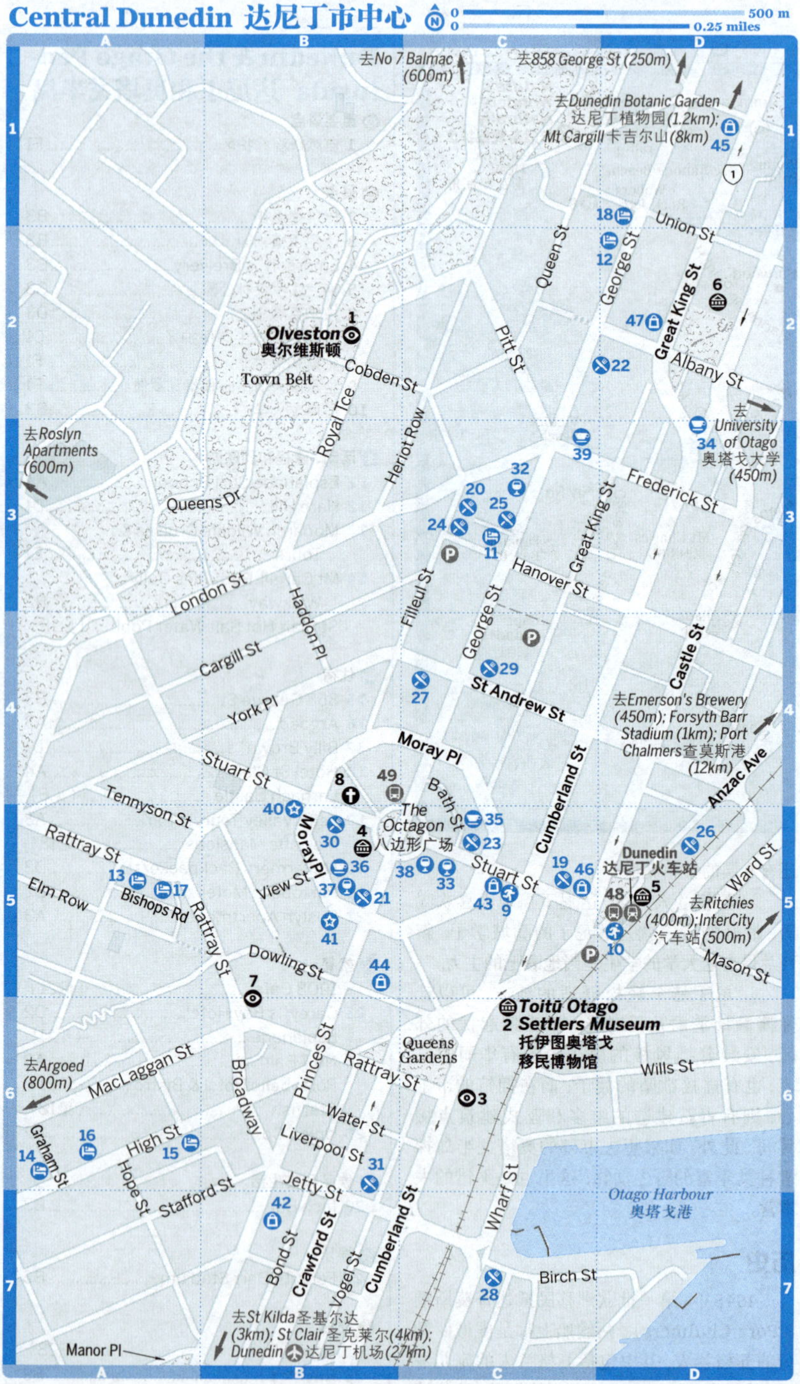

Central Dunedin 达尼丁市中心

重要景点

1 奥尔维斯顿 B2
2 托伊图奥塔戈移民博物馆 C6

景点

艺术站 （见5）
3 达尼丁中国花园 C6
4 达尼丁公共美术馆 B5
5 达尼丁火车站 D5
新西兰体育名人堂 （见5）
6 奥塔戈博物馆 D2
7 斯佩特酿酒厂 B6
8 圣保罗大教堂 B4

活动、课程和团队游

9 Cycle World C5
10 达尼丁铁路 D5

住宿

11 315 Euro C3
12 Bluestone on George D2
13 Brothers Boutique Hotel A5
14 Chalet Backpackers A6
15 Dunedin Palms Motel A6
16 Fletcher Lodge A6
17 Hogwartz A5
18 Kiwi' s Nest D1

就餐

19 Best Cafe C5
20 Bracken C3
21 Etrusco at the Savoy B5
22 Everyday Gourmet D2
23 Izakaya Yuki C5
24 Miga C3
25 Modaks Espresso C3
26 奥塔戈农贸市场 D5
27 Paasha C4
28 Plato C7
29 Saigon Van C4
30 Scotia B5
31 Vogel St Kitchen B6

饮品和夜生活

32 Aika + Co C3
33 Albar C5
34 Allpress D3
Carousel （见33）
35 Insomnia by Strictly Coffee C5
36 Mazagran Espresso Bar B5
37 Pequeno B5
38 Pop C5
Speight' s Ale House （见7）
39 The Fix C3

娱乐

40 Fortune Theatre B5
41 Rialto Cinemas B5

购物

42 Dead Souls B7
43 Gallery De Novo C5
44 Hard to Find Books B5
45 Scribes D1
46 Stuart Street Potters Co-operative C5
47 大学书店 D2

实用信息

环保部游客中心 （见49）
达尼丁信息中心 （见49）

交通

48 Atomic Shuttles D5
49 Coast Line Tours B4

人的雕像就矗立在这座城市的中心八角广场（Octagon）。

在20世纪80年代，达尼丁发展出了具有国际影响的独立的音乐产业，包括独立厂牌飞翔的修女（Flying Nun Records）和达尼丁之声（Dunedin sound）风格的音乐。不过音乐并非达尼丁唯一的创意输出产业。2014年，这座城市成了新西兰第一座被联合国教科文组织（UNESCO）认可的文学城市，反映出城市的文学遗产和文化底蕴。

景点

市中心

★托伊图奥塔戈移民博物馆 博物馆

（Toitū Otago Settlers Museum; ☎03-477 5052; www.toituosm.com; 31 Queens Gardens; ⊙10:00~17:00）**免费** 这座出色的互动博物馆擅长讲故事，展品追溯了南岛人类定居的历史。毛利文化展览区引人入胜，随后是一个大画廊，那里从地板到天花板都布满了巨大的肖像，维多利亚时代的移民在画面上凝望着远方。其他展品包括一个复制的客船船舱、一系列令人印象深刻的古董小汽车收藏，以及一些现已被淘汰的迷人的技术产物，如达尼丁第一台被用作彩票抽奖的电脑。

达尼丁火车站 历史建筑

（Dunedin Railway Station; 22 Anzac Ave）达尼丁引人注目的火车站拥有马赛克地砖和华美的彩色玻璃窗，用青石建造而成（1903~1906年修建），也是新西兰出镜率最高的建筑。楼上是为“国民偶像”打造的**新西兰体育名人堂**（NZ Sports Hall of Fame，见614页），还有**艺术站**（Art Station; ☎03-477 9465; www.otagoartsociety.co.nz; Dunedin Railway Station, 22 Anzac Ave; ⏲10:00~16:00）**免费**，是当地艺术协会的画廊兼商店。这个车站也是几条热门观光铁路线（见616页）的起点站。

达尼丁公共美术馆 美术馆

（Dunedin Public Art Gallery; ☎03-474 3240; www.dunedin.art.museum; 30 The Octagon; ⏲10:00~17:00）**免费**这家宽敞通风的公共美术馆聚焦当地和国际艺术——包括少量印象派作品。通常只展出一小部分馆藏，大部分空间都给了临时的先锋展览。

圣保罗大教堂 教堂

（St Paul's Cathedral; www.stpauls.net.nz; Moray Pl; ⏲10月至次年4月 10:00~16:00，5月至9月 至15:00）尽管达尼丁人主要信奉长老会，这座圣公会（英国国教）的教堂仍占据着八角广场上最显赫的位置。这座大教堂十分美观，罗马式的入口通往哥特式的内部，高耸的白色奥马鲁石柱支撑着一座拱顶。教堂的主要部分建于1919年，但圣堂一直到1971年才竣工，因此有一些稍显突兀的现代元素。据说这里巨大的管风琴（3500根管子）是南半球最精美的。

达尼丁中国花园 花园

（Dunedin Chinese Garden; ☎03-477 3248; www.dunedinchinesegarden.com; Rattray St和Cumberland St交叉路口；成人/儿童 $9/免费；⏲10:00~17:00）修建这座围墙花园是为了纪念达尼丁华人社区的贡献，它先在上海修建，后来拆分运来这里重新组装。宁静的花园中融合了中国古典园林的所有元素，包括池塘、亭子、假山、石桥，还有一座茶馆。这里还有一个关于当地华人社区历史的小型展览。入园费包括信息翔实的语音导览。

斯佩特酿酒厂 酿酒厂

（Speight's Brewery; ☎03-477 7697; www.speights.co.nz; 200 Rattray St; 成人/儿童 $29/13; ⏲团队游 4月至9月 正午、14:00、16:00，外加10月至次年3月 17:00、18:00和19:00）斯佩特酿酒厂从19世纪末就开始在这里酿造啤酒。90分钟的团队游中，可了解建筑、公司的历史和酿造过程，最后还有带导游的品酒环节。

新西兰体育名人堂 博物馆

（New Zealand Sports Hall of Fame; ☎03-477 7775; www.nzhalloffame.co.nz; Dunedin Railway Station, 22 Anzac Ave; 成人/儿童 $6/2; ⏲10:00~16:00）在这里你可以试试追赶自行车赛冠军凯伦·霍利迪（Karen Holliday）45.629公里/小时的平均速度，或者了解全黑队后卫乔治·内比亚（George Nepia）的高抬腿式步伐。

北达尼丁

★奥尔维斯顿 住宅

（Olveston; ☎03-477 3320; www.olveston.co.nz; 42 Royal Tce, Roslyn; 成人/儿童 $20/11; ⏲团队游 9:30、10:45、正午、13:30、14:45和16:00）虽然是欧洲风格的年轻建筑，但这座建于1906年的宏伟宅邸提供了一个窥视达尼丁过往的绝佳窗口。可以通过参加精彩的导览游进入，建议预约。这里还有一座值得探索的小花园。

直到1966年，这里还是富有的席欧明（Theomin）家族的家庭住宅，他们是著名的艺术赞助人，为公共美术馆捐赠了大量藏品。奥尔维斯顿辉煌的内部装饰体现出主人对艺术的喜爱，你可以在内部找到查尔斯·戈尔迪（Charles Goldie）和弗朗西斯·霍奇金斯（Frances Hodgkins，席欧明家族的朋友）的作品。主人对日本艺术尤其感兴趣，住宅中大量点缀着精美的日式艺术作品。由于主人是犹太人，所以大餐桌是按照安息日晚餐来布置的。

奥塔戈博物馆 博物馆

（Otago Museum; ☎03-474 7474; www.

otagomuseum.nz; 419 Great King St, North Dunedin; ⌚10:00~17:00) 免费 在这座庄严的博物馆中，最重要的主题是"南方大地，南方人民"（Southern Land, Southern People）。这里展示奥塔戈的文化、历史和现状，内容从地质学、恐龙到现代生活。Tāngata Whenua毛利馆中陈列的战船（waka taua）让人印象深刻，此外还有饱经风霜的古老雕刻，以及一些用漂亮的毛利绿玉制造的武器、工具和首饰。其他主要展厅有太平洋文化（Pacific Cultures）、世界人类（People of the World，包括必不可少的木乃伊）、自然（Nature）、海洋（Maritime）和动物阁楼（Animal Attic）。

最近修复的Tūhura奥塔戈社区信托科学中心（Tūhura Otago Community Trust Science Centre）于2017年12月重新热闹开放，其中有45个全新的互动科学展览，一个重修的热带森林蝴蝶围场，一个7.5米高的双螺旋滑梯。

导览游从信息台出发，时间为每天的11:00、13:00、14:00和15:00（每人 $15）。

Emerson's Brewery 酿酒厂

（☎03-477 1812; www.emersons.co.nz; 70 Anzac Ave; 团队游 每人 $28; ⌚团队游 10:30、12:30、15:30、17:30，餐厅 10:00至深夜，品酒室 周日至周三 10:00~18:00，周四至周六 10:00~20:00）这座令人难忘的砖石玻璃建筑于2016年开放，是Emerson's品牌的闪亮新家园，该品牌由当地家喻户晓的理查德·埃摩森（Richard Emerson）于1992年创办。45分钟的团队游可带领你了解酿酒过程的幕后，最后以非常重要的品酒活动告终。这里还有一间品酒室，你可以在里面灌满一壶你最爱的品种，如果你想继续逗留，可以去巨大的餐厅享用丰盛的菜肴（主菜 $28~32）。

奥塔戈大学 历史建筑

（University of Otago; www.otago.ac.nz; 362 Leith St）奥塔戈大学建于1869年，是新西兰历史最悠久的大学。现在这里有约18,000名学生，校园值得一逛，有许多壮观的青石建筑可以欣赏。古老的中心区——以Leith St、St David St和Castle St三条街为界——是校园里最适合拍照的地方。可登录大学网站查看自助游地图。

达尼丁植物园 花园

（Dunedin Botanic Garden; ☎03-471 9275; www.dunedinbotanicgarden.co.nz; Great King St和Opoho Rd交叉路口, North Dunedin; ⌚黎明至黄昏）免费 达尼丁植物园始建于1863年，占地30公顷，这里绿树成荫、宁静祥和，有若干玫瑰园，生长着珍稀的当地植物，还有一片杜鹃谷地、一个异国风情的鸟舍、一个游乐场和一家咖啡馆。孩子们喜欢在社区特快"列车"（成人/儿童 $3/1）上嬉戏以及喂鸭子（在公园信息中心免费领取鸭子饲料）。

巴尔德温街 地标

（Baldwin St; North East Valley）巴尔德温街是世界上有人居住的街道中最陡峭的（至少《吉尼斯世界纪录》是这样说的），最高处的坡度斜率达1:2.86（19°）。斜坡是当地几大活动的举行场所，最有趣的当属每年一度的滚柑橘大赛（Jaffa Race），每年7月，会有大约25,000个橙子从斜坡滚下来，助力慈善事业。

从市中心出发，沿Great King St向北走2公里，向左急转有一条通向蒂马鲁的岔路，由此右转进入小巷，继续向前直走，在到达North Rd之后，再走1公里后，右手边就是巴尔德温街。

活动

游泳、冲浪和潜水

圣克莱尔（St Clair）和圣基尔达（St Kilda）都是人气旺盛、适合游泳的海滩（不过要小心圣克莱尔的离岸流）。这两个地方都有持续而稳定的左手浪，在更南面的Blackhead和奥塔戈港北海岸的Aramoana也能找到好的冲浪地点。

Esplanade Surf School 冲浪

（☎0800 484 141; www.espsurfschool.co.nz; 1 Esplanade, St Clair; 90分钟集体课程 $60，私人指导 $120）夏天浪大时，这家店总会在圣克莱尔海滩上停靠的一辆货车里运营（其他时间需要致电咨询营业时间）。经验丰富的职员提供冲浪板出租和课程，能满足各个水平的冲浪者。

St Clair Hot Salt Water Pool 游泳

（www.dunedin.govt.nz; Esplanade, St Clair;

成人/儿童 $6.50/3; ⏲10月至次年3月 周一至周五 6:00~19:00, 周六和周日 7:00~19:00)这个室外加温泳池位于圣克莱尔海滩(St Clair Beach)的西海岬上。

步行

Otago Tramping & Mountaineering Club (www.otmc.co.nz)经常组织周边地区一日游和过夜徒步之旅,目的地一般是达尼丁北部的银峰保护区(Silver Peaks Reserve)。欢迎非会员,但一定要提前联系领队。

隧道海滩步道 步行

(Tunnel Beach Walkway; Tunnel Beach Rd, Blackhead)这条路线虽短,但极为陡峭(下山15分钟,上山30分钟),通往一片梦幻般的海岸。狂暴的太平洋将石灰岩雕刻成一片海蚀柱、海穹和形状奇特的岩层。强劲的洋流使游泳十分危险,但这里的景色很壮观。

步道的名字来自步道底部的一条手工开凿的岩石隧道,这是"新西兰之父"约翰·卡吉尔(John Cargill)建造的,好让他的家人能前往幽静的海滩野餐。

这条步道在达尼丁西南7公里处。沿着Princes St向南走,从下面穿过高速公路,然后穿过一座铁路桥,在下一个红绿灯右拐,进入Hillside Rd,然后一直走到头,接着左拐,然后迅速右拐进入Easther Cres。在这条路上走3.5公里(它在中途会改几次名字),然后在左边能找到Tunnel Beach Rd。

Mt CargillBethunes Gully Walkway 步行

(www.doc.govt.nz; Norwood St, Normanby)没错,可以开车上海拔676米的卡吉尔山(Mt Cargill),但这不是重点。步道(往返4小时,8.5公里)起点在Norwood St,可从North Rd抵达。从卡吉尔山开始,有一条路通往有1000万年历史的熔岩形成的管风琴岩层地形。再走30分钟就到了山另一边的Mt Cargill Rd。

其他活动

达尼丁铁路 铁路

(Dunedin Railways; ☎03-477 4449; www.dunedinrailways.co.nz; Dunedin Railway Station, 22 Anzac Ave; ⏲办公室 周一至周五 8:00~17:00, 周六和周日 8:30~15:00)两条观光遗产火车线路从达尼丁火车站出发。最好的一条是**泰伊里峡谷铁路**(Taieri Gorge Railway),一路上有狭窄的隧道、深邃的峡谷、蜿蜒的步道、崎岖的溪谷和高架桥。往返需要4小时,坐在20世纪20年代的古老车厢里,前往58公里外的普克兰吉(Pukerangi; Mt Cargill-Bethunes Gully步道 单程/往返 $61/91)。有些火车会继续前往米德尔马奇(Middlemarch; $77/115, 往返6小时),换乘奥塔戈中央铁路线很方便。

Seasider铁路线向北,有一部分是沿着海岸行进的,最远可至奥马鲁($72/109, 往返7小时),不过可以在摩拉基下车($66/99)游览2小时,然后跳上返程列车。短一些的线路最远可至帕默斯顿($59/89, 往返4小时)。选择右侧的座椅,海景更好。

Cycle World 骑行

(☎03-477 7473; www.cycleworld.co.nz; 67 Stuart St; 每天 $50起; ⏲周一至周五 8:30~18:00, 周六 9:30~15:30, 周日 10:00~15:00)出租自行车,提供修车服务和关于骑行的信息。

住宿

市中心(City Centre)

★ **Hogwartz** 青年旅舍 $

(☎03-474 1487; www.hogwartz.co.nz; 277 Rattray St; 铺/标单/双 $32/50/74, 双 带浴室 $86, 开间 $120; P@📶)1872~1999年,这座美丽的建筑一直是天主教会主教的宅邸,如今这里有许多洒满阳光的舒适房间,很多房间都看得到海港的景色。共用浴室里令人愉悦的设施包括瀑布淋浴和地暖。旧马车房和马厩成了时髦的套间和公寓。

Chalet Backpackers 青年旅舍 $

(☎03-479 2075; www.chaletbackpackers.co.nz; 296 High St; 铺/标单/双 $21/44/66起; P@📶)这栋凌乱的老建筑位于High St山顶,在阳光休息室和餐厅能看到壮丽的城市景色,这里还有一个紧凑的花园、一张台球桌、一架钢琴以及流传的鬼故事。房间很旧,但是很整洁。

315 Euro 汽车旅馆 $$

(☎03-477 9929; www.eurodunedin.co.nz;

315 George St；公寓 $160起；P@令）一栋时髦的综合建筑，藏在紧邻主要商街的一条不起眼的小巷里。房间有现代化的开间，还有面积更大、带全套厨房设备和洗衣机的单卧公寓。双层玻璃窗将George St的喧嚣挡在了外面。

Dunedin Palms Motel 汽车旅馆 $$

（☎03-477 8293；www.dunedinpalmsmotel.co.nz；185-195 High St；套间 $169起；P令）从市中心向山坡上走一小段路就能抵达这家汽车旅馆，它拥有经过翻新的漂亮开间，以及单卧和双卧套间，房间环绕着位于中央的停车场。

Brothers Boutique Hotel 酒店 $$$

（☎03-477 0043；www.brothershotel.co.nz；295 Rattray St；房间 $190~395；P令）这栋建筑建于20世纪20年代，当时是基督教兄弟会（Christian Brothers）修道士的住所，重新装修后的房间远远超出了他们的想象，不过仍然保留了许多独特的景致。"礼拜堂房间"（chapel room）甚至还保留着原有的拱形彩色玻璃窗。屋顶套间的风景很好。房价包括一顿欧陆早餐和一杯晚间酒水。

Fletcher Lodge 民宿 $$$

（☎03-474 5551；www.fletcherlodge.co.nz；276 High St；标单/双/公寓 $310/355/650；P令）这座华丽的红砖庄园最初的主人是新西兰最富有的实业家之一，虽然距离城区只有几分钟的车程，但幽静的花园仍给人一种遗世独立的感觉。房间装饰高雅，有古董家具和精美的浮雕天花板。

北达尼丁（North Dunedin）

Kiwi' s Nest 青年旅舍 $

（☎03-471 9540；www.kiwisnest.co.nz；597 George St，North Dunedin；铺 $28，标单 带/不带浴室 $68/48，双 $88/68，公寓 $105；P@令）这栋温馨的两层楼住宅拥有一系列整洁的中央供暖房间，有些是套间，带冰箱和水壶。这里离八角广场（Octagon）不远，走路就能到，很少有青年旅舍能够做到这一点。

★858 George St 汽车旅馆 $$

（☎03-474 0047；www.858georgestreetmotel.co.nz；858 George St，North Dunedin；套间 $150起；P令）经过设计，这家旅馆和所在街区的两层维多利亚式建筑达成了和谐的统一。这里拥有各种大小的现代套间，既有小开间，也有双卧套房。开间配有微波炉、冰箱、烤面包机和小水壶，大的套间中也有灶台或烤炉。

★Bluestone on George 公寓 $$$

（☎03-477 9201；www.bluestonedunedin.co.nz；571 George St，North Dunedin；公寓 $230起；P@令）如果你期待住进一座宏伟的青石建筑，那就别选这儿了，因为这座4层高的大楼极其现代。优雅的小开间色调沉静，有小厨房、洗衣设施、露台或和小阳台——有些能看到海港。还有一个小健身房和客用休息室。

圣克莱尔（St Clair）

Majestic Mansions 公寓 $$

（☎03-456 5000；www.st-clair.co.nz；15 Bedford St，St Clair；1/2卧公寓 $139/199起；P令）这座20世纪20年代的公寓距离圣克莱尔海滩有一条街的距离，珍贵的公寓建筑经过彻底的翻新改造，保留了最初的小巧公寓布局，但壁纸和时髦的装饰让内部焕然一新。每一间都有厨房和洗衣设备。

Hotel St Clair 酒店 $$$

（☎03-456 0555；www.hotelstclair.com；24 Esplanade，St Clair；房间 $214~409；P令）在这家中高档酒店漂亮房间的阳台上，沉浸在圣克莱尔海浪滔滔的氛围里。除了最便宜的房间，其他房间都能看到海景，而且海滩距离前门只有几步之遥。

其他郊区

Leith Valley Touring Park 度假公园 $

（☎03-467 9936；www.leithvalleytouringpark.co.nz；103 Malvern St，Woodhaugh；露营地每人 $19，套间 带/不带浴室 $99/49起；P@令）这个度假公园坐落在原始丛林中，点缀着步道、萤火虫洞和一条小溪。设备齐全的现代汽车旅馆套间很宽敞，旅行公寓虽然小了一点，但是更有古朴感（需要自带床单）。

Argoed 民宿 $$

（☎03-474 1639；www.argoed.co.nz；504

Queens Dr, Belleknowes; 标单/双 $150/210起; Ⓟ📶)这座优雅的两层楼木屋别墅建于19世纪80年代，周围长满玫瑰和杜鹃花。有3间迷人的老派卧室，每一间都有独立浴室，不过只有一间是套间。住客可以在温室放松自己，或者在休息室弹钢琴。

Roslyn Apartments 公寓 $$$

(☎03-477 6777; www.roslynapartments.co.nz; 23 City Rd, Roslyn; 公寓 $225起; Ⓟ📶)这个公寓的王牌是拥有无可匹敌的城市和海港景色，去Roslyn's美食街只需走一段很短的路。每一间都有全套厨房和洗衣设备。

就餐

咖啡馆和餐馆聚集在八角广场和George St沿线。从市中心上山，Roslyn Rd旁也有一些不错的餐饮选择，而圣克莱尔的海滩氛围适合来一顿慵懒的早午餐或是日落小酌。

市中心 (City Centre)

★ **奥塔戈农贸市场** 市场 $

(Otago Farmers Market; www.otagofarmersmarket.org.nz; Dunedin Railway Station; ⏲周六8:00~12:30)这座繁荣的市场出售的全是可以吃(或喝)的当地产品，其中大部分是有机的。逛市场时，可以停下来吃一份新鲜出炉的糕点、喝一杯澳式白咖啡保持精力，还可以为后面的旅程采购一些新鲜的肉类、海鲜、蔬菜和奶酪以便解决餐食。

Modaks Espresso 咖啡馆 $

(☎03-477 6563; 337-339 George St; 主菜 $9~21; ⏲周一至周五 7:30~14:30, 周六和周日 8:00起; ✎)这家时尚的小咖啡馆有不协调的硬塑料桌子、塑料动物头装饰和躺椅，很受学生群体和喜欢边品茶边聆听美妙独立流行音乐的人欢迎。松软可口的烤百吉饼会在冬季温暖你的身心。

Best Cafe 炸鱼和薯条 $

(www.facebook.com/bestcafedunedin; 30 Stuart St; 外卖 $6~10, 主菜 $11~26; ⏲周一至周六 11:00~14:30和17:00~20:00)这家当地老字号从1932年起就开始供应炸鱼和薯条，拥有自己的独家配方。树脂塑料桌布、手切薯条和黄油涂白面包搭配在一起，可谓相得益彰。

Miga 韩国菜 $$

(☎03-477 4770; www.facebook.com/migadunedin; 4 Hanover St; 主菜 午餐 $10~15, 晚餐 $16~42; ⏲周一至周六 11:30~14:00和17:00至深夜)坐在这个可爱的砖墙小饭馆的卡座里，点一份石锅拌饭(claypot rice)或者从菜式繁多的菜单上选一款面。日本菜包括天妇罗、炸肉排和以新鲜面条制作的绝妙拉面。或者奢侈一把，在你的桌子上亲自动手，享用一顿韩国烧烤。

Vogel St Kitchen 咖啡馆 $$

(☎03-477 3623; www.vogelstkitchen.co.nz; 76 Vogel St; 早午餐 $13~25, 比萨 $24; ⏲周一至周四 7:30~15:00, 周五 至16:00, 周六和周日 8:30~16:00; 📶)Vogel St Kitchen在一座洞穴般的两层楼的红砖建筑里，位于达尼丁的仓库区中心，提供极好的早餐和木火烤的比萨。周末格外繁忙，因为当地居民会充分利用公用大餐桌吃一顿漫长而慵懒的早午餐。

Paasha 土耳其菜 $$

(☎03-477 7181; www.paasha.co.nz; 31 St Andrew St; 主菜 午餐 $12~24, 晚餐 $21~36; ⏲周一至周三 11:30~15:00和17:00~21:00, 周四和周日 11:30至深夜; 👪)这家最受达尼丁人喜爱的老店一直坚持制作地道的烤肉、蘸酱和沙拉。这里也是外卖的首选地。大多数晚上，宽敞而温暖的室内总是人满为患，人们喝着埃费斯(Efes)土耳其啤酒，一盘接一盘地享用着土耳其美食。

Etrusco at the Savoy 意大利菜 $$

(☎03-474-1445; www.etrusco.co.nz; 8a Moray Pl; 主菜 $15~27; ⏲17:30至深夜)一派爱德华时代的优雅风格，整个新西兰都很少有餐馆能够和Etrusco at the Savoy相媲美，这里有石膏天花板、彩色玻璃顶窗、黄铜枝状吊灯、绿色的爱奥尼亚式柱子和流光溢彩的灯具。在这样的就餐环境里，比萨和意大利面也许看起来比较奇怪，不过这里美味质朴的意大利佳肴绝对没得说。

Saigon Van 越南菜 $$

(☎03-477 3737; 66a St Andrew St; 主菜

$9~23；⏲周二至周日 11:30~14:00和17:00~21:00；📝）从装潢看是一家高端亚洲餐馆，但实际上这里的越南菜价格实惠得出乎意料。可以试试春卷拼盘，再来一瓶越南啤酒，重现慵懒的西贡夜晚。另外，放豆芽的越南河粉和沙拉也很不错。

Izakaya Yuki
日本菜 $$

（☎03-477 9539；29 Bath St；菜肴 $4~12；⏲周一至周日 17:00至深夜，外加周四和周五 正午至14:00；📶📝）这里可爱而温馨，提供丰富多彩的精致小菜，适合来此享用晚餐，或是慢慢地吃一顿日餐。晚餐可以点一杯清酒或一瓶朝日（Asahi）啤酒，搭配生鱼片、铁板烧，再来几盘日式串烧（kushiyaki），在这里度过一个美好的夜晚。

★Bracken
新派新西兰菜 $$$

（☎03-477 9779；www.brackenrestaurant.co.nz；95 Filleul St；5/7/9道菜套餐 $79/99/120，含搭配好的葡萄酒 $134/164/200；⏲周二至周六 18:00~21:00）🍃时令品尝套餐提供各种美味的小拼盘，口味很好。菜肴精致，但不会过度要噱头，位于一座古老的木屋里，足够典雅但又不会太正式。

Plato
新派新西兰菜 $$$

（☎03-477 4235；www.platocafe.co.nz；2 Birch St；主菜 午餐 $20~28，晚餐 $29~38；⏲每天 18:00至深夜，外加周三至周六 正午至14:00，周日 11:00~14:00）古怪的装潢（包括玩偶收藏和大啤酒杯）让人很难想到这座港口小饭馆会如此认真地出品美食。在各国风味菜单上，鲜鱼和贝类是绝对的主角，也有一些熏制食物。菜品分量很大。

给我一杯咖啡，我就放过你们所有人！

达尼丁有几家很棒的咖啡馆，不妨去坐一坐，定能“满血复活”。

The Fix（www.thefixcoffee.co.nz；15 Frederick St；⏲周一至周五 7:00~16:00，周六 8:00至正午）

Mazagran Espresso Bar（36 Moray Pl；⏲周一至周五 8:00~18:00，周六 至14:00）

Insomnia by Strictly Coffee（☎03-479 0017；www.strictlycoffee.co.nz；23 Bath St；⏲周一至周五 7:00~16:00）

Allpress（☎03-477 7162；www.nz.allpresespresso.com；12 Emily Siedeberg Pl；⏲周一至周五 8:00~16:00）

Scotia
苏格兰菜 $$

（☎03-477 7704；www.scotiadunedin.co.nz；199 Stuart St；主菜 $31~38；⏲周二至周六 17:00至深夜）Scotia位于一幢温暖舒适的老联排别墅内，用苏格兰方式烹饪一切食材，这里有一整面墙的菜单，写满了单一麦芽威士忌和丰盛的菜肴，比如低温慢煮的鸭胸肉和熏牛排。墙上有两位叫罗比（Robby）的苏格兰人画像——伯恩斯（Burns）和科尔特兰（Coltrane）好似正在用赞许的眼神看着这份菜单，上面还写着肉馅羊肚和威士忌肉酱。

北达尼丁

Everyday Gourmet
咖啡馆、熟食 $

（www.everydaygourmet.net.nz；466 George St，North Dunedin；主菜 $10~19；⏲周一至周五 7:40~16:30，周六 8:00~17:30；📶）除了烹饪早餐和意大利面之外，在这个出色的面包房式咖啡馆和熟食店的柜台里还有许多令人食指大动的美食。这个地方时尚明亮，很受欢迎。咖啡美味，员工友好。

圣克莱尔

Starfish
咖啡馆 $$

（☎03-455 5940；www.starfishcafe.co.nz；7/240 Forbury Rd，St Clair；主菜 $11~30；⏲周日至周二 7:00~17:00，周三至周六 至深夜）Starfish是圣克莱尔海滩不断扩大的餐饮区的一份子，是个很受欢迎的全天营业的餐馆，提供美味的早午餐菜肴、美味咖啡，气氛热闹。进来到能眺望海滩的阳台上吃顿简单的午餐，或者晚上过来享用丰盛的晚餐，搭配一杯葡萄酒或各种精酿啤酒。

Esplanade
意大利菜 $$

（☎03-456 2544；www.esplanade.co；2 Esplanade，St Clair；主菜 $21~26；⏲周一至周五 9:00至深夜，周六和周日 8:30至深夜）位置优

越，能眺望圣克莱尔海滩，不过这只是这家悠闲的意大利咖啡馆和餐厅最显而易见的好处。早上进来喝杯意式浓缩咖啡，吃个帕尼诺三明治，或者晚上过来享用地道的薄皮比萨，搭配一杯aperol spritz。日落时，透过窗口能看到淡紫色的暮光笼罩在海滩上。

其他郊区

★ No 7 Balmac 咖啡馆 $$

（☎03-464 0064；www.no7balmac.co.nz；7 Balmacewen Rd，Maori Hill；主菜 早午餐 $14~26，晚餐 $29~45；⊙周一至周五 7:00至深夜，周六 8:30至深夜，周日 8:30~17:00；📶）这个精致的咖啡馆位于毛利山（Maori Hill）山顶，不推荐走路前往，花点钱乘出租车去一趟是物有所值的。No 7 Balmac有美味的早午餐，以及油封鸭腿和慢烹羔羊肉等菜肴。如果你正在节食，千万别去看摆放甜点的橱柜。

饮品和夜生活

★ Aika + Co 酒吧

（www.facebook.com/aikaandcompany；357 George St；⊙周一至周六 10:00至深夜）换了新名字，但仍是达尼丁最小的酒吧——可能只有1.8米宽，但足够定期举办乐队现场演出。酒吧只有6把吧台椅，所以顾客们会坐到附近的巷子里去。白天，这里还是个喝咖啡的好地方，也提供果汁、奶昔、烘焙食品和简单的酒吧小吃。

Inch Bar 酒吧

（☎03-473 6496；8 Bank St，North East Valley；⊙15:00至深夜）从城里走到这座山洞般的小酒吧来并不远，这里有大量的新西兰精酿啤酒和美味的西班牙式小吃，还有一座小巧可爱的兼顾室内和户外的啤酒花园。虽然很小，但经常在周四、周五和周六晚上举办现场音乐会。

Albar 酒吧

（☎03-479 2468；135 Stuart St；⊙11:00至深夜）这里曾是一家肉铺，如今则是波希米亚风格的小酒吧，昏暗的室内氛围很好，有舒适的卡座，只有一盏枝形吊灯照明。顾客大多数都是冲着多种单一麦芽威士忌、便宜的西班牙小吃风格的酒吧零食（$7起）来的。

Carousel 鸡尾酒吧

（☎03-477 4141；www.carouselbar.co.nz；141 Stuart St；⊙周三至周六 17:00至深夜）单色花呢格纹壁纸、屋顶露台、优质的鸡尾酒和衣着光鲜的顾客，这些让Carousel看起来极为炫酷。周四至周六有持续到深夜的DJ浩室音乐表演，周五20:30起常有现场爵士乐表演。酒吧在楼上。

Pequeno 鸡尾酒吧

（☎03-477 7830；www.pequeno.co.nz；12 Moray Pl后面；⊙周二、周三和周六 19:00至深夜，周四 18:00起，周五 17:00起）这家酒吧就位于小巷深处的Rialto Cinema对面，这里的皮沙发、舒适的壁炉、一流的葡萄酒和鸡尾酒单吸引了高雅的顾客群。音乐总是慵懒舒缓，经常有现场表演。

Speight's Ale House 小酒馆

（☎03-471 9050；www.thealehouse.co.nz；200 Rattray St；⊙11:30至深夜）这里是高大健壮的年轻小伙子们的最爱，他们会从脏衬衫里挑一件干净的来到这里。即使是放假期间，这里的人仍然很多。这里是在电视上观看橄榄球赛的好地方，还可以把各种斯佩特（Speight）啤酒尝一遍，也提供像样的酒馆菜肴。

Pop 夜店

（14 The Octagon；⊙周三至周六 22:00至深夜）达尼丁深夜活动场所，供应很棒的马提尼酒，还有令夜店引以为荣的放克音乐和浩室音乐DJ表演。这家夜店位于楼下。

☆ 娱乐

Forsyth Barr Stadium 体育馆

（www.forsythbarrstadium.co.nz；130 Anzac Ave）这个体育馆是专门为2011年英式橄榄球世界杯（Rugby World Cup）而建造的，也是新西兰唯一拥有全封闭屋顶的大型体育场馆。这里还是高地超级15橄榄球队（Highlanders Super 15；www.thehighlanders.co.nz）和奥塔戈橄榄球队（Otago；www.orfu.co.nz）的主场，也举办国际赛事、音乐会和各种演出。

Fortune Theatre 剧院

（☎03-477 8323；www.fortunetheatre.

联合国教科文组织认定的文学之城

达尼丁在2014年被联合国教科文组织评定为文学之城，这座南部小城所拥有的巨大的创意能量得到了认可。如果想要在这里探索达尼丁的文学遗产，可登录文学之城的官网（www.cityofliterature.co.nz）了解有关阅读、新书发布会和其他文学盛事的信息。

达尼丁的书香气息在城市的书店中表现得最为明显，与这里相对较少的人口相比，书店多得不成比例。除了常见的出色连锁书店**大学书店**（University Book Shop；☎03-477 6976；www.unibooks.co.nz；378 Great King St, North Dunedin；⊙周一至周五 8:30~17:30，周六10:00~16:00，周日 11:00~15:00）之外，也一定要去数量众多的二手书店看看，那里迷人的书籍一直堆到天花板。我们最爱的包括**Dead Souls**（☎021 0270 8540；www.deadsouls.co.nz；393 Princes St；⊙10:00~18:00），**Scribes**（☎03-477 6874；546 Great King St；⊙周一至周五 10:00~17:00，周六和周日 至16:30）和**Hard to Find Books**（☎03-471 8518；www.hardtofind.co.nz；20 Dowling St；⊙10:00~18:00）。

co.nz；231 Stuart St；成人/儿童 $45/17.50；⊙售票处 周一至周五 10:30~17:00，周六 16:30~19:30，周日 13:30~16:00）地球最南端的专业剧团已有40多年历史，不断上演戏剧、喜剧、默剧、古典剧和当代新西兰剧目。舞台位于一座古老的哥特式卫斯理教堂中——小心剧院魅影！

Rialto Cinemas 电影院

（☎03-474 2200；www.rialto.co.nz；11 Moray Pl；成人/儿童 $16/10）放映大片和艺术片。周二的票价有优惠。

购物

Gallery De Novo 艺术

（☎03-474 9200；www.gallerydenovo.co.nz；101 Stuart St；⊙周一至周五 9:30~17:30，周六和周日 10:00~15:00）无论你是否要买一件出色的新西兰艺术品，这个有趣的当代美术馆都值得一看。

Stuart Street Potters Co-operative 工艺品

（☎03-471 8484；14 Stuart St；⊙周一至周五 10:00~17:00，周六 9:00~15:00）如果你想购买独特的纪念品，这家可爱的商店有当地制作的陶器和瓷器。

实用信息

达尼丁信息中心（Dunedin i-SITE；☎03-474 3300；www.isitedunedin.co.nz；50 The Octagon；⊙4月至10月 8:30~17:00，11月至次年3月 至18:00）联合**环保部**（Department of Conservation；☎03-474 3300；www.doc.govt.nz；50 The Octagon；⊙8:30~17:30）提供一站式体验，能满足你所有的信息需求，包括步道资讯和小屋预订。

达尼丁医院（Dunedin Hospital；☎03-474 0999；www.southerndhb.govt.nz；201 Great King St）

紧急医疗中心（Urgent Doctors & Accident Centre；☎03-479 2900；www.dunedinurgentdoctors.co.nz；95 Hanover St；⊙8:00~22:00）隔壁还有一家深夜开门的药店。

到达和离开

飞机

新西兰航空（见560页）运营往返奥克兰、惠灵顿和基督城的航班。

捷星航空（见560页）有往返奥克兰和惠灵顿的航班。

维珍澳大利亚航空（Virgin Australia；☎0800 670 000；www.virginaustralia.com）的航班往返澳大利亚的布里斯班。

长途汽车

在没有特殊说明的情况下，长途汽车和班车都从达尼丁火车站出发。

Atomic Shuttles（☎03-349 0697；www.atomictravel.co.nz）往返基督城（$35，6小时）、皇后镇（$45，4.5小时）、蒂马鲁（$25，3小时）和奥马鲁（$20，2小时），每天两班。

Catch-a-Bus（☎03-449 2024；www.trailjourneys.co.nz）方便运送自行车的接驳车，往返火车线路沿线的主要城镇，包括米德尔马奇（Middlemarch；

$45，1小时）、兰弗里（Ranfurly；$49，2小时）、亚历山德拉（Alexandra；$56，3.25小时）、克莱德（Clyde；$56，3.5小时）和克伦威尔（Cromwell；$60，3.75小时）。

Coast Line Tours（☎03-434 7744；www.coastline-tours.co.nz）前往奥马鲁的班车从八角广场出发（单程/往返 $30/55，2小时），可绕行前往达尼丁机场和摩拉基。

InterCity（☎03-471 7143；www.intercity.co.nz）的长途汽车往返基督城（$42起，6小时）、奥马鲁（$23起，1.5小时）、克伦威尔（$23起，3.25小时）、皇后镇（$26起，4.25小时）和蒂阿瑙（$38起，4.5小时），每天至少一班。从7 Halsey St出发。

Naked Bus（www.nakedbus.com；prices vary）每天有一班车往返基督城（6小时）、蒂马鲁（3小时）、戈尔（Gore；2.5小时）和因弗卡吉尔（Invercargill；3.75小时）。

Ritchies（☎03-443 9120；www.alpineconnexions.co.nz）的长途汽车往返克莱德（$50，3小时）、克伦威尔（$50，3.75小时）、瓦纳卡（Wanaka；$50，4小时）和皇后镇（$50，4.5小时），会在奥塔戈中央铁路线上的主要城镇停靠。

火车

达尼丁铁路（见616页）运营的遗产观光火车，可以作为中转交通工具。泰伊里峡谷铁路（Taieri Gorge Railway）前往米德尔马奇，每周两班；海滨之旅（Seasider）前往摩拉基和奥马鲁。

ℹ 当地交通

抵离机场

达尼丁机场（Dunedin Airport，DUD；☎03-486 2879；www.dnairport.co.nz；25 Miller Rd，Momona；📶）在市区西南27公里处。没有公共交通工具到机场。往返市区的出租车一般要花大约$90。想选择上门接送的班车，可以尝试在**Kiwi Shuttles**（☎03-487 9790；www.kiwishuttles.co.nz；每1/2/3/4位乘客 $20/36/48/60）或**Super Shuttle**（☎0800 748 885；www.supershuttle.co.nz；每1/2/3/4位乘客 $25/40/50/60）预订。

公共汽车

达尼丁的**GoBus**（☎03-474 0287；www.orc.govt.nz；成人 $2.60~15.30）的公交网络遍及全城，前往圣克莱尔、圣基尔达（St Kilda）、查莫斯港（Port Chalmers）都很方便，最远甚至可达帕默斯顿（Palmerston）或奥塔戈半岛。周一到周五的车次很多，但周末的班车服务数量会大大减少。

单次票可上车时跟司机购买，长期停留可购买一张GoCard，可从司机处购买，也可从八角广场的委员会办公室或大学书店（见621页）购买，有折扣。

小汽车

大型国际租车公司在达尼丁都有办事处，当地公司包括**Hanson Rental Vehicles**（☎03-453 6576；www.hanson.net.nz；313 Kaikorai Valley Rd）和**Ezi Car Rental**（☎03-486 1245；www.ezicarrental.co.nz；Dunedin Airport）。

出租车

达尼丁有好几家出租车公司，包括**Dunedin Taxis**（☎0800 50 50 10，03-477 7777；www.dunedintaxis.co.nz），**Southern Taxis**（☎03-476 6300；www.southerntaxis.co.nz）和**Green Cabs**（☎0800 46 47 336；www.greencabs.co.nz）。

达尼丁周边（AROUND DUNEDIN）

查莫斯港（Port Chalmers）

☎03/人口 1370

这座港口小镇距离达尼丁市中心只有13公里，但感觉完全不同。这里历史悠久，气质介于工人阶级和放荡不羁的艺术家之间，长期以来一直吸引着达尼丁的艺术爱好者。主街George St上有几家咖啡馆、设计商店和画廊，很适合半天漫步、逛街或逃离城市人群。

👁 景点

奥罗科努依生态保护区 野生动物保护区

（Orokonui Ecosanctuary；☎03-482 1755；www.orokonui.org.nz；600 Blueskin Rd；成人/儿童 $19/9.50；⏲9:30~16:30）🍃从令人难忘的游客中心能看到这座307公顷的禁猎自然保护区的壮丽景色，它围绕查莫斯港上方山脊的云雾林展开，延伸至对面的河口。这里没有会构成威胁的肉食动物，出于自我保护，一些本地物种通常选择到沿海小岛上繁衍，而这个保护区则给它们提供了一片陆地上的避难地。想要游览的话，可以选择自助探索、1小时的

"亮点"团队游（成人/儿童 $35/17.50；每天11:00和13:30）和2小时的"森林探险者"团队游（成人/儿童 $50/35；每天11:00）。

这里的珍稀鸟类有奇异鸟、秧鸡和橄榄色鹦鹉，爬行动物有喙头蜥和奥塔戈小蜥蜴。从主路进入查莫斯港的6公里车道有清楚的路标。

活动

Long Beach和Mihiwaka崖壁的传统攀岩（指不设置锚桩、只用肢体攀爬、边攀登边放置保护装置的攀登方式。区别于现代攀岩运动）很受欢迎，两处都可从查莫斯港以北的Blueskin Rd前往。

Hare Hill 骑马

（☎03-472 8496；www.horseriding-dunedin.co.nz；207 Aramoana Rd, Deborah Bay；徒步 $95~195）骑马徒步项目包括刺激的海滩骑马和海港观光。

食宿

Billy Brown's 青年旅舍 $$

（☎03-472 8323；www.billybrowns.co.nz；423 Aramoana Rd, Hamilton Bay；双 $150，加人 $50；⊙9月至次年5月）从查莫斯港沿公路走5公里来到一座农场，就会看到这家背包客最爱的青年旅舍，现在已不提供多人间，不过有乡村风情的整间度假屋出租供团队游客使用，可住1~8人。这里有一座可爱的公用休息室，里面有烧木柴的舒适火炉和许多复古黑胶唱片。

Union Co. 咖啡馆 $

（2 George St；主菜 $8~15；⊙8:00~15:00）出色的咖啡，美味的烘焙食品，阳光明媚的位置使这里成了你早晨喝咖啡的可靠选择。

Carey's Bay Hotel 小酒馆食物 $$

（☎03-472 8022；www.careysbayhotel.co.nz；17 Macandrew Rd, Carey's Bay；主菜 $19~30；⊙10:00至深夜）这是一家古老的小酒馆，就在查莫斯港拐角，很受当地人的欢迎，提供丰盛的食物，位置无可挑剔——阳光明媚的日子可以在门前找张桌子坐下来，那里能将波光粼粼的海面一览无余。

到达和离开

工作日6:30~21:30（周五至23:30）有公共汽车（成人/儿童 $6/3.60，30分钟，每半小时1班）往返达尼丁和查莫斯港。周末每小时一班，周六运营时间为8:30~23:30，周日为9:30~17:30。

奥塔戈半岛（Otago Peninsula）

人口 4210

很难相信奥塔戈半岛——一个有连绵的山丘、与世隔绝的海湾、沙质海滩和悬崖风景的优美如画的避风港——距离达尼丁市区只有半小时的车程。除了有趣的历史景点和原生态的步道之外，这一小片土地拥有南部岛屿上丰富的野生动物资源，包括信天翁、企鹅、海狗和海狮。半岛上唯一的城镇是小小的波多贝罗（Portobello），虽然有许多团队来此游览，但这个地区依然保留了静谧的乡村氛围。

景点

奥塔戈半岛是南岛上观赏野生动物最好的去处，能看到企鹅、信天翁和海狮。

★**自然奇观保护区** 野生动物保护区

（Nature's Wonders Naturally；☎03-478 1150；www.natureswonders.co.nz；Taiaroa Head；成人/儿童 阿尔戈号 $99/45，班车 $45/22.50；⊙团队游 10:15开始）这片位于海滨的绵羊农场简直美得过分，这里跟其他野生动物保护区的主要区别是它完全地与世隔绝，许多私人海滩多年来都不曾有人类踏足。因此，一天中的任何时候都能在此（用双筒望远镜）看到黄眼企鹅，还有新西兰海狗在岩石众多的游泳坑中懒散地消磨时光，不为过路游客所动。

如果在合适的时节到来，说不定还可以看见鲸鱼和小企鹅。

团队游乘坐的是热情的导游驾驶的"越野"阿尔戈号，有些导游也是可靠的新西兰农民。也提供没那么颠簸的客车，不过那样就看不到太多风景。

皇家信天翁中心和泰瓦罗堡 鸟类保护区

（Royal Albatross Centre & Fort Taiaroa；☎03-478 0499；www.albatross.org.nz；Taiaroa

Head；成人/儿童 信天翁 $50/15，城堡 $25/10，联票 $55/20；⏲10:15至黄昏）泰瓦罗角位于半岛最北端，是世界上唯一的皇家信天翁在大陆上的聚居地，这里还有一座19世纪晚期的军事要塞，公众只能通过导览游进入该区域。提供1小时的信天翁团队游和30分钟的要塞团队游，也可以两个都参加。你也可以只前往中心观看展览，去咖啡馆吃点东西。

泰瓦罗角全年都能看到信天翁，但最佳观赏时间是12月至次年3月。其间，一只雄鸟或雌鸟会留下照看雏鸟，而它的伴侣则会外出觅食。如果下午狂风骤起，景色就会变得平淡无奇，平静的日子很少能看到它们展翅翱翔。

黄昏时分，**小企鹅**会游上飞行员海滩（Pilots Beach；就在停车场下），回到沙丘中的巢穴。为了保护企鹅，海滩夜间对公众关闭，但可以从特别建造的木头平台上一窥究竟（成人/儿童 $35/10）。根据每年情况的不同，会有50~300只企鹅摇摇摆摆地经过这里。

泰瓦罗堡建于1885年，用来观测当时俄罗斯人侵军队的动向。这里的**阿姆斯特朗隐形炮**（Armstrong Disappearing Gun）可以在地下装弹瞄准，然后会像世界上最慢的“惊吓盒”一样升起射击。

拉纳克城堡 城堡

（Larnach Castle；☎03-476 1616；www.larnachcastle.co.nz；145 Camp Rd；成人/儿童 城堡和庭院 $31/10，庭院 $15.50/5；⏲10月至次年3月 9:00~19:00，4月至9月 至17:00）这座哥特式复兴建筑威风凛凛地屹立在一座能俯瞰半岛的山头，是达尼丁银行家、商人和国会议员威廉·拉纳克（William Larnach）于1871年修建的。拉纳克去世后，城堡无人修理，后来在1967年被巴克（Barker）家族收购，开始漫长的重修过程。4层楼里现在放满了复杂的木艺品和精致的古董家具。从开有垛口的高塔上能看到惊人的美景。

提供自助导览宣传册，你也可以购买iPhone应用程序（$6），会看到虚拟的房间和乔装打扮的演员。游览过城堡之后，可以漫步穿越花园，或是去舞厅咖啡馆享受一顿高端下午茶。

格兰法罗森林公园 花园

（Glenfalloch Woodland Garden；☎03-476 1006；www.glenfalloch.co.nz；430 Portobello Rd，Macandrew Bay；⏲8:00至黄昏）**免费** 留点时间在这座精心打理的葱茏花园停靠一下吧，园内繁花遍地，树木摇曳，有一棵1000多年的罗汉松（matai）。茂密的森林里步道纵横交错，在任何方位都能看见海港。公园里有一家很好的餐厅。Portobello巴士的停靠站就在公园大门外。

企鹅栖息地 鸟类保护区

（Penguin Place；☎03-478 0286；www.penguinplace.co.nz；45 Pakihau Rd，Harington Point；成人/儿童 $54/16；⏲团队游 10月至次年3月 10:15起，4月至9月 15:45）位于一座私人农场中，这里主要保护黄眼企鹅（也叫hoiho）的巢穴。90分钟的团队游主要游览企鹅保护区，还可以从一系列隐蔽处近距离地观看企鹅。建议预订。

活动

美丽的**白蛉湾**（Sandfly Bay）是一个很受欢迎的徒步旅行目的地，可以从Seal Point Rd（往返1小时）抵达。你还可以从Sandymount Rd尽头的步道前往**Sandymount顶峰**，然后到达雄伟的**Chasm**和**情人跳**（Lovers Leap，往返1小时）。请注意，这条步道9月至10月中旬因产羔期关闭。可索取或下载环保部的宣传册《达尼丁步道》（*Dunedin Walks*）来计划你的行程。

团队游

Back to Nature Tours 巴士

（☎0800 286 000；www.backtonaturetours.co.nz）全天的Royal Peninsula团队游（成人/儿童 $193/125）可以前往达尼丁周边的景点，然后抵达奥塔戈半岛。停靠站包括拉纳克的城堡花园（团队游不包含城堡门票费用）、企鹅栖居地和皇家信天翁中心。这里也有半日游，前往几处海滩（$83/55），还有一条可前往情人跳的步道（$89/55）。可前往你的住宿处接车。

Wild Earth Adventures 皮划艇

（☎03-489 1951；www.wildearth.co.nz；每人 $115起）经营双人海上皮划艇导览之旅，旅途中经常会看到野生动物。团队游的时间从

3小时到全天不等。达尼丁的八角广场有接车站。

Elm Wildlife Tours 野生动物

(☎03-454 4121; www.elmwildlifetours.co.nz; 团队游 $103起) 组织受欢迎的小规模团队游，重点是观测野生动物，可增加皇家信天翁中心和帝王巡航（Monarch Cruise）项目。包含达尼丁接送服务。

Monarch Wildlife Cruises & Tours 划船

(☎03-477 4276; www.wildlife.co.nz) 组织从Wellers Rock Wharf出发的1小时划船团队游（成儿/儿童 $53/22），以及从达尼丁海港出发沿着海岸巡游的半天（$92/35）和全天（$250/124）团队游。可看见许多海狮、企鹅、信天翁和海豹。全天的项目包括前往皇家信天翁中心和企鹅栖息地。

食宿

McFarmers Backpackers 青年旅舍 $

(☎03-478 0389; mcfarmers@xtra.co.nz; 774 Portobello Rd, Broad Bay; 标单/双 $55/70) 这家田园风格的木质度假屋位于一座尚在运营中的绵羊农场，可以看到港口景色，设施齐全、个性突出，让人顿生宾至如归的感觉。Portobello巴士经过农场的大门。

★ **Portobello Motel** 汽车旅馆 $$

(☎03-478 0155; www.portobellomotels.com; 10 Harington Point Rd, Portobello; 套间 $160起; P 📶) 这座充满阳光、设施齐全的现代套间得以精心装饰，有全套的现代设施。套间很适合多人的团队入住，每个房间都有私人小露台可俯瞰海湾。这里也有宽敞的一卧和两卧房间，但景色稍逊。

Larnach Castle 民宿 $$$

(☎03-476 1616; www.larnachcastle.co.nz; 145 Camp Rd; 双 马厩/山林小屋/庄园 $160/320/510; P @ 📶) 拉纳克城堡后花园中的高档旅馆有12间独特的客房，装饰风格充满奇思妙想，都能观景。有趣的是，这里有140年历史的马厩被改造成了氛围独特的客房（公用浴室）。距离城堡几百米处的露营庄园中有奢华的套房，值得一场浪漫的挥霍。各种房屋费用均包括早餐和城堡入场费，在城堡晚餐需额外付费（$70）。

Portobello Hotel & Bistro 小酒馆食物 $$

(☎03-478 0759; www.portobellohotelandbistro.co.nz; 2 Harington Point Rd, Portobello; 主菜 午餐 $13~23，晚餐 $23~36; ⏲11:30~23:30) 这家酒馆自1874年就开始为饥肠辘辘的旅行者服务，现在仍然是热门的旅游休息站。在阳光下的餐桌找个位子，尽情品尝海鲜杂烩浓汤、汉堡和当天新捕获的蓝鳕鱼做成的鱼排。

1908 Cafe 咖啡馆、法式小馆 $$

(☎03-478 0801; www.1908cafe.co.nz; 7 Harington Point Rd, Portobello; 主菜 午餐 $14~24，晚餐 $31~34; ⏲正午至14:00和18:00~22:00，4月至10月 周一和周二歇业) 这家休闲的餐馆供应三文鱼、鹿肉和牛排，也有鲜鱼，黑板上写着当日特色菜。午餐时，这里会变成咖啡馆，提供汤和吐司三明治。这座建筑最早在1908年开放时是茶馆，现在依然保留了许多原始的细节。

到达和离开

从达尼丁沿着海岸观光公路驾车20分钟即到波多贝罗。

除周末以外的日子，每天7:30~22:30有公共汽车往返达尼丁的Cumberland St和波多贝罗之间（成人/儿童 $6/3.60，1小时，每半小时1班），有4班继续前往半岛末端的哈灵顿角（Harrington Point）。周六班次减少，8:30以后每小时1班。

到达半岛之后，没有自己的交通工具将很难行动。大多数旅行团提供去达尼丁住宿处接车的服务。

半岛上没有加油站。

奥塔戈中部（CENTRAL OTAGO）

夏天，绵延起伏的山丘在肆虐的艳阳下从绿色转为金黄色，成为一连串迷人的淘金小镇的背景。在那里，经常可以看到农民同一身骑行装束的骑手一起在复古酒馆里消磨时间。除了被认为是全国最好的葡萄酒产区，这里还很适合骑行，你可以沿淘金小道骑山地自行车，也可以横穿奥塔戈中央铁路步道。

米德尔马奇(Middlemarch)

☎03/人口 153

小镇米德尔马奇有非常美丽的岩柱山脉(Rock and Pillar Range)作为背景,是泰伊里峡谷火车(Taieri Gorge Railway)和奥塔戈中央铁路的终点站。该镇以米德尔马奇单身舞会(Middlemarch Singles Ball,奇数年的复活节举办)而闻名于新西兰。届时,南方男人齐聚于此,以吸引城市女孩来体验乡村生活。

活动

Cycle Surgery(☎03-464 3630; www.cyclesurgery.co.nz; Swansea St; 租赁 每天 $35起; ⏲租车点 10月至次年4月)和**Trail Journeys**(☎03-464 3213; www.trailjourneys.co.nz; 20 Swansea St; 租赁 每天 $45起; ⏲租车点 10月至次年4月)在米德尔马奇主街都有网点,为奥塔戈中央铁路步道(见627页)上的骑行者提供自行车租赁服务和后勤支持,包括班车、运送行李和预订住宿。这两家公司在步道另一端的克莱德也有营业点,在那里也可以还车。

食宿

Otago Central Hotel 民宿 $$

(☎027 544 4800; www.otagocentralhotelhyde.com; SH87, Hyde; 双 带/不带浴室 $170/130起; ⏲10月至次年4月)这座很酷的古老酒店在步道沿线,距离米德尔马奇27公里,绝大多数客房都有私人浴室,只有少数是套间。这里不再是酒馆,这就意味着$50的晚餐套餐是方圆几英里范围内唯一的就餐选择。

走廊上有个非常可爱的、临时的"诚实咖啡馆",可以款待过路的骑手。

Kissing Gate Cafe 咖啡馆 $

(☎03-464 3224; 2 Swansea St; 主菜 $8~18; ⏲8:30~16:00; 📶)一家可爱的小木屋咖啡馆,极富时尚派复古风。可以坐在户外的果树下,尽情品尝早餐、肉馅饼、美味的沙拉或自家烘烤食品。气氛温馨,就像到了奶奶家。

到达和离开

从达尼丁沿景观公路驾车1小时即可抵达米德尔马奇。

两家主要的自行车租赁公司都提供班车去达尼丁、普克兰吉,以及铁路步道沿线各城镇。暖和的月份,Trail Journey的**Catch-a-Bus**(☎03-449 2150; www.trailjourneys.co.nz; ⏲10月至次年4月)每天有车次往返达尼丁($45, 1小时)、兰弗里($27, 1小时)、亚历山德拉($55, 2.25小时)、克莱德($55, 2.5小时)和克伦威尔($59, 3小时)。

风景优美的**泰伊里峡谷铁路**(☎03-477 4449; www.dunedinrailways.co.nz; ⏲5月至9月 周日,10月至次年4月 周五和周日)只在达尼丁和米德尔马奇之间运营(单程/往返 $77/115, 3小时)。大多数班次的终点站是20公里外的普克兰吉火车站(Pukerangi Station)。

兰弗里(Ranfurly)

☎03/人口 663

经历了20世纪30年代的一系列火灾之后,兰弗里建成了今天的这种风格:沉闷的主街沿线仍有一些装饰艺术经典建筑。这座小镇不遗余力地靠这些贫乏的建筑遗产挣钱,称自己为"南岛装饰艺术之都"。大街上那座公认很美的Centennial Milk Bar中甚至还建有一座**装饰艺术博物馆**。

大多数游客都将这里作为奥塔戈中央铁路(见627页)上的一站,这条铁路穿镇而过。

住宿

Hawkdun Lodge 汽车旅馆 $$

(☎03-444 9750; www.hawkdunlodge.co.nz; 1 Bute St; 标单/双 $113/150起; 📶)🍃到目前为止,这家时髦的便捷式精品汽车旅馆可以算是镇中心最好的选择。就连开间也很宽敞,有小厨房、客厅和套间。喜欢做饭的游客可以在客用厨房和餐饮区大展厨艺。

Peter's Farm Lodge 度假屋 $$

(☎03-444 9811; www.petersfarm.co.nz; 113 Tregonning Rd, Waipiata; 每位成人/儿童 $60/45)这家乡村风情的农场旅馆建于1882年,位于兰弗里以南13公里处的绵羊农场内。这里床铺舒适,有丰盛的烤肉晚餐($25),提供去铁路步道接车的服务。也有皮划艇、鱼竿和淘金锅,值得住上两三晚。隔壁的Tregonnings Cottage(同样是建于1882年)铺位更多。

不要错过

奥塔戈中央铁路步道(OTAGO CENTRAL RAIL TRAIL)

奥塔戈中央铁路从达尼丁延伸至克莱德,这条铁路从20世纪初一直使用到20世纪90年代,将岛内的淘金小镇同大城市连接起来。米德尔马奇至克莱德的150公里长的铁路被彻底关闭后,铁轨废弃了,小路重新被整修。因此,这条主要由碎石铺就的道路上一年到头都有人徒步、骑车或骑马,他们沿着古老的铁道,穿越旧日的铁路桥、高架桥和隧道。

步道旁设施齐全,有卫生间、候车亭和信息中心。这里地势平坦、美景迷人、偏远空旷,每年能吸引超过25,000名游客。3月是最拥挤的季节,步道上有太多的城市探险者,可能要等30分钟才能在咖啡馆买到一个意式三明治。9月来这里不错,人比较少。

从步道的两头都可以进入。骑自行车走完全程需要4~5天(步行需1周),但是你可以根据自己的计划选择路途的长度。也有些便道可绕行至内斯比(Naseby)和圣巴桑斯(St Bathans)等小镇。

在达尼丁、米德尔马奇,亚历山德拉和克莱德可以租赁山地自行车。该地区的任意一处信息中心均可提供详细信息。可登录www.otagocentralrailtrail.co.nz和www.otagorailtrail.co.nz查看步道信息、时节推荐、膳宿选择和旅行社。

因为步道太受欢迎,沿途偏远地区也涌现出大量的住宿和就餐处,不过有些休息站的设施还很简陋。

Kokonga Lodge 民宿 $$$

(☎03-444 9774; www.kokongalodge.co.nz; 33 Kokonga-Waipiata Rd; 标单/双 $240/295; @📶)这家高档的乡村旅馆就在兰弗里和海德(Hyde)之间的SH87旁边,提供6间当代风格的套房,彼得·杰克逊(Sir Peter Jackson)在该地区拍摄电影《霍比特人》(*The Hobbit*)时曾住过其中一间。铁路步道就从附近穿过。

餐饮

Maniototo Cafe 咖啡馆 $

(☎03-444 9023; www.maniototocafe.co.nz; 1 Pery St; 主菜 $7~14; ⏲周一至周五 7:00~16:30, 周六和周日 8:00~17:00)这家阳光咖啡馆附属于Four Square超市,是午餐的好选择,有诱人的沙拉、三明治、香肠卷和蛋糕。

Waipiata Country Hotel 小酒馆

(☎03-444 9470; www.waipiatahotel.co.nz; 29 Main St, Waipiata; ⏲10:00至深夜; 📶)这家友好的乡村小酒馆就在铁路线上,距离兰弗里约10公里,是骑行后缓解饥渴的好去处。也提供不错的酒馆食品——比如鹿肉和啤酒派、美味的汉堡——如果太累不想再骑车了,这里也有房间可供休息(每人$70起)。

实用信息

兰弗里信息中心(Ranfurly i-SITE; ☎03-444 1005; www.centralotagonz.com; 3 Charlemont St; ⏲9:00~17:00; 📶)可以到这家位于旧火车站的信息中心免费领取《乡村装饰艺术——兰弗里的步道》(*Rural Art Deco – Ranfurly Walk*)宣传册。在这里可以观看介绍铁路步道的短片,还有一些有趣的当地历史展览。

到达和离开

兰弗里位于85号公路上,从达尼丁驾车1小时45分钟可达。暖和的月份,Trail Journey的Catch-a-Bus(见621页)有车次往返克伦威尔($52, 2小时)和达尼丁($49, 2小时),途经兰弗里。

内斯比(Naseby)

☎03/人口 120

小巧的内斯比周围森林环绕,城镇里点缀着19世纪的石头建筑。在这个小镇上,生活节奏会放慢。小镇居民对新西兰冰壶(NZ curling,冬奥会项目,就像是冰上沙狐球)这个不太起眼的运动十分着迷,这一点充分说明在这里没什么事可干。正是这种慵懒的小镇情调,再加上周围森林中的山地自行车和徒步路线,使这里成为铁路步道游客的有趣停留站。

活动

Naseby Ice Luge 冰雪运动

(☎03-444 9270; www.lugenz.com; 1057 Channel Rd; 成人/儿童 $35/25; ⏰6月至8月 10:00~16:00) 冬季乘坐雪橇从360米高的山坡急冲而下，具体视天气状况而定。推荐致电预订。

Maniototo Curling International 冰雪运动

(☎03-444 9878; www.curling.co.nz; 1057 Channel Rd; 成人/儿童 每90分钟 $35/15; ⏰5月至10月 10:00~17:00，11月至次年4月 9:00~19:30) 一年四季都可以去室内滑冰场打冰球。这里也开设冰壶课程。冬季还可以在室外滑冰场滑冰。

住宿

Royal Hotel 小酒馆 $

(☎03-444 9990; www.naseby.co.nz; 1 Earne St; 铺 $40，双 带/不带浴室 $110/80; 📶) Royal Hotel建于1863年，是镇上历史悠久的两家酒馆中较好的一间，因曾经获得王室徽章而闻名，可能是新西兰最好的乡村花园酒吧。客房虽然简单却纤尘不染。

Naseby Lodge 公寓 $$

(☎03-444 8222; www.nasebylodge.co.nz; Derwent St和Oughter St交叉路口; 单/双卧公寓 $170/260) 采用颇为环保的秸秆建成，外面包裹着波纹铁皮，其中的独立式现代公寓便捷又宽敞，有全套的厨房用具，浴室中有地暖。还有一家很棒的餐馆。

Old Doctor's Residence 民宿 $$$

(☎03-444 9775; www.olddoctorsresidence.co.nz; 58 Derwent St; 房间/套间 $295/350; 📶) 🍃 "老医生"可要留意了：这里才是人住的地方！这座宏伟的旅馆建于19世纪70年代，位于一座美丽的花园背后，有两间奢华的客房和一间休息室，晚上备有葡萄酒和小食。客房有起居室和配套的浴室。小客房的浴室可从楼梯间进入。

实用信息

内斯比信息中心 (Naseby Information Centre; ☎03-444 9961; www.nasebyinfo.org.nz; Old Post Office, Derwent St; ⏰周五、周日和周一 11:00~14:00，周六至16:00，夏季时间延长)

> **值得一游**
>
> ### 圣巴桑斯(ST BATHANS)
>
> 从SH85向北绕行17公里，至壮丽的邓斯坦山(Dunstan Mountains)山脚，可以到达小镇圣巴桑斯。这座只有2000人的小镇曾因淘金热而繁荣，现在只有6人为永久居民，他们集中居住在可爱的19世纪建筑中，几乎所有房屋门前都挂着"待售"的招牌。镇上景点不多，不过古老的**Vulcan Hotel** (☎03-447 3629; stbathans.vulcanhotel@xtra.co.nz; Main St; 房间 每人 $60) 酒店餐饮、住宿服务备受好评(也经常人满为患)。考虑到圣巴桑斯的人口稀少，你会发现周五的夜晚酒吧里聚满的都是山谷附近过来的农夫。
>
> **蓝湖**(Blue Lake)是意料之外的景区：蓝得惊人的湖水流过废弃的淘金设施。沿着鬼斧神工的崖壁步行到观景台上能更好地饱览异域风景(往返1小时)。

到达和离开

在兰弗里以北4公里处驶离SH85可以开上兰弗里-内斯比公路(Ranfurly-Naseby Rd)。没有公共交通工具到这里，骑行者需要从铁路步道绕行12公里(如果提出要求，许多住宿处都能接车)。从内斯比出发，你可以沿着蜿蜒的土路向东北方向走，饱览沿途美景并到达丹赛斯隘口(Danseys Pass)，直至抵达怀塔基山谷(Waitaki Valley)中的登特隆(Duntroon)。

劳德、奥马考和奥菲尔(Lauder, Omakau & Ophir)

小小的**劳德**(人口12)和稍大的**奥马考**(人口260)由SH85相连，两地相距8公里，如果你感到饥饿疲倦，这两处会是不错的停靠点。不过，该地区的珍宝其实是**奥菲尔**(人口50)，距奥马考2公里，就在Manuherikia河对岸。

1863年，人们在奥菲尔发现了金矿，镇子迅速建立，其名字来源于圣经中所罗门王(King Solomon)发现金矿的小镇。1875年，这里的人口数量超过了1000，但随着黄金的耗竭，人也作鸟兽散。1904年，铁路绕过此处后，奥菲尔的使命即告结束，仅留下其主街道淹没在时间长河中。

在建筑遗产中，最适合拍照的是修建于1886年的邮局（www.historic.org.nz; 53 Swindon St, Ophir; ⌚周一至周五 9:00至正午）。镇子尽头，公路跨过已被列入遗产名录的19世纪70年代修建的Dan O' Connell Bridge大桥，绕回SH85的一路上很颠簸，但沿途景色优美。

据称，奥菲尔是全国温差最大的地方：-21.6℃~35℃。

食宿

Blacks Hotel 小酒馆 $$

（☎03-447 3826; www.blackshotel.co.nz; 170 Swindon St, Ophir; 房间 $155; 🅿📶）这座受欢迎的当地酒馆的阳光露台很适合坐下来喝上一杯啤酒，或是吃一顿酒馆食物（主菜$23~30）。后面有一排简单整洁的套间。

Chatto Creek Tavern 遗产酒店 $$

（☎03-447 3710; www.chattocreektavern.co.nz; 1544 SH85, Chatto Creek; 铺/标单/双 不带浴室 $60/100/130; 🅿📶）这座迷人的石头酒店建造于1886年，就位于铁路步道和公路旁，在奥马考西南10公里处。可以品尝兔肉馅饼和其他丰盛的酒馆食物（主菜 $19~34），也可以在多人间的铺位或双人房中放松一下小腿肌肉。房费包含早餐。也有非正式的露营处。

★ Pitches Store 民宿 $$$

（☎03-447 3240; www.pitches-store.co.nz; 45 Swindon St, Ophir; 房间 $295; ⌚餐馆 12月至次年4月 每天10:00至深夜，5月、8月至11月 周一、周日和周四 10:00~15:00，周五和周六 10:00至深夜）这幢古老的建筑曾经是一家杂货店和肉铺，现在已被改造成一家酒店，拥有6间优雅的客房和出色的咖啡馆兼餐馆（主菜 午餐$15~18，晚餐 $33~37）。裸露的石墙也许在诉说着古老的历史，菜单上却有极其现代的美食——2016年和2017年曾荣获Silver Fern Farms最佳地区餐馆称号。

Stationside Cafe 咖啡馆 $

（☎03-447 3580; Lauder-Matakanui Rd, Lauder; 主菜 $8~18; ⌚10月至次年4月 8:00~17:00）这间出色的路边小店提供乡村式的热情服务，店主非常有魅力。进餐选择包括美味的早餐、健康沙拉和汤，以及令人垂涎欲滴的各种食物，比如现烤司康饼、蛋糕和马芬。

ℹ 到达和离开

这片地区没有公共交通，但许多自行车行都提供奥塔戈中央铁路步道接送服务，如果提前跟店主提出要求，许多住宿处还可以到步道接你。

亚历山德拉（Alexandra）

☎03/人口 4800

除非你是专门来参加复活节的猎兔子活动（Easter Bunny Hunt）、春天的赏花节（Blossom Festival）和9月的新西兰美利奴剪羊毛锦标赛（Merino Shearing Championships），不然在亚历山德拉的主要活动就是山地骑行。这里是目前为止最大的奥塔戈中央铁路（见627页）营地，比沿途设备简陋的小镇中的食宿选择更多。这里还是新开辟的罗克斯堡峡谷步道（Roxburgh Gorge Trail）的起点。

这里的昵称是“亚历克斯”（Alex），是奥塔戈中部著名葡萄酒产区东南部重镇。附近的12座葡萄酒庄中，只有几家可以品酒。关于葡萄酒庄，《奥塔戈中部葡萄酒地图》（*Central Otago Wine Map*）上有详细介绍，可在亚历山德拉信息中心（见631页）找到这一资料。

景点

中部故事博物馆 博物馆

（Central Stories; ☎03-448 6230; www.centralstories.com; 21 Centennial Ave; 门票乐捐; ⌚10:00~16:00）这座出色的地区性博物馆和美术馆囊括了奥塔戈中部淘金、酿造葡萄酒、种植水果和牧羊的历史，与亚历山德拉信息中心在同一幢楼。

活动

来奥塔戈中央铁路步道的徒步者和山地骑行者会爱上山间蜿蜒的旧日淘金步道是显而易见的。可从信息中心索取地图。亚历山德

拉-克莱德150周年纪念步道(Alexandra-Clyde 150th Anniversary Walk; 12.8公里，单程3小时)是一条河畔步道，地势很平坦，沿途有大量的休息站和树荫。

罗克斯堡峡谷步道 山地骑行

(Roxburgh Gorge Trail; www.cluthagold.co.nz; 步道维护费 建议每人捐款$10)这处设备齐全的骑行和徒步步道于2013年盛大开放，计划连接亚历山德拉和罗克斯堡大坝(Roxburgh Dam)。不过在步道中段，因为无法成功穿过农场，骑完“全程”需要预订乘坐13公里的喷射艇(成人/儿童 $95/55)，可以通过当地的信息中心预订，或者直接联系Clutha River Cruises(见630页)。

Altitude Bikes 骑行

(☎03-448 8917; www.altitudeadventures.co.nz; 88 Centennial Ave; 每天 $30起; ⊙周一至周五 8:30~17:30, 周六 9:00~13:00)与Henderson Cycles联合，出租自行车，为奥塔戈中部、Clutha淘金步道(Clutha Gold)和罗克斯堡峡谷步道(Roxburgh Gorge Trails)的骑行者提供后勤服务。

Clutha River Cruises 乘船

(☎0800 258 842; www.clutharivercruises.co.nz; 船坞, Dunorling St; 成人/儿童 $95/55; ⊙10月至次年5月 14:30)可借助2.5小时的遗产巡游，探索该地区的自然和历史经典。也为罗克斯堡峡谷步道(Roxburgh Gorge Trail, 见630页)的骑行者提供喷射艇服务。

食宿

Marj's Place 青年旅舍 $

(☎03-448 7098; www.marjsplace.co.nz; 5 Theyers St; 铺/标单/双 不带浴室 $30/45/90; 📶)Marji's位于3幢相邻的房屋之中，住宿条件差别很大。“家庭寄宿”房包括私人客房、芬兰桑拿浴和水疗浴室。和路对面的“背包客”住的客房相比，“家庭寄宿”更加舒适。“背包客”房主要面向季节性劳工。

Asure Avenue Motel 汽车旅馆 $$

(☎03-448 6919; www.avenue-motel.co.nz; 117 Centennial Ave; 套间 $142起; Ⓟ📶)Asure

值得一游

沿着SH8从亚历山德拉到弥尔顿(ALEXANDRA TO MILTON ON THE SH8)

从亚历山德拉往南，SH8蜿蜒经过Clutha River河岸上陡峭的满是岩石的山路，途中会经过奥塔戈中部最著名的果园。应季(大约12月至次年3月)的时候，路边水果摊会售卖新摘的核果、樱桃和浆果。沿路有许多小镇，多数可追溯到淘金热时代。

从亚历山德拉向南13公里，古老的**Speargrass Inn**(☎03-449 2192; www.speargrassinn.co.nz; 1300 Fruitlands Roxburgh Rd, SH8, Fruitlands; 房间 $180; ⊙咖啡馆 周六至周四 8:30~16:00, 周五 8:30至深夜, 5月至9月 歇业; 📶)在后面花园中有3间漂亮的客房。原建于1869年的房屋成了一家迷人的**咖啡馆**(主菜 $18~26)，这是停下来喝杯咖啡、吃块蛋糕的好地方，也可以享用一顿丰盛的菜肴。

继续向南，Clutha River河面渐宽，注入**罗克斯堡湖**(Lake Roxburgh)，在河口有一座巨大的水力发电站，之后河水流经罗克斯堡。顺路去友好的**信息中心**(☎03-446 8920; www.centralotagonz.com; 120 Scotland St; ⊙11月至次年4月 每天 9:00~17:00, 5月至10月 周一至周五 9:00~17:00)，咨询山地骑行、水上运动，以及在附近的苹果和核果园的季节性采摘工作的信息。

离开罗克斯堡之前，可去**Jimmy's Pies**(☎03-446 9012; www.jimmyspies.co.nz; 143 Scotland St; 馅饼 $4~6.50; ⊙周一至周五 7:30~17:00)，这里从1959年起就享誉南岛。如果这里的20种不同的馅饼让你选择困难，可以选择杏子鸡，毕竟是在水果之乡。

从罗克斯堡继续向南，经过**Lawrence**和**Manuka Gorge Scenic Reserve**，这条风景如画的道路会穿过林木葱郁的群山和河谷。SH8在**弥尔顿**(Milton)附近和SH1交会。

Avenue Motel位于主街上，是汽车旅馆中的最佳选择，干净现代的套间都有全套现代设备，有些还有全套厨房设施。也提供开间、一卧和两卧公寓。

★ **Courthouse Cafe & Larder** 咖啡馆 $

（☎03-448 7818；www.packingshedcompany.com；8 Centennial Ave；主菜 $11~23；⏰周一至周五 6:30~16:30，周六 8:00~16:00）灯光优美，茂盛的植物园驱散了这座建于1878年的石头法院建筑中残留的朴素感。柜台上摆放着大量出色的烘焙食品（蛋糕、甜甜圈、羊角面包等），还有美味的早午餐和午餐菜肴——如果你到访时菜单上有Jack's冰激凌卷，一定要尝一尝！

实用信息

亚历山德拉信息中心（Alexandra i-SITE；☎03-262 7999；www.centralotagonz.com；21 Centennial Ave；⏰9:00~17:00；📶）提供免费地图，友好的员工能帮忙预订活动和住宿。

到达和离开

亚历山德拉位于SH8公路上，从达尼丁驾车过去约2.5小时，从皇后镇过去需要1.25小时。

InterCity（见622页）每天有长途汽车抵离达尼丁（$22起，3小时）、罗克斯堡（$14起，34分钟）、克莱德（$10起，9分钟）、克伦威尔（$11起，24分钟）和皇后镇（$14起，1.5小时）。

Atomic Shuttles（见621页）每日有长途汽车抵离达尼丁（$22，2.25小时）、罗克斯堡（$20，30分钟）、克伦威尔（$20，30分钟）和皇后镇（$30，1.75小时）。

Catch-a-Bus（见621页）运营上门接客的接驳车，可前往克伦威尔（$25，30分钟）、克莱德（$15，10分钟）、兰弗里（$43，1小时）、米德尔马奇（$55，2小时）和达尼丁（$56，3.25小时）。

克莱德（Clyde）

☎03/人口 1010

克莱德距离公路8公里，比邻近的“亚历克斯”更迷人，更像是19世纪淘金热电影的布景场地，而不像真实的城镇。克莱德位于碧绿的Clutha河两岸，即便在大量度假者涌入的夏季，这里仍然保留着好客小镇的气氛。这也是奥塔戈中央铁路步道（见627页）的一个起点。

景点

克莱德历史博物馆 博物馆

（Clyde Historical Museums；5 Blyth St；门票乐捐；⏰周二至周日 14:00~17:00）这座由志愿者运营的当地博物馆展示了毛利人和维多利亚时代的展品，追溯克莱德大坝（Clyde Dam）的建设历史，也可以参观古老的会议室。还有一座建筑位于Fraser St 12号的草药工厂大楼，我们到访时正关闭修复中。

活动

从亚历山德拉信息中心（见631页）拿一份《克莱德古城周边徒步》（*Walk Around Historic Clyde*）宣传册。**亚历山德拉-克劳德150周年纪念步道**（Alexandra–Clyde 150th Anniversary Walk；12.8公里，单程3小时）位于河畔，相当平坦，有大量的休息场所和树荫。

Trail Journeys 骑行

（☎03-449 2150；www.trailjourneys.co.nz；16 Springvale Rd；租赁 每天 $45起，⏰5月至10月 周一至周五 9:00~17:00，11月至次年4月 每天 8:00~17:00）🍃就在奥塔戈中央铁路步道起始处，可租赁自行车，还可以安排骑行团队游、行李运送和接驳车。在米德尔马奇（见626页）也有店面。

节日和活动

克莱德葡萄酒和美食节 葡萄酒、美食

（Clyde Wine & Food Festival；www.promotedunstan.org.nz；成人/儿童 $15/10；⏰复活节 周日 10:30~16:30）每年复活节的周日在主街上举办，这个当地节庆展示地区农产品和葡萄酒。

食宿

Postmaster's House 民宿 $$

（☎03-449 2488；www.postofficecafeclyde.co.nz；4 Blyth St；双 带/不带浴室 $125/95；🅿📶）这座可爱的石头农舍中摆着古董家具，3间客房中有两间共享一个浴室，另外一间有独立浴室。

Dunstan House 民宿 $$

(☎03-449 2295; www.dunstanhouse.co.nz; 29 Sunderland St; 标单/双 带浴室 $110/130起，双/套 带浴室 $190/260起; ⏰10月至次年4月; 📶) 这座经过翻新的维多利亚晚期风格的带阳台旅馆有一间可爱的酒吧和休息区，时尚客房富有当代风格。便宜一些的客房共用浴室，但一样舒适，气氛美妙。

★**Oliver's** 民宿 $$$

(☎03-449 2600; www.oliverscentralotago.co.nz; Holloway Rd; 房间/套 $235/535; P📶) Oliver's位于一间19世纪60年代的商人住宅和石头马厩之中，有奢华的客房，装饰有古地图、古董的家具和爪形足浴缸。绝大多数客房都通往僻静的花园庭院。

Bank Cafe 咖啡馆 $

(www.bankcafe.co.nz; 31 Sunderland St; 主菜 $10~19; ⏰9:00~16:00) 不管在室内还是室外，随便找张桌子坐下来，尽情品尝蛋糕、薄饼、华夫饼和美味的汉堡。大份三明治外卖是骑行午餐的完美选择。

★**Oliver's** 新派新西兰菜 $$

(☎03-449 2805; www.oliverscentralotago.co.nz; 34 Sunderland St; 主菜 午餐 $21~26，晚餐 $26~41; ⏰餐厅 正午至14:00和18:00至深夜，酒吧 正午至深夜) 位于一座淘金时代的杂货店，这个典雅的综合体融合了精酿酒馆、酒吧、面包房兼咖啡馆，四周被庄严的石墙环绕。午餐时，餐厅是一座时尚的咖啡馆，晚上则成为法式小馆，提供当地最好的时令菜肴，有熏兔肉、大麦烩饭或烤羊排。

ℹ 到达和离开

InterCity (见622页) 每日有长途汽车抵离达尼丁 ($22起，3小时)、罗克斯堡 ($14起，45分钟)、亚历山德拉 ($10起，9分钟)、克伦威尔 ($10起，14分钟) 和皇后镇 ($14起，1.5小时)。

Catch-a-Bus (见621页) 的上门接驳车在主要骑行季节往返克伦威尔 ($25，20分钟)、亚历山德拉 ($15，10分钟)、兰弗里 ($43，1.5小时)、米德尔马奇 ($55，2.5小时) 和达尼丁 ($56，3.5小时)。

克伦威尔 (Cromwell)

☎03/人口 4150

克伦威尔有一个迷人的湖畔历史保护区、一个每周一次的大型农贸市场，还有新西兰南岛最显眼的"大家伙"——公路边巨大的水果模型，体现了该地区发达的水果种植业。

这里也是著名的奥塔戈中部葡萄酒产区 (www.cowa.org.nz) 的中心，以很棒的黑品诺闻名，此外还有稍逊一筹的雷司令、灰皮诺和霞多丽。克伦威尔盆地从克伦威尔西南5公里处的班诺克本 (Bannockburn) 延伸至邓斯坦湖 (Lake Dunstan) 以北，这里出产的葡萄酒占奥塔戈中部总产量的70%。可以拿一本《奥塔戈中部葡萄酒地图》(*Central Otago Wine Map*)，了解当地50家葡萄酒庄的详细信息。

👁 景点

克伦威尔老镇 历史建筑

(Cromwell Heritage Precinct; www.cromwellheritageprecinct.co.nz; Melmore Tce) 克莱德大坝于1992年完工，水库蓄水后，原本克伦威尔镇中心在内的280幢房屋、6座农场和17座果园全都被淹没了。不过，在那之前，许多历史建筑就已经被拆卸完毕，并在邓斯坦湖沿岸的步行保护区内重建。有些被恢复为旧时代的风貌博物馆 (马厩等)，其余房屋则成为出色的咖啡馆、画廊和有趣的商店。夏季，这里每周还有热闹的农贸市场。

Carrick 葡萄酒庄

(☎03-445 3480; www.carrick.co.nz; Cairnmuir Rd, Bannockburn; ⏰11:00~17:00) 班诺克本有十几座酒庄对外开放，有些提供很好的食物。Carrick是其中最好的一家，充满艺术气息的餐厅通往露台和茂密的草坪，周围环绕着柳树，能看到Carrick群山。时令菜单 (包括出色的拼盘) 很讨人喜欢，搭配各种葡萄酒，包括一种浓郁香醇的招牌黑品诺，以及馥郁美味的霞多丽和有柑橘香味的各种美酒。

本迪哥历史保护区 历史遗址

(Bendigo Historic Reserve; www.doc.govt.

nz; Bendigo）1862年首次在本迪哥发现金矿，在这个保护区能看见这个时代的遗址，可通过邓斯坦湖北面、SH8公路旁的一条砾石小路前往。景点包括矿井、隧道、机器、大坝和水道，也有矿工从前生活的Crippletown、Logantown 和Welshtown的石屋遗址。

活动

高地机动车运动公园 探险运动

（Highlands Motorsport Park；☎03-445 4052；www.highlands.co.nz；SH6和Sandflat Rd交叉路口；⏲10:00~17:00）这座机动车公园仅用了一年半就从一座牧场变为拥有4公里长的顶级赛道的赛场。这里在2013年首次举办重大赛事。活动不局限于专业人士参加，有各种刺激的体验，还有一座出色的博物馆。

"速度狂人"可以从卡丁车（go-karts；每10分钟 $45）开始体验，然后乘坐速度为200公里/小时的高地出租车（Highlands Taxi；$129，最多4人），再以乘客身份乘保时捷GT3（Porsche GT3；$295）绕跑道行驶3圈，或驾驶V8肌肉车（V8 muscle car；$395）体验一下强劲的动力。

如果不想参与亲身体验，也可以去国家赛车博物馆（National Motorsport Museum；成人/儿童 $25/10）参观，这里展出赛车和有关新西兰赛车传奇人物的展览，比如布鲁斯·麦克拉伦（Bruce McLaren）、博萨姆·博恩（Possum Bourne）、艾玛·吉尔摩尔（Emma Gilmour）和司各特·迪克斯顿（Scott Dixon）。家庭游客可选择侏罗纪游猎探险（Jurassic Safari Adventure），乘坐狩猎面包车穿过恐龙栖息的森林（每个家庭$99，包括博物馆门票）。此外还有免费迷你高尔夫和一个很好的咖啡馆。

团队游

Goldfields Jet 探险

（☎03-445 1038；www.goldfieldsjet.co.nz；SH6；成人/儿童 $115/59；⏲9:00~17:00）乘坐喷气式快艇快速冲过Kawarau峡谷，历时40分钟。

Central Otago Motorcycle Hire 团队游

（☎03-445 4487；www.comotorcyclehire.co.nz；271 Bannockburn Rd；每天 $185起）奥塔戈中部蜿蜒的山路很适合骑行。这里能租赁摩托车，工作人员还会为你提供建议。路上有令人难以置信的美景。也可以选择步道骑行导游之旅（$195起）和更长的公路之旅（$575起）。

Bannockburn Historic Goldfields Tours 步行

（☎03-445 1559；www.bannockburngold.co.nz；每人 $15~29）探索班诺克本金矿遗产的导览游，信息丰富。

节日和活动

Highlands 101 运动

（www.highlands.co.nz/highlands-501；⏲11月）在高地公园举办的赛车节，将持续一个周末，高潮是101圈的耐力赛。

Highlands Festival of Speed 运动

（www.highlands.co.nz；⏲4月）两天的古典赛车节，4月上旬举行。

住宿

Cromwell Top 10 Holiday Park 度假公园 $

（☎03-445 0164；www.cromwellholidaypark.co.nz；1 Alpha St；露营地 $42~46，套间 带/不带浴室 $115/75起；P@🛜）面积堪比一个欧洲小国，公园有很多小屋和设施完备的套间。它们条件各异，都被林木环绕。

Carrick Lodge 汽车旅馆 $$

（☎03-445 4519；www.carricklodge.co.nz；10 Barry Ave；套间 $140~220；P🛜）克伦威尔最时尚的汽车旅馆之一，宽敞的现代化客房距离主要购物商场只有一段很短的距离。行政公寓中有水疗浴室，能看见远处的高尔夫球场。

★Burn Cottage Retreat 民宿、小屋 $$$

（☎03-445 3050；www.burncottageretreat.co.nz；168 Burn Cottage Rd；小屋 $235~265；P🛜）位于克伦威尔西北3公里处的胡桃林花园中，宁静的Burn Cottage Retreat有3座设备齐全的奢华小屋，其内部装潢古典，有宽敞的厨房和现代化的浴室。

就餐

Grain & Seed Café 咖啡馆 $

（Melmore Tce；餐 $10~14；⏲9:00~16:00）这家咖啡馆位于一座美丽的石头建筑中，曾经是Jolly's Grain商店，提供马芬和分量大又不贵的食物。可选择湖畔桌位就座，风景很好。

Black Rabbit Kitchen & Bar 咖啡馆 $$

（☎03-445 1553；430a Bannockburn Rd, Bannockburn；主菜 $23~28；⏲周日至周四 8:00~18:00，周五和周六 至深夜）新建于小村庄班诺克本的很受欢迎的就餐处，这个乡村风情的别致咖啡馆酒吧提供出色的早午餐、美味咖啡、大杯的葡萄酒，在阳光露台上可以悠闲地度过下午时光。

Bannockburn Hotel 小酒馆食物 $$

（☎03-445 0615；www.bannockburnhotel.com；420 Bannockburn Rd, Bannockburn；主菜 $22~29；⏲周二至周三 16:00~22:00，周四至周日 正午起）最近的翻修将这家古老的水边酒馆变成了一家时尚的现代酒馆，提供西班牙小吃式样的分享型菜单，葡萄酒酒单比你的胳膊还长。位于村外5公里处，有车免费接送。

Mt Difficulty 法式小馆 $$$

（☎03-445 3445；www.mtdifficulty.co.nz；73 Felton Rd, Bannockburn；主菜 $34~39；⏲品酒 10:30~16:30，餐馆 正午至16:00）Mt Difficulty除了有我们最喜欢的黑品诺之外，还是一个午餐休闲的好去处，可以向下俯瞰山谷景色。这里有适合搭配葡萄酒食用的共享拼盘，不过还是留点肚子品尝美味甜点。

购物

克伦威尔农贸市场 市场

（Cromwell Farmers Market；www.cromwellheritageprecinct.co.nz；⏲周日 9:00~13:00）夏季，克伦威尔老镇会举办一个很棒的农贸市场，劳动节周末（10月下旬）到次年复活节期间每周日举办。

实用信息

克伦威尔信息中心（Cromwell i-SITE；☎03-445 0212；www.centralotagonz.com；2d The Mall；⏲1月至次年3月 9:00~19:00，4月至12月 至17:00）有《徒步克伦威尔》（*Walk Cromwell*）宣传册，其内容涵盖了骑行和徒步步道，还有附近的淘金时期留下的鬼镇本迪哥的信息。

到达和离开

Atomic Shuttles（见621页）每天有一班车往返皇后镇（$15，1.25小时），亚历山德拉（$20，30分钟）、罗克斯堡（$30，1.5小时）、达尼丁（$35，3.5小时）和基督城（$40，6.25小时）。

Catch-a-bus（见621页）运营的上门班车在主要骑行季节可前往克莱德（$25，20分钟）、亚历山德拉（$25，30分钟）、兰弗里（$52，1.75小时）、米德尔马奇（$59，2.75小时）和达尼丁（$60，3.75小时）。

InterCity（见622页）运营的班车可前往皇后镇（$1起，1小时，每天4班），福克斯冰川（Fox Glacier；$44起，6.25小时，每天1班）、基督城（$51起，7.25小时，每天2班）、亚历山德拉（$12起，24分钟，每天2班）和达尼丁（$22起，3.5小时）。

Naked Bus（见622页）运营的从皇后镇（1小时）和瓦纳卡（45分钟）开来的班车停靠克伦威尔，然后前往奥马拉马（Omarama；1.25小时）、莱克特卡波（Lake Tekapo；3小时）和基督城（7.5小时）。价格各不相同。

Ritchies（见622页）运营的班车往返瓦纳卡（$22，45分钟）、皇后镇机场（$22，1小时）和皇后镇CBD（$22，1.25小时）。

昆斯敦（皇后镇）和瓦纳卡

包括 ➡

最佳就餐

- Bespoke Kitchen（见651页）
- Chop Shop（见663页）
- Kai Whakapai（见671页）
- Kika（见671页）
- Public Kitchen & Bar（见651页）

最佳住宿

- EcoScapes（见660页）
- Hidden Lodge（见650页）
- Wanaka Bakpaka（见669页）
- Lime Tree Lodge（见670页）
- YHA Queenstown Lakefront（见647页）

为何去

很少有人会来皇后镇（Queenstown）慢慢闲逛。在这个以“世界探险之都”自居的地方，游客会将各种束缚抛在脑后，而把自己扔出飞机、丢下山顶和大桥。

这一地区的湖光山色宛如电影布景，散布其间的一系列山谷城镇和皇后镇一样迷人。瓦纳卡（Wanaka）有些像皇后镇——位于湖畔，周围有一圈高山，有各种探险活动——不过节奏没那么疯狂。格林诺奇（Glenorchy）则更为宁静，却是新西兰最适合高山徒步地区的大本营。淘金热时期兴起的阿罗敦（Arrowtown）充满历史风情，其主街建筑仍然能够看出往日的荣耀。你可以在游人散去后留下来享用晚餐，喝杯酒——第二天，你会有更多机会重新投入皇后镇的一连串冒险运动中去。

何时去

- 1月至3月是持续晴好的夏季，最适合在皇后镇开展冒险活动和户外探险。每年3月，在皇后镇花园（Queenstown Gardens）还有吉布斯顿葡萄酒和美食节（Gibbston Wine & Food Festival）。
- 秋季（3月至5月）阿罗敦会重新变成金色，树叶会变化呈现出各种生动的色彩。
- 在6月底的皇后镇冬季狂欢节（Queenstown Winter Festival）上庆祝即将到来的滑雪季。从6月至8月，皇后镇和瓦纳卡周边的4个滑雪场地会因滑雪和单板滑雪爱好者的到来而热闹非凡。
- 8月底开始，皇后镇会举办同性恋滑雪周（Gay Ski Week）和Remarkables Ice & Mixed Festival，庆祝冬季运动季的结束。

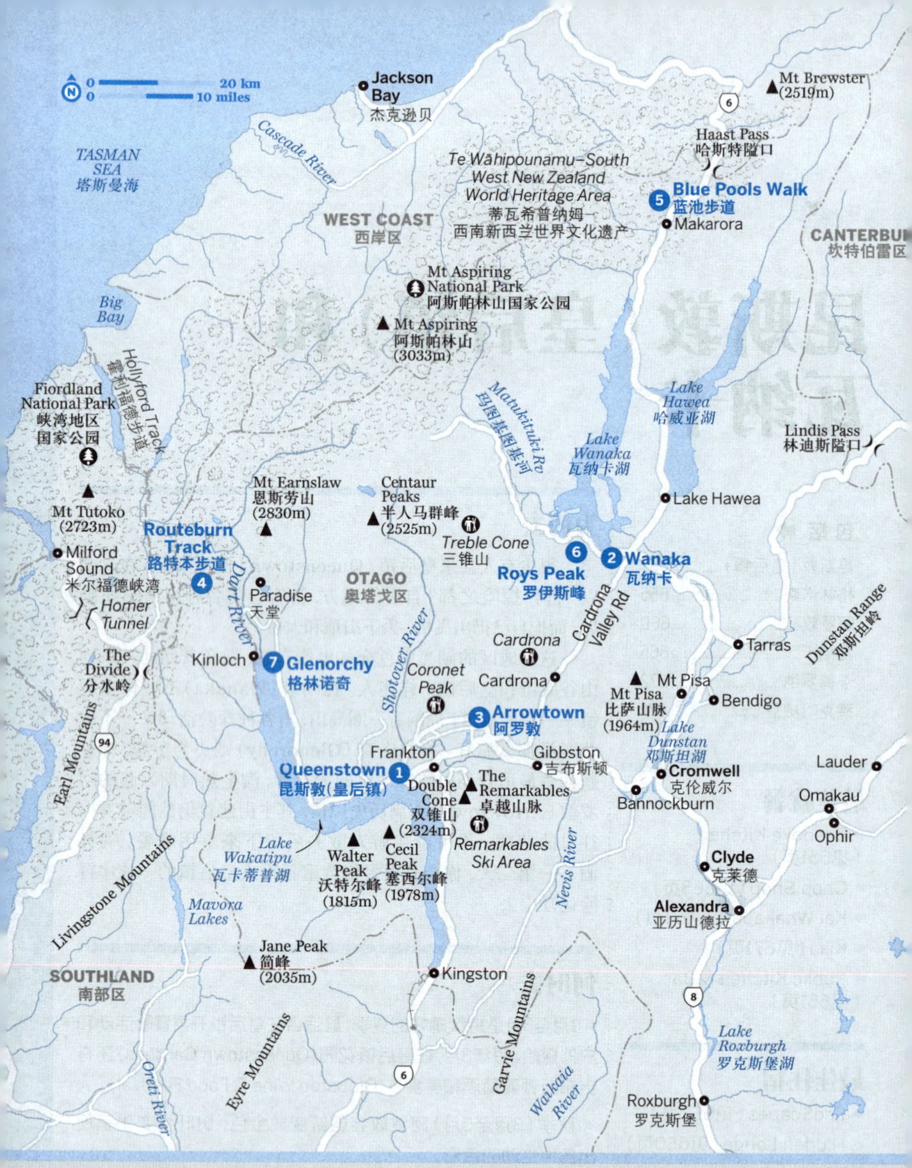

皇后镇和瓦纳卡亮点

❶ **昆斯敦(皇后镇)**(见637页)在“世界探险之都”，参加一生一次的各种活动。

❷ **瓦纳卡**(见665页)通过飞拉达攀爬瀑布，然后到湖畔的任意一家有趣的餐馆用餐。

❸ **阿罗敦**(见660页)在这座古老的淘金热时代的小镇漫步一天，然后探索几家非常时髦的酒吧。

❹ **路特本步道**(见657页)这可能是新西兰十大步道中最好的一条，可以沿着这条步道登上高山。

❺ **蓝池步道**(见674页)到位于玛卡罗拉城外荧光色的湖畔上走上一小段距离。

❻ **罗伊斯峰**(见667页)拍下照片，然后继续登上山顶，以无人机的视角俯瞰瓦纳卡湖。

❼ **格林诺奇**(见655页)发现天堂其实就在新西兰最诱人的徒步大本营周围。

到达和离开

在奥克兰（Auckland）、惠灵顿（Wellington）和基督城（Christchurch），有飞往皇后镇的国内航班。有从澳大利亚悉尼、墨尔本、布里斯班和黄金海岸飞往皇后镇的国际航线。皇后镇是本地区主要的公共汽车枢纽，长途线路由此辐射至西岸区（途经瓦纳卡和哈斯特隘口）、基督城、达尼丁（途经奥塔戈中部）、因弗卡吉尔（Invercargill）和蒂阿瑙（Te Anau）。瓦纳卡还有到西岸区和达尼丁的班次。

昆斯敦（皇后镇，QUEENSTOWN）

☎03/人口 12,500

皇后镇既是一个名词，也是一个动词，这里总是自诩为"世界探险之都"。它因为是蹦极的诞生地而闻名于世，在这里可以进行的探险运动不胜枚举——从高山直升机滑雪到高空滑索应有尽有。很少有游客不尝试一些令人心跳加速的运动就离开，但不要只把皇后镇当成游乐场，而忽视这里大都会般的饮食和艺术氛围，这里有品质良好的葡萄园，各种各样的酒吧可以让夜晚和白天一样充满乐趣。

在这里除了跳跃、冲刺、滑雪，也别忘了找点时间到湖畔坐一坐，看看卓越山脉（Remarkables）和瓦卡蒂普湖（Lake Wakatipu）的光影变幻，它们构成了新西兰最美最壮观的自然景观之一。

这里游客熙攘，尤其是夏天和冬天，不过也是难忘的体验。

历史

19世纪50年代中期，当第一批英国人到来时，皇后镇地区一派荒芜，尽管有证据表明曾有毛利人定居于此。皇后镇最初的拓荒者是养羊户，但当两名羊毛修剪工于1862年在沙特欧瓦河（Shotover River）沿岸发现黄金后，一大批淘金者随即蜂拥而至。

短短一年时间，皇后镇就成为街道纵横、建筑林立、人口数千的淘金小镇。新西兰政府宣称这里是"为皇后量身打造"的，皇后镇因此得名。瓦卡蒂普湖上的航运曾是主要的交通手段，鼎盛时期，有4艘明轮蒸汽机船和其他30艘船舶在此航行。

到了1900年，金矿资源逐渐枯竭，皇后镇的人口锐减至190人。直到20世纪50年代，皇后镇才成为颇受欢迎的度假胜地。

景点

瓦卡蒂普湖 湖泊

（Lake Wakatipu；见638页地图）瓦卡蒂普湖形如漫画中的闪电，是新西兰第三大湖。最深处达379米，这意味着湖底事实上比海平面低。5条河流汇入湖中，而只从卡威劳河（Kawarau）中流出，因此有时容易导致严重的洪涝。可以参加各种速度的活动去探索湖泊：参加恩斯劳号蒸汽船（见645页）的经典之旅，跟着K Jet（见643页）旋转，乘坐水上出租车，走下甲板前往水下观景台（Underwater Observatory，见639页），或者跟随Hydro Attack（见643页）从鲨鱼的视角去欣赏湖景。

湖水看上去很清澈，而实际上也是如此——其纯净度被科学家定级为99.9%。直接取湖水饮用比买瓶装水更佳。湖水很凉，酷热的天气里，蒲德海（Marine Pde）边的海滩看起来可能很诱人，但是请相信我们，你不会想长时间戏水的。由于冷水会增加溺水的危险，当地法规要求，在该地区的所有湖面搭乘长度为6米以下的船只，包括皮划艇，必须穿救生衣。

根据毛利人流传的说法，有个名叫默特乌（Matau）的邪恶巨怪屈膝长眠于湖中，所以瓦卡蒂普湖的形状呈现出巨人的轮廓。传说首领的女儿Manata被怪物默特乌掳掠，当地小伙Matakauri为了救他心爱的姑娘，放火烧了默特乌睡的床，巨怪体内的脂肪引起了漫天大火，把地上烧出了一个深坑。

皇后镇花园 公园

（Queenstown Gardens；见638页地图；Park St）这座漂亮的公园地处皇后镇湾（Queenstown Bay）的岬角地，是在城市之内逃避喧嚣的完美去处。花园建于1876年，有一座18洞的高尔夫球场Frisbee Golf（见644页）、溜冰场、滑板公园、草地保龄球俱乐部、网球场以及许多成熟的外来树种，比如大杉树（sequoias）和围成一圈的智利南美杉

Queenstown 昆斯敦(皇后镇)

Queenstown 昆斯敦（皇后镇）

景点

1 奇异鸟公园 C2
2 瓦卡蒂普湖 C4
3 皇后镇花园 D4
4 空中缆车 C2

活动、课程和团队游

5 本·罗蒙德步道 B1
6 Frisbee Golf D3
GForce Paragliding .... （见5）
岩架蹦极 .... （见5）
Ledge Swing .... （见5）
7 运动场 D3
Queenstown Bike Park .... （见5）
8 Queenstown Hill/Te Tapunui Time Walk E1
9 Queenstown Ice Arena D4
Skyline Luge .... （见5）
10 提基小径 C2
11 Ziptrek Ecotours B1

住宿

12 Amity Lodge Motel E3
13 Bumbles C3
14 Butterfli Lodge B4
15 Coronation Lodge E3
16 Creeksyde Queenstown Holiday Park & Motels D1
17 Flaming Kiwi Backpackers D1
18 Hippo Lodge E2
19 QT Queenstown B3
20 Queenstown Motel Apartments F3
21 Queenstown Park Boutique Hotel D2
22 YHA Queenstown Lakefront B4

就餐

23 Bazaar Interactive Marketplace B3

娱乐

Kiwi Haka .... （见5）

(monkey puzzles)，还有一个玫瑰园。绕着半岛和花园漫步一圈需要大约30分钟。

空中缆车 缆车

（Skyline Gondola；见638页地图；☎03-441 0101；www.skyline.co.nz；Brecon St；成人/儿童往返 $35/22；⌚9:00~21:00）搭乘空中缆车可以俯瞰壮美的景色，一路穿过松林前往皇后镇上方400米的高处。山顶有必不可少的咖啡馆、餐厅、纪念品商店和观景台，还有皇后镇自行车公园（见643页）、Skyline Luge（见645页）、岩架蹦极（见642页）、Ledge Swing（见642页）和Ziptrek Ecotours（见644页）。晚上这里有毛利文化表演，包括新西兰战舞（Kiwi Haka，见654页）和观星团队游（包含缆车 成人/儿童 $93/49）。

步道路线包括一条穿越花旗松林（Douglas firs）的天际线环形步道（Skyline Loop track，往返需30分钟）。精力充沛的（或是节俭的）游客可以不乘坐缆车，沿着提基小径（Tiki Trail）徒步登顶，热门的本·罗蒙德步道（Ben Lomond Track）还要再爬940米才到。

奇异鸟公园 动物园

（Kiwi Birdlife Park；见638页地图；☎03-442 8059；www.kiwibird.co.nz；Brecon St；成人/儿童 $49/24；⌚9:00~17:00，表演 11:00、13:30和16:00）这片2英亩的区域里聚居着10,000种原生植物、喙头蜥（tuatara，又称刺背鳄蜥）和大量的鸟类，包括奇异鸟、基亚啄羊鹦鹉（kea）、新西兰猎鹰、长尾鹦鹉（parakeet）和极其稀少的黑长脚鹬（black stilt）。信步于鸟舍之间，观看生态保护表演，然后再轻手轻脚地走进昏暗的奇异鸟观赏厅。奇异鸟喂食每天进行5次。

水下观景台 观景点

（Underwater Observatory；见638页地图；☎03-442 6142；www.kjet.co.nz；Marine Pde；成人/儿童 $10/5；⌚8:30至黄昏）这里有6面展示窗，可用来观赏湖底的动物世界。这个水族馆位于Kjet办公室之下，与平日所见的正好相反——观众在玻璃后面观赏外面的生物，就像野生动物园一样。巨大的褐鳟（brown trout）比比皆是，淡水鳗鱼（freshwater eel）和斑背潜鸭（scaup）从窗前游过——尤其是当投币喂食箱打开的时候。K Jet之旅（见643页）免费进入。

活动

可以去Shotover St了解皇后镇提供的令人眼花缭乱的各类活动。在这条街上，尤其是在Stanley和Brecon两街之间，探险团队

Central Queenstown
昆斯敦(皇后镇)市中心

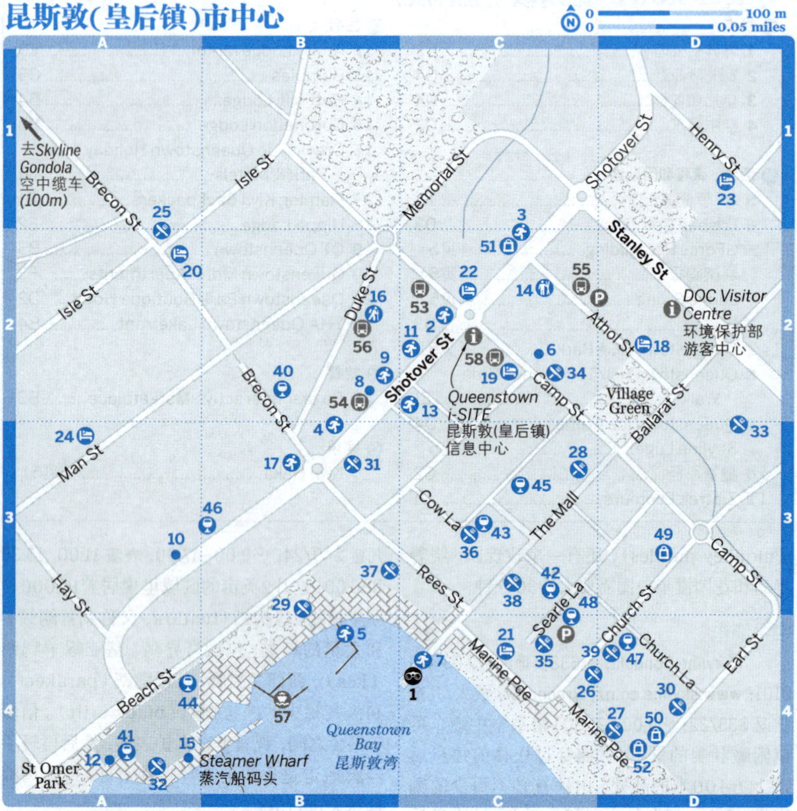

游经营者鳞次栉比，间有旅行社和“信息中心”，售卖同样的产品。更令人晕头转向的是，有些商店夏季和冬季名字还不一样，而有些运营者列出的街道地址其实是他们的接车点，并非店面地址。

如果你计划同时进行几项活动，可选择不同的套票，其中一些套票在**Queenstown Combos**（见640页地图；☎03-442 7318；www.combos.co.nz；The Station、Shotover St和Camp St交叉路口）有售。

徒步和攀岩

环保部出版了一本专门的《瓦卡蒂普步道》（*Wakatipu Walks*）宣传册，还有一本《瓦卡蒂普湖信息》（*Head of Lake Wakatipu*），里面提供了格林诺奇附近的步道信息。这两本册子介绍了该地区超过60条一日徒步步道，包括**本·罗蒙德**（见638页地图；www.doc.govt.nz），**Queenstown Hill**（见638页地图）和**提基小径**（Tiki Trail；见638页地图）免费。两本册子也可从网站（www.doc.govt.nz）下载，或者从皇后镇环保部游客中心（见654页）领取。

Ultimate Hikes 徒步

（见640页地图；☎03-450 1940；www.ultimatehikes.co.nz；The Station, Duke St entrance；⊙11月至次年4月）如果想你的探险舒服一点，Ultimate Hikes提供3日导览徒步，沿着路特本（$1375起）和米尔福德（$2130）步道行进，入住他们维护得很好的私人度假屋。Ultimate Hikes还运营两条步道上的一日徒步（$179起），以及一些两条步道的组合项目。价格包括

Central Queenstown 昆斯敦(皇后镇)市中心

景点
1 水下观景台 C4

活动、课程和团队游
2 AJ Hackett Bungy C2
Alpine Heliski (见8)
3 Climbing Queenstown C2
4 Family Adventures B3
哈里斯山高山滑雪场 (见2)
5 Hydro Attack B4
6 Kiwi Discovery C2
7 KJet C4
内维斯蹦极 (见2)
Nevis Swing (见2)
8 Nomad Safaris B2
9 NZone B2
10 Off Road Adventures A3
Outside Sports (见3)
Queenstown Combos (见2)
Queenstown Paraflights (见1)
11 Queenstown Rafting C2
12 Real Journeys A4
13 Shotover Canyon Swing & Fox C2
14 南湖高山滑雪场 C2
15 恩斯劳号蒸汽船 A4
16 Ultimate Hikes B2
17 Vertigo Bikes B3

住宿
18 Adventure Q2 Hostel D2
19 Adventure Queenstown Hostel C2
20 Dairy A2
21 Eichardt's Private Hotel C4
22 Goodstays C2
23 Haka Lodge D1
24 Lomond Lodge A3

就餐
25 Bespoke Kitchen A2
26 Blue Kanu C4
27 Botswana Butchery D4
28 Caribe Latin Kitchen C3
29 Empanada Kitchen B3
30 Erik's Fish & Chips D4
Fergbaker (见31)
31 Fergburger B3
32 Public Kitchen & Bar A4
33 Rata D3
34 Rehab C2
35 Taco Medic C4
36 The Cow C3
37 Vudu Cafe & Larder B3
38 Winnie's C3
39 Yonder D4

饮品和夜生活
40 1789 B2
41 Atlas Beer Cafe A4
42 Bardeaux C3
43 Bunker C3
44 Pub on Wharf A4
45 Rhino's Ski Shack C3
46 Smiths Craft Beer House B3
Vinyl Underground (见47)
47 World Bar D4
48 Zephyr C4

购物
49 Bound Books & Records D3
50 Romer Gallery D4
51 Small Planet Outdoors C2
52 Vesta D4

交通
53 Atomic Travel C2
54 Info & Track B2
55 InterCity C2
Naked Bus (见53)
56 NZSki Snowline Express B2
57 Queenstown Water Taxis B4
Ritchies (见53)
58 Ritchies Connectabus C2
Ritchies Connectabus Wanaka (见58)
Tracknet (见53)

从皇后镇过来的交通以及用餐和住宿。

Guided Walks New Zealand 徒步

(☎03-442 3000; www.nzwalks.com; unit 29, 159 Gorge Rd)导览徒步游包括皇后镇附近的半日大自然徒步(成人/儿童 $109/69)、路特本步道一日徒步($199/140)和三日霍利福德步道全程徒步($1895/1495起)。冬季提供雪地鞋。

Climbing Queenstown 攀岩

(见640页地图; ☎027 477 9393; www.climbingqueenstown.com; 9 Shotover St; $179起)提供卓越山脉攀岩、登山、导览徒步和雪鞋健行。从Outside Sports(见643页)出发,也可在此预订。

皇后镇和瓦纳卡精华

就餐 夏季傍晚到皇后镇和瓦纳卡湖畔餐厅户外区域用餐。

饮品 到处都能见到Smiths Craft Beer House（见652页）和Atlas Beer Cafe（见588页）的精酿啤酒。

阅读 《创意风景摄影》（*Creative Landscape Photography*，2014年），皇后镇摄影师迈克·朗福德（Mike Langford）和杰克·兰肯（Jackie Ranken）出品，一本户外摄影指南，聚焦当地。

聆听 在格林诺奇和金洛克（Kinloch）附近的湖面悠然泛舟，万籁俱寂。

观赏 简·坎皮恩（Jane Campion）导演的连续剧《谜湖之巅》（*Top of the Lake*），拍摄背景地就是瓦卡蒂普湖。

网络资源 www.queenstownnz.co.nz；www.lakewanaka.co.nz

蹦极和高空秋千

Shotover Canyon Swing & Fox 探险运动

（见640页地图；☎03-442 6990；www.canyonswing.co.nz；34 Shotover St；秋千 $229，飞狐 $169，秋千与飞狐结合 $299）向后式、端坐式、倒挂式——你提议选择各种各样的下落方式，然后从沙特欧瓦河（Shotover River）上方109米的悬崖跳下，包括60米的自由落体和一个疯狂秋千，以150公里/小时的速度荡过峡谷。2016年新建的Canyon Fox可以让你从河上180米的高度嗖一声荡过沙特欧瓦峡谷。

价格包括从皇后镇预订办公室前来的交通费。如果第一次尝试秋千后很喜欢，追加一次$45。

AJ Hackett Bungy 蹦极

（见640页地图；☎0800 286 4958；www.bungy.co.nz；The Station、Camp St和Shotover St交叉路口）这家蹦极的首创者目前在皇后镇地区经营3个蹦极场所，其中两个有巨大的高空秋千。这一切都发端于早在1880年建成的卡瓦劳大桥（Kawarau Bridge；成人/儿童 $195/145），它距离皇后镇23公里。1988年它成为世界上第一个商业性的蹦极场所，也是该地区唯一提供双人蹦极的场所。你可以降落43米，冲向河面。

卡瓦劳大桥还以Kawarau Zipride（成人/儿童 $50/40，3/5小时套餐 $105/150）为特色，这条滑索沿着河畔伸展，速度达到60公里/小时。多次乘坐套餐可拼团，因此比蹦极便宜得多。

离皇后镇最近的蹦极场所是岩架蹦极（Ledge Bungy；见638页地图；成人/儿童 $195/145）和设在空中缆车顶端车站正下方的Ledge Swing（见638页地图；成人/儿童 $160/110），跳跃落差只有47米，但是跳跃点却高于小镇400米。冬天你甚至可以在黑夜纵身一跃。

最骇人的是内维斯蹦极（Nevis Bungy；见640页地图；☎0800 286 4958；www.bungy.co.nz；The Station、Camp St和Shotover St交叉路口；$275），它是新西兰最高的蹦极点。从皇后镇出发，乘四轮驱动巴士到私人农田，在那里你要从一个位于内维斯河上方134米的特殊高空吊舱一跃而下。内维斯高空秋千（Nevis Swing；见640页地图；☎0800 286 4958；www.bungy.co.nz；单人 $195，双人 每人 $175）在河面上空160米处。游客吊在比一个橄榄球场还长的绳子上，划过一条300米的弧线穿过峡谷——没错，这就是世界上最大幅度的高空秋千。

如果想尝试不止一种刺激体验，可咨询各种套票。

激浪漂流

Queenstown Rafting 漂流

（见640页地图；☎03-442 9792；www.queenstownrafting.co.nz；35 Shotover St；漂流/高空漂流 $229/339）湍急的沙特欧瓦河（Shotover River，难度Ⅲ级至Ⅴ级）和平缓的卡瓦劳河（Kawarau River，难度Ⅱ级至Ⅲ级）全年都可漂流。半天旅程可让你在河面度过2~3小时。高空漂流更加惊心动魄，兰兹伯勒河（Landsborough River）有多日项目。通常要求参与者不小于13岁，体重在40公斤以上。

Family Adventures 漂流

（☎03-442 8836；www.familyadventures.co.nz；成人/儿童 $189/120；⊙10月至次年4月；👪）提供在沙特欧瓦河上比较温和（难度Ⅰ

级至Ⅱ级）的漂流项目，适合3岁及以上的儿童。出发点在Browns Ski Shop（39 Shotover St）。

喷射艇

Shotover Jet 划船

（☎03-442 8570；www.shotoverjet.com；Gorge Rd, Arthurs Point；成人/儿童 $145/75）乘坐喷射艇半小时穿越狭窄的沙特欧瓦峡谷，沿途有多个惊险刺激的360度大旋转，速度可达85公里/小时。

Skippers Canyon Jet 划船

（☎03-442 9434；www.skipperscanyonjet.co.nz；Skippers Rd；成人/儿童 $145/85）30分钟喷射艇之旅穿越偏远难至的**船长峡谷**（Skippers Canyon），这是沙特欧瓦河最狭窄的峡谷之一。旅途从皇后镇开始，往返总共约需3小时。

K Jet 划船

（☎03-409 6142；www.kjet.co.nz；成人/儿童 $129/69）在瓦卡蒂普湖、卡瓦劳河及沙特欧瓦河下游飞驰、急停和旋转，旅程1小时，从城镇主码头出发。

Hydro Attack 划船

（☎0508 493 762；www.hydroattack.co.nz；Lapsley Butson Wharf；$149；⊙11月至次年3月 9:00~18:00，4月至10月 10:00~16:30）带你在瓦卡蒂普湖疾驰——跳进船去，系好安全带，开始旅程。"Seabreacher X"船在水面的速度可达80公里/小时，还能潜到水下2米深的地方，接着跃出水面近6米。看着就令人着迷，更别说坐进去亲身体验了。

山地自行车

自从2011年皇后镇自行车公园开业后，该地区就一跃成为山地自行车运动的世界焦点。最有可能租到可靠自行车的是**Vertigo Bikes**（见640页地图；☎03-442 8378；www.vertigobikes.co.nz；4 Brecon St；租赁 半天/全天 $39/59起；⊙8:00~19:00）和**Outside Sports**（见640页地图；☎03-441 0074；www.outsidesports.co.nz；9 Shotover St；⊙8:30~20:00）。

皇后镇自行车道（the Queenstown Trail）连接5条景观环线，像辐条一样辐射到阿罗敦、吉布斯顿、Jack's Point、海耶斯湖，并且环瓦卡蒂普湖岸一周——道路总长120公里。这条车道适合各个级别的骑行者。租车点有**Charge About**（☎03-442 6376；http://chargeabout.co.nz；Hilton Hotel, 79 Peninsula Rd, 卡尔文高地；电动自行车 半天/全天 $79/119；⊙10:00~17:00）和Arrowtown Bike Hire（见661页）等，一般的套餐包括吉布斯顿的接送服务——骑完单程后，喝点葡萄酒稍事休息，然后联系订好的司机，乘车返程。

皇后镇自行车公园 山地自行车

（Queenstown Bike Park；见638页地图；☎03-441 0101；www.skyline.co.nz；空中缆车；半天/全天 包括缆车 $70/95；⊙9月至次年5月）拥有30多条难易程度不等的车道，从空中缆车顶端车站辐射开去。骑车从垂直高度为400米的山坡下去后，只要搭乘缆车就可以轻松上到山顶再来一次。对于新车手而言，6公里长的**Hammy's Track**是最理想的车道，沿途点缀着湖泊美景和野餐地点。

滑雪和单板滑雪

皇后镇有两个很好的雪上运动场所：**卓越山脉**（☎03-442 4615；www.nzski.com；一日缆车通票 成人/儿童 $119/55）和**小皇冠峰**（Coronet Peak；☎03-442 4620；www.nzski.com；Coronet Peak Rd；一日缆车通票 成人/儿童 $119/55）。如果想看变化的风景，还可以选择瓦纳卡附近的Cardrona Alpine Resort（见673页）和三锥山（Treble Cone，见665页）。小皇冠峰是唯一提供夜间滑雪的场地，如果想在星空下滑雪，不容错过。皇后镇周围的道路在滑雪季的早晚会像通勤路段一样拥堵，所以乘坐**NZSki Snowline Express**（见640页地图；www.nzski.com）会好很多。

滑雪季一般大概从6月持续到9月。在冬天，皇后镇的商店里随处可见供出售或出租的滑雪装备。Outside Sports（见643页）和**Small Planet Outdoors**（见640页地图；☎03-442 5397；www.smallplanetsports.com；15-17 Shotover St；⊙10月至次年5月 9:00~19:00，6月至9月 8:00~21:00）是可靠的选择。

资金充裕的滑雪发烧友在非滑雪季可

以选择高山滑雪。试试哈里斯山高山滑雪场（Harris Mountains Heli-Ski；见640页地图；☎03-442 6722；www.heliski.co.nz；The Station、Shotover St和Camp St交叉路口；$990起）、Alpine Heliski（见640页地图；☎03-441 2300；www.alpineheliski.com；37 Shotover St；3~8次 $940~1340；⊙7月至9月）或南湖高山滑雪场（Southern Lakes Heliski；见640页地图；☎03-442 6222；www.heliskinz.com；Torpedo 7, 20 Athol St；$1050起）。

飞翔、滑行和跳伞运动

NZone 探险运动

（见640页地图；☎03-442 5867；www.nzoneskydive.co.nz；35 Shotover St；$299起）从性能卓越的飞机跳下，高度有9000英尺、12,000英尺和15,000英尺可选……有高空跳伞指导陪同下落。

Queenstown Paraflights 探险运动

（见640页地图；☎03-441 2242；www.paraflights.co.nz；单人 $159，双人/三人 每人 $129/99）由小船牵引滑翔伞，在湖面上空200米处滑翔。有单人、双人、三人可选。从主码头出发。

GForce Paragliding 滑翔伞

（见638页地图；☎03-441 8581；www.nzgforce.com；含缆车 $219）提供位于缆车顶端的双人滑翔伞项目（9:00出发可优惠$20）。

其他活动

凡是你听说过的活动，在皇后镇几乎都能找到。我们无法写出一本探险运动百科全书，所以如果你对高尔夫、迷你高尔夫、冲浪或潜水感兴趣，请咨询皇后镇信息中心（见654页）。

Frisbee Golf 户外

（见638页地图；www.queenstowndiscgolf.co.nz；Queenstown Gardens）免费 飞盘投掷的目标是固定在皇后镇花园树丛中的18个铁链篮。当地体育商店——以及Queenstown Ice Arena（见649页）——出售和出租飞盘和记分卡。

Ziptrek Ecotours 探险运动

（见638页地图；☎03-441 2102；www.ziptrek.co.nz；空中缆车）🍃提供一系列惊心动魄的高空滑索（飞狐）项目。你可以掠过皇后镇上空层层叠叠的树冠，从一个树顶平台到

在皇后镇的……

两日

一大早先在Bespoke Kitchen（见651页）补充能量，然后乘坐空中缆车（见639页）俯瞰大地，试一试这里的无舵雪橇，或者任由重力将你拉回镇上的皇后镇自行车公园（见643页）。下午到卡瓦劳桥（见642页）纵身一跃，或者乘坐Shotover Jet（见643页）穿过峡谷——这是皇后镇的两项标志性活动。日落时分到Atlas Beer Cafe（见653页）喝一杯，然后走3级台阶前往Public Kitchen & Bar（见651页）用晚餐，之后去酒吧——Zephyr（见652页）、World Bar（见653页）、Smiths Craft Beer House（见652页）——结束这一天。

第二天从Yonder（见651页）开始，上午去滑雪、跳伞、激浪漂流或者划船。下午骑自行车去皇后镇自行车道（见579页），或者到皇后镇花园Frisbee golf球场试试手。到Blue Kanu（见651页）用晚餐，然后在Bardeaux（见653页）的火炉边安静地喝葡萄酒。

四日

走完两日游的路线后，可以继续前往阿罗敦（见660页）。到Chop Shop（见663页）用一顿早午餐，漫步Buckingham St街，然后继续前往吉布斯顿山谷的葡萄酒庄（见646页）。返回阿罗敦，到Blue Door（见664页）或La Rumbla（见663页）度过夜晚时光。第二天驾车沿湖畔前往格林诺奇（见655页）。在Glenorchy Cafe（见660页）吃过午餐后，开车到路特本步道（见657页）的起点，在新西兰最好的步道之一进行短途徒步游。

另一个树顶平台。可选路线有：全程2小时，共4段的“恐鸟”（Moa tour）之旅（成人/儿童 $139/89），或是更惊险更快的全程3小时、6段的“啄羊鹦鹉”（Kea）之旅（成人/儿童 $189/139），最后返回缆车底部。

Skyline Luge 探险运动

（见638页地图；☎03-441 0101；www.skyline.co.nz；空中缆车；2/3/5次乘坐 含缆车 成人 $49/52/56，儿童 $37/42/46；⏲10:00起，关闭时间在18:00~21:00之间）乘坐缆车登顶，然后跳上一种三轮车，沿轨道骑行800米。一开始只能沿着容易的蓝色轨道行进，接着可以沿红色轨道行进，后者有坡面拐角和隧道。儿童要上红色轨道身高必须超过135厘米。

团队游

湖面巡航游

恩斯劳号蒸汽船 划船

（TSS Earnslaw；见640页地图；☎0800 656 501；www.realjourneys.co.nz；Steamer Wharf，Beach St）雄伟的蒸汽动力船恩斯劳号（TSS Earnslaw）和泰坦尼克号造于同一年（不过结果却好得多）。你可以登上甲板体验历时1.5小时的标准瓦卡蒂普湖游（成人/儿童 $65/22），或花3.5小时前往瓦尔特峰山区高原农场（Walter Peak Farm；$80/22）观看牧羊犬和剪羊毛表演。

观光飞行

Air Milford 观光飞行

（☎03-442 2351；www.airmilford.co.nz；3 Tex Smith Lane，Queenstown Airport）可供选择的项目包括飞越米尔福德峡湾（成人/儿童 $440/265）、飞行—巡航—飞行组合游览（$510/305起），还有距离更长的飞行到神奇峡湾（仅限夏天）和奥拉基/库克山（Aoraki/Mt Cook）的活动。

Over The Top 观光飞行

（☎03-442 2233；www.flynz.co.nz；10 Tex Smith Lane，Frankton）提供各种直升机飞行，从镇外山顶野餐（每人 $770）到前往高地绵羊农场（$4400起）的飞行，以及包括4次着陆的极限米尔福德（Ultimate Milford）飞行（$7400起）。7月至10月提供直升机滑雪。

Glenorchy Air 观光飞行

（☎03-442 2207；www.glenorchyair.co.nz；Queenstown Airport，Frankton）从皇后镇或格林诺奇出发的观光飞行，内容包括米尔福德峡湾飞行—巡航—飞行（成人/儿童 $460/295）、飞越奥拉基/库克山（成人/儿童 $655/375）和几种《指环王》主题的飞行（$395/195起）。

Sunrise Balloons 热气球观光

（☎03-442 0781；www.ballooningnz.com；成人/儿童 $545/345）提供1小时的日出观光飞行，含一顿着陆后的香槟早餐。整个过程需要4小时。

葡萄酒厂观光游

New Zealand Wine Tours 葡萄酒

（☎0800 666 778；www.nzwinetours.co.nz；$235起）小团（最多7人）或私人葡萄酒庄之旅，包括午餐——拼盘、品酒或菜单点菜，根据具体项目而定——和一次“芳香室内”体验。

Appellation Central Wine Tours 葡萄酒

（☎03-442 0246；www.appellationcentral.co.nz；团队游 $199~265）团队游的内容包括在吉布斯顿、班诺克本（Bannockburn）和克伦威尔（Cromwell）的四五家葡萄酒酒厂品酒，包括在一家葡萄酒酒庄餐厅享用拼盘午餐。

Cycle de Vine 自行车

（☎0800 328 897；http://m.queenstown-trails.co.nz；团队游 $155；⏲10月至次年5月中旬）骑上复古自行车参观吉布斯顿，行程中包括参观3家酒厂和在卡瓦劳河畔的1顿郊野午餐。可前往你在皇后镇的住宿处接车。

米尔福德峡湾团队游

从皇后镇经蒂阿瑙（Te Anau）到米尔福德峡湾的一日游需12~13小时，包括一段2小时的峡湾巡航游。你也可以选择客车—游轮—飞行的组合方式来游览，载客点就位于分水岭（Divide）的路特本步道起点。旅途需要漫长的一天，所以可以考虑从蒂阿瑙出发前往米尔福德峡湾游览。另一个节省时间的方式是参加飞机或直升机观光飞行，前往米尔福德，其中的许多飞行都会在米尔福德峡谷巡游业务经营点降落。

BBQ Bus 团队游

（☎03-442 1045；http://bbqbus.co.nz；成人/儿童 $220/110）前往米尔福德峡湾的小规模巴士团队游（不超过15人），包括烧烤午餐以及随后的乘船游。从蒂阿瑙上下车要便宜$40。

Real Journeys 团队游

（见640页地图；☎0800 656 501；www.realjourneys.co.nz；Steamer Wharf，Beach St）有大量的旅游项目，包括恩斯劳号蒸汽船（TSS Earnslaw）巡游和瓦尔特峰山区高原农场活动，也有到米尔福德湾和神奇峡湾的一日团队游或过夜团队游。

其余团队游

Nomad Safaris 自驾游

（见640页地图；☎03-442 6699；www.nomadsafaris.co.nz；37 Shotover St；成人/儿童 $185/90起）组织团队游，到船长峡谷（Skippers Canyon）和豆蔻镇（Macetown）等人迹罕至的边远地区，或者穿过格林诺奇和瓦卡蒂普盆地，这里就是小说和电影《魔戒》中的中土世界。你还可以自己骑四轮自行车（$245）穿过Queenstown Hill上的绵羊牧场。

不要错过

探索吉布斯顿山谷（GIBBSTON VALLEY）

在皇后镇，你可能会因为吊在巨大的橡皮绳上荡来荡去（即蹦极）而感到极度兴奋，不过，当你面对卡瓦劳河一跃而下时，你很可能没有意识到，自己正在吉布斯顿的腹地中——这是奥塔戈中部主要的产酒区之一，葡萄种植面积占比约为20%。

吉布斯顿公路（SH6）沿途散落着一系列有趣又美丽的葡萄园。在卡瓦劳大桥正对面，一条2公里长的险峻的碎石路通向Chard Farm（☎03-442 6110；www.chardfarm.co.nz；Chard Rd，Gibbston；⏲周一至周五 11:00~17:00，周六和周日 11:00~17:00），这是吉布斯顿风景最好的酒庄。沿SH6再走1公里，就到了Gibbston Valley（☎03-442 6910；www.gibbstonvalley.com；1820 Gibbston Hwy/SH6，Gibbston；⏲10:00~17:00），这是该地区最古老的商业酒厂。除了品酒室之外，这里还有一家餐厅和“奶酪店”，这个新西兰最大的葡萄酒厂组织团队游，也出租自行车。这里还运营有自己的公交车，可从皇后镇前来——你可以乘坐这趟车到达这里，然后租自行车穿梭于各个品酒室之间。

沿SH6再前行3公里，就到了Peregrine（☎03-442 4000；www.peregrinewines.co.nz；2127 Gibbston Hwy/SH6，Gibbston；⏲11:00~17:00），这里有一座令人难忘、曾获大奖的品酒室——是一座地堡般的建筑，屋顶很像飞翔的猎鹰展开的翅膀。除了品酒，还可以漫步穿行于旁边的酒窖之间。

吉布斯顿河步道是皇后镇步道的一部分，这条徒步和骑行小路沿着卡瓦劳河延伸11公里，从卡瓦劳桥出发，经过所有的酒厂。到达Peregrine后，步行者可以继续走Peregrine Loop（1小时，2.7公里，不可骑行），这条路线要穿过旧矿厂，并经过11座木桥和2座钢桥，其中有一座桥是用柳树树枝搭建的。还有一条30分钟的环路，从Waitiri Creek Wines出发，前往卡瓦劳河上的大沙滩（Big Beach），能看见Nevis Bluff。

来到这个地区，一定要去乡村味十足的Gibbston Tavern（☎03-409 0508；www.gibbstontavern.co.nz；8 Coal Pit Rd，Gibbston；⏲11:00~20:00），它紧邻公路，过了Peregrine即达。里面储存有吉布斯顿葡萄酒，还搭配美味的比萨，有一个小画廊。

如果想探索山谷的酒庄，而不用担心回程驾车，可考虑住在Kinross Cottages（☎0800 131 101；www.kinrosscottages.co.nz；2300 Gibbston Hwy/SH6，Gibbston；房间$275~325；📶），这里有古老的村舍，里面是现代豪华的开间。自带品酒室，展示奥塔戈中部5座葡萄园的产品，还有一个杂货店，里面有很好的食物。

向皇后镇信息中心（见654页）索要地图并咨询旅游信息。

Off Road Adventures 驾车

（见640页地图；☎0800 582 878；www.artadventures.co.nz）提供独辟蹊径的四轮自行车（$199起）或轻型摩托车（$289起）之旅，可探访卡瓦劳河和内维斯山脉沿途的4500公顷的土地。

节日和活动

吉布斯顿葡萄酒美食节 葡萄酒、美食

（Gibbston Wine & Food Festival；www.gibbstonwineandfood.co.nz；⌚3月）每年3月中旬的一天在皇后镇花园举行。

皇后镇冬季狂欢节 运动

（Queenstown Winter Festival；www.winterfestival.co.nz；⌚6月）在6月末来皇后镇，体验4天的趣味双板和单板滑雪活动，还有现场音乐、喜剧、烟火、狂欢、游行、舞会和许多疯狂的活动。

LUMA Southern Light Project 灯光秀

（http://luma.nz；Queenstown Gardens；⌚6月）女王诞辰公休周末会在皇后镇花园举办为期4晚的灯光秀。2015年开始时有4个灯光装置，到2017年已经增长到38个。

Remarkables Ice & Mixed Festival 运动

（www.iceandmixedfestival.co.nz；⌚8月）你经常带着冰镐去参加节日吗？这一冬季活动让你有机会同顶级攀岩者以及新手一起攀爬卓越山脉的冰墙。

同性恋滑雪周 LGBT

（Gay Ski Week；www.gayskiweekqt.com；⌚8月/9月）南岛最盛大、最好的同性恋活动，8月末或9月初举行。

Queenstown Jazzfest 音乐

（http://queenstownjazzfest.co.nz；⌚10月）劳动节的周末举行，城市及周边都有演出。

住宿

皇后镇湖畔住宿处不难找，但是中等价位的房间少且远。不过这里的青年旅舍很有竞争力，经常有许多吸引人的福利——免费提供GoPro、室内桑拿等。YHA Queenstown Lakefront、Hippo Lodge（见640页地图；☎03-442 5785；www.hippolodge.co.nz；4 Anderson Heights；铺 $30~34，双 不带浴室 $88~96，带浴室 $96~104；P@☜）和Butterfli Lodge等青年旅舍的风景和酒店的差不多。

大多数地方价格浮动都很大，所以最好登录酒店网站查看折扣信息。

Goodstays 住宿服务 $$$

（见640页地图；☎03-409 0537；www.goodstays.co.nz；1楼，19 Camp St；⌚周一至周五 8:30~17:00）在其网站上大量提供各种假日住所和公寓，价格从每晚$210至$1350不等。所有的住处都有最少入住时长的规定，3天到5天不等。

皇后镇市中心

★ YHA Queenstown Lakefront 青年旅舍 $

（见640页地图；☎03-442 8413；www.yha.co.nz；88-90 Lake Esplanade；铺/标单/双 不带浴室 $30/80/102起；P☜）这座湖畔大型旅舍于2017年完成重装，有基本型但十分干净的宿舍和一个专业规模的厨房，窗边的长椅能观赏美景。电视房里摆满了可供小孩玩耍的豆袋，休息室里甚至还有两把按摩椅。湖景套房共用一座阳台（有交通拥堵的吵闹声）。

Adventure Q2 Hostel 青年旅舍 $

（见640页地图；☎03-409 0862；http://adventureq2.co.nz；5 Athol St；铺 带/不带浴室 $35/33起，双 $115起；☜）这家Adventure Queenstown Hostel的姐妹旅舍开办于2016年，两者很相似（均出租滑雪设备、免费提供GoPro等），不过这里的铺位更结实，配有无障碍浴室和一个电梯，以防你背着石头一般沉重的行李走累了。

Haka Lodge 青年旅舍 $

（见640页地图；☎03-442 4970；www.hakalodge.com；6 Henry St；铺/房间 不带浴室 $33/99起，公寓 $229；P☜）Haka是新西兰一家小型连锁高档青年旅舍的分店，像个大杂院，有舒适的宿舍，结实的床位配有带锁的大储物柜、保护隐私的窗帘和供个人使用的灯，还有插座。附设一个一卧公寓，自带厨房、宽敞的休息室、洗衣设备和私人露台，你可以在

那里观看滑翔伞玩家从缆车上缓缓降落。

Adventure Queenstown Hostel 青年旅舍 $

（见640页地图；☎03-409 0862；www.aqhostel.co.nz；36 Camp St；铺 带/不带浴室 $34/32，双 $110起；@📶）这家位于中心区的青年旅舍由经验丰富的旅游者（随处可见的照片就是证据）经营，有一尘不染的宿舍、一间现代化的厨房（配有面包机），还有一个阳台，像是眺望城市的窗口。免费服务包括自行车、飞盘，甚至GoPro。私人房有套间浴室，一些宿舍也有。

Butterfli Lodge 青年旅舍 $

（见638页地图；☎03-442 6367；www.butterfli.co.nz；62 Thompson St；铺/标单/双 $34/73/77；P📶）这家小旅舍坐落于西郊宁静的山坡上，被一只叫吉米（Jimmy）的猫咪“统治”着。没有上下铺的床位，房间里没有卫浴。在露台上观景本身就像是观光游。

Flaming Kiwi Backpackers 青年旅舍 $

（见638页地图；☎03-442 5494；www.flamingkiwi.co.nz；39 Robins Rd；铺/标单/双 不带浴室 $36/76/84；P📶）靠近镇中心，但依然很安静，这家友好的旅舍提供干净的宿舍，每张床都有一个储物柜。有3个厨房、不作限制的Wi-Fi，前台放有一瓶防晒霜。休息室就像在家里一样舒适，有免费的自行车、飞盘，国际电话可拨打到30多个国家。

Bumbles 青年旅舍 $

（见638页地图；☎03-442 6298；www.bumblesbackpackers.co.nz；Lake Esplanade和Brunswick St交叉路口；露营地/铺/房间 $25/35/76；P@📶）这家热门的旅舍氛围非常休闲，坐落在湖畔的绝佳位置，坐拥美景。所有房间均共用浴室，宿舍也能看见湖景。休息室里摆满了豆袋，可供小孩玩耍，一面墙上有五彩的壁画，另一面的窗户能看到卓越山脉的美景。旅舍后面有一片面积有限的帐篷场地。

★ **Creeksyde Queenstown Holiday Park & Motels** 度假公园 $$

（见638页地图；☎03-442 9447；www.camp.co.nz；54 Robins Rd；露营地 $55起，双 不带浴室 $83起，套间 $139起；P📶）这座维护得非常好的度假公园位于一片花园中，住宿选择包括河畔小帐篷营地、有全套设备的汽车旅馆套间。宣称是“世界上第一座环保认证的度假公园”，2017年大量的有电力供应露营地都转为太阳能供电。

Lomond Lodge 汽车旅馆 $$

（见640页地图；☎03-442 8235；www.lomondlodge.com；33 Man St；$145起；P📶）这家中档汽车旅馆位于镇中心的边缘，有设计时髦的小房间和新建的观景阳光露台。后院有烤肉区。楼上的湖景房（$220）值得选择，带观光阳台。

Queenstown Motel Apartments 汽车旅馆 $$

（见638页地图；☎03-442 6095；www.qma.co.nz；62 Frankton Rd；套间 $145~225起；P📶）这家汽车旅馆阳光充足、运营良好，像是两座互不相同的房子融为一体——前面的新套房小却舒适，后面还有20世纪70年代风格的便宜旧套房（浴室新修复过）。越过湖面能看到Cecil Peak和瓦尔特峰（Walter Peak）的美景。不接待18岁以下的未成年人。

Eichardt's Private Hotel 精品酒店 $$$

（见640页地图；☎03-441 0450；www.eichardts.com；Marine Pde；公寓/套 $1200/1500；📶）这家酒店始于1867年，而今重新修缮过。酒店坐落于湖畔，5间超大湖景或山景套房都拥有壁炉、特大号床、地暖、像湖一样大的浴缸及湖景。邻近的4间公寓同样十分豪华。

Dairy 精品酒店 $$$

（见640页地图；☎03-442 5164；www.thedairy.co.nz；Brecon St和Isle St交叉路口；房间 $439；P📶）这里的餐厅曾是一家街角小店，Dairy如今却成了拥有13间客房的豪华民宿，房间充满了高雅的细节，比如精品设计师系列床上用品、丝绸枕头和奢华的马海毛地毯。房价还包含早餐及配套的新西兰香槟。冬季有折扣。

Queenstown Park Boutique Hotel 精品酒店 $$$

（见638页地图；☎03-441 8441；www.queenstownpark.co.nz；21 Robins Rd；房间 $380

起；ⓟ📶）🍃这家非常时尚的旅馆共有19个房间，白色的窗帘飘荡在由昂贵的亚麻床单铺就的床上。"卓越房间"能看到面对卓越山脉的一个公园（但是看不到任何湖景）。"缆车"房间略小，但有庭院或阳台。所有房间都配有小厨房，小食时间（18:00~19:00）有免费的葡萄酒和小吃。

QT Queenstown 精品酒店 $$$

（见638页地图；☎03-450 3450；www.qthotelsandresorts.com/queenstown；30 Brunswick St；房间 $323起）皇后镇最新的豪华酒店，于2017年12月开业，就在Lake Esplanade湖畔酒店的上方，视野更为开阔。有69个房间，都有单独的浴缸，并配有乳胶床垫。顶楼的豪华大床房景色最好。

Amity Lodge Motel 汽车旅馆 $$

（见638页地图；☎03-442 7288；www.amitylodge.co.nz；7 Melbourne St；套间 $195起；ⓟ📶）这座棱角分明的白色建筑坐落在距离皇后镇中心约5分钟路程（上坡）的安静街道上，新近翻修了一室和两室公寓。店主非常友好。还有一个比安静更重要的亮点：非常保暖。

Coronation Lodge 度假屋 $$

（见638页地图；☎03-441 0860；www.coronationlodge.co.nz；10 Coronation Dr；双 $199~259，带小厨房 $219~289；ⓟ📶）这家干净的旅馆紧邻皇后镇花园，有11个房间，带地下停车库，配有双层玻璃窗、木地板和土耳其地毯。大一点儿的房间里带有小厨房。前面木头装饰的迷人早餐房提供当地特色菜肴（$17）和欧陆早餐（$13）。冬季有滑雪储物柜和烘干室。

周边

Queenstown Top 10 Holiday Park 假日公园 $

（☎03-442 9306；www.qtowntop10.co.nz；70 Arthurs Point Rd, Arthurs Point；露营地 $48起，套间 带/不带浴室 $95/85起；ⓟ📶👪）🍃这座相对较小但非常整洁的公园位于沙特欧瓦河（Shotover River）的上方，有超出一般标准的汽车旅馆套间，适合家庭住宿，距离熙熙攘攘的皇后镇只有10分钟车程。有自行车存放处、滑雪烘干室和免费的进镇接驳车。从露营房车里出来，就能直接乘坐著名的Shotover Jet。

★**Little Paradise Lodge** 度假屋 $$

（☎03-442 6196；www.littleparadise.co.nz；

孩子们的皇后镇

尽管皇后镇有趣的活动数不胜数，但其中一些活动有年龄限制，可能禁止孩子参加。不过，你根本不用担心他们没地方玩。

老幼皆宜的地方包括奇异鸟公园（见639页）以及搭乘恩斯劳号蒸汽船（见645页）在湖面游览。小朋友会喜欢到水下观景台（见639）观赏鸭子潜水。皇后镇花园的Marine Pde入口附近有一个好玩的海滨**运动场**（见638页地图；👪）。同样位于皇后镇花园的**Queenstown Ice Arena**（见638页地图；☎03-441 8000；www.queenstownicearena.co.nz；29 Park St；入场费 包括租赁冰鞋 $19；⏰4月中旬至10月中旬 10:00~17:00）是下雨天的好去处，那里还有Frisbee Golf（见644页），轻轻松松就能打发2个小时。可以乘空中缆车（见639页）缓慢下降，欣赏炫目的景色。小孩子也可以在大人的陪伴下体验Skyline Luge（见645页），身高超过110厘米的孩子才能单独乘坐。

Family Adventures（见642页）经营的比较平缓的激流游适合任何3岁以上的孩子。5岁以下的孩子可以尝试更刺激的Shotover Jet（见643页），身高需要在110厘米以上。6岁的孩子则可以参加Ziptrek Ecotours（见644页）的高空滑索。8岁以上的孩子就可以参加Kawarau Zipride（见642页），不过8岁和9岁的孩子必须有大人陪同。

更多详细信息（包括临时照管婴儿服务），请咨询皇后镇信息中心（见654页）或访问www.kidzgo.co.nz。

Glenorchy-Queenstown Rd，Mt Creighton；标单/双 $90/140，套间 $180；P）这座与世隔绝的宁静度假屋差不多在皇后镇和格林诺奇的正中间，是个充满奇思妙想的珍宝。你不可能看过像这样的地方——有马桶储水箱做的鱼缸（里面养着鱼），巨大的花园里种着3000株玫瑰，还有智利南美杉，陈列着瑞士店主自己的雕塑作品。主楼有两个房间，后面有一个套间。

不住也可以逛逛花园（$15）——横跨45街两边。

★ Hidden Lodge 民宿 $$$

（☎03-442 6636；www.hiddenlodgequeenstown.co.nz；28 Evergreen Pl，Sunshine Bay；房间 $395起；P@令）名字恰如其分，确实是皇后镇西边的最后一个住宿处。隐藏在阳光海湾（Sunshine Bay），有巨大的房间、无遮挡的湖和山景，提供免费的啤酒和葡萄酒，外面还有一个新的热水浴缸。很安静的避世之处，确实是个隐藏的珍宝。

Villa del Lago 公寓 $$$

（☎03-442 5727；www.villadellago.co.nz；249 Frankton Rd，Queenstown East；公寓 $360起；P令）坐落在公路和湖之间的山坡上，宽敞的一至三卧公寓有临湖露台，风景极好。配有现代化的生活设施，包括配备齐全的厨房、洗衣房和天然气灶。水上出租车（见655页）会在这里的私人码头停靠，你也可以沿着湖岸走到皇后镇，需要25分钟。

就餐

皇后镇市中心有各种档次的就餐处，从精致到粗糙应有尽有，有精质的银盘服务，也有公厕旁的打包外卖。提供多元的各国食物，还有大量对新西兰菜肴进行现代演绎的餐厅。全年大多数时候都最好提前预订。

皇后镇市中心

Fergbaker 面包房 $

（见640页地图；40 Shotover St；馅饼 $5~10；⊙6:30至次日4:30）这家店是Ferburger的姐妹店，烘焙各种美味点心。虽然在凌晨3:00许多东西配上啤酒都显得很美味，但这里的食物在白天也完全经得起考验。好吃的东西有创意派（鹿肉和波多贝罗蘑菇）和面包（黑皮诺葡萄、无花果和蔓越莓）、馅料面包卷（filled rolls）和大量甜点。想吃冰激凌，可以去隔壁的Mrs Ferg。

皇后镇省钱游

- 在皇后镇花园免费玩飞盘高尔夫（Frisbee golf）。
- 避开缆车，徒步到Queenstown Hill（见640页）或Tiki Trail（见640页）观景。继续沿着本·罗蒙德步道（见639页），免费欣赏一整天皇后镇最美的风景。
- 在Fergbaker（见本页）、Taco Medic、**Empanada Kitchen**（见640页地图；☎021 0279 2109；www.theempanadakitchen.com；60 Beach St；馅饼 $5.50；⊙10:00~17:00）或Caribe Latin Kitchen（见650页）补充体力。
- 跳过湖上团队游，乘坐水上出租车（见655页）前往卡尔文高地（Kelvin Heights）。

Caribe Latin Kitchen 墨西哥菜 $

（见640页地图；☎03-442 6658；www.caribelatinkitchen.com；36 Ballarat St；主菜 $8~15）购物中心里比较有个性和色彩的餐厅之一，很小，提供高质量的玉米片、夹饼以及比皮纳塔馅还多的卷饼。瓷砖装饰以亡灵节为主题，几个餐桌比墨西哥的太阳还要明亮。非常超值。

Erik's Fish & Chips 炸鱼和薯条 $

（见640页地图；☎03-441 3474；www.eriksfishandchips.co.nz；12 Earl St；鱼 $5~10；⊙正午至21:00）两辆食品车，挤在建筑之中的一条巷子里——可以从一辆车上点长尾鳕、海鲂或银鳕鱼，到另一辆车上去吃。想以炸奇异果作为餐后甜点吗？那你算来对地方了……

Rehab 健康食品 $

（见640页地图；☎03-442 5294；www.therehabstory.com；33 Camp St；每碗 $12~14；⊙周一至周五 8:30~20:00，周六和周日 9:00~

19:00; ☎✎) 如果皇后镇的艰苦生活让你筋疲力尽，可以来Rehab吃一个Buddha碗、味噌和日本毛豆汤、蔬菜汤和腰果卷，或者从面包房里来点现烤的食物——吃一碗当地食材制作的食物，立刻就能恢复过来。

Taco Medic 快餐 $

（见640页地图；☎03-442 8174；www.tacomedic.co.nz；3 Searle Lane；炸玉米饼 $7；⏲11:00~22:00）Taco Medic一开始是辆食品车，现在已经变成了一家简单时髦的餐馆。可以坐在吧台边，从7种搭配当地散养肉类的玉米饼中挑选一种，还可以选每天更换的鱼类玉米夹饼。食品车如今停在机场，仍然出售墨西哥夹饼。

★ Bespoke Kitchen 咖啡馆 $$

（见640页地图；☎03-409 0552；www.bespokekitchen.co.nz；9 Isle St；主菜 $11~19；⏲8:00~17:00；☎）Bespoke位于缆车附近一个灯光明亮的角落，提供你期望的时髦新西兰咖啡馆中会有的一切。有各种精选的柜台食品、精心陈列的烹饪菜肴、许多面朝大山的户外座椅，当然也有出色的咖啡。2015年，开业还不到6个月，这里就被提名为新西兰年度咖啡馆。

★ Public Kitchen & Bar 新派新西兰菜 $$

（见640页地图；☎03-442 5969；www.publickitchen.co.nz；Steamer Wharf, Beach St；菜肴 $12~46；⏲11:00至深夜；☎）这家临水餐馆是距离湖畔最近的餐厅，在这里，当地产的食材就是王道：卡德罗纳羔羊肉、峡湾野生鹿肉、杰拉尔丁猪肉、南岛鱼。排个队，从菜单里挑选大大小小的菜肴。荤菜尤为美味。

Yonder 咖啡馆 $$

（见640页地图；☎03-409 0994；www.yonderqt.co.nz；14 Church St；早午餐 $9~23；⏲7:30至深夜；☎）菜单灵感来自“我们旅途中喜欢的东西”，这家新咖啡馆将各国菜肴端上了餐桌：培根三明治、泡菜、吞拿鱼。室内许多餐桌都有电源插座和USB充电口，不过太阳落山后，你可能会想坐在户外的院子里。

Blue Kanu 新派新西兰菜 $$

（见640页地图；☎03-442 6060；www.bluekanu.co.nz；16 Church St；主菜 $28~38；⏲16:00至深夜）打破了所有波利尼西亚房屋里面都很俗气的印象，Blue Kanu提供一种他们称之为“波利尼西亚菜”的食物风格——有石锅拌饭，也有炸鸡菠萝包。休闲且漂亮，几分钟就能让你感觉自己是常客。波利尼西亚装潢与筷子的结合听起来不可能成功，但这家餐厅确实做到了。

Vudu Cafe & Larder 咖啡馆 $$

（见640页地图；☎03-441 8370；www.vudu.co.nz；16 Rees St；早餐 $15~23，午餐 $19~23；⏲7:30~18:00）这家很受欢迎的咖啡馆以顶级自制烘焙料理为特色，配上美味的咖啡。早餐培根和鸡蛋看上去熟过头了（可尝试法式烤布丁）。可以仔细看看室内挂着的皇后镇人口稀少时期的巨幅照片，或者到外面湖边欣赏湖光山色。服务很慢，不过那是因为客人太多。

The Cow 意大利菜 $$

（见640页地图；☎03-442 8588；www.facebook.com/thecowrestaurant；Cow Lane；主菜 $25~29，比萨 $23~27；⏲正午至午夜）忘了时令菜肴和每日特色菜吧，皇后镇这家值得信赖的餐厅一直没变过菜单，40年来都提供比萨和意大利细面。之所以能繁荣这么长时间，是因为菜单上的一切都像是祖母以前常做的。

Winnie's 比萨 $$

（见640页地图；☎03-442 8635；www.winnies.co.nz；1楼，7 Ballarat St；主菜 $20~37；⏲正午至午夜；☎）离开商场寻找Winnie's的过程就像空间旅行，这里一半是比萨店，另一半是酒吧，看上去有点像20世纪50年代风格的餐馆，提供酒。比萨有各种口味——摩洛哥、墨西哥、中国，还有汉堡、玉米脆饼、鸡翅和沙拉。不管如何混搭，它的有趣无法否认。

Fergburger 汉堡 $$

（见640页地图；☎03-441 1232；www.fergburger.com；42 Shotover St；汉堡 $12~19；⏲8:00至次日5:00）谁会想到一家汉堡店会成为打卡餐厅？Fergburger排的队伍往往看起来就像前面有全黑队在比赛。汉堡美味、令人满足，不过要等很久，而且菜单上的选择比座位还多。

Rata 新派新西兰菜 $$$

（见640页地图；☎03-442 9393；www.ratadining.co.nz；43 Ballarat St；主菜 $35~44，2/3道菜午餐 $28~38；⊙正午至深夜）主厨兼店主乔什·艾米特（Josh Emett）在伦敦、纽约和洛杉矶获得米其林的星星之后，就带着他高超却不花哨的厨艺荣归故里，开了这家高档、偏僻的小食馆。原生灌木丛长在窗口，墙上挂着大幅照片。菜单不长，列有新西兰最好的当季农产品。

Bazaar Interactive Marketplace 新派新西兰菜 $$$

（见638页地图；☎03-450 1336；https://bazaarrestaurant.co.nz；6楼，Rydges Lakeland Resort，38~54 Lake Esplanade；早餐 $34，晚餐 $79；⊙6:00~10:00和18:00~22:00）这家新餐厅在湖畔一个最高的地方，有一系列"驻地"，厨师制作亚洲面条、海鲜、木柴烤的比萨和烧烤，也有熟食和奶酪，是一天里观看湖上生活开始或结束的好地方。

Botswana Butchery 新派新西兰菜 $$$

（见640页地图；☎03-442 6994；www.botswanabutchery.co.nz；17 Marine Pde；午餐 主菜 $17~34，晚餐 $35~55；⊙正午至深夜）2017年被提名为新西兰100佳餐厅之一，这家时髦的湖畔餐厅是皇后镇高端餐厅的执旗者之一。尽管如此，这里却并不自命不凡，尤其是午餐时价格还会打折，并且弥漫着一种悠闲的氛围。晚上主要是肉食，但也不全是——1.4公斤的卡德罗纳羔羊肉，谁还要？

周边

Boat Shed 咖啡馆 $$

（☎03-441 4146；www.boatshedqueenstown.com；Sugar Lane，Frankton；主菜 $15~26；⊙8:00~17:00；📶）位于湖畔一间古老的新西兰铁路船运办公室内，这个出色的小咖啡馆提供摆盘艺术的出色早餐，午餐有大虾、西班牙辣香肠意大利面等。如果是沿着湖畔步道骑行或徒步，这里是完美的休息点。

Wakatipu Grill 欧洲菜 $$$

（☎03-450 9400；www.queenstownhilton.com；Hilton Queenstown，Peninsula Rd，卡尔文高地；主菜 $28~47；⊙周一至周五 6:00~10:30，周六和周日 6:00~11:00，每天 6:00~21:30）希尔顿酒店（Hilton Hotel）位于Kawarau River河口的湖边，来这家酒店的招牌餐厅，其中一部分乐趣就是水上出租车（见655页）之行。正如名字所暗示的，这里的菜单上总是有很多牛排，不过配菜更多，包括当地产的鱼和羔羊肉。

Gantley's 新派新西兰菜 $$$

（☎03-442 8999；www.gantleys.co.nz；172 Arthurs Point Rd，Arthurs Point；2/3道菜晚餐 $65/75，6/8道菜 品菜 $95/130，含搭配好的葡萄酒 $160/215；⊙18:00~22:00）Gantley's离皇后镇7公里，提供深受法国菜影响的菜肴和备受赞誉的各种葡萄酒，你将不虚此行。这家餐厅位于一所建于1863年的古老石木建筑内，周围是美丽的花园，在此用餐是一种很有气氛的体验。品尝套餐是这里的主打。必须预订，餐厅可以安排从皇后镇免费接车。

饮品和夜生活

在皇后镇这个白天疯狂游玩的地方，晚上夜生活丰富，丝毫不让人吃惊，而且它们的种类像探险活动一样繁多。有充满个性的小酒馆，有酒质平滑如天鹅绒的葡萄酒吧，有一家新的爵士乐酒吧，有两个寒冷的冰吧，还有几家高质量的精酿啤酒吧。大多数地方都自称营业到深夜，一般指的是凌晨4:00左右。

★ Smiths Craft Beer House 精酿啤酒

（见640页地图；☎03-409 2337；www.smithscraftbeer.co.nz；53 Shotover St；⊙正午至深夜）除啤酒外，一切都回归到基本形态——混凝土地板、工业风格的桌椅。供应20种创意精酿啤酒。吧台后面的人会聊有关啤酒的事，只要你肯听。菜单（主菜$17~20）上有汉堡和潜艇堡可以佐酒。

★ Zephyr 酒吧

（见640页地图；☎03-409 0852；www.facebook.com/zephyrqt；Searle Lane；⊙19:00至次日4:00）皇后镇最酷的独立摇滚酒吧，跟所有这类酒吧一样，在一条后巷旁一间破旧的地下室里，光线昏暗，地板是混凝土材质的。有一个很受欢迎的台球桌。每周三晚上有现场乐队演奏。啤酒只有瓶装的，不过总是会播放摇滚乐。

★Atlas Beer Cafe 酒吧

（见640页地图；☎03-442 5995；www.atlasbeercafe.com；Steamer Wharf, Beach St；⊙10:00至深夜）这家河畔小酒吧里一般都会有大约20种桶装啤酒，主打达尼丁Emerson's Brewery和皇后镇Altitude两种品牌。有品尝套餐（有品尝标示），可自选4种啤酒。提供出色的当地特色早餐（$10~20），有简单却量足的菜肴，比如牛排、汉堡和鸡肉帕尔玛干酪（$20）。

1789 酒吧

（见640页地图；☎03-450 0045；www.sofitel-queenstown.com；8 Duke St；⊙周日至周四16:00至午夜，周五和周六16:00至次日1:00）隐藏在索菲特（Sofitel）酒店的角落，这家丝绒般平静优雅的新爵士乐酒吧名字来源于法国大革命，还搭配了血红的配色。有大约350种瓶装葡萄酒和50种杯装葡萄酒。周五和周六晚上有现场爵士乐演奏，周三和周日有爵士钢琴演奏。

Bunker 鸡尾酒吧

（见640页地图；☎03-441 8030；www.thebunker.co.nz；14 Cow Lane；⊙17:00至次日4:00）这家时髦的小酒吧在楼上而非楼下。如果说装潢显得有些过时，那是因为这个酒吧显然将自己定位为肖恩·康纳利扮演的詹姆斯·邦德经常会光顾的那种类型。最好的地方是户外露台，有沙发，冬天有火炉，还有一个投影仪往旁边建筑的墙上投放经典电影。

Vinyl Underground 俱乐部

（见640页地图；www.facebook.com/Vinylundergroundqt；12 Church St；⊙20:00至深夜）走进地下世界，来到World Bar的地下空间，寻找皇后镇夜生活的心跳节奏。在混凝土地堡内——光是吧台都有好几吨重——会往一面假的砖墙上投放舞蹈录像，22:00之后有DJ打碟。后面的房间里有一张台球桌。

Rhino's Ski Shack 酒吧

（见640页地图；☎03-441 3329；www.rhinosskishack.com；Cow Lane；⊙15:00至深夜）这个氛围很好的地下室酒吧提供店内自酿的淡啤酒，用酒桶供应（$5），滑雪季有热朗姆酒，还有肉馅墨西哥卷饼。用回收利用的木头镶边的墙壁上装饰有动物毛皮、雪地鞋和滑雪板，营造出一种恰如其分的乡村滑雪度假屋酒吧的感觉。

World Bar 酒吧

（见640页地图；☎03-450 0008；www.theworldbar.co.nz；12 Church St；⊙11:30至次日2:30）World Bar是皇后镇传奇的派对中心，2013年被火灾烧毁，现在又恢复到最佳状态。装潢不拘一格，有带光环的麋鹿头，也有茶壶供应的鸡尾酒。食物很好，定期会有DJ打碟，户外区域在天气温和的下午和晚上是最佳选择。

Bardeaux 葡萄酒吧

（见640页地图；☎03-442 8284；www.goodgroup.co.nz；Eureka Arcade, Searle Lane；⊙16:00至次日4:00）这家小巧的洞穴一般的葡萄酒吧适合各阶层人群。低矮的天花板下，放置着豪华的真皮扶手椅，而壁炉的材料则选自奥塔戈中部地区的片岩。威士忌是主打，但葡萄酒单也非常出色，如果想一辈子奢侈一次的话，这里有$4500一瓶的酒。对于一个品位如此高雅的地方，氛围却出人意料地悠闲。

Pub on Wharf 小酒馆

（见640页地图；☎03-441 2155；www.pubonwharf.co.nz；88 Beach St；⊙10:00至深夜）这里炫酷的内部装潢设计、精美的木制品和灯光效果营造出一种当下流行的私密感。假羊头不断提醒你正身处新西兰。Mac生啤随时供应，还有美味小吃和上等的葡萄酒，是个消磨夜晚时光的好地方。晚上有现场音乐表演，有时有喜剧演出。

☆娱乐

拿一份免费的月刊《资讯》（*Source*；www.sourcemag.nz），里面有文章，详细列出皇后镇周边活动清单。

Sherwood 现场音乐

（☎03-450 1090；www.sherwoodqueenstown.nz；554 Frankton Rd）这座假都铎风格的建

筑可能会让你期待鲁特琴和民间芭蕾演出，但它其实是到访皇后镇的音乐家的表演场馆。许多新西兰名人都曾在此演出，可登录网站查看近期演出。

Kiwi Haka 传统音乐

（见638页地图；☎03-441 0101；www.skyline.co.nz；空中缆车；成人/儿童 含空中缆车 $77/52）想要体验毛利传统文化，请至缆车顶部停靠站观赏Kiwi Haka表演。一般每晚有4场演出，每场30分钟，包括著名的战舞（haka）。一定要提前预订。

购物

★Romer Gallery 摄影

（见640页地图；☎021 171 1771；www.romer-gallery.com；15 Earl St；⌚8:30~17:00）一座极好的美术馆，展出皇后镇著名摄影师史蒂文·罗摩（Stephan Romer）创作的风景照，有玻璃镶框。一幅照片价值高达$15,000，呈现了一种罕见的美。

Vesta 工艺品

（见640页地图；☎03-442 5687；www.vestadesign.co.nz；19 Marine Pde；⌚10:00~17:30）Vesta算得上是皇后镇最有趣的商店，位于镇上最古老的建筑中。出售各种印刷品、玻璃器具、首饰和家居用品，这些商品如同这座1864年的木屋中保留下来的原本的壁纸和因岁月流逝而弯曲变形的地板一样迷人。

Bound Books & Records 书籍

（见640页地图；☎03-442 5601；www.facebook.com/boundqueenstown；3 Church St；⌚周一至周六 10:00~18:00）提供有趣且多样的新西兰图书、小说和高质量唱片。

实用信息

环保部游客中心（DOC Visitor Centre；见640页地图；☎03-442 7935；www.doc.govt.nz；50 Stanley St；⌚8:30~16:30）可在这里取预订好的路特本步道的票和乡村木屋通票。发布天气和徒步预警，提供很好的一日徒步建议，出售地图。

皇后镇信息中心（Queenstown i-SITE；见640页地图；☎03-442 4100；www.queenstownisite.co.nz；Shotover St和Camp St交叉路口；⌚8:30~20:00）工作人员友好热情，提供各种信息，但总是手忙脚乱。有皇后镇、吉布斯顿、阿罗敦和格林诺奇的预订服务及相关信息。

到达和离开

飞机

新西兰航空（Air New Zealand；☎0800 737 000；www.airnewzealand.co.nz）可直飞奥克兰、惠灵顿和基督城。

捷星航空（Jetstar；☎0800 800 995；www.jetstar.com）有飞奥克兰的航线。

有好几家航空公司都提供从澳大利亚的悉尼、墨尔本、布里斯班和黄金海岸直飞皇后镇的航班。

长途汽车

大多数长途汽车和班车都在Athol St或信息中心对面停靠。预订车票时请仔细查看。

Atomic Travel（见640页地图；☎03-349 0697；www.atomictravel.co.nz）每天（周二除外）有车往返克伦威尔（$15，1小时）、奥马拉马（Omarama；$35，2.25小时）、特威泽尔（Twizel；$30，3.25小时）、特卡波（Tekapo；$45，4小时）和基督城（$55，7.25小时）。

Catch-a-Bus South（☎03-479 9960；www.catchabussouth.co.nz）每天有一班上门班车从因弗卡吉尔（$60，3.25小时）和布拉夫（$75，3.75小时）开来，每周有3班途经戈尔（$61，2.5小时）。

InterCity（见640页地图；☎03-442 4922；www.intercity.co.nz）运营往返瓦纳卡（$17起，1.75小时）、弗朗兹约瑟夫（Franz Josef；$62起，8小时）、达尼丁（$26起，4.25小时）和因弗卡吉尔（$49起，2.5小时）的长途汽车。另外还有前往基督城的长途汽车（$55起，8.5~11.5小时）。

Naked Bus（见640页地图；www.nakedbus.com）每天有一班长途汽车到瓦纳卡（$17起，1.75小时）、克伦威尔（$11起，1小时）、蒂阿瑙（$10起，2.5小时）、弗朗兹约瑟夫（$62起，8小时）和基督城（$55起，8.5小时）。

Ritchies（见640页地图；☎03-443 9120；www.alpineconnexions.co.nz）有班车往返达尼丁（$50，4.5小时，每天1班），可根据需求在沿途城镇停靠。

Ritchies Connectabus Wanaka（见640页地图；☎0800 405 066；www.connectabus.com；

)每天5班往返瓦纳卡($35，2小时)。提供到酒店接车的服务，车上有免费Wi-Fi。

徒步客和滑雪者的交通

Buckley Track Transport(☎03-442 8215; www.buckleytracktransport.nz)接驳车往返皇后镇和路特本步道、绿玉步道(Greenstone Track)和卡普尔斯步道，以及蒂阿瑙丘陵(前往米尔福德步道)。

EasyHike(☎027 370 7019; www.easyhike.co.nz)提供米尔福德、路特本和凯普勒步道汽车移送服务——可以让你在起点下车，将你的车开到终点。还可为你的徒步提供全套装备。提供各种套餐，最高级别的"优质"套餐包括预订木屋通票、步道交通、背包、食物、雨具、烹饪锅和急救箱。

Glenorchy Journeys(见660页)提供接驳车，从皇后镇和格林诺奇往返路特本步道、绿玉步道和卡普尔斯步道及里斯达特(Rees-Dart)步道。

Info & Track(见640页地图; ☎03-442 9708; www.infotrack.co.nz; 37 Shotover St; ⏰7:30~21:00)在徒步旺季，这家机构提供前往路特本步道、绿玉步道和卡普尔斯步道及里斯达特步道起点的服务；冬天则变成Info & Snow，提供前往卡德罗纳、小皇冠峰、卓越山脉和三锥山滑雪场的服务。

Kiwi Discovery(见640页地图; ☎03-442 7340; www.kiwidiscovery.com; 37 Camp St)提供步道起点交通，可前往米尔福德、路特本和凯普勒步道。冬季运营长途汽车前往周边区域的4座滑雪场。

NZSki Snowline Express(见655页)在滑雪季，提供接驳车服务，出发地点位于Duke St的Snow Center外，每20分钟1班车，开往小皇冠峰和卓越山脉(到小皇冠峰，8:00至正午，到卓越山脉，8:00~11:30; 往返 $20)。返程车从13:30开始，人满发车。他们还为小皇冠峰的夜场滑雪者提供服务：整点(16:00~19:00)发车前往小皇冠峰，半点(17:30~21:30)返回。

Trackhopper(☎021-187 7732; www.trackhopper.co.nz)在路特本步道、米尔福德步道、绿玉步道和里斯达特步道提供便捷的代驾服务，将你送到步道的一端，然后将你的车开往另一端等你。起价$160，外加燃油费。

Tracknet(见640页地图; ☎03-249 7777; www.tracknet.net)这个总部位于蒂阿瑙的机构在徒步季节可连接皇后镇和路特本步道、绿玉步道和卡普尔斯步道、凯普勒步道、霍利福德步道及米尔福德步道。因弗卡吉尔公共汽车服务可连接斯图尔特岛上的拉基乌拉步道。冬季也可安排前往步道起点的交通。

当地交通

抵离机场

皇后镇机场(Queenstown Airport, ZQN; ☎03-450 9031; www.queenstownairport.co.nz; Sir Henry Wrigley Dr, Frankton)位于镇中心以东7公里处。

Blue Bubble Taxis(☎0800 228 294; www.queenstown.bluebubbletaxi.co.nz)和**Green Cabs**(☎0800 464 7336; www.greencabs.co.nz)往返机场和镇子之间，收费$45~50。

Ritchies Connectabus(见640页地图; ☎03-441 4471; www.connectabus.com)有机场服务班车，15分钟1班，开往皇后镇($12)，每天还有4班前往克伦威尔($22，1小时)和瓦纳卡($35，1.5小时)。

Super Shuttle(☎0800 748 885; www.supershuttle.co.nz)有接驳车上门服务，从皇后镇机场到镇子($20)。

船

皇后镇水上出租车(见640页地图; ☎03-441 1124; www.queenstownwatertaxis.co.nz; Steamer Wharf, Beach St; ⏰周日至周四 10:00~21:30，周五和周六 10:00~22:30)从镇中心跨越湖面前往卡尔文半岛(Kelvin Peninsula)的希尔顿酒店(根据需要也可在中途停靠; 成人/儿童 $10/5)。上船用现金向驾驶员购票。

公共交通

Ritchies Connectabus提供多条公交线路，以不同颜色标记，可到达阳光海湾、Fernhill、阿瑟角(Arthurs Point)、Frankton和阿罗敦。一日通票(成人/儿童 $33/17)允许乘坐所有线路。可以去信息中心(见654页)领一份路线图和时刻表。发车地点位于Camp St钟楼旁。

昆斯敦(皇后镇)周边 (AROUND QUEENSTOWN)

格林诺奇(Glenorchy)

☎03/人口 360

格林诺奇位于瓦卡蒂普湖头部平地上，其为人所知的主要原因或许是作为路特本步

Queenstown Region 昆斯敦(皇后镇)地区

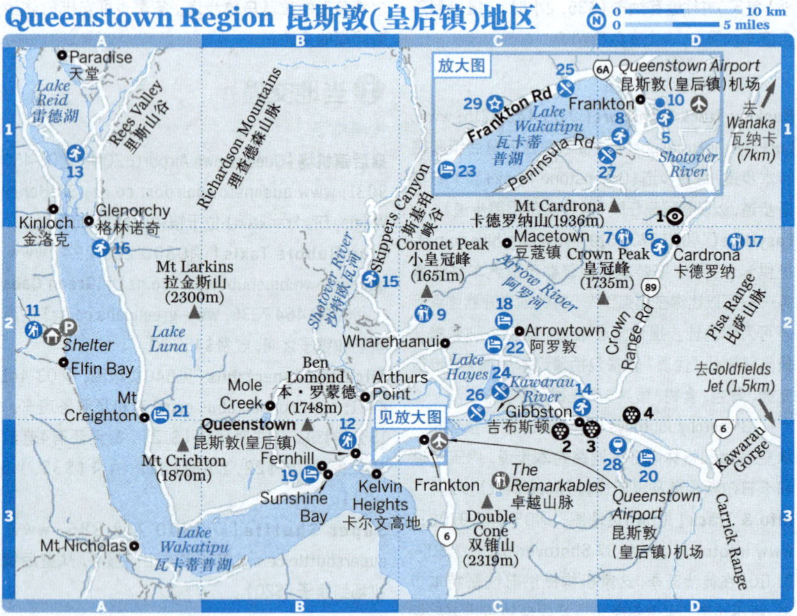

Queenstown Region 昆斯敦(皇后镇)地区

景点

1 卡德罗纳酿酒厂和博物馆 D1
2 Chard Farm C3
3 吉布斯顿山谷 C3
4 Peregrine D2

活动、课程和团队游

5 Air Milford D1
6 Backcountry Saddle Expeditions D2
7 Cardrona Alpine Resort D2
8 ChargeAbout D1
9 Coronet Peak C2
10 Glenorchy Air D1
11 Greenstone & Caples Tracks A2
12 Guided Walks New Zealand B3
13 High Country Horses A1
14 卡瓦劳桥蹦极 C2
Kawarau Zipride .... （见14）
Over The Top .... （见5）
15 Skippers Canyon Jet B2
16 Skydive Paradise A2
17 Snow Farm D2
Spa at Millbrook .... （见22）
The Cardrona .... （见1）

住宿

18 Arrow Private Hotel C2
Arrowfield Apartments .... （见18）
19 Hidden Lodge B3
20 Kinross Cottages D3
21 Little Paradise Lodge A2
22 Millbrook Resort C2
23 Villa del Lago C1
Waiorau Homestead .... （见1）

就餐

24 Amisfield Bistro & Cellar Door C2
25 Boat Shed C1
26 Graze C2
27 Wakatipu Grill D1

饮品和夜生活

28 Gibbston Tavern D3

娱乐

29 Sherwood C1

交通

Super Shuttle .... （见10）

道的门户。如果你想靠近湖和山，又想远离皇后镇的喧闹，这个小镇是绝佳的选择。格林诺奇周边的步道非常好，小镇也是骑马、喷射艇、直升机飞行和跳伞运动的基地，是宁静版的皇后镇。

抵达格林诺奇你经常会有一种大片即视感，周边区域大量出现在《指环王》三部曲中，也是简·坎皮恩（Jane Campion）拍摄的BBC连续剧《谜湖之巅》（*Top of the Lake*）的场景所在地。

镇中心离湖稍有些距离，所以一定要步行前往码头去看看，洪堡山脉（Humboldt Mountains）就从对岸拔地而起。

活动

从皇后镇前往路特本步道、里斯达特步道、绿玉步道和卡普尔斯步道的接驳车都会经过格林诺奇，可以在路边上车。这里组织的其他活动还包括：农场游、假蝇钓鱼、摄影导览游。详情可咨询皇后镇信息中心（见654页）或格林诺奇信息中心和商店（Glenorchy Information Centre & Store；见660页）。

徒步

环保部制作的小册子《瓦卡蒂普湖的尽头》（*Head of Lake Wakatipu*）和《瓦卡蒂普步道》（*Wakatipu Walks*）详细介绍了本地区的60多条步道。两本册子都可到环保部网站（www.doc.govt.nz）下载。其中最好的两条短程步道是紧接着路特本步道第一部分的路特本平原（Routeburn Flats，3小时），以及西尔万湖（Lake Sylvan，1小时40分钟）步道。

另一条很好的步道是格林诺奇步道，尤其是如果你喜欢鸟类。从镇中心开始，绕格林诺奇潟湖一圈，然后前往沼泽中的木板路。该步道会分成南部环路（30分钟）和北部环路（1小时），沿途有大量座椅，位置很好，可以越过水面看到高山。

出发进行任何远程徒步前，要打电话到位于皇后镇的环保部游客中心（见654页）获取最新的步道状况信息并购买详细的地图。还可以参阅Lonely Planet的《在新西兰徒步》（*Hiking & Tramping in New Zealand*）。

在皇后镇的杂货铺准备远足用的零食或餐食，在Mrs Woolly's General Store（64 Oban St；⏲10:00~17:30）还有少量适合徒步的食物。前往步道的交通费在徒步旺季（10月下旬至次年4月）会上涨，所以尽量提前预约。

★路特本步道 徒步

（Routeburn Track；www.doc.govt.nz；木屋/露营地 $65/20，徒步旺季以外季节 $15/5）有些徒步者认为路特本步道是十大步道中最好的一条。这条32公里长，需要2~4天的步道是一条高级别山地步道，沿途风景优美——能看到其他山脉的山景，镜面般的冰斗湖、瀑布触手可及，仙境般的空地周围长着厚厚的苔藓，多瘤的树干上长着凌乱的苔藓。

步道两头都可作为起点。从路特本平原开始，你会沿着路特本峡谷顶部行进，然后攀越令人难忘的路特本瀑布群。抵达高山上的哈里斯湖（Lake Harris）能看到震撼的山地风景，登上哈里斯山坳（Harris Saddle）看到的壮美景色也一样激动人心。从这里开始，如果还有力气，你可以花1.5~2小时沿着一条陡路前往锥形山（Conical Hill）。天气好的时候，你能看到西海岸远处马丁斯湾（Martins Bay）的惊涛拍岸，天气不好或是有风时就不值得攀爬锥形山。在快抵达分水岭之前，强烈建议你花1小时绕路前往Key Summit，在那里能看到霍利福德谷（Hollyford Valley）、Eglinton山谷以及绿玉河谷（Greenstone River Valley）。

毛利新西兰：皇后镇和瓦纳卡

这里和南岛其他地方一样，都经历了从恐鸟（moa）狩猎者到Waitaha、从Ngāti Māmoe部落到Ngāti Tahu部落的转变。瓦卡蒂普湖充满传奇色彩，其北面还是珍贵的绿玉的出产地。

Ngāti Tahu部落（iwi）拥有Shotover Jet（见643页）、Dart Stables（☎03-442 5688；www.dartstables.com；Coll St）、Guided Walks New Zealand（见641页）和Dart River Wilderness Jet（见659页），后者的经营范围包括文化之旅。Kiwi Haka（见654页）每晚在皇后镇缆车顶端表演，也能让你领略毛利文化。

徒步旺季（10月底至次年4月），你需要提前预订，可通过**Great Walks Bookings**（☎0800 694 732；www.greatwalks.co.nz）线上预约。出游前或者出游当天，请到位于皇后镇或蒂阿瑙的环保部游客信息中心领取纸质票。淡季则无需预订，但你仍需前往一个环保部的游客信息中心购买木屋票和露营票。步道沿路有4座基本型的木屋，分别在路特本平原、路特本瀑布群、马更些湖（Lake Mackenzie）和豪登湖（Lake Howden）。路特本平原和马更些湖的木屋附近都有露营地。此外可以参加由Ultimate Hikes（见640页）运营的导览徒步，沿途可以住在私人度假屋中。

冬季，路特本步道照常开放。不过我们不建议业余徒步旅行者在雪后穿越高山路段，因为这需要一定的冬季登山技巧。在路特本瀑布群和豪登湖之间的路段共有32条雪崩坡道，直到春季仍然存在雪崩危险。切记与环保部确认线路状况。

路特本步道两端都有停车场，但无人看管，所以不要将任何贵重物品留在车内。Track shuttles的车次很多，许多人会安排先游览米尔福德峡湾，然后在分水岭下车，开始徒步，或在徒步结束后赶米尔福德峡湾的车。

路线	预计步行时间（小时）
路特本棚屋－路特本平原木屋	1.5~2.5
路特本平原木屋－路特本瀑布群木屋	1~1.5
路特本瀑布群木屋－马更些湖木屋	4.5~6
马更些湖木屋－豪登湖木屋	3~4
豪登湖木屋－分水岭	1~1.5

绿玉步道和卡普尔斯步道 徒步

（Greenstone & Caples Tracks；www.doc.govt.nz；木屋/露营地 $15/5）绕过两座葱葱郁郁的山谷，穿越一个亚高山隘口，走完这两条步道共需要徒步4~5天，节奏比较舒缓。沿途有环保部运营的简易木屋，必须提前购买山中留宿木屋通票（Backcountry Hut Passes）。

两条步道都通过Lake McKellar的一条短途连接步道与路特本步道交会，你可以沿着路特本步道末端去往分水岭，也可以返回格林诺奇那边。从McKellar木屋出发，沿路特本步道徒步1小时就可以到达豪登湖木屋，这里距离分水岭还有1小时路程。

绿玉步道和卡普尔斯步道的入口是Greenstone Station Rd尽头的停车场。

路线	预计步行时间（小时）
绿玉停车场－Mid卡普尔斯木屋	2.5
Mid卡普尔斯木屋－McKellar木屋	6~7
McKellar木屋－绿玉木屋	4.5~6.5
绿玉木屋－绿玉停车场	3~5

里斯达特步道 徒步

（Rees-Dart Track；www.doc.govt.nz；木屋/露营地 $15/5）该步道从瓦卡蒂普湖尽头附近开始，穿过山谷、越过高山隘口，是一条强度较大的马蹄形步道，全程需走上4~5天。如果你经验丰富、装备精良的话，还可以顺便前往达特冰川（Dart Glacier）。大部分人先沿里斯步道（Rees Track）上行，然后返程沿达特步道下行。

驱车最远能到里斯步道旁边的Muddy Creek，这里距离Shelter Rock Hut有6~8小时步行路程。要想住环保部的3栋简易木屋（Shelter Rock木屋、Dart木屋和Daleys Flat木屋），需提前购买山中留宿木屋通票。

路线	预计步行时间（小时）
Muddy Creek－Shelter Rock木屋	6~8
Shelter Rock木屋－Dart木屋	4~6
Dart木屋－Daleys Flat木屋	5~7
Daleys Flat木屋－天堂	5.5~7.5

其他活动

Skydive Paradise 跳伞

（☎03-442 8333；www.skydiveparadise.co.nz；Glenorchy Airfield, Glenorchy-Queenstown Rd）在地球上最壮丽的山景上空进行双人跳伞，高度有12,000英尺（$335）和15,000英尺（$409）两种。

Heli Glenorchy 观光飞行

（☎0800 435 449；www.heliglenorchy.co.nz；35 Mull St）从格林诺奇驾车前往米尔福德峡湾需要大半天时间，乘直升机却只需要

Routeburn, Greenstone & Caples Tracks
路特本步道、绿玉步道和卡普尔斯步道

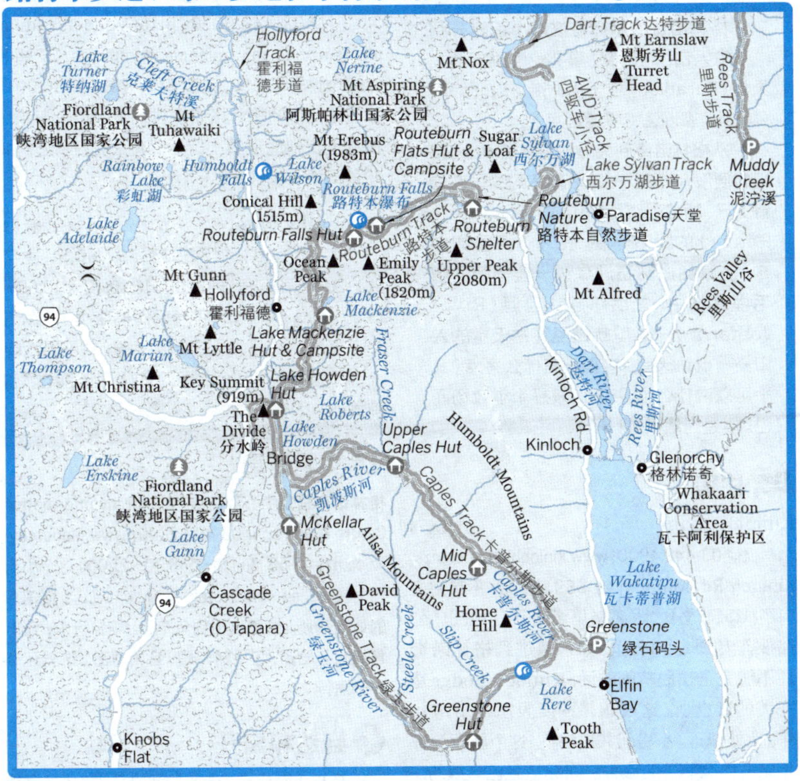

15分钟。Heli Glenorchy有3小时的米尔福德直升机—巡航—直升机套餐（$825），此外还有野外着陆，让你可以走米尔福德步道的最后几公里，前往巨门瀑布群（Giant's Gate Falls），然后再飞过群山（$865）。

High Country Horses 骑马

（☎03-442 9915；www.high-country-horses.co.nz；243 Priory Rd）骑马选择比Auckland Cup多，包括在格林诺奇周边漫步的30分钟马车之旅（成人/儿童 $50/25）以及过夜的"山地周边"步道骑行（$675）。

团队游

Private Discovery Tours 自驾

（☎03-442 2299；www.privatediscoverytours.co.nz；半天/全天 $190/350起）大量的四驱车团队游，包括独有的穿越位于恩斯劳山（Mt Earnslaw）和阿尔弗雷德山（Mt Alfred）间山谷里的绵羊牧场Mt Earnslaw Station，参观中土电影拍摄地。费用包括到皇后镇的接送。还运营若干一日徒步团队游。

Dart River Wilderness Jet 划船

（☎03-442 9992；www.dartriver.co.nz；45 Mull St；成人/儿童 $249/139起）达特河（Dart River）上唯一的喷射艇运营商，运营的旅程包括30分钟的徒步穿越雨林。还提供乘坐喷射艇和充气的3座"趣味皮艇"（funyak）沿河而下的套餐（8:45出发，成人/儿童 $339/239起）。价格包括皇后镇接送，每趟旅程开始前1小时接车。

另辟蹊径

天堂之路

格林诺奇的路标将这座小镇提升到“天堂入口”的高度，事实也的确如此。天堂（Paradise）位于格林诺奇以北约15公里处，靠近达特步道起点。

从格林诺奇到天堂的路从Kinloch路口起便没有铺砌，一路沿着宽阔的里斯峡谷上行，顺着理查德森山脉（Richardson Range）的脚下伸展。在靠近天堂的地方，道路钻进钻石湖岸边一座美丽的山毛榉森林中，之后跨越约旦河（River Jordan）——这里就是圣经中天堂的入口——抵达天堂。这里没有什么亮点（几乎可以说什么也没有），只是个小牧场而已。但是当然很美！

住宿

Kinloch Lodge
度假屋 $

（☎03-442 4900；www.kinlochlodge.co.nz；Kinloch Rd, Kinloch；铺 $39，双 带/不带浴室 $175/115起；📶）🍃距离格里诺奇只有3公里，公路驱车却要走26公里，如果嫌逃到格林诺奇还不能完全摆脱喧闹的话，Kinloch Lodge是完美的避世所。这所很棒的度假屋建于1868年，地处偏远。小房间共用浴室。这个新西兰青年旅舍协会旗下的旅舍房间舒适且色彩缤纷，从露天热水浴缸能看见极美的山景和湖景。

Glenorchy Motel
汽车旅馆 $$

（☎0274 368 531；www.glenorchymotels.co.nz；87 Oban St；房间 $150起；📶）2017年有了懂行的新店主后，这里的8个房间有了一些设计特色，增添了一个户外热水浴池，如果在步道上走了一天后需要放松一下，这里还有一个木头桑拿室。

★ EcoScapes
小屋 $$$

（☎03-442 4900；http://ecoscapes.nz；Kinloch Rd, Kinloch；房间 $395；📶）🍃这里的两间当代风格的小屋开业于2017年，与隔壁古老的Kinloch Lodge形成鲜明的对比。采用低调的设计，有金色木头、超级现代化的家具陈设，几乎像是一个被挪到荒郊野外的城市公寓。

就餐

Queenie's Dumplings
饺子 $

（☎03-442 6070；http://queeniesdumplings.wixsite.com/queeniesdumplings；27 Mull St；9个饺子 $13.50，汤面 $15；⊙11:00~16:00）除了在偏远的格林诺奇乡村地带，你还能期待在哪里找到地道的小饺子馆呢？有7种饺子和几种汤面可供选择。

Glenorchy Cafe
咖啡馆 $$

（GYC；☎03-442 9978；25 Mull St；主菜 $12~20；⊙周日至周五 10:00~16:30，周六 10:00~13:30）在这个小巧的别墅后面挑张桌子，在阳光下享用英式早餐、三明治和汤。到了周六晚上，则在咖啡馆里面古怪的灯具下分享比萨和啤酒。

实用信息

格林诺奇信息中心和商店（Glenorchy Information Centre & Store；☎03-409 2049；www.glenorchy-nz.co.nz；42-50 Mull St；⊙8:30~21:00）这个小商店附属于Glenorchy Hotel，是查询天气、步道信息的最佳场所。这里出租钓鱼竿、山地自行车，还出售徒步补给品，包括储气罐、各种地图。这里还有一个酒行。

到达和离开

格林诺奇位于瓦卡蒂普湖的尽头，从皇后镇出发，向西北方驾车40分钟（46公里）即可到达。沿途风景优美，蜿蜒绕过断崖、河湾，能看到湖面及环湖的高山壮丽的景色。无长途汽车服务，但是徒步季节（10月底至次年4月）有徒步接驳车，从Glenorchy Hotel接车，该酒店对徒步者提供免费停车服务。

Glenorchy Journeys（☎03-409 0800；www.glenorchyjourneys.co.nz）接驳车从皇后镇和格林诺奇前往路特本步道、绿玉步道、卡普尔斯步道及里斯达特步道。

阿罗敦（Arrowtown）

☎03/人口 2450

小镇阿罗敦古朴雅致，深受从皇后镇来的“一日游”游客的喜爱。19世纪60年代，随着人们在阿罗河（Arrow River）发现黄金，城

镇逐渐崛起。至今，美丽的林荫道旁还保存着60多处“淘金热”时代的建筑。在这里，历史的影响是如此根深蒂固，就连高尔夫球场周围都是荒废的村舍和淘金全盛期的遗迹。不过，不要被乡村风格的外表所愚弄，阿罗敦当代生活氛围热闹，有时尚的现代餐厅、一家很酷的电影院，还有几个饮酒处，足以同皇后镇最好的酒吧相媲美。

阿罗敦的节奏和只隔20公里的皇后镇差别很大。漫步Buckingham St，这里有黄金时代的建筑，是主要景点，如果还想要更多，沿着山谷也有徐缓的自行车道，还有沿着阿罗河和灌木溪（Bush Creek）的步道网。

景点

Arrowtown Gaol 历史建筑

（Cardigan St）免费 因为淘金热时期没有法律制约，阿罗敦的囚犯一开始被铐在圆木上，到了1876年，这座在片岩中开凿的监狱建了起来，不过现在四周都是住宅。该建筑一直被作为监狱用到1987年，当时两个男人因为酗酒被关在这里。监狱是锁闭的，不过你可以从游客信息中心（见664页）拿钥匙（$5的押金）。

中国移民定居点 历史遗迹

（Chinese Settlement; Buckingham St; ⏲24小时）免费 这里是新西兰保存最完好的淘金时期中国移民定居点，在阿罗敦第一座金矿遗址附近，沿着小溪伸展。现场的说明标牌讲述了中国“淘金者”在淘金热期间及之后的生活状况（最后一位居民于1932年去世），复原的木屋和南部金矿唯一留存的中国商店使故事更真实。由于严重的种族歧视，华人往往不能挖掘新矿，除了加工旧尾矿外别无选择。

湖区博物馆和美术馆 博物馆

（Lakes District Museum & Gallery; ☎03-442 1824; www.museumqueenstown.com; 49 Buckingham St; 成人/儿童 $10/3; ⏲8:30~17:00）展示淘金热时期阿罗敦周边中国移民定居点的早期风貌。当你漫步参观展览时，孩子们可以参加“解码”之类的游戏。你还可以在这里租淘金盘，然后在阿罗河里淘金试试手气（$3）。如果从镇中心开始找，你更有可能找到线索。

活动

游客中心有《自行车道和步道》（*Cycling & Walking Trail*）手册（$1），列出了该地区一些很好的路线。其中一处很棒的骑行路线是**Arrow River Bridges Ride**（12公里）：从阿罗敦出发到卡瓦劳大桥，途中经过形形色色专门修建的吊桥和一条从公路下穿过的隧道。如果还有多的时间和体力，可以从卡瓦劳大桥骑行继续前往吉布斯顿河步道，经过一连串的品酒室。

当地步道包括1小时的灌木溪和阿罗河漫步，以及沿**大山步道**（Big Hill Trail; 12公里，5~6小时）爬山，能抵达阿罗河靠近豆蔻镇（Macetown）的部分。

Arrowtown Bike Hire 骑行

（☎0800 224 473; www.arrowtownbikehire.co.nz; 59 Buckingham St; 租赁 半天/全天 $42/55，电动自行车 $80/120; ⏲9月至次年4月 每天 8:30~17:30，5月至8月 周二至周六 8:30~17:30）出租自行车（包括电动自行车），并针对当地步道提供很好的建议。如果你想沿着16公里的车道从阿罗河桥前往吉布斯顿的酒庄，这家公司可以接上你和你的同伴以及自行车，价格为$79。也提供自行车多日出租服务，还可将自行车送到你在阿罗敦的住宿处。入口在Romans Lane上。

Dudley's Cottage 户外

（☎03-409 8162; www.dudleyscottagenz.com; 4 Buckingham St; ⏲9:00~17:00）来这座古老的村舍上淘金课程（$10，如果想租淘金盘试试手，多加$5）。如果已经掌握淘金技能，就租上盘子和铲子（$6）或洗矿槽（$35），自己出发。

Queenstown Bike Tours 骑行

（☎03-442 0339; www.queenstownbiketours.co.nz; Dudley's Cottage, 4 Buckingham St; 半天/全天 $45/55）可直接出租自行车，也有吉布斯顿葡萄酒团队游套餐（$195，仅限9月至次年4月），包括自行车租赁、吉布斯顿午餐、在4个葡萄园品酒以及返回阿罗敦的交通，省得你一路颠簸。提供电动自行车。

团队游

Arrowtown Time Walks 徒步

（☎021 782 278; www.arrowtowntimewalks.

Arrowtown 阿罗敦

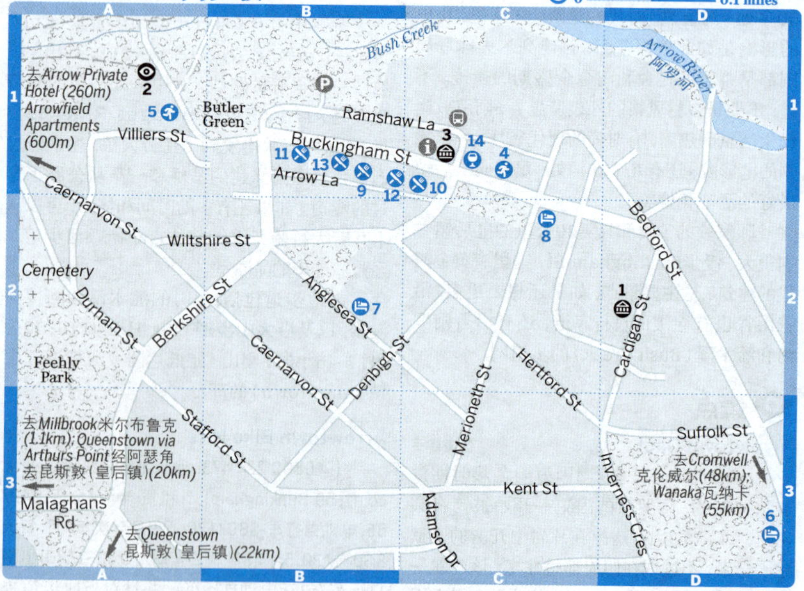

Arrowtown 阿罗敦

景点

1 Arrowtown Gaol D2
2 中国移民定居点 A1
3 湖区博物馆和美术馆 C1

活动、课程和团队游

4 Arrowtown Bike Hire C1
Arrowtown Time Walks .... （见3）
5 Dudley's Cottage A1
Queenstown Bike Tours .... （见5）

住宿

6 Arrowtown Holiday Park D3
7 Arrowtown Lodge B2
8 Shades of Arrowtown C2

就餐

9 Chop Shop B1
10 La Rumbla C1
11 Saffron B1
12 Slow Cuts B1
13 Terra Mia B1

饮品和夜生活

Blue Door .... （见11）
14 Fork & Tap C1

娱乐

Dorothy Browns .... （见11）

com；成人/儿童 $20/12）导览徒步游（1.5小时）可按要求从博物馆出发，沿着一条小路穿越到阿罗敦的淘金年代，沿途会指出景点，探究淘金历史。可通过网站预订，或者去博物馆当面预订。

住宿

Arrowtown Holiday Park 假日公园 $

（☎03-442 1876；www.arrowtownholidaypark.co.nz；12 Centennial Ave；露营地/套间 $42/135起，房间 不带浴室 $69；@🛜）这座小型假日公园离镇中心很近，在小巷尽头提供一排套间小屋，还有相当新的投币洗澡设施。没有被学校团队游客预订一空时，低预算旅行者可以在Oregon Lodge找个房间——每个房间都有两张上下铺，公用厨房和浴室。

Arrowtown Lodge 民宿 $$

（☎03-442 1101；www.arrowtownlodge.

co.nz; 7 Anglesea St; 房间/小屋 $195/395; 📶)客房从外观看就像是传统小屋，但里面却舒适而现代，带卫浴。有3个房间，包括一个有户外独立客厅和水疗的大村舍。提供欧洲大陆式早餐。从后门步行到Buckingham St只需2分钟。

Shades of Arrowtown

汽车旅馆 $$

(☎03-442 1613; www.shadesofarrowtown.co.nz; Buckingham St和Merioneth St交叉路口; 套间 $150起; 📶)枝繁叶茂的高大树木和花园般的布局为这家别墅风格的时髦度假屋平添了几分轻松的氛围。有些带有全套厨房设施和水疗浴室。如果举家出游，设备齐全的两卧村舍物有所值。

Arrowfield Apartments

出租屋 $$$

(☎03-442 0012; www.arrowfield.co.nz; 115 Essex Ave, Butel Park; 房间 $250起; 📶🅿)这10座宽敞的联排别墅位于阿罗敦边缘一个新的小区里，除了色彩以外完全一样，都配有内部车库、成套的厨房用品、地暖、天然气和3间卧室。也可以锁起卧室门，以较低的价格出租一小部分。

Arrow Private Hotel

精品酒店 $$$

(☎021 414 141; www.thearrow.co.nz; 63 Manse Rd; 套 $395起; 📶)这家现代化的酒店位于阿罗敦郊区，拥有5间低调而奢华的套间。住宿环境时尚现代，大型落地窗外景色如画。套间位于一座古老的石头村舍中，有开放式火炉、扶手椅、各种烈酒及当地葡萄酒。皇后镇步道就从大门旁边经过。

米尔布鲁克度假村

度假村 $$$

(Millbrook Resort; ☎03-441 7000; www.millbrook.co.nz; Malaghans Rd; 房间 $265起; 📶🅿)🍃这座打理得很好的大型度假村将阿罗敦甩出去几条街的并非是距离，而是审美，这里俨然就是一座小镇。房型有开间，有能俯瞰度假村高尔夫球场球道的豪华房屋（高尔夫球场在新西兰排名前十名以内）。经历了一天的奔波，你可以从4间餐厅里挑一个最喜欢的，去享用一顿晚餐，或享受一次放松的水疗(☎03-441 7017; www.millbrook.co.nz; Malaghans Rd; 护理 $79起)。

✕ 就餐

Slow Cuts

肋排、汉堡 $

(☎03-442 0066; 46-50 Buckingham St; 主菜 $11~14; ⏲正午至21:00) Slow Cuts像是后文La Rumbla餐厅志同道合的amigas朋友，两者都以慢烹的方式提供快餐。有烤鸡、汉堡、肋排、薯条和几种很好的当地葡萄酒。

★ Chop Shop

咖啡馆 $$

(☎03-442 1116; www.facebook.com/thechopshopfoodmerchants; 7 Arrow Lane; 主菜 $20~30; ⏲8:00~15:00)开放式厨房就占了一半的空间，所以可能会感觉桌子摆得有点挤，不过计较这点就显得吹毛求疵了。从各国风味的菜肴（猪肉饺子、土耳其鸡蛋、熏猪肘子）到有趣的装潢（锡铁压制的吧台、时髦的壁纸、自行车轮和链条制成的枝形吊灯），这间咖啡馆的一切都令人难以置信地好，而且全部都很受欢迎。当然也提供美味的咖啡。

La Rumbla

西班牙小吃 $$

(☎03-442 0509; www.facebook.com/larumbla.arrowtown; 54 Buckingham St; 西班牙小吃 $11~24; ⏲周二至周日 16:00至深夜)这家小店在邮局后面，给小小的阿罗敦带来了西班牙粗犷的风味和较晚就餐的习惯。在这里也可以吃到好吃的当地特色，菜单一直更换，晚上的鸡尾酒单很长，而且很有劲。

Terra Mia

意大利菜 $$

(☎03-409 8378; www.facebook.com/arrowtown.co.nz; 28-30 Buckingham St; 比萨 $23~29, 主菜 $23~25; ⏲每天 8:00~17:00, 周四至周六 18:00~21:00) Terra Mia于2016年开办，提供传统意大利菜肴和美味浓缩咖啡，搭配来自吉布斯顿山谷（见646页）的葡萄酒，空间开阔，感觉像是传统的饮食店。后面有个小的意大利食品室，有开胃菜、意大利啤酒和吉布斯顿山谷葡萄酒。

Saffron

新派新西兰菜 $$$

(☎03-442 0131; www.saffronrestaurant.co.nz; 18 Buckingham St; 午餐 $18~29, 晚餐 $25~49; ⏲12:00~15:00和18:00至深夜)走进这家餐厅，感觉就像走出了镇子，环境干净，与Buckingham St的那些餐馆形成鲜明对比。

值得一游

海耶斯湖(LAKE HAYES)

大约14,000年前,小小的海耶斯湖是汇入瓦卡蒂普湖的Frankton Arm的。现在它位于一个与世隔绝的环境中,通常平滑如镜的湖面上会倒映出周边山地的风景,因此被誉为新西兰最上镜的湖泊。这里是悠闲漫步的好去处,8公里的海耶斯湖步道就环绕在周围,可通行自行车。预留出2~3个小时的徒步时间。

湖的东侧有Amisfield Bistro & Cellar Door(☎03-442 0556; www.amisfield.co.nz; 10 Lake Hayes Rd; 3/5道菜套餐 $75/95; ⊙品酒室 10:00~18:00,餐厅 正午至20:00),可与附近吉布斯顿的任何一家酒庄媲美,不过其中的法式小馆才是真正让人停留的原因。2017年它被列入新西兰100家最佳餐厅,所以可以放心地任由大厨为你安排菜品——这里没有菜单,你只需要选择3道或5道菜套餐,然后等待大厨决定内容。如果买酒,品尝就免费,不买的话需要$10。

Lake Hayes Estate隐藏在公路对面一片天然洼地中,在湖的南侧。这座庄园建于20世纪90年代,相比皇后镇,价格较便宜,游客也较少。可以到Graze(☎03-441 4074; www.grazenz.co.nz; 1 Onslow Rd, Lake Hayes Estate; 早午餐 $13~25,晚餐 $20~34; ⊙周一7:30~17:00,周二至周日 7:30至深夜; 📶)用餐,这个出人意料的时尚咖啡馆酒吧在庄园中心,提供从早餐咖啡到晚餐的全部膳食,啤酒来自自家的酒厂。

海耶斯湖位于阿罗敦以南4公里处,在去往Frankton的路上。

提供羔羊肉、野猪肉和鱼,菜品的分量和音乐都超乎你的想象。

饮品和夜生活

★Blue Door 酒吧

(☎03-442 0415; www.facebook.com/TheBlueDoorBar; 18 Buckingham St; ⊙16:00至深夜; 📶)唯一能说明你找对了地方的标志就是,没有标记的蓝色大门——推开门,感觉就像走进禁酒时代的地下酒吧。这个酷酷的小酒吧提供种类多样的酒水,氛围极具乡村风情,让你在夜间流连忘返。这里屋顶低矮,有明火照亮,还有大量摇曳的烛光,这些都营造出一种亲切的环境。

Fork & Tap 小酒馆

(☎03-442 1860; www.theforkandtap.co.nz; 51 Buckingham St; ⊙11:00~23:00)Fork & Tap于19世纪70年代建造时是一家银行,现在是一个精酿啤酒吧,有19种酒桶供应的啤酒。还有美味的食物,包括共享的肉和奶酪拼盘,以及一座阳光明媚、适合孩子玩耍的后花园,使其成为阿罗敦酒吧中的上选。自选4种150毫升的啤酒,组成品尝套餐,价格为$14。

每周三晚上有爱尔兰音乐,夏季周日晚上在花园里有现场音乐会。

☆娱乐

Dorothy Browns 电影院

(☎03-442 1964; www.dorothybrowns.com; 18 Buckingham St; 成人/儿童 $18.50/15)这才是电影院应该有的样子:宽阔、超级舒适的座椅搭配当地葡萄酒、奶酪盘和橄榄,可以一边吃一边欣赏艺术电影。主剧场每场放映之间都有中场休息,这是来一盒美味冰激凌的绝佳机会。

这个电影院同时还是一个整洁的小书店,有高质量的读物。

实用信息

阿罗敦游客信息中心(☎03-442 1824; www.arrowtown.com; 49 Buckingham St; ⊙8:30~17:00)与湖区博物馆和美术馆(Lakes District Museum & Gallery; 见661页)共用场地。出售地图和各种新西兰图书。

到达和离开

Ritchies Connectabus(见655页)运营的10路长途汽车在7:00~22:00开行,从Frankton开往阿罗敦($15)。从皇后镇出发,你需要先搭乘11路长途汽车到Frankton,再在那里换乘。

瓦纳卡(WANAKA)

03/人口 6480

长期以来一直被称为缩小娴静版的皇后镇，不过瓦纳卡现在已经长大，摆脱了旧日面貌，拥有了自己的个性。

与皇后镇的共同点在于，两地都位于湖光山色之间，提供大量的户外活动和探险活动。瓦纳卡的探险活动各个方面都令人印象深刻，足与同皇后镇相抗衡。这里的探险活动选择可能没那么多，但湖畔自然风光更好，开发较少——晴天时有一种在海滩的感觉——镇中心的氛围也更加热情。

虽然一直在发展，规模和投入都在扩大，瓦纳卡依然是一个相当悠闲的小镇。这里的白天总是充满动感，晚上则有一波新开办的餐馆和一些真正猎奇的酒吧诱人深入。

景点

★国家交通和玩具博物馆 博物馆

(National Transport & Toy Museum; 03-443 8765; www.nttmuseumwanaka.co.nz; 891 Wanaka-Luggate Hwy/SH6; 成人/儿童 $18/5; 8:30~17:00;)这里有超过60,000件形形色色的藏品，包括蓝精灵、斯图贝克汽车(Studebakers)、雪地车和波兰空军的一架真正的米格战斗机等，非常吸引人。里面像玩具盒一样乱七八糟，在这里参观感觉有些像寻宝，哪怕你是一个只记得森林家族的小朋友，这里也堪比一场怀旧之旅。

瓦纳卡车站公园 公园

(Wanaka Station Park)瓦纳卡车站公园在瓦纳卡存在之前就已经建成。这座绵羊站的遗址曾经覆盖整个小镇及周边，是一个相当隐蔽的美丽公园，其中的树林比附近的That Wanaka Tree更令人难忘(只是没那么上镜)——有巨大的水杉、喜马拉雅雪松、一棵大胡桃树、一片巨大的杜鹃花树篱，还有绵羊站幸存下来的果园，里面的梨和苹果可免费采摘。

军用飞机和典藏汽车展览馆 博物馆

(Warbirds & Wheels; www.warbirdsandwheels.com; 11 Lloyd Dunn Av, Wanaka Airport; 成人/儿童 $20/5; 9:00~17:00)这家博物馆为新西兰的战斗飞行员而建，展示他们驾驶过的飞机，纪念他们所做出的牺牲。馆内藏有一架复制的飓风战斗机(Hawker Hurricane)、一架德哈维兰吸血鬼(de Havilland Vampire)，还有两排闪闪发亮的古董车。博物馆最引以为傲的要数1943年的Duesenberg Model J，它被誉为美国生产过的最精美的汽车。馆内还附设有一座复古餐厅。

迷宫世界 游乐园

(Puzzling World; 03-443 7489; www.puzzlingworld.com; 188 Wanaka Luggate Hwy/SH84; 成人/儿童 $20/14，仅巨大迷宫 $16/12; 8:30~17:30;)3D效果的“巨大迷宫”(Great Maze)以及许多烧脑的视觉把戏，能把各个年龄段的人弄得或茫然，或不安，或困惑。就连咖啡桌上也设有迷宫游戏。游乐园距离瓦纳卡2公里，就在前往克伦威尔的路上。

瓦纳卡啤酒厂 酿酒厂

(Wanaka Beerworks; 03-443 1865; www.wanakabeerworks.co.nz; 891 Wanaka-Luggate Hwy/SH6; 品尝室 11:00~16:30)游客可以从芭比娃娃堆挤到啤酒堆——瓦纳卡啤酒厂的品酒室相当不协调地设在玩具博物馆礼品店的后面。可以从这家啤酒厂的两个品牌(Wanaka Beerworks和Jabberwocky)中挑选6种组成品尝套餐，或者直接从酒桶或酒瓶里品尝。酿酒过程只有参加团队游($15)才能看见，周一至周六14:00开始，包括品酒。

活动

瓦纳卡虽然没有可供蹦极的大桥，但在这里你还是能体验刺激——喜欢滑雪的人可以由此去三锥山(03-443 1406; www.treblecone.com; 一日电梯通票 成人/儿童 $110/55)、卡德罗纳(见672页)、冰雪农场(Snow Farm，见673页)和哈里斯山(Harris Mountains，见644页)滑雪区。对于那些想去提提蒂亚/阿斯帕林山国家公园(Tititea/Mt Aspiring National Park)徒步的人来说，这里是最后一站。

徒步

如果想去距离瓦纳卡镇较近的步道

Wanaka 瓦纳卡

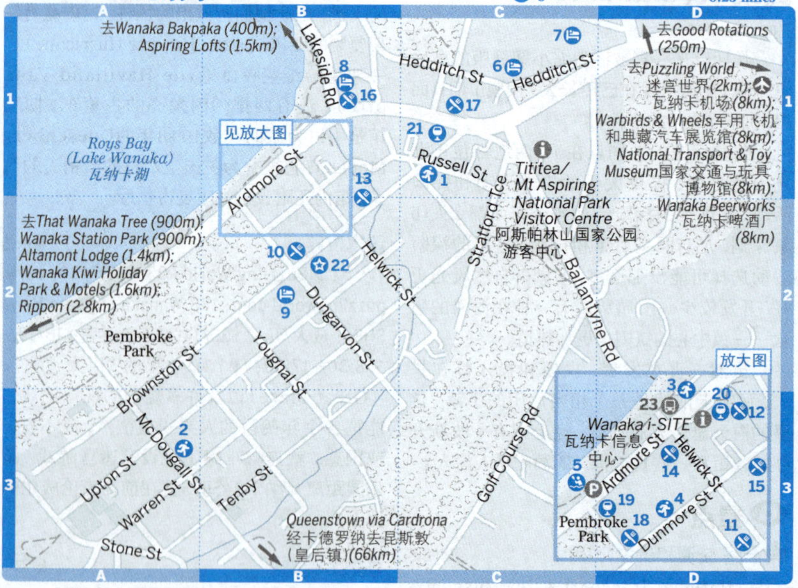

Wanaka 瓦纳卡

活动、课程和团队游

1 Adventure Consultants C1
2 Aspiring Guides A3
3 Deep Canyon D2
4 Outside Sports D3
5 Paddle Wanaka C3
Wild Walks .... （见2）

住宿

6 Archway Motels C1
7 Criffel Peak View C1
8 Lakeside B1
9 YHA Wanaka B2

就餐

10 Charlie Brown B2
11 Federal Diner D3
12 Francesca's Italian Kitchen D3
13 Francesca's Wood-Fired Pizza B2
14 Kai Whakapai D3
15 Kika D3
16 Landing B1
17 Red Star C1
18 White House Restaurant & Bar D3

饮品和夜生活

19 Gin & Raspberry D3
20 Lalaland D3
21 Woody's C1

娱乐

22 Cinema Paradiso B2

交通

23 InterCity D3
Naked Bus .... （见23）
Ritchies .... （见23）
Ritchies Connectabus Wanaka .... （见23）

（包括多条湖畔步道），可以从环保部网站（www.doc.govt.nz）下载《瓦纳卡户外路线》（*Wanaka Outdoor Pursuits*）宣传册。罗伊斯峰（Roys Peak，见667页）是瓦纳卡步道的亮点，不过登顶**熨斗山**（Mt Iron；海拔527米，往返1.5小时）观景要容易得多——名字虽然宏伟，其实只是一座小山。

如果想寻找低水平的步道，**格兰度湾步道**（Glendhu Bay Track）沿着瓦纳卡湖西岸伸展，经过That Wanaka Tree和**Rippon**

(☎03-443 8084; www.rippon.co.nz; 246 Mt Aspiring Rd; ⏲11:00~17:00)，步行3~4小时后下行前往格兰度湾。这也是一条适合山地自行车的徐缓步道。

★ 罗伊斯峰 徒步

(Roys Peak)罗伊斯峰是瓦纳卡最热门的徒步场所，不过许多人来这里只是为了爬到隘口，这里是新西兰最热门的旅游照片拍摄地之一。风景难以置信的美，不过1578米的山峰(往返5小时)不容小觑，因为要攀爬1200米的高度，隘口在上山路的四分之三处。

忙碌的时候，停车场会塞满车，所以早点来。

Wild Walks 徒步

(☎03-443 9422; www.wildwalks.co.nz; 58 McDougall St)运营有一系列偏远却有趣的导览徒步项目，包括绕行吉莱斯皮步道(Gillespie Pass，见674页，$1715起)，以及前往Cascade Saddle 的"辅助徒步"($355起)——导游会带领你前往陡峭难行的隘口，接着你自己穿过达特山谷。冬季会组织冰川和雪地徒步。

Aspiring Guides 探险运动

(☎03-443 9422; www.aspiringguides.com; 58 McDougall St)这个团队提供多种服务，包括十几条野外导览徒步路线，登山、攀冰课程，提提蒂亚/阿斯帕林山、奥拉基/库克山导览游，以及非滑雪场地的滑雪之旅(1~5天的野外探险)。

攀岩和登山

位于从瓦纳卡前往提提蒂亚/阿斯帕林山国家公园方向约20公里处的Hospital Flat，及相邻的钻石湖保护区(Diamond Lake Conservation Area)有很棒的攀岩项目。

Wanaka Rock Climbing 攀岩

(☎022-015 4458; www.wanakarock.co.nz)提供基础攀岩课程(半天/全天 $203/293)、半天的40米高石墙绳降基础课程($203)及本地区周边的导览攀登项目。

Basecamp Wanaka 攀岩

(☎03-443 1110; www.basecampwanaka.co.nz; 50 Cardrona Valley Rd; 一日通票 成人/儿童 $21/18; ⏲周一至周五 12:00~19:00，周六和周日 10:00~17:00)位于镇子边缘的室内攀岩墙，有自动系绳栓系统，甚至连胆子稍大一点的小孩都可尝试($10起，推荐预订)。

Adventure Consultants 探险运动

(☎03-443 8711; www.adventureconsultants.com; 20 Brownston St)备受推崇的登山指导机构(有几十年指导攀登珠峰的经验，如果你有钱和登山技巧可供燃烧……)，提供的徒步项目可前往布鲁斯特冰川(Brewster Glacier; 2天，$890起)和吉莱斯皮步道(Gillespie Pass; 3天，$1250)。

山地自行车

这个地区长达数百公里的步道与小径都向山地自行车爱好者开放。可以下载环保部的《瓦纳卡户外路线》(*Wanaka Outdoor Pursuits*)手册，其中介绍了一系列山地自行车骑行的路线，包含热门的**Deans Bank步道**(Deans Bank Track，12公里)。

Newcastle Track(12公里)是一条景色别致的路线，沿着克鲁萨河(Clutha River)奔腾的碧绿河水延伸，从阿尔伯特镇(Albert Town)到Kane Rd的红桥(Red Bridge)。如果再加上Luggate的**上克鲁萨河步道**(Upper Clutha River Track)，你就可以骑一条30公里长的环线。

格兰度湾步道有轻松的骑行路线，沿着瓦纳卡湖岸行进，当地人最喜欢的是**Sticky Forest**，有大约30公里专门修建的步道穿越松林。

镇上到处都有自行车租赁处——可尝试**Outside Sports**(☎03-443 7966; www.outsidesports.co.nz; 17/23 Dunmore St; 半天/全天 $30/50; ⏲租车处 9:00~18:00)，有高质量的双轴悬架或适合下山的山地自行车。如果你想要骑电动自行车，可以去**Good Rotations** (☎03-443 4349; www.goodrotations.co; 34 Anderson Rd; 半天/全天 $45/89起; ⏲周二至周五 11:00~17:00)。

其他活动

★ Wildwire Wanaka 探险运动

(☎027 430 1332; www.wildwire.co.nz)意

大利的飞拉达(via ferrata)——用铁梯、木板桥和缆绳等登山——来到了瓦纳卡,排列在双子瀑布(Twin Falls)旁的峭壁上(有时会穿越瀑布)。可以花半天时间往瀑布上爬一段($249),或者选择在Lord of the Rungs($595)上爬完全程,这是世界上最高的瀑布飞拉达,回程乘坐直升机。

Pioneer Rafting 漂流

(☎03-443 1246;www.ecoraft.co.nz;价格乐捐)在水量充沛的克鲁萨河漂流,激流难度为Ⅱ级到Ⅲ级,还包含淘金和观鸟活动。这是一个非营利性机构——旅途不用付钱,不过可以选择捐款,帮助他们的河流保护项目。

Deep Canyon 探险运动

(☎03-443 7922;www.deepcanyon.co.nz;100 Ardmore St;$240起;⏲10月至次年4月)攀岩、徒步、蹦极、滑索、绳索下降,一路穿过狭窄险峻的峡谷——提供10种选择,从新手到"大神"都能满足。

Paddle Wanaka 皮划艇

(☎0800 926 925;www.paddlewanaka.co.nz;Ardmore St;⏲10月至次年复活节 9:00~18:00)出租皮划艇(每小时$20)和直立式单桨冲浪板(SUP,每小时$20),提供湖上导览划桨团队游(半天/全天$135/275),穿越克鲁萨河激流(半天$189)。想寻找特色体验,可参加直升机—SUP之旅前往偏远的高山湖泊。

Skydive Wanaka 跳伞

(☎03-443 7207;www.skydivewanaka.com;14 Mustang Lane, Wanaka Airport;$229起)乘飞机,从9000英尺、12,000英尺高空跳下,

不要错过

阿斯帕林山国家公园(MT ASPIRING NATIONAL PARK)

青翠的山谷、高山草甸、清澈的冰川河、100多座冰川和陡峭的山峰,这些使提提蒂亚/阿斯帕林山国家公园(Tititea/Mt Aspiring National Park;www.doc.govt.nz)成为户外爱好者的天堂。1964年,这里成为国家公园,开始受到保护,后来又被纳入新西兰西南部(Te Wāhipounamu)世界遗产区。目前,公园覆盖了沿南阿尔卑斯山脉的3555平方公里山地,北至哈斯特河,南至峡湾地区国家公园边界。巨大的提提蒂亚/阿斯帕林山(海拔3033米)高耸入云,是奥拉基/库克山地区最高的山峰。

阿斯帕林山国家公园的南端靠近格林诺奇,虽然这里有一些很受欢迎的徒步线路,如著名的**路特本步道**(见657页)、**绿玉步道**和**卡普尔斯步道**(见658页)以及里斯达特步道(见658页),但在邻近瓦纳卡的**玛图基图基山谷**(Matukituki Valley)也有不错的短途步道和较难的多日徒步路线。参阅环保部的小册子《玛图基图基山谷步道》(*Matukituki Valley Tracks*),可以到网站(www.doc.govt.nz)下载。

精彩的**罗布罗伊冰川步道**(Rob Roy Glacier Track;10公里,往返3~4小时)穿越冰川、瀑布和茂密的雨林,是新西兰所有一日步道中最美丽和壮观的一条。这条步道难度适中,但有些路段非常陡峭。**西部玛图基图基山谷步道**(West Matukituki Valley Track)会抵达阿斯帕林木屋(Aspiring Hut;往返4~5小时,旺季/非旺季 每晚 $30/25),一路以平坦的草地为主,风景十分秀丽。如果要进行过夜或多日徒步游,可以沿山谷继续向前,抵达Liverpool Hut(从Asipiring小屋出发需要3~4小时,每晚 $15)和French Ridge Hut(从Asipiring小屋出发需要4~5小时,每晚 $25)。

许多徒步路线都存在降雪和雪崩隐患。出发前一定要向位于瓦纳卡**提提蒂亚/阿斯帕林山国家公园游客中心**(见672页)的环保部员工咨询步道的天气状况,并购买木屋住宿票。你还应该在www.adventuresmart.org.nz登记游览意向。

Matukituki Valley步道起点位于Mt Aspiring Rd尽头的Raspberry Creek,距离瓦纳卡50公里。这条路有30公里是土路,还要过9个浅滩。一般使用两轮驱动车即可,下雨天除外(事先联系游客中心,咨询天气情况)。

或者干脆从15,000英尺高空跳落，享受60秒的自由落体体验。

Hatch 钓鱼

（☎03-443 8446; www.hatchfishing.co.nz; 半天/全天 $450/790，2人 $490/850）导览飞钓之旅，前往瓦纳卡湖、哈威亚湖和周边河流，是钓鳟鱼的好去处。也可乘坐直升机或喷射艇前往偏远地区，或者到乡村过夜，住在木屋中。

团队游

观光飞行

Aspiring Helicopters 观光飞行

（☎03-443 7152; www.aspiringhelicopters.co.nz; Cattle Flat Station, 2211 Mt Aspiring Rd）有一系列飞行项目可选，从20分钟飞越瓦纳卡湖的短时飞行（$185）到3小时飞往米尔福德峡湾的行程（$1250），还可以飞越整条峡湾，中途着陆4次。

Southern Alps Air 观光飞行

（☎03-443 4385，0800 345 666; www.southernalpsair.co.nz; 12 Lloyd Dunn Ave, Wanaka Airport）飞越奥拉基/库克山，观赏塔斯曼（Tasman）、福克斯（Fox）和弗朗兹约瑟夫（Franz Josef）冰川（成人/儿童 $485/320）；跨越米尔福德峡湾（$455/300）；巡游米尔福德峡湾（$540/355）；飞过提提蒂亚/阿斯帕林山和瓦纳卡湖（$290/200）。

其他团队游

Wanaka Bike Tours 骑行

（☎03-443 6363; www.wanakabiketours.co.nz; $199起）导览之旅，沿着哈威亚湖岸边、克鲁萨河自行车道，或者前往瓦纳卡湖上方的山中。也有直升机加自行车套餐可供选择。

Eco Wanaka Adventures 户外

（☎03-443 2869; www.ecowanaka.co.nz）提供的行程包括到罗布罗伊冰川（Rob Roy Glacier）的全天远足游（$275）、在Mou Waho岛（$225）寻找湖中湖的4小时游轮游和步行游岛活动，还有一整天的游轮和四驱车组合游（$454）。也提供直升机加自行车套餐。

Ridgeline Adventures 驾车

（☎0800 234 000; www.ridgelinenz.com）有一系列四驱车探索项目可供选择，包括“巡游”穿越农村（$229）、四驱车/喷射艇/直升机套餐（$846）、驾车前往能俯瞰瓦纳卡湖的遥远山顶，享用两人浪漫晚餐（$375）。

节日和活动

TUKI 音乐

（www.tukifestival.nz; ⏲2月）以前里彭音乐节（Rippon Festival）的新化身，在2018年转移到了道路上方的格兰度湾，不过同样会有新西兰大牌乐队和音乐人演出。每两年一届，奇数年举行。

瓦纳卡军用飞机展 航空表演

（☎03-443 8619，0800 496 920; www.warbirdsoverwanaka.com; Wanaka Airport; 3日票成人/儿童 $190/35起，入场费 每天 $70/15起）每个偶数年的复活节举办，这个超级热门的国际航空表演每次会吸引5万多名观众到场。

住宿

★ **Wanaka Bakpaka** 青年旅舍 $

（☎03-443 7837; www.wanakabakpaka.co.nz; 117 Lakeside Rd; 铺 $31，双 带/不带浴室 $92/74; P @ ⓦ）镇上唯一的湖畔旅舍，以背包客的价格就能享受到价值百万美元的风景。提供一流的便利设施。值得多付一点儿钱住可以观赏美景的双人套间，不过也可以从休息室宽阔的大窗户饱览全景。自行车需付费租用，热水瓶可免费使用。

YHA Wanaka 青年旅舍 $

（☎03-443 1880; www.yha.co.nz; 94 Brownston St; 铺 $30~38，双 带/不带浴室 $108/93起; @ ⓦ）瓦纳卡这家青年旅舍的历史比许多住客的年纪还要长，随着岁月越发显得成熟。有宿舍，也有私人房。最好的地方是宽敞的休息区，这里坐拥湖光山色，还有一个安静的阅读室。休息区巨大的拓扑图很适合规划步道使用。

Wanaka Kiwi Holiday Park & Motels 假日公园 $

（☎03-443 7766; www.wanakakiwiholi

daypark.nz; 263 Studholme Rd North; 露营地$25~27, 套间 带/不带浴室 $124/80起; Ⓟ📶)这个迷人又休闲的露营地隐藏在罗伊斯峰下，为帐篷和房车提供了一片草地露营地，还有茂盛的树林和美丽的风景。设施包括一片配有炉子的烧烤区、不受限制的免费Wi-Fi、水疗池和桑拿房（$5）。旧式装修风格的汽车旅馆已翻新，新建的平价小屋配有木地板，温暖又舒适。

Altamont Lodge 度假屋 $

（☎03-443 8864; www.altamontlodge.co.nz; 121 Mt Aspiring Rd; 标单/双 $79/99; 📶）这家度假屋位于小镇安静的一端，像是为大人准备的青年旅舍。没有宿舍，整洁的小房间公用一尘不染的浴室，公共厨房宽敞且设备齐全。原木装修风格使这里充满滑雪度假屋的氛围。带有水疗池和大壁炉的休息区能看到罗伊斯峰，让你在滑雪之余得到放松。

Criffel Peak View 民宿 $$

（☎03-443 5511; www.criffelpeakview.co.nz; 98 Hedditch St; 标单/双/公寓 $140/170/280; Ⓟ📶）这家不错的民宿位于一条安静的路尽头，有3个房间。客人共享一间宽敞的休息室，里面有壁炉，还有一个洒满阳光、长满紫藤的阳台。颇具魅力的女主人住在后院一座单独的房子里，后院还有一间设施齐全、带两个卧室的公寓。

Archway Motels 汽车旅馆 $$

（☎03-443 7698; www.archwaymotels.co.nz; 64 Hedditch St; 套间/小屋 $135/155起; 📶）这家经典的老派汽车旅馆拥有干净宽敞的套间和小屋。从镇中心出发，沿上坡步道前行片刻即可到达。坐在雪松木制成的热水浴桶里能看到山景，让这里显得越发前卫。还有两个设备齐全的大露营车（$125）。

★ **Lime Tree Lodge** 度假屋 $$$

（☎03-443 7305; www.limetreelodge.co.nz; 672 Ballantyne Rd; 双 $395~595; Ⓟ📶🏊）这座私密的度假屋远离小镇，非常安静，有4个豪华房和2个套间。外面有游泳池、水疗室、网球场和小场地高尔夫球场。度假屋以一个吸引人的起居室为中心，有开放式厨房，店里的厨师会在那里准备食物。每晚晚餐前可以同店主——从前的本地绵羊站主人——喝一杯。

★ **Aspiring Lofts** 民宿 $$$

（☎03-443 7856; www.aspiringlofts.co.nz; 42 Manuka Cres; 标单/双 $220/240; 📶）这座现代化的房屋盘踞在一个能俯瞰湖面的高处，有2个高档房间，位于车库上面的阁楼中。每一个房间都自带阳台，能充分观赏美景——冬季晚上坐在外面，可以看到星光点亮三锥山。还可以透过浴室的屋顶观星。

★ **Lakeside** 公寓 $$$

（☎03-443 0188; www.lakesidewanaka.co.nz; 9 Lakeside Rd; 公寓 $295; 📶🏊）这个现代化的公寓邻近小镇中心，位置绝佳，美丽的湖景尽收眼底。这里总共有23个公寓，每个公寓都有3间卧室，但是只有一两间供出租。有游泳池，这在这个地区难能可贵。如果从网上租赁滑雪设备，可以投递到你的房间门口。

Alpine View Lodge 民宿 $$$

（☎03-443 7111; www.alpineviewlodge.co.nz; 23 Studholme Rd South; 双 $195起，小屋 $290; 📶）这座出色的度假屋位于镇子边缘一片宁静的乡村中，有3个民宿房，其中一个带私人露台，能看到山景。额外福利包括自制黄油酥饼和热水浴缸。或者你可以选择设备齐全的两卧小屋，通往花园。

就餐

Charlie Brown 法式薄饼 $

（www.charliebrowncrepes.co.nz; 28 Dungarvon St; 法式薄饼 $6~11; ⊙9:00~21:00，淡季营业时间缩短）由一个法国人在2016年开办，一年后由另一位法国人接手，这个复古的大篷车提供法式薄饼和风味薄饼，菜单固定不变，但有一块时令特色菜黑板。买一个法式薄饼，然后前往马路对面的天堂电影院（Cinema Paradiso，见672页）。

Red Star 汉堡 $

（☎03-443 9322; https://redstarburgerbar.mobi2go.com; 26 Ardmore St; 汉堡 $12~17; ⊙11:30~21:00）汉堡菜单丰富且富于创意——牛肉、鸡肉、鹿肉、鱼和素食汉堡，选的是嘎

嘣脆的烤面包。在露台上找个座位，一边喝精酿啤酒一边享用手工汉堡。

★ Francesca's Italian Kitchen

意大利菜 $$

（☎03-443 5599; www.fransitalian.co.nz; 93 Ardmore St; 主菜 $20~32; ⏲正午至15:00和17:00至深夜）这家洞穴般的特色小店常年繁忙，差不多算得上是瓦纳卡餐馆中的翘楚，店主弗朗西斯卡（Francesca）把正宗意式家庭饮食店拥有的好吃的口味和简单的快乐都带到了这里。平常的食物如比萨、意大利面和玉米粥薯条却做得非比寻常。她还在Brownston St经营着一个比萨小推车（☎0800 4647 4992; www.francescaspizzas.com; 比萨 $10~20; ⏲16:00~21:00）。

★ Kai Whakapai

咖啡馆 $$

（☎03-443 7795; Helwick St和Ardmore St交叉路口; 主菜 $19~26; ⏲7:00~23:00; 👪）天气晴朗的日子里，日落时分当地人似乎都喜欢到这家咖啡馆来喝东西，享用出色的比萨或沙拉。酒桶中有当地产的精酿啤酒，也有奥塔戈中部的品牌。

Federal Diner

咖啡馆 $$

（☎03-443 5152; www.federaldiner.co.nz; 47 Helwick St; 早餐 $10~19，主菜 $22~40; ⏲周一和周二 7:00~16:00，周三至周日 7:00~21:00; 📶）地点这么隐蔽还这么受欢迎，你就知道里面肯定有好东西。这家都市化的咖啡馆提供香浓的早餐、极棒的咖啡、传奇色彩的司康饼、三明治和沙拉。晚上菜单供应大分量的菜肴，比如烤团子和慢烤羊肩肉。

★ Kika

西班牙小吃 $$$

（☎03-443 6535; http://kika.nz; 2 Dunmore St; 拼盘 $12~55; ⏲17:30至深夜）弗朗西斯卡的姐妹餐厅，发展迅速，开业不到一年就成了瓦纳卡唯一进入新西兰100家最好餐厅名录的餐馆。将地中海菜肴与新派意大利菜相结合，提供西班牙小吃风格的食物。就餐环境悠闲。不知道吃什么？让厨师用"只管喂我"（Just Feed Me）套餐（$62）帮你做出决定。

White House Restaurant & Bar

地中海菜 $$$

（☎03-443 9595; 33 Dunmore St; 主菜 $25~45; ⏲周二至周六 16:00~22:30）这家悠闲的餐厅所在的白色房子看上去就像是一间装饰艺术风格的房屋中的休息室。菜单一直更换，有各种意式特色面包配羊羔肉，或意式扁面配蛤蚌。

Landing

新派新西兰菜 $$$

（☎03-443 5099; www.thelandinglakewanaka.co.nz; 1楼，80 Ardmore St; 主菜 $26~35; ⏲周二至周日 17:00至深夜）这家位于楼上的餐厅能俯瞰湖面，装潢时髦，菜单和风景都随着季节而变换。提供以创新方式烹饪的当地肉类和鱼类。葡萄酒主要是奥塔戈中部的产品，还有一种用酒桶供应的瓦纳卡精酿啤酒。

🍷 饮品和夜生活

Lalaland

鸡尾酒吧

（☎03-443 4911; www.facebook.com/Lalalandwanaka; 1楼，99 Ardmore St; ⏲16:00至次日2:30）其实在瑞恩·高斯林（Ryan Gosling）和艾玛·斯通（Emma Stone）让Lalaland这个词流行之前，瓦纳卡就已经有了以此命名的这家酒吧。到这座灯光昏暗的小型宫殿里找个舒服的椅子坐下，酒保调制的美酒能迎合每个人的心情。Ardmore St上其他酒吧楼上看到的湖景可能更美，但这家酒吧里的音乐和鸡尾酒无可匹敌。从后楼梯可以找到入口。

Gin & Raspberry

鸡尾酒吧

（☎03-443 4216; www.ginandraspberry.co.nz; 1楼，155 Ardmore St; ⏲15:00至深夜）如果你想寻找奢华的酒吧，这家就符合你的要求，走进去像是进入了巴兹·鲁赫曼（Baz Luhrmann）的电影场景。鎏金的镜子、华丽的钢琴（是的，你可以要求弹）、紫色调的灯光以及经典电影烘托出品一杯经典鸡尾酒的气氛（包括多种马提尼）。金酒藏品让人难忘，露台是日落小酌的好去处。

Woody's

酒吧

（☎03-443 5551; www.facebook.com/woodyswanaka; Post Office Lane, 33 Ardmore St; ⏲16:00至次日2:30）Woody's和隔壁的Barluga是Post Office Lane上最亮眼的地方，两家共用一个庭院，活动也常常是接力进行，特别是有DJ驻场的时候。Woody's有更多的娱乐设施

如台球桌和户外火炉，Barluga则是那种皮革扶手椅的精致感……当然这种精致感会随着猛烈的鸡尾酒和重低音节奏音乐的来临消散无踪。

☆娱乐

Ruby's 电影院

(☎03-443 6901; www.rubyscinema.co.nz; 50 Cardrona Valley Rd; 成人/儿童 $19/13) 艺术影院里有一面室内攀岩墙，这种结合是多么具有瓦纳卡气质啊。这里具备纽约或上海等大都会的豪华氛围，有一股影院辉煌时代的气息。可以坐在倾斜的皮革椅子上看电影，觉得冷还可以用保温毯盖住膝盖，或者在铺设着红色天鹅绒的休息室享受当地精酿啤酒、葡萄酒和经典的鸡尾酒。

这家电影院就位于城郊的Basecamp Wanaka（见667页）的大楼内。

天堂电影院 电影院

(Cinema Paradiso; ☎03-443 1505; www.paradiso.net.nz; 72 Brownston St; 成人/儿童 $15/9.50) 在舒适的座椅上伸展开双腿，也可以在牙医椅子或老式莫里斯小车(Morris Minor)里歪着，观看好莱坞电影和艺术电影。场间休息时，可以去大厅品尝新鲜出炉的饼干(跟着鼻子走就好)，自制冰激凌同样令人垂涎欲滴。

ℹ实用信息

瓦纳卡湖信息中心 (Lake Wanaka i-SITE; ☎03-443 1233; www.lakewanaka.co.nz; 103 Ardmore St; ⊙夏季 8:00~19:00，冬季 8:00~17:00) 湖畔这家办公室非常有帮助，但总是十分繁忙。

提提蒂亚/阿斯帕林山国家公园游客中心 (☎03-443 7660; www.doc.govt.nz; Ardmore St和Ballantyne Rd交叉路口; ⊙11月至次年4月 每天 8:30~17:00，5月至10月 周一至周六 8:30~17:00) 这家环保部的办公室位于小镇边缘的一座尖顶建筑内，提供木屋预订和徒步事宜咨询服务。在参加任何野外徒步之前，一定要来这里报到。

瓦纳卡医疗中心 (Wanaka Medical Centre; ☎03-443 0710; www.wanakamedical.co.nz; 23 Cardrona Valley Rd; ⊙周一至周五 9:00~18:00) 参加户外运动时，如果发生意外，可来这里就诊。

ℹ到达和离开

皇后镇是瓦纳卡与外界的主要交通连接枢纽，不过也有汽车从这里前往达尼丁和西海岸。

InterCity（见654页）长途汽车从湖畔小木屋(log cabin)外出发。每天都有长途汽车到克伦威尔($10起，35分钟)、皇后镇($17起，2小时)、哈威亚湖($10起，20分钟)、玛卡罗拉(Makarora; $12起，1.5小时)和弗朗兹约瑟夫冰川($43起，6小时)。

Naked Bus（见654页）有车次前往皇后镇($17起，2小时)、克伦威尔($10起，35分钟)和弗朗兹约瑟夫冰川($43起，6小时)。

Ritchies（见654页）连接瓦纳卡和达尼丁($50，4小时)，在克伦威尔要换乘InterCity的车。

Ritchies Connectabus Wanaka（见654页）往返皇后镇的车每天有5班($35，2小时)，途经克伦威尔($22，45分钟)和皇后镇机场。车上有免费的Wi-Fi。如果需要酒店来接车，请提前致电。

ℹ当地交通

Adventure Rentals (☎03-443 6050; www.adventurerentals.co.nz; 51 Brownston St) 提供汽车和四轮驱动车出租服务(后者是去提提蒂亚/阿斯帕林山国家公园的最佳选择)。**Yello** (☎03-443 5555; www.yello.co.nz) 运营的出租车和冬季接驳车可前往卡德罗纳和三锥山滑雪场(往返$35)。Outside Sports（见667页）或Good Rotations（见667页）出租自行车。

瓦纳卡周边 (AROUND WANAKA)

卡德罗纳(Cardrona)

可爱的定居点卡德罗纳是在皇冠和克里菲(Criffel)山脉之间开凿出来的，它于19世纪70年代淘金热的最高潮时达到巅峰。当时，这里的人口超过了1000人。如今，这里实际上是一个滑雪场，下方有一家小酒馆，这可能是新西兰最具辨识度、最引人回忆的小酒馆。

卡德罗纳会因为滑雪季节的到来偶尔苏醒，不过哪怕你来这里不是为了滑雪，也值得游览一番。可以一边观景一边喝酒，骑马穿过开阔的草地，"胸罩栅栏"让人有些困惑。因为地形太容易让人联想到苏格兰高原，有一家酿酒厂开办于此也就可以理解了。

景点

卡德罗纳酿酒厂和博物馆 酿酒厂

（Cardrona Distillery & Museum；☎03-443 1393；www.cardronadistillery.com；2125 Cardrona Valley Rd；团队游 $25；⏲9:30~17:00）与卡德罗纳非常类似苏格兰的环境相配套的，是这家单一麦芽酿酒厂。从颇具争议的"胸罩栅栏"进门，你会发现在一座用当地片岩搭建的建筑中，有一个漂亮的品酒室。可以品尝橙子酒和曾荣获大奖的金酒，或者参加75分钟的酿酒厂团队游，10:00~15:00每个整点出发。你应该不会想要逗留在这里等待威士忌酿好——第一批要到2025年才上市。

活动

Cardrona Alpine Resort 滑雪

（☎03-443 8880；降雪预报 03-443 7007；www.cardrona.com；Cardrona Skifield Access Rd；一日电梯票 成人/儿童 7月和8月 $110/60，6月、9月和10月 $99/50；⏲6月至10月 8:30~16:00）这个占地345公顷的滑雪场组织有序、服务专业，提供的滑雪道（25%初级道、25%中级道、30%高级道、20%专业道）可以满足各种水平的滑雪爱好者的需求，高度从1670米到1860米不等。这里有几座大容量的缆椅电梯（包括2017年新建的Chondola），还有初学者牵引和极限滑雪板地形。

滑雪季有车从瓦纳卡和皇后镇开来。

夏季，山地自行车取代了滑雪。Cardrona Peak to Pub是新西兰一条经典骑行路线，从滑雪场到卡德罗纳酒店（Cardrona Hotel），一路下行1270米——度假村运营有返回山上的接驳车。

The Cardrona 骑马

（☎03-443 1228；www.thecardrona.co.nz；2125 Cardrona Valley Rd）组织穿越卡德罗纳山谷的导览骑马，包括High Country Pub骑行（$149），会让你在卡德罗纳酒店驻足喝杯啤酒。还运营四驱车团队游，冬季的雪地摩托车之旅可前往比萨山脉（Pisa Range）。

冰雪农场 滑雪

（Snow Farm；☎03-443 7542；www.snowfarmnz.com；Snow Farm Access Rd；一日雪道票 成人/儿童 $40/20，雪地鞋 一日雪道票 $20/10；👪）冬天，这里是体验刺激的越野滑雪、雪上行走的首选之地，有55公里的雪道和24公里的雪上行走步道，维护良好。这里还提供滑雪课程和装备出租服务。

Backcountry Saddle Expeditions 骑马

（☎03-443 8151；www.backcountrysaddles.co.nz；2416 Cardrona Valley Rd；成人/儿童 $90/70）提供骑阿帕卢萨（Appaloosa）马翻越卡德罗纳站（Mt Cardrona Station）的2小时项目。现在也经营四驱车团队游（$149）。

住宿

Waiorau Homestead 民宿 $$$

（☎03-443 2225；www.waiorauhomestead.co.nz；2127 Cardrona Valley Rd；房间 $250起；📶🏊）隐藏在冰雪农场附近一个私人所有的田园角落里，这座可爱的石头建筑旁边长着一排老柏树，有深邃的走廊和3个豪华的客用卧室，每一个都自带浴室。房费包括1顿英式早餐。可咨询设备齐全的小屋，价格更便宜（$170~190）。店主一般会在Airbnb上出租小屋。

饮品和夜生活

Cardrona Hotel 小酒馆

（☎03-443 8153；www.cardronahotel.co.nz；2310 Cardrona Valley Rd；📶）镶有木头饰板的正立面看上去就像电影布景，但货真价实——是新西兰最上镜的小酒馆，是1863年淘金热时代留下的遗产。能明显感觉到酒馆的历史（注意裸露在外的矿井，酒馆就是在它上面建造的），滑雪时间之后这里会很忙碌。

饭食很好（主菜$23~36）。如果你想留下来过夜，此处有16个修缮一新的客房（$195）可供选择。

到达和离开

没有班车前往卡德罗纳，不过瓦纳卡的Yello（见672页）和Ridgeline Adventures（见672页）、

皇后镇的Kiwi Discovery（见655页）提供滑雪接送班车服务。

从皇后镇前往卡德罗纳要驾车沿着皇冠山脉路（Crown Range Rd）行进45公里，这是南岛最美的景观路之一。公路位于1076米高的地方，是新西兰最高的柏油路。沿途有一些很好的停靠站，可供观景，尤其是在皇后镇这一端的公路尽头。但是，这条路狭窄而蜿蜒，在天气不好的时候驾驶尤其需要小心。冬季大雪时这条路还会不定期封路，一般降雪时在此路段行驶的车辆需要安装雪链。

莱克哈威亚（Lake Hawea）

☎03/人口 2175

想要逃离皇后镇璀璨灯火的人一般都会被吸引到瓦纳卡，而想要逃离瓦纳卡稍稍有些逊色的灯火的人，则会来到莱克哈威亚。

这座小镇位于瓦纳卡以北15公里处，沿141平方公里的哈威亚湖南岸延伸开来，并因此湖而得名。一条名为Neck的狭长地峡将哈威亚湖与瓦纳卡湖分割开来。蓝灰色的哈威亚湖长35公里、深410米，平均水温只有9℃。该湖特别受钓鱼者的欢迎，因为是鳟鱼和淡水鲑鱼（landlocked salmon）的家园。1958年，湖面被提升了20米，以供下游发电站发电。

这里没什么精彩的地方，不过这也正是小镇的魅力所在。

住宿

Lake Hawea Holiday Park 假日公园 $

（☎03-443 1767; www.haweaholidaypark.co.nz; SH6; 露营地 $18起，套间 带/不带浴室 $140/80; P 📶）这家老式的假日公园坐落于湖畔，宽敞而安逸，是垂钓和划船爱好者的最爱。既有装着鲜艳彩色门的简易小屋，也有汽车旅馆套间和别墅。如果你想做些什么，这里出租自行车（半天/全天 $30/40）和钓鱼竿，如果你钓到鱼，这里甚至提供熏鱼架。

Lake Hawea Hotel 旅馆 $$$

（☎03-443 1224; www.lakehawea.co.nz; 1 Capell Ave; 房间 $220起; P 📶）每个房间都有自己的特别之处，全部12个房间都能看到无与伦比的湖泊美景，不过作为一个基本型的汽车旅馆来说，价格相当昂贵。旅馆里还有一个大的酒吧和餐厅（主菜 $19~36），围绕着一个巨大的双层壁炉铺排开来，同样有一流的景色。

后面还有一个青年旅舍（$25起）和露营地（每人 $12起）。

到达和离开

InterCity（☎03-442 4922; www.intercity.co.nz）每天都有长途汽车在莱克哈威亚水坝（SH6）停靠，往返于皇后镇（$20起，2小时）、克伦威尔（$14起，1小时）、瓦纳卡（$10起，20分钟）、玛卡罗拉（$10起，1.25小时）和弗朗兹约瑟夫（$40起，6小时）。

玛卡罗拉（Makarora）

☎03/人口 40

偏远的玛卡罗拉距离哈斯特隘口（Haast Pass）只有20公里，荒凉的西岸区（West Coast）就是从这个隘口开始的。玛卡罗拉感觉就像是最后一道关隘——实际上也正是如此。时常有往返西岸区的车从这里经过，之后小镇就又恢复了平静。

活动

★蓝池步道 徒步

（Blue Pools Walk）在玛卡罗拉地区最受欢迎的就是这条人迹罕至的750米（往返30分钟）的步道，通往荧光蓝的蓝池，玛卡罗拉河和蓝河在这里交汇。河水非常清澈，你可以看见鳟鱼仿佛悬浮在水中。道路起点位于玛卡罗拉游客中心以北约8公里处。

威尔金山谷步道 徒步

（Wilkin Valley Track）威尔金山谷步道的起点位于SH6上，沿着威尔金河（Wilkin River）通往Kerin Forks小屋（4~5小时，15公里）。还有一条一日步道沿着山谷上行，可到达Top Forks小屋（6~8小时，15公里），从那里可到达风景如画的3座湖泊：Diana、Lucidus和Castalia（分别历时1小时、1.5小时和3小时）。

吉莱斯皮步道 徒步

（Gillespie Pass）吉莱斯皮步道穿过扬山谷（Young Valley）、西伯利亚山谷（Siberia

Valley)和威尔金山谷(Wilkin Valley),是一条历时3天方可走完的环线步道。这条步道海拔较高(海拔1501米),在冬春时节存在雪崩危险。可以乘坐喷射艇,沿着威尔金河顺流而下,完成全程。这条线路是新西兰最令人难忘的徒步线路之一。

Siberia Experience 探险

(☎03-443 4385; www.siberiaexperience.co.nz; Makarora Tourist Centre, 5944 Haast Pass-Makarora Rd/SH6; 成人/儿童 $395/299)这家机构组织的探险游简直就是一场追求刺激的盛宴,组合行程包括25分钟的空中观光、3小时穿越偏远山谷的徒步,以及半小时乘喷射艇飞过提提蒂亚/阿斯帕林山国家公园的威尔金河和玛卡罗拉河的活动。

ℹ 实用信息

玛卡罗拉游客中心(Makarora Tourist Centre; ☎03-443 8372; www.makarora.co.nz; 5944 Haast Pass-Makarora Rd/SH6; ⏰夏季 8:00至深夜,冬季 9:00~17:30; 📶)集合了咖啡馆、酒吧、商店、信息中心、露营地(无/有电力供应 露营地 $15/17)、宿舍($30)、带小厨房的小屋($85)和设施齐备的小屋($128起)。

ℹ 到达和离开

InterCity(见654页)每天都有长途汽车往返皇后镇($24起,3.5小时)、克伦威尔($19起,2.25小时)、瓦纳卡($12起,1.5小时)、莱克哈威亚($10起,1.25小时)和弗朗兹约瑟夫($36起,4.75小时)。

峡湾地区和南部区

包括 ➡

最佳就餐

- Kepler's（见685页）
- Batch（见695页）
- Louie's（见696页）
- Elegance at 148 on Elles（见696页）
- Whistling Frog Cafe & Bar（见701页）
- Orepuki Beach Cafe（见693页）

最佳住宿

- Te Anau Lodge（见685页）
- Newhaven Holiday Park（见702页）
- Southern Comfort Backpackers（见695页）
- Bushy Point Fernbirds（见695页）
- Slope Point Accommodation（见699页）

为何去

准备好饱览激动人心的绝佳风景吧。

峡湾地区国家公园（Fiordland National Park）里的高山、森林和镜面般平滑的湖水征服了游客。米尔福德峡湾（Milford Sound）是冰川用数千年时间开凿出来的，夹在高达数公里的悬崖之间。这里由米尔福德公路（Milford Hwy）贯通，每一个转弯处都有壮丽的山景。神奇峡湾（Doubtful Sound）羞怯地躲避注目，是一片古朴的“宁静之地”（也让许多慕名而来的游客惊叹得说不出话来）。

从这里开始，沿南部观光路线散落着一系列小镇，以氛围友好且出产海鲜为特点。公路蜿蜒穿过南部地区，前往卡特林斯（Catlins），在那里，草地绵延伸向金色的海湾，锯齿般的悬崖上点缀着假寐的海豹。

继续向南，就会来到这条观光线路的尽头——斯图尔特岛/拉基乌拉，这座偏僻的小岛上生活着水手和一群珍禽，包括新西兰最受喜爱的象征动物——奇异鸟。

何时去

- 峡湾地区的气候变化无常，但12月至次年4月气候还算稳定，适于旅游（但你还是很可能碰上下雨天！）。
- 徒步旅行的旺季从10月底持续至次年4月底，热门路线包括米尔福德步道（Milford Track）、凯普勒步道（Kepler Track）、路特本步道（Routeburn Track）和拉基乌拉步道（Rakiura Track），务必提前预订。
- 斯图尔特岛/拉基乌拉的天气变幻无常，在一年中的任何时候，都可能在一天里出现四季的变换。但是气温很温和：冬季（6月至8月）的平均气温为10℃，夏季（12月至次年2月）则是16.5℃~18℃，最高也不过20℃上下。

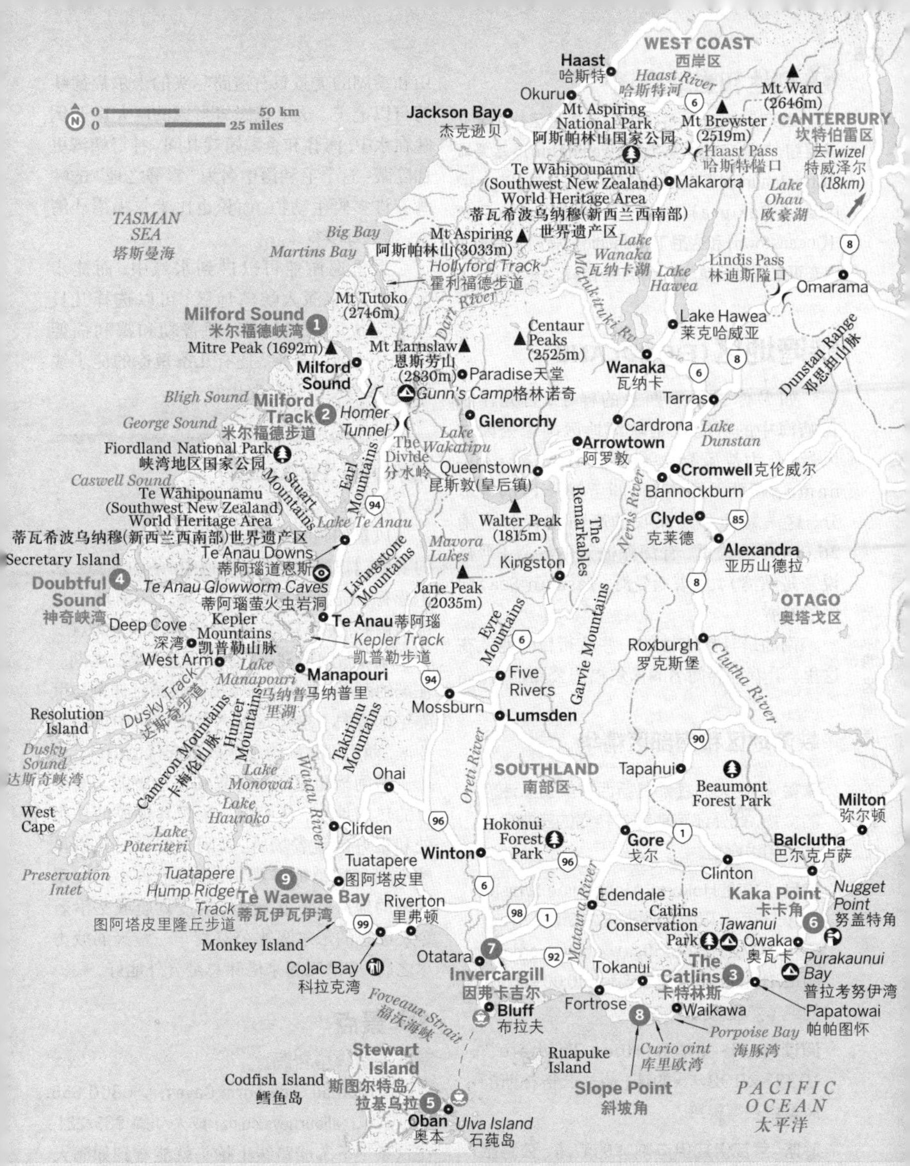

峡湾地区和南部区亮点

❶ **米尔福德峡湾**(见687页)被第一眼看见的从峡湾墨色海水中耸立而出的麦特尔峰所征服。

❷ **米尔福德步道**(见680页)徒步穿越世界遗产级的壮丽荒野。

❸ **卡特林斯**(见697页)在穿越宁静的奥瓦卡和帕帕图怀的步道上感受林中瀑布的水雾。

❹ **神奇峡湾**(见691页)在遥远的巡航旅途中拥抱宁静。

❺ **斯图尔特岛/拉基乌拉**(见703页)这里是新西兰"第三大岛",鸟的天堂。

❻ **卡卡角**(见702页)看企鹅或海狮在散落着岩石的海岸上晒太阳。

❼ **因弗卡吉尔**(见693页)参观主题博物馆,或参加晚宴。

❽ **斜坡角**(见699页)在南岛最南端漫步前往海水侵蚀的悬崖。

❾ **蒂瓦伊瓦伊湾**(见692页)为这片浪涛侵蚀的自然景观惊叹。

到达和当地交通

因弗卡吉尔(Invercargill)是本地区的主要交通枢纽,有航班往返惠灵顿(Wellington)、基督城(Christchurch)和斯图尔特岛/拉基乌拉(Stewart Island/Rakiura),长途汽车最远可达皇后镇(Queenstown)和达尼丁(Dunedin)。蒂阿瑙有长途汽车可直达皇后镇、达尼丁和基督城。

峡湾地区(FIORDLAND)

如果你想象新西兰的样子,首先浮现在脑海中的可能就是峡湾地区国家公园的风景。作为蒂瓦希波乌纳穆(Te Wāhipounamu,新西兰西南部)世界遗产区的一部分,这一大片令人惊叹的高山和森林占地26,000平方公里,有深深嵌入的峡谷(严格说来是峡湾),从塔斯曼海(Tasman Sea)向内陆伸展。

南岛最具标志性的一些旅行目的地就在这里。沿着世界闻名的米尔福德公路前行,高山和镜湖的美景只有道路尽头的米尔福德峡湾可以媲美。这里花岗岩形成的巨大崖壁倒映在水中,海豚和企鹅嬉戏其间。神奇峡湾更加隐蔽:这个毛利语中名为"寂静之地"的峡湾有许多野生动物,面积也比米尔福德峡湾大,游人却少得多。

乘坐巡游船可以进到水域中,而徒步爱好者却能深入峡湾地区,可以选择几日才能完成的米尔福德、凯普勒和霍利福德(Hollyford)步道,还有几条短途的徒步线路,可以方便地从公路出发。

峡湾地区和南部区精华

就餐 布拉夫的牡蛎是新西兰美食家迷恋的食物,此外还有斯图尔特岛的三文鱼、银鱼和银鳕鱼。

饮品 戈尔的Hokonui Moonshine Whisky(见698页),以及因弗卡吉尔**Blue River Dairy**(☎03-211 5150; www.blueriverdairy.co.nz; 111 Nith St; ⌚周二至周六 10:00~14:00)的绵羊奶馥芮白咖啡。

阅读 霍恩·图华恩(Hone Tuwhare,1922~2008年)的诗,他从卡特林斯的风景中获得灵感。

聆听 蒂瓦伊瓦伊湾咆哮的浪涛、公路旅行途中静电的噼啪声(广播信号不好)、神奇峡湾的死寂。

观赏 《世上最快的印第安摩托》(*The World's Fastest Indian*),罗杰·唐纳森(Roger Donaldson)2005年出品,借此可以了解因弗卡吉尔对波特·门罗遗产的热爱。

网络资源 www.fiordland.org.nz, https://southlandnz.com

蒂阿瑙(Te Anau)

☎03/人口 1911

风景如画的蒂阿瑙是通往米尔福德峡湾的主要门户,也是十大步道中3条的起点:米尔福德、凯普勒和路特本。不过蒂阿瑙本身也很精彩,并不只是一个乏善可陈的落脚点。小镇毗邻蒂阿瑙湖,这是新西兰的第二大湖,在湖的西岸,有冰川开凿出的峡湾延伸进与世隔绝的森林。东边是新西兰南部区中央的农业区,西边则是峡湾地区高低起伏的山林。

蒂阿瑙也是空中观景和长途游船之类项目的热门地点,从而催生了颇具规模的住宿处和很好的就餐场所。蒂阿瑙的派对氛围虽然不如皇后镇那样沸腾,但也有许多可以喝啤酒的地方——在徒步、划皮划艇或是沿着令人难忘的米尔福德公路驾车一整天筋疲力尽之后,啤酒喝起来滋味总是分外地好。

景点

蒂阿瑙萤火虫岩洞 洞穴

(Te Anau Glowworm Caves; ☎0800 656 501; www.realjourneys.co.nz; 成人/儿童 $83/22)在这条地下游船路线上抬头就能看到如满天繁星般的萤火虫。这条200米长的洞穴系统曾经只存在于毛利人的传说之中,直到1948年才被发现。其中的岩石、瀑布和旋涡本身就足以给人留下深刻的印象,但闪烁着蓝色微光的萤火虫,这种以其诱人的光芒吸引猎物的奇异幼虫,才是主要关注点。

可参加Real Journeys(见684页)的2.25小时的导览团队游抵达洞穴,途中包括乘船游湖、徒步和乘一小段船。团队游从位于

Te Anau 蒂阿瑙

Te Anau 蒂阿瑙

活动、课程和团队游

1 Fiordland Jet........B3
2 Fiordland Tours........D1
3 Real Journeys........B2
4 Rosco's Milford Kayaks........B2
5 Southern Lakes Helicopters........B3
6 Wings & Water........B3

住宿

7 Keiko's Cottages........D1
8 Te Anau Lakefront Backpackers........B3
9 Te Anau Top 10........A2

就餐

10 Kepler's........C2
11 Sandfly Cafe........B2

饮品和夜生活

Black Dog Bar........（见13）
12 Ranch Bar & Grill........C2

娱乐

13 Fiordland Cinema........C2

Lakefront Dr的办公室出发。

活动

蒂阿瑙能通往三大徒步路线——凯普勒步道、米尔福德步道和路特本步道（见657页）——以及游客虽少但同样精彩的霍利福德步道。在Lonely Planet出版的《新西兰徒步远足指南》(*Hiking & Tramping New Zealand*)中可以查到详细的信息，也可以咨询峡湾地区国家公园游客中心热心的工作人员，还可以通过Adventure Smart的网站(www.adventuresmart.org.nz)登记你的徒步计划。这样万一遇到紧急状况，这里会有你的规划路线记录。

凯普勒步道(Kepler Track)

凯普勒步道于1988年开放，是新西兰规划最好的步道之一，如今跻身最受欢迎的前几名。步道是60公里的环线形式，相当累人，起点和终点都位于蒂阿瑙湖南端的怀奥河(Waiau River)控制大门。全天候的徒步路线会翻越几座山顶，这也是这条步道的一大特色。途中能饱览湖泊、杰克逊峰群(Jackson Peaks)和凯普勒山脉(Kepler Mountains)的无敌美景。沿途还会穿越嶙峋的山脊、崎岖的苔原和宁静的山毛榉森林。

整条路线可以用4天完成，3天晚上住在3座不同的木屋里，不过如果略过莫图拉乌木屋(Moturau Hut)，并跳过彩虹河段(Rainbow Reach)吊桥的步道而直接结束的话，就能把行程压缩到3天。不过，在马纳普里湖(Lake Manapouri)岸边的莫图拉乌木屋度过一晚，是结束这段徒步行程的最佳方案。虽然可以选择逆时针或顺时针完成，但最受欢迎的路线顺序还是：力士摩山(Luxmore)—艾利斯贝恩(Iris Burn)—莫图拉乌。

这条步道的难度全年都很大程度上取决于天气状况，而且高山路段对体力要求很高，冬季部分路段可能会有危险，或者无法通行。环保部推荐10月底至次年4月在此徒步——强烈建议5月初至10月底抵御徒步的诱惑。

预计徒步用时：

天数	路线	时间
1	峡湾地区国家公园游客中心至控制大门	45分钟
1	控制大门至布洛德湾(Brod Bay)	1.5小时
1	布洛德湾至力士摩山木屋	3.5~4.5小时
2	力士摩山木屋至艾利斯贝恩木屋	5~6小时
3	艾利斯贝恩木屋至莫图拉乌木屋	5~6小时
3	莫图拉乌木屋至彩虹河段	1.5~2小时
4	彩虹河段至控制大门	2.5~3.5小时

凯普勒步道是新西兰官方认证的十大徒步路线之一，必须购买一张十大徒步路线通票(Great Walk pass)，才能入住力士摩山木屋、艾利斯贝恩木屋和莫图拉乌木屋。通票必须提前购买，可以在线通过环保部的**十大徒步路线预订处**(☎0800 694 732; www.greatwalks.co.nz)或亲自在环保部的游客中心预订支付。在淡季的时候(除最有经验的新西兰徒步者以外，其他所有人都不建议前往)，木屋进入维修状态。在**布洛德湾**(☎国家公园中心 03-249 7924; www.doc.govt.nz; 帐篷营地 10月底至次年4月中旬 $20，其余月份 $5)和**艾利斯贝恩**(www.doc.govt.nz; 帐篷营地 10月底至次年4月中旬 $20，其余月份 $5)有露营地。

徒步凯普勒步道的推荐地图是比例尺为1:60,000的*Parkmap 335-09*(*Kepler Track*)。

从峡湾国家公园游客中心走到凯普勒步道的起点只需不到1小时，非常方便，沿着Manapouri-Te Anau Rd(SH95)边的湖畔步道前行即可。控制大门附近有停车场和休息处。**Tracknet**(☎0800 483 262; www.tracknet.net)和**Topline Tours**(☎03-249 8059; www.toplinetours.co.nz; 32 Caswell Rd)经营的往返巴士都可前往控制大门和彩虹河段步道的起点。

凯普勒水上出租车(Kepler Water Taxi; ☎03-249 8364, 027 249 8365; www.keplerwatertaxi.co.nz; 单程 $25)提供清晨穿越蒂阿瑙湖前往布洛德湾的船运服务，可以让第一天的徒步行程节省1.5小时。

米尔福德步道(Milford Track)

米尔福德步道通常被誉为"世界上最美的步道"，一定会让你感到震撼：这里有热带雨林、冰川深蚀的山谷、一处被群峰环绕的山坳以及若干气势磅礴的瀑布，其中包括世界上落差最大的瀑布之一——萨瑟兰瀑布(Sutherland Falls)。这一切使得米尔福德步道颇受欢迎：每年夏天都有大约7500名徒步者完成54公里长的徒步路程。预订开放之后(2月至3月之间的某个时间开始预订10月开始的夏季行程)，这条步道的徒步名额很快就会被预订一空——留意网站www.doc.govt.nz/milfordtrack，等待预订时间的到来。

Kepler Track 凯普勒步道

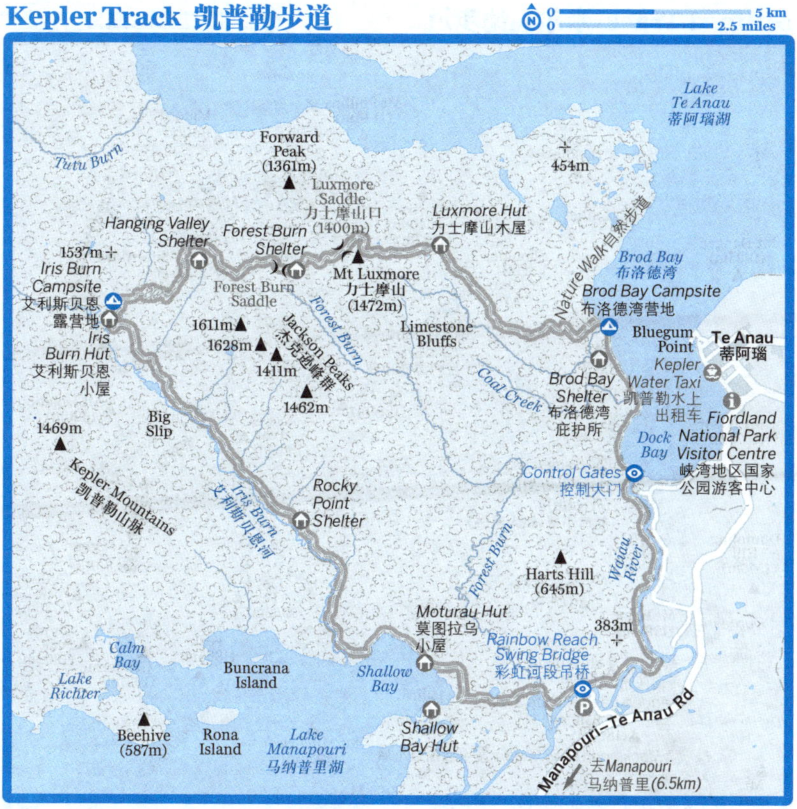

在徒步旺季（10月底至次年4月）期间，米尔福德步道只能按照固定方向行走，起点是格拉德码头（Glade Wharf）。第一晚必须在克林顿木屋（Clinton Hut）过夜，尽管此处距步道起点仅有1小时路程。徒步者必须按照规定的4天3夜行程走完米尔福德步道。如果天气条件好，那么完全没有问题；如果天气恶劣，徒步者也必须按行程翻越麦金农隘口（Mackinnon Pass），从而很有可能因为天气原因无法观赏到一些相当壮观的美景。这完全取决于徒步者的个人运气。

在徒步旺季的时候，这条路线也经常被徒步向导团队光顾，他们住在舒适的小屋里，屋内有地毯，可以洗热水澡，提供很好的食物。如果觉得听起来很诱人，请联系Ultimate Hikes（见684页），这是唯一被允许经营米尔福德徒步导览游的旅行社。

米尔福德步道徒步路线的地图可以选择比例尺1:70,000的*Parkmap 335-01*（*Milford Track*）。

预计徒步用时：

天数	路线	时间
1	格拉德码头（Glade Wharf）至格拉德木屋（Glade House）	20分钟
1	格拉德木屋至克林顿木屋	1小时
2	克林顿木屋至Mintaro Hut	6小时
3	Mintaro Hut至Dumpling Hut	6~7小时
3	支线旅程前往萨瑟兰瀑布	往返1.5小时
4	Dumpling Hut至沙蝇角（Sandfly Point）	5.5~6小时

米尔福德步道是正式的十大徒步路线之一。10月底至次年4月中旬徒步旅行，你必须3晚都预订木屋（$70）：克林顿木屋（Clinton

Milford Track 米尔福德步道

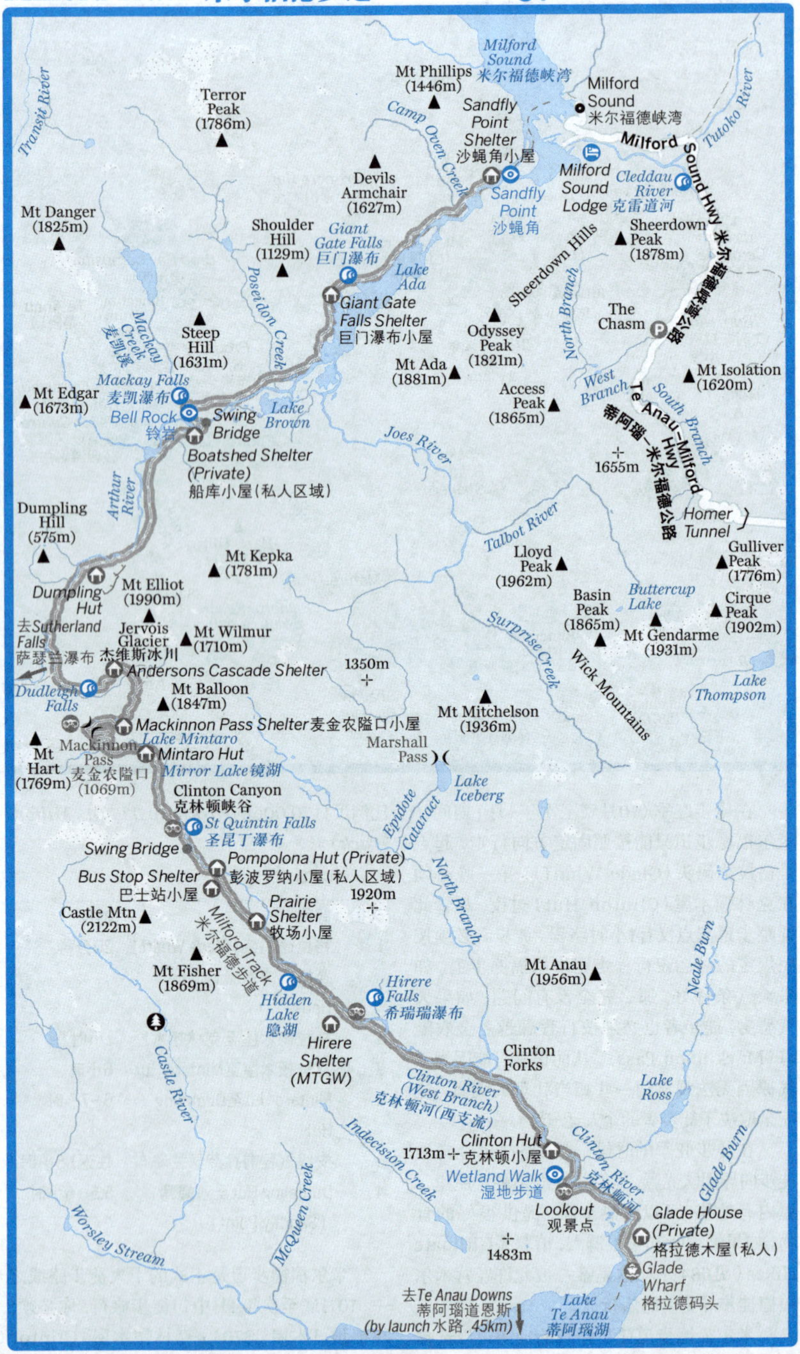

Hut)、Mintaro Hut和Dumpling Hut。木屋通票必须提前购买，可以在线通过环保部的**十大徒步路线预订处**（见680页）或是亲自在环保部的游客中心预订支付。提早预订以防失望，因为整个徒步季节的票很快就会售罄。

环保部建议5月初至10月底期间不要在米尔福德步道徒步，因为会有雪崩和洪水的重大隐患，所以他们还会移除一些桥梁避免人误入有雪崩隐患的区域。届时会非常潮湿、寒冷，积雪会掩盖道路标记。如果你是装备良好的有经验徒步者，想淡季在米尔福德步道徒步，可以向环保部咨询天气状况。淡季期间，木屋会改为维护状态（$15），必须在4天之内走完步道的限制也会取消。

步道的起点位于蒂阿瑙湖尽头的格拉德码头，从蒂阿瑙道恩斯（Te Anau Downs）坐船1.5小时可达，而蒂阿瑙道恩斯距离蒂阿瑙29公里，地处前往米尔福德峡湾的公路上。米尔福德步道的终点在沙蝇角（Sandfly Point），乘坐15分钟的小船就能到达米尔福德峡湾，从这里你可以由陆路返回蒂阿瑙，约需2小时。在你预订木屋联票时，可以在线选择预订以上往返交通。

Tracknet提供从皇后镇和蒂阿瑙前来的交通工具，可以连上蒂阿瑙道恩斯和米尔福德峡湾的船。往返步道还有其他交通工具可供选择，包括**Wings & Water**（☎03-249 7405；www.wingsandwater.co.nz；Lakefront Dr）的水上飞机，可以从蒂阿瑙前往格拉德码头。峡湾信息中心（见685页）和峡湾地区国家公园游客中心（见685页）也会提供最适合你的行程建议。**Safer Parking**（☎03-249 7198；www.saferparking.co.nz；48 Caswell Rd；每天 每辆摩托车/小汽车/旅宿车 $4/9/10）是徒步期间存车的好地方。

霍利福德步道（Hollyford Track）

霍利福德谷（Hollyford Valley）是峡湾地区国家公园内最长的山谷。穿越霍利福德谷的这条步道全长56公里，最终抵达偏远的马丁斯湾（Martins Bay），单程需要4天至5天时间，是一条中低难度的徒步线路。如今这条步道提升了道路质量、改善了配套的交通服务，加之它的难度低，全年各个时段（天气允许的情况下）均可徒步，因此越来越多的徒步者前来探险。壮美的山景和湖景、森林、种类丰富的鸟类以及奇幻的海岸，这一切都使霍利福德谷显得与众不同。尽管如此，这条步道平均每年仅有4000名徒步者造访，因此，如果你追求静谧，那么这里就是一处上佳的选择。

霍利福德步道基本上是单向的路线（除非再加上非常具有挑战性的88公里的Pyke-Big Bay Route），大多数徒步者到达马丁斯湾之后，就会沿原路返回或者从海湾的简易机场飞回去了。留点时间在海湾观看海豹群，运气好的话，还能瞄到企鹅。这绝对能弥补新西兰最惹人厌的沙蝇带来的烦躁。

最适合用于霍利福德步道徒步的地图是CA09（*Alabaster*）和CA08（*Milford Sound/Piopiotahi*）。环保部出版了一本关于霍利福德步道的手册。

徒步者沿途可以使用环保部的6个木屋，从服务木屋（$15）到标准木屋（$5），档次不一。可以在木屋旁边露营（$5），不过沙蝇不会让你住得舒坦。木屋的票可以提前从环保部的游客中心网站购买。

Tracknet（见680页）和**Trips & Tramps**（☎03-249 7081，0800 305 807；www.tripsandtramps.com）都提供前往霍利福德步道起点的交通服务。Gunn's Camp（见686页）距离步道起点不到9公里（步行需2小时），是休整的好去处，而且提供存车服务。

Fly Fiordland（☎0800 359 346；www.flyfiordland.com；52 Town Centre；4位乘客 $620）的飞机往返蒂阿瑙和马丁斯湾的简易机场。

短途步道

蒂阿瑙**湖畔步道**（Lakeside Track）无论往哪个方向都是一条非常怡人的徒步或骑行道路——可北上前往码头，绕行前往阿普凯罗拉河（Upukerora River，往返约1小时）；或者南下经过峡湾地区国家公园游客中心，继续前往控制大门和凯普勒步道的起点（50分钟）。

国家公园里的一日徒步可从蒂阿瑙前往。凯普勒水上出租车（见680页）和**Fiordland Outdoors**（☎0800 347 4538；www.fiordlandoutdoors.co.nz）可载你跨越布罗德湾（Brod Bay），从那里可以沿着湖畔步道徒步返回蒂阿瑙（2~3小时）。夏季，Trips &

Tramps提供小团队导览一日徒步，行走凯普勒步道和路特本步道，以及其他一些步道（有接驳车往返步道起点）。Real Journeys（见688页）运营的导览一日徒步（成人/儿童$195/127，11月至次年4月中旬）沿着米尔福德步道行进11公里。Tracknet（见680页）运营的定期班车可连接多条一日步道。

自助导游的探险活动，可从峡湾信息中心（见685页）或峡湾地区国家公园游客中心（见685页）领取环保部的《峡湾地区国家公园一日徒步》（*Fiordland National Park Day Walks*）小册子，或者从www.doc.govt.nz下载。

团队游

★ Real Journeys 团队游

（☎0800 656 501；www.realjourneys.co.nz；85 Lakefront Dr；⏰9月至次年5月 7:30~20:30，6月至8月 8:00~19:00）这个主要运营商的优质服务值得信赖，提供各种项目，包括组织得很好的团队游、徒步和户外活动——对当地野生动物均保护有加。亮点项目有神奇峡湾和米尔福德峡湾巡游，此外还有米尔福德步道导览一日徒步、蒂阿瑙萤火虫洞穴（见678页）团队游。

Fiordland Jet 探险运动

（☎0800 253 826；www.fjet.nz；84 Lakefront Dr；成人/儿童 $139/70）提供激动人心的90分钟上怀奥河（Upper Waiau River，《指环王》中的安都因河）喷射艇之旅，以及往返以高山为背景的山毛榉森林的高空滑索，还会介绍本地区的自然（和人造）景点。

Fiordland Tours 团队游

（☎0800 247 249；www.fiordlandtours.co.nz；208 Milford Rd；成人/儿童 $149/69起）运营小团队的巴士和米尔福德峡湾巡航团队游（15人或以下），从蒂阿瑙出发，沿途会在景点停靠。还提供步道运输和凯普勒步道的一日导览徒步。

Hollyford Track 徒步

（☎03-442 3000；www.hollyfordtrack.com；成人/儿童 $1895/1495起；⏰10月底至次年4月底）这个机构由Ngāi Tahu经营，带领的小团队（16人以下）3日导览之旅介绍毛利历史和峡湾野生动物，取道霍利福德步道，沿途在私人木屋或度假屋住宿。如果乘坐喷射艇沿河流而下，旅途会缩短，第二天即到达麦克劳湖（Lake McKerrow），最后乘坐观光飞机前往米尔福德峡湾。

Ultimate Hikes 徒步

（☎03-450 1940，0800 659 255；www.ultimatehikes.co.nz；5日徒步 含食物 铺/标单/双 $2295/3330/5390；⏰11月至次年4月中旬）Ultimate Hikes的总部位于皇后镇，你可以预订其运营的米尔福德步道导览徒步，他们很有经验，会规划路线、提供后勤。导游在动植物方面的专业知识增强了旅途的趣味性，徒步者会在度假屋过夜，有热水淋浴和可口的食物。

Southern Lakes Helicopters 观光飞行

（☎03-249 7167；www.southernlakeshelicopters.co.nz；Lakefront Dr）提供30分钟的蒂阿瑙上空飞行（$240），还有长一些的旅途，会在神奇峡湾、达斯基（Dusky）峡湾和米尔福德峡湾降落（$685起）。该运营商在峡湾地区有25年的运营经验，仅凭这点就足以平复游客的紧张。

住宿

★ Te Anau Lakefront Backpackers 青年旅舍 $

（☎03-249 7713，0800 200 074；www.teanaubackpackers.co.nz；48-50 Lakefront Dr；帐篷营地 $20，铺 $35，双 含/不含浴室 $98/88起；📶）整洁的宿舍和私人房间，湖畔的地理位置，使这个背包客住宿点成了蒂阿瑙经济型住宿的最佳选择。透过巨大的窗户眺望湖面，让员工给你灌输当地指南，或者到有许多游戏和书籍的休息室与店家领养的猫Dexter一起打个盹。

Te Anau Lakeview Kiwi Holiday Park & Motels 度假公园 $

（☎0800 483 262，03-249 7457；www.teanauholidaypark.co.nz；77 Te Anau-Manapouri Rd；不带电/带电露营地 $23/24，铺/标单/双 不带浴室 $35/40/80，套间 $125~306；@📶）这片

9公顷的湖畔草地度假公园有许多空间可供扎帐篷或停放露营车。也有各种住宿选择，包括基本型的宿舍、整洁的小屋和相当时髦的马拉库拉两卧汽车旅馆，能看到令人钦羡的湖光山色。友好的员工会帮你张罗当地活动和交通。

Te Anau Top 10　　度假公园 $$

（☎03-249 7462，0800 249 746；www.teanautop10.co.nz；128 Te Anau Tce；带电露营地 $50起，小屋 不带浴室 $62~99，套间 带浴室 $150~236；@📶👪）这座湖畔度假公园有各种预算的住宿选择：汽车旅馆套间采用鼠灰色的装饰，有小厨房；私人帐篷营地和价格实惠的小屋共用设施现代的厨房和浴室。面朝湖水的热水浴缸、游乐场、租赁自行车及烤肉区都非常适合夜间活动，游戏室和桑拿房是雨天父母和孩子们的最爱。

Keiko's Cottages　　民宿 $$

（☎03-249 9248；www.keikos.co.nz；228 Milford Rd；双 $175起；⏲6月至8月关闭；📶）Keiko's周围环绕着日式花园，有潺潺的流水和鱼池，设备齐全的小屋私密、舒适、装潢雅致。服务热情，早餐（每人$30）令人难以抉择：新西兰风格还是日式盛宴？水疗和桑拿值得额外花钱。Wi-Fi需要付费。

★ Te Anau Lodge　　民宿 $$$

（☎03-249 7477；www.teanaulodge.com；52 Howden St；含早餐 标单 $225~350，双 $250~75，标三 $300~400；📶）Te Anau Lodge位于一片实用的老式汽车旅馆中，从前是Sisters of Mercy Convent女修道院，因为独特的历史而与众不同。每个房间都能看出其之前的功能，例如优雅的"音乐室"、豪华的"女修院院长室"等。可以在火炉旁的睡椅上品尝免费的葡萄酒，或者躺倒在大床上入睡，醒来时享用丰富的欧陆早餐。

就餐

★ Sandfly Cafe　　咖啡馆 $

（☎03-249 9529；9 The Lane；主菜 $7~20；⏲7:00~16:30；📶）当地人和游客都很喜欢Sandfly，这里提供镇上最好的意式浓缩咖啡以及早餐、意大利面或总汇三明治等简餐，甜食架子上的选择令人眼花缭乱，从焦糖华夫饼干到浆果费南雪（杏子蛋糕），应有尽有。可以躺在草地上晒太阳，或者充分利用前15分钟免费的Wi-Fi。

★ Kepler's　　南美菜 $$$

（☎03-249 7909；90 Town Centre；主菜 $29~40；⏲17:00~21:00）堆成山的龙虾仔，令人垂涎欲滴的酸橘汁腌鱼和完美的烤牛排飞快地端上餐桌，服务高效而又友好，这家餐馆由家庭开办，菜单弥漫着南美风情（藜麦壳的酸橘汁罗非鱼、智利马贝克葡萄酒）。我们建议点分量超大的烤羊羔肉，搭配充足的梅鹿汁。

饮品和娱乐

Ranch Bar & Grill　　小酒馆

（☎03-249 8801；www.theranchbar.co.nz；111 Town Centre；⏲8:00至深夜）开放的火炉和小屋风格的屋檐强化了这座当地很受欢迎的小酒馆的魅力，最受喜爱的是丰盛的周日烤肉晚餐（$15）、周四的果酱之夜及大屏幕上播放的运动赛事。可以过来享用大煎饼早餐（直至11:30），其余时间有大份的炸肉排和肉类主食（$20~42）。

Fiordland Cinema　　电影院

（☎03 249 8844；www.fiordlandcinema.co.nz；7 The Lane；📶）是一家服务当地的电影院，经常播放出色的*Ata Whenua/Fiordland on Film*（成人/儿童 $10/5），这是一部介绍峡湾风景的32分钟广告片。

电影院旁边的**Black Dog Bar**（☎03-249 9089；www.blackdogbar.co.nz；7 The Lane；⏲10:00至深夜；📶）是镇上最精致的饮酒场所。

实用信息

峡湾信息中心（Fiordland i-SITE；☎03-249 8900；www.fiordland.org.nz；19 Town Centre；⏲12月至次年3月 8:30~20:00，4月至11月 8:30~17:30）官方信息中心，提供活动、住宿和交通预订。

峡湾地区国家公园游客中心（Fiordland National Park Visitor Centre；DOC；☎03-249 7924；www.doc.govt.nz；Lakefront Dr和Te Anau-Manapouri Rd交叉路口；⏲8:30~16:30）协助预订十大步道门

票、一般木屋通票和信息，福利是一个自然历史展览和一个出售徒步供给品和乡村游览地形图的商店。

峡湾医疗中心（Fiordland Medical Centre；☎03-249 7007；25 Luxmore Dr；⏲周一至周五8:00~17:30，周六 9:00至正午，周日 10:00~10:30和17:00~17:30）如果在下班以外的时间需要医疗救助，工作人员会通过电话会告诉你一个随时待命的医生的信息。

到达和离开

InterCity（☎03-442 4922；www.intercity.co.nz；Miro St）运营的车次可前往米尔福德峡湾（$22~44，3小时，每天2~3班）和皇后镇（$21~49，3.25小时，每天4班），每天上午有车前往戈尔（Gore；$20~40，1.75小时）、达尼丁（$25~49，4.5小时）和基督城（$31~81，11小时）。出发点在镇中心尽头的Miro St。

Naked Bus（https://nakedbus.com）每天有一班车开往皇后镇（$30起，2.75小时），每天早上有一班车开往米尔福德峡湾（$32起，2.25小时）。出发点在蒂阿瑙的Lakeview Kiwi Holiday Park。

Topline Tours（见680页）全年有车往返蒂阿瑙和马纳普里（Manapouri；$20），11月到次年3月有车从蒂阿瑙开往凯普勒步道起点控制大门处（$5）和彩虹河段吊桥（Rainbow Reach Swing Bridge；$8）。

11月至次年4月，蒂阿瑙的Tracknet（见680页）每天至少有3班固定时间的班车往返蒂阿瑙道恩斯（$28，30分钟）、分水岭（Divide；$41，1.25小时）和米尔福德峡湾（$53，2.25小时），1班车往返马纳普里（$25，30分钟），4班车前往皇后镇（$47，2.75小时）。冬季则按需服务。发车点在蒂阿瑙Lakeview Kiwi Holiday Park附近。

米尔福德公路（Milford Hwy）

有时候旅途就是目的地，这句话对于全长119公里的蒂阿瑙—米尔福德峡湾公路（SH94）来说尤其正确。米尔福德公路是轻松体验峡湾地区的最佳选择。这条路沿途地形多样，有优美的山毛榉森林、和缓的河谷、镜面般平静的湖水、壮丽的高山，最后抵达的终点算得上是新西兰最激动人心的景致，即米尔福德峡湾。

旅途单程2.5小时，不过如果想到步道上逛一逛并填满你的相机存储卡，那么时间可能会更长一些。大多数游客选择从蒂阿瑙出发沿米尔福德公路一日游，然后乘船沿米尔福德峡湾返回。不过也可以花更长的时间徒步，还可以在锯齿般的高山下露营，因此你可能会受到诱惑而留下来。

景点和活动

沿着米尔福德公路（SH94）北上离开蒂阿瑙，公路在起伏的农田间蜿蜒，农田下是冰川留下的冰碛，蒂阿瑙湖就是由冰川“凿”成的。在29公里处，公路经过蒂阿瑙道恩斯（Te Anau Downs），这里是米尔福德步道的起点。从这里可以通过一条轻松的步道穿越森林到达米索陶湖（Lake Mistletoe，蒂阿瑙道恩斯），这是一座由冰山形成的小湖，往返45分钟。

公路随后通向埃格林顿谷（Eglinton Valley），起先的路段散布着放养绵羊的牧场，之后越过边界进入峡湾地区国家公园，渐渐深入荒野——鳞次栉比的群峰、茂密的山毛榉森林、羽扇豆丛生的河畔和草坪。

经过51公里处的Mackay Creek露营地，前方就到了Eglinton Flats，这是一片开阔的空间，能饱览Pyramid Peak（海拔2295米）和Ngatimamoe Peak（海拔2164米）两座山峰的壮美景色。最受欢迎的路边停靠站是镜湖（Mirror Lakes，SH94公路85公里处）。可以

另辟蹊径

洪堡瀑布和古恩斯营地（HUMBOLDT FALLS & GUNN'S CAMP）

在分水岭以北3公里处，紧邻SH94公路有一条东北方向的支路。沿着这条土路（通往霍利福德步道）行进8公里就到了古恩斯营地。可前往博物馆（Hollyford Rd；成人/儿童 $2/免费；⏲开放时间不定）掸掉古老农具上的灰尘，或者考虑在未经装饰的小屋中过夜，有柴炉取暖。向东北继续行进9公里，到达霍利福德步道的起点，在那里你会找到通往洪堡瀑布（紧邻Hollyford Rd）的步道（往返30分钟）。这条1.2公里长的步道很轻松，穿过雨林，前往一座观景平台，在那里你会看见远处275米高的洪堡瀑布。

沿一条很短的木板步道（5分钟）眺望波平如镜的湖水，湖面不时被绿头鸭打破宁静。如果足够幸运，赶上晴朗的日子，湖面能映出整座山谷里群山的倒影。

经过一条迷人的森林公路，77公里处是瀑布溪（Cascade Creek）和古恩湖（Lake Gunn）。这片地区在毛利语被称为O Tapara，前往安尼塔湾（Anita Bay）搜寻普纳姆（pounamu，绿玉）的毛利人曾在此停留。迷人的古恩湖自然徒步路线（Lake Gunn Nature Walk，SH94，往返45分钟）环绕着高耸的红榉林。苔藓丛生的原木和鸟儿鸣唱的声音营造出一种仙境般的氛围，还有支路延伸通往安静的湖滩。

84公里处的分水岭是南阿尔卑斯山脉海拔最低的东西向隘口，公路从这里开始变得窄而迂回。路边有一座大型棚屋，为路特本、绿石（Greenstone）或卡普尔斯（Caples）步道的徒步游客遮风避雨，无论是整装待发，还是乘兴而归，都可在此稍作停留。从这里，你可以踏上往返3小时的绝妙徒步旅程，沿着路特本步道的起点，穿越山毛榉森林，爬上钥匙峰（Key Summit）的高山草甸。天气好的时候，洪堡山（Humboldt）和达伦山（Darran）的景色一定会让你印象深刻，在泥泞的高地和短小的榉树周围自然徒步，也会让你乐不思蜀。

从分水岭开始，公路海拔逐渐降低，在穿越霍利福德谷的山毛榉森林时，可以在Pop's View（SH94）停车欣赏美景……如果能找到停车位的话。接着公路攀越一条飞瀑湍急的山谷，到达荷马隧道（Homer Tunnel）。这条隧道距蒂阿瑙101公里，两侧是由冰川侵蚀成阶梯状的高耸岩壁。20世纪30年代作为救助工程项目开始修建，1953年竣工。隧道是单行线，由交通灯指挥交通，需要保持耐心。漆黑的隧道全长1207米，岩壁粗糙且渗水。穿过隧道，雄伟的克雷道山谷（Cleddau Valley）映入眼帘，所有人都会情不自禁地赞叹。啄羊鹦鹉（kea）在隧道入口上空盘旋，等候游客喂食。但为了鸟儿健康，请不要给它们喂食。

距离米尔福德峡湾约10公里的裂谷步道（Chasm Walk，SH94，往返20分钟）可以通行轮椅和婴儿车，能看到克莱多河（Cleddau River）上方激动人心的风景。巨浪裹挟的卵石将岩石掏空，形成的形状令人想起萨尔瓦多·达利的画。在米尔福德峡湾最后9公里道路的沿线，可以看到峡湾地区的最高峰图托克山（Mt Tutoko，海拔2723米），在榉木森林之上。

住宿

公路沿线有8个基本型的环保部露营地（每位成人/儿童 $8/4），全部都风景优美，但也都很受沙蝇的欢迎。如果喜欢室内的住宿处，而非露营车或旅宿车，可以在Knob's Flat（☎03-249 9122；www.knobsflat.co.nz；6178 SH94；不带电的帐篷或露营车 每位成人/儿童 $20/10，双 $130~150）找到更结实的住宿处，或者预订Gunn's Camp（www.gunnscamp.org.nz；Hollyford Rd；不带电的帐篷/露营车 每位成人/儿童 $15，小屋 $70，寝具 加收$7.50）边境风格的小屋。否则就最好还是往南119公里返回蒂阿瑙，那里有大量的住宿选择。

到达和离开

预订汽车票时先问清楚，只是单纯地从A地到B地，还是可以中途下车观光。

InterCity（见686页）每天有两班车从蒂阿瑙（$22~44，3小时）和皇后镇（$44起，6小时）前往米尔福德峡湾。

Naked Bus（见686页）每天上午有一班车从蒂阿瑙前往米尔福德峡湾（$32起，2.25小时）。

11月到次年4月，蒂阿瑙的Tracknet（见680页）每天至少有3班车往返蒂阿瑙道恩斯（$28，30分钟）、分水岭（$41，1.25小时）和米尔福德峡湾（$53，2.25小时）。有2班前往皇后镇（$92，5小时）。冬季（6月至8月）可根据需要提供服务。

米尔福德峡湾（Milford Sound）

☎03/人口 120

米尔福德公路（SH94）尽头的宝藏就是这处绝美的米尔福德峡湾（Piopiotahi）。高耸于峡湾靛蓝色水面之上的是麦特尔峰（Mitre Peak，Rahotu），数百万摄影作品当仁不让的主角。这座1692米高的山峰越往上越细，直插云霄，有鬼斧神工之感。

事实上，这里剃刀一般锋利的崖壁是冰川运动塑造出来的。裸露岩石上的擦痕是树木崩塌摩擦生成的——纠缠的树根拖拽着整片森林坠落进散发着幽暗光芒的水中。下雨时（很频繁），悬崖上会形成几十座临时的瀑布。天气晴朗时，斯特林（Stirling）瀑布和鲍恩（Bowen）瀑布也会倾泻而下，若逢阳光角度刚好，水雾之中会出现彩虹。

2019年，米尔福德峡湾每年游客数量将达到大约100万——这对于维持其原生态的美丽是一个巨大的挑战。不过水面上所有的人类活动——巡游船、潜水、皮划艇——在这壮丽风景的映衬下，都显得不值一提。

活动

Rosco's Milford Kayaks 皮划艇

（☎03-249 8500，0800 476 726；www.roscosmilfordkayaks.com；72 Town Centre，Te Anau；$99~199；⏲11月至次年4月）数十年的皮划艇运营经验使Rosco的活动丰富多彩，提供皮划艇导览游，譬如具有挑战性的"Morning Glory"（$199）：划桨穿越整个峡湾。最后抵达安尼塔湾。还有"Stirling Sunriser"（$195）：在高达151米的斯特林瀑布下划皮划艇。初学者可以参加比较轻松的峡湾2小时划船活动（$109）。

Descend Scubadiving 潜水

（☎027 337 2363；www.descend.co.nz；潜水 包含装备 $345）黑珊瑚，超过150种鱼类，还可能看见海豚……米尔福德峡湾的水下和水上一样美丽。Descend提供的6小时旅途可让你将两者一起体验：乘坐7米长的双体船巡游米尔福德峡湾，途中可以潜水两次。还提供针对有经验的潜水者和新手的巡游。费用包含交通、装备、热饮和小吃。

团队游

在米尔福德峡湾乘坐游轮是峡湾地区最方便的体验，一般持续90分钟或以上。在崭新的游轮码头有一连串游轮公司的预订办公桌，从主停车场步行10分钟即可到达码头，不过还是提前预订更为明智。

每一家游轮公司都宣称自己的服务优质、团队小巧、船体宽敞、价格便宜，总之就是优于别家。事实上，各家公司之间的真正差别是游览时间。大多数巴士旅行团都会选择13:00的游船，所以如果能避开一天中的这个时间段，船上不会那么拥挤，而且水上船少，路上车也少。

假如你尤其热衷于野生动物，可选择配有通晓自然知识的导游的船。时间一般比标准的"观光"巡游要长一点，而且通常船也更小。大多数游轮公司提供蒂阿瑙接送服务，但要额外收取费用。从皇后镇往返一日游耗时长达13小时。

出发前20分钟抵达。所有游轮都会探访距离游轮码头15公里的峡口，在波涛汹涌的塔斯曼海上乘风破浪。较短的航程游览的"亮点"也相应较少，沿途"亮点"包括鲍恩瀑布（Bowen Falls）、麦特尔峰、安尼塔湾和斯特林瀑布。

只有参加由Southern Discoveries和Mitre Peak Cruises运营的项目才能参观米尔福德探索中心（Milford Discovery Centre；www.southerndiscoveries.co.nz；Harrison Cove；成人/儿童 $36/18；⏲9:00~16:00），这是新西兰唯一的水下观景台，提供关于峡湾自然环境的互动展示。该中心还提供从水下10米观赏深海珊瑚、管海葵（tube anemones）和栖息于海底的鲈鱼（perch）的机会。

★Real Journeys 划船

（☎0800 656 501，03-249 7416；www.realjourneys.co.nz）米尔福德峡湾最大最好的旅行社，经营着一个1.75小时的景观游轮项目（成人/儿童 $76/22起），十分受欢迎。更专业的还有2.5小时的自然美景游轮（成人/儿童 $88/22起），专注于观赏野生动物，自然向导会提供介绍。另外还有过夜的游轮，沿途你可以乘皮划艇或小船与大自然来一次亲密接触。

过夜行程均于15:00左右从游轮码头起航，并于次日上午9:30左右返回码头。米尔福德流浪者号（Milford Wanderer）仿照一艘古老的大型平底商船建造而成，可容纳36名乘客，提供2床和4床的多人舱以及公共卫生间（铺/标单/双 $339/681/778）。米尔福德水手号（Milford Mariner）可运载60人，房型更高档，有标单（$803）、带浴室的双人间（$918）。4月至9月的票价比较便宜。价格包括食物，但如果从蒂阿瑙乘坐大巴前往，需要另收费用。

自1954年成立以来，Real Journ荣获过各种奖项，现在依然致力于当地的环保事业，例如，选用对生态影响最小的游轮、募集资金、举行慈善捐款，等等。

Cruise Milford 划船

（☎0800 645 367；www.cruisemilfordnz.com；成人/儿童 $95/18起；⏲10:45、12:45和14:45）相比一些大船团队游，这里的项目更有个性，小船每天3班，巡游1.75小时，提供从地质构造到野生动物的全面信息。

Go Orange 划船

（☎03-442 7340，0800 505 504；www.goorange.co.nz；成人/儿童 $45/15起；⏲9:00、12:30和15:00）Real Journeys的2小时游轮之旅收费便宜，在米尔福德峡湾全线巡游，提供免费早餐、午餐和小吃。

想从水上看峡湾，可以预订这家运营商的**kayaking arm**（☎03-442 7340；www.gooran gekayaks.co.nz；⏲9月至次年4月）行程，例如"米尔福德必做"（Milford Must Do；$149，4小时水上游）。

Mitre Peak Cruises 划船

（☎0800 744 633，03-249 8110；www.mitrepeak.com；成人/儿童 $70/17起）船型较小，最多承载75人，相比大船，能够更近距离地观赏瀑布和野生动物。行程2小时。16:30的船次最好，因为这时很多大型船只已经纷纷返航。

住宿

★ Milford Sound Lodge 度假屋 $$$

（☎03-249 8071；www.milfordlodge.com；SH94；带电露营车营地 $60，铺 $40，度假屋 $415~465；📶）这片度假屋在可莱达河（Cleddau River）边，距离米尔福德中心区域1.5公里，风格既乡村又时尚。豪华度假屋有令人惊艳的元素——能看到令人叹为观止的山景，或者地处河畔。森林掩映的露营车区和干净简洁的宿舍（能住5~11人）更适合低预算的游客。11月至次年4月的房间要提前很久预订。

实用信息

最好提前预订巡游船（过夜巡游或游轮与皮划艇套餐更是必须预订）。也可以直接去游轮码头，所有团队游运营商都在那里设有预订桌。

米尔福德主停车场附近的**探索米尔福德峡湾信息中心**（Discover Milford Sound Information Centre；☎03-249 7931；www.southerndiscoveries.co.nz；SH94；⏲8:00~16:00）虽然由Southern Discoveries运营，但出售绝大多数团队游和游轮公司的票，还可预订观光飞行和InterCity的车次。附设有一个普普通通的咖啡馆。

到达和离开

长途汽车

InterCity（见686页）运营的长途汽车每天两趟，从蒂阿瑙（$22~44，3小时）和皇后镇（$44起，6小时）前往米尔福德峡湾，你还可以在订票的时候增订游轮或观光飞行服务。

Naked Bus（见686页）每天早上有一班车从蒂阿瑙前往米尔福德峡湾（$32起，2.25小时），也有从皇后镇出发的班车加游轮套餐（$111起）。

从11月至次年4月，蒂阿瑙的Tracknet（见680页）每天至少有3班固定的车次往返蒂阿瑙道恩斯（$28，30分钟）、分水岭（$41，1.25小时）和米尔福德峡湾（$53，2.25小时）。冬季（6月至8月）按需服务。

汽车

出发前记得在蒂阿瑙给车加满油。通往米尔福德峡湾的公路上没有加油站，尽量避免在米尔福德的自助加油泵花高价。最近的加油站在Gunn's Camp（见687页）附近，价格也很贵，并且只收现金。

5月至11月存在结冰和雪崩的隐患（路上会有警示牌），一定要给车加上防滑链，蒂阿瑙的服务站均可租借防滑链。

马纳普里（Manapouri）

☎03/人口 400

马纳普里位于蒂阿瑙以南20公里处，是神奇峡湾游轮的出发点。大多数游客直接去码头乘坐渡轮前往马纳普里湖的西湾（West Arm），早期毛利人将马纳普里湖称为Roto Ua，即"雨湖"，而将西湾称为Moturau，意为"多岛湖"。

然而小小的马纳普里也有一些精彩之处。这里不像蒂阿瑙有大量的餐馆和汽车旅馆，但湖光山色与更受欢迎的后者相比却并

不逊色。马纳普里湖深440米，是新西兰第二深的湖泊。在这里过夜的游客比蒂阿瑙少很多，你可以独享壮丽的日落景色。

活动

凯普勒步道可从镇子以北10公里处马纳普里湖北端的彩虹河段（Rainbow Reach）出发。马纳普里还是偏僻的达斯奇步道（Dusky Track）的起点，这条极富挑战性的徒步线路全长84公里，需要8~10天方可完成。想要获取更多资讯，不妨联系环保部。

穿过珍珠港（Pearl Harbour，见691页）的怀奥河，你可以踏上一日游的徒步路线，行程在环保部的《峡湾地区一日游徒步》（*Fiordland Day Walks*）手册中有详细描述。能欣赏波光粼粼的湖面风景（有些部分比较陡峭）的经典环路行程是环形步道（Circle Track，3.5小时），继续前行可以抵达希望湾（Hope Arm，往返5~6小时）。你可以从Adventure Manapouri（03-249 8070，021 925 577；www.adventuremanapouri.co.nz；划艇租用 每天$40，水上出租车 往返 每人 $20）租一艘划艇或水上出租车越过怀奥河，该运营商也提供导览徒步和钓鱼团队游。

从马纳普里镇北口一直延伸至珍珠港，弗雷泽湖滩（Frasers Beach）1小时的徒步路线提供了野餐和游泳的好去处，还有沿湖美妙的风景。

Adventure Kayak & Cruise 皮划艇

（0800 324 966，03249 6626；http://kayaksandcruises.co.nz；33 Waiau St；10月至次年4月）提供在马纳普里湖的皮划艇出租服务，每天$50起。出于安全考虑，只出租给两人或两人以上的团队（之前要有划船经验），另外还免费提供VHF对讲机。也组织马纳普里湖巡航（价格取决于项目和团队规模）。

食宿

Possum Lodge 度假公园 $

（03-249 6623；www.possumlodge.co.nz；13 Murrell Ave；露营车 $34~39，铺 $25，套间 带/不带浴室 $110/59；）Possum Lodge依偎在湖畔的树林中，保持着老派住宿处的优点。热情的主人张罗着基本的小屋、年代悠久的汽车旅馆、令人羡慕的绿色露营车、洗衣设备和一个设施齐全的厨房。安静，而且步行很快就能到达河畔，你还需要什么呢？对了，还有不受限制的Wi-Fi……就住这儿了！

> **另辟蹊径**
>
> **南部观光路线（SOUTHERN SCENIC ROUTE）**
>
> 南部观光路线绕过一些人迹稀少的海滩、森林环绕的湖泊和令人惊叹的观景点，从皇后镇开始画一条弧线通往蒂阿瑙、马纳普里、图阿塔皮里、里弗顿和因弗卡吉尔。从因弗卡吉尔继续向东然后向北，穿过卡特林斯抵达达尼丁。这条蜿蜒的道路长达610公里，的确是有更直接的路径，不过我们想不出比沿途观光更好的理由来闲散地穿越南岛。登录www.southernscenicroute.co.nz或者领取免费的《南部观光路线》（*Southern Scenic Route*）地图，可以将景点连成一线。

Freestone Backpackers 青年旅舍 $

（03-249 6893；www.freestone.co.nz；270 Hillside Rd；铺 $25，双 带/不带浴室 $86/75；）这些小屋散落于距小镇以东约3公里的山边，风格都像小型狩猎度假屋（有鹿角、大肚灶），最高处的小屋有露台，边上的座位是欣赏山间日落的最佳选择。基本型浴室是共用的。一座改建的家庭住宅提供单人房、双人房和标间，一共有8张床，有公共设施，包括设施完整的厨房。

The Church 酒馆食物 $$

（03-249 6001；www.facebook.com/pg/manapouri.co.nz；23 Waiau St；主菜 $17~25；周日至周四 11:00~22:00，周五和周六 11:00至午夜）呼啦！不用去蒂阿瑙也能吃到满意的饭食、喝到啤酒了。有丰盛的牛排、汉堡和黄油鸡肉。由教堂改造而来，现在是一个欢乐的小酒馆，员工分外热情。

到达和离开

Topline Tours（见680页）全年提供往返蒂阿瑙和马纳普里的班车（$20）。

Tracknet（见680页）从11月至次年4月，每天

有一班车往返蒂阿瑙($25, 30分钟)。一年中其他月份的班次则根据需求而定。

神奇峡湾(Doubtful Sound)

偏远的神奇峡湾壮丽雄伟,由冰川凿出,是新西兰最大的峡湾之一,长度几乎是更受欢迎的米尔福德峡湾的3倍。船只穿行在迷宫般的森林峡谷中,很有可能看到海狗和峡湾企鹅。除了迷人的鸟鸣以外,神奇峡湾很符合其毛利语名字Patea的含义,即"寂静之地"。

在过去,只有最无所畏惧的探险者才能抵达神奇的峡湾。就连库克船长(Captain Cook)也只是在1770年从不远的海岸边打量它,因为他"不能确定"风力能否将船吹回大海。直到1959年,为了推进西湾发电站的建设,翻越威尔默特隘口(Wilmot Pass)的公路通车,神奇峡湾才比较容易抵达。

团队游经营者都可以很方便地安排从马纳普里前往深湾(Deep Cove)的车船,不过耗时太久,有些游客可能会打消念头……适合那些想要享受宁静的人。

团队游

一日巡游有大约3小时在水上(将进入峡湾所需的时间计算在内)。过夜巡游较为昂贵,但更受青睐,价格包括餐食以及钓鱼和皮划艇的活动,视天气而定。

★ Real Journeys 游轮

(☎0800 656 501; www.realjourneys.co.nz) Real Journeys是旅游业开拓者,由家庭经营,注重环保,朴实友好。"荒野游轮"一日游(成人/儿童 $250/65起)包括乘坐现代的双体船的3小时行程,还有一位自然专家导游。过夜的游轮从9月至次年5月运营,乘坐峡湾航海家号(Fiordland Navigator)游轮,船舱套间可以容纳70人(四人公用间每位成人/儿童 $419/210,单人间/双人间 $1171/1338起)。

Fiordland Expeditions 游轮

(☎0508 888 656, 03-249 9005; www.fiordlandexpeditions.co.nz; 铺/标单/双/标三 $645/1340/1420/2130起; 👪)一流的运营商,提供图托克二号(Tutoko Ⅱ,最多14名乘客)游轮过夜游。是一个标准的神奇峡湾项目,可钓鱼做晚餐,赠送一杯香槟。还可以进行冬季巡游(6月至8月),如果你有更多的时间在水上(整整两天),而且渴望享受宁静。

Deep Cove Charters 游轮

(☎03-249 6828; https://doubtfulsoundcruise.nz; 标单 $550, 船舱 标双/双 $1300/1400)在Seafinn号(最多12名乘客)游轮上过夜游玩,由本土船员经营,他们会根据天气和野生动物的观测条件来灵活调整巡航安排。也有皮划艇和钓鱼的选择,但真正让人难以抗拒的是"费用包含龙虾仔午餐和鹿肉晚餐"。

Doubtful Sound Kayak 皮划艇

(☎03-249 7777, 0800 452 9257; www.fiordlandadventure.co.nz; 一日团队游 $299; ⊙10月至次年4月)运营前往神奇峡湾的一日游,包括4小时划船,初学者和老手都适合。

到达和离开

前往神奇峡湾需要在**马纳普里的珍珠港**(Waiau St, Manapouri)上船,乘船1小时抵达西湾发电站,然后行车22公里(40分钟)穿越威尔默特隘口到达深湾(常住人口仅2人),再乘坐另一艘船在神奇峡湾巡游。尽管组织游轮的旅行团愿意到蒂阿瑙(20公里)或皇后镇(170公里)载客,但最方便的出发点还是马纳普里。

南部中区(CENTRAL SOUTHLAND)

南部中区夹在世界闻名的峡湾地区国家公园和风景优美的卡特林斯之间,经常会被游客遗忘。不过这里宁静的农场和粗犷的海岸形成的对比令人印象深刻,而小镇的角落里又有许多奇特的乐趣。

这里有以非法酿酒历史而自豪的戈尔、为牡蛎而着迷的布拉夫(Bluff),还有图阿塔皮里(Tuatapere),富于挑战性的步道和香肠一样闻名。因弗卡吉尔是南部中区最像城市的地方,有悠久的文化和一连串令人印象深刻的博物馆,主题分别是古董车、快速自行车和掘金名人。感到迷惑吗?在这一地区难免要不走寻常路,沿着当地小路走会大有收获。

图阿塔皮里（Tuatapere）

☎03/人口 558

沉寂的图阿塔皮里以前是一座伐木小镇，近年来才被过路的徒步者慢慢唤醒，徒步者们经由这里前往隆丘步道（Hump Ridge）或达斯基步道。小镇早年的伐木工人成绩斐然，因此当年的一大片本地罗汉松针叶林仅有小部分残存至今。

图阿塔皮里曾在1988年的一次香肠制作比赛中获胜，因此至今仍自诩为新西兰的香肠之都——大快朵颐之后，乘坐喷射艇到怀奥河上乘风破浪，你会给这个低调的小镇正名的。

活动

隆丘步道

这条61公里长的步道耗时3天，自然和文化历史丰富多样，从沿海和高山景致到伐木小镇遗址，不一而足。徒步时间很长（头两天每天长达9小时，而且第一天要向上攀登890米），适合中等水平的徒步者。这里鸟类众多，另外，当你沿着长风呼啸的偏僻海岸线行走时，还可能会看见赫氏矮海豚（Hector's dolphin）。沿途会经过一些历史悠久的木制高架桥，其中一座为新西兰最高的木制桥。

预订徒步行程，联络图阿塔皮里隆丘步道信息中心（Tuatapere Hump Ridge Track Information Centre）。套餐包括前往步道起点的交通（起点位于距离图阿塔皮里19公里的Rarakau）以及舒适的度假屋住宿。徒步路线全年都开放，价格分为3个季节段制订（$175起），另外提供有向导的徒步行程。务必提前预订。

达斯基步道（Dusky Track）

豪罗科湖（Lake Hauroko）四周被荒野环绕，位于图阿塔皮里以西，可通过一条大部分路段都没有铺砌的32公里长的土路抵达。沿着幽深陡峭的森林山坡而下，是新西兰最深的湖（462米）。富有挑战性的达斯基步道全长84公里，介于这里与马纳普里湖北岸之间，走完达斯基步道单程就要8~10天，只适合顶尖水平的徒步者尝试：途中要穿过3座铁索桥，还要涉过泥泞。

可通过图阿塔皮里的Lake Hauroko Tours（☎0800 376 174, 03-225 5677; www.duskytrack.co.nz; 步道交通 $99; ⊙11月至次年4月）订一艘船前往步道起点（周一和周四有固定的班次，其余日期需要预订）。Trips & Tramps（见683页）提供从蒂阿瑙到图阿塔皮里以北12公里的克利夫登悬索桥（Clifden Suspension Bridge）的交通（每人 $50），计算好时间，赶在前往达斯基步道起点的船出发前抵达。

团队游

Wairaurahiri Wilderness Jet 划船

（☎0800 270 556; www.river-jet.co.nz; 17 Main Street, Otautau; 一日团队游 $230起）提供Wairaurahiri河上的喷射艇之旅，可搭配导览森林徒步（总计6小时）。其他选择包括喷射艇直升机套餐，或者在偏远的Waitutu Lodge过夜。

实用信息

图阿塔皮里隆丘步道信息中心（☎0800 486 774, 03-226 6739; www.humpridgetrack.co.nz; 31 Orawia Rd; ⊙11月至次年3月 7:30~18:00，4月至10月 时间缩短）协助提供当地信息，预订隆丘步道木屋通票和交通。如果4月至10月来，提前致电咨询。

到达和离开

图阿塔皮里在蜿蜒的南部观光线路上，位于皇后镇和达尼丁之间，皇后镇以南200公里处，因弗卡吉尔以西80公里处。

必须通过图阿塔皮里隆丘步道信息中心预订车票。根据需要，有车往返皇后镇（$95，3小时）、蒂阿瑙（$50，1.5小时）和因弗卡吉尔（$60，1小时）。

蒂瓦伊瓦伊湾和科拉克湾（Te Waewae & Colac Bays）

SH99在图阿塔皮里和里弗顿之间的路段，属于南部观光路线（Southern Scenic Route）的一部分，这些很有氛围的长长的海湾仿佛看向了南极洲。科拉克湾虽小众，却很受勇敢冲浪者的追捧，不过大多数游客在这里停留只是为了短暂地下水游玩，或者在海滩漫步，然后继续驾车。

驾车沿着SH99自西向东行进，在McCracken's Rest(SH99)停靠，这是南部观光路线上最令人难忘的一个瞭望台，可欣赏疾风呼啸的蒂瓦伊瓦伊湾风光（如果幸运，还能看到赫氏矮海豚和南露脊鲸）。继续行进7公里，沿着Orepuki，即宝石海滩(Gemstone Beach)闪烁的沙滩漫步，然后前行4公里，到达猴子岛（紧邻SH99，Orepuki），这里从前是毛利人的一个捕鲸瞭望台。

如果是从东向西游览，沿着SH99公路的这一段，能率先看见积雪覆盖的南阿尔卑斯山向下伸展入海，形成海湾的西端岬角。

就餐

★ Orepuki Beach Cafe 咖啡馆 $$

[☎03-234 5211；www.facebook.com/pg/orepukibeachcafe；Dudley St与Stafford St (SH99) 交叉路口，Orepuki；主菜 $19~29；⊙周日至周四 9:00~17:00，周五和周六 9:00~23:00；✎] 这是什么？一座给人以美食希望的灯塔，给荒无人烟的公路带来好的气氛和香甜的气息？这个适合社交的咖啡馆提供汤、萨默萨三角饺、调味饭和一架子的自制蛋糕。更丰盛的还有三文鱼宽面和羊羔肉配梅子酱，有一丝优雅的氛围，不过散发的完全是海滨的魅力。

到达和离开

蒂瓦伊瓦伊湾和科拉克湾位于图阿塔皮里和因弗卡吉尔之间，在SH99公路旁。这片偏远的海岸没有公共交通。

里弗顿(Riverton)

☎03/人口 1430

安静的小镇里弗顿（毛利语中叫Aparima）有梦幻的海湾景色和扣人心弦的当地历史博物馆，值得专门前来。如果向往在南极附近游泳，漫长宽阔的塔拉米亚湾(Taramea Bay)沙滩是不错的下水地点。除此之外我们还建议沿着帕默斯顿街(Palmerston St)漫步，整条街上布满咖啡馆和19世纪的建筑。如果你驾车沿着南部观光路线走，里弗顿是很好的午餐停靠点，或者可以从东边38公里处的因弗卡吉尔过来悠闲一日游。

景点

★ Te Hikoi Southern Journey 博物馆

(☎03-234 8260；www.tehikoi.co.nz；172 Palmerston St；成人/儿童 $8/免费；⊙4月至9月 10:00~16:00，10月至次年3月 10:00~17:00）如果所有的小镇博物馆都有这么出色就好了！这座吸引人的博物馆以一部16分钟的影片开始，其中戏剧化地介绍了本地区历史中的主要事件，包括第一批欧洲海豹猎手的到来（与当地毛利人针锋相对）。影片对于风景背后的传说也有娱乐化的讲述，还有关于巨朱蕉朗姆酒蒸馏器、有记载的第一位欧洲白人毛利人混血儿詹姆斯·卡德尔(James Caddell)的奇闻逸事。

就餐

★ Beach House 新派新西兰菜 $$

(☎03-234 8274；http://beachhouseriverton.co.nz；126 Rocks Hwy；主菜 午餐 $17~32，晚餐 $27~39；⊙周三至周日 10:00~22:00，周一和周二 10:00~16:00；📶✎）这座时尚又舒适的咖啡馆位于能眺望塔拉米亚湾的高处，以其海鲜菜肴而闻名，特别是奶油海鲜杂烩浓汤(creamy chowder)，其中满是果味贻贝和三文鱼。在晴朗的日子里，会有温暖的微风拂过福沃海峡(Foveaux Strait)，一定要选在室外就餐——不过这里90%的日子里天气都不好，不如躲在温暖的咖啡馆，隔着玻璃欣赏海景。

到达和离开

里弗顿位于SH99公路，南部观光路线上图阿塔皮里(47公里)和因弗卡吉尔(36公里)之间。这里没有公共交通连接。

因弗卡吉尔(Invercargill)

☎03/人口 51,700

不要低估了因弗卡吉尔……当然，这里往往只是峡湾地区和卡特林斯之间（或前往斯图尔特岛/拉基乌拉路上）的一个休息站，但这里集合了赛车爱好者、历史建筑和友好的人民，也许会赢得你的心。

Invercargill 因弗卡吉尔

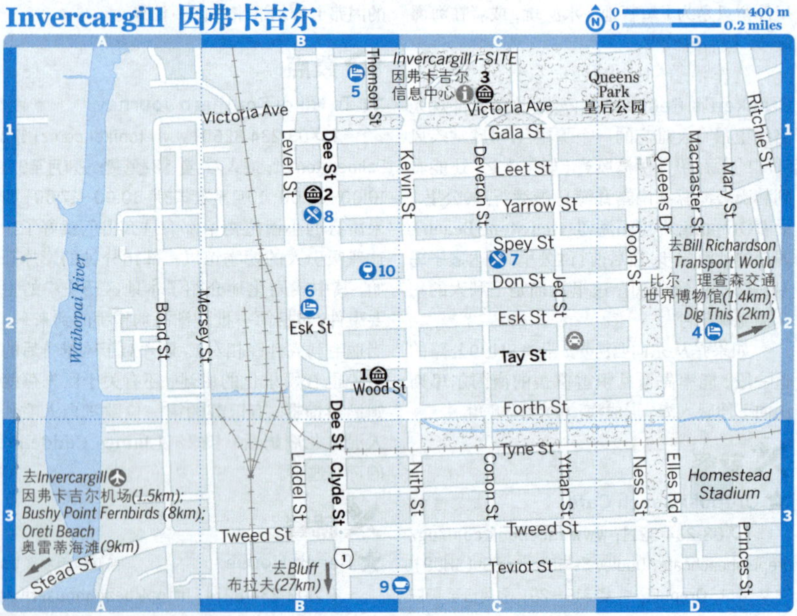

Invercargill 因弗卡吉尔

景点

1 Classic Motorcycle Mecca B2
2 E Hayes & Sons B1
3 南部区博物馆和美术馆 C1

住宿

4 Bella Vista D2
5 Southern Comfort Backpackers B1
6 Victoria Railway Hotel B2

就餐

7 Batch C2
8 Louie's B1

饮品和夜生活

9 Blue River Dairy C3
10 Tillermans Music Lounge B2

因弗卡吉尔一直是骑手的天堂，部分原因是当地传奇人物波特·门罗（Burt Munro）维持着摩托车越野速度的世界纪录，不过现在这里有3个摩托车博物馆和景点。一座精酿啤酒厂和星罗棋布的美味餐厅可能会让你在这座慢节奏的小城多待一些时间。

景点

因弗卡吉尔的街道拥有大量的19世纪建筑，《因弗卡吉尔历史观光路线》（*Invercargill Heritage Trail*）手册中描绘了18座地标，《短距离徒步》（*Short Walks*）手册则详细介绍了城内外多条徒步路线，两本册子都可以在信息中心（见696页）拿到。

★比尔·理查森交通世界博物馆 博物馆

（Bill Richardson Transport World；☎03-217 0199；www.transportworld.co.nz；491 Tay St；成人/儿童 $25/15；⏲10:00~17:00；）走进这个交通世界，就像进入了一个闪亮的铬合金王国，这里被誉为地球上最大的私人汽车博物馆。占地15,000平方米的仓库空间中有经典汽车、笨重的拖拉机和复古的加油泵（就连卫生间也是汽车主题）。儿童游乐区是一个微型电影院，陈列着过去的时尚。一个很棒的咖啡馆使得这个博物馆非常受欢迎，不仅仅是吸引了汽车迷。

想多看一些？小一点的**Classic Motorcycle Mecca**（☎03-217 0199；www.transport

world.co.nz; 25 Tay St; 成人/儿童 $20/10; ⌚10:00~17:00)博物馆收藏有一系列的自行车; Dig This (☎03-217 0199; www.transportworld.co.nz; 84 Otepuni Ave; ⌚周三至周日 9:00~18:00; 👪)可以让你控制一台推土机来挖掘沟渠、堆放轮胎。

你也可以选择交通博物馆和Classic Motorcycle Mecca的联票"Turbo Pass"(成人/儿童 $40/20)。

南部区博物馆和美术馆 博物馆

(Southland Museum & Art Gallery; www.southlandmuseum.com; Queens Park, 108 Gala St; ⌚周一至周五 9:00~17:00, 周六和周日 10:00~17:00) 免费 因弗卡吉尔的文化中心,位于当地游客中心旁一座巨大的白色锥形体建筑中(仿罗浮宫?),提供南部区自然和人文历史的永久展览,还特别回顾了大量航海探索的精彩故事。喙头蜥(tuatara)是博物馆当之无愧的主角,这种新西兰特有的爬行动物形似蜥蜴,2.2亿年来从未进化过。行动缓慢的喙头蜥亨利如今已有110多岁了,保持着圈养状态下存活超过46年这一世界纪录。

E Hayes & Sons 博物馆

(☎03-218 2059; www.ehayes.co.nz; 168 Dee St; ⌚周一至周五 7:30~17:30, 周六和周日 10:00~16:00) 免费 车店一般不是必看景点,但这一个呈现了摩托车的历史。这座古典的装饰艺术建筑里有一排排的螺栓、烧烤架和扫帚,更有超过100件机动车纪念品,包括已故的波特·门罗(Burt Munro)骑着打破世界纪录的那一辆摩托车,2005年安东尼·霍普金斯爵士(Sir Anthony Hopkins)主演的电影《史上最快的印第安摩托》(*The World's Fastest Indian*)讲述了这段故事。

住宿

★Southern Comfort Backpackers 青年旅舍 $

(☎03-218 3838; www.southerncomfortbackpackers.com; 30 Thomson St, Avenal; 铺/双 $32/72起; 📶)这栋维多利亚时代的大房子温暖又漂亮,休息室里有火炉,厨房提供全套设备,还有一个安静的花园。额外福利是两辆免费的自行车、洗衣机和一个可以自行采摘的香草花园。是个安静的住宿处,距离小城仅需步行5分钟。

Invercargill Top 10 假日公园 $

(☎0800 486 873, 03-215 9032; www.invercargilltop10.co.nz; 77 McIvor Rd, Waikiwi; 露营车营地 $42起, 套间 $105起, 双 不带浴室 $80; 📶)🍃在这座精心经营的连锁度假公园中,你知道能期待些什么:背包客宿舍、现代汽车旅馆和大量的草坪露营空间,总是打理得很好的公共厨房、洗衣设备和休息室。位于小镇以北6.5公里处。

★Bushy Point Fernbirds 民宿 $$

(☎03-213 1302; www.fernbirds.co.nz; 197 Grant Rd, Otatara; 标单/双 含早餐 $160/170)🍃这个拥有25年历史的客栈隐藏在一片私人森林和湿地保护区中,是鸟类的天堂。房费包括一个导览徒步游,前往一片拥有600年历史的树林,店主和蔼可亲,沿途会指出不同的鸟类,当然包括大尾莺,这种鸟一次只出现一群,使得这个环保住宿处有了一种独特的氛围。只能提前预订。

Bella Vista 汽车旅馆 $$

(☎03-217 9799; www.bellavista.co.nz; 240 Tay St; 套间 $125起; 📶)友好的店主,合理的价格,设施齐全的整洁套间,这些都使这座现代化两层楼差不多成了因弗卡吉尔竞争激烈的汽车旅馆中的佼佼者。套间包括带烧水壶和吐司机的舒适开间、带全套厨房设备的两卧公寓($165起)。

Victoria Railway Hotel 酒店 $$

(☎0800 777 557, 03-218 1281; www.hotelinvercargill.com; Leven St与Esk St交叉路口; 房间 $145~195; 📶)这座精心修复的1896年建筑让人涌起了怀旧之情。餐厅区有古老的肖像画和老派的酒吧,感觉就像是来自更为文雅时代的照片,而友好的个性化服务更放大了它的雅致。11个房间不如公共区域那么庄严,不过有舒适的床、绯红色的布幔和倾斜的天花板,足够精致到让你梦见过去的宏伟时代。

就餐

★Batch 咖啡馆 $$

(☎03-214 6357; 173 Spey St; 主菜 $13~20; ⌚周一至周五 7:00~16:00, 周六和周日 8:00~

16:00; ☎✎）宽大的公用餐桌、放松的海滨气氛、顶级咖啡和水果奶昔使这里赢得了南部最佳咖啡馆的称号。柜台里摆着美味的食物，包括百吉饼、大份的墨西哥卷饼、奶酪司康饼和美味的沙拉，以及丰盛的早午餐和堪称艺术品的蛋糕。还有为数不多的几种红酒与啤酒。

★Louie's　新派新西兰菜 $$

（☎03-214 2913; www.facebook.com/pg/LouiesRestaurant; 142 Dee St; 西班牙小吃 $13~16，主菜 $29~32; ⏰周三至周六 17:30至深夜）Louie's一半是西班牙小吃和鸡尾酒吧，一半是时髦的融合型餐厅，是晚上坐在沙发上或火炉边的角落打发时间的好去处。菜单根据季节变化，有创意西班牙小吃（鹿肉炸玉米饼、灰鳠、贻贝配酸橙和干辣椒）和分量更大的主菜。慢烹猪肉、当地产的银鳕鱼、精致美味的牛排……你不会来错的。

Elegance at 148 on Elles　法国菜、英国菜 $$$

（☎03-216 1000; 148 Elles Rd, Georgetown; 主菜 $28~38; ⏰周一至周六 18:00~23:00）欢迎来到1984年，我们指的是完全充满感情的那一种。这家老派的高档地区餐厅很优雅，菜单上有法国菜和英国菜，一定要点经过完美烹饪的鹿肉配土豆泥。

饮品和夜生活

Tillermans Music Lounge　酒吧、俱乐部

（☎03-218 9240; www.facebook.com/tillermans.invercargill; 16 Don St; ⏰周五和周六 23:00至次日3:30）南部区现场音乐爱好者们的救星，音乐形式从重金属摇滚乐到闪动的电子舞曲，无所不包。舞池地板已是饱经风霜。可以到楼下有趣的Vinyl Bar看看他们在举行什么活动，酒吧20:00开放。

实用信息

因弗卡吉尔信息中心（Invercargill i-SITE; ☎03-211 0895; www.invercargillnz.com; Queens Park, 108 Gala St; ⏰周一至周五 8:30~17:00，周六和周日 8:30~16:00）与南部区博物馆（见695页）同在一个角锥体建筑内，这座信息中心可以帮助你回答一切问题，如果你因为斯图尔特岛/拉基乌拉或卡特林斯的住宿问题而苦恼，它也可以帮你解决燃眉之急。员工了解当地步道，能提供交通建议。

到达和离开

飞机

新西兰航空（www.airnewzealand.com）每天有数趟航班从因弗卡吉尔抵离基督城（$159起）和惠灵顿（$208起）。

斯图尔特岛航空公司（见709页）的航班连接因弗卡吉尔和斯图尔特岛/拉基乌拉，全年每天3趟。

长途汽车

长途汽车从因弗卡吉尔信息中心发车，你可以在该中心预订车票。

Catch-a-Bus South（☎03-214 4014，24小时 027 449 7994; www.catchabussouth.co.nz）提供班车，每天至少有一趟前往布拉夫（$22，35分钟）、皇后镇和皇后镇机场（$60，3~3.25小时）、戈尔（$28，1.5小时）和达尼丁（$57~60，3.5小时）。必须在出发前一天16:00前预订。

InterCity（☎达尼丁 03-471 7143; www.intercity.co.nz）有直达车往返戈尔（$1~13，1小时，每天2班）、皇后镇机场（$49，3.5小时，每天1班）和皇后镇（$38起，3.75小时，每天1班）。

Naked Bus（见686页）每天有两班车往返戈尔（$1~13，50分钟，每天2班），达尼丁（$24起，3.5小时）和皇后镇（$35起，3.75小时）。

当地交通

因弗卡吉尔机场（☎03-218 6920; www.invercargillairport.co.nz; 106 Airport Ave）位于因弗卡吉尔市中心以西3公里处。紧邻的**Executive Car Service**（☎03-214 3434; https://executivecarservice.co.nz）收费约$15，从市中心出发。也可上门载客，不过收费会贵一些。乘出租车约$20，可以联系**Blue Star Taxis**（☎03-217 7777; www.bluestartaxis.co.nz; 158 Tay St）。

布拉夫（Bluff）

☎03/人口 1794

跟任意一个新西兰人提及布拉夫，我们敢打赌，他们想到的一定是牡蛎。布拉夫是因弗卡吉尔的港口小镇，这里疾风呼啸，十分荒凉，位于市区以南27公里处，一片延伸进海中的陆地尽头。布拉夫的双壳类动物是南岛最

珍贵的物产之一，3月至8月可以尽情享用，5月还有一个专门的节日。

牡蛎季以外，游人来这里的主要目的，是搭乘前往斯图尔特岛/拉基乌拉的渡轮，到博物馆追忆海事时代的历史，或者与斯特林角路标（Stirling Point signpost）合影留念。

景点

布拉夫海洋博物馆 博物馆

（Bluff Maritime Museum；☎03-212 7534；241 Foreshore Rd；成人/儿童 $3/1；⏰全年 周一至周五 10:00~15:30，10月至次年4月 周六和周日 12:30~16:30；👪）布拉夫这座小型博物馆中陈列的舷窗、漂浮木和爬满藤壶的木板低诉着大海的故事。参观过程中最好的部分是登上莫妮卡号（Monica），在这艘1909年建造的牡蛎捕捞船上摆姿势照相，蒸汽机和泵组发动机（按下按钮就开始哐当运转）很快就会开始工作。

博物馆还有关于布拉夫历史的有趣展览，以及每年灰鹱收获的信息，后者对于当地毛利人来说是一个重要的传统。

节日和活动

布拉夫牡蛎和美食节 食物和饮品

（Bluff Oyster & Food Festival；www.bluffoysterfest.co.nz；⏰5月）这个为期一天的冬季节日庆祝布拉夫最著名的出口产品，有吃牡蛎比赛、现场音乐和其他以软体动物为主题的游戏。

布拉夫牡蛎（BLUFF OYSTERS）

布拉夫牡蛎上市的季节一到（3月底至8月底），需求量就非常大。远至奥克兰的顶级餐厅都会争抢着要第一个在菜单上打出牡蛎的名字。作为牡蛎来说，它们的个头可谓巨大，不要想着一口就能吞掉——这些家伙需要嚼几下才能吞咽。如果想知道人们为什么趋之若鹜，可以趁着应季到Fowlers Oysters买一些新鲜的或做熟的布拉夫牡蛎。**斯特林角**（紧邻SH1）路标旁边有一家**Oyster Cove**（☎03-212 8855；www.oystercove.co.nz；8 Ward Pde；半打牡蛎 $39，主菜 $18~40；⏰11:00~19:30；📶），在这里你可以一边狂吃牡蛎，一边透过落地窗欣赏海景。你可以计划好时间，在每年一度的5月布拉夫牡蛎和美食节前来。

就餐

Fowlers Oysters 海鲜 $$

（☎03-212 8792；www.facebook.com/fowlersoysters；Ocean Beach Rd；半打烹煮 $14.50，一打生食 $24起；⏰3月至8月 9:00~19:00）无论是喜欢吃牡蛎泥还是去壳新鲜食用，牡蛎上市的季节都可以来Fowlers，享用南岛最好的牡蛎。这家餐厅在进入布拉夫方向的左手边。对于不爱啜食这种软体动物的人，这里也提供银鳕鱼泥和热狗。

到达和离开

Catch-a-Bus South（☎03-479 9960；www.catchabussouth.co.nz）提供班车服务，前往因弗卡吉尔（$22，30分钟，每天4班）、戈尔（$44，2小时，每天1班或2班）和达尼丁（$75，4小时，每天1~2班）。需要提前注意的是，每天从因弗卡吉尔开往皇后镇机场（$75，3.5小时）和皇后镇（$70，3.75小时）的车可以到布拉夫接载。

Stewart Island Experience（见707页）运营往返布拉夫和因弗卡吉尔的车，可连接其前往斯图尔特岛/拉基乌拉的渡轮。10月底至次年4月底可从蒂阿瑙和皇后镇换乘前往布拉夫。渡轮码头旁边还有安全的车辆存放处（每小时 $10~24）。

卡特林斯（THE CATLINS）

卡特林斯蜿蜒的道路穿过各种美丽如画的风景。SH1公路绕过全境，这片位于南岛东南部的地区是公路旅游者的梦想之地。狭窄曲折的道路起伏经过铺满金色沙滩的海湾、田园风情的草地和点缀着卵石的海岸，绕行石子小路，你能看见受惊的绵羊，以及更为惊讶的农人。颠簸的自驾也是旅途乐趣的一部分，一路可以抵达咆哮湾（Roaring Bay，见703页）、普拉考努伊瀑布（Purakaunui Falls，见701页）和孤绝的怀帕帕灯塔（Waipapā Lighthouse）等美丽的地方。不过从停车场步行一小段平路也能前往许多令人震撼的自然风光所在地——比如威

值得一游

戈尔(GORE)

戈尔(人口: 12,033)位于因弗卡吉尔东北方向约66公里处,有其自己的风格。小镇自称是新西兰的"乡村音乐之乡"。除了在**金吉他竞赛周**(Gold Guitar Week; www.goldguitars.co.nz; ⏲6月初)——其间你需要预订好床位——轻轻弹奏音乐之外,这里还有非法酿酒的历史、古老的飞机和当地艺术作品,各有1座博物馆介绍。

胡科努伊遗产中心(Hokonui Heritage Centre; ☎03-208 7032; 16 Hokonui Dr; ⏲周一至周五 8:30~17:00, 周六 9:30~16:00, 周日 13:00~16:00) 免费 里包括戈尔游客中心、戈尔历史博物馆和**胡科努伊非法酿酒博物馆**(Hokonui Moonshine Museum; ☎03-208 9907; www.hokonuiwhiskey.com; 16 Hokonui Dr; 成人/儿童 $5/免费; ⏲周一至周五 8:30~17:00, 周六 9:30~16:00, 周日 13:00~16:00)。三者共同纪念戈尔引以为傲的钓鱼、农耕及酿酒等历史。博物馆中展出非比寻常的藏品,包括信天翁标本、古董钟和闪闪发亮的文物,并向当地人钟爱的事物致敬,如钓鱼和乡村音乐。凭非法酿酒博物馆门票还可以免费品尝一口当地威士忌。

引人入胜的**东南部地区美术馆**(Eastern Southland Gallery; ☎03-208 9907; www.facebook.com/easternsouthlandgallery; 14 Hokonui Dr; ⏲周一至周五 10:00~16:30, 周六和周日 13:00~16:00) 免费 又名"戈尔根海姆"(Goreggenheim),取类似"古根海姆"之意,该馆也名正言顺地藏有大量新西兰当代艺术品,包括许多雷尔夫·哈特雷(Ralph Hotere)的作品,以及迷人的西非和澳大利亚本土艺术作品。

克罗伊航空遗产中心(Croydon Aviation Heritage Centre; ☎03-208 6046; www.experiencemandeville.com/museum; 1558 Waimea Hwy, SH94; 成人/儿童 $10/免费; ⏲周一至周五 9:30~16:30, 周六和周日 11:00~15:00)的库房位于SH94上(去往皇后镇的方向)距戈尔西北16公里处,展出精心修复的20世纪二三十年代的古董飞机。还可以在这里预订20世纪30年代试飞的虎蛾双座双翼机或其他小型飞机(15分钟飞行 $150起)。

尔基湖(Lake Wilkie, 见701页)和努盖特角(Nugget Point, 见702页),非常容易。

几百年前,半游牧的毛利人来到卡特林斯,利用当地木头制作独木舟。19世纪,欧洲鲸鱼和海豹猎手抵达(本地区的名字就来自一个捕鲸船船长)这里。虽然逐渐开始受游客欢迎,但人烟稀少的卡特林斯依然有一种远离尘世的感觉——尤其是南极冷气流席卷而来时……

动植物

卡特林斯地区是自由观赏野生动物的好地方。海狗和海狮懒散地躺在海岸边,而在春季,迁徙的南露脊鲸时不时出没,海豚也是这里的常客。

与南部区大部分地方不同,高耸的鸡毛松(kahikatea)、罗汉松(totara)和芮木泪柏(rimu)在卡特林斯地区仍然存活。这里还有各种各样的鸟,包括蜜雀(tui)、铃鸟(bellbird)和新西兰林鸽(kereru, 又名wood pigeon),以及濒临灭绝的黄眼企鹅(yellow-eyed penguin)和稀有的新西兰金丝雀(mohua, 又名yellowhead)。

实用信息

可以到奥瓦卡博物馆、卡特林斯信息中心(见702页)以及**怀卡瓦博物馆和信息中心**(☎03-246 8464; waikawamuseum@hyper.net.nz; 604 Niagara-Waikawa Rd; 博物馆 门票乐捐; ⏲10:00~17:00)领取地图和当地指南。在前往卡特林斯的路上,你也可以从因弗卡吉尔和**巴尔克卢萨**(Balclutha; ☎03-418 0388; www.cluthanz.com; 4 Clyde St, Balclutha; ⏲周一至周五 8:30~17:00, 周六和周日 9:30~15:00)的信息中心获取大量信息。

更多信息参见www.catlins.org.nz和www.catlins-nz.com。

卡特林斯没有银行,但奥瓦卡的**Four Square**(☎03-415 8201; 3 Ovenden St; ⏲7:30~19:00)超市中有一台自动柜员机。大部分商业机构都接受信用卡,不过我们还是建议你带些现金。

到达和离开

卡特林斯地区没有公共交通，所以你需要自驾周游。从因弗卡吉尔驱车45公里，你可以抵达卡特林斯最西端的福特罗斯（Fortrose）。从达尼丁向西南方向行驶80公里可到达巴尔克卢萨，这里是卡特林斯的东部门户。

库里欧湾及周边（Curio Bay & Around）

夏季会有大批追逐阳光和海浪的度假者来到库里欧湾。对于海滩爱好者来说，这里的主要亮点是海豚湾（Porpoise Bay），这是一片不断被潮水冲刷的弧形沙滩，算得上是卡特林斯最适合游泳的海滩。蓝企鹅（Blue penguin）在沙丘筑巢，赫氏矮海豚会在夏季（12月至次年2月）前来繁育后代。

附近也有其他值得一游的自然奇观：一座侏罗纪年代的森林，就在库里欧湾以南；向西15公里是一条短途步道的起点，可通往南岛最南端的斜坡角（Slope Point）。

库里欧湾冬季（6月至8月）非常安静。不管是什么季节，行进在这片人烟稀少的海岸上，最好都带足食物，并且给油箱加满油。

景点和活动

★斜坡角 地标

（Slope Point; Slope Point Rd, Haldane）南岛真正的最南端并不像许多人误以为的那样在布拉夫，而是在穿过悬崖旁草地的一条步程20分钟的步道尽头。从步道起点朝大海行进，沿着栅栏向左拐，一个不起眼的指示牌标记着这个壮观的地方，黑色的岩石伸展到蓝绿色的海水中，波浪在下方拍打翻卷。

从霍尔丹（Haldane）向南有路标指示这个方向。步道起点的停车场位于Slope Point Accommodation以南4公里处，一条碎石路的尽头。

石化森林 自然地貌

（Petrified Forest; Curio Bay）这片罕见的石化森林在库里欧湾以南伸展。这些侏罗纪时代的树木被洪水携带的灰尘中的二氧化硅保存下来，扭曲的树桩与满是浮沫的波浪形成鲜明的对比。涨潮的前4个小时和退潮的后4个小时能看见石化森林。

日落前1小时左右，黄眼企鹅会从这里登陆。注意你的行为，保持距离。

怀帕帕灯塔 灯塔

（Waipapā Lighthouse; Waipapā Lighthouse Rd, Otara）免费 这座13.4米高的灯塔矗立于一片荒凉却美丽的地方，周围环绕着农田。1881年，塔拉鲁阿号（SS Tararua）船难导致131人丧生，3年之后，建成了这座灯塔，以避免这片岩石海岸上再发生类似的悲剧。下面的海滩是海狗和海狮的家园（请保持安全距离）。前往怀帕帕角的路口在福特罗斯东南12公里处的奥塔拉（Otara）。

Catlins Surf 冲浪

（☎03-246 8552; www.catlins-surf.co.nz; 601 Curio Bay Rd; 2小时课程 $60，全部装备出租 3.5小时/天 $45/65）这个冲浪学校总部位于库里欧湾度假公园，课程在海豚湾进行，很大原因是为了欣赏过路的海豚。如果对驾驭海浪有一定的自信，可以租一块冲浪板、一件潜水衣（非常必要）和一对脚蹼。店主尼克（Nick）还提供直立式单桨冲浪课程（$75，2.5小时）。

住宿

Slope Point Accomodation 客栈 $

（☎03-246 8420; www.slopepoint.co.nz; 164 Slope Point Rd, Slope Point; 帐篷露营地 $15起，带电露营地 $30，双 带/不带浴室 $90/50; 📶）位于斜坡角以北4公里处的一片农场中间，这个家庭运营的住宿处可让你投入乡村生活的节奏：家畜喂食时间、蹦蹦跳跳的宠物、渴望向你介绍他们最爱的羊羔的小孩。双人间和设施齐全的套房舒适现代，可扎帐篷的草坪和可停靠房车的碎石营地能满足露营者。

Lazy Dolphin Lodge 青年旅舍 $

（☎03-246 8579; www.lazydolphinlodge.co.nz; 529 Curio Bay Rd; 铺/房间 不带浴室 $40/90; @📶）这里是海滨度假屋和青年旅舍的完美结合体，明亮的卧室配有漂亮的床单，还有两间厨房和休息室。不过你可能会想到楼上的露台去俯瞰海豚湾。屋子后面有条小路直接通往海滩。

The Catlins 卡特林斯

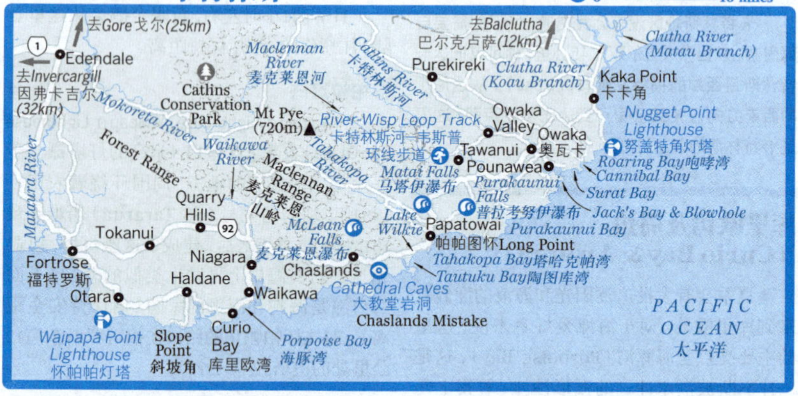

Curio Bay Accommodation 公寓 $$

（☎03-246 8797；www.curiobay.co.nz；521a Curio Bay Rd；公寓 $190起）这里提供3个豪华的套间，其中一间公寓连着主人的居所，另外两间相仿的套间在路边。所有屋子的设施都很齐全，装修风格淳朴，洋溢着海滩的风情。通过大窗户和阳光普照的平台，就能看见旁边的海滩。还有一个老派的新西兰海滨小屋，能住6人。

到达和离开

没有公共交通通往库里欧湾。本地区西端的门户是福特罗斯，从因弗卡吉尔驾车向东45公里可达；本地区的最东端是其焦点库里欧和海豚湾所在地，位于怀卡瓦以南4公里处。霍尔丹和库里欧湾之间的9公里道路没有铺砌。

帕帕图怀及周边（Papatowai & Around）

大自然在帕帕图怀展现出她最好的一些方面，这里高踞在一个森林、大海和塔哈克帕河（Tahakopa River）的交汇地带。村子里绿树成荫，只有40个居民，但夏季会挤满度假客，他们都是被这里慵懒的氛围、闪闪发亮的瀑布和黄金海湾（Golden Bay）吸引而来。除了这些朴实的乐趣之外，通过若干步道能够很容易到达一些美丽的地方：马塔伊（Matai）瀑布或麦克莱恩（McLean）瀑布都可通过轻松的步道前往，各种水平的徒步者都可以在波光粼粼的威尔基湖周边找到乐趣。

在帕帕图怀待上一两天就能满足大多数游客。你很快就会发现自己被吸引到了东边华丽的普拉考努伊瀑布（沿着前往奥瓦卡的路走），还有锯齿般的卡卡角（Kaka Point）海岸，或者西边的库里欧海湾狂野的冲浪场所。

景点

大教堂岩洞 洞穴

（Cathedral Caves；www.cathedralcaves.co.nz；1069 Chaslands Hwy；成人/儿童 $5/1；⏲11月至次年5月）巨大的拱形大教堂岩洞在海滩上的悬崖处，是波浪在石灰岩中蚀刻1.6亿年形成的。大教堂岩洞的名字来源于其中的音响效果，只能在低潮前后2小时内进入（在网站、公路口和游客信息中心都贴有潮汐时刻表）——即便是在这段时间，如果环境被认为有危险，也会关闭。

失落的吉卜赛画廊 画廊

（Lost Gypsy Gallery；☎021 122 8102；www.thelostgypsy.com；2532 Papatowai Hwy；$5⏲10月中旬至次年4月 周四至周二 10:00~17:00）艺术家布莱尔·萨默维尔（Blair Sommerville）精心制作的小机器人由各类小玩意改造而成，一点儿都不正经。公共汽车改造的展厅（免费参观）里，迷人的收藏在门口挑逗着每个人的创造力（儿童不得参观，抱歉……）。发出各种声响和光亮的管风琴肯定会让你捧腹大笑。这里还提供浓缩咖啡售卖车和Wi-Fi。

活动

在帕帕图怀以西4公里处的地方有一条简单的步道，沿途是散发着苔藓气息的步道和木板路，带领你前往波光粼粼的**威尔基湖**(Chaslands Hwy，往返30分钟)。如果赶时间，但是又想拍摄这个冰川时代的镜湖，往返10分钟即可到达一个瞭望角。继续向西7公里就到了通往**麦克莱恩瀑布的路口**(紧邻Rewcastle Rd，Chaslands)，有一条令人兴奋的步道沿着长满蕨类植物的小路前往。步行往返瀑布需要40分钟，停车场要从主公路沿着一条坎坷小路行进4公里才能抵达。

Catlins Wildlife Trackers 野生动物

(☎0800 228 5467, 03-415 8613; www.catlins-ecotours.co.nz; 744 Catlins Valley Rd, Tawanui) Catlins Wildlife Trackers从1990年开始提供定制化的徒步导览和团队游，重点关注生态。如果你想看看可爱的金丝雀、企鹅、海狮或是其他的野生动物，玛丽(Mary)和福格斯(Fergus)会帮你找到它们。半天的团队游每人$150(儿童 $75)，2天3夜行程报价$1200(含所有食宿和交通费用)。

食宿

Hilltop 度假屋 $

(☎03-415 8028; 77 Tahakopa Valley Rd, Papatowai; 双 带/不带浴室 $110/100)位于小镇外1.5公里处的小山上，后门就是一片原始森林，被一个绵羊牧场包围着，两栋船型的小屋坐拥塔哈科帕河谷与海岸的壮观美景。可以租下房间或整栋居所。双人套间拥有这里最好的住宿条件。

★ Mohua Park 小屋 $$

(☎03-415 8613; www.catlinsmohuapark.co.nz; 744 Catlins Valley Rd, Tawanui; 小屋 $225; 📶)位于一片占地14公顷的自然保护区边缘(距离公路7公里)，这4间设施齐全的宽敞小屋宁静私密。没有电视，取而代之的是，你会看到鸟儿因为你的脚步声而飞离森林，起伏的山岳风景令人赞叹。

★ Whistling Frog Cafe & Bar 咖啡馆 $$

(☎03-415 8338; www.whistlingfrogcafe.com; 9 Rewcastle Rd, Chaslands; 主菜 $18~23; ⌚11月至次年3月 8:30~21:30，4月至10月 10:00~18:00; 📶)这里多彩而有趣，是卡特林斯最好的就餐选择，提供桶装精酿啤酒和令人愉悦的菜肴，经常装饰着从花园里采摘来的鲜花。有海鲜杂烩浓汤、木柴烤的比萨、美味汉堡、精酿啤酒烩裹面炸银鳕鱼，素食者会喜欢调味饭和大盘沙拉。也提供出色的咖啡和早餐。顶呱呱!

地址位于麦克莱恩瀑布附近的**Catlins Kiwi Holiday Park**(Whistling Frog Holiday Resort; ☎03-415 8338; www.catlinskiwiholidaypark.com; 9 Rewcastle Rd, Chaslands; 露营地 $46起，套间 $165起，不带浴室 $110起; 📶)。

到达和离开

卡特林斯没有公共交通。帕帕图怀位于怀卡瓦以东36公里处、奥瓦卡以西25公里处，驾车前往那里，沿途是一段愉悦的旅程。

奥瓦卡及周边 (Owaka & Around)

卡特林斯的主要小镇，是探索这片地区的理想基地。岩石险峻的卡卡角沿公路向东24公里即达，另一个方向则有金光闪闪的瀑布，比如普拉考努伊瀑布，是驾车短途游的好选择。悠闲的奥卡瓦镇也许很小，但有顶级博物馆、一家超市和一个加油站(在这片地区及时加油不会错)。

从奥瓦卡向东南行进4公里就到了**普纳维雅**(Pounawea)，这是一座位于卡特林斯河口(Catlins River Estuary)边缘的美丽小村庄。隔水相望的是**苏拉特湾**(Surat Bay)，以出没于此地和**食人族湾**(Cannibal Bay)之间海滩上的海狮而闻名，两个海湾之间步行距离1小时。

景点

★ 普拉考努伊瀑布 瀑布

(Purakaunui Falls; Purakaunui Falls Rd)如果在卡特林斯只想看一座瀑布，那么就选择这一座吧——壮丽的瀑布沿着3层黑得发亮的岩石流淌下来。从小型停车区域攀爬15分钟就能轻松抵达。

普拉考努伊瀑布几乎就在奥瓦卡和帕帕

图怀之间的正中央（走公路分别相距15公里和12公里）。

奥瓦卡博物馆和卡特林斯信息中心 博物馆

（Owaka Museum & Catlins Information Centre；☎信息中心 03-415 8371，博物馆 03-415 8323；www.owakamuseum.org.nz；10 Campbell St，奥瓦卡；博物馆 成人/儿童 $5/免费；⊙周一至周五 9:30~16:30，周六和周日 10:00~16:00）这座先进的博物馆是个令人愉悦的惊喜。形状隐约有些像独木舟，正是为了致敬小镇的名字（奥瓦卡的意思就是“独木舟所在之地”）。短视频很好地讲述了船难的历史，毛利人和移民的故事也有扣人心弦的展演，此外这里还展览一系列有趣的文物。博物馆同时也兼作卡特林斯主要的信息中心。

活动

卡特林斯河－韦斯普环线步道 徒步

（Catlins River-Wisp Loop Track；www.doc.govt.nz）这条24公里的徒步环线包含两段12公里的路程：海拔较低的卡特林斯河步道（Catlins River Walk；5~6小时）路况较好；海拔较高的韦斯普环线步道（Wisp Loop Walk；4~5小时）有一条岔路前往Rocky Knoll，能看到绝美的风景和亚高山带的植被。

Catlins Horse Riding 骑马

（☎027 629 2904；www.catlinshorseriding.co.nz；41 Newhaven Rd，Owaka；1/2/3小时骑行 $70/110/150）骑马探索田园风情的海岸和风景。初学者步道和全速奔跑路径均有，行程根据你的经验水平量身定制。包括全套安全须知（和美丽的海岸风景）。提前预订。还提供4日行程（每人$230~260）。

住宿

★Newhaven Holiday Park 度假公园 $

（☎03-415 8834；www.newhavenholiday.com；324 Newhaven Rd，苏拉特湾；不带电/带电露营地 $35/40起；套间 $70起，带浴室 $110起；📶）这座模范度假公园有小屋和设备齐全的套间可供选择，还有许多露营空间散落在苏拉特湾入口的小山中。公用浴室散发着不真实的芳香，厨房设备齐全，整体有种欢乐村庄的氛围。有一条小路向下通往海滩，在那里很容易看到海豹。

Split Level 青年旅舍 $

（☎03-415 8868；www.thesplitlevel.co.nz；9 Waikawa Rd，奥瓦卡；铺 $33，双 含/不含浴室 $82/74，标三 含浴室 $99；📶）这座整洁的两层楼建筑感觉很像朋友的家，舒适的休息室中有大电视和皮沙发，还有一个设备齐全的厨房。宿舍一尘不染，有套房可供那些想要隐私但又希望享受旅舍社交氛围的人使用。

Pounawea Grove Motel 汽车旅馆 $$

（☎03-415 8339；www.pounaweagrove.co.nz；5 Ocean Grove，Pounawea；双或标双 $140；📶）Pounawea Grove比一般的汽车旅馆要精致，因为宽敞的套间里有时尚现代的浴室和豪华的寝具，有一种精品酒店的感觉。服务热情，位于田园风情的河口，一定能住得很舒服。

到达和离开

奥瓦卡地处没有公共交通的卡特林斯腹地，需要自驾才能抵达。小镇位于巴尔克卢萨以南30公里处，是1号公路通往卡特林斯的门户。

卡卡角及周边（Kaka Point & Around）

卡卡角位于奥瓦卡以东23公里处，小镇虽然宁静，但风景堪称卡特林斯最佳。这个小型海岸社区的主要魅力源于努盖特角，这是一片点缀着岩石的半岛海岸线，除此之外，还有咆哮湾，（时机好的话）你会看到黄眼企鹅（hōiho），更常见的是海狮和海狗，你会看见它们在海滩上晒太阳，或是藏在岩石中。

景点

★努盖特角 自然景观

（Nugget Point，紧邻Nugget Point Rd）900米长的努盖特角（Tokatā）步道可通往南岛上最令人叹为观止的海岸瞭望台之一。海浪拍打着的悬崖突然变成宝蓝色的海水，海上散布着犬牙交错的小岛，这里被叫作努盖特角。通往灯塔的步道上点缀着诗意的布告，你会看到海豹和海狮懒洋洋地躺在下面。还可以观赏鸟类，比如高高翱翔的灰鹱，以及躲在背风处的鸬鹚。

位于卡卡角镇以南9公里处，过了咆哮湾停车场就是。

咆哮湾 观景台

（Roaring Bay; Nugget Point Rd）最有可能看到珍稀的黄眼企鹅的地方就是卡卡角主路以南8公里处的咆哮湾。这个躲藏处可以白天前往，但建议观赏时间张贴在停车场的一个布告栏中。企鹅的活动会随季节变化，一般是在7:00之前，或是15:00或16:00之后，可咨询当地人或你的客栈。

住宿

Nugget View & Kaka Point Motels 汽车旅馆 $$

（☎03-412 8602, 0800 525 278; www.catlins.co.nz; 11 Rata St, 卡卡角; 套间 $110~180; 📶）虽未经润饰，但非常舒服。这个汽车旅馆的9个套间从经济型的开间到带水疗浴室的现代化公寓，档次不一。最大的能住4人，只有一间没有海景阳台。

饮品和夜生活

Point Cafe & Bar 小酒馆

（☎03-412 8800; 58 Esplanade, 卡卡角; ⏲6月至8月 10:00~20:00, 9月至次年5月 营业时间延长）一个一站式购物商店，有纪念品、外卖油炸食品、出色的银鳕鱼或羊排膳食（主菜 $18~29），最适合坐在面对大海的临窗座位上喝啤酒。

到达和离开

卡卡角位于奥瓦卡以东车程23公里处。从北部前往的话，要从巴尔克卢萨沿着1号公路向南行进20公里。你需要自驾——卡特林斯地区没有公共交通。

斯图尔特岛/拉基乌拉（STEWARD ISLAND/RAKIURA）

☎03/人口 378

到斯图尔特岛/拉基乌拉的旅途很短，但非常值得一去，如果你去了，那么你就赢了大多数的新西兰人，他们中的许多人都对这个国家的“第三大岛”怀有强烈的好奇心，却从来没去过。

前往斯图尔特岛/拉基乌拉的游客会受到当地新西兰人和奇异鸟的热烈欢迎。这里可算是最适合暗中观赏害羞的新西兰国宝奇异鸟的野外场所。这里的岛民联系紧密，如果他们很快都知道了你的名字——尤其是如果你在新西兰最南端的居民区奥本（Oban）的酒吧里同大家喝过啤酒——不要太过惊讶。

岛上有丰富的户外活动可供选择，包括划独木舟和徒步。徒步远足过程中最吸引人的就是观鸟活动。斯图尔特岛/拉基乌拉在国际上被誉为鸟类的避难所，即使是业余的观鸟者都会被一群群鸟类的尖叫声、悦耳的鸣叫声以及飞行姿态所深深吸引。

历史

斯图尔特岛的毛利名字是拉基乌拉（Rakiura），意为“光彩夺目的天空”，你只要瞥一眼壮丽的血红落日或南极光，就会明白这个名字的来由。传说中，新西兰是被毛伊（Māui）用力从大海中拖上来的。毛伊曾说“我们走吧，去看不见陆地的地方，去遥远的大海中，当我们完全看不见陆地的时候就抛下锚来”，新西兰的北岛是毛伊捕获的鱼，南岛是他的独木舟，而拉基乌拉就是船锚。

有证据表明，早在13世纪，拉基乌拉的部分地区就已经居住着捕杀恐鸟（moa）的原住民。附近岛屿上的灰鹱则是南部毛利人的重要时令食物来源。

库克船长是第一位到达这里的欧洲人。1770年，他沿着岛的东、南和西海岸航行，他误以为这里是南岛的尾端，并立即决定把这里称为南角（South Cape）。1809年，捕海豹船飞马号（Pegasus）环航拉基乌拉一周，并以其第一任大副威廉·斯图尔特（William Stewart）的名字将这座岛命名为斯图尔特岛。

在1864年6月，政府以6000英镑的价格从当地毛利人的手中购得斯图尔特岛和附近的小岛。早期产业包括猎捕海豹、木材加工、鱼类加工和造船业，19世纪末还出现过短暂的淘金热。如今，斯图尔特岛的经济主要依赖于旅游业和渔业。

植物和动物

由于斯图尔特岛/拉基乌拉上没有鼬类（比如雪貂、白鼬和鼬鼠），而且有大片完整的

Stewart Island/Rakiura (North) 斯图尔特岛/拉基乌拉(北部)

森林，因此这里是新西兰鸟类数量及种类最多的地区之一。即使你身处奥本的街道上，耳边也能回响蜜雀（tui）、铃鸟（bellbird）及卡卡鹦鹉（kaka）的叫声。这些鸟类与新西兰黑秧鸡（weka）、新西兰绿毛鹦鹉（kakariki）、蕨莺（fernbird）、知更鸟（robin）及奇异鸟（tokoeka）共享这片家园。除此之外，这里还有许多岸禽和海鸟，包括小嘴鸻（dotterel）、鸬鹚（shag）、大海鸟（mollymawk）、鲸鸟（prion）、海燕（petrel）、信天翁（albatross）以及在繁殖期数量可观的灰鹱。夜间在码头附近的悬崖上会有成队的企鹅漫步前行，可以向当地人打听具体情况。千万不要给这些鸟类喂食，这样做对它们有害。

20世纪初，欧洲马鹿（red deer）和白尾鹿（whitetail deer，又名Virginia deer）这两种外来物种被引进这座岛屿，同时而来的还有刷尾负鼠（brush-tailed possum）。它们如今在整座岛上肆虐，对当地灌木丛造成了破坏。在这里还能见到海狗、海狮、海象光顾海滩及岩岸的踪影。

在斯图尔特岛/拉基乌拉找不到新西兰最常见的树种山毛榉。岛上主要的低地灌木是罗汉松林（podocarp），还有由异常高

大的芮木泪柏（rimu）、弥洛松锈色罗汉松（miro）、罗汉松（totara）等新西兰阔叶树种组成的屏障。由于冬季气候温和、降雨频繁、泥土透气性强，岛上植物苍翠繁茂，地上铺满厚厚的蕨类及苔藓植物。

景点

★石莼岛（Ulva Island, Te Wharawhara） 野生动物保护区

石莼岛只有269公顷，就像一个小天堂。这里是观赏新西兰本土鸟类的绝佳地点。从1922年起就被设立为鸟类保护区，这里一直是斯图尔特岛/拉基乌拉最原生态的一角。1997年该岛被宣称为无鼠岛，3年后，又被选为南岛濒危物种鞍背鸟（saddleback）的放生地。

如今，这里随处都洋溢着鸟鸣，最适合徒步时欣赏。《石莼岛：自助徒步导览》（*Ulva: Self-Guided Tour*）详细介绍了岛屿西北部的徒步线路，可以在拉基乌拉国家公园游客中心（见709页）花$2购得。多条小径纵横交错，穿越美丽的芮木泪柏、弥洛松（miro）、罗汉松和花叶铁心树（rata）。任何一个水上出租车公司都能载你从黄金海湾码头前往石莼岛，**石莼岛渡轮公司**（Ulva Island Ferry；见709页）设有定期航次。如果想踏遍石莼岛的每个角落，可以与Ulva' s Guided Walks（见706页）一同旅行。

拉基乌拉博物馆 博物馆

（Rakiura Museum；☎03-219 1221；www.rakiuramuseum.co.nz；9 Ayr St, Halfmoon Bay；成人/儿童 $2/0.5；⏲10月至次年4月 周一至周六 10:00~13:30，周日 正午至14:00，5月至9月 周一至周五 10:00至午夜，周六 10:00~13:30，周日 正午至14:00）记录当地自然及人文景观的老照片是这个小型博物馆的明星展品，除此之外，还展览毛利人的手工艺品、捕鲸工具及日常生活用品。

目前正在计划到新地址修建一座一流的博物馆，开幕时间未知。

活动

★拉基乌拉步道 徒步

（Rakiura Track；www.doc.govt.nz）拉基乌拉步道是“新西兰十大徒步路线”（Great Walk）之一，需要3天时间才能走完，是一条安静宜人的环形步道，紧贴迷人的海滩而行，然后翻过一座高达250米的森林覆盖的山脊，横穿帕特森湾（Paterson Inlet/Whaka a Te Wera）的海岸。途中，步道会经过好几处历史遗址，包括毛利遗迹和锯木厂遗址，并且一路都有常见的海鸟和林鸟相伴。

拉基乌拉步道长32公里，但是加上两头的公路部分就使它变成了39公里，从奥本出发形成了一条环路。这条规划精良的环形步道一年四季都适宜徒步，但要求徒步者有一定的体力。作为“新西兰十大徒步路线”之

一，其路面铺有碎石，以改善岛上臭名昭著的泥地状况。

沿途有两间徒步路线木屋（$22~24），需要预订，可通过环保部网站或本人前往拉基乌拉国家公园游客中心（见709页）预订。每座木屋最多只能连续住两晚。木屋附近以及毛利海滩（Maori Beach）的“标准”营地允许露营（$6）。

阿克角（Ackers Point） 徒步

这条来回3小时的路线能够让你沿着海湾漫步，沿途会经过一条草木繁茂的小道。在这条小道抵达阿克角灯塔（Ackers Point Lighthouse）之前，你能一览哈罗德湾（Harrold Bay）建于1835年的石屋（Stone House）的风貌，在阿克角灯塔则可以饱览福沃海峡的美景，并且有机会一睹栖息于此地的蓝企鹅和灰鹱的真容。

观察岩（Observation Rock） 徒步

经过15分钟相当陡峭的攀爬，穿过奥本的小巷后就能抵达观察岩，在那里能够360度欣赏帕特森湾（Paterson Inlet）、Mt Anglem和Rakeahua的景色。这条步道从Leonard Rd的尽头开始，到Ayr St结束，标识很明显。

西北环路步道 徒步

（North West Circuit Track; www.doc.govt.nz）西北环路步道是斯图尔特岛/拉基乌拉一条传奇的海岸步道，需花费一定体力，道路顺着偏远的自然海岸线延伸，沿途是各种偏僻的海滩、沙丘、大量鸟类和绵延数公里的泥地。整个步道长达125公里，需9~11天才能走完，不过通过坐船或飞机能够使整个行程缩短一些。

这条步道从奥本开始，最终又回到奥本。沿途有宽敞的木屋，所有这些木屋都属于“标准”木屋（$5），除了两间需要预订的徒步路线木屋（Great Walk Huts; $22~24）以外。国家公园游客中心提供西北环路通票（North West Circuit Pass; $35），包含在沿途任意一处“标准”木屋住宿一晚的费用。

建议携带定位信号灯，另外，一定要去环保部获取最新的信息，并购买必需的地形图。行前还应该在AdventureSmart网站（www.adventuresmart.org.nz）上注册一下旅行计划，因为在公园中这绝非一条容易走的道路。

团队游

Ulva's Guided Walks 步行

（☎027 688 1332, 03-219 1216; www.ulva.co.nz）由专业的自然学家带领，主要进行观鸟活动，这些不错的半天游览（$130，包括交通费）能给你一次探索石莼岛的机会。在斯图尔特岛礼品店（Stewart Island Gift Shop; ☎03-219 1453; www.facebook.com/StewartIslandGiftShop; 20 Main Rd, 奥本; ⊙10:30~17:00，冬季营业时间缩短）预订。如果你特别热衷于观察鸟类，可以登录石莼岛网站报名参加“丰富鸟类”之旅（Birding Bonanza trip, $480）。

Aihe Eco Charters & Water Taxi 划船

（☎03-219 1066, 027 478 4433; www.aihe.co.nz）带有深度解说的观光和自然探索巡游。选项包括：环绕帕特森岛（Paterson Inlet）观察野生动物的巡游（每人 1小时 $75，2.5小时 $130），或者前往古老的挪威捕鲸人基地（每人 2小时 $95，3小时 $140）的巡游和徒步套餐。团队人数有最低规定，一般是2~4人，根据团队游内容而定。

还提供水上出租车服务。

Ruggedy Range Wilderness Experience 生态游

（☎03-219 1066, 0274 784 433; www.ruggedyrange.com; 14 Main Rd, Oban）自然导游Furhana运营的小团队徒步，包括“鸟与森林”项目，可前往石莼岛（半天/全天 $135/255）；过夜之旅能看到野生的奇异鸟（成人/儿童 $825/695起）；三日导览野外徒步会用渡轮将你的行李运送至沿途的木屋（$1050）。

Rakiura Charters & Water Taxi 划船

（☎0800 725 487, 03-219 1487; www.rakiuracharters.co.nz; 10 Main Rd, Oban; 成人/儿童 $100/70起）在拉基乌拉苏济号（Rakiura Suzy）船上最受欢迎的活动就是半日巡航游，其间会在历史悠久的捕鲸者基地（Whalers' Base）停留参观。行程可根据时

Oban 奥本

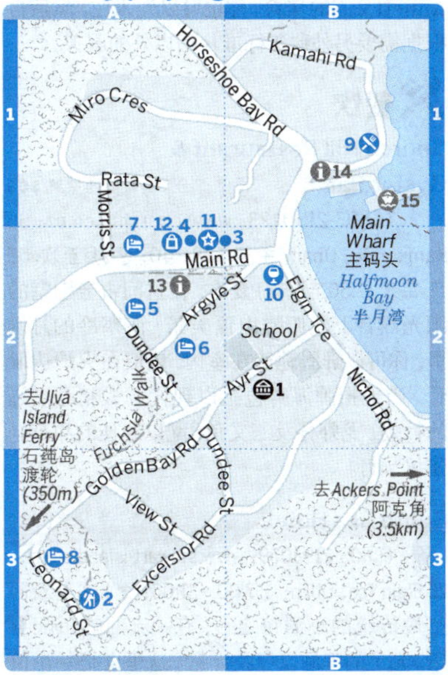

间及兴趣进行定制，比如加入野生动植物观赏及徒步项目。

Phil's Sea Kayak 皮划艇

（☎027 444 2323；www.observationrocklodge.co.nz；费用 $90起；⏰9月中旬至次年5月）作为斯图尔特岛/拉基乌拉唯一的皮划艇导游，Phil在帕特森湾设计各种不同的活动路线，沿途可以欣赏野生动植物。

Stewart Island Experience 团队游

（☎0800 000 511，03-212 7660；www.stewartislandexperience.co.nz；12 Elgin Tce）运营2.5小时的帕特森岛巡游（成人/儿童$95/22），包括45分钟的石莼岛导览徒步，以及1.5小时的奥本和周边海湾小巴团队游（$45/22）。9月至次年5月还提供寻找南部棕色奇异鸟的项目（$199）。

住宿

在这儿寻找住宿有些困难，特别是在旅游淡季，许多店家都歇业。强烈建议提前预订。岛上有许多假日出租房，通常性价比很好，而且提供自炊用具，这样你钓到鱼后就可以很方便地自己烹调（注意这些出租房往往要求两日起住或对只住一晚者征收额外费用）。

Oban 奥本

景点

1 拉基乌拉博物馆....B2

活动、课程和团队游

2 Observation Rock....A3
3 Rakiura Charters & Water Taxi....B2
4 Ruggedy Range Wilderness Experience....A2
Stewart Island Experience....（见14）

住宿

5 Bay Motel....A2
6 Bunkers Backpackers....A2
7 Jo & Andy's B&B....A2
8 Observation Rock Lodge....A3

就餐

9 Church Hill Restaurant & Oyster Bar....B1

饮品和夜生活

10 South Sea Hotel....B2

娱乐

11 Bunkhouse Theatre....A2

购物

12 Stewart Island Gift Shop....A2

实用信息

13 拉基乌拉国家公园游客中心....A2
14 Red Shed奥本游客中心....B1

交通

15 Stewart Island Experience....B1

可通过因弗卡吉尔的游客中心（见696页）和Red Shed奥本游客中心（见709页）提前预订岛上出租的度假屋，还可以登录www.stewartisland.co.nz查看住宿信息。

Jo & Andy's B&B 民宿 $

（☎03-219 1230；jriksem@gmail.com；22 Main Rd，Oban；标单 $65，双和标双 $95；@📶）对于预算有限的游客来说是极好的选择。舒适的蓝色建筑里满是标间、双人间和单人间，共用浴室。丰盛的早餐有什锦燕麦粥、水果和鸡蛋，能保证你全天都充满活力。店主Jo非常随和。如果天气不好，这里还有上百本书籍可供阅读。最少两晚起住。

Bunkers Backpackers 青年旅舍 $

（☎027 738 1796；www.bunkersbackpackers.co.nz；15 Argyle St, Oban；铺/双 $34/80；⊙4月中旬至10月中旬 歇业；📶）这座改装后的木结构别墅是你在斯图尔特岛/拉基乌拉最好的旅舍选择。旅舍稍显拥挤，但有一个舒适的休息室、一座阳光充沛的花园，而且位于村庄内，氛围友好。旅舍有一个烤肉区，还提供吊床和棋盘游戏。

Bay Motel 汽车旅馆 $$$

（☎03-219 1119；www.baymotel.co.nz；9 Dundee St, Oban；套间 $180起；📶）这家位于山腰的汽车旅馆提供宽敞舒适的套间，光线充足，可以俯瞰港湾。有些房间带有水疗浴缸，所有房间都带厨房，还有两间专为使用轮椅的残障人士设计。如果你厌倦了小岛上吵闹的夜生活，就留在屋里收看星空卫视（Sky TV）的娱乐节目吧。

★ **Observation Rock Lodge** 民宿 $$$

（☎03-219 1444；www.observationrocklodge.co.nz；7 Leonard St, Oban；房间 含/不含浴室 $395/195；📶）藏身于鸟类密布的原生灌木丛中，可以看见大海、日落和曙光。Annett和Phil的度假屋由3间时髦奢华的房间组成，有私人露天平台和公共休息室。豪华套餐（$780）还包括导览游、桑拿、热水浴缸及由Annett烹制的佳肴。你也可以先入住，然后再根据需要另外购买标准住宿以外的服务。

餐饮

Church Hill Restaurant & Oyster Bar 新派新西兰菜 $$$

（☎03-219 1123；www.churchill.co.nz；36 Kamahi Rd, Oban；主菜 $38~40；⊙9月至次年5月 每天 17:30至深夜）夏季，在这间古老别墅的阳光露台上能俯瞰山顶美景。而寒冷的月份里，你可以舒服地待在室内，依偎在火炉边取暖。当地招牌海鲜包括以现代方式精心烹饪的牡蛎、龙虾仔及三文鱼，配以绝佳的甜点。建议预订。

South Sea Hotel 小酒馆 $$

（☎03-219 1059；www.stewart-island.co.nz；26 Elgin Tce, Oban；⊙7:00~21:00；📶）这是新西兰最传统的小酒馆之一，有一流的鳕鱼配薯条，充足的啤酒以夸脱计量。这里也是一个值得信赖的咖啡馆（主菜$15~33），吧台蔓延着轻松有趣的玩笑话。一天中的任何时间都适合来坐坐，周日问答之夜会让你的岛上生活留下难忘的记忆。也提供简单的住宿房间。

☆娱乐

Bunkhouse Theatre 电影院

（☎027 867 9381；www.bunkhousetheatre.

观察奇异鸟

斯图尔特岛/拉基乌拉是世界上为数不多的可以观察到野生奇异鸟的地方之一——而且也是唯一一个你能在白天看到它们的地方。奇异鸟已经存在了大约7000万年，人们常将它与已灭绝的恐鸟联系在一起。奇异鸟凭借棕色的羽毛在灌木丛中隐藏并保护自己，它们昼伏夜出，因此想要在野外看到它们非常困难。

奇异鸟的大小与放养的小鸡相仿，总数大约为13,000只。与北部的亲戚比起来，斯图尔特岛/拉基乌拉的褐奇异鸟（Apteryx australis lawryi，又名tokoeka）体形更大，喙更长，双脚更粗。它们是唯一在白天活动的奇异鸟，一般在日出及日落时分可以观察到它们在草丛中或沙滩上觅食，它们会在被海水冲刷的海藻下挖掘沙蚤。如果你有幸遇见一只，不要出声，静止不动，直到它离开。奇异鸟极差的视力以及"一根筋"的觅食方式常常会让它们和你撞个满怀。

参加有组织的团队游是看到奇异鸟的最佳方式。考虑到岛上天气变幻无常，团队游有时会取消，如果很想看奇异鸟，最好在这里多住几晚。此外，有时在奥本及其周边也可能看到这种鸟。日落后前往橄榄球场周围的灌木丛，也许能碰碰运气。

co.nz; 10 Main Rd, Oban; 门票 $10; ⏲放映时间 11:00、14:00、16:00）奥本舒适的小电影院放映古怪、可爱的40分钟电影短片*A Local's Tail*，为你呈现有趣的斯图尔特岛/拉基乌拉历史文化纵览。电影院提供佳发柑橘（Jaffas）和需要自己动手做的爆米花。

实用信息

最便捷的信息查询中心在大陆上的因弗卡吉尔（见696页）。

拉基乌拉国家公园游客中心（Rakiura National Park Visitor Centre; ☎03-219 0009; www.doc.govt.nz; 15 Main Rd, Oban; ⏲12月至次年3月 8:00~17:00, 4月至5月和10月至11月 周一至周五 8:30~16:30, 6月至9月 周一至周五 8:30~16:30, 周六和周日 10:00~14:00）在这里你可以获取关于步道的信息，预订小屋，还能找到通行证、地形图、定位信号灯、书籍以及一些徒步必备物件，比如驱虫剂和羊毛袜子。游客中心的信息板介绍斯图尔特岛/拉基乌拉的动植物，这里还有一个播放影片的图书馆，集娱乐与教育功能于一体（是雨天不错的备选方案）。在这里通过AdventureSmart网站（www.adventuresmart.org.nz）注册你的旅行计划，这样万一你在徒步途中遇到麻烦的话，可以查到你的徒步路线，以便施救。

Red Shed奥本游客中心（Red Shed Oban Visitor Centre; ☎0800 000 511, 03-219 0056; www.stewartislandexperience.co.nz; 12 Elgin Tce; ⏲7:30~18:30）Stewart Island Experience的这个预订办公室位于码头边上，非常好找，能够给你提供岛上及周边的各类有用信息，包括住宿、导览游、游船、自行车、小摩托车和租车的信息。

斯图尔特岛/拉基乌拉没有银行。Four Square超市有一台自动柜员机，但不太靠谱。大多数活动场所都接受信用卡。

到达和离开

飞机

Stewart Island Flights（☎03-218 9129; www.stewartislandflights.co.nz; Elgin Tce, Oban; 成人/儿童 单程 $125/80, 往返 $215/130）每天3次往返斯图尔特岛和因弗卡吉尔，推出无固定座位（standby）的机票折扣不小，60岁以上的乘客也有折扣。

船

Stewart Island Experience（☎0800 000 511, 03-212 7660; www.stewartislandexperience.co.nz; Main Wharf, Oban; 成人/儿童 单程 $79/49, 往返 $139/40）渡轮只载客，每天4次往返布拉夫和奥本，冬季（6月至8月）班次减少。在夏季（12月至次年2月）需要提前几天预订。全程1小时，有些颠簸。这家公司也提供往返布拉夫和因弗卡吉尔的班车（成人/儿童 $24/12），可以在因弗卡吉尔的信息中心、Tuatara Backpackers和因弗卡吉尔机场上下客。

车辆可以停放在布拉夫的停车场，安全可靠，但需额外付费。

当地交通

岛上只有奥本和周边海湾有公路。Stewart Island Experience在Red Shed出租汽车和摩托车。

水上出租车为斯图尔特岛的偏远地区和石莼岛提供接送服务，对徒步者而言非常方便。运营商包**Aihe Eco Charters & Water Taxi**（见706页）、**Ulva Island Ferry**（☎03-219 1013; 往返 成人/儿童 $20/10; ⏲出发时间 9:00、正午、16:00，返回时间 12:15、14:15、16:15、18:00）和Rakiura Charters & Water Taxi（见706页）。

了解新西兰

今日新西兰

尽管过去的十年里灾难不断，包括毁灭性的大地震和矿井、直升机坠毁悲剧，但新西兰从未失去信心。这个国家在大银幕和运动场上都依然是巨头，而且在政治领域也正悄然发生着变化……

最佳电影

《指环王》三部曲（2001~2003年）霍比特人、龙和魔戒——托尔金的幻想变为现实。

《钢琴课》（*The Piano*；1993年）一台钢琴随同其主人来到19世纪中期的西海岸。

《鲸骑士》（*Whale Rider*；2002年）东海岸家族和传统的魔幻故事。

《夕阳武士》（*Once Were Warriors*；1994年）住在南奥克兰的毛利人在当代社会生活中的家庭矛盾与文化冲突。

《毛利男孩》（*Boy*；2010年）泰卡·怀蒂蒂（Taika Waititi）苦乐参半的成人日故事，发生在丰盛湾。

最佳读物

《发光体》（*The Luminaries*；埃莉诺·卡顿；2013年）布克奖获奖作品：西海岸金矿的犯罪与阴谋。

《皮普先生》（*Mister Pip*；劳埃德·琼斯；2006年）布干维尔岛骚乱，与狄更斯的《远大前程》交织在一起。

《活着的尸体》（*Live Bodies*；莫里斯·吉；1998年）"二战"后新西兰的陨灭与救赎。

《晚10点的问题》（*The 10pm Question*；凯特·德戈迪；2009年）12岁的弗兰基对抗生活中的重大焦虑。

杰辛达热潮

2010年，她是新西兰最年轻的在任国会议员，2017年，她开始掌管这个国家。杰辛达·阿德恩的快速崛起被认为是全球政治正在发生变化的一部分。阿德恩于2017年成为工党有史以来最年轻的领导，就在选举的几周前，37岁的她被推举至总理的职位——这使得她成为新西兰150年来最年轻的总理。她热忠于气候变化，是公开的女权主义者，积极为同性恋群体谋求权益，阿德恩以她活力四射的姿态赢得选举的现象被称为"杰辛达热潮"。最终的投票中，工党取得了37%的支持率，不过最终建立了一个由工党率领的联合政府。

阿德恩口齿伶俐，富有活力，已经同其他激进、年轻的世界领导人，如加拿大总理贾斯汀·特鲁多（Justin Trudeau）和法国总统埃马纽埃尔·马克龙（Emmanuel Macron）结为同盟，他们共同组成了年轻人掌权的当代政坛新变化的一部分。但阿德恩展现的依然是新西兰人的典型性格：不事张扬，平易近人。

文化和体育巨人

电影导演詹姆斯·卡梅隆一直在惠灵顿为观众期待已久的4部《阿凡达》系列作品忙碌，此举正在将新西兰打造为重要的电影拍摄地。他的这些作品计划将在2020年到2025年间陆续上映。与此同时，泰卡·怀蒂蒂导演已经得到了一波全球赞誉。他的作品《毛利男孩》（*Boy*，2010年）和《追捕野蛮人》（*Hunt for the Wilderpeople*，2016年）打破了新西兰的票房纪录，讲述吸血鬼同居生活的伪纪录片《吸血鬼生活》（*What We Do in the Shadows*，2014年）吸引了许多观众。不过怀蒂蒂在执导了《雷神：诸神黄昏》（*Thor: Ragmarok*，2017年）后名声远扬，他将新西兰人独特的幽默感注入这部早已让人失去热情的漫威系列作品之中。

在运动界，新西兰依然是一支不容忽视的力量。2011年，全黑队（All Blacks）在家门口举办的橄榄球世界杯中获胜后，这支备受喜爱的国家队又在2015年击败了劲敌澳大利亚，成了第一个在橄榄球世界杯中取得连胜的国家。即将于2019年举办的世界杯中他们会面对很大的压力。2015年黑帽队第一次进入板球世界杯决赛，但最终惨败给对手澳大利亚。2019年的世界杯中，他们再次输给了澳大利亚。而在水上，新西兰酋长队于2017年在美洲杯帆船比赛中取胜，2021年在奥克兰举办的帆船赛事中，谁又将胜出呢？

大问题

成为旅行者心中的梦想之地并非完全是新西兰的目标，尤其是随着游客数量骤增，地产投资商趁机而入。澳大利亚和亚洲买主对待新西兰地产的态度正趋于理性：房地产出现危机的可能性急剧增大，国际货币基金组织2016年将新西兰房产列为经合组织最昂贵之列。接下来的30年中，奥克兰的人口有望增加100万，问题无法得到迅速解决。

新西兰游客数量正不断增加——现在是每年354万，由此引发的旅游管理问题也亟待解决。为了应对汤加里罗山步道的大受欢迎，环保部对步道起点的停车场设定了时间限制，强迫游客利用公共接驳车服务。同时，通往世界著名的米尔福德峡湾的门户，如蒂阿瑙等旅游热门地的旅游旺季开始得越来越早。面对旅游业的蓬勃发展，这个因为野性、美丽而为人所喜爱的国家正面临着如何维持这种面貌的难题。

永不忘记

新西兰的斗士精神在过去10年中被一再推至极限。2016年基督城再次发生地震，使得2010年和2011年地震后的恢复工作遭到挫折，2016年11月凯库拉的地震造成公路和铁路断裂，修复工作直到2017年底才完成。但新西兰不只是在重建，它还在彻底改造，新冒出来的咖啡馆和餐厅以及一片用船运集装箱改建的购物商场证明，基督城在灾难之后能迅速地重新开始。随后的几年中，震后大型项目逐渐成形，包括2017年揭幕的坎特伯雷地震国家纪念馆。

另一座著名纪念碑纪念的是2010年的派克河矿难，这场甲烷爆炸灾难导致29人丧生——是一百年多年里该国遭遇的最严重的矿难。根据事故受害者家属的心愿，矿难遗址已被封存在帕帕罗阿公园中，为纪念他们，"九大步道"增加了一个新成员——帕帕罗瓦步道和派克29纪念步道，这条步道已于2019年开放。

人口：4,830,000

面积：268,021平方公里

国内生产总值：$2681亿

通货膨胀率：1.9%（2017年）

失业率：4.8%（2017年）

如果新西兰有100人

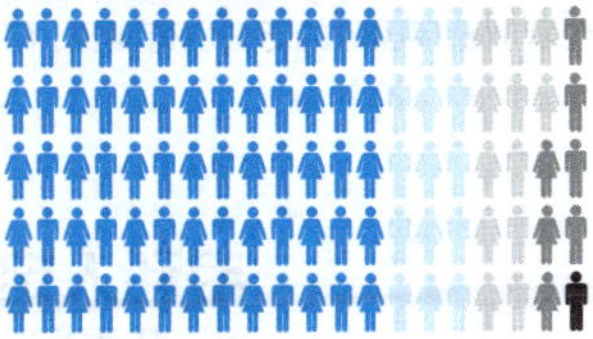

65人是欧洲移民后裔
15人是毛利人
12人是亚裔
7人是太平洋岛民
1人是其他种族

他们居住在
（新西兰人百分比）

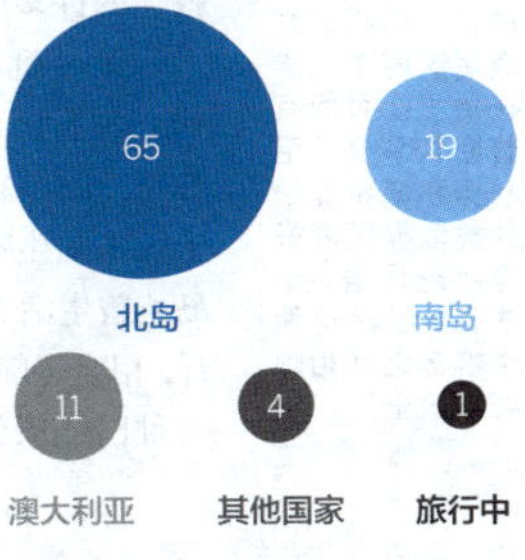

每平方公里人口数

历史

历史学家一直试图揭开新西兰早期历史的面目……他们的发现中有很多都证实了毛利人的传说故事。距今不到一千年的时间里，这几座岛上就产生了两个新的民族：波利尼西亚毛利人和新西兰白种人（毛利语称后者为Pākehā）。新西兰和其他波利尼西亚地区的历史有相通之处，和其他欧洲殖民国家的历史也有渊源。在历史的进展中这里的文化相互融合并产生了其独特性。

毛利人定居地

新西兰最早的定居者是波利尼西亚人，也就是今天毛利人的祖先。考古学家和人类学家依然在追寻更多的细节，但现在大多数已被认可的证据表明，他们是13世纪来到这片土地的。虽然从波利尼西亚鼠的骨头中提取的DNA还可追溯到几个世纪之前，但目前不被考古学界承认（当然也不能被认定是波利尼西亚人更早来此定居的证据）。现在大多数历史学家都同意毛利人来到新西兰的最可能的时间是1280年。科学家已完成南岛Wairau Bar考古遗址埋葬的定居者的DNA排序，确认这些人来自东波利尼西亚（工作仍在继续，将更加精确地确定他们的起源地）。这里埋葬的定居者的基因多元性表明定居点的范围应该相当大——这个发现与毛利人叙述的许多船只抵达这片岛屿是一致的。

文化和遗产部的历史网站（www.nzhistory.net.nz），是一个很棒的新西兰历史资料库。

毛利语和塔希提语言中的相似性表明这两个民族在历史上可能有着密切联系。毛利语和塔希提语的类似程度就好像西班牙语之于法语，虽然这两个群岛之间相隔4294公里。

第一批移民主要的居住地包括温暖的沿海地区，那里适宜他们从波利尼西亚带来的植物（番薯、葫芦、山药和芋头）生长；有可以打磨成刀具和扁斧的石料；生存着许多大型野兽。新西兰除了几种蝙蝠以外，没有土生土长的陆生哺乳动物。然而，说这里有“大型野兽”一点儿也不夸张：这些岛屿曾生活着十多种恐鸟（一种不能飞的大型鸟），最大的体重可达240公斤，相当于鸵鸟的2倍。猎食它们的是哈斯特鹰（Harpagornis moorei），一种已经灭绝了的体形巨大的鹰，体重可达15公斤。岛上还生活着其他一

大事年表

公元1280年

根据考古发掘的证据，东波利尼西亚人最有可能在这个时候来到了新西兰，这时他们还不叫毛利人。

1500～1642年

毛利文化的“古典时代”，武器制造和艺术技巧得到提高。许多到现在依然是文化的标志。

1642年

与欧洲人首次接触：从荷属东印度群岛（印度尼西亚）出发寻找“富饶的南方大陆”的阿贝尔·塔斯曼远征到达此地。和毛利人发生海上冲突后，他的船队没有登陆就匆匆离开了。

神秘的摩里欧里人

在新西兰最经久不衰的一个神话传说中，毛利人到达时发现，新西兰大陆已经被一个更和平、种族上完全不同的美拉尼西亚（Melanesian）民族——摩里欧里人（Moriori）占领，这个民族最终为毛利人所消灭。这个神话自20世纪20年代以来已经被学者多次证伪，但不知何故仍在流传。

事实上情况比较复杂，摩里欧里人确实存在，而且毛利人对他们的确不太友好。摩里欧里人实际上是查塔姆群岛（Chatham Islands）的居民，这片群岛暴风肆虐，位于大陆东面约900公里处。但是，他们是纯种的波利尼西亚人，而且是毛利人的后代——"摩里欧里"和"毛利"只是同一个词的不同版本。1835年，大陆毛利人到了查塔姆群岛，作为火枪战争（Musket Wars）的延续，他们杀了一些摩里欧里人并俘虏了剩下的人。但是他们并没有把摩里欧里人赶尽杀绝。

些不会飞的鸟类和大型海生哺乳动物，如毛皮海豹（fur seal，又名海狗、毛皮海狮），它们都不太擅长逃避猎捕，因此很容易成为太平洋小岛岛民的猎物。早期的移民们迅速地向远处进发，在最初的100年中他们的足迹已到达北岛北端和南岛南端。高蛋白饮食很可能促进了人口数量的激增。

但是，到1400年前后，由于大型野兽数量减少，毛利人经济生活的依赖从大型动物转向小型动物，诸如丛林鸟类、鼠类，并从狩猎转向了种植和捕鱼。虽然生活过得不错，但是毛利人需要对周围环境有更加细致的了解，需要坚持不断地努力和复杂的集体组织，于是毛利部落便逐渐成形。由于对资源的争夺更激烈了，冲突加剧，这导致各部落建造的军事要塞村（毛利语名为Pā）越来越复杂，还建有井和储存食物的地方。目前在新西兰各地还能找到要塞村地基的遗址（比如在奥克兰的几处山头）。

1500年前后被认为是"古典时代"的黎明，这时毛利人发展出了自己的社会结构和相当独特的审美，不再是波利尼西亚母体文化的分支。毛利人没有金属，没有文字，也没有酒精或毒品。此时传统的毛利文化存续下来，包括表演艺术，如民族舞蹈（kapa haka）和显眼的视觉艺术，尤其是木雕、武器和绿玉（pounamu，又叫软玉、毛利玉）。

毛利人的精神生活也很独特。在天父Rangi-nui和地母Papatūānuku的掌控下，掌管土地、森林、海洋的众神随着时间推移已经成为神灵的祖先。爱捣乱的半人半神Maui尤其重要。在神话里，他曾战败太阳并把北岛

有传言说巨型的恐鸟（moa）依然存在，但是都没有切实证据。近年来有热心人士试图通过DNA样本来证明恐鸟并未灭绝的论断，但科学家认为现存保存下来的物种才是更直接的证据。没劲。

1769年

冉·德·萨维尔（Jean de Survie）和詹姆斯·库克（James Cook）的到来重启了新西兰和欧洲之间的联系。尽管偶有冲突，但他们都设法和毛利人沟通，从此新西兰与外界的联系再未中断。

1772年

马可-约瑟夫·马里翁·迪弗伦的法国探险船队到来，并在岛屿湾停留了几周。他们和毛利人最初的关系很好，但由于违反了毛利圣法导致双方的冲突。

18世纪90年代

捕鲸船和捕猎海豹的团伙来到这个国家并和毛利人逐渐建立起友好的关系，欧洲人借此从毛利人得到食物、水等必需品以及保护。

1818～1836年

毛利部落之间发生"火枪战争"：拥有火枪的部落袭击没有火枪的部落，并取得血腥的胜利。战争在1836年逐渐止息，大概是因为各个部族的火枪数量达到了均衡。

从海里钓上来。他在企图征服女神Hine-nui-te-po为人类带来永生时，死于女神胯下。

欧洲的进入

阿贝尔·塔斯曼(Abel Tasman)曾将新西兰命名为斯塔腾兰(Statenland)，以为它和阿根廷附近的斯塔腾岛(Staten Island)相连。之后以塔斯曼的祖国，荷兰的泽兰省(Zeeland)命名。

毛利人和欧洲探险者的第一次接触发生在1642年。航海家阿贝尔·塔斯曼（Abel Tasman）刚刚宣称“地狱之门”（Van Diemen’s Land，塔斯马尼亚）为荷兰所有时，一阵狂风将他的舰队引到东侧，他在那里看到了新西兰。塔斯曼的两艘船开始寻找南方大陆和那里可能蕴藏的财富。他得到的指示是，对于任何可能遇见的土著人，都“不能表现出对贵重金属的渴求，让他们继续保持对这些玩意儿的价值浑然无知”。

当塔斯曼的船在海湾抛锚停泊时，当地毛利人照例按习俗划着独木舟出来挑战，以探知对方是友是敌。荷兰人吹起号角，却不知自己在无意间被误解为是在反击。当一只小船被放下准备接送两船的船员时，他们遭到了攻击，4名荷兰船员被杀死。塔斯曼甚至还未踏上这片土地便下令离开，再也没有回来过。随后的127年里，再也没有任何欧洲人来过。但是荷兰人还是为它取了一个名字，一开始叫“斯塔腾兰”（Statenland），后来被地图学家改为“Nova Zeelandia”。

在1769年，毛利人和欧洲人重新建立联系。英国和法国探险队分别在詹姆斯·库克（James Cook）和冉·德·萨维尔（Jean de Surville）的带领下来到这里。库克险胜，赶在法国人抛锚之前先行抵达并命名了道特利斯湾。法国人的第一次探险就悻悻而返，身体境况不佳的法国海员却同毛利人互相猜忌，他们甚至掳走一名毛利人做囚犯（后死于海上）。在马可–约瑟夫·马里翁·迪弗伦（Marc-Joseph Marion du Fresne）率领的第二次法国探险期间，由于文化误解导致了暴力复仇，由此引发了血腥冲突。但之后的探险活动取得了一些成果。与此同时，库克在1773年和1777年曾两次到访此地。在科学、利润、大国竞争的推动下，探险继续进行着。

最早移民新西兰的欧洲女性有一位名叫夏洛特·巴杰(Charlotte Badger)，她被判有叛徒罪，于1806年逃至岛屿湾，并拒绝返回欧洲。

从18世纪90年代开始，北方捕鲸船和南方捕猎海豹的团伙与毛利人有了非官方接触（不过生活在新西兰内陆的毛利人依然未受到太大影响）。1814年，第一个传教点在岛屿湾（Bay of Islands）设立，圣公会、卫理公会、天主教陆续抵达。欧洲人给毛利人带来了猪和土豆等物品，毛利人甚至将它们作为交易的通货。到19世纪20年代的时候，亚麻和木材交易已促成一些欧洲人和毛利人的小型混居点。让人吃惊的是，来到这里的西方人中数量最多的可能是美国人。来自新英格兰的捕鲸船很喜欢在岛屿

1837 年

欧洲移民将负鼠从澳大利亚引入新西兰，负鼠数量剧增，威胁到本地植物和鸟类。

1840 年

从2月6号岛屿湾的怀唐伊开始，全国各地大约500名酋长签署了《怀唐伊条约》，彻底“解决了”主权归属问题。新西兰成了名义上的英国殖民地。

1844 年

年轻的纳普希酋长洪尼·鹤卡挑战英国主权，他先在Kororāreka（如今的拉塞尔）砍倒了英国国旗，之后洗劫了全城。随之而来的北部区战争(Northand war)一直持续到1846年。

1858 年

怀卡托（Waikato）酋长Te Wherowhero成为第一位毛利国王。

湾休息、娱乐，这也意味着性和酒精。他们最常去的Kororāreka小镇（如今的拉塞尔）被称为"俄摩拉城，太平洋痛苦的根源"（Gomorrah, the scourge of the Pacific）。其结果就是，今天来这里的新英格兰游客可能会在当地毛利人里找到他们的远亲。

詹姆斯·库克船长

有数不清的方尖碑、褪色的牌匾，还有满身是涂鸦的雕像，都在纪念著名的航海家詹姆斯·库克（James Cook，1728~1779年）。在太平洋地区旅行，不可避免地会遇到库克船长的影像，以及在这些因为他才向西方世界敞开的土地上那些颇具争议的遗留问题。

跟库克广泛的游历和显赫的声名相比，他的出身略显贫苦窘迫。他是一个约克郡乡下短工的儿子，出生在一幢泥草房里，没怎么受过教育，似乎命中注定只能做个农夫，并在村子教堂里的家族墓地中安息。但是，少年库克走向了大海，从运煤船的雇工慢慢做到了海军军官，又因其绘制的一套加拿大航海地图而引起注意。但他仍是籍籍无名的副少尉，直到1768年，皇家海军（Royal Navy）选中他去指挥一次到南太平洋的大胆航行，他才开始名声大振。

库克指挥着由这艘运煤船改装的奋进号（Endeavour）到了塔希提（Tahiti），后来又成为第一个登陆新西兰和澳大利亚东海岸的欧洲人。在那里，库克航行绘制出了新西兰海岸全图——精确程度惊人。虽然这艘船在撞上大堡礁后几乎沉没，且40%的船员因疾病和意外死亡，但是在1771年，奋进号还是艰难驶回故乡。在另一次返航途中（1772~1775年），库克成为第一个穿越南极圈、环绕地球最南端纬线附近海域的航海家，他的发现推翻了一个古代神话：环绕着地球南极的是一片人口稠密、广袤富饶的大陆。

库克的航行对世人的思想产生了巨大的影响。在航海期间，库克和船员进行了天文测量。同他一起航行的植物学家认真地记录和研究了他们所遇见的植物。库克在环游世界的航行旅途中，没有一名船员死于坏血病。

不过这些成就带来了很大的负面影响。库克的航行激发了对太平洋诸岛的殖民主义浪潮。他死后的几十年内，传教士、捕鲸者、商人、移民开始改变（很多时候是具有毁灭性的改变）岛屿文明。因此，今天很多原住民将库克视为帝国主义强盗，指责他将疾病带到太平洋地区，让原住民流离失所、遭受不幸（因此库克纪念碑经常被破坏）。然而，当岛民们着手恢复传统手工和习俗，包括文身和传统树皮布（Tapa）等，他们又需要研究库克和他的随行人员的绘画和著述，把那些作为文化复兴的一种资源。新西兰许多重要的地名中都有他的名字，包括奥拉基/库克山、库克海峡和库克河，其余还有无数街道和酒店以他的名字命名。

无论好坏，这个约克郡的农民男孩仍然是打造现在太平洋版图的最重要的人。

1860~1869年

第一次和第二次塔拉纳基战争（Taranaki war）以政府在Waitara从毛利人手中骗取土地这一备受争议的行动为导火索，政府没收了更多的土地，从而引发公愤。

1861年

澳大利亚淘金者加布里尔·李德（Gabrie Read）在奥塔戈发现黄金。结果奥塔戈的人口在6个月里从不到13,000人飙升至30,000人。

1863~1864年

怀卡托土地战争。近5000名毛利人抵抗20,000名英国人、生活在新西兰的英国人和毛利"友军"组成的联合部队。尽管毛利人几次出奇制胜，但最终他们还是被击败，大量土地被没收。

1867年

所有毛利男人（而非个别地主）被赋予了投票权。

“我相信我们都为离开新西兰感到高兴。那不是个好地方。那里的土著已经丧失了迷人的淳朴民风……在那里的大多数英国人都是社会的渣滓。”1860年，查尔斯·达尔文这样描述Kororāreka（拉塞尔）。

1840年以前，在欧洲人与毛利人交往的过程中有过十到二十几次流血冲突。相对于他们接触的频率，种族间的冲突其实算很少了。欧洲人需要毛利人的保护、食物和劳力，而毛利人也逐渐开始依赖欧洲人的东西，特别是火枪。欧洲人与毛利人开始通婚，因此捕鲸站、传教点和毛利部族开始建立联系，这有利于他们的和平共处。最大的冲突在毛利人内部：1818年至1836年部落间悲惨的“火枪战争”。最初，大多都是北部区的毛利人和欧洲人接触，因此岛上的纳普希（Ngāpuhi）部落率先获得了火枪。在勇将Hongi Hika的带领下，纳普希部落突袭了南方，血洗了那些没有火枪的部落。当被袭的部落获得火枪后，继而又把纳普希人赶走，而且反过来袭击更南边的部落。这种多米诺骨牌效应在1836年已经波及南岛的最南端。传教士称“火枪战争”是在他们的影响下逐渐平息的，但更重要的原因可能是，火枪数量均等使得部落之间恢复了力量均衡。

1769年，毛利人数量据估计在85,000到110,000之间。火枪战争中大约有20,000毛利人丧生，新的疾病（包括伤寒、肺结核和性病）也造成了一定的伤害。幸运的是，新西兰路途遥远，具备了隔离免疫的条件：在漫长的海上航行中，染病的欧洲人要么康复，要么就死了。天花几乎彻底毁了北美洲的印第安人，但是这些情况并没有出现在新西兰。到1840年，毛利人只剩大约70,000人，至少减少了20%。毛利人屈服于欧洲人的势力之下，但是并没有被摧毁。

成长的烦恼

《怀唐伊条约》签署地（Waitangi Treaty Grounds,），条约于1840年在此首次签署，现在这个地方是新西兰人还有外国人都喜欢前往的旅游胜地。每年的2月6日，在怀唐伊都会举办纪念和游行仪式。

毛利部落很看重白人带来的利益和威信，并且想要得到更多，同时他们也想获得外国力量的保护。在名义上接受英国统治是最好的办法。1833年，英国任命了新西兰首位事务大臣詹姆斯·巴斯比（James Busby），不过他的权力在很大程度上只是象征性的。巴斯比挑选了这个国家的第一面国旗，确立了新西兰的《独立宣言》。但他没能抑制住殖民入侵的步伐。

到1840年，英国政府也下定决心，去承担干预新西兰事务可能要付出的昂贵代价。英国渴望保证他们的商业利益，但同时也错误地相信，毛利人不能处理好与欧洲人日渐频繁的非官方接触。1840年，双方达成协议，这项协议以当年2月6日在怀唐伊首次签订的条约为标志。《怀唐伊条约》（*Treaty of Waitangi*）在新西兰的地位和美国宪法在美国的地位不相上下，但是更具争议性。最初的问题是英国人和毛利人对条约的理解并不一致。英国人的理解是，承诺毛利人享有与大不列颠臣民完全平等的权利，

1868 ~ 1872 年

东海岸战争。蒂库堤（Te Kooti）成功地发动查塔姆群岛越狱，之后又在乌雷韦拉（Urewera）地区领导了神圣游击战。他最终放弃抵抗，修建了灵加图教堂。

1886 ~ 1887 年

Tuwharetoa部落将鲁阿佩胡火山、瑙鲁霍伊火山和汤加里罗火山赠予政府，建立了新西兰第一个国家公园。

1893 年

在凯特·谢帕德（Kate Sheppard）向政府请愿多年并领导运动后，新西兰成为世界上第一个给予妇女投票权的国家。

1901 年

新西兰委婉地拒绝了加入新的澳大利亚联邦这一邀请，但是仍表示了感谢。

毛利土地战争

新西兰战争（New Zealand Wars），又叫土地战争（Land Wars）或者毛利战争（Maori Wars），是5次单独的重大冲突的合称。战火始于北部区（Northland），之后烧遍北岛，战争起因复杂，但一个共同因素就是土地。在5次战争中，既有毛利人为支持政府而战，也有毛利人为反抗政府而战，政府这边还有英国的军队、澳大利亚人以及新西兰自己的武装警察队伍。作为参与战争的惩罚，毛利人的土地被没收，这一举动至今仍是冲突的根源。时至今日，政府仍在努力为支付赔偿而筹措资金，因为政府已经承认当年没收土地是对毛利人不合法的剥夺。

条件是毛利人彻底服从英国政府的统治。而毛利人的理解是英政府还承诺他们可以保持自己的酋长制，这实际上暗示了一种地方政府管理权。一开始问题并不严重，因为毛利人的理解适用于欧洲人的小型定居点之外。但是随着定居点的不断扩张，冲突开始发酵。

1840年，新西兰只有约2000名欧洲人，破烂的小镇Kororāreka作为首都同时也是最大的定居点。到了1850年，就已经新增加了6个定居点，约有22,000移民。其中大约一半人都是在新西兰公司（New Zealand Company）及其商业伙伴的资助下来到这里的。这家公司是爱德华·吉本·韦克菲尔德（Edward Gibbon Wakefiled）创立的，他对澳大利亚南部的定居点也有影响。韦克菲尔德希望通过“快速文明化”来缩短定居点的“野蛮边陲阶段”（barbarous frontier phase），但收效甚微。从19世纪50年代开始，这些定居者（其中的中上阶层人士比例很大）就淹没在一浪接一浪的移民狂潮中了，这股移民潮一直持续到19世纪80年代。这些人是英国和爱尔兰移民大潮的一部分——他们还构成了澳大利亚和许多北美地区的主要人口。但是新西兰的人口构成特征明显。比如说，新西兰的低地苏格兰人数量众多，可能除了加拿大的某些地方外，没有其他地方可以及得上这个比例。新西兰的爱尔兰人，甚至可以说新西兰的天主教徒，都多来自爱尔兰北部。新西兰的英格兰人基本来自伦敦附近的郡。还有小部分移民是德国人、斯堪的纳维亚人和华人，而后者从19世纪80年代起就面临日益严重的种族偏见，因为当时新西兰白种人的数量已达50万。

从19世纪50年代到70年代中，多数大规模移民潮都是在各省和中央政府协助下进行的，因此也增加了很多大型公共建设事业计划，尤其是在朱利叶斯·沃格尔（Julius Vogel）领导下的19世纪70年代。1876年，沃格尔

“Kaore e mau te rongo – ake, ake!”（绝不会有和平——绝不，绝不！）1864年，在奥拉库战役（battle of Orakau）中，战争指挥官Rewi Maniapoto如此回应政府军队。

1908年

新西兰物理学家欧内斯特·卢瑟福（Ernest Rutherford）凭借“原子分裂”，在元素裂变和放射性物质化学等方面的研究，而获得诺贝尔化学奖。

1914~1918年

对一个人口只有100多万的国家来说，新西兰对第一次世界大战的贡献惊人：大约有10万新西兰人在海外参战。6万余人牺牲，大多数人都在法国西线战事中丧生。

1931年

内皮尔和黑斯廷斯大地震造成至少256人死亡。

1935~1949年

迈克尔·萨维奇（Michae Savage）领导下的第一届工党政府掌权，开创了富有新西兰前瞻特色的福利国家，并在外交政策上采取了一些独立举措。

莫里斯·夏伯特(Maurice Shadbolt)所著的《犹太人之季》(*Season of the Jew*,1987年)是一部半虚构小说,描写了19世纪60年代勇士蒂库堤(Te Kooti)在贫穷湾领导的反对英国的残酷斗争。蒂库堤和他的追随者将自己比作被逐出埃及的以色列人。想要进一步了解新西兰战争,登录www.newzealandwars.co.nz。

废除了省政府,认为省政府阻碍了他的发展计划。最后一位有实权的英国任命的地方长官是乔治·格雷(George Grey),他天资聪颖但是做事不择手段。自从他在1868年结束第二任任期之后,地方长官(1917年起称为总督)很大程度上仅是名义上的国家元首。政府首脑,即总理,拥有更多权力。以前比省政府、英国任命的地方长官和毛利部落力量都要弱小的中央政府,如今终于执掌大权。

毛利人绝不会不战而退。事实上,毛利人对欧洲人扩张的抵抗是强有力的。第一次冲突发生在1843年,地点在怀劳谷地(Wairau Valley),如今是葡萄酒产区。定居者组建了一支民兵队,意图彰显英国对此地如传说中的控制力,不料却遭遇了毛利人对该地现实的控制。这次战斗让22名白人丧生,其中包括韦克菲尔德的兄弟阿瑟(Arthur),还有6名毛利人丧生。1845年,岛屿湾发生了更严重的冲突,洪尼·鹤卡(Hone Heke)洗劫了一个英国人定居地。鹤卡和他的盟友Kawiti凭借改良过的军事要塞村,击退了3支英国远征军。这些创新的军事要塞村遗迹仍能在罗佩卡佩卡看到。地方长官格雷宣布在北方取得了胜利,但是很少有人相信。格雷在南方取得了更好的战绩,他抓住了德高望重的Ngāti Toa部落首领Te Rauparaha,在那之前,Te Rauparaha在库克海峡(Cook Strait)两岸的威望都很高。新西兰白种人的势力或许可以牵制在南岛生活的一些毛利人,但是发生于19世纪40年代的冲突证明,当时在北岛上的欧洲人只在边缘地带,而腹地则是不受管束的毛利人的。

新西兰前总理朱利叶斯·沃格尔(Julius Vogel,1835~1899年)曾写过一本科幻小说,名叫《公元2000年》(*Anno Domini 2000*,1889年),他在其中幻想出一个由女性领导的乌托邦社会。鉴于新西兰是第一个赋予女性投票权的国家,此举可谓极富先见之明。

外来定居者的人口和对权力的欲望在19世纪50年代不断膨胀,到了1860年,冲突再次爆发。战火时断时续,烧遍北岛大部分地区,到1872年才熄灭。最初的几年,国王运动是进行抵抗的中坚力量,他们想要建立一个君主政体,使毛利人同欧洲移民一样有更加平等的地位。后来被一些非凡的"先知兼将领"(prophet-general)接替了,其中最著名的是Titokowaru和蒂库堤(Te Kooti)。大多数战争规模都很小,但是1863~1864年间的怀卡托战争(Waikato war)绝非如此。这场冲突和美国南北战争发生的时间相同,并动用了装甲蒸汽船、最新式的重型火炮和10个气势汹汹的英国正规军团。虽然力量悬殊,毛利人还是打赢了一些战役,比如1864年在陶朗加附近的Gate Pa战役。但是最终,数量众多、装备精良的欧洲军队还是占了上风。在19世纪最后的几十年里,毛利人逐渐丧失了政治上的独立,但还是保留了文化上的独立。1916年,警察入侵毛利人最后的避难所乌雷韦拉山,毛利抵抗运动被画上了句号。

1936年

新西兰女飞行员吉安·巴腾(Jean Batten)成为第一个独自从英国直飞到新西兰的飞行员。

1939~1945年

"二战"中,新西兰军队支援英国及盟军。1942年起,大约有45,000美国士兵驻扎新西兰以防范日本的进攻。

1953年

新西兰人埃德蒙·希拉里(Edmund Hiary)和丹增·诺盖(Tenzing Norgay)"征服了那个浑蛋"。他们开创了人类登顶珠穆朗玛峰的历史。

1974年

签证过期的太平洋岛屿移民遭遇移民警察的"黎明搜捕行动",这一行动由罗伯特·马尔登(Robert Mudoon)和国家党执政的政府领导。搜捕行动一直持续到20世纪80年代初期。

从淘金热到福利国家

从19世纪50年代到80年代，虽然和毛利人冲突不断，新西兰白人的经济却一派繁荣。南岛的淘金热使达尼丁成为新西兰最大的市镇，这里的居住者都很年轻，大多都是沿着西海岸追逐财富而来的男人。英国政府烦恼于这个前沿社会性别的不平衡，便试着吸引女性移民到新西兰。每年有大量的羊毛出口，为建设铁路和公路所进行的海外贷款数额大到不明智的地步。到1886年，人口达到拐点：非毛利人中的大多数也都出生在新西兰。许多人依然认为英国是他们遥远的故乡，但一种新的身份认同正在形成。

1879年羊毛价格下跌，黄金产量下降，大萧条发生了。失业使得劳工阶层中的很多人去了澳大利亚，他们的工作环境非常糟糕。但这里依然有乐观的因素：新西兰在1882年成功出口了冷冻肉，新经济支柱让人们重新充满希望。人们还开始热切地清理林地，开辟农场。

1890年，新西兰第一个有组织的政党自由党上台，得益于慢慢复苏的经济，他们一直执政到1912年。这几十年里，社会改革运动，比如基督教妇女禁酒联盟（Woman's Christian Temperance Union），开始为女性自由而奔走。1893年，新西兰成为世界上第一个给予妇女选举权的国家。但妇女禁酒联盟的另一大诉求——全国禁酒——没能实现。1898年新西兰设立养老机制，但这些进步对全社会来说并不都是好消息。养老金只适用于一个能满足种种条件的“好人”，改革刻意排除了前往金矿做工的中国移民。与此同时，自由党获取了越来越多的毛利土地作为定居点。到这时，非毛利人口与毛利人口的比例已经达到了17:1。

备受尊崇的新西兰总理理查德·“迪克王”·塞东(Richard ‘King Dick’ Seddon)用他著名的最后电报“就此告别，前往上帝之国”(Just leaving for God’s own country)，而推动了这个国家自称为“Godzone”说法的流行。

国家建设

新西兰在布尔战争（1899~1902年）和第一次世界大战中支持英国（1914~1918年），导致其在“一战”中损失惨重。然而，勇敢的ANZAC（澳新军团）在加里波利战役中的失败对于新西兰来说却一直是国家塑造成形的时刻。20世纪30年代，新西兰经历了大萧条，情况和别的国家一样悲惨。乡村地区现在仍能看到的被遗弃的农舍一般都建于这个年代。1935年，这里诞生了第二个致力于改革的政府——新西兰工党，他们以社会公平为政见成功上台。该党的创始人之一是澳大利亚出生的迈克尔·约瑟夫·萨维奇（Michael Joseph Savage），他也因为胜选而成为新西兰历史上首位工党的总理。第二次世界大战中，新西兰正式宣布与德国开战：大约140,000名新西兰人在欧洲和中东英勇作战，而在国内，女性在劳动力市场

生于惠灵顿的南希·韦克（Nancy Wake，代号“白鼠”）领导了一支7000多人的队伍进行反纳粹游击战。她曾获多项殊荣，也是盖世太保最想通缉的人，还是“二战”同盟国受勋最多的女军人，她就是那个“徒手杀死一名纳粹”的名人。

1981年

南非国家橄榄球跳羚队巡回比赛导致新西兰人分成两派。许多新西兰人通过抗议比赛来表达强烈的反种族隔离立场。另一些人则认为体育和政治不应混为一谈，支持比赛继续进行。

1985年

法国政府的间谍在奥克兰港炸沉彩虹勇士号，目的在于阻止绿色和平组织的抗议船只驶往穆鲁罗瓦环礁，法国政府正在那里进行核试验。

1992年

政府开始为土地战争中被充公的土地赔款，并在“海神协议”（Seaord dea）中明确了毛利人的捕鱼权。其他赔偿紧随其后，包括怀卡托土地充公案。

1995年

彼得·布雷克（Peter Bake）和卢瑟·库尔茨（Russe Couts）驾驶黑魔法号（Back Magic）为新西兰赢得了美洲杯帆船赛（Americas Cup）。“红袜子”成了一件关乎国家荣誉的大事。

中发挥了越来越重要的作用。

到20世纪30年代，满载冷冻肉类、奶酪、黄油以及羊毛的巨轮定期从新西兰开往英国。新西兰经济越发适应伦敦的滋养模式。同时，新西兰与英国文化上的联系也不断增强。新西兰儿童学习英国而非本国的历史和文学。新西兰重要的科学家和作家，比如欧内斯特·卢瑟福（Ernest Rutherford）和凯瑟琳·曼斯菲尔德（Katherine Mansfield）都被吸引到英国。新西兰的平均生活水平、福利体系、初级教育系统基本优于英国。新西兰人有机会接触英国的经济和文化，并为后者做出自己的贡献。有很多"英国"作家、学者、科学家、军事将领、出版人等，其实都是新西兰人，不胜枚举。

新西兰坚定不移的反核能态度，为它赢得了"咆哮的老鼠"的称号。

新西兰以自己的富裕、平等以及社会和谐为傲。但同时，新西兰也很循规蹈矩，甚至有清教徒式的清规戒律。对1953年由马龙·白兰度主演的美国电影《飞车党》（*The Wild One*）的禁令直到1977年才解除。在1989年以前都不允许商店在周日全天营业。1960年，基本上没有餐厅持有执照，也没有超市或者电视。最著名的就是，1917年到1967年之间，酒吧一定要在晚上6点打烊（讽刺的是，这却导致了打烊之前快速、疯狂地喝酒）。但是，清教徒社会并不是故事的全部。反对商店星期日营业，不仅是出于对安息日圣洁性的信仰，也出于劳动者需要在周末休息的理念。在乡村地区，酒吧晚上6点关门的法令是个标准的笑话。其实从20世纪60年代外来的反主流文化扎根之前，新西兰反主流文化就一直存在。

1973年，"英国母亲"私奔了，加入了欧洲经济共同体（现在的欧盟的前身）。新西兰开始发展英国以外的新市场，以及除了羊毛、肉类和奶制品之外的新出口产品。宽体喷气式飞机让新西兰与世界之间的往来日益频繁。女性在社会中崛起，首先跻身职场高层，后来又进入政界。尽管被道德观保守的人猛烈抨击，同性恋者还是选择开始公开他们的性取向。受过高等教育的年轻人越来越多，也越来越自信。

今天，在新西兰仍然能感受到苏格兰的影响，特别是在南岛的南部。新西兰的苏格兰风笛乐队人均数量比苏格兰都还要多。

现代

20世纪30年代开始，毛利人口迅速膨胀而且向城市大规模移居。与此同时，毛利人的寿命也在延长，出生率增高，毛利人逐渐进入城市，从事之前都是白人技工所从事的职业。到了1986年，差不多80%的毛利人成为城市居民，情况发生的惊人逆转也带来了文化的位移，也使得毛利人开始为自己的身份感到自豪。移民政策也在放宽，一开始是为了吸引劳动力，允许

2004年

毛利电视台开播——第一个以新西兰内容为主，并弘扬毛利语言和文化的频道。

2006年

新西兰航空进入中国市场，成为首家开通往返中国—新西兰直航航线的航空公司。

2008年

10月1日，新西兰正式对中国大陆公民开放工作假期签证。

2010年

南岛西岸区的派克河（Pike River）矿难造成29名矿工死亡。

太平洋岛民前来，接着是亚洲（东亚）移民，看中的是他们的投资。

接着，1984年选举产生了第三届强大的改革型政府——第四任工党政府，名义上是戴维·朗伊（David Lange）领导，但实际是财政部长罗杰·道格拉斯（Roger Douglas）掌权。这届政府采纳了更为市场化的经济政策（被称为“罗杰经济”），又出台了取悦左翼的反核武器的外交政策。无数的经济限制以迅雷不及掩耳之势纷纷瓦解。中产阶级因政府的反核政策坐立不安，因为这个政策对新西兰和澳大利亚、美国之间的太平洋共同防卫组织（ANZUs）造成了威胁。但是，1985年，法国间谍在奥克兰港炸沉了反核抗议船只彩虹勇士号（Rainbow Warrior），造成一名船员死亡。美国对法国这一举动轻描淡写的谴责让新西兰的中产阶级开始支持政府的反核政策，从此，反核政策和国家独立性紧密相关。其他一些新西兰人不满政府偏向市场的经济政策，但是又拿不出其他可行方案。新西兰的投资者陶醉在他们的新自由里，疯狂地进行投机买卖。当1987年世界性的经济危机到来时，他们为自己的行为付出了比世界上其他国家都更沉重的代价。

2015年，新西兰曾发起一次公开投票，以在推荐的5项设计中选出新的国旗，获胜的是黑蓝底蕨类图案的设计。在2016年的第二次投票中，新西兰人经过思考，认为还是更爱原来的设计。

20世纪90年代起，积分制的移民政策开始出现了更加多元化的变化。英国移民的数量下降，新移民数量上涨，尤其是亚洲移民，但也有来自北非、中东和欧洲许多国家的移民。到2006年，新西兰超过9%的人口是亚裔。

到2017年，新西兰在世界上有了一张新面孔。这个联合政府由杰辛达·阿德恩掌舵，由工党组建，也第一次得到了绿党的支持。这位新西兰第三任女性总理不仅要平衡统治党派之间的平衡，同时也要打破房产危机，加大对教育和健康的投资。所以阿德恩的优势被誉为一个重大改革新时代的黎明，也就不足为奇了。

2011年

新西兰举办橄榄球世界杯（并且赢得冠军！），勇敢的法国队在决赛中以8:7惜败。

2013年

新西兰成为世界上第15个承认同性婚姻合法的国家。

2013年

奥克兰少女艾拉·耶利奇-奥康纳（Ella Yelich-O'Connor），即洛德（Lorde），凭借她那令人迷醉的赞美诗般的*Royals*登顶美国音乐流行榜。

2015年

新西兰备受喜爱的全黑队在决赛中以34:17击败劲敌澳大利亚，蝉联橄榄球世界杯冠军。

环境

新西兰的地形地貌十分多元，在这儿你能看到在别处需要横跨整块大陆才能看到的各种景观：积雪覆盖的山脉、淹没的冰川山谷、热带雨林、沙丘和一个超凡脱俗的熔岩台地。新西兰地处两大互相碰撞的地壳板块（太平洋板块与印度/澳大利亚板块）的交界处，时至今日，它依然深受强大的自然力量冲击之苦。

土地

新西兰是一个年轻的国家，其目前地貌的形成时间还不到10,000年。大约8500万年前，新西兰脱离了冈瓦纳超大陆（Gondwanaland，包括非洲、澳大利亚、南极洲和南美洲），之后地势不断地隆起、侵蚀、扭曲和撕裂，又随着冰川期的来去，经历了海平面缓慢的下降和上升。

新西兰千万年来地质变迁的证据比比皆是。南岛的巍峨脊线南阿尔卑斯山（Southern Alps）全长650公里，是板块相互冲撞的产物，速度为300万年20公里……在地质概念上，这几乎是冲刺。除了新西兰的最高峰奥拉基/库克山（Aoraki/Mt Cook）在1991年因山体滑坡而一夜之间骤降10米之外（侵蚀了二十多米），整个南阿尔卑斯山被认为是世界上增长最快的山脉之一。

新西兰的火山

新西兰是世界上欣赏间歇泉最理想的地点之一。罗托鲁阿存世短暂的怀旺格间歇泉形成于1886年塔拉韦拉山喷发后，曾经是世界上最大的间歇泉，常有高达400米的泉水喷涌而出。

在北岛，最让人印象深刻的风景是由火山带来的。奥克兰这座城市建在有大约48座火山渣锥（火山灰堆或火山口）的地峡之中。奥克兰最大、最年轻的火山是有600年历史的朗伊图图岛（Rangitoto Island），从闹市区码头乘船很快就能到达。再往南大约300公里，可以看到白雪覆盖的塔拉纳基山（Mt Taranaki），这座山呈标志性的圆锥形，俯瞰着宁静的牧场。

但真正的火山核心地带则横亘于北岛的中央，从汤加里罗国家公园（Tongariro National Park）内不时爆发的活火山鲁阿佩胡火山（Mt Ruapehu），向东北方向穿过罗托鲁阿（Rotorua）湖区，直到位于丰盛湾的新西兰最活跃的火山所在的怀特岛（White Island）。这段长达350公里的巨型裂谷被称为“陶波火山地带”（Taupo Volcanic Zone），也是“环太平洋火山带”（Pacific Ring of Fire）的一部分，曾经发生过多次猛烈的火山喷发，给新西兰的自然和文化都留下了难以磨灭的烙印。造就了陶波湖（Lake Taupo）的最后一次喷发在1800年前，是地球上过去5000年来最剧烈的火山运动。

你可以在蒂怀罗阿埋没村（Te Wairoa，Buried Village，见341页）

体验一番火山爆发所带来的较小规模破坏的后果，这个村子靠近塔拉韦拉湖（Lake Tarawera）岸边的罗托鲁阿（Rotorua）。附近的塔拉韦拉山（Mt Tarawera）突如其来的喷发导致这座19世纪的毛利村落被掩埋，如今，其遗址的一部分已被挖掘出来，并向公众开放。在那次火山喷发中，著名的粉白梯形丘（Pink and White Terraces，号称“世界第八大自然奇观”）——自然形成的壮观的湖泊群——也被毁于一旦。

怀旺格火山谷（Waimangu Valley，见340页）是剧烈的地热活动的产物，这里有地热形成的间歇泉、冒泡泥池和世界上最大的温泉，你可以在此近距离感受大地的灼热气息。也可以在罗托鲁阿的华卡雷瓦雷瓦温泉村（Whakarewarewa Thermal village，见328页）附近逛逛，因火山喷发而流离失所的毛利人后裔们生活在地热蒸汽口之间，他们为游客提供用沸水池煮熟的食物。

南岛也有一些火山活动的痕迹——若非班克斯半岛残余的老火山抵御着海浪，由南阿尔卑斯山脉水流冲积下来的高山沉积物冲刷而成的广阔的坎特伯雷平原，早就被侵蚀掉了。

地震

新西兰“摇晃之岛”的称谓并非浪得虚名。这里地震频发，但大多数只会使玻璃器皿咯咯作响，很少有能摧毁大城镇的地震。1931年，一场里氏7.9级的地震侵袭了依傍霍克斯湾（Hawke' s Bay）的城市内皮尔（Napie），造成了巨大的破坏和伤亡。新的内皮尔几乎是按照当时流行的装饰艺术（Art Deco）建筑风格重建而成。

在南岛上，2010年9月基督城被一场7.1级的地震所撼动。不到6个月后，2011年2月，一场6.3级的地震摧毁了城市历史中心的大部分地区，夺走了185人的性命，成为这个国家致死率第二的自然灾难。接着在2016年11月，一场里氏7.8级的地震袭击了凯库拉——距离海岸更远——造成2人死亡，当地基础设施遭到大面积摧毁。

本土生物

由于长期与外界隔绝，新西兰拥有许多形形色色的奇特植物，使这里成为一座名副其实的植物宝库。由于在哺乳动物出现之前大陆就已分离出来，鸟类和昆虫以异乎寻常的方式进化着。不过毛利人以及随后欧洲人的到来，却带来了新的威胁，甚至导致一些物种的灭绝。

在寻找其他环保旅游机构时，请认定有Qualmark Green标志的商家（www.qualmark.co.nz）或Organic Explorer网站上所列的机构（www.organicexplorer.co.nz）。

不会飞的恐鸟（moa）如今已经灭绝。这种动形体形最大的能长到3.5米高，重量超过200公斤，它们像如今的家畜那样在开阔的草原上吃草，在奥克兰博物馆可以看到它们的骨架。体形较小的奇异鸟（kiwi）则昼伏夜出，在丛林的树叶中翻找昆虫和蠕虫。而新西兰外形最狰狞的昆虫之一——老鼠大小的巨型沙螽（weta），则像其他地方的啮齿动物那样，扮演着大自然“清洁工”的角色。

许多本土特有的生物，包括恐鸟和叫声美妙的鸣禽垂耳鸦（huia）都已灭绝。大片森林遭到砍伐，用以获取木材和发展农业。栖息地的破坏和外来物种的引入使这里的环境付出了惨痛代价，新西兰人现在正在竭尽全力拯救现存的生态系统。

鸟类和蝙蝠

在新西兰任意一座森林驻足倾听：这个国家飞舞着大量声音悦耳、长着羽毛的生物。第一批波利尼西亚定居者除了发现两种蝙蝠外，几乎没找到其他陆生哺乳动物的踪迹，新西兰现今大多数哺乳动物都是引进的物种。这里的鸟类一般都没有鲜艳的羽毛，但有一种低调的美，更富于精致的细节：例如罕见的白鹭（kōtuku）的羽毛花边，灰胸绣眼鸟仿佛戴着眼镜一样的外形，以及峡湾企鹅的金冠。

新西兰的环境问题

新西兰充满原始野性，采取了许多环保措施，但近年来，其伊甸园的美誉经常被放在显微镜下仔细审视。旅游业作为游客最能直观感受的产业，享有诸多绿色殊荣，各地区采取了许多很好的环保举措，范围覆盖广泛，从酒店隔热，到将影响最小化的野生动物观赏活动都有涉及。但采矿业、离岸石油和天然气勘探、污染、生物多样性损失、保护资金削减和不合理的城市规划都对自然环境造成了无穷无尽的破坏。

此外，水质问题可以说是新西兰人面临的最严重的环境问题。新西兰境内有超过四分之一的河流和湖泊被判定为不适宜游泳，多方来源和研究证明水源质量在下降。最主要的罪魁祸首是乳品制造业污染——牛身上排出的受污染的液体流入淡水循环系统中，这些污染物质携带高度硝酸盐，以及例如大肠杆菌和贾第虫之类的细菌和寄生虫。2017年环境和统计局的一篇报告指出，监控水域中有55%的地区，水中硝酸盐的含量在上升，城市水道的形势尤其糟糕——有害细菌的水平比森林地区高20倍。政府计划到2040年要让90%的湖泊河流能够游泳，这一举措最先遭受的质疑是其中涉及的度量标准，不过这也为保护水源提供了动力，要让这里的水道配得上国家的环保名声。

“清除捕食动物2050”（Predator Free 2050）是另一个野心勃勃的倡议，其目的在于清除新西兰境内会捕食本土动植物的引进动物。最具破坏性的“罪犯”是负鼠、白鼬和老鼠，它们毁坏一片片森林，捕杀野生动物，尤其是鸟类。环保部用氟乙酸钠（1080 Poison）来控制这些有害生物，尽管这一方式被Forest & Bird这类著名的环境保护组织及新西兰议会的环境专员所认可，却引起了激烈的争议。动物权益保护者以及狩猎者等各类截然不同的阵营均表达了他们对使用氟乙酸钠的强烈反对，认为这会给其他生物带来二次危害，并将有毒物质带入水体中。支持者认为，氟乙酸钠能够进行生物降解，空中喷洒是捕获国内广大无法接近的目标捕食动物唯一行之有效的方式。但在乡村社区依然经常能看见“禁止氟乙酸钠”的标语，争议可能仍会持续。

价值120亿美元的乳品业——除了会对新西兰的水道造成破坏性影响之外，还占据了该国温室气体排放量的48%。一些农民正在减少生产所造成的环境影响，通过优化对化肥和其他更高质量饲料的使用管理来降低碳排放量，主要生产商DairyNZ和Fonterra都已表示会提供支持。但要说到导致气候变化的因素，乳品业却并非新西兰唯一的问题所在。新西兰全国都热衷于资源循环和太阳能板，不过这里的人均机动车占有量却是世界第四。

新西兰环境方面最主要的立法《1991年资源管理法案》（*1991 Resource Management Act*）正在进行改革，有人担心它为进一步利用环境资源打开了便利之门。非政府组织及社会团体一直对环境问题保持警觉，并且已经对新西兰的环境改善做出主要贡献，但未来仍然任重道远。但是随着2017年环保热心人士杰辛达·阿德恩领导的联合政府执政，新西兰人有理由期待一个更加绿色的未来——阿德恩已经制定了一个野心勃勃的目标——到2050年要将温室气体净排放量降低到零。开放更多的列车，100%利用可再生能源，每年种植10亿棵树……这些目标与新西兰干净、绿色的形象相匹配。

蜜雀(tui)以花蜜为食,是新西兰最美丽的鸣鸟。蜜雀擅长模仿,能极具创造性地模仿各种声音,如咔嗒声、呼噜声和咯咯声等。蜜雀全身都是深色羽毛,只有喉部羽毛呈白色,非常醒目,它们经常以郊区花园里种植的亚麻花为食,但大多数时间依旧生活在藤木纠缠的茂密森林之中(对新西兰人而言这只能算"矮树丛")。铃鸟(bellbird)的鸣叫声也很悦耳,这种鸟在除了北部区之外的原生丛林和外来森林中都随处可见(听见它们的鸣叫比瞥见其踪影更容易)。它们常在清晨和傍晚鸣叫,叫声如同清脆的铃铛声。在林间小径上,能经常见到扇尾鹟(fantail),它们灵敏地急扑闪躲,捕食那些被徒步者惊起的昆虫。

陆地上最著名的本土鸟类当然是奇异鸟,新西兰的国家象征。它有着圆滚滚的身体,长而独特的喙,在喙的末端还有鼻孔,可以嗅探食物。想在野外看到它们,需要有耐心和运气,不过为数众多的保护区可以让你一瞥这种标志性的鸟类。还可以寻找其他的陆地鸟类,比如优雅的紫水鸡(pukeko),这是一种生活在湿地的禽类,它们拥有蓝色的羽毛和鲜红色的喙,在湿地边缘甚至道路附近都很常见。南秧鸡(takahe)更为罕见(不过外表并无特别之处),这是一种珍稀的无法飞行的鸟类,曾被认为已经灭绝,直到1948年,人们才发现一小群幸存的南秧鸡。可以去**蒂阿瑙鸟类保护区**(Te Anau Bird Sanctuary; www.doc.govt.nz; Te Anau–Manapouri Rd; ⏲黎明至日落)免费观看。

如果你在南岛的山区待上一段时间,你可能会看到基亚食肉鹦鹉(kea,或者它们先找到你)。这是一种翼下呈鲜红色的暗绿色鹦鹉,这种大胆的鸟类滑稽的动作是新西兰的悲喜之源,他们在2017年将基亚选为"年度之鸟"。基亚在米尔福德公路沿线停车场和西海岸的冰川之乡很常见,它们常在那儿觅食,或在汽车风挡玻璃上撕扯橡胶、尽情嬉戏(我们曾看见它们在皇后镇周边的冬季运动度假村啄食滑雪板捆绑带……要小心)。不要喂食它们,因为这会严重威胁它们的健康。

本土蝙蝠情况如何?短尾和长尾蝙蝠数量如今都在以惊人的速度减少,不过卡胡朗伊国家公园和纳尔逊应该还有一小部分。环保部很难对它们进行保护,虽然制订了宏大的计划,想将它们迁移到没有捕食者的岛上。如果看到蝙蝠,算你好运——可以考虑报告给环保部。

《新西兰鸟类图鉴》(*Field Guide to the Birds of New Zealand*),作者是巴里·海瑟(Barrie Heather)和休·罗伯森(Hugh Robertson)。对观鸟爱好者来说,这本书无疑是一本详尽的指南,就算对那些偶然对新西兰鸟类不寻常的生活感兴趣的人来说,也是极有裨益的一本书。另一本不错的指南是斯图亚特·钱伯斯(Stuart Chambers)所著的《新西兰的鸟类:地点指南》(*Birds of New Zealand: Locality Guide*)。

新西兰的古老蜥蜴

新西兰最大的本土爬行动物是大蜥蜴,这是一种有冠饰的蜥蜴,能长到50厘米长。这种可爱的生物已生存超过2.2亿年未改变过。可以在奥克兰动物园(见95页)、因弗卡吉尔的南部区博物馆(见695页)、霍基蒂卡的国家奇异鸟中心(见520页)和其他动物园及保护区观赏。

观看海洋哺乳动物

凯库拉(Kaikoura)位于新西兰南岛东北部海岸,是在新西兰观察海洋哺乳动物的中心地带。这里最受欢迎的活动是观鲸。抹香鲸(sperm whale)是一种齿鲸,能长到18米,几乎一年四季都出没于此。而随着季节的变换,你还可能见到四处迁徙的座头鲸(humpback whale)、领航鲸(pilot whale)、蓝鲸(blue whale)和南露脊鲸(southern right whale)。其他的哺乳动物,如毛皮海豹(fur seal,又名海狗、毛皮海狮)和暗色斑纹海豚(dusky dolphin),则全年可见。

杰·唐森(J Dawson)和R Lucals所著的《新西兰自然指南》中收录了大量拍摄精美的新西兰森林的照片,其中不少植物的历史可以追溯至远古时代。

凯库拉也是与海豚一同游泳的热门地点。能看到有暗色斑纹的海豚群在此嬉戏，有时多达500头。在其他地方，与海豚一起游泳也很容易，比如，在北岛的瓦卡塔尼（Whakatane）、派希亚（Paihia）、陶朗加（Tauranga）、豪拉基湾（Hauraki Gulf）以及南岛班克斯半岛（Banks

National Parks & Forest Parks 国家公园和森林公园

Peninsula）的阿卡罗阿（Akaroa）附近的海豚聚集地。在凯库拉和阿贝尔伯·塔斯曼国家公园（Abel Tasman National Park），你还可以伴随海豹一起游泳。

不过邂逅这些野生动物的行为是有争议的。全世界鲸鱼数量在过去的200年里迅速减少：它们维持着同样的迁徙习惯，很好预测，曾一度使得它们很容易被捕鲸人捕捉，现在也很容易为观鲸者发现。随着新西兰观鲸产业的发展，这种行为对鲸鱼的影响也引发了人们的担忧。争议的重点在于，与鲸鱼和海豚共游的举动。这毫无疑问将是你在这个星球上所能拥有的最独特的体验之一，许多评论家指出，人类与这些海洋哺乳动物的交流，会对它们的行为和繁殖模式产生破坏性影响。从长远来看，也有其他人表示，考虑到人类已经屠杀了近10万头鲸鱼的行为，也许是时候该还给它们一些自由和宁静了。

环保部的指南和协议确保所有经营者都要获得批准，接受监督，禁止与其中有脆弱幼兽的海豚群落共游。如果你真的很想参加这项活动，多留几天时间，这样经营者就不会有压力，无须"驱赶"这些海洋哺乳动物来博你欢心。如果感觉你的经营者"伤害"动物或是有任何超出界限的行为（比如制造喧嚣的噪音，喂食或围着它们环游），请立即向环保部汇报。

环保部网站（www.doc.govt.nz）有关于国家公园、小径和步道的实用信息，还列出了偏僻地区的山中留宿小屋和露营地。

国家公园

新西兰有超过85,000平方公里的国土（几乎占全国面积的1/3）由公园和自然保护区的形式保护或是运营着。这些区域几乎囊括了现存的所有景观：从北部环绕着红树林的水湾，到中部高原（Central Plateau）上积雪覆盖的火山；从东部乌雷韦拉（Urewera）森林繁茂的要塞，到南阿尔卑斯山宏伟的高山、冰川和峡湾，数不胜数。这13个国家公园和30个以上的海洋保护区及公园，再加上不计其数的森林公园，能够为你提供种类丰富的野外体验：登山、滑雪、山地自行车、远足、皮划艇和钓鳟鱼。

以下3个区域被列入《世界遗产名录》：新西兰的亚南极群岛（Subantarctic Islands）、汤加里罗国家公园和蒂瓦希波乌纳穆（Te Wāhipounamu）。新西兰西南部由数个国家公园组成，号称是世界上现存最好的冈瓦纳古陆动植物的自然栖息地。

探访新西兰的荒野之地相对简单，不过入住步道沿途的小屋和在步行小径行走都需要申请许可，并且需要预订。实际上，对游客而言，国家公园和森林公园并无差别，不过要带宠物进入国家公园一般需要许可证。协助残障人士的犬只无须许可证就能进入犬只管控区域。在所有公园内都可以露营，但可能仅限于特定的露营地中，请事先与环保部确认。

毛利文化：约翰·胡里亚

“毛利”曾经只是“普通”或“每天”的意思，但如今的毛利人相当多元化。有些人忙于传统文化的建构，而另一些人则致力于将传统文化改良并植入全球化的语境中。

毛利人是新西兰这片土地之子（tangata whenua），自他们定居于此，他们与土地的关系在数百年间一直不断发展。过去主要生活在乡间的毛利人，如今许多都已离开传统家园，移居到城市。但在正式场合自我介绍时，他们依然会习惯地提到自己的家乡：世代相传的山峰、河流、海洋、湖泊，或是某一位祖先。

在毛利人概念中的whānauhapū——家庭关系，是他们文化中的核心所在：家庭从大家庭（whānau）扩展到子部落（hapū）和部落（iwi），甚至在某种意义上已经超越了人类世界，而进入了自然和精神世界。

若想在新西兰体验毛利文化，可以观看表演、与人交谈、参观美术馆和加入团队游……

库佩的足迹遍布新西兰：他把船帆（Nga Ra o Kupe）留在帕利瑟角（Cape Palliser）附近，形成了三角洲地貌，以他女儿Matiu和Makoro的名字命名惠灵顿港的两座岛屿。他的鲜血染红了惠灵顿南部海岸的岩石。

过去的毛利人

大约三千年前，远古的人们顶着强劲的风浪（出发艰难，返程相对容易）向东深入太平洋地区。有些人留在了汤加（Tonga）和萨摩亚（Samoa），而另一些人则抵达波利尼西亚东部（East Polynesian），在位于其中心的热带群岛定居。

毛利人定居于“长白云之乡”（Aotearoa）的历史始于他们称之为哈瓦基（Hawaiki，毛利人最初的家乡）的地方。技术高超的航海家与海员们利用洋流、风向、星象、鸟群和波浪等多种航海辅助手段，驾驶着他们的巨大远洋双壳船穿越太平洋，来到这片全新的土地上。其中，第一个踏上这片土地的是伟大的航海家库佩（Kupe），传说他是追逐一条名为Muturangi的大章鱼而来到这里。但赋予新西兰这个独特的毛利名字Aotearoa——的人是他的妻子Kuramarotini，她一上岸就大声地叫道：“He ao, he ao tea, he ao tea roa!”（云！白云！长白云！）。

当你环游新西兰全岛的时候，你会发现毛利传说无处不在：毛伊岛的瓦卡成了今天的南阿尔卑斯山；一个taniwha（传奇水怪）死后变成了卡怀雷莫阿纳湖；被抛弃的塔拉纳基山从中北部岛屿的群山中出走，从而划出了旺格努伊河。

库佩和他的船员环绕这片土地航行了一周，库克海峡（Cook Strait，位于北岛和南岛之间）和北部区的霍基昂加（Hokianga）周围的许多地方至今仍然沿用他们取的名字，他们旅程带来的深远影响至今仍然留存。库佩回到哈瓦基（Hawaiki），从北部区的霍基昂加离去，并命名了此地。他把宝贵的航海信息告诉了其他的航海者，然后，这些航海者们驾着远航独木舟（waka）纷至沓来。

第一批定居者乘坐的独木舟（waka）以及他们的登陆地，都成了

世界的起源

在毛利人关于创世的故事中，世界最初是一片混沌虚空，然后出现了夜晚。接下来，天父（Ranginui）和地母（Papatūānuku）出现了，将他们的孩子们拥抱在两人的身体中间抚育。但是这种养育出现了问题，孩子们闷在黑暗的怀抱中，全身无法伸展，也看不清周围，他们试图分开父母。风神（Tāwhirimātea）对着他们肆虐，战神（Tūmatauenga）向他们发起了攻击。每个神的孩子轮流作法，但是天父和地母依然紧紧地拥抱在一起。直到最后，森林和人类之神（Tāne Mahuta）用脚顶着父亲，后背靠着母亲，缓慢而无情地将他们分离开。然后，这个世界就有了光，有了半神半人，也就有了人类。

在这个光明的世界里，一位半神半人的祖先毛伊（Māui）出生时就被丢在海边，漂浮于母亲的发髻里。他有千变万化的本领，可以随心变化成鸽子、狗或鳗鱼。他从众神那里偷来火种，又用祖母的下颚骨猛击太阳，致使太阳只能缓慢蹒跚地爬过天空，这样人们在白天会有足够的时间劳作（要是他能再这么干一次就好了！）。他将南岛当作独木舟，用下颚骨做鱼钩，钓起了“毛伊之鱼”（Te Ika-a-Māui）——北岛。而最终，他还是在与死亡的斗争中死去。毛伊想趁着死亡女神（Hine-nui-te-pō）熟睡时，从她的阴道爬到心脏，以此获得永生（并因此战胜死亡）。可是她的阴道里长满了黑曜石牙齿（黑曜石是一种火山玻璃，破碎后会产生锋利的边缘）。一只扇尾鹟（fantail）看到这荒唐的一幕，笑出声来，惊醒了死亡女神。她夹紧大腿，将毛伊压死了。在死亡与人类的较量中，死亡赢了。

部落历史上的不朽传奇。著名的独木舟包括Tākitimu、Kurahaupō、Te Arawa、Mataatua、Tainui、Aotea和Tokomaru等。还有其他一些独木舟。毛利人能追溯族谱至乘独木舟而来的那一辈（甚至于更早的祖辈）。

从热带小岛来到这片凉爽的广袤陆地，毛利人的生活会发生什么样的转变？他们告别了面包果（breadfruit）、椰子和构树（paper mulberry），迎来了恐鸟、蕨根、亚麻以及相对广阔的天地——新西兰的海岸线长达15,000余公里，而拉罗汤加岛（Rarotonga）的海岸线仅30余公里。这里有大量的土地，拥有在与外界不同程度的隔绝条件下，进化了8000万年的动植物：种类多样的原生鱼群、大量唾手可得的沿海哺乳动物群（例如海豹和海狮）和令人叹为观止的鸟群。

早期定居者们继续开拓这片岛屿，这既是出于人们对土地的热爱，也是受到贸易机会和更多资源的吸引，还有迫于安全争端和威胁的驱动因素。一旦安顿下来，毛利人就通过战争或者和平的通婚及外交手段，在当地建立起区域性统治（mana whenua）。综观部落的历史，可以发现不少联盟、合并及灭族的情况发生。

了解这片土地与原住民关系的最佳办法是找一位毛利人和你聊聊。

历史通过故事、歌谣和吟诵的形式口耳相传，而传承的精确性则面临巨大的压力。毕竟，在口口相传的文化中，人们自身就是一座活的图书馆，往往只要经过一两代人，此前的历史就会被遗忘。

毛利人居住的小村庄叫做kainga，通常带有花园。以现代的标准来看，当时的居住环境是相当舒适的，虽然在室内几乎没法直立。人们时不时会离开家园，去收获季节性的食物。当和平的生活被战争冲突所打断，人们就会撤退回要塞村（pā）。

之后，欧洲人逐渐到来。

今日毛利人

当Tainui初次抵达新西兰时，两位船员远远看到波胡图卡瓦树上的红花，立刻把他们珍贵的红色羽毛饰品丢入海中，还以为靠岸后这种东西会应有尽有。

如今的毛利文化在艺术、商业、体育和政治方面都有着长足的发展和进步。虽然历史造成的创伤依旧存在，但有些部落[例如纳塔湖（Ngai Tahu）和泰努伊（Tainui）部落]已经解决了不少历史遗留问题，成了新西兰经济发展的中坚力量。毛利人为了防止毛利语使用率的继续减少，开设了kōhanga reo、kura kaupapa Māori和wānanga（即用毛利语授课的学前班、学校和大学）。如今已培养出了以毛利语为母语的一代人。毛利语电台已成规模，而毛利语的电视节目也吸引了大批忠实的观众。近年来重新兴起的玛塔里基（毛利新年，Matariki）成了越来越重要的毛利文化活动。玛塔里基星座也被称为昴宿星团（Pleiades），每年5月底或6月初从地平线上冉冉升起，从传统意义上看，它的出现昭示着学习、计划和未雨绸缪的时节的到来，也意味着歌唱、舞蹈和欢庆季节的到来。这时可以留意一下访谈、讲座、音乐会、晚宴以及正式宴会等活动信息。

宗教

基督教会和教派在毛利世界拥有非常重要的地位。基督教通过电视福音传道，通过主流教堂主持日常和节日礼拜，此外，还有两个主要的毛利教堂（灵加图Ringatū和 Rātana）——这就是毛利人的基督教世界。但在最初（非犹太基督教派时期），还有原始的毛利众神（atua Maori）。在许多毛利人的心目中，毛利众神至今依然拥有非常强大的力量。在毛利人集会地（marae）正式演讲前，人们通常会先向地母和天父祈祷。众神的形象会通过艺术、雕刻和歌谣（waiata）吟诵等形式得以呈现。当一座会堂落成时、一条独木舟（waka）下水时，甚至仅仅是在用餐前，人们都会通过祷告和咒语（karakia）祈求神灵保佑。神灵的形象不仅在集会时会被提及，还出现于更丰富的毛利语境之中。传统的毛利创世传说广为人知，并被人们颂扬庆祝。

艺术

你可以登录维基百科网站（www.wikipedia.org/wiki/list_of_iwi）查看部落（iwi）分布地图，或了解部落的网站名单。

新西兰全国各地有不少毛利文化珍品（taonga）收藏。惠灵顿的蒂帕帕博物馆（Te Papa Museum，见417页）和奥克兰博物馆（Auckland Museum，见91页）收藏的毛利珍品规模最大，藏品最为丰富，基督城的坎特伯雷博物馆（Canterbury Museum，见543页）的藏品也属上乘，而里弗顿的Te Hikoi Southern Journey（见693页）则介绍了毛利人早期与欧洲白人交流的故事。

如果想了解毛利艺术的最新发展，可以收听部落电台（www.irirangi.net）或收看毛利电视台（www.maoritelevision.com），上面会定期介绍毛利艺术，详情可登录www.maoritelevision.com。Maori TV于2004年开播，对于许多毛利人而言是个感人的时刻，他们终于可以在大众传媒中看到自己的文化、关注自己的呼声并听到自己的语言。90%以上的内容都是在新西兰本地制作的，节目同时采用毛利语和英语——所有节目都有字幕，每个人都能看懂。如果你想舒服地在自家座椅上感受一下毛利语的节奏和韵律，那就调到Te Reo（www.maoritelevision.com/tv/te-reo-channel）吧，这是一个纯毛利语频道。

文身

Ta moko是毛利人的文身艺术，按照传统，男人通常选择刺于面部、大腿和臀部，女人则刺在下巴和嘴唇上。文身通过骨质凿刀将染料永久地刺入皮肤。染料是由烧焦的毛毛虫或贝壳杉树胶灰制成的。至于骨质凿刀工具也有不同种类，锋利的梳齿状工具用来刻画较宽的纹路，而尖直的刀片则用于细节的雕琢。在奥克兰博物馆（见91页）、蒂帕帕（惠灵顿；见417页）或坎特伯雷博物馆（基督城；见543页）等大城市的博物馆均有传统文身工具的展示。

现代文身枪已得到普遍的使用，但那些想回归传统的毛利人还是会重新拿起骨制凿刀。自20世纪60年代毛利文化复兴以来，许多艺术家开始从事文身事业，而如今，很多毛利人都怀着自豪而谦恭的心态刻上文身。

游客是否也能刺上文身呢？毛利人正在学习文身艺术，并且将它们文在身上——但最近兴起的皮肤雕刻（kirituhi）指的就是源自毛利文化的现代文身事业，适合于非毛利人。皮肤雕刻可以拥有深刻的含义，并且设计得符合拥有者的个人历史，不过在皮肤雕刻和文身之间还是有一条重要的分界线。

雕刻

传统的毛利雕刻细节精致，线条流畅，令人赏心悦目。很难想象这些雕刻品竟然是由石头工具完成的，因为在钢铁出现之前，石头工具的制作本身就非常艰难，有了钢铁之后钉子顿时就变得十分常见了。

主要的传统雕刻形式包括独木舟（waka）、仓库（pātaka）和会堂（wharenui）。在盛产青玉的西海岸，许多工作室、精品店也是画廊，展出现代青玉雕刻精品（尤其是在霍基蒂卡）。你可以在惠灵顿的蒂帕帕看到传统雕刻的精美展示，也可前往以下地点：

奥克兰博物馆（Auckland Museum，见91页）的毛利会堂。

地狱之门（Hell's Gate，见341页）你可以在这里尝试雕刻。位于罗托鲁阿（Rotorua）附近。

奥塔戈博物馆（Otago Museum，见614页）令人难忘的waka taua（战舰），位于达尼丁。

普提基教堂（Putiki Church，见277页）内部装饰着传统雕刻和墙板（tukutuku），位于旺阿努伊（Whanganui）。

陶波博物馆（Taupō Museum，见299页）雕刻会堂。

蒂马纳瓦（Te Manawa，见288页）重点展现毛利文化的博物馆，位于北帕默斯顿（Palmerston North）。

怀卡托博物馆（Waikato Museum，见203页）战船雕刻精美，位于哈密尔顿（Hamilton）。

怀拉基阶地（Wairakei Terraces，见299页）雕刻会堂，位于陶波。

《怀唐伊条约》签署地（Waitangi Treaty Grounds，见173页）会堂和战船。

华卡雷瓦雷瓦（Whakarewarewa，见327页）拥有雕刻及其他艺术、会堂和表演活动的"活村庄"，位于罗托鲁阿。

旺阿努伊地区博物馆（Whanganui Regional Museum，见276页）雕刻精美的独木舟。

> 了解更多的毛利风俗，推荐阅读作家 Hirini Moko Mead的*Tikanga Māori*，Pat和Hiwi Tauroa的*Te Marae*和Anne Salmond的*Hui*。

现今雕刻艺术最顶尖的作品当属雕刻的会堂(whare whakairo)。委托方将相关历史和祖先故事告知雕刻家，然后雕刻家就会在木头或纤维板上通过阐释历史故事和人物(有时表现方式显得十分松散宽泛)来表达传统主题。

参观毛利人集会地(MARAE)

当你在新西兰旅游时会看见许多毛利人集会地的建筑群。毛利人集会地通常属于世袭部落，也有一些属于城市毛利团体、学校、大学和教会组织。必须与毛利人集会地拥有者预约才能参观。有一些毛利人集会地可供参观，包括Whanganui River Rd上的**考利尼蒂集会地**(Koriniti Marae，见284页)、瓦卡塔尼(Wakatane)的**蒂玛努卡图塔希集会地**(Te Manuka Tutahi Marae，见358页)以及惠灵顿的**蒂帕帕**(Te Papa，见417页)博物馆。

毛利人集会地建筑中都有一座会堂(wharenui)，它通常代表一位祖先。会堂屋脊代表祖先的后背，椽代表祖先的肋骨，庇护着子孙后代。在会堂前有一片空地(比如marae atea)，有时还会有其他建筑，如餐厅(wharekai)、卫生间或淋浴室，还可能有教室和游戏设施等。

集会(Hui)在毛利人集会地举行，人们讨论事务、上课、庆祝重大事件或举行葬礼。毛利语(Te reo Maori)是主要语言，有时也是唯一的语言。

如果集会时间超过一天，参观者就会住在会堂里。地上铺设床垫，有人还会自带吉他。直到夜深时，还会有人讲故事、开玩笑，乐趣无穷。

欢迎仪式(Pōwhiri)

如果跟随旅行团参观毛利人集会地，你将会见识到正式的欢迎仪式。下面列举的是比较常见的欢迎仪式。

在集会地外面，会有一次挑衅(wero)。一位手持棍棒(taiaha)的毛利武士靠近游客，在地上放下一根棍子，让一位游客捡起，以证明他们的和平意图。

其次会进行召唤仪式(karanga)。主人队伍中的一位女性向游客召唤，然后游客队伍中的一位女性做出回应。她们长久、高亢和起伏的召唤声交错重叠，游客在召唤声中步入会堂前的空地。接着是演说仪式(whaikōrero)。主人向游客致以欢迎，游客做出回应。演说最后会以一首歌曲(waiata)而告以结束，这时，代表游客的演讲者要将礼物(koha，通常是装着现金的信封)放在毛利人集会地。主人们邀请游客握手(hariru)和进行碰鼻礼。游客和主人们现在已完成仪式并结下情谊，将共享点心或大餐。

碰鼻礼(Hongi)

碰鼻礼需要用力碰触额头，紧贴鼻子，然后握手，也可能会说着“Kia ora”或“Tēnā koe”来致以问候。有些人习惯碰一下(两三秒或者时间更长一些)，另一些人习惯快速碰两下(碰下，分开，再碰下)。男女之间有时会互相亲吻一侧脸颊。有些人误以为hongi仅仅是碰一下鼻子(很难对准，有点尴尬！)，或者互相蹭一下鼻子(那更尴尬)。

神圣禁忌(Tapu)

神圣禁忌和力量权威在毛利世界中是认真而严肃的事。必须坐在提供的椅子或座位上，严禁坐在桌子上；走路时要绕过别人身边，不能直接跨过他人。欢迎仪式充满了神圣的禁忌，其间如果私下吃东西，是一种莫大的冒犯，必须得到主人的允许才可以进食。不过不用担心饿肚子，因为毛利人的一个重要美德就是慷慨(manaakitanga)。

由于区域不同，欢迎仪式也有不同的性别角色：女性负责召唤(karanga)，而男性负责演说(whaikōrero)。女性引导游客进入毛利人集会地，而男性在前排的演说者长凳(paepae)就座。在现代社会的语境下，有关性别角色的争论仍然持续着。

先锋艺术家克里夫·怀廷(Cliff Whiting)创作的会堂Rongomaraeroa Marae位于惠灵顿的蒂帕帕，是对传统艺术形式进行当代重塑的最为绚丽的典范之作。和许多其他的传统艺术一样，雕刻艺术中最大的变化无外乎是新的材质与工具的运用。Rangi Kipa用一种高密度的塑料来制作他的hei tiki(传统垂饰)。可以登录www.rangikipa.com了解他的作品。

了解今日毛利艺术，请登录www.maoriart.org.nz。

编织

编织是一门重要的艺术，它可以制作服装、渔网、绳索、适于乡间艰苦跋涉的鞋制品，以及铺在地面的垫子，还能制作用于盛放东西的篮子(kete)。许多编织品既美观又实用。一些大件编织品，如斗篷(korowai)，需要花上好几年才能完成。编织材料大多以亚麻和鸟类羽毛为主，而今，这类编织品主要用于正式的仪式场合，看上去场面盛大，非常壮观。

如今，传统受到极大尊重，但并不需要严格恪守每项传统。从过去到现在，亚麻都是编织的首选材料。为了从亚麻叶中提取粗壮的纤维，编织者先用蚌壳刮去叶肉，然后不断敲打，直至纤维变软，之后染色并晾干。但是现代编织者也会使用各种其他材料：拉菲草、铜丝、橡胶，就连摇粒绒和喷水管都可以！

体验编织工艺的最好方法就是参观编织工坊。通过学习编织艺术，你会更加懂得欣赏博物馆内陈列的编织精品。如果想拥有一件编织品，可以在大多数城镇购买编织篮(kete)和背包等时尚配件。在全国各地的商业画廊都有编织艺术品出售。

Ngahuia Te Awekotuku所著的《Mau Moko:毛利的文身世界》(*Mau Moko: The World of Maori Tattoo*, 2007年)中充满美丽而有力的图片，以及深刻的评论。

战舞

战争舞蹈让人感觉十分紧张刺激，令人心生畏惧，也可以振奋人心。战舞不只是一种战争舞蹈，它还可以用于欢迎客人、庆祝成功、表明身份或者强烈地表明观点。

战舞包含有节奏的高声呼喊、剧烈的肢体动作以及pūkana(表演者扭曲面部，翻着白眼以突出眼球，有时还伸长着舌头)。

新西兰橄榄球国家队(全黑队)在赛前表演的著名战舞"Ka Mate"，是为了纪念足智多谋的战斗首领Te Rauparaha，庆祝他的死里逃生。他曾经为了躲避敌人追杀而藏身于保存食物的地窖里。当敌人离去之后，一位友好的酋长Te Whareangi(在这支战舞中是"头发蓬乱的角色")把他放了出来。重见天日的那一刻，Te Rauparaha跳起了"Ka Mate"战舞。

你可以在各式文化演出中观看战舞，包括米泰毛利村(Mitai Maori Village，见338页)、塔玛基毛利村(Tamaki Maori Village，见338页)、蒂普亚(Te Puia，见328页)、罗托鲁阿的华卡雷瓦雷瓦(Whakarewarewa，见328页)、基督城柳岸(Willowbank)的**Ko Tane**(见551页)、皇后镇的哈卡(见654页)。

不过，最佳战舞表演要属蒂马塔提尼国家战舞节(Te Matatini National Kapa Haka Festival，见32页)上的演出，全新西兰顶级的舞蹈团队都会参加。赛事每两年举办1次(2019年将在惠灵顿举行)。

给你一个下次参加新西兰烤肉会时开启聊天的话头：如果没有Dan Carter、Piri Weepu、Nehe Milner-Skudder和Aaron Smith这几位毛利运动员，新西兰全黑队作为2011年和2015年橄榄球世界杯冠军是否能蝉联?

当代戏剧

20世纪70年代，受政治激进主义浪潮的影响，毛利戏剧与剧作家大量涌现，而今，戏剧舞台依然是毛利艺术极为重要的阵地之一。毛利戏剧极大程度上沿袭了会堂传统。不同于一般剧院中调暗灯光、开门见山的开场，许多毛利戏剧团体选择以风格化的欢迎仪式（pōwhiri，即进入毛利人集会地时的传统欢迎仪式）开场，给观众留下回应互动的空间，并以特别的祈祷（karakia）或道别形式作为结尾。

毛利戏剧独立制作公司Taki Rua至今已成立30多年，他们的作品涉猎丰富，老少皆宜。除了在各大主要剧院公演之外，大多是巡回演出，可登录网站www.takirua.co.nz查询最新上演的剧目。毛利戏剧也经常在主要艺术中心的专业剧场以及两年一度的新西兰节（New Zealand Festival，见426页）上演出。可以留心霍恩·柯卡（Hone Kouka）、布莱尔·格雷斯·史密斯（Briar Grace-Smith）和米奇·塔维·托马斯（Mitch Tawhi Thomas）的作品。

当代舞蹈

当代毛利舞蹈的创作灵感常常源自文化舞蹈（kapa haka）、传统的毛利形象，以及对欧洲人到来之前的时代的探究。

新西兰顶尖的毛利舞蹈公司Atamira Dance Collective（www.atamiradance.co.nz），自2000年起一直致力于创作具有批判性、挑战性又风格唯美的舞蹈作品。如果觉得他们的作品太严肃，可以了解音乐家和视觉艺术家Mika Torotoro，他的作品把文化舞蹈、异装、歌剧、芭蕾和迪斯科欢快地结合在一起，可登录www.mika.co.nz观赏舞蹈片段。

第一首造成轰动的新西兰嘻哈歌曲是Dalvanius Prime的*Poi E*，由Patea Maori Club用毛利语演唱，销量超过所有国际艺人，成为1984年新西兰最畅销的单曲。

毛利的电影业

尽管毛利的纪录片已经相当成功（Patu!和Tangata Whenua系列引人注目），但直到1987年，新西兰才有了第一部由毛利人导演的故事片——改编自巴里·巴克利（Barry Barclay）的*Ngati*，而第一部由女性导演拍摄的故事片是Mereta Mita的电影*Mauri*（1988年）。Mita和巴克利的拍摄目标和工作方式都颇具政治性，在电影开拍前长时间的准备过程中，他们会向长者（kaumātua）寻求指引方向。毛利文化色彩浓郁的电影包括悲壮的《夕阳武士》（*Once Were Warriors*）以及振奋激昂的《鲸骑士》（*The Whale Rider*）。奥斯卡入围导演泰卡·怀蒂蒂（Taika Waititi）拥有Te Whānau-ā部落的血统，他自编自导了电影《鹰与鲨》（*Eagle vs Shark*）和《毛利男孩》（*Boy*）。

Ngā Taonga Sound & Vision（www. ngataonga.org.nz）是个观看毛利电影的好去处，绝大多数影片收费都很便宜，甚至免费。你可以在奥克兰和惠灵顿找到他们的办事处。

毛利人的写作

毛利人创作的小说和短篇故事集很多，你可以按照个人喜好来选择。如果按照地区划分来阅读的话，在惠灵顿附近可以阅读帕特里夏·格雷斯（Patricia Grace，代表作*Potiki*、*Cousins*、*Dogside Story*、*Tu*）；在北岛东海岸可以阅读伊希玛埃拉（Witi Ihimaera，代表作*Pounamu*、*Pounamu*、*The Matriarch*、*Bulibasha*、《鲸骑士》）；而在南岛则一定要阅读柯里·休姆（Keri Hulme，代表作*The Bone People*、*Stonefish*），这两者的搭配就好似在煎锅里用银鱼炒蛋一样美味。阿兰·达夫（Alan Duff，代表作《夕阳武士》）的作品在哪儿都能读，不过阅读之后你会感到悲伤，甚至震撼。前往奥克兰的西岸区沙滩和北部区的九十里海滩（Ninety

重金属是否能成为表达毛利身份的最新形式？怀普吉塔三人组Alien Wraponry用毛利语歌唱（和尖叫）并叙述祖辈的战斗。

INITIALP/SHUTTERSTOCK ©

Mile Beach)，则一定要带一本詹姆斯·乔治(James George，代表作*Hummingbird*、*Ocean Roads*)的书。至于宝拉·莫里斯(Paula Morris，代表作*Queen of Beauty*、*Hibiscus Coast*、*Trendy but Casual*)和凯利·安娜·莫里(Kelly Ana Morey，代表作*Bloom*、*Grace Is Gone*)的作品，就带去奥克兰和更远的地方吧。如果你喜欢诗歌，不要错过那些用英文写作的伟大的毛利诗人。已故诗人洪内·图华雷(Hone Tuwhare，代表作*Deep River Talk: Collected Poems*)的作品家喻户晓，他的书适合带去任何地方。

当代视觉艺术

毛利人视觉艺术的一个显著特征便是传统的毛利思想与现代艺术媒介和流行趋势之间的张力。Shane Cotton的系列作品中保护了不少毛利人18世纪手绘的会堂，这些会堂来自传统的毛利雕刻房子。Kelcy Taratoa的作品中使用了科幻元素、超级英雄和流行艺术的形象。

当然，毛利的图案不一定是毛利艺术家创作的主要特征。新西兰主流艺术家Ralph Hotere反感别人将自己的作品强加上各种文化、种族或是特定类型的标签，他的作品涵盖了从政治到社会的种种问题。

当代毛利艺术绝不仅仅是绘画。许多艺术家会使用装置或是电子影像等表达手段——可以找一下Jacqueline Fraser，Peter Robinson和Lisa Reihana的作品看看。

各大艺术中心常年展出那些著名的毛利视觉艺术家的作品。在奥克兰美术馆(见89页)和基督城美术馆(见539页)藏有数量众多的当代毛利艺术品，另外还推荐惠灵顿的蒂帕帕(见417页)。

艺术和音乐

毛利音乐和艺术的影响贯穿新西兰早期没有记录的历史之中，其存续到今天的主题也有着多元的形式。欧洲移民从故乡搬来了艺术风格，但后殖民地时期的新西兰用了一个世纪的时间才确立了具有鲜明特点的艺术风格。在20世纪上半叶，作家和视觉艺术家率先挥起了艺术之旗，在随后的几十年里，音乐和电影也让全世界开始关注这个国家无限的创造力。

文学

2013年，新西兰人欣喜地获知28岁的埃莉诺·卡顿（Eleanor Catton）凭借她所创作的以西海岸为背景的史诗小说《发光体》（*The Luminaries*），成为第二位获得布克奖（Man Booker Prize，堪称世界上最具盛名的文学奖项）的新西兰人。2007年，当劳埃德·琼斯（Lloyd Jones）凭借他的小说《皮普先生》（*Mister Pip*）入围候选名单时，他曾无限接近布克奖，但是自从1985年凯里·乎尔摩（Keri Hulme）令人难忘的《骨人》（*The Bone People*）获奖之后，新西兰人经历了长久的等待。

电视节目《流行巨星》（*Popstars*）起源于新西兰，虽然在节目中夺冠的TrueBliss组合只是昙花一现，但随后，这一节目形式被澳大利亚、英国和美国借鉴，并为"偶像"（Idols）系列选秀节目提供了创作灵感。

卡顿和乎尔摩延续了新西兰女作家的骄傲，这份荣耀始于20世纪早期的女作家凯瑟琳·曼斯菲尔德（Katherine Mansfield）。曼斯菲尔德的作品开创了新西兰短篇小说的传统，这一传统多年来被小说家珍妮特·弗雷姆（Janet Frame）奉为圭臬，而简·坎皮恩（Jane Campion）则根据珍妮特的自传拍摄了电影《天使与我同桌》（*An Angel at My Table*），将她传奇的一生搬上了银幕。弗雷姆的小说《喀尔巴阡山脉》（*The Carpathians*）于1989年获得了英联邦作家奖。出现在新西兰人必读清单上的一位新作家是凯瑟琳·奇吉（Catherine Chidgey），她所创作的令人心碎的小说《许愿之子》（*The Wish Child*，2016年）在2017年荣获了该国最具荣誉的小说奖项——新西兰图书奖。

虽然莫里斯·吉（Maurice Gee）在国际上的知名度不高，但他已6次荣获年度国家最佳小说奖，最近他的获奖作品是2006年的《盲视》

毛利人在文学界

以布克奖得主凯里·乎尔摩为代表的毛利作家群体创作了许多有趣的新西兰小说。伊希·玛埃拉（Witi Ihimaera）的小说生动地描述了毛利人在东海岸小镇的生活，尤其是《吉卜赛之王》（*Bulibasha*，1994年）和《鲸骑士》（*The Whale Rider*，1987年），后者被改编成了大受好评的电影。同样，帕特里夏·格雷斯（Patricia Grace）的作品巧妙地讲述了乡村毛利人集会地的美妙故事，推荐作品*Mutuwhenua*（1978年）、*Potiki*（1986年）、*Dogside Story*（2001年）或*Tu*（2004年）。格雷斯2015年的作品Chappy讲述了一个浪荡子返回新西兰试图弄清自己跨文化根源的故事。

中土旅游

你是受电影《指环王》中的景色吸引而前来新西兰的游客吗？这些大卖电影的拍摄地大多都在北岛，但两个岛上都有知识渊博的经营者，能带领你步行、骑马或乘坐四驱车探访电影拍摄地。热心观众可以买伊恩·布罗迪（Ian Brodie）的《指环王：地点指南》（*The Lord of the Rings: Location Guidebook*），书中有详细拍摄地说明甚至GPS坐标。环保部也有一个有用的网站（www.doc.govt.nz/lordoftherings）。

北岛

玛塔玛塔，即霍比屯 彼得·杰克逊的史诗电影三部曲《指环王》创建了这座小镇，《霍比特人》拍摄结束后，小镇就彻底拥抱了中土世界的身份。**霍比特人电影场景团队游**（见219页）能让你在霍比特人的洞里摆pose，在绿龙旅馆里喝一杯。

瑙鲁霍伊山，即末日山 事实证明，统治所有人的魔戒是在汤加里罗国家公园里，北岛最年轻的**火山**（见313页）中锻造的。想了解更多细节？末日山的一些场景是在鲁阿佩胡山（最好两座都看看）拍摄的。

普唐伊鲁阿峰，即亡者之道 一片奇异的风景，看上去就像巨大的管风琴，这些**山峰**（见449页）显然很适合作为《指环王：王者归来》中穿过白色山脉的恐怖道路的场景。

Rover Rings（见426页）和**Wellington Movie Tours**（见426页）都提供惠灵顿及周边的半日和全日指环王拍摄地团队游。

南岛

南阿尔卑斯山，即迷雾山脉 彼得·杰克逊充分利用了这片野性的风景，选择库克山村作为米纳斯蒂里斯的场景。

Nomad Safaris（见646页）和**Private Discovery Tours**（见659页）提供各种皇后镇外的四驱车团队游，包括参观中土世界电影场景。总部位于格林诺奇的**Dart Stables**（见657页）运营一条沿着指环王电影主题走的骑马路线。

（*Blindsight*）。他的儿童文学《山下》（*Under the Mountain*，1979年）大受欢迎，并于1981年被拍成电视连续剧，在2009年又被制作成动画电影搬上银幕。2004年，由他另一部小说《在我父亲的洞穴里》（*In My Father's Den*，1972年）改编而成的电影，多次获得国际电影节的重要奖项。

已故作家——莫里斯·夏伯特（Maurice Shadbolt）的多部小说也广受赞誉，尤其是以新西兰战争为背景的小说。推荐他的作品《犹太人的季节》（*Season of the Jew*，1987年）和《内乱之家》（*The House of Strife*，1993年）。

电影和电视

如果你起初是被银幕上的新西兰吸引而对这里产生兴趣的话，那与你想法一致的大有人在。彼得·杰克逊的《指环王》和《霍比特人》三部曲，是继《库克船长》之后，对新西兰旅游业做出最大贡献的杰作。

然而新西兰电影可算不上轻松的电影。在BBC投拍的纪录片《电影百年之新西兰》（*Cinema of Unease*）中，新西兰演员山姆·尼尔（Sam Neill）认为这个国家的电影人总是在制作阴冷而令人不安的作品。只要看看李·塔玛霍利（Lee Tamahori）的《夕阳武士》（*Once Were Warriors*，导演简·坎皮恩(Jane Campion)是首位获得最佳导演提名的新西兰导演，而彼得·杰克逊(Peter Jackson)则是首位获此殊荣的新西兰人。2004年《王者归来》(*Return of the King*)荣获了11项奥斯卡奖。

到目前为止，获得过奥斯卡奖的新西兰演员只有安娜·帕奎因(Anna Paquin，《钢琴课》)和罗素·克劳[Russell Crowe，《角斗士》(*Gladiator*)]。帕奎因出生在加拿大，在4岁时搬到了新西兰，而克劳则是在4岁时从新西兰搬去了澳大利亚。

1994年)，就会明白他的意思了。

新西兰电影和电视的一个共同点是风景，它们提供了一个令人难忘的背景——可以说就和角色本身的存在一样重要。简·坎皮恩的《钢琴课》(1993年)和《谜湖之巅》(*Top of the lake*，2013年)、布拉德·麦甘(Brad McGann)的《在我父亲的洞穴里》(*In My Father's Den*，2004年)和杰克逊的《罪孽天使》(*Heavenly Creatures*，1994年)，这些影片均用奇妙而繁茂的风景衬托令人不安的暴力。这种频频展现的土地神秘主义会让人感到些许毛骨悚然。

即使新西兰人想来点儿幽默，也一定会披上黑色的外衣——和他们的橄榄球队一个颜色。从杰克逊早期的血腥恐怖片和泰卡·怀蒂蒂(Taika Waititi)的《毛利男孩》(*Boy*，2010年)中就可见一斑。新西兰出口喜剧并不容易，然而HBO制作的电视音乐滑稽剧*Flight of the Conchords*却在国际市场上意外地收获了成功，它讲述了一对笨手笨脚的新西兰民歌二重唱组合在纽约闯荡的故事。波利尼西亚的诙谐风格最有可能打破新西兰影院的阴沉气息，例如，2006年一部精彩纷呈、高潮迭起的电影《西奥的婚礼》(*Sione's Wedding*)，成为新西兰上映首个周末最卖座的影片。

同样致力于将新西兰独特幽默感打包给国际观众的《追捕野蛮人》(*Hunt for the Wilderpeople*，2016年)和《吸血鬼生活》(*What We Do in the Shadows*，2014年)让编剧兼导演泰卡·怀蒂蒂(Taika Waititi)大获赞誉，《雷神：诸神黄昏》(*Thor: Ragnarok*，2017年)让他的名字家喻户晓——尽管许多人认为导演镜头下轻言细语的硬汉明星角色的巨大转变才是这部电影的亮点。

新西兰人以前从未出现在国际影片中，而如今在《星球大战》中，新西兰明星特缪拉·莫里森(Temuera Morrisons)则带领整支克隆部队入侵宇宙。动作片中也常常看到克利夫·柯蒂斯(Cliff Curtis)和卡尔·厄本(Karl Urban)等熟悉的面孔扮演着墨西哥或俄罗斯匪徒。他们当中有许多人的表演生涯始于长篇肥皂剧《肖特兰街》(*Shortland Steet*)。

视觉艺术

新西兰人"can do"(我能行)的精神同样延伸到了视觉艺术领域。如果你去当地人家中拜访，不要惊讶：墙上挂着主人自己的画作，后花园摆着主人的伴侣用贝壳碎片、浮木和一段神奇的"八号铁丝"(number-8 wire)创造的雕像。

这是当地艺术与手工艺蓬勃发展的表现。丰富多彩的高等教育课程培养出了传统的雕刻家、纺织者、首饰制作者、金属和玻璃制模工。大城市里还有一些杰出的商业画廊，可以代理当地艺术家使用各种材质创作出的有趣作品。

传统毛利艺术拥有独特的视觉风格，发展成熟的毛利文化主题得到了新西兰各民族艺术家的青睐。绘画方面，表现在戈登·沃尔特斯(Gordon Walters)出色的现代主义作品以及Dick Frizzell备受争议的提基系列波普艺术作品上。同样，太平洋岛屿主题的艺术作品也很常见，尤其是在奥克兰，生于Niuean而长于奥克兰的约翰·普尔(John Pule)拼贴画一般复杂的油画作品就是其中的典型。

查尔斯·弗雷德里克·高第(Charles Frederick Goldie)绘制了一系列引人注目的写实的毛利人肖像。尽管围绕高第作品中政治尺度的激烈讨论持续了数年，但其作品的价值现已被广泛认可，尤其是毛利人自己普遍认可他的画作。他们将其视为祖先的画像而给予尊重。2016年，高第最后的作品成为新西兰第一幅售价超过100万美元的油画作品。

在2017年的威尼斯双年展上，丽莎·蕾哈娜在她的多媒体作品《追寻维纳斯》（*In Pursuit of Venus*）中重新校准了太平洋岛民和毛利人的艺术描绘方式，赢得满堂喝彩。

在www.eventfinda.com网站上刊登了各种各样形式广泛的活动项目。这是一个了解当地音乐会、古典音乐独奏和战舞演出信息的有用网站。需要了解新西兰古典音乐更具体的信息请登录www.sounz.org.nz。

描绘风景

在这样一个以自然环境为傲的国家，风景画构成了第一个后欧洲体系的艺术风格。19世纪后期，约翰·格利（John Gully）和Petrus van der Velden就是其中捕捉到新西兰戏剧化自然景色的最为出色的艺术家。

科林·麦卡宏（Colin McCahon）被普遍认为是新西兰最重要的艺术家。就算他的作品深陷天主教神秘主义，他的精神却始终根植于这片土地。他创作的风景画风格阴郁，令人联想起新西兰土地蕴含的惊人力量，同时也想起它的脆弱。麦卡宏形容自己的作品描绘的是新西兰在大海变成一堆残骸的聚集地、天空变成煤黑色之前的面貌。

风景摄影师也捕捉到这片土地的凶猛和脆弱。这里值得你绕绕远路，来了解一下这个国家的摄影师，他们有许多都开办了自己的画廊（有时就在他们自己的住所内或旁边）。西部有天赋异禀的摄影师**Andris Apse**（☎021 884 618，03-753 4241；www.andrisapse.com；109 The Strand；⏰时间不同）的画廊，还有**Petr Hlavacek Gallery**（☎03-753 4199；www.nzicescapes.com；2811b SH6；⏰周一至周五9:00~19:00）免费，其中呈现了一些新西兰最好的风景摄影作品。

音乐

新西兰的音乐最早可以追溯到毛利人到来之后逐步形成的民歌

芬恩兄弟

如果气氛合适，又有一瓶啤酒在手，有些曲调是所有新西兰人都会跟着一起唱的。这些曲调中，很大一部分出自蒂姆·芬恩（Tim Finn）和内尔·芬恩（Neil Finn）两兄弟之手，其中许多歌曲后来享誉全球。蒂姆·芬恩因20世纪70年代的乐队Split Enz而成名。当乐队的吉他手退出时，年仅15岁的内尔赶往英国加入了他们。这个乐队在澳大利亚、新西兰和加拿大拥有大量忠实的追随者，最终于1985年解散。之后，内尔与两位澳大利亚音乐人（Paul Hester和Nick Seymour）一起组建了Crowded House乐队，他们的早期单曲《别幻想，结束了》（*Don't Dream, It's Over*）一度在美国排行榜上名列第二。后来蒂姆加入了乐队，不过只是很短的一段时间。在此期间，兄弟二人写出了*Weather With You*，在英国排行榜排到第七位，这也使得他们的专辑*Woodface*大卖。内尔依然十分忙碌，他以"七世界的碰撞"（Seven Worlds Collide）之名发布了一系列表演及作品。在这些活动中，他与海外知名的音乐家合作。他的最新乐队睡衣俱乐部（Pajama Club）是与妻子莎朗（Sharon）、奥克兰音乐家肖恩·唐纳利（Sean Donnelly）以及阿兰那·斯凯林（Alana Skyring）一起组建的。

2018年4月，Fleetwood Mac宣布Lindsay Buckingham离开，内尔·芬恩加入乐队的令人震惊的消息。芬恩将与Mike Campbell（Tom Petty和 the Heartbreakers的吉他手）一起在2018年的巡演中取代Buckingham的位置。

大部分的演出可以通过www.ticketek.co.nz或www.ticketmaster.co.nc购买，比较小众的演出可以通过www.undertheradar.co.nz购买。

（waiata）。主要乐器是由骨头或木头制成的吹奏乐器，其中最著名的是恩咕噜（nguru，也被称为"鼻笛"），演奏的同时伴随着拍腿或拍胸脯来打节拍。近年来，毛利音乐表演最热闹的场合要属战舞比赛（kapa haka competition），各队在比赛中表演他们日常活动中的传统歌舞。

古典音乐和戏剧

20世纪初，早期欧洲移民带来了他们自己的音乐，并推动了当地音乐的多样化。在20世纪50年代，道格拉斯·利尔本（Douglas Lilburn）成为新西兰本土第一位受到国际认可的古典音乐作曲家。近年来，新西兰已在这一领域产生了许多享誉全球的音乐人，包括传奇歌剧演唱家凯丽·特·卡娜娃夫人（Dame Kiri Te Kanawa）、拥有百万销量的古典/流行歌手海丽·薇斯特拉（Hayley Westenra）、作曲家约翰·帕沙达斯（John Psathas，他创作了2004年奥运会主题曲）、作曲家兼打击乐手加雷思·法尔[Gareth Farr，他也曾男扮女装并以莉莉丝·拉克鲁瓦（Lilith LaCroix）之名进行演出]。

摇滚乐和金属乐

新西兰最为世人所熟知的摇滚从业者有飞翔修女唱片公司（Flying Nun）和芬恩兄弟（Finn Brothers）。

飞翔修女唱片公司于1981年组建，创办人是基督城一家音像店的老板罗杰·谢菲德（Roger Shepherd）。早期，其大部分乐队都来自达尼丁，那里的本土音乐以朋克的DIY态度，创作出低保真（lo-fi）独立音乐，并引起了英国NME杂志和美国《滚石》杂志的狂热褒奖。许多飞翔修女唱片公司出身的音乐人至今仍从事现场表演，包括大卫·乔高（David Kilgour，来自The Clean乐队）、谢恩·卡特（Shayne Carter，过去在Straitjacket Fits乐队，如今在Dimmer and The Adults乐队）。

想来点更重口的？哈密尔顿重金属乐队Devilskin在2014年的首张专辑登陆了新西兰排行榜榜首位置，他们随后在2016年发行的*Be Like the River*也同样登顶。Beastwars，一个来自惠灵顿的泥浆金属乐队，是新西兰重金属音乐的另一大中坚力量。他们的音乐带有迷幻色彩，令人焦躁。与此同时，科技死亡金属乐队Ulcerate现已跃升为新西兰最著名的极限金属乐队，曾赴北美和欧洲巡演。

雷鬼、嘻哈和舞曲

被毛利人和波利尼西亚新西兰人积极继承和发展的音乐类型是雷鬼（20世纪70年代）和嘻哈音乐（20世纪80年代），而这两种类型又衍生出诸多独特的本土音乐形式。在惠灵顿，蓬勃发展的爵士乐与雷鬼的碰撞产生了一群混合打击、根源摇滚和放克爵士的乐队，最著名的是Fat Freddy's Drop乐队。

更多当地嘻哈、流行、摇滚信息请查看www.thecorner.co.nz和老牌网站www.muzic.net.nz。

本土嘻哈音乐的大本营位于南奥克兰郊区，那儿聚居了一大批毛利人和太平洋岛民。新西兰最重要的嘻哈乐队之一Dawn Raid（意为黎明搜捕行动）就诞生于这里。这个乐队的名字取自20世纪70年代臭名昭著的一次事件——警察于凌晨时分对疑似签证过期的太平洋岛民进行了突然搜捕。Dawn Raid乐队中最成功的艺术家是萨维奇（Savage），他的单曲《摇摆》（*Swing*）在电影《敲门》（*Knocked Up*）中作为主题曲，专辑卖出了100万

出色的洛德!

新西兰音乐界最大的新闻就是洛德（Lorde）的成功，她是一位来自奥克兰北海岸德文波特的创作型歌手。对于她的朋友而言，她是平易近人的Ella Yelich-O' Connor。2013年，16岁的洛德凭借她充满魔力的以校园歌曲为创作灵感的*Royals*占据了美国Billboard charts的榜首——这是新西兰第一位登顶美国排行榜的独唱歌手。*Royals*接下来赢得了2014年格莱美的年度单曲奖。她的首张专辑《纯粹女英雄》（*Pure Heroine*）获得了一系列的成功并在全球售出了上百万张，随后她在2017年的作品《音乐剧》（*Melodrama*）也在发行之后立即登顶新西兰和美国排行榜。

张。新西兰境内最知名的嘻哈乐队是Scribe、Che Fu以及Smashproof[其歌曲《兄弟》（*Brother*）在新西兰单曲榜上居于榜首长达11周]。

舞曲音乐在20世纪90年代的基督城取得了一席之地，它采用了流行的打碟/电子乐装备，造就了Salmonella Dub乐队及其衍生出的Tiki Taane乐队。Drum 'n' bass不仅在当地深受欢迎，还孕育出国际流行的乐队Concord Dawn和Shapeshifter。

倡议者和撼动者

2000年以来，政府说服商业电台，后者将播出时间的20%用于播放本土音乐，这给新西兰本土音乐注入了全新的活力，也给商业化的音乐人创造了根基牢固的职业机会。在这一环境下，摇滚团体（如Shihad、The Feelers以及Opshop）开始茁壮成长起来，并且涌现出一系列拥有深情歌声的女声独唱家：比克·润戈（Bic Runga）、安妮卡·莫阿（Anika Moa）以及布鲁克·弗雷泽[Brooke Fraser，是全黑队伯尼·弗雷泽（Bernie Fraser）的女儿]。这段时间，新西兰还诞生了两个国际知名的车库摇滚表演者：Datsuns和D4。

目前，新西兰人正逐渐赢得国际认可，包括令人难以置信的天才女歌手金布拉[Kimbra，与高蒂（Gotye）合唱了风靡全球的《我曾经熟知的人》]、独立的电子摇滚乐队Naked & Famous、多才多艺的创作歌手Ladyhawke、颇具艺术气息的Lawrence Arabia以及半迷幻音乐乐队Unknown Mortal Orchestra。

R&B歌手Aaradhna凭借专辑*Trebel & Reverb*引起了很大的轰动，并在2013年赢得了年度专辑的奖项。2016年，她的专辑同名主打歌*Brown Girl*荣获最佳嘻哈歌曲奖，她拒绝了奖项并表示，自己因为肤色的缘故被错误划分了音乐门类。

生存指南

出行指南

签证

可通过新西兰在各国的驻外机构、旅行社及**新西兰移民局**（Immigration New Zealand；☎09-914 4100，0508 558 855；www.immigration.govt.nz）获得签证申请表。新西兰移民局在海外有超过25个办公室，包括美国、英国和澳大利亚。也可咨询网站。

旅游签证

持中国大陆护照的旅行者，需要申请旅游签证才可前往新西兰。目前的个人多次往返旅游签证已经全面改为电子签证，一般来讲签证有效期为5年，每次最多停留6个月。前往新西兰旅行之前，请一定记得提早申请旅游签证。新西兰移民局中国（北京、上海及香港）办事处受理中国公民的新西兰签证申请。现在除了在官方的签证中心（http://www.vfsglobal.cn/NewZealand/China/Chinese/index.html）办理前往新西兰的旅游签证，你还可以足不出户通过在线递交申请获取签证，请前往新西兰移民局中国官网（https://www.immigration.govt.nz/audiences/chinese）获取更多相关的办理信息。

申请新西兰的旅游签证时，你可能需要提供一系列的证明材料，比如资产证明、户口本、在职证明、准假证明以及旅游计划等。在之前提到的两个网址中，你可以找到更详细的内容清单，只需要按照要求上传相应的证明文件即可。在中国大陆地区申请旅游签证的费用为211新西兰元（约合人民币980元），另有服务费人民币240元。另外，如果是夫妻（和未成年子女）一起出行，全家仅需填写一份申请表，签证费用也只需缴纳一人份。

其余58个与新西兰有免签协议的国家的公民每次可停留3个月，12个月内不得逗留超过6个月，需要提供之后行程的机票，以及足够支持停留期间生活的资金，详情参见网站。这些国家包括加拿大、法国、德国、冰岛、日本、荷兰、南非和美国等。

其余国家的公民必须有签证才能入境。旅游签证允许18个月内停留9个月，取决于你在哪个国家的新西兰大使馆申请，签证价格为$170~220。

申请者的评估将以个人情况为基础；你可能需要提供足够支持旅行期间开销的财力证明（每月$1000），外加证明你有离开新西兰，继续旅行的机票。在新西兰任何移民局都可申请延期——具体地址参见网站（www.immigration.govt.nz）。

工作签证

除了澳大利亚国民及永久居民可以无需签证许可就能在新西兰合法工作以外，任何外国公民凭其旅游签证在新西兰工作都是违法的。如果你来新西兰是为了找工作，或者你已经收到了工作邀请，那么你必须申请工作签证。有效期为3年，根据你的情况而定。你也可以在抵达新西兰之后再申请工作许可，但其有效期将从你入境之日算起。申请工作签证的费用在$190以上，这取决于办理签证的地点、申请方式（书面或在线）以及签证的类别。

假期工作计划

对于仅有兴趣靠短期工作以补贴旅费的旅行者而言，只要符合条件，就可以参加新西兰的工作假期计划。根据该计划，来自44个国家、年龄在

18~30周岁（有时延长到35周岁）的公民都可以申请工作假期签证（Working Holiday Visa，简称WHV），包括中国、德国、爱尔兰、日本、马来西亚、斯堪的纳维亚半岛国家和美国在内。对于大多数国家公民来说，这个签证的有效期为12个月，但加拿大和英国公民可以工作23个月。该签证只发放给那些真正寻求工作假期的人，而非谋求常年工作的人，所以你为一个雇主工作的时间不应超过3个月。

符合工作假期资质的公民需要在其本国申请该签证。申请人应当持有一张去程机票、一份在离境新西兰后仍有至少3个月有效期的护照，以及一份不少于$4200的可用资金证明。无论你在何处申请，申请费均为$165，如果申请被拒这笔费用将不会返还。

对于不同国家的公民，其适用规则不尽相同，所以务必登录www.immigration.govt.nz，研读各国与新西兰签署的协议细节。

关于工作假期签证的更多信息请见38页“打工旅行”。

保险

一项涵盖偷盗、财物丢失及医疗的全面旅行保险是十分重要的。一些保险公司会特别将指定的“危险活动”排除在投保范围内，比如水肺潜水、蹦极、激浪漂流、滑雪，甚至是远足。如果你打算进行上述活动（在新西兰再自然不过了），请确保你的保险能全面涵盖你的日常活动。中国旅行者可以考虑购买美亚的“万国游踪”旅游保险，当然也有其他的保险可供选择，你可以在**慧择网**（www.hzins.com）上挑选查看，找到能完全覆盖自己旅程的保险。也可以多参考不同的代理商比价，但价格基本不会有太大出入。也可在抵达新西兰之后购买当地的保险，主要保险公司有South cross，Orbit Protect，Uni-Care等几家，而车辆的保险是AA。

值得一提的是，根据新西兰法律，除非请求惩罚性赔偿，你并不能起诉人身伤害。然而，新西兰的**意外事故赔偿公司**（Accident Compensation Corporation，简称ACC；www.acc.co.nz）有一项事故赔偿计划，为新西兰居民及来新西兰的游客提供事故保险（无论你在事故中是否有过错）。但这项计划并不意味着你不需要为自己购买一份全面的旅游保险，因为意外事故赔偿公司的计划并不涵盖你的收入损失、回国后的治疗或后续的疾病花费。

请考虑能直接偿付医生或医院的保险计划，而不是你先行付款，事后再由保险进行赔付。万一你需要事后请求赔偿，请保存好所有文件。一些保险计划还需要你打电话给位于你自己国家的处理中心（被叫方付费），该中心会立即对你的情况进行评估。请检查你的保险计划是否涵盖救护车及紧急情况下用飞机进行的医疗运送费用。

可登录www.lonelyplanet.com/travel-insurance查看全球的旅行保险事项。你可以于任何时间在线购买、延期及请求赔付，即便你已经踏上旅程。

现金

自动柜员机及销售点电子转账系统（Eftpos）

在新西兰，北岛和南岛都有该国主要银行分支机构设置的自动柜员机，但这些自动柜员机并不是随处可见的（比如在小城镇就没有）。

中国银联已于2006年开通在新西兰的服务，目前，新西兰境内Westpac、ANZ、BNZ、Kiwibank等银行的自动柜员机可使用银联卡提取新西兰元。目前新西兰境内所有自动柜员机每次单笔取款金额最多为$800新西兰元（面值均为$20新西兰元），但可以重复使用银联卡，直到取款金额达到等值1万元人民币的新西兰元，但银联卡境外不能进行银行柜面转账和提现。

BNZ银行自动柜员机：均提供中文界面，按屏幕提示操作即可，账户种类选择支票或储蓄（借记卡），具体位置可查询 http://find.bnz.co.nz/atm。

Kiwibank银行自动柜员机：插入卡后正常输入6位密码—选择:WITHDRAW CASH—账户选择：SAV或CHEQUE（银联标准卡）—输入取款金额—WITH RECEIPT或 WITHOUT RECEIPT（需要取款凭条或不需要）—先退卡，再吐钞。

许多新西兰商家都使用销售点电子转账系统(electronic funds transfer at point of sale，简称Eftpos)，客人可以直接通过银行卡(信用卡或借记卡)进行支付或提取现金。销售点电子转账系统几乎遍布各处，就像使用自动提款机一样，你需要具备一个个人识别码（简称PIN）。

银行账户

如果想在新西兰任何单位（包括打工旅行）工作，就得开办银行账户，最好是抵达前就做好功课。有些银行，比如ANZ，允许你抵达之前就申请，抵达后可前往任意分行激活。记得带上身份证件（大部分情况下护照即可）、证书的翻译件（如果有需要的话）、新西兰居住证明。地址证明可能会使用到当地的个人身份认证服务。

信用卡及借记卡

信用卡

维萨卡（Visa）及万事达卡（MasterCard）这类信用卡的使用范围几乎涵盖了所有事项，从支付青年旅舍的床费到蹦极，不一而足。信用卡对于租车来说尤为重要。信用卡还可以在银行柜面或自动柜员机提款，但请务必注意这类交易产生的手续费。大来卡（Diners Club）和美国运通卡（American Express cards）的使用相对受限。

银联信用卡在新西兰境内可受理的商户已过万家，主要的免税店（DFS）、百货商场、特产和纪念品店以及大量中国人较为喜爱的品牌连锁店基本都接受银联卡。如果你没看到商户有贴出“银联”的标志，也可以掏出银联卡询问店员。不过多带一张维萨卡或者万事达卡总没有坏处。

借记卡

借记卡让你能轻松通过自动柜员机、银行或Eftpos设备从你国内的银行账户里提款。任何与国际银行网络（Cirrus、Maestro、Visa Plus和Eurocard）连接的卡都能通过个人识别码使用。产生的费用取决于你的国内银行，建议在行前了解一下。此外，通济隆（Travelex）等公司提供有固定取现费用的借记卡，你可以在旅途中用你的个人银行账户为其充值。

货币

新西兰的货币是新西兰元（NZ$），1新西兰元合100分（cent）。新西兰有10分、20分、50分、1新西兰元和2新西兰元的硬币，以及5新西兰元、10新西兰元、20新西兰元、50新西兰元和100新西兰元的纸币。价格通常精确到分，然后在你付款的时候四舍五入。

货币兑换商

在新西兰的银行，或在主要城市持有牌照的货币兑换商处（如Travelex），兑换外汇（或较少见的老派旅行支票）一般不是什么问题。在所有重要的旅游区、城市和机场，你都可以找到货币兑换点。如果你需要现金，最好还是在出发前于国内提前兑换好，汇率方面会更为划算。

税费与退税

新西兰所有的国内商品和服务都统一征收15%的商品和服务税（GST），Lonely Planet中所列出的新西兰价格都包含了商品和服务税。在你离开新西兰的时候不会有商品和服务税退税的情况。

小费

小费在新西兰完全随意，参见初次到访（见25页）章节获取更多信息。

优惠卡

全球认可的国际学生证（International Student Identity Card）由国际学生旅游联盟（ISIC Association; www.isic.org）制作并颁发给12岁及以上的全日制学生。通过国际学生证可享受住宿、交通和景点门票的折扣优惠。国际学生旅游联盟还制作国际青年旅游卡（International Youth Travel Card），颁发对象为全日制学生之外的31岁以下青年，享受和国际学生证同样的优惠。提供给专职教师的**国际教师证**（International Teacher Identity Card）也与之类似。这3种卡（每张$30）都可以在网站www.isiccard.co.nz购买，或者从学生旅游公司，如学生青年旅游组织STA Travel处购买。

新西兰卡（New Zealand Card; www.newzealandcard.com）是一张售价$35的折扣通行证，可以为住宿、团队游、景点和活动提供5%~50%的折扣。购买之前先浏览一下参加折扣的场所。**背包客青年旅舍优惠**（Budget Backpacker Hostels, www.bbh.co.nz）会员卡售价$45，能让你在BBH会员旅舍获得折扣，一般每晚价格会便宜$4。

超过60岁的旅行者只需提供一些身份证明（比如本国官方的老人卡）就能享受优惠价格。

电源

230-240V/50Hz

使领馆

中国驻新西兰大使馆[☎(紧急求助)+64-21-528-663;使馆:2-6 Glenmore Street,Kelburn,Wellington;领事部:4 Halswell Street,Thorndon,Wellington;www.chinaembassy.org.nz;⏰周一、周三、周四 9:00~11:30,14:00~16:00,周二、周五 9:00~11:30,节假日及周末休息]

中国驻奥克兰总领事馆[☎(工作日9:30~11:30,证件咨询)+64-9-526-5680,(工作日14:00~16:00咨询电话)+64-9-4733514;630 Great South Road,Ellerslie,Auckland;http://www.chinaconsulate.org.nz/chn/]

中国驻克赖斯特彻奇总领事馆[☎(工作日咨询,9:00~12:00)+64-3-343-3650;108 Hansons Lane,Upper Riccarton,Christchurch;http://christchurch.chineseconsulate.org/chn/;⏰周一至周五 9:00~12:00,节假日及周末休息]

海关条例

新西兰的入境检疫非常严格,建议出行前事先了解相关规定,以免违规受罚。如需查看禁止、限制或需要申报的物品明细,可以访问新西兰海关网站http://www.customs.govt.nz/。

每人可携带的免税限额物品包括:

- 3瓶1125毫升(最多)的烈性酒或甜酒。
- 4.5升的葡萄酒或啤酒。
- 50支香烟,或50克的烟草或雪茄。
- 价值不超过$700的应税商品。

建议申报所有非常见药品。靴子和帐篷之类的远足装备在获准入境前都会被检查,可能还需要进行清洗。你必须申报任何动植物产品(包括任何木制品)和各种食物。武器和轻武器要么禁止携带,要么要求有许可证并经过安全检测。

农业及园艺在新西兰的经济结构中很重要,含有有害物和疾病的动植物产品是不允许被带进新西兰的。如发现违反规定,将会遭到重罚。如果对所带的食品,尤其是水果、鸡蛋、肉类产品有疑问,最好的办法是在进关前将此类产品扔进垃圾箱内,或者申报。不要轻视这些规定——违规处罚真的会让你损失惨重。

旅游信息

新西兰旅游局

新西兰旅游局(Tourism New Zealand)的官方国家旅游网站为www.newzealand.com,是你做行前攻略的好去处。网站有德语、西班牙语、法语、中文和日语等多语言信息。

王子码头信息中心(Princes Wharf-SITE;☎09-365 9914;www.aucklandnz.com;Princes Wharf;⏰9:00~17:00)奥克兰主要官方信息中心。

各国政府旅行建议

以下各国政府网站提供当今热门旅游景点的旅行建议及信息:

中国外交部(People's Republic of China Department of Foreign Affairs;www.mfa.gov.cn)

英国外交及联邦事务部(British Foreign & Commonwealth Office;www.gov.uk/fco)

荷兰外交部(Dutch Ministry of Foreign Affairs;www.government.nl/ministries/ministry-of-foreign-affairs)

加拿大外交、贸易与发展部(Foreign Affairs, Trade & Development;Canadawww.international.gc.ca)

德国外交部(German Federal Foreign Office;www.auswaertiges-amt.de)

日本外务省(Japanese Ministry of Foreign Affairs;www.mofa.go.jp)

奥克兰国际机场信息中心（见84页地图；☎09-365 9925；www.aucklandnz.com；International Arrivals Hall；⏲6:30~22:30）

基督城信息中心（见544页地图；☎03-379 9629；www.christchurchnz.com；Arts Centre,28 Worcester Blvd；⏲8:30~17:00）

基督城机场信息中心（☎03-741 3980；www.christchurchnz.com；International Arrivals Hall；⏲8:00~18:00）

皇后镇信息中心（见640页地图；☎03-442 4100；www.queenstownisite.co.nz；Shotover & Camp Sts交叉路口；⏲8:30~20:00）

当地旅游办事处

几乎每个新西兰城镇都有一个游客信息中心，规模较大的中心组成了很棒的信息中心（i-SITE；www.newzealand.com/travel/i-sites）网络，有80多家游客信息中心隶属于新西兰旅游局。信息中心有训练有素的工作人员，可以帮你预订活动、交通工具和住宿。同时，这里提供当地活动、景点信息和免费的宣传册、地图。

请记住，一些游客信息中心只推荐属于当地旅游协会付费会员的住宿和旅游商家，有时工作人员不会帮你"货比三家"。

环保部（DOC；www.doc.govt.nz）的游客中心网络也可以帮你规划和预订活动（尤其是徒步路线和小屋），这些游客中心通常位于国家公园、地区中心和主要城市，经常会举办有关当地民俗和生物多样性的展览。

工作时间

根据你到访的地方不同，营业时间也会根据季节变化。在圣诞节和耶稣受难日（Good Friday）时，大多数旅游景点都不营业。

银行 周一至周五9:00~16:30。部分在周六9:00至正午也正常营业。

咖啡馆 7:00~16:00

邮局 周一至周五8:30~17:00。大型分局在周六9:30至正午也正常营业。

酒馆和酒吧 正午至午夜（这里的午夜根据地区和日期变化）

餐馆 正午至14:30，18:30~21:00

商店和企业 周一至周五9:00~17:30，周六9:00至正午

超市 8:00~19:00，城市一般到21:00或更晚

节假日

新西兰的主要节假日如下：

新年 1月1日和2日

怀唐伊节 2月6日

复活节 耶稣受难日和复活节星期一。3月/4月

澳新军团日 4月25日

女王生日 6月的第一个星期一

劳动节 10月第四个星期一

圣诞节 12月25日

节礼日 12月26日

除此之外，新西兰各省也有各自的纪念日，通常而言这一天会放假。这些省级纪念日的时间是不固定的。如果正好在星期五至星期日的时段，则通常会顺延至下周一庆祝。如果恰好在星期二至星期四的时段，则会提前至那一周的星期一举行。想知道你到访那一年最新省级纪念日的日期，可登录www.govt.nz/browse/work/public-holidays-and-work/public-holidays-and-anniversary-dates查询。

学校假期

圣诞假期从12月中旬一直持续到次年1月下旬，是学校暑假的一部分。此时，交通工具和酒店房间往往已经被预订一空，而在旅游景点处则需要排队。对学生而言，一年中还有3个稍短的假期，时间分别是4月中旬至下旬、7月上旬至中旬，以及9月底至10月中。确切日期可以在**新西兰教育部**（Ministry of Education；www.education.govt.nz）的网站上找到。

住宿

民宿

➡ 新西兰的民宿（B&B）从城市中心、乡下小村庄以及绵延的偏僻海岸边不断涌现出来，房间形式多样，包括郊区平房和宏伟庄园。

早餐可能是"欧洲大陆式"（标准的有谷类食物、烤面包、茶或咖啡，丰盛的类型会加酸奶、水果、自制面包或麦芬）或者分量足的餐食（鸡蛋、培根和香肠……）不过值得注意的是，素食者能得到的服务也越来越好。有些民宿的主人可以为旅客准备晚餐，而晚餐、床位和早餐（DB&B）的打包服务是重要卖点。

民宿双人间的价格一般在$120~200，但有些地方收费也会高达$300。当然也有部分主人厚颜无耻地收取高

网上预订住宿

想了解Lonely Planet作者更多的住宿评论，请访问http://lonelyplanet.com/newzealand/hotels，你能找到最佳住宿地点的真实独立的评论以及推荐。最棒的是，你可以在线预订住宿。

昂的费用，但实际却只提供他们家里的一间卧室。在大城市中，能把车停在街边往往是一种额外福利。

预订服务

新西兰全国的当地游客信息中心提供当地住宿信息资料，有时会以文件夹的形式详细列出设施和最新价格，许多还能帮你预订。

Lonely Planet（www.lonelyplanet.com/new-zealand/hotels）新西兰各种住宿信息，从青年旅舍到酒店都有。

Automobile Association（www.aa.co.nz/travel）在线住宿预订，尤其适合汽车旅馆、民宿和度假公园。

Jasons（www.jasons.co.nz）长期运营的旅行服务，有大量的在线预订选择。

New Zealand Bed & Breakfast Book（www.bnb.co.nz）名字就代表了一切。

Bed & Breakfast New Zealand（www.bed-and-breakfast.co.nz）民宿和设备齐全的住宿处指南。

Rural Holidays NZ（www.ruralholidays.co.nz）新西兰全国农场和民宿列表。

Book a Bach（www.bookabach.co.nz）公寓和度假公园预订，甚至可能还有一两个海滨小屋！

Holiday Houses（www.holidayhouses.co.nz）出租新西兰全国的度假屋。

New Zealand Apartments（www.nzapartments.co.nz）各种大小的高档公寓出租列表。

露营与假日公园

露营者和房车车主都聚集在新西兰最具人气的"假日公园"，在供电和不供电的露营地内可以安详地睡上一觉。公园里还有便宜的铺位房间（多人间）、小木屋（公用浴室）和设备齐全的套间（经常被称为汽车旅馆或旅客公寓）。露营地内也有设施完备的公共厨房、就餐区、游戏房、电视厅和游乐场。在城市里，假日公园通常离闹市区会有一定的距离。但在小镇上，它们出色的位置非常符合人们的要求，它们就位于中心地带，或在湖泊、沙滩、小河和森林旁边。

在假日公园露营，每晚的收费通常为每位成人$15~20，儿童半价。供电露营车营地则会多收几块钱，最高大约$40。小木屋或套间的住宿价格通常是双人间$70~120。如无特别说明，Lonely Planet所列举的露营地、房车露营地、度假屋和小木屋的价格都是双人费用。

环保部与自由露营

如果你开着房车，由**环保部**（Department of Conservation，简称DOC；www.doc.govt.nz）经营的250多处允许交通工具进入的"环保部露营地"是一个极好的选择，费用从免费（具备基本的卫生设施和淡水供应）到每位成人$21（提供抽水马桶和淋浴）不等。环保部出版免费的小册子，详细描述如何前往每一处露营地（甚至还有GPS坐标）。在启程之前，记得从环保部办公室领取几本册子或者访问他们的网站。

有机农场志愿工作者

如果你不介意弄脏双手，一种在新西兰旅游的经济型方式是参加国际**有机农场志愿工作者**（Willing Workers On Organic Farms，简称WWOOF；☎03-544 9890；www.wwoof.co.nz；⌚周一至周五 9:00~15:00）计划，你可以借此从事一些志愿工作。在农场里，作为一天辛勤劳作的交换，主人会提供食物、住宿并传授一些亲身实践的有机农业经验。就像你住酒店和旅舍一样，请提前一至两周和农场主联系，以安排住宿——千万不要贸然上门哦！

单人或两人一年期在线会员费为$40，外加邮寄一本农场目录，要额外花费$10~30的邮费，具体根据你的邮寄地址而定。如果在访问新西兰时参与有机农场志愿工作者的工作，你需要有工作假期签证（Working Holiday Visa），因为移民部门认为有机农场志愿工作也属于工作性质。

住宿价格区间

下列全书使用的价格标志指的是一间独卫双人间的旺季价格。在奥克兰、惠灵顿和基督城的价格会比平均价格高20%~25%。但在那里你还是可以找到$120以下的廉价双人间，中档的价格在$120~250，而高档酒店的价格一般都超过$250每晚。

$ 低于$120

$$ $120~200

$$$ 高于$200

环保部还经营上百处只能徒步到达的“荒野度假屋”及“荒野度假营地”。新西兰十大徒步路线(Great Walk)度假屋及营地也由环保部经营。

新西兰处处都是明信片似的美景，遇到一处绝美的景致，停在路边露营一晚是非常诱人的。但别以为哪里都可以露营，先找一个当地人问问，或到当地的信息中心、环保部办公室或者商业露营地咨询一下。如果你选择自由露营，请爱护环境。如果你选择的露营地及你的房车都没有卫生设施，在这样的地方露营是非法的(你的房车必须还配有车载污水储藏系统)。对于那些在禁止区域露营或违规排放废弃物的，法律允许当场处以$200的处罚，若所排废弃物有破坏环境的可能性，这一罚款最高可达$10,000。

更多自由露营的小贴士请见www.camping.org.nz，或考虑下载免费的Campermate App(www.campermate.co.nz)，上面标记了饮用水资源、公共厕所、免费的露营地，以及乐意将车道租给露营车的当地人。

农场住宿

农庄住宿打开了一扇了解新西兰农村生活的大门，这种住宿方式鼓励游客去果园和乳业牧场、养牛场或养羊场，让双手沾满泥土。这类住宿的价格差别很大，民宿性质的农庄住宿一般收取$80~140。一些农场设有独立的小屋，你可以在那里自己准备食物，而其他农场则提供低廉、公用、背包客式的住宿。

Farm Helpers in NZ(www.fhinz.co.nz)制作的小册子($25)列出了大约350处新西兰农场，提供每天4~6小时“工作换住宿”的项目。

青年旅舍

新西兰到处都是独立或大型连锁的背包客旅舍，从只有少数床位的小型家庭寄宿式旅舍到装修一新的酒店，以及大城市中高耸的现代建筑，应有尽有。Lonely Planet给出的旅舍床位价格都是非会员价格，通常每晚价格为$25~35。

青年旅舍组织

经济型背包客旅舍(Budget Backpacker Hostels; www.bbh.co.nz)是一个旅舍组织网，在其名册上有超过160家旅舍。会费每年为$45，你有权按照年刊《BBH背包客住宿》(*BBH Backpacker Accommodation*，免费)上公布的费用在成员旅舍住宿。非会员需要额外支付每晚$4的费用。会员卡在任何一家成员旅舍都可以买到，你也可以在网上花$50购买。

新西兰青年旅舍协会(YHA New Zealand; www.yha.co.nz)在新西兰南岛的主要地方设有大约40处的旅舍。青年旅舍协会隶属于**国际青年旅舍**(Hostelling International，简称HI; www.hihostels.com)，所以如果你已经是本国国际青年旅舍成员，你的会员资格在新西兰青年旅舍协会的旅舍同样适用。如果你还没有本国的会员资格，可以在新西兰主要的青年旅舍加入会员，或在线以$25的价格购买会员资格，有效期为12个月(18岁以下免费)。非会员每晚多收$3。会员还有其他优惠，比如可在一些汽车租赁商、旅行保险公司、环保部小屋通票等地获得折扣。

Base Backpackers(www.stayatbase.com)在新西兰全国共有9家连锁旅舍，分别位于岛屿湾、奥克兰、罗托鲁阿、陶波、惠灵顿、瓦纳卡、皇后镇和基督城。这些旅舍里有干净的多人间、女生专区以及大量的聚会活动。“Base Jumping”10晚弹性住宿卡售价$289，可以在线预订。

VIP Backpackers(www.vipbackpackers.com)这个国际组织下辖大约20家新西兰旅舍(非经济型背包客旅舍或青年旅舍协会的旅舍)，它们主要分布在城市及其他热门景点。花大约$61(包括邮资)便可得到12个月的会员资格，并享受每晚$1的折扣，隶属的活动和团队游经营商也提供折扣。可以通过网络或各VIP Backpackers旅舍加入该组织。

Haka Lodge（www.hakalodge.com）当地一家新兴的连锁住宿处，在奥克兰、皇后镇、基督城、陶波和派希亚都有时髦的青年旅舍。与新西兰其他地方的旅舍相比，价格很有竞争力，质量很高。也提供团队游活动。

就餐价格区间

以下价格指一道主菜的平均价格：

$ 少于$15

$$ $15~35

$$$ 高于$35

小酒馆、酒店和汽车旅馆

在新西兰，最便宜的住宿是不起眼的小酒馆。有些常常独具匠心、富有特色，但是也有一些又丑又破，最好不要前往（尤其是独行的女性）。事先确定一下入住当晚是否有乐队表演，否则你入住后可能要度过一个不眠之夜了。在最便宜的小酒馆，单/双人间的价钱可能只要$45/70（在走廊一头有公共浴室），更普遍的价格是$70/90。

酒店住宿的最高级别是五星级国际连锁酒店、度假酒店和建筑风格恢宏大气的精品酒店，这些酒店因其现代化的配套设施、周到的服务且丰富的历史底蕴而收取高昂的费用。我们列出的都是“挂牌价”（rack rates），但是经常会有折扣和特别优惠。通过酒店预订网站，常常可以得到低于挂牌价的入住价格。

新西兰小镇上遍布平凡无奇的低层汽车旅馆和“汽车度假屋”，双人间收费$90~200。这些低矮的汽车旅馆大多蜷缩在小镇边缘的公路旁边。它们大都还算现代化（尽管内部装饰通常是21世纪初或更早的格调），设施大同小异（茶具、咖啡机、冰箱和电视），价格也会因住宿标准而有所不同。

租房

新西兰基本的假日住宿选择叫作“度假小屋”（bach，是“单身汉”的简写，因过去单身男子打猎和钓鱼时居住而得名），而奥塔戈（Otago）和南部区（Southland）则称之为“棚屋”（crib）。这些可提供出租的简易小屋一般都设施齐全，多坐落于乡村或滨海等偏远地带，有时房费中还包括了租赁冲浪、钓鱼和其他户外活动装备的费用。花费多在$90~180/晚，这个价格对于整栋小屋或一座设施齐备的平房来说不算贵。若要入住更高档的度假屋，双人间预算多在$180~400/晚。

实用信息

新闻报纸 随便翻翻奥克兰的《新西兰先驱报》（*New Zealand Herald*; www.nzherald.co.nz）、惠灵顿的《自治领邮报》（*Dominion Post*; www.stuff.co.nz/dominion-post）或基督城的《新闻报》（*The Press*; www.stuff.co.nz/the-press）。也可登录www.nzherald.co.nz或www.stuff.co.nz浏览。

电视 收看以下国有电视台：TVNZ 1、TVNZ 2、毛利电视台（Maori TV）和100%毛利语的Te Reo。

广播 通过国家广播电台（www.radionz.co.nz）可以收听新闻、时事消息、古典和爵士乐，Radio Hauraki（www.hauraki.co.nz）则以播放摇滚乐为主。

DVD 新西兰DVD的区域码是四区，这一区域包括澳大利亚、太平洋地区、墨西哥、中美洲、加勒比海及南美地区。

吸烟 公共交通工具、餐厅、咖啡馆和小酒馆禁止吸烟。

度量衡 新西兰使用公制度量衡。

餐饮

新西兰是享受葡萄酒和美食（见70页）的好地方。从乡村酒馆到时尚餐厅，这里强调的是自产食材，比如羊羔肉、海鲜和鹿肉，日益流行的素食和严格素食可帮你清理味觉。就餐选择根据目的地而定：在奥克兰你会被数不清的选择搞得眼花缭乱，海边小镇可能只有一家面包房和酒馆可选。

气候

奥克兰

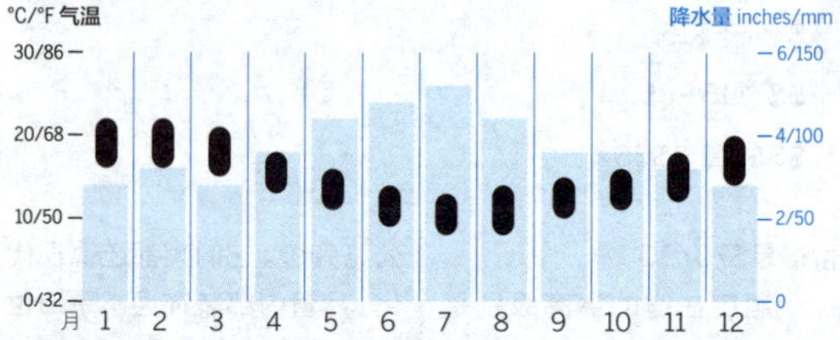

克赖斯特彻奇（基督城）

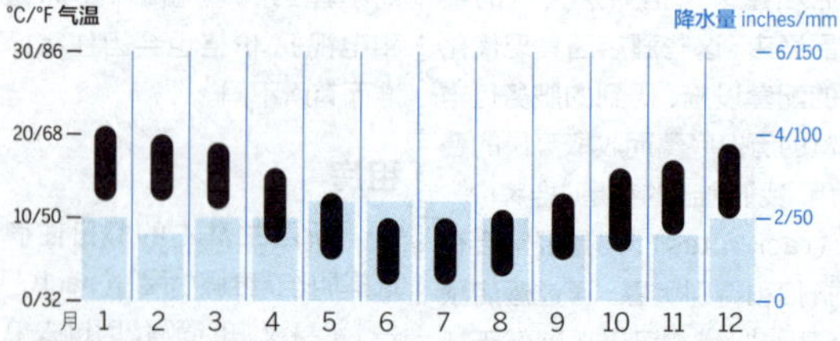

昆斯敦（皇后镇）

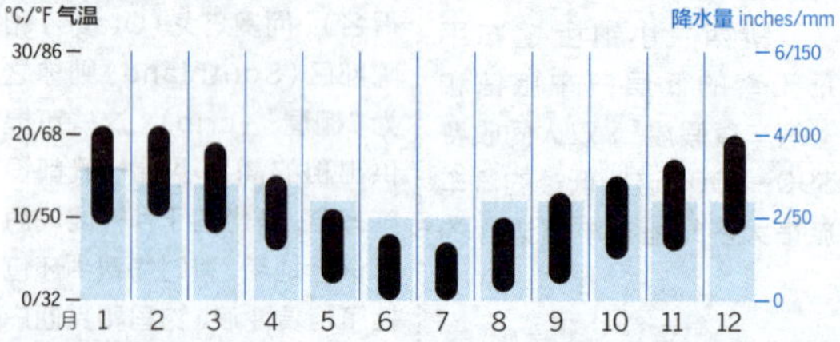

地图

新西兰汽车协会（Automobile Association，简称AA；☎0800 500 444；www.aa.co.nz/travel）制作高质量的城市、市镇、地区、岛屿和公路地图，在各地办公室都可以找到。汽车协会还制作了一本详细的《新西兰道路地图集》（*New Zealand Road Atlas*）。其他可靠的全国地图由Hema和KiwiMaps出版，在游客信息中心和书店均有销售。

新西兰国土信息部（Land Information New Zealand；www.linz.govt.nz）出版许多详尽的系列地图，包括街道、国家和假日地图，国家公园和森林公园地图，以及适合远足者的地形地图。想要得到地形地图，可以去大型书店、最近的环保部办公室或游客信息中心试试。

登录**AA Maps**（www.aamaps.co.nz）或**Wises**（www.wises.co.nz）可精确查找新西兰的准确地址。

邮政

新西兰邮政（☎0800 501 501；www.nzpost.co.nz）提供的服务十分可靠且价格合理。国内国际区域划分及相应邮资、邮局（或“邮政商店”）位置都可登录网站查询。

电话

如果你开通了国际漫游服务，中国三大主流运营商的用户都可以在当地使用漫游通话并且使用数据流量，具体价格请咨询你的运营商。

从中国拨打新西兰号码：

拨新西兰的国家代码“0064”+区域号码（记得去掉首位的0）+对方电话号码。例如：对方号码是021 234567，即拨号00642123 4567。发短信息：先输入“+”，再输入新西兰国家代码“64”，手机号码去0，再加手机号码。例如：对方的手机号码是021 123 4567，则发短信息输入号码为+64211234567。

从新西兰拨打中国号码：

手机：0086+手机号码。固定电话：0086+（0）区号+电话号码。

从新西兰拨打国际长途回中国，直接用当地SIM卡拨打也是很昂贵的，更廉价的方法，是在超市或亚洲超市购买长途电话卡，然后用固定电话或沃达丰的SIM卡拨打电话卡里的代码接入服务，再拨打国内电话。另外，有网络的地方使用Skype购买的点数通过电脑或手机的App拨打国际长途也是不错的选择。

新西兰当地电话：

同一个城镇内互相拨打固定电话是免费的，而且不限时间！

移动电话

移动电话号码以☎021、☎022或☎027开头。在城镇及北岛的大部分地区，移动信号都覆盖得不错，但在南岛远离城市中心的地方可能就只有零星信号了。

如果你带了自己的手机并且想使用当地的SIM卡(而不是使用你国内的网络支付高昂的漫游费)及预付费服务，沃达丰(www.vodafone.co.nz)是较为合适的选择。在任何一个沃达丰门店(位于大多数主要城镇)你都能买到新西兰旅游SIM卡并拥有一个电话号码(花费$30起;有效期分30天、60天或90天)。几乎在任何地方，比如报刊店、邮局和加油站，你都可以为你的电话卡充值。

通过**Phone Hire New Zealand**(www.phonehirenz.com)可租手机、调制解调器(modems)和GPS系统($3/10/7每天)。

本地电话

用付费电话拨打本地电话，头15分钟需花费$1，之后每分钟$0.2，但那种投币的付费电话已经十分罕见了，即使你能找到一部，投币口往往也已经出了问题。因此你还是需要一张电话卡。拨打手机的费用较座机高。

收费电话和免费电话

以0900开头的电话号码每分钟收费高于$1(手机拨打的收费更高)，这类号码不能用付费电话拨打，有时也不能使用预付费手机拨打。

新西兰免费电话的号码以0800或0508开头，你可以从新西兰的任何地方拨打，但在部分地区使用移动电话时可能出现无法拨通的情况。在新西兰境外，无法拨打以0508、0800或0900开头的电话号码。

电话卡

在新西兰有各类电话卡可供选择，你可以在青年旅舍、报刊店及邮局买到固定面值的电话卡(通常是$5、$10、$20和$50)。这些电话卡可以在公共或私人电话上使用，只需拨打免费的接入号码然后输入卡上的识别码即可。各公司话费标准不同，可以比价后选择购买。

上网

除偏远地区外，新西兰上网很方便。大城市的咖啡馆和住宿处都有无线网络信号🛜，不过其他地方网络流量都有限。

Wi-Fi

Wi-Fi 从宾馆客房、酒吧的啤酒花园到旅舍的多人间，通常都会提供Wi-Fi。一般情况下，只有顾客才能登录——因为只有顾客才能拿到登录密码。这类服务有时是免费的，有时则需要付费，而且一般会有时间和流量限制。

热点 新西兰的主要电信公司是新西兰Spark(Spark New Zealand; www.spark.co.nz)，它的无线上网热点遍布全国，超过1000个。你可以购买一张电信预付卡，或者从任一无线热点登录页面用信用卡买预付费号码。查看新西兰电信公司的网站以获取热点名录。

设备和网络服务商 如果你带了掌上平板或笔记本电脑，可以考虑购买一个预付费的USB调制解调器(USB modem，又称加密狗)和一张当地SIM卡。新西兰Spark和沃达丰都有售，价格为$50左右。

网咖

与5年前相比，网咖的数量越来越少。但在多数较大规模的城镇里，你仍可以发现网咖的身影(里面也多是游戏玩家，而非游客)。网咖的收费为每小时$3~6。

大多数青年旅舍和度假公园都有可连接无线网络的电脑。大多数宾馆、汽车旅馆、民宿和度假公园也提供无线网络，有时免费，但一般都要收取一小笔费用。

时间

新西兰时间比格林尼治标准时间(GMT)/协调世界时(UTC)早12个小时，比澳大利亚东部标准时间早2小时，比北京标准时间早4小时。注意查塔姆群岛的时间比新西兰主岛的时间早45分钟。

新西兰执行夏令时制，即9月的最后一个星期天把时钟调快1个小时，次年4月的第一个星期天再调回来。

厕所

新西兰采用西式的坐便式厕所。公共厕所的数量较多，环境通常十分整洁，配备门锁及足够的卫生纸。请勿踩踏在马桶板上如厕。

登录www.toiletmap.co.nz了解全国公共厕所的位置。

旅行安全

➡ 忙着看地图的游客、过宽的旅行房车还有无视交通法规的绵羊，是新西兰道路上最大的危险。

- 主要断层线贯穿新西兰全境，时有地震发生。
- 不要将贵重物品遗留在车上：盗窃是个问题，即便是在偏远地区。
- 新西兰天气变幻莫测：在高海拔地区，低温症是个危险。
- 在海滩上，要注意激流和暗流，它们会将游泳者拖向远处。务必留意当地海滩的警示标志。
- 新西兰的沙蝇（sandflies）会引起皮肤瘙痒，是个讨厌鬼。身处沿海地区和湖畔时，请记得涂好驱虫剂。

健康

游客在新西兰可能面临的健康危险非常小。疟疾和伤寒这类疾病从未听说，也没有毒蛇和其他危险动物，目前也没有昆虫滋生的危险疾病。游客可能遭遇的最大危险是户外探索活动：徒步者必须追踪变化很快的天气情况，有任何探访偏远地区的计划都要当心。与此同时，司机必须非常小心，新西兰的道路是出了名的曲折。

医疗保险

医疗保险对于所有旅行者而言都是必要的。尽管新西兰的医疗水准很高，并且以国际标准来看也不是贵得离谱，但是医疗费用还是不便宜，将外籍病人运送回国的费用也相当昂贵。

如果你现在的健康保险不承保你在海外发生的医疗费用，那么你应该考虑额外投保旅行保险。可以登录www.lonelyplanet.com/travel-insurance了解。提前弄清楚你的保险计划是直接支付给医疗服务提供者，还是事后为你报销海外医疗费用。检查你的保险是否涵盖你计划在新西兰从事的活动（比如攀岩或冬季运动），活动覆盖日期是否有期限。

推荐接种的疫苗

新西兰对旅行者并没有强行接种疫苗的要求。但世界卫生组织建议所有旅行者都应该接种以下疫苗：水痘、白喉、肝炎、麻疹、腮腺炎、百日咳、小儿麻痹症、风疹、流感、破伤风和肺结核，无论他们最终前往何处。向你的医生要一份国际疫苗接种证书（又名"黄皮书"），上面列有你所有接种过的疫苗。

处方药

如果你的旅行中需要带上处方药，请确保药品的原始外包装清晰完整。另外还可以考虑请你的医生开一份关于你用药的说明和药品作用说明（包括通用药名），还有注射器和针头，并附上签名和日期。

医疗服务及费用

新西兰的公立医院提供高标准的服务（对本国居民免费）。所有在新西兰发生意外事故（如机动车事故、探险活动事故）的旅行者都可以获得由**意外事故赔偿公司**（Accident Compensation Corporation; www.acc.co.nz）付费的医疗服务。在新西兰期间因病产生的治疗费则只能由旅游保险承保。更多详情请见www.health.govt.nz。

24小时热线**Healthline**（☎0800 611 116）在新西兰全境（用当地电话或固话拨打免费）提供健康咨询的服务。提供口译。

药物

在新西兰，非处方药都能从私人药剂师（药店）那里买到。这些药包括止痛药、抗组胺剂和护肤品。有些药在新西兰只能通过全科医师的处方才能买到，包括抗生素。在药店无须处方也可以购买口服避孕药（如果该女性在过去3年内有过此类药物的处方）。如果你定期服药，请携带足够的量，并务必弄清该药品的详细通用名。因为在不同的国家，药物的商业名称是不一样的。

自来水

新西兰全国境内的自来水一般都可以安全饮用，公共水龙头的水如果不能饮用，会有标识提醒。不过，有些地方面临水质污染。极少数情况下，自来水必须煮熟饮用——如果发生这种情况，你的住宿处会提醒你。

环境引发的疾病和不适

新西兰有很多咬人的昆虫，不过除了烦人之外，并不会造成严重的健康危险。但低温症和溺水确实是威胁。

低温症

- 低温症（Hypothermia）即体温下降到危险水平，是旅游期间对健康的重大威胁，尤其是在冬季，而在高海拔地区全年都有可能发生。山区和强风产生了高寒，即使在温和的条件下也可能诱发低温症。早期症状包括：不能完成细致的动作（比如系纽扣）、发抖和说话“不利索”（支支吾吾、嘀嘀咕咕、嘟嘟囔囔、结结巴巴）。

治疗方法是将热量损失降到最低：换掉湿衣服，添加有防风防水隔层的干燥衣物，摄入碳水化合物、水或温热的液体（不含咖啡因），以便通过发抖提高体温。低温症严重时，发抖的情况会停止，这时除了采取上述措施之外，还需要进行紧急医疗撤运。

冲浪海滩

- 新西兰有无与伦比的冲浪海滩。由于海床倾斜程度不一，许多沙滩上的海浪强度会发生变化：波浪和暗流很常见，确实会有溺水的事故发生。下水前，请咨询当地的冲浪救生组织，随时注意沙滩上的警告标示，同时正确估计自身的极限和技术水平。

昆虫叮咬

穿宽松的长衣裤，使用避蚊胺含量在20%或以上的防蚊剂驱赶沙蝇和蚊子，蚊虫在南岛湖区林木环绕的空地尤其常见。叮咬后会非常痒，但幸运的是不会传播疾病。

传染性疾病

除了世界各地常见的性传播疾病之外（采取正常保护措施），贾第虫病（Giardiasis）是在新西兰旅游时需要注意的传染病。

贾第虫病

在河里和湖里游泳时，这种寄生虫也可能会进入游泳者体内（不要吞咽水），或者接触被传染的动物也会导致传染。症状包括腹泻、呕吐、胃痉挛、腹胀和绞痛。你可以在当地找到治疗的药物（替硝唑或甲硝唑）。

法律事务

如果遭到警察询问或逮捕，你有权询问理由，减少发言，并私下咨询律师。

新西兰预计将在2020年针对“大麻合法化”举行公投，不过在本书写作时，大麻依然违法。任何人只要被发现携带大麻或其他非法毒品都将被严惩。在新西兰，酒后驾车是极其严重的罪行，也是一大社会难题。法律规定，20岁以上的司机的血液酒精浓度不能超过0.05%，20岁以下的则为0。

LGBTIQ+旅行者

新西兰的同性恋旅游产业不像其他一些发达国家那样高调，但奥克兰和惠灵顿的LGBT社团非常有名，还有无数支持同性恋的组织遍布南北两岛。新西兰有着较为先进的法律保护人权：同性婚姻和同性伴侣收养也在2013年被合法化，法定的自愿发生性行为的最低年龄为16岁。一般而言，新西兰人对同性恋比较宽容，但歧视同性恋的现象也存在。乡村社区一般更加保守，在这些地方，应该避免在公共场合亲昵。

网络资源

有许多网站为在新西兰的同性恋旅行者提供资讯，**新西兰同性恋旅游网**（Gay Tourism New Zealand；www.gaytourismnewzealand.com）是个不错的网站，提供各种网站的链接。其他同性恋网站推荐如下：

- www.gaynz.com
- www.gaynz.net.nz
- www.lesbian.net.nz
- www.gaystay.co.nz

每月可以浏览在全国范围内发行的杂志*express*（www.gayexpress.co.nz），获取有关同性恋的最新资讯、评论和同性恋场所名录。New Zealand Awaits（www.newzealandawaits.com）是一家当地运营商，主要服务LGBT旅行者的团队游。

节日和活动

奥克兰骄傲节（www.aucklandpridefestival.org.nz）两周有余的彩虹庆祝活动，2月举行。

同志大联欢（Big Gay Out；www.biggayout.co.nz）每年2月在奥克兰举办的骄傲节的一部分，这一天会有现场音乐和新西兰同志先生活动。

Gay Ski Week（www.gayskiweekqt.com）每年8月或9月在皇后镇举行的滑雪节。

残障旅行者

新西兰的住宿通常能较好地满足残障旅行者的需求，大多数青年旅舍、宾馆、汽车旅馆都配有一两个适合轮椅使用者的房间（民宿没有无障碍房间），很多旅游景点都建有无障碍通道，有时还提供轮椅。大多数信息中心都会提供适合在当地游览的景点建议。

配备无障碍交通工具的旅游经营者在主要的中心城市开展业务。主要城市还有“无障碍公共汽车”(通过液压设备将辅助装置降至路沿高度，以方便轮椅上下车的公交车)。许多出租车公司则提供方便轮椅上下的厢式车。大型租车公司(如Avis和Hertz等)提供配有手控装置的汽车，不额外收取费用(但要提前通知)。新西兰航空公司也提供非常方便轮椅游客使用的设备。

可登录http://lptravel.to/AccessibleTravel下载Lonely Planet免费的无障碍旅行指南。

活动

为了使残疾人士外出走动更加便利，环保部付出了巨大努力，改善短途步道的无障碍设施条件(长步道也有一些)。可以特别留意“无障碍短途步道”。这些都是轮椅可走的步道，雷因格角灯塔步道和米尔福德海滩步道是两个很好的例子。

如果寒冬里的运动更合你的胃口，那么请访问新西兰雪上运动对应的冬季运动页面www.snowsports.co.nz/get-involved/adaptive-snow-sports。

网络资源

Access4All(www.access4all.co.nz)新西兰各地无障碍住宿处和活动列表。

Firstport(http://firstport.co.nz)包括一个新西兰交通的高水平概览，含机动出租车和无障碍公共交通工具。

Mobility Parking(www.mobilityparking.org.nz)可申请海外游客机动车停车许可(一年$35)，在你抵达新西兰之前就可以发送给你。

志愿者服务

新西兰有一系列的户外志愿者活动，为旅行者提供亲近自然和参与环保项目的机会。项目活动种类繁多，包括种树、除草、步道施工、栖息地保护和围栏建设。你可以在任何地区的信息中心，加入由环保部运营的项目(www.doc.govt.nz/getting-involved)，或登录以下网站：

- www.conservationvolunteers.org.nz
- www.helpx.net
- www.nature.org.nz
- www.volunteeringnz.org.nz
- www.wwf.org.nz

女性旅行者

对于女性旅行者而言，新西兰通常是很安全的，不过一些常用的防范措施也是必要的(对两性都一样)：避免深夜独行和独自搭乘便车。如果你要出城，先计划好如何安全返回住宿处。虽然没有普遍反映旅行者在新西兰遇到性骚扰的情况，但类似事件也确有发生。登录www.womentravel.co.nz获取针对独行女性的团队游资讯。

工作

如果已获得工作假期签证，就可以开始寻找临时工作。新西兰有很多临时工作可以选择，有最低薪水规定(即将在2019年4月1日起涨至每小时$17.70)，但要根据工作内容而定。工作机会主要在农业领域(采摘水果、农场及酒庄服务)、服务业(吧台、餐厅服务)和滑雪度假村。此外，在IT、银行、金融和电话推销业，也有坐办公室的工作机会。在当地的职业介绍所登记信息，开始找个工作吧。

对旅行者而言，采摘时令水果、修剪树枝和收割是主要的短期工种。从12月至次年5月，有奇异果和其他蔬果等待采摘(其余时候有其他农场工作)。摘水果是繁重的体力劳动，工作又脏又晒，所以工人流动性很高。报酬通常按你采摘的数量(每箱、每篮或每公斤)支付。如果你干了一阵，熟能生巧后其实可以取得一些季节性的收入。北岛的主要采摘地点包括：岛屿湾的凯里凯里和派希亚、奥克兰乡间、陶朗加、丰盛湾、吉斯伯恩以及霍克斯湾的内皮尔和黑斯廷斯；在南岛的话，试试纳尔逊的黄金海湾、布莱尼姆附近的莫尔伯勒以及奥塔戈中部的亚历山德拉和罗克斯堡。

冬季，在滑雪度假村或所在小镇都可以找到临时的工作，包括做吧台侍者、服务员、保洁员及滑雪吊索操作员。如果资历足够还可以从事滑雪或单板滑雪的指导工作。

网络资源

背包客出版物、青年旅舍经理及其他旅行者往往是你获取当地工作机会的良好信息源。**Base Backpackers**(www.stayatbase.com/work)提供在线就业服务，而经济型**背包客旅舍**(www.bbh.co.nz)则在网站信息公告页面列出旗下旅舍的空缺职位和其他工作机会。

Kiwi Careers（www.careers.govt.nz）网站上列出了许多领域的求职机会（农业、创意产业、卫生、教育、志愿者工作和招聘），而**Seek**（www.seek.co.nz）则是最大的求职网站之一，上面有数以千计的工作可供选择。

可登录下列滑雪度假村网站找找雪地工作的机会：

- www.backpackerboard.co.nz
- www.seasonalwork.co.nz
- www.seasonaljobs.co.nz
- www.picknz.co.nz
- www.pickingjobs.com
- www.picktheworld.org

所得税

死亡和税收是谁都逃避不了的。对大多数旅行者而言，在新西兰境内挣来的钱都要缴纳所得税，并由雇主代扣代缴，这一制度被称为"所得税代扣制"（Pay As You Earn，简称PAYE）。

所得税标准税率为，年薪$14,000及以下按10.5%征收，$48,000及以下按17.5%征收，$70,000及以下按30%征收，年收入更高的则按33%征收。你的薪水还会被额外扣除约1.5%，用于支付由意外事故赔偿公司提供的意外事故赔偿方案。请注意，这些税率每年都有可能发生小幅变动。

如果你在访问新西兰期间进行短期工作（比如参加工作假期计划），你或许有资格在离境时要求退税。离境前退税是保证退款的最佳方式。更多信息，参见**税务局**（Inland Revenue Department；www.ird.govt.nz）网站，或拨打03-951 2020。

税号

在新西兰境内从事有偿工作的旅行者（包括假期工作者）必须开一个新西兰银行账户，然后取得一个税号（IRD Number）。可从**税务局**（www.ird.govt.nz）网站下载《个人税号申请表》（*IRD number application-non-resident/offshore individual IR742*）。税号配发一般需要8~10个工作日。

交通指南

到达和离开

从各个地方前往新西兰都是漫漫长路，所以大多数旅行者都搭乘飞机前往。你可以在lonelyplanet.com/bookings预订机票、租车并订购团队游。

入境

新西兰的入境手续非常简单：填写报关单，然后在托运行李领取处取回自己的行李。目前实行的“奥威尔”式旅客提前扫描系统（Advance Passenger Screening），使过去在飞机降落后才进行的证件（护照、签证等）检验程序提前到你登机之前——所以你要提前准备好所有文件，以便能顺利登机。

护照

外国公民入境新西兰并不受限制，只要你持有有效的护照和签证（免签国公民无须签证），就可以自由入境。

飞机

新西兰终年丰富的旅游活动意味着机场几乎常年都挤满了全世界的游客——如果你想在旺季（比如说圣诞节期间）飞往新西兰的话，一定要尽早订票。

飞往新西兰的高峰期在夏季（12月至次年2月），平季（10月/11月以及3月/4月）会有少量优惠活动。淡季通常在冬季（6月到8月）。但这个时候，航空公司又开始为运送滑雪爱好者忙碌起来了。

机场和航空公司

新西兰有不少机场开设了国际航线，其中又以奥克兰机场的起降班次最多。

奥克兰机场（Auckland Airport, AKL，见84页地图；☎09-275 0789；www.aucklandairport.co.nz; Ray Emery Dr, Mangere）

基督城（克赖斯特彻奇）机场（Christchurch Airport, CHC; ☎03-358 5029; www.christchurchairport.co.nz; 30 Durey Rd）

达尼丁机场（Dunedin Airport, DUD; ☎03-486 2879; www.dnairport.co.nz; 25 Miller Rd, Momona; 📶）

皇后镇机场（Queenstown Airport, ZQN；见656页地图；☎03-450 9031; www.queenstownairport.co.nz; Sir Henry Wrigley Dr,Frankton）

惠灵顿机场（Wellington Airport, WLG; ☎04-385 5100; www.wellingtonairport.co.nz; Stewart

气候变化和旅行

任何使用碳基燃料的交通工具都会产生二氧化碳，这是人为导致气候变化的主要原因。空中旅行耗费的燃料以每公里人均计算或许比汽车少，但其行驶的距离却远很多。飞机在高空所排放的气体（包括二氧化碳）和颗粒同样会对气候变化造成影响。许多网站提供“碳排量计算器”，以便人们估算个人旅行所产生的碳排量，并鼓励人们参与减缓全球变暖的旅行计划，从而抵消个人旅行对环境所造成的影响。Lonely Planet会抵消其所有员工和作者旅行所产生的碳排放影响。

离境税

离境税包含在机票价格中。

Duff Dr, Rongotai)

注意哈密尔顿、罗托鲁阿和帕默斯顿北机场都有配备抵达和离开的直飞国际航班设施，但目前尚无国际航线开通。

抵离新西兰的航线

新西兰航空（www.airnewzealand.co.nz）是新西兰本土的国际航空公司，有直飞的欧洲航线、北美航线、东亚航线、澳大利亚以及太平洋航线，其多条国内航线覆盖新西兰各地。

从澳大利亚直飞的话，维珍澳洲航空（www.virginaustralia.com）、澳洲航空（www.qantas.com.au）、捷星航空（www.jetstar.com）、新西兰航空是主要的航线运营商。

从中国直飞新西兰：

中国南方航空（www.csair.com）运营广州直飞奥克兰（每天2班）和基督城（每天1班）航线。

中国东方航空（www.ceair.com）运营上海直飞奥克兰（每天1班）的航线。

新西兰航空 运营上海直飞奥克兰（每天1班）的航线。

中国国际航空（www.airchina.com.cn）运营北京直飞奥克兰（每天1班）的航线。

四川航空（www.sichuanair.com）运营每周二、周四、周六成都直飞奥克兰的航线。

还有更多转机航线，价格也会实惠一些。

你可以搭乘新西兰航空的北美航线飞抵新西兰，当然也可以选择加拿大航空（www.aircanada.com）或是美国航空（www.aa.com）——后者可从洛杉矶直飞奥克兰。

从欧洲出发的话，可选择的航空公司就更多了，英国航空（www.britishairways.com）、汉莎航空（www.lufthansa.com）、维珍航空（www.virginatlantic.com）等公司都加入了这条航线的竞争，航班途经中东或亚洲大机场。另外还有一些国际航线经停新西兰。

从亚洲和太平洋地区出发，选择很多，除中国外还有日本、新加坡、马来西亚、泰国和太平洋岛屿的直飞航班。

海路

游轮 如果从澳大利亚过来，而且能接受慢节奏，可尝试乘坐P&O（www.pocruises.com.au）和Princess（www.princess.com）的游轮前往新西兰。

货船 如果不需要豪华的环境，可以尝试一种稍显诡异的方式，搭乘货船上的卧铺。Freighter Expeditions（www.freighterexpeditions.com.au）提供的货轮可从新加坡（往返49天）和比利时的安特卫普（单程32天）前往新西兰。

游艇 你可以搭乘游艇穿梭于新西兰与澳大利亚或其他太平洋岛屿间，但绝非易事，也不可能直达。可以在港口、码头及游艇俱乐部咨询搭船事宜。新西兰著名的游艇港口包括北部区的岛屿湾和旺阿雷、奥克兰及惠灵顿。3月、4月最适合搭船前往澳大利亚。因为要赶在各种气旋光临之前，所以10月、11月是从斐济出发的高峰期。

当地交通

飞机

对于时间有限的旅行者，搭乘四通八达的岛际或岛内航班穿梭于新西兰各景点是最合适的，并且十分安全可靠。

新西兰国内的航空公司

本土主要的航空公司是新西兰航空，其航线网络几乎覆盖全国，一些非热门路线则由新西兰航空旗下的新西兰支线航空（Air New Zealand Link）运营。以澳大利亚作为大本营的捷星航空在新西兰主要城市之间也设有航班。这两家航空公司包揽了新西兰大部分的国内游客。此外，还有一些小规模的区域性航空公司提供往返于离岛的基本航班服务，包括飞往豪拉基湾的大巴里尔岛、斯图尔特岛以及查塔姆群岛的航班。新西兰还有许多观光和包机运营商，这里就不罗列了。航空公司名单如下：

查塔姆航空公司（Air Chathams；0800 580 127；www.airchathams.co.nz）该公司经营的航班从惠灵顿、基督城和奥克兰飞往远离主岛的查塔姆群岛。也有奥克兰和瓦卡塔尼之间的航班。

新西兰航空（Air New Zealand；0800 737 000；www.airnewzealand.co.nz）提供往返国内20余处目的地的航班，另外设有许多海外航线。

Air2there.com（0800 777 000；www.air2there.com）该公司的航线飞越库克海峡，连接帕拉帕拉乌姆、惠灵顿、纳尔逊以及布莱尼姆。

巴里尔航空公司（Barrier Air；0800 900 600；www.barrierair.kiwi）航线飞越大巴里尔岛、奥克兰、凯塔亚（也有前往陶朗加和旺阿雷的季节航班）。

FlyMySky（0800 222 123；www.flymysky.co.nz）每天至少有3班航班从奥克兰飞往大巴里尔岛（Great Barrier Island）。

黄金海湾航空公司（Golden Bay Air；0800 588 885；www.goldenbayair.co.nz）提供惠灵顿、纳尔逊和位于黄金海湾的塔卡卡之间的固定航班，也有为去希菲步道的徒步者们提供的飞往卡拉米亚的航班。

捷星航空公司（Jetstar；0800 800 995；www.jetstar.com）连接主要的旅游中心：奥克兰、惠灵顿、基督城、达尼丁、皇后镇、纳尔逊、内皮尔、新普利茅斯和帕默斯顿北。

Soundsair（0800 505 005；www.soundsair.co.nz）每天有多班航班往返于皮克顿和惠灵顿，从惠灵顿到布莱尼姆、纳尔逊、西港和陶波也有航线。还可以从布莱尼姆飞往基督城、凯考瓦、帕拉帕拉乌姆和内皮尔，从纳尔逊飞往帕拉帕拉乌姆。

斯图尔特岛航空公司（Stewart Island Flights；03-218 9129；www.stewartislandflights.co.nz）直飞因弗卡吉尔和斯图尔特岛之间的航线，每天3班。

太阳航空（Sunair；0800 786 247；www.sunair.co.nz）其航班自阿德摩尔（奥克兰附近）、大巴里尔岛、陶朗加飞往怀蒂昂格。另有其他北岛的航线往返哈密尔顿、罗托鲁阿、吉斯伯恩、新普利茅斯及瓦卡塔尼。

航空联票

为了方便从美国、加拿大、澳大利亚及太平洋岛屿来新西兰的旅行者，新西兰航空专门推出了十分优惠的新西兰探索者联票（New Zealand Explorer Pass；www.airnewzealand.com/explorer-pass）。该通票可以让游客前往多达37个目的地，往来于新西兰、澳大利亚及南太平洋岛屿（包括诺福克岛、汤加、新喀里多尼亚、萨摩亚、瓦努阿图、塔希提、斐济、纽埃岛和库克群岛）之间。游客根据行程跨越的区域分别享受四档折扣：一区内的机票从$99起（例如从奥克兰到惠灵顿）；二区内的机票从$129起（例如从奥克兰到皇后镇）；三区内的机票从$214起（例如从惠灵顿到悉尼）；四区内的机票则从$295起（例如从塔希提到奥克兰）。你可以在行前提前购买或是抵达新西兰后再购买。

自行车

骑自行车游览新西兰的旅行者越来越多，尤其是在夏季。新西兰干净整洁，环境优雅，相对其他国家不那么拥挤，沿途有许多便宜的住宿地（包括露营地）和充足的淡水。其境内公路路况大都很好，气候在一年之内的大多数时候都很宜人。公路上行驶的汽车是骑行时最大的危险来源：比如卡车超车时距离骑行者太近。在主要的旅游城市，很容易租到或买到自行车和相关装备，自行车修理店也很常见。

法律规定，每名自行车骑行者均须佩戴符合规定的安全头盔（否则有面临处罚的风险），穿着反光安全服也非常必要。想用公共交通工具运车的人会发现，主要的长途汽车和火车只有在"空间允许"的情况下才能承载自行车（城市里一般是高峰期以外的时段），而且最多要加收$10的费用。另外，一些小型班车公司会为骑手提供自行车的存放空间：在额外收费的情况下搭载自行车。

如果想托运自行车入境或在新西兰境内用飞机托运自行车的话，请提前了解一下相关航空公司的费用及对于自行车拆解以及包装的要求。

可登录www.nzta.govt.nz/walking-cycling-and-public-transport查询相关的自行车安全事宜和法律小贴士，查看关于"纳哈雷格"新西兰自行车道（Nga Haerenga，New Zealand Cycle Trail；Nga Haerenga；见64页）的信息，它由全新西兰22处"超级骑行道"组成。

租车

大多数户外机构出租公路自行车或山地自行车，租金一般为每小时$20，按天计费的话为每天$30。若租用时间较长，价格可以商量。你也可以在住处（青年旅舍、度假公园等）租到自行车，在一些大城镇的自行车店还能租到质量更好的设备。

买自行车

在新西兰的大城市中很容易买到自行车，但较新型号的自行车售价不菲。在任何地方买一辆不错的多功能自行车或皮实的山地自行车都需要花费$800~1800，当然花$500可以买到较便宜的车型，但你仍需花钱购置挂篮、头盔、锁等物件，这样一来费用自然又上涨了。你也可以在圣诞后的打折季或年中清理库存时淘到十分优惠的新款自行车。

船

新西兰虽是个岛国，但国内基本上没有远距离的水上交通。当然也有一些特例：频繁往返于奥克兰和豪拉基湾众多岛屿之间的渡船；库克海峡上的岛际渡轮，它们轰隆隆地来往于惠灵顿和皮克顿之间；福沃海峡（Foveaux Strait）上的载客渡轮，它们穿梭于布拉夫（Bluff）和斯图尔特岛上的小镇奥本（Oban）之间。

若是你有足够的预算，不妨试试沿新西兰海岸线行驶的游轮，这条线路是更庞大的南太平洋旅行线路的组成部分。P&O Cruises（www.pocruises.com.au）是主要的运营机构。

长途汽车

在新西兰乘坐长途汽车进行游览相对方便且管理有序，它们可将你送抵两个岛的最远端（也包括几条大步道的起点和终点），但价格不菲、冗长乏味、费时费力。

新西兰主要的长途汽车公司是**InterCity**（www.intercity.co.nz），它几乎可以将你送抵北岛和南岛上的任意一个地方。**Naked Bus**（09-979-1616；http://nakedbus.com）有相似的线路。两条线路都有低至$1的优惠票价。InterCity公司还开设了一条舒适的南岛旅游观光支线，名为**纽曼海滩线**（Newmans Coach lines；www.newmanscoach.co.nz），它穿梭于皇后镇、基督城及西岸区的冰川地区。

私人运营的接驳车可运送游客前往步道起点，或到终点接车。必须预订。

座椅类型和吸烟

新西兰长途汽车没有经济舱和豪华舱之分（十分平等），车上严禁吸烟。

Naked Bus有一班卧铺夜车，往返奥克兰和惠灵顿（停靠哈密尔顿和帕默斯顿北），你可以在1.8米长的床上躺平（带上睡袋、枕头，可能还需要耳塞）。详情参见http://nakedbus.com/nz/home/sleeper-bus。

预订车票

在夏季（12月至次年2月）、学校假期以及公共假期，热门线路的长途车票一定要提前预订（尽量提前一至两周），其他时间提前一天至两天订购即可。提前几周在网上订票价格优惠。

长途汽车套票

如果你想去很多地方，InterCity和Naked Bus还提供套票（分别按时间和旅途次数计费），使用这种票比分段购票实惠得多。不过购买前先计算清楚，还要注意，你将只能使用一家公司的运输网。套票有效期一般为12个月。

如果不购买套票，InterCity还为新西兰青年旅舍协会（YHA）成员，持有国际学生证（ISIC）的旅行者、HI、Nomands、经济型背包客旅舍以及VIP的背包客会员提供9折优惠。老人卡仅限新西兰公民使用。

全国套票

Flexipass 是InterCity销售的一种可随时上下车的长途汽车套票，持有者可以乘坐长途汽车到达新西兰的任意目的地，还可以乘车登上岛际渡轮，从而穿越库克海峡。这种套票按照旅游时间计费：最短的15小时（$125），最长的60小时（$459）。购买的小时数越多平均车费越少。如果需要延长旅行时间，还可以给套票充值。

Aotearoa Explorer, Tiki Tour & Island Loop 是Intercity发售的全国观光长途汽车套票。这些套票连接各热门旅游目的地，价格为$775~1140。也提供范围比这小的套票（例如西海岸或南阿尔卑斯山区）。具体信息请查询www.intercity.co.nz/bus-pass/travelpass。

Naked Passport（www.nakedpassport.com）是Naked Bus发售的一款套票。可以购买乘车次数（5次起售），还可以随时增购，并根据需要预订相应的车程。5/15/20车程的票价分别为$159/269/439。

北岛套票

在北岛，InterCity提供6种随时上下车的固定行程的观光长途汽车套票，价格不等，短程如连接奥克兰和派希亚线路的票价为$125，远程如往返奥克兰和惠灵顿、中间经停几个大景点的票价为$405。具体信息请登录www.intercity.co.nz/bus-pass/travelpass查询。

南岛套票

在南岛，InterCity提供6种随时上下车的固定行程套票，沿西海岸从皮克顿到皇后镇为$125，经基督城、皇后镇和西海岸冰川环游全岛为$549。具体信息参见www.intercity.co.nz/bus-pass/travelpass。

班车

除InterCity和Naked Bus以外，区域性的班车弥补了小城镇间交通的不便。以下（登录www.tourism.net.nz/transport/bus-and-coach-services查看完整名录）运营商提供定期车次和（或）团队游及包车：

阿贝尔·塔斯曼路线（Abel Tasman Travel; www.abeltasmantravel.co.nz）往来穿梭于纳尔逊、莫图伊卡、黄金海湾以及阿贝尔·塔斯曼国家公园之间。

原子列车（Atomic Shuttles; www.atomictravel.co.nz）服务涵盖南岛全岛，包括基督城、达尼丁、因弗卡吉尔、皮克顿、纳尔逊、格雷茅斯、霍基蒂卡、皇后镇以及瓦纳卡。

Catch-a-Bus South（www.catchabussouth.co.nz）因弗卡吉尔和布拉夫前往达尼丁和皇后镇。

库克线（Cook Connection; www.cookconnect.co.nz）连接库克山、特威泽尔、莱克特卡波（Lake Tekapo）三地。

East West Coaches（www.eastwestcoaches.co.nz）运营基督城经路易斯山口至西港的线路。

Go Kiwi Shuttles（www.gokiwi.co.nz）每日开行，连接奥克兰和科罗曼德尔半岛上的怀蒂昂格。

Headfirst Travel（www.travelheadfirst.com）环线运营，从罗托鲁阿到怀托莫（也可选择奥克兰为终点）。

Manabus（www.manabus.com）每天运营往返奥克兰和惠灵顿的车次，途经罗托鲁阿、陶波和帕默斯顿北。还可前往陶朗加、派希亚和内皮尔。有些车次是由Naked Bus运营的。

Tracknet（www.tracknet.net）夏季开往皇后镇、蒂阿瑙、因弗卡吉尔步道的班车（米尔福德步道、霍利福德步道、路特本步道和凯普勒步道）。

Trek Express（www.trekexpress.co.nz）接驳车服务，前往所有南岛北部地区的徒步路线（如希菲步道、阿贝尔塔斯曼步道、老幽灵路）。

怀托莫漫步者（Waitomo Wanderer; www.travelheadfirst.com）从罗托鲁阿或陶波始发的环线，终点是怀托莫。

West Coast Shuttle（www.westcoastshuttle.co.nz）每日开行，往返于格雷茅斯和基督城。

汽车团队游

如果你想和一些志趣相投的背包客一起度过一段车程，以下长途汽车公司可以满足你的需求。它们在北岛、南岛乃至全国都运营固定行程的线路。行程通常包括住宿膳食安排，并可以随时上下车。从主打户外活动到主打喝酒，团队游的线路多种多样。

Adventure Tours New Zealand（www.adventuretours.com.au/new-zealand）4趟11天至12天的北岛或南岛团队游，或者两者都包含在内。

Bottom Bus（☎03-477 9083; www.travelheadfirst.com/local-legends/bottom-bus）南岛下半部分地区的团队游，不包括达尼丁、因弗卡吉尔和皇后镇。

Flying Kiwi（www.flyingkiwi.com）很好玩的以活动为基础的新西兰各地团队游，住宿是在露营地和小木屋，时长从几天到几周不等。

3天至24天团队游，主题为雪上运动或山地自行车。

Kirra Tours（www.kirratours.co.nz）高档班车团队游（根据价格分为“经典”或“白金”等级），运营商拥有50年的经验。

Kiwi Experience（www.kiwiexperience.com）随时上下车的主要运营商，有环保认证。运营大量的团队游，覆盖新西兰全境。

Stray Travel（www.straytravel.com）各种灵活的随时上下车套票和团队游。

小汽车和摩托车

深度游览新西兰的最好方式当然是自驾。很容易就能租到小汽车和露营车，不过值得注意的是，燃油费可能会让你流泪。如果你要在新西兰待上数月，也可以考虑买一辆车。

汽车协会(AA)

新西兰汽车协会(Automobile Association，简称AA；☎0800 500 444；www.aa.co.nz/travel)提供紧急救援服务、距离计算以及地图和住宿指南(包括假日公园、汽车旅馆和民宿)。

外国汽车协会的会员要记得携带会员卡——很多这样的协会都和AA签署了互惠协议。

驾照

中国旅行者可以使用中国颁发的驾照在新西兰驾车。但如果你的驾照没有英文对照的话，还是应该带一个经过公证的翻译版在身上。或者，直接使用国际驾照(IDP，一般由本国汽车协会签发，有效期12个月)。

燃料

燃料(汽油)在新西兰任意一家加油站都可以买到，除非你驾驶的是一辆20世纪70年代的车——你需要加无铅汽油或液化石油气(LPG)。液化石油气在乡村不常见。如果你驾驶的是燃气车辆，为了保险最好开一辆油气双燃料车。除了偏远地区(如米尔福德峡湾、库克山)外，其他地方的油价相差不大：在调研阶段，油价在每升$2上下徘徊。

租车

露营车

在新西兰任何一条偏僻的道路行驶，几乎都能从后视镜里看见很炫的白色露营车(就是房车)，里面载着无拘无束的旅行者、山地自行车和便携烧烤炉。

大大小小的城镇都设有提供电源的露营地或是假日公园(可以连接车辆电源)，收费约为每晚$35。全境有250多个由环保部(DOC；www.doc.govt.nz)管理的对机动车开放的露营地，价格为每位成人$21。在环保部的网站预订露营地一周露营的套票，包括出租露营车，价格最高可打5折，具体信息请参见网站。

你可以在许多租车公司租到露营车，价格根据季节、露营车型号以及租期而定，提前几个月预订很划得来。

准乘两人的小厢车标配一间迷你厨房和折叠餐桌。用餐后，收拾干净，餐桌可以变身为一张双人床。大一些的豪华双铺位露营车配备淋浴及洗手间。4铺位至6铺位的露营车尺寸和卡车差不多(同样也很笨重)，除了空间宽敞，一般配有洗手间和淋浴。

如果提前3个月预订，租用两个月以上的话，在夏季，主要租车公司提供的2/4/6铺位露营车的租金费用为每天$120/150/230起(不过根据情况会提高)，冬季可低至每天$60/75/100。

主要露营车租车公司如下：

Apollo(☎0800 113 131，09-889 2976；www.apollocamper.co.nz)

Britz(☎09-255 3910，0800 081 032；www.britz.co.nz)另外还提供租借自行车服务(一辆山地自行车或城市自行车每天额外加收$12起)。

Maui(☎09-255 3910，0800 688 558；www.maui-rentals.com)

Wilderness Motorhomes(☎09-282 3606；www.wilderness.co.nz)

经济型房车出租公司为背包客们提供外观炫酷(经常可见用喷漆绘制的图案)、装备良好的车子，其价格也很有竞争力(5月至9月的租金为2铺位车每日$30起，4铺位的为每日$60起。12月至次年2月则分别为$90及$170起)。运营商如下：

Escape Campervans(☎0800 216 171；www.escaperentals.co.nz)

Hippie Camper(☎0800 113 131；www.hippiecamper.co.nz)

Jucy(☎09-374 4360，0800 399 736；www.jucy.co.nz)

Mighty Cars & Campers(☎0800 422 505；www.mightycampers.co.nz)

Spaceships(☎09-526 2130，0800 772 237；www.spaceshipsrentals.co.nz)

Tui Sleeper Vans(☎03-359 4731；www.sleepervans.co.nz)

汽车

新西兰租车公司之间的竞争非常激烈，尤其是在一些大的城市以及皮克顿。务必牢记，如果你想要驾车长途旅行，一定要租用不限里程数的车辆。此外(个别)公司要求驾驶者年龄不低于21岁，建议多询问几家。

国际租车公司一般不允许将车开到穿越库克海峡的轮渡上过海。你可以把车停在惠灵顿或者皮克顿的租车站，跨过海峡后再选一辆其他的车继续旅行。这可以为你省去一笔搭载汽车过海的渡轮运费，并且手续也很便捷。不过，一些当地租赁公司（如Apex）允许你将车开上渡轮，甚至会帮你预订渡轮票。

大型跨国公司在大多数主要城市、乡镇和机场都设有办公室。租车公司有时提供单程租赁服务（即你可以在奥克兰租车，在惠灵顿还车），但你通常会受到一些限制并要缴纳一些费用。

主要的租车公司提供两种选择：一种不限里程数，另一种是里程数在每天100公里左右则不额外收费，超出部分按公里计费。在主要城市，一辆紧凑型新款日系车的租金为$40/天起，中型汽车的租金为$70起（包括消费税、保险，无里程限制）。

Avis（☎0800 655 111, 09-526 2847; www.avis.co.nz）

Budget（☎09-529 7788,0800 283 438; www.budget.co.nz）

Europcar（☎0800 800 115; www.europcar.co.nz）

Hertz（☎0800 654 321; www.hertz.co.nz）

Thrifty（☎03-359 2721,0800 737 070; www.thrifty.co.nz）

当地租车公司不断增加。这些机构的价位通常都比大型租车公司低廉，有时甚至便宜一半，但问题也比较多：车型比较老，存车处可能距离机场/市中心较远，手续不正规，导致租车者的法律权益得不到很好的保障。

当地租车公司最小车辆的租赁价格为每天$30或$40起。如果你租一周或更长时间，还可以更便宜，这些公司还经常提供淡季或周末折扣。

拥有全国网络、价格公道的独立运营商如下：

a2b Car Rentals（☎0800 545 000, 03-359 2721; www.a2b-car-rental.co.nz）

Ace Rental Cars（☎0800 502 277, 09-303 3112; www.acerentalcars.co.nz）

Apex Rentals（☎03-595 2315,0800 500 660; www.apexrentals.co.nz）

Ezi Car Rental（☎0800 545 000,09-974 1598; www.ezicarrental.co.nz）

Go Rentals（☎0800 467 368, 974 1598; www.gorentals.co.nz）

Omega Rental Cars（☎09-377 5573, 0800 525 210; www.omegarentalcars.com）

Pegasus Rental Cars（☎0800 803 580; www.rentalcars.co.nz）

Transfercar（☎09-630 7533; www.transfercar.co.nz）专业提供单程调车服务，只租单程可能会省一大笔钱。

摩托车

天生狂野？新西兰的地形非常适合骑摩托车旅行，但个别地区有时候气候无常，不适合骑摩托车前往。大多数出租摩托车的店铺设在奥克兰和基督城，无论是排量50毫升的轻便踏板摩托车（也称“nifty-fifty”），马力十足、排量为750毫升的旅行摩托，还是更大排量的都可以租到。推荐以下运营商（同时经营导览游），费用约$100/天：

New Zealand Motorcycle Rentals & Tours（☎09-486 2472; www.nzbike.com）

Te Waipounamu Motorcycle Tours（☎03-377 3537; www.motorcycle-hire.co.nz）

保险

与其承受意外的巨额经济损失，不如投一项综合保险，或者（通常的选择）每天支付租赁公司一笔额外的费用，以减少事故中你必须支付的免赔金额：可从$1500或$2000降到$200或$300。租金便宜的小型租车行通常强制要求你购买保险，它可以作为信用卡契约（credit-card bond），价值大约为$900。

许多保险不涵盖玻璃险（包括风挡）以及轮胎险，而且保险通常不赔付海滩地区和凹凸不平、尚未铺柏油或水泥的路对车辆（四驱车）造成的伤害，所以一定要仔细阅读合同附属的限制性细则。

见www.acc.co.nz查看**意外事故赔偿公司**（Accident Compensation Corporation）的保险计划（无过失人身伤害险）。

买车

计划长途旅行？买一辆车环游新西兰，旅程结束时再卖掉，这不失为一种划算的游览新西兰的方式。奥克兰是购车最方便的城市，其次是基督城。如果想买车，请留意青年旅舍的告示牌。**Turners Auctions**（www.turners.co.nz）是新西兰最大的汽车拍卖商，有11家店面。

合法性

一定要确保你的车具有合格证并在有效的注册期内：查询**新西兰交通局**（New Zealand Transport Agency；www.nzta.govt.nz）的相关信息。

购车者同时需要购买第三方责任险，这样可确保因为你的过失造成第三方车辆毁坏时，保险公司会赔付修理费。可联系汽车协会（☎0800 500 444；www.aa.co.nz/travel）办理此业务。新西兰意外事故赔偿公司（www.acc.co.nz）的无过失产品可对人员伤亡进行赔付，但要确保你购买了旅行保险。

如果你想买辆车，然后委托别人帮你检查车况，很多公司的检修费用都在$150左右。可以在汽车拍卖会上寻找他们，他们也会主动找你。联系**Vehicle Inspection New Zealand**（09-573 3230，0800 468 469；www.vinz.co.nz）或汽车协会。

买车前核实车辆产权所有者是比较明智的做法，检查一下这辆车是否有什么蹊跷（比如是否为被盗车辆，是否有未清债务）。汽车协会的**LemonCheck**（09-420 3090；www.lemoncheck.co.nz）提供汽车背景调查服务。

回购协议

和商家签订一个回购协议可以有效避免自主买卖机动车带来的麻烦。可以预见的是，商家通常会想出各种高招给回购价打折，甚至可能比你的购买价格低一半。如果时间充裕，租车或自主买卖车辆还是比较划算的。

道路危险

在新西兰国外司机被卷入交通事故的概率非同一般的高——大概有30%的交通事故中涉及非本地司机。对于中国旅行者来讲，特别需要注意的是新西兰是靠左行驶，在不适应的情况下很容易发生意外，驾驶时需要打起十二分精神。新西兰的交通状况通常比较理想，但是被行驶缓慢的卡车或是露营车挡住去路的情况也时有发生。这时一定要保持耐心，上车前先了解道路交通规则。新西兰还有很多绵延起伏的道路、单行桥梁及沙石路，请小心驾驶。一定要当心路上的绵羊！

查看路况信息请拨打0800 444 449或登录www.nzta.govt.nz/traffic。

交通规则

- 新西兰的汽车为左侧行驶，驾驶员位置在车的右侧。在路口，要避让右边驶来的车辆。
- 所有机动车乘客必须系好安全带，否则会遭到罚款。儿童必须在安全座椅上坐好。
- 驾车时一定要携带驾照，酒后驾车是一项严重的违法行为。尽管酒驾会遭遇重罚，政府也加大了这方面的宣传力度，但酒驾依然屡禁不止。20岁以上的驾车者，血液中酒精浓度上限为0.05%，20岁以下则必须滴酒不沾。
- 在单向桥上（数量多到惊人），如果你看到一个小红箭头，表示你需要在此让道。
- 在无障碍高速公路上，一般限速100公里/小时，城区内的限速一般是50公里/小时。雷达测速无处不在。
- 注意并非所有的铁路路口都有路障或警报设施，最好减速通行，注意两边情况。
- 当中线是黄色时，不要超车。
- 一边打电话一边开车是违法行为。

搭便车和拼车

搭便车的安全性无法完全得到保证，因此我们并不推荐。决定搭便车的人要明白，搭车的潜在危险很大。即便如此，在乡间小路上仍能见到搭便车的游客。

拼车是另一种选择。可查询一下青年旅舍告示牌上登载的拼车信息。

当地交通工具

公共汽车、火车和有轨电车

在新西兰，较大城市的公共汽车线路辐射广泛，但也有例外，公共汽车主要在工作日的白天运营，周末班次则没有那么频繁，有的车次甚至会停运。关于市中心的交通，奥克兰的Link车出行非常方便；哈密尔顿有免费的市中心环线公交车；基督城有城市班车服务，还有年代久远的有轨电车服务。人们习惯在周五和周六喝几杯，这时大多数的主要城市还会运营夜班车。偏远地区不要指望有当地公共汽车服务。

奥克兰及惠灵顿是为数不多的提供舒适的当地火车服务的城市，奥克兰有4条线路，而惠灵顿有5条郊区线路。

出租车

主要城市都提供数量充足的出租车，即便在小镇也有出租车。出租车打表计价，一般都很可靠，值得信赖。

火车

在新西兰，人们乘火车是为了游玩，而不是为了急匆匆地到达什么地方。**Great Journeys of New Zealand**（☎0800 872 467, 04-495 0775; www. greatjourneysofnz.nz）运营以下4条线路。最好在线或电话订票。可以直接通过Great Journeys of New Zealand（KiwiRail运营）预订车票，或直接在大多数火车站购票，也可以在旅行社和游客信息中心购买。如果在新西兰国内在线订票，会有折扣。所有服务都是一日游（没有卧铺）。

Capital Connection线路 连接北帕默斯顿和惠灵顿，工作日运营。

Coastal Pacific线路 2016年地震破坏了这条基督城和皮克顿之间的观光线路，不过已经重新开通。

Northern Explorer线路 连接奥克兰和惠灵顿，周一、周四和周六向南，周二、周五和周日北上。

高山列车线路 连接基督城和格雷茅斯，穿越南阿尔卑斯山——世界上最著名的火车路线之一。

火车套票

持有Scenic Journeys Rail Pass套票可享受所有线路不限次数的搭乘服务，还包括惠灵顿到皮克顿的岛际渡轮服务。有两种类型的套票，儿童都有折扣价，需要你至少在行前24小时预订座位，类型如下：

定期套票（Fixed Pass）在一定时间内有效的车票，为期1周/2周/3周，费用分别为每个成年人$629/729/829。

自由套票（Freedom Pass）允许在12个月内进行一定天数的旅行，3天/7天/10天的套票分别为$439/969/1299。

幕后

说出你的想法

我们很重视旅行者的反馈——你的评价将鼓励我们前行，把书做得更好。我们同样热爱旅行的团队会认真阅读你的来信，无论是表扬还是批评都非常欢迎。虽然很难一一回复，但我们保证将你的反馈信息及时交到相关作者手中，使下一版更完美。我们也会在下一版特别鸣谢来信读者。

请把你的想法发送到**china@lonelyplanet.com.au**，谢谢！

请注意：我们可能会将你的意见编辑、复制并整合到Lonely Planet的系列产品中，例如旅行指南、网站和数字产品。如果不希望书中出现自己的意见或不希望提及你的名字，请提前告知。请访问lonelyplanet.com/privacy了解我们的隐私政策。

声明

气象图表数据引用自Peel MC, Finlayson BL & McMahon TA（2007）'Updated World Map of the Köppen-Geiger Climate Classification'，*Hydrology and Earth System Sciences*，11，1633-44。

封面图片：新西兰北岛，罗托鲁阿，蒂普亚文化中心，Ruth Black/Shutterstock ©。

本书部分地图由中国地图出版社提供，审图号GS（2019）2249号。

关于本书

这是Lonely Planet *New Zealand*的第19版。本书的作者为查尔斯·罗林斯卫（Charles Rawlings-Way）、布莱特·阿特金森（Brett Atkinson）、安德鲁·贝恩（Andrew Bain）、彼得·德拉吉策维奇（Peter Dragicevich）、萨曼莎·福格（Samantha Forge）、安妮塔·伊萨尔斯卡（Anita Isalska）和索菲亚·莱文（Sofia Levin）。前三版的指南作者为查尔斯·罗林斯卫、布莱特·阿特金森、萨拉·本奈特（Sarah Bennett）、彼得·德拉吉策维奇和李·斯雷特（Lee Slater）。

本书为中文第5版，由以下人员制作完成：

项目负责 关媛媛
项目执行 丁立松
翻译统筹 肖斌斌 李昱臻
翻　　译 陈　磊
内容策划 顾晓懿 杨　蔚 吴非（本土化内容） 刘维佳
视觉设计 庹桢珍
协调调度 沈竹颖
责任编辑 林紫秋
编　　辑 戴　舒
地图编辑 刘红艳
制　　图 张晓棠
流　　程 孙经纬
终　　审 杨　帆
排　　版 北京梧桐影电脑科技有限公司

感谢苗卉、徐维、米迪、罗霄山、黄静仪、佟斯元、房钰烨、陈雨蓉对本书的帮助。

索引

G

H

I

J

K

L

M

000 地图页码
000 图片页码

索引 P-V

W

地图图例

景点
- 海滩
- 鸟类保护区
- 佛教场所
- 城堡
- 基督教场所
- 孔庙
- 印度教场所
- 伊斯兰教场所
- 耆那教场所
- 犹太教场所
- 温泉
- 神道教场所
- 锡克教场所
- 道教场所
- 纪念碑
- 博物馆/美术馆/历史建筑
- 历史遗址
- 酒庄/葡萄园
- 动物园
- 其他景点

活动、课程和团队游
- 人体冲浪
- 潜水/浮潜
- 潜水
- 皮划艇
- 滑雪
- 冲浪
- 游泳/游泳池
- 徒步
- 帆板
- 其他活动

住宿
- 住宿场所
- 露营地

就餐
- 餐馆

饮品
- 酒吧
- 咖啡馆

娱乐
- 娱乐场所

购物
- 购物场所

实用信息
- 银行
- 使领馆
- 医院/医疗机构
- 网吧
- 警察局
- 邮局
- 电话
- 公厕
- 旅游信息
- 其他信息

地理
- 棚屋/栖身所
- 灯塔
- 瞭望台
- 山峰/火山
- 绿洲
- 公园
- 关隘
- 野餐区
- 瀑布

人口
- 首都、首府
- 一级行政中心
- 城市/大型城镇
- 镇/村

交通
- 机场
- 过境处
- 公共汽车
- 缆车/索道
- 自行车路线
- 轮渡
- 地铁
- 单轨铁路
- 停车场
- 加油站
- 出租车
- 铁路/火车站
- 有轨电车
- 其他交通方式

路线
- 收费公路
- 高速公路
- 一级公路
- 二级公路
- 三级公路
- 小路
- 未封闭道路
- 广场
- 台阶
- 隧道
- 步行天桥
- 步行游览路
- 步行游览支路
- 小路

境界
- 国界
- 一级政区界
- 未定国界
- 地区界
- 军事分界线
- 海洋公园
- 悬崖
- 墙

水文
- 河流、小溪
- 间歇河
- 沼泽/红树林
- 暗礁
- 运河
- 水域
- 干/盐/间歇湖
- 冰川
- 珊瑚礁

地区特征
- 海滩/沙漠
- 基督教墓地
- 其他墓地
- 公园/森林
- 运动场
- 一般景点(建筑物)
- 重要景点(建筑物)

注：并非所有图例都在此显示。

我们的故事

一辆破旧的老汽车，一点点钱，一份冒险的感觉——1972年，当托尼（Tony Wheeler）和莫琳（Maureen Wheeler）夫妇踏上那趟决定他们人生的旅程时，这就是全部的行头。他们穿越欧亚大陆，历时数月到达澳大利亚。旅途结束时，风尘仆仆的两人灵机一闪，在厨房的餐桌上制作完成了他们的第一本旅行指南——《便宜走亚洲》(*Across Asia on the Cheap*)。仅仅一周时间，销量就达到了1500本。Lonely Planet 从此诞生。

现在，Lonely Planet在都柏林、富兰克林、伦敦、墨尔本、奥克兰、北京和德里都设有公司，有超过600名员工和作者。在中国，Lonely Planet被称为“孤独星球”。我们恪守托尼的信条：“一本好的旅行指南应该做好三件事：有用、有意义和有趣。”

我们的作者

查尔斯·罗林斯卫（Charles Rawlings-Way）

查尔斯是个老牌旅行、美食和音乐作家，已经为Lonely Planet的30余本书——包括新加坡、汤加、多伦多、悉尼、塔斯马尼亚、纽约、南太平洋和澳大利亚的指南，他还发表过大量文章。在建筑、制图、项目管理领域游走多年，街头卖艺一段时间后，查尔斯于2005年为Lonely Planet踏上了旅途，从那以后他的脚步就没有停下。

布莱特·阿特金森（Brett Atkinson）

奥克兰、怀卡托和科罗曼德尔半岛、东海岸（北岛）、莫尔伯勒和纳尔逊 布莱特住在奥克兰，经常为Lonely Planet的写作踏上旅途。他是一位全职旅行和美食作家，经常出现在Lonely Planet网站，以及新西兰和澳大利亚的报纸、杂志和网站上。对精酿啤酒和街头美食的喜爱是他探索的最主要原因。2005年成为Lonely Planet的作者以来，他撰写过的地区包括越南、斯里兰卡、捷克、摩洛哥、美国加利福尼亚和南太平洋。

安德鲁·贝恩（Andrew Bain）

昆斯敦（皇后镇）和瓦纳卡 安德鲁的文章和摄影作品曾登上世界各地的杂志和报纸，他的文章曾荣获多项大奖，包括澳大利亚旅行作家协会颁发的最佳探险故事和澳大利亚最佳故事（3次）。他曾担任过Lonely Planet户外探险系列丛书的组稿编辑，著有《顶头风》（*Headwinds*），这本书记录了他骑自行车20,000公里环游澳大利亚的故事，还为Lonely Planet撰写过《探险之年》（*A Year of Adventures*）。可登录www.adventurebeforeavarice.com查看他的所思所想。

彼得·德拉吉策维奇（Peter Dragicevich）

岛屿湾和北部区、罗托鲁阿和普伦蒂湾（丰盛湾）、惠灵顿 在家乡新西兰和澳大利亚报纸和杂志出版业取得成功后，彼得终于屈服于新西兰人特有的旅游癖，放弃工作，前往欧洲追寻他身上多元文化的源头。过去10年里，他为Lonely Planet撰写了十几本指南书，覆盖了许多文化各异的国家，那些都是他热爱的地方。现在他再一次将奥克兰称为自己的故乡——尽管目前的游历生活意味着他经常会去别处。

萨曼莎·福格（Samantha Forge）

克赖斯特彻奇（基督城）和坎特伯雷，达尼丁和奥塔戈 萨曼莎迷上旅行是在17岁的时候，当时她背着一个塞得满满的背包，拿着一本Lonely Planet的《欧洲》抵达伦敦。在巴黎度过一段时间后，她回到澳大利亚，成为Lonely Planet墨尔本办公室的一名编辑。不过最后她的旅行癖还是胜出了——现在她是一名自由作家和编辑。

安妮塔·伊萨尔斯卡（Anita Isalska）

峡湾地区和南部区，西岸区（南岛） 安妮塔是一位旅行记者、编辑和广告撰稿人，因为Lonely Planet的工作，她已经去过希腊海滩城镇和马来西亚丛林。快乐地做了几年住家编辑和作家后——其中有一些时候是在Lonely Planet的伦敦办公室——现在安妮塔作为自由职业者在英国、澳大利亚和任何有稳定无线网络连接的巴尔干半岛客栈工作。安妮塔为许多网站和杂志撰写有关旅行、美食和文化的稿件。可登录www.anitaisalska.com阅读她的作品。

索菲亚·莱文（Sofia Levin）

塔拉纳基和旺阿努伊，陶波和鲁阿佩胡地区 索菲亚是一位生活在墨尔本的记者，对于食物和旅行有着永不满足的追求。她是Lonely Planet、费尔法克斯报纸和一系列杂志的固定撰稿人，已被维多利亚旅游局评委“墨尔本最有影响力和最具创意的社交媒体人物之一”。不旅行的时候，她经营Word Salad——2012年创办的一个社交媒体和公关文案公司——在Instagram账号@lifeofjinkee上发布她那条当红贵宾犬的微笑照片。可关注@sofiaklevin订阅她的探险活动。

新西兰

中文第五版

书名原文：*New Zealand*（19th edition，Sep 2018）

本中文版由中国地图出版社出版

图书在版编目 (CIP) 数据

新西兰 / 澳大利亚 Lonely Planet 公司编：陈磊译
. -- 3 版 . -- 北京：中国地图出版社，2019.7
书名原文：New Zealand
ISBN 978-7-5204-1137-0

Ⅰ. ①新… Ⅱ. ①澳… ②陈… Ⅲ. ①旅游指南 – 新西兰 Ⅳ. ① K961.29

中国版本图书馆 CIP 数据核字 (2019) 第 125332 号

出版发行	中国地图出版社
社　　址	北京市白纸坊西街 3 号
邮政编码	100054
网　　址	www.sinomaps.com
印　　刷	北京华联印刷有限公司
经　　销	新华书店
成品规格	197mm × 128mm
印　　张	25
字　　数	1333 千字
版　　次	2019 年 7 月第 3 版
印　　次	2019 年 7 月北京第 11 次印刷
定　　价	128.00 元
书　　号	ISBN 978-7-5204-1137-0
审 图 号	GS（2019）2249 号
图　　字	01-2013-3118

如有印装质量问题，请与我社发行部（010-83543956）联系